2025 부가가치세법

한국세무사회

발 간 사

부가가치세는 우리 생활에 밀접하게 연관이 있어 정치·경제·사회·문화 등 전 영역에 끼치는 영향이 막대하며, 근거과세 구현에 기여하는 조세로써 정확한 집행이 요구되는 세목입니다. 하지만 점점 복잡해지고 다양해지는 거래 형태 전부를 법령에 반영하는 것은 불가능하여 부가가치세를 정확하게 이해하고 실무에 적용하는 데에는 다소 어려움이 있습니다.

이에 한국세무사회에서는 부가가치세에 대해 이해하고, 실무적인 가이드를 제공하기 위해 「2025 부가가치세법」을 발간하게 되었습니다.

이 책은 세법 개정사항을 반영하여 새로운 예규·판례, 서식 및 참고사항을 체계적으로 정리하였으며, 다양한 예시와 계산사례를 활용하여 해설함으로써 실무적인 이해를 높이기 위해 노력했습니다.

특히 과세관청과 납세자 간 다툼이 많이 발생했던 실무적 사안들을 중점적으로 서술하고, 이론적 근거를 제시하였으며, 실무에 바로 적용할 수 있는 사례를 제공하여 독자의 이해를 돕고자 하였습니다.

앞으로도 한국세무사회에서는 최신 개정법령 및 새로운 예규·판례 등 다양한 실무사례를 반영하여 업무수행 시 실질적으로 도움이 되는, 가장 먼저 찾는 실무서를 발간하도록 노력하겠습니다.

끝으로 「2025 부가가치세법」이 관련 종사자뿐만 아니라 다양한 분야에서 일하시는 분들에게도 유용한 자료가 되길 바라며, 집필에 힘써주신 윤희원 세무사님의 노고에 감사를 전합니다.

2025년 6월

한국세무사회 회장 구재이

CONTENTS

Chapter 01 총 칙

01 _ 부가가치세의 기본개념 ·· 3
    1. 부가가치세의 개념 ··· 3
    2. 부가가치세의 유형 ··· 4
    3. 부가가치세 계산구조 ··· 5
    4. 부가가치율의 개념 ··· 7
    5. 부가가치세의 특징 ··· 7

02 _ 목적 및 용어의 정의 ·· 9
    1. 목적 ·· 9
    2. 용어의 정의 ··· 9

03 _ 납세의무자 ··· 10
    1. 의의 ·· 10
    2. 사업자 ·· 10
    3. 재화를 수입하는 자 ·· 11
    4. 납세의무자의 구분 ·· 12
    5. 국외거래에 대한 납세의무 ·· 13
    6. 납세의무자 판단사례 ·· 15
    7. 신탁과 관련한 부가가치세 ·· 16

04 _ 과세기간 ··· 20
    1. 의의 ·· 20
    2. 계속사업자 ··· 21
    3. 신규사업자 ··· 21
    4. 폐업자 ·· 22
    5. 유형전환자의 간이과세자 적용 과세기간 ··························· 24
    6. 간이과세 포기자의 과세기간 ·· 24
    7. 업종을 변경한 경우 과세기간 ·· 24

CONTENTS

05 _ 납세지 ·· 26
1. 의의 ·· 26
2. 사업장의 범위 ·· 26
3. 사업장의 구분 ·· 28
4. 사업장에 해당하지 않는 장소 ································· 31
5. 주사업장총괄납부 ·· 34
6. 사업자단위과세제도 ·· 39

06 _ 사업자등록 ·· 47
1. 사업자등록의 의의 ·· 47
2. 사업자등록의 신청 ·· 47
3. 사업자등록증 발급 ·· 54
4. 사업자등록의 정정 ·· 58
5. 휴업·폐업의 신고 ··· 61
6. 사업자등록의 불이행에 대한 제재 ······················· 65

Chapter 02 과세거래

01 _ 과세대상 ·· 81

02 _ 재화·용역의 범위 ·· 82
1. 재화의 범위 ··· 82
2. 용역의 의의 ··· 86
3. 사업의 구분 ··· 90

03 _ 재화의 공급 ·· 94
1. 재화의 실질공급 ·· 94
2. 재화공급의 특례(간주공급) ·································· 106
3. 위탁매매 또는 대리인에 의한 매매 ···················· 121
4. 신탁재산의 이전 ·· 122

    5. 재화의 공급으로 보지 아니하는 경우 ·················· 122

04 _ 용역의 공급 ··· 132
    1. 용역의 공급 ··· 132
    2. 용역 공급의 특례 ·· 134

05 _ 재화의 수입 ··· 137
    1. 의의 ·· 137
    2. 재화의 수입으로 보지 아니하는 경우 ······················ 138
    3. 보세구역에서의 부가가치세법 적용 ························ 138
    4. 재화의 수입시기 ··· 139

06 _ 부수재화 또는 용역 ·· 140
    1. 의의 ·· 140
    2. 부수재화 또는 용역의 범위 ································· 140
    3. 세무처리 ··· 141

07 _ 재화 또는 용역의 공급장소 ··· 143
    1. 의의 ·· 143
    2. 재화의 공급장소 ··· 144
    3. 용역의 공급장소 ··· 144
    4. 국외사업자로부터 권리를 공급받는 경우 ··················· 144
    5. 국내사업자간의 계약에 의해 국외에서 국외로 인도시
       세금계산서 발급의무 ··· 145
    6. 용역의 공급장소를 국외로 보는 경우 ······················ 145

CONTENTS

Chapter 03 영세율

01 _ 영세율 개요 ·· 151
   1. 의의 ·· 151
   2. 적용대상자 ·· 151
   3. 영세율 적용대상 ·· 152

02 _ 수출하는 재화 ·· 153
   1. 본래의 수출 ·· 153
   2. 특정무역방식의 거래 ·· 156
   3. 수출거래에 포함되는 국내거래 ··· 162

03 _ 용역의 국외공급 ·· 170
   1. 영세율 적용방법 ·· 170
   2. 세금계산서 발급의무 ·· 170
   3. 해외건설 공사용 자재의 국외반출 ··· 170

04 _ 선박·항공기의 외국항행용역 ·· 174
   1. 외국항행용역의 범위 ·· 174
   2. 외국항행용역에 포함되는 경우 ··· 174

05 _ 기타 ··· 176
   1. 국내에서 비거주자·외국법인에게 공급하는 재화·용역 ··············· 176
   2. 수출재화 임가공용역 ·· 178
   3. 외국을 항행하는 선박·항공기 또는 원양어선에 공급하는
      재화·용역 ·· 179
   4. 외교공관 등에 공급하는 재화 또는 용역 ······································· 180
   5. 외국인관광객에게 공급하는 관광알선용역 ····································· 180
   6. 외국인전용판매장 등에서 공급하는 재화 또는 용역 ···················· 181
   7. 외교관 등에게 공급하는 재화 또는 용역 ······································· 181

06 _ 조세특례제한법상 영세율 적용대상 ·········· 185

1. 의의 ··· 185
2. 방위산업체가 공급하는 방위산업물자 ············· 185
3. 「국군조직법」에 따라 설치된 부대 또는 기관에
   공급하는 석유류 ··· 186
4. 국가·지방자치단체 등 사업시행자에 직접 공급하는
   도시철도건설용역 ·· 186
5. 국가 또는 지방자치단체에 공급하는 사회기반시설의
   공급 및 사회기반시설의 건설용역 ···················· 188
6. 장애인용 보장구 및 장애인용 정보통신기기 등 ··· 189
7. 농민 등에게 공급하는 농·축·임·어업용 기자재 ··· 191

07 _ 농·어업용 기자재에 대한 부가가치세 사후환급 ········ 205

1. 의의 ··· 205
2. 농민 등의 범위 ·· 205
3. 대상 (기자재) ··· 206
4. 환급신청 및 환급절차 ······································ 210
5. 사후관리 ·· 210

08 _ 영세율첨부서류 ·· 212

Chapter 04 면세

01 _ 의의 ·· 231

1. 의의 ··· 231
2. 면세 대상 ·· 231

02 _ 면세되는 재화 또는 용역 ··· 233

1. 기초생활필수품 및 용역 ··································· 233

2. 국민후생용역 ·· 254
　3. 문화관련 재화·용역 ·· 265
　4. 부가가치 구성요소 ·· 271
　5. 공익성 재화·용역 ·· 289

03 _ 조세특례제한법에 의한 면세 ·························· 299
　1. 국민주택과 국민주택의 건설용역 면세 ············· 299
　2. 공동주택의 관리용역 등 면세 ·························· 306
　3. 도서지방 자가발전용 석유류의 면세 ················ 307
　4. 공장 등 및 학교 구내식당, 위탁급식업자가 공급하는
　　 음식용역의 면세 ·· 307
　5. 농·어업 경영 및 농·어업 작업 대행용역의 면세 ········· 309
　6. 건설임대주택 난방용역의 면세 ························ 310
　7. 온실가스 배출권 등에 대한 면세 ····················· 310
　8. 정부업무대행단체가 공급하는 재화·용역 ········· 310
　9. 국가철도공단이 공급하는 철도시설 ················· 310
　10. 사회기반시설의 건설용역 ······························ 311
　11. BTO 방식 건설한 기숙사 관리운영권 및 그 기숙사를
　　 이용하여 제공하는 용역 ································ 311
　12. 시내버스운송 사업용 천연가스버스 ·············· 311
　13. 전기버스 ·· 311
　14. 간이과세자에게 공급하는 자동차 ·················· 312
　15. 희귀병 치료를 위한 물품 ······························· 312
　16. 영유아용 기저귀와 분유 ································ 312
　17. 목재펠릿 ·· 312
　18. 해저광물자원개발을 위한 과세특례 ·············· 313
　19. 부가가치세 등 신고 시 제출서류 ··················· 313

04 _ 부수재화·용역에 대한 면세 ·························· 314
　1. 부수 재화·용역의 공급에 대한 면세 ················ 314
　2. 비영리 출판물과 관련되는 용역의 범위 ·········· 314
　3. 부수재화·용역의 과·면세 사례 ························ 314

05 _ 재화수입에 대한 면세 ········· 315
　1. 부가가치세법 ········· 315
　2. 「조세특례제한법」 ········· 321

06 _ 면세포기 ········· 321
　1. 의의 ········· 321
　2. 면세포기 대상 ········· 322
　3. 면세포기의 신고 ········· 322
　4. 면세포기의 효력 ········· 323
　5. 면세의 재적용 제한 ········· 323

07 _ 면세사업자의 협력의무 ········· 324
　1. 의의 ········· 324
　2. 협력의무 ········· 324

08 _ 영세율과 면세의 비교 ········· 325

Chapter 05 과세표준

01 _ 부가가치세의 계산구조 ········· 329

02 _ 공급시기(거래시기) ········· 329
　1. 의의 ········· 329
　2. 일반적 기준-재화의 공급시기 ········· 330
　3. 거래형태별 재화의 공급시기 ········· 330
　4. 용역의 공급시기 ········· 347
　5. 거래형태별 용역의 구체적인 공급시기 ········· 347
　6. 재화 및 용역의 공급시기의 특례 ········· 350

03 _ 재화와 용역의 과세표준 ·········· 354

1. 과세표준의 범위 ·········· 354
2. 유형별 공급가액의 계산 ·········· 358
3. 부당행위계산부인 ·········· 361
4. 재화 수입의 경우 ·········· 367
5. 과세표준에 포함되는 항목 ·········· 368
6. 과세표준에 포함되지 않는 금액 ·········· 369
7. 과세표준에서 공제하지 않는 금액 ·········· 378
8. 사례별 과세표준 ·········· 380

04 _ 과세표준의 계산특례 ·········· 385

1. 공통사용재화를 공급하는 경우 ·········· 385
2. 토지와 건물 등의 일괄공급시 과세표준 ·········· 389
3. 부동산임대용역을 공급하는 경우 ·········· 399
4. 간주공급에 대한 과세표준 ·········· 406

05 _ 대손세액공제 ·········· 407

1. 의의 ·········· 407
2. 대손사유 = 대손세액공제요건 ·········· 408
3. 시기의 제한 ·········· 416
4. 대손세액공제액 ·········· 417
5. 회수불능의 입증 ·········· 417
6. 공제세액의 사후관리 ·········· 417
7. 공급받는 자의 공제세액의 사후관리 ·········· 417
8. 제출서류 ·········· 419

Chapter 06 거래징수와 세금계산서

01 _ 거래징수 ········· 427

    1. 의의 ········· 427
    2. 거래징수의무자 ········· 427
    3. 거래상대방 ········· 427
    4. 거래징수시기 ········· 427

02 _ 세금계산서 ········· 428

    1. 의의 ········· 428
    2. 세금계산서의 기능 ········· 429
    3. 세금계산서 기재사항 ········· 430
    4. 세금계산서의 발급의무자와 발급시기 ········· 432
    5. 전자세금계산서 ········· 439
    6. 수정세금계산서 ········· 450
    7. 세금계산서 발급특례 ········· 459
    8. 세금계산서의 발급의무 면제 ········· 469
    9. 세금계산서와 신용카드매출전표의 이중발행 금지 ········· 470
    10. 수입세금계산서 ········· 471
    11. 세금계산서합계표의 제출 ········· 473

03 _ 영수증 ········· 481

    1. 의의 ········· 481
    2. 영수증 발급대상자 ········· 481
    3. 영수증 발급사업자에게 세금계산서 발급을 요구하는 경우 ··· 483
    4. 영수증 기재사항 등 ········· 484
    5. 간이과세자의 영수증발급 적용기간 ········· 485

04 _ 매입자발행세금계산서 ········· 486

    1. 의의 ········· 486
    2. 발행요건 ········· 487

3. 매입세액공제 및 가산세 ··· 488
4. 부가가치세 신고 ·· 489

05 _ 현금영수증 ·· 492
1. 현금영수증제도의 개요 ·· 492
2. 현금영수증 발급 ·· 495
3. 현금영수증 발급의무 대상 및 위반시 제재 사항 ············· 495

Chapter 07 납부세액 계산

01 _ 납부세액 계산구조 ··· 503

02 _ 세금계산서에 의한 매입세액 ·· 504
1. 의의 ··· 504
2. 매입세액의 공제시기 ··· 507
3. 2 이상의 사업장에 관련된 매입세액 공제 ······················ 507

03 _ 신용카드 매출전표 등 수령명세서에 의한 매입세액 ········ 512
1. 의의 ··· 512
2. 공제요건 ·· 512
3. 세금계산서를 발급받고 신용카드로 대금 결제시 신고방법 ··· 514
4. 사업용 신용 카드 및 화물자운전복지카드 ······················ 514
5. 결제대행업체 거래시 유의사항 ······································· 516

04 _ 의제매입세액의 공제 ··· 524
1. 의의 ··· 524
2. 적용 요건 ·· 524
3. 의제매입세액의 계산 ··· 526
4. 공제시기 ·· 528
5. 의제매입세액의 공제사업장 ·· 528

6. 의제매입세액 공제액의 추징 ·· 528
   7. 공제받지 못한 의제매입세액의 구제 방법 ······················ 529
   8. 겸업자의 의제매입세액 안분계산 ···································· 529
   9. 회계처리 ·· 530

05 _ 재활용폐자원 등에 대한 매입세액 ······························ 535

   1. 의의 ·· 535
   2. 매입세액공제 적용사업자의 범위 ···································· 535
   3. 재활용 폐자원 등의 범위 ·· 535
   4. 세액공제액 ·· 537
   5. 제출서류 ·· 538
   6. 세액공제 배제 ·· 538
   7. 공제하지 아니한 재활용폐자원 등의 매입세액 공제 ········· 538

06 _ 공제하지 아니하는 매입세액 ··· 543

   1. 의의 ·· 543
   2. 세금계산서 미수취·불명분 매입세액 ······························ 543
   3. 매입처별세금계산서합계표 미제출·부실기재분 매입세액 ······· 551
   4. 사업과 직접 관련없는 지출에 대한 매입세액 ······················· 552
   5. 개별소비세 과세대상 자동차의 구입과 임차 및
      유지에 관한 매입세액 ·· 555
   6. 기업업무추진비 및 이와 유사한 비용의 지출에 관련된
      매입세액 ·· 560
   7. 사업자등록 전 매입세액 ·· 561
   8. 면세사업 등에 관련된 매입세액 ·· 563
   9. 토지에 관련된 매입세액 ·· 564

07 _ 공통매입세액의 안분 및 정산 ······································· 571

   1. 의의 ·· 571
   2. 일반적인 경우: 해당 과세기간의 공급가액 비율로 안분계산 ··· 571
   3. 동일 과세기간에 공급받은 재화를 공급하는 경우 ··········· 572

4. 해당 과세기간 중 과세 또는 면세사업에 대한
   공급가액이 없는 경우 ·· 572
5. 안분계산의 배제 ·· 576

08 _ 납부세액 또는 환급세액의 재계산 ····················· 582

1. 의의 ··· 582
2. 재계산의 요건 ·· 582
3. 재계산의 방법 ·· 582
4. 재계산된 세액의 신고납부 ·· 583
5. 재계산의 배제 ·· 584

09 _ 과세사업 전환시 매입세액공제 ··························· 587

1. 의의 ··· 587
2. 과세사업에 전부 전환한 경우 ····································· 587
3. 감가상각자산을 일부전환한 경우(과세사업과 면세사업에
   공통사용하는 경우) ··· 587
4. 재계산 ··· 589
5. 공제방법 ··· 590

10 _ 재고매입세액의 공제 ·· 592

1. 의의 ··· 592
2. 공제대상자산 ·· 592
3. 재고매입세액의 계산 ··· 592
4. 재고매입세액의 공제시기 ··· 593
5. 절차 ··· 594
6. 재고매입세액 적용배제 ··· 594

Chapter 08

차가감납부 (환급)세액계산

01 _ 경감·공제세액 ··· 599

    1. 전자신고세액공제 ······································· 599
    2. 전자세금계산서 발급 전송에 대한 세액공제 특례 ············ 601
    3. 일반택시 운송사업자 경감세액 ······················· 603
    4. 현금영수증 사업자에 대한 세액공제 ················· 605
    5. 신용카드 등 결제금액에 대한 부가가치세 대리납부 ········ 606
    6. 소규모 개인사업자에 대한 부가가치세 경감 ············ 608
    7. 신용카드매출전표 등의 발행 세액공제 ··············· 610

02 _ 예정신고미환급세액 및 예정고지세액 ··················· 617

    1. 예정신고미환급세액 ····································· 617
    2. 예정고지세액 ··· 617

03 _ 사업양수자의 대리납부 기납부세액 ························ 617

    1. 의의 ··· 617
    2. 재화의 공급으로 보는 경우 ·························· 617
    3. 대리납부세액 ··· 618
    4. 신고기한 ··· 618
    5. 사업양도인 신고방법 ·································· 618

04 _ 매입자 납부특례 기납부세액 ····························· 620

    1. 금 관련 제품 거래시 매입자 납부제도 ············ 620
    2. 스크랩 등 거래시 매입자 납부제도 ··············· 624

05 _ 가산세 ··· 631

    1. 의의 ··· 631
    2. 요약 ··· 631
    3. 사업자등록 관련 가산세 ······························ 632
    4. 세금계산서불성실 가산세 ···························· 635

5. 세금계산서·신용카드매출전표 가공(위장)발급(수취) 가산세 ·· 641
6. 비사업자(자료상) 관련 가산세 ················· 644
7. 세금계산서합계표 관련 가산세 ················· 645
8. 현금매출명세서 등 제출불성실 가산세 ·········· 650
9. 영세율과세표준신고불성실 가산세 ············· 653
10. 신고불성실 가산세 ··························· 654
11. 납부지연 가산세 ····························· 656
12. 대리납부불성실 가산세 ······················· 658
13. 가산세의 중복적용 배제 ····················· 658
14. 가산세의 감면과 가산세 한도 ················ 659

Chapter 09 신고 및 납부절차

01 _ 예정신고와 납부 ································· 667
1. 예정신고 ··································· 667
2. 예정신고세액의 납부 ······················· 668
3. 예정고지납부 ······························· 668
4. 예정신고를 무신고한 경우 ·················· 670

02 _ 확정신고와 납부 ································· 671
1. 확정신고 ··································· 671
2. 확정납부 ··································· 673
3. 비거주자 등 신고·납부 ····················· 673
4. 확정신고를 무신고한 경우 ·················· 673
5. 예정신고누락분 확정신고시 가산세 감면 ···· 674
6. 확정신고누락분 수정신고시 가산세 감면 ···· 674

03 _ 재화의 수입에 대한 신고·납부 ··················· 675
1. 재화의 수입에 대한 신고·납부 ·············· 675
2. 재화의 수입에 대한 부가가치세 납부유예 ··· 675

04 _ 대리납부 ··· 678

1. 의의 ··· 678
2. 대리납부적용요건 ····································· 678
3. 대리납부 절차 ··· 679
4. 대리납부 계산방법 ·································· 680
5. 대리납부불성실 가산세 ··························· 681
6. 대리납부세액의 과다납부에 따른 환급 및 가산세 감면적용 ··· 681
7. 사업양도의 경우 사업을 양수받는 자의 대리납부 ············· 682
8. 해외 저작권자에게 저작권 사용대가를 지급하는 경우 대리납부 여부 ··· 682
9. 외국어교육기관이 외국법인으로부터 용역을 제공받은 경우 대리납부 해당여부 ································· 682

05 _ 국외사업자의 용역 등 공급에 대한 특례 ···················· 686

1. 대상자 ··· 686
2. 공급장소 특례 ··· 686

06 _ 전자적 용역을 공급하는 국외사업자의 용역 공급에 관한 특례 ··· 687

1. 의의 ··· 687
2. 용역공급의 특례 ····································· 687
3. 사업자등록에 관한 특례 ························· 688
4. 신고·납부 등에 관한 특례 ····················· 689
5. 자료제출의무 ··· 690
6. 세금계산서 발급의무 면제 ····················· 690
7. 사업자등록의 말소 ·································· 691

Chapter 10 결정·경정·징수·환급

01 _ 결정 및 경정 ······ 695
    1. 결정·경정기관 ······ 695
    2. 결정·경정의 사유의 범위 ······ 695
    3. 재경정 ······ 696
    4. 경정의 제한 ······ 696
    5. 결정 또는 경정방법 ······ 696
    6. 결정·경정과 매입세액 공제 ······ 698

02 _ 수시부과의 결정 ······ 698
    1. 의의 ······ 698
    2. 수시부과기간 ······ 699

03 _ 징수 ······ 700
    1. 의의 ······ 700
    2. 재화·용역의 공급에 대한 징수 ······ 700
    3. 재화의 수입에 대한 징수 ······ 700

04 _ 환급 ······ 700
    1. 의의(환급세액=매출세액<매입세액) ······ 700
    2. 일반환급 ······ 701
    3. 조기환급 ······ 701
    4. 경정시 환급 ······ 704

Chapter 11 간이과세자

01 _ 간이과세자의 범위 ······ 707
    1. 개요 ······ 707
    2. 적용배제 업종 ······ 707

02 _ 과세 적용과 과세유형의 변경 ··· 709

1. 계속사업자의 경우 ··· 709
2. 신규사업자의 경우 ··· 710
3. 과세유형의 변경통지 ··· 710
4. 신규사업자의 과세유형변경 ··· 710
5. 간이과세의 포기 ··· 710
6. 과세유형 변경통지가 없는 경우 ··· 711

03 _ 간이과세자의 세액계산구조 ··· 711

1. 세액계산구조 ··· 711
2. 의제매입세액공제 ··· 712
3. 매입세금계산서 등에 대한 세액공제 ································· 713
4. 신용카드매출전표 발행 등에 대한 세액공제 ··················· 714
5. 전자세금계산서 발급세액공제 ··· 714
6. 확정신고와 납부 ··· 715
7. 가산세 ··· 716
8. 결정·경정 및 징수 ·· 716

04 _ 일반과세자와 간이과세자의 비교 ··································· 717

05 _ 과세유형 변경시 세액계산 특례 ····································· 718

1. 의의 ··· 718
2. 계산 ··· 718

06 _ 납부의무면제 ··· 722

1. 면제대상 ··· 722
2. 면제대상자가 자진납부하는 경우의 처리 ························· 722

07 _ 결정·경정·가산세 ··· 723

1. 결정·경정 ··· 723
2. 징수 ··· 723
3. 가산세 ··· 723

Chapter 12 보 칙

01 _ 보칙 ·· 737

   1. 장부의 작성·보관 ···························· 737
   2. 부가가치세의 세액 등에 관한 특례 ········ 738
   3. 납세관리인 ···································· 739
   4. 질문·조사 ····································· 740
   5. 자료제출의무 ·································· 741

02 _ 벌칙 ·· 741

   1. 과태료 의의 ··································· 741
   2. 과태료의 부과기준 ··························· 742

Chapter 13 부가가치세신고서작성실무

01 _ 부가가치세신고서 작성 ················· 747

   1. 신고서 명칭 등 표시 ························ 747
   2. 과세표준 및 매출세액 ······················ 748
   3. 매입세액 ······································ 758
   4. 경감공제세액 ································ 770
   5. 차가감 납부세액 ···························· 771

02 _ 세금 추징사례(국세청보도자료) ········ 778

CHAPTER 01

총 칙

01 _ 부가가치세의 기본개념
02 _ 목적 및 용어의 정의
03 _ 납세의무자
04 _ 과세기간
05 _ 납세지
06 _ 사업자등록

01 부가가치세의 기본개념

1. 부가가치세의 개념

부가가치세(Value Added Tax)는 사업자가 창출한 부가가치를 과세 대상으로 하는 조세이다. 생산 및 유통의 각 단계에서 발생하는 부가가치에 대해 부과되며, 여기서 부가가치는 각 거래 단계에서 사업자가 새롭게 창출한 가치의 증가분을 의미한다.

> 부가가치세 = 매출세액(매출액 × <u>부가가치세율</u>) − 매입세액
> [10%, 0%]

》》 부가가치세의 과세 및 전가

구 분	제조업자(甲)	소매업자(乙)	최종소비자(丙)
매출액	1,000	3,000	
(매출세액)	(100)	(300)	
매입액	0	1,000	
(매입세액)	0	(100)	
창출한 부가가치	1,000	2,000	**소비부가가치 3,000**
납부세액	100	200	세부담 300

① 재화의 거래로 인해 국가가 징수한 부가가치세는 300원이다.
② 부가가치세 300원을 국가에 납부한 것은 사업자 甲, 乙이며, 각각 100원, 200원을 납부한다. 이에 사업자 甲, 乙을 부가가치세법상 「납세의무자」라 한다.
③ 사업자 乙은 최종소비자 丙에게 부가가치세 300원을 징수하고, 사업자 甲에게 징수당한 부가가치세 100원을 차감한 금액 200원만을 국가에 납부하였으므로 부가가치세로 인한 이득이나 손실은 없다. 즉, 부가가치세 200원을 납부하였지만 실제 부담한 것은 아니다.
④ 재화의 거래로 인해 국가가 징수한 부가가치세 300원은 최종소비자 丙이 부담한 것이다. 이에 최종소비자 丙을 부가가치세법상 「담세자」라 한다.

2. 부가가치세의 유형

부가가치세의 유형은 그 과세대상인 부가가치를 측정하는 방법에 따라 국민총생산형, 소득형, 소비형의 세 가지로 구분할 수 있다.[1]

구 분	부가가치의 계산방법
국민총생산형	부가가치 = 총매출액 - 중간재 매입액 = 임금 + 지대 + 이자 + 이윤 + 감가상각비
소 득 형	부가가치 = 총매출액 - 중간재 매입액 - 감가상각비 = 임금 + 지대 + 이자 + 이윤
소 비 형	부가가치 = 총매출액 - 중간재 매입액 - 자본재 매입액 = 임금 + 지대 + 이자 + 이윤 - 순투자액(총투자액 - 감가상각비)

(1) 국민총생산형

국민총생산형 부가가치세는 소비재와 자본재 모두를 과세 대상으로 포함하여 경제적 과세표준을 국민총생산액과 일치시키는 방식이다. 이론적으로는 동일한 세율 구조에서 최대의 세수를 확보할 수 있는 장점이 있지만, 자본재 과세로 인해 투자 억제 및 중복 과세 문제가 발생하는 단점이 있다.

(2) 소득형

소득형 부가가치세는 국민총생산액에서 감가상각비를 제외한 순투자액을 과세 대상으로 삼아 국민순소득과 과세표준을 일치시키는 방식이다. GNP형보다 합리적이지만, 투자액을 포함하기 때문에 투자 억제 효과가 있으며, 감가상각비 계산이 어렵다는 단점이 있다.

(3) 소비형

소비형 부가가치세는 국민소득 중 소비지출 부분만을 과세 대상으로 하며, 총 투자에 대한 완전 공제가 허용된다. 이에 따라 과세표준은 GNP에서 자본재 구입 비용을 제외한 총개인소비지출과 동일해진다. 자본재에 대한 과세가 없어 투자를 촉진하는 효과가 있으며, 감가상각비 계산이 필요하지 않아 세액 계산이 용이하다는 장점이 있어 대부분의 국가에서 채택하고 있다.

---

[1] 국세공무원교육원, 부가가치세법, 2025, 13-14p 참고.

3. 부가가치세 계산구조

이론적으로 부가가치세는 부가가치를 과세대상으로 하므로 매출액에서 매입액을 차감하여 산출된 부가가치에 세율을 적용하여 부가가치세를 과세하여야 하나, 정확하게 계산이 어려워 현실적으로 적용이 어렵다. 우리나라를 포함한 대부분의 나라는 매출액에 세율을 적용하여 매출세액을 구하고, 원재료 등을 구입할 때 거래상대방에게 거래징수당한 세액을 매입세액으로 공제하는 간접적인 방식을 채택하고 있으며 이를 전단계세액공제법이라고 한다. 이를 요약하면 다음과 같다.

(1) 직접법: 가산법

가산법은 각 거래단계의 부가가치를 일정기간 종료 후 각 단계별 기업활동에서 발생한 요소소득(임금·지대·이자·이윤 등)의 합계액으로 산출하고 그 부가가치에 대하여 세율을 적용하여 세액을 계산하는 방법이다. 이러한 가산법은 부가가치세의 전가 여부가 매우 불명확하여 소비형 부가가치세제로서는 적합하지 않으며 과세기술상의 어려움이 있어 이를 채택한 나라는 거의 없다.

> 매출액 − 매입액 = 부가가치 합계액(*) × 세율 = 부가가치세
> * 임차료 + 임금 + 이자 + 이윤 + 감가상각비 − 자본재구입액

(2) 간접법

1) 전단계거래액공제법(Account method)

기업의 매출액에서 매입액을 공제한 금액을 부가가치로 산출하고, 이를 과세표준으로 하고 세율을 적용하여 납부세액을 계산하는 방법이다. 이 방법은 품목별 복수세율이나 면세제도가 있는 경우 중간거래 단계에서 효과가 상쇄될 수 있으며, 성실한 장부 기록이 없으면 조세회피 가능성이 높다는 단점이 있다.

> (매출액 − 매입액) × 세율 = 부가가치세

2) 전단계세액공제법

일정기간 중 각 기업의 매출액 전체에 대하여 세율을 적용하여 계산한 세액(매출세액)에서 원재료 등을 매입할 때에 거래징수 당한 세액(매입세액)을 공제한 금액을 납부세액(또는 환급세액)으로 계산하는 방법이다.

> 매출세액(매출액 × 세율) − 거래징수당한 매입세액 = 부가가치세

　위의 전단계세액공제법에서 거래징수당한 매입세액은 재화나 용역을 공급하는 자로부터 이를 공급받는 자가 발급받은 세금계산서에 의하여 확인된 부분에 한하여 공제한다. 우리나라를 포함한 대부분의 국가에서 전단계세액공제법을 채택하고 있다. 이 방법은 세액 계산이 간편하고, 수출에 대해 완전 면세가 가능하며, 세부담의 전가가 명확해 소비세로서의 성격이 뚜렷하다. 또한 세금계산서 발급을 통해 거래 자료가 양성화되는 장점이 있지만, 발급 절차가 다소 번거롭다는 단점이 있다.

실무사례 ▼ 부가가치세 계산

사업자 갑은 ₩800에 원재료를 매입하여 제품을 생산한 후, 이를 사업자 을에게 ₩1,000에 판매했다. 사업자 을은 갑으로부터 매입한 상품을 최종 소비자에게 ₩3,000에 판매했다. 전단계세액공제법에 따라, 사업자 갑과 을의 부가가치세 회계 처리는 다음과 같다.

1. 사업자 갑의 회계처리

① 원재료 외상매입시
　원 재 료　　　800　　외상매입금　　880
　부가세대급금　 80

② 을에게 제품외상판매시
　외상매출금　 1,100　　매　출　　　1,000
　　　　　　　　　　　　부가세예수금　 100

③ 부가가치세 납부세액계산
　매출세액　100
　매입세액　 80
　납부세액　 20

2. 사업자 을의 회계처리

① 갑으로부터 상품 외상매입시
　상　품　　　1,000　　외상매입금　　1,100
　부가세대급금　 100

② 소비자에게 상품 현금매출시
　현　금　　　3,300　　매　출　　　3,000
　　　　　　　　　　　　부가세예수금　 300

③ 부가가치세 납부세액 계산
　매출세액　300
　매입세액　100
　납부세액　200

> 매출세액 = **부가세예수금(부채)**: 소매업자는 소비자로부터 매출시 매출액의 10%인 300원을 거래징수한다. 이 중 매입시 부담한 100원을 제외한 나머지 200원을 국가에 부가가치세로 납부한다.
>
> 매입세액 = **부가세대급금(자산)**: 소매업자는 매입시 100원을 세금으로 부담하지만 이는 소비자로부터 받아낼 것이므로 자산으로 계상한다. 즉, 소매업자의 부담이 아니다.

4. 부가가치율의 개념

부가가치율이란 사업자가 창출한 부가가치가 매출액에서 차지하는 비율을 나타내는 지표이다.

$$부가가치율 = \frac{매출액 - 매입액(고정자산\ 매입액\ 제외)}{매출액}$$

● 실무사례 **부가가치율의 계산**

[사실관계]
① 위 사업자 을의 부가가치율은?
② 매입가격이 150,000원인 경우에 20%의 부가가치율을 계획하고 매출가격을 결정하고자 한다. 매출액은?

해답

① $\dfrac{3{,}000 - 1{,}000}{3{,}000} = 67\%$

②

매출액	?	100%
- 매입액	150,000	80%
= 부가가치		20%

∴ 매출액 $= \dfrac{150{,}000}{80\%} = 187{,}500$

5. 부가가치세의 특징

(1) 소비형 부가가치세

전단계세액공제법에서는 부가가치세는 소비지출에 해당하는 부가가치만을 과세대상으로 한다.

(2) 간접세

부가가치세는 그 세부담의 전가를 예정하는 간접세[(납세의무자-사업자) 와 (담세자-소비자)상이함]이다.

(3) 다단계거래세

부가가치세는 각 거래단계마다 증가하는 부가가치에 대하여 사업자가 부가가치세를 거래징수토록 한다.

(4) 소비지국과세원칙

부가가치세는 국경세 조정에 관하여 국가간의 이중과세를 조정하기 위해서 소비지국과세원칙을 취하고 있다[사례: 수출 - 영세율제도, 재화의 수입 - 과세(10%)].

(5) 면세제도

부가가치세는 세부담의 역진성을 완화하기 위해 특정 재화 또는 용역의 공급에 대해서는 부가가치세 과세대상에서 제외시킨다.

(6) 전단계세액공제법

구 분	내 용
매출세액	매출세액이란 재화나 용역을 공급하는 경우 상대방에게 거래징수[2]한 부가가치세를 말하며, 매출액에 부가가치세율을 곱한 금액으로 한다. 이때, 공급자는 거래증빙으로 세금계산서 또는 영수증을 발급하며, 매출세액은 국가에 납부하여야 한다. 그리고 회계처리시에는 부채항목인 부가세예수금으로 기재한다.
매입세액	매입세액이란 재화나 용역을 매입하는 경우 상대방으로부터 거래징수당한 부가가치세를 말하며, 원칙적으로 세금계산서(또는 신용카드 등)를 수취한 경우에만 매입세액에 해당되어 국가로부터 돌려받게 된다. 따라서, 세금계산서를 수취하지 않거나 영수증을 수취한 경우에는 현행 부가가치세법상 매입세액에 해당되지 않아 국가로부터 돌려받을 수 없다. 그리고 회계처리시에는 자산항목인 부가세대급금으로 기재한다.

---

[2] 「부가가치세법」 제15조 [거래징수] 사업자가 재화 또는 용역을 공급하는 경우에는 과세표준에 세율을 적용하여 계산한 부가가치세를 그 공급을 받는 자로부터 징수하여야 한다.

02 목적 및 용어의 정의

1. 목적

「부가가치세법」은 부가가치세의 과세(課稅) 요건 및 절차를 규정함으로써 부가가치세의 공정한 과세, 납세의무의 적정한 이행 확보 및 재정수입의 원활한 조달에 이바지함을 목적으로 한다(부가법 제1조).

2. 용어의 정의

「부가가치세법」에서 사용하는 용어의 뜻은 다음과 같다(부가법 제2조).

용 어	정 의
① 재화	재산 가치가 있는 물건 및 권리를 말한다.
② 용역	재화 외에 재산 가치가 있는 모든 역무(役務)와 그 밖의 행위를 말한다.
③ 사업자	사업 목적이 영리이든 비영리이든 관계없이 사업상 독립적으로 재화 또는 용역을 공급하는 자를 말한다.
④ 간이과세자	직전 연도의 재화와 용역의 공급에 대한 대가(부가가치세가 포함된 대가)의 합계액이 일정 금액에 미달하는 사업자로서, 간편한 절차로 부가가치세를 신고·납부하는 개인사업자를 말한다.
⑤ 일반과세자	간이과세자가 아닌 사업자를 말한다.
⑥ 과세사업	부가가치세가 과세되는 재화 또는 용역을 공급하는 사업을 말한다.
⑦ 면세사업	부가가치세가 면제되는 재화 또는 용역을 공급하는 사업을 말한다.
⑧ 비거주자	「소득세법」 제1조의2 제1항 제2호에 따른 비거주자를 말한다. 거주자란 국내에 주소를 두거나 183일 이상의 거소를 둔 개인을 말하며, 거주자가 아닌 개인을 비거주자라고 한다.
⑨ 외국법인	「법인세법」 제2조 제3호에 따른 외국법인을 말한다. 국내에 본점이나 주사무소 또는 사업의 실질적 관리장소(사업의 실질적 관리장소가 국내에 있지 아니하는 경우만 해당)를 둔 법인을 내국법인이라 하고, 외국법인이란 외국에 본점 또는 주사무소를 둔 단체로서 설립된 국가의 법에 따라 법인격이 부여된 단체, 구성원이 유한책임사원으로만 구성된 단체, 그 밖에 해당 외국단체와 동종 또는 유사한 국내의 단체가 「상법」 등 국내의 법률에 따른 법인인 경우의 그 외국단체 등에 해당하는 법인을 말한다.

④ 간이과세자 공급대가 기준:

시기	2020.12.31. 이전	2024.07.01. 이전	2024.07.01. 이후공급
공급대가	4,800만원	8천만원 미만	1억4백만원 미만

03 납세의무자

1. 의의

「국세기본법」상 납세의무자란 세법에 의하여 국세를 납부할 의무가 있는 자를 말한다(국기법 제2조 9호).

납세의무자와 담세자가 동일한 직접세와 달리 간접세인 부가가치세는 납세의무자가 영리목적의 유무에 불구하고 사업상 독립적으로 재화 또는 용역을 공급하는 사업자이고, 담세자는 부가가치세를 실지로 부담하는 최종소비자로 구분된다.

다만, 최종소비자가 재화를 수입하는 경우에는 수입하는 자가 세관에 부가가치세를 신고 및 납부를 해야하므로 납세의무자와 담세자가 일치하게 된다.

다음의 어느 하나에 해당하는 자로서 개인·법인(국가·지방자치단체와 지방자치단체조합을 포함), 법인격이 없는 사단·재단 또는 그 밖의 단체는 부가가치세를 납부할 의무가 있다(부가법 제3조).

구 분	내 용
사업자	사업 목적이 영리이든 비영리이든 관계없이 사업상 독립적으로 재화 또는 용역을 공급하는 자를 말한다(부가법 제2조 제3호).
재화를 수입하는 자	재화를 수입하는 자는 소비지국 과세원칙을 구현하기 위해 사업자 여부에 관계없이 부가가치세 납세의무를 진다.

2. 사업자

"사업자"란 사업 목적이 영리이든 비영리이든 관계없이 사업상 독립적으로 재화 또는 용역을 공급하는 자를 말한다(부가법 제2조 제3호).

(1) 영리·비영리를 불문한다.

사업목적이 영리이든 비영리이든 관계없이 과세 대상인 재화 또는 용역을 공급하는 자가 납세의무자가 되므로, 비영리를 목적으로 하는 국가나 지방자치단체가 과세 대상인 재화 또는 용역을 공급할 때 거래상대방에게 부가가치세를 징수하여 납부해야 하나, 실질적으로 국가나 지방자치단체가 부담하는 것은 아니다.

(2) 사업성이 있어야 한다.

부가가치세는 생산 및 유통의 각 단계에서 부가되는 가치를 그 과세물건으로 하는 조세이므로 공급자는 부가가치를 창출할 수 있을 정도의 사업형태를 갖추고 계속·반복적인 의사로 재화 또는 용역을 공급하는 자를 말한다(대법원 86누555, 86.12.09.). 여기서 계속적이고 반복적으로 재화 또는 용역을 공급한다 함은 여러 차례의 재화 또는 용역의 공급이 계속 반복된다는 뜻이고 시간적 경과가 요구되는 단 한번의 용역을 공급할 의사로 용역을 제공하는 경우에까지 계속적으로 용역을 공급할 의사가 있었다고 할 수는 없다(대법90누8442, 1991.05.28.).

(3) 독립성이 있어야 한다.

사업의 독립성이라 함은 인적 독립성과 물적 독립성을 가져야 한다는 것을 의미한다.

구 분	내 용
인적 독립성	사업과 관련하여 재화 또는 용역을 공급하는 자는 다른 사업자에게 고용되거나 종속되지 않아야 한다. 따라서 근로자는 인적독립성이 없으므로 사업자가 될 수 없다.
물적 독립성	사업자체가 다른 사업에 부수되어 있지 아니하고 대외적으로 독립하여 재화 또는 용역을 공급하여야 한다. 예를 들어 소득세가 과세되지 아니하는 농가부업은 독립된 사업으로 보지 아니한다. 다만, 농가부업 중 민박, 음식물 판매, 특산물 제조, 전통차 제조 및 그 밖에 이와 유사한 활동은 독립된 사업으로 본다

(4) 과세대상인 재화 또는 용역을 공급하여야 한다.

위의 요건을 모두 갖추어도 면세대상의 공급은 「부가가치세법」상 납세의무가 없으며, 과세대상인 재화 또는 용역을 공급하여야 부가가치세의 납세의무가 있다.

(5) 등록 및 부가가치세 거래징수여부

사업자가 부가가치세가 과세되는 재화를 공급하거나 용역을 제공하는 경우에는 해당 사업자의 사업자등록 여부 또는 재화나 용역을 공급할 때에 부가가치세의 거래징수 여부에 관계없이 해당 재화 또는 용역의 공급에 대하여 부가가치세를 신고·납부할 의무가 있다(부가집 3-0-3).

3. 재화를 수입하는 자

재화를 수입하는 자는 사업자 여부에 관계없이 수입재화에 대한 부가가치세를 납부할 의무가 있다(부가법 제3조). 재화를 수입하는 자가 「관세법」에 따라 관세를 신고하고

납부하는 경우에는 재화의 수입에 대한 부가가치세를 함께 신고하고 납부하여야 한다(부가법 제50조).

4. 납세의무자의 구분

사업자는 과세사업자와 면세사업자로 구분된다. 과세사업자는 부가가치세가 과세되는 사업자를 말하고, 면세사업자는 부가가치세가 면세되는 사업을 영위하는 자를 말한다. 물론 과세사업과 면세사업을 함께 영위하는 겸영사업자도 있다.

(1) 일반과세자

과세사업자 중 간이과세 적용대상 이외의 모든 사업자로서 법인사업자와 일반개인사업자로 구분할 수 있다. 또한 과세사업과 면세사업을 겸영하는 겸영사업자가 있다.

(2) 간이과세자

연간 공급대가가 1억 400만원(2024.07.01. 이전 8,000만원)에 미달하는 개인사업자로서 「부가가치세법」상 납세의무자이다.

(3) 면세사업자

「부가가치세법」상 사업자가 아니므로 납세의무자가 아니다.

(4) 겸영사업자

「부가가치세법」에 따르면, 과세사업과 면세사업을 동시에 운영하는 사업자는 일반과세자로 분류된다. 예를 들어, 약국의 경우 단순 의약품 판매는 부가가치세가 부과되는 과세사업에 해당하지만, 처방전 조제 용역은 면세사업으로 처리된다.

■ 사업자의 구분
(1) 과세사업자 → 「부가가치세법」상 납세의무자이다.
  ① 일반과세자: 법인사업자, 일반개인사업자
  ② 간이과세자: 개인사업자만 해당
  ③ 겸영사업자: 과세와 면세를 같이하는 사업자
(2) 면세사업자
  「부가가치세법」상 사업자가 아니므로 납세의무자가 아니다.

5. 국외거래에 대한 납세의무 (부가집 3-0-4)

① 부가가치세의 납세의무는 우리나라의 주권이 미치는 범위 내에서 적용되므로 사업자가 우리나라의 주권이 미치지 아니하는 국외에서 재화를 공급하는 경우에는 납세의무가 없다. 다만, 중계무역방식의 수출, 위탁판매수출, 외국인도수출, 위탁가공무역방식의 수출로 재화를 공급하거나 원료를 대가없이 국외의 수탁가공 사업자에게 반출하여 가공한 재화를 양도하는 경우에 그 원료를 반출하는 경우에는 그러하지 아니한다.
② 다음의 용역에 대하여는 해당 부동산 또는 광고매체의 사용 장소가 국외이므로 부가가치세 납세의무가 없다.
　㉠ 국외에 소재하는 부동산의 임대용역
　㉡ 국내사업자가 외국의 광고매체에 광고를 게재하게 하고 의뢰인으로부터 지급받는 광고료
③ 우리나라 국적의 항공기 또는 선박에서 이루어지는 거래는 국외거래로 보지 아니하므로 부가가치세 납세의무가 있다.
④ 비거주자가 국내의 오픈마켓(사이버몰)에 판매자로 등록한 후 그 오픈마켓을 통해 국내소비자로부터 주문을 받아 국외에서 국내소비자에게 직배송하는 방법으로 상품을 판매하는 경우 해당 오픈마켓은 그 비거주자의 「부가가치세법」상 사업장에 해당하지 아니하며, 그 오픈마켓을 통한 상품판매에 대하여 해당 비거주자는 같은 법에 따른 납세의무를 부담하지 아니한다.

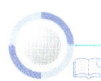
관련 해석사례 및 집행기준

납세의무자의 범위(부가집 3-0-2)

① 과세의 대상이 되는 행위 또는 거래의 귀속이 명의일 뿐이고 사실상 귀속되는 자가 따로 있는 경우에는 사실상 귀속되는 자에 대하여 「부가가치세법」을 적용한다.
② 「부가가치세법」상의 사업자가 아닌 개인 또는 면세사업자가 우발적 또는 일시적으로 재화 또는 용역을 공급하는 경우에는 부가가치세 납세의무자에 해당되지 아니한다.
③ 청산 중에 있는 내국법인이 「상법」 제229조에 따른 계속등기 여부에 관계없이 사실상 사업을 계속하는 경우에는 납세의무자에 해당한다.
④ 법인간의 흡수합병에 있어서 합병등기일 전 실제 합병한 경우 실제 합병일부터 합병등기일까지 피합병법인의 사업장에서 거래된 재화 또는 용역의 공급 및 매입분에 대하여는 피합병법인의 명의로 세금계산서를 발급하거나 발급받고 부가가치세를 신고·납부한다.

교회가 특수관계인에게 교회건물 일부를 카페로 임대하는 경우 과세여부

부동산임대용역을 제공하는 경우 사업자등록 여부에 불구하고 사업자에 해당하며 임대에 공하는 부동산 또한 사업용부동산에 해당하는 것이고, 사업자가 사업용부동산을 특수관계인에게 무상으로 임대하는 경우 「부가가치세법」 제12조 제2항 단서에 따라 부가가치세가 과세됨(서면부가 2018-1359, 2018.06.12.).

입주자대표회의가 이용자로부터 받는 아파트 부대시설 등 이용료의 부가가치세 과세

공동주택의 입주자대표회의가 단지 내 주차장 등 부대시설을 운영관리하면서 입주자들로부터 실비상당의 이용료를 받고, 외부인으로부터도 이용료를 받는 경우 외부인의 이용료만 부가가치세 납세의무 있음(기획재정부 부가가치세제과-631, 2017.12.04.).

저자주 - 부가가치세 과세여부 판단

구 분	납세의무여부
내부인 실비상당액 이용료	과세대상 아님
외부인 이용료 수령	과세대상임

국내에 고정사업장이 없는 외국법인의 부가가치세 납세의무

국내사업장이 없는 외국법인이 국내사업자에게 재화를 공급하는 경우 당해 외국법인은 부가가치세 납세의무가 없는 것임(서면부가 2015-1987, 2015.11.18.).

프로젝트를 수행하기 위해 설립된 특수목적회사가 재화를 공급하거나 공급받는 경우 부가가치세 납세의무

프로젝트 파이낸싱(Project Financing)에 있어 해당 프로젝트(사업)를 수행하기 위하여 설립된 특수목적회사(SPC)가 금융기관 등으로부터 차입한 자금으로 특정 재화를 매입 및 매출하여 그 법률효과가 특수목적회사에 귀속되는 경우에는, 그 재화의 매입 및 매출에 관한 업무를 타인에게 위임하는 경우라 하더라도 그 재화의 매입 및 매출자는 그 특수목적회사가 된다(부가가치세과-561, 2012.05.18.).

시공회사가 사업시행자에게 금전을 투자하고 수익금을 분배받는 경우 부가가치세 과세대상인지 여부

당사자의 일방이 상대방의 영업을 위하여 출자하고 상대방은 그 영업으로 인한 이익을 분배받을 것을 약정함으로써 그 효력이 발생하는 「상법」 제4장의 익명조합이 부가가치세가 과세되는 사업을 영위하는 경우, 부가가치세 제2조에 따른 납세의무자는 영업자인 것이며 다만, 「상법」 제81조에 따라 익명조합원이 자기의 성명·상호의 사용을 허락한 때에는 영업자 및 익명조합원이 공동사업을 영위하는 것으로 보는 것임(부가가치세과-491, 2012.04.30.).

◆ 태양광발전주택 소유자의 사업자 해당여부
① 태양광발전설비를 설치한 주택에서 태양광을 이용한 전기를 생산하여 소비하고 남은 잉여전력을 한전의 전력계통으로 보내는 경우, 태양광발전주택 소유자는 「부가가치세법」 제2조 규정에 의한 사업자에 해당하지 아니하는 것임(부가가치세과-1456, 2010.11.04.).
② 태양광발전설비를 설치한 주택에서 태양광을 이용한 전기를 생산하여 소비하고 남은 잉여전력을 한전의 전력계통으로 보내고 매월 한전으로부터 공급받은 전력량에서 자체생산하여 한전으로 보낸 전력량을 차감한 나머지 전력량에 대하여만 전기요금을 부담하는 경우 태양광발전주택 소유자는 「부가가치세법」 제2조 규정에 의한 사업자에 해당하지 아니하는 것임(서면3팀-192, 2004.02.06.).

6. 납세의무자 판단사례

(1) 작업반장

작업반장(일명 십장)이 고용계약에 의해 근로를 제공하고 임금을 일괄적으로 받아 분배하는 경우에는 근로자이므로 「부가가치세법」상 납세의무자가 아니다.

반면에 작업반장이 자신의 명의로 인적·물적시설을 갖추고 사업을 운영하고 거래 상대방과 직접 계약을 체결하며, 수익과 비용을 독자적으로 관리하는 경우에는 「부가가치세법」상 납세의무자에 해당한다. 예를 들면 건설회사와 하도급계약을 체결하거나, 대가를 어음으로 수령하는 경우, 건설자재를 부담한 경우에는 사업자로서 용역을 제공한 것으로 본다.

1) 작업반장을 근로소득자로 본 사례

청구인이 건설현장에서 일용노무비를 일괄 수령하여 재분배하였다는 사실만 갖고 사업상 독립적으로 재화 또는 용역을 공급하는 사업자로 보는 것은 부당하므로 청구인을 사업자로 보아 부가가치세 과세한 처분은 부당하다(조심 2010중2777, 2010.12.14.).

2) 작업반장을 사업자로 본 사례

청구인이 노임으로 지급하였다는 계좌거래사본외에 근로자별 작업기간 및 노임단계 계산 배분내역과 청구인에게 귀속되는 금액에 대한 증빙을 제시하지 못하고 있는 점, 청구인이 수행하였던 천정공사·수장공사·칸막이 공사·경량공사 등은 통상 하도급을 주어 공사하는 것이 관행인 점, 시공참여책임약정서 및 건설공사 하도급계약서를 체결한 사실이 있고 ○○으로부터 공사대금을 받은 사실이 있는 점, 청구인이 현장경비 및 공구구매·수리비가 발생하였다고 주장하고 있는 바, 건설용역 제공에 필요한 물적시설을 일정부분 갖춘 사업자로 보이는 점 등으로 미루어 보건대, 처분청이 청구인을 사업상

독립적으로 용역을 공급하는 부가가치세법상 사업자로 보아 부가가치세를 과세한 처분은 달리 잘못이 없는 것으로 판단된다(조심 2011중413, 2011.09.08.).

(2) 집합건물관리단

집합건물의 구분소유자들이 「집합건물의 소유 및 관리에 관한 법률」 제23조에 따라 관리단을 구성하여 자치적으로 집합건물을 관리하고 그 관리에 실지소요된 비용만을 각 입주자들에게 분배하여 징수하는 경우 해당 관리단은 부가가치세 납세의무자에 해당하지 않는다. 다만, 그 관리단이 입주자들로부터 관리에 관한 사항을 일임받은 경우 또는 별도로 재화나 용역을 제공하고 대가(예: 주차장 관리수입, 건물 개·보수 수입 등)를 받는 경우에는 납세의무자에 해당된다(부가집 3-0-2 ⑤).

7. 신탁과 관련한 부가가치세

(1) 의의

「신탁법」에서 "신탁"이란 신탁을 설정하는 자("위탁자")와 신탁을 인수하는 자("수탁자") 간의 신임관계에 기하여 위탁자가 수탁자에게 특정의 재산(영업이나 저작재산권의 일부를 포함한다)을 이전하거나 담보권의 설정 또는 그 밖의 처분을 하고 수탁자로 하여금 일정한 자(이하 "수익자"라 한다)의 이익 또는 특정의 목적을 위하여 그 재산의 관리, 처분, 운용, 개발, 그 밖에 신탁 목적의 달성을 위하여 필요한 행위를 하게 하는 법률관계를 말한다(「신탁법」 제2조).

납세의무자	2021.12.31.	2022.01.01. 신탁계약체결분
원 칙	위탁자	수탁자
예 외	수탁자	위탁자

(2) 신탁재산 관련 재화의 공급(2022.01.01. 이후)

1) 원칙 - 수탁자

신탁재산과 관련된 재화 또는 용역을 공급하는 때에는 「신탁법」 제2조에 따른 수탁자가 신탁재산별로 각각 별도의 납세의무자로서 부가가치세를 납부할 의무가 있다(부가법 제3조).

2) 특례 - 위탁자

다음 어느 하나에 해당하는 경우에는 위탁자가 재화를 공급하는 것으로 본다(부가법

제10조 제8항).

① 신탁재산과 관련된 재화 또는 용역을 위탁자 명의로 공급하는 경우
② 위탁자가 신탁재산을 실질적으로 지배·통제하는 경우로서 아래에서 정하는 경우
　㉠ 수탁자가 위탁자로부터 「자본시장과 금융투자업에 관한 법률」 제103조 제1항 제5호 또는 제6호의 재산을 수탁받아 같은 조 제4항에 따라 부동산개발사업을 목적으로 하는 신탁계약을 체결한 경우로서 그 신탁계약에 따른 부동산개발사업비의 조달의무를 수탁자가 부담하지 않는 경우
　㉡ 수탁자가 「도시 및 주거환경 정비법」 제28조 제1항 또는 「빈집 및 소규모주택 정비에 관한 특례법」 제56조 제1항에 따른 재개발사업·재건축사업 또는 소규모재건축사업의 사업대행자인 경우
　㉢ 수탁자가 위탁자의 지시로 위탁자와 특수관계인에게 신탁재산과 관련된 재화 또는 용역을 공급하는 경우
③ 그 밖에 신탁의 유형, 신탁설정의 내용, 수탁자의 임무 및 신탁사무 범위 등을 고려하여 대통령령으로 정하는 경우.

한편, 위탁자의 지위 이전을 신탁재산의 공급으로 보는 경우에는 기존 위탁자가 해당 공급에 대한 부가가치세 납부의무자가 된다(부가령 제5조의2 제3항).
　☞ 2022.01.01. 이후 위탁자 간 지위 이전 분부터 적용

(3) 수탁자의 연대납세의무

수탁자가 납세의무자가 되는 신탁재산에 둘 이상의 수탁자("공동 수탁자")가 있는 경우 공동수탁자는 부가가치세를 연대하여 납부할 의무가 있다. 이 경우 공동수탁자 중 신탁사무를 주로 처리하는 수탁자("대표수탁자")가 부가가치세를 신고·납부하여야 한다(부가법 제3조 제4항).

(4) 신탁관련 제2차 납세의무 및 물적납세의무

1) 신탁 관련 수익자의 제2차 납세의무

다음 어느 하나에 해당하는 부가가치세 또는 강제징수비를 신탁재산으로 충당하여도 부족한 경우에는 그 신탁의 수익자(「신탁법」 제101조에 따라 신탁이 종료되어 신탁재산이 귀속되는 자 포함)는 지급받은 수익과 귀속된 재산의 가액*을 합한 금액을 한도로 하여 그 부족한 금액에 대하여 제2차 납세의무를 진다(부가법 제3조의2 제1항).
　☞ 귀속된 재산의 가액: 신탁재산이 해당 수익자에게 이전된 날 현재 시가

① 신탁 설정일 이후에「국세기본법」제35조 제2항에 따른 법정기일이 도래하는 부가가치세로서 해당 신탁재산과 관련하여 발생한 것
② ①의 금액에 대한 강제징수 과정에서 발생한 강제징수비

2) 신탁 관련 수탁자의 물적납세의무

신탁재산 관련 예외규정으로 위탁자가 납세의무자가 되는 경우로서 위탁자가 부가가치세 등을 체납한 경우, 그 위탁자의 다른 재산에 대하여 강제징수를 하여도 징수할 금액에 미치지 못할 때에는 해당 신탁재산의 수탁자는 그 신탁재산으로써 위탁자의 부가가치세 등을 납부할 의무(물적납세의무)가 있다(부가법 제3조의2 제2항).

(5) 수탁자의 사업자등록

수탁자가 납세의무자가 되는 경우 수탁자(공동수탁자의 경우 대표수탁자)는 해당 신탁재산을 사업장으로 보아 사업자등록을 신청하여야 한다(부가법 제8조 제6항).
☞ 사업장: 신탁재산의 등기부상 소재지 또는 그 사업에 관한 업무를 총괄하는 장소

(6) 신탁재산에 대한 강제징수 특례

수탁자가 납부하여야 하는 부가가치세가 체납된 경우에는 국세징수법 제31조[압류의 요건 등]에 불구하고 해당 신탁재산에 대해서만 강제징수할 수 있다(부가법 제58조의2).

(7) 신탁재산의 간주공급

「신탁법」제10조에 따라 위탁자의 지위가 이전되는 경우에는 기존 위탁자가 새로운 위탁자에게 신탁재산을 공급한 것으로 본다. 다만, 신탁재산에 대한 실질적인 소유권의 변동이 있다고 보기 어려운 경우로서 다음의 경우에는 신탁재산의 공급으로 보지 아니한다(부가령 제10조 제8항).

① 「자본시장과 금융투자업에 관한 법률」에 따른 집합투자기구의 집합투자업자가 다른 집합투자업자에게 위탁자의 지위를 이전하는 경우
② 신탁재산의 실질적인 소유권이 위탁자가 아닌 제3자에게 있는 경우 등 위탁자의 지위 이전에도 불구하고 신탁재산에 대한 실질적인 소유권의 변동이 있다고 보기 어려운 경우

(8) 재화의 공급으로 보지 않는 신탁재산의 이전

신탁재산의 소유권 이전으로서 다음의 어느 하나에 해당하는 것은 재화의 공급으로 보지 아니한다(부가령 제10조 제9항 제4호).

① 위탁자로부터 수탁자에게 신탁재산을 이전하는 경우
② 신탁의 종료로 인하여 수탁자로부터 위탁자에게 신탁재산을 이전하는 경우
③ 수탁자가 변경되어 새로운 수탁자에게 신탁재산을 이전하는 경우

(9) 신탁재산 관련 매입세액공제 특례

다음의 경우에는 매입세액공제가 가능하다.

① 부가가치세를 납부해야 하는 수탁자가 위탁자를 재화 또는 용역을 공급받는 자로 하여 발급된 세금계산서의 부가가치세액을 매출세액에서 공제받으려는 경우로서 그 거래사실이 확인되고 재화 또는 용역을 공급한 자가 납세지 관할 세무서장에게 해당 납부세액을 신고하고 납부한 경우(부가령 제75조 제11항)

② 부가가치세를 납부해야 하는 위탁자가 수탁자를 재화 또는 용역을 공급받는 자로 하여 발급된 세금계산서의 부가가치세액을 매출세액에서 공제받으려는 경우로서 그 거래사실이 확인되고 재화 또는 용역을 공급한 자가 법 제48조[예정신고와 납부]·제49조[확정신고와 납부] 또는 제66조[예정부과와 납부]·제67조[간이과세자의 신고와 납부]에 따라 납세지 관할 세무서장에게 해당 납부세액을 신고하고 납부한 경우(부가령 제75조 제12항)

 관련 해석사례 및 집행기준

담보신탁계약에 따른 신탁부동산을 수탁자가 임대하는 경우 부동산임대용역의 납세의무자가 누구인지 등

2022.01.01. 이전에 담보신탁계약에 따라 수탁자가 신탁에 따른 수탁자의 권한으로 수탁부동산에 관한 임대차계약을 체결하고 임대료를 지급받는 경우 해당 부동산 임대용역에 대한 부가가치세 납세의무자는 수탁자가 되는 것이며, 담보신탁의 경우 다수의 담보신탁재산을 대표하여 사업에 관한 업무를 총괄하는 장소를 사업장으로 할 수 있는 것임(사전법규부가 2023-546, 2023.10.11.).

공동사업 협약에 따라 관리형 토지신탁계약을 체결 후 건물을 건축 및 분양 시 부가가치세 납세의무자

위탁자가 위탁자 소유의 토지를 개발하기 위한 공동사업협약에 따라 공동사업자로 사업자등록 후 신탁회사(수탁자)와 관리형 토지신탁계약을 2022.01.01. 이후 체결하는 경우로서 수탁자 명의로 신탁계약에 따른 건물을 건축 및 분양하는 경우 부가가치세 납세의무자는 공동사업자가 되는 것임(서면법규부가 2020-6097, 2022.07.20).

☞ 관리형토지 신탁의 경우 위탁자가 실질적으로 신탁재산을 지배·통제하는 경우로서 부가가

치세 납세의무자가 된다.

▶ 유동화전문회사가 신탁계약에 따라 신탁사에 신탁재산을 이전하여 신탁사의 명의로 매각하는 경우 면세여부

「자산유동화에 관한 법률」에 따른 유동화전문회사(이하 신탁법상 "위탁자")가 자산유동화사업을 위해 2022.01.01. 이후 신탁회사(이하 "수탁자")와 부동산처분신탁계약을 체결하면서 위탁자의 매각요청에 따라 수탁자 명의로 신탁재산을 공급하는 경우 수탁자가 납세의무자로서 부가가치세를 납부할 의무가 있는 것임(서면법규부가 2022-1750, 2022.06.09.).

▶ 수탁자가 위탁자를 공급받는 자로 하여 발급받은 세금계산서로 매입세액 공제할 수 있는지 여부

2022.01.01. 이후 수탁자가 위탁자와 신탁부동산을 개발하여 분양 및 임대하는 차입형 토지신탁계약을 체결하면서 2022.01.01. 이전에 위탁자와 용역업체 사이에 체결된 계약에 따라 위탁자를 공급받는 자로 하여 수취한 세금계산서로 매입세액을 공제받을 수 없는 것임(사전법규부가 2022-262, 2022.03.20.).

☞ 2022.01.01. 이후 공급받는 분부터 부가령 제75조 제11항, 제12항을 적용한다.

 **과세기간**

1. 의의

과세기간이란 부가가치세의 과세표준 계산에 기초가 되는 기간을 말하며 납세의무의 성립시기, 과세표준 및 납부세액의 계산기간 및 신고·납부기한을 정하는 기준이 된다(부가집 5-0-1).

구 분	과세기간
계속사업자	일반과세자: 1기(01.01. ~ 06.30.), 2기(7.01. ~ 12.31.)
	간이과세자: 01.01. ~ 12.31.
신규사업자의 최초 과세기간	사업개시일 ~ 그 날이 속하는 과세기간 종료일
폐업자의 최종 과세기간	과세기간 개시일 ~ 폐업일

2. 계속사업자

일반과세자의 부가가치세 과세기간은 법인, 개인 구분 없이 1년을 상·하반기로 구분하여 제1기와 제2기 과세기간으로 구분하며, 간이과세자는 1년으로 한다(부가법 제5조 제1항).

구 분		과세기간
일반과세자	1기	1월 1일부터 6월 30일까지
	2기	7월 1일부터 12월 31일까지
간이과세자		1월 1일부터 12월 31일까지

3. 신규사업자

(1) 최초 과세기간

신규로 사업을 시작하는 자에 대한 최초의 과세기간은 사업개시일로부터 그 날이 속하는 과세기간의 종료일까지로 한다. 다만, 사업개시일 이전에 사업자등록을 신청한 경우에는 그 신청한 날부터 그 신청일이 속하는 과세기간의 종료일까지로 한다(부가법 제5조 제2항).

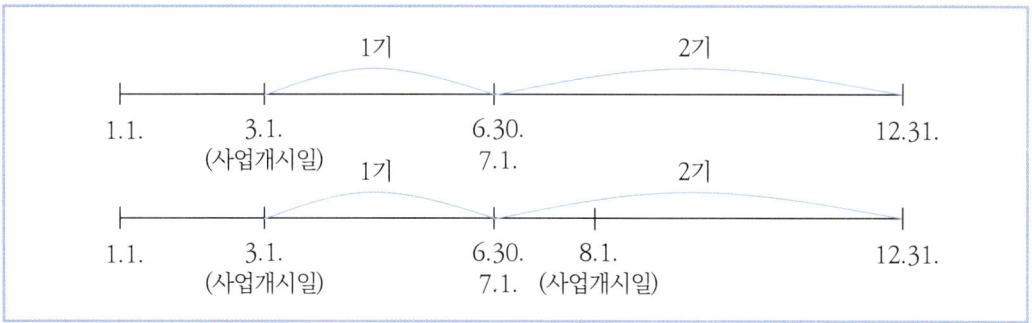

(2) 사업개시일

사업 개시일은 다음의 구분에 따른다. 다만, 해당 사업이 법령 개정 등으로 면세사업에서 과세사업으로 전환되는 경우에는 그 과세 전환일을 사업 개시일로 한다(부가령 제6조, 부가집 5-6-1).

> ① 제조업: 제조장별로 재화의 제조를 시작하는 날
> ② 광업: 사업장별로 광물의 채취·채광을 시작하는 날
> ③ ①과 ② 외의 사업: 재화나 용역의 공급을 시작하는 날

① 부동산임대업은 해당 임대용역의 공급을 개시하는 날이므로 전세금 또는 임대보증금의 과세표준 계산 시 기산일은 그 임대용역의 공급을 개시하는 날이 된다.
② 사업규모를 확장하기 위하여 기존사업장 외의 다른 장소에 있는 사업장을 양수하였을 경우 동 사업장의 개시일은 양수인이 사업장별로 사업을 양수하여 사업을 시작하는 날이 된다.

4. 폐업자

(1) 과세기간

사업을 폐업하는 경우의 과세기간은 폐업일이 속하는 과세기간의 개시일로부터 폐업일까지로 한다(부가법 제5조 제3항).

(2) 폐업일

폐업일은 다음의 구분에 따른다(부가령 제7조).

> ① 합병으로 인한 소멸법인의 경우: 합병법인의 변경등기일 또는 설립등기일
> ② 분할로 인하여 사업을 폐업하는 경우: 분할법인의 분할변경등기일(분할법인이 소멸하는 경우에는 분할신설법인의 설립등기일)
> ③ ① 및 ② 외의 경우: 사업장별로 그 사업을 실질적으로 폐업하는 날. 다만, 폐업한 날이 분명하지 아니한 경우에는 폐업신고서의 접수일

해산으로 청산 중인 내국법인(「법인세법」 제2조 제1호에 따른 내국법인을 말한다.) 또는 「채무자 회생 및 파산에 관한 법률」에 따라 법원으로부터 회생계획인가 결정을 받고 회생절차를 진행 중인 내국법인이 사업을 실질적으로 폐업하는 날부터 25일 이내에 납세지 관할 세무서장에게 신고하여 승인을 받은 경우에는 잔여재산가액 확정일(해산일부터 365일이 되는 날까지 잔여재산가액이 확정되지 아니한 경우에는 그 해산일부터 365일이 되는 날)을 폐업일로 할 수 있다(부가령 제7조 제2항).

그리고 하나의 사업장에서 여러 개의 업종의 사업을 영위하는 사업자가 그 중 하나의 업종을 폐지하는 경우에는 폐업에 해당하지 아니한다(부가집 5-7-1).

(3) 확정신고

사업을 폐업하는 경우 폐업일이 속하는 달의 말일로부터 25일까지 부가가치세 확정신고를 해야 한다(부가법 제49조 제1항).

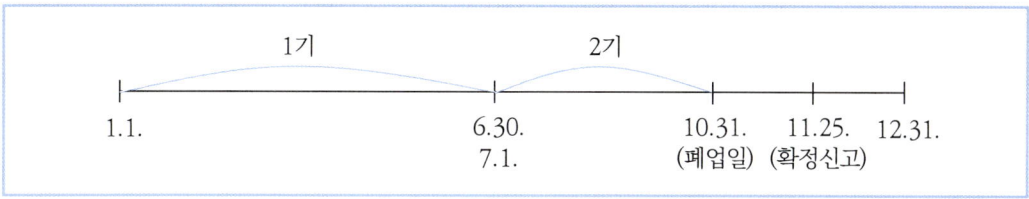

(4) 사업 개시일 전에 사업자등록을 한 자가 폐업으로 의제되는 경우

사업 개시일 전에 사업자등록을 한 자로서 사업자등록을 한 날로부터 6개월이 되는 날까지 재화와 용역의 공급실적이 없는 자에 대해서는 그 6개월이 되는 날을 폐업일로 본다. 다만, 사업장의 설치기간이 6개월 이상이거나 정당한 사유가 있는 경우 그러하지 아니한다(부가령 제7조 제3항). 폐업으로 의제되는 날이란 다음에 해당하는 날을 말한다(부가령 제15조 제2항).

① 사업자가 사업자등록을 한 후 정당한 사유 없이 6개월 이상 사업을 시작하지 아니하는 경우
② 사업자가 부도발생, 고액체납 등으로 도산하여 소재 불명인 경우
③ 사업자가 인가·허가의 취소 또는 그 밖의 사유로 사업을 수행할 수 없어 사실상 폐업상태에 있거나 사실상 사업을 시작하지 아니하는 경우로 볼 수 있는 경우
④ 사업자가 정당한 사유 없이 계속하여 둘 이상의 과세기간에 걸쳐 부가가치세를 신고하지 아니하고 사실상 폐업상태에 있는 경우
⑤ 그 밖에 사업자가 위의 유사한 사유로 사실상 폐업상태에 있거나 사실상 사업을 시작하지 아니하는 경우

(5) 합병·분할로 인하여 폐업한 경우

① 합병으로 인하여 소멸한 경우 과세기간
합병으로 인하여 소멸한 경우 과세기간은 과세기간 개시일로부터 합병법인의 변경등기일 또는 설립등기일까지로 한다(부가령 제7조 제1항 제1호).
② 분할로 인하여 소멸한 경우 과세기간
분할법인의 분할변경등기일(분할법인이 소멸하는 경우에는 분할신설법인의 설립

등기일)을 폐업일로 본다(부가령 제7조 제1항 제2호).

5. 유형전환자의 간이과세자 적용 과세기간

간이과세자에 관한 규정이 적용되거나 적용되지 아니하게 되어 일반과세자가 간이과세자로 변경되거나 간이과세자가 일반과세자로 변경되는 경우 그 변경되는 해에 간이과세자에 관한 규정이 적용되는 기간의 부가가치세의 과세기간은 다음의 구분에 따른 기간으로 한다(부가법 제5조 제4항).

유 형	과세기간
① 일반과세자가 간이과세자로 변경되는 경우	그 변경 이후 7월 1일부터 12월 31일까지
② 간이과세자가 일반과세자로 변경되는 경우	그 변경 이전 1월 1일부터 6월 30일까지

6. 간이과세 포기자의 과세기간

간이과세 적용 포기의 신고일이 속하는 과세기간의 개시일로부터 그 신고일이 속하는 달의 마지막 날까지의 기간(간이과세자 과세기간)과 그 신고일이 속하는 달의 다음달 1일부터 그 날이 속하는 과세기간의 종료일까지의 기간(일반과세자 과세기간)을 각각 1과세기간으로 한다(부가법 제5조 제5항).

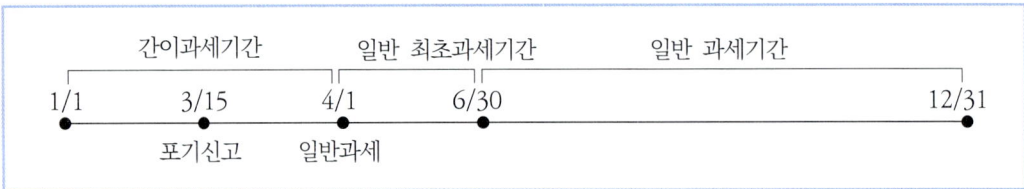

7. 업종을 변경한 경우 과세기간

사업자가 사업의 종목이 변경된 경우에는 사업자등록증 정정사유에 해당하므로 일반적인 과세기간을 적용한다. 다만, 업종 변경을 착오로 폐업신고를 하였다 하여 폐업시 잔존재화에 대하여 부가가치세를 부과하지 못한다(조심 2004중2046, 2004.12.22.).

그리고 하나의 사업장에서 여러 개의 업종의 사업을 영위하는 사업자가 그 중 하나의 업종을 폐지하는 경우에는 폐업에 해당하지 아니한다(부가집 5-7-1).

 관련 해석사례 및 집행기준

◦ 실제 분할일부터 분할등기를 한 날까지 분할법인의 사업장에서 거래된 재화 및 용역의 공급과 매입에 대한 세금계산서 발급의무자

법인사업자가 상법 규정에 의하여 회사를 분할하여 법인을 설립함에 있어서 신설법인의 분할등기 전에 실제 분할한 경우 실제 분할일부터 분할등기를 한 날까지 분할법인의 사업장에서 거래된 재화 또는 용역의 공급 및 매입분에 대하여는 분할법인의 명의로 세금계산서를 발급하거나 발급받고 부가가치세를 신고·납부하여야 하는 것입니다(서면3팀-2530, 2006.10.25.).

◦ 피합병법인 명의로 합병등기일 후의 작성일자의 세금계산서 발급여부

합병으로 인한 소멸법인의 최종 과세기간은 부가가치세법 제3조 제3항의 규정에 의하여 그 과세기간은 부가가치세법 제3조 제3항의 규정에 의하여 그 과세기간의 개시일부터 합병등기를 한 날까지로 하는 것으로, 귀 질의의 경우 피합병법인의 명의로 합병등기일 이후의 날짜로 작성된 세금계산서를 발급할 수 없는 것이며 합병등기일 이후 합병법인 소유의 부동산을 매각하는 때에는 합병법인의 명의로 세금계산서를 발급하는 것입니다(서면3팀-2031, 2004.10.05.).

◦ 부동산임대업에 있어 실제 폐업일 판단

부동산 임대업의 실제 폐업시점에 관하여 보면, 「부가가치세법」상 사업의 개시, 폐지 등은 법상등록, 신고여부와는 관계없이 그 해당사실의 실질에 의하여 결정되는 것으로서 부동산임대업에 있어서의 사실상 폐업시기는 각 임차인들이 임차보증금을 반환받고 당해 건물에서 모두 퇴거하거나 또는 당해 건물에 관하여 제3자 앞으로 소유권이전등기가 경료되는 등 임대차관계 사무의 종료시점이라고 봄이 상당하다(대법원2002두8800, 2003.01.10.).

◦ 개인사업자의 법인전환시 최종 과세기간

개인사업자가 법인을 설립하여 해당 법인에게 사업을 포괄적으로 양도하는 경우 양도하는 개인사업자의 최종 과세기간은 그 과세기간의 개시일부터 사업의 양도로 당해 사업을 실질적으로 폐업하는 날까지로 한다(부가 46015-715, 1999.03.18.).

05 납세지

1. 의의

납세지란 사업자가 「부가가치세법」에 따른 납세의무 및 협력의무를 이행하고 과세관청이 부과권과 징수권을 행사하는 기준이 되는 장소로서 부가가치세의 납세지는 사업장의 소재지로 한다(부가법 제6조 제1항). 사업자는 사업장마다 사업자등록을 하여야 하며, 사업장별로 구분하여 세금계산서 발급 및 수취·납부세액 계산·신고 및 납부·경정하여야 한다.

원칙	사업장단위 신고·납부 → 2 이상 사업장이 있는 사업자도 사업장마다 신고·납부
특례	① 주사업장총괄납부제도 → 납부(환급)만 총괄 ② 사업자단위과세제도 → 모든 의무 총괄

2. 사업장의 범위

(1) 의의

사업장이란 사업자가 사업을 하기 위하여 거래의 전부 또는 일부를 하는 고정된 장소를 말한다(부가법 제6조 제2항).

(2) 업종별 구체적인 범위

업종별 사업장의 범위는 다음과 같다(부가법 제8조 제1항). 다만, 사업자의 신청에 의하여 아래의 사업장 이외의 장소도 사업장으로 등록가능하며, 사업장을 두지 아니하면 사업자의 주소 또는 거소를 사업장으로 한다(부가법 제6조 제3항). 예를 들면 차량에 의한 이동판매업, 백화점 등의 임시매장에 의한 판매업, 외판업, 무인판매기 사업 등이 해당한다.

사 업	사업장의 범위	
1. 광업	광업사무소의 소재지. 이 경우 광업사무소가 광구(鑛區) 밖에 있을 때에는 그 광업사무소에서 가장 가까운 광구에 대하여 작성한 광업 원부의 맨 처음에 등록된 광구 소재지에 광업사무소가 있는 것으로 본다.	
2. 제조업	최종제품을 완성하는 장소. 다만, 따로 포장만을 하거나 용기에 충전만을 하는 장소와 「개별소비세법」 제10조의 5에 따른 저유소(貯油所)는 제외한다.	
3. 건설업·운수업과 부동산매매업	가. 법인인 경우	법인의 등기부상 소재지 (등기부상의 지점 소재지 포함)
	나. 개인인 경우	사업에 관한 업무를 총괄하는 장소
	다. 법인의 명의로 등록된 차량을 개인이 운용하는 경우	법인의 등기부상 소재지 (등기부상의 지점 소재지 포함)
	라. 개인의 명의로 등록된 차량을 다른 개인이 운용하는 경우	그 등록된 개인이 업무를 총괄하는 장소
4. 수자원을 개발하여 공급하는 사업	사업에 관한 업무를 총괄하는 장소	
5. 대구시설관리공단이 공급하는 사업	사업에 관한 업무를 총괄하는 장소	
6. 다단계판매원이 재화나 용역을 공급하는 사업	해당 다단계판매원이 「방문판매 등에 관한 법률」 제13조에 따라 등록한 다단계판매업자의 주된 사업장의 소재지. 다만, 다단계판매원이 상시 주재하여 거래의 전부 또는 일부를 하는 별도의 장소가 있는 경우에는 그 장소로 한다.	
7. 전기통신사업자가 통신요금 통합청구의 방법으로 요금을 청구하는 전기통신사업	사업에 관한 업무를 총괄하는 장소	
8. 전기통신사업자가 이동통신역무를 제공하는 전기통신사업	가. 법인인 경우	법인의 본점 소재지
	나. 개인인 경우	사업에 관한 업무를 총괄하는 장소
9. 무인자동판매기를 통하여 재화·용역을 공급하는 사업	사업에 관한 업무를 총괄하는 장소	
10. 한국철도공사가 경영하는 사업	사업에 관한 업무를 지역별로 총괄하는 장소	
11. 우정사업조직이 선택적 우편역무 중 소포우편물을 방문 접수하여 배달하는 용역을 공급하는 사업	사업에 관한 업무를 총괄하는 장소	

사 업	사업장의 범위
12. 전기판매사업자가 전기요금 통합청구의 방법으로 요금을 청구하는 전기판매사업	사업에 관한 업무를 총괄하는 장소
13. 국가, 지방자치단체 또는 지방자치단체조합이 공급하는 과세사업	사업에 관한 업무를 총괄하는 장소. 다만, 위임·수탁 또는 대리에 의하여 재화나 용역을 공급하는 경우에는 수임자·수탁자 또는 대리인이 그 업무를 총괄하는 장소를 사업장으로 본다.
14. 송유관설치자가 송유관을 통하여 재화 또는 용역을 공급하는 사업	사업에 관한 업무를 총괄하는 장소
15. 부동산임대업	부동산의 등기부상 소재지

다만, 위 무인자동판매기를 통하여 재화·용역을 공급하는 사업의 경우에는 설치장소 등을 신청에 의하여 추가로 사업장을 등록할 수 없다(부가령 제8조 제4항).

• 실무사례 제조업의 사업장 판단

[사실관계]
A 제조업 법인은 본사를 서울에 두고 있으며, 제품 생산의 최종 단계가 이루어지는 공장은 화성에 위치한다. 이 법인은 「부가가치세법」에 따라 사업장을 등록은 어디에 해야 하는가?

해답
「부가가치세법」상 제조업의 경우 사업장은 최종제품이 완성되는 장소로 규정되므로, 화성에 위치한 공장은 반드시 사업자등록을 해야 한다. 본사를 서울에 두고 있는 경우에는 실질적인 사업이 이루어지는 장소이므로 본사를 사업장으로 추가 등록하는 것이 일반적이다.

3. 사업장의 구분

(1) 직매장

직매장이란 사업자가 자기의 사업과 관련하여 생산 또는 취득한 재화를 직접 판매하기 위하여 특별히 판매시설을 갖춘 장소를 말하는데, 이러한 직매장은 판매행위가 이루어지므로 사업장에 해당한다(부가령 제8조 제3항).

(2) 하치장

하치장이란 재화의 보관·관리시설만을 갖춘 장소로서 판매행위가 이루어지지 아니하는 장소를 말하는데, 이러한 하치장은 판매행위가 이루어지지 아니하므로 사업장으로 보지 아니한다(부가법 제6조 제5항 제1항).

하치장을 설치한 사업자는 해당 하치장을 둔 날부터 10일 이내에 사업자의 인적사항(상호, 성명, 주소, 사업자등록번호, 주민등록번호 및 사업장 소재지와 사업의 종류)과 하치장의 설치일자, 소재지 및 소속 구분 등을 기재한 『하치장설치신고서』를 하치장 관할 세무서장에게 제출하여야 하며, 신고를 받은 하치장 관할세무서장은 10일 내에 납세지 관할세무서장에게 통보하여야 한다. 다만, 「주세법 시행령」 제36조 제4항에 따라 관할 세무서장의 승인을 받은 주류하치장의 경우에는 하치장 설치 신고서의 제출을 생략할 수 있다(부가령 제9조 제1항 ~ 제2항).

☞ 하치장 설치신고를 한 자라도 하치장에서 상행위가 이루어지면 하치장이 아니라 독립된 별개의 사업장으로 보아야 한다.

• 실무사례   하치장이 있는 경우

[사실관계]

화공약품의 수입 및 도매업을 영위하고 있는 업체로서, 본사(이하 주사업장)로부터 근거리에 위치한 화공약품 전문보관 창고업체에 보관을 의뢰하여 사용하고 있다. 이 경우 창고의 사업자등록 여부 및 보관된 재고를 출고시 세금계산서 발급은?

도매업을 영위하는 사업자가 판매목적의 상품을 영업활동을 하는 장소 이외의 타 장소에 보관·관리하는 경우 해당 도매업자의 사업장은 사업자 또는 사용인이 상시 주재하여 거래의 전부 또는 일부를 행하는 장소(귀 질의 본사 및 영업소)가 되는 것이며,

재화를 단순히 보관·관리만을 하는 장소는 「부가가치세법시행령」 제4조 제2항에 규정하는 하치장에 해당하여 하치장 관할세무서장에게 하치장 설치신고를 하여야 하는 것이며, 세금계산서 발급은 본사에서 발급하여야 한다(부가 46015-1633, 1997.07.18).

(3) 임시사업장

1) 의의

임시사업장이란 사업자가 기존 사업장 외에 각종 경기대회·전람회·국제회의 기타 이와 유사한 행사(예: 바자회, 피서철의 해수욕장 등)가 개최되는 장소에서 임시로 개설한 사업장을 말하는데, 이러한 임시사업장은 기존사업장에 포함되며, 별도의 독립된 사업장으로 인정되지 아니한다.

2) 임시사업장 개설신고

임시사업장을 개설하려는 자는 『임시사업장 개설 신고서』를 해당 임시사업장의 사업개시일부터 10일 이내에 임시사업장 관할 세무서장에게 제출하여야 한다. 다만, 임시사업장의 설치기간이 10일 이내인 경우에는 임시사업장 개설 신고를 아니할 수 있다(부가령 제10조 제2항).

위의 신고를 받은 세무서장은 임시사업장 설치의 타당성 여부를 확인하여 임시사업장 조사확인통지서를 신고서접수일로부터 7일 이내에 신청인과 기존사업장 관할세무서장에게 통지하여야 한다(부가령 제10조 제3항).

3) 임시사업장 폐쇄신고

임시사업장을 개설한 자가 임시사업장을 폐쇄하였을 때에는 폐쇄일부터 10일 이내에 『임시사업장 폐쇄 신고서』를 그 임시사업장 관할 세무서장에게 제출하여야 한다(부가령 제10조 제4항).

4) 가산세

임시사업장 개설신고서를 제출하지 아니하는 때에는 임시사업장으로 보지 아니하는 것이므로 독립된 사업장으로 보아 미등록가산세와 신고 및 납부지연가산세를 적용한다(부가집 6-10-1 ⑥).

(4) 연락사무소

연락사무소는 과세 재화를 공급(인도)하지 아니하고 단순히 본사의 지시에 따라 대금의 영수 및 수주활동이나 거래처의 관리 및 업무 연락만을 하는 장소이므로 사업장에 해당하지 아니한다(법규부가 2008-0035, 2008.11.20.).

> **외국사업자 연락사무소의 매입세액 환급특례**
>
> 국내에 사업장이 없는 외국법인 또는 비거주자로서 외국에서 사업을 하는 자("외국사업자")가 국내에서 사업상 다음의 어느 하나에 해당하는 재화 또는 용역을 구입하거나 제공받았을 때에는 대통령령으로 정하는 바에 따라 그 재화 또는 용역과 관련된 부가가치세를 해당 외국사업자에게 환급할 수 있다. 다만, 그 외국사업자의 한 해(1월 1일부터 12월 31일까지로 한다)의 환급금액이 30만원 이하인 경우에는 그러하지 아니하다(조특법 제107조 제6항).
> ① 음식·숙박용역
> ② 광고용역
> ③ 그 밖에 대통령령으로 정하는 재화 또는 용역

실무사례 — 연락사무소를 설치하는 경우

[사실관계]

㈜한결은 서울에 본사를 두고 있으며, 부산 지역에서 사업 확장을 고려하고 있다. 이를 위해 부산에 연락사무소를 설치하고, 해당 사무소에서 시장 조사, 고객 상담 및 홍보 업무를 수행하기로 했다. 연락사무소는 독립적인 판매 활동이나 계약 체결 없이 본사의 업무를 지원하는 역할만 담당하며, 별도의 제품 보관이나 유통 기능을 수행하지 않는다. 이 경우 사업자등록 여부를 판단 및 임차료에 대한 세금계산서 수령시 매입세액공제여부를 판단하시오.

해답

- 연락사무소에서 직접적인 판매, 계약 체결, 대금 수수 등의 영업 활동을 수행하는 경우, 사업장으로 등록해야 하나, 단순한 보조업무만 수행한다면 사업장에 해당하지 아니한다.
- 세금계산서 수령분은 본점에서 매입세액공제가 가능하다.

[비교] - 직매장·하치장·임시사업장의 비교

	직매장	하치장	임시사업장
사업장 여부	별도의 사업장	사업장에 해당하지 않음	기존 사업장에 포함
세금계산서 발급	직매장 명의로 세금계산서 발급	출고지시한 사업장 명의로 발급	기존 사업장 명의로 발급
예 시	기업이 운영하는 직영 매장(예: 브랜드 공식 매장)	유통업체의 물류창고, 배송 중간 보관 장소	지역 축제나 박람회에서 일시적으로 개설된 제품 홍보 및 판매 부스

4. 사업장에 해당하지 않는 장소

사업장에 해당하지 않는 장소를 예시하면 다음과 같다(부가집 6-8-3).

① 제품의 판매목적이나 보관·관리를 위한 별도의 시설을 갖추지 아니하고 단순히 견본품만을 전시할 목적으로 진열시설을 갖춘 장소
② 재화 또는 용역의 공급 없이 주문만을 받는 장소
③ 물품을 판매하지 아니하고 단순히 본점의 지시에 따라 판매업무에 수반하는 상품의 수주나 대금의 영수, 신용조사 및 주문처와의 단순한 업무연락만 하는 장소
④ 사업자가 자기가 생산한 재화를 판매하지 아니하고 단순히 보관 또는 관리하는 장소
⑤ 사업자가 백화점사업자와 일반적인 또는 특정 거래조건(재고반품 및 마진율과 대금지급 등)에 의한 계약을 체결하여 백화점사업자에게 재화를 공급(납품)하고 그

공급대가는 해당 매장에서 고객에게 판매된 금액 중 일정비율에 상당하는 이윤을 차감한 금액으로 지급받기로 하는 경우 그 매장

⑥ 단체급식사업자가 인력을 파견하여 수탁사업자로 하여금 음식용역을 제공하게 하는 장소

⑦ 직접 판매행위를 하지 않고 단순히 모바일 서비스 홍보, 가입신청자 접수, 제품의 인도 등 보조적인 업무만 하는 장소

⑧ 외국법인이 국내 보세구역 내 창고에서 다수의 다른 고객을 상대로 사업을 하는 독립적인 물류업자를 통하여 물품의 보관·인도만 하고, 주문·계약 등은 국외에서 수행함에 따라 「법인세법」 제94조에 따른 장소에 해당하지 아니하는 경우 해당 보세구역 내 창고

 관련 해석사례 및 집행기준

전기자동차 충전사업을 영위하는 자의 사업장

사업자가 「전기사업법」에 따른 전기자동차 충전사업 허가를 받아 여러 지역에 무인 전기자동차 충전소를 설치하여 전기자동차 충전사업을 영위하는 경우 해당 사업장 소재지는 「부가가치세법」 제6조 제2항에 따라 사업자 또는 그 사용인이 상시주재하여 거래의 전부 또는 일부를 총괄하여 행하는 장소임(사전법규부가 2024-0542, 2024.08.27.).

사업자의 동일 주소에 다수의 사업자등록이 가능한 지 여부

「부가가치세법」 제6조 제3항에 따라 사업자의 주소 또는 거소를 사업장으로 하는 경우에는 그 장소를 하나의 사업장으로 하여 하나의 사업자등록을 하는 것임(기재부 부가가치세제과-38, 2023.02.02.).

여러 지역에서 무인태양광발전시설을 운영하는 경우 사업장 소재지가 어디인지

여러 지역에 설치된 무인 태양광발전시설의 사업장 소재지는 각 지역의 시설 설치장소가 아닌 사업자가 상시 주재하여 거래의 전부 또는 일부를 총괄하여 행하는 장소이며, 각 지역별로 설치된 태양광발전시설의 사업실적을 합산하여 부가가치세를 신고·납부하는 것임(사전법령해석부가 2020-808, 2020.10.05.).

해외지사 매출분 부가가치세 과세표준 포함 신고 여부

법인사업자가 국외에 지점을 설치(법인등기부등본에 지점등기)하고 해당 지점의 책임과 계산으로 해외건설용역을 제공하는 경우에는 부가가치세가 과세되지 아니하는 것임(서면부가 2017-1251, 2017.05.31.).

재공품만을 생산하는 공장의 사업장 해당 여부

제조업자가 제조업자의 사업장(제1공장)과 가까운 장소에 있는 제조업체를 흡수합병하여 피합병법인의 사업장(제2공장)을 제조업자의 재공품 생산을 위한 제조장으로 사용하고, 제2공장에서 제조한 재공품은 전량 제1공장으로 반출하여 최종제품을 완성하는 경우, 제조업자의 재공품만을 생산하는 제2공장은 「부가가치세법」 제5조 제1항에 따른 사업자등록 의무가 없는 것입니다. 다만, 제조업자가 필요한 경우에는 제2공장을 「부가가치세법 시행령」 제4조 제3항에 따라 신청에 의하여 사업장으로 등록할 수 있는 것입니다(법규부가 2011-419, 2011.10.21.).

동일 장소의 같은 층 또는 다른 층 내 브랜드별로 사업을 영위할 경우 사업자등록을 각각 신고해야 하는지 여부

2층 이상의 상가건물 소유자가 1층은 소매·양약업, 2층 이상은 부동산 임대업을 영위하는 경우에는 이를 하나 사업장으로 보는 것임(부가 22601-812, 1985.05.01.). 각각의 장소에서 거래 및 대금의 수수가 독립적으로 이루어지는 경우에는 그 각각의 장소를 별개의 사업장으로 볼 수 있다(부가-386, 2010.03.31.).

토지와 건물의 공동 소유자가 서로 다른 경우

토지의 공동 소유자와 건물의 공동 소유자가 서로 다르고 각각 공동사업으로 부동산 임대업을 영위하고자 하는 경우 토지, 건물이 별개의 사업장이 되는 것이며, 동 토지 소유자 및 건물 소유자는 각각 임대업으로 사업자등록을 할 수 있다(예: 토지소유자 7인, 그 중 5인이 건물신축의 경우임)(부가-2397, 2008.08.01.).

동일건물의 상가를 2개 이상 분양받아 과세사업 영위시 각각의 사업장 해당 여부

복합건물내의 상가를 층별 또는 동일 층으로 2개 이상 분양받아 임대업 또는 판매업을 영위하는 경우 상가 호수별로 사업자 등록을 하는 것임. 다만, 분양받은 상가가 바로 인접히여 있어 사실상 한 사업장으로 볼 수 있는 때에는 전체를 1사업장으로 볼 수 있음(부가 46015-1851, 1997.08.11.).

동일상가 내의 인접장소에서 다른 업종 영위시 동일사업장 해당 여부

타인소유의 점포를 임차하여 도·소매업을 영위하는 기존 사업자가 추후 동일 상가내의 다른 점포를 분양받아 부동산 등기부상의 소재지를 사업장으로 하는 부동산임대업에 대한 사업자등록을 별개로 하여 사업을 영위하는 경우에는 이를 각각 독립된 사업장으로 보는 것임(부가 22601-853, 1989.06.20.).

5. 주사업장총괄납부

(1) 의의

주사업장 총괄납부란 2 이상의 사업장이 있는 사업자가 주사업장 관할세무서장에게 주사업장총괄납부를 신청한 때에는 부가가치세 납부세액 또는 환급세액을 각 사업장마다 납부하거나 환급받지 아니하고 주사업장에서 각 사업장의 납부세액 또는 환급세액을 총괄하여 납부하거나 환급받을 수 있는 것을 말한다(부가집 51-0-1).

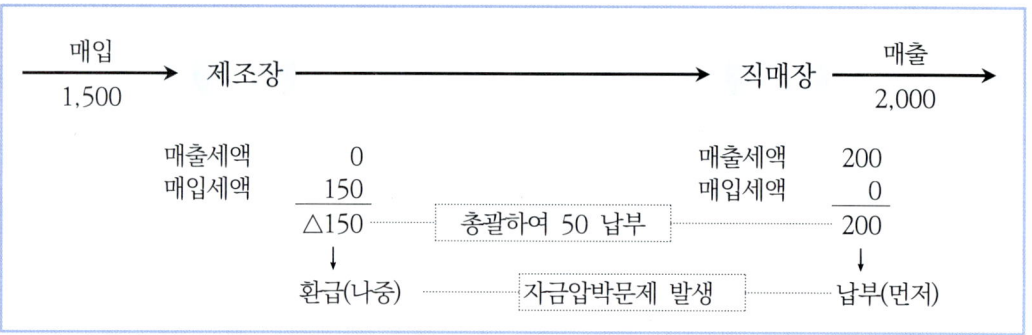

(2) 주된 사업장

주된 사업장은 개인의 경우는 주사무소로 하고, 법인의 경우는 본점(주사무소 포함) 또는 지점(분사무소 포함)으로 한다. 이때 사업자등록, 신고, 과세표준과 세액의 계산 및 세금계산서 수수 등은 각 사업장별로 하여야 한다(부가령 제92조 제1항).

구 분	주 된 사 업 장
법 인	본점(비영리법인: 주사무소), 지점(비영리법인: 분사무소)
개 인	주사무소

(3) 신청

기존사업자는 총괄납부를 하고자 하는 과세기간 개시 20일 전까지 신청하며, 신규사업자는 주사업장의 사업자등록증 받은 날부터 20일 이내에 주된 사업장의 관할세무서장에게 신청하여야 한다. 한편, 주사업장을 계속 사업 중에 종사업장을 신설하는 경우 기존사업자로 보아 신청기한을 적용한다(부가령 제92조 제2항 ~ 제3항).

구분	총괄납부 신청기한	총괄납부 개시 과세기간
원칙	총괄납부하려는 과세기간 개시 20일 전	신청일이 속하는 다음 과세기간부터 총괄납부한다.
예외	ⓛ 신규로 사업을 시작하는 자: 주된 사업장의 사업자등록증을 받은 날로부터 20일 이내 ⓒ 사업장이 하나이나 추가로 사업장을 개설하려는 자: 추가 사업장의 사업개시일로부터 20일 이내	신청일이 속하는 과세기간부터 총괄납부한다.

(4) 변경

주된 사업장에서 총괄하여 납부하는 사업자가 일정한 사유가 발생한 경우에는 사업자의 인적사항·변경사유 등이 적힌 『사업장총괄납부변경신청서[별지 제36호]』를 제출(국세정보통신망에 의한 제출 포함)하여야 한다. 이 경우 ① 및 ③의 사유에 따라 신청서를 받은 종된 사업장의 관할세무서장은 주된 사업장의 관할세무서장에게 이를 지체없이 보내야 한다(부가령 제93조 제1항). 주사업장 총괄납부사업자가 주사업장 총괄납부변경신청서를 제출하였을 때에는 그 변경신청서를 제출한 날이 속하는 과세기간부터 총괄하여 납부한다(부가령 제93조 제2항).

사 유	변경신청서의 제출처
① 종된 사업장을 신설하는 경우	신설하는 종된 사업장의 관할세무서장
② 종된 사업장을 주된 사업장으로 변경하고자 하는 경우	주된 사업장으로 변경하고자 하는 사업장의 관할세무서장
③ 사업자등록 정정사유가 발생하는 경우	정정사유가 발생한 사업장의 관할세무서장
④ 일부 종된 사업장을 총괄납부대상 사업장에서 제외하려는 경우	주된 사업장 관할세무서장
⑤ 기존의 사업장을 총괄납부대상 사업장에 추가할 경우	주된 사업장 관할세무서장

(5) 총괄납부의 철회

주사업장 총괄납부 사업자가 다음의 사유에 해당하는 경우에는 주된 사업장 관할세무서장은 그 승인을 철회할 수 있다(부가령 제94조 제1항).

> ① 사업내용의 변경으로 총괄납부가 부적당하다고 인정되는 경우
> ② 주된 사업장의 이동이 빈번한 경우
> ③ 그 밖의 사정변경으로 인하여 총괄납부가 적당하지 않게 된 경우

(6) 총괄납부의 포기

총괄납부사업자가 각 사업장에서 납부하고자 할 때에는 그 납부하려는 과세기간 개시 20일전에 『주사업장총괄납부포기신고서』를 주된 사업장 관할세무서장에게 제출하여야 한다. 총괄납부사업자가 포기한 경우에는 포기한 날이 속하는 과세기간의 다음 과세기간부터 각 사업장에서 납부하여야 한다.

(7) 효력

주사업장총괄납부는 다음과 같은 효과가 있다.
① 각 사업장별 납부(환급)세액을 통산하여 주 사업장에서 납부(환급)가 가능하다.
② 세액의 납부(환급)만 총괄하며, 신고는 각 사업장별로 하여야 한다.
③ 세금계산서 작성·발급 및 수정신고·경정결정은 각 사업장별로 하여야 한다.

총괄납부사업자의 업무별 관할세무서

구 분	일반신고·폐업신고· 조기환급신고	수정신고·경정청구· 기한후신고	경 정
신 고	각 사업장 관할세무서장	각 사업장 관할세무서장	각 사업장 관할세무서장
납부·환급	주된 사업장 관할세무서장	각 사업장 관할세무서장	각 사업장 관할세무서장

(8) 총괄납부사업자의 조기환급신고

조기환급 신고는 각 사업장 별로 하는 것이나, 총괄납부사업자는 모든 사업장의 사업실적을 차가감하여 계산한 환급세액에 대하여 신고할 수 있다. 즉, 어느 한 사업장에서 조기환급사유가 발생하는 경우 해당 사업장의 거래분만을 조기환급신고할 수 없다(부가통 59-107-3).

(9) 총괄납부사업자에 대한 가산세 적용(부가집 60-0-18)

① 총괄납부사업자의 종사업장이 재화를 공급하고 주사업장 명의로 세금계산서를 발급한 경우에는 종사업장에 대하여 세금계산서 미발급가산세(1%)를 적용하며 주사

업장에 대하여 세금계산서 기재불성실가산세를 적용하지 아니한다.
② 총괄납부사업자가 종사업장의 매출 및 매입을 주사업장에 신고·납부한 경우 무신고가산세 또는 과소신고가산세를 적용한다.
③ 총괄납부사업자가 지점 매입분을 본점 매입분으로 또는 본점 매출분을 지점 매출분으로 잘못 신고한 것이 확인되어 경정하는 경우 과소신고에 따른 가산세를 적용하나, 납부·환급지연가산세를 적용하지 아니한다.
④ 총괄납부 시 납부지연가산세는 총괄납부세액을 기준으로 계산한다.
⑤ 총괄납부신청을 하지 아니한 사업자가 부가가치세 납부기한까지 어느 사업장에 대한 부가가치세를 다른 사업장에 대한 부가가치세에 더하여 신고·납부한 경우에는 납부·환급지연가산세를 적용하지 아니한다.

실무사례   지점에서 용역을 제공하고 본점에서 세금계산서 발급하는 경우

[사실관계]

㈜한결은 서울 본점을 운영하며, 부산과 광주에 지점을 두고 있다. 각 지점은 독립적으로 용역을 수행하지만, 계약 체결과 대금 수령은 본점에서 이루어진다. 예를 들어, ㈜한결이 부산 지점에서 컨설팅 용역을 제공했을 때, 용역 수행은 부산 지점에서 이루어졌지만, 계약 체결과 대금 수령은 본점에서 담당했다. 이에 따라 ㈜한결은 부산 지점이 아닌 본점에서 세금계산서를 발급할 수 있는지를 판단해보자.

해답

개별 용역 제공이 이루어지는 각 사업장에서 세금계산서를 발급하여야 하는 것이 원칙이나 아래와 같은 경우는 용역을 수행한 지점이 아닌 본점에서 세금계산서를 발급 할 수 있다(법규-726, 2014.07.11).
① 지점에서 전적으로 수행한 개별 임가공용역의 산출물을 거래처에 인도하면서 거래쌍방·거래일자·재화의 품명·수량 및 금액 등을 확인할 수 있는 내용이 기재된 증표(거래명세서 포함)를 본점에 통보한 경우
② 본점과 지점에서 유기적으로 또는 본·지점간 자가공급을 통해 거래처에 하나의 용역을 제공하는 경우 등 각 사업장별 용역제공이 하나의 용역으로 연결되어 있는 경우로서 본점에서 계약을 체결하고 대가를 지급받는 경우
③ 지점에서 일부 가공한 재화를 본점에서 완성하여 공급하는 경우

 관련 해석사례 및 집행기준

지점에서 용역을 제공하고 본점에서 세금계산서 발급시 적정 여부 등

본점과 지점사업장을 가진 법인이 본점에서 거래상대방과 수 개의 임가공용역을 제공하는 일괄계약을 체결하여 본점과 지점에서 해당 용역을 제공함에 있어 지점에서 전적으로 수행한 개별 임가공용역의 산출물을 거래처에 인도하면서 거래쌍방·거래일자·재화의 품명·수량 및 금액 등을 확인할 수 있는 내용이 기재된 증표(거래명세서 포함)을 본점에 통보한 경우 본점 명의로 세금계산서를 발급하는 것으로 해당 증표가 전산 또는 수기에 의해 본점에 발급되었는지는 사실판단할 사항입니다(법규-726, 2014.07.11).

총괄납부사업자의 종사업장 폐업시 조기환급신고

총괄납부승인 사업자의 종사업장 조기환급신고서와 폐업확정신고서는 종사업장 관할세무서장에게 제출하고, 주사업장 관할세무서장에게는 『사업장별 부가가치세 과세표준 및 납부(환급)세액 신고명세서』를 제출하여야 하며, 환급과 납부는 주사업장 관할 세무서에서 총괄하는 것임(서면 3팀-1114, 2008.06.04.).

총괄납부사업자 주사업장과 종사업장간의 세금계산서 수수 여부

본사와 제조장 등 2이상의 사업장이 있는 총괄납부승인을 받은 사업자(주사업장)가 제조장(종사업장)에서 생산 및 보관중인 재화를 공급하고 공급계약, 발주, 대금수령 등 판매활동을 주사업장에서 전담하며 수송 등의 편의를 위하여 종사업장에서 직접 재화를 인도하고 당해 종사업자에서 주사업장으로 거래명세서를 발급한 경우에는 주사업장에서 거래처에 세금계산서를 발급할 수 있는 것임(부가-837, 2012.08.01.).

총괄납부사업자가 자기의 다른 사업장에 재화를 반출하는 것에 대해 세금계산서를 발급하고, 부가가치세 신고한 경우는 재화의 공급으로 보는 지 여부

2 이상의 사업장이 있는 총괄납부 사업자의 내부거래에 대해서는 재화의 공급으로 보지 아니하나 타인에게 직접 판매할 목적으로 자기의 다른 사업장에 재화를 반출한 것에 대하여 세금계산서를 발급하여 부가가치세를 신고한 경우에는 재화의 공급으로 보는 것임(부가 46015-4788, 2000.12.19.).

면세사업장을 신설하는 경우 주사업장 총괄납부승인의 변경여부

총괄납부의 승인을 얻은 자가 부가가치세의 납세의무가 없는 면세사업을 영위하기 위한 장소를 신설하는 경우에, 당해 장소는 사업장에 해당하지 아니하므로 주사업장 총괄납부승인의 변경사유에 해당하지 아니하는 것임(부가 46015-1740, 2000.07.21.).

◦ 총괄납부사업자의 수정신고 및 경정

총괄납부사업자의 수정신고는 그 사유가 발생한 사업장 소관세무서장에게 수정신고서를 제출함과 동시에 납부하여야 하며 주사업장 관할세무서장에게는 수정한 사업장별 부가가치세 과세표준 및 납부(환급) 세액신고 명세서를 제출하여야 하는 것이며, 경정사유가 발생한 경우에도 그 사유가 발생한 사업장을 관할하는 세무서장이 경정하는 것임(부가 22601-1124, 1991. 08.28.).

◦ 총괄납부승인을 받은 사업자가 과소신고·무신고한 경우 경정기관

주사업장 총괄납부승인을 받은 사업자가 확정신고를 하지 아니하거나 확정신고의 내용에 오류 또는 탈루가 있는 때에는 각 사업장 소관 세무서장이 과세표준과 납부세액 또는 환급세액을 경정하는 것임(부가 22601-1984, 1985.10.12).

6. 사업자단위과세제도

(1) 의의

사업장별 과세원칙에 따라 각 사업장별로 사업자등록을 하고 신고·납부하게 되면 과세관청이나 납세자 모두 불편하다. 따라서 이를 본점 또는 주사무소 한 곳만 사업자등록을 하고 세금계산서 발급 및 신고·납부를 사업자단위로 일괄해서 수행함으로써 납세편의를 도모하기 위한 제도이다.

사업자단위 신고·납부를 총괄하는 사업장은 법인은 본점(주사무소 포함), 개인은 주사무소로 한다. 모든 지점 사업장은 사업자등록을 하지 아니하며, 세금계산서 비고란에 재화나 용역을 공급하거나 공급받는 사업상의 소재지 및 상호를 기재하여야 한다.

사업자단위과세사업자의 부가가치세 신고는 사업자단위과세적용 사업장에서 총괄하여 신고·납부하고, 신고시에 종된 사업장의 『사업자단위과세의 사업장별 부가가치세 과세표준 및 납부세액(환급세액) 신고명세서』를 제출하여야 한다.

사업자단위과세사업자로 적용받는 과세기간에 판매할 목적으로 자기의 다른 사업장에 공급할 경우 재화의 공급으로 보지 아니한다.

(2) 사업자단위과세 적용 신청방법

신규사업자는 본점 또는 주사무소(사업자단위과세적용사업장)의 사업자등록 신청 및 사업자단위과세 등록(둘 이상의 사업장을 동시에 신규 등록하는 경우에 한함)하며, 기존 사업자는 사업자단위과세를 하고자 하는 과세기간 개시 20일 전까지 본점 또는 주사무소(사업자단위과세적용사업장)의 관할 세무서장에게 『사업자단위과세 등록신청서』를 제

출한다(부가법 제8조 제3항, 제4항).

① 신규로 사업을 시작하는 자: 사업자등록 신청시 등록일부터 바로 적용
② 기존에 사업장별 본점 및 지점이 있는 사업자: 적용받고자 하는 과세기간 개시 20일 전까지 등록 신청(하반기 적용시 6.10. 또는 상반기 적용시 12.11.까지 신청)
③ 사업장이 하나인 사업자가 추가로 사업장을 개설하는 경우: 추가 사업장의 사업 개시일부터 20일(추가 사업장의 사업 개시일이 속하는 과세기간 이내로 한정한다) 이내 변경등록 신청(부가령 제8조 제5항)

둘 이상의 사업장이 있는 사업자가 사업자 단위로 등록신청을 한 경우에는 사업자 단위 과세 적용 사업장에 한 개의 등록번호를 부여한다(부가령 제12조 제1항 단서).

(3) 사업자단위과세사업자의 사업자등록 정정신고

사업자 단위 과세 사업자가 다음에 해당하는 경우에는 지체 없이 『사업자등록정정신고서』를 제출하여야 한다(부가령 제14조 제1항 4호, 제8~제10호).

① 사업자단위과세적용사업장을 이전하는 경우
② 사업자단위과세적용사업장을 변경하는 경우
③ 사업자단위과세 사업자가 종된 사업장을 신설 또는 이전하는 경우
④ 사업자단위과세 사업자가 종된 사업장의 사업을 휴업하거나 폐업하는 경우

(4) 사업자단위과세의 포기

사업자가 각 사업장별로 신고·납부하거나 주사업장총괄납부를 하고자 할 때에는 그 납부하려는 과세기간 개시 20일 전에 『사업자단위과세포기신고서』를 사업자단위과세적용사업장 관할세무서장에게 제출하여야 한다(부가령 제17조 제1항).

이 경우 사업자 단위 과세 적용 사업장 관할 세무서장은 사업자 단위 과세 포기신고서의 처리결과를 지체 없이 해당 사업자와 종된 사업장의 관할 세무서장에게 통지하여야 한다(부가령 제17조 제2항).

사업자 단위 과세를 포기한 경우에는 그 포기한 날이 속하는 과세기간의 다음 과세기간부터 사업자 단위 과세 포기신고서에 적은 내용에 따라 각 사업장별로 신고·납부하거나 주사업장 총괄 납부를 하여야 한다(부가령 제17조 제3항).

(5) 기타사항

① 종된 사업장에 대하여 4자리의 일련번호를 부여하여 사업자등록증 + 부표인 "사업

자단위과세 적용 종된 사업장 명세"를 발급한다(부가칙 제9조 제4항).
[예: 111-22-3333(주된 사업장 사업자등록번호)-0001(종된 사업장 일련번호)]
종된 사업장의 기존 사업자등록번호는 사업자단위과세 적용일부터 자동 폐업 처리된다. 실무적으로 종된 사업장의 신용카드단말기를 미리 변경해야 한다.
② 수정신고·경정청구 및 과세자료 처리는 주사업장에서 처리한다(사업자단위과세 적용 이전분: 사업자단위 과세 적용 전 사업장 관할세무서).
③ 원천세 신고는 주사업장에서 총괄신고(지방소득세 등은 각 사업장 관할 시·군·구에 신고)한다.
④ 순수한 면세사업자는 사업자단위과세 대상이 아니며 과·면세 겸업자는 가능하다.
⑤ 확정일자는 주사무소 관할 세무서장이 종된 사업장의 임대차에 대하여 각각 확정일자 부여한다.
⑥ 개인사업자의 전자세금계산서 의무발급 기준(2022년 1억원, 2023년 0.8억) 적용에 있어서 전체 사업장의 공급가액을 합산한 금액으로 판정한다.
⑦ 신용카드매출전표 발급에 따른 세액공제는 모든 사업장의 발급금액을 합산하여 적용한다(연간 한도 1,000만원은 사업장별이 아닌 사업자단위로 적용함).
⑧ 간이과세자의 납부의무면제 여부는 모든 사업장의 수입금액을 통산하여 판정한다.
⑨ 사업자단위과세적용사업자가 종된 사업장만을 포괄양수도하는 경우에도 재화의 공급으로 보지 아니한다(서면 3팀-786, 2008.04.18.).

[비교] – 총괄납부·사업자단위과세의 비교

구분	주사업장총괄납부	사업자단위과세
취지	자금압박문제 해소	납세편의 도모
요건	신청	신청
주사업장	법인: 본점 또는 지점 개인: 주사무소	법인: 본점 개인: 주사무소
신고	각 사업장 관할세무서	본점 관할세무서
납부	주된 사업장 관할세무서	본점 관할세무서
효과	납부(환급)만 총괄 → 다른 의무는 각 사업장별로 이행	모든 의무 총괄 → 등록·세금계산서수수·신고·납부
	판매목적 타사업장 반출시 재화의 공급으로 보지않음	좌동

 관련 해석사례 및 집행기준

사업자단위과세 개인사업자의 신용카드 등의 사용에 따른 세액공제 적용 제외 대상 판정기준
사업자단위과세사업자로 등록한 개인사업자의 경우 신용카드 등의 사용에 따른 세액공제 적용 제외 기준인 사업장을 기준으로 10억원을 초과하는지 여부는 직전연도의 주사무소와 종된 사업장의 사업장별 공급가액을 기준으로 판단하는 것임(기획재정부부가-352, 2020.08.12.).

면세사업장의 사업자 단위 과세 적용 여부
부가가치세 과세사업을 영위하는 법인사업자가 지점 사업장을 신규로 개설하며 「부가가치세법」 제8조 제3항에 따른 사업자 단위 과세사업자 등록을 신청하는 경우 면세사업만을 영위하는 지점 사업장은 사업자 단위 과세가 적용되지 아니하는 것임(기준법령해석부가 2020-89, 2020.05.08.).

사업자단위과세사업자가 종사업장 양도시 사업양도 해당 여부
사업자단위과세적용 사업자로부터 종사업장에 대한 인적·물적시설을 포함한 권리와 의무의 포괄적 승계는 동 규정에 따른 사업의 양도에 해당함(서면부가 2016-4696, 2016.09.20.).

사업자 단위 과세 사업자로 변경 후 종된 사업장의 예전 사업자번호로 발급받은 신용카드매출전표의 매입세액공제 여부
사업자단위과세사업자로 변경된 후 재화 또는 용역을 공급받고 종된 사업장 명의의 신용카드로 그 대금을 결제하면서 부가가치세액이 별도로 구분된 신용카드매출전표를 발급받은 경우로서 「부가가치세법」 제46조 제3항 각 호의 요건을 모두 충족하는 경우 해당 신용카드매출전표에 기재된 부가가치세액은 같은 법 제38조 제1항에 따라 공제할 수 있는 매입세액에 해당하는 것임(사전법령해석부가 2015-59, 2015.03.23.).

공동사업자의 경우 사업자단위과세제도의 적용여부
두 명 이상의 개인이 하나의 손익분배 비율로 둘 이상의 사업장에서 사업을 공동으로 경영하는 경우, 사업자단위로 주사무소 관할 세무서장에게 등록할 수 있는 것임(부가-371, 2012.04.04.).

사업자단위과세사업자로 적용되기 이전의 재화공급에 대한 신고방법
둘 이상의 사업장을 두고 사업장마다 사업자등록을 한 사업자가 사업자단위과세사업자 등록을 신청한 경우 사업자단위과세자업자로 적용되기 이전의 과세기간에 각 사업장에서 재화를 공급한 것에 대한 부가가치세 과세표준은 각 사업장마다 신고함(법규부가 2012-158, 2012.05.21.).

사업자단위과세사업자의 세금계산서 발급 등

- 사업자단위과세사업자의 종된 사업장에서 매출이 발생하는 경우 세금계산서는 본점 또는 주사무소의 상호·소재지 등을 기재하고, 「부가가치세법 시행령」 제53조 제7호의 규정에 따라 세금계산서상 "비고"란에 실제 공급하는 종된 사업장의 상호와 소재지를 기재하는 것임.
- 사업자단위과세 적용에 따라 사업자등록번호가 변경된 경우 종된 사업장의 재고재화 등에 대해 종된 사업장에서 본점 사업장으로 세금계산서를 발급하는 것이 아님.
- 다수의 종된 사업장에서 사용할 원재료 등을 본점에서 일괄 매입하여 배분하는 경우, 원재료 등의 매입세액은 부가가치세 신고 시 첨부하는 "별지 제17호의3 사업자단위과세의 사업장별 부가가치세 과세표준 및 납부세액(환급세액)명세서"의 본점 매입세액에 기재하는 것임(부가가치세과-170, 2010.02.08).

사업자단위과세사업자의 신용카드 등의 사용에 따른 세액공제

둘 이상의 사업장이 있는 사업자가 「부가가치세법」 제4조 제3항의 사업자단위과세사업자로 등록한 경우, 「부가가치세법 시행령」 제7조 제1항의 사업자단위과세적용사업장에서 부가가치세 신고시 모든 사업장의 신용카드매출전표등 발급액과 전자적 결제수단으로 결제 받은 금액을 합산하여 「부가가치세법」 제32조2 제1항에 따른 신용카드 등의 사용에 따른 세액공제 등을 적용하는 것임(전자세원-381, 2010.06.28.).

사업자단위과세사업자의 자가공급시 세금계산서 발급 여부

사업자단위과세사업자가 과세사업장에서 제조한 재화를 면세사업에 사용하기 위해 과·면세사업장으로 반출하는 경우 「부가가치세법」 제6조 제2항 및 같은 법 시행령 제15조 제1항 제1호에 따라 재화의 공급에 해당하는 것이며, 같은 법 시행령 제57조 제1항 제2호에 따라 세금계산서 발급은 면제되는 것임(부가-222, 2010.02.24).

● 실무사례 임대목적 부동산을 취득한 경우 사업자단위과세적용

[사실관계]

㈜한결은 서울에 본점을 두고 전자부품을 제조하는 법인으로 경북 창원시에 위치한 상가 건물을 취득하여 임대수익을 창출하고자 한다.

해답

사업자등록과 관련하여 첫 번째는 지점등기후 사업자등록을 하는 경우와 둘째, 임대목적으로 사용하는 경우에는 사업자단위과세로 사업자등록 신청을 한다. 만약 본점에서 세금계산서를 발급한다면 사실과 다른 세금계산서에 해당한다.

■ 부가가치세법 시행규칙 [별지 제1호서식](2013.06.28 개정)　　　　　　　홈택스(www.hometax.go.kr)에서도 신청할 수 있습니다.

하치장 설치 신고서

접수번호	접수일		처리기간 즉시

신고인 인적사항	상호(법인명)		사업자등록번호	
	성명(대표자)		전화번호	
	사업장(주된 사업장) 소재지			
	업태		종목	

신고내용

설치 연월일	하치장 소재지	소속 사업장	규모		소유구분		하치할 재화의 품목	연락 전화번호
			대지면적(㎡)	건물면적(㎡)	자가	타가		

「부가가치세법 시행령」 제9조제1항에 따라 하치장 설치를 신고합니다.

년　월　일

신고인　　　　　　　(서명 또는 인)

세무서장 귀하

첨부서류	없음	수수료 없음

210mm×297mm[백상지 80g/㎡(재활용품)]

■ 부가가치세법 시행규칙[별지 제2호서식](2013.06.28 개정)　　　　　홈택스(www.hometax.go.kr)에서도 신청할 수 있습니다.

임시사업장 개설 신고서

접수번호	접수일		처리기간	즉시

신고인 인적사항	상호(법인명)		사업자등록번호	
	성명(대표자)		전화번호	
	사업장 소재지			
	업태		종목	
	총괄 납부 관리번호			

신고내용

임시사업장 명세	임시사업장 소재지						전화번호		
	사업의 종류			개설 연월일	폐쇄 예정일	소유구분		규모	
	업태	종목	업종코드			자가	타가	구조	건물면적 (㎡)	대지면적 (㎡)
	임차료 지급명세			소유자명세					
	전세금 (보증금)	월세		성명	생년월일		주소		
	만원	만원							

「부가가치세법 시행령」 제10조제2항에 따라 위와 같이 임시사업장 개설을 신고합니다.

년　　월　　일

신고인

(서명 또는 인)

세무서장 귀하

신고인 제출서류	사업허가증 사본, 사업등록증 사본 또는 신고확인증 사본(법령에 따른 허가·등록·신고사업인 경우) 중 1부	수수료 없음

210mm×297mm[백상지 80g/㎡(재활용품)]

■ 부가가치세법 시행규칙 [별지 제5호서식] (2021.03.16 개정)

사업자 단위 과세 등록신청서
(기존사업자용)

접수번호	접수일		처리기간	2일(보정기간은 산입하지 않음)

신청인 인적사항	상호(법인명)		사업자등록번호	
	성명(대표자)		전화번호	
	사업장(주된 사업장) 소재지			
	업태		종목	

사업자 단위 과세 적용 사업장 개수		사업자 단위 과세 적용 과세기간	. . 부터

신청내용

구분	일련번호	사업자 등록번호	사업의 종류		사업장 소재지	상호 (법인명)	사업장 관할 세무서
			업태	종목			
본점 또는 주사무소	0000						
종된 사업장	0001						
	0002						
	0003						
	0004						
	0005						

신청 사유	

「부가가치세법」 제8조제4항·제5항 및 같은 법 시행령 제11조제2항·제3항에 따라 위와 같이 사업자 단위 과세 등록을 신청합니다.

년 월 일

신청인 (서명 또는 인)

세무서장 귀하

신청인 제출서류	신설되는 종된 사업장이 있는 경우에는 사업자 단위 과세 사업자의 종된 사업장 명세서 1부	수수료
담당 공무원 확인사항	주사무소 및 종된 사업장의 사업자등록증	없음

행정정보 공동이용 동의서

본인은 이 건 업무처리와 관련하여 담당 공무원이 「전자정부법」 제36조에 따른 행정정보의 공동이용을 통하여 위의 담당 공무원 확인사항을 확인하는 것에 동의합니다. *동의하지 않는 경우에는 신청인이 직접 관련 서류를 제출해야 합니다.

신청인 (서명 또는 인)

210mm×297mm[백상지 80g/㎡(재활용품)]

06 사업자등록

1. 사업자등록의 의의

사업자등록이란 부가가치세 납세의무자인 사업자가 자신의 인적사항 및 사업장명세 등의 과세자료를 관할세무서의 대장에 등재하는 것이므로 사업자등록증의 발급이 사업자에게 사업을 허용하거나 사업경영을 할 권리를 인정하는 것은 아니다(부가집 8-0-1).

2. 사업자등록의 신청

(1) 사업자등록의 신청

신규로 사업을 개시하고자 하는 자는 사업장마다 사업 개시일부터 20일 이내에 사업자등록신청서 및 임대차계약서 등의 관련서류(법령에 의하여 허가를 받아야 하거나, 등록 또는 신고를 하여야 하는 사업의 경우에는 그 허가증 또는 등록·신고필증)를 첨부하여 세무서장(관할 또는 그 밖의 모든 세무서장)에게 등록하여야 한다. 다만, 신규로 사업을 시작하고자 하는 자는 사업개시일 이전이라도 사업자등록을 신청할 수 있다(부가법 제8조 제1항). 사업자등록 신청을 사업장 관할세무서장이 아닌 다른 세무서장에게도 할 수 있는데, 이 경우 사업장 관할 세무서장에게 사업자등록을 신청한 것으로 본다(부가법 제8조 제2항).

> **참고**
>
> ■ **사업개시일**
> - **사업개시일**: 사업개시일이란 다음의 날을 의미한다.
> ① 제조업: 제조장별로 재화의 제조를 개시하는 날
> ② 광업: 사업장별로 광물의 채취·채광을 개시하는 날
> ③ 기타: 재화 또는 용역의 공급을 개시하는 날
>   ㉠ 도소매업의 경우 재화의 공급개시일
>   ㉡ 상가관리용역은 용역공급을 개시한 날
>   ㉢ 부동산임대업은 임차인이 사용한 때

(2) 구비서류

사업자등록 하고자 하는 사업자는 사업자등록신청서(사업자의 인적사항, 사업자등록 신청 사유, 사업 개시 연월일 또는 사업장 설치 착수 연월일 등을 기재)에 다음의 서류를 첨부하여 제출하여야 한다(부가령 제11조 제1항).

① 법령에 따라 허가를 받거나 등록 또는 신고를 하여야 하는 사업의 경우 사업허가증 사본·사업등록증 사본 또는 신고확인증 사본
　　☞ 허가(등록, 신고) 전인 경우 허가(등록)신청서 또는 사업계획서 사본
② 사업장을 임차한 경우 임대차계약서사본
③ 「상가건물임대차보호법」에 따른 상가건물의 일부분만 임차한 경우 해당부분의 도면
④ 사업자금 명세 또는 재무상황 등을 확인할 수 있는 서류
　　㉠ 금지금 도·소매업, 과세유흥장소에서 영업을 경영하는 경우
　　㉡ 액체연료 및 관련제품 도매업, 기체연료 및 관련제품 도매업, 차량용 주유소 운영업, 차량용 가스 충전업, 가정용 액체연료 소매업과 가정용 가스연료 소매업
　　㉢ 재생용 재료 수집 및 판매업
⑤ 법인인 경우 위 서류 외에 법인등기부등본, 정관사본, 주주명부를 추가로 첨부한다.

사업자 단위 과세 사업자로 등록을 신청하려는 사업자는 본점 또는 주사무소(사업자 단위 과세적용 사업장)에 대하여 사업자 등록신청서를 사업자 단위 과세 적용 사업장 관할 세무서장에게 제출하여야 한다(부가령 제11조 제2항).

한편, 사업개시일 전에 등록신청을 받은 관할 세무서장은 「전자정부법」에 따른 행정 정보의 공동이용을 통하여 발기인의 주민등록표 등본을 확인하여야 하며, 등록을 신청하는 자가 확인에 동의하지 아니하는 경우에는 주민등록표 등본을 첨부하도록 하여야 한다(부가령 제11조 제12항).

구 분	제 출 서 류

개 인	1. 사업자등록신청서 1부
	2. 임대차계약서 사본
	3. 허가(등록, 신고)증 사본(인·허가 등 사업을 영위하는 경우)
	  - 허가(등록, 신고)전에 등록하는 경우: 허가(등록)신청서 등 사본 또는 사업계획서
	4. 동업계약서(공동사업자인경우)
	5. 자금출처 명세서(금지금 도·소매업 및 과세유흥장소 영위자)
	6. 재외국민·외국인 등의 경우
	  - 재외국민등록부등본, 외국인등록증(또는 여권) 원본 제시 후 사본
	    • 주민등록번호란에 재외국민등록번호, 외국인등록번호(없을 경우 여권번호) 기재
	  - 국내에 6개월 이상 체류하지 않는 경우: 납세관리인 설정 신고서

영리법인 (본점)	1. 법인설립신고 및 사업자등록신청서 1부 2. 법인등기부 등본(담당공무원의 확인에 동의하지 아니하는 경우에 한함) 3. 임대차계약서 사본 4. 주주 또는 출자자 명세서 5. 허가(등록, 신고)증 사본 (인·허가 등 사업을 영위하는 경우) - 허가(등록, 신고)전에 등록하는 경우: 허가(등록)신청서 등 사본 또는 사업계획서 6. 자금출처 명세서(금지금 도·소매업 및 과세유흥장소 영위자) 7. 대표자가 국내거주자가 아닌 경우 외국인등록증(또는 여권) 원본 제시 후 사본
영리법인 (지점)	1. 법인설립신고 및 사업자등록신청서 1부 2. 법인등기부 등본(미등기지점의 경우 본점 등기부등본) 3. 임대차계약서 사본 4. 지점설치에 관한 이사회 회의록 5. 지점 또는 사업장 책임자의 재직증명서 6. 본점의 사업자등록증 사본(내국법인 한함)
비영리 내국법인 (본점)	1. 법인설립신고 및 사업자등록신청서 1부 2. 법인등기부 등본(담당공무원의 확인에 동의하지 아니하는 경우에 한하며, 국세기본법 제13조에 의한 법인으로 보는 단체의 경우는 제외) 3. 임대차계약서 사본. 4. 주무관청의 설립허가증 사본 1부. 5. 허가(등록, 신고)증 사본 1부(인·허가 등 사업을 영위하는 경우) - 허가(등록, 신고)전에 등록하는 경우: 허가(등록)신청서 등 사본 또는 사업계획서 6. 대표자가 국내거주자가 아닌 경우 외국인등록증(또는 여권) 원본 제시 후 사본

(3) 유형별 사업자등록(부가집 8-11-1)

① 신규사업자의 사업자등록

　신규사업자는 사업개시일로부터 20일 이내에 사업장 관할세무서장에게 사업자등록을 하여야 한다. 다만, 신규로 사업을 개시하려는 자는 사업개시일 전이라도 등록할 수 있다.

② 미등기 지점의 사업자등록

　과세사업을 영위하는 법인이 지점 또는 직매장에 대한 사업자등록신청을 하는 경우에는 해당 지점의 등기 여부와는 관계없이 사업자등록신청서에 해당 법인의 법인등기부등본 등을 첨부하여 등록할 수 있다.

③ 겸업 사업자의 사업자등록

　부가가치세의 과세사업과 면세사업을 겸업하는 사업자는 「부가가치세법」에 따른 사업자등록증을 발급받아야 한다. 이 경우 해당 사업자는 「소득세법」 또는 「법인세법」에 따른 사업자등록을 별도로 하지 아니한다.

④ 허가사업의 사업자등록

　법령에 의하여 허가를 얻어야 하는 사업을 영위하는 자가 사업허가증사본을 첨부하지 아니하고 사업자등록신청서를 제출한 경우 해당 사업장에서 사실상 사업을 영위하는 때는 실지 사업내용대로 사업자등록증을 발급할 수 있다. 이 경우 무허가 사업내용을 해당 기관에 문서로 통보한다.

⑤ 공동사업자의 사업자등록

　2인 이상의 사업자가 공동사업을 영위하는 경우 사업자등록신청은 공동사업자 중 1인을 대표자로 하여 신청한다.

⑥ 사업 개시전 사업자등록

　과세사업과 관련하여 건설 중인 공장 또는 사업장을 설치하지 아니한 자는 사업개시일 전에 사업자의 주소지를 사업장으로 하여 사업자등록을 할 수 있다.

⑦ 법인과 법인, 법인과 개인간 공동사업 시 사업자등록

　2 이상의 법인 또는 개인과 법인이 동업계약에 의하여 공동사업을 영위하는 경우 영위하는 공동사업체의 인격에 따라 법인 또는 개인으로 사업자등록을 할 수 있다.

⑧ 건설업자의 미분양상가 임대 시 사업자등록

　건설업을 영위하는 사업자가 신축한 아파트 단지 내의 미분양상가를 임대하는 경우 해당 상가를 사업장으로 하여 사업자등록을 하여야 한다.

⑨ 대표이사가 2인 이상 등기된 법인의 사업자등록

　법인등기부상 2인 이상이 대표이사로 등재되어 있는 경우(각 대표이사가 독립하여

회사대표권이 있는지 여부와 관계없음)에는 사업자등록증의 성명란에 대표이사로 등기된 자 전원을 기재한다.

⑩ 조합설립추진위원회 사업자등록

「도시 및 주거환경정비법」 제13조의 규정에 해당하는 조합설립추진위원회는 「국세기본법」 제13조에 따른 법인으로 보는 단체에 해당하며, 같은 법 제2조에 따른 정비사업을 시행하면서 신규로 부가가치세 과세사업을 개시하고자 하는 경우에는 사업자등록을 하여야 한다. 또한 「도시 및 주거환경정비법」 제15조 제4항에 따라 해당 조합설립추진위원회가 행한 업무와 관련된 권리와 의무를 「조세특례제한법」 제104조의7 제2항에 따른 정비사업조합이 포괄승계하는 경우에는 그 조직을 변경한 것으로 보므로 사업자등록 정정신고를 하여야 한다.

⑪ 건물주 동의 없는 전차인의 사업자등록

임차인이 임대인의 동의 없이 전차한 경우 임대차계약 해지사유에 해당하지만 그 사유만으로 전차인에 대하여 사업자등록을 거부할 수 없다.

참고 **사업자별 사업자등록방법**

(1) 「부가가치세법」상 사업자(과세사업자)
「부가가치세법」 제5조에 따라 사업자등록을 한다.

(2) 「소득세법」 또는 「법인세법」상 사업자(면세사업자)
「소득세법」 제168조 또는 「법인세법」 제111조에 따라 사업자등록을 한다.

(3) 겸영사업자(과세사업과 면세사업을 겸영하는자)
부가가치세 과세사업과 면세사업을 겸업하는 사업자는 「부가가치세법」 제5조에 따라 사업자등록을 하여야 한다. 이때, 해당 사업자는 「소득세법」 또는 「법인세법」에 따라 사업자등록을 하지 않아도 된다.
☞ 과세사업 전환시(면세사업에서 과세사업으로)
면세사업에 대하여는 폐업 후 신규로 「부가가치세법」에 의한 사업자등록을 하여야 함(사업자등록 정정사유가 아님에 유의).
☞ 과세사업 전환시(과세사업 추가시)
「소득세법」 및 「법인세법」의 규정에 의하여 등록한 자로서 면세사업을 영위하는 자가 추가로 과세사업을 영위하고자 하는 경우에 사업자등록정정신고서를 제출한 때에는 사업자등록 신청을 한 것으로 본다.

 관련 해석사례 및 집행기준

공동사업을 영위하는 경우 사업자등록

법령에 의하여 건축허가를 얻어야 하는 사업을 공동으로 경영하는 자가 공동사업자 중 1인 명의로 건축허가를 받은 경우에도 실질이 공동사업에 해당하는 경우에는 공동사업자로 사업자등록증을 발급할 수 있는 것임(부가가치세과-1138, 2011.09.22.).

전차한 사업장에서 실지 재화 또는 용역을 공급하는 사업자가 사업자등록 신청 시 사업자등록증 발급 여부

임대인의 동의를 받지 아니한 임차인과 전대차계약을 체결한 사업장에서 실지 재화 또는 용역을 공급하는 사업자가 관할세무서장에게 사업자등록을 신청하는 경우 관할세무서장은 사업자등록증을 발급하여야 하는 것임(부가-1254, 2009.09.04.).

사업자가 건물을 분할하여 각각의 장소에서 독립적으로 운영하는 때 각각 사업자등록이 가능한지 여부

사업자가 사업용 건물 내의 분할된 각각의 장소에서 상이한 업종을 구분하여 운영하고 거래 및 대가의 수수행위가 별개의 장소에서 독립적으로 이루어지고 있는 경우에는 각각 사업자등록을 발급받을 수 있음(부가가치세과-2092, 2008.07.18.).

개인과 법인의 공동사업시 사업자등록 여부

개인의 토지 위에 법인이 부가가치세 과세사업을 사용할 건물을 신축하여 개인과 법인의 공동사업을 영위하고자 하는 경우에는 당해 개인과 법인이 공동사업자로서 사업자등록을 하여야 하는 것이며, 이에 대한 부가가치세신고도 해야 하는 것임(서면3팀-584, 2008.03.19.).

공유 부동산을 공유자별로 각각 사업자등록 가능 여부

다수인이 공유하는 부동산을 각 공유자의 지분비율로 구분하여 사용수익하기로 약정하고 각 공유자별로 자기 지분 상당의 부동산을 타인에게 임대하는 경우에는 각 공유자별로 사업자등록을 할 수 있으나, 그 소유가 명확히 구분되지 아니하고 막연히 소유지분만을 구분 소유하여 사용수익 구분이 분명하지 아니한 경우에는 소유자별로 각각 그 소유지분별로 사업자등록을 할 수 없는 것임(서면3팀-1211, 2007.04.25.).

두개의 서로 다른 갑, 을법인이 공동계약에 의하여 공동사업을 영위하는 경우 사업자등록의무

두개의 서로 다른 갑과 을 법인이 공동계약에 의하여 공동사업을 영위하는 경우 당해 공동사업과 관련된 사업자등록은 갑과 을 법인과는 별개의 사업체로서 공동사업체의 인격에 따라 법인 또는 개인으로 등록하여야 하는 것임(재소비 46015-65, 2002.03.15.).

◆ 공동사업자의 사업자등록

구 분	주요내용
등록신청과 정정	① 공동사업자 중 1인을 대표자명의로 신청 ② 동업계약서를 첨부하여야 하며, 인감도장을 찍고 인감증명서를 첨부해야 한다. ③ 공동사업자 중 일부의 변경 및 탈퇴, 새로운 공동사업자 추가의 경우에는 사업자등록을 정정하여야 함(부가통 8-14-1).
공동사업을 해지하는 경우	① 기존 사업을 계속 영위하는 자: 사업자등록정정신고를 하여야 함. ② 신규로 사업을 개시하는 자: 새로이 사업자등록 하여야 함.

◆ 제조업자가 백화점·쇼핑센타의 매장에서 자기책임하에 상품 판매시 사업자등록 여부

제조업자가 백화점·쇼핑센타 내부의 코너매장을 실제로 별도의 경영권(상품구입·관리·판매행위)을 가지고 독립적으로 운영하는 경우 동 코너매장은 제조업자의 직매장으로서 사업자 등록을 하여야 하는 것임(부가 22601-309, 1989.03.06.).

◆ 제조업자의 사업자등록과 세금계산서 발급

사업자가 제조시설을 갖춘 일정한 장소에서 의복류를 제조하여 자기의 판매장으로 반출하거나 다른 사업자 또는 실수요자에게 판매하는 경우에는 제조장은 제조업, 판매장은 판매업(도매업, 소매업 또는 도·소매업)으로 각각 사업자등록을 하고 세금계산서는 각 사업장별로 발급하여야 함(부가 1265-865, 1983.05.06.).

● 실무사례 상속으로 인한 사업자등록 정정

[사실관계]

한결씨는 부동산임대업을 운영하던 아버지로부터 지분 50%를 상속 받았다. 기존 사업자등록은 부모님 공동명의로 되어 있으며, 상속에 따라 사업자 명의를 변경해야 하는 상황이다. 변경절차는?

해답

상속 절차가 완료된 후, 기존 사업자의 공동사업자 구성원이 변경되므로 사업자등록 정정신고를 해야 한다. 정정신고 상속관련 서류(협의분할계획서, 등기부등본)을 구비해야 한다.

• 실무사례 부부가 공동으로 건축한 건물의 사업자등록을 남편명의의 단독사업자로 한 경우 매입세액공제 가능 여부

[사실관계]

건축허가를 본인과 처 공동으로 득하여 건축공사를 하였으며 이후 20x5년 2월 동 건물의 완공 후 처와 공동명의로 건물소유권등기를 하였다. 건물의 공동명의자인 처와 공동으로 사업자등록을 하지 아니하고 실질적으로 사업을 경영하고 있는 본인명의의 사업장인 ○○○여관을 공급받는 자로 하여 세금계산서를 수취하고 매입부가가치세를 부담한 경우 동 매입부가가치세액을 전액 공제받을 수 있는지?

해답

부부(夫婦)가 공동으로 건축허가를 득하여 부가가치세 과세사업에 사용할 건물을 신축하고 소유권등기를 하였으나 사업자등록은 남편 명의의 단독사업자로 하고 세금계산서를 발급받은 경우 해당 건물의 신축에 관련된 부가가치세 매입세액을 매출세액에서 전액 공제받을 수 있다(부가 46015-1649, 1999.06.11).

• 실무사례 공동사업의 사업자등록

[사실관계]

고유목적사업을 영위하고 있는 비영리법인(갑)과 비영리법인(을)이 공동 명의(50% : 50%)로 건물을 취득하여 8개 층에 4개층은 업무에 사용하고 나머지는 임대하고자 한다. 사업자등록은 어떻게 해야할지?

해답

수익사업을 하므로 사업자등록을 해야 하며, 법인으로 사업자등록을 하거나 개인사업자로 사업자등록을 할 수 있다. 관리편의상 개인사업자로 임대사업자등록을 신청하며, 대표자는 비영리법인(갑),비영리법인(을)으로 하고 자산, 부채, 수익, 비용을 법인세신고시 50% 지분율만큼 배분하게 된다.

• 실무사례 지점등기 없이 사업자등록신청절차

[사실관계]

㈜한결은 인천에 본점을 두고 대전시에 지점을 설치하고자 한다. 관할세무서에는 지점등기 이후 신청이 가능하다고 할 때 실무상 접근방법은?

해답

일반적으로 지점등기 이후에 사업자등록신청을 한다. 그러나 지점등기 없이 본점등기부등본과 이사회회의록을 구비하여 지점등기 신청이 가능하다.

3. 사업자등록증 발급

(1) 사업자등록증의 발급

사업자등록신청을 받은 사업장 관할 세무서장은 사업자등록증을 신청일부터 2일 이내(토요일·공휴일 및 대체공휴일, 근로자의 날은 산정에서 제외)에 신청자에게 발급해야 한다. 다만, 사업장 시설이나 사업현황을 확인하기 위하여 국세청장이 필요하다고 인정하는 경우 발급기한을 5일 이내에서 연장하고 조사한 사실에 따라 사업자등록증을 발급할 수 있다(부가령 제11조 제5항).

(2) 서류 보정요구

사업자등록신청을 받은 세무서장은 사업관련 인·허가서류 미제출 등으로 인해 등록신청의 내용에 대하여 보정할 필요가 있다고 인정되는 때에는 10일 이내의 기간을 정하여 보정을 요구할 수 있다. 이 경우 해당 보정기간은 사업자등록 처리기간에 산입하지 아니한다(부가령 제11조 제13항).

(3) 등록번호의 부여와 거부

관할세무서장은 사업자등록을 하는 사업장마다 등록번호를 부여한다. 그러나 사업자 단위로 등록신청을 한 경우에는 사업자단위과세적용사업장에 대하여 등록번호를 부여한다. 반면에 관할세무서장은 사업개시 전 등록신청을 받은 경우에 신청자가 사업을 사실상 개시하지 아니할 것이라고 인정될 때에는 등록을 거부할 수 있다(부가령 제11조 제7항).

(4) 직권등록

사업자가 신청에 의하여 사업자등록을 하지 아니하는 경우에는 사업장 관할 세무서장이 조사하여 등록할 수 있다(부가령 제11조 제6항).

(5) 고유번호의 부여

1) 고유번호란

고유번호는 세법상 사업자가 아닌 자에게 원천징수 및 지급명세서 제출, (세금)계산서 수취 등 과세자료의 효율적 처리를 위하여 세무서장이 사업자번호에 준하여 부여하는 번호이다(소득법 제168조 제5항, 부가령 제12조 제2항).

2) 고유번호 부여 대상

과세자료의 효율적 처리 및 소득공제 검증 등을 위하여 필요한 자로서 사업자가 아닌

자(소득법 제168조 제5항).

① 종합소득이 있는 자로서 사업자가 아닌 자
② 「비영리민간단체 지원법」에 따라 등록된 단체 등 과세자료의 효율적처리 및 소득공제 사후검증 등을 위하여 필요하다고 인정되는 자

3) 고유번호 관련 유의사항

① 고유번호를 부여받은 단체가 재화 또는 용역을 공급한 경우에는 계산서 또는 영수증 발급(수익사업 아닌 경우)하여야 한다.
② 고유번호는 사업자등록번호에 해당하지 아니하므로 고유번호를 기재하여 발급받은 세금계산서의 매입세액은 등록 전 매입으로 공제되지 않는다.

• **실무사례** 　**고유번호증으로 발급받은 세금계산서의 수정발행 가능 여부**

[사실관계]

고유번호로 이미 발급받은 세금계산서를 사업자등록증 발급 이후 사업자등록번호로 수정발급받을 수 있는지?

해답

고유번호증을 발급받은 자가 고유번호증 상의 고유번호로 세금계산서를 적법하게 발급받고 이후 사업자등록번호를 새로 발급받은 것은 수정세금계산서 발급사유에 해당하지 아니한다(서면부가 2018-1358, 2018.06.01.).

■ 부가가치세법 시행규칙 [별지 제4호서식(2)] 〈개정 2017.2.28〉

사업자등록증
(법인사업자)

등록번호: 107-86-38835

---

① 법 인 명(단 체 명): 주식회사 한결

② 대 표 자: 홍 길 동

③ 개 업 연 월 일: 2025년 02월 29일   ④ 법인등록번호: 110111-2849888

⑤ 사업장소재지: 서울특별시 광진구 자양로 142

⑥ 본 점 소 재 지: 서울특별시 광진구 자양로 142

⑦ 사 업 의 종 류:

업태	제조	종목	기록매체복제
	제조		출판업
	서비스		온라인정보제공업

⑧ 교 부 사 유 : 정 정

⑨ 주류판매신고번호:

⑩ 사업자단위과세 적용사업자 여부: 여(　) 부(√)

⑪ 전자세금계산서 전용메일주소:

2025 년   04 월   20 일

성동세무서장　　(인)

국세 상담이 필요할 땐 ☎ 126

210㎜×297㎜[백상지120g/㎡]

4. 사업자등록의 정정

(1) 의의

사업자가 다음의 어느 하나에 해당하는 경우에는 지체 없이 사업자의 인적사항, 사업자등록의 변경 사항 및 그 밖의 필요한 사항을 적은 『사업자등록 정정신고서』를 세무서장(관할 세무서장 또는 그 밖의 세무서장 중 어느 한 세무서장을 말한다)에게 제출(국세정보통신망에 따른 제출을 포함한다)하여야 한다(부가령 제14조 제1항, 제3항).

사업자등록정정사유	재발급기한
① 상호를 변경 ② 통신판매업자가 사이버몰의 명칭 또는 인터넷 도메인이름을 변경	신청일 당일
① 법인 또는 법인으로 보는 단체 외의 단체로서 기획재정부령으로 정하는 단체가 대표자를 변경 ② 사업의 종류를 완전히 다른 종류로 변경한 경우와 새로운 사업의 종류를 추가하거나 사업의 종류 중 일부를 폐지 ③ 사업장 이전(사업자 단위 과세 사업자의 경우 사업자 단위 과세 적용 사업장) ④ 상속으로 사업자의 명의가 변경 ⑤ 공동사업자의 구성원 또는 출자지분이 변경 ⑥ 임대인, 임대차 목적물 및 그 면적, 보증금, 임차료 또는 임대차기간이 변경되거나 새로 상가건물을 임차한 경우(상가건물의 임차인이 사업자등록 정정신고, 임차인이 확정일자신청, 확정일자를 받은 임차인에게 변경 등이 있는 경우로 한정) ⑦ 사업자단위과세사업자가 사업자단위과세적용사업장을 변경하는 때(사업자 단위 과세 적용 사업장을 변경, 종된 사업장을 신설하거나 이전, 종된 사업장의 사업을 휴업하거나 폐업)	신고일로부터 2일내

☞ 사업장과 주소지가 동일한 사업자가 사업자등록 신청서 또는 사업자등록 정정신고서를 제출하면서 「주민등록법」에 따른 주소가 변경되면 사업장의 주소도 변경되는 것에 동의한 경우에는 사업자가 「주민등록법」 제16조 제1항에 따른 전입신고를 하면 제1항에 따른 사업자등록 정정신고서를 제출한 것으로 본다.

(2) 제출 서류

사업자등록정정신고서를 제출하는 경우에는 사업자등록증을 첨부하여야 한다. 이 경우 법령에 따라 허가를 받거나 등록 또는 신고를 하여야 하는 사업의 경우, 사업장을 임차한 경우 등 사업자등록신청시 첨부하여야 할 해당 서류가 있는 사업의 내용이 변경된 사업자는 해당 첨부서류를 제출하여야 한다(부가령 제14조 제2항).

(3) 변경사실 통지

사업자가 사업장을 변경하거나 사업자 단위 과세 사업자가 사업자 단위 과세 적용 사업장을 변경하는 사유로 사업자등록 정정신고를 한 경우 사업장 관할 세무서장은 종전의 사업장 관할 세무서장에게 지체 없이 사업장의 이전 또는 변경 사실을 통지하여야 한다(부가령 제14조 제4항).

(4) 주소지와 사업장이 동일한 경우

사업장과 주소지가 동일한 사업자가 사업자등록 신청 또는 사업자등록 정정신고서를 제출하면서 주소지를 이전하는 때에 사업장이 함께 이전하는 것에 동의하는 경우에는 사업자가 주소지를 이전하는 때에 사업자등록 정정신고서를 제출한 것으로 본다(부가령 제14조 제5항).

(5) 불이익

사업자등록 정정신고를 이행하지 아니하거나 지연신고한 경우에도 발급받은 매입세금계산서 관련 매입세액은 매출세액에서 공제할 수 있고, 미등록가산세를 적용하지 아니하며, 「조세범처벌법」 상 처벌대상도 아니다(부가집 8-14-2).

☞ 공동사업자가 그 공동사업장에 관한 「소득세법」 제168조 제1항 및 제2항에 따른 사업자등록을 할 때에는 공동사업자(출자공동사업자 해당 여부에 관한 사항을 포함한다), 약정한 손익분배비율, 대표공동사업자, 지분·출자명세, 그 밖에 필요한 사항을 사업장 소재지 관할 세무서장에게 신고하여야 한다. 신고한 내용에 변동이 있는 경우 이를 신고하지 않으면 「소득세법」 제81조의4[공동사업장 등록·신고 불성실 가산세]의 가산세가 부과될 수 있다.

(6) 사업자등록 정정 사례(부가집 8-14-1)

① 공동사업자

공동사업자 중 일부 변경 및 탈퇴, 새로운 공동사업자 추가의 경우에는 사업자등록을 정정하여야 한다.

② 관리인에 의한 회사 경영

법원의 기업회생절차개시명령을 받아 관리인 또는 관리인대리가 회사사업의 경영과 재산의 관리 및 처분을 할 경우에는 해당 관리인 또는 관리인대리를 회사의 대표자로 보아 사업자등록을 정정할 수 있다.

③ 업종 변경

제조업을 영위하던 사업자가 제조업을 폐지하고 같은 장소에서 부동산임대업을 영위하는 경우에는 업종이 변경되어 사업자등록을 정정하여야 한다.

④ 면세사업자의 과세사업 추가

부가가치세 면세사업자로 등록한 사업자가 과세사업을 추가한 경우에는 사업자등록을 정정하여야 한다.

⑤ 상속으로 인한 사업자의 명의 변경

사업자의 사망으로 인하여 상속이 개시되는 때에는 상속개시 후 실질적으로 사업을 영위하는 상속인의 명의로 사업자등록을 정정하여야 한다.

⑥ 2 이상의 사업장에 대한 사업자등록 정정

㉠ 2 이상의 사업장을 가진 사업자가 그 중 한 사업장을 다른 사업장으로 이전·통합하는 경우 이전 후 통합한 사업장에서 사업자등록을 정정하여야 한다.

㉡ 2 이상의 독립된 부동산에 대하여 하나의 사업장으로 부동산임대업 사업자등록을 하였으나 하나의 사업체로 이용되지 않고 각각의 부동산별로 임대하고 있어 부동산등기부상 소재지별로 사업장을 분리하고자 하는 경우 기존의 사업자등록은 정정신고를 하고, 다른 부동산에 대하여는 신규로 사업자등록을 하여야 한다.

㉢ 법인사업자가 본점을 지점 소재지로 이전하여 통합하는 경우와 사업자 2인이 공동사업을 영위하기 위하여 기존 사업장을 통합하여 하나의 사업장으로 사용하는 경우에는 사업자등록을 정정하여야 한다.

⑦ 개인 단독사업자가 공동사업자로, 공동사업자가 개인 단독사업자로 변경되는 경우에는 사업자등록을 정정하여야 한다.

 관련 해석사례 및 집행기준

상속재산에 대해 상속인이 불분명한 경우 사업자등록 정정신고 방법

사업자의 사망으로 인하여 상속이 개시된 때에는 상속개시 후 실질적으로 사업을 영위하는 상속인의 명의로 「부가가치세법시행령」 제11조의 규정에 의한 사업자등록 정정신청을 하여야 하는 것이나, 귀 질의의 경우와 같이 상속재산에 대하여 소송이 진행중에 있어 상속인이 불분명한 경우에는 그 판결이 확정될 때까지 민법에서 규정된 법정상속지분에 따라 사업자등록 정정신고를 하고, 그 신고내용에 따라 부가가치세를 신고납부하여야 하는 것입니다.

다만, 이 경우 판결이 확정된 후에는 판결내용에 따라 실질사업자 명의로 사업자등록을 정정하여야 하는 것이며, 실질사업자 명의로 정정 시에는 확정판결전의 명의로 교부받은 세금계산서의 매입세액은 매출세액에서 공제하고 당해 신고납부분에 대하여는 「부가가치세법」 제22조의 규정에 의한 가산세는 적용하지 아니하는 것임(서면부가 2017-1172, 2017.06.30.).

◆ 본·지점통합에 따른 사업자등록 신고, 이전된 재고재화 과세여부 및 부가가치세 신고방법
1. 사업자가 본점을 지점의 소재지로 이전하여 사업장을 하나로 통합한 경우 본점은 사업장 이전으로 정정신고를 하여야 하며, 지점은 사업자등록번호 말소를 위한 폐업신고(사유: 본지점 통합)를 하여야 함.
2. 이 경우 다른 사업장으로 이전된 재고재화는 재화의 공급으로 보지 아니함.
3. 부가가치세 신고는 이전 후 사업장 소재지 관할세무서장에게 본지점 사업실적을 통합하여 신고하여야 함(부가가치세과-2091, 2008.07.18.).

◆ 면세사업자의 과세사업 추가 시 사업자등록방법
「소득세법」에 의하여 등록한 자로서 면세사업을 영위하는 자가 추가로 과세사업을 영위하고자 하는 경우에 「부가가치세법 시행령」 제11조 제1항의 규정을 준용하여 사업자등록정정신고서를 제출한 때에는 사업자등록을 한 것으로 봄(부가 46015-1110, 2000.05.20.).

5. 휴업·폐업의 신고

(1) 휴업·폐업의 신고

휴업은 사업자가 일시적으로 주된 영업활동을 정지하였으나 장래 영업활동을 재개하려는 의사를 가지고 영업시설의 유지·관리 또는 개량 행위 등을 하는 것을 의미하며, 폐업은 사업자가 당해 영업을 계속할 의사가 없어 영업활동을 영구적으로 종료하는 것을 말한다(부가집 8-13-1).

사업자가 휴업·폐업하거나 개업 전에 미리 등록을 한 사업자가 사실상 사업을 시작하지 아니하게 되는 때에는 지체없이 휴업(폐업)신고서에 사업자등록증과 폐업신고확인서(법령에 따라 허가를 받거나 등록 또는 신고를 하여야 하는 사업만 해당하며, 폐업신고를 한 사실을 확인할 수 있는 서류의 사본을 말함)를 첨부하여 세무서장(관할 또는 그 밖의 모든 세무서장)에게 제출(국세정보통신망에 의한 제출 포함)하여야 한다(부가령 제13조 제1항). 다만, 부가가치세 확정신고서에 폐업연월일 및 사유를 기재하고 사업자등록증을 첨부하여 제출하는 경우 폐업신고서를 제출한 것으로 본다(부가령 제13조 제3항).

휴·폐업일의 기준 (부가령 제7조, 13조 제6항)

구분	유 형 별	폐 업 일
휴업	일반적인 경우	사업장별로 그 사업을 실질적으로 휴업하는 날
	계절사업의 경우	그 계절이 아닌 기간은 휴업기간으로 봄
	휴업일이 분명하지 아니한 경우	휴업신고서의 접수일
폐업	일반적인 경우	사업장별로 그 사업을 실질적으로 폐업하는 날
	• 해산으로 청산중인 내국법인 • 「채무자회생 및 파산에 관한 법률」에 따라 법원으로부터 회생계획인가를 받고 회생절차를 진행중인 내국법인	• 실질적인 폐업일 • 사업을 실질적으로 폐업한 날로부터 25일 이내에 신고하여 승인을 얻은 경우에 한하여 잔여재산가액확정일(해산일로부터 365일 이내)
	합병으로 소멸한 법인	합병등기일(통칙 3-0-1)
	분할로 폐업하는 경우	분할법인의 분할변경등기일(분할법인이 소멸하는 경우에는 분할신설법인의 설립등기일)
	폐업일이 분명하지 아니한 경우	폐업신고서의 접수일
	개시전 등록한 자가 6개월이 되는 날까지 공급실적이 없는 경우	그 6개월이 되는 날(부득이한 경우 제외)

(2) 법인합병의 경우

법인이 합병할 때에는 합병으로 존속하는 법인(신설합병의 경우에는 합병으로 설립된 법인) 또는 합병 후 소멸하는 법인(소멸법인)이 합병 후 존속하는 법인 또는 합병으로 설립된 법인의 인적사항, 소멸법인의 인적사항, 합병연월일, 그 밖의 참고 사항 등을 적은 법인합병신고서에 사업자등록증을 첨부하여 소멸법인의 폐업사실을 소멸법인의 관할세무서장에게 신고하여야 한다(부가령 제13조 제4항).

(3) 법령에 의해 허가·등록 또는 신고를 하는 사업을 하는 사업자의 폐업신고

법령에 따라 허가를 받거나 등록 또는 신고 등을 하여야 하는 사업의 경우에는 허가, 등록, 신고 등이 필요한 사업의 주무관청에 휴업(폐업)신고서를 제출할 수 있으며, 휴업(폐업)신고서를 받은 주무관청은 지체 없이 관할 세무서장에게 그 서류를 송부(정보통신망을 이용한 송부를 포함)하여야 하고, 허가, 등록, 신고 등이 필요한 사업의 주무관청에 제출하여야 하는 해당 법령에 따른 신고서를 관할 세무서장에게 제출한 경우에는 관할 세무서장은 지체 없이 그 서류를 관할 주무관청에 송부하여야 한다(부가령 제15조 제5항).

(4) 사업자등록의 말소

사업장 관할세무서장은 사업자가 폐업한 경우, 등록신청을 하고 사실상 사업을 시작하지 아니하게 되는 경우에는 지체 없이 사업자등록을 말소하여야 한다(부가법 제8조 제9항). 이 경우 관할세무서장은 지체 없이 사업자등록증을 회수하여야 하며, 이를 회수할 수 없는 경우에는 등록말소의 사실을 공시하여야 한다(부가령 제15조).

(5) 휴·폐업시 유의사항

① 사업자가 휴업기간 중 사업장의 유지·관리를 위하여 일반적인 관리업무에 대한 비용을 지출하고 발급받은 세금계산서의 매입세액은 공제된다(전기요금 등의 경우).
② 폐업일이 속하는 달의 말일로부터 다음 달 25일까지 폐업확정 부가가치세 신고납부하여야 한다.
③ 폐업한 이후에는 사업자의 지위를 상실한 경우이므로 (수정)세금계산서를 발급할 수 없다.
④ 사업자가 사업을 폐업하는 경우 남아 있는 재화는 자기에게 공급하는 것으로 보아 신고·납부하여야 한다(폐업시 잔존재화). 만약, 재화를 실제로 처분하는 때에는 세금계산서를 발급할 수 없고 일반영수증을 발급하여야 한다.
⑤ 폐업 전에 공급한 재화(용역)의 공급시기가 폐업일 이후 도래시는 그 폐업일을 공급시기로 하여 세금계산서를 발급하여야 한다.
⑥ 하나의 사업장에서 수개 업종의 사업을 영위하는 사업자가 일부 업종을 폐지하는 경우, 폐업에 해당하지 않는다(사업자등록 정정사항)(부가 46015-3919, 2000. 11.28.).
⑦ 폐업법인의 사업자등록 재신청시 처리방법
- 폐업일로부터 1년이 지난 경우 : 법인 폐업후 재개업에 의한 신청으로 처리하며 개업일은 재개업일로 함.
- 폐업일로부터 1년이 안된 경우 : 폐업취소 처리 후 정정사항이 있으면 정정신고로 처리

• 실무사례   직권폐업 상태에서 발급된 세금계산서가 정당한지 여부

[사실관계]

관할세무서에 의하여 사업자등록이 직권으로 폐업된 상태에서 장비임대업을 영위하고 사업자가 세금계산서를 발행한 경우 해당 세금계산서가 적법한지 여부?

해답

사업자가 사업장 관할세무서장으로부터 「부가가치세법」 제5조 제5항의 규정에 의하여 사업자등록이 말소된 후 계속사업을 영위하고 있음이 확인되어 해당 말소가 해제된 경우 동 직권말소기간에 발급하거나 발급받은 세금계산서가 사실과 다르게 기재되지 아니한 경우에 한하여 정당한 세금계산서로 볼 수 있다(서면3팀-151, 2008.01.18.).

☞ 직권폐업된 사업자로부터 발급받은 세금계산서상의 매입세액은 공제받을 수 없음(서면3팀-2487, 2006.10.19.).

 관련 해석사례 및 집행기준

합병등기일 전에 실제 합병한 경우

법인간의 흡수합병에 있어서 합병등기일 전에 실제 합병한 경우 실제합병일로부터 합병등기일까지 피합병법인의 사업장에서 거래된 재화의 공급 및 매입분에 대하여는 피합병법인 명의로 세금계산서를 발급하거나 발급받고 부가가치세를 신고·납부한다(부가통 3-0-7).

휴·폐업 신고 관련 규정인 「부가가치세법 시행령」 제13조 제5항의 의미

법령에 따른 허가, 등록, 신고 등이 필요한 사업을 하는 사업자가 폐업신고를 하기 위해 관할세무서장에 제출할 폐업신고서를 주무관청에 제출하고 주무관청이 관할 세무서장에게 그 서류를 송부한 경우 폐업신고서를 관할 세무서장에게 제출한 것으로 보는 것임(기획재정부 부가가치세제과-288, 2016.05.27.).

휴업기간 중 지출한 경비의 매입세액 공제

사업자가 휴업기간 중 사업장의 유지 관리를 위하여 일반적인 관리업무에 대한 비용을 지출하고 교부받은 세금계산서의 매입세액은 매출세액에서 공제 되는 것임(서면3팀-2893, 2006.11.22.).

부동산임대사업자가 해당 임대건물을 양도하는 경우 폐업시기

사업자의 폐업일은 사업장별로 그 사업을 실질적으로 폐업하는 날로 하는 것이며, 폐업한 때가 명확하지 아니한 경우에는 「부가가치세법시행규칙」 제4조 제1항에 규정하는 폐업신고서의 접수일을 폐업일로 보는 것임(서삼 46015-11329, 2002.08.12.).

- **직권폐업자가 실질적으로 사업을 영위한 경우**

  사업자가 실질적으로 사업을 영위하는 경우에는 다시 사업자등록 하여야 하는 것이며, 체납세금이 있다거나 또는 폐업신고를 하지 아니한 사실들이 사업자 등록의 거부요건이 될 수 없음(부가 46015-222, 2000.01.26.).

- **사업자등록 거부요건이 될 수 없는 경우**

  허가를 받지 않았다거나, 전 사업자가 폐업신고를 하지 아니한 사실들은 사업자등록의 거부요건이 될 수 없음(부가 1265-2186, 1980.10.17).

6. 사업자등록의 불이행에 대한 제재

(1) 미등록가산세

사업자가 사업개시일로부터 20일 내에 등록을 신청하지 아니한 경우에는 사업개시일로부터 예정신고기간 또는 해당 과세기간까지의 공급가액에 대하여 1%(등록기한 경과 후 1개월 이내에 등록하는 경우 해당 가산세의 50% 감면함)에 상당하는 금액을 가산세로 부담하여야 한다(간이과세자는 공급대가의 0.5%)(부가법 제60조 제1항, 국기법 제48조 제1항 제3호, 부가법 제68조의2 제1항).

(2) 매입세액불공제

사업자등록을 하기 전의 매입세액은 매출세액에서 공제하지 아니한다. 다만, 공급시기가 속하는 과세기간이 끝난 후 20일 이내에 등록을 신청한 경우 등록 신청일부터 공급시기가 속하는 과세기간 기산일까지 역산한 기간 이내의 매입세액은 공제 가능하다.

① 등록신청일 7월 20일: 1월 1일 ~ 7월 20일 거래 공제가능
② 등록신청일 7월 21일: 7월 1일 ~ 7월 21일 거래 공제가능, 6월 30일 이전 거래분은 공제불가

(3) 세금계산서 발급 불가능

사업자등록을 하지 않은 사업자는 세금계산서를 발행할 수 없다.

> **사업자등록번호 부여기준(부가가치세 업무매뉴얼 2024.09.)**

○ 사업자등록번호는 10자리(×××-××-××××)로 구성되고 다음과 같이 각 기준에 의해 부여한다.

1. **일련 번호(3자리)**
   - 2015년 이후 사업자등록번호 앞 3자리는 의미 없는 일련번호 개념으로 순차적으로 사용하고, 매번 새로운 번호 부여(101 ~ 999)
   - 법인 본점의 경우에 한하여 폐업 후 1년을 초과하여 재개업하는 경우 사업자등록번호 재사용
   - 과거에는 순수한 신규개업자(폐업후 재개업이 아닌 자)에게만 사업자등록번호 최초 부여관서의 청 서코드를 부여하며 관서간 세적이전, 관할구역 변경의 경우에는 청 서코드를 변경하지 아니한다.

2. **개인·법인 구분코드(2자리)**

   가. 개인구분 코드
   - (1) 개인과세사업자는 01부터 79까지를 순차적으로 부여
   - (2) 개인면세사업자는 90부터 99까지를 순차적으로 부여
   - (3) 「소득세법」 제1조 제3항에 해당하는 법인이 아닌 종교 단체: 89
   - (4) 「소득세법」 제1조 제3항에 해당하는 자로서 "(3)" 이외의자(아파트관리사무소 등) 및 다단계판매원: 80

   나. 법인성격코드
   법인에 대하여는 성격별 코드를 구분하여 사용한다.
   - (1) 영리법인의 본점 81, 86, 87, 88
   - (2) 비영리법인의 본점 및 지점(법인격 없는 사단, 재단, 기타 단체 중 법인으로 보는 단체를 포함): 82
   - (3) 국가, 지방자치단체, 지방자치단체조합: 83
   - (4) 외국법인의 본·지점 및 연락사무소: 84
   - (5) 영리법인의 지점: 85

3. **일련번호코드(4자리)**
   과세사업자(일반과세자·간이과세자), 면세사업자, 법인사업자별로 등록 또는 지정일자순으로 사용 가능한 번호를 0001~9999로 부여한다. 다만, 비영리법인의 본·지점은 등록 또는 지정일자순으로 0001 ~ 5999로 부여하고, 「국세기본법」 제13조 제2항의 규정에 의하여 법인으로 보는 단체는 6000 ~ 9999로 부여한다.

4. **검증번호(1자리)**
   전산시스템에 의하여 사업자등록번호의 오류여부를 검증하기 위하여 1위의 검증번호를 부여한다.

신종업종(1) - 1인 미디어 창작자 사업자등록 (국세청 신종업종안내)

1. 개요

1인 미디어 창작자란 인터넷·모바일 기반의 미디어 플랫폼 환경에서 다양한 주제의 영상 콘텐츠를 제작하고 이를 다수의 시청자와 공유하여 수익을 창출하는 신종 직업을 의미한다.
* (예시) 유튜브, 아프리카TV, 트위치 등에 영상을 공유하는 유튜버, 크리에이터, BJ, 스트리머 등이 있습니다.

2. 거래형태

1인 미디어 창작자의 소득은 플랫폼 운영사로부터 배분받는 광고수익, 시청자가 플랫폼을 통해 지불하는 후원금 등이 있다. 또한, 특정 기업 및 제품의 홍보 영상을 제작하거나 자신의 영상에서 이를 홍보해줌으로써 받는 수입, 행사 및 강연 등으로 얻는 수입 등이 있다. 1인 미디어 창작자는 다중채널네트워크(Multi Channel Network, MCN) 사업자와 계약을 맺고 광고수익을 나누는 경우도 있는데, 여기서 MCN 사업자란 1인 미디어 창작자의 콘텐츠 유통·판매, 저작권 관리, 광고 유치, 자금 지원 등에 도움을 주고 콘텐츠로부터 나온 수익을 창작자와 나누어 갖는 미디어 사업자를 말한다.

3. 사업자유형

(1) 과세사업자(업종코드 921505, 미디어 콘텐츠 창작업)

1인 미디어 창작자가 인적고용 관계 또는 별도의 사업장 등 물적시설을 갖추고 다양한 콘텐츠의 영상을 영상 플랫폼에 공급하면서 수익이 발생하는 경우, 과세사업자에 해당한다.
(예시) 인적시설 - 시나리오 작성자나 영상 편집자를 고용한 경우 등
　　　　물적시설 - 전문적인 촬영장비를 보유한 경우, 별도의 방송용 스튜디오를 갖춘 경우 등

(2) 면세사업자(업종코드 940306, 1인 미디어 콘텐츠 창작자)

1인 미디어 창작자가 독립된 자격으로 근로자를 고용하지 아니하고 물적 시설 없이 다양한 콘텐츠의 영상을 영상 플랫폼에 공급하면서 수익이 발생하는 경우, 면세사업자에 해당합니다.

코드	세분류	세세분류	적용범위
940306	기타 자영업	1인 미디어 콘텐츠 창작자 (면세)	인적시설과 물적시설 없이 인터넷기반으로 다양한 주제의 영상 콘텐츠 등을 창작하고 이를 영상 플랫폼에 업로드하여 시청자에게 유통하는 자로서 수익이 발생하는 산업활동 인적용역자의 콘텐츠 창작 등에 따른 수입 포함. (예시) 유튜버, BJ, 크리에이터 등
921505	영화비디오물 및 방송프로그램 제작업	미디어콘텐츠 창작업 (과세)	인적 또는 물적시설을 갖추고 인터넷기반으로 다양한 주제의 영상 콘텐츠 등을 창작하고 이를 영상 플랫폼에 업로드하여 시청자에게 유통하는 자로서 수익이 발생하는 산업활동

| 참고 | **신종업종(2) - SNS 마켓 사업자등록** (국세청 신종업종안내) |

1. 개요
SNS마켓이란 블로그·카페 등 각종 사회관계망서비스(Social Network Service, SNS) 채널을 이용하여 물품판매, 구매 알선·중개 등을 통해 수익을 얻는 산업활동을 말한다. SNS 마켓은 개인 간 친교 및 사교적인 목적의 SNS계정을 이용해서 판매행위를 한다는 특징이 있다.

2. 거래형태
SNS마켓은 재화 등을 매입하여 판매하거나 상품 홍보를 하고 판매수량에 따라 수수료를 받는 등 다양한 거래유형이 있다.
- 블로그·카페 등을 운영하며 홍보성 게시글에 대한 원고료, 배너광고를 게재하여 주고 광고료를 받는 경우
- 오프라인 사업장을 가진 사업자가 온라인 판매채널로 블로그 등을 이용하여 물품 판매
- 개인이 소규모로 SNS 등을 통하여 자기 물품을 판매하거나 구매대행 등 서비스를 제공
- 제조업자·도매업자의 의뢰를 받아 SNS 등을 통하여 상품정보를 제공하고 수수료를 수취

3. 사업자유형
일회성이 아닌 계속적, 반복적으로 블로그·카페 등 SNS상에서 판매 및 중개행위를 하는 경우 사업자 등록을 하여야 한다.

(1) 통신판매업신고

SNS마켓 판매자도 통신판매업자에 해당하므로, 재화 판매 전에 관할 시·군·구청에 통신판매업 신고*를 해야 한다(전자상거래법 제12조).

☞ 정부24(https://www.gov.kr)에서 공인인증서 등을 이용하여 신고가능
- 신고사항: 상호, 주소, 전화번호, 대표자 성명, 주민등록번호, 사업자 등록번호, 법인등록번호, 전자우편주소, 인터넷도메인 이름, 호스트서버 소재지, 판매방식, 취급품목 등
- 구비서류: 사업자등록증 사본, 법인등기부 등본 등

(2) 통신판매업자 정보 표기

SNS마켓에서 재화 판매 시 상호, 대표자 성명, 주소, 전화번호, 통신판매 신고번호 등을 표시해야 한다(전자상거래법 제 13조).

코드	세분류	세세분류	적용범위
525104 (신설)	통신 판매업	SNS 마켓	블로그·카페 등 각종 사회관계망서비스(소셜네트워크서비스, SNS) 채널을 이용하여 물품판매, 구매 알선, 중개 등을 통해 수익을 얻는 산업활동을 말한다.
525101	통신 판매업	전자상거래 소매업	일반 대중을 대상으로 온라인 통신망(사회관계망서비스(SNS) 채널은 제외한다)을 통하여 각종 상품을 소매하는 산업활동을 말한다. (예시) 상품 전자상거래 판매(오픈마켓 판매자 포함)

코드	세분류	세세분류	적용범위
525102	통신 판매업	기타 통신 판매업	온라인 통신망 이외의 기타 통신수단에 의하여 각종 상품을 소매하는 산업활동을 말한다. (예시) 인쇄물 광고형 소매, 전화소매, TV홈쇼핑, 카탈로그(상품안내서, catalog)형 소매, 우편소매, 통신판매 소매
525103	통신 판매업	전자상거래 소매중개업	개인 또는 소규모업체가 온라인상에서 재화나 용역을 판매할 수 있도록 중개업무를 담당하는 산업활동을 말한다. (예시) 소셜커머스(할인쿠폰 공동 구매형 전자상거래중개), 전자상거래 소매중개(오픈마켓 사업자) (제외) 오픈마켓 판매자(525101)

● 실무사례 공유오피스 비상주사업자의 경우 세액감면적용여부

[사실관계]

청년 유튜버 A씨는 수도권과밀억제권역 외 지역에 창업을 하면 5년간 소득세 100%를 감면받을 수 있다는 사실을 알고 실제 사업장은 서울이지만 가짜 사업장인 용인 소재 공유오피스에 사업자를 등록했다. 세무서는 사무실을 사용하지 않았다는 사실을 확인하고 사업자등록을 직권폐업 조치했으며, 감면받은 소득세 및 가산세 수십억원을 추징할 예정으로 세액감면을 적용하기 위해서는 공유오피스는 피하는 것이 바람직하다.

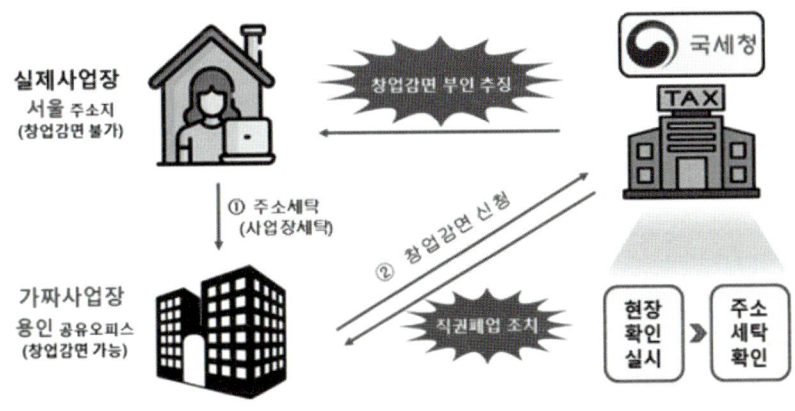

■ 부가가치세법 시행규칙 [별지 제7호서식(1)](2014.03.14 개정)

사 업 자 등 록 증
(   )

등록번호 :

① 상 호 :   ② 성 명 :

③ 개업 연월일 :   년   월   일   ④ 생년월일 :

⑤ 사업장 소재지 :

⑥ 사업의 종류 :   업태   종목   생산요소

⑦ 발 급 사 유 :

⑧ 공 동 사 업 자 :

⑨ 주류판매신고번호 :

⑩ 사업자 단위 과세 적용사업자 여부 : 여( ) 부( )

⑪ 전자세금계산서 전용 전자우편주소 :

                                    년   월   일

○○세무서장 [직인]

| 국세상담이 필요할 땐 ☎ 126 | 210mm×297mm[백상지 120g/㎡] |

■ 법인세법 시행규칙 [별지 제73호서식] (2025.03.21 개정) 홈택스(www.hometax.go.kr)에서도 신고할 수 있습니다. (앞쪽)

접수번호	[ ] 법인설립신고 및 사업자등록신청서 [ ] 국내사업장설치신고서(외국법인)	처리기간 2일 (보정기간은 불산입)

귀 법인의 사업자등록신청서상의 내용은 사업내용을 정확하게 파악하여 근거과세의 실현 및 사업자등록 관리업무의 효율화를 위한 자료로 활용됩니다. 아래의 사항에 대하여 사실대로 작성하시기 바라며 신청서에 서명 또는 인감(직인)날인하시기 바랍니다

1. 인적사항

법 인 명(단체명)		승인법인고유번호 (폐업당시 사업자등록번호)	
대 표 자		주민등록번호	-
사업장(단체)소재지		층 호	
전 화 번 호	(사업장)	(휴대전화)	

2. 법인현황

법인등록번호	-	자본금	원	사업연도	월 일 ~ 월 일

법 인 성 격 (해당란에 "○" 표시)										
내 국 법 인				외 국 법 인			지점(내국법인의 경우)		분할신설법인	
영리일반	영리외투	비영리	국가지방자치	법인으로 보는 단체		지점(국내사업장)	연락사무소	기타	해당	미해당	본점사업자등록번호	분할 전 사업자등록번호	분할연월일
				승인법인	기타								

조합법인 해당 여부		사업자 단위 과세 여부		법인과세 신탁재산		공 익 법 인				외국·외투법인	국 적	투자비율
해당	미해당	해당	미해당	해당	미해당	해당 여부		사업유형	주무부처명	출연자산여부				
						해당	미해당			해당	미해당			

3. 법인과세 신탁재산의 수탁자(법인과세 신탁재산의 설립에 한함)

법 인 명(상호)		사 업 자 등 록 번 호	
대 표 자		주 민 등 록 번 호	
사 업 장 소 재 지			

4. 외국법인 내용 및 관리책임자 (외국법인에 한함)

외 국 법 인 내 용				
본점	상 호	대 표 자	설 치 년 월 일	소 재 지

관 리 책 임 자			
성 명(상 호)	주민등록번호(사업자등록번호)	주 소(사업장소재지)	전 화 번 호

5. 사업장현황

사 업 의 종 류						사업(수익사업) 개 시 일
주업태	주 종 목	주업종코드	부업태	부 종 목	부업종코드	년 월 일

사이버몰 명칭		사이버몰 도메인	

사업장 구분 및 면적			도면첨부		사업장을 빌려준 사람(임대인)			
자가	타가	첨부	미첨부	성 명(법인명)	사업자등록번호	주민(법인)등록번호	전화번호
m²	m²							

임 대 차 계 약 기 간	(전세)보증금	월 세(부가세 포함)
20 . . ~ 20 . .	원	원

개별소비세			주류면허		부가가치세 과세사업		인·허가 사업 여부			
제조	판매	장소	유흥	면허번호	면허신청 신청 미신청	해당	미해당	신고	등록	인·허가	기타

대표자 현황	공동대표( ), 각자대표( )				
	성명	주민등록번호	담당 업무	성명	주민등록번호	담당 업무

210mm×297mm[백상지 80g/m² 또는 중질지 80g/m²]

(뒤쪽)

설립등기일 현재 기본 재무상황 등						
자산 계	유동자산	비유동자산	부채 계	유동부채	비유동부채	종업원 수
천원	천원	천원	천원	천원	천원	명
전자우편주소		국세청이 제공하는 국세정보 수신동의 여부		[ ] 문자(SMS) 수신에 동의함(선택) [ ] 이메일 수신에 동의함(선택)		

6. 사업자등록신청 및 사업 시 유의사항(아래 사항을 반드시 읽고 확인하시기 바랍니다)

가. 사업자등록 **명의를 빌려주는 경우** 해당 법인에게 부과되는 각종 세금과 과세자료에 대하여 소명 등을 해야 하며, 부과된 세금의 체납 시 **소유재산의 압류·공매처분, 체납내역 금융회사 통보, 여권발급제한, 출국규제** 등의 불이익을 받을 수 있습니다.

나. 내국법인은 주주(사원)명부를 작성하여 비치해야 합니다. 주주(사원)명부는 사업자등록신청 및 법인세 신고 시 제출되어 지속적으로 관리되므로 사실대로 작성해야 하며, 주주명의를 대여하는 경우에는 **양도소득세 또는 증여세**가 과세될 수 있습니다.

다. 사업자등록 후 정당한 사유 없이 **6개월**이 경과할 때까지 사업을 개시하지 않은 경우, **부가가치세 및 법인세**를 신고하지 않거나 **사업장을 무단으로 이전**하여 실제 사업영위 여부의 확인이 어려울 경우에는 사업자등록이 직권으로 말소될 수 있습니다.

라. 실물거래 없이 세금계산서 또는 계산서를 발급하거나 수취하는 경우 「조세범처벌법」 제10조제3항 또는 제4항에 따라 해당 법인 및 대표자 또는 관련인은 3년 이하의 징역 또는 공급가액에 부가가치세의 세율을 적용하여 계산한 세액의 3배 이하에 상당하는 벌금에 처하는 처벌을 받을 수 있습니다.

마. 신용카드 가맹 및 이용은 반드시 사업자 본인 명의로 해야 하며 **사업상 결제목적 이외의 용도로 신용카드를 이용할 경우** 「여신전문금융업법」 제70조제3항에 따라 3년 이하의 징역 또는 2천만원 이하의 벌금에 처하는 처벌을 받을 수 있습니다.

바. 공익법인의 경우 공익법인에 해당하게 된 날부터 **3개월** 이내에 **전용계좌**를 개설하여 신고해야 하며, 공익목적사업과 관련한 수입과 지출금액은 반드시 신고한 **전용계좌**를 사용해야 합니다.(미이행시 가산세가 부과될 수 있습니다)

사. 「정보통신망 이용촉진 및 정보보호 등에 관한 법률」 제2조제1항제1호에 따른 정보통신망을 이용하여 가상의 업무공간에서 사업을 수행하는 사업자의 경우 그 법인의 등기부에 따른 본점이나 주사무소의 소재지(국내에 본점 또는 주사무소가 있지 않은 경우에는 사업을 실질적으로 관리하는 장소의 소재지)를 "사업장(단체)소재지"란에 적을 수 있습니다.

신청인의 위임을 받아 대리인이 사업자등록신청을 하는 경우 아래 사항을 적어 주시기 바랍니다.

대 리 인 인적사항	성 명		주민등록번호	
	주 소 지			
	전화번호		신청인과의 관계	
신청 구분	[ ] 사업자등록만 신청 [ ] 사업자등록신청과 확정일자를 동시에 신청 [ ] 확정일자를 이미 받은 자로서 사업자등록신청(확정일자 번호:)			

신청서에 적은 내용과 실제 사업내용이 일치함을 확인하고, 「법인세법」 제75조의12제3항·제109조·제111조, 같은 법 시행령 제152조부터 제154조까지, 같은 법 시행규칙 제82조제7항제11호 및 「상가건물 임대차보호법」 제5조제2항에 따라 법인설립 및 국내사업장설치 신고와 사업자등록 및 확정일자를 신청합니다.

년   월   일

신청인   (서명 또는 인)

위 대리인   (서명 또는 인)

세무서장 귀하

첨부 서류	1. 정관(외국법인만 해당합니다) 1부 2. 임대차계약서 또는 전대차계약서 사본[사업장을 임차하거나 전차(轉借)한 경우에만 첨부합니다] 1부 3. 「상가건물 임대차보호법」의 적용을 받는 상가건물의 일부를 임차한 경우에는 해당 부분의 도면 1부 4. 주주 또는 출자자명세서 1부 5. 사업허가증·사업등록증·신고확인증 사본(해당 법인만 첨부합니다) 또는 설립허가증사본(비영리법인만 첨부합니다) 1부 6. 현물출자명세서(현물출자법인인 경우에만 첨부합니다) 1부 7. 자금출처명세서(금지금 도·소매업, 액체·기체연료 도·소매업, 재생용 재료 수집 및 판매업, 과세유흥장소에서 영업을 하려는 경우에만 제출합니다) 1부 8. 본점 등의 등기에 관한 서류(외국법인만 해당합니다) 1부 9. 국내사업장의 사업영위내용을 입증할 수 있는 서류(외국법인만 해당하며, 담당 공무원 확인사항에 의하여 확인할 수 없는 경우만 해당합니다) 1부 10. 신탁 계약서(법인과세 신탁재산의 경우만 해당합니다) 1부 11. 사업자단위과세 적용 신고자의 종된 사업장 명세서(법인사업자용)(사업자단위과세 적용을 신청한 경우만 해당합니다) 1부

작성방법
사업장을 임차한 경우 「상가건물 임대차보호법」의 적용을 받기 위해서는 사업장 소재지를 임대차계약서 및 건축물관리대장 등 공부상의 소재지와 일치되도록 구체적으로 적어야 합니다. (작성 예) ○○동 ○○○○번지 ○○호 ○○상가(빌딩) ○○동 ○○층 ○○○○호

210mm×297mm[백상지 80g/㎡ 또는 중질지 80g/㎡]

■ 부가가치세법 시행규칙 [별지 제4호서식](2025.03.21 개정)

홈택스(www.hometax.go.kr)에서도 신청할 수 있습니다.

사업자등록 신청서(개인사업자용)
(법인이 아닌 단체의 고유번호 신청서)

※ 사업자등록의 신청 내용은 영구히 관리되며, 납세 성실도를 검증하는 기초자료로 활용됩니다.
　아래 해당 사항을 사실대로 작성하시기 바라며, 신청서에 본인이 자필로 서명해 주시기 바랍니다.
※ [ ]에는 해당하는 곳에 √표를 합니다.

(앞쪽)

접수번호		처리기간	2일(보정 기간은 불산입)

1. 인적사항

상호(단체명)		연락처	(사업장 전화번호)
성명(대표자)			(주소지 전화번호)
주민등록번호			(휴대전화번호)
(단체)부동산등기용등록번호			(FAX 번호)
사업장(단체) 소재지			층　　호
사업장이 주소지인 경우 주소지 이전 시 사업장 소재지 자동 정정 신청			([ ]여, [ ]부)

2. 사업장 현황

업 종	주업태		주종목		주생산요소		주업종 코드	개업일	종업원 수
	부업태		부종목		부생산요소		부업종 코드		

사이버몰 명칭			사이버몰 도메인			

사업장 구분	자가 면적	타가 면적	사업장을 빌려준 사람 (임대인)			임대차 명세			
			성 명 (법인명)	사업자 등록번호	주민(법인) 등록번호	임대차 계약기간	(전세) 보증금	월세(차임)	
	㎡	㎡				~	원	원	

허가 등 사업 여부	[ ]신고　[ ]등록 [ ]허가　[ ]해당 없음		주류면허	면허번호	면허신청
					[ ]여　[ ]부

개별소비세 해당 여부	[ ]제조　[ ]판매 [ ]입장　[ ]유흥	사업자 단위 과세 적용 신고 여부	[ ]여　　[ ]부

사업자금 명세 (전세보증금 포함)	자기자금	원	타인자금	원

간이과세 적용 신고 여부	[ ]여　[ ]부	간이과세 포기 신고 여부	[ ]여　[ ]부

전자우편주소		국세청이 제공하는 국세정보 수신동의	[ ]문자(SMS) 수신에 동의함(선택) [ ]전자우편 수신에 동의함(선택)

그 밖의 신청사항	확정일자 신청 여부	공동사업자 신청 여부	사업장소 외 송달장소 신청 여부	양도자의 사업자등록번호 (사업양수의 경우에만 해당함)
	[ ]여　[ ]부	[ ]여　[ ]부	[ ]여　[ ]부	

신탁재산 여부	[ ]여　[ ]부	신탁재산의 등기부상 소재지 또는 등록부상 등록지	

210mm×297mm[백상지(80g/㎡) 또는 중질지(80g/㎡)]

(뒤쪽)

3. 사업자등록 신청 및 사업 시 유의사항 (아래 사항을 반드시 읽고 확인하시기 바랍니다)

가. 다른 사람에게 사업자명의를 빌려주는 경우 사업과 관련된 각종 세금이 명의를 빌려준 사람에게 나오게 되어 다음과 같은 불이익이 있을 수 있습니다.
  1) 조세의 회피 및 강제집행의 면탈을 목적으로 자신의 성명을 사용하여 타인에게 사업자등록을 할 것을 허락하거나 자신 명의의 사업자등록을 타인이 이용하여 사업을 영위하도록 한 자는 「조세범 처벌법」 제11조제2항에 따라 1년 이하의 징역 또는 1천만원 이하의 벌금에 처해집니다.
  2) 소득이 늘어나 국민연금과 건강보험료를 더 낼 수 있습니다.
  3) 명의를 빌려간 사람이 세금을 못 내게 되면 체납자가 되어 소유재산의 압류·공매처분, 체납명세의 금융회사 등 통보, 출국규제 등의 불이익을 받을 수 있습니다.

나. 다른 사람의 명의로 사업자등록을 하고 실제 사업을 하는 것으로 확인되는 경우 다음과 같은 불이익이 있을 수 있습니다.
  1) 조세의 회피 또는 강제집행의 면탈을 목적으로 타인의 성명을 사용하여 사업자등록을 하거나 타인 명의의 사업자등록을 이용하여 사업을 영위한 자는 「조세범 처벌법」 제11조제1항에 따라 2년 이하의 징역 또는 2천만원 이하의 벌금에 처해집니다.
  2) 「부가가치세법」 제60조제1항제2호에 따라 사업 개시일부터 실제 사업을 하는 것으로 확인되는 날의 직전일까지의 공급가액 합계액의 1%에 해당하는 금액을 납부세액에 더하여 납부해야 합니다.
  3) 「주민등록법」 제37조제10호에 따라 다른 사람의 주민등록번호를 부정하게 사용한 자는 3년 이하의 징역 또는 3천만원 이하의 벌금에 처해집니다.

다. 귀하가 재화 또는 용역을 공급하지 않거나 공급받지 않고 세금계산서 또는 계산서를 발급하거나 발급받은 경우 또는 이와 같은 행위를 알선·중개한 경우에는 「조세범 처벌법」 제10조제3항 또는 제4항에 따라 3년 이하의 징역 또는 공급가액에 부가가치세의 세율을 적용하여 계산한 세액의 3배 이하에 상당하는 벌금에 처해집니다.

라. 신용카드 가맹 및 이용은 반드시 사업자 본인 명의로 해야 하며 사업상 결제목적 외의 용도로 신용카드를 이용할 경우 「여신전문금융업법」 제70조제3항제2호부터 제6호까지의 규정에 따라 3년 이하의 징역 또는 2천만원 이하의 벌금에 처해집니다.

창업자 멘토링 서비스	신청 여부	[ ]여 [ ]부

※ 세무대리인을 선임하지 못한 경우 신청 가능하며, 서비스 제공 요건을 충족하지 못한 경우 서비스가 제공되지 않을 수 있음

대리인이 사업자등록신청을 하는 경우에는 아래의 위임장을 작성하시기 바랍니다.

위 임 장	본인은 사업자등록 신청과 관련한 모든 사항을 아래의 대리인에게 위임합니다. 본 인: (서명 또는 인)			
대리인 인적사항	성명	주민등록번호	전화번호	신청인과의 관계

위에서 작성한 내용과 실제 사업자 및 사업내용 등이 일치함을 확인하며, 「부가가치세법」 제8조제1항·제3항, 제61조제3항, 같은 법 시행령 제11조제1항·제2항, 제109조제4항, 같은 법 시행규칙 제9조제1항·제2항 및 「상가건물 임대차보호법」 제5조제2항에 따라 사업자등록([ ]일반과세자[ ]간이과세자[ ]면세사업자[ ]그 밖의 단체) 및 확정일자를 신청합니다.

년   월   일

신청인: (서명 또는 인)
위 대리인: (서명 또는 인)

세무서장 귀하

신고인 제출서류	1. 사업허가증 사본, 사업등록증 사본 또는 신고확인증 사본 중 1부(법령에 따라 허가를 받거나 등록 또는 신고를 해야 하는 사업의 경우에만 제출합니다) 2. 임대차계약서 사본 1부(사업장을 임차한 경우에만 제출합니다) 3. 「상가건물 임대차보호법」이 적용되는 상가건물의 일부분을 임차한 경우에는 해당 부분의 도면 1부 4. 자금출처명세서 1부(금지금 도매·소매업, 과세유흥장소에서의 영업, 액체연료 및 관련제품 도매업, 기체연료 및 관련제품 도매업, 차량용 주유소 운영업, 차량용 가스 충전업, 가정용 액체연료 소매업, 가정용 가스연료 소매업, 재생용 재료 수집 및 판매업을 하려는 경우에만 제출합니다). 5. 신탁계약서 1부 6. 주택임대사업을 하려는 경우 「소득세법 시행규칙」 별지 제106호서식의 임대주택 명세서 1부 또는 임대주택 명세서를 갈음하여 「민간임대주택에 관한 특별법 시행령」 제4조제6항에 따른 임대사업자 등록증 사본 1부	수수료 없음

유의사항

사업자등록을 신청할 때 다음 각 호의 사유에 해당하는 경우에는 붙임의 서식 부표에 추가로 적습니다.
  1. 공동사업자가 있는 경우
  2. 사업장 외의 장소에서 서류를 송달받으려는 경우
  3. 사업자 단위 과세 적용을 신청하려는 경우(2010년 이후부터 적용)

210mm×297mm[백상지(80g/㎡) 또는 중질지(80g/㎡)]

■ 부가가치세법 시행규칙 [별지 제4호서식 부표 1] (2021.03.16 개정)

[ ] 공동사업자 명세
[ ] 서류를 송달받을 장소

※ [ ]에는 해당되는 곳에 √표를 합니다.

1. 인적사항

상호(단체명)

성명(대표자)

주민등록번호

사업장(단체) 소재지

2. 공동사업자 명세

출자금		원	성립일		
성명	주민등록번호	지분율	관계	출자공동사업자여부

* 소득분배비율과 지분율이 다른 경우에는 소득분배비율을 적습니다.
* 출자공동사업자란 「소득세법 시행령」 제100조제1항에 따라 경영에는 참여하지 않고 출자만 하는 공동사업자를 말합니다.

3. 서류를 송달받을 장소

「국세기본법」 제9조 및 같은 법 시행령 제5조에 따라 사업장이 아닌 다음 장소에서 서류를 송달받고자 합니다.
이 신청서로 등록신청한 사업장에 대하여 발생되는 고지서나 신고안내문 등의 송달주소로 활용됩니다.
 - 구분 : [ ] 1.주민등록상 주소   [ ] 2.기타   (전화번호 :   )
 ※ 주민등록상 주소를 선택한 경우 「주민등록법」 제16조에 따라 주소가 이전되면 송달주소가 이전된 주소로 자동으로 변경되는 것에 동의하는 경우 아래의 동의함에 체크하여 주시기 바랍니다.
    [ ] 동의함   [ ] 동의하지 않음

송달받을 장소	주소
	전화번호
사유	

210mm×297mm[백상지(80g/㎡) 또는 중질지(80g/㎡)]

■ 부가가치세법 시행규칙 [별지 제11호서식] (2024.03.22 개정)

홈텍스(www.hometax.go.kr)에서도 신청할 수 있습니다.

[ ] 사업자등록 정정신고서
[ ] 법인이 아닌 단체의 고유번호 정정신고서

※ 뒤쪽의 작성방법을 읽고 작성하시기 바라며, [ ]에는 해당되는 곳에 √표를 합니다. (앞쪽)

접수번호		변경 연월일		처리기간	즉시(2일)

인적 사항	상호(법인명)(단체명)		사업자등록번호	
	성명(대표자)		연락처	(사업장 전화번호)
				(주소지 전화번호)
				(휴대전화번호)

신고 내용

	상 호(법인명)(단 체 명)	(단체)부동산등기용등록번호	연락처	사업장 전화번호	주소지 전화번호	휴대전화번호
		-				

정정할 사항	성 명(대 표 자)	주민등록번호(법인등록번호)	-	본점 대표자 변경 시 지점 또는 종된 사업장 일괄정정(법인사업자만 기재)	[ ]동의함 [ ]동의하지 않음	
	총괄사업장 소재지				층	호
	사 업 장 소 재 지(임 대 차 부 동 산)					
	사업장이 주소지인 경우 주소지 이전 시 사업장 소재지 자동 정정 신청				([ ]여, [ ]부)	
	전자우편 주소		국세청이 제공하는 국세정보 수신동의	[ ]문자(SMS) 수신에 동의함(선택) [ ]전자우편 수신에 동의함(선택)		

사 업 의 종 류

구 분	주업태	주종목	주업종 코드	부업태	부종목	부업종 코드
추가할 사항						
삭제할 사항						

사이버몰 명칭		사이버몰 도메인	

사업장 구분 및 면적	도면 첨부		사업장을 빌려준 사람(임대인)		
자 가	타 가	여 부	성 명(법 인 명)	사업자등록번호	주민(법인)등록번호
m²	m²				

임대차 계약기간	(전 세)보 증 금	월 세(차 임)
. . ~ . .	원	원

주 류 면 허		개별소비세(해당란에 ○표)				부가가치세 해당 여부 ※법인사업자만 적음	
면 허 번 호	면 허 신 청 여 부	제 조	판 매	장 소	유 흥	여	부

공동사업자명세	출자금		원	변경일			변경 구분(해당란에 ○표)		
	성 명	주민등록번호	지분율	관 계	출자공동사업자여부	성 립	지분 변경	탈 퇴	
		-							

210mm×297mm[백상지(80g/m²) 또는 중질지(80g/m²)]

(뒤쪽)

서류를 송달받을 장소 신고 (개인사업자만 기재)	「국세기본법」 제9조 및 같은 법 시행령 제5조에 따라 사업장이 아닌 다음 장소에서 서류를 송달받으려 합니다. 이 신청서로 등록 신청한 사업장에 대해 발생되는 고지서나 신고안내문 등의 송달 주소로 활용됩니다.	
	사업자 단위 과세 적용 종된 사업장 정정신고 여부	[ ]여 [ ]부
	송달받을 장소	[ ] 주소지 [ ] 기 타 ( ) ※ 주민등록상 주소를 선택한 경우 「주민등록법」 제16조에 따라 주소가 이전되면 송달주소가 이전된 주소로 자동으로 변경되는 것에 동의하는 경우 아래의 동의함에 √표를 합니다. [ ] 동의함 [ ] 동의하지 않음
	신 고 이 유	
신고 구분	[ ]사업자등록 정정만 신고 [ ]사업자등록 정정신고와 확정일자를 동시에 신청 [ ]확정일자를 이미 받은 자로서 사업자등록 정정신고(확정일자 번호:) [ ]총괄사업장을 이전 또는 변경 [ ]사업자 단위 과세 사업자로서 종된 사업장 정정 신고	

납세자의 위임을 받아 대리인이 사업자등록 정정 신고를 하는 경우에는 아래의 위임장을 작성하시기 바랍니다.

위 임 장	본인은 사업자등록 정정 신고와 관련한 모든 사항을 아래의 대리인에게 위임합니다. 본인 : (서명 또는 인)	
대리인 인적사항	성 명	주민등록번호
	전화번호	납세자와의 관계

「부가가치세법」 제8조제8항, 같은 법 시행령 제14조제1항, 같은 법 시행규칙 제11조 및 「상가건물 임대차보호법」 제5조제2항에 따라 위와 같이 사업자등록 정정신고 및 확정일자를 신청합니다.

년   월   일

신고인   (서명 또는 인)

세무서장 귀하

| 신고인 제출서류 | 1. 사업자등록증 원본
2. 임대차계약서 사본(사업장을 임차한 경우에만 제출합니다) 1부
3. 「상가건물 임대차보호법」이 적용되는 상가건물의 일부분을 임차한 경우에는 해당 부분의 도면(「부가가치세법 시행령」 제14조제2항 단서에 따라 임대차 목적물 등 임대차 관련 사항의 변경 등을 이유로 정정신고를 하는 경우에만 제출합니다) 1부
4. 변경 사항이 반영된 사업허가증 사본, 사업등록증 사본 또는 신고확인증 사본 중 1부(법령에 따라 허가를 받거나 등록 또는 신고를 해야 하는 사업의 경우에만 제출합니다)
5. 자금출처명세서 1부(금지금 도매·소매업, 과세유흥장소에서의 영업, 액체연료 및 관련제품 도매업, 기체연료 및 관련제품 도매업, 차량용 주유소 운영업, 차량용 가스 충전업, 가정용 액체연료 소매업, 가정용 가스연료 소매업, 재생용 재료 수집 및 판매업을 하려는 경우에만 제출합니다) | 수수료
없음 |
| 담당 공무원 확인사항 | 사업자등록증 | |

행정정보 공동이용 동의서

본인은 이 건 업무처리와 관련하여 담당 공무원이 「전자정부법」 제36조제1항에 따른 행정정보의 공동이용을 통해 위의 담당 공무원 확인 사항을 확인하는 것에 동의합니다. * 동의하지 않는 경우에는 신고인이 직접 관련 서류를 제출해야 합니다.

신고인   (서명 또는 인)

작 성 방 법

1. 「정정할 사항」란에는 사업자등록을 정정하여야 할 사항만 해당란에 적습니다.
2. 공동사업자 명세에서 소득분배비율과 지분율이 다른 경우에는 소득분배비율을 적습니다.
   출자공동사업자란 「소득세법 시행령」 제100조제1항에 따라 경영에는 참여하지 않고 출자만 하는 공동사업자를 말합니다.
3. 사업장을 임차한 경우 「상가건물 임대차보호법」의 적용을 받기 위해 사업장 소재지를 임대차계약서 및 건축물관리대장 등 공부상의 소재지와 일치되도록 구체적으로 적어야 합니다. (예시) ○○시 ○○구 ○○로 ○○ (○○빌딩) ○○층 ○○○호, ○○동)
4. 「본점 대표자 변경 시 지점 일괄정정」 동의여부는 법인 본점사업자만 적고, 동의함을 선택하는 경우 모든 지점의 대표자가 변경 후 본점 법인대표자로 일괄 정정됩니다.(변경 전 본·지점의 대표가 동일인으로서 단독대표자 경우에만 적용됩니다)

210mm×297mm[백상지(80g/㎡) 또는 중질지(80g/㎡)]

■ 부가가치세법 시행규칙 [별지 제9호서식] (2022.03.18 개정)

홈택스(www.hometax.go.kr)에서도 신청할 수 있습니다.

[[ ] 휴업 / [ ] 폐업] 신고서

| 접수번호 | | 접수일 | | 처리기간 | 즉시 |

인적사항	상호(법인명)		사업자등록번호	
	성명(대표자)		전화번호	
	사업장 소재지			

신고내용	휴업기간	년 월 일부터 년 월 일까지 (일간)
	폐업일	년 월 일

휴업·폐업 사유	사업부진 1	행정처분 2	계절사업 3	법인전환 4	면세포기 5
	면세적용 6	해산(합병) 7	양도·양수 8	기타 9	

사업 양도 내용 (포괄양도·양수의 경우만 적음)	양수인 사업자등록번호(또는 주민등록번호)

송달받을 장소 신고 (「국세기본법」 제9조에 따라 서류를 송달받을 장소를 신고하는 경우만 적음)	신고(변경) 후 장소 1. 대표자 주민등록상 주소 □ 2. 기타 □ (주소: , 전화번호:) 주민등록상 주소가 이전하는 때에 송달장소도 변경되는 것에 동의 여부 □ 동의함 □ 동의하지 않음 "주민등록상 주소"를 선택하고, 위의 동의함에 체크한 경우 대표자의 주민등록상 주소를 이전하는 때에 자동으로 송달장소가 변경됩니다(「국세기본법 시행령」 제5조제2항)

폐업자 멘토링 서비스	신청 여부	[ ]여 [ ]부

※ 세무대리인을 선임하지 못한 경우 신청 가능하며, 서비스 제공 요건을 충족하지 못한 경우 서비스가 제공되지 않을 수 있음

납세자의 위임을 받아 대리인이 휴업·폐업 신고를 하는 경우에는 아래의 위임장을 작성하시기 바랍니다.

위 임 장	본인은 [ ]휴업, [ ]폐업신고와 관련한 모든 사항을 아래의 대리인에게 위임합니다. 본인 : (서명 또는 인)

대리인 인적사항	성명	주민등록번호	전화번호	신고인과의 관계

「부가가치세법」 제8조제8항 및 같은 법 시행령 제13조제1항·제2항에 따라 위와 같이 ([ ]휴업, [ ]폐업) 하였음을 신고합니다.

년   월   일

신고인   (서명 또는 인)

세무서장 귀하

신고인(대표자) 제출서류	1. 사업자등록증 원본(폐업신고를 한 경우에만 제출합니다) 2. 사업양도·양수계약서 사본(포괄 양도·양수한 경우에만 제출합니다)	수수료 없음
담당 공무원 확인사항	사업자등록증	

행정정보 공동이용 동의서

본인은 이 건 업무처리와 관련하여 담당 공무원이 「전자정부법」 제36조에 따른 행정정보의 공동이용을 통해 위의 담당 공무원 확인사항을 확인하는 것에 동의합니다. *동의하지 않는 경우에는 신고인이 직접 관련 서류를 제출해야 합니다.

신고인   (서명 또는 인)

참고 및 유의사항

※ 참고사항
 관련 법령에 따라 허가·등록·신고 등이 필요한 사업으로서 주무관청에 제출해야 하는 해당 법령상의 신고서(예: 폐업신고서)를 함께 제출할 수 있습니다. 이 경우 세무서장은 해당 신고서를 주무관청에 보냅니다.

※ 유의사항
 1. 휴업기간 중에도 제세신고 기한이 도래하면, 부가가치세 등 확정신고·납부를 해야 합니다.
 2. 폐업하는 사업자는 과세기간 개시일부터 폐업일까지의 사업실적과 잔존 재화에 대해 **폐업일이 속한 달의 말일부터 25일 이내에** 부가가치세 확정신고·납부를 해야 합니다.

210mm×297mm[백상지 (80g/㎡) 또는 중질지 (80g/㎡)]

CHAPTER 02

과세거래

01 _ 과세대상
02 _ 재화·용역의 범위
03 _ 재화의 공급
04 _ 용역의 공급
05 _ 재화의 수입
06 _ 부수재화 또는 용역
07 _ 재화 또는 용역의 공급장소

01 과세대상

과세대상이란 세법에 따라 과세되는 것으로 규정된 물건이나 행위를 의미한다. 이는 납세 의무가 성립하거나 발생하기 위한 필수적인 물적 기초로, 조세가 부과되는 과세 객체 또는 과세 물건을 뜻한다.[3]

이론적으로 부가가치세의 과세대상은 사업자가 각 거래단계에서 창출한 부가가치여야 한다. 그러나 현행 「부가가치세법」은 전단계세액공제방법을 채택하고 있어 재화 또는 용역의 공급과 재화의 수입을 과세대상으로 규정하고 있다(부가법 제4조). 여기서 과세대상은 재화·용역 그 자체가 아니고 재화의 인도, 용역의 제공이라는 동적인 상태를 의미하므로 이들을 총칭하여 '과세거래'라고 부른다.

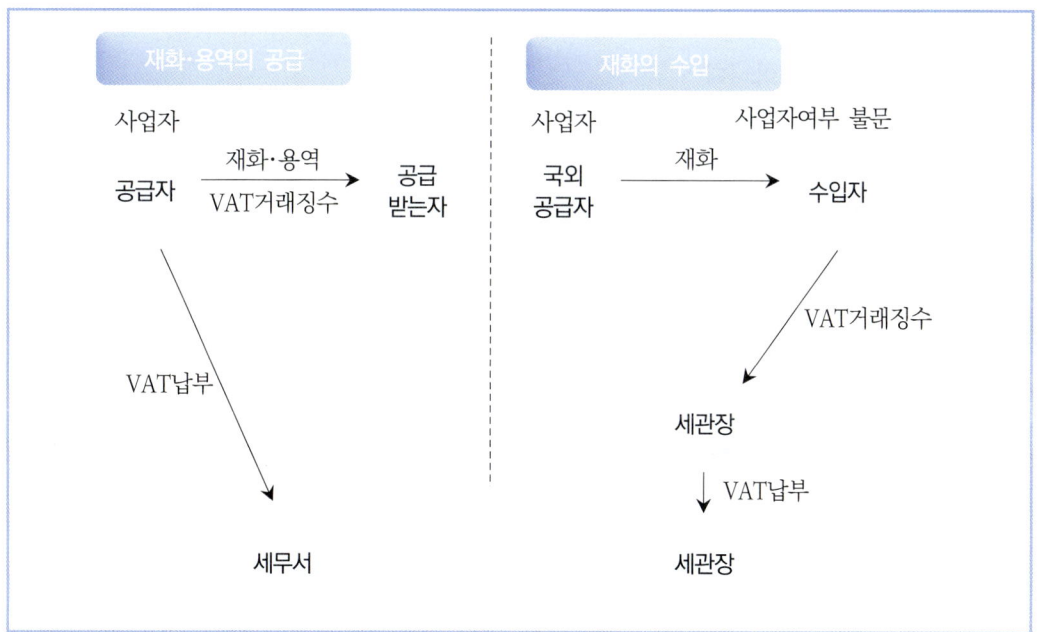

재화와 용역의 공급은 사업자의 경우만 과세대상이 되나 재화의 수입은 우리나라가 소비지국과세원칙을 채택하고 있어 사업자 유·무를 불문하고 과세대상이 된다.

그러나 용역의 수입은 거래사실 파악이 어려워 세관장이 거래 징수하지 않고 있다. 이를 보완하기 위해, 국내에서 용역의 대가를 지급하는 자가 국외의 공급자를 대신하여 부가가치세를 거래징수하여 납부하는 대리납부제도를 두고 있다. 예를 들어 외국 법인

---

[3] 국세공무원교육원, "앞의 책", 31p 참조.

이 국내에서 제공하는 건설이나 음식 서비스의 경우 이는 용역의 수입이 아니라 국내에서 제공되는 용역 공급으로 간주된다.

02 재화·용역의 범위

1. 재화의 범위

(1) 의의

재화란 재산 가치가 있는 모든 물건 및 권리를 말한다(부가법 제2조, 부가령 제2조). 재산 가치가 있는 것만 과세대상이 되므로 재산 가치가 없는 것은 과세대상이 되지 아니한다. 여기서 재산가치란 교환가치를 의미하는 것으로서 물, 공기 자체는 교환가치가 없으므로 과세대상이 아니다.

구 분	구 체 적 범 위
물 건	상품, 제품, 원료, 기계, 건물 등 모든 유체물(有體物)
	전기, 가스, 열 등 관리할 수 있는 자연력
권 리	광업권, 영업권, 특허권, 저작권 등 물건 외에 재산 가치가 있는 유체물 이외의 모든 것

(2) 상품(물품)증권

선하증권, 창고증권, 화물상환증 등 물품증권의 양도는 운송물 인도와 동일한 효력이 발생하므로 재화의 공급에 해당한다.

(3) 유가증권

수표·어음 등의 화폐대용증권, 주식·채권 등의 유가증권은 그 자체가 소비의 대상이 아닌 교환의 매개체 역할을 하므로 재화에 해당하지 않는다(부가통 4-0-3, 9-18-2).
　☞ 출자자가 자기의 출자지분을 타인에게 양도·상속·증여하거나 법인 또는 공동사업자가 출자지분을 현금으로 반환하는 것은 재화의 공급에 해당하지 아니한다.

(4) 상품권

상품권은 소비의 대상이 아니라 교환의 매개체 역할을 하므로 재화에 해당하지 않는다(부가통 4-0…3). 이와 유사하게 모바일상품권(특정회사의 특정물품을 교환할 수 있는 핸드폰 쿠폰), 호텔 숙박권, 영화 예매 선물권도 상품권과 동일한 성격을 가진다(부가-19, 2012.01.09.; 부가 46015-980, 2001.07.03.).

구 분	적용방법
상품권의 판매	과세대상 거래가 아님
상품권의 판매대리 및 발행대행	대행수수료 과세
상품권 판매 관련 공급시기	재화가 실제로 인도되는 때
상품권 판매시 세금계산서 등 발급	세금계산서·계산서 발급의무 없음

(5) 공연티켓·입장권·항공권

사업자가 공연티켓을 구입하여 판매하는 것은 부가가치세 과세대상에 해당하지 아니한다(부가-3637, 2008.10.15.). 마찬가지로, 사업자가 영화를 관람할 수 있는 "입장권 등(영화티켓 포함)"을 구입하여 판매하는 것은 과세대상에 해당하지 않는다(서면 3팀-619, 2007.02.23.).

또한, 여행사가 항공사로부터 구입한 항공권을 다른 여행사에게 판매하는 경우, 해당 항공권의 매매거래는 「부가가치세법」 제1조에서 규정하는 과세대상에 포함되지 아니한다(부가-1351, 2010.10.12.).

(6) 손해배상금

각종 원인에 의하여 사업자가 받는 다음에 예시하는 손해배상금 등은 과세대상이 되지 아니한다(부가통 4-0-1).

① 소유재화의 파손·훼손·도난 등으로 인하여 가해자로부터 받는 손해배상금
② 도급공사 및 납품계약서상 그 기일의 지연으로 인하여 발주자가 받는 지체상금
③ 공급받을 자의 해약으로 인하여 공급할 자가 재화 또는 용역의 공급없이 받는 위약금 또는 이와 유사한 손해배상금
④ 대여한 재화의 망실에 대하여 받는 변상금
⑤ 부동산을 타인이 적법한 권한 없이 처음부터 계약상 또는 법률상의 원인없이 불법으로 점유하여 법원의 판결에 따라 지급받는 부당이득금 및 지연손해금은 용역의 공급에 해당하지 아니한다.
⑥ 재화 또는 용역의 공급과 직접 관계없이 지급받는 손실보상금 및 이주보상비

반면에 부동산임대업을 영위하는 사업자가 부동산임대차 계약기간이 만료되었음에도 불구하고 임차인으로부터 임대한 부동산을 반환받지 못하여 소송을 제기한 경우 그 소송이 종료될 때까지 실질적으로 계속하여 임대용역을 제공하고 임차인으로부터 그 대가를 받거나 동 소송에서 승소하여 건물반환일까지의 임대료상당액을 받는 때에는 그 대가 또는 임대료 상당액은 과세대상이 된다.

(7) 가상화폐

가상자산의 공급은 부가가치세 과세대상에 해당하지 아니한다(기획재정부부가-145, 2021.03.02.).

(8) 분양권 등 권리의 양도

사업자가 분양권에 프리미엄을 붙여 다른 사업자에게 상가의 구입과 관련된 모든 권리와 의무를 양도하는 경우에는 재화의 공급에 해당한다(부가-40, 2010.01.11.).

(9) 미완성 건물의 양도

사업자가 건설용역을 제공하던 중 건설중인 자산을 양도하는 경우 부가가치세가 과세대상이다(부가 46015-4563, 1999.11.11.).

(10) 협회비 등의 부가가치세 과세여부

협회 등 단체가 재화나 용역의 제공에 따른 대가 관계없이 회원으로부터 받는 협회비·찬조비·특별회비 등은 부가가치세 과세대상이 아닌 것이나, 회원에게 재화나 용역을 공급하고 회비명목으로 그 대가를 받는 경우에는 부가가치세가 과세된다(부가-938, 2011.08.22.).

(11) 탄소배출권 과세대상여부

탄소배출권을 외국법인으로부터 취득하여 국내의 다른 사업자에게 판매하고 그 대가를 받는 경우 부가가치세가 과세되는 것임(서면 3팀-3448, 2007.12.31.).

실무사례 영업권에 대한 세무처리 방법[4]

㈜한결은 A음식점(개인사업자, 타가사업자)을 인수하면서 별도로 권리금 3억원(VAT 별도)을 지급하기로 계약하였다. 이에 따라 ㈜한결과 A음식점의 적정한 세무처리는 다음과 같다.

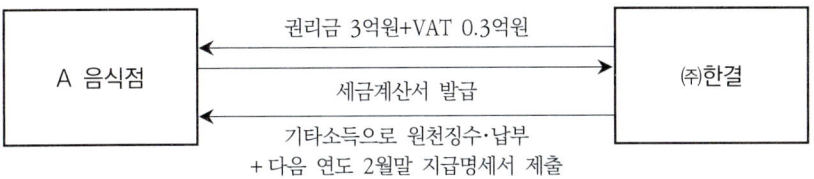

A음식점의 입장	㈜한결의 입장

① 세금계산서(공급가액 3억원+VAT 0.3억원)를 발급하고 기타소득 원천징수영수증을 수령한다.
② 부가세 신고시 3억원을 신고서 하단의 '수입금액 제외'로 신고한다(∵ 기타소득이므로).
③ 종합소득세 신고시 기타소득을 사업소득과 합산 신고한다(∵ 기타소득금액이 300만원 초과하므로).
➲ 이렇게 처리하는 이유는 권리금 3억원을 사업소득으로 분류하면 대응되는 필요경비가 없어 과중한 세부담을 지게 되므로 이를 60% 필요경비 개산공제대상인 기타소득으로 처리하기 위함이다.
	① 권리금 3억원 및 부가세 0.3억원을 지급하되 기타소득 원천징수세액 2,640만원을 제외한 3억 360만원만 지급(기타소득 원천징수영수증 발급)하고 다음과 같이 회계처리한다.
	(차) 영업권 300,000,000
	    부가세대급금 30,000,000
	        (대) 현 금 303,600,000
	            예수금 26,400,000*
	* {3억원 - (3억원 × 60%)} × 20% + 지방소득세
	② 세금계산서를 수령하여 부가세 0.3억원은 매입세액 공제 받고, 무형고정자산으로 계상 후 감가상각한다.
	③ 기타소득 원천징수액 2,640만원(지방소득세 포함)을 납부하고 다음과 같이 회계처리한다.
	(차) 예수금 26,400,000
	        (대) 현 금 26,400,000
	④ 기타소득 지급명세서를 다음 연도 2월말까지 관할 세무서에 제출한다.

---

[4] 김두천, 소득세법, 한국세무사회, 2024, 737p 참고.

• **실무사례**   **특허권 양도시**

[사실관계]
대표이사는 소유한 특허권을 감정평가법인의 감정가액인 5억원에 ㈜한결에게 양도하는 경우 세무상 원천징수를 해야하는지 아니면 세금계산서 발급대상인지?

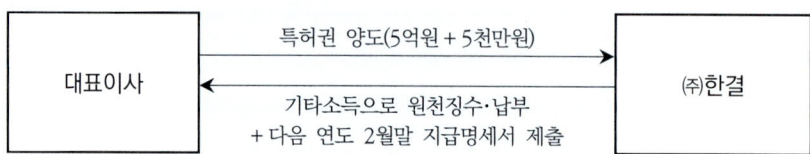

해답
① 개인 소유의 특허권을 양도하고 발생하는 소득은 기타소득에 해당되어 법인이 지급하는 경우에는 5억원에 대해서 44,000,000원을 원천징수해야 한다.
② 특허권의 양도는 재화의 공급에 해당하고 계속·반복적으로 발생한다면 사업자등록을 해야 한다.

2. 용역의 의의

(1) 의의

용역이란 재화 이외의 재산 가치가 있는 모든 역무 및 그 밖의 행위를 말한다(부가법 제2조, 부가령 제3조). 다만, 과세되는 용역의 범위를 법에서 구체적으로 열거하고 있는데, 그 이유는 대부분의 사업은 재화와 용역이 함께 공급되므로 재화와 용역을 개념만으로 구분하기가 현실적으로 어렵기 때문이다.

① 건설업
② 숙박 및 음식점업
③ 운수 및 창고업
④ 금융 및 보험업
⑤ 정보통신업(출판업과 영상·오디오 기록물 제작 및 배급업은 제외)
⑥ 부동산업. 다만, 다음의 사업은 제외한다
  ㉠ 전·답·과수원·목장용지·임야 또는 염전임대업
    이 경우 지적공부상의 지목에 관계없이 실지로 경작하거나 해당 토지의 고유용도에 사용하는 것으로 한다(부가칙 제2조 제1항).
  ㉡ 「공익사업을 위한 토지 등의 취득 및 보상에 관한 법률」 제4조에 따른 공익사업과 관련하여 지역권·지상권(지하 또는 공중에 설정된 권리를 포함)을 설정하거나 대여하는 사업
⑦ 전문, 과학 및 기술서비스업, 사업시설관리, 사업지원 및 임대서비스업
⑧ 공공행정, 국방행정 및 사회보장 행정

⑨ 교육 서비스업
⑩ 보건업 및 사회복지 서비스업
⑪ 예술, 스포츠 및 여가관련 서비스업
⑫ 협회 및 단체, 수리 및 기타 개인서비스업과 제조업 중 산업용 기계 및 장비수리업
⑬ 가구 내 고용활동 및 달리 분류되지 않은 자가소비 생산활동
⑭ 국제 및 외국기관의 사업

(2) 건설업

한국표준산업분류상 건설업은 계약 또는 자기계정에 의하여 지반조성을 위한 발파·시굴·굴착·정지 등의 지반공사, 건설용지에 각종 건물 및 구축물을 신축 및 설치, 증축·재축·개축·수리 및 보수·해체 등을 수행하는 산업활동을 말한다. 이러한 건설활동은 도급·자영 건설업자, 종합 또는 전문 건설업자에 의하여 수행되며, 직접 건설활동을 수행하지 않더라도 건설공사에 대한 총괄적인 책임을 지면서 건설공사 분야별로 도급 또는 하도급을 주어 전체적으로 건설공사를 관리하는 경우에도 건설활동으로 본다.

건설업자가 건설용역을 제공하면서 건설자재의 전부 또는 일부를 부담하는 경우에는 건설업으로 본다(부가령 제25조 1호). 그러나 자기계정에 의하여 부동산을 건설하여 매매하는 사업은 부동산매매업으로 본다(부가칙 제2조 제2항).

(3) 음식점업

한국표준산업분류상 음식점업은 접객시설을 갖추고 구내에서 직접 소비할 수 있도록 주문한 음식을 조리하여 제공하는 음식점을 운영하거나 접객시설 없이 고객이 주문한 음식을 직접 조리하여 배달·제공하는 산업활동을 말한다. 여기에는 회사, 학교 등의 기관과 계약에 의하여 음식을 조리·제공하는 구내식당을 운영하는 활동도 포함한다.

구 분	업종분류
접객시설(○), 즉시 소비 가능한 음식을 조리하여 제공	음식점
접객시설(○), 즉시 소비 가능한 음식을 구입 제공	음식점
접객시설(×), 고객이 주문한 음식을 직접 조리 제공(배달)	음식점
접객시설(×), 연회 장소에 출장하여 음식 조리 제공(배달)	음식점
접객시설(×), 즉시 소비 가능한 음식을 구입 판매	도·소매업
즉시 소비할 수 있는 음식을 직접 조리하여 음식점, 소매업자 및 기타 사업체에 공급	식료품 제조업
즉시 소비할 수 있는 음식을 직접 조리하여 최종소비자에게 제공	음식점
철도운수사업체에서 철도 식당칸을 직접 운영하는 경우	철도운송업

과세대상 여부 판정 사례 (부가집 4-0-2)

과세대상에 해당되는 것	과세대상에 해당되지 아니하는 것
• 사업자가 과세사업에 사용하다 매각하는 「개별소비세법」 제1조 제2항 제3호에 따른 자동차	• 소유재화의 파손·훼손·도난 등으로 인하여 가해자로부터 받는 손해배상금
• 골프장·테니스장 경영자가 동 장소 이용자로부터 받는 입회금으로서 일정기간이 지난 후 반환하지 아니하는 입회금 ☞ 반환되는 경우: 과세대상이 아님	• 도급공사 및 납품계약서상 납품기일의 지연으로 인하여 발주자가 받는 지체상금
• 학원(면세사업)을 운영하는 자가 독립된 사업으로 다른 학원운영자에게 자기의 상호, 상표 등을 사용하게 하거나 자체개발한 교육프로그램, 학원경영 노하우를 제공하고 받는 대가	• 공급받을 자의 해약으로 인하여 공급자가 재화 또는 용역의 공급없이 받는 위약금 또는 이와 유사한 손해배상금
• 부동산임대업자가 임대차기간 만료 후 명도소송을 통하여 임차인으로부터 실질적인 임대용역의 대가로 받는 손해배상금 또는 부당이득금	• 협회 등 단체가 재화의 공급 또는 용역의 제공에 따른 대가 관계없이 회원으로부터 받는 협회비·찬조비 및 특별회비
• 재산적 가치가 있는 물건으로 거래되는 화폐, 물, 흙, 퇴비, 원석	• 대여한 재화의 망실에 따라 받는 변상금
• 공동사업자가 독립적으로 사업을 영위하기 위하여 공동사업용 건물의 분할등기(출자지분의 현물반환)로 소유권이 이전되는 건축물	• 수표·어음 등의 화폐대용증권, 유가증권 및 상품권
• 과세사업에 사용하던 건축물을 양도하고 받는 대가	• 재화 또는 용역에 대한 대가 관계없이 받는 이주보상비 및 영업손실보상금
• 과세사업에 사용하던 전세권을 양도하고 받는 대가(당초 전세보증금을 초과하여 받는 금액)	• 외상매출채권의 양도
• 과세사업과 관련하여 연구 중인 신제품 개발에 관한 권리를 양도하고 받는 대가	• 공동사업에 출자한 후 받게 되는 투자원금과 이익금
• 온라인 게임에 필요한 사이버 화폐인 게임머니를 계속적·반복적으로 판매하는 것	• 「소득세법 시행령」 제9조 제1항에 따라 소득세가 과세되지 아니하는 농·어민의 농가부업은 「부가가치세법 시행령」 제4조에 따라 사업을 구분할 때에 독립된 사업으로 보지 아니한다. 다만, 「소득세법 시행령」 제9조 제1항에 따른 민박, 음식물 판매, 특산물 제조, 전통차 제조 및 그 밖에 이와 유사한 활동은 독립된 사업으로 본다.

(4) 조출료와 체선료(부가통 4-0-7)

① 선주와 하역회사간의 계약에 따라 하역회사가 조기선적을 하고 선주로부터 받는 조출료는 하역용역의 제공에 따른 대가이므로 하역용역대가에 포함하나, 지연선적으로 인하여 선주에게 지급하는 체선료는 과세대상이 아니다.

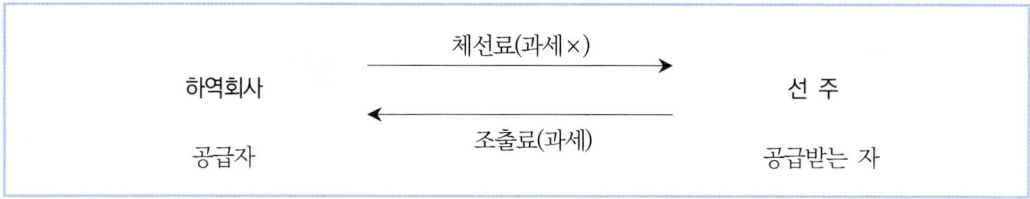

② 선주와 화주와의 계약에 따라 화주가 조기선적을 하고 선주로부터 받는 조출료는 용역제공에 대한 대가가 아니므로 과세대상이 아니나, 선주가 지연선적으로 인하여 화주로부터 받는 체선료는 항행용역의 제공에 따른 대가이므로 항행용역대가에 포함된다.

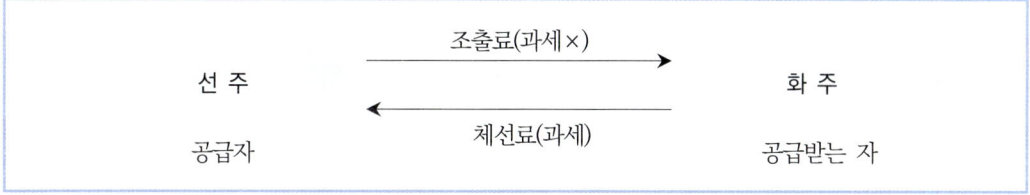

③ 화주와 선주간에 용선계약을 체결하고 화주와 하역회사간에는 본선하역에 대한 계약이 체결되어 있는 경우 화주가 선주로부터 받은 조출료의 일부 또는 전부를 하역회사에 지불하는 경우, 하역회사가 받는 동 조출료는 하역용역의 제공에 대한 대가에 포함된다.

 관련 해석사례 및 집행기준

- **과세사업자인 유튜버가 시청자로부터 직접 후원금을 수취하는 경우 부가가치세 과세여부**
  과세사업자인 유튜버가 시청자로부터 본인 명의의 계좌를 통해 직접 후원금을 수취하는 경우 부가가치세가 과세되는 것임(기획재정부부가-8, 2025.01.08.).

- **환지방식으로 도시개발사업을 시행하고 그 대가로 체비지를 받는 경우 부가가치세 과세여부 등**
  도시개발사업의 시행자가 「도시개발법」에 따른 환지방식으로 도시개발사업을 시행하고 그 대

가로 체비지를 받는 경우 해당 사업은 부가가치세가 과세되는 것이고, 해당 사업과 관련한 매입세액은 매출세액에서 공제하는 것임(사전법규부가 2024-581, 2024.12.19.).

- 임대차계약에 따른 임차인의 임대차목적물 원상회복 의무에 갈음하여 임차인이 임대인에게 원상회복비용 등을 지급하는 경우 부가가치세 과세여부

임대차계약에 따른 임차인의 임대차목적물 원상회복 의무에 갈음하여 임차인이 임대인에게 지급하는 금액은 부가가치세 과세표준에 포함하지 않는 것입니다. 다만, 임대인이 해당 원상회복 의무의 이행을 위한 재화·용역을 공급하는 경우에는 해당 금액은 부가가치세 과세표준에 포함하는 것입니다(기획재정부부가-585, 2024.10.24.).

- 골프장 입회금 등 (부가통 4-0-6)
  ① 골프장·테니스장 경영자가 동 장소이용자로부터 받는 입회금으로서 일정기간 거치 후 반환하지 아니하는 입회금은 과세대상이 된다. 다만, 일정기간 거치 후 반환하는 입회금은 그러하지 아니한다.
  ② 사업자가 골프장·테니스장 시설이용권을 양도하는 경우에 부가가치세 과세표준은 골프장·테니스장 시설이용권의 양도가액으로 한다.

- 입회보증금 반환채권 매매시 부가가치세 과세여부

골프장 경영자가 아닌 사업자가 재산가치 있는 골프회원권을 양도하는 경우에는 「부가가치세법」 제9조에 따라 부가가치세가 과세되는 것이나, 골프회원권의 만기가 도래하여 탈퇴신청한 경우로서 해당 회원권이 일반적인 금전채권에 불과한 경우에는 같은 법 제4조에 따른 과세대상에 해당하지 아니하는 것입니다(서면부가 2017-416, 2017.04.27.).

3. 사업의 구분

재화나 용역을 공급하는 사업의 구분은 「부가가치세법 시행령」에 특별한 규정이 있는 경우를 제외하고는 통계청장이 고시하는 해당 과세기간 개시일 현재의 한국표준산업분류에 따른다(부가령 제4조).

 참고

한국표준산업분류표

한국표준산업분류(KSIC: Korea Standard Industrial Classification)는 산업관련 통계자료의 정확성과 비교성을 확보하기 위하여 작성된 것으로 유엔의 국제표준산업분류에 기초하여 제정한 것으로 한국표준산업분류표는 통계분류포털(https://kssc.kostat.go.kr:8443/ksscNew_web/index.jsp)에서 검색한다.

(1) 재화를 공급하는 사업의 구분 사례(부가집 2-4-3)

1) 제조업

① 원재료에 물리적, 화학적 작용을 가하여 투입된 원재료를 성질이 다른 제품으로 전환시키는 산업활동을 말한다. 다만, 단순히 상품을 선별·정리·분할·포장·재포장하는 경우 등과 같이 그 상품의 본질적 성질을 변화시키지 않는 처리활동은 제조활동으로 보지 아니한다.

② 사업자가 새로운 재화를 제조·가공하는 인적·물적 설비를 갖춘 장소에서 다음에 예시하는 행위를 계속적으로 행하는 경우에는 제조업에 해당한다.
  ㉠ 도정업과 제분업(떡방앗간을 포함한다.)
  ㉡ 화장지 원지 및 필름 등을 구입하고 이를 절단하여 포장·판매하는 경우
  ㉢ 타인 소유 제조장을 임차한 후 해당 제조장을 이용하여 제조·가공업을 영위하는 경우

③ 계약된 수량의 일부를 약정된 기일 내에 제조·가공할 수 없어 일시적으로 위탁제조·가공하여 공급하거나, 제품 제조공정의 일부를 다른 사업자에게 위탁하여 제품을 완성하는 경우

④ 수탁가공하는 사업
  사업자가 거래상대방으로부터 인도받은 재화에 주요 자재의 전부 또는 일부를 부담하여 새로운 재화를 만드는 사업은 제조업에 해당한다.

⑤ 위탁가공·판매사업
  사업자가 특정제품을 자기가 직접 제조하지 않고 다른 제조업체에 의뢰하여 제조한 후 이를 판매하는 경우에도 다음의 요건이 모두 충족되면 제조업에 해당한다.
  ㉠ 생산할 제품을 직접 기획(고안, 디자인 및 견본제작 등)하고
  ㉡ 자기 소유의 원재료를 다른 계약사업체에 제공하여
  ㉢ 그 제품을 자기 명의로 제조하게 하고(자기 명의로만 된 고유상표를 부착하는 경우를 말하며, 거래처의 상표를 부착하거나 O.E.M. 방식 및 상표 부착없이 판매하는 경우에는 이에 포함하지 않음)
  ㉣ 이를 인수하여 자기의 책임으로 직접 판매하는 경우

⑥ 생선의 뼈·내장 등의 제거 및 공급업
  사업자가 시설을 갖춘 장소에서 생선의 머리·뼈·내장 등을 제거하여 사람이 소비하기에 적합한 상태로 공급하거나 구입한 생선을 그대로 냉동하여 공급하는 경우에는 제조업에 해당한다. 다만, 단순히 세척·포장하고 신선도를 유지하기 위하여 일정한 온도로 냉장하는 경우에는 도매업 또는 소매업에 해당한다.

2) 도매업

구입한 새로운 상품 또는 중고품을 변형하지 않고 소매업자, 산업 및 상업사용자, 단체, 기관 및 전문사용자 또는 다른 도매업자에게 재판매하는 산업활동을 말한다.

① 사업자가 제조장을 설치하지 아니하고 다른 제조업자에게 위탁가공(외주가공)하여 판매하는 사업은 판매업으로서 형태에 따라 도매업 또는 소매업에 해당한다.
② 외국에 원재료를 공급하여 위탁가공한 완제품을 국내로 들여와 판매하거나 제3국으로 직접 수출하는 경우에는 도매업 중 무역업에 해당한다.

3) 소매업

소비용 상품(신품·중고품)을 변형하지 않고 일반 대중에게 재판매하는 산업활동을 말한다.

4) 부동산매매업

건설업과 부동산업 중 재화의 공급으로 보는 부동산매매업은 다음과 같다(부가집 2-4-5).

① 부동산의 매매 또는 중개를 사업목적으로 나타내어 부동산을 판매하는 경우에는 부동산의 취득과 매매 횟수에 관계없이 부동산매매업에 해당한다.
② 사업상의 목적으로 1과세기간에 1회 이상 부동산을 취득하고 2회 이상 판매하는 경우와 과세기간별 취득횟수나 판매 횟수에 관계없이 부동산의 규모, 횟수, 태양 등에 비추어 사업활동으로 볼 수 있는 정도의 계속성과 반복성이 있는 때에는 부동산매매업에 해당한다.
③ 주거용 또는 비주거용 및 기타 건축물을 직접 또는 총괄적인 책임을 지고 건설하여 분양·판매하는 주택신축판매업과 건물신축판매업은 부동산매매업에 해당한다.
④ 부동산매매업을 영위하는 사업자가 분양목적으로 신축한 건축물이 분양되지 아니하여 일시적·잠정적으로 임대하다가 양도하는 경우에는 부동산매매업에 해당한다.
⑤ 과세사업에 계속 사용하던 사업용 고정자산인 건축물을 매각하는 경우에는 재화의 공급으로 부가가치세가 과세되나, 부동산매매업에는 해당하지 아니한다.

(2) 용역을 공급하는 사업의 구분 사례(부가집 2-4-4)

1) 수탁가공하는 사업

사업자가 인도받은 재화에 주요 자재를 부담하지 아니하고 가공만 하는 것은 용역(사업지원서비스업)에 해당한다.

2) 위탁매매업

수수료 또는 계약에 의하여 타인의 명의로 타인의 상품을 거래하는 대리판매점, 상품중개인, 무역대리 또는 중개인 및 경매인, 기타 대리도매인 등이 구매자와 판매자를 연결시켜 주어 그들의 상업적 거래를 대리하는 것은 용역의 공급(상품중개업)에 해당한다.

3) 인력공급업과 고용알선업

인력공급업이란 자기 관리하에 있는 노동자를 계약에 의하여 타인 또는 타사업체에 일정기간 동안 공급하는 산업활동을 말하고, 고용알선업이란 고용주 또는 구직자를 대리하여 일자리 및 구직자 정보를 기초로 인력을 선발, 알선 및 배치하는 산업활동으로 직업소개소가 여기에 포함된다.

4) 공유수면매립용역

개발사업시행자로 지정된 자가 공유수면을 매립·준공하여 매립지를 취득하는 경우 용역의 공급에 해당한다(부가-152, 2012.02.13.).

5) 체인가맹금

야채즙은 부가가치세가 과세되는 재화에 해당되는 것이며, 이를 판매하는 사업자가 체인점을 개설하고 그 가맹자로부터 광고비 및 관리비 명목으로 받는 체인가맹금은 용역의 공급에 해당한다(부가 46015-1263, 1993.07.20.).

6) 면세재화의 운반용역

사업자가 농산물·축산물·수산물·임산물 등의 면세재화를 운반·가공하거나 판매대행하는 등의 용역을 제공하고 그 대가를 받는 경우에는 과세대상으로 한다(부가통 4-0-4).

7) 권리의 대여

권리는 광업권, 특허권, 저작권 등 물건 외에 재산적 가치가 있는 모든 것으로, 이를 대여하고 대가를 받는 경우 용역의 공급에 해당한다.

03 재화의 공급

　재화의 공급이란 계약상 또는 법률상의 모든 원인에 의하여 재화를 인도 또는 양도하는 것이다(부가법 제9조 제1항). 재화의 공급에는 매매계약 등에 의하여 소유권이 유상으로 이전되는 실질공급과 본래의 재화의 공급요건은 충족하지 아니하나 일정한 경우에 공급으로 보는 간주공급으로 구분되어진다.

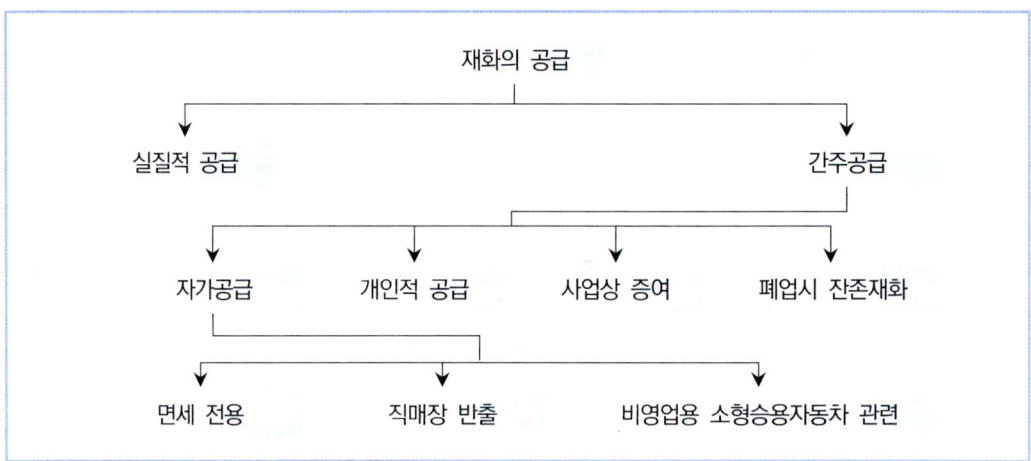

1. 재화의 실질공급

　재화의 공급이란 계약상 또는 법률상의 모든 원인에 의하여 재화를 인도 또는 양도하는 것을 말한다(부가법 제9조 제1항). 구체적인 내용은 다음과 같다.

> ① 과세사업자가 국내에서 공급하여야 한다.
> ② 계약상 또는 법률상의 모든 원인에 따른 공급이어야 한다.
> 　: 계약상의 원인이란 일반상거래에서와 같이 거래당사자간의 매매의사가 표시된 원인을 말하며, 법률상의 모든 원인이란 거래당사자간의 의사표시에 관계없이도 수용, 판결 등과 같이 재화의 인도 또는 양도가 강제된 일체의 행위를 말한다.
> ③ 재화를 인도하거나 양도하여야 한다.
> 　:「부가가치세법」에서 별도로 정의하고 있지는 않지만, 대법원은 부가가치세가 소비세임에 비추어 궁극적으로 재화를 사용·소비할 권한의 이전이 수반되는 것이라고 판결하고 있으며(대법원 90누3157, 1990.08.10.), 일반적으로 동산에 관한 물건의 양도는 그 동산을 인도시, 부동산의 경우 양도시 효력이 생기는 것으로 보고 있다.
> ④ 대가가 수반되어야 한다.

(1) 매매계약

당사자 일방(매도인)이 어떤 재산권을 상대방에게 이전할 것을 약정하고 상대방(매수인)이 이에 대하여 그 대금을 지급할 것을 약정함으로써 성립되는 계약을 말한다. 현금·외상·할부·조건부·기한부·위탁판매 등 기타 매매계약에 의해 재화를 인도·양도하는 것을 말한다(부가령 제18조 제1항).

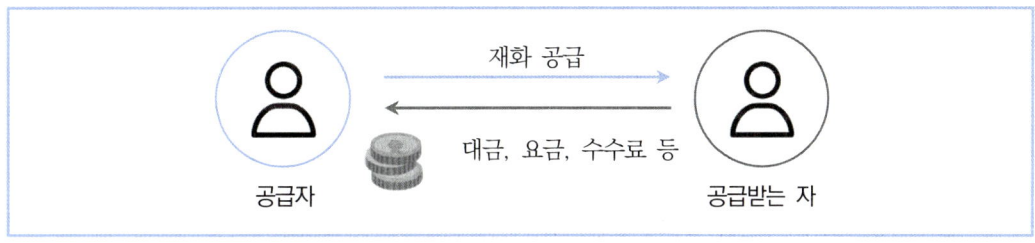

(2) 가공계약

자기가 주요자재의 전부 또는 일부를 부담하고 상대방으로부터 인도받은 재화에 공작을 가해 새로운 재화를 만드는 가공계약에 의해 재화를 인도하는 것을 말한다(부가령 제18조 제1항 2호). 다만, 상대방으로부터 인도받은 재화에 주요자재를 부담없이 가공만 한 경우에는 용역의 공급으로 본다(부가령 제25조).

구 분	과세거래
주요 자재를 부담하는 경우	재화의 공급
주요 자재를 전혀 부담하지 않는 경우	용역의 공급

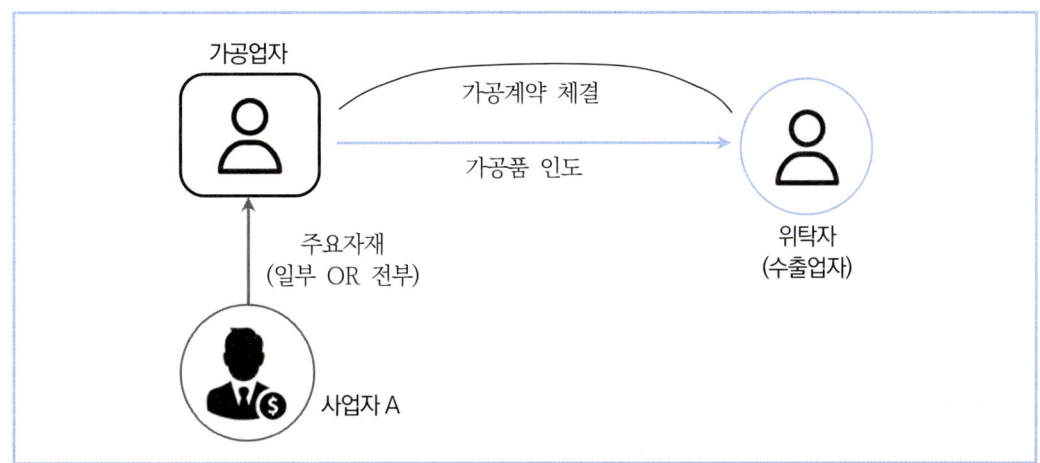

(3) 교환계약

당사자 쌍방이 금전 이외에 재산권을 상호 이전할 것을 약정함으로써 그 효력이 생기는 계약을 말하며, 재화의 인도대가로서 다른 재화를 인도받거나 용역을 제공받는 교환계약에 의하여 재화를 인도 또는 양도하는 것을 말한다(부가령 제18조 제1항 3호). 이러한 교환계약에 의한 재화의 인도 또는 양도에는 교환뿐만 아니라 소비대차의 경우까지 포함하는 개념으로 사용하고 있다.

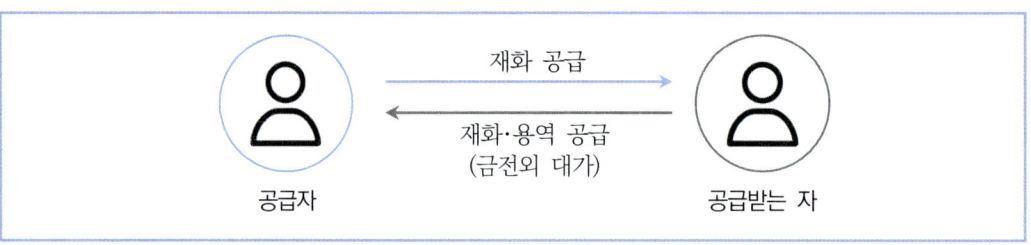

1) 기부채납

사업자가 건물 등을 신축하여 국가 또는 지방자치단체에 기부채납하고 그 대가로 일정기간 동 건물 등에 대한 무상사용·수익권을 얻는 경우 해당 거래는 재화와 용역의 교환거래로서 과세대상이 된다(부가통 9-18-8).

㉠ 사업자가 사업을 수행하기 위한 인허가 조건에 의하여 사회기반시설 등을 국가나 지방자치단체에 기부채납하는 경우 해당 거래는 부가가치세가 면제된다.
㉡ 사업자가 생산·취득한 재화를 국가나 지방자치단체에 아무런 대가관계없이 무상으로 기부채납하는 경우 부가가치세가 면제된다.

2) 임대차

사업자가 타인 소유의 토지 위에 건물을 신축하여 일정기간 동안 사용하기로 약정하고 토지 소유자의 명의로 신축건물을 보존등기하는 경우 해당 건축물의 이전은 재화의 공급에 해당한다(부가집 9-18-2).

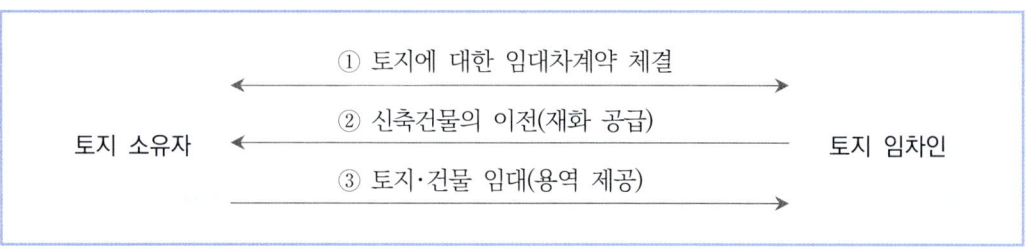

(4) 소비대차

당사자 일방(대주)이 금전 기타 대체물의 소유권을 상대방(차주)에게 이전할 것을 약정하고 상대방은 그와 같은 종류, 품질 및 수량으로 반환할 것을 약정함으로써 성립하는 계약을 말한다(「민법」 제598조). 사업자 간에 재화를 차용하여 사용·소비하고 동종 또는 이종의 재화로 반환하는 경우 모두 과세거래이다.

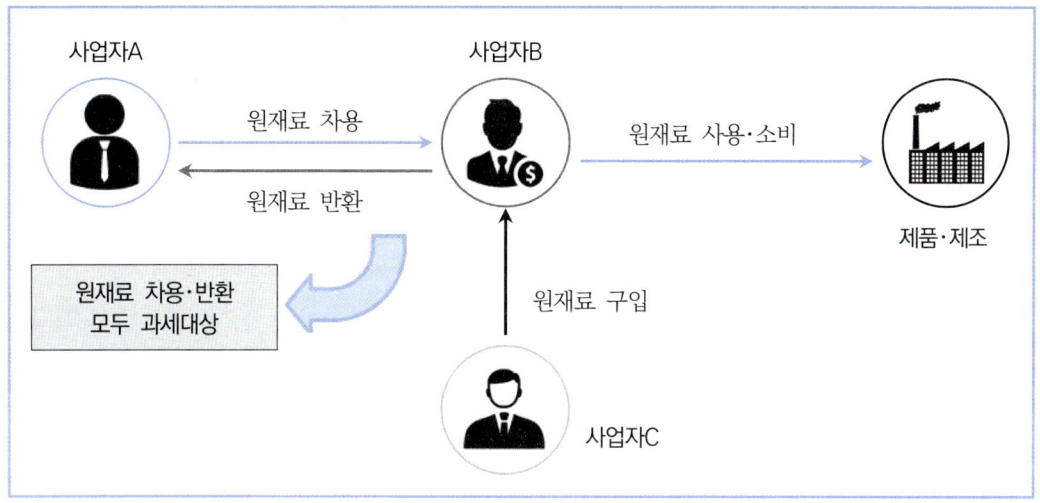

(5) 대물변제

대물변제란 채무자가 부담하는 원래의 급부에 갈음하여 다른 급부를 현실적으로 제공함으로써 채권을 소멸시키는, 변제자와 채권자 사이의 계약을 말하며, '변제'와 동일한 효력을 가진다(「민법」 제466조).

예를 들어 건설업자가 건물신축판매업자와 건물신축 공사도급계약을 체결하고 공사대금을 신축건물 중 일부로 대물변제받는 경우 건설업자는 자기가 공급한 건설용역대가 전체를 공급가액으로 하고 건물신축판매업자는 대물변제하는 부동산 가액을 공급가액으로 하여 각각 세금계산서를 발급하여야 한다(서면3팀-1208, 2005.07.28.).

(6) 상속 및 증여, 이혼 시 재산분할

1) 상속

사업자의 사망으로 인하여 상속이 개시되는 때에는 상속개시 후 실질적으로 사업을 영위하는 피상속인이 폐업한 것도 아니고 피상속인이 상속인에게 재화를 공급한 것도 아니므로, 상속인의 명의로 사업자등록을 정정하여야 한다(서삼 46015-10143, 2003.01.24.).

2) 증여

당사자 일방이 무상으로 재산을 상대방에게 수여하는 의사를 표시하고 상대방이 이를 승낙함으로써 그 효력이 생기며, 사업자가 사업용 부동산을 타인(국가·지방자치단체·공익단체 제외)에게 증여하는 것을 말한다.

3) 부담부증여

수증자가 증여자의 채무를 인수하는 증여계약으로서 사업자가 자기 사업에 사용하던 건물을 부담부증여하는 것을 말한다.

4) 이혼 시 재산분할

사업자가 이혼함에 따라 배우자의 「민법」 규정에 의한 재산분할청구로 인하여 사업용 부동산의 소유권을 배우자에게 이전한 경우 「부가가치세법」 제6조의 규정에 의하여 부가가치세가 과세된다(서삼 46015-10019, 2004.01.05.).

(7) 기타 원인에 의한 재화의 공급

사업자가 사업에 관련된 재화를 경매·수용·현물출자와 그 밖의 계약상 또는 법률상의 원인에 따라 재화를 인도하거나 양도하는 것을 재화의 공급으로 본다(부가령 제18조 제1항 제4호; 부가집 9-18-1). 다만, 「국세징수법」 제66조의 규정에 따른 공매(동법 제67조의 규정에 따른 수의계약에 따라 매각하는 것을 포함한다) 및 「민사집행법」에 따른 경매(강제경매, 담보권실행을 위한 경매, 「민법」·「상법」 등 그 밖의 법률에 따른 경매를 포함)에 따라 재화를 인도 또는 양도하는 것, 「도시 및 주거환경정비법」·「공익사업을 위한 토지 등의 취득 및 보상에 관한 법률」 등에 따른 수용절차에 따라 수용된 재화의 대가를 받는 경우, 「도시 및 주거환경정비법」 제64조 제4항에 따른 사업시행자의 매도청구에 따라 재화를 인도하거나 양도하는 것은 재화의 공급으로 보지 아니한다(부가령 제18조 제3항).

구 분	구체적인 거래형태	
① 경매	구 분	과세여부
	• 「국세징수법」에 따른 공매	비과세
	• 「민사집행법」에 따른 경매(강제경매, 담보권실행을 위한 경매, 「민법」·「상법」 등 그 밖의 법률에 따른 경매 포함)	비과세
	• 그 밖의 경매	과세
② 수용	• 특정한 공익사업을 위하여 개인의 재산권을 법률에 의하여 강제적으로 취득하는 것으로 수용의 경우 그 대가로서 지급받는 수용보상금은 수용에 의한 재화의 인도 또는 양도로서 재화의 공급에 해당된다.	
③ 현물출자	• 법인 또는 공동사업체에 자본금 또는 출자금을 금전 외의 재산으로 출자하는 것으로 현물출자를 하게 되면 재화의 공급에 대한 대가로서 주식 또는 출자지분을 취득하게 된다.	
	구 분	공급여부
	• 자기의 출자지분을 타인에게 양도하는 것	해당(현물의 양도)
	• 법인·공동사업자가 출자지분을 현금으로 반환하는 것	미해당(현금의 양도)
	• 법인·공동사업자가 출자지분을 현물로 반환하는 것	해당(현물의 양도)
④ 기타	• 출자지분의 현물반환, 법인 직영차량의 개인사업면허 전환, 금융리스자산의 인도, 망실재산 등의 현물반환, 사업자가 신축한 건물을 자기가 과세사업에 무상사용할 조건으로 국가 등에 기부채납 하는 것 등	

참고

출자지분의 과세 (부가통 9-18-2)

1. 출자자가 자기의 출자지분을 타인에게 양도·상속·증여하거나 법인 또는 공동사업자가 출자지분을 현금으로 반환하는 것은 재화의 공급에 해당하지 아니한다.
2. 법인 또는 공동사업자가 출자지분을 현물로 반환하는 것은 재화의 공급에 해당한다.
3. 공동사업자가 구성원이 각각 독립적으로 사업을 영위하기 위하여 공동사업의 사업용 고정자산인 건축물을 분할등기하는 경우 해당 건축물의 이전은 재화의 공급으로 본다.

구 분		내 용
출자지분 양도		• 재화의 공급에 해당하지 않음 • 공동사업자의 변경이므로 사업자등록정정사항에 해당
출자지분 반환	현금반환	• 재화의 공급에 해당하지 않음 • 공동사업자의 변경이므로 사업자등록정정사항에 해당
	현물반환	• 재화의 공급에 해당함 • 별도로 사업자 등록을 해야 함 • 공동사업자가 구성원이 각각 독립적으로 사업을 영위하기 위하여 공동사업의 사업용 고정자산인 건축물을 분할등기하는 경우 해당 건축물의 이전은 재화의 공급으로 본다(부가통 9-18-2).

실무사례　출자지분 관련 사례 – 과세되지 않는 경우

[사실관계]

1. 공동으로 부동산을 소유한 A와 B가 부동산임대업을 영위하다 B의 부동산 지분을 C, D에게 양도하고 A와 C, D가 계속하여 공동으로 부동산임대업을 영위하는 경우
2. 부동산매매업으로 사업자등록을 한 공동사업자 A(구성원은 갑과 을)가 20×5년 3월에 아파트 상가 3채를 공동으로 취득하고 지분 각 1/2로 공동등기를 하였으며, 갑이 자기의 지분을 병에게 양도하고 갑과 병이 각 1/2 공동 등기하는 거래가 재화의 공급에 해당하는지 여부
3. 사업자가 부동산임대에 사용하던 건물 중 일부(10분의4)를 자(子)에게 증여한 경우로서 해당 건물 중 일부에 대한 임대보증금 및 대출금을 승계하는 조건으로 증여하고, 자(子)와 공동사업자로 사업자등록을 정정할 경우 부가가치세 과세대상 여부

 해답

1. 공동으로 부동산을 소유한 A와 B가 부동산임대업을 영위하다 B의 부동산 지분을 C, D에게 양도하고 A와 C, D가 계속하여 공동으로 부동산임대업을 영위하는 경우 출자지분의 양도에 해당되어 재화의 공급에 해당하지 아니한다(서면부가 2014-21293, 2015.03.11.).
2. 공동명의로 취득한 사업용 건물의 소유지분 일부를 양도하고 새로 지분을 취득한 자가 소유지분의 부동산을 공동사업에 공하지 아니하고 독립하여 별도의 사업을 영위하는 경우에는 재화의 공급에 해당되어 지분양도에 대하여는 해당 공동사업자의 명의로 세금계산서를 발급하여야 하는 것임(부가-416, 2011.04.19.).
3. 부동산임대업을 단독으로 영위하는 사업자가 임대용부동산의 임대보증금 및 대출금의 10분의4를 승계하는 조건으로 출자지분의 일부(10분의4)를 자(子)에게 증여하고 자(子)와 공동사업을 영위하는 경우 해당 부동산의 증여는 출자지분의 양도로서 「부가가치세법」 제9조 제1항에 따른 재화의 공급에 해당하지 아니하므로 부가가치세가 과세되지 아니한다(사전법령해석부가 2021-783, 2021.06.10.).

실무사례　출자지분 관련 사례 – 과세되는 경우

[사실관계]

1. '갑'법인과 '을'법인이 공동 출자하여 오피스텔을 신축하여 분양하기로 하고 5 : 5 지분으로 일반과세자로 사업자등록을 하였으며, 오피스텔이 준공될 때까지 단 1채의 분양도 이루어지지 않았으며 '갑'법인과 '을'법인의 의견차이로 오피스텔을 지분대로 각자 소유하기로 하고 동업계약을 해지하고자 한다. 이 경우 동업계약 해지시 부가가치세 과세여부 및 재고자산의 부가가치세 과세표준 계산은?
2. 공동사업자(3인)가 임대용 건물을 신축·준공하여 등기를 하면서 3인공동 소유로 하지 않고 각각 독립적으로 권리행사를 할 수 있는 집합건축물로 건축물대장에 등재시킨 후 고용사업자 사업자등록을 대표자로 있던 1인 명의로 정정하고 나머지 2인은 임대사업자로 신규신청하는 경우 공동사업자의 현물반환에 해당하여 부가가치세가 과세되는지 및 세금계산서의 교부여부, 금액의 산정방법, 매입세액의 공제여부는?

> **해답**
> 1. 부동산 신축판매업을 공동으로 영위하던 사업자가 공동사업 약정을 해지하고 공유부동산을 각각의 지분에 따라 분할등기하여 사업용으로 사용하고자 하는 것은 출자지분의 현물반환으로 부가가치세 과세대상 거래이며, 이 경우의 현물 반환하는 재화의 공급가액은 「부가가치세법」 제29조 제3항 제2호에 따라 공동사업자가 공급하는 재화의 시가가 된다(서면부가 2015-2025, 2016.04.04.).
> 2. 3인의 공동사업자가 부동산임대용 건물을 신축한 후 각각 독립적으로 부동산임대업을 영위하고자 동업계약을 해지한 후 공동사업자 사업자등록증은 대표자 1인 명의로 정정하고 다른 2인은 각각 신규로 사업을 개시하는 경우에 신규로 사업을 개시하는 사업자에게 당해 부동산임대용 건물의 소유권을 분할등기하여 소유권을 이전하는 경우는 공동사업자가 출자지분을 현물로 반환하는 것에 해당하여 부가가치세가 과세되는 것이며, 이 경우 당해 공동사업자는 신규로 사업을 개시하는 2인에게 반환하는 건물의 시가상당액을 과세표준으로 하여 세금계산서를 교부하여야 하는 것이며, 사업용 건물을 공급받는 사업자가 당해 건물을 부가가치세가 과세되는 사업에 사용할 경우에는 교부받은 세금계산서상 매입세액은 자기의 매출세액에서 공제할 수 있다(서면3팀-2300, 2004.11.11.).

(8) 부동산의 사용권 출자

1) 과세여부

「상법」상 부동산, 부동산상의 권리, 기계장치 등의 사용권리를 현물출자하는 것을 금지하지 않고 사용시간(임대차기간 10년)과 그 사용대가(임대료)가 정해져 있으며 그 대가로 주식을 교부받는 바, 이는 「민법」 제609조에 따른 사용대차가 아니라 같은 법 제618조에 따른 임대차 계약에 해당한다.

사업자가 사업용 부동산의 사용권을 다른 법인에 출자하고, 그 대가를 주식으로 선불 지급받은 경우, 이는 부동산임대용역의 공급에 해당한다.

공급시기는 「부가가치세법 시행령」 제29조 제2항 제2호에 따라 예정신고기간 또는 과세기간의 종료일이 되는 것이나, 해당 공급시기가 되기 전에 부동산임대용역에 대한 대가의 전부를 받고, 그 받은 대가에 대하여 같은 법 제32조에 따른 세금계산서 또는 제36조에 따른 영수증을 발급하면 그 세금계산서 등을 발급하는 때를 공급시기로 보는 것입니다(사전법령해석부가 2015-25, 2015.03.20.).

2) 사용권 현물출자 후 공동사업 탈퇴시 부가가치세 과세여부

건물을 취득하여 단독으로 제조업을 영위하던 사업자 갑이 을의 출자로 공동사업을 영위하다 갑이 공동사업을 탈퇴하여 제조업은 을의 단독사업이 되고 갑은 해당 건물에서 부동산임대업을 영위하는 경우

① 갑이 당초에 건물을 공동사업에 현물출자 하여 공동사업에 사용하다 공동사업에서 탈퇴하며 이를 현물로 반환받는 경우에는 재화의 공급으로 부가가치세가 과세된다.

② 공동사업자가 갑에게 세금계산서를 발급하는 것이나 갑이 건물의 소유권을 갑에게 유보한 채 그 사용권만을 공동사업에 출자한 경우에는 공동사업 탈퇴 시 현물반환으로 볼 수 없어 부가가치세가 과세되지 아니한다(서면법령해석부가 2021-5808, 2021.11.11.).

3) 양도소득세 과세여부

거주자가 공동사업에 토지 등을 현물출자하는 경우 「소득세법」 제88조에 따른 양도로 보는 것이나 토지 등의 소유권 자체는 출자자에 유보한 채 사용권만을 출자한 경우에는 양도로 보지 않는다(서면부동산 2017-0792, 2017.06.27.).

 관련 해석사례 및 집행기준

- **위탁가공을 위하여 원재료를 대가 없이 국외의 수탁가공 사업자에게 반출한 경우 재화의 공급에 해당하는지 여부**

  사업자가 위탁가공을 위하여 원재료를 국외의 수탁가공 사업자에게 대가 없이 반출하여 제조한 물품을 자기의 명의로 재수입하는 경우 해당 원자재 반출은 재화의 공급에 해당하지 않는 것임(사전법규부가 2024-619, 2024.09.12.).

- **임대사업용 건물을 증여하는 경우 과세대상 여부**

  사업자가 아들에게 임대부동산의 10분의4에 대한 임대보증금 및 대출금을 승계하는 조건으로 10분의4를 증여하고, 임대용부동산에서 아들과 공동으로 사업을 영위하는 경우 해당 부동산의 증여는 출자지분의 양도로서 재화의 공급에 해당하지 아니함(사전법령해석부가 2021-783, 2021.06.10.).

- **사업시행자의 매도청구권 행사에 따른 부동산 양도 시 부가가치세 과세여부**

  도시정비법에 따라 사업시행자가 매도청구권을 행사하여 상가건물을 소유하고 있는 사업자의 부동산이 양도되는 경우 재화의 공급으로 부가가치세가 과세되는 것임(사전법령해석부가 2020-1, 2020.02.06).
  - ☞ 도시정비법상 매도청구권은 사업시행자인 조합이 원활한 사업의 진행을 위하여 조합 설립에 동의하지 아니한 자의 토지 및 건축물에 대하여 매도할 것을 청구할 수 있는 권리로, 조합이 형성권인 매도청구권을 행사하면 매도청구의 의사표시가 도달함과 동시에 시가에 의한 매매계약의 성립되는 것이며, 매도인이 가지는 소유권이전등기 및 명도의무와 매도청구권자의 시가 상당 금원 지급의무는 동시이행관계에 있는 바 이는 일반적인 매매계약과 동일하다 할 것임.

- **과세사업장에서 생산한 재화를 자기의 다른 사업장으로 반출하여 면세사업에 사용시 과세방법**

  과세사업장에서 면세사업장에 재화를 반출하는 경우에는 부가가치세의 사업장단위 과세원칙에 따라 외부거래와 동일하게 취급하여 「부가가치세법」 제6조 제1항에 따른 재화의 공급으로 봄(재부가-495, 2012.10.08.).

프로젝트를 수행하기 위해 설립된 특수목적회사가 재화를 공급하거나 공급받는 경우 부가가치세 납세의무

해당 프로젝트(사업)를 수행하기 위하여 설립된 특수목적회사가 금융기관 등으로부터 차입한 자금으로 특정 재화를 매입 및 매출하여 그 법률효과가 특수목적회사에 귀속되는 경우에는, 그 재화의 매입 및 매출에 관한 업무를 타인에게 위임하는 경우라 하더라도 그 재화의 매입 및 매출자는 그 특수목적회사가 되는 것임(부가-561, 2012.05.18.).

본사가 가맹점에 지급하는 시식회 지원금에 대하여 가맹점이 본사에 세금계산서를 발급해야 하는지 여부

본사가 가맹점의 시식회 지원을 위하여 재화 또는 용역의 공급과 관계없이 지원금을 지급하는 경우 해당 지원금에 대해서는 세금계산서를 발급할 수 없음(법규부가 2012-182, 2012.05.17.).

제조업자가 임가공업자에게 원재료를 보충해 준 경우 재화의 공급 해당 여부(법규-1557, 2011.11.25.)

원단제조업자가 원재료인 원사를 염색임가공업체에 제공하여 염색임가공을 의뢰함에 있어 제조업자가 제공한 원재료가 부족한 경우 임가공업자 소유의 원사나 다른 제조업자가 보관해 놓은 원사로 대체하여 염색한 후에 원단제조업자가 동일한 원사를 임가공업체에 보충해 준 경우에 부가가치세법 제6조 제1항과 같은 법 시행령 제14조 제1항 제3호 교환거래에 따른 재화의 공급에 해당하지 아니함(법규-1557, 2011.11.25.).

모바일쿠폰의 과세여부

특정회사의 특정물품을 교환할 수 있는 모바일(핸드폰)쿠폰을 발행하는 회사로부터 모바일쿠폰을 구입하여 판매하고, 당해 모바일쿠폰을 소지한 자(핸드폰소유자)가 특정물품과 교환하게 하는 경우, 당해 모바일쿠폰은 「부가가치세법」 제1조의 과세대상에 해당하지 아니하는 것으로 세금계산서 발급대상이 아닌 것임(부가-1392, 2010.10.19.).

공동사업 해지로 지분반환 방법에 따른 과세여부

공동소유 건물을 '갑'과 '을'의 공동사업에 사용하다가 '을'이 공동사업을 탈퇴하고 '을'의 건물 지분을 '갑'에게 양도하지 아니하고 무상으로 '을'에게 임대해 주기로 한 경우에는 건물에 대한 '을'의 출자지분을 현물로 반환한 경우에 해당하여 부가가치세가 과세되는 것임.
'을'의 건물 지분에 대해 공동사업해지일부터 7개월 이내에 현금으로 반환(잔금청산 후 건물 소유권이전등기)하기로 약정하고 '갑'이 '을'의 건물을 공동사업해지일부터 사용하는 경우에는 건물에 대한 '을'의 출자지분을 현금으로 반환하는 경우에 해당하여 부가가치세가 과세되지 않는 것임(부가가치세과-894, 2010.07.14.).

국가 등에 기부채납하고 사용권을 얻는 경우

사업자가 지방자치단체 소유의 토지에 건물을 신축하여 20년간 무상사용을 조건으로 기부 채납하는 경우, 사업자는 지방자치단체에 재화를 공급하는 것이며, 지방자치단체는 사업자에게 부동산임대용역을 공급하는 것에 해당하여 부가가치세가 각각 과세되는 것임(부가가치세과-1619, 2009.11.09.).

사업용 건물 분양권의 과세여부

사업자가 토지 및 건물의 구입계약을 체결하고 계약금, 중도금을 지급한 상태에서 당해 토지 및 건물에 대한 매수자의 지위를 제3자에게 매각하는 경우, 제3자로부터 지급받는 총 대가 중 건물분에 대하여는 부가가치세가 과세되는 것임(부가가치세과-655, 2009.02.19.).

항공권을 판매하는 경우 과세여부

사업자가 외국항공사의 항공권을 자기 책임하에 구매하여 판매하는 경우 당해 항공권의 매매거래는 부가가치세 과세대상에 해당하지 아니하는 것임(영화 예매권도 같음)(부가가치세과-2158, 2008.07.22).

☞ 수수료를 받는 경우 수수료에 대하여는 부가가치세 과세됨(서면3팀-2776, 2007.10.09.).

국내사업장이 있는 외국법인이 국내수입자에게 수출하는 경우

국내사업장이 있는 외국법인이 외국에서 생산하거나 취득한 재화를 국내의 일정한 보세창고에 반입시켜 보관해 둔 상태에서 무역계약을 통하여 국내의 수입업자에게 판매하고 동 수입업자 명의로 수입통관이 이루어지는 방식으로 수출하는 경우 당해 외국법인의 국내사업장은 법 제1조 제1항의 규정에 의한 과세대상이 되는 재화의 공급으로 보지 아니하는 것임(서면3팀-2585, 2007.09.13.).

협회비 등의 부가가치세 과세여부

협회 등 단체가 재화나 용역의 제공에 따른 대가 관계없이 회원으로부터 받는 협회비·찬조비·특별회비 등은 부가가치세 과세대상이 아닌 것이나, 회원에게 재화나 용역을 공급하고 회비명목으로 그 대가를 받는 경우에는 부가가치세가 과세되는 것임(부가-938, 2011.08.22.).

공동으로 건물을 신축한 후 독립 사업을 위해 건물을 분할하는 경우

3인의 공동사업자가 사업용 건물을 신축한 후 각각 독립사업을 영위하고자 동업계약을 해지한 후 사업자등록은 대표자 1인 명의로 정정하고, 다른 2인은 각각 신규로 사업을 개시하는 경우에 당해 건물의 소유권을 분할 등기하여 이전하는 경우, 출자지분을 현물로 반환하는 것으로 부가가치세 과세되는 것이며, 당해 공동사업자는 신규로 사업을 개시하는 2인에게 건물의 시가상당액을 과세표준으로 하여 세금계산서를 교부하는 것임(상담3팀-2300, 2004.11.11.).

재화의 하자로 반품없이 동일한 재화를 공급하는 경우

사업자가 부가가치세가 과세되는 재화를 공급한 후 당해 재화의 하자로 인하여 당초 공급한 재화의 반품없이 동일한 재화를 다시 공급하는 경우에는 부가가치세가 과세되는 것임(서면 3팀-2303, 2004.11.11.).

☞ 당초 공급재화를 반품 받고 동일한 재화를 공급하는 경우에는 과세되지 아니하는 것이나, 동종유사제품으로 교환하여 주는 경우에는 세금계산서를 교부하여야 하는 것이며 반품 받은 물품에 대하여는 수정세금계산서를 발급하는 것임.

건설용역 제공 대가를 대물로 변제받은 경우

사업자가 계약에 의하여 다른 사업자의 공장건물을 신축하는 건설용역을 제공하고 그 대가를 건물이 완공된 후 당해 건물로 변제받는 경우에는 재화의 공급에 해당되어 부가가치세가 과세되는 것으로 공급자는 세금계산서를 교부하여야 하는 것이며, 당해 건물을 과세사업에 사용하는 경우 관련 매입세액은 공제할 수 있는 것임(서면3팀-1506, 2004.07.27.).

국내 특허권을 외국법인에게 양도하고 국외에서 사용하는 경우

내국법인이 사업상 취득하여 우리나라 법률에 따라 등록한 특허권, 상표권, 저작권 등과 기타 등록되지 아니한 권리 등의 무형자산을 국내사업장이 없는 외국법인에게 양도하여 국외에서 사용, 소비하도록 하는 경우 해당 권리의 양도는 수출하는 재화에 해당하는 것임(부가-1603, 2011.12.23.).

부동산임대 공동사업자가 지분별로 구분하여 사용 수익하는 경우

수인이 공유하는 부동산을 임대하는 공동사업자가 당해 부동산 전부를 각 공유자의 지분별로 구분하여 사용수익하기로 약정하고 각 공유자별로 자기지분에 상당하는 부동산을 자기의 책임과 계산하에 타인에게 임대하거나 자기의 사업에 공하는 경우에는 각 공유자별로 사업자등록을 할 수 있는 것이며, 각 공유자별로 자기지분에 상당하는 부동산을 사용 수익하는 것에 대하여는 공동사업자의 출자지분을 현물로 반환하는 것으로 보아 부가가치세가 과세되는 것임(부가 46015-977, 2001.07.03).

☞ 공유부동산의 구분등기 여부와 관계없이 사업의 실질 내용대로 사업자등록함.

임차기간 만료시 원상복구 대가를 임대인에게 지급하는 경우

사업자가 부가가치세가 과세되는 부동산을 임차시 임차인이 자기의 부담으로 실내장식 등을 하고 임차기간 만료시 원상복구 하여 주는 조건으로 임대차 계약을 하였을 경우

① 임차기간 만료시 임차인의 부담으로 원상복구를 하는 때에는 임대인에 대한 재화의 공급으로 보지 아니하는 것이나,

② 임차기간 만료시 임차인이 직접 원상복구를 하지 않고 원상복구에 필요한 대가를 임대인에게 별도로 지급하는 때에는 당해 대가에 대하여 부가가치세가 과세되는 것임(부가 46015-1779, 1994.09.01).

2. 재화공급의 특례 (간주공급)

재화의 공급은 대가를 받고 타인의 소유로 변경되어 타인이 사용·소비하는 것을 말하는 것이나, 예외적으로 개인적 목적이나 기타의 목적을 위하여 소비하는 경우 대가를 받지도 않고 거래상대방이 없기 때문에 이를 과세하지 않는다면 조세부담의 불공평이 발생한다. 이를 방지하기 위해 특정 내부거래 또는 외부거래에 대하여 과세형평과 조세중립성을 유지하기 위하여 재화의 공급으로 보고 과세하고 있으며, 세금계산서 발급의무가 면제된다.

> 1. 자가공급
>   ① 면세사업 등 전용재화
>   ② 비영업용 승용자동차와 그 유지를 위한 재화
>   ③ 판매목적 타사업장 반출(직매장반출)
> 2. 개인적공급
> 3. 사업상증여
> 4. 폐업시 잔존재화
>   ☞ 간주공급 중 판매목적 타사업장 반출(직매장반출)의 경우만 세금계산서를 발급하고 나머지에 대해서는 세금계산서를 발급할 필요가 없다. 다만, 대가를 받는 부분에 대하여는 세금계산서를 발급하여야 한다.

(1) 자가공급

사업자가 자기의 과세사업과 관련하여 생산하거나 취득한 재화를 자기의 사업을 위하여 직접 사용하거나 소비하는 것을 말하며(부가법 제10조 제1항), 부가가치를 창출하기 위한 사업활동이므로 과세대상으로 보지 아니하지만 면세전용, 개별소비세과세대상 승용자동차와 그 유지를 위한 재화 및 판매목적의 다른 사업장 반출에 해당하는 경우에는 자기에게 재화를 공급하는 것으로 본다. 여기서 '자기의 과세사업과 관련하여 생산하거나 취득한 재화'란 아래의 해당하는 경우를 말한다.

① 매입세액이 공제된 재화
② 사업양수에 의하여 사업양수자가 양수한 자산으로서 사업양도자가 매입세액, 그 밖에 이 법 및 다른 법률에 따른 매입세액을 공제받은 재화
③ 내국신용장·구매확인서에 의한 수출에 해당되어 영세율을 적용받는 재화

1) 면세사업 등 전용재화

사업자가 자기의 과세사업과 관련하여 생산하거나 취득한 재화로서 다음 어느 하나에 해당하는 재화("자기생산·취득재화")를 자기의 면세사업 및 부가가치세가 과세되지 아

니하는 사업을 위하여 직접 사용하거나 소비하는 것은 재화의 공급으로 본다(부가법 제10조 제1항, 부가집 10-0-4).

>> 면세 전용 사례

① 오피스텔 신축판매업을 운영하는 사업자가 완공한 오피스텔을 임대한 경우로서 임차인이 이를 상시 주거용으로 사용하는 경우 해당 오피스텔
② 부가가치세가 과세되었던 재화가 법령개정으로 면세로 전환된 경우 전환당시의 재고재화
③ 사업자가 과세되는 미분양주택을 면세되는 주택임대사업으로 전환한 것으로 볼 수 있는 경우

예를 들면 고속버스 사업용(과세)으로 취득한 차량·정비기계를 시내버스 사업(면세)에서 사용하는 경우 또는 자기가 직접 생산한 사료(과세)를 축산업(면세)에 사용하는 경우, 건물의 취득에 관련된 매입세액을 공제한 후에 동 건물을 부가가치세가 면제되는 사업인 학원(교육용역)이나 병원(의료보건용역)으로 사용하는 경우 등이 이에 해당한다(매입시 매입세액불공제분은 제외).

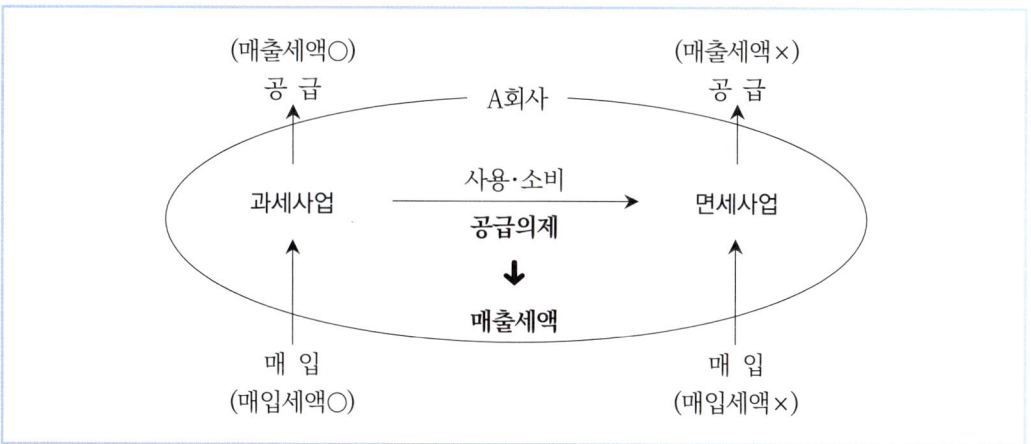

한편 사업장을 구분하여 과세사업과 면세사업을 겸영하는 사업자가 과세사업장에서 면세사업장에 재화를 반출하는 경우에는 부가가치세의 사업장단위 과세원칙에 따라 외부거래와 동일하게 취급하여 재화의 공급으로 보아 거래가액 또는 시가를 과세표준으로 하여 세금계산서를 발급하여야 한다(기획재정부 부가가치세제과-495, 2012.10.08.). 다만, 사업자단위과세사업자가 과세사업장에서 제조한 재화를 면세사업에 사용하기 위해 과·면세사업장으로 반출하는 경우 재화의 공급에 해당하는 것이며, 세금계산서 발급은 면제된다(부가-222, 2010.02.24.).

☞ "면세전용"은 동일 사업장 내에서 과세사업에 사용하기 위해 생산·취득한 재화를 면세사업에 사용(전용)하는 경우에만 적용되는 것이며, 동일 사업자가 사업장을 서로 달리하여 과세사업장에서 생산·취득한 재화를 면세사업장으로 반출하는 것은 면세전용이 아니라 일반적 재화의 공급에 해당한다.

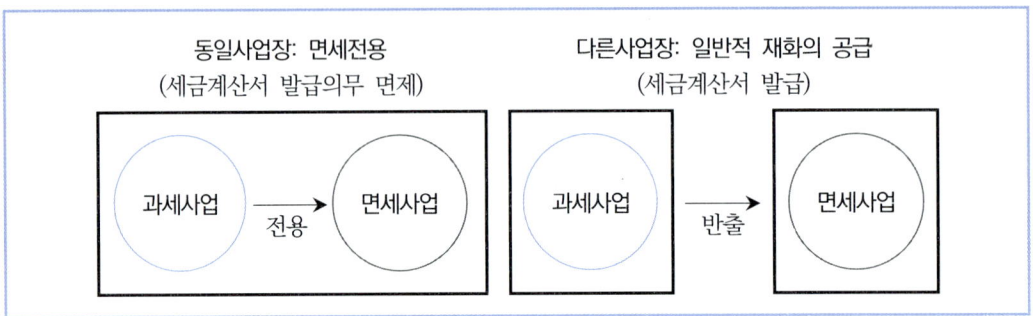

실무사례 — 자가공급으로 보는 면세전용 사례

사업자 '갑'이 20×2년 12월 12일 부천에 오피스텔을 건설하면서 관련 매입세액을 공제받은 후 완공하여 사무실 용도로 임대하였으나 해당 임차인이 20×5년 3월 2일 상시주거용으로 사용하는 것이 확인되는 경우에는 해당 오피스텔이 면세전용된 것이므로 자가공급에 해당하여 '갑'은 20×5년 1기 부가가치세 신고 시 해당 오피스텔에 대한 과세표준을 신고과세표준에 포함하여야 한다. 그러나 '갑'이 동탄에서 분양목적으로 신축한 오피스텔이 준공된 후에도 분양되지 아니하여 일시적·잠정적으로 주거용으로 임대한 경우에는 자가공급(면세전용)으로 보지 아니한다(부가집 10-0-4).

2) 개별소비세 과세대상 소형승용자동차와 그 유지를 위한 재화

다음 중 어느 하나에 해당하는 자기생산·취득 재화의 사용 또는 소비는 재화의 공급으로 본다(부가법 제10조 제2항).

① 사업자가 자기생산·취득 재화를 매입세액이 매출세액에서 공제되지 아니하는 「개별소비세법」 제1조 제2항 제3호에 따른 자동차로 사용 또는 소비하거나 그 자동차의 유지를 위하여 사용 또는 소비하는 것

② 운수업, 자동차 판매업, 자동차 임대업, 운전학원업, 경비업(기계경비업무)의 출동차량, 위 업종과 유사한 업종의 사업을 경영하는 사업자가 자기생산·취득재화 중 「개별소비세법」 제1조 제2항 제3호에 따른 자동차와 그 자동차의 유지를 위한 재화를 해당 업종에 직접 영업으로 사용하지 아니하고 다른 용도로 사용하는 것

예를 들어 승용자동차 판매업을 하는 사업자가 자기가 생산한 승용자동차를 해당 사업자의 업무용으로 사용하는 경우, 일반택시운송업을 하는 사업자가 승용자동차를 취득하여 영업용에 사용하다 업무용으로 사용하는 경우, 주유소를 경영하는 자가 판매용 유류를 업무용 소형승용자동차에 사용하는 것 등을 말한다.

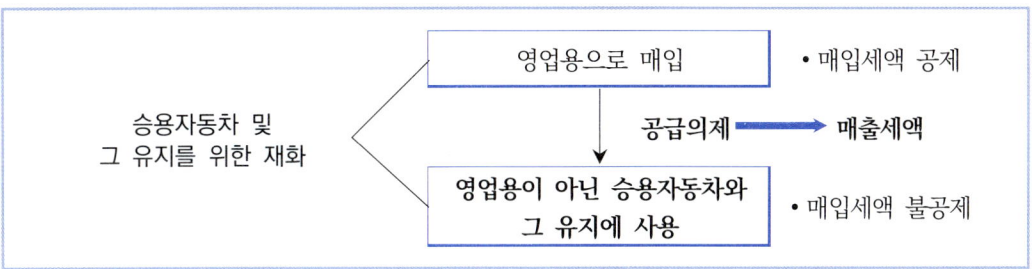

영업용 및 소형승용차

1. 영업용이란 운수업, 자동차판매업, 자동차임대업, 운전학원업, 경비업무를 하는 경비업(출동차량에 한정)을 영위하는 자가 자동차를 영업에 사용하는 것으로서 택시회사의 택시, 쌍용자동차의 판매용 체어맨 등을 말한다(비영업용: 영업용이 아닌 것으로서 삼성생명의 업무용 자동차, 현대자동차의 사장업무용 자동차).
2. 소형승용차란 사람의 수송을 목적으로 제작된 ① 정원 8인 이하의 일반형 승용자동차(1,000cc 이하의 경차제외) ② 일정한 2륜자동차 ③ 캠핑용 자동차 ④ 전기승용자동차(정원 8인 이하의 자동차로 한정하되, 길이가 3.6m 이하이고 폭이 1.6m 이하인 것은 제외)를 말한다.

개별소비세법 제1조 제3항 제3호에 따른 소형승용자동차(비영업용 소형승용차)	비영업용 소형승용차 제외대상
• 8인승 이하 승용자동차 • 이륜자동차(125cc 초과 또는 1kw초과)캠핑용 자동차 • 8인승 이하 전기승용자동차	• 9인승 이상 또는 배기량 1,000cc 이하 이며, 길이 3.6m, 폭 1.6m 이하인 승용자동차 • 9인승 이상 또는 배기량 1,000cc 이하 이며, 길이 3.6m, 폭 1.6m 이하인 전기승용자동차

3) 판매목적 직매장 반출

사업장이 둘 이상인 사업자가 자기의 사업과 관련하여 생산 또는 취득한 재화를 판매할 목적으로 자기의 다른 사업장에 반출하는 것은 재화의 공급으로 본다(부가법 제10조 제3항). 다만, 사업자 단위 과세 사업자로 적용을 받는 과세기간 또는 주사업장 총괄 납부의 적용을 받는 과세기간에 자기의 다른 사업장에 반출하는 것은 재화의 공급으로 보지 아니한다. 그러나 사업자가 세금계산서를 발급하고 예정·확정신고한 경우에는 재화의 공급으로 본다(부가법 제10조 제3항 2호 단서).

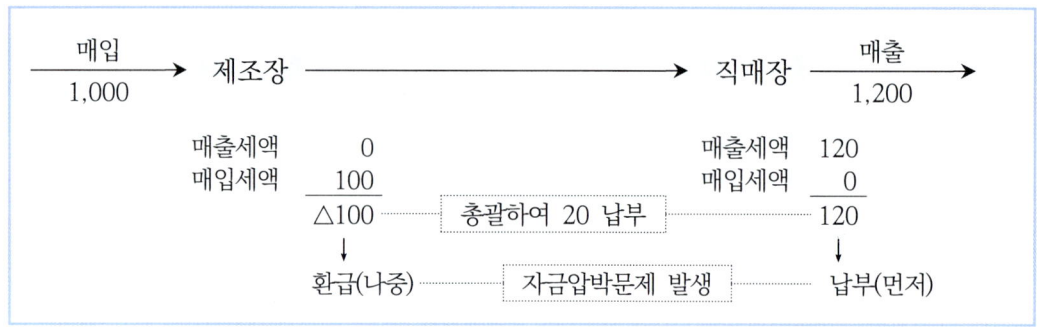

구 분	판매목적 타사업장 반출
일반적인 경우	간주공급 (○) ⇒ 세금계산서 발급 (○)
주사업장 총괄납부 (사업자단위과세의 경우)	세금계산서 발급 (×) ⇒ 간주공급 (×)
	세금계산서 발급 신고 (○) ⇒ 간주공급 (○)

4) 재화의 자가공급에 해당되지 아니하는 경우

사업자가 자기의 사업과 관련하여 생산하거나 취득한 재화를 자기의 과세사업을 위하여 다음의 예시와 같이 사용하거나 소비하는 경우에는 재화의 공급으로 보지 아니한다(부가통 10-0-1).

① 자기의 다른 사업장에서 원료·자재 등으로 사용·소비하기 위하여 반출하는 경우
② 자기의 사업장의 기술개발을 위해 시험용으로 사용·소비하는 경우
③ 수선비 등에 대체하여 사용·소비하는 경우
④ 사후 무료서비스 제공을 위하여 사용·소비하는 경우
⑤ 불량품 교환 또는 광고선전을 위한 상품진열 등의 목적으로 자기의 다른 사업장으로 반출하는 경우
⑥ 사업자가 자기사업과 관련하여 취득한 고정자산을 사업의 확장을 위해 다른 사업

장을 신설하기 위하여 당해 고정자산을 반출하는 경우(부가-348, 2014.04.18.)

● **실무사례** **판매목적 타사업장 반출**

[사실관계]
㈜한결은 A사업장의 재화를 B사업장에서 판매할 목적으로 반출하다.
단, 공급가액은 1,000이며, 부가가치세액은 100이라 하자.

해답

1. 사업장별 신고·납부 사업자인 경우
(1) 재화의 공급 해당여부
    판매를 목적으로 하나의 사업장에서 다른 사업장으로 재화가 이동한 것이므로 부가가치세법상 재화의 공급에 해당된다. 따라서, A사업장에서는 자신을 공급자, B사업장을 공급받는 자로 하여 세금계산서를 발급하여야 한다.
(2) A사업장
    매출세액 100원을 신고·납부한다.
(3) B사업장
    매입세액 100원을 매출세액에서 차감하여 신고·납부한다.

2. 주사업장 총괄납부 사업자인 경우. 단, 사업장 A가 주사업장이다.
(1) 재화의 공급 해당여부
    원칙적으로 부가가치세법상 재화의 공급에 해당된다. 다만, 주사업장 총괄납부 사업자는 각 사업장에서 발생한 납부(또는 환급)세액을 각 사업장에서 하면 되므로 사례의 경우 A사업장의 매출세액 100원과 B사업장의 매입세액 100원이 서로 상계되어 납부할 세액이 없다. 이에 부가가치세법에서는 주사업장 총괄납부 사업자의 경우 판매목적으로 재화를 타사업장에 반출하는 분을 재화의 공급으로 보지 않도록 하고 있다. 즉, 세금계산서를 발급할 필요가 없다.
(2) A사업장 및 B사업장
    판매목적 타사업장 재화의 반출에 대해 세금계산서 발급의무 및 부가가치세 신고·납부 의무가 없다. 즉, 매출세액과 매입세액이 발생되지 않는다.

3. 주사업장 총괄납부의 장점
    사업장별로 신고·납부를 하여야 하는 사업자는 재화의 판매목적 타사업장 반출분에 대해 반드시 세금계산서를 발급하여야 하며, 발급하지 않게 되면 가산세 등의 불이익을 받을 수 있다. 반면, 주사업장 총괄납부사업자는 재화의 판매목적 타사업장 반출분에 대해 세금계산서를 발급할 필요가 없으므로 가산세 등의 불이익을 받지 않아도 되는 장점이 있다.

• 실무사례 자기사업과 관련하여 취득한 고정자산을 타사업장 반출시 재화의 공급해당 여부

[사실관계]

A는 사업을 확장하기 위하여 별도의 사업자등록증(B)을 발급받아 공장 건물을 신축하였으며, A는 기계장치 중 일부를 자체 제작하여 B 사업장의 고정자산으로 사용하기 위해 20x5.2월 반출 예정인데 2개 이상의 사업장이 있는 경우 자기의 다른 사업장에서 고정자산 등으로 사용하기 위하여 반출하는 경우 세금계산서 발급여부?

해답

사업자가 자기사업과 관련하여 취득한 고정자산을 사업의 확장을 위해 다른 사업장을 신설하기 위하여 당해 고정자산을 반출하는 것은 재화의 공급에 해당하지 않는다(부가-348, 2014.04.18.).

 관련 해석사례 및 집행기준

▸ 주택임대사업자등록 및 취득세 감면신고일을 면세전용(폐업)일로 볼 수 있는지 여부

청구인은 지자체에 '15.11월 주택임대사업자등록 및 취득세감면신고를 했으나, 그 이후인 '16.1월 쟁점오피스텔에 대해 주택임대차계약을 체결하여 '16.2월에 임차인이 입주한 바, 부가가치세법 제10조 제1항에 따라 주택임차인이 입주하여 주택으로 사용한 '16.2월을 면세전용일로 봄이 타당함(심사부가 2016-0103, 2016.11.29.).

▸ 본점소재지와 지점소재지를 변경하는 경우 재화의 공급 여부

본점과 지점 등 서로 다른 2개의 사업장을 두고 사업을 영위하던 법인사업자가 본점소재지를 지점소재지로, 지점소재지를 본점 소재지로 변경하여 사업자등록정정신고를 한 경우 본·지점의 재고상품은 부가가치세법 제6조 제2항 및 동법시행령 제15조 제2항(판매목적 타사업장 반출)의 규정에 의하여 재화의 공급에 해당하는 것임(부가-1077, 2012.10.24.).

▸ 폐지한 사업장의 고정자산을 다른 사업장으로 이동시키는 경우 부가가치세 과세 방법

2 이상의 사업장이 있는 사업자가 그 중 한 사업장(이하 "갑사업장"이라한다)을 폐지하고 당해 사업장의 재고재화를 모두 다른 사업장(이하"을사업장"이라한다)으로 이동시키는 경우에 "갑사업장"의 종전 사업용 건물을 "을사업장"의 하치장 등 사업과 관련하여 계속 사용하는 때에는 추후 당해 건물을 실제로 제3자에게 매각하는 시기에 실지거래액에 의하여 부가가치세를 과세하며, "갑사업장"의 재고재화 이동과 함께 당해 사업용 건물을 자기의 사업에 사용하지 아니하는 때에는 그 시기에 부가가치세법 시행령 제49조 제1항의 규정에 의하여 계산한 금액을 과세표준으로 하여 부가가치세를 과세함(부가-829, 2011.07.26.; 부가 46015-3913, 2000.11.28).

◇ 미분양 주택을 일시적으로 임대에 사용하는 경우 면세전용 여부

주택을 신축하여 분양하는 사업자가 미분양 주택이 다수 발생함에 따라 당해 미분양주택이 분양될 때까지 일시적 또는 잠정적으로 주택의 임대에 사용하는 경우로서, 미분양주택의 원활한 분양을 위하여 사업 목적(주택의 공급)의 변경 없이 분양활동을 지속하면서 주택임대차계약서에 분양목적의 재고자산임을 명시하는 등 주택의 임대사업으로 전환한 것으로 볼 수 없는 경우에는 「부가가치세법」 제6조 제2항 및 같은 법 시행령 제15조 제1항에 따른 재화의 공급에 해당하지 아니하는 것임(부가가치세과-578, 2010.05.10.).

◇ 상시주거용으로 임대하던 오피스텔 양도시 부가가치세 과세여부

2003.02.18. 이후 임대용역에 대하여는 주택의 임대로 보아 부가가치세가 면제되는 것입니다. 이 경우 당해 오피스텔에 대하여는 자가공급의 규정을 적용하지 아니하는 것이며 상시 주거용으로 임대하던 오피스텔을 양도하는 경우에는 동법 제12조 제3항의 규정에 의하여 부가가치세가 면제되는 것임(서삼 46015-11737, 2003.11.06.).

◇ 과세대상 주택을 분양목적 신축후 주택임대사업 전환시

부동산매매업자가 VAT 과세대상 주택을 분양목적 신축후 미분양으로 주택임대사업(면세사업) 전환시는 "재화의 자가공급"에 해당함(부가 46015-3282, 2000.09.21.).

(2) 개인적 공급

1) 의의

사업자가 자기생산·취득재화를 사업과 직접적인 관계없이 자기의 개인적인 목적이나 그 밖의 다른 목적을 위하여 사용·소비하거나 그 사용인 또는 그 밖의 자가 사용·소비하는 것으로서 사업자가 그 대가를 받지 아니하거나 시가보다 낮은 대가를 받는 경우는 재화의 공급으로 본다(매입시 매입세액불공제분은 제외)(부가법 제10조 제4항). 예를 들면 전자제품대리점을 운영하는 자가 냉장고 등을 자신의 집에 가져가서 사용하는 경우 또는 명절, 근로자의 날, 생일 등을 맞이하여 종업원 등에게 기념품을 무상으로 지급하는 경우 등이 이에 해당한다.

2) 개인적 공급으로 보지 않는 경우

사업자가 실비변상적이거나 복리후생적인 목적으로 그 사용인에게 대가를 받지 아니하거나 시가보다 낮은 대가를 받고 제공하는 것으로서 다음의 경우는 재화의 공급으로 보지 아니한다(부가법 제10조 제4항).

① 사업을 위해 착용하는 작업복, 작업모 및 작업화를 제공하는 경우
② 직장 연예 및 직장 문화와 관련된 재화를 제공하는 경우
③ 다음의 어느 하나에 해당하는 재화를 제공하는 경우. 이 경우 각 항목별로 각각 사용인 1명당 연간 10만원을 한도로 하며, 10만원을 초과하는 경우 해당 초과액에 대해서는 재화의 공급으로 본다.
    ㉠ 경조사와 관련된 재화
    ㉡ 설날·추석과 관련된 재화
    ㉢ 창립기념일 및 생일 등과 관련된 재화

• 실무사례   개인적 공급으로 보는 사례

[사실관계]

사업자 '갑'은 직원들 사기진작을 위하여 체육대회를 개최하면서 추첨을 통하여 당첨된 직원에게 자동차, 노트북, 50만원 상당의 상품권을 경품으로 제공하였다. 이 경우 자동차, 노트북은 구입 시 매입세액을 공제받은 경우 개인적 공급에 해당하는지?

해답

자동차, 노트북은 구입 시 매입세액을 공제받은 경우 개인적 공급에 해당하여 재화의 공급으로 보아야 하고, 상품권은 과세대상이 아니므로 개인적 공급으로 보지 아니한다.

  관련 해석사례 및 집행기준

「법인세법」제52조에 따른 부당행위계산 부인대상이 아닌 종업원 할인판매의 간주공급 해당 여부
종업원할인이 일반고객에 비해 낮은 대가를 받는 것은 사실이나, 일반고객에게도 할인행사가 이루어지고 있는 상황 하에서 거래조건에 따른 매출에누리로 볼 수 있는 경우 개인적 공급으로 부가가치세를 과세하기는 어려움(법규-1063, 2014.10.07.).

유니폼을 구입하여 종업원에게 무상으로 제공하거나 다른 사업자에게 제공하는 경우 부가가치세 과세여부
사업자가 자기 사업과 관련한 유니폼을 구입하여 자기 종업원들에게 무상으로 제공하는 경우는 「부가가치세법 시행령」제15조의 규정에 해당하지 아니하여 재화의 공급으로 보지 않는 것이며, 다른 사업자에게 제공하는 경우에는 「부가가치세법」제6조 제1항의 규정에 의하여 재화의 공급으로 보아 부가가치세가 과세되는 것임(부가가치세과-2223, 2008.07.24).

사원용 아파트 수선비 및 사적비용을 사업자가 지출하는 경우 당해 매입세액 공제여부

제조업을 영위하는 사업자가 자기의 종업원이 거주하는 국민주택규모의 사택을 수리하는 경우에 당해 사택수리와 관련하여 발생한 매입세액은 부가가치세법 제17조 제1항 제1호의 규정에 의하여 매출세액에서 공제되는 것이며, 당해 사택에 거주하는 종업원의 생활과 관련된 사적비용인 전기료·수도료·가스료 등을 사업자가 지출한 경우 당해 지출과 관련하여 발생한 매입세액은 동 규정에 의하여 매출세액에서 공제되는 것이나, 이 경우에는 부가가치세법 제6조 제3항 및 동법시행령 제16조 제1항의 규정에 의하여 부가가치세가 과세되는 것임(서삼 46015-11099, 2003.07.10.).

(3) 사업상 증여

1) 의의

사업자가 자기생산·취득재화를 자기의 고객이나 불특정 다수에게 증여하는 경우(증여하는 재화의 대가가 주된 거래인 재화의 공급에 대한 대가에 포함되는 경우는 제외한다)는 재화의 공급으로 본다(매입시 매입세액불공제분은 제외)(부가법 제10조 제5항).

예를 들면, 주유소를 운영하는 사업자가 주유소를 이용하는 고객 중 이용실적에 따라 김치냉장고, 침대, 청소기, 세제 등 물품을 무상으로 제공하고 있다. 이 경우 사업자가 제공하는 물품에 대하여 매입세액을 공제받은 경우 사업상 증여에 해당하여 재화의 공급으로 보아야 한다.

다만, 사업자가 사업을 위하여 증여하는 것으로서 다음의 어느 하나에 해당하는 것은 재화의 공급으로 보지 아니한다(부가령 제20조).

① 사업을 위하여 대가를 받지 아니하고 다른 사업자에게 인도하거나 양도하는 견본품
② 「재난 및 안전관리 기본법」의 적용을 받아 특별재난지역에 공급하는 물품
③ 자기적립 마일리지 등으로만 전부를 결제받고 공급하는 재화

2) 사업상 증여로 보지 않는 경우(부가집 10-20-2)

① 광고선전물의 배포

사업자가 자기생산·취득재화를 광고선전 목적으로 불특정다수인에게 무상으로 배포하는 경우(직매장·대리점을 통하여 배포하는 경우를 포함한다)에는 재화의 공급으로 보지 아니한다.

② 기증품(할증품)의 과세

사업자가 자기의 제품 또는 상품을 구입하는 자에게 구입당시 그 구입액의 비율에 따라 증여하는 기증품 등은 주된 재화의 공급에 포함하므로 과세되는 재화의 공급

으로 보지 아니한다.

③ 경품

사업자가 자기의 고객 중 추첨을 통하여 당첨된 자에게 재화를 경품으로 제공하는 경우에는 과세되는 재화의 공급으로 본다. 다만, 해당 경품이 자기생산·취득재화에 해당하지 아니하는 것은 그러하지 아니하다(부가통 10-0-6).

 관련 해석사례 및 집행기준

특허권이 실제로 사업에 사용된 날을 언제로 볼 것인지

특허권이 실제로 사업에 사용되는 날은 특허권을 설정등록하여 특허발명을 실시할 권리를 독점하는 날임(기획재정부부가-70, 2016.01.28.).

특허권 무상이전시 과세여부 및 공급가액에 대한 회신

감가상각자산인 특허권을 중소기업에 무상으로 공급하는 경우 사업상증여에 해당하고 해당 특허권이 「법인세법 시행령」 제24조 제1항 제2호에 따른 무형고정자산에 해당하는 경우 해당 특허권의 공급가액은 법 제29조 제11항 및 영 제66조 제2항에 따라 계산하는 것임(사전법령해석부가 2015-0289, 2015.08.31.).

외국법인에 견본품배포 용역공급하는 경우 견본품 무환 수입 관련 매입세액 공제여부

신청인이 외국법인의 거래처에 견본품을 배포하기로 외국법인과 용역계약을 체결하고, 견본품을 국외에서 무환으로 수입하는 경우 신청인이 관할세관장으로부터 발급받은 수입세금계산서의 매입세액은 「부가가치세법」 제17조 제1항 제2호에 따라 신청인의 매출세액에서 공제할 수 있는 것이며, 신청인이 외국법인의 거래처에 견본품을 반출하는 것은 「부가가치세법」 제6조에 따른 재화의 공급에 해당하지 아니하는 것임(법규부가 2011-0250, 2011.09.01.).

모든 거래처에 사전 약정에 의하여 지급하는 할증품이 사업상 증여에 해당 여부

사업자가 자기의 제품 또는 상품을 구입하는 모든 거래처에 사전약정이나 공지에 의하여 구입시점에 그 구매금액 또는 구매수량에 따라 지급하기로 확정된 할증품으로서 당해 재화의 대가가 주된 거래인 재화공급의 대가에 포함되는 것은 사업상증여에 해당하지 아니하는 것임(부가-1435, 2011.11.18.).

주된 재화의 공급과 함께 동종 또는 유사 재화를 별도의 대가 없이 제공하는 경우

음료 제조·판매업을 영위하고 있는 법인이 음료 도·소매점에게 음료(주된 재화)를 납품하면서 그 납품단가를 사실상 에누리하여 주기 위한 수단 등으로 주된 재화와 동종·유사 음료를 재량 판촉물량이라는 명목으로 별도의 대가없이 덤으로 함께 공급하는 경우 주된 재화의 대가에 포함되는 것으로 사업상 증여에 해당하지 아니하는 것임(법규-1389, 2011.10.21.).

광고·선전 목적으로 특정인에게 무상으로 증여하는 경우

골프용품 등을 판매하는 사업자가 자기의 사업과 관련하여 취득(구입)한 재화를 광고·선전 목적으로 특정 골프대회 또는 특정 프로골프 선수에게 무상으로 증여하는 경우에는 사업상 증여로 부가가치세가 과세됨. 단, 매입세액이 공제되지 아니한 것은 과세되지 아니함(부가가치세과-656, 2009.02.19.).

체인점의 판매실적에 따라 상품을 무상공급하는 경우

체인점에 상품을 판매하면서 체인점의 판매실적이 일정액 이상인 경우 동 상품 일정량을 무상공급하는 경우 사업상 증여로 과세됨(부가 46015-503, 2000.03.08.).

주유소에서 광고·선전 목적으로 사은품 제공시

주유소를 운영하는 사업자가 자기사업의 광고·선전 목적으로 불특정 다수인에게 광고선전용 재화를 무상으로 제공하는 경우 및 주유소를 이용하는 고객에게 유류구입시 당해 사업자의 상호, 전화번호 등이 인쇄된 사은품(휴지, 장갑 등)을 판매촉진 목적으로 무상 제공하는 경우에 부가가치세가 과세되지 아니하며 당해 재화의 구입과 관련된 매입세액은 공제 가능한 것이며, 주유소를 이용하는 고객 중 일정기간 동안 일정금액 이상의 유류를 구입한 고객에 대하여 이용실적에 따라 사후에 재화(매입세액이 공제되지 아니하는 것은 제외)를 무상으로 제공하는 경우에는 부가가치세가 과세되는 것임(부가 46015-957, 1999.04.08.).

추첨을 통하여 당첨된 자에게 경품을 지급하는 경우

사업자가 자기의 고객 중 추첨을 통하여 당첨된 자에게 경품을 지급하는 경우에는 부가가치세가 과세되는 것임. 다만, 당해 경품 구입에 대한 매입세액이 법 제17조 제2항 규정에 의하여 공제되지 아니하는 것은 부가가치세가 과세되지 아니하는 것임(부가 46015-2223, 1999.07.30.).

백화점의 경품부 판매시

백화점을 운영하는 사업자가 경품부 판매를 함에 있어 추첨에 당첨된 자에게 경품을 지급하는 경우에는 사업상 증여에 해당되어 부가가치세가 과세되는 것이며, 이 경우 당첨자에게 지급하는 경품은 기타소득에 해당되어 이를 지급하는 자가 지급 받는 자로부터 소득세를 원천징수하는 것임(부가 46015-1882, 1998.08.22).

• 실무사례   건물 증여시 과세여부

[사실관계]
서울에서 상가 임대업을 운영하던 사업자 한결은 노후 대비와 자녀 지원을 위해 보유하고 있던 상가 건물(시가 약 10억 원)을 자녀 을(30세)에게 증여하기로 결정했다.

해답

(1) 사업양도에 해당하는 경우
건물을 층별로 구분 등기한 후 각각 별개의 임차자에게 층별로 임대를 하다가 그 중 1개층에 대해 자녀에게 증여하면서 임대차계약 및 관련된 권리와 의무를 포괄적으로 승계시키는 경우 이는 사업양도에 해당하는 것이므로 부가가치세가 과세되지 아니한다.

(2) 사업양도에 해당하지 않는 경우
부동산임대업에 사용하던 건물을 자녀에게 증여하는 경우 재화의 공급으로 보지 아니하는 사업양도에 해당하는 경우를 제외하고는 당초 매입세액의 공제 여부에 관계없이 당해 건물의 증여는 「부가가치세법」 제9조 제1항에 따라 부가가치세가 과세한다(부가-753, 2013.08.23.).
따라서 사업양도에 해당하지 않는 경우 시가로 세금계산서를 발급해야 하며, 자녀는 매입세액공제를 적용한다(부가-1214, 2017.05.31.).

(4) 폐업시 잔존재화

1) 의의

사업자가 폐업할 때 또는 사업 개시일 이전에 사업자등록을 신청한 자가 사실상 사업을 시작하지 아니하게 되는 경우에는 자기생산·취득재화 중 남아 있는 재화는 자기에게 공급하는 것으로 본다. 매입시 매입세액불공제분은 제외하고, 사업의 포괄양수도시 사업양도자가 매입세액을 공제받은 재화를 사업양수자가 양도받아 사업을 영위하다가 폐업을 하는 경우 그 매입세액을 공제받은 재화를 포함한다(부가법 제10조 제6항).

2) 폐업할 때 남아 있는 재화로서 과세하지 아니하는 경우

다음 예시의 경우에는 폐업하는 때 남아있는 재화로서 과세하지 아니한다(부가통 10-0-7).

① 사업자가 사업의 종류를 변경한 경우 변경 전 사업에 대한 잔존재화
② 동일사업장 내에서 2 이상의 사업을 겸영하는 사업자가 그 중 일부사업을 폐지하는 경우 해당 폐지한 사업과 관련된 재고재화
③ 개인사업자 2인이 공동사업을 영위할 목적으로 한 사업자의 사업장을 다른 사업자의 사업장에 통합하여 공동명의로 사업을 영위하는 경우에 통합으로 인하여 폐지된 사업장의 재고재화
④ 폐업일 현재 수입신고(통관)되지 아니한 미도착재화
⑤ 사업자가 직매장을 폐지하고 자기의 다른 사업장으로 이전하는 경우 해당 직매장의 재고재화

> **참고** **각종 매입물품에 대한 공급시 부가가치세 과세여부[5])**
>
> | 경 비 | 매입세액공제 | 공급시 부가세 과세여부 |
> |---|---|---|
> | 광고선전비
(판매촉진비) | 공제가능 | 과세불가 |
> | 판매장려금 | 공제가능 | 매입세액공제시 과세가능 |
> | 복리후생비 | | |
> | 접 대 비
(기업업무추진비) | 공제불가 | 매입세액공제시 과세가능 |
> | 기 부 금 | 사업관련: 공제가능 | 매입세액공제시 과세가능 |
> | | 사업무관: 공제불가 | 국가 등에 무상기부시 과세불가 |

3) 부동산임대업의 폐업

① 부동산임대업자의 부동산 양도로 인한 폐업의 경우에는 폐업보다 양도가 먼저 이루어진 것으로 보아야 하고, 양도하는 건물의 실제 공급가액이 존재하므로 본래의 공급에 해당하여 실제 공급가액을 과세표준으로 하여 세금계산서를 발급하여야 한다. 다만, 이 경우에도 사업포괄양수도에 해당되는 경우에는 재화의 공급으로 보지 않는다.

② 폐업 전에 공급한 재화의 공급시기가 폐업일 이후에 도래하는 경우에는 그 폐업일을 공급시기로 본다(부가령 제28조 제9항). 예를 들어, 상가의 계약금과 중도금을 받고 잔금을 수령하지 아니한 상태에서 폐업한 경우에는 그 폐업일에 재화를 공급하는 것으로 보아 실제 거래금액을 부가가치세 과세표준으로 하는 것임. 즉, 폐업일 이후에 상가의 공급시기가 도래하나, 폐업시점에 매매계약이 체결된 경우, 동 상가의 공급시기는 폐업일로 본다(서삼 46015-11331, 2003.08.20.).

③ 부동산임대업에 있어서 폐업이란 세입자가 전혀 없는 공가 상태로서 임대업을 하지 않는 경우와 매매계약 체결로 소유권이 이전되는 날을 폐업일로 보아야 함(국심 2000중719, 2000.07.18.).

④ 양도될 때까지 임차인이 계속 존재하는 경우는 재화의 공급으로 과세된다.

---

5) 배택현, 부가가치세신고 핵심실무, 한국세무사회, 2024, 53p 인용.

실무사례 — 폐업시 과세유형[6]

[사실관계]

사업자 한결은 20x3.01.05. 상가를 4억원에 취득하여 매입세액을 환급 후 부동산임대업을 영위하다가 20x5.05.02. 5억원에 상가를 양도하는 경우에 사례별로 판단해보자.

해답

① 재화의 공급으로 보는 경우
    실제거래가액인 5억원으로 세금계산서를 발급하고 0.5억을 거래징수한다.
② 폐업시 잔존재화로 보는 경우
    - 의제시가 = 4억 × (1 - 5% × 4) = 3.2억
    - 부가가치세 = 320,000,000 × 10% = 32,000,000
③ 사업의 양도인 경우
    사업의 포괄양도인 경우에는 부가가치세는 없다.

실무사례 — 공장 신축 중에 폐업하는 경우

[사실관계]

사업자 갑은 공장신축공사로 건설회사에 도급을 주어 수령한 세금계산서에 의해 매입세액공제 환급받았으나, 자금난으로 준공전 사실상 폐업되었는 바, 이 경우 부가가치세 과세방법은?

해답

사업자가 자기의 사업에 공할 공장 시설물의 설치중에 해당 사업을 폐업하는 경우 동 시설물에 대하여는 폐업시 잔존재화로 부가가치세가 과세된다. 이 경우 과세표준은 「부가가치세법시행령」 제49조 제1항에 규정된 산식에 의하여 계산하는 것이며, 이 때 동 시설물 등 감가상각자산의 취득시기는 폐업일이 되어 경과된 과세기간은 없는 것으로 기환급액을 전액 추징된다(부가 46015-1369, 1997. 06.19.).

 관련 해석사례 및 집행기준

폐업 시 잔존재화에 해당하는지 여부

음식점업을 영위하는 사업자가 인테리어공사 등 감가상각 자산의 취득 관련 매입세액을 공제받고 폐업 전에 해당 감가상각자산 등을 파쇄 또는 멸실하는 경우 해당 감가상각자산 등은 「부가가치세법」 제10조 제6항에 따른 폐업 시 잔존재화에 해당하지 아니하는 것입니다(사전법령해석부가 2019-87, 2019.03.04.).

---

6) 박병완, 부가가치세 실무, 세연T&A, 2025, 130p 참고.

- **폐업 전에 사업용 부동산을 양도한 경우 과세여부**

부가가치세 과세사업을 영위하던 사업자가 자기의 사업을 폐업하기 전에 당해 사업용 부동산을 양도한 경우「부가가치세법」제6조 제1항의 규정에 의한 재화의 공급으로서 부가가치세 과세대상임(부가-268, 2013.03.22.).

- **폐업 후 재개업한 법인의 폐업 시 잔존재화로 기 과세된 바 있는 건물 등 감가상각자산의 부가가치세 과세여부**

폐업 후 재개업한 법인의 폐업 시 잔존재화로 기 과세된 바 있는 건물 등 감가상각자산을 현 개업상태에서 매각하는 경우에는 재화의 공급으로 보며, 매각하지 않고 재폐업하는 경우에 대해서는 매입세액이 공제되지 아니하는 것은 자기에게 공급하는 것으로 보지 아니하는 것임(부가가치세과-305, 2012.03.22.).

- **사업을 포괄 양수한 경우 간주공급 과세여부**

사업을 포괄양수 하면서 양도자가 매입세액 공제받은 재화를 취득한 후 간주공급에 해당하는 경우(면세사업 전용재화, 비영업용소형승용차와 유지를 위한 재화, 개인적공급, 사업상증여, 폐업시 잔존재화) 당해 사업자의 재화는 자기에게 공급한 것으로 보아 부가가치세 과세대상에 해당하는 것임(부가가치세과-668, 2009.05.13).

- **2 이상의 사업장이 있는 사업자가 한 사업장을 폐지하여 그 사업장의 재화 반출한 경우 재화의 공급여부**

2 이상의 사업장이 있는 사업자가 그 중 한 사업장을 폐지하고 당해 사업장의 잔존재화를 다른 사업장으로 이동시키는 것은 재화의 공급에 해당하지 아니하는 것임(부가 46015-3913, 2000.11.28.).

3. 위탁매매 또는 대리인에 의한 매매

위탁매매 또는 대리인에 의한 매매를 할 때에는 위탁자 또는 본인이 직접 재화를 공급하거나 공급받은 것으로 본다. 다만, 위탁자 또는 본인을 알 수 없는 경우로서 위탁매매 또는 대리인에 의한 매매를 하는 해당 거래 또는 재화의 특성상 또는 보관·관리상 위탁자 또는 본인을 알 수 없는 경우에는 수탁자 또는 대리인에게 재화를 공급하거나 수탁자 또는 대리인으로부터 재화를 공급받은 것으로 본다(부가법 제10조 제7항, 부가령 제21조).

4. 신탁재산의 이전

신탁재산의 소유권 이전으로서 다음의 어느 하나에 해당하는 것은 재화의 공급으로 보지 않는다(부가법 제10조 제9항).

> ① 위탁자로부터 수탁자에게 신탁재산을 이전하거나
> ② 신탁의 종료로 인하여 수탁자로부터 위탁자에게 신탁재산을 이전하는 경우
> ③ 수탁자가 변경되어 새로운 수탁자에게 신탁재산을 이전하는 경우

한편 「신탁법」 제10조에 따라 위탁자의 지위가 이전되는 경우에는 기존 위탁자가 새로운 위탁자에게 신탁재산을 공급한 것으로 본다. 다만, 신탁재산에 대한 실질적인 소유권의 변동이 있다고 보기 어려운 경우로서 대통령령으로 정하는 경우*에는 신탁재산의 공급으로 보지 아니한다(2022.01.01. 이후 위탁자의 지위가 이전되는 경우).

☞ ㉠ 「자본시장과 금융투자업에 관한 법률」에 따른 집합투자기구의 집합투자업자가 다른 집합투자업자에게 위탁자의 지위를 이전하는 경우
㉡ 신탁재산의 실질적인 소유권이 위탁자가 아닌 제3자에게 있는 경우 등 위탁자의 지위 이전에도 불구하고 신탁재산에 대한 실질적인 소유권의 변동이 있다고 보기 어려운 경우

5. 재화의 공급으로 보지 아니하는 경우

다음의 어느 하나에 해당하는 것은 재화의 공급으로 보지 아니하므로 부가가치세가 과세되지 아니한다(부가법 제10조 제9항).

(1) 담보제공

질권(質權)·저당권(抵當權)·양도담보(讓渡擔保)의 목적으로 동산, 부동산 및 부동산상의 권리를 제공하는 것은 재화의 공급으로 보지 아니한다. 이는 재화의 최종소비가 이루어지지 않는 재화의 공급이므로 과세대상에서 제외하고 있다.

(2) 사업양도

1) 의의

사업을 양도하는 것으로서 사업장별(「상법」에 따라 분할하거나 분할합병하는 경우에는 같은 사업장 안에서 사업부문별로 구분하는 경우를 포함한다)로 그 사업에 관한 모든 권리와 의무를 포괄적으로 승계시키는 것을 말한다. 그리고 「법인세법」 제46조 제2항 또는 제47조 제1항의 요건을 갖춘 분할의 경우 및 양수자가 승계받은 사업 외에 새로운 사업의 종류를 추가하거나 사업의 종류를 변경한 경우를 포함하므로 재화의 공급

으로 보지 아니한다.

　이 경우 그 사업에 관한 권리와 의무 중 다음의 것을 포함하지 아니하고 승계시킨 경우에도 그 사업을 포괄적으로 승계시킨 것으로 본다(부가령 제23조).

> ① 미수금에 관한 것
> ② 미지급금에 관한 것
> ③ 해당 사업과 직접 관련이 없는 토지·건물 등에 관한 것으로서 기획재정부가령으로 정하는 것(업무와 관련없는 자산)

　다만, 대리납부 규정에 따라 그 사업을 양수받는 자가 대가를 지급하는 때에 그 대가를 받은 자로부터 부가가치세를 징수하여 납부한 경우는 제외한다.

　또한, 양도자가 사업자등록을 하지 않은 경우라도 양수자에게 포괄적으로 사업을 양도하는 경우에는 사업의 양도로 보는 것이고(부가-1044, 2011.08.31.) 양수자가 사업자등록을 하지 않았더라도 사실상 양도자의 사업을 실질적으로 영위하여 사업의 동일성이 유지되는 경우에는 사업의 양도에 해당하는 것이다(부가-0039, 2018.02.13.).

　2) 사업양도에 해당되는 사례(부가집 10-23-1)

① 개인인 사업자가 법인 설립을 위하여 사업장별로 그 사업에 관한 모든 권리와 의무를 포괄적으로 현물출자하는 경우
② 과세사업과 면세사업을 겸영하는 사업자가 사업장별로 과세사업에 관한 모든 권리와 의무를 포괄적으로 양도하는 경우
③ 과세사업에 사용·소비할 목적으로 건설 중인 독립된 제조장으로서 등록되지 아니한 사업장에 관한 모든 권리와 의무를 포괄적으로 양도하는 경우
④ 2 이상의 사업장이 있는 사업자가 그 중 한 사업장에 관한 모든 권리와 의무를 포괄적으로 양도하는 경우(예를 들면 여러 개의 부동산임대를 하는 경우)
⑤ 사업의 포괄적 승계 이후 사업양수자가 사업자등록만을 지연하거나 사업자등록을 하지 아니한 경우
⑥ 사업을 포괄적으로 승계받은 자가 승계받은 사업 이외에 새로운 사업의 종류를 추가하거나 사업의 종류를 변경한 경우(2006.02.09. 이후 사업양도분부터 적용)
　☞ 사업양수도 시점에서는 적어도 사업양수자가 사업양도자와 동일 업종을 영위하여야 하며, 사업양수 후 사업양수자가 승계받은 사업 외에 새로운 사업의 종류를 추가하거나 사업의 종류를 변경하는 것은 무방한 것이다.
　☞ 그러나 이 경우에도 사업양수자가 면세사업을 추가하거나 면세사업으로 변경하는 경우에는 사업의 양도로 보지 아니한다.

⑦ 주사업장 외에 종사업장을 가지고 있는 사업자단위과세사업자가 종사업장에 대한 모든 권리와 의무를 포괄적으로 승계시키는 경우
⑧ 2 이상의 사업장이 있는 사업자가 그 중 한 사업장에 관한 모든 권리와 의무를 포괄적으로 양도하는 경우
⑨ 「상법」에 따라 분할하거나 분할합병하는 경우에는 같은 사업장 안에서 사업부문별로 구분하는 경우
⑩ 「법인세법」 제46조 제2항 또는 제47조 제1항의 요건을 갖춘 분할의 경우

3) 사업양도에 해당되지 아니하는 사례(부가집 10-23-2)
① 사업과 직접 관련이 있는 토지와 건물을 제외하고 양도하는 경우
② 부동산매매업자 또는 건설업자가 일부 부동산 또는 일부 사업자의 부동산을 매각하는 경우
③ 종업원 또는 기계설비 등을 제외하고 양도하는 경우
　☞ 종업원 전부를 승계해야 하는 것은 아니나, 사업을 위한 최소한의 핵심인원은 반드시 승계해야 함.
　☞ 국세청 예규에서는 전체 종업원을 승계하여야 하는 것으로 해석하고 있으나, 법원 판결에서는 사업의 동일성이 유지되는 한 종업원 일부를 승계시키지 아니한 경우에도 사업양도로 인정하고 있음.
④ 부동산임대업자가 임차인에게 부동산임대업에 관한 일체의 권리와 의무를 포괄적으로 승계시키는 경우
⑤ 사업자가 한 사업장 내에 둘 이상의 과세사업을 겸영하던 중 특정 과세사업만을 양도하는 경우

4) 사업양수자의 부가가치세 대리납부제도(부가법 제52조 제4항)
① 사업의 포괄양도(이에 해당하는지 여부가 분명하지 아니한 경우를 포함 → 2017. 01.01. 이후 사업을 양도하는 분부터 적용)에 따라 그 사업을 양수받는 자는 그 대가를 지급하는 때에 그 대가를 받은 자로부터 부가가치세를 징수하여 그 대가를 지급하는 날이 속하는 달의 다음 달 25일까지 부가법 제49조 제2항(확정신고와 납부)을 준용하여 사업장 관할 세무서장에게 납부할 수 있다.
② 사업을 양수받는 자가 그 대가를 받은 자로부터 징수한 부가가치세는 부가가치세 대리납부신고서와 함께 사업장 관할 세무서장에게 납부하거나 「국세징수법」에 따른 납부서를 작성하여 한국은행 또는 체신관서에 납부하여야 한다.
③ 대리납부하는 경우에도 사업양도자는 사업양수자에게 공급시기에 세금계산서를 발급하고 양수자가 대리납부한 세액은 신고서상 "사업양수자의 대리납부 기납부세액"란에 기재하여 공제하며, 사업양수자는 발급받은 세금계산서로 매입세액 공

제를 받을 수 있다.
④ 사업의 양도에 해당여부가 분명한 경우를 제외하고 판단이 애매한 경우에는 양수자 대리납부제도를 적극 활용하여야 실수를 줄여야 한다.

사업양도시 세금계산서 발급여부에 따른 세법상 불이익 및 실무상 적용[7]

구 분	양도자	양수자
사업양도에 해당함. 사업양도 아닌 것으로 보고 세금계산서를 발급한 경우	• 매출 부가가치세 환급 • 세금계산서 관련 가산세 없음	• 공제받은 매입세액 추징 • (초과환급)신고불성실 가산세 • 환급불성실 가산세 (환급받지 않은 경우 부과않음)
사업양도에 해당 안함. 사업양도로 보고 세금계산서 발급하지 아니한 경우	• 매출 부가가치세 추징 • 세금계산서 미발급 가산세 • 신고불성실 가산세 • 납부지연 가산세	• 매입세액공제 불공제
판단이 모호시 사업양수자 대리납부제도 활용	• 세금계산서 발급 • 부가가치세 신고·납부(대리납부세액은 기납부세액으로 공제)	• 매입세액공제 • 조기환급신청 가능

사업자등록 유형별 사업양도 여부 판단

양도자	양수자	사업양도 해당 여부
일반과세자	일반과세자	사업양도 요건 충족시 사업양도로 인정
일반과세자	간이과세자	사업양도 요건 충족시 사업양도로 인정 이 경우 간이과세자 기 신고분 일반적용 추징문제가 많이 발생함. (조심 2010중0534, 2010.05.25.)
간이과세자	간이과세자 또는 일반과세자	사업양도 요건 충족시 사업양도로 인정
일반과세자	면세사업자	사업양도로 인정 안됨
일반과세자	과세·면세 겸업자	사업양도로 인정 안됨
과세·면세 겸업자	과세사업 양수	사업양도로 인정(부가-1215, 2018.05.04.)
법인사업자	일반과세자	사업양도 요건 충족시 사업양도로 인정 (서삼 46015-11356, 2003.08.25.)
일반과세자	법인사업자	

---

7) 박병완, "앞의 책", 146p 참고.

5) 부동산임대업에 있어서의 사업양도

부동산임대의 사업양도는 사업장별로 인적·물적 시설 및 모든 권리와 의무 등을 원칙적으로 승계시켜야 한다. 다만, 임대차 계약 내용과 부동산임대업 관련 토지를 승계시키지 아니한 경우 및 건물신축판매업 또는 부동산매매업을 영위하는 사업자가 일시적으로 임대하던 부동산을 양도하는 경우에는 사업의 양도에 해당되지 아니한다.

① 부동산 임대사업에서 겸용사업자(과세+면세)로 변경되는 경우

부동산임대업자가 임대업에 사용하던 부동산을 과세사업과 면세사업을 겸영하는 약국 사업자에게 양도하고, 양수자는 해당 부동산을 약국사업(과세·면세사업 겸업)에 사용하는 경우에는 사업의 양도에 해당하지 아니한다(서면3팀-3059, 2006. 12.07.).

② 부동산임대업자가 임차인에게 양도하는 경우

부동산임대업자가 임대업에 공하는 부동산의 전부를 임차하여 음식점업을 영위하는 임차인에게 부동산임대업에 공하던 토지와 건물 등 일체의 인적·물적권리와 의무를 포괄적으로 양도하고, 임차인이 해당 부동산에서 계속하여 음식점업을 영위하는 경우에는 사업의 양도에 해당하지 않는 것이다(재부가-590, 2011.09.23., 재부가-592).

③ 자녀에게 건물을 증여하는 경우

아버지가 부동산임대업에 사용하던 건물을 자녀에게 증여하는 경우 재화의 공급으로 보지 아니하는 사업양도에 해당하는 경우를 제외하고는 당초 매입세액의 공제여부에 관계없이 당해 건물의 증여는 부가가치세가 과세되는 것이나, 당해 건물을 층별로 구분 등기한 후 각각 별개의 임차자에게 층별로 임대를 하다가 그 중 1개 층에 대해 자녀에게 증여하면서 임대차계약 및 관련된 권리와 의무를 포괄적으로 승계시키는 경우 이는 사업양도에 해당하는 것이므로 부가가치세가 과세되지 아니한다(부가-753, 2013.08.23.).

④ 복합빌딩의 여러 호수의 건물을 하나의 사업자등록번호로 임대하다 그 중 일부를 양도하는 경우

사업자가 각 층별로 구분등기된 상가를 하나의 사업자번호로 등록하여 임대하면서 3~5층을 한 사업자에게 임대하던 중에 4층의 임대사업에 관한 모든 권리와 의무를 포괄적으로 승계시키는 경우는 부가가치세법 제10조 제8항 제2호에 따른 사업양도에 해당한다(사전법령해석부가 2015-22406, 2015.02.17.).

(3) 조세물납

사업용자산을 「상속세및증여세법」, 「지방세법」의 규정에 따라 물납하는 경우로서 국

가로부터 부가가치세징수 불가능하고 납세자의 불편을 초래하므로 과세대상에서 제외하고 있다.

(4) 공매·경매

공매 및 경매(강제경매, 담보권실행경매, 민법, 상법 등 그 밖에 법률에 따른 경매포함)에 따라 재화를 인도 또는 양도하는 것은 재화의 공급으로 보지 아니한다(부가령 제18조 제3항 제1,2호). 이는 공매·경매 공급자의 경우 대부분 부도·폐업·파산 등으로 재화의 공급으로 과세시 세수 실익은 없는 반면, 매입자는 환급받게 되는 불합리한 문제가 발생하기 때문이다. 또한, 「지방세법」상 공매와 「민사집행법」상 임의경매도 과세대상에서 제외하고 있다.

① 「국세징수법」 제66조에 따른 공매(같은 법 제67조에 따른 수의계약에 따라 매각하는 것을 포함한다에 따라 재화를 인도하거나 양도하는 것)
② 「민사집행법」에 따른 경매(같은 법에 따른 강제경매, 담보권 실행을 위한 경매와 「민법」·「상법」 등 그 밖의 법률에 따른 경매를 포함한다)에 따라 재화를 인도하거나 양도하는 것
③ 「도시 및 주거환경정비법」, 「공익사업을 위한 토지 등의 취득 및 보상에 관한 법률」 등에 따른 수용절차에서 수용대상 재화의 소유자가 수용된 재화에 대한 대가를 받는 경우

(5) 수용의 경우

「도시 및 주거환경정비법」, 「공익사업을 위한 토지 등의 취득 및 보상에 관한 법률」 등에 따른 수용절차에서 수용대상 재화의 소유자가 수용된 재화에 대한 대가를 받는 경우을 말한다(부가령 제18조 제3항 제3호).
- ☞ 2013.02.15. 이후 재화를 공급하는 분부터 건물소유자가 하든지 또는 누가 철거하든 관계없이 해당 법에 따라 수용되는 경우에는 재화의 공급으로 보지 않도록 개정됨.
- ☞ 수용절차가 아닌 협의에 따른 매매는 재화의 공급으로 보는 것임(법규과-1291, 2014. 12.09.).

(6) 사업시행자의 매도청구권 행사

「도시 및 주거환경정비법」 제64조 제4항에 따른 사업시행자의 매도청구에 따라 재화를 인도하거나 양도하는 것을 말한다(부가령 제18조 제3항 제4호).
- ☞ 매도청구권이라 사업시행자인 조합이 원활한 사업의 진행을 위하여 조합설립에 동의하지 아니한 자의 토지 및 건축물에 대하여 매도할 것을 청구할 수 있는 권리를 말한다.

(7) 임치물의 반환이 수반되지 않는 창고증권의 양도

본래 창고증권의 양도는 해당 증권의 특성상 증권의 양도와 동시에 재화의 소유권이 전을 가져오므로 재화의 공급으로 보는 것이 원칙이다. 그러나 다음에 해당하는 창고증권의 양도는 재화의 공급으로 보지 않는다.

① 보세구역에 있는 조달청 창고(조달청장이 개설한 것으로서 관세법에 따라 특허를 받은 보세창고를 말함)에 보관된 물품에 대하여 조달청장이 발행하는 창고증권의 양도로서 임치물의 반환이 수반되지 아니하는 것(창고증권을 가진 사업자가 보세구역의 다른 사업자에게 인도하기 위하여 조달청 창고에서 임치물을 넘겨받는 경우를 포함) (부가령 제18조 제2항 제1호)
② 보세구역에 있는 런던금속거래소의 지정창고에 보관된 물품에 대하여 동 거래소의 지정창고가 발행하는 창고증권의 양도로서 임치물의 반환이 수반되지 않는 것(창고증권을 가진 사업자가 보세구역의 다른 사업자에게 인도하기 위하여 지정창고에서 임치물을 넘겨받는 경우를 포함) (부가령 제18조 제2항 제2호)

(8) 원자재의 무환반출

사업자가 위탁가공을 위하여 원자재를 국외의 수탁가공사업자에게 대가 없이 반출하는 것은 재화의 공급으로 보지 아니한다. 다만, 원료를 대가 없이 국외의 수탁가공 사업자에게 반출하여 가공한 재화를 양도하는 경우에 그 원료의 반출은 영의 세율을 적용된다. 이와 같이 영세율이 적용되는 것은 제외한다(부가령 제18조 제2항 제3호).

(9) 무위험차익거래 조건 소비대차

「한국석유공사법」에 따른 한국석유공사가 「석유 및 석유대체연료 사업법」에 따라 비축된 석유를 수입통관하지 아니하고 보세구역에 보관하면서 국내사업장이 없는 비거주자 또는 외국법인과 무위험차익거래 방식으로 소비대차하는 것은 재화의 공급으로 보지 아니한다(부가령 제18조 제2항 제4호).

(10) 정비사업조합에 대한 과세특례

정비사업조합이 「도시 및 주거환경정비법」에 따라 해당 정비사업에 관한 공사를 완료한 후에 그 관리처분계획에 따라 조합원에게 공급하는 것으로서 종전의 토지를 대신하여 공급하는 토지 및 건축물(당해 정비사업의 시행으로 건설된 것에 한함)은 「부가가치세법」 제9조 및 제10조의 규정에 따른 재화의 공급으로 보지 아니한다(조특법 제104의7조 제3항).

사업포괄양도양수계약서

양도자 성　　　명 :
　　　　사업자 번호 :
　　　　사업장 소재지 :
양수자 성　　　명 :
　　　　주민등록번호 :

양도자 ○○○(이하 '갑'이라 칭한다)과 양수자 ○○○(이하 '을'이라 칭한다)간에 부가가치세법 제6조 제6항 및 동법시행령 제17조 제2항에 규정한 포괄적인 사업 양도 양수 계약을 다음과 같이 체결한다.

제1조 '갑'은 '갑'이 운영해 온 사업체의 장부상 자산 및 부채 전부(이하 '양도물'이라 칭한다)를 '을'에게 양도하기로 하고 '을'은 이를 양수하기로 한다.
제2조 '갑'은 양도물을 ○○○○년 ○○월 ○○일까지 '을'에게 양도하기로 한다.
제3조 양도물의 가액과 대상은 명도일 현재 대차대조표 및 재산목록을 기준으로 쌍방 합의 하에 결정하되 각 자산 및 부채는 장부 가액으로 평가하여 순자산 가액을 양도키로 하고, 재무제표상에 계상되지 아니한 일체의 유형, 무형의 권리 및 의무는 포함하지 않기로 한다.
제4조 대금 지불 조건은 양도물 가액 결정 후 1개월 이내에 현금으로 지급하기로 한다.
제5조 '갑'의 전 종업원은 '을'이 계속 고용키로 한다.
제6조 '갑'의 채권, 채무에 대하여는 '갑'의 책임하에 '을'에게 인계하도록 하되, 장부에 계상되지 않거나 양수도 계약서에 명시되지 않은 채권, 채무는 '을'에게는 영향을 주지 않는다.
제7조 양도물 중 등기 등록을 요하는 것에 대하여는 '을'의 요구에 따라 이전 등기 등록절차를 밟도록 하고, 등록일 이전이라도 양도일 이후의 사실상 소유자는 '을'임을 확인한다.
제8조 본 계약이후 계약에 착오 또는 정정사항이 발생하는 경우에는 쌍방합의 하에 결정키로 한다.

○○○○년 ○○월 ○○일

양 도 자 (갑)　(서명 또는 인)
양 수 자 (을)　(서명 또는 인)

[별지 제31호서식](2020.03.13 개정)

사업양도신고서

| 접수번호 | | 접수일 | | 처리기간 | 즉시 |

1. 양도자 인적사항

법인명(상호)		사업자등록번호	
대표자명(성명)		전화번호	
사업장 소재지			
업태		종목	

2. 양수자 인적사항

상호		사업자등록번호	
대표자명(성명)			
사업장 소재지			
업태		종목	
사업양도 연월일			

3. 사업양도내용

양도되는 권리		양도되는 의무	
명세	금액	명세	금액
양도에서 제외되는 권리		양도에서 제외되는 의무	

「부가가치세법」 제10조제9항제2호 및 같은 법 시행령 제91조제2항의 표 제1호에 따라 사업을 양도하였음을 신고합니다.

년   월   일

신고인   (서명 또는 인)

세 무 서 장   귀하

| 첨부서류 | 계약서 사본 | 수수료 없음 |

210mm×297mm[백상지(80g/㎡) 또는 중질지(80g/㎡)]

■ 부가가치세법 시행규칙 [별지 제37호의2서식] (2014.03.14 신설)

부가가치세 대리납부신고서(사업양수자용)

※ 아래의 작성방법을 읽고 작성하시기 바랍니다.

접수번호	접수일	처리기간 즉시

1. 사업양수자 인적사항

① 상호(법인명)	② 사업자등록번호
③ 성명(대표자)	④ 사업장 소재지
⑤ 업태	⑥ 종목

2. 사업양도자 인적사항

⑦ 상호(법인명)	⑧ 사업자등록번호
⑨ 성명(대표자)	⑩ 사업장 소재지
⑪ 업태	⑫ 종목

3. 대리납부 신고 내용

⑬ 공급일	⑭ 공급가액	⑮ 부가가치세액

「부가가치세법 시행령」 제95조제5항에 따라 위와 같이 부가가치세 대리납부를 신고합니다.

년 월 일

신고인 (서명 또는 인)

세 무 서 장 귀하

첨부서류	없음	수수료 없음

작 성 방 법

이 신고서는 아래의 작성방법에 따라 한글과 아라비아 숫자로 정확하게 적고, 거래금액은 원단위까지 표시합니다.

1. 사업양수자 인적사항
 ① ~ ⑥: 대리납부신고서를 제출하는 사업자의 인적사항을 적습니다.

2. 사업양도자 인적사항
 ⑦ ~ ⑫: 사업의 양도에 따른 대가를 받은 사업자의 인적사항을 적습니다.

3. 대리납부 신고 내용
 ⑬: 사업의 양수에 따른 대가의 지급일을 적습니다.
 ⑭: 사업의 양수에 따른 대가의 가액을 적습니다.
 ⑮: 대리납부하는 부가가치세액을 적습니다.

210㎜×297㎜[백상지 80g/㎡(재활용품)]

04 용역의 공급

1. 용역의 공급

(1) 의의

용역의 공급이란 계약상 또는 법률상의 모든 원인에 따른 것으로서 역무를 제공하거나 재화·시설물 또는 권리를 사용하게 하는 것이다. 용역의 공급의 범위에는 다음을 포함한다.

> ① 건설업의 경우 건설업자가 건설자재의 전부 또는 일부를 부담하는 것
> ② 자기가 주요자재를 전혀 부담하지 아니하고 상대방으로부터 인도받은 재화를 단순히 가공만 해주는 것
> ③ 산업상·상업상 또는 과학상의 지식·경험 또는 숙련에 관한 정보를 제공하는 것

참고

 과세요건
① 과세사업자가 국내에서 용역을 공급하여야 한다.
② 용역의 제공이 계약상 또는 법률상의 모든 원인에 의하여 이루어져야 한다.
③ 역무를 제공하거나 시설물, 권리 등 재화를 사용하게 하여야 한다.
④ 용역의 공급과 관련하여 대가가 수반되어야 한다.

(2) 용역의 공급에 해당되어 과세되는 사례(부가집 11-0-2)

① 건설업자가 건설자재의 전부 또는 일부를 부담하여 용역을 제공하고 대가를 받는 경우
② 사업자가 거래상대방으로부터 인도받은 재화에 주요 자재를 전혀 부담하지 아니하고 단순히 가공만 하여 주고 대가를 받는 경우
③ 사업자가 산업상·상업상 또는 과학상의 지식·경험 또는 숙련에 관한 정보를 제공하고 대가를 받는 경우
④ 사업자가 권리(저작권, 상표권, 특허권 등)를 대여하고 대가를 받는 경우
⑤ 사업자가 국가 또는 지방자치단체로부터 국유재산 관리 및 운영을 포괄적으로 위탁받아 자신의 명의와 계산으로 타인으로 하여금 국유재산을 사용하게 하고 대가를 받는 경우

⑥ 인터넷 등을 이용하여 반복적으로 특정 정보를 게재하고 그 정보를 이용하는 자로부터 정보이용료를 받는 경우
⑦ 공유수면 매립면허를 받은 자가 공유수면을 매립·준공한 후 그 대가로 매립지 일부의 소유권을 취득하는 경우
⑧ 사업자가 부동산임대용역을 공급하고 그 대가를 확정한 후 해당 대가의 전부 또는 일부를 면제하는 경우
⑨ 사업자가 지방자치단체로부터 놀이시설 및 노상주차장 등에 대한 유지·보수 등의 포괄적인 관리·운영을 위탁받아 자기책임과 계산하에 해당 시설의 이용자로부터 사용료를 받는 경우
⑩ 테니스장·냉장창고·자동차 정류장 등의 재화·시설물 또는 권리를 사용하게 하고 그 대가를 받는 경우

● 실무사례 특허권 대여시

[사실관계]
대표이사 소유 특허권을 ㈜한결에게 3년 간 대여하면서 매월 1,000,000원을 지급하려는 경우 세무상 원천징수를 해야하는지 아니면 세금계산서 발급대상인지?

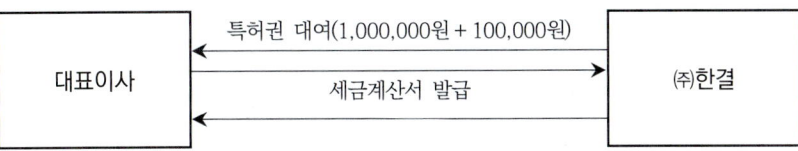

해답
① 개인 소유의 특허권을 일시적으로 대여하고 발생하는 소득은 기타소득에 해당되어 법인이 지급하는 경우에는 원천징수대상이다.
② 3년간 특허권의 대여는 용역의 공급에 해당하므로 대표이사는 무체재산임대업으로 사업자등록 후 세금계산서(공급가액 1,000,000원 + 부가세 100,000원)를 발급하여야 한다.

2. 용역 공급의 특례

다음은 용역의 공급에 해당하나 부가가치세가 과세되지 아니한다.

(1) 용역의 자가공급

1) 의의

사업자가 자신의 용역을 자기의 사업을 위하여 대가를 받지 아니하고 공급함으로써 다른 사업자와의 과세형평이 침해되는 경우에는 자기에게 용역을 공급하는 것으로 본다(부가법 제12조 제1항). 다만 현행 법령에 과세대상 범위가 규정되지 않아 과세되지 않고 있다.

2) 용역의 자가공급에 해당되어 과세하지 않는 사례(부가집 12-0-1)
① 사업자가 자기의 사업과 관련하여 사업장 내에서 그 사용인에게 음식용역을 무상으로 제공하는 경우
② 운수업 및 차량정비 사업을 하는 자가 자기차량을 수리하는 경우(사업자가 사용인의 직무상 부상 또는 질병을 무상으로 치료하는 경우)
③ 사업장이 각각 다른 수개의 사업을 겸영하는 사업자가 그 중 한 사업장의 재화 또는 용역의 공급에 필수적으로 부수되는 용역을 자기의 다른 사업장에서 공급하는 경우
④ 외국법인의 국내지점이 그 외국법인의 국내 다른 지점에 부동산 임대용역을 제공하고 지점별 내부관리목적 등으로 임대료를 받는 경우

(2) 용역의 무상공급

사업자가 대가를 받지 아니하고 타인에게 용역을 공급을 하는 것은 용역의 공급으로 보지 아니한다. 다만, 사업자가 특수관계인에게 사업용 부동산의 임대용역 등을 무상으로 공급하는 것은 용역의 공급으로 본다.
- ☞ 「소득세법 시행령」 제98조 제1항 또는 「법인세법 시행령」 제2조 제5항에 따른 특수관계인: 4촌 이내의 혈족, 3촌 이내의 인척, 배우자 등
- ☞ 시가 과세표준 = 임대 부동산의 시가 × 50% × 과세대상일수/365(366) × 정기예금이자율

(3) 고용관계에 의한 근로의 제공

고용관계에 의해서 근로를 제공하는 것은 용역의 공급으로 보지 아니한다. 이는 용역이 사업상 독립적으로 공급한 것이 아니기 때문이다.

구 분	재화의 공급	용역의 공급
업종구분	① 부동산매매업 ② 가공시 주요자재 부담(제조업)	① 부동산임대업(전, 답 등 제외) ② 가공시 주요자재부담 × (용역업)
권 리	권리양도	권리대여, 노하우 제공
공급시기	원칙적으로 인도기준	원칙적으로 역무제공 완료시

(4) 기타

① 카지노와 호텔, 골프장, 스키장 등을 운영하는 사업자가 카지노 이용고객에게 그 이용실적에 따라 포인트를 적립해 주고 향후 해당 고객이 호텔, 골프장, 스키장 등을 이용하고(용역의 공급) 적립된 포인트로 이용료를 결제하는 경우 해당 포인트 상당액은 부가가치세가 과세되지 아니한다(부가집 11-0-1 ④).

② 용역의 공급에 대해 그 대가를 별도로 받지 아니하고 적립된 포인트에 의하여 당해 용역을 제공하는 경우에는 부가가치세가 과세되지 아니한다(부가-947, 2012.09.14.).

관련 해석사례 및 집행기준

- **용역의 자가공급 및 무상공급과 관련된 매입세액 공제여부**

  외국어학원과 음식점을 운영하는 법인사업자가 음식점(지점1)에서 외국어학원(지점2) 소속 직원에게 무상으로 음식용역을 제공하는 경우 이와 관련된 매입세액은 자기의 매출세액에서 공제받을 수 있는 것이나, 외국어학원의 거래처 직원에게 무상으로 음식용역을 제공하는 경우에는 부가가치세법 제17조 제2항 제5호의 규정에 따라 이와 관련된 매입세액은 자기의 매출세액에서 공제받을 수 없는 것임(법규부가 2012-498, 2012.12.27.).

- **소셜커머스 사업자의 인터넷 할인티켓 미사용액에 대한 과세여부**

  가맹점의 서비스와 상품을 이용할 수 있는 할인티켓을 판매 대행하고 판매금액의 일정비율 상당액을 판매수수료로 받는 사업자가 해당 수수료와 별도로 유효기간이 경과한 할인티켓 미사용액의 전부나 일부를 해당 사업자(판매대행사업자)에게 귀속시킬 경우 그 사업자에게 귀속된 할인티켓 미사용액은 부가가치세 과세대상(용역의 공급)에 해당하는 것임(부가-1153, 2012.11.23.).

- **토지를 임차하여 토지조성공사를 한 경우 용역의 공급에 해당**

  임차인이 임야 등의 토지를 임차하여 자기의 비용으로 토지의 형질변경 등 토지조성공사를 하여 일정기간 별도의 차임 없이 사용, 수익한 후 토지와 시설물을 토지소유자에게 기부하는 경

우 임차인이 토지소유자에게 토지의 조성, 개발용역을 유상으로 공급하는 것에 해당하여 부가가치세가 과세됨(재부가-786, 2011.12.13.).

☞ 골프장 운영 과세사업자가 토지소유자로부터 임야 등을 임차하여 자기 비용으로 골프장용지 등으로 조성·개발 후 일정기간동안 별도 차임없이 사용수익하고 사용수익기간 종료후 당해 토지 및 시설물 등을 토지소유자에게 기부하기로 하는 경우 골프장 운영자는 토지소유자에게 당해 토지의 조성·개발 용역을 유상으로 공급하고 토지소유자는 유상의 토지 임대용역을 제공하는 것임.

지점간에 대가를 받고 제공하는 용역의 경우

전산입력용역 공급업을 영위하는 지점이 다른 지점에게 대가를 받고 용역을 공급하는 경우 당해 용역은 용역의 자가공급에 해당하여 부가가치세가 과세되지 아니하는 것임(부가- 333, 2011.03.31.).

외국법인 국내지점이 외국법인(본점)에 용역 공급

외국법인의 국내지점이 국외소재 외국법인에게 부동산중개 의뢰인을 소개하거나 채권회수를 대행하는 용역을 제공하고 그 대가를 수령하는 경우, 국내지점이 제공하는 용역은 「부가가치세법」 제7조 제2항 및 같은 법 시행령 제19조 제1항의 규정에 의한 용역의 자가공급에 해당되어 부가가치세가 과세되지 아니하는 것임(법규부가 2011-0350, 2011.09.01.).

국내지점이 외국본점에 용역을 제공하고 대가를 받는 경우

국내사업장이 있는 외국법인의 국외소재 본점이 국내사업자에게 기계장비를 직접 공급한 후 외국법인의 국내지점이 본점을 대신하여 동 기계장비에 대한 설치, 시운전 및 무상보증수리를 제공하고 본점으로부터 운영경비 명목으로 대가를 수령하는 경우, 국내지점이 제공하는 용역은 용역의 자가공급에 해당되어 부가가치세가 과세되지 아니함(재소비-122, 2003.10.30.).

지방자치단체의 놀이시설물 등의 포괄적 위탁 관리·운영

사업자가 지방자치단체로부터 놀이시설 및 노상주차장 등에 대한 유지·보수 등의 포괄적인 관리·운영을 위탁받아 자기책임과 계산하에 해당 시설의 이용자로부터 사용료를 받는 경우에는 법 제7조 제1항에 따른 과세되는 용역의 공급으로 봄(부가통 7-0-2).

임대기간 만료로 명도소송 중에 변상금을 받는 경우

서울시 시설관리공단이 임차인들과의 부동산임대차 계약기간 만료에 따른 명도소송 중에도 실질적으로 계속하여 임대용역을 제공하고 임차인들로부터 「공유재산 및 물품관리법」에 따라 월 임대료의 120% 변상금을 징수하는 경우 당해 변상금 중 월 임대료 상당액은 부가가치세가 과세되는 것이나 이를 초과하는 부분은 부가가치세가 과세되지 아니하는 것임(부가가치세과-669, 2009.05.13.).

용역을 공급하다 중단되어 손해배상금 등 대가를 받는 경우

사업자가 시설물 수리용역을 제공하다가 계약의 해지로 인하여 용역공급이 중단된 경우로서 당사자간의 합의에 의하여 손해배상금 명목의 금전을 받는 경우 중단 이전까지 제공된 용역의 대가에 대하여는 부가가치세가 과세되는 것임(부가가치세과-3757, 2008.10.21.).

공사부담금의 부가가치세 과세대상 해당여부
부산교통공단이 한국토지공사로부터 재화나 용역의 공급에 따른 대가관계 없이 수령하는 공사부담금은 부가가치세 과세대상에 해당하지 아니하는 것임(서삼 46015-11304, 2002.08.08.).

인터넷을 이용한 정보제공의 과세여부
사업자가 운영하는 인터넷홈페이지에 가입된 회원들에게 구인·구직정보를 제공하고 회비명목으로 수수료를 받는 경우 과세됨(부가 46015-3582, 2000.10.23.).

쓰레기규격봉투 위탁공급
지방자치단체와 계약에 의해 쓰레기 종량제 규격봉투 공급업무를 대행해 주고 일정률의 수수료를 받는 경우에는 부가가치세가 과세됨(부가 46015-46, 2001.01.08.).

법인의 본인소유 차량을 정비시 과세여부
고속버스운송사업과 차량정비사업을 영위하는 법인의 차량정비공장에서 당해 법인의 소유차량을 자기 책임하에 수리를 하는 경우에는 부가가치세가 과세되지 않는 것임(부가 46015-516, 1997.03.08.).

05 재화의 수입

1. 의의

재화의 수입이란 다음에 해당하는 물품을 우리나라에 반입하는 것으로 한다. 다만, 보세구역을 거치는 것은 보세구역으로부터 반입하는 것을 말한다.

> ① 외국으로부터 우리나라에 들여온 물품(외국 선박에 의하여 공해상에서 채집되거나 잡힌 수산물 포함)으로서 수입신고가 수리되기 전의 것
> ② 수출신고가 수리된 물품(수출신고가 수리된 물품으로서 선적되지 아니한 물품을 보세구역에서 반입하는 경우는 제외)

　소비지국 과세원칙에 따라 수입자의 사업자 여부를 불문하고 재화의 수입시 세관장이 거래징수한다. 그러나 용역의 수입은 거래사실을 포착하여 과세하기 어렵기에 과세대상이 아니다.

　　* 보세구역: 우리나라의 영토 중 관세의 부과를 유예한 일정구역을 말하는데, 외국으로부터 재화가 보세구역으로 반입된 시점에서는 수입으로 보지 않고 보세구역에서 반입된 시점에서 수입으로 본다.

2. 재화의 수입으로 보지 아니하는 경우

① 수출신고가 수리된 물품으로서 선적되지 아니한 것을 보세구역으로부터 반입하는 것
② 외국에서 보세구역으로 재화를 반입하는 것
　여기에서 "**보세구역**"이란 다음의 것을 말한다.
　㉠ 「관세법」에 의한 보세구역
　㉡ 「자유무역지역의 지정 및 운영에 관한 법률」에 의한 자유무역지역

3. 보세구역에서의 부가가치세법 적용 (부가통 9-18-7)

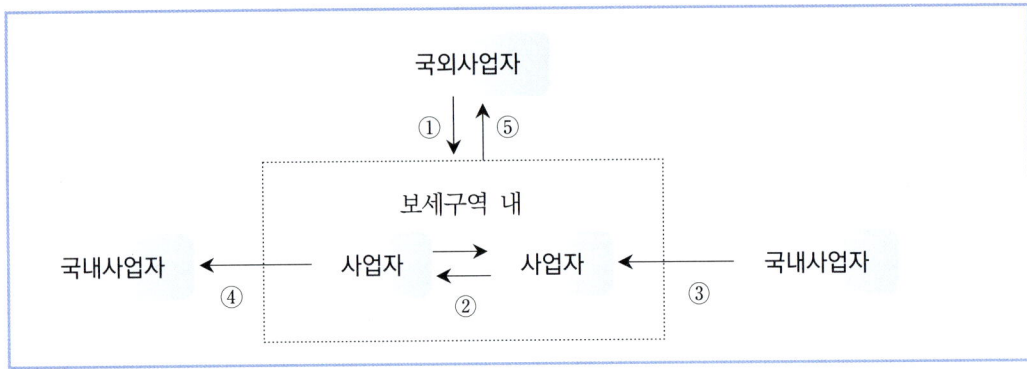

① 국외에서 보세구역으로 재화 반입: 재화의 수입에 해당되지 않음.
② 보세구역 내 거래: 재화 또는 용역의 공급에 해당
③ 국내에서 보세구역으로 공급: 재화 또는 용역의 공급에 해당
④ 보세구역에서 국내로 공급: 재화의 수입에 해당
⑤ 보세구역에서 국외로 반출: 재화의 수출에 해당

보세구역 내에서 보세구역 외의 국내로 공급하는 경우에는 수입에 해당한다.
- ㉠ 공급가액 중 관세가 과세되는 부분에 대하여는 세관장이 부가가치세를 거래징수하고 수입세금계산서를 발급
- ㉡ 공급가액 중 관세의 과세가격과 관세·개별소비세·주세·교육세·교통·에너지·환경세 및 농어촌특별세의 합계액을 뺀 잔액에 대하여는 재화를 공급하는 사업자가 부가가치세를 거래징수하고 세금계산서를 발급
- ㉢ 다만, 세관장이 부가가치세를 징수하기 전에 선하증권이 양도되는 경우에는 그 선하증권의 양수인으로부터 받은 대가 전체에 대하여 세금계산서를 발급할 수 있다.

4. 재화의 수입시기

재화의 수입시기는 「관세법」에 따른 수입신고가 수리된 때로 한다. 사업자가 자기의 사업과 관련된 재화의 수입에 따른 수입세금계산서를 수입일이 속하는 과세기간 경과 후에 발급받은 때에는 수입세금계산서를 발급받은 날이 속하는 과세기간의 매출세액에서 공제받을 수 있다(부가통 38-0-7). 이는 수입재화에 대하여 부가가치세 등의 납부일에 수입세금계산서가 발행되는 현실을 고려한 것이다.

☞ 부가가치세는 전단계 세액공제법에 의해 공급자가 부가가치세를 거래징수하게 되는데, 재화를 수입하는 경우 공급자가 외국인이기 때문에 우리나라의 과세권이 미치지 않는다. 따라서 세관장이 외국의 공급자를 대신하여 수입되는 재화에 대하여 세금계산서 발급에 관한 규정을 준용하여 수입세금계산서를 작성한다(공급받는 자는 사업자 여부를 불문함).

관련 해석사례 및 집행기준

보세구역 내에서 선하증권을 양도받은 자가 재양도하는 경우 당초 양도한 선하증권의 공급가액

보세구역 내에서 사업자 "갑"이 수입물품에 대한 선하증권을 "을"에게 양도(수입물품이 보세구역에 도착하기 전에 양도하는 경우를 포함)하고 "을"이 다시 해당 선하증권을 "병"에게 양도한 후 선하증권의 최종 소유자인 "병"이 보세구역으로부터 그 수입물품을 반입하는 경우, "갑"과 "을"이 공급한 선하증권의 공급가액은 부가가치세법 시행령 제61조 제1항 제5호에 따른 가액으로 할 수 있는 것임(기준법령해석부가2014-21939, 2015.04.30.).

06 부수재화 또는 용역

1. 의의

부수재화 또는 용역이란 주된 재화의 공급에 필수적으로 부수되는 재화 또는 용역을 말한다. 이 경우 주된 재화·용역에 따라 과세대상인지를 판단한다. 따라서 주된 재화·용역이 과세이면 부수재화·용역도 과세대상이고, 주된 재화·용역이 면세이면 부수재화·용역도 면세가 적용된다.

2. 부수재화 또는 용역의 범위

부수 재화 또는 용역의 범위	구체적 사례
① 해당 대가가 주된 재화 또는 용역의 공급에 대한 대가에 통상적으로 포함되어 공급되는 재화 또는 용역	• 공급하는 재화의 포장용기 및 운반용역 • 조경공사용역을 공급하면서 제공하는 수목·화초
② 거래의 관행으로 보아 통상적으로 주된 재화 또는 용역의 공급에 부수하여 공급되는 것으로 인정되는 재화 또는 용역	• 항공기 내에서 무상으로 제공되는 식사 • 가전제품 판매 후 일정기간 제공하는 사후무료서비스용역
③ 주된 사업과 관련하여 우연히 또는 일시적으로 공급되는 재화 또는 용역	• 금융업자가 면세사업에 사용하던 건축물 양도 • 의류제조업자가 각각 사업에 사용하던 화물차량을 매각하는 경우 • 부동산임대업자 또는 학원이나 병원을 운영하는 사업자가 해당 사업에 사용하던 건물을 매각하는 경우
④ 주된 사업과 관련하여 주된 재화의 생산과정이나 용역의 제공 과정에서 필연적으로 생기는 재화	• 복숭아 통조림을 제조하는 사업자가 판매하는 복숭아 씨 • 옥수수를 원료로 전분을 제조하는 과정에서 생산되는 옥피 등

(1) 주된 거래에 부수하는 경우

① 대가관계: 해당 대가가 주된 거래인 재화 또는 용역의 공급대가에 통상적으로 포함되어 공급되는 재화 또는 용역: 공급하는 재화의 포장용기, 항공기의 기내식, 백화점의 구입액 비율에 따른 기증품등이 여기에 해당한다.

② **공급관계**: 거래의 관행으로 보아 통상적으로 주된 거래인 재화 또는 용역의 공급에 부수하여 공급되는 것으로 인정되는 재화 또는 용역: 병원에서 환자에게 제공하는 음식용역, 일정기간 동안의 무상 A/S 등

(2) 주된 사업에 부수하는 경우

① 주된 사업과 관련하여 우발적 또는 일시적으로 공급되는 재화 또는 용역: 의류공장에서 토지를 공급(면세), 은행에서 건물을 공급(면세) 등
② 주된 사업과 관련하여 주된 재화의 생산에 필수적으로 부수하여 생산되는 재화: 참치제조업자의 참치알 공급(과세)

3. 세무처리

(1) 주된 거래에 부수하는 경우

주된 거래에 부수하는 경우는 별도의 독립된 거래가 아니며, 따라서 별도로 공급가액을 계산할 필요가 없으며, (세금)계산서도 발급하지 않는다.

주된 거래	부수 재화 또는 용역	과세·면세여부
과세거래	과세대상 재화·용역	과세
	면세대상 재화·용역	과세
면세거래	과세대상 재화·용역	면세
	면세대상 재화·용역	면세

(2) 주된 사업에 부수하는 경우

주된 사업에 부수하는 경우는 별도의 독립된 거래이며, 따라서 별도로 공급가액을 계산하여야 하며, (세금)계산서도 발급하여야 한다.

해당 부수거래가 독립된 거래로서 과세대상이면 주된 사업의 과세 또는 면세를 따르되, 해당 부수거래가 독립된 거래로서 면세대상이면 주된 사업의 과세 또는 면세와 무관하게 면세된다.

주된 사업	관련 재화 또는 용역	과세·면세여부
과세사업	과세대상 재화·용역	과세
	면세대상 재화·용역	**면세**
면세사업	과세대상 재화·용역	면세
	면세대상 재화·용역	면세

실무사례 — 과세사업자 및 면세사업자

[사실관계]

사업에 공하던 중고승용차를 공급가액기준으로 3,000,000원에 매각하는 경우에 과세사업자와 면세사업자의 「부가가치세법」상 차이는?

해답

과세사업자는 공급가액 3,000,000원에 부가가치세 300,000원의 합계액인 3,300,000원에 매각하고 세금계산서를 발급하여야 하는데 반해, 면세사업자는 3,000,000원에 공급하며 계산서를 발급한다.

 관련 해석사례 및 집행기준

닭가슴살용 샐러드 판매시 부가가치세 과면세 여부

부가가치세가 과세되는 재화와 면세되는 재화를 각기 본래의 성질을 그대로 유지한 상태로 하나의 거래단위로 판매될 수 있도록 함께 포장하여 공급하는 경우에는 주된 재화의 과세재화 해당여부에 따라 과세 또는 면세하는 것임(서면부가 2016-3536, 2016.05.18.).

축산업자가 축사를 신축 중 양도하는 경우 부가가치세 과세여부

「농어업경영체 육성 및 지원에 관한 법률」 제19조에 따라 설립된 농업회사법인이 축산업을 영위하면서 기존 사업장 외의 장소를 임차하여 자기의 면세사업을 확장 또는 이전하기 위하여 동식물관련시설 신축허가를 받아 신축하던 중 해당 시설 및 관련 인허가권 등 일체를 다른 사업자에게 부득이 양도하는 경우 해당 시설물 및 인허가권 등의 양도에 대하여는 「부가가치세법」 제14조 제2항에 따라 부가가치세가 면제되는 것임. 다만, 자기의 면세사업과 관련없이 동식물관련 시설을 단순히 매매목적으로 신축하던 중 양도하는 경우에는 같은법 제9조에 따라 부가가치세가 과세되는 것임(법규부가 2014-169, 2014.05.14.).

비영리출판물에 대한 부수면세의 범위

비영리법인이 발행하는 기관지 또는 이와 유사한 출판물로서 판매를 목적으로 하지 않고 그 기관의 명칭이 당해 출판물의 명칭에 포함되어 있는 기관지 또는 이와 유사한 출판물의 광고용역은 면세되는 용역의 공급에 필수적으로 부수되는 용역으로 보아 부가가치세가 면제되는 것임(부가-435, 2013.05.16.).

도서에 부수하여 헤드폰 등을 공급하는 경우

사업자가 도서에 부수하여 그 도서의 내용을 담은 음반·녹음테이프 또는 비디오테이프를 첨부하여 통상 하나의 공급단위로 공급하는 경우에는 부가가치세가 면제되는 것이나, 캡션기(자막기), 보이스폰(무선헤드폰), 리핏맨(반복어학기)을 포함하여 공급하는 경우 당해 재화는 부수

재화에 해당하지 아니하므로 부가가치세가 과세되는 것임(서면3팀-391, 2008.02.22).

- **사전약정에 의한 덤으로 공급하는 할증품**

  사전약정에 의해 면세 재화의 공급대가에 통상적으로 포함되어 덤으로 공급하는 할증품은 주된 거래인 재화의 공급에 포함되어 과세 안됨(서면3팀-1368, 2007.05.07).

- **면세사업자가 사업용 고정자산을 양도한 경우**

  부가가치세 면세사업자가 면세사업을 위하여 사용하던 고정자산(차량, 비품 등)을 타인에게 매각하는 경우에는 부가가치세가 면세되는 것이며, 계산서를 교부하여야 하는 것임(서면3팀-1744, 2006.08.09).

- **과·면세 재화를 함께 포장하여 판매하는 경우**

  부가가치세가 과세되는 재화와 면제되는 재화를 각기 본래의 성질을 그대로 유지한 상태로 하나의 거래단위로 판매될 수 있도록 함께 포장하여 공급하는 경우에는 주된 재화의 과세재화 해당여부에 따라 과세 또는 면세하는 것이며, 이 경우 어느 것을 주된 재화로 볼 것인가 하는 것은 사실 판단할 사항임(서면3팀-1626, 2005.09.27).

07 재화 또는 용역의 공급장소

1. 의의

공급장소는 소비지국 과세원칙에 의거 재화나 용역이 국내에서 공급된 것인지 국외에서 공급된 것인지를 구분하여 부가가치세 과세여부를 판단하기 위한 기준이 되는 것이다. 따라서 현행 「부가가치세법」은 소비지국과세원칙에 따라 재화나 용역의 공급이 국내에서 이루어진 경우에만 과세되므로 국외거래와 같이 과세권이 없는 장소에서 공급된 경우 원칙적으로 부가가치세 과세대상이 아니다(부가집 19-0-1). 다만, 조세정책적 목적으로 공급장소가 국외인 경우에도 부가가치세가 과세되나 영의 세율로 과세되도록 예외규정을 두고 있는데 예를 들면 우리나라 국적의 항공기·선박에서 이루어지는 거래는 국외거래로 보지 아니한다(부가통 3-0-3).

2. 재화의 공급장소

재화가 공급되는 장소는 다음의 구분에 따른 곳으로 한다(부가법 제19조 제1항).

구 분	공 급 장 소
• 재화의 이동이 필요한 경우	• 재화의 이동이 시작되는 장소
• 재화의 이동이 필요하지 아니한 경우	• 재화가 공급되는 시기에 그 재화가 있는 장소

3. 용역의 공급장소

용역이 공급되는 장소는 다음의 구분에 따른 곳으로 한다(부가법 제20조 제1항).

구 분	공 급 장 소
• 일반적인 경우	• 역무가 제공되거나 시설물·, 권리 등 재화가 사용되는 장소
• 국내 및 국외에 걸쳐 용역이 제공되는 국제운송의 경우(사업자가 비거주자 또는 외국법인)	• 여객이 탑승하거나 화물이 적재되는 장소
• 「부가가치세법」 제53조의2 제1항8)에 따른 전자적 용역의 경우	• 용역을 공급받는 자의 사업장 소재지, 주소지 또는 거소지

예를 들어 국외에 소재하는 부동산의 임대용역 또는 외국의 광고매체에 광고 게재를 의뢰하고 지급하는 광고료는 부동산 또는 광고매체가 사용되는 장소가 국외이므로 부가가치세를 과세하지 아니한다(부가통 20-0-1).

4. 국외사업자로부터 권리를 공급받는 경우

비거주자와 외국법인으로부터 권리를 공급받는 경우에는 원칙적인 재화의 공급장소(재화의 이동장소 또는 이용가능한 시기에 재화가 있는 장소)가 아닌 공급받는 자의 국내에 있는 사업장의 소재지 또는 주소지를 해당 권리가 공급되는 장소로 본다(부가법 제53조 2항).

---

8) 국외사업자가 정보통신망(「정보통신망 이용촉진 및 정보보호 등에 관한 법률」 제2조 제1항 제1호에 따른 정보통신망을 말한다.

5. 국내사업자간의 계약에 의해 국외에서 국외로 인도시 세금계산서 발급의무

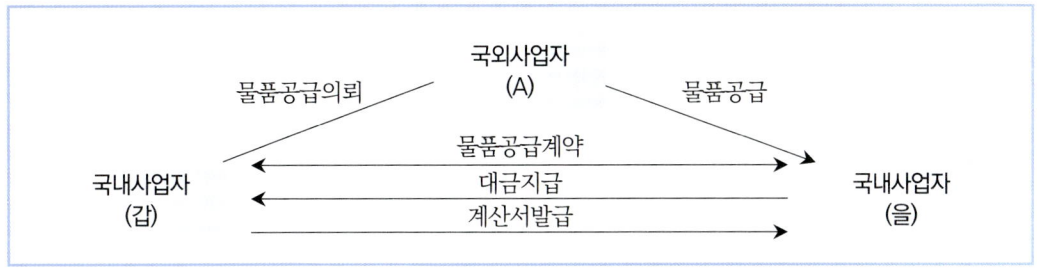

국내사업자가 국외에서 물품을 구입하여 국외의 비거주자 등에게 양도하는 경우에는 외국인도수출에 해당하여 영세율 신고대상이 되는 것이나, 국내사업자(갑)이 다른 국내사업자(을)와의 계약에 의하여 국외에서 물품을 구입하여 국외에서 국내사업자(을) 또는 (을)이 지정하는 국외의 비거주자 등에게 인도하는 경우로서 국내사업자(갑)가 국외에서 인도하는 재화의 공급거래는 국외거래에 해당하여 부가가치세 신고대상 거래에 해당하지 아니하며 세금계산서 발급의무 없다(부가집 20-0-2 ③).

6. 용역의 공급장소를 국외로 보는 경우

다음에 해당하는 경우에는 용역의 공급장소를 국외로 본다(부가집 20-0-2).

① 북한지역에서 근무하는 국내 건설업체 직원에게 제공하는 음식용역
② 사업자 "갑"이 국외에서 재화를 사업자 "을"에게 양도하고 사업자 "을"이 자기명의로 재화를 수입하면서 세관장으로부터 수입세금계산서를 발급받은 경우 사업자 "갑"이 국외에서 사업자 "을"에게 인도하는 재화
③ 제조업체 "갑"이 중국임가공업체 "A"에게 원재료를 인도할 목적으로 국내사업자 "을"과의 계약에 의하여 물품을 공급받기로 하고 국내사업자 "을"은 해당 물품을 중국의 사업자 "B"로부터 구입하여 국내에 반입하지 아니하고 제조업체 "갑"이 지정하는 중국임가공업체 "A"에게 인도하는 경우 국내사업자 "을"의 거래는 수출에 해당하지 아니하고 재화의 이동이 국외에서 이루어진 것이므로 부가가치세 과세대상에 해당하지 아니한다.
④ 국내사업자가 국내에서 수출업체인 내국법인과 임가공용역을 제공하여 주기로 하는 계약을 체결하고 국내사업장이 없는 국외에서 외국법인으로 하여금 임가공하게 한 후 내국법인으로부터 임가공용역의 대가를 받는 경우 국내사업자가 내국법인에게 제공한 임가공용역은 부가가치세가 과세되지 아니한다.

 관련 해석사례 및 집행기준

국외에서 국내사업자에게 공급하는 제품에 대한 계산서 발급대상 금액

내국법인(A법인)이 다른 내국법인(B법인)과의 물품공급계약에 따라 국외사업자에게 원재료를 대가없이 반출하여 위탁가공한 완제품을 국외에서 B법인에 인도하는 경우, A법인은 B법인에게 해당 완제품 전체 공급가액에 대하여 「법인세법」 제121조에 따라 계산서를 발급하여야 하는 것임(사전법령해석법인 2020-663, 2020.10.08.).

국내 반입없이 국외에서 국외로 이동하는 재화에 대하여 발급된 선하증권을 국내에서 양도하는 경우 부가가치세 과세대상인지 여부

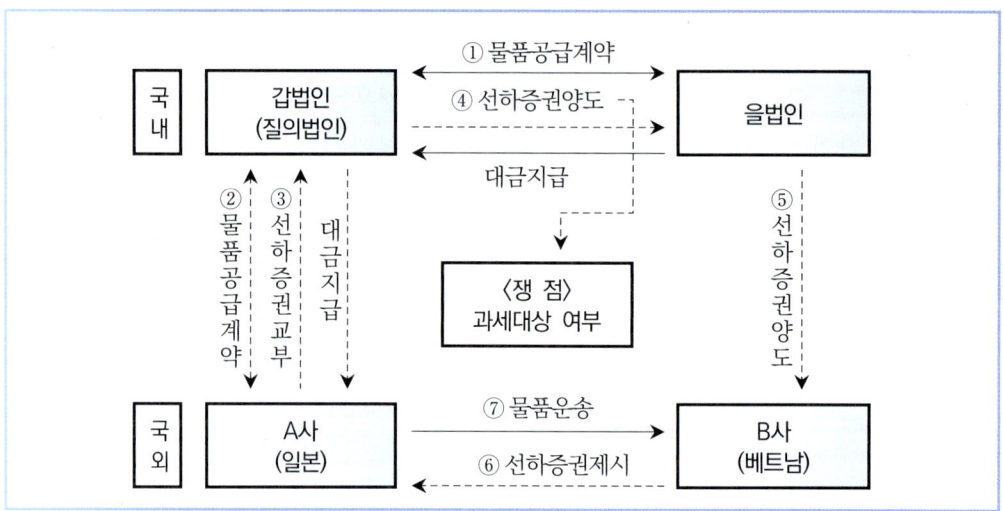

국내사업자 "갑"이 국외사업자 "A"로부터 물품을 매입하면서 교부받은 선하증권을 국내에서 국내사업자 "을"에게 양도하고 "을"은 해당 선하증권을 국외사업자 "B"에게 다시 양도함으로써 실질적으로 물품의 이동이 "A"로부터 "B"에게 직접 인도되는 경우에 "갑"과 "을"의 선하증권 양도거래는 「부가가치세법」 제4조에 따른 부가가치세 과세대상에 해당하지 아니하는 것임(기준법령해석부가 2019-445, 2019.05.31.).

☞ 국내반입이 전제되지 아니한 재화에 대한 선하증권을 그 운송물과 독립된 별개의 재화로 보아 국내거래로 과세한다면 하나의 물품공급계약에 대하여 국내거래(선하증권 양도)와 국외거래(운송물의 국제간 이동)라는 이원적 거래가 동시에 발생하는바, 선하증권의 대상재화가 국내반입 없이 국외에서 공급되어 국외에서 소비되는 경우 그에 대한 선하증권 역시 운송물을 기준으로 국외에서 공급되는 재화로 보는 것이 타당하며 이를 국내거래로 보아 과세대상의 범위에 포함한다면 「부가가치세법」의 대전제인 소비지국 과세원칙에 어긋나고 국제적 이중과세문제가 발생한다(조심 2016부1068, 2016.08.17.).

국내에서 계약과 대가의 수령이 이루어지고 국외에서 국외로 재화를 인도하는 경우 국외거래 해당 여부 등

국내사업자 "갑"이 국외사업자 D에게 의류를 공급할 목적으로 국내사업자 A로부터 해당 물품을 공급받기로 하고, 국내사업자 A는 다시 국내사업자 B로부터 해당 물품을 공급받기로 계약을 각각 체결한 경우로서 B가 해당 물품을 「대외무역 관리규정」상 외국인수수입에 해당하는 방식으로 국외사업자 C로부터 수입하여 "갑"과 A의 요청에 따라 해당 물품을 국외사업자 C에서 D로 직접 이동시키는 경우 B와 A의 거래, A와 "갑"의 거래는 재화의 이동이 국외에서 이루어진 것이므로 「부가가치세법」 제4조에 따라 부가가치세 과세거래에 해당하지 아니하는 것이며, 이 경우 국내사업자 B는 A에게, A는 "갑"에게 「법인세법」 제121조 및 같은 법 시행령 제164조에 따라 각각 계산서를 작성·발급하여야 하는 것임(사전법령해석부가 2015-344, 2015.11.13.).

국외에서 국내소비자에게 직배송하는 방법으로 상품을 판매하는 경우

미국법인이 다수의 국내 인터넷 종합쇼핑몰에 상품판매자로 등록한 후 해당 쇼핑몰을 통하여 국내소비자로부터 주문받은 상품을 미국에서 직배송하는 방법으로 상품을 판매함에 있어, 국내에서 인터넷 종합쇼핑몰을 운영하는 내국법인이 해당 미국법인의 국내 상품판매를 위하여 대금정산, 반품처리, 고객상담, 광고, 기타 판매와 관련된 부수용역을 수행하는 장소가 「법인세법」 제94조 및 한·미 조세조약 제9조에 따른 국내사업장에 해당하는 경우 미국법인은 「부가가치세법」 제2조에 따른 납세의무자에 해당되는 것이며, 당해 법인이 국내에 공급하는 재화는 같은 법 제1조에 따라 부가가치세가 과세되는 것임(법규부가 2013-163, 2013.05.28.).

사업자가 직접 원자재 반출 없이 국외에서 제공하게 되는 임가공용역의 영세율 적용 여부

사업자(B)가 국내에서 수출업체인 내국법인(A)과 임가공계약을 체결하고 국내에 사업장이 없는 외국법인(C)으로 하여금 국외에서 내국법인(A)이 현지구매하거나 내국법인(A) 명의로 국외 반출한 주요자재를 직접 인도받아 임가공하게 한 후 내국법인(A)로부터 임가공용역의 대가를 받는 경우 당해 대가에 대하여는 부가가치세가 과세되지 아니하는 것임(부가-1070, 2012.10.19.).
☞ 국외에서 해당 용역이 공급되어 용역의 거래장소가 국외로 보아 부가가치세 과세대상이 아님.

내국법인을 통하여 구매하기로 한 재화를 직접 수입하는 경우 세금계산서 발급의무 등

내국법인(이하 "쟁점법인"이라 한다)이 국내의 다른 내국법인(이하 "갑법인"이라 한다)에게 국외의 A법인이 생산한 재화(이하 "쟁점상품"이라 한다)를 국외에서 인도하여 갑법인 명의로 항공화물운송장을 교부받은 경우로서 갑법인이 쟁점상품의 국내 수입·통관 등 제반 수입절차를 이행하여 관할 세관장으로부터 수입세금계산서를 발급받는 경우 쟁점법인과 갑법인의 거래는 국외거래에 해당하여 부가가치세가 과세되지 아니하는 것이나, 쟁점상품 공급에 대하여 쟁점법인은 갑법인에 「법인세법」 제121조에 따라 계산서를 발급하여야 하는 것임(법규부가 2012-310, 2012.09.10.).

해외 유전개발사업권 양도시 부가가치세 과세여부

내국법인이 해외에 소재하는 유전개발광구에 대한 탐사와 채굴을 할 수 있는 권리인 해외 유전개발사업권을 양도하는 경우에는 「부가가치세법」 제10조 제1항에 따라 부가가치세가 과세되지 아니하는 것임. 해외 유전개발사업권의 경우 그 권리의 사용 장소는 국내가 아닌 외국이므로 설령 권리의 소유자가 국내사업자라 하더라도 권리의 사용지역을 공급장소로 보는 것이 타당함(부가-886, 2012.08.31.).

비거주자가 국내의 오픈마켓(사이버몰)을 통해 상품을 판매하는 경우

비거주자가 국내 오픈마켓(사이버몰)에 판매자로 등록한 후 그 오픈마켓을 통해 국내소비자로부터 주문을 받아 국외에서 국내소비자에게 직배송하는 방법으로 상품을 판매하는 경우 해당 오픈마켓은 부가가치세법상 사업장에 해당하지 아니하여 납세의무가 없음(재부가-167, 2011.03.31.).

국내외 다자간 거래 시 영의 세율 적용 및 가산세 적용 여부 등

국내외 다자간 거래시 국외거래에 해당하는 거래에 대하여 영세율세금계산서를 발급하여 신고한 경우 매출(매입)처별 세금계산서합계표불성실는 적용되지 아니한다(부가가치세과-4449, 2008.11.27.).

국외 영화제작사와 공동투자하여 수익금 배당 수령권리 양도

사업자가 국외에서 국외 영화제작사들과 영화제작 경비를 공동으로 투자하여 투자지분에 대한 수익금(수익금의 내역: 극장개봉, 비디오판매, Cale TV, 해외 판권판매 등)을 배당으로 받는 경우와 배당 받을 수 있는 당해 지분에 대한 권리를 국외에서 양도한 경우 부가가치세가 과세되지 아니하는 것임(부가 46015-1808, 2000.07.26.).

● **실무사례** **해외건설용역과 해외부동산임대용역**

[사실관계]

㈜한결은 베트남에서 건설공사용역과 부동산을 취득하여 임대사업을 하고 있다. 이 경우 용역의 공급장소가 국외로 볼 수 있는지?

해답

해외건설업은 용역의 제공장소는 국외이지만, 건설업은 등기부상 소재지를 사업장으로 하므로 국내사업장에 해당한다.
반면에 해외부동산임대업은 용역의 제공장소는 국외이며, 부동산임대업은 그 부동산의 등기부상 소재지를 사업장으로 하므로 국내 사업장에 해당하지 아니한다.

CHAPTER 03

영세율

01 _ 영세율 개요
02 _ 수출하는 재화
03 _ 용역의 국외공급
04 _ 선박·항공기의 외국항행용역
05 _ 기타
06 _ 조세특례제한법상 영세율 적용대상
07 _ 농·어업용 기자재에 대한 부가가치세 사후환급
08 _ 영세율첨부서류

01 영세율 개요

1. 의의

영세율제도란 특정한 재화 또는 용역의 공급에 대하여 영의 세율을 적용하여 그 전단계에서 부담한 부가가치세를 공제 또는 환급함으로써 부가가치세 부담을 완전히 면제시켜주는 제도를 말한다(부가집 21-0-1). 즉, 해당 재화와 용역의 부가가치세 부담을 완전히 제거하여 거래 상대방은 부가가치세를 부담하지 않아 완전면세에 해당한다. 이를 정리하면 다음과 같다.

> ① 과세표준에 적용하는 세율을 0(영)으로 하는 것이므로 매출세액은 항상 0(영)이 된다.
> ② 전단계세액공제법에 의하여 매출세액에서 매입세액을 공제하여 납부세액을 계산하도록 되어 있으므로 재화나 용역을 공급받을 때 부담한 매입세액은 전액 환급받게 된다.
> ③ 완전면세제도이다.

이러한 영세율 제도의 취지는 다음과 같다.

> ① 부가가치세는 소비세로 우리나라 내에서 소비되는 재화 또는 용역에 대해서만 부가가치세가 과세되어야 하므로(소비지국과세원칙) 우리나라 내에서 소비되지 아니하는 수출재화 등에 대하여 기 과세된 부가가치세를 환급하기 위한 조정세율제도이다.
> ② 국내거래라 하더라도 수출 등과 관련이 있는 것에 영세율을 적용함으로서 외화획득을 장려하고 있다.
> ③ 「조세특례제한법」은 수출이나 외화획득과 전혀 관계없이 정책적으로 특정한 재화나 용역의 공급에 대하여도 영세율제도를 시행하고 있다.

2. 적용대상자

영세율을 적용받기 위해서는 거주자 또는 내국법인이어야 한다. 다만, 사업자가 비거주자 또는 외국법인인 경우에는 국내에 사업장을 설치하고 영세율 적용대상인 재화 또는 용역을 공급하여도 모두 영세율이 적용되는 것이 아니라, 그 외국에서 대한민국의 거주자 또는 내국법인에게 동일한 면세[9]를 하는 경우에 한하여 영의 세율을 적용한다.

---

[9] 1. 그리스 2. 남아공화국 3. 네덜란드 4. 노르웨이 5. 뉴질랜드 6. 덴마크 7. 레바논 8. 리베리아 9. 말레지아 10. 미국 11. 베네주엘라 12. 벨기움 13. 사우디아라비아 14. 독일 15. 스웨덴 16. 스위스 17. 싱가포르 18. 영국 19. 이란 20. 이태리 21. 인도 22. 인도네시아 23. 일본 24. 대만

간이과세자도 영세율을 적용받을 수 있으며 면세사업자인 경우에는 면세를 포기하지 않는 한 영세율을 적용받을 수 없다.

3. 영세율 적용대상

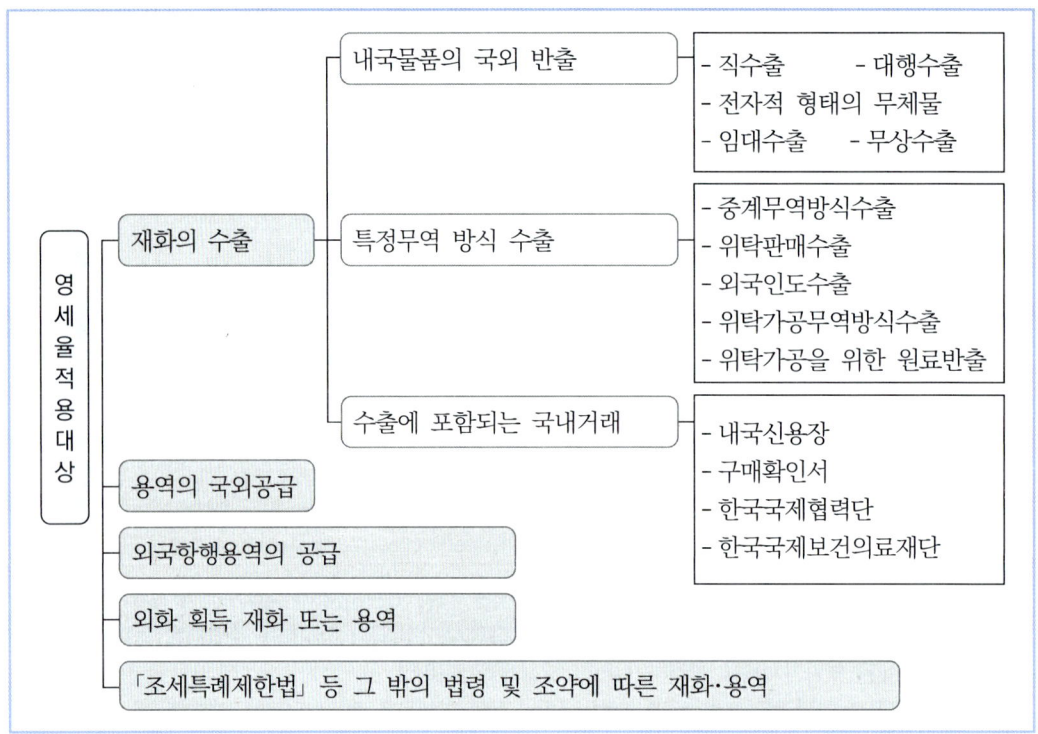

---

25. 칠레 26. 카나다 27. 태국 28. 파나마 29. 파키스탄 30. 핀랜드 31. 호주 32. 홍콩 33. 프랑스

02 수출하는 재화

현행 「부가가치세법」상 수출의 범위는 다음과 같다(부가법 제21조).

1. 본래의 수출

(1) 직수출

사업자가 자기명의로 내국물품을 외국으로 반출(보세창고인도조건수출 포함)하는 것(직수출) 또는 무역업자가 수출대행수출계약(제3자 명의를 빌린 수출)에 의하여 위탁자의 내국물품(대한민국 선박에 의하여 채집되거나 잡힌 수산물을 포함)을 자기명의로 외국으로 반출하는 것을 말한다(부가집 21-31-1).

(2) 대행수출

대행수출의 경우에는 수출품생산업자는 대행수출 위탁자를 의미하고, "수출업자"란 「대외무역법」에 따라 수출입업자로 신고 되어 있는 자(무역업고유번호 부여받은 자)로 수출수탁자 즉, 수출대행업자를 의미하게 된다. 이러한 수출대행업자(수출업자)는 대행수출 위탁자(수출품 생산업자)로부터 대행용역제공 대가인 수출대행수수료에 대한 10%의 부가가치세를 거래징수하여야 하며, 수출대행수수료에 대한 세금계산서를 발급하여야 한다.

☞ 보세창고인도조건: 수출업자가 수입지의 보세창고로 반출하여 보관한 후 수입업자의 요청 시 현지에서 판매하는 형태

(3) 전자적 형태의 무체물

소프트웨어, 영상물 등 전자적 형태의 무체물을 전송하거나 정보처리장치에 저장한 후 외국으로 반출하는 방식이다(부가집 21-31-1).

(4) 임대수출

임대수출이란 임대계약에 따라 물품 등을 수출한 후, 임대기간이 종료되면 다시 수입하거나, 임대기간 만료 전 또는 만료 후 해당 물품 등의 소유권을 이전하는 방식이다.

(5) 무상수출

무상수출이란 물품이 대가 없이 수출되는 형태로, 해당 물품은 외환결제가 이루어지

지 않은 상태에서 외국으로 반출되는 것으로 재화의 수출에 해당되어 영세율이 적용된다. 다만, 다음의 사례는 재화의 공급에 해당되지 아니한다(부가집 21-31-5).

① 국외사업자에게 견본품을 반출하는 경우
② 위탁가공무역방식으로 원자재 등을 무환으로 외국에 반출하는 경우(단, 원료를 대가 없이 국외의 수탁가공 사업자에게 반출하여 가공한 재화를 양도하는 경우에 그 원료의 반출에 대하여 영세율이 적용되는 경우 제외)
③ 당초 반출한 재화의 하자로 인하여 반품된 재화를 수리하여 재수출하거나 동일제품으로 교환하여 재수출하는 경우
④ 수입업자가 수입 또는 판매된 재화의 하자로 인하여 수리할 목적으로 외국에 반출하는 경우
⑤ 외국사업자 소유의 전시물을 무환으로 수입하여 전시한 후 반환하기 위하여 외국에 반출하는 경우
⑥ 수입업자가 재화의 수입과 관련된 반환조건의 수입재화 용기를 반환하기 위하여 외국에 반출하는 경우

(6) 수입신고 수리전 보세구역 반출

보세공장의 설영특허를 받아 무환수탁가공무역을 하는 사업자가 보세공장에서 수탁가공한 물품을 국외로 반출을 말한다.

☞ 설영특허란 보세구역을 설치하고 운영하기 위해 세관장으로부터 허가를 받는 제도를 말한다.

 관련 해석사례 및 집행기준

- **임대수출의 영세율 적용시기**

  사업자가 건설장비 등을 임대할 목적으로 국외로 반출하는 경우 소유권의 이전 없이 반출하는 해당 건설장비 등은 재화의 공급에 해당하지 않지만, 임대기간 만료 전·후에 건설장비 등의 소유권이 외국에서 이전되는 경우에는 해당 재화가 인도되는 때를 공급시기로 하여 영세율이 적용된다(부가집 21-31-2).

- **영세율 적용 사업장**

  사업자가 본사와 제조장 등 2 이상의 사업장이 있는 경우 자기가 제조한 수출재화에 대한 영세율 적용 사업장은 최종 제품을 완성하여 외국으로 반출하는 제조장이다(부가집 21-31-3).

- **수입물품을 외국으로 반품하는 경우 영세율 적용여부**

사업자가 수입물품에 하자가 발생하여 외국으로 반품함에 있어서, 당해 재화가 관세법 제106조에 규정하는 위약물품에 해당하는 경우에는 관할세관장은 부가가치세를 지체없이 환급하여야 하는 것이므로 수출하는 재화에 해당하지 아니하는 것이며, 반품하는 수입재화가 관세법에 규정하는 위약물품에 해당되지 아니하는 경우에는 수출하는 재화에 해당하는 것임(부가-1438, 2010.10.28.).

- **영업권을 외국법인에게 양도하는 경우 영세율 적용여부**

사업자가 외국법인에게 고객관계(고객과의 계약관계를 포함한 고객과 관련된 모든 권한·권리와 이익, 고객명세, 가격명세 및 계약관련정보 등)를 양도하고 대가를 받는 경우, 사업자가 외국법인에게 양도하는 고객관계를 영업권으로 보는 경우에는 재화의 공급에 해당되며, 「부가가치세법」 제11조 제1항 수출하는 재화에 해당되므로 영세율을 적용하는 것임(부가가치세과-598, 2010.05.11.).

- **선박건조 중에 국내 선주에게 선박을 양도한 경우**

사업자가 수출용 선박을 건조 중에 외국선주가 국내선주에게 선박건조계약에 따른 양도합의서를 체결하여 선박인도계약이 국내선주에게 승계된 경우, 국내선주에게 공급하는 선박은 수출재화에 해당하지 아니함(법규부가-0034, 2008.12.18.).

- **소프트웨어를 전자통신망을 통해 국외로 공급하는 경우**

사업자가 소프트웨어산업진흥법 제2조 제1호의 규정에 의한 소프트웨어를 외국환관리법 제3조 제13호 규정에 의한 비거주자에게 전자통신망을 통한 전송 방법으로 국외로 공급하는 경우에는 수출하는 재화에 해당하여 부가가치세 영세율이 적용됨(부가 46015-752, 2002.10.16.).

- **휴대품(보따리상) 반출의 영세율 적용**

사업관련 취득재화를 관세법 제241조의 규정에 의하여 휴대품 반출(부두 보따리 아주머니)에 따른 간이수출신고를 하여 국외반출하고 그 대가를 외국환은행에서 원화로 지급 받는 경우, 영세율 적용되며 세관장 발행 간이수출신고수리필증이 영세율 첨부서류임(제도46015-12562, 2001.08.06.).

- **수출물품의 불량으로 재수출한 경우**

사업자 A가 사업자 B로부터 제품을 공급받아 수출한 후 불량으로 인하여 당초 공급한 재화의 반품없이 B로부터 동종의 제품 및 불량제품의 수리용 자재를 무상으로 공급받아 국외로 무상으로 반출하는 경우 수출하는 재화에 해당되어 영세율 적용되는 것이며 이 경우 B가 A에게 동종의 제품을 무상으로 공급하는 것은 재화의 공급에 해당하나, 불량제품의 수리용 자재를 무상으로 공급하는 것은 법 제1조 제4항 및 시행령 제3조의 규정에 의하여 재화의 공급으로 보지 아니함(부가 46015-3533, 2000.10.20.).

- **환율변동에 따른 영세율 과세표준의 증감**

  수출물품 대금을 공급시기 이후에 외국통화로 보유하거나 지급 받는 경우에도 공급시기의 기준환율 또는 재정환율에 의하여 계산한 금액을 공급가액으로 하는 것이며 공급시기 이후에 환율변동으로 증감되는 금액은 당해 과세표준에는 영향을 미치지 아니하는 것임(부가 46015-1196, 1999.04.23.).

- **수출품 하자에 따른 동종 재화 반출시**

  사업자가 재화를 수출하였으나 당초 수출한 재화의 하자로 인하여 무환으로 동일한 종류의 재화를 국외로 반출하는 경우에는 재화의 수출에 해당되는 것임(부가 46015-2148, 1998.09.22.).

2. 특정무역방식의 거래

재화의 공급은 외국에서 이루어지나 계약 및 대가수령 등 거래가 국내사업장에서 행하여지는 대외무역법상 실질적인 수출에 해당하는 다음의 것을 말한다(부가법 제21조 제2항, 부가령 제31조 제1항).

부가가치세법 시행령 제31조 제1항 각호에 따른 수출[10]

구 분	거 래 형 태
중계 무역 방식의 수출	• 수출할 것을 목적으로 물품 등을 수입하여 보세구역이나 보세구역 외 장치의 허가를 받은 장소 또는 자유무역지역 외의 국내에 반입하지 아니하는 방식의 수출을 말함. ☞ 중개무역: 수출·수입의 주체가 되지 않고 단순히 중개수수료만 취함.
위탁판매수출	• 물품 등을 외국의 수탁자에게 무환으로 수출한 후 판매된 범위 안에서 대금을 수령하는 수출형태
외국인도수출	• 수출대금은 국내에서 영수하지만 국내에 통관되지 아니한 물품을 외국에서 외국으로 인도하는 수출형태
위탁가공 무역 방식의 수출	• 가공임을 지급하는 조건으로 외국에서 가공(제조, 조립, 재성, 개조를 포함한다)할 원료의 전부 또는 일부를 거래상대방에게 수출하거나 외국에서 조달하여 이를 가공한 후 가공물품 등을 외국으로 인도하는 방식의 수출을 말함.
위탁가공을 위한 원료반출	• 원료를 대가 없이 국외의 수탁가공 사업자에게 반출하여 가공한 재화를 양도하는 경우에 그 원료의 반출

---

[10] 국세청, 부가가치세 집행기준, 2024, 44-46p 인용.

(1) 중계무역 방식의 수출

국내의 사업장에서 계약과 대가수령 등 거래가 이루어지는 것으로서 수출할 것을 목적으로 물품 등을 수입하여 보세구역 및 보세구역 외 장치의 허가를 받은 장소 또는 자유무역지역 외의 국내에 반입하지 아니하는 방식의 수출을 말한다.

• 중계무역방식에 의한 수출절차

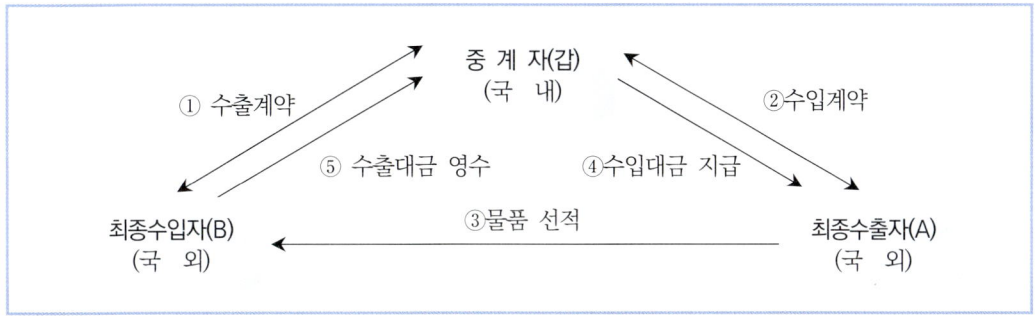

- 한국의 갑이 외국의 A에게 수입하여 외국의 B에게 수출하는 거래. 다만, 물건의 이동은 A가 B에게 직접 보낼 수도 있고 한국의 보세구역까지 왔다가 B에게 갈 수도 있다.
- 공급시기: 수출재화의 선적일

(2) 위탁판매수출

국내의 사업장에서 계약과 대가수령 등 거래가 이루어지는 것으로서 물품 등을 무환(無換)으로 수출하여 해당 물품이 판매된 범위에서 대금을 결제하는 계약에 의한 수출을 말한다.

• 위탁판매방식에 의한 수출절차

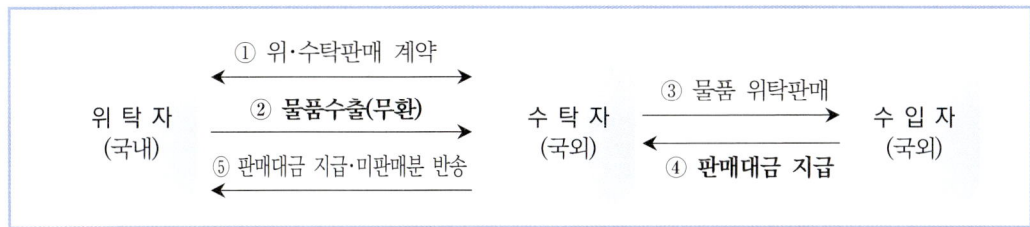

- 위탁자가 수탁자에게 판매를 위탁하여 수탁자가 판매하는 무역임.
- 공급시기: 수출재화의 공급가액이 확정되는 때(부가령 제28조 제6항 2호)

(3) 외국인도수출

국내의 사업장에서 계약과 대가수령 등 거래가 이루어지는 것으로서 수출대금은 국내에서 영수하지만 국내에서 통관되지 아니한 수출물품 등을 외국으로 인도하거나 제공하는 수출을 말한다. 국내에서 통관되지 아니하므로 외국에서 구입하여 외국으로 수출한 물품일 것이다.

● **외국인도방식에 의한 수출절차**

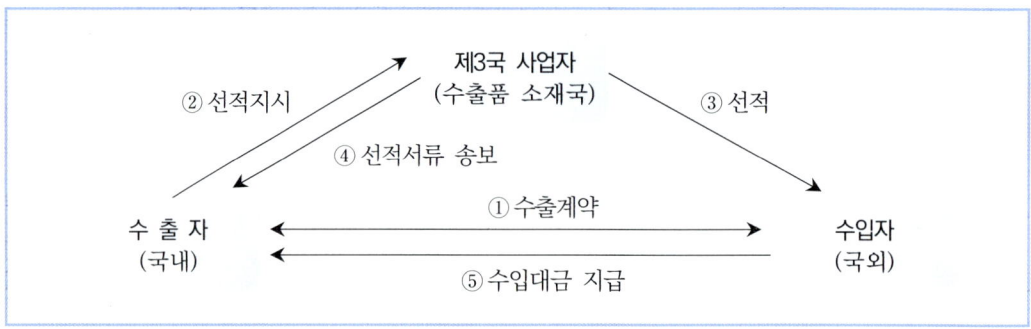

- 수출자가 국외에서 수입하여 국외에서 보관 또는 사용 후 그 수입품을 국외에서 수입자에게 판매하는 무역
- 공급시기: 외국에서 해당 재화가 인도되는 때
  ☞ 실무적으로 수출신고와 수입신고가 동시에 있는 경우 중계무역수출이고, 수출신고만 있는 경우 외국인도수출에 해당한다고 본다.

(4) 위탁가공무역 방식의 수출

가공임(加工賃) 지급조건으로 외국에서 가공(제조·조립·재생·개조를 포함)할 원료의 전부 또는 일부를 거래상대방에게 수출하거나 외국에서 조달하여 가공한 후 가공물품 등을 외국으로 인도하는 수출을 말한다.

• 위탁가공방식에 의한 수출절차

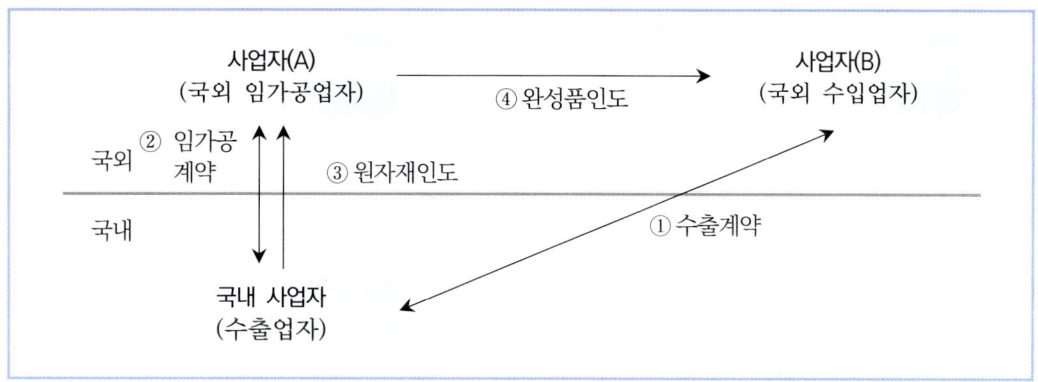

① 가공임을 지급하는 조건으로 외국에서 가공이 이루어질 것
② 원재료의 전부 또는 일부를 국내 또는 외국에서 조달하여 외국수탁가공자에게 제공할 것
③ 가공 후 물품을 해당 외국 또는 다른 외국으로 인도할 것

- 공급시기: 외국에서 해당 재화가 인도되는 때
- 과세표준: 완성된 제품의 인도가액(부가령 제61조 제2항 제8호)

(5) 국내원료를 국외위탁가공하여 양도

원료를 대가 없이 국외의 수탁가공 사업자에게 반출하여 가공한 재화를 양도하는 경우에 그 원료의 반출을 말한다.

• 위탁가공을 위한 원료반출

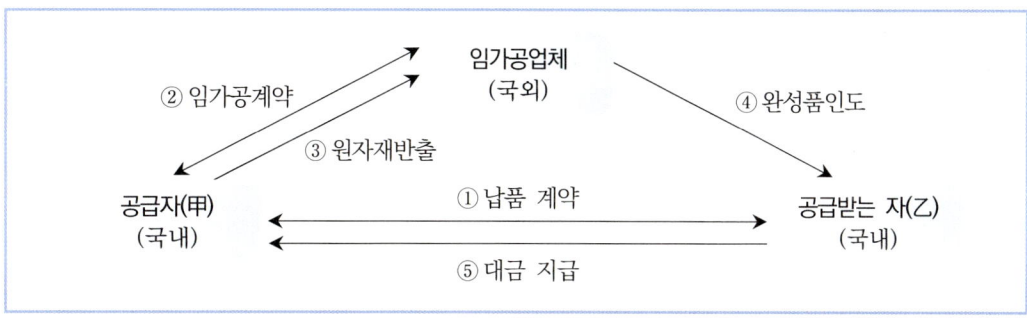

- 공급시기: 외국에서 해당 재화가 인도되는 때(부가령 제28조 제6항)
- 공급자(甲): 원재료 반출시점을 수출[11]로 보아 반출된 원자재 가액만큼 공급받는 자

(乙)에게 영세율 세금계산서를 발급한다.

- 공급자(甲): 공급받는 자(乙)에 수령한 대금에서 반출된 원자재 금액을 차감한 금액에 대하여 을에게 계산서를 발급한다.

(6) 「관세법」에 따른 수입신고 수리 전의 물품으로서 보세구역에 보관하는 물품의 외국으로의 반출

- 공급시기: 수출재화의 선적일

• **실무사례**　**국내외 다자간 거래** (을이 원재료 반출이 없는 경우)[12]

- 국내사업자(갑)은 외국사업자(A)와 수출계약을 하고 국내사업자(갑)은 국내사업자(을)에게 수출용재화를 공급받기로 계약
- 국내공급업체(을)은 해당 재화를 국외공급업자(B)로부터 구입하여 국내 반입없이 국외사업자(B)로 하여금 갑의 거래처인 A에게 직접 인도하도록 함.

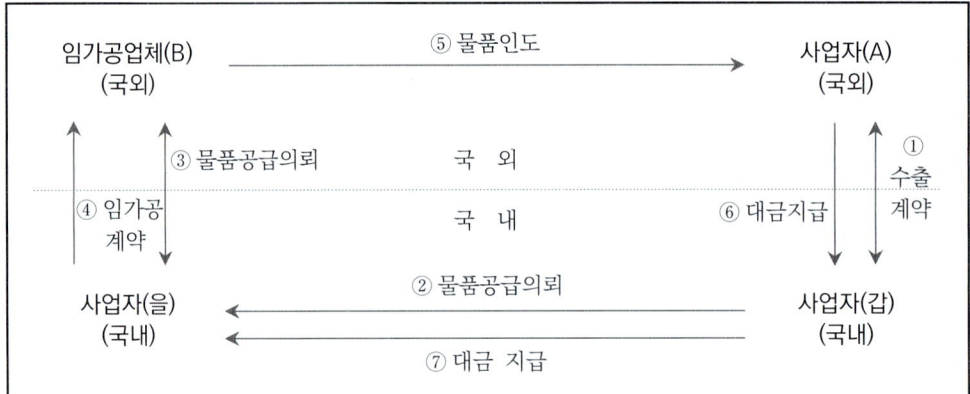

- 을의 거래형태는 국외에서 발생하였지만 국내업체간 거래이므로 무역거래에 해당하지 않음.
- 또한 재화의 이동이 국외에서 이루어진 것으로 과세거래에 해당하지 아니하므로 을은 갑에게 계산서를 발급
- 갑은 수출에 대하여 직접적인 수입행위가 없으므로 외국인도수출에 해당

---

11) 원칙적으로 국내 사업자(갑)이 다른 국내사업자(을)와의 계약에 의하여 국외에서 물품을 구입하여 국외에서 국내 사업자(을) 또는 (을)이 지정하는 국외의 비거주자 등에게 인도하는 경우로서 국내사업자(갑)가 국외에서 인도하는 재화의 공급거래는 국외거래에 해당하여 부가가치세 신고대상 거래에 해당하지 아니하며 세금계산서 발급의무 없다(소득세과-4348, 2008.11.24.). 따라서 계산서를 발급하여야 하는 바 이 경우 갑은 매입세액을 공제받지 못하게 된다(면세사업 등을 위한 매입세액). 이를 개선해 주기 위하여 원자재 반출분을 영세율(과세거래)로 취급하게 된 것이다.

12) 김명주, 부가가치세실무, 한국세무사회, 2022년, 202p 참고.

 관련 해석사례 및 집행기준

- 보세구역내에서 외국물품을 외국법인에 양도 시 영세율 적용 여부

국내사업자가 수입한 재화를 보세구역 내에서 미통관 상태로 다른 사업자에게 공급하는 경우 「부가가치세법(2011.12.31., 법률 제11129호)」제14조에 따른 세율을 적용하여 부가가치세를 거래징수하여야 하는 것입니다. 다만, 국내사업자가 외국에서 수입하여 보세구역에 보관하던 외국물품을 국내사업장이 없는 외국법인에게 양도하고 그 대가를 외국환은행에서 원화로 받는 경우로서 해당 외국물품의 국외반출이 중계무역방식의 수출에 해당하거나, 국내사업자가 외국물품을 국내사업장이 없는 외국법인에게 공급하고 그 외국법인이 지정하는 국내의 다른 사업자에게 인도하여 과세사업에 사용되는 경우에는 「부가가치세법 시행령(2013.02.15., 대통령령 제24359호)」제24조 제1항 제2호 및 같은 법 시행령 제26조 제1항 제1호에 따라 영세율이 적용되는 것이므로 국내사업자가 공급한 외국물품의 국외 반출 여부 및 그 경위, 국내의 다른 사업자에게 인도되어 과세사업에 사용되었는지를 추가 조사하여 사실판단할 사항임 (기준법령해석부가 2015-101, 2015. 07.10.).

- 수출용 재화를 공장인도조건으로 공급하는 경우 영세율 대상에 해당하는지 여부

사업자가 외국법인과 직접 계약에 따라 공급하는 재화(이하 '해당 재화')를 공장인도조건(Ex-Works)으로 외국법인에게 인도하고 그 외국법인은 해당 재화에 추가 가공없이 보세구역내 다른 사업자에게 인도하며 보세구역내 해당 사업자가 외국법인과 계약에 따라 해당 재화를 그대로 반출하거나 제조·가공한 후 반출하는 것으로서 대금을 외국환은행에서 원화로 받는 경우, 부가가치세법 제21조 제2항 제3호 및 같은 법 시행령 제31조 제2항 제5호에 따라 영세율이 적용되는 수출에 해당하는 것임(법규-1141, 2013.10.19.).

- 국외 수탁가공업체에 원자재를 무상 반출하여 가공한 재화를 국외에서 국내사업자에게 공급하는 경우 영세율 적용여부

사업자가 국내의 다른 사업자(이하 "국내사업자 갑")와 체결한 재화공급계약에 따라 국외의 수탁가공 사업자에게 원료를 대가 없이 반출하여 가공한 재화를 국내사업자 갑에게 국외에서 인도하는 경우 그 원료의 반출은 「부가가치세법 시행령」제31조 제1항 제5호에 따라 영세율이 적용되는 것입니다(법규부가 2013-245, 2013.09.05.).

- 원자재 무상반출후 가공된 재화를 국외에서 인도하는 경우 영세율 적용대상 여부

원자재 무상반출후 가공된 재화를 국외에서 인도하는 경우 영세율 적용대상에 해당한다(기획재정부부가-126, 2013.02.18.).

- 국외구매자로부터 개설된 신용장을 제3국의 국외사업자에게 양도하여 수출하는 경우

국내사업자가 수취한 Master L/C를 제3국의 국외사업자에게 양도한 후 직접 수출재화를 인

도하게 하는 경우로서 국내사업자의 계산과 책임하에 수출계약에 따른 거래가 이루어지고 국내사업자가 원신용장 금액과 양도통지서 금액과의 차액을 가득액으로 획득하는 경우 국내사업자의 신용장 국외양도에 의한 거래는 중계무역 방식에 의한 수출에 해당됨(부가-1026, 2012.10.09.).

- **국내에서 계약과 대가수령 등이 이루어지는 국외거래의 경우 수출의 범위**
  국내사업자가 외국업체(A)로부터 주문을 받아 주문물품의 생산을 외국업체(B)에게 의뢰하여 생산하게 한 후, 완성된 물품을 국내에 수입하지 아니하고 외국업체(B)가 외국업체(A)에게 직접 인도하게 하고 수출대금은 국내사업자가 외국업체(A)로부터 영수하는 경우에는 부가가치세법시행령 제24조 제1항 제2호 다목의 외국인도수출"에 해당하는 것임(부가-977, 2012.09.27.).

3. 수출거래에 포함되는 국내거래

사업자가 특정의 내국신용장·구매확인서에 의하여 공급하거나 한국국제협력단·한국국제보건의료재단·대한적십자사에 공급하는 재화 및 수탁가공무역 방식에 의한 수출은 영세율 적용대상 수출재화에 포함한다(부가령 제31조 제2항).

(1) 내국신용장 등에 의하여 공급하는 재화

1) 의의

"내국신용장"이란 사업자가 국내에서 수출용원자재, 수출용완제품 또는 수출재화임가공용역을 공급받으려는 경우에 해당 사업자의 신청에 따라 외국환은행의 장이 재화나 용역의 공급시기가 속하는 과세기간이 끝난 후 25일(그 날이 공휴일 또는 토요일인 경우에는 바로 다음 영업일을 말한다) 이내에 개설하는 신용장을 말한다(부가칙 제21조).

"구매확인서"란 물품 등을 외화획득용 원료, 외화획득용 용역, 외화획득용 전자적 형태의 무체물 또는 물품으로 사용하기 위하여 국내에서 구매하려는 경우 외국환은행의 장이 내국신용장에 준하여 발급하는 증서를 말한다(부가집 21-31-7).

구분	내국신용장	구매확인서
개설 기관	• 외국환은행	• 외국환은행, 전자무역기반사업자
개설 조건	• 무역금융 융자한도 내에서 개설	• 제한없이 발급
지급 보증	• 개설은행이 지급보증	• 당사자간의 계약으로 지급보증이 없음
발급 제한	• 1차 내국신용장이 완제품 내국신용장인 경우 소요원자재 조달을 위해 3차까지 가능하고, 1차 내국신용장이 원자재 내국신용장이면 2차 내국신용장까지 발급 가능	• 차수 제한이 없으므로 순차적으로 발급 가능

2) 영세율 적용

사업자가 내국신용장과 구매확인서에 의하여 공급하는 재화에 대하여는 영세율 적용 대상인 수출하는 재화에 포함한다. 다만, 내국신용장과 구매확인서에 의하여 공급하는 금지금을 제외한다(부가령 제31조 제2항 1호).

3) 내국신용장 등에 따른 재화 등의 영세율 적용 범위(부가집 21-31-8)

① 외국으로 반출되지 아니하는 재화의 공급과 관련하여 개설된 내국신용장(주한미국군 군납계약서 등)에 의한 재화 또는 용역의 공급은 영세율이 적용되지 아니한다.
② 사업자가 내국신용장의 유효기간 경과 후에 재화를 공급한 것으로서 해당 신용장의 효력이 소멸되지 아니하여 그 대가를 외국환은행에서 원화로 받는 때에는 영세율이 적용된다.
③ 사업자가 수출품 제조용 수입원자재의 사후관리를 관장하는 은행의 장으로부터 전용승인을 받아 다른 수출품 생산업자에게 공급하는 경우에는 영세율을 적용하지 아니한다. 다만, 내국신용장 또는 구매확인서에 의하여 전용하는 경우에는 영세율이 적용된다.
④ 내국신용장에 의하여 재화를 수출업자 또는 수출품생산업자에게 공급하고 해당 수출업자 또는 수출품생산업자로부터 그 대가의 일부로 받는 관세환급금에 대하여는 영세율이 적용된다. 다만, 수출업자 또는 내국신용장에 의하여 완제품을 수출업자에게 공급한 자가 세관장으로부터 직접 받는 관세환급금과 수출품생산업자가 수출대행업자로부터 받는 관세환급금에 대하여는 과세하지 아니한다.
⑤ 수탁자가 자기 명의로 내국신용장을 개설받아 위탁자의 재화를 공급하는 경우에는 위탁자가 영세율을 적용받으며, 이 때 영세율 붙임서류는 수탁자 명의의 내국신용장 사본이다.

⑥ 사업자가 주요 자재의 전부 또는 일부를 부담하고 일부 자재는 거래상대방으로부터 인도받아 제조·생산한 재화를 거래상대방이 수출하는 경우로서 해당 사업자 간의 거래는 재화의 공급에 해당하므로 내국신용장 또는 구매확인서에 의하여 공급하는 경우(금지금은 제외한다)에는 영세율이 적용된다.

⑦ 과세기간이 끝난 후 25일이 되는 날이 공휴일 또는 토요일이어서 바로 다음 영업일에 내국신용장 및 구매확인서를 발급받은 경우에도 영세율 적용대상 내국신용장 및 구매확인서에 해당한다.

⑧ 내국신용장 또는 구매확인서에 의하여 정당하게 공급된 경우에는 해당 재화를 수출용도에 사용하였는지의 여부에 관계없이 영세율이 적용된다.

⑨ 과세기간을 달리하여 공급시기 이전에 발급받은 구매확인서 또는 내국신용장에 의하여 해당 과세기간 중에 재화를 공급하는 경우 영세율이 적용된다.

4) 내국신용장과 관세환급금

내국신용장에 의하여 재화를 수출업자 또는 수출품생산업자에게 공급하고 수출업자 또는 수출품생산업자로부터 받는 관세환급금 즉, 수출할 물품의 공급대가에 해당하는 관세환급금은 영세율 적용대상 공급가액으로 한다(부가통 21-31-9).

5) 내국신용장에 포함되지 아니한 공급가액

내국신용장 등에 의하여 재화를 공급하고 그 대가의 일부를 내국신용장에 포함하지 아니하고 별도로 받는 경우, 해당 금액에 영세율을 적용한다(부가통 21-31-8).

6) 세금계산서 발급여부

내국신용장에 의하여 수출용 원자재 등을 공급하는 사업자는 공급받는 사업자가 재화를 인수하는 때에 해당 일자의 기준환율 또는 재정환율로 환산한 금액을 공급가액으로 하여 세금계산서를 발급한다(부가통 32-67-2). 이 경우 세금계산서 발급일 이후 대가의 일부로 받는 관세환급금에 대해서는 세관장으로부터 환급받을 금액이 확정되어 입금된 때를 공급시기로 보아 수정세금계산서를 발급하여야 한다.

☞ 내국신용장과 구매확인서의 지연 개설·발급
재화·용역을 공급한 후 해당 재화·용역의 공급시기가 속하는 과세기간 종료 후 25일 이내에 내국신용장·구매확인서가 개설·발급되는 경우 당초 과세거래분에 대하여 영세율이 적용된다(부칙 제9의2조). (단, 수정세금계산서를 발급하여야 한다.)

> **실무사례** **내국신용장 등에 의한 영세율 적용과 세금계산서 발급**
>
> **(1) 공급시기가 속하는 달의 다음 달 10일 이내에 내국신용장 등이 개설**
> - 세금계산서의 발급시기가 다음 달 10일까지이므로 당초 공급시기를 발행일자로 하여 영세율 세금계산서를 발급할 수 있음.
> - 영세율 세금계산서 1매가 작성됨.
>   (예) 5월 20일자 재화를 인도하고, 내국신용장이 6월 9일자 개설된 경우 6월 9일자에 5월 20일자를 발행일자로 하여 영세율 세금계산서 발급하면 됨.
>
> **(2) 공급시기가 속하는 달의 다음 달 11일부터 과세기간 종료 후 25일 이내 개설**
> - 당초 공급일에 일반세금계산서를 발급하고,
> - 내국신용장 등 개설시에 영세율로 수정세금계산서 발급함.
> - 일반세금계산서 1매, (-) 일반 세금계산서 1매, 영세율 세금계산서 1매 등 총 3매가 작성되며, 세금계산서합계표 제출시 일반세금계산서와 영세율세금계산서를 함께 기재하여 제출하여야 함.
>   (예) 5월 20일자 재화를 인도하고, 내국신용장이 6월 15일자 개설된 경우
>   ① 6월 10일까지 5월 20일자를 발행일자로 하여 일반세금계산서 발급하고,
>   ② 6월 15일자에 5월 20일자를 발행일자로 하여 (-)일반세금계산서 1매와 영세율 세금계산서 1매를 각각 발급하여야 함.
>   * 공급일 현재 내국신용장(구매확인서)가 개설(발급)되지 않았다면 일반세금계산서 발급하고 구매확인서 발급시점에 영세율로 수정 발급함이 원칙이나, 공급일에 바로 영세율 발급한 경우에도 과세기간 종료 후 25일 이내에 내국신용장(구매확인서)가 개설(발급)된 경우 필요적 기재사항의 착오로 보아 세금계산서 기재불성실 가산세 없이 정상 인정됨에 유의(법령해석부가-0257, 2016.12.03.)

 관련 해석사례 및 집행기준

- **과세기간 종료 후 25일 이내에 구매확인서를 발급받았으나 수정세금계산서를 발급하지 아니한 경우**
  사업자가 구매확인서를 발급받았음에도 (영세율)수정세금계산서를 발급하지 아니한 경우로서 당초 발급한 세금계산서(10%)에 의해 신고·납부를 이행한 경우에는 해당거래에 대하여 「부가가치세법」 제60조 제2항 및 제6항의 가산세를 적용하지 아니함, 공급시기가 속하는 과세기간 종료 후 25일이 경과한 뒤에는 「부가가치세법 시행령」 제70조 제1항 제4호에 따른 수정세금계산서를 발급할 수 없는 것임(기획재정부 부가가치세제과-585, 2017.11.16.).

- **구매확인서 발급 전에 영세율 세금계산서를 발급한 경우**
  사업자가 구매확인서가 발급되기 전에 부가가치세가 과세되는 재화를 공급하고 공급시기에 영세율 세금계산서를 발급한 경우로서 구매확인서는 해당 재화의 공급시기가 속하는 과세기간 종료 후 25일 이내에 발급된 경우 공급시기에 발급한 영세율세금계산서에 대하여는 「부가가치세법」 제60조 제2항 제5호에서 규정하는 가산세를 적용하지 아니하는 것임(법령해석부가-

257, 2016.12.06.).

- **전자무역기반시설에 입력하고 구매확인서를 전자발급 받은 경우(부가-839, 2012.08.01.)**

  사업자가 대외무역관리규정 제36조에 따라 수출용 재화 또는 용역에 관한 수출신용장 등의 근거서류 및 그 번호, 유효기일, 선적기일 등에 대한 정보를 전자무역촉진에 관한 법률 제12조에 따른 전자무역기반시설에 입력하고 정상적으로 구매확인서를 전자발급 받은 경우에 대해서는 부가가치세 영세율 적용 대상이 되는 것임(부가-839, 2012.08.01.).

- **대가의 일부를 내국신용장에 포함 않고 별도로 받는 경우**

  내국신용장에 의하여 재화를 공급하면서 그 대가의 일부를 내국신용장에 포함하지 아니하고 별도로 받는 경우에도 영세율을 적용하는 것임(서면3팀-989, 2007.04.02.).

- **내국신용장이 공급시기 다음달 10일 이전에 개설된 경우**

  재화를 공급한 후 당해 재화 공급일의 다음달 10일 이전에 내국신용장 등이 개설된 경우에는 당해 재화의 공급일을 발행일자로 하여 그 공급일의 다음달 10일까지 영세율세금계산서를 교부할 수 있음(서면3팀-3001, 2006.12.05.).

- **본사에서 내국신용장을 개설하고 재화는 공장에서 인도받는 경우 세금계산서 수취방법**

  본사와 공장 등 2 이상 사업장이 있는 법인사업자가 재화수출을 위한 원자재 매입거래를 함에 있어서 계약, 발주, 대금결제 등 거래가 본사에서 이루어지고 본사명의로 내국신용장이 개설된 후 재화는 운송편의를 위해 실질적으로 사용 또는 소비하는 공장으로 인도받은 경우 내국신용장에 의한 영세율 세금계산서는 본사 또는 지점에서 교부받을 수 있는 것임(서면3팀-2956, 2006.11.30.).

(2) 한국국제협력단 또는 한국국제보건의료재단에 공급하는 재화(단, 이들 단체가 해당 재화를 외국에 무상으로 반출하는 경우에 한한다.)

한국국제협력단·한국국제보건의료재단·대한적십자사가 국내에서 공급받은 재화를 외국에 무상으로 반출하는 경우, 그 재화를 공급한 사업자에 대하여 영세율을 적용한다(부가령 제31조 제2항). 다만, 각 단체가 직접 사용·소비하는 재화를 공급하는 경우에는 영세율이 적용되지 아니한다.

참고

■ 무역용어

1. 신용장(L/C: letter of credit)
외국의 수입업자를 지급인으로하여 발행된 환어음에 대하여 수입업자의 거래은행 (신용장 개설은행)이 지급할 것을 약속하는 보증서로서 외국과의 무역거래에서 수출대금의 지급을 수입업자의 대리 은행에서 보장하는 대금결제수단이다. 과거에는 신용장거래가 대부분이 었으나 현재는 50%가 채 안되며 무신용장 거래인 추심결재방식. 송금거래가 계속 늘어 가고 있는 추세이다.

2. 내국 신용장 (local L/C: local letter of credit)
(1) 일반적으로 수출업자가 수출용 원자재를 구입하거나 수출용 물품의 제조에 소요되는 원자재를 구입하는 경우에 필요한 자금의 부담을 덜어주고 한편으로는 그 제품이나 원자재를 공급하는 자에 대하여 수출업자의 신용이나 그 대금지급을 은행이 보증하여 주는 수출 방식의 하나이다.
(2) 수출업자의 의뢰에 따라 수출자 거래은행이 수출업자가 수취한 원신용장(Master L/C)을 근거로 하여 원자재나 완제품을 공급하는 자 앞으로 대금지급을 확약해 주는 증서로서 국내에서 개설하는 수출신용장을 말한다.
(3) 영세율이 적용되는 내국신용장이라 함은 사업자가 국내에서 수출용원자재·완제품 또는 수출재화 임가공용역을 공급받고자 하는 경우에는 사업자의 신청에 의하여 외국환 은행의 장이 재화 또는 용역의 공급시기가 속하는 과세기간 종료 후 25일 이내에 발급하는 신용장을 말한다.

3. 구매확인서
내국신용장을 개설할 수 없는 상황에서 수출용 원자재 구매의 원활을 기하고자 수출자의 거래은행이 내국신용장에 준하여 발급하는 증서를 말한다. 이는 무역금융한도가 부족하거나 단순 송금방식 수출의 경우 내국신용장 개설이 어려운바, 수출용 원자재의 구매를 원활히 하고 그 공급자에게 세제상 등의 혜택을 주는데 목적이 있다.

4. 선하증권(B/L)
상품 선적후 선박회사에서 발행하는 화물증권으로 일종의 유가증권으로서 그 자체가 별도의 거래 대상이 된다. 수입자는 대금결재을 마치고 은행에서 B/L을 찾아서 선박회사에 제시하여 화물을 인수한다.

5. 관세환급금
(1) 관세환급금이라 함은 사업자가 수출용원자재를 수입할 때 관세를 과세하거나 또는 징수유예 하였다가 수입한 원자재 등으로 제품을 제조·가공하여 이를 수출하면 납부하였거나 징수유예받은 관세를 환급하여 주는 무역지원제도를 말한다.
(2) 내국신용장에 의하여 재화를 수출업자 또는 수출품생산업자에게 공급하고 해당 수출업자 또는 수출품생산업자로부터 그 대가의 일부로 받는 관세환급금은 영의 세율을 적용한다.
(3) 수출업자 또는 내국신용장에 의하여 완제품을 수출업자에게 공급한 자가 세관장으로부터 직접 받은 관세환급금과 수출품생산업자가 수출대행자로부터 받는 관세환급금은 과세하지 아니한다.
(4) 관세환급금을 수출업자가 환급받아 그 대가의 일부로 내국신용장에 의하여 공급한 납품업

자에게 지급하는 경우 영세율 세금계산서를 발급하여야 하며 세금계산서의 발급시기는 원칙적으로 재화의 공급시기에 발급하여야 하는 것이나 그 금액 중 일부가 확정되지 아니한 때에는 세관으로부터 관세환급금이 통지되었을 때 발급할 수 있는 것이다.

(5) 회계처리
1. 원재료 수입시 납부한 관세(물품가격 10,000,000원, 관세 2,000,000원)

(차) 원재료　　　　　12,000,000　　(대) 현　금　　　　13,200,000
　　 부가세대급금　　 1,200,000

2. 수출 후 지급받은 관세환급금(2,000,000원)

(차) 현　금　　　　　2,000,000　　(대) 매 입(타계정대체)　2,000,000

6. 기타

(1) FOB(Free On Board): 본선인도 조건 가격(통상 수출가격임)
　• 화물을 배에 선적하기까지의 제비용을 수출자가 부담함.
(2) CFR(Cost and Freight): 운임포함 인도조건 가격
　• FOB가격에 수입항까지의 해상운임을 포함한 가격
(3) CIF(Cost Insurance and Freight): 운임, 보험료 포함가격(통상 수입가격임)
　• FOB가격에 수입항까지의 해상운임 및 해상보험료를 포함한 가격
(4) D/A, D/P거래는 은행의 지급확약이 없는 무신용장 방식의 거래 즉 수입상의 신용을 기초로 이루어지는 거래이며 D/A와 D/P거래는 은행이 수입자에게 무엇을 받고 선적서류를 인도해 주는가에 따라 구분됨.
　1) D/P(Documents against Payment: 무신용장 지급인도조건)
　　　추심은행은 수출자가 발행한 환어음에 대한 수입자의 지급을 받고 선적서류 인도
　2) D/A(Documents against Acceptance: 무신용장 인수인도조건)
　　　추심은행은 수출자가 발행한 환어음을 수입자가 인수하면 선적서류 인도

(3) 무상수출의 영세율 적용

　재화의 외국 반출에 따른 외환결제가 이루어지지 않는 무상수출도 재화의 수출에 해당되어 영세율이 적용되나, 다음의 사례는 재화의 공급에 해당되지 아니한다(부가집 21-31-5).

① 국외사업자에게 견본품을 반출하는 경우(결제대금 0으로 표시)
② 위탁가공무역방식으로 원자재 등을 무환으로 외국에 반출하는 경우(단, 원료를 대가 없이 국외의 수탁가공 사업자에게 반출하여 가공한 재화를 양도하는 경우에 그 원료의 반출에 대하여 영세율이 적용되는 경우 제외)
③ 당초 반출한 재화의 하자로 인하여 반품된 재화를 수리하여 재수출하거나 동일제품으로 교환하여 재수출하는 경우

④ 수입업자가 수입 또는 판매된 재화의 하자로 인하여 수리할 목적으로 외국에 반출하는 경우
⑤ 외국사업자 소유의 전시물을 무환으로 수입하여 전시한 후 반환하기 위하여 외국에 반출하는 경우
⑥ 수입업자가 재화의 수입과 관련된 반환조건의 수입재화 용기를 반환하기 위하여 외국에 반출하는 경우

(4) 수탁가공수출 중 다음 요건을 갖추어 국내사업자에게 공급하는 수출용 재화

사업자가 다음의 요건을 모두 충족하여 공급하는 재화는 영세율이 적용되는 수출재화의 범위에 포함한다.

> ① 국외의 비거주자·외국법인과 직접 계약에 의하여 공급할 것
> ② 대금을 외국환은행에서 원화로 받을 것
> ③ 비거주자·외국법인이 지정하는 국내의 다른 사업자에게 물품을 인도할 것
> ④ 국내의 다른 사업자가 국외의 비거주자·외국법인과 계약에 의하여 인도받은 재화를 그대로 반출하거나 제조·가공 후 반출할 것

(5) 영세율 적용대상 수출로 보는 사례(부가집 21-31-6)

① 사업자가 휴대품 등을 반출하면서 「관세법」에 따른 간이수출신고 없이 해당 재화를 국외에 판매하는 경우 그 사실이 객관적인 증빙자료에 의하여 확인되는 경우에는 영세율이 적용된다.
② 사업자가 국내 인터넷쇼핑몰을 통하여 비거주자로부터 과세재화를 주문받아 소포우편 또는 인편으로 수출하는 경우 영세율이 적용된다.
③ 사업자가 국내에서 기계장치 등을 구입하여 외국에 소재하는 현지법인에게 현물출자하는 재화는 영세율이 적용된다.

03 용역의 국외공급

1. 영세율 적용방법

국외에서 공급하는 용역은 영세율을 적용한다(부가법 제22조). 즉, 국내에 사업장을 가지고 있는 사업자가 국외에서 용역을 제공하는 경우에는 해당 용역을 제공받는 자, 대금결제수단에 관계없이 영세율이 적용된다(부가집 22-0-1).

> ① 국외에서 용역을 공급하는 사업자의 사업장이 반드시 국내에 소재하여야 한다.
> ② 용역의 공급장소가 국외이어야 한다.
> ③ 국외에서 공급하는 용역에 부수되는 재화 또는 용역이 있는 경우 이도 국외에서 공급하는 용역으로 본다.

따라서 국외에서 건설공사를 도급 받은 사업자로부터 해당 건설공사를 하도급 받아 국외에서 건설용역을 제공하고 그 대가를 원도급자인 국내사업자로부터 받는 경우에도 영의 세율을 적용한다. 그러나 국외에서 부동산임대업을 하는 경우 임대부동산의 등기부상 소재지가 국외사업장이므로 국내에서 신고할 필요가 없다.

2. 세금계산서 발급의무

국외에서 용역을 제공받는 자가 국내에 사업장이 없는 비거주자 또는 외국법인인 경우에 한하여 세금계산서 발급의무가 면제된다. 따라서 국내사업자가 비거주자 등으로부터 외국의 건설공사를 수주한 후 해당 공사의 일부를 국내의 다른 건설업자에게 하도급하는 경우, 비거주자 등으로부터 건설공사를 수주하여 제공하는 건설업자는 세금계산서 발급의무가 면제되나, 하도급 받은 건설업자는 원도급자인 국내사업자에게 영세율을 적용한 세금계산서를 발급하여야 한다(서면3팀-1705, 2006.08.04.).

3. 해외건설 공사용 자재의 국외반출

건설업을 영위하는 사업자가 자기의 사업과 관련하여 생산 또는 취득한 재화를 자기의 해외건설공사(국외에서 제공하는 용역)에서 건설용 자재로 사용하거나 소비할 목적으로 국외로 반출하는 경우에는 재화의 공급으로 보지 아니한다(부가집 10-0-3 ; 서면3팀-3323, 2007.12.13.).

영세율이 적용되는 용역의 국외공급 사례 (집행기준 22-0-2)

용역의 국외공급에 해당되는 것	용역의 국외공급에 해당되지 아니하는 것
• 국외에서 건설공사를 도급받은 사업자로부터 건설공사를 하도급받아 국외에서 건설용역을 제공하는 경우	• 국내에서 외국법인에게 용역을 제공하고 그 대가를 외화로 받는 경우
• 광고물의 제작설치 및 유지보수용역을 제공하는 사업자가 광고대행업자의 주선으로 국내 광고주와 해외광고계약을 체결하고 국외에서 광고물을 제작, 설치한 후 해당 광고물의 유지보수용역을 공급하는 경우	• 국외에 소재하는 건설공사에 사용되는 건설장비 임대용역 • 국외 건설공사를 수주한 국내 건설업자에게 국내에서 제공하는 설계용역
• 사업자가 외국기업과 국외에 설립한 합작법인에 해당 사업자의 기술을 이전하여 주고 합작법인으로부터 출자지분을 취득하는 경우	• 세관의 보세구역에서 외국인이 입국시 예치품을 일시보관하였다가 출국시 인출하여 주고 외국인으로부터 경비료를 받는 경우

 관련 해석사례 및 집행기준

- 인공지능 오디오 콘텐츠 서비스 국외 공급시 영세율 대상 여부

  해외 고객이 해외사이트에 접속하여 AI캐릭터 등 콘텐츠를 이용하는 경우 국외에서 제공하는 용역으로 영세율 적용 대상임(서면부가 2024-2056, 2024.11.26.).

- 국내사업자가 자기의 인터넷 홈페이지를 통해 해외고객에게 서비스형 소프트웨어(SaaS)를 공급하는 경우, 「부가가치세법」 제22조에 따른 용역의 국외공급에 해당하는지 여부

  국내사업자가 자기의 인터넷 홈페이지를 통해 해외고객에게 서비스형 소프트웨어(SaaS)를 공급하는 경우, 「부가가치세법」 제22조에 따른 용역의 국외공급에 해당하지 않음(사전법규부가 2024-84, 2024.05.30.).

- 국내법인의 미등기 해외지점이 해외에서 공급한 건설용역에 대한 부가가치세 과세(영세율) 여부

  해외지점은 인적·물적시설을 갖추고 독립적으로 사업을 영위하는 고정사업장으로 볼 수 있으므로 별도 사업장인 해외지점이 해외에서 공급한 용역이므로 과세대상 아님(서면법규부가 2022-736, 2022.02.23.).

- 국제여행알선 용역의 부가가치세 영세율 적용여부

  사업자가 「부가가치세법」 제22조에 따라 국외에서 제공하는 용역에 대하여 영세율을 적용하는 것이나 국내에서 내국인에게 국제여행알선 용역을 제공하는 경우에는 같은 법 제11조에 따라 부가가치세가 과세되는 것임(서면부가 2014-21286, 2015.03.11.).

국내에서 국내 건설업자에게 제공되는 설계용역의 영세율 적용 여부

사업자가 국외의 건설공사를 도급받은 국내 건설업자로부터 당해 건설공사의 설계용역을 의뢰받아 국외에서 설계용역을 공급하는 경우에 당해 설계용역은 영세율이 적용되는 것이나, 당해 설계용역을 국내에서 국내 건설업자에게 직접 공급하는 경우 영세율이 적용되지 아니하는 것임(부가-469, 2013.05.28.).

영세율이 적용된 국외제공용역에 대한 현금영수증 의무발급 여부

현금영수증 의무발급사업자가 국내사업장이 없는 외국법인에게 변리용역을 공급하고 대금을 외국환은행에서 원화로 받아 부가가치세 신고 시 외화입금증명서를 첨부하여 제출함에 따라 영세율이 적용된 경우 현금영수증 의무발급 대상 아님(재소득-549, 2011.12.21.).

애플리케이션을 오픈마켓에 등재하고 국내·외 소비자가 이를 유상으로 다운로드받아 사용하는 경우 영세율 적용여부

- 국내 사업자가 개발한 스마트폰용 응용프로그램(애플리케이션)을 인터넷 상의 오픈마켓에 등재하고 오픈마켓 운영자의 중개 하에 국내·외 소비자가 이를 유상으로 다운로드받아 사용하는 경우, 동 거래는 용역의 공급으로서 「부가가치세법」 제1조 제1항에 따른 과세대상이고, 국외 소비자가 다운로드받는 분은 국외에서 제공하는 용역으로서 같은 법 제11조 제1항 제2호에 따라 영세율이 적용되며, 영세율을 적용하여 신고할 경우 국세청장이 정하는 바에 따라 외화획득명세서 및 영세율이 확인되는 증빙서류 등을 제출하여야 하는 것임.
- 동 거래와 관련하여 소비세 등의 명목으로 외국에서 납부한 금액은 과세표준에 포함되지 아니하고, 공급가액과 세액이 별도 표시되어 있지 아니하는 경우 거래금액의 110분의 100에 해당하는 금액을 과세표준으로 보되, 영세율이 적용되는 경우에는 전체 거래금액을 영세율 과세표준으로 보는 것임(기획재정부 부가가치세제과-388, 2010.06.10.).
- 동 거래의 대가를 외국통화 기타 외국환으로 지급받는 경우 국내 개발자와 오픈마켓 운영자 간 정산일 등 역무의 제공이 완료되고 그 공급가액이 확정되는 때를 공급시기로 하여 「부가가치세법 시행령」 제51조에 따라 과세표준을 산정하는 것임.

해외현지법인의 지급(이행)보증 대가수수료의 영세율 여부

사업자가 국외에서 해외현지법인의 채무지급보증 및 이행보증을 제공하고 대가를 해외현지법인으로부터 외국환은행을 통하여 외화로 받는 경우 사업자(보증의 주체)가 국외에서 국외소재 은행 또는 법인에 대하여 국외현지법인에 대한 보증을 제공하는 것은 부가가치세법 제11조 제1항 제2호에서 규정한 국외에서 제공하는 용역에 해당하는 것임(재부가- 279, 2010.04.23.).

국외지점을 둔 사업자가 공급하는 해외건설용역의 영세율 적용 여부

국내에 사업장을 둔 사업자가 국외에서 건설용역을 제공하는 경우에는 부가가치세법 제11조 제1항 제2호에 따라 영의 세율을 적용하는 것임. 다만, 법인사업자가 국외에 지점을 설치(법인등기부등본에 지점등기)하고 해당 지점의 책임과 계산으로 해외건설용역을 제공하는 경우에는 부가가치세가 과세되지 아니하는 것임(부가가치세과-439, 2010.04.07.).

국외사업자로부터 특허권 사용료를 받는 경우 국외제공용역 해당여부
개별원시특허권을 보유한 사업자가 원시특허권사용계약에 의하여 국외에 소재하는 통합특허권자에게 당해 특허권에 대한 사용용역을 국외에서 제공하고 그 대가를 받는 경우 당해 용역의 제공은 「부가가치세법」 제11조 제1항 제2호에 따라 영의 세율을 적용하는 것이며, 귀 질의가 이에 해당하는지 여부는 당사자 간 계약내용, 특허권 사용 방법 등을 종합적으로 고려하여 사실판단 하여야 하는 것임(부가-1103, 2009.08.04.).

임가공용역을 국외에서 제공한 경우 영세율 적용 여부
국내사업자(을)이 국내사업자(갑)과 임가공계약을 체결하고, (을)은 국내사업장이 없는 외국법인(병)으로 하여금 (갑)이 외국에서 구매하거나 국내에서 (갑)명의로 국외로 반출한 주요자재를 인도받아 임가공하게 한 후 (갑)으로부터 임가공용역의 대가를 받는 경우 당해 대가에 대하여는 부가가치세가 과세되지 아니하는 것임(서면3팀-1325, 2008.06.26).

건설장비 등을 임대목적으로 국외로 반출 후 소유권이 외국에서 이전되는 경우
사업자가 건설장비 등을 임대(국외제공용역)목적으로 대외무역법에 규정하는 임대수출방식으로 국외로 반출하는 경우 소유권의 이전 없이 반출하는 당해 건설장비 등은 부가가치세법 제6조의 규정하는 재화의 공급에 해당하지 아니하는 것임. 다만, 임대계약기간 만료 전 또는 만료 후 당해 건설장비 등의 소유권이 외국에서 이전되는 경우에는 당해 재화가 인도되는 때를 공급시기로 하여 같은법 제11조 제1항 제1호의 규정을 적용하며, 이 경우 부가가치세의 과세표준은 같은법 제13조 제1항의 규정에 의하는 것임(서면3팀-1883, 2007.07.03.).

해외건설현장과 계약을 체결하고 자재를 공급하는 경우
건설자재 공급업자가 국내건설업자의 해외건설현장에 필요한 건설자재를 공급함에 있어 해외건설현장으로부터 주문을 받아 계약을 체결하고 건설자재 공급업자가 수출신고를 하고 선적하여 해외현지까지 운송 및 통관한 후 해외건설현장에 인도하는 경우에 부가가치세법 제11조 제1항 제1호의 규정에 의하여 영의 세율이 적용되는 것이며, 부가가치세법 제16조 제4항 및 부가가치세법 시행령 제57조 제3호의 규정에 의하여 세금계산서 발급의무가 면제되는 것임(서삼 46015-11869, 2003.11.28.).

외국법인에 특허권 양도시 영세율 적용여부
사업자가 사업상 취득한 특허권과 상표권 및 이에 부수되는 노하우 등 일체의 권리를 국내사업장이 없는 외국법인에게 양도하여 당해 외국법인이 동 권리를 국외에서 사용·소비하는 경우 동 권리의 양도에 대하여는 부가가치세법 제11조 제1항 제1호 및 동법시행령 제24조 제1항 제1호의 규정에 의한 수출하는 재화에 해당하여 부가가치세 영의 세율이 적용되는 것입니다

(서삼 46015-10405, 2003.03.11.).

• 해외건설공사 자재의 국외반출시 영세율 적용 여부

해외 건설공사를 도급받은 사업자가 당해 건설에 필요한 자재를 국내에서 구입하여 해외현장으로 반출하는 경우에는 재화의 공급으로 보지 아니하는 것이며 별도의 내국신용장이나 대외무역법에서 정하는 구매확인서에 의하지 아니하고 국내에서 납품받는 자재에 대하여는 부가가치세 영의 세율을 적용하지 아니하는 것임(부가 46015-538, 2001.03.21.).

선박·항공기의 외국항행용역

1. 외국항행용역의 범위

외국항행용역은 거주자와 내국법인이 선박 또는 항공기에 의하여 여객이나 화물을 국내에서 국외로, 국외에서 국내로 또는 국외에서 국외로 수송하는 것을 말한다(부법 제23조 제2항). 외국항행용역에 있어서 국내거래와 국제거래가 혼합된 경우 이를 구분하기가 곤란하므로 그 전체를 영세율 적용대상으로 하고 있으며, 외국항행사업자가 자기의 사업에 부수하여 행하는 다음의 것도 외국항행용역에 포함된다(부가령 재32조 제1항).

① 다른 외국항행사업자가 운용하는 선박 또는 항공기의 탑승권을 판매하거나 화물운송계약을 체결하는 것
② 외국을 항행하는 선박 내 또는 항공기 내에서 승객에게 공급하는 것(예: 기내식)
③ 자기의 승객만이 전용하는 버스에 탑승하게 하는 것
④ 자기의 승객만이 전용하는 호텔에 투숙하게 하는 것

2. 외국항행용역에 포함되는 경우

① 운송주선업자가 국제복합운송계약에 의하여 화주로부터 화물을 인수하고 자기책임과 계산으로 타인의 선박 또는 항공기 등의 운송수단을 이용하여 외국으로 화물을 운송해 주고 화주로부터 운임을 받는 경우의 국제운송용역(부가령 제32조 제2항)
    ☞ 원화로 받든, 외화로 받든 영세율 적용(부가-3373, 2018.04.13.)
② 항공사업법에 의한 상업서류송달용역
    ☞ 영세율 첨부서류

㉠ 선박에 의한 운송용역: 외화입금증명서, 선박에 의한 운송용역 공급가액일람표
㉡ 항공기에 의한 운송용역: 공급가액확정명세서, 송장집계표

 관련 해석사례 및 집행기준

수출입 화물의 운송, 보관용역을 제공하는 경우
사업자가 수출입 화물의 운송 및 보관(CY, CFS, THC등)용역을 제공하고 그 대가를 받는 경우에는 부가가치세법 제11조 제1항 제3호의 규정에 의한 영세율이 적용되지 아니하는 것임(부가-989, 2012.09.27.).

외국항행 용역을 제공하는 사업자가 크루즈 상품을 판매하는 경우
크루즈 선박으로 외국항행 용역을 제공하는 사업자가 여행객에게 크루즈 상품과 기항지가 국외인 투어상품을 판매하는 경우 및 선박 내에서 재화를 공급하거나 자기사업에 부수하여 용역을 제공하는 경우 부가가치세법 제11조 제1항과 같은 법 시행령 제25조 제1항 제2호에 따라 영세율을 적용하는 것이나, 기항지가 국내인 투어상품을 판매하는 경우와 선박 내 일부 매장을 외부업체에 임대하고 받는 수수료 및 자기사업에 부수하지 않는 용역을 제공하는 경우에는 영세율이 적용 되지 아니하는 것입니다. 또한, 외부 입점업체가 재화를 공급하는 경우 같은 법 제11조 제1항1호에 따라 영세율을 적용하는 것이나, 용역을 제공하는 경우에는 영세율이 적용되지 아니하는 것임(법규부가 2012-267, 2012.08.14.).

운송주선업자의 국제복합운송용역 영세율 적용
운송주선업자가 국제복합운송계약에 의하여 화주로부터 화물을 인수하고 자기책임과 계산하에 타인의 선박 등 운송수단을 이용하여 외국으로 화물을 운송해 주고 화주로부터 운임을 받는 경우 외국항행용역에 해당되어 영세율이 적용되는 것이나, 운송주선업자가 국제운송용역과는 별도로 국내에서 국내로 화물운송용역을 제공하고 대가를 받는 경우에는 영세율이 적용되지 아니하는 것임(서면 3팀-2923, 2006.11.27.).

외국항행용역의 영세율첨부서류
선박 또는 항공기에 의한 외국항행용역의 공급으로 영세율이 적용되는 경우에는 매출처별 세금계산서합계표의 제출과는 별도로 외국환은행이 발급하는 외화입금증명서(항공기의 경우 『공급가액확정명세서』)를 제출하여야 하는 것임(서면 3팀-1332, 2005.08.22.).

운송주선업자의 세금계산서 발급의무
운송주선업자가 국제복합운송용역 제공대가를 화주로부터 받는 경우, 당해 화주가 국내사업장 없는 비거주자 등인 경우 외에는 세금계산서를 교부해야 함(서면 3팀-700, 2005.05.20.).

05 기타

1. 국내에서 비거주자·외국법인에게 공급하는 재화·용역

국내에서 국내사업장이 없는 비거주자(국내에 거소를 둔 개인, 외교공관등의 소속 직원, 우리나라에 상주하는 국제연합군 또는 미합중국군대의 군인 또는 군무원은 제외) 또는 외국법인에 공급되는 다음의 재화 또는 사업에 해당하는 용역으로서 그 대금을 외국환은행에서 원화로 받거나 기획재정부령으로 정하는 방법으로 받는 것만 영세율을 적용한다.

① 비거주자 또는 외국법인과의 계약에 의해 비거주자 또는 외국법인이 지정하는 국내사업자에게 인도되는 재화로서 해당 사업자의 과세사업에 사용되는 재화
② 사업서비스업

> ㉠ 전문, 과학 및 기술서비스업(수의업, 제조업 회사본부 및 기타 산업회사본부 제외)
> ㉡ 임대업 및 무형재산권 임대업
> ㉢ 통신업
> ㉣ 컨테이너 수리업, 보세구역의 창고업, 해운대리점업, 해운중개업 및 선박관리업
> ㉤ 출판, 영상, 방송통신 및 정보서비스업 중 뉴스제공업, 영상·오디오 기록물 제작 및 배급업(영화관 운영업과 비디오물감상실 운영업 제외), 소프트웨어 개발업, 컴퓨터프로그래밍, 시스템통합관리업, 자료처리, 호스팅, 포털 및 기타 인터넷 정보매개 서비스업, 기타 정보서비스업
> ㉥ 상품중개업(전자상 거래 소매업 포함)
> ㉦ 사업시설관리 및 사업지원 서비스업(조경 관리 및 유지 서비스업, 여행사 및 기타 여행보조 서비스업은 제외한다)
> ㉧ 교육 서비스업(교육지원 서비스업으로 한정한다)
> ㉨ 보건업(임상시험용역을 공급하는 경우로 한정한다)
> ㉩ 보세운송업자가 제공하는 보세운송용역

대금 결제 요건 중 "기획재정부령으로 정하는 방법"이란 다음 중의 어느 하나에 해당하는 방법을 말한다.

> ① 국외의 비거주자 또는 외국법인으로부터 외화를 직접 송금받아 외국환은행에 매각하는 방법
> ② 국내사업장이 없는 비거주자 또는 외국법인에게 재화를 공급하거나 용역을 제공하고 그 대가를 해당 비거주자 또는 외국법인에게 지급할 금액에서 빼는 방법

- **수탁가공무역방식 수출과 기타외화획득재화의 영세율적용**[13]

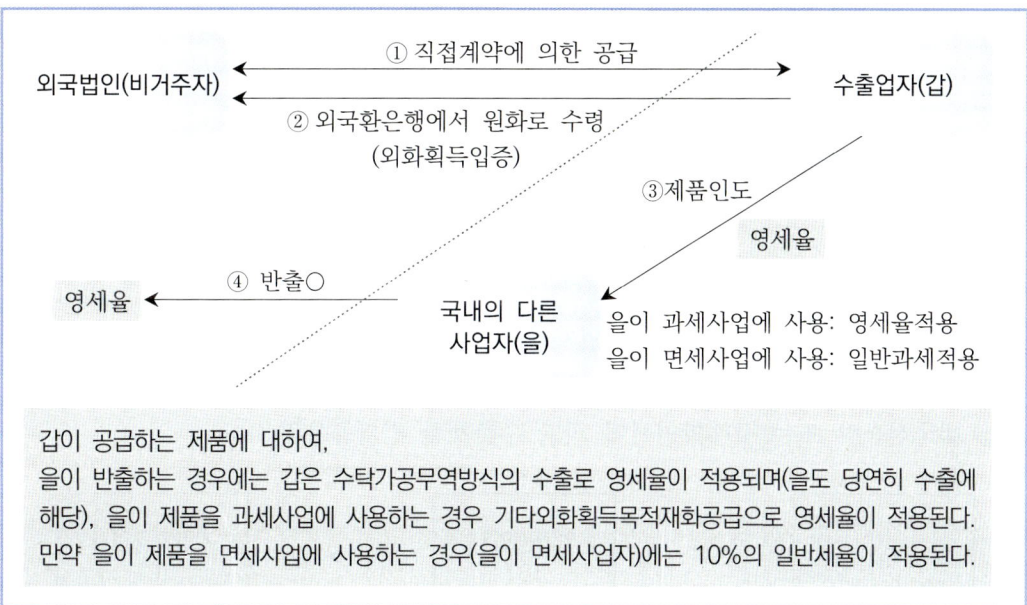

갑이 공급하는 제품에 대하여,
을이 반출하는 경우에는 갑은 수탁가공무역방식의 수출로 영세율이 적용되며(을도 당연히 수출에 해당), 을이 제품을 과세사업에 사용하는 경우 기타외화획득목적재화공급으로 영세율이 적용된다. 만약 을이 제품을 면세사업에 사용하는 경우(을이 면세사업자)에는 10%의 일반세율이 적용된다.

영세율이 적용되는 사례와 적용되지 않는 사례

★ **영세율이 적용되는 사례**
① 국외의 비거주자 등으로부터 직접 송금받아 외국환은행에 매각하는 경우
② 비거주자 등에게 용역을 제공하고 그 대가를 해당 비거주자 등에게 지급할 금액에서 상계하는 경우 (규칙 9조의3)
③ 대금을 외국환은행을 통하여 외화로 송금받아 수입 결제자금 또는 대외 지급채무 등에 사용할 목적으로 외국환은행에 외화예금구좌로 예치한 경우
④ 비거주자 등이 발행한 외화수표를 외국환은행에 매각한 경우
⑤ 대금을 외국환은행으로부터 비거주자 등의 국내대리점을 경유하여 원화로 받는 경우
⑥ 국내대리점이 비거주자 등으로부터 국내대리점의 계정으로 송금된 외화를 매각하거나, 비거주자 등에게 송금할 국내대리점 계정상의 외화의 전부 또는 일부를 매각하여 원화로 지급한 사실이 확인되는 경우
⑦ 외국신용카드로 받는 경우
⑧ 국외거래은행의 비거주자 자유원계정을 통해 원화로 지급받는 경우(법규-468, 2011.04.20.)

---

13) 김명주, "앞의 책", 230p 참고.

> ✱ 영세율이 적용되지 않은 사례
> ① 외국환은행으로부터 원화로 인출하지 아니하고 직접 외화, 원화표시 여행자 수표로 받는 경우
> ② 국내대리점 등 제3자로부터 원화로 지급 받는 경우 (부가-931, 2011.08.22.)
> ③ 비거주자 자유원화예금구좌를 통하여 원화를 수령하는 경우(상담3팀-2386, 2007.08.24.)

2. 수출재화 임가공용역

다음의 수출재화 임가공용역에 대하여 영세율을 적용한다.

① 수출업자(내국신용장수출업자 제외)와 직접 도급계약에 의해 수출재화를 임가공하는 수출재화임가공용역. 단, 사업자가 부가가치세를 별도로 적은 세금계산서를 발급한 경우에는 그러하지 아니하다.

② 내국신용장 또는 구매확인서에 의한 수출재화 임가공용역

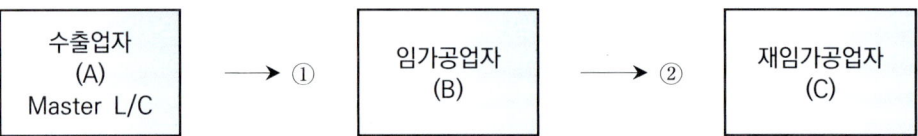

> 임가공용역의 흐름을 설명하면 다음과 같다.
> 상황1: 수출업자(A)가 임가공업자(B)에게 수출재화에 대한 임가공을 의뢰함.
> 　　　○ 임가공업자(B)가 수출업자(A)에게 수출재화 임가공용역 공급시
> 　　　　・주요자재를 전혀 부담하지 않고 단순 임가공만 한 경우에는 직접 도급계약에 의하여 공급할 수 있으며 내국신용장(구매확인서) 개설은 하지 않아도 됨.
> 　　　　・주요자재의 전부 또는 일부를 부담한 경우에는 재화의 공급이므로 반드시 내국신용장 또는 구매확인서에 의하여 공급하여야 영세율 적용
> 　　　　　(수출재화 염색임가공은 예외적으로 직접도급계약 인정)
> 상황2: 수출업자(A)에게 의뢰받은 임가공업자(B)가 다시 재임가공업자(C)에게 수출재화에 대한 임가공을 의뢰함.
> 　　　○ 재임가공업자(C)가 임가공업자(B)에게 임가공용역 제공시(②)에는 반드시 내국신용장 또는 구매확인서에 의하여 공급하여야 영세율 적용 받음

3. 외국을 항행하는 선박·항공기 또는 원양어선에 공급하는 재화·용역

(1) 의의

사업자가 외국을 항행하는 선박14)·항공기·원양어선15)에 직접 공급하는 재화 또는 용역에 대하여는 대금영수방법에 관계없이 영세율을 적용한다(부가령 제33조 제3항 제4호)(예: 원양어선 수리, 유류 공급 등)다만, 사업자가 부가가치세를 별도로 적은 세금계산서를 발급한 경우에는 영세율을 적용하지 아니한다(부가령 제33조 제2항 제5호 단서).

(2) 영세율이 적용되는 사례(부가통 24-33-7 ~ 10)

> ① 도선선박, 예인선박, 통선 등에 의한 용역을 외항선박*에 제공하고 그대가를 받는 경우(부가통 24-33-8)
> * "외항선박"이란 외국의 선박과 「해운업법」의 규정에 의하여 사업면허를 얻은 외국항행사업자가 운항하는 선박으로서 실제로 외국을 항행하는 우리나라 선박
> ② 외국을 항행하는 선박 또는 항공기에 직접 하역용역 등을 제공하고 그 대가를 받는 경우(부가통 24-33-9)

(3) 영세율이 적용되지 않는 사례

> ① 외항선을 예인하는 예인선박에 소모되는 재화(석유류 등)의 공급
> ② 외국항행사업자가 선용품 등을 국내의 다른 사업자에게 공급하는 경우(부가통 24-33-10)
> ③ 외항선박의 콘테이너 수리용역은 외항선박에 제공하는 용역으로 보지 아니함(부가통 24-33-7)

(4) 세금계산서 발급

해당 재화 또는 용역을 공급받는자가 국내사업장이 없는 비거주자 또는 외국법인인 경우에는 세금계산서 발급의무 면제이지만 국내사업장이 있는 경우에는 영세율 세금계산서 발급해야 한다.

---

14) 외국을 항행하는 선박이란 외국의 선박과 해운법에 따라 사업면허를 얻은 외국항행사업자가 운항하는 선박으로서 외국을 항행하는 우리나라의 선박을 말함(부가통 24-33-6).
15) 원양어선이란 원양산업발전법에 따라 원양어선으로 허가를 얻어 주로 해외수역에서 조업을 하는 선박을 말함(부가통 24-33-6).

4. 외교공관 등에 공급하는 재화 또는 용역

(1) 의의

우리나라에 상주하는 외교공관, 영사기관(명예영사관원을 장으로 하는 영사기관은 제외), 국제연합과 이에 준하는 국제기구(우리나라가 당사국인 조약과 그 밖의 국내법령에 따라 특권과 면제를 부여받을 수 있는 경우만 해당), 국제연합군 또는 미합중국군대에 공급하는 재화 또는 용역을 공급하는 경우에는 영세율을 적용한다(부가법 제24조 제1항 제1호, 부가령 제33조 제2항 제6호). 이 경우 대금수령방법에 관한 규정이 없으므로 대금수령방법(외화 또는 원화)에 관계없이 해당되면 영세율 적용된다.

(2) 첨부서류

① 외국환은행이 발급하는 수출(군납)대금입금증명서 또는 관할세무서장이 발급하는 군납완료증명서 또는 해당 외교공관 등이 발급한 납품 또는 용역 공급사실을 증명할 수 있는 서류
② 전력·가스 기타 공급단위를 구획할 수 없는 재화를 계속적으로 공급하는 경우 재화 공급기록표, 「전기통신사업법」에 따른 전기통신사업의 경우 용역공급기록표(부가령 제101조 제1항 제13호)

5. 외국인관광객[16])에게 공급하는 관광알선용역

(1) 의의

「관광진흥법 시행령」에 따른 일반여행업자가 외국인 관광객에게 공급하는 관광알선용역으로서 그 대가를 다음 어느 하나의 방법으로 받는 경우로 한정한다(부가령 제33조 제2항 제7호).

> ① 외국환은행에서 원화로 받는 것
> ② 외화 현금으로 받은 것 중 국세청장이 정하는 관광알선수수료명세표와 외화매입증명서에 의하여 외국인 관광객과의 거래임이 확인되는 것
> ☞ 대가를 외국신용카드로 받는 경우와 당해 용역을 공급받은 외국인관광객으로부터 국외에 소재하는 금융기관을 지급자로 하고 당해 용역의 공급자를 수취인으로 하여 발행한 개인수표를 받아 외국환은행에서 매각하는 경우 영세율이 적용됨(서면3팀-365, 2004. 02.27.).

---

16) 외국환거래법상의 비거주자를 의미하며, 이 중 법인, 국내주재 외교관·국제연합군·미국군의 장병 및 군무원은 제외함(재소비22601-1033, 1989.09.29.).

(2) 첨부서류

종합여행업자: 외국환은행이 발급하는 외화입금증명서(다만, 외화 현금으로 받는 경우에는 관광알선수수료명세표 및 외화매입증명서)

6. 외국인전용판매장 등에서 공급하는 재화 또는 용역

(1) 의의

외국인전용판매장[17]을 경영하는 자 또는 주한외국군인 및 외국인선원 전용의 유흥음식점업을 경영하는 자가 국내에서 공급하는 재화 또는 용역으로서 그 대가를 외화로 받고 다만, 그 대가를 외화로 받고 그 외화를 외국환은행에서 원화로 환전하는 경우에 영세율을 적용한다(부가령 제33조 제2항 제9호).

(2) 첨부서류

외국환은행이 발급하는 외화입금증명서 또는 외화매입증명서

7. 외교관 등에게 공급하는 재화 또는 용역

(1) 의의

우리나라에 상주하는 외교공관, 영사기관(명예영사관원을 장으로 하는 영사기관은 제외), 국제연합과 이에 준하는 국제기구(우리나라가 당사국인 조약과 그 밖의 국내법령에 따라 특권과 면제를 부여받을 수 있는 경우만 해당) 등의 소속 직원으로서 해당 국가로부터 공무원 신분을 부여받은 자 또는 외교부장관으로부터 이에 준하는 신분임을 확인받은 자 중 내국인이 아닌 자(외교관 등)에게 부가령 제33조 제1항으로 정하는 방법에 따라 재화 또는 용역을 공급하는 경우에는 영세율을 적용한다(부가법 제24조 제1항 제2호, 부가령 제33조 제1항).

(2) 요건

① 국세청장이 정하는 바에 따라 관할세무서장으로부터 외교관 면세점으로 지정받은 사업장(「개별소비세법 시행령」 제28조에 따라 지정받은 판매장을 포함)이어야 한다.

---

[17] ① 개별소비세법 제17조 제1항의 규정에 따른 관할세무서장의 지정을 받아 외국인전용판매장을 경영하는 자
② 조세특례제한법 제115조에 따른 주한외국군인 및 외국인선원 전용의 유흥음식점업을 경영하는 자

② 외교부장관이 발행하는 외교관 면세카드18)를 제시받아 아래의 어느 하나에 해당하는 재화 또는 용역을 공급하는 경우이어야 한다.

> ㉠ 음식·숙박용역
> ㉡ 개별소비세법 시행령 제24조 제1항(석유류) 및 제27조(귀금속제품, 고급가구 등)에 따른 물품
> ㉢ 교통·에너지·환경세법 시행령 제20조 제1항에 따른 석유류
> ㉣ 주세법에 따른 주류
> ㉤ 전력
> ㉥ 외교부장관의 승인을 받아 구입하는 자동차

③ 외교관 등의 성명, 국적, 외교관 면세카드 번호, 품명, 수량, 공급가액 등이 적힌 외교관면세 판매기록표에 의하여 외교관 등에게 공급한 것이 확인되는 경우이어야 한다.
④ 해당 외국에서 대한민국의 외교공관 및 영사기관 등의 직원에게 공급하는 재화 또는 용역에 대하여 동일하게 면세하는 경우에만 영세율을 적용해야 한다(상호면세주의).
  ☞ 대금수령방법에 관한 규정이 없으므로 대금수령방법에 관계없이 해당되면 영세율 적용

(3) 첨부서류

외교관면세판매기록표

관련 해석사례 및 집행기준

- **영세율 적용 범위에 해당하지 아니하는 용역을 제공하는 경우**
사업자가 국내에서 국내사업장이 없는 비거주자 또는 외국법인에게 「부가가치세법 시행령」 제26조 제1항 제1호 각목의 1에 해당하지 아니하는 용역을 제공하는 경우에는 그 대금을 외국환은행에서 원화로 받더라도 영세율이 적용되는 기타 외화획득용역의 범위에 포함되지 아니하는 것임(부가-969, 2012.09.24.).

- **국내사업장이 없는 외국법인에게 전시 및 행사대행업을 공급하는 경우**
통계청장이 고시한 한국표준산업분류의 '전시 및 행사대행업'(분류코드 75992)을 영위하는 사업자가 국내에서 국내사업장이 없는 외국법인에게 당해 용역을 공급하고 그 대금을 외국환은행에서 원화로 받는 경우에는 「부가가치세법」 제11조 제1항 제4호 및 같은 법 시행령 제26조

---

18) 외교관계에 관한 비인협정 제34조에 따라 외교관에 대하여 우리나라의 부가가치세 부담을 배제하기 위하여 외교부장관이 발행하는 증표를 말함.

제1항 제1호에 따라 영세율이 적용되는 것이나, 귀 질의의 경우가 '전시 및 행사대행업'에 해당하는지 여부는 각각의 거래내용 등 사실관계를 종합적으로 고려하여 판단할 사항입니다(부가-1146, 2012.11.22.).

- 외국사업자의 상품 판매를 전자상거래로 중개하고 수수료 수취

사업자가 국내에서 외국에 소재하는 사업자에게 계약상 또는 법률상의 원인에 따라 역무를 제공하고 수수료 등을 지급받는 경우, 당해 수수료에 대해서는 「부가가치세법」 제7조에 따라 용역의 공급으로 보는 것이며, 당해 수수료가 「부가가치세법 시행령」 제26조 제1항 제1호 각 목에 해당되어 그 대금을 외국환은행에서 원화로 받거나 같은 법 시행규칙 제9조의3에 따라 받는 경우 영세율을 적용하는 것임. 이 경우 귀 질의의 수수료가 상품종합중개업에 해당하는지 여부 등에 대해서는 계약내용과 통계청장이 고시하는 당해 과세기간 개시일 현재의 한국표준산업분류에 따르는 것임(부가-1131, 2012.11.16.).

- 외국법인의 자유원계정을 통하여 공급대가를 원화로 수령하는 경우 영세율 적용 여부

사업자가 국내사업장이 없는 비거주자 또는 외국법인에게 법 제26조 제1항 제1호 각 목에 해당하는 재화 또는 용역을 공급하고 그 대금을 국외거래은행의 비거주자 자유원계정을 통해 원화로 지급받는 경우에는 대금을 외국환은행에서 원화로 지급받는 것으로 보아 영세율 적용함(법규-468, 2011.04.20.).

- 외국법인과 계약에 따라 연구개발용역을 제공하는 경우

내국법인이 국내에서 국내사업장이 없는 외국법인과 연구개발용역 위탁 계약을 체결함에 따라 연구개발에 따른 인건비, 기타 경비 등 연구개발용역에 대한 대가를 외국법인으로부터 외국환은행에서 원화로 받는 경우 「부가가치세법시행령」 제26조 제1항 제1호 나목에 따라 영세율이 적용되는 것이며, 해당 연구개발에 필요한 기계 등을 임차하거나 직접 구입하여 사용하고 세금계산서를 발급받은 경우 매출세액에서 공제할 수 있는 것임(법규부가 2012-265, 2012.08.24.).

- 국내에서 외국법인에게 설계용역을 제공하고 해외계좌로 대가를 받는 경우 영세율 적용여부

사업자가 국내에서 국내사업장이 없는 외국법인에게 설계용역을 제공하고 그 대가를 해당 국가에 있는 연락사무소의 해외계좌로 입금 받은 후, 현지에서 발생한 외주비 및 기타 경비로 일부금액을 지급하고 잔액을 국내의 외국환은행 계좌로 재송금하는 경우에는 국내의 외국환은행 계좌로 입금된 금액에 대하여만 「부가가치세법 시행령」 제26조 제1항 제1호에 따라 영세율을 적용하는 것임(부가-1547, 2010.11.24.).

- 국내사업장이 있는 외국법인과 직접계약으로 그 국내사업장에 재화를 공급하는 경우

사업자가 국내사업장이 있는 외국법인과 직접계약에 의하여 국내에서 「부가가치세법 시행령」 제26조 제1항 제1호 가목에 따른 재화를 공급하고 그 대금을 해당 국외의 외국법인으로부터 외국환은행을 통하여 원화로 받는 경우에는 영의 세율을 적용하는 것이나 사업자가 국내사업

장이 있는 외국법인과의 직접계약에 의하여 같은 법 시행령 제26조 제1항 제1호가 목에 따른 재화를 공급하더라도 동 재화가 그 외국법인의 국내사업장에 공급된 경우에는 영의 세율을 적용하지 아니하는 것임(부가-1317, 2010.10.05.).

국내사업장이 없는 외국법인에게 임가공용역을 제공하는 경우 영세율 적용여부
국내사업자 "갑"이 국내사업장이 없는 외국법인인 "A"와 가공계약에 따라 인도받은 재화에 주요자재를 부담하지 아니하고 단순히 가공만 하여 주어「부가가치세법 시행령」제18조에 따른 용역을 제공하는 것에 해당하는 경우, 해당 용역을 제공하는 사업은 같은 법 시행령 제26조 제1항 제1호 나목에서 규정하는 사업서비스업에 해당하는 것임(부가-756, 2010.06.18.).

외국법인에게 국내에서 설계용역을 제공하는 경우 영세율 적용여부
국내에서 국내사업장이 없는 외국법인과의 계약에 따라 설계용역을 제공하는 경우 해당 설계용역은「부가가치세법 시행령」제26조 제1항 제1호 나목에서 규정하는 사업서비스업에 해당하고 이 경우 그 대금을 외국환은행에서 원화 또는 같은 법 시행규칙 제9조의3에서 정하는 방법으로 받는 때에는 영세율을 적용하는 것임(법규부가 2009-438, 2009.12.28.).

외국법인에게 용역을 공급하고 외화를 원화로 환전하지 않은 경우
시행령 제26조 1항 1호 에 규정하고 있는 용역을 공급하고, 그 대금을 외화로 송금 받아 매각하지 아니하고 종업원의 급여 등으로 사용하는 경우에도 영세율이 적용되는 것임(부가가치세과-200, 2009.01.14.).

외화 수령방법에 따른 영세율 적용여부
국내에서 국내사업장이 없는 외국법인에게 사업서비스 용역을 공급하고 대가를 국내 비거주자 원화계정으로부터 원화로 입금하는 경우, 비거주자 외화계정에서 출금하여 원화로 환전한 후 원화로 입금하는 경우 및 해외에서 직접 당사 통장계좌로 원화로 입금하는 경우에는 영세율이 적용되지 않는 것이며, 비거주자 외화계정으로부터 당사 통장계좌(외환계좌)에 외화로 입금하는 경우에는 영세율이 적용되는 것임(부가가치세과-4392, 2008.11.25.).

국내 광고대행사와 계약에 의하여 외국광고주의 광고를 하는 경우
광고매체를 운영하는 사업자가, 자기의 책임과 계산 하에 외국광고주에게 광고용역을 제공하는 국내 광고대행사와 광고매체계약을 체결하여 용역을 제공하는 경우, 그 대가를 외국광고주로부터 직접 받는지 여부와 관계없이 영세율이 적용되지 아니하는 것이며, 광고대행사에게 세금계산서를 교부하는 것임(부가가치세과-2319, 2008.07.29).

국내지점이 외국본점에 용역을 제공하고 대가를 받는 경우
국내사업장이 있는 외국법인이 국외소재 본점에서 기계장비를 직접 공급한 후 외국법인의 국내지점이 본점을 대신하여 동 기계장비에 대한 설치 및 무상보증수리 용역을 제공하고 본점으로부터 운영경비 명목으로 대가를 수령하는 경우, 국내지점이 제공하는 용역은 용역의 자가공급에 해당되어 부가가치세가 과세되지 아니함(서면3팀-326, 2007.01.30.).

- 광고대행사를 통하여 비거주자 등에게 제공하는 광고용역

사업자가 광고대행사를 통하여 외국광고주에게 광고용역을 제공하고 그 대가를 외국광고주로부터 외국환은행을 통하여 원화로 받는 경우에는 영세율 적용이 되는 것이나, 대가를 광고대행사를 통하여 원화로 받는 경우에는 영세율이 적용되지 아니하는 것임(서면3팀-1782, 2005.10.17.).

- 국외의 외국법인과 직접계약에 의하여 공급한 설계용역의 영세율(상담3팀-2318, 2004.11.12)

사업자가 국외의 외국법인과 직접계약에 의하여 건축설계용역을 공급하고 그 대금을 외국환은행을 통하여 원화로 받는 경우에도 당해 건축설계용역이 실질적으로 법인세법 제94조에서 규정한 외국법인의 국내사업장에 공급되는 경우 영세율이 적용되지 아니함(서면3팀-2318, 2004.11.12.).

06 조세특례제한법상 영세율 적용대상

1. 의의

「조세특례제한법」에서는 농·어민 보호 등의 조세정책적인 목적에서 영세율을 규정하고 있다(조특법 제105조).

2. 방위산업체가 공급하는 방위산업물자

「방위사업법」에 따라 지정을 받은 방위산업체가 공급하는 방산물자(경찰이 작전용으로 사용하는 것을 포함)와 「비상대비에 관한 법률」에 따라 중점관리대상으로 지정된 자가 생산공급하는 시제품 및 자원 동원으로 공급하는 용역에 대하여는 영세율을 적용한다(조특법 제105조 제1항 제1호). 그러나 방위산업체 상호간의 거래(조특집 105-01-1)와 방산물자를 납품하는 사업자에게 방산물자를 공급하는 경우에는 영세율을 적용하지 아니한다(서삼 46015-11638, 2003.10.20.).

3. 「국군조직법」에 따라 설치된 부대 또는 기관에 공급하는 석유류

「국군조직법」에 따라 설치된 부대 또는 기관에 공급(「군인복지기본법」 제2조 제4호에 따른 체육시설 중 군 골프장과 골프연습장에 공급하는 경우는 제외)하는 석유류는 영세율을 적용한다. 이 경우 영세율이 적용되는 석유류란 「석유 및 석유대체연료 사업법」 제2조 제1호 및 제2호에 따른 원유·천연가스(액화한 것을 포함한다) 및 석유제품19)을 말한다(조특집 105-01-2).

관련 해석사례 및 집행기준

- 군인공제회 및 국군복지단에 공급하는 석유류

「조세특례제한법」 제105조 제1항 제2호의 규정에 따라 귀 질의의 군인공제회 및 국군복지단이 "국군조직법에 의하여 설치된 부대 또는 기관"에 해당하는 경우, 공급받는 석유류는 부가가치세 영세율이 적용되는 것임(부가-498, 2009.04.10.).

4. 국가·지방자치단체 등 사업시행자에 직접 공급하는 도시철도건설용역

다음 어느 하나에 해당하는 자에게 직접 공급하는 도시철도건설용역은 영의 세율을 적용한다(조특법 제105조 제1항).

① 국가 및 지방자치단체(제106조 제1항 제7호의2에 따라 공급받는 경우는 제외한다)(2020.12.29. 개정)
② 「도시철도법」의 적용을 받는 도시철도공사(지방자치단체의 조례에 따라 도시철도를 건설할 수 있는 경우로 한정한다)
③ 「국가철도공단법」에 따른 국가철도공단
④ 「사회기반시설에 대한 민간투자법」 제2조 제8호에 따른 사업시행자
⑤ 「한국철도공사법」에 따른 한국철도공사

---

19) 「석유및석유대체연료사업법」 제2조 【정의】이 법에서 사용하는 용어의 뜻은 다음과 같다.
 1. "석유"란 원유, 천연가스[액화(液化)한 것을 포함한다. 이하 같다] 및 석유제품을 말한다.
 2. "석유제품"이란 휘발유, 등유, 경유, 중유, 윤활유와 이에 준하는 탄화수소유 및 석유가스(액화한 것을 포함한다. 이하 같다)로서 다음 각 목의 것을 말한다.
  가. 탄화수소유: 항공유, 용제(溶劑), 아스팔트, 나프타, 윤활기유, 석유중간제품[석유제품 생산공정에 원료용으로 투입되는 잔사유(殘渣油) 및 유분(溜分)을 말한다] 및 부생연료유(등유나 중유를 대체하여 연료유로 사용되는 부산물인 석유제품을 말한다)
  나. 석유가스: 프로판·부탄 및 이를 혼합한 연료용 가스

도시철도의 범위에는 도시철도의 선로 등 도시철도의 제반시설물이 포함되며, 새로운 도시철도의 건설뿐만 아니라 기존 도시철도의 개량, 증설공사도 영세율이 적용된다.

사업자가 도시철도공사에 직접 공급하는 도시철도건설용 재화에 대하여는 영세율을 적용하지 아니하고, 영세율이 적용되는 도시철도건설용역을 제공하는 사업자로부터 하도급 받아 공급하는 도시철도건설용역에 대하여는 영세율을 적용하지 아니한다

도시철도건설용역 해당 여부는 「도시철도법」 제3조 제5호의 도시철도건설 규정에 따르지 않고, 통계청장이 고시하는 해당 과세기간 개시일 현재의 한국표준산업분류에 따른다. 또한, 도시철도건설용역을 제공하는 사업자가 국가 및 지방자치단체, 도시철도공사 등에 도시철도건설용역에 부수하여 설계, 감리 등의 용역을 함께 공급하는 경우에는 영세율이 적용되나, 도시철도건설용역과는 별도로 설계, 감리 등의 용역만을 공급하는 경우에는 영세율을 적용하지 아니한다(조특집 105-0-3).

 관련 해석사례 및 집행기준

- **도시철도를 건설하여 기부채납하고 관리운영권을 얻어 면세사업에 사용하는 경우 영세율 적용 여부**
「사회기반시설에 대한 민간투자법」 제2조 제8호의 사업시행자가 도시철도 사업을 위한 운영설비 및 건설사업관리용역을 포함한 도시철도사업시설 일체를 지방자치단체에 기부채납하고 시설관리운영권을 취득한 거래는 부가가치세 영세율 적용하는 것임(기획재정부부가-152, 2022. 03.16.).

- **도시철도건설용역에 부수하여 조사·설계 등의 용역을 함께 제공하는 경우 영세율 적용여부 등**
도시철도건설용역을 제공하는 사업자가 민간투자법 §2(8)에 따른 사업시행자에게 직접 공급하는 도시철도건설용역 및 이에 부수하여 설계, 조사 용역을 함께 공급하는 경우 영세율을 적용하는 것임(사전법령해석부가 2021-1362, 2021.12.23.).

- **도시철도 통합 모니터링 시스템 설치공사가 영세율 적용대상인 도시철도건설용역에 해당하는지 여부**
도시철도공사가 역사의 통합 모니터링(CCTV설비) 시스템 개량사업을 진행하며 정보통신공사업자로부터 시스템 설치공사 용역을 직접 공급받는 경우 영세율이 적용되는 도시철도건설용역에 해당함(사전법령해석부가 2021-382, 2021.03.29.).

- **승강장 안전문의 비상문 제작·설치가 영세율이 적용되는 도시철도건설용역에 해당하는지 여부**
도시 철도공사가 공급받는 도시철도 승강장 안전문의 비상문 제작·설치공사가 기존 도시철도시설의 성능 및 기능 향상을 위한 개량, 증설로서 건설업으로 분류되는 경우에는 영세율이 적용되는 것임(사전법령해석부가 2017-508, 2017.08.01.).

5. 국가 또는 지방자치단체에 공급하는 사회기반시설의 공급 및 사회기반시설의 건설용역

「사회기반시설에 대한 민간투자법」 제2조 제8호에 따른 사업시행자[20]가 부가가치세가 과세되는 사업을 할 목적으로 같은 법 제4조 제1호부터 제3호[21]까지의 규정에 따른 방식으로 국가 또는 지방자치단체에 공급하는 사회기반시설 또는 사회기반시설[22]의 건설용역은 영의 세율을 적용한다(조특법 제105조).

여기에서 부가가치세 영세율이 적용되는 사회기반시설이란 각종 생산 활동의 기반이 되는 시설, 해당 시설의 효용을 증진시키거나 이용자의 편의를 도모하는 시설 및 국민 생활의 편익을 증진시키는 시설로서 같은 법 제2조 제1호에 열거된 것을 말한다.

반면에 「사회기반시설에 대한 민간투자법」에 따른 사업시행자가 사회기반시설을 준공과 동시에 국가에 귀속시키고 일정기간 무상사용·수익권을 얻어 면세사업에 사용하는 경우 해당 시설의 기부채납에 대하여는 부가가치세가 면제되고 건설단계에서 부담한 매입세액은 공제되지 아니한다(조특집 105-0-4).

---

20) 「사회기반시설에 대한 민간투자법」 제2조 【정의】이 법에서 사용하는 용어의 뜻은 다음과 같다.
    8. "사업시행자"란 공공부문 외의 자로서 이 법에 따라 사업시행자의 지정을 받아 민간투자사업을 시행하는 법인을 말한다.
21) 「사회기반시설에 대한 민간투자법」 제4조(민간투자사업의 추진방식)
    ① 사회기반시설의 준공과 동시에 해당 시설의 소유권이 국가 또는 지방자치단체에 귀속되며 사업시행자에 일정기간의 시설관리운영권을 인정하는 방식(제2호의 경우 제외)(BTO 방식: Build Transfer Operate, 건설-양도- 운영 방식)
    ② 사회기반시설의 준공과 동시에 해당 시설의 소유권이 국가 또는 지방자치단체에 귀속되며, 사업시행자에게 일정기간의 시설관리권을 인정하되, 그 시설을 국가 또는 지방자치단체 등이 협약에서 정한 기간 동안 임차하여 사용수익하는 방식(BTL방식: Build Transfer Lease, 건설-양도-임대 방식)
    ③ 사회기반시설의 준공 후 일정기간 동안 사업시행자에게 해당 시설의 소유권이 인정되며, 그 기간의 만료시 시설소유권이 국가 또는 지방자치단체에 귀속되는 방식(BOT 방식: Build Own Transfer, 건설-운영-양도 방식)

〈BTO 방식과 BTL 방식의 비교〉

추진방식	BTO 방식	BTL 방식
대상시설 성격	최종수요자에게 사용료 부과로 투자비 회수가 가능한 시설	최종수요자에게 사용료 부과로 투자회수가 어려운 시설
투자비 회수	최종사용자의 사용료	정부의 시설 임대
사업리스크	민간이 수요위험 부담	민간의 수요위험 배제

22) 사회기반시설이라 함은 각종 생산활동의 기반이 되는 시설, 당해 시설의 효용을 증대시키거나 이용자의 편의를 도모하는 시설 및 국민생활의 편익을 증진시키는 시설을 말한다(민간투자법 제2조). 예를 들면 도로, 철도, 항만시설, 공항시설, 학교, 노외주차장, 생활체육시설 등

 관련 해석사례 및 집행기준

▸ 민간투자사업(BTO)으로 추진한 자전거전용도로 태양광발전시설에 대해 영세율 적용 여부

「사회기반시설에 대한 민간투자법」(이하 "민투법") 제2조 제7호에 따른 사업시행자가 부가가치세가 과세되는 사업을 할 목적으로 같은 법 제4조 제1호의 방식으로 같은 법에 따른 사회기반시설을 지방자치단체에 공급하는 경우에는 「조세특례제한법」 제105조 제1항 제3호의2에 따른 부가가치세 영세율 대상에 해당하는 것입니다. 다만, 민투법에 따른 민간투자사업인지 여부와 사회기반시설인지 여부 등은 소관부처인 기획재정부에서 판단할 사항으로 기존 해석사례를 보내 드리니 참조하시기 바랍니다(서면부가 2019-4792, 2020.03.06.).

▸ 사회기반시설 건설용역에 대한 부가가치세 영세율 적용범위

사회기반시설 또는 동 시설 건설용역의 영세율 적용은 「사회기반시설에 대한 민간투자법」에 의한 사업시행자가 부가가치세가 과세되는 사업을 영위할 목적으로 동법에 의한 방식으로 국가 또는 지방자치단체에 공급하는 경우에 한하는 것임(서면3팀-1241, 2007.04.26.).

▸ 사회간접자본시설의 건설용역 관련 매입세액 조기환급여부(상담3팀-2672, 2004.12.30.)

사회간접자본시설에대한민간투자법 제4조 제1호의 규정에 의한 방식으로 사회간접자본시설을 건설하여 국가 또는 지방자치단체에 귀속시키고 그 대가로 일정기간 관리운영권을 설정받아 부가가치세 과세사업에 사용하는 경우 동 시설물의 건설단계에서 부담한 매입세액은 조기환급이 되지 아니하는 것임(서면3팀-2672, 2004.12.30.).

▸ 사업자가 사회기반시설을 공급하면서 받은 건설보조금의 영세율 여부

사업시행자가 부가가치세가 과세되는 사업을 영위할 목적으로 지방자치단체에 사회기반시설 또는 동 시설의 건설용역을 공급하면서 해당 지방자치단체로부터 과세표준에 포함되는 국고보조금을 받은 경우, 당해 국고보조금은 영세율을 적용할 수 있는 것임(부가-766, 2009.06.05.).

6. 장애인용 보장구 및 장애인용 정보통신기기 등

장애인[23]용 보장구, 장애인용 특수 정보통신기기 및 장애인의 정보통신기기 이용에 필요한 특수소프트웨어로서 관련 법률에 따른 보조기기 또는 의료기기로서 「조세특례제

---

23) 「장애인 복지법」 제2조 【장애인의 정의 등】 ① "장애인"이란 신체적·정신적 장애로 오랫동안 일상생활이나 사회생활에서 상당한 제약을 받는 자를 말한다.
② 이 법을 적용받는 장애인은 제1항에 따른 장애인 중 다음 각 호의 어느 하나에 해당하는 장애가 있는 자로서 대통령령으로 정하는 장애의 종류 및 기준에 해당하는 자를 말한다.
  1. "신체적 장애"란 주요 외부 신체 기능의 장애, 내부기관의 장애 등을 말한다.
  2. "정신적 장애"란 발달장애 또는 정신 질환으로 발생하는 장애를 말한다.

한법 시행규칙」[별표 9의2]에 따른 장애인용품을 공급하는 경우에는 영세율을 적용한다(조특법 제105조 제1항). 이 경우 공급받는 자가 장애인, 사업자, 의료기관 등 누구인지 여부에 관계없이 영의 세율을 적용한다(조특집 105-0-6).

(1) 「장애인·노인 등을 위한 보조기기 지원 및 활용촉진에 관한 법률」 제3조 제2호에 따른 보조기기로서 장애인용으로 특별히 제작된 다음의 것

>> **부가가치세 영세율이 적용되는 장애인용품의 범위 (제47조의5 관련)**

가. 팔 의지(義肢), 다리의지(義肢)
나. 수동휠체어, 전동휠체어
다. 청각보조기기(청각보조기용 액세서리를 포함한다)
라. 점자 교육용 보조기기
마. 점자 읽기자료
바. 휴대용 점자 기록기
사. 프린터(점자프린터로 한정한다)
아. 표준 네트워크 전화기(청각 장애인용 골도전화기로 한정한다)
자. 특수 출력 소프트웨어
차. 특수키보드
카. 컴퓨터 포인팅용 장치
타. 다리 보조기
파. 척추 및 머리보조기
하. 팔 보조기
거. 보행용 막대기 및 지팡이
너. 촉각 막대기 또는 흰 지팡이
더. 팔꿈치 목발
러. 아래팔 목발
머. 겨드랑이 목발
버. 양팔 조작형 보행용 보조기기
서. 욕창방지 방석 및 커버
어. 욕창 예방용 등받이 및 패드
저. 와상용 욕창 예방 보조기구
처. 침대 및 침대장비(욕창방지용으로 한정한다)
커. 대소변 흡수용 보조기구
터. 비디오 자막 및 자막 텔레비전 해독기(국가·지방자치단체 또는 「방송법」 제90조의2에 따라 설립된 시청자미디어재단이 시·청각장애인에게 무료로 공급하기 위하여 구매하는 것으로 한정한다)
퍼. 시각 신호 표시기
허. 음성 출력 읽기 자료
고. 영상 확대 비디오 시스템

(2) 「의료기기법」 제2조에 따른 의료기기로서 장애인용으로 특수하게 제작되거나 제조된 다음의 것

> 가. 보청기
> 나. 인공달팽이관장치(연결사용하는 외부 장치 및 배터리를 포함한다)
> 다. 인공후두

관련 해석사례 및 집행기준

장애인용 보청기 배터리 및 적합관리용역 공급 시 부가가치세 영세율 적용 여부

보청기 배터리의 공급은 부가가치세 영세율이 적용되나, 보청기 적합관리 용역에 대한 부가가치세 영세율 적용은 구매자의 선택가능 여부, 보청기 공급과의 연관성, 공급시기, 별도의 대가 산정여부·지급시기 등을 구체적·종합적으로 검토하여 사실판단할 사항임(기획재정부부가-126, 2022.03.04.).

사업자가 보청기를 병원에 공급하는 경우 영세율 적용 여부

공급받는 자가 누구인지 불문하고 공급되는 재화가 조세특례제한법시행령 제105조 및 동법시행규칙 제47조의 규정에 열거된 장애인용 보장구라면 부가가치세 영세율이 적용되는 것임(서면3팀-3158, 2007.11.21.).

7. 농민 등에게 공급하는 농·축·임·어업용 기자재

(1) 농민 등에게 공급하는 농·축·임업용 기자재

농민 또는 임업에 종사하는 자24)에게 공급(국가 및 지방자치단체와 「농업협동조합법」, 「엽연초생산협동조합법」 또는 「산림조합법」에 따라 설립된 각 조합 및 이들의 중앙회와 「농업협동조합법」에 따라 설립된 농협경제지주회사 및 그 자회사를 통하여 공급하는 것을 포함)하는 농업용·축산업용 또는 임업용 기자재로서 아래에 해당하는 것은 영세율을 적용한다(조특법 제105조 제1항 제5호).

---

24) ① 한국표준산업분류상의 임업 중 영림업 또는 벌목업에 종사하는 자(법인 제외)
② 「산림조합법」에 따른 조합 및 중앙회. 다만, ①의 임업인에 대한 임대용으로 별표3의 임업용 기자재 중 제5호 및 제7호부터 제9호까지의 임업용 기자재를 공급받는 경우만 해당함(2013. 02.15. 이후 공급하는 해당 임업용 기자재부터 적용).

① 「비료관리법」에 의한 **비료**(비료와 육묘용 흙이 혼합된 것을 포함)
② 「농약관리법」제8조 제1항(국산 농약) 또는 제17조 제1항(수입농약)에 따라에 농촌진흥청장에게 등록된 **농약**. 다만, 저곡해충약(貯穀害蟲藥), 고독성 농약 및 어독성(魚毒性) 1급인 보통독성 농약을 제외한다.
③ 농촌 인력의 부족을 보완하고 농업의 생산성 향상에 기여할 수 있는 농업용 기계로서 별표 1의 열거된 농업기계
④ 축산 인력의 부족을 보완하고 축산업의 생산성 향상에 기여할 수 있는 축산업용 기자재로서 별표 2의 열거된 축산업용 기자재
⑤ 「사료관리법」에 따른 사료. 다만,「부가가치세법」제26조(재화 또는 용역에 대한 면세)에 따라 부가가치세가 면제되는 것은 제외한다.
⑥ 산림의 보호와 개발 촉진에 기여할 수 있는 임업용 기자재로서 별표 3의 열거된 임업용 기자재를 말한다. 다만, 「산림조합법」에 따라 설립된 조합 또는 중앙회의 장으로부터 영림업용 또는 벌목업용으로 사용되는 것임을 확인받은 것에 한한다
⑦ 「친환경농어업 육성 및 유기식품 등의 관리·지원에 관한 법률」에 따른 유기농어업자재로서 다음의 요건을 모두 갖춘 기자재를 말한다.
　㉠ 기자재의 제조 원료 또는 재료가 별표 3의2에 따른 허용물질일 것
　㉡ 해당 기자재에 대하여 「친환경농어업 육성 및 유기식품 등의 관리·지원에 관한 법률」제37조에 따라 농림축산식품부장관 또는 해양수산부장관이 공시하거나 품질인증을 하였을 것

그리고 영세율이 적용되는 해당 재화에는 신제품뿐만 아니라 중고품을 포함한다(서면3팀-275, 2005.02.24.).

(2) 농민의 범위

통계청장이 고시하는 한국표준산업분류상의 농업 중 작물재배업·축산업 또는 작물재배 및 축산복합농업에 종사하는 자로서 다음 어느 하나에 해당하는 자를 말한다(특례규정 제2조 제1항).

① 개인(「농어업경영체 육성 및 지원에 관한 법률」제4조 제1항에 따라 농어업경영정보를 등록한 자만 해당함)
　☞ 경영주 외 농업인(배우자 등)도 농어업경영정보 등록증에 등록할 수 있으며 농민인 개인에 해당함(법규부가 2011-0128, 2011.04.11.).
　☞ 농어업경영정보를 등록하지 않는 경우 농민에 해당 안된다.
　☞ 농어업 경영정보 등록여부는 https://uni.agrix.go.kr/에서 확인가능하다.

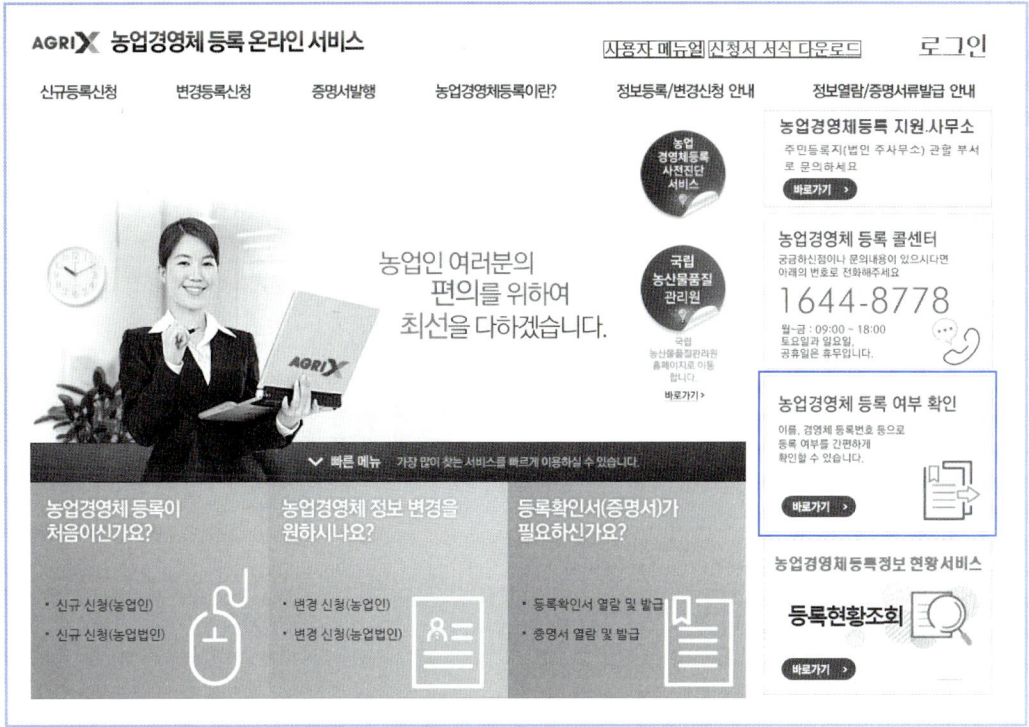

② 「농어업경영체 육성 및 지원에 관한 법률」에 따라 설립된 영농조합법인과 농업회사법인. 다만, 농·축산·임업용 기자재를 직접 사용하거나 소비하는 경우만 해당한다.
③ 축산업을 주업으로 하는 법인으로서 당해 사업연도 개시일을 기준으로 당해 법인의 총발행주식 또는 총출자지분의 3분의 2 이상을 다음에 해당하는 자가 출자하고 있는 법인. 이 경우 사업연도 중에 출자지분의 변경으로 ㉠, ㉡에 해당하는 자의 출자지분이 총발행주식 또는 총출자지분의 3분의 2 이상이 되는 경우에는 당해 출자지분변경일을 기준으로 한다.
㉠ 「농업·농촌 및 식품산업 기본법」 제3조 제2호에 따른 농업인
㉡ 당해 법인의 임원 또는 직원으로서 상시 근무하고 있는 자
④ 「농업협동조합법」에 따른 조합 및 중앙회(농협경제지주회사 및 그 자회사를 포함한다). 다만, 가축용 사료를 공급받거나 농작업대행 또는 임대용으로 제3조 제3항에 따른 농업기계를 공급받는 경우만 해당한다.
⑤ 「축산계열화사업에 관한 법률」 제2조 제4호에 따른 축산계열화사업을 영위하는 법인으로서 농림축산식품부장관이 고시하는 같은 조 제5호에 따른 축산계열화사업자. 다만, 축산계열화사업자가 축산계열화사업을 위하여 가축용 사료를 공급받는 경우에만 해당한다.

⑥ 「축산법」에 의하여 농림부장관이 지정한 비영리가축검정기관. 다만, 가축검정용 사료를 공급받는 경우에 한한다.

⑦ 「사립학교법」에 따른 학교법인과 「고등교육법」에 따른 국공립학교. 다만, 사립학교와 국공립학교의 축산실습농장에 가축용 사료를 공급받는 경우만 해당한다.

⑧ 「초·중등교육법 시행령」 제90조 제1항 제10호에 따른 산업계(농업계에 한정한다)의 수요에 직접 연계된 맞춤형 교육과정을 운영하는 고등학교(제7호에 따른 학교법인에서 운영하는 고등학교는 제외한다. 이하 제9호에서 같다). 다만, 해당 고등학교의 축산실습농장에 가축용 사료를 공급받는 경우만 해당한다.

⑨ 「초·중등교육법 시행령」 제91조 제1항에 따른 특정분야(농업분야에 한정한다)의 인재양성을 목적으로 하는 교육 또는 체험위주의 교육을 전문적으로 실시하는 고등학교. 다만, 해당 고등학교의 축산실습농장에 가축용 사료를 공급받는 경우만 해당한다.

⑩ 「엽연초생산협동조합법」에 따른 조합과 중앙회. 다만, 농작업대행 또는 임대용으로 제3조 제3항에 따른 농업기계를 공급받는 경우만 해당한다.

(3) 임업인의 범위

임업에 종사하는 자란 다음의 어느 하나에 해당하는 자("임업인")를 말한다.

① 한국표준산업분류상의 임업 중 영림업 또는 벌목업에 종사하는 자(법인 제외)
② 「산림조합법」에 따른 조합 및 중앙회. 다만, ①의 임업인에 대한 임대용으로 별표 3의 임업용 기자재 중 제5호 및 제7호부터 제9호까지의 임업용 기자재를 공급받는 경우만 해당한다.
☞ 2013.02.15. 이후 공급하는 해당 임업용 기자재부터 적용

(4) 농·축·임·어업용 기자재의 범위

[별표 1] 영세율이 적용되는 농업기계(제3조 제3항 관련) (2022.02.15. 개정)
1. 경운기 및 부속작업기(2021.02.17. 개정)
2. 농업용 트랙터 및 부속작업기(2021.02.17. 개정)
3. 관리기 및 부속작업기
4. 이앙기 및 부속작업기(2021.02.17. 개정)
5. 목책기(농작물 보호용만 해당한다)(2014.02.21. 신설)
6. 고속분무기(스피드스프레이어)(2021.02.17. 개정)
7. 삭제 〈2008.02.22.〉
8. 콤바인
9. 곡물건조기

[별표 1] 영세율이 적용되는 농업기계(제3조 제3항 관련) (2022.02.15. 개정)

10. 삭제 〈2006.02.09.〉
11. 삭제 〈2010.02.18.〉
12. 동력중경제초기
13. 동력수확기
14. 삭제 〈2021.02.17.〉
15. 동력상토조제기
16. 정식기(2021.02.17. 개정)
17. 농업용 난방기
18. 잎담배건조레이크이송기
19. 농업용 병충해방제기
20. 삭제 〈2006.02.09.〉
21. 삭제 〈2006.02.09.〉
22. 탈곡기(2021.02.17. 개정)
23. 동력휴립기
24. 삭제 〈2006.02.09.〉
25. 비료살포기(2021.02.17. 개정)
26. 삭제 〈2008.02.22.〉
27. 동력탈피기 및 박피기
28. 농산물 결속기
29. 농산물 운반대 및 운반차
30. 농산물 세척기
31. 동력심경기
32. 삭제 〈2008.02.22.〉
33. 동력구굴기
34. 동력가지절단기 및 파쇄기
35. 동력수피기 및 파쇄기
36. 삭제 〈2006.02.09.〉
37. 동력비닐피복기 및 동력피복개폐기
38. 육묘상자
39. 삭제 〈2006.02.09.〉
40. 파종기
41. 농업용 스프링클러(2022.02.15. 개정)
42. 버섯재배소독기
43. 삭제 〈2006.02.09.〉
44. 삭제 〈2021.02.17.〉
45. 삭제 〈2006.02.09.〉
46. 삭제 〈2006.02.09.〉
47. 삭제 〈2008.02.22.〉
48. 삭제 〈2006.02.09.〉

[별표 2] 영세율이 적용되는 축산업용 기자재(제3조 제4항 관련) (2025.02.28. 개정)

1. 육추기
2. 양계용케이지
3. 축산급이기
4. 삭제 〈2008.02.22.〉
5. 삭제 〈2008.02.22.〉
6. 자동급수기
7. 니플
8. 부리절단기
9. 포유기
10. 양돈케이지
11. 삭제 〈2008.02.22.〉
12. 삭제 〈2008.02.22.〉
13. 이표기
14. 삭제 〈2008.02.22.〉
15. 삭제 〈2008.02.22.〉
16. 가축 생체정보수집기(임신진단기를 포함한다)(2024.02.29. 개정)
17. 음수투약기
18. 목책기
19. 삭제 〈2008.02.22.〉
20. 집란기
21. 계란선별기
22. 삭제 〈2008.02.22.〉
23. 삭제 〈2008.02.22.〉
24. 집란벨트
25. 부화기
26. 착유기
27. 삭제 〈2008.02.22.〉
28. 삭제 〈2008.02.22.〉
29. 원유냉각기
30. 삭제 〈2008.02.22.〉
31. 사료배합기
32. TMR배합기
33. 사료절단기
34. 싸이로
35. 삭제 〈2008.02.22.〉
36. 사료저장탱크
37. 축산분뇨제거기
38. 축산용 정화조

[별표 2] 영세율이 적용되는 축산업용 기자재(제3조 제4항 관련) (2025.02.28. 개정)

39. 축산분뇨용 교반기
40. 축산용 분뇨펌프
41. 축산분뇨고액분리기
42. 삭제〈2008.02.22.〉
43. 축산분뇨발효건조기
44. 축산분뇨살포기
45. 축산분뇨저장탱크
46. 축산분뇨포장기
47. 산란상
48. 난좌
49. 바닥재(플라스틱, 콘스라트재에 한함)
50. 사료통
51. 벌통
52. 채밀기(採蜜器)
53. 소초(巢礎)(2025.02.28. 개정)
54. 소광대(2025.02.28. 신설)
55. 사양기(飼養器)(2025.02.28. 신설)
56. 격리판(2025.02.28. 신설)

[별표 3] 영세율이 적용되는 임업용 기자재(제3조 제5항 관련) (2013.02.15. 개정)

1. 임업용 동력천공기
2. 임업용 약제주입기
3. 산불진화용 펌프(등짐펌프를 포함한다)
4. 임업용 동력기계톱(동력가지절단기를 포함한다)
5. 임업용 윈치(2013.02.15. 개정)
6. 임업용 물받이형 미끄럼틀
7. 트랙터부착형 집재기
8. 굴삭기부착형 집재기
9. 타워야더(Tower yarder)
10. 포워더(Forwarder)
11. 목재파쇄기
12. 톱밥제조기
13. 동력임내차
14. 밤수집기
15. 자동지타기

(5) 어민에게 공급하는 어업용 기자재 범위

연근해 및 내수면어업용으로 사용할 목적으로 어민에게 공급(「수산업협동조합법」에 따라 설립된 각 조합 및 어촌계와 「농업협동조합법」에 따라 설립된 각 조합 및 이들의 중앙회를 통하여 공급하는 것을 포함한다)하는 어업용 기자재로서 다음의 어느 하나에 해당하는 기자재에 대해서 영세율을 적용한다(조특법 제105조 제1항 제6호).

① 「사료관리법」에 따른 사료(「부가가치세법」제26조에 따라 부가가치세가 면제되는 것은 제외한다)
② 「별표 4의」 어업용 기자재
☞ 본 특례규정은 열거규정으로서 별표에 열거되지 않은 것은 영세율 적용 안된다.

(6) 어민의 범위

통계청장이 고시하는 한국표준산업분류표상의 어업에 종사하는 자로서 다음 어느 하나에 해당하는 자를 말한다(특례규정 제2조 제4항).

① 개인
② 「농어업경영체 육성 및 지원에 관한 법률」 제16조에 따라 설립된 영어조합법인 및 같은 법 제19조에 따라 설립된 어업회사법인
③ 「수산업협동조합」과 수산업협동조합중앙회과 수산업협동조합중앙회 및 어촌계. 다만, 양어용사료를 공급받거나, 별표4 제42호 또는 제43호의 어업용 기자재(다목적 해상작업대, 양식장 관리용 선박)를 공급받는 경우만 해당한다.
④ 어업을 주업으로 하는 법인으로서 해당 사업연도 개시일을 기준으로 해당 법인의 총 발행주식 또는 총 출자지분의 3분의 2 이상을 다음의 어느 하나에 해당하는 자가 출자하고 있는 법인(이하 "어업주업법인"이라 한다). 이 경우 사업연도 중에 출자지분의 변경으로 다음의 어느 하나에 해당하는 자의 출자지분이 총 발행주식 또는는 총 출자지분의 3분의 2 이상이 되는 경우에는 그 출자지분 변경일을 기준으로 한다.

> ㉠ ① 내지 ③에 해당하는 자. 다만, ③ 중 수산업협동조합 및 수산업협동조합중앙회를 제외한다.
> ㉡ 해당 법인의 임원 또는 직원으로서 상시 근무하고 있는 자

(7) 어업용기자재

[별표 4] 영세율이 적용되는 어업용 기자재(제3조 제7항 관련) (2021.02.17. 개정)

1. 어망
2. 부자
3. 집어등(집어용 안정기·소켓 및 지지대를 포함한다)
4. 자동조상기
5. 양망기
6. 양승기
7. 통발
8. 초호
9. 낚시
10. 연승
11. 발장
12. 해녀용 잠수복·잠수복지·물안경 및 태왁
13. 폴리에틸렌로프, 폴리에스테르로프 및 폴리프로필렌로프(수산업협동조합법에 의하여 설립된 수산업협동조합 또는 어촌계의 장으로부터 연근해 및 내수면 어업에 사용되는 것임을 확인받은 것에 한한다)(2014.02.21. 개정)
14. 총톤수 20톤 미만의 어업용 선박
15. 선박용 무선전화기
16. 선박용 기관
17. 선외내연기관(전기추진기를 포함하며,「수산업협동조합법」에 따라 설립된 수산업협동조합중앙회를 통하여 공급되는 것에 한한다)(2017.02.07. 개정)
18. 어선용 레이더
19. 위성항법장치
20. 비디오 플로터(Video Plotter)
21. 어군탐지기
22. 어선용 냉동기
23. 어망감시기
24. 샤클(Shackle)
25. 코스(Course)
26. 삭제 〈2003.12.30.〉
27. 전개판
28. 물돛(Sea Anchor)
29. 양식용수차
30. 김 양식어장 활성처리제(2021.02.17. 개정)
31. 팜사
32. 진주양식용핵
33. 양식용양수기
34. 양식용 약품(「약사법」에 따른 동물용 의약품은 제외한다)

[별표 4] 영세율이 적용되는 어업용 기자재(제3조 제7항 관련) (2021.02.17. 개정)

35. 패각분쇄기
36. 삭제 〈2003.12.30.〉
37. 어선용 호종
38. 삭제 〈2003.12.30.〉
39. 어선용 기적
40. 어선용 수온계
41. 어업용 면세유 착색제(「수산업협동조합법」에 따라 설립된 수산업협동조합중앙회를 통하여 공급되는 것으로 한정한다)(2013.02.15. 신설)
42. 고정식 크레인이 포함된 다목적 해상작업대(어작업 대행 또는 임대의 용도로 「수산업협동조합법」에 따른 수산업협동조합과 수산업협동조합중앙회 및 어촌계가 공급받는 경우로 한정한다)(2014.02.21. 신설)
43. 양식장 관리용 선박(어작업 대행 또는 임대의 용도로 「수산업협동조합법」에 따른 수산업협동조합과 수산업협동조합중앙회 및 어촌계가 공급받는 경우로 한정한다)(2014.02.21. 신설)
44. 김양식용 김발지지대(2016.02.05. 신설)

(8) 영세율 신고시 첨부서류

다음의 서류를 첨부하여 예정신고 또는 확정신고시에 제출하여야 한다.

① 농·축산·임·어업용기자재를 농·어민 등에게 직접 공급하는 경우에는 월별판매액 합계표. 다만, 임업용 기자재를 임업에 종사하는 자에게 공급하는 경우에는 산림조합 또는 동 중앙회장의 임업용기자재 구매확인서
② 농·축산·임·어업용 기자재를 국가·지자체 및 농업협동조합 등을 통해 농·어민 등에게 공급하는 경우에는 해당 기관장의 납품확인서
③ 영세율 매출명세서
   ☞ 영세율 첨부서류인 월별판매액합계표를 미제출시에 신고하지 않은 것으로 보므로 영세율과세표준신고불성실 가산세가 적용된다.

(9) 부당 영세율 매입 시 추징

관할 세무서장은 농민에 해당하지 아니하는 자가 축산업용 기자재 및 사료(이하 "축산업용 기자재 등"이라 한다)를 부정하게 부가가치세 영의 세율을 적용하여 공급받은 경우에는 그 축산업용 기자재등을 공급받은 자로부터 그 축산업용 기자재 등의 공급가액의 10%에 해당하는 부가가치세액과 그 세액의 10%에 해당하는 금액의 가산세를 추징한다(조특법 제105조 제2항).

(10) 판매기록표의 작성·비치

부가가치세 영세율이 적용되는 농·축산·임·어업용 기자재를 농민·어민 또는 임업인에게 직접 공급하는 자는 구매자의 인적사항과 판매물품 내역(업종, 품목, 품명, 단가, 수량, 판매가액)을 기재한 판매기록표를 작성·비치하여야 한다(특례규정 제5조).

(11) 농업용 기자재 등의 공급시 영수증 교부 가능 여부

부가가치세 영세율이 적용되는 농·축산·임·어업용기자재의 제조업자가 해당 기자재를 사업자가 아닌 농·어민에게 직접 공급하는 경우에는 부가가치세법 제36조 제1항에 따라 영수증을 발급할 수 있다(부가통 105-0-6).

(12) 농업용 기자재 등 공급시 조기환급 가능여부

영세율 적용대상이 되는 과세표준이 있는 경우에는 조기환급을 받을 수 있는 것이며, 당해 신고서에 월별판매액합계표를 제출하여야 한다(부가 46015-2158, 1995.11.16.).

(13) 영세율 첨부서류 미제출시 가산세 여부

「조세특례제한법」에 따른 영세율 적용대상 과세표준을 예정신고 또는 확정신고시에 영세율 붙임서류[월별판매액합계표]를 제출하지 아니한 경우에도 해당 과세표준이 영세율 적용대상임이 확인되는 때에는 영세율을 적용한다. 이 경우 「국세기본법」에 따른 영세율과세표준신고불성실가산세를 적용한다(조특집 106-106-3).

(14) 영세율 적용 기자재의 부품만 공급시 영세율 적용여부

영세율이 적용되는 부자와 부자의 사용을 위하여 필수적으로 부수되는 부품을 하나의 공급단위로 어민에게 공급하는 경우에는 영세율이나, 해당 부품을 별도로 공급하는 경우에는 영세율이 적용되지 아니한다(서면법령해석부가 2015-1220, 2015.10.05.).

(15) 영세율이 적용되는 농업용 기자재 등에 해당여부

「농·축산·임·어업용 기자재 및 석유류에 대한 부가가치세 영세율 및 면세적용 등에 관한 특례규정」에 따른 농·축산·임·어업용 기자재를 구입하는 때에 영세율 적용을 받을 수 있으나, 동일 및 유사한 용도에 사용되는 기자재라 하더라도 동 특례규정에 열거되어 있지 아니한 기자재에 대하여는 영세율을 적용할 수 없는 것임(서면부가 2015-1350, 2015.11.11.).

 관련 해석사례 및 집행기준

- **농민에게 사료판매시 대금결제 방법 등 영세율 적용요건**

  사업자가 배합사료를 농민에게 공급하고 농민 본인(종업원 및 가족 포함)의 신용카드로 그 대금을 결제받는 경우에 한하여 영세율이 적용되는 것임(서면법령해석부가 2015- 1367, 2015.12.15.).

- **부자와 부자의 사용에 필수적으로 부수되는 부품을 하나의 단위로 공급하는 경우 영세율 적용여부**

  사업자가 「농·축산·임·어업용기자재 및 석유류에 대한 부가가치세 영세율 및 면세 적용 등에 관한 특례규정」 제3조 제7항 및 [별표4]에 따라 영세율이 적용되는 부자와 부자의 사용을 위하여 필수적으로 부수되는 부품(깔판, 연결파이프, 부레, 부레망, 코너블럭, 고정볼트, 고정너트 등)을 하나의 공급단위로 연근해 및 내수면어업용으로 사용할 목적으로 같은 특례규정 제2조 제4항에서 정하는 어민에게 공급하는 경우에는 영세율이 적용되는 것임. 다만, 해당 부품을 별도로 공급하는 경우에는 영세율이 적용되지 아니하는 것임(서면법령해석부가 2015-1220, 2015.10.05.).

- **콩 색채선별기 등이 농협에 공급시 영세율 적용대상 농업용 기자재에 해당하는지 여부**

  농협 등이 콩 색채선별기를 농작업대행용으로 공급받는 경우 영의 세율이 적용되는 것이나 농협 등 자기 소유 농산물 등의 선별작업을 수행하기 위하여 해당 선별기를 공급받는 경우에는 영의 세율이 적용되지 아니함(서면법령해석부가 2014-22017, 2015.05.13.).

- **사료제조업을 영위하는 농업회사법인이 위탁사육하는 자기상품(소)에게 사료를 공급하는 경우 영의 세율 적용여부**

  사료 제조업을 영위하는 농업회사법인이 관련 매입세액을 공제받고 자기가 생산한 사료를 자기소유의 상품(소)을 위탁한 농가에 무상으로 공급하는 경우 「부가가치세법」 제10조의 규정에 의하여 부가가치세가 과세되는 것이며 「조세특례제한법」 제105조 제1항 제5호에서 규정에 따라 영세율이 적용되는 것임(법규부가 2014-458, 2014.10.31.).

- **농민에게 농업용기계 등의 부수자재 및 설치 용역을 제공하는 경우**

  사업자가 특례규정 제6조에 따른 농민에게 별표1의 농업기계를 공급하면서 농업기계의 구성품으로 공급되는 부수자재나 필수적으로 부수하여 직접 조립·설치를 위한 인적용역을 공급하는 경우 당해 부수자재나 인적용역 당해 농업기계에 포함되어 영세율이 적용되는 것이나 별도로 공급하는 경우에는 적용되지 않는 것임(부가-472, 2013.05.28.).

- **목책기를 작물재배업을 영위하는 농민에게 공급하는 경우**

  사업자가 축산 인력의 부족을 보완하고 축산업의 생산성 향상에 기여할 수 있는 축산업용 기자재로서 목책기를 축산업이 아닌 작물재배업을 영위하는 농민에게 공급하는 경우에는 조세특례제한법 제105조 제1항에 따른 영세율을 적용할 수 없는 것임(부가-921, 2012.09.07.).

○ 농업회사법인이 자체 생산하거나 구입한 계란에 사용할 난좌를 공급받는 경우 영세율 적용 여부

농어업경영체 육성 및 지원에 관한 법률」에 따라 설립된 농업회사법인이 난좌를 구입하여 축산업에 직접 사용하거나 소비하는 경우, 해당 난좌의 공급은 「조세특례제한법」 제105조 제1항 제5호에 따라 영세율 적용 대상에 해당하는 것이나, 해당 난좌를 도매업에 사용하거나 소비하는 경우에는 영세율 적용 대상에 해당하지 아니하는 것임(부가-1293, 2011.10.20.).

○ 부분품만을 공급하거나 수리용역을 제공하는 경우

사업자가 축산업용기자재의 부분품만을 공급하거나 동 기자재의 수리용역을 제공하고 그 대가를 받는 경우에는 조세특례제한법 제105조 제5호의 규정에 의한 부가가치세 영의 세율이 적용되지 아니하는 것임(부가-826, 2011.07.26.).

○ 축산업용 기자재 등 사용하여 축산폐수정화시설을 시공한 경우

사업자가 축산기자재 등을 사용하여 축산폐수정화시설을 시공하여 주고 그 대가를 일괄하여 받는 경우에는 용역의 공급에 해당하여 부가가치세법 제1조 제4항 및 제7조 제1항의 규정에 의하여 부가가치세가 과세되는 것이며, 조세특례제한법 제105조의 규정에 의한 영의 세율이 적용되지 아니하는 것임(부가-429, 2011.04.20.).

○ 사료 제조업체가 영농조합법인에게 영세율세금계산서를 발급할 수 있는지 여부

사료제조업체가 영농조합법인의 주주 또는 조합원인 농민에게 사료를 공급하면서 해당 영농조합법인을 공급받는 자로 하여 영세율세금계산서를 발급하고 그 영농조합법인은 주주나 조합원 간의 사료 공동구매를 통한 염가구매 또는 판매장려금 수령 목적으로 그 영세율세금계산서를 발급 받은 경우 해당 사료제조업체의 그 농민에 대한 사료 공급은 영세율이 적용되는 것으로 해당 사료제조업체는 해당 영농조합법인에게 영세율세금계산서를 발급하고 해당 영농조합법인은 발급받은 영세율세금계산서의 공급가액 범위 안에서 사료를 실제 공급받은 그 농민에게 영세율세금계산서를 발급할 수 있는 것임(부가가치세과-11, 2011.01.04.).

○ 위탁사육업자에게 공급하는 사료의 영세율 적용여부

사료를 농민에게 공급하는 경우 영세율이 적용되는 것으로, 이 경우 위탁사육계약에 의하여 수수료를 받고 가축을 키워주는 위탁사육업자도 농민의 범위에 포함하는 것임(부가가치세과-2067, 2008.07.17.).

○ 농업용기계의 공급에 부수하여 설치용역을 제공하는 경우

영세율이 적용되는 농업용기계를 공급하면서 농업용기계의 공급에 부수하여 설치용역을 제공하는 경우 영세율이 적용되는 것이나, 농업용기계의 공급에 부수하지 아니하고 별도로 공급하

는 설치용역 등은 영세율이 적용되지 아니하는 것임(서면3팀-1207, 2008.06.17.).

영세율이 적용되는 농업용 기자재 등에 해당여부

부가가치세 영세율이 적용되는 농업용기자재는 「농·축산·임·어업용기자재 및 석유류에 대한 부가가치세 영세율 및 면세적용 등에 관한 특례규정」 별표에 열거되어 있지 아니한 농업용 기자재에 대하여는 영세율이 적용되지 않는 것이며, 또한 당해 특례규정에 의하여 영세율이 적용되는 농업기계라 함은 「농업기계화촉진법」에서 규정하는 농업용 기계를 말하는 것으로 중고기계도 포함하는 것임(서면3팀-2122, 2004.10.18.).

축산업 주업법인에게 공급하는 사료의 영세율 적용여부

축산업주업법인의 요건에 해당하지 아니하는 법인이 축산업 주업법인 확인서를 부정하게 교부받아 사료를 영세율로 공급받은 경우에는 사료 공급가액의 10%에 해당하는 부가가치세액과 그 세액의 10%에 해당하는 가산세를 당해 법인으로부터 추징하는 것으로 동 규정은 2003.01.01. 이후 최초로 사료를 공급하거나 공급받는 분부터 적용하는 것임(서삼 46015-10260, 2003.02.13.).

영세율이 적용되는 농약의 범위 및 매입세액공제 가능 여부

조세특례제한법 제105조 제5호와 「농·축산·임·어업용기자재 및 석유류에 대한 부가가치세 영세율 및 면세적용 등에 관한 특례규정」 제3조 제2항에서 규정하는 영세율이 적용되는 농약은 농약관리법 제8조의 규정에 의하여 농촌진흥청장에게 등록된 농약을 말하는 것이며, 부가가치세가 면제되는 재화를 공급하는 사업에 관련된 매입세액은 매출세액에서 공제하지 아니하는 것임(서삼 46015-11620, 2002.09.25.).

농업용 기자재를 위탁판매하는 경우

농업용 기자재 등을 위탁판매하는 경우, 수탁자가 농민에게 공급하는 경우에는 위탁자가 공급하는 것으로 보는 것이므로 영세율 적용됨(부가 46015-2122, 2000.09.01.).

영농조합법인과 농업회사법인이 판매용으로 공급받는 사료의 영세율 적용 여부

사업자가 사료관리법에 의한 사료를 작물생산업, 축산업 또는 복합농업에 종사하는 개인 및 농어촌발전특별조치법에 의하여 설립된 영농조합법인과 농업회사법인에 공급하는 경우에는 영세율이 적용되는 것이나 당해 영농조합법인과 농업회사법인이 사료를 판매하는 경우 판매용으로 동 법인에 공급하는 사료는 영세율이 적용되지 아니하는 것임(부가 46015-1081, 1998.05.22.).

07 농·어업용 기자재에 대한 부가가치세 사후환급

1. 의의

다음의 관할 세무서장은 특례규정에서 정하는 농·어민 등이 농·어업에 사용하기 위하여 구입하는 기자재(「부가가치세법」상 일반과세자로부터 구입하는 기자재만 해당) 또는 직접 수입하는 기자재(대상 기자재는 특례규정 제7조 별표5, 별표6에 열거함)에 대하여는 기자재를 구입 또는 수입한 때에 부담한 부가가치세액을 해당 농·어민 등에게 환급할 수 있다(조특법 제105조의2제1항).

① 환급대행자를 통해 신청하는 경우: 환급대행자의 사업장 관할 세무서장
② 위 ① 외의 경우: 해당 농·어민등의 사업장 관할 세무서장

2. 농민 등의 범위

(1) 농민 등의 범위

"농민, 임업에 종사하는 자와 어민"이란 다음 각 호의 어느 하나에 해당하는 자("농어민 등")를 말한다(특례규정 제6조).

① 한국표준산업분류표상의 농업 중 작물재배업·축산업 또는 복합농업에 종사하는 자로서 다음의 어느 하나에 해당하는 자를 말한다.
  ㉠ 개인(「농어업경영체 육성 및 지원에 관한 법률」 제4조 제1항에 따라 농어업경영정보를 등록한 자만 해당한다)
  ㉡ 「농어업경영체 육성 및 지원에 관한 법률」에 따라 설립된 영농조합법인과 농업회사법인. 다만, 법 제105조 제1항 제5호 각 목의 어느 하나에 해당하는 것을 공급받아 직접 사용하거나 소비하는 경우만 해당한다.
  ㉢ 축산업을 주업으로 하는 법인으로서 당해 사업연도 개시일을 기준으로 당해 법인의 총발행주식 또는 총출자지분의 3분의 2 이상을 다음 각목의 1에 해당하는 자가 출자하고 있는 법인. 이 경우 사업연도 중에 출자지분의 변경으로 다음의 어느 하나에 해당하는 자의 출자지분이 총발행주식 또는 총출자지분의 3분의 2 이상이 되는 경우에는 당해 출자지분변경일을 기준으로 한다.
    a. 「농업·농촌 및 식품산업 기본법」 제3조 제2호에 따른 농업인
    b. 당해 법인의 임원 또는 직원으로서 상시 근무하고 있는 자

② 「농업협동조합법」에 따른 조합 및 중앙회(같은 법에 따라 설립된 농협경제지주회사 및 그 자회사를 포함한다). 다만, 가축용 사료를 공급받거나 농작업대행 또는 임대용으로 제3조 제3항에 따른 농업기계를 공급받는 경우만 해당한다.

(2) 임업인의 범위

특례규정 제2조 제3항 제1호에 따른 임업인[한국표준산업분류상의 임업 중 영림업 또는 벌목업에 종사하는 자(법인은 제외한다)]

(3) 어민의 범위

특례규정 제2조 제4항의 규정에 의한 어민(동항 제3호 중 「수산업협동조합법」에 의한 수산업협동조합과 수산업협동조합중앙회를 제외한다.)

3. 대상 (기자재)

(1) 농·임업용 기자재

부가가치세 환급대상인 농·임업용 기자재는 농·임업용 필름 및 파이프 등 별표 5에 규정된 품목에 한정한다.

[별표 5] 부가가치세 환급이 적용되는 농·임업용 기자재(특례규정 제7조 제1호 관련) (2024.02.29. 개정)

1. 농업·임업용 필름[비닐하우스용, 보온못자리용, 작물피복용, 과수 또는 수실류(樹實類) 재배용에 한정한다]과 그 부속자재(비닐 고정용 패드 및 클립, 파이프조리개, 고정구 및 연결핀, 파이프꽂이에 한정한다)
2. 농업·임업용 파이프(작물재배용 및 축산업용 비닐하우스와 과수 또는 수실류 재배용에 한정한다)
3. 농업·임업용 포장상자(종이재질의 농산물·임산물·축산물 포장용에 한정한다)
4. 농업·임업용 폴리프로필렌 포대(곡물 포장용에 한정한다)
5. 과일 봉지(과일의 병충해 방지 및 상품성 향상을 위해 열매에 씌우는 봉지에 한정한다)
6. 인삼재배용 지주목·광망·차광지 및 은박지
7. 차광망(연초·표고버섯 건조용 또는 과수·화훼·채소·야생화·산채 재배용에 한정한다)
8. 농업·임업용 부직포·다겹보온덮개·다겹보온커튼(작물·수실류 재배용 및 축산업용에 한정한다)(2024.02.29. 개정)
9. 농업·임업용 배지[培地: 생물을 기르는 데 필요한 영양소가 들어있는 액체나 고체로, 양액(養液: 양분이 있는 액체를 말한다)·버섯 재배용에 한정한다] 및 양송이 재배용 복토(2023.02.28. 개정)
10. 축산업용 톱밥(원목상태 그대로이거나 원목을 기계적으로 가공·처리한 상태의 것으로서 가공·처리과정에서 페인트·기름·방부제 등이 묻지 않은 폐목재 또는 그 목재의 부산물을 원료

[별표 5] 부가가치세 환급이 적용되는 농·임업용 기자재(특례규정 제7조 제1호 관련) (2024.02.29. 개정)

로 하여 생산한 것에 한정한다)·이탄(泥炭)·토탄(土炭)·토탄 추출물(2023.02.28. 개정)
11. 이앙기용 멀칭종이(논농사 피복용에 한정한다)
12. 농업·임업용 방조망(防鳥網) 및 방풍망(과수·수실류·작물 재배용 및 축산업용에 한정한다)
13. 농업·임업용 양수기
14. 볍씨발아기
15. 동력배토기
16. 예취기(2021.02.17. 개정)
17. 가축급여(家畜給與) 조사료(粗飼料) 생산용 필름
18. 화훼·야생화용 종자류
19. 채소봉지(애호박·오이용에 한정한다)
20. 버섯재배용기
21. 축산업용 차량방역기
22. 폐사축처리기
23. 축사세척기
24. 카우브러쉬
25. 축산 악취제거기
26. 「약사법」에 따른 동물용 의약품
27. 작물 지주대
28. 농업·임업용 무인 항공기(2021.02.17. 개정)
29. 농업·임업용 로더(2톤 미만)
30. 농업·임업용 굴착기(1톤 미만)(2021.02.17. 개정)
31. 동력제초기
32. 농업·임업용 고압세척기
33. 농산물 및 임산물 저온저장고(바닥면적이 17㎡ 이하인 것에 한정한다)
34. 농업·임업·축산용 환풍기(컨트롤러를 포함하며, 시설하우스용 또는 축사용에 한정한다)
35. 축산용 인공수정 주입기
36. 축산용 인공수정 주입용기
37. 축산용 정액 희석제
38. 축산용 인큐베이터
39. 축산용 출하돈 선별기
40. 축사용 보온등 컨트롤러
41. 축사용 쿨링 패드
42. 축사용 워터컵
43. 축사용 바닥재[철재(鐵材) 바닥재에 한정한다]
44. 농산물·임산물 수확용 상자(플라스틱 재질에 한정한다)
45. 화훼·야생화 재배용 배지
46. 화훼·야생화 재배용 화분(폴리에틸렌, 플라스틱 및 고무 재질에 한정한다)
47. 유해동물(해충을 포함한다) 포획기

[별표 5] 부가가치세 환급이 적용되는 농·임업용 기자재(특례규정 제7조 제1호 관련) (2024.02.29. 개정)
48. 농업용 양파망·마늘망·배추망·양배추망·옥수수망(2023.02.28. 개정)
49. 축산 착유용 라이너
50. 축산용 분만실 깔판
51. 축산용 대인소독기
52. 축산용 방역복
53. 조사료 생산용 네트(2016.02.05. 신설)
54. 팽연왕겨(2016.02.05. 신설)
55. 탈봉기(2016.02.05. 신설)
56. 소문망(2016.02.05. 신설)
57. 조사료 생산용 종자류(2017.02.07. 신설)
58. 점적(點滴)호스(점적테이프 및 분수호스를 포함한다)(2017.02.07. 신설)
59. 농업용수 처리기(2017.02.07. 신설)
60. 농업용 제습기(2019.02.12. 신설)
61. 농산물 건조기(2021.02.17. 신설)
62. 농산물 선별기 및 정선기(2021.02.17. 신설)
63. 개량 물꼬(논물의 수위를 조절하는 장치를 말한다)(2023.02.28. 신설)
64. 농업용 관비기(2024.02.29. 신설)
65. 농업용 양액기(2024.02.29. 신설)
66. 스마트팜용 센서류(온실이나 축사의 온도, 습도, 이산화탄소, 악취 등을 감지하여 환경을 조절하는 것을 말한다)·구동기류(驅動機類)·복합환경제어기(2024.02.29 신설)

(2) 어업용 기자재

부가가치세 환급대상인 어업용 기자재는 양어장용 필름·파이프 등 33개 품목으로서 별표 6에 규정된 품목에 한정한다.

[별표 6]부가가치세 환급이 적용되는 어업용 기자재(특례규정 제7조 제2호관련) (2022.02.15 개정)
1. 양어장용 필름(비닐하우스용에 한한다)
2. 양어장용 파이프(비닐하우스용에 한한다)
3. 어상자(목재, 플라스틱 및 종이로 만들어진 것으로 수산물 포장용에 한한다)
4. 와이어로프(어선용에 한한다)
5. 어업용 발전기(어선 및 양식장용에 한한다)
6. 양어장용 초파기(혼합사료 제조용에 한한다)
7. 활어냉각기(어선용에 한한다)
8. 육상수조식 양식장의 취·배수관 시설 및 가두리양식장의 그물고정용 파이프(2016.02.05. 개정)
9. 어선용 구명부기(救命浮器)·구명동의(救命胴衣)·구명뗏목·구명정(救命艇)·구명부환(救命浮環)(2022.02.15. 개정)

[별표 6]부가가치세 환급이 적용되는 어업용 기자재(특례규정 제7조 제2호관련) (2022.02.15 개정)
10. 삭제(2014.02.21.) 11. 어업용 자동미끼세절기 12. 양어장용 차광막 13. 양식장용 공기공급장치 14. 자동조타장치 15. 어선 및 어망용 방오도료(유기주석을 함유하지 아니한 것에 한한다) 16. 양식장용 사료살포기 17. 「약사법」에 따른 동물용 의약품 18. 수산물 선별기 19. 어업용 얼음 20. 수산물 건조기 21. 어업용 소라껍데기 22. 양식장 관리기 23. 유류절감장치 및 고효율촉매기기 24. 젓갈용 숙성용기(플라스틱 및 철재 재질만 해당한다) 25. 수산물 건조용 건조발 26. 어업용 산소발생기(2013.02.15. 신설) 27. 양식장용 액화산소(2013.02.15. 신설) 28. 수산물 양식용 파판(播板)(2014.02.21 신설) 29. 전복 양식용 쉘터(shelter)(고정틀 및 하부틀을 포함한다)(2014.02.21. 신설) 30. 채롱망(採籠罔, 조개류 양식용만 해당한다)(2019.02.12. 신설) 31. 통발착탈기(2019.02.12. 신설) 32. 홍합부착기(친환경 합성수지 재질만 해당한다)(2019.02.12. 신설) 33. 김 종자 생산용 굴껍데기(2019.02.12. 신설) 34. 굴 양식용 가리비껍데기(2019.02.12. 신설)

(3) 환급대상 기자재 공급에 대한 세금계산서 발급

부가가치세 환급대상 농·어업용 기자재를 공급하는 일반과세자는 그 기자재를 구입하는 농어민이 세금계산서의 발급을 요구하면 「부가가치세법」 제36조에도 불구하고 세금계산서를 발급하여야 한다(조특법 제105조의2 제2항). 이 경우 농·어업용 기자재를 공급하는 일반과세자는 세금계산서에 당해 기자재의 품목과수량을 각각 구분하여 표시하여야 한다(특례규정 제9조 제1항).

4. 환급신청 및 환급절차

(1) 환급신청 대행자을 통하여 환급 신청하는 경우

환급을 받으려는 농어민 등은 다음의 조합을 통해 환급을 신청하여야한다(조특법 제105조의2 제3항).

① 「농업협동조합법」, 「수산업협동조합법」에 따른 조합
② 「엽연초생산협동조합법」에 따른 엽연초생산협동조합
③ 「산림조합법」에 따른 조합(2006.01.01. 이후 환급신청분부터 적용)

(2) 세무서에 직접 환급 신청하는 경우

「부가가치세법」, 「소득세법」, 「법인세법」 규정에 따라 사업자등록을 한 개인이나 법인은 사업장 관할 세무서장에게 직접 환급신청도 가능하다.

(3) 세무서장의 환급기한

환급신청을 받은 관할세무서장은 환급신청 기한 종료 후 20일 이내에 환급하여야 한다.

(4) 가산세

영세율이 적용되는 과세표준에 관하여 「조세특례제한법 시행령」 제106조 제12항 및 「농·축산·임업·어업용 기자재 및 석유류에 대한 부가가치세 영세율 및 면세적용 등에 관한 특례규정」 제4조에 규정하는 서류를 부가가치세 신고서에 첨부하지 않는 부분에 대하여는 「부가가치세법」 규정에 의한 부가가치세 예정 또는 확정 신고로 보지 아니한다(조특령 제90조 제7항 제2호 ; 조특령 제91조 제3항 제2호).

5. 사후관리

(1) 농·어민의 부가가치세 환급세액 추징

관할 세무서장은 부가가치세액을 환급받은 자가 다음 어느 하나에 해당하는 경우에는 부가가치세액과 이자 상당 가산액(환급받은 부가가치세액 × 환급받은 날부터 추징세액의 고지일까지의 기간(일) × 2.2/10,000(3/100,000: 2022.02.15. 이전 추징분)을 부가가치세로 추징한다(조특법 제105조의2 제5항).

① 농·어민이 부가가치세액을 환급받은 기자재를 본래의 용도에 사용하지 아니하거나 농·어민 외의 자에게 양도한 경우

② 농·어민이 다음 어느 하나에 해당하는 세금계산서에 의하여 부가가치세를 환급받은 경우

> ㉠ 재화의 공급 없이 발급된 세금계산서
> ㉡ 재화를 공급한 사업장 외의 사업장 명의로 발급된 세금계산서
> ㉢ 재화의 공급 시기가 속하는 과세기간 후에 발급된 세금계산서
> ㉣ 정당하게 발급된 세금계산서를 해당 농·어민이 임의로 수정한 세금계산서
> ㉤ 동일한 재화의 공급에 대하여 이중으로 발급된 세금계산서
> ㉥ 세금계산서의 필요적 기재사항의 일부 또는 전부가 누락되거나 사실과 다르게 적힌 세금계산서. 다만, 기재사항이 착오로 적힌 것으로서 그 밖의 증빙서류에 의하여 거래사실이 확인되는 경우를 제외함.

③ 농·어민에 해당하지 아니하는 자가 부가가치세액을 환급받은 경우

(2) 기자재 부정사용 등에 대한 환급중단

농·어민이 다음 어느 하나에 해당하는 경우에는 해당 요건을 충족하는 추징세액의 고지일부터 2년간 부가가치세 환급을 받을 수 없다(조특법 제105조의2 제7항; 특례규정 제12조).

① 최근 2년 이내에 3회 이상 부가가치세를 추징당한 경우
② 추징된 세액의 합계액이 200만원 이상으로서 해당 추징일부터 소급하여 5년 이내의 추징세액 합계액이 300만원을 초과하는 경우

 관련 해석사례 및 집행기준

농어업용기자재의 환급신청기한이 경과한 경우 환급 가능 여부

농·어민이 「농·축산·임·어업용 기자재 및 석유류에 대한 부가가치세 영세율 및 면세 적용 등에 관한 특례규정」 제9조 제2항에 규정하는 기한 후에 농·어업용 기자재에 대한 부가가치세의 환급신청을 하는 경우 「조세특례제한법」 제105조의2에 따른 부가가치세 환급특례를 적용받을 수 있는 것이며, 해당 부가가치세는 「국세기본법」 제45조의2에서 정하는 기간이 경과하기 전까지 환급을 신청할 수 있는 것임(서면부가 2016-2682, 2016.07.15.).

영농조합법인이 농민에게 공급하기 위하여 자재를 매입한 경우

영농조합법인이 환급대상 농업용기자재를 조합원인 농민에게 공급하기 위하여 조합 명의로 구입하여 세금계산서를 수취한 경우에는 부가가치세 사후환급대상이 아닌 것임. 참고로 조합원인 농민이 농업용기자재를 영농조합에 위탁하여 구매하거나 공동구매하는 경우에는 농민 명의

로 세금계산서를 수취하여야 환급신청이 가능한 것임(서면3팀-610, 2006.03.29.).

▶ **농업용 기자재 구입시 신용카드 결제분 세금계산서 발급**

부가가치세 환급을 받고자 하는 농어민이 농어업용 기자재 구입시 신용카드로 대금을 결제하고 공급자에게 세금계산서 교부를 요구하는 경우 세금계산서를 교부하여야 하는 것임(서면3팀-334, 2004.02.25.).

08 영세율첨부서류

사업자는 영세율을 적용받기 위하여는 부가가치세 신고시 영세율 거래임을 입증할 수 있는 서류를 제출하여야 한다. 이를 영세율 첨부서류라고 한다. 이러한 영세율첨부서류를 제출하지 않는 경우에는 영세율은 적용받을 수 있으나 영세율과세표준신고불성실 가산세가 적용된다.

구 분	영 세 율 대 상	지 정 서 류	첨부서류규정
① 수출하는 재화: 부가가치세법(이하 "법"이라 함) 제21조, 같은 법 시행령(이하 "영"이라 함) 제31조	1. 무역업자와 대행계약에 의거 대행수출을 한 때	- 수출대행계약서 사본과 수출실적명세서	영 제101조 제1항 제1호
	2. 내국신용장에 포함되지 않은 관세 환급금 등	- 관세환급금 등 명세서 (별지 제1호 서식)	영 제101조 제1항 제3호
② 선박 또는 항공기의 외국항행용역: 법 제23조, 영 제32조	1. 선박에 의하여 화물 또는 여객운송을 제공하고 그 대가를 원화로 받거나, 해외에서 받은 수입금액	- 선박에 의한 운송용역공급가액일람표(별지 제2호 서식) (외화입금증명서로 제출한 공급가액을 포함하여 작성)	영 제101조 제1항 제9호
	2. 항공기에 의하여 화물 또는 여객운송을 제공하고 그 대가를 원화로 받거나, 해외에서 받은 수입금액	- 공급가액확정명세서 (별지 제3호 서식)	
	3. 다른 외항사업자가 운용하는 선박 또는 항공기	- 공급자와 공급받는 자간의 송장집계표 또는 대금청구서	

구 분	영세율 대상	지정서류	첨부서류규정
		의 승선(탑승)권을 판매하거나 화물운송계약을 체결하여 주고 받는 대가	
③ 그밖의 외화획득: 법 제24조, 영 제33조	1. 비거주자 또는 외국법인에게 공급되는 용역	- 용역공급계약서 사본 또는 대금청구서	영 제101조 제1항 제10호 가목, 나목
		- 정보통신망을 통해 공급하는 용역 제공 내역서(별지 제8호 서식)	영 제101조 제1항 제10호 다목
	2. 외국항행 선박 또는 항공기에 공급하는 재화	- 외항 선박 등에 제공한 재화·용역일람표(별지 제4호 서식)와 - 세관장이 발행하는 선(기)용품 등 적재허가서(선적이 확인된 것에 한함). 다만, 선(기)용품 등 적재허가서상에 물품 수량 및 금액 등이 합계로 기재되고 물품명세서는 별첨된 경우로서 사업자가 당해 물품명세서를 보관하여 확인이 가능한 경우에는 당해물품명세의 제출을 생략할 수 있음	영 제101조 제1항 제12호
	3. 외국항행 선박 또는 항공기에 공급하는 하역용역	- 외항 선박 등에 제공한 재화·용역일람표(별지 제4호 서식)와 - 세관장에게 제출한 수출입물품 적재·하선(기)작업 확인 신청 및 증명원 또는 대금청구서	영 제101조 제1항 제12호
	4. 외국항행 선박 또는 항공기에 공급하는 하역용역 이외의 용역	- 외항 선박 등에 제공한 재화·용역일람표(별지 제4호 서식)와 - 세관장이 발급한 승선(탑승)수리신고서 또는 선장이 발행하는 확인서나 대금청구서	
	5. 원양어선에 공급하는 재화·용역	- 외항 선박 등에 제공한 재화·용역일람표(별지 제4호 서식)와 - 세관장이 발급한 승선수리신고서 또는 선장이 발행하는 확인서나 대금청구서	

구 분	영세율 대상	지정서류	첨부서류규정
③ 그밖의 외화획득: 법 제24조, 영 제33조	6. 외국항행 선박·항공기 또는 원양어선에 공급한 용역에 대한 지정서류를 제출할 수 없는 경우	- 외항 선박 등에 제공한 재화·용역일람표(별지 제4호 서식)와 - 용역공급계약서 사본 또는 대금청구서	
	7. 외교공관 등에 공급하는 재화·용역	- 재화·용역공급기록표 (별지 제5호 서식)	영 제101조 제1항 제13호
	8. 외교관 등에 공급하는 재화·용역	- 외교관면세판매 기록표 (별지 제6호 서식)	영 제101조 제1항 제17호
	9. 비거주자 또는 외국법인과 직접 계약에 따라 국내 종합보세구역에 공급하는 재화	- 외국환은행으로부터의 대금 수령 방법이 기재된 계약서 사본과 - 관할세관장이 발급한 환급대상 수출물품 반입확인서 또는 외화입금증명서	영 제101조 제1항 제10호 가목
	10. 영세율적용사업자가 위 지정서류를 제출할 수 없는 경우	- 외화획득명세서(별지 제7호 서식)와 - 영세율이 확인되는 증빙서류	
④ 재화·용역공급이 2과세기간 이상 소요되는 경우	영세율 대상이 되는 제조·가공·역무의 제공이 2과세기간 이상 소요되어 외화입금증명서 또는 수출신고필증을 발급받을 수 없을 때	- 제조·가공·역무제공계약서 사본	

☞ 법령에 의한 서류를 먼저 첨부하여야 하고 없을 때 국세청장 지정서류를 첨부할 수 있다. 만약, 영세율 지정서류를 제출할 수 없는 경우에는 외화획득명세서, 영세율이 확인되는 증빙서류를 제출한다.

☞ 부가가치세 전자신고시 제출기한을 연장하는 서류 고시(국세청 고시 제2024-1호, 2024.01.04.) 전자신고하는 부가가치세 과세표준 신고 또는 과세표준 수정신고하는 경우: 영세율 첨부서류 제출기한을 10일 연장

☞ 연장서류: 영세율 첨부서류(수출실적명세서, 내국신용장·구매확인서 전자발급명세서, 영세율 첨부서류 제출명세서를 제외한 영세율 첨부서류)(단, 조기환급 신고의 경우는 제외)

수 출 신 고 필 증 (수출이행, 갑지)

※ 처리기간: 즉시

제출번호 99999-99-9999999	⑤신고번호 999-99-99-9999999X	⑥신고일자 202405/20.	⑦신고구분 H	⑧C/S구분 V
①신 고 자 신동관세사				
②수 출 대 행 자 신일통상 (통관고유부호) 99999-9-99-9-99-9 수출자구분 C	⑨거래구분 11	⑩종류 A	⑪결제방법 TT	
수 출 화 주 동해산업 (통관고유부호) 999999-9-99-9-99-9 (주소) 서울 서초구 양재동 489번지 (대표자) 김동해 (소재지) 137 (사업자등록번호) 999-99-99999	⑫목적국 JAPAN(JP)	⑬적재항 인천공항 ICN	⑭선박회사(항공사) KE	
	⑮선박명(항공편명) KE 1023	⑯출항예정일자 20250521	⑰적재예정보세구역 03012202	
	⑱운송형태 40 UL		⑲검사희망일 20240520	
	⑳물품소재지 서울 서초 양재 137			
③제 조 자 동해산업 (통관고유부호) 99999-9-99-9-99-9 제 조 장 소 137 산업단지부호 999	㉑L/C번호 F 4503		㉒물품상태 N	
	㉓사전임시개청통보여부 A		㉔반송 사유	
④구 매 자 River Road Co (구매자부호) JPEEC0002H	㉕환급신청인 1 (1: 수출대행자/수출화주, 2: 제조자) 자동간이정액환급 AD			

・품명・규격 (란번호/총란수: 1/1)

㉖품 명 SPARE PARTS(FOR TV TRANSMITTER) ㉗거래품명		㉘상표명 NO	본 신고필증은 수출통관 사무처리에 관한 고시에 따라 P/L신고를 하여 세관장으로 부터 신고 수리된 것을 확인하여 발행・발급됨.	
㉙모델・규격		㉚성분	㉛수량	
HPB-4730 EXCITER S/N: G1202			200(EA)	25 5,000
㉞세번부호 8525.10-2000	㉟순중량 435(KG)	㊱수량 1(U)	㊲신고가격 (FOB)	$5,000 ₩5,500,000
㊳송품장번호 BIC-20100204	㊴수입신고번호		㊵원산지 KR	㊶포장갯수(종류) 2(CT)
㊷수출요건확인 (발급서류명)				
㊸총중량 600(KG)	㊹총포장갯수 2(CT)		㊺총신고가격(FOB)	$5,000 ₩5,500,000
㊻운임(₩)	㊼보험료(₩)		㊽결제금액	CPT-USD-5,700
㊾수입화물 관리번호			㊿컨테이너번호	N
※신고인기재란		51세관기재란		
52운송(신고)인 수출자와 동일 53기간 202505/20부터 202606/10까지	54적재의무기한 202506/20	55담당자 홍길동(100525)	56신고수리일자 202505/20	

발 행 번 호: 9999999999999(2019.05.20.) Page: 1/1

(1) 수출신고수리일로부터 30일 내에 적재하지 아니한 때에는 수출신고수리가 취소됨과 아울러 과태료가 부과될 수 있으므로 적재사실을 확인하시기 바랍니다(관세법 제251조, 제277조). 또한 휴대탁송 반출시에는 반드시 출국심사(부두, 초소, 공항) 세관공무원에게 제시하여 확인을 받으시기 바랍니다.

(2) 수출신고필증의 진위여부는 관세청 인터넷통관포탈에 조회하여 확인하시기 바랍니다.
(http://portal.customs.go.kr)
☞ (주) 48란의 결제금액으로 회계처리 및 부가가치세 영세율 신고를 하여야 한다.
☞ 환율은 선적일 현재의 기준환율, 재정환율을 확인하여야 하며 서울외국환중개에서 매일자 별로 환율을 고시하고 있으므로 인터넷으로 확인가능함.

> **실무 Tip** 수출신고필증의 체크사항[25]

② 수출자 ──────── 수출자 구분
　A: 수출자와 제조자가 동일한 경우(직수출)
　B: 수출자가 수출만 대행한 경우(대행수출)
　　☞ 수출자가 아닌 수출품생산업자가 영세율 과세표준 신고를 해야함.
　C: 수출자가 완제품 공급(원상태 공급 포함)을 받아 수출한 경우(내국신용장·구매확인서에 의한 매출임)
　D: 수출자와 제조자가 본·지사 관계인 경우

⑨ 거래구분

거 래 구 분	비 고
11: 일반형태수출 15: 전자상거래에 의한 수출 17: 전자상거래 풀필먼트 수출 21: 외국인 투자업체 수탁가공수출 22: 일반업체의 수탁가공수출 **29: 위탁가공을 위한 원자재 수출(과세 거래 아님)** **31: 위탁판매를 위한 물품의 수출(과세 거래 아님)** 69: 산업설비 수출 79: 중계무역수출 **89: 수출 후 반품되어 작업 후 다시 반출되는 물품(과세 거래 아님)** **92: 무상으로 반출하는 상품의 견본 및 광고용품(과세 거래 아님, 현지에서 판매시 과세)** 96: 물품의 수리 또는 검사를 위하여 반출하는 물품(과세 거래 아님) (기타 자세한 내역은 관세청 홈페이지 수입통계부호 참조)	굵은 글씨로 표시한 29, 31, 89, 92의 경우 수출신고서는 작성되지만 부가가치세법상 재화의 공급이 아니므로 영세율 신고대상이 아님.

㊽ 결제금액
　실제의 거래금액으로서 매출액, 부가가치세법상 공급가액에 해당함.

USD	미달러	JPY	엔화	EUR	유로화	GBP	파운드
CHY	위안화	CAD	캐나다달러	HKD	홍콩달러	AUD	호주달러
CHF	스위스 프랑	SEK	스웨덴크로네	SGD	싱가폴달러	IDR	루피(인니)

---

25) 송재원, 부가가치세 실무, 중부지방세무사회, 25p 참고.

Bill of Lading(선하증권)

① Shipper/Exporter	⑪ B/L No. ; But 1004
② Consignee 　　　G CARGO EXPRESS.CO.LTD	
③ Notify Party	

Pre-Carrage by	⑥ Place of Receipt	
④ Ocean Vessel	⑦ Voyage No.	⑫ Flag

⑤ Port of Loading　⑧ Port of Discharge　⑨ Place of Delivery　⑩ Final Destination(For the Merchant Ref.)

⑬ Container No.　⑭ Seal No. 　　　　　　Marks & No	⑮ No. & Kinds of Containers or Packages	⑯ Description of Goods	⑰ Gross Weight	Measurement
Total No. of Containers or Packages(in words)				

⑱ Freight and Charges	⑲ Revenue tons	⑳ Rate	㉑ Per	㉒ Prepaid	㉓ Collect

㉓ Freight prepaid at	㉔ Freight payable at	㉖ Place and Date of Issue
Total prepaid in	㉕ No. of original B/L	
㉗ Laden on board vessel 　Date　　Signature 2025.09.05　　←　선적일 확인		㉘ ABC Shipping Co. Ltd. 　　as agent for a carrier, zzz Liner Ltd.

취소불능 내국신용장

전자문서 번호: 통지일자:
──────────〈 개 설 내 역 〉──────────

개설은행   :
개설일자   :   → 구매자(수출업자)
신용장번호   :
개설의뢰인(상호, 주소, 대표자, 전화번호, 사업자등록번호) :
수혜자(상호, 주소, 대표자, 전화번호, 사업자등록번호) :
내국신용장 종류   :
개설외화금액   :   → 원재료등 공급업자
개설원화금액   :
매매기준율   :
물품매도확약서 번호 :
물품인도기일   :
유효기일   :
제출서류   : 물품수령증명서   통
                     공급자발행 세금계산서 사본   통
                     공급자발행 물품매도확약서 사본   통
                     본 내국신용장 사본   통

기타 구비서류

당행은 귀하(사)가 위 금액의 범위에서 상기의 서류를 첨부하여 물품대금 전액의 일람출급식 판매대금추심의뢰서를 발행할 수 있는 취소불능내국신용장을 개설합니다. 당행은 이 신용장에 의하여 발행된 판매대금추심의뢰서가 당행에 제시된 때에는 이를 이의없이 지급할 것을 판매대금추심의뢰서의 발행인에게 확약합니다.

대표공급물품명   :   (HS부호:)
분할인도 허용여부   :
서류제시기간   : 물품수령증명서 발급일로부터   영업일 이내
개설근거별 용도   :
기타   :
──────────〈 원수출신용장 등 내역 〉──────────
개설근거서류 종류   :
신용장(계약서) 번호 :
──────────〈 발신기관 전자서명 〉──────────
발신기관 전자서명   :

1. 이 전자문서는 「전자무역 촉진에 관한 법률」에 따라 발행된 내국신용장으로서 이 문서를 전송받은 개설의뢰인 또는 수혜자는 같은 법률 시행규정 제12조 제3항의 별표4에 따라 신용장 여백에 정당발급문서임을 표시하는 적색 고무인을 날인하여야 합니다.
2. 이 신용장에 관한 사항은 다른 특별한 규정이 없는 한 국제상공회의소 제정 화환신용장 통일규칙 및 관례에 따릅니다.

[별지 제13-1호 서식](산자부고시-대외무역관리규정)

외화획득용원료·기재구매확인서

※ 구매확인서번호:

① 구매자 ─── (상호) / (주소) / (성명) / (사업자등록번호) → 구매자(수출업자)

② 공급자 ─── (상호) / (주소) / (성명) / (사업자등록번호) → 원재료등 공급업자: 영세율세금계산서발급

1. 구매원료·기재의 내용

③ HS부호	④ 품명 및 규격	⑤ 단위 및 수량	⑥ 구매일	⑦ 단가	⑧ 금액	⑨ 비고

2. 세금계산서(외화획득용 원료·기재를 구매한 자가 신청하는 경우에만 해당)

⑩ 세금계산서 번호	⑪ 작성일자	⑫ 공급가액	⑬ 세액	⑭ 품목	⑮ 규격	⑯ 수량

> 영세율세금계산서작성(발급)일자가 6.20.이고, 구매확인서 확인일자가 7.15.인 경우
> 6/20: T/I 100/10발급 후 수정세금계산서 발급하여야 함.
> 6/20: (-)T/I발급 △100/△10 와 영세율T/I 발급 100/0

⑰ 구매원료·기재의 용도명세: 원자재구매, 수출대행 등 해당용도를 표시하되, 위탁가공무역에 소요되는 국산원자재를 구입하는 경우는 "(위탁가공)"문구를 추가표시

   * 한국은행 총액한도대출관련 무역금융 취급절차상의 용도표시 준용

위의 사항을 대외무역법 제18조에 따라 확인합니다.

확인일자   년   월   일

확인기관
전자서명

이 전자무역문서는「전자무역 촉진에 관한 법률」에 따라 전자문서교환방식으로 발행된 것으로서 출력하여 세관 또는 무역유관기관 등 제3자에게 제출하려는 경우 업체는 동 법률 시행규정 제12조 제3항에 따라 적색고무인을 날인하여야 합니다.

수출품완제품납품계약서

수출(주문)자인 　　　　　　을 "갑"이라 칭하고, 생산납품자인 　　　　　　을 "을"이라 칭하여 다음과 같이 수출품 생산 납품 계약을 체결한다.

(갑)　　　　　　　　　　　　　　　(을)

* "을"은 "갑"의 작업지시에 의거 다음과 같은 수출품을 생산 납품한다.

품명	수량	단가	금액

* 납기 및 장소는 다음과 같다.
1. 납품기간 :
2. 납품장소 :

* "갑"은 "을"의 납품완료후 10일 이내에 "을"에게 물품대금을 지불한다.

* 본 계약서에 명시되지 않은 사항은 일반 상관례에 따른다.

　　　　　　　　　　　　년　월　일

• **실무사례** **수출실적명세서**

[사실관계]

다음 자료를 보고 20X5년 1기 부가가치세 확정신고(4.1 ~ 6.30)시 수출실적명세서를 작성하라. 단, 아래의 모든 거래는 영세율 적용대상거래(세금계산서 발급대상이 아님)로서, 거래대금은 모두 선적일 이전에 미국 달러화(USD)로 송금받았다.

상대국	수출신고번호	선적일 (공급시기)	환전일	수출액	적용환율	
					선적(공급)시 기준환율	환전시 적용환율
미국	021-11-23-0897775x	20X5.04.07	20X5.04.01	$10,000	1,130원/$	1,160원/$
일본	020-06-41-1257663x	20X5.05.06	20X5.05.10	$20,000	1,150원/$	1,180원/$
독일	-	20X5.05.22	20X5.06.22	$1,000	1,250원/$	1,240원/$
미국	023-05-12-0321273x	20X5.06.03	20X5.06.26	$2,000	1,330원/$	1,380원/$

• "수출신고번호"가 없는 거래는 국외제공용역 등의 거래에 해당한다.
• "환전일"은 수출대금을 원화로 환전한 날을 말한다.

해답

수출신고번호 없는 거래: $1,000 × 1,250원/$ = 1,250,000원

구 분	건수	외화금액	원화금액	비고
⑨ 합계	4	33,000	38,510,000	
⑩ 수출재화(=⑫합계)	3	32,000	37,260,000	
⑪ 기타영세율적용	1	1,000	1,250,000	

⑫ 일련 번호	⑬ 수출신고번호	⑭ 선(기)적 일자	⑮ 통화 코드	⑯ 환율	금액	
					⑰ 외화	⑱ 원화
합 계					32,000	37,260,000
1	021-11-23-0897775x	20X4.04.07	USD	1,160	10,000	11,600,000
2	020-06-41-1257663x	20X4.05.06	USD	1,150	20,000	23,000,000
3	023-05-12-0321273x	20X4.06.03	USD	1,330	2,000	2,660,000

☞ 홈택스 신고시 ⑭선적일자와 ⑯ 환율은 선적일자 기준으로 체크한다.

• **실무사례**   **외화획득명세서 작성 예시**

다음 자료는 페이팔 매출을 반영한 경우이다.

(5) 거래기간	2025년 1월 1일 ~ 2025년 3월 31일	(6) 작 성 일	2025년 4월 25일
(7) 영세율적용근거		(9) 법정서식 제출불능사유	
(8) 법정제출서류명		(10) 법정서식제출 가능여부및일자	

2. 외화획득내용

(11) 공급일자	공급받는자		공급내용		(16) 금 액 (원화)	(17) 비 고 (외화 등)
	(12)상호및성명	(13) 국 적	(14) 구 분 (재화 또는 용역)	(15) 명 칭		
2025-01-31	애플	AE	용역	VPN서비스	1,334,662	3,385.96
2025-01-31	애플	AU	용역	VPN서비스	60,153	66.75
2025-01-31	애플	EU	용역	VPN서비스	139,648	91.72
2025-01-31	애플	GB	용역	VPN서비스	152,214	82.65
2025-01-31	애플	HK	용역	VPN서비스	78,988	424.20
2025-01-31	애플	HU	용역	VPN서비스	4,169	1,097.00
2025-01-31	애플	ID	용역	VPN서비스	37,062	418,108.00
2025-01-31	애플	IL	용역	VPN서비스	14,926	36.96
2025-01-31	애플	IN	용역	VPN서비스	1,826,731	109,017.65
2025-01-31	애플	JP	용역	VPN서비스	177,057	18,200.00
2025-01-31	애플	NG	용역	VPN서비스	16,128	16,213.95
2025-01-31	애플	NZ	용역	VPN서비스	29,722	36.49
		합 계			59,576,666	2,833,671.13

위와같이 부가가치세법 제24조 및 동법시행령 제31조부터 제33조까지 규정하는 영세율 적용 재화 및 용역을 공급하였기「영세율적용사업자가 제출할 영세율적용첨부서류 지정 고시」에 따라 외화획득명세서외 관계증빙서류를 붙임과 같이 제출합니다.

붙 임 : 1.
       2.
       3.

2025년 4월 25일

● 실무사례 내국신용장, 구매확인서 전자발급 작성 예시

다음 자료를 내국신용장 등에 의한 매출이 있는 경우 예시이다.

내국신용장·구매확인서 전자발급명세서(갑)
20X5년 제 1기 (1월 1일 ~ 3월 31일)

※ 아래의 작성방법을 읽고 작성하시기 바랍니다.

접수번호	접수일	처리기간 즉시

2. 내국신용장·구매확인서에 의한 공급실적 합계

구 분	건 수	금액(원)	비고
⑨ 합 계(=⑩+⑪)			
⑩ 내 국 신 용 장			
⑪ 구 매 확 인 서	1	20,000,000	

3. 내국신용장·구매확인서에 의한 공급실적 명세서

⑫ 번호	⑬ 구분	⑭ 서류번호	⑮ 발급일	⑯ 공급받는 자의 사업자등록번호	⑰ 금액(원)	⑱ 비고
1	구매확인서	PKT202301150620	20X5.01.20.	120-81-11111	20,000,000	

「부가가치세법 시행령」 제101조 제1항의 표 제3호 가목에 따라 내국신용장·구매확인서 전자발급명세서를 제출합니다.

20X5년 04월 25일

제출자   (서명 또는 인)

세 무 서 장   귀하

■ 부가가치세법 시행규칙 [별지 제40호서식(1)] (2025.03.21 개정)

홈택스(www.hometax.go.kr)에서도 신청할 수 있습니다.

수출실적명세서(갑)

년 제 기 (월   일 ~   월   일)

※ 아래의 작성방법을 읽고 작성하시기 바랍니다.

제출자 인적사항	① 사업자등록번호		② 상호(법인명)	
	③ 성명(대표자)		④ 사업장 소재지	
	⑤ 업태		⑥ 종목	

⑦ 거래기간	년 월 일 ~ 월 일	⑧ 작성일자	

구분	건수	외화금액	원화금액	비고
⑨ 합계				
⑩ 수출재화(=⑫합계)				
⑪ 기타 영세율적용				

⑫ 일련번호	⑬ 수출신고번호	⑭ 선(기)적일자	⑮ 통화코드	⑯ 환율	금액	
					⑰ 외화	⑱ 원화
합계						

작 성 방 법

이 명세서는 외국으로 재화를 직접 반출(수출)하여 영세율을 적용받는 사업자가 작성하며 아래의 작성요령에 따라 한글, 아라비아숫자, 영문자로 정확하고 선명하게 적어야 합니다.

①~⑥: 제출자(수출자)의 사업자등록증에 적힌 사업자등록번호·상호(법인명)·성명(대표자)·사업장 소재지·업태·종목을 적습니다.
⑦: 신고대상기간을 적습니다(예시 : 2010년 1월 1일~3월 31일).
⑧: 수출실적명세서 작성일자를 적습니다.
⑨: 부가가치세 영세율이 적용되는 재화 또는 용역의 공급으로 세금계산서 발급대상이 아닌 영세율 적용분에 대한 총건수, 외화금액 합계, 원화금액 합계[부가가치세 신고서 2쪽 영세율 기타분(④항) 과세표준]를 적습니다.
⑩: 관세청에 수출신고 후 외국으로 직접 반출(수출)하는 재화의 총건수, 외화금액 합계, 원화금액 합계를 적으며, ⑫란의 1번부터 마지막 번호까지를 모두 합계한 건수, 외화금액, 원화금액과 일치하여야 합니다.
⑪: 관세청에 수출신고 후 외국으로 직접 반출(수출)하는 재화 이외의 영세율적용분(국외제공용역 등)으로 세금계산서를 발급하지 아니하는 분의 총건수, 외화금액 합계, 원화금액 합계를 적습니다(※ 영세율 첨부서류는 별도제출).
⑫: 수출 건별로 1번부터 부여하여 마지막 번호까지 순서대로 적습니다.
⑬: 수출신고서의 (5)번 신고번호를 적습니다.
⑭: 수출재화(물품)을 실질적으로 선(기)적한 일자를 적습니다.
⑮: 수출대금을 결제받기로 한 외국통화의 코드를 영문자 3자로 적습니다(수출신고서 (34)번 항목의 중간에 표시되며, 미국 달러로 결제받는 경우 USD라 적습니다).
⑯: 수출재화의 선(기)적 일자에 해당하는 외국환거래법에 의한 기준환율 또는 재정환율을 적습니다.
⑰: 수출물품의 인도조건에 따라 지급받기로 한 전체 수출금액으로 수출신고서의 (33)번 항목의 금액이며 소수점 미만 2자리까지 적습니다.
⑱: ⑰란의 금액을 ⑯란의 환율로 곱한 환산금액 또는 선(기)적일 전에 수출대금(수출선수금, 사전송금방식수출 등)을 원화로 환가한 경우에는 그 금액을 원단위 미만은 절사하고 적습니다.

※ 『수출실적명세서(갑)』 서식을 초과하는 수출실적분에 대해서는 『수출실적명세서(을)』[별지 제40호서식(2)]에 작성합니다.

■ 부가가치세법 시행규칙 [별지 제29호서식] (2023.03.20 개정) 홈텍스(www.hometax.go.kr)에서도 신청할 수 있습니다.

영세율 매출명세서

년 제 기 (월 일 ~ 월 일)

※ 뒤쪽의 작성방법을 읽고 작성하시기 바랍니다.

(앞쪽)

1. 제출자 인적사항

① 상호(법인명)		② 사업자등록번호	
③ 성명(대표자)		④ 사업장 소재지	
⑤ 업태		⑥ 종목	

2. 영세율 적용 공급실적 합계

⑦ 구분	⑧ 조문	⑨ 내 용	⑩ 금액(원)
부가가치세법	제21조	직접수출(대행수출 포함)	
		중계무역·위탁판매·외국인도 또는 위탁가공무역 방식의 수출	
		내국신용장·구매확인서에 의하여 공급하는 재화	
		한국국제협력단, 한국국제보건의료재단 및 대한적십자사에 공급하는 해외반출용 재화	
		수탁가공무역 수출용으로 공급하는 재화	
	제22조	국외에서 공급하는 용역	
	제23조	선박·항공기에 의한 외국항행용역	
		국제복합운송계약에 의한 외국항행용역	
	제24조	국내에서 비거주자·외국법인에 공급되는 재화 또는 용역	
		수출재화임가공용역	
		외국항행 선박·항공기 등에 공급하는 재화 또는 용역	
		국내 주재 외교공관, 영사기관, 국제연합과 이에 준하는 국제기구, 국제연합군 또는 미합중국군대에 공급하는 재화 또는 용역	
		「관광진흥법 시행령」에 따른 일반여행업자가 외국인 관광객에게 공급하는 관광알선용역	
		외국인전용판매장 또는 주한외국군인 등의 전용 유흥음식점에서 공급하는 재화 또는 용역	
		외교관 등에게 공급하는 재화 또는 용역	
		외국인환자 유치용역	
⑪ 「부가가치세법」에 따른 영세율 적용 공급실적 합계			
조세특례제한법	제105조제1항제1호	방위산업물자 또는 「비상대비에 관한 법률」에 따라 지정된 자가 생산 공급하는 시제품 및 자원동원으로 공급하는 용역	
	제105조제1항제2호	「국군조직법」에 따라 설치된 부대 또는 기관에 공급하는 석유류	
	제105조제1항제3호	도시철도건설용역	
	제105조제1항제3호의2	국가·지방자치단체에 공급하는 사회기반시설 등	
	제105조제1항제4호	장애인용 보장구 및 장애인용 특수 정보통신기기 등	
	제105조제1항제5호	농민 또는 임업에 종사하는 자에게 공급하는 농업용·축산업용·임업용 기자재	
	제105조제1항제6호	어민에게 공급하는 어업용 기자재	
	제107조	외국인 관광객 등에게 공급하는 재화	
	제121조의13	제주특별자치도 면세품판매장에서 판매하거나 제주특별자치도 면세품판매장에 공급하는 물품	
⑫ 「조세특례제한법」 및 그 밖의 법률에 따른 영세율 적용 공급실적 합계			
⑬ 영세율 적용 공급실적 총 합계 ⑪+⑫			

210mm×297mm[백상지 80g/㎡ 또는 중질지 80g/㎡]

영세율적용사업자가 제출할 영세율적용첨부서류 지정 고시(별지 제7호 서식)

외 화 획 득 명 세 서
(년 제 기)

1. 인적사항

(1) 성 명		(2) 사업자등록번호	
(3) 상 호		(4) 사업장소재지	
(5) 거 래 기 간	년 월 일~ 월 일	(6) 작 성 일	
(7) 영세율적용근거		(9) 법정서식 제출불능사유	
(8) 법정제출 서류명		(10) 법정서식제출 가능여부및일자	

2. 외화획득내용

(11) 공급일자	공급받는자		공급내용			(17) 비 고 (외화 등)
	(12)상호및성명	(13) 국 적	(14) 구 분 (재화 또는 용역)	(15) 명 칭	(16) 금액 (원화)	

위와 같이 부가가치세법 제11조 및 동법시행령 제24조부터 제26조까지 규정하는 영세율 적용 재화 및 용역을 공급하였기 「영세율적용사업자가 제출할 영세율적용첨부서류 지정 고시」에 따라 외화획득명세서 외 관계증빙서류를 붙임과 같이 제출합니다.

붙 임: 1.
       2.
       3.

년 월 일

제출인 (서명 또는 인)

세 무 서 장 귀하

작성방법

(1)~(4): 제출자(공급자)의 사업자등록증에 기재된 내용을 적습니다.
(5), (6): 제출대상기간과 이 명세서의 작성일을 적습니다.
(7)~(17): 「부가가치세법」 제11조 및 「같은법 시행령」 제24조부터 제26조까지 규정한 영세율적용사업자가 지정서류를 제출할 수 없는 경우에 영세율이 확인되는 증빙서류를 첨부하여 제출합니다. 금액은 원화로 적되 원단위 미만은 절사하며, 외화 등은 비고란에 참고로 적을 수 있습니다.

■ 부가가치세법 시행규칙 [별지 제42호서식](2013.06.28 개정) 홈택스(www.hometax.go.kr)에서도 신청할 수 있습니다.

영세율 첨부서류 제출명세서

년 제 기 (월 일 ~ 월 일)

※ [ ]에는 해당하는 곳에 √ 표시를 합니다. 뒤쪽의 작성방법을 읽고 작성하시기 바랍니다. (앞쪽)

제출자 인적사항	① 사업자등록번호	② 상호(법인명)
	③ 성명(대표자)	④ 사업장 소재지 및 연락처
	⑤ 업태(종목)	

| ⑥ 거래기간 | ⑦ 작성일자 |

| ⑧ 제출사유 |

⑨ 일련번호	⑩ 서류명	⑪ 발급자	⑫ 발급일자	⑬ 선적일자	⑭ 통화코드	⑮ 환율	당기제출금액		당기신고해당분		⑳ 비고
							⑯ 외화	⑰ 원화	⑱ 외화	⑲ 원화	

[별지 제65호서식](2010.04.20 개정)

월별 판매액 합계표

공급자	① 상호(법인명)		② 사업자등록번호	
	③ 성명(대표자)		④ 전화번호	
	⑤ 사업장 소재지			

⑥ 월 별	⑦ 품 목	⑧ 판 매 가 액	⑨ 비 고
합 계			

위와 같이 「조세특례제한법 시행령」 제106조제12항제2호에 따라 부가가치세영세율이 적용되는 장애인용보장구를 공급하였음을 확인합니다.

년   월   일

성 명   (서명 또는 인)

210㎜×297㎜[일반용지 60g/㎡(재활용품)]

☞ 영세율 적용대상인 농업용 기자재 등을 농민에게 영세율로 판매하는 경우에 작성하는 서식이다.

CHAPTER 04

면 세

01 _ 의의
02 _ 면세되는 재화 또는 용역
03 _ 조세특례제한법에 의한 면세
04 _ 부수재화·용역에 대한 면세
05 _ 재화수입에 대한 면세
06 _ 면세포기
07 _ 면세사업자의 협력의무
08 _ 영세율과 면세의 비교

01 의의

1. 의의

　면세라 함은 부가가치세제에서의 일반면세 제도로서 특정한 재화 또는 용역의 공급과 재화의 수입에 대하여 부가가치세 부담을 면제하는 것을 말한다. 면세되는 재화·용역을 공급하는 사업자와 재화의 수입자는 해당 거래에 대한 부가가치세 납세의무가 없으므로 과세표준 및 세액의 신고·납부, 사업자등록, 세금계산서발급 등의 의무도 배제된다.

　면세사업자가 거래징수 당한 부가가치세(매입세액)는 매출세액에서 공제하거나 환급받지 못하기 때문에 매입시에 부담한 부가가치세는 해당 거래의 원가에 가산되어 거래상대방에게 전가되게 된다.

　이와 같은 면세제도를 둔 이유는 사업자의 조세 부담을 줄이기 위한 것이 아니라 재화·용역을 구입 소비하는 최종소비자의 조세 부담을 줄여 조세 부담의 역진성을 완화하기 위한 것이므로, 면세대상은 주로 기초생활필수품 또는 국민후생용역 등에 국한하고 있다. 그리고 부가가치세법 이론상 부가가치를 구성하는 생산요소 등에 대하여 면세하는 경우와 정책적 목적으로 면세하는 경우도 있다.

2. 면세 대상

부가가치세의 면제 범위는 다음과 같다(부가집 26-0-2).

구 분	부가가치세 면제 대상
• 기초생활필수품 및 용역	• 가공되지 아니한 식료품(식용으로 제공되는 농·축·수·임산물을 포함) • 우리나라에서 생산되어 식용으로 제공되지 아니하는 농산물·축산물·수산물·임산물 • 수돗물 • 연탄 및 무연탄 • 여객운송용역 • 주택과 그 부수토지의 임대용역 • 여성용 생리처리 위생용품 • 공동주택 어린이집 임대용역
• 국민후생관련	• 의료보건용역과 혈액 • 교육용역 등

구 분	부가가치세 면제 대상
• 문화관련	• 도서·신문·잡지·통신 및 방송 등(광고 제외) • 예술창작품·예술행사·문화행사·비직업운동경기 • 도서관·과학관·박물관·미술관·동물원 또는 식물원에의 입장 등
• 부가가치 생산요소	• 토지의 공급 • 금융·보험용역 • 인적용역
• 조세정책&공익목적	• 우표, 인지, 증지, 복권 및 공중전화, 특수용 담배 • 공익단체가 무상 또는 실비로 공급하는 재화 또는 용역 • 국가 등이 공급하는 재화 또는 용역 • 국가 등에 무상으로 공급하는 재화 또는 용역
• 관세면제(수입시)	• 미가공식료품 • 도서·신문·잡지 • 과학·교육·문화용 수입품 • 공익목적으로 기증되는 재화 • 여행자 휴대품, 외교관 물품 등 • 재수입재화 및 재수출조건의 일시수입재화 • 그 밖에 관세가 무세이거나 감면되는 재화 등
• 「조세특례제한법」	• 특수용도 석유류 • 공장, 광산, 학교 등의 구내식당 음식용역 • 농·어업 대행용역 • 국민주택 및 국민주택 건설용역·리모델링용역 • 관리주체, 경비업자 또는 청소업자가 공동주택에 공급하는 일반관리용역·경비용역 및 청소용역 • 정부업무대행단체가 공급하는 재화 또는 용역 • 한국철도시설공단이 국가에 공급하는 철도시설 • 학교시설관리운영권, 학교시설을 이용하여 제공하는 용역 • 천연가스를 연료로 사용하는 시내버스 및 마을버스운송사업용으로 공급되는 버스 • 간이과세자에게 제공되는 개인택시 • 희귀병 치료제 • 영유아용 기저귀와 분유 등

02 면세되는 재화 또는 용역

1. 기초생활필수품 및 용역

(1) 가공되지 아니한 식료품(식용(食用)으로 제공되는 농산물, 축산물, 수산물, 임산물을 포함)

1) 미가공식료품

식용에 공하는 식료품에서 식용이란 현실적·개별적인 용도를 말하는 것이 아니고, 일반적·추상적 관념(식용에 적합한지 여부)의 용도를 말하는 것으로 「부가가치세법 시행규칙」 별표 1 미가공식료품분류표에 의한다(부가집 26-0-3).

① 가공되지 아니한 식료품은 다음의 것으로서 가공되지 아니하거나 탈곡·정미·정맥·제분·정육·건조·냉동·염장·포장이나 그 밖에 원생생산물 본래의 성질이 변하지 아니하는 정도의 1차 가공을 거쳐 식용으로 제공하는 것으로 한다(부가령 제34조 제1항).

> 곡류, 서류, 특용작물류, 과실류, 채소류, 수축류, 수육류, 유란류(우유와 분유를 포함), 생선류(고래를 포함), 패류, 해조류, 앞의 것 외에 식용으로 제공되는 농산물, 축산물, 수산물 또는 임산물, 소금([「식품위생법」 제7조 제1항에 따라 식품의약품안전처장이 정한 식품의 기준 및 규격에 따른 천일염(天日鹽) 및 재제(再製)소금)

② 미가공식료품에는 다음의 것을 포함한다(부가령 제34조 제2항).

> ㉠ 김치, 두부 등 기획재정부령으로 정하는 단순 가공식료품
> ㉡ 원생산물 본래의 성질이 변하지 아니하는 정도로 1차 가공을 하는 과정에서 필수적으로 발생하는 부산물
> ㉢ 미가공식료품을 단순히 혼합한 것
> ㉣ 쌀에 인삼추출물·아미노산 등 식품첨가물을 첨가·코팅하거나 버섯균 등을 배양시킨 것으로서 쌀의 원형을 유지하고(쌀을 분쇄한 후 식품첨가물을 혼합하여 다시 알곡모양을 낸 종류의 것은 제외) 쌀의 함량이 90% 이상인 것

다만, 판매목적으로 독립된 거래단위로 관입·병입 등의 포장을 하는 경우는 과세됨에 유의해야 한다.

③ 본래의 성질이 변한 정도의 가공을 거친 다음의 식료품은 과세한다.

> ㉠ 조미·가공한 식료품(맛 김, 볶거나 조미한 멸치, 조미하며 건조한 쥐치포 등의 어포류)(부가통 26-34-3)
> ㉡ 면세하지 아니하는 가공된 식료품(전분, 면류, 팥·콩 등의 앙금, 떡, 한천, 묵, 인삼차, 엿기름) (부가통 26-34-4)
> ㉢ 면세하지 아니하는 포장된 김치·젓갈류: 김치·젓갈류·간장 또는 된장 등을 거래단위로서 포장하여 최종소비자에게 그 포장의 상태로 직접 공급하는 것(부가통 26-34-5)

2) 김치, 단무지 등 단순가공식료품 과·면세 판단

① 2022.07.01. ~ 2025.12.31. 공급분 - 포장 유무에 관계없이 한시적 면세

김치, 단무지, 장아찌, 젓갈류, 게장, 두부, 메주, 간장, 된장, 고추장, 데친 채소류은 포장유무에 관계없이 한시적으로 면세를 적용한다.

부가칙 별표1(면세되는 미가공식료품 분류표) 제12호에 제조시설을 갖추고 판매목적으로 독립된 거래단위로 관입·병입 또는 이와 유사한 형태로 포장하여 2026년 1월 1일부터 공급하는 것은 제외하되, 단순하게 운반편의를 위하여 일시적으로 관입·병입 등의 포장을 하는 경우를 포함한다고 규정하고 있다.

참고로 김치공장을 신축함에 있어서 시설투자에 대한 조기환급 대상에 해당하지 아니함에 유의해야 한다.

② 과거 ~ 2022.07.01. 공급분 - 포장 유무에 따른 과세 또는 면세로 판단

김치, 단무지, 장아찌, 젓갈류, 게장, 두부, 메주, 간장, 된장, 고추장, 데친 채소류은 면세를 적용하되, 판매목적으로 독립된 거래단위로 관입·병입 등의 포장을 하는 경우는 과세한다(부가-915, 2013.10.08.).

구 분	내 용
2022.07.01. ~ 2025.12.31. 공급분	포장 유무에 관계없이 한시적 면세
2022.07.01. 공급분	포장 유무에 따른 과·면세 판단

✱ 면세되는 사례

- 국내산 녹용을 냉동한 후 이를 절단하여 공급하는 경우(서삼 46015-11224, 2002.07.25.)
- 자동화배양기를 통해 생산·판매되는 화훼류(서삼 46015-11328, 2002.08.12.)
- 김치·단무지·장아찌·젓갈류·게장·두부·메주·간장·된장·고추장(판매목적으로 독립된 거래단위로 관입·병입 등의 포장을 하는 경우는 과세됨)
- 두부를 제조하는 과정에서 부산물로 생기는 콩비지
- 벼 도정과정에서 생기는 미강
- 보리쌀 등의 도정과정에서 생기는 밀기울·옥수수기울 등 부산물 판매
- 접객시설 없이 생선회만 포장판매(부가 46015-2358, 1996.11.09.)
- 농축유·연유·분유(간세 1235-2162, 1977.07.22.)
- 고로쇠액(자작나무 수액)(부가 46015-233, 2001.02.06.)
- 소맥피(밀기울), 옥태말분(옥수수가루)를 제분공장으로부터 구입하여 공급(제도 46015-10248, 2001.03.24.)
- 미강을 구입하여 배합사료공장에 판매(제도 46015-10101, 2001.03.17.)
- 극소량의 효모추출물, 식용건조효모를 첨가한 우유(서삼 46015-10082, 2001.08.31.)
- 극소량의 DHA(불포화지방산) 강화제를 첨가한 우유(서삼 46015-10030, 2001.07.10.)
- 본래 성질을 변하지 아니하는 정도로 건조시킨 발아현미(제도 46015-11365, 2001.06.07.)
- 면세 농·임산물 중 여러 가지를 함께 포장하여 공급(제도 46015-12589, 2001.08.08.)
- 쌀에 식품첨가물 등을 첨가 또는 코팅하거나 버섯균을 배양시킨 것(2003.01.01. 이후 공급분부터)
- 난백(유란류) 및 게장(단순가공식품) 추가(2004.07.01. 이후 공급분부터)
- 양봉 사료용 화분(꽃가루)를 수입 판매하는 경우(서면3팀-1745, 2005.10.11.)

✱ 과세되는 사례

- 생물반응기에서 배양 생산하는 산삼류(서삼 46015-11328, 2002.08.12.)
- 구운 김밥용 김(서삼 46015-11377, 2002.08.20.)
- 백화점에서 첨가물 없이 압착한 과일쥬스 판매(부가 46015-128, 1995.01.17.)
- 고속도로 휴게소에서 구워 판매한 오징어(서면3팀-1171, 2004.06.17.)
- 액상우유, 크림류, 치즈류, 아이스크림(간세 1235-2162, 1977.07.22.)
- 재첩국(부가 46015-3841, 2000.11.27.)
- 동충하초균과 배양원료의 혼합물(제도 46015-10662, 2001.04.19.)
- 깻묵을 분쇄하여 공급하거나 다른 가공제품으로 판매(서삼 46015-10702, 2001.11.17.)
- 한약재를 첨가한 도계한 닭(제도 46015-12586, 2001.08.08.)
- 내장을 제거하고 훈증한 붕어를 포장하여 공급(제도 46015-11138, 2001.05.18.)
- 기계정제염 과세 전환(2004.01.01. 이후 공급분부터)

(출처: 부가가치세 상담실무 참고)

미가공식료품의 면세범위 (부가집 26-0-3)

① 식용에 공하는 식료품에서 식용이란 현실적·개별적인 용도를 말하는 것이 아니고, 일반적·추상적 관념(식용에 적합한지 여부)의 용도를 말하는 것으로 「부가가치세법 시행규칙」 별표 1 미가공식료품분류표에 의한다.
② 신선한 어류의 껍질·머리·뼈·내장 등을 제거하고 냉동한 순살코기와 조미하지 아니하고 단순히 분쇄·냉동한 어육으로서 식용에 사용하는 것은 면세한다.
③ 축산물인 돼지·소·닭 등을 도살·해체하여 정육·건조·냉장 등 본래의 성질이 변하지 아니하는 정도의 1차가공을 거쳐 식용에 사용하는 것은 면세한다.
④ 조미료·향신료(고추·후추 등) 등을 가미하여 가공처리한 다음의 식료품에 대하여는 과세한다. 다만, 어류 등의 신선도 유지·저장·운반 등을 위하여 화학물질 등을 첨가하는 때에는 면세한다.
  1. 맛김
  2. 볶거나 조미한 멸치
  3. 조미하여 건조한 쥐치포 등의 어포류
  4. 생크림·유당·카제인·우유향 등을 배합하여 제조한 가공 우유 등 제품. 다만, 영유아용 분유는 제외한다.
⑤ 본래의 성질이 변한 정도의 가공을 거친 다음의 식료품은 과세한다. 전분, 면류, 팥·콩 등의 앙금, 떡, 한천, 묵, 인삼차, 엿기름 등
⑥ 데친 채소류, 김치, 젓갈류, 두부, 간장 또는 된장 등 단순가공식료품에 대하여는 면세하나, 단순가공식료품을 제조시설을 갖추고 판매목적으로 독립된 거래단위로 관입·병입 또는 이와 유사한 형태로 포장하여 2026.01.01. 이후 최종소비자에게 그 포장의 상태로 직접 공급하는 경우에는 과세한다.
⑦ 식용에 사용하는 천일염, 재제소금은 면세재화인 소금에 포함하나, 공업용 소금·맛소금·공업용 천일염은 과세한다.

> **참고**
>
> ■ **단순가공식료품 면세전환 관련 주요 쟁점품목 과세·면세판단**[26]
>
> | 구 분 | 쟁점 품목 | 면세 | 과세 | 비고 |
> |---|---|---|---|---|
> | 김 치 | 볶음김치 | | O | • 가열조리식품은 과세 |
> | 단무지 | 쌈무 | O | | • 단순 절임식품 면세 |
> | | 피클(오이, 무 등) | O | | |
> | | 우엉(김밥용) | | O | • 삶은 채소(김밥용 삶은 우엉)는 과세 |
> | 장아찌 | 무말랭이 | O | | • 다만, 조미식품(양념과 혼합한 무말랭이 무침)은 과세 |
> | | 연근조림 | | O | • 가열조리식품은 과세 |
> | | 우엉절임 | O | | • 단순 절임식품 면세 |
> | | 명이절임 | O | | |
> | 두 부 | 두류가공품 (양념두부, 밀키트 등) | | △ | • 양념두부: 조미식품은 과세
• 밀키트: 과세재화와 면세재화가 각기 본래의 성질을 유지한 상태로 혼합포장된 경우 주된 재화에 따라 과·면세 판단 |
> | | 두부가 들어간 기타 가공식품 | | O | • 가공식품은 과세 |
> | 간 장 | | | O | • 식품공전상 '한식간장', '양조간장', '산분해간장', '효소분해간장', '혼합간장' |
> | 된 장 | 쌈장 | O | | • 된장, 고추장 주원료이며, 시장규모가 큰 점을 감안 예외적으로 면세 |
> | | 청국장 | | O | • 식품공전에서 된장과 달리 조미된 장으로 분류(혼합장) |
> | | 간편양념류(된장찌개 등 간편양념류) | | O | • 고추가루, 마늘, 액젓, 설탕 등을 배합한 양념류(추가적 가공품)는 과세 |
> | 고추장 | 초장 | | O | • 식품공전에서 고추장과 다른 조미된 장으로 분류(혼합장) |
> | (기타) | 김밥KIT(단무지 등 김밥재료 KIT), 묶음상품(면세 + 과세) | | △ | • 과세재화와 면세재화가 각기 본래의 성질을 유지한 상태로 혼합포장된 경우 주된 재화에 따라 과·면세 판단 |

(2) 국내 생산 비식용 농·축·수·임산물

우리나라에서 생산된 식용으로 제공되지 아니하는 농·축·수·임산물이란 원생산물, 본래의 성상이 변하지 않는 정도의 원시가공만을 거친 것, 원시가공을 하는 과정에서 필수적으로 발생하는 부산물을 말한다(부가령 제34조 제3항, 부가집 26-34-1). 따라서

---

[26] 기획재정부 부가가치세제과, 2022.07.01.

해외산 비식용 농·축·수·임산물은 과세됨에 유의해야 한다. 예를 들면 가구 제조업자의 임목은 국내에서 구입시 면세하나 수입시 과세한다.

☞ 식용에 제공되는 농·축·수·임산물은 국내에서 생산된 것인지, 수입한 것인지에 불구하고 면세함.

식용에 사용하지 않는 농·축·수·임산물의 면세범위 (부가집 26-34-1)

① 우리나라에서 생산된 식용에 사용하지 아니하는 관상용의 새·열대어·금붕어 및 갯지렁이에 대하여는 면세한다.
② 우리나라에서 생산된 화초·수목 등의 공급에 대하여는 면세하나, 조경공사용역의 공급가액에 포함된 화초·수목 등에 대하여는 주된 용역의 공급에 포함되는 부수재화로 과세한다.
③ 우리나라에서 생산되어 단순히 건조한 크로레라(이끼)의 공급에 대하여는 면세한다. 다만, 해당 크로레라에 벌꿀 등을 가미하거나 정제한 크로레라제품의 공급에 대하여는 과세한다.
④ 우리나라에서 생산된 조개껍질(패각)의 공급에 대하여는 면세하나, 조개껍질(패각)을 분쇄한 패분의 공급에 대하여는 과세한다.
⑤ 상묘·잠종·잠아·치잠 등 잠견류와 누에고치(생견)를 열처리하여 건조시킨 마른 누에고치(건견) 및 누에가루(식용에 적합한 것에 한한다)의 공급에 대하여는 면세하나, 제사공정에서 부산물로 산출되는 번데기의 공급에 대하여는 과세한다.
⑥ 우리나라에서 생산된 볏짚·왕골·청올치(갈저)의 공급에 대하여는 면세하나, 이를 재료로 하여 제조한 돗자리·공예품 등의 공급에 대하여는 과세한다.

✱ 면세 사례
- 수입한 묘목·동물을 일정기간 재배, 사육하여 성목·성육으로 판매
- 관상용 새·열대어·금붕어·갯지렁이(부가통 12-28-6)
- 화초·수목(부가통 12-28-8) 단, 조경공사용역에 포함 공급시는 과세
- 이끼(크로레라)(부가통 12-28-9) 단, 가미·정제하여 조제한 제품은 과세
- 조개껍질(부가통 12-28-10) 단, 패분(분쇄한 것)은 과세
- 누에고치 등(부가통 12-28-11) 단, 부산물인 번데기는 과세
- 볏짚 등(부가통 12-28-12) 단, 돗자리 공예품은 과세
- 북한지역에서 생산된 활갯지렁이 공급(제도 46015-12215, 2001.07.18.)
- 국내산 녹용을 냉동한 후 이를 절단하여 공급(서삼 46015-11224, 2002.07.25.)

✱ 과세 사례
- 이엉(마름), 광강, 탈지강 및 왕겨, 계분, 닭 또는 오리의 털
- 식용에 적합하지 아니한 가축의 뼈
- 제목림, 제재 후 생기는 폐목, 목탄(숯)
- 흙, 자연석, 인뇨 등

 관련 해석사례 및 집행기준

- 원생산물의 본래의 성질이 변하지 아니하는 정도의 1차 가공을 거쳐 식용에 공하는 미가공식료품은 부가가치세가 면제여부

   플라스틱 용기에 담긴 컵과일은 그 내용물의 운반 및 보관 등을 위하여 포장이 된 것인데, 원생산물인 신선한 과일 및 채소 본래의 성질, 맛 등이 변하지 않고 기존과 동일하다는 점에서 순수 1차 가공식료품이라 할 것이므로 면세대상에 해당함(대구지법 2023구합24779, 2025.02.13.).

- 정육매장과 식당간 구획 및 계산대가 별도로 분리되어 있다면 부가가치세를 과세여부

   고객들이 1층 정육매장에서 쇠고기를 구입하고 계산함으로써 1층 정육매장에서의 재화 공급행위는 종료되었을 뿐만 아니라 2층 식당에서 고객들에게 쇠고기 자체를 조리하여 제공하지도 않았으므로, 비록 고객들이 그의 선택으로 1층 정육매장에서 쇠고기를 구입한 즉시 2층 식당으로 가서 별도로 구입한 음식부재료와 함께 이를 조리하여 먹었다거나 원고가 단일한 사업자로서 1층 정육매장과 2층 식당을 함께 운영하였다는 등의 사정만으로는, 원고가 고객들에게 음식점 용역을 제공한 것으로 볼 수 없다는 이유로 이 사건 처분이 위법하다고 판단하였다(대법2012두28636, 2015.01.29.).

- 갑각류 등을 쪄서 고객에게 배달판매하는 경우 부가가치세 면제 여부

   접객시설이 없는 배달음식 사업자가 「부가가치세법」 제26조 제1항 제1호의 규정에 따라 부가가치세가 면제되는 갑각류인 미가공식료품을 고객이 즉시소비할 수 있는 상태로 직접 조리하여 포장하여 판매하거나 배달 판매하는 경우, 해당 갑각류를 음식용역으로 제공하는 것이므로 「부가가치세법」 제11조 제1항에 따라 부가가치세가 과세되는 것입니다(서면법규부가 2023-3442, 2024.07.04.).
   - ☞ 저자주: 대게, 킹크랩, 랍스타의 배달전문배달점의 경우 과세관청에서는 접객시설이 없는 경우에도 갑각류를 찌고 자르고 포장용기에 담는 행위를 직접 조리한 것으로 판단하여 과세하고 있음에 유의해야 한다.

- 음식점에서 생물주꾸미를 포장하여 판매하는 것이 부가가치세 면세대상인지 여부

   청구인이 주꾸미를 포장하여 판매한 것은 조리한 음식을 판매한 것이 아니어서 이러한 음식점업의 정의에 부합하지 않는 점 등에 비추어 청구인이 주꾸미(양념 제외)를 포장 판매한 금액은 부가가치세 면제대상 매출로 보는 것이 타당한 것으로 판단된다(조심2021서3284, 2021.11.11).

- 종이상자로 포장하여 수입하는 무말랭이무침의 면세여부

   멸치, 무말랭이, 고추, 깻잎 등을 조미료·향신료 등과 혼합하여 판매하는 멸치볶음, 무말랭이무침, 고추무침, 양념깻잎 등은 김치류·젓갈류에 해당하지 않으면 과세됨(서면부가 2019-590, 2020.10.29.).

데친 문어를 냉동판매할 경우 부가가치세 과·면세여부

문어 본래의 성질이 변하지 아니한 정도로 공급하는 경우에는 부가가치세가 면제되는 것이나 문어의 육질이 완전히 변한 정도로 열처리를 하여 공급하는 경우에는 부가가치세가 과세됨(서면부가 2016-3537, 2016.05.18.).

단순 절단하여 공급하는 미가공식료품의 부가가치세 면제여부

「부가가치세법」 제12조 제1항 제1호의 규정에 의하여 부가가치세가 면제되는 미가공식료품은 같은법 시행규칙 제10조 제1항 별표 1 '미가공식료품 분류표'에 열거된 것으로서 단순 절단하여 본래의 성질이 변하지 아니하는 정도의 일차가공을 거쳐 식용에 공하는 것을 포함하는 것임(서면3팀-3286, 2007.12.06.).

농산물과 공산품을 혼합 포장하여 판매하는 경우

부가가치세가 과세되는 재화와 면제되는 재화(농산물 등)를 각기 본래의 성질을 그대로 유지한 상태로 하나의 거래단위로 판매될 수 있도록 함께 포장하여 공급하는 경우에는 주된 재화의 과세재화 해당여부에 따라 과세 또는 면세하는 것임. 이 경우 어느 것을 주된 재화로 볼 것인가 하는 것은 사실판단 할 사항임(서면3팀-2439, 2007.08.30.).

양념육의 부가가치세 면제 여부

오리고기에 양념을 혼합한 양념육은 1차 가공을 넘어선 것으로서 부가가치세가 과세되는 것임(서면3팀-2661, 2004.12.29.).

냉동처리된 골뱅이 등의 부가가치세 면제여부

골뱅이의 장기간 냉동보관을 위하여 원형 그대로 끓는 물에 살짝 데친 후 껍질을 제거하는 등 원생산물 본래의 성질이 변하지 아니하는 정도의 1차 가공을 거쳐 냉동보관하였다가 판매하는 경우에는 부가가치세가 면제되는 것이며, 문어의 장기간 냉동보관을 위하여 껍질에 붙어있는 끈적끈적한 진과 내장 등을 제거하고 끓는 물에 살짝 데치는 정도의 원생산물 본래의 성질이 변하지 아니하는 1차 가공을 거쳐 냉동보관하였다가 판매하는 경우에는 부가가치세가 면제되는 것입니다.

또한 새우의 장기간 냉동보관을 위하여 원형 그대로 끓는 물에 살짝 데치는 정도의 원생산물 본래의 성질이 변하지 아니하는 1차 가공을 거쳐 냉동보관하였다가 판매하는 경우에도 부가가치세가 면제되는 것입니다(재소비 46015-172, 2002.06.21.).

실무사례 1 ── 음식점을 영위하며 게장 등을 판매하는 경우

[사실관계]

㈜AAA(이하 "질의법인")은 사업자등록증 상 주업종은 게장 제조업이고 부업종은 도소매, 음식점업, 전자상거래업 등을 영위하는 법인으로, 꽃게를 구입하여 절단, 분리과정을 거쳐, 일부는 질의법인이 직접 운영하는 식당에서 여러 메뉴로 팔거나, 고객으로부터 온라인 주문을 받아 간장에 절인 후 포장하여 배달 판매하고 있다. 게장 제조업자가 게장을 온라인 판매하는 경우 부가가치세 면제 여부는?

해답

게장 제조업을 영위하는 사업자가 고객에게 게장을 판매하는 경우에는 부가가치세가 면제되는 것이나, 음식점업을 영위하면서 부가가치세가 면제되는 게장을 공급하거나, 배달 및 온라인 판매를 병행하는 경우 음식용역을 제공하는 것으로 부가가치세가 과세된다(서면법규부가 2024-1938, 2024.06.25.).

실무사례 2 ── 음식점(초밥)에서 포장 및 배달 판매분 과·면세여부

[사실관계]

초밥집을 운영하고 있는 사업장에서 생선회의 포장 및 배달 매출이 발생하고 있으며, 미가공식료품의 공급으로 보아 면세매출이라는 의견과, 음식용역의 부수용역으로 보아 과세매출이라는 의견이 있는데, 접객시설을 갖춘 일식점에서 생선회 포장 및 생선회 배달의 경우 면세 매출 여부는?

해답

탁자, 의자, 룸 등 접객시설을 갖춘 장소에서 직접 음용·소비할 수 있도록 음식용역으로 생선회 등을 제공하는 경우에는 부가가치세가 과세되는 것임(서면부가 2017-2955, 2017.11.30.).

실무사례 3 ── 정육점 식당 내에서 정육제공의 부가가치세 과세여부

[사실관계]

고객들이 1층 정육매장에서 쇠고기를 구입하고 계산함으로써 1층 정육매장에서의 재화 공급행위는 종료되었고, 2층 식당에서 고객들에게 쇠고기 자체를 조리하여 제공하지도 않았다. 이에 따른 정육점의 과세여부는?

해답

고객들이 그의 선택으로 1층 정육매장에서 쇠고기를 구입한 즉시 2층 식당으로 가서 별도로 구입한 음식부재료와 함께 이를 조리하여 먹었다거나 원고가 단일한 사업자로서 1층 정육매장과 2층 식당을 함께 운영하였다는 등의 사정만으로는, 고객들에게 음식점 용역을 제공한 것으로 볼 수 없다고 판단하였다(대법2012두28636, 2015.01.29).

■ 부가가치세법 시행규칙 [별표 1](2023.12.27 개정)

면세하는 미가공식료품 분류표(제24조 제1항 관련)

구 분	관세율표 번호	품 명
1. 곡류	1001	① 밀과 메슬린(meslin)
	1002	② 호밀
	1003	③ 보리
	1004	④ 귀리
	1005	⑤ 옥수수
	1006	⑥ 쌀(벼를 포함한다)
	1007	⑦ 수수
	1008	⑧ 메밀·밀리트(millet)·카나리시드(canary seed)와 그 밖의 곡물
	1101	⑨ 밀가루나 메슬린(meslin) 가루
	1102	⑩ 곡물가루[밀가루나 메슬린(meslin) 가루는 제외한다]
	1103	⑪ 곡물의 부순 알곡, 거친 가루, 펠릿(pellet)
	1104	⑫ 그 밖의 가공한 곡물[예: 껍질을 벗긴 것, 압착한 것, 플레이크(flake) 모양인 것, 진주 모양인 것, 얇은 조각으로 만든 것, 거칠게 빻은 것(관세율표 제1006호의 쌀은 제외한다)], 곡물의 씨눈으로서 원래 모양인 것, 압착한 것, 플레이크(flake) 모양인 것, 잘게 부순 것
	1106	⑬ 관세율표 제1106호에 해당하는 물품 중 건조한 채두류(菜豆類)(관세율표 제0713호의 것)의 거친 가루, 가루
2. 서류	0714	① 매니옥(manioc)·칡뿌리·살렙(salep)·돼지감자(Jerusalem artichoke)·고구마와 그 밖에 이와 유사한 전분이나 이눌린(inulin)을 다량 함유한 뿌리·괴경(塊莖)[자른 것인지 또는 펠릿(pellet) 모양인지에 상관없으며 신선한 것, 냉장·냉동한 것, 건조한 것으로 한정한다], 사고야자(sago)의 심(pith)
	1106	② 관세율표 제1106호에 해당하는 물품 중 사고(sago)·뿌리나 괴경(塊莖)(관세율표 제0714호의 것)의 고운 가루 및 거친 가루
	0701	③ 감자(신선한 것이나 냉장한 것으로 한정한다)
	1105	④ 감자의 고운 가루, 거친 가루, 가루, 플레이크(flake), 알갱이, 펠릿(pellet)
3. 특용작물류	0901	① 관세율표 제0901호에 해당하는 물품 중 커피(원래 모양이나 분쇄한 것으로서 볶은 것은 제외한다) 및 커피의 껍데기·껍질과 웨이스트(waste)
	0902	② 차류(소매용으로 포장한 것은 제외한다)
	0904	③ 후추[파이퍼(Piper)속의 것으로 한정한다], 건조하거나 부수거나 잘게 부순 고추류[캡시컴(Capsicum)속]의 열매나 피멘타(Pimenta)속의 열매

구 분	관세율표 번호	품 명
	1201	④ 대두(부수었는지에 상관없다)
	1202	⑤ 땅콩(볶거나 그 밖의 조리를 한 것은 제외하며, 껍데기를 벗겼는지, 부수었는지에 상관없다)
	1206	⑥ 해바라기씨(부수었는지에 상관없다)
	1207	⑦ 그 밖의 채유(採油)에 적합한 종자와 과실[팜너트(palm nut)와 핵(核), 목화씨, 피마자, 잇꽃 종자, 양귀비씨는 제외하며, 부수었는지는 상관없다]
	1208	⑧ 채유(採油)에 적합한 종자와 과실의 고운 가루 및 거친 가루(겨자의 고운 가루 및 거친 가루는 제외한다)
	1212	⑨ 관세율표번호 제1212호에 해당하는 물품 중 사탕무와 사탕수수(신선한 것·냉장이나 냉동한 것·건조한 것으로서 잘게 부수었는지에 상관없다)
	1211	⑩ 관세율표 제1211호에 해당하는 물품 중 인삼류
	1801	⑪ 코코아두(원래 모양이나 부순 것으로 한정한다)
	1802	⑫ 코코아의 껍데기와 껍질, 그 밖의 코코아 웨이스트(waste)
	2401	⑬ 잎담배와 담배 부산물
	0910	⑭ 관세율표 제0910호에 해당하는 물품 중 생강
4. 과실류	0801	① 코코넛·브라질너트·캐슈너트(cashew nut)(신선한 것이나 건조한 것으로 한정하며, 껍데기나 껍질을 벗겼는지에 상관있다)
	0802	② 그 밖의 견과류(신선하거나 건조한 것으로 한정하며, 껍데기나 껍질을 벗겼는지에 상관없다)
	0803	③ 바나나[플랜틴(plantain)을 포함하며, 신선하거나 건조한 것으로 한정한다]
	0804	④ 대추야자·무화과·파인애플·아보카도(avocado)·구아바(guava)·망고(mango)·망고스틴(mangosteen)(신선하거나 건조한 것으로 한정한다)
	0805	⑤ 감귤류의 과실(신선하거나 건조한 것으로 한정한다)
	0806	⑥ 포도(신선한 것으로 한정한다)
	0807	⑦ 멜론(수박을 포함한다)과 포포(papaw)[파파야(papaya)](신선한 것으로 한정한다)
	0808	⑧ 사과·배·마르멜로(quince)(신선한 것으로 한정한다)
	0809	⑨ 살구·체리·복숭아[넥터린(nectarine)을 포함한다]·자두·슬로(sloe)(신선한 것으로 한정한다)
	0810	⑩ 그 밖의 과실(신선한 것으로 한정한다)
	0811	⑪ 냉동 과실과 냉동 견과류(물에 삶거나 찐 것과 설탕이나 그 밖의 감미료를 첨가한 것은 제외한다)

구 분	관세율표 번호	품 명
	0812	⑫ 일시적으로 보존하기 위하여 처리(예: 이산화유황가스·염수·유황수나 그 밖의 저장용액으로 보존처리)한 과실과 견과류(그 상태로는 식용에 적합하지 않은 것으로 한정한다)
	0813	⑬ 건조한 과실(관세율표 제0801호부터 제0806호까지에 해당하는 것은 제외한다)과 관세율표 제8류의 견과류나 건조한 과실의 혼합물
5. 채소류	0702	① 토마토(신선한 것이나 냉장한 것으로 한정한다)
	0703	② 양파·쪽파·마늘·리크(leek)와 그 밖의 파속의 채소(신선한 것이나 냉장한 것으로 한정한다)
	0704	③ 양배추·꽃양배추·구경(球莖)양배추·케일(kale)과 그 밖에 이와 유사한 식용 배추속(신선한 것이나 냉장한 것으로 한정한다)
	0705	④ 상추[락투카 사티바(Lactuca sativa)]와 치커리(chicory)[시커리엄(Cichorium)종](신선한 것이나 냉장한 것으로 한정한다)
	0706	⑤ 당근, 순무, 샐러드용 사탕무뿌리, 선모(仙茅), 셀러리액(celeriac), 무와 그 밖에 이와 유사한 식용 뿌리(신선한 것이나 냉장한 것으로 한정한다)
	0707	⑥ 오이류(신선한 것이나 냉장한 것으로 한정한다)
	0708	⑦ 채두류(菜豆類)(꼬투리가 있는지에 상관없으며 신선한 것이나 냉장한 것으로 한정한다)
	0709	⑧ 그 밖의 채소(신선한 것이나 냉장한 것으로 한정한다)
	0710	⑨ 냉동채소(조리한 것은 제외한다)
	0711	⑩ 일시적으로 보존하기 위하여 처리(예: 이산화유황가스·염수·유황수나 그 밖의 저장용액으로 보존처리)한 채소(그 상태로는 식용에 적합하지 않은 것으로 한정한다)
	0712	⑪ 건조한 채소(원래 모양인 것, 절단한 것, 얇게 썬 것, 부순 것, 가루 모양인 것으로 한정하며, 더 이상 조제한 것은 제외한다)
	0713	⑫ 건조한 채두류(菜豆類)(꼬투리가 없는 것으로서 껍질을 제거한 것인지 또는 쪼갠 것인지에 상관없다)
6. 수축류	0101	① 말(경주마, 승용마 및 번식용 말은 제외한다), 당나귀, 노새와 버새
	0102	② 소(물소를 포함한다)
	0103	③ 돼지
	0104	④ 면양과 산양
	0105	⑤ 가금(家禽)류(닭·오리·거위·칠면조 및 기니아새로 한정한다)
	0106	⑥ 그 밖의 살아 있는 동물(식용에 적합한 것으로 한정한다)
7. 수육류	0201	① 쇠고기(신선한 것이나 냉장한 것으로 한정한다)
	0202	② 쇠고기(냉동한 것으로 한정한다)

구 분	관세율표 번호	품 명
	0203	③ 돼지고기(신선한 것, 냉장하거나 냉동한 것으로 한정한다)
	0204	④ 면양과 산양의 고기(신선한 것, 냉장하거나 냉동한 것으로 한정한다)
	0205	⑤ 말·당나귀·노새·버새의 고기(신선한 것, 냉장하거나 냉동한 것으로 한정한다)
	0206	⑥ 소·돼지·면양·산양·말·당나귀·노새·버새의 식용 설육(屑肉)(신선한 것, 냉장하거나 냉동한 것으로 한정한다)
	0207	⑦ 관세율표 제0105호의 가금(家禽)류의 육과 식용 설육(屑肉)(신선한 것, 냉장하거나 냉동한 것으로 한정한다)
	0208	⑧ 그 밖의 육과 식용 설육(屑肉)(신선한 것, 냉장하거나 냉동한 것으로 한정한다)
	0209	⑨ 살코기가 없는 돼지 비계와 가금(家禽)의 비계(기름을 빼지 않은 것이나 그 밖의 방법으로 추출하지 않은 것으로서 신선한 것, 냉장하거나 냉동한 것, 염장하거나 염수장한 것, 건조하거나 훈제한 것으로 한정한다)
	0210	⑩ 육과 식용 설육(屑肉)(염장하거나 염수장한 것이나 건조하거나 훈제한 것으로 한정한다), 육이나 설육(屑肉)의 식용 고운 가루 및 거친 가루
	0504	⑪ 동물(어류는 제외한다)의 장·방광·위의 전체나 부분(식용에 적합한 것으로 한정한다)
	0511	⑫ 관세율표 제0511호에 해당하는 물품 중 건(腱)·근(筋)과 원피의 웨이스트(waste) 및 누에가루(식용에 적합한 것으로 한정한다)
	0506	⑬ 뼈와 혼코어(horn-core)[가공하지 않은 것, 탈지(脫脂)한 것, 단순히 정리한 것(특정한 형상으로 깎은 것은 제외한다), 산(酸) 처리를 하거나 탈교한(degelatinised) 것], 이들의 가루와 웨이스트(waste)
8. 유란류	0401	① 밀크(관세율표 제0401호에 해당하는 물품 중 신선한 것으로 한정하며 농축·건조·가당 또는 발효된 것은 제외한다)
	0402	② 관세율표 제0402호에 해당하는 물품 중 농축유·연유와 분유
	0407	③ 새의 알(껍질이 붙은 것으로서 신선하거나 저장에 적합한 처리를 한 것으로 한정한다)
	0408	④ 새의 알(껍질이 붙지 않은 것)과 알의 노른자위(신선한 것, 건조한 것, 그 밖의 저장에 적합한 처리를 한 것으로 한정한다)
	1901	⑤ 관세율표 제1901호에 해당하는 물품 중 유아용 조제 분유로 한정한다.
	3502	⑥ 알의 흰자위(egg albumin)(신선한 것, 건조한 것, 그 밖의 저장에 적합한 처리를 한 것으로 한정한다)

구 분	관세율표 번호	품 명
9. 생선류	0301	① 활어(관상용은 제외한다)
	0302	② 신선하거나 냉장한 어류[관세율표 제0304호의 어류의 필레(fillet)와 그 밖의 어육은 제외한다]
	0303	③ 냉동어류[기름치 (Oilfish, 학명 Ruvettus pretiosus)와 관세율표 제0304호의 어류의 필레(fillet)와 기타 어육은 제외한다]
	0304	④ 어류의 필레(fillet)와 그 밖의 어육(잘게 썰었는지에 상관없으며 신선한 것, 냉장·냉동한 것으로 한정한다)
	0305	⑤ 건조한 어류, 염장이나 염수장한 어류, 훈제한 어류(훈제과정 중이나 훈제 전에 조리한 것인지에 상관없다)
	0306	⑥ 갑각류(껍데기가 붙어 있는 것인지에 상관없으며 살아 있는 것과 신선한 것, 냉장이나 냉동한 것, 건조한 것, 염장이나 염수장한 것으로 한정하며, 껍데기가 붙어 있는 상태로 물에 찌거나 삶아서 냉장이나 냉동한 것, 건조한 것, 염장이나 염수장한 것을 포함한다)
	0307	⑦ 연체동물(껍데기가 붙어 있는지에 상관없으며 살아 있는 것과 신선한 것, 냉장이나 냉동한 것, 건조한 것, 염장이나 염수장한 것을 포함한다)
	0308	⑧ 수생(水生) 무척추동물(갑각류와 연체동물은 제외하며, 살아 있는 것과 신선한 것, 냉장이나 냉동한 것, 건조한 것, 염장이나 염수장한 것을 포함한다)
	0309	⑨ 어류·연체동물 및 수생(水生) 무척추동물(갑각류는 제외한다)의 고운 가루 및 거친 가루와 펠릿(pellet)(식용에 적합한 것으로 한정한다)
	0511	⑩ 관세율표 제0511호에 해당하는 물품 중 어류의 웨이스트(waste)(식용에 적합한 것으로 한정한다)
10. 패류	0307	관세율표 제0307호에 해당하는 물품 중 조개·바지락·백합·홍합·전복과 그 밖의 패류(살아 있는 것과 신선한 것, 냉장이나 냉동한 것, 건조한 것, 염장이나 염수장한 것으로 한정한다)
11. 해조류	1212	관세율표 제1212호에 해당하는 물품 중 김·미역·톳·파래·다시마와 그 밖의 식용에 적합한 해조류(신선한 것과 냉장이나 냉동한 것, 건조한 것, 염장이나 염수장한 것으로 한정한다)
12. 그 밖에 식용으로 제공되는 농산물, 축산물, 수산물 또는 임산물과 단순가공 식료	0409	① 천연꿀
	0410	② 따로 분류되지 않은 식용인 동물성 생산품
	1212	③ 관세율표 제1212호에 해당하는 물품 중 주로 식용에 적합한 과실의 핵(核)과 그 밖의 식물성 생산품으로서 따로 분류되지 아니한 것(산채류를 포함한다)
	2501	④ 관세율표 제2501호에 해당하는 물품 중 소금

구 분	관세율표 번호	품 명
품(2022.06. 28. 개정)	1209	⑤ 데친 채소류·김치·단무지·장아찌·젓갈류·게장·두부·메주·간장·된장·고추장(제조시설을 갖추고 판매목적으로 독립된 거래단위로 관입·병입 또는 이와 유사한 형태로 포장하여 2026년 1월 1일부터 공급하는 것은 제외하되, 단순하게 운반편의를 위하여 일시적으로 관입·병입 등의 포장을 하는 경우를 포함한다)(2023. 12.27. 개정) ⑥ 관세율표 제1209호에 해당하는 물품 중 채소 종자 ⑦ 쌀에 인산추출물·아미노산 등 식품첨가물을 첨가·코팅하거나 버섯균 등을 배양시킨 것으로서 쌀의 원형을 유지하고 있어야 하고(쌀을 분쇄한 후 식품첨가물을 혼합하여 다시 알곡모양을 낸 것은 제외한다), 쌀의 함량이 90퍼센트 이상인 것

(3) 수돗물(생수는 과세)

수돗물은 「수도법」상의 수도사업자가 도관에 의하여 공급하는 물과 「수도법」상의 수도사업자에게 직접 공급하는 수도사업(공업용수도사업 및 전용수도를 포함한다)용 물(원수)을 말한다. 다만, 항계 내에서 선박 등에 물을 공급하는 것에 대하여는 과세한다(부가집 26-0-4).

(4) 연탄 및 무연탄(유연탄, 갈탄, 착화탄은 과세)

무연탄층과 착화를 용이하게 하기 위한 점화층으로 되어 있는 하향식 연속점화연탄 및 조개탄(마세크탄)의 공급에 대하여는 면세하나, 유연탄·갈탄 및 착화탄(연탄용 불쏘시개)의 공급에 대하여는 과세한다(부가집 26-0-5).

(5) 여성용 생리 처리 위생용품

2004년부터 여성용 생리 처리 위생용품의 공급에 대하여는 부가가치세를 면제한다.

(6) 여객운송용역

1) 범위

대중교통성격인 시내버스·시외버스·철도·지하철도·전철 및 일반여객선은 면세하되, 항공기·우등고속버스·전세버스·택시·특수자동차·특종선박 및 고속철도는 과세한다. 또한, 삭도, 유람선 등 관광·유흥 목적의 운송수단에 의한 여객운송용역은 과세한다(2019. 01.01. 이후 공급분부터 적용).

2) 과세되는 항공기, 고속버스 등에 의한 여객운송용역의 범위

① 항공기, 고속버스, 전세버스, 택시, 특수자동차, 특종선박(特種船舶) 또는 고속철도에 의한 여객운송 용역의 경우에는 다음의 어느 하나에 해당하는 것은 부가가치세를 과세한다(부가령 제37조).

> ㉠ 「항공사업법」에 따른 항공기에 의한 여객운송 용역(2019.02.12 개정)
> ㉡ 「여객자동차 운수사업법」에 따른 여객자동차 운수사업 중 다음의 여객자동차 운수사업에 제공되는 자동차에 의한 여객운송 용역(2024.02.29 개정)
> • 시외우등고속버스 및 시외고급고속버스를 사용하는 시외버스운송사업
> • 전세버스운송사업
> • 일반택시운송사업 및 개인택시운송사업
> • 자동차대여사업
> ㉢ 다음의 선박에 의한 여객운송 용역. 다만, 기획재정부령으로 정하는 차도선형여객선에 의한 여객운송 용역은 제외한다.
> • 수중익선(水中翼船)
> • 에어쿠션선
> • 자동차운송 겸용 여객선
> • 항해시속 20노트 이상의 여객선
> ㉣ 「철도의 건설 및 철도시설 유지관리에 관한 법률」에 따른 고속철도에 의한 여객운송 용역

② 삭도, 유람선 등 관광 또는 유흥 목적의 운송수단에 의한 여객운송 용역의 경우에는 다음의 어느 하나에 해당하는 것을 과세한다.

> ㉠ 「궤도운송법」에 따른 삭도에 의한 여객운송 용역
> ㉡ 「관광진흥법 시행령」 제2조에 따른 관광유람선업, 관광순환버스업 또는 관광궤도업에 제공되는 운송수단에 의한 여객운송 용역
> ㉢ 관광 사업을 목적으로 운영하는 「철도의 건설 및 철도시설 유지관리에 관한 법률」에 따른 일반철도에 의한 여객운송 용역(「철도사업법」 제9조에 따라 철도사업자가 국토교통부장관에게 신고한 여객 운임·요금을 초과해 용역의 대가를 받는 경우로 한정한다)

≫ 면세하지 않는 여객운송 용역의 범위(부가집 26-37-1)

① 일반정기노선버스의 부족에 따른 운송대책의 일환으로 지방자치단체장의 명령에 의하여 전세관광버스 등을 일반정기노선에 일시적으로 운행하고 일반정기노선버스에 준하는 방법으로 요금을 받는 경우에는 해당 버스의 허가 여부와 관계없이 면세한다.
② 여객운송사업자를 위하여 버스표를 위탁판매하여 주고 받는 판매수수료에 대하여는 과세한다.
③ 여객운송용역 중 다음의 용역에 대하여는 과세한다.
   ㉠ 항공기에 의한 여객운송용역
   ㉡ 시외 우등 고속버스·시외고급고속버스(일반 고속버스는 영구적 면세), 전세버스, 택시, 대여 자동차에 의한 여객운송용역
   ㉢ 수중익선, 에어쿠션선, 자동차 운송 겸용 여객선, 항해시속 20노트 이상의 여객선에 의한 여객운송용역(차도선형여객선에 의한 여객운송용역은 제외)
   ㉣ 고속철도에 의한 여객운송용역
   ㉤ 관광 또는 유흥 목적으로 설치·운행되는 삭도, 관광유람선업·관광순환버스업·관광궤도업에 제공되는 운송수단, 관광사업 목적으로 운영되는 일반철도에 의한 여객운송용역

관련 해석사례 및 집행기준

◦ **장애인 콜택시 운송용역의 면세여부**

사업자가 「교통약자의 이동편의 증진법」 및 지방자치단체의 조례에 따라 지방자치단체 또는 지방자치단체로부터 위탁받은 사업자로부터 위탁받아 수행하는 특별교통수단(휠체어승강기가 장착된 승합차로서 "장애인 콜택시"라 통칭함)의 운송용역은 「부가가치세법」 제12조 제1항 제7호에 따라 부가가치세를 면제하는 것임(부가가치세과-1823, 2009.12.16.).

◦ **직행형 시외버스를 이용한 화물운송용역**

직행형 시외버스를 이용하여 화물운송용역을 제공하고 그 대가를 받는 경우에는 부가가치세법 제7조 제1항의 규정에 의하여 부가가치세가 과세되는 것임(서면3팀-1309, 2008.06.26.).

◦ **시내버스노선 운행 전세버스**

지방자치단체가 시내버스운송사업자의 파업으로 인하여 전세버스조합과 버스 임차계약을 체결한 후 전세버스로 하여금 시내버스 정기노선을 운행하게 하고 그 대가로 지급하는 전세버스 임차료에 대하여는 「부가가치세법 시행령」 제31조 제2호의 규정에 의하여 부가가치세가 과세되는 것임(법규과-3838, 2007.08.09.).

◦ **면세사업장에서 발생하는 광고료의 과세(세금계산서)여부**

시내버스운영사업자가 여객운송용역을 제공하는 경우에는 부가가치세가 면제되는 것이나, 시

내버스차체에 광고물을 부착하여 주고 그 대가를 받는 경우에는 여객용역의 부수용역으로 보지 아니하는 것으로 부가가치세가 과세되는 것임(서삼 46015-12228, 2002.12.24.).

(7) 주택과 부수토지의 임대용역

1) 의의

주택과 이에 부수되는 토지의 임대용역의 공급은 면세가 된다(부가법 제26조 제1항 제12호). 그리고 주택을 임차하여 자기책임으로 전차인에게 해당 주택을 상시 주거용으로 임대하는 경우 임대인과 임차인이 제공하는 해당 주택의 임대용역은 각각 부가가치세가 면제된다(부가통 26-41-1).

주택이란 상시주거용으로 사용되는 건물로서 사업을 위한 주거용의 경우는 제외한다. 여기서 "상시 주거용으로 사용하는 건물"이라 함은 공부상 용도에 관계없이 실제로 그 건물을 사용하는 임차자가 상시 주거용으로 사용하는지 여부에 의해 판단한다(부가통 26-41-1).

2) 부수토지의 임대용역 면세범위

토지의 면적이 아래 ①, ② 의 면적 중 넓은 면적을 초과하는 경우 그 초과하는 부분의 임대 용역은 부가가치세 면제 대상이 되는 임대 용역에서 제외한다(부가령 제41조 제2항).

① 주택의 연면적(지하층의 면적, 지상층의 주차용으로 사용되는 면적 및 「주택건설기준 등에 관한 규정」 제2조 제3호의 규정에 따른 주민공동시설의 면적은 제외)
② 건물이 정착된 면적에 5배(「국토의 계획 및 이용에 관한 법률」 제6조에 따른도시지역 밖의 토지의 경우에는 10배)를 곱하여 산정한 면적

> 주택의 부수토지 = max[①,②]
> ① 주택의 연면적(지하층, 지상주차장, 주민공동시설의 면적 제외)
> ② 건물의 정착면적 × 5배(도시지역외 10배)

예를 들어 주택면적이 80㎡, 부수토지 면적이 500㎡인 도시지역 안에 있는 단층주택의 경우라면 과세되는 토지의 면적은 다음과 같다.

㉠ 부수토지의 면적: max[80㎡, 80㎡ × 5배 = 400㎡] = 400㎡
㉡ 과세되는 토지의 면적: 500㎡ - 400㎡ = 100㎡

3) 주택과 사업용 건물이 함께 설치되어 있는 경우의 면세 범위

주택과 부가가치세가 과세되는 사업용 건물이 함께 함께 설치되어 있는 경우에는 주택과 이에 부수되는 토지의 임대의 범위는 다음에 따른다(부가령 제41조 제3항).

① 주택 부분의 면적이 사업용 건물 부분의 면적보다 클 때
   주택 및 사업용 건물 전부를 주택의 임대로 보아 면세한다. 이 경우 그 주택에 부수되는 토지임대의 범위는 위 "2)"와 같고 위 "2)"의 ①, ②의 면적 중 넓은 면적을 초과하는 경우 그 초과하는 부분의 임대 용역은 부가가치세 면제대상이 되는 임대 용역에서 제외한다.

② 주택 부분의 면적이 사업용 건물 부분의 면적과 같거나 그 보다 작을 때
   주택 부분만 면세되고 사업용 건물 부분은 주택의 임대로 보지 아니한다. 이 경우 그 주택에 부수되는 토지의 면적은 총토지 면적에 주택부분의 면적이 총 건물면적에서 차지하는 비율을 곱하여 계산하며 그 범위는 위 "2)"와 같고 위 "2)"의 ①, ②의 면적 중 넓은 면적을 초과하는 경우 그 초과하는 부분의 임대 용역은 부가가치세 면제 대상이 되는 임대 용역에서 제외한다.

구 분	건물분 면세 범위	부수토지분 면세 범위
주택면적 > 사업용 건물면적	주택면적 + 사업용건물면적	MIN(㉮, ㉯) ㉮: 부수토지 총면적 ㉯: MAX[건물연면적, 건물정착면적 × 5배(도시지역 밖 10배)]
주택면적 ≤ 사업용 건물면적	주택면적	MIN(㉮, ㉯) ㉮: 토지총면적 × (주택연면적 / 건물연면적) ㉯: MAX[주택연면적, (건물정착면적 × 주택연면적 / 건물연면적) × 5배(도시지역 밖 10배)]

4) 주택 임대 면적에 따른 면세여부 판단 기준

부동산을 2인 이상의 임차인에게 임대한 경우에는 임차인별로 주택부분의 면적(사업을 위한 거주용인 경우 제외)이 사업용 건물부분의 면적보다 클 때에는 그 전부를 주택의 임대로 본다(부가통 26-41-1).

●실무사례 3 겸용주택의 면세

[사실관계]
[유형 1] - 주택 30㎡ 점포 70㎡ 부수토지 400㎡, 도시지역내 소재, 단층건물
1. 건물판정
   면세(주택): 30㎡
   과세(상가): 70㎡
2. 부수토지 판정
   (1) 토지 면세면적 min(①, ②) = 120㎡
       비례면적: 400평 × 30/100 = 120㎡
       제한면적: max(30, 100 × 30/100 × 5배) = 150㎡
   (2) 토지 과세면적: 300 - 120 = 180㎡

[유형 2] - 1층 상가(100㎡), 2층 상가(80㎡), 3층 주택(120㎡), 토지(300㎡), 도시지역내 소재
1. 건물판정
   면세(주택): 120㎡
   과세(상가): 180㎡
2. 부수토지 판정
   (1) 토지 면세면적 min(①, ②) = 200㎡
       비례면적: 300㎡ × 120/300 = 120㎡
       제한면적: max(120, 100 × 120/300 × 5배 = 200) = 200㎡
   (2) 토지 과세면적: 300 - 200 = 100㎡

[유형 3] - 1층 상가(150㎡), 2층 주택(100㎡), 3층 주택(100㎡), 토지(400㎡), 도시지역내 소재
1. 건물판정
   면세(주택): 200㎡
   과세(상가): 150㎡
2. 부수토지 판정
   (1) 토지 면세면적 min(①, ②) = 400㎡
       비례면적: 400㎡ × 300/300 = 400㎡
       제한면적: max(350, 150 × 300/300 × 5배 = 750) = 750㎡
   (2) 토지 과세면적: 300 - 400 = 0㎡

5) 상시 주거용으로 임대하던 오피스텔 양도시 부가가치세 과세여부

사업자가 오피스텔을 상시주거용으로 임대하다 양도하는 경우 면세사업과 관련하여 우연히 또는 일시적으로 공급하는 부수재화로서 부가가치세가 면제되는 것임. 다만, 당초 매매목적으로 주택을 취득하여 일시적·잠정적으로 임대하다 양도하는 경우에는 부가가치세가 과세된다(사전법규부가 2022-886, 2022.09.07.).

> ✽ 면세되는 사례
> - 근린생활시설을 주거용으로 임대하는 경우(서면3팀-1246, 2008.06.23.)
> - 오피스텔을 주거용으로 임대하는 경우(2003.02.18. 이후 임대수입부터)
> - 회사가 사원용 사택으로 임차하는 주택(부가 1265-1472, 1982.06.08.)
> - 종업원 복지후생을 위한 임대주택(부가 1265-762, 1983.04.22.)
> - 원룸형태 주거용 건물 임대(부가 46015-1729, 1998.07.28.)
>
> ✽ 과세되는 사례
> - 서비스레지던스 업종의 임대(2007.10.01.까지 면세로 신고한 사업자 제외)
> - 오피스텔 분양권 양도시 건물분은 과세됨(서삼 46015-10796, 2002.05.14.)
> - 상시 주거용 아닌 전원주택(별장)의 임대(부가 22601-471, 1989.04.06.)
> - 주택임대 중개용역(부동산중개용역)(간세 1235-838, 1978.03.20.)
> - 숙박에 필요한 공간만을 개별 사용하는 기숙사 임대(부가 46015-1530, 1998.07.08.)
> - 고시원(숙박업 중 하숙업에 해당)(재소비 46015-61, 1997.02.19.)

 관련 해석사례 및 집행기준

- **주택임대사업자가 상시주거용으로 임대하던 단독주택을 근린생활시설로 용도변경 후 양도한 경우 부가가치세 과세여부**

  주택임대사업자가 상시 주거용으로 임대하던 단독주택을 근린생활시설로 용도변경 후 양도한 경우 주택임대사업과 관련하여 우연히 또는 일시적으로 공급되는 재화에 해당하므로 부가가치세가 면세되는 것임(사전법규부가 2024-58, 2024.03.14.).

- **상시 주거용 주택을 근린생활시설로 용도변경 후 양도한 경우 부가가치세 과세여부**

  주택임대사업자가 상시 주거용으로 임대하던 다가구주택을 근린생활시설로 용도변경 후 근린생활시설로 임대하지 않고(주택으로 임대하다가) 양도한 경우 주택임대사업과 관련하여 우연히 또는 일시적으로 공급되는 재화에 해당하므로 부가가치세가 면세되는 것임(사전법규부가 2022-26, 2022.01.20.).

- **상시주거용으로 임대하던 오피스텔 양도시 부가가치세 과세여부**

  사업자가 오피스텔을 상시주거용으로 임대하다 양도하는 경우 면세사업과 관련하여 우연히 또는 일시적으로 공급하는 부수재화로서 부가가치세가 면세되는 것임 다만, 당초 매매목적으로 주택을 취득하여 일시적·잠정적으로 임대하다 양도하는 경우에는 부가가치세가 과세되는 것임(사전법규부가 2022-886, 2022.09.07.).

주택임대시 신축관련 매입세액공제 여부

상시주거용으로 사용하는 건물(주택)과 이에 부수되는 토지의 임대는 부가가치세가 면제되는 것이나, 사업을 위한 주거용의 경우는 과세되는 것으로 그 건물을 사용하는 임차자(세입자)가 사업을 위하여 사용하는지 여부에 따라 판단하는 것임(서면부가 2017-2512, 2018.03.29.).

사업자에게 임대한 오피스텔이 임차사업자의 종업원 숙소로 사용되는 경우 오피스텔 임대용역의 과세여부

부동산 매매업을 영위하는 사업자가 과세사업(분양)을 목적으로 신축한 오피스텔 중 일부를 다른 법인에게 임대하여 해당 오피스텔이 임차한 법인의 종업원이 단체로 거주하는 기숙사로 사용되는 경우 그 오피스텔의 임대는 부가가치세법 시행령 제34조 제1항에 따른 사업을 위한 주거용 건물의 임대에 해당하여 부가가치세가 과세되는 것임(법규부가 2012-306, 2012.10.15.).

독서실 및 고시원에 대한 부가가치세 과세여부

「학원의 설립운영에 관한 법률」의 규정에 의하여 등록한 독서실은 부가가치세가 면제되는 도서관에 포함되는 것이나, 고시준비생에게 독립된 방을 제공하거나 독립된 방과 음식을 함께 제공하는 형태의 고시원은 부가가치세가 과세되는 것임(부가 46015-1883, 2000.08.05.).

2. 국민후생용역

(1) 의료보건용역과 혈액(약품판매는 과세)

의료보건 용역(수의사의 용역을 포함한다)으로서 다음의 어느 하나에 해당하는 용역과 혈액(치료·예방·진단 목적으로 조제한 동물의 혈액을 포함한다, 2025.01.01. 이후 공급하는 경우)의 공급에 대하여는 면세한다(부가법 제26조 제1항 제5호).

면세되는 의료보건용역에는 「의료법」 또는 「수의사법」에 따라 의료기관 또는 동물병원을 개설한 자가 제공하는 것을 포함한다(부가령 제35조).

① 「의료법」에 따른 의사·치과의사·한의사·조산사·간호사가 제공하는 용역. 단,「국민건강보험법」 제41조 제4항에 따라 요양급여의 대상에서 제외되는 다음의 진료용역은 제외한다.

> ㉠ 쌍꺼풀수술, 코성형수술, 유방확대·축소술(유방암 수술에 따른 유방 재건술은 제외한다), 지방흡인술, 주름살제거술, 안면윤곽술, 치아성형(치아미백, 라미네이트와 잇몸성형술을 말한다) 등 성형수술(성형수술로 인한 후유증 치료, 선천성 기형의 재건수술과 종양 제거에 따른 재건수술은 제외한다)과 악안면 교정술(치아교정치료가 선행되는 악안면 교정술은 제외한다)

> ⓛ 색소모반·주근깨·흑색점·기미 치료술, 여드름 치료술, 제모술, 탈모치료술, 모발이식술, 문신술 및 문신제거술, 피어싱, 지방융해술, 피부재생술, 피부미백술, 항노화치료술 및 모공축소술

② 「의료법」에 따른 접골사(接骨士), 침사(鍼士), 구사(灸士) 또는 안마사가 제공하는 용역
③ 「의료기사 등에 관한 법률」에 따른 임상병리사, 방사선사, 물리치료사, 작업치료사, 치과기공사 또는 치과위생사가 제공하는 용역
④ 「약사법」에 따른 약사가 제공하는 의약품의 조제용역
   ☞ 조제란 일정한 처방에 따라서 두 가지 이상의 의약품을 배합하거나 한 가지의 의약품을 그대로 일정한 분량으로 나누어서 특정한 용법에 따라 특정인의 특정된 질병을 치료하거나 예방하는 등의 목적으로 사용하도록 약제를 만드는 것을 말한다(부가통 26-35-2).
⑤ 「수의사법」에 따른 수의사가 제공하는 용역. 다만, 동물의 진료용역은 다음의 어느 하나에 해당하는 진료용역으로 한정한다.

> ㉠ 가축, 수산동물에 대한 진료용역
> ㉡ 장애인 보조견표지를 발급받은 장애인 보조견에 대한 진료용역
> ㉢ 「국민기초생활보장법」에 따른 수급자가 기르는 동물의 진료용역
> ㉣ 위 진료용역 외에 질병 예방 및 치료를 목적으로 하는 동물의 진료용역으로서 농식품부장관 또는 해수부장관이 기재부장관과 협의하여 고시하는 용역

⑥ 장의업자가 제공하는 용역 등
   ☞ 장의업자가 제공하는 장의용역은 부가가치세를 면제하나, 장의용역에 필수적으로 부수되지 않는 장의용품만을 별도 판매 및 장의용역에 대한 거래를 단순히 주선 또는 알선하는 경우에는 부가가치세가 과세된다.
⑦ 「장사 등에 관한 법률」 제14조 및 제15조에 따라 사설묘지·사설화장시설·사설봉안시설을 설치한 자가 제공하는 화장, 묘지분양 및 관리업 관련 용역
⑧ 지방자치단체로부터 공설묘지·공설화장시설·공설봉안시설의 관리를 위탁받은 자가 제공하는 화장, 묘지분양 및 관리업 관련 용역
⑨ 「응급의료에 관한 법률」 2조 8호에 따른 응급환자 이송업자가 제공하는 응급환자 이송용역
⑩ 「하수도법」 45조에 따른 분뇨수집·운반업의 허가를 받은 사업자와 「가축분뇨의 관리 및 이용에 관한 법률」 28조에 따른 가축분뇨수집·운반업 또는 가축분뇨처리업의 허가를 받은 사업자가 공급하는 용역

⑪ 「감염병의 예방 및 관리에 관한 법률」 제52조에 따라 소독업의 신고를 한 사업자가 공급하는 소독용역
⑫ 「폐기물관리법」 제25조에 따라 생활폐기물 또는 의료폐기물의 폐기물처리업 허가를 받은 사업자가 공급하는 생활폐기물 또는 의료폐기물의 수집·운반 및 처리용역과 같은 법 제29조에 따라 폐기물처리시설의 설치승인을 받거나 그 설치의 신고를 한 사업자가 공급하는 생활폐기물의 재활용용역
⑬ 「산업안전보건법」 제21조에 따라 보건관리전문기관으로 지정된 자가 공급하는 보건관리용역 및 같은 법 제126조에 따른 작업환경측정기관이 공급하는 작업환경측정용역
⑭ 「노인장기요양보험법」 2조 4호에 따른 장기요양기관이 같은 법에 따라 장기요양인정을 받은 자에게 제공하는 신체활동·가사활동의 지원 또는 간병 등의 용역
⑮ 「사회복지사업법」 제5조의2 제2항에 따라 보호 대상자에게 지급되는 사회복지서비스 이용권을 대가로 국가 및 지방자치단체 외의 자가 공급하는 용역
  ☞ 사회복지서비스이용권(Voucher): 일정한 자격을 갖춘 특정계층에 대해 정부가 지불을 보증하는 이용권. 수요자가 특정한 재화나 서비스 공급자를 선택하여 동 이용권을 사용하고, 공급자는 수요자에게 받은 이용권을 제시하여 국가로부터 재정을 지원받음.
⑯ 「모자보건법」에 따른 산후조리원에서 분만 직후의 임산부나 영유아에게 제공하는 급식·요양 등의 용역
⑰ 「사회적기업 육성법」 제7조에 따라 인증받은 사회적기업 또는 「협동조합기본법」 제85조 제1항에 따라 설립인가를 받은 사회적협동조합이 직접 제공하는 간병·산후조리·보육 용역
⑱ 「정신건강증진 및 정신질환자 복지서비스 지원에 관한 법률」 제15조 제6항 및 그 밖에 기획재정부령으로 정하는 법령에 따라 국가 및 지방자치단체로부터 의료보건 용역을 위탁받은 자가 제공하는 의료보건 용역

>>> **면세하지 아니하는 그 밖의 의료보건위생용역 (부가통 26-35-1)**

다음의 어느 하나에 해당하는 것은 면세하는 그 밖의 의료보건용역에 해당하지 아니한다.
① 「의료법」에 따른 면허나 자격이 없는 자가 제공하거나 「의료법」상 업무범위를 벗어나서 제공하는 의료용역
② 피부과의원에 부설된 피부관리실에서 제공하는 피부관리용역
③ 안마사가 아닌 자와 안마사가 공동으로 안마시술소를 개설하여 공급하는 안마용역
④ 「폐기물관리법」, 「하수도법」 및 「가축분뇨의 관리 및 이용에 관한 법률」에 따라 허가를 얻은 사업자가 수거한 폐기물, 분뇨 등으로 과세되는 재화를 제조하여 공급하는 경우
⑤ 「폐기물관리법」 제29조에 따라 폐기물처리시설을 설치·운영하는 사업자 및 「하수도법」 제45조 및 「가축분뇨의 관리 및 이용에 관한 법률」 제28조에 따라 등록한 사업자가 폐기물처리시설이나 분뇨처리시설, 오수정화시설, 정화조 또는 축산폐수정화시설의 설계·시공용역을 공급하거나 정화조를 공급하는 경우
⑥ 사업자가 타인에게 임대하거나 사용하게 한 공장 또는 사업장에 폐기물 또는 분뇨 등의 수거와 청소용역을 제공하는 경우

※ **면세되는 의료보건용역 사례**
- 진료용역과 함께 공급되는 조제약품, 치과의사의 보철
- 장례식장 영업자의 장례음식 공급용역은 장례용역에 부수되는 용역으로 면세됨(기획재정부부가-640, 2013.10.30.).
- 장의용역 그 자체와 부수되는 재화를 포함하여 공급하는 경우
  • 분묘이장처리용역(부가 22601-1846, 1985.09.20.)
  • 장례식장의 임대용역(부가 1265.1-2202, 1983.10.17.)
  • 장례의식의 거행, 시신의 염습(부가 22601-2561, 1986.12.18.)
  • 공원묘지합장용역(부가 22601-2561, 1986.12.18.)
  • 장의자동차운송 사업자의 시신운반용역(부가 1265.1-2248, 1981.08.25.)
- 소독용역
  • 소독업 신고를 한 사업자가 공급하는 소독용역(제도 46015-12583, 2001.08.06.)
- 분뇨 등의 수집·운반·처리 및 정화조 청소용역
  • 오수·분뇨 등의 처리업 허가를 받은 자가 공급하는 분뇨 등의 수집·운반·처리 등 청소용역(제도 46015-12564, 2001.08.06.)

※ **과세되는 의료보건용역 사례**
- 주택관리업자가 공동주택에 위탁관리용역과 함께 직접 제공하는 소독용역(서삼 46015-11474, 2002.08.30.)
- 한의사가 아닌 한약방의 도소매(간세 1235-1972, 1977.07.16.)
- 조제의약품이 아닌 일반의약품 판매업(간세 1235-1689, 1977.07.04.)
- 한약업자의 한약제조(부가 1235.21-1399, 1977.07.09.)
- 장의용역과는 별도로 공급되는 장의용품(간세 1235-2132, 1977.07.21.)
- 하수종말처리장을 통하여 공급하는 하수종말처리용역(제도 46015-12564, 2001.08.06.)

 관련 해석사례 및 집행기준

사회적협동조합이 병원에 제공하는 간병 용역의 부가가치세 면제 여부

「협동조합 기본법」에 따라 설립 인가를 받은 사회적협동조합이 간호간병 통합서비스를 운영하는 병원에 간병용역을 제공하는 경우 면세함이 타당함(사전법규부가 2023-0258, 2023.07.24.).

재활용 선별잔재물 위탁처리 용역의 면세여부

폐기물 종합재활용업 허가를 받은 사업자가 지방자치단체에 제공하는 폐합성수지 운반·처리 용역은 생활폐기물의 운반 및 처리 용역이나 재활용용역에 해당하지 않아 부가가치세가 면제되지 않는 것임(사전법령해석부가 2021-1019, 2021.08.17.).

의료인이 수 개의 의료기관을 개설하여 의료행위를 하는 경우 부가가치세 면제여부

의료인이 「의료법」 제33조 제8항을 위반하였더라도 의료기관에서 의료용역을 공급한 경우에는 부가가치세가 면제되는 의료보건 용역에 해당함(기획재정부부가-169, 2020.03. 27.).

☞ 네트워크병원은 의료인이 다른 의료인을 고용하여 의료보건용역을 제공하는 것이므로 비의료인의 책임과 계산하에 의료보건용역을 제공하는 사무장병원과는 달리 보아야 하는 것임.

☞ 네트워크병원은 사무장병원과는 달리 의료인이 의료법에 따라 개설한 의료 기관으로서 「국민건강보험법」상 요양급여비용을 청구할 수 있는 요양기관에 해당하므로 네트워크병원의 진료행위는 부가가치세가 면제되는 의료보건용역에 해당하는 것으로 봄이 타당함.

사회적기업이 일반인에게 제공하는 간병, 산후조리, 보육용역 면세여부

사회적기업 육성법 제7조에 따라 인증받은 사회적기업이 일반인에게 제공하는 간병, 산후조리, 보육용역은 부가가치세를 면제하는 것임(법령해석과-2205, 2016.07.07.).

사업장생활폐기물 처리용역 과세여부

「폐기물관리법」의 개정으로 일반폐기물이 생활폐기물과 사업장폐기물로 구분됨에 따라 1997.05.31. 시행규칙 개정시 생활폐기물처리용역은 면세하고 사업장폐기물처리용역은 과세로 전환됨(부가-217, 2014.03.24.).

장례식장 영업자의 장례음식 공급용역의 부가가치세 과세여부

장례식장 영업자가 장례식장을 방문한 문상객에게 음식용역을 제공하는 경우 동 음식용역은 부가가치세법 제26조 제2항의 규정에 따라 면세되는 용역에 통상적으로 부수되는 용역으로 보는 것임. 본 예규는 이 문서 시행일 이후 공급하는 분부터 적용하는 것임(기획재정부 부가가치세제과-640, 2013.10.30.).

병원 등에 간병 용역을 제공하는 경우 부가가치세 과세여부

개인이 「부가가치세법 시행규칙」 제11조의3 제5항에서 규정하는 물적시설없이 근로자를 고용하지 아니하고 독립된 자격으로 환자에게 간병용역을 제공하고 그에 대한 대가를 받는 경우에는 부가가치세를 면제하는 것이나, 노동력을 확보하고 계약에 의하여 타사업체에 임시로 수요 인력을 수시로 제공하는 사업은 인력공급업에 해당하므로 부가가치세가 과세되는 것임(부가-145, 2013.02.13.).

- 장의용역을 다른 장의업자와의 외주용역계약을 통해 제공하는 경우 면세여부 등

甲이 고객과의 계약에 따라 제공하는 장의용역 중 중요부분을 乙과의 장의행사용역계약에 따라 乙이 수행하도록 하고 고객으로부터 받은 대가 중 일정비율에 해당하는금액을 乙에게 지급하는 경우 甲과 乙이 제공하는 용역에 대해서는 각각 「부가가치세법 시행령」 제29조 제6호에 따라 부가가치세를 면제하는 것임(법규부가 2012-29, 2012.05.09.).

- 수의사가 동물의 예방접종에 앞서 진찰용역을 제공하고 예방접종비와 별도로 받는 진찰비의 면세여부

수의사업을 영위하는 사업자가 반려동물을 대상으로 부가가치세가 면제되는 예방접종을 하기에 앞서 해당 반려동물에 대한 진찰용역을 제공하고 예방 접종비와 구분하여 별도로 받는 진찰비에 대해서는 부가가치세가 면제되지 아니하는 것임(부가가치세과-485, 2012.04.30.).

- 분묘설치공사 용역의 부가가치세 면제여부 등

종중묘지의 이장에 따르는 기존 묘지의 개장과 화장 및 이장묘지에의 재매장과 기존 묘지석물의 이전용역은 장의용역에 부수되는 용역에 해당되는 것이나, 이장에 따라 새로 설치하는 묘지의 석물 및 석물설치에 대한 가공·설치 등의 용역과 납골봉안시설 설치공사는 「부가가치세법 시행령」 제29조 제6호의 장의용역에 필수적으로 부수되는 용역에 해당되지 아니하는 것임. 또한 종중은 같은 법 시행령 제29조 제7호의 '사설묘지 또는 봉안시설을 설치한 자'에 해당하지 아니하므로, 종중이 종중묘지의 이장에 따라 새로 설치하는 석물과 석물설치에 대한 가공·설치 등의 용역과 납골봉안시설 설치공사는 부가가치세가 면제되는 거래에 해당하지 아니하는 것임(기획재정부 부가가치세제과-561, 2010.08.20.).

- 하수도법에 따른 개인하수처리시설의 관리용역 면세여부

「하수도법」 제53조에 따른 "개인하수처리시설 관리용역"은 부가가치세 과세대상임(기획재정부 부가가치세제과-482, 2009.07.13.).

- 폐기물 수집·운반 허가업체가 공급하는 가로청소용역의 면세여부

「폐기물관리법」 제25조에 따른 생활폐기물 수집·운반업 허가를 받은 사업자가 같은 법 제2조 제2호의 생활폐기물 수집·운반용역에 해당하는 가로청소용역을 지방자치단체에 공급하는 경우 당해 용역은 「부가가치세법 시행령」 제29조 제11호에 따라 부가가치세가 면제되는 것임(법규과-801, 2009.06.15.).

(2) 교육용역

1) 면세대상

교육 용역은 다음의 어느 하나에 해당하는 시설 등에서 학생, 수강생, 훈련생, 교습생 또는 청강생에게 지식, 기술 등을 가르치는 것으로 한다(부가법 제26조).

- ① 주무관청의 허가 또는 인가를 받거나 주무관청에 등록되거나 신고된 학교, 어린이집(「영유아보육법」제10조에 따른 어린이집을 말하며, 같은 법 제24조 제2항 및 제3항에 따라 국공립어린이집이나 직장어린이집 운영을 위탁받은 자가 제공하는 경우를 포함한다), 학원, 강습소, 훈련원, 교습소 또는 그 밖의 비영리단체
- ② 「청소년활동진흥법」제10조 제1호에 따른 청소년수련시설
- ③ 「산업교육진흥 및 산학연협력촉진에 관한 법률」제25조에 따른 산학협력단
- ④ 「사회적기업 육성법」제7조에 따라 인증받은 사회적기업
- ⑤ 「과학관의 설립·운영 및 육성에 관한 법률」제6조에 따라 등록한 과학관
- ⑥ 「박물관 및 미술관 진흥법」제16조에 따라 등록한 박물관 및 미술관
- ⑦ 「협동조합기본법」제85조 제1항에 따라 설립인가를 받은 사회적협동조합

여기서 "인·허가"라 함은 관계법령에 의하여 시설·교습과정·정원 등에 관한 일정한 요건을 갖추어 주무관청으로부터 설립이 허용되는 것을 말한다(부가 46015-3710, 2000.11.06.). 그리고 허가 또는 인가 등이 없었다고 하여도 해당 교육기관이 주무관청 등에 신고·등록하여 관련 법령에 따라 지휘·감독의 범위 내에 포함되거나 실제 지휘·감독을 받은 사실이 있는 때에는 정부의 허가 또는 인가 등을 받은 것으로 본다(부가집 26-36-1 ④).

그리고 면세하는 교육용역은 주무관청의 허가·인가 또는 승인을 얻어 설립하거나 주무관청에 등록 또는 신고한 학교나 학원 등에서 지식·기술 등을 가르치는 것으로 그 지식 또는 기술의 내용은 관계없다.

이 경우 부가가치세가 면제되는 교육용역의 공급에 통상적으로 부수되는 재화 또는 용역의 공급은 면세용역의 공급에 포함된다.

또한, 교육용역 제공시 필요한 교재·실습자재 기타 교육용구의 대가를 수강료 등에 포함하여 받거나, 별도로 받는 때에는 주된 용역인 교육용역에 부수되는 재화 또는 용역으로서 면세된다(부가통 26-36-1).

교육용역의 면세범위 (부가집 26-36-1)

① 면세하는 교육용역은 주무관청의 허가·인가 또는 승인을 얻어 설립하거나 주무관청에 등록 또는 신고한 학원·강습소 등과 「청소년활동진흥법」에 따른 청소년수련시설 등에서 지식·기술 등을 가르치는 것을 말하며, 그 지식 또는 기술의 내용은 관계없다. 이 경우 부가가치세가 면제되는 교육용역의 공급에 통상적으로 부수되는 재화 또는 용역의 공급은 면세용역의 공급에 포함된다.
② 교육용역 제공시 필요한 교재·실습자재 그 밖에 교육용구의 대가를 수강료 등에 포함하여 받거나, 별도로 받는 때에는 주된 용역인 교육용역에 부수되는 재화 또는 용역으로서 면세된다.
③ 「청소년활동진흥법」에 따른 청소년수련시설에서 학생·수강생·훈련생 등이 아닌 일반 이용자에게 해당 교육용역과 관계없이 음식·숙박용역만을 제공하거나 실내수영장 등의 체육활동시설을 이용하게 하고 받는 대가는 과세된다.
④ 허가 또는 인가 등이 없었다고 하여도 해당 교육기관이 주무관청 등에 신고·등록하여 관련 법령에 따라 지휘·감독의 범위 내에 포함되거나 실제 지휘·감독을 받은 사실이 있는 때에는 정부의 허가 또는 인가 등을 받은 것으로 본다.
⑤ 면세되는 학원을 운영하는 사업자가 다른 학원운영자에게 상호, 상표, 교육프로그램, 학원경영 노하우(Know-How) 등을 제공하고 그에 대한 대가를 받는 경우에는 과세된다.
⑥ 「과학관의 설립·운영 및 육성에 관한 법률」에 따라 등록한 과학관과 「박물관 및 미술관 진흥법」에 따라 등록한 박물관 및 미술관에서 교육용역을 제공하고 그 대가를 받는 경우에는 면세된다.
⑦ 「평생교육법」에 따라 지식·인력개발사업 관련 평생교육시설로 신고한 사업자가 신고한 내용의 범위 내에서 기업체 등과 계약을 체결하고 출장하여 외국어 등에 대한 교육용역을 제공하는 경우에는 부가가치세가 면제되는 교육용역에 해당한다.

2) 면세되는 교육용역에 해당하지 않는 경우

① 「체육시설의 설치·이용에 관한 법률」 제10조 제1항 제2호의 무도학원

다만, 수강료를 받고 국제표준무도(볼룸댄스)를 교습하는 것으로 평생교육시설 및 노인복지시설에서 교양강좌로 하는 경우와 「학원의 설립·운영 및 과외교습에 관한 법률」에 따른 무용학원은 기존대로 면세대상이다.

② 「도로교통법」 제2조 제32호의 자동차운전학원

자동차운전학원이란 자동차 등의 운전에 관한 지식·기능을 교육하는 시설로서 자동차 등에는 「도로교통법」 제80조에 따라 운전면허를 받아야 하는 건설기계(「건설기계관리법 시행규칙」 제73조)를 포함한다.

3) 주무관청의 인·허가를 받지 않는 경우

교육용역이 주무관청의 허가·인가를 받은 사실이 없거나, 주무관청의 실질적인 지휘·감독받은 사실이 없는 경우에는 해당 교육용역은 부가가치세가 면제되는 교육용역에 해당하지 않는다(부가-0677, 2019.05.03.).

① 미등록 또는 미신고 학원·강습소

주무관청에 등록 또는 신고하지 아니한 학원·강습소 등에서 지식·기술 등을 가르치고 받는 대가는 부가가치세 과세대상이다(서면3팀-554, 2008.03.13.).

② 산림 관련 교육

「산림복지법」에 따라 산림복지전문업을 등록한 사업자가 산림과 관련된 지도·교육·치유 등의 용역을 공급하는 경우로서 주무관청의 인허가를 받거나 실질적인 지휘·감독을 받지 아니한 경우 부가가치세가 면제되는 교육용역에 해당하지 아니함(서면법령해석부가 2019-677, 2019.05.03).

③ 다이빙교육용역

「수중레저활동의 안전 및 활성화 등에 관한 법률」에 따라 해양수산부장관에게 수중레저사업을 등록한 사업자가 공급하는 다이빙 교육 용역은 부가가치세가 면제되는 교육용역에 해당하지 아니하는 것임(사전법규부가 2024-468, 2024.07.19.).

4) 평생교육시설 교육용역

① 미신고 교육장 교육용역

평생교육시설 신고증을 교부받은 사업자가 신고증이 교부되지 않은 교육장에서 위탁교육을 실시한 경우 면세되는 교육용역에 해당하지 아니한다(서면법규부가 2024-3966, 2024.11.27.).

② 출장강의용역

평생교육시설 운영자가 신고된 교육과정을 운영하면서 평생교육시설에서 교육받을 수 없는 수강생을 위하여 출장강의용역을 제공하고 받는 대가는 부가가치세가 면제된다(사전법령해석부가 2015-111, 2015.05.07.).

③ 미신고한 경우

「평생교육법」 규정에 의하여 원격평생교육시설을 갖추고 신고를 필한 후 관련 규정 및 운영규칙 등에 따라 제공하는 교육용역은 부가가치세가 면제되는 것이나, 그러하지 아니하는 경우에는 부가가치세가 과세되는 것임(서면부가 2017-1506, 2017.06.30.).

5) 스포츠센터, 태권도장, 에어로빅, 필라테스의 면세여부

① 스포츠센터(헬스장, pt 포함)

체육시설의 설치·이용에 관한 법률에 의하여 지방자치단체에 신고한 체력단련장에서 이용자의 체력단련 등을 목적으로 시설·장소 및 운동기구등을 이용하게 하거나 이에 부수되는 용역을 제공하고 그 대가를 받는 것은 부가가치세가 과세된다(서면부가 2017-1228, 2018.03.16.).

② 에어로빅 강습용역

주무관청의 허가 또는 인가 대상이 아닌 어로빅장은 부가가치세가 과세된다(서면3팀-3079, 2007.11.12.).

☞ 주무관청에 신고·등록대상이 아닌 자유업이다.

③ 태권도장 등 이와 유사한 교육용역

정부로부터 허가를 받아 운영하는 태권도장은 부가가치세가 과세되지 아니하는 교육용역에 해당한다(부가 46015-5057, 1999.12.27.).

☞ 권투, 레슬링, 태권도, 유도, 검도, 유슈(쿵후), 합기도는 신고제로서 면세에 해당
☞ 헬스장, 에어로빅장, 요가센터, 스쿼시, 필라테스는 과세에 해당

✱ 면세되는 사례
- 학교부설 평생교육시설 사회체육교육과정의 교육용역(서삼 46015-10464, 2003.03.19.)
- 인·허가 등을 받은 체육도장(권투·레슬링·태권도·유도·검도·우슈)의 교습용역(재부가 22601-1182, 1990.11.27.)
- 학원의 운영자가 기업체에 일시적 출장교육용역(부가 46015-131, 2000.01.18.)
- 평생교육법 규정에 의한 시설을 갖추고 교육부장관에게 신고필 후 공급하는 교육용역(제도 46015-11172, 2001.05.18.)
- 평생교육법에 의하여 신고한 인터넷을 이용한 원격지 교육용역(※ 평생교육법 22 ②)
- 사업장부설 교육용역(평생교육법규정에 의한 시설 및 신고필)(제도 46015-11825, 2001.07.02.)
- 교통안전공단이 제공하는 교통사고분석사 교육용역(제도 46015-12403, 2001.07.26.)
- 영유아보육법에 의하여 허가받아 제공하는 보육용역(부가 46015-2366, 1996.11.11.)
- 청소년 수련시설에서 교육용역과 부수하여 제공하는 음식·숙박용역(부가 46015-2031, 2000.08.21.)
- 사업자가 학교에서 학교장 책임 하에 일정한 요건을 갖추어 학생에게 제공하는 교육용역(서면3팀-1158, 2008.06.10.)
- 면세되는 학습지를 주된 재화로 하고 진도관리 서비스 및 전화영어 말하기 회화 서비스를 해당 학습지와 함께 통상 하나의 공급단위로 공급하는 경우에는 부가가치세가 면제되는 것임(부가가치세과-1259, 2010.09.28.).

✱ 과세되는 사례
- 인·허가 없이 제공하는 방문교육(부가 46015-2398, 1999.08.10.)
- 번지점프시설을 설치하여 이용대가를 받는 경우(부가 46415-2823, 1999.09.16.)
- 기업의 인력·조직관리 등에 관한 교육지도 용역(부가 46015-916, 1995.05.22.)
- 대한요가협회 및 그 지부에서 제공하는 요가 교습용역(소비세제과-471, 2005.11.16.)
- 에어로빅장의 시설·운동기구의 사용료(부가 46015-4110, 1999.10.09.)
- 미인가 유치원 교육용역
- 별도로 공급하는 학습보조도구인 차시별 학습자료(제도 46015-10787, 2001.04.25.)

관련 해석사례 및 집행기준

- **영어강의를 태블릿 PC에 저장판매시 부가가치세 과면세여부**

  부가가치세 면제되는 전자출판물과 전자출판물을 재생하여 주는 단말기를 부수하여 통상 하나의 공급단위로 공급하는 경우로서 당해 단말기를 독립적으로 활용이 가능한 경우에는 전자출판물은 면세, 단말기는 과세되는 것임(부가-3387, 2016.07.10.).

- **학원법에 따라 등록한 사업자가 공급하는 출장교육용역의 면세여부**

  학원법에 따라 학원으로 등록한 사업자가 학원법에 따라 등록한 학원법인과 계약을 체결하고 소속강사를 파견하여 학원법에 등록한 교육과정 범위 내에서 출장교육용역을 제공하는 경우 해당 출장교육용역은 부가가치세가 면제되는 것이나, 해당 계약이 단순한 인력파견에 해당하는 경우 부가가치세가 과세되는 것임(사전법규부가 2022-48, 2022.01.27.).

- **학원이 제공하는 진학상담·지도 용역**

  학원의 설립·운영 및 과외교습에 관한 법률에 따라 등록한 학교교과 교습학원으로서 같은 법 시행령 별표2에 따른 입시·검정 및 보습분야의 진학상담·지도를 하는 학원이 학생 등에게 제공하는 진학상담·지도 용역은 부가가치세법 제12조 제1항 제6호 및 같은 법 시행령 제30조에 따라 부가가치세가 면제되는 것임(재부가-279, 2013.04.24.).

- **지방자치단체가 「노인복지법」 제37조에 따라 노인종합문화회관을 설치하여 평생교육프로그램의 일환으로 수영교습영역을 제공하는 경우**

  지방자치단체가 「노인복지법」 제37조에 따라 노인종합문화회관을 설치하여 평생교육프로그램의 일환으로 수영교습영역을 제공하는 경우 「부가가치세법」 제26조 제1항 제6호 및 제19호에 따라 부가가치세가 면제되는 것임(법규부가 2014-139, 2014.05.15.).
  - ☞ 면세 근거: 학부 등의 교육과정에 포함된 실습과정으로 보아 교육용역으로 볼 뿐만 아니라, 노인복지회관의 다른 교육과정과 더불어 있기 때문에 독립된 스포츠시설 운영업을 영위한다고 볼 수 없음.

- **직업능력훈련시설로 비환급과정 교육용역의 부가가치세 면제여부**

  고용노동부장관으로부터 직업능력개발훈련시설로 지정받은 후 직업능력개발훈련 교육용역을 제공하는 경우 비환급과정의 교육용역도 부가가치세가 면제되는 것임(사전법령해석부가 2015-433, 2015.12.11.).

- **학원에서 상호·상표 등을 대여하고 대가를 받는 경우**

  부가가치세가 면제되는 학원을 운영하는 사업자가 다른 학원 운영사업자에게 자기의 상호, 상표 등의 사용 및 자체 개발한 교육프로그램, 학원경영 노하우 등을 제공하고 가맹비 및 월회비를 받는 경우 부가가치세가 과세되는 것임(서면3팀-1804, 2005.10.18.).

◆ 어린이수영장에서 제공하는 수상안전교육 및 영법교육의 면세여부

체육시설의 설치·이용에 관한 법률에 따른 시설을 갖추어 지방자치단체장에게 체육시설업 신고를 한 경우로서 해당 수영장을 운영하는 사업자가 수영장이용, 수상안전교육 및 영법교육용역을 공급하는 경우에 면세대상에 해당하지 않음(기준법령해석부가 2015-119, 2015.07.20.).

◆ 테니스 레슨용역이 부가가치세가 면세되는 교육용역인지

체육시설의 설치·이용에 관한 법률의 체육시설에 해당하는 테니스장을 운영하면서 시설을 사용하게 하고 대가를 받는 경우에는「부가가치세법」제12조 제1항 제6호에 따른 면세되는 교육용역에 해당하지 아니하여 부가가치세가 과세되는 것임(부가-299, 2013.04.05.).

3. 문화관련 재화·용역

(1) 도서(실내 도서열람 및 도서대여 용역 포함), 신문, 잡지, 관보 등

도서(도서대여 및 실내 도서열람 용역을 포함한다), 신문, 잡지, 관보(官報),「뉴스통신 진흥에 관한 법률」에 따른 뉴스통신 및 방송으로서 다음의 것은 면세한다. 다만, 광고는 제외한다(부가법 제26조 제1항 제8호).

① 도서에는 도서에 부수하여 그 도서의 내용을 담은 음반, 녹음테이프 또는 비디오테이프를 첨부하여 통상 하나의 공급단위로 공급하는 것과 전자출판물을 포함한다(부가령 제38조 제1항).27) 여기서 "도서"라 함은 "재화"로 공급되는 것만을 말한다.

따라서 면세되는 도서·신문·잡지 등의 인쇄·제본 등을 위탁받아 인쇄·제본 등의 용역을 제공하는 것과 특정인과의 계약에 의하여 수집한 정보 및 자료를 도서의 형태로 공급하는 것은 면세하지 않는다(부가통 26-38-1).

② 신문·잡지는「신문 등의 진흥에 관한 법률」제2조 제1호 및 제2호에 따른 신문 및 인터넷신문과「잡지 등정기간행물의 진흥에 관한 법률」에 따른 정기간행물로 한다(부가령 제38조 제2항).

③ 관보는「관보규정」의 적용을 받는 것을 말한다(부가령 제32조 제3항).

④ 뉴스통신은「뉴스통신진흥에 관한 법률」이 규정하는 뉴스통신(뉴스통신 사업을

---

27) 여기서 '전자출판물'이란 도서 또는 간행물의 형태로 출간된 내용 또는 출간될 수 있는 내용이 음향이나 영상과 함께 전자적 매체에 수록되어 컴퓨터 등 전자장치를 이용하여 그 내용을 보고 듣고 읽을 수 있는 것으로서 문화체육관광부장관이 정하는 기준에 적합한 전자출판물을 말한다. 다만, [음악산업진흥에 관한 법률], [영화 및 비디오물의 진흥에 관한 법률] 및 [게임산업진흥에 관한 법률]의 적용을 받는 것은 제외한다.

경영하는 법인이 특정회원을 대상으로 금융정보 등 특정한 정보를 제공하는경우는 제외)과 외국의 뉴스통신사가 제공하는 뉴스통신 용역으로서 「뉴스통신진흥에 관한 법률」에 규정하는 뉴스통신과 유사한 것을 포함한다(부가령 제38조 제4항).

> ✦ **면세되는 사례**
> - 학생의 교과용 도서(서삼 46015-11345, 2003.08.25.)
> - 출판업자의 출판권양도(부가 1265-2262, 1984.10.25.)
> - 지도·해도 및 서지, 족보(간세 1235-1710, 1997.07.05.)
> - 학생들의 교양보급을 위한 1일 학습지(부가 1265.1-1388, 1983.07.13.)
> - 도서·간행물의 내용을 수록한 전자출판물(부가칙11)
> - 신문사 개최의 심포지엄(간세 1235-1946, 1979.06.14.)
> - 면세되는 전자출판물(문화체육관광부 고시 제2011-35호, 2011.10.04.)
> - 도서의 대여(2007.01.01. 이후 공급분부터)
>
> ✦ **과세되는 사례**
> - 연하장·청첩장을 제작하여 판매하는 경우 면제되는 도서의 범위에 포함하지 아니함(서삼 46015-10822, 2003.05.19.)
> - 인쇄 및 제본 등의 용역(부가통 12-32-1)
> - 도서·대중매체의 공급행위를 위한 위탁수수료(부가 1265.1-633, 1984.04.04.)
> - 시력측정 검사표(소비 22601-386, 1987.05.13.)
> - 지류로 표면이 제작된 지구의(간세 1235-3825, 1978.12.23.)
> - 노래 등을 담은 CD-ROM음반(부가칙 제11조)
> - 특정인에게 원고·사진 등을 제공받아 편집·인쇄·제본 등의 용역공급(재소비 46015-250, 2001.09.21.)
> - 종이에 특수재료를 이용하여 복사해 만든 수맥차단마크(제도 46015-11493, 2001.06.14.)

 관련 해석사례 및 집행기준

▸ **비영리단체가 발행하는 인터넷 기관지의 광고용역 면세여부**

비영리단체가 인터넷으로 회원들에게 무상 발행하는 기관지가 면세되는 전자출판물의 요건을 충족하는 경우 해당 기관지와 관련되는 용역의 공급은 부수용역으로서 면세됨(서면법령해석부가 2021-4326, 2021.09.28.).

▸ **사업자가 교육콘텐츠를 임대하면서 도서를 함께 공급하는 경우 도서의 과세여부**

사업자가 다른 사업자에게 교육용 콘텐츠를 임대하면서 부가가치세법 제12조 제1항 제8호에 따른 도서를 함께 공급하는 경우로서 해당 도서가 교육용역을 제공받기 위해 필수적으로 부수되는 교재에 해당하지 아니하고 교육용 콘텐츠 임대용역의 대가와 구분되는 경우 해당 도서의 공급에 대해서는 부가가치세를 과세하지 아니하는 것임(법규부가 2011- 339, 2011.09.21.).

학습지 판매업자가 부수재화인 CD의 내용을 홈페이지를 통해 제공하는 경우

주간학습지와 그 부수재화인 CD를 하나의 공급단위로 제공하고 있는 사업자가 부수재화인 CD의 내용을 홈페이지에서 제공하려는 경우에는 통상 하나의 단위로 공급(별도 판매하지 않음)되고 홈페이지 가입이 학습지구독 신청자에 대하여만 승인이 이루어지며 CD에 수록된 내용에 한하여 제공되었을 때 부가가치세법 시행령 제32조의 규정이 적용되어 부가가치세가 면제되는 것임(부가가치세과-1998, 2008.07.15.).

연하장, 청첩장의 도서 해당 여부

연하장, 청첩장은 면세되는 도서에 해당하지 않음(서삼 46015-10822, 2003.05.19.).

면세되는 도서에 "고서"가 포함되는지 여부

부가가치세법 제12조 제1항 제7호의 규정에 의해 부가가치세가 면제되는 도서의 범위에 고서가 포함되는 것이나, 해당 고서가 부가가치세법 시행령 제36조 제1항의 단서규정에 의해 골동품(관세율표 번호 제9706호의 것을 말한다)에 해당하는 경우에는 면세의 범위에서 제외됨(재소비 46015-324, 2002.12.02.).

외국의 출판사로부터 원고를 받아 도서를 제작하여 납품

사업자가 외국의 출판사와 도서납품계약을 체결하고 당해 외국의 출판사로부터 도서의 원고를 제공받아 이를 국내인쇄업자에게 인쇄·제본을 의뢰하여 제작한 후 제작된 도서를 납품하는 경우에는 부가가치세가 면제되는 것임(부가 46015-2309, 1998.10.13.).

☞ 재화공급에 해당하여 면세

학습용 카드와 퍼즐제작 판매 시 과세여부

어린이 학습용 플래시 단어카드(앞면에는 그림이 뒷면에는 단어가 적힌 학습용 카드)와 직소퍼즐(그림이나 단어를 조각내어 맞춘 학습도구)은 면세하는 도서에 해당하지 않음(부가 46015-1860, 1997.08.11.).

(2) 예술창작품·예술행사·문화행사·아마추어운동경기

다음의 예술창작품, 예술행사, 문화행사 아마추어 운동경기는 면세한다(부가령 제43조).

① 예술창작품은 미술·음악·사진·연극 또는 무용에 속하는 창작품을 말하며, 골동품(관세율표번호 제9706호의 것을 말함: 제작 후 100년을 초과한 것)은 제외한다. 따라서 사업자가 미술품 등의 창작품을 모방하여 대량으로 제작하는 작품은 예술창작품으로 보지 아니한다(부가통 26-43-1).

② 예술행사는 영리를 목적으로 하지 아니하는 발표회, 연구회, 경연대회 또는 그 밖에 이와 유사한 행사로 하고, 문화행사는 영리를 목적으로 하지 아니하는 전시회, 박람회, 공공행사 또는 그 밖에 이와 유사한 행사로 한다. 이 경우 예술행사 및 문화행사는 행사 주체에 관계없이 영리를 목적으로 하지 아니하는 문학·미술·음악·연극 및 문화 등에 관한 발표회·연주회·연구회·경연대회 등을 말하고, 영리를 목적으로 하지 아니하는 행사는 다음과 같다(부가통 26-43-2).

> ㉠ 사전 행사계획서에 의해 이익금을 이익배당 또는 잔여재산의 분배 등의 형식을 통해 주최자에게 귀속시키는 것이 아닐 것
> ㉡ 정부 또는 지방자치단체 등 공공단체가 공식 후원하거나 협찬하는 행사
> ㉢ 사전행사 계획에 의해 입장료 수입이 실비변상적이거나 부족한 경비를 협찬에 의존하는 행사
> ㉣ 자선목적의 예술행사로서 사전계획서에 의해 이익금의 전액을 공익단체에 기부하는 행사
> ㉤ 비영리단체가 공익목적으로 개최하는 행사
> ㉥ 그 밖에 이와 유사한 행사로서 영리성이 없는 행사

③ 아마추어 운동경기는 대한체육회 및 그 산하단체와 「태권도 진흥 및 태권도공원 조성 등에 관한 법률」에 따른 국기원이 주최, 주관 또는 후원하는 운동경기나 승단·승급·승품 심사로서 영리를 목적으로 하지 아니하는 것을 말한다. 따라서 예술행사나 문화행사에 해당하지 아니하는 행사 또는 직업운동경기를 주최·주관하는 자(프로모터 포함)와 흥행단체 등이 흥행 또는 운동경기 등과 관련하여 받는 입장료·광고료·방송중계권료 및 기타 이와 유사한 수수료는 면세하지 아니한다(부가통 26-42-1).

> **면세되는 사례**
> - 발표회·연구회·전시회·공연회·경연대회 명칭에 불구(부가 22601-979, 1986.05.24.)
> - 법인·개인·단체 등 주체가 누구이든 관계없음(부가통 12-35-7 제1항)
> - 오페라공연·미스유니버스선발대회·문화전시회(간세 1235-3728, 1978.12.16.)
> - 동창회 등이 연예인축구대회 개최하고 해당 수익을 모교에 기증한 경우(소득 1264-2664, 1980.09.18.)
> - 신문사와 야구협회가 주최하는 고교야구대회 입장료(제도 46015-11377, 2001.06.08.)
>
> **과세되는 사례**
> - 예술창작품판매위탁·행사체육대회의 입장권판매 위탁수수료(간세 1235-2711, 1977.08.24.)
> - 촬영·현상한 사진 및 필름의 판매(부가 22601-1744, 1985.09.07.)
> - 서예가가 글씨를 표구하여 공급(부가 22601-921, 1986.05.14.)
> - 골동품 및 모방하여 대량생산한 모조품·예술창작품(부가 22601-566, 1987.03.28.)
> - 면세되는 도서의 범위에 고서가 포함되는 것이나, 고서가 골동품에 해당하는 경우에는 면세의 범위에서 제외됨(재소비 46015-324, 2002.12.02.)
> - 사업자가 원판을 이용하여 복제한 판화를 공급하는 경우에는 예술창작품으로 보지 아니하므로 과세되는 것이나, 사업자가 예술가의 손에 의하여 원판으로부터 직접 제작된 판화를 구입하여 판매하는 경우에는 면세됨(부가 46015-3245, 2000.09.19.)
> - 비영리목적으로 운동경기를 주관하면서 광고물 등을 설치하여 주고 받은 대가(부가 46015-709, 2001.04.30.)

관련 해석사례 및 집행기준

예술창작품 제작·설치시 부가가치세 면세여부

미술작가는 조형물을 제작 납품하고, 시설공사업자는 조형물의 설치용역만 제공하는 경우 조형물에 대하여 부가가치세를 면제하고 설치용역은 과세하나 시설공사업자에게 일괄 도급을 받아 조형물을 공급받아 설치하는 경우 일괄도급금액 전체에 대하여 부가가치세를 과세함(서면부가 2017-2415, 2017.09.28.).

문화행사를 위탁계약하여 수행하는 경우 과세대상 여부

지방자치단체가 주최하는 문화행사에 대행용역계약을 체결한 사업자가 자기 책임하에 행사의 기획·준비·실시·홍보 등 행사 전반을 위탁받아 시행하고 당해 지방자치단체로부터 그 대가를 받는 경우 당해 대가는 부가가치세법 제7조의 규정에 의하여 부가가치세가 과세되는 것임(대법2015두52081, 2016.01.14.; 부가-85, 2013.01.30.).

창작품 판매시 면세여부

예술창작품을 구입하여 판매하는 경우에는 부가가치세가 면제됨(서삼 46015-11689, 2003.

10.28.).

화랑업을 영위하는 경우 부가가치세 과세여부

1. 화랑업을 경영하는 자가 예술창작품을 자기 책임과 계산하에 구입하여 판매하는 경우에는 부가가치세법 제12조 제1항 제14호의 규정에 의하여 부가가치세가 면제(골동품은 제외)되는 것입니다. 다만, 화랑을 경영하는 자가 작가 등으로부터 구입한 작품이 예술창작품인지 여부는 사실판단 사항입니다.
   ☞ 골동품: 제작 후 100년을 초과한 것(관세율표 제9706호)
2. 화랑을 경영하는 자가 작가 또는 예술창작품의 소유자로부터 당해 예술창작품의 판매를 위탁받아 동 예술창작품을 판매하여 주고 수수료를 받는 경우와 작가 등의 작품전시회를 위해 전시장을 대여하고 대여료를 받는 경우에는 부가가치세법 제7조 제1항의 규정에 의하여 부가가치세가 과세되는 것입니다(부가 46015-1004, 1994.05.20.).

창작품 판매시 면세여부

예술창작품을 구입하여 판매하는 경우에는 부가가치세가 면제됨(서삼 46015-11689, 2003.10.28.).

---

(3) 도서관·과학관·박물관·동물원·식물원 등의 입장용역

도서관, 과학관, 박물관, 미술관, 동물원 또는 식물원, 그 밖에 민속문화자원을 소개하는 장소 또는 「전쟁기념사업회법」에 따른 전쟁기념관 입장용역의 공급에 대하여 면세한다(부가령 제44조).

① 박물관에는 「문화재보호법」의 규정에 의하여 지정받은 문화재로서 민속 문화자원에 해당하는 것을 소개하는 장소·고분·사찰 및 「전쟁기념사업회법」에 의한 전쟁기념관을 포함한다(부가통 26-0-5 ①).
② 동물원·식물원에는 지식의 보급 및 연구에 그 목적이 있는 해양수족관 등을 포함하나 오락 및 유흥시설과 함께 있는 동물원·식물원 및 해양수족관을 포함하지 아니한다(부가통 26-0-5 ②).

> ✱ 면세되는 사례
> - 지방문화재의 관람료(간세 1265.1-4523, 1979.12.15.)
> - 준박물관도 부가가치세가 면제되는 박물관에 포함(부가 22601-179, 1989.02.04.)
> - 인가받은 독서실은 도서관에 포함(간세 1235-4693, 1977.12.24.)
> - 오락 및 유흥시설이 없고 지식의 보급 및 연구에 그 목적이 있는 해양수족관
>
> ✱ 과세되는 사례
> - 동식물원·수족관의 입장료에 오락·유흥시설의 대가가 포함되어 있는 경우(간세 1235-4869, 1977.12.27.)
> - 오락 및 유흥시설과 함께 있는 해양 수족관(부가통 12-0-5)

관련 해석사례 및 집행기준

○ 수목원을 운영하는 사업자가 수목원 관람객을 위하여 조성한 휴게공간 입장 용역의 부가가치세 과세 여부

수목원을 운영하는 사업자가 휴게공간을 조성하여 관람객으로부터 수목원 입장료와 별도로 휴게공간 입장료를 수취하는 경우 휴게공간 입장 용역은 부가가치세가 과세되는 것임(사전법규부가 2023-283, 2023.08.25.).

○ 미술관에서 음식용역 제공시 부가가치세 과세여부

「박물관 및 미술관 진흥법」의 규정에 의하여 지방자치단체에 등록된 미술관을 운영하는 자가 당해 미술관 내에 카페를 운영하면서 미술관 입장료와는 별도로 음식용역의 대가를 받는 경우 미술관 입장료는 부가가치세가 면제되는 것이나, 음식용역의 대가는 부가가치세가 과세되는 것임(서면3팀-1089, 2008.05.30.).

4. 부가가치 구성요소

(1) 금융·보험용역

1) 면세범위

면세하는 금융·보험 용역은 다음의 용역, 사업 및 업무에 해당하는 역무로 한다(부가령 제40조 제1항). 그리고 면세사업 외의 사업을 하는 자가 주된 사업에 부수하여 면세하는 금융·보험 용역과 같거나 유사한 용역을 제공하는 경우에도 면세하는 금융·보험 용역에 포함되는 것으로 본다(부가령 제40조 제2항).

① 「은행법」에 따른 은행업무 및 부수업무로서 다음의 용역28)

> ㉠ 예금·적금의 수입 또는 유가증권 및 그 밖의 채무증서 발행
> ㉡ 자금의 대출 또는 어음의 할인
> ㉢ 내국환·외국환
> ㉣ 채무의 보증 또는 어음의 인수
> ㉤ 상호부금
> ㉥ 팩토링(기업의 판매대금 채권의 매수·회수 및 이와 관련된 업무)
> ㉦ 수납 및 지급 대행
> ㉧ 지방자치단체의 금고대행
> ㉨ 전자상거래와 관련한 지급대행

② 「자본시장과 금융투자업에 관한 법률」에 따른 다음 사업
   ㉠ 집합투자업. 다만, 집합투자업자가 투자자로부터 자금 등을 모아서 부동산, 실물자산 및 지상권·전세권·임차권 등 부동산 관련 권리, 어업권, 광업권에 운용하는 경우는 제외한다(부가칙 제27조).
   ㉡ 신탁업. 다만, 다음의 구분에 따른 업무로 한정한다.
     • 신탁업자가 위탁자로부터 「자본시장과 금융투자업에 관한 법률」 제103조 제1항 제1호부터 제4호(금전, 증권, 금전채권, 동산)까지 또는 제7호(무체재산권)의 재산(같은 법 제9조 제20항의 집합투자재산을 포함)을 수탁받아 운용(집합투자업자의 지시에 따라 보관·관리하는 업무를 포함)하는 업무. 다만, 같은 법 제103조 제1항 제1호(금전)의 재산을 수탁받아 부동산, 실물자산 및 지상권·전세권·임차권 등 부동산 관련 권리, 어업권, 광업권에 운용하는 업무는 제외한다.
       ☞ 집합투자재산이란 집합투자기구의 재산으로 투자신탁재산, 투자회사재산, 투자유

---

28) 다음 어느 하나에 해당하는 기관 등의 사업은 은행업에 포함되는 것으로 한다(부가령 제40조 제3항).
  • 「은행법」 외의 다른 법률에 따라 설립된 은행
  • 「금융회사부실자산 등의 효율적 처리 및 한국자산관리공사의 설립에 관한 법률」에 따른 한국자산관리공사
  • 「한국주택금융공사법」에 따른 한국주택금융공사
  • 「예금자보호법」에 따른 예금보험공사 및 정리금융기관
  • 「농업협동조합의 구조개선에 관한 법률」에 따른 농업협동조합자산관리회사 및 상호금융예금자보호기금
  • 「수산업협동조합의 부실예방 및 구조개선에 관한 법률」에 따른 상호금융예금자보호기금
  • 「산림조합의 구조개선에 관한 법률」에 따른 상호금융예금자보호기금

한회사재산, 투자합자회사재산, 투자유한책임회사재산, 투자합자조합재산 및 투자익명조합재산을 말한다.
- 신탁업자가 위탁자로부터 부동산, 지상권, 전세권, 부동산임차권, 부동산소유권 이전등기청구권, 그 밖의 부동산 관련 권리를 수익자에 대한 채무이행을 담보하기 위하여 수탁받아 운용하는 업무
- 신탁업자가 위탁자로부터 「자본시장과 금융투자업에 관한 법률」 제103조 제1항 제5호 또는 제6호의 재산을 수탁받아 같은 조 제4항에 따른 부동산개발사업을 하는 업무

ⓒ 투자매매업 및 투자중개업과 이와 관련된 다음의 구분에 따른 업무
- 「자본시장과 금융투자업에 관한 법률」 제8조의2 제5항의 다자간매매체결회사의 업무
- 「자본시장과 금융투자업에 관한 법률」 제283조에 따라 설립된 한국금융투자협회의 같은 법 제286조 제1항 제5호에 따른 증권시장에 상장되지 아니한 주권의 장외매매거래에 관한 업무
- 「자본시장과 금융투자업에 관한 법률」 제294조에 따라 설립된 한국예탁결제원의 업무
- 「자본시장과 금융투자업에 관한 법률」 제373조의2 제1항에 따라 허가를 받은 한국거래소의 업무

ⓔ 일반사무관리회사업(집합투자기구 또는 집합투자업자에게 제공하는 용역으로 한정)

ⓜ 투자일임업. 다만, 투자일임업자가 투자자로부터 자금 등을 모아서 부동산, 실물자산 및 지상권·전세권·임차권 등 부동산 관련 권리, 어업권, 광업권에 운용하는 경우는 제외한다.

ⓗ 기관전용 사모집합투자기구에 기관전용 사모집합투자기구 집합투자재산의 운용 및 보관·관리, 기관전용 사모집합투자기구 지분의 판매 또는 환매 등 용역을 공급하는 업무(기관전용 사모집합투자기구의 업무집행사원이 제공하는 용역으로 한정)

ⓢ 단기금융업

ⓞ 종합금융투자사업자의 사업(기업에 대한 신용공여 업무로 한정)

③ 「기술보증기금법」에 따른 기술보증기금이 수행하는 보증 업무
④ 「외국환거래법」에 따른 전문외국환업무취급업자의 외국환 업무용역
⑤ 「상호저축은행법」에 따른 상호저축은행업
⑥ 「신용보증기금법」에 따른 신용보증기금업

⑦ 주택도시보증공사의 보증업무 및 주택도시기금의 운용·관리 업무

⑧ 「보험업법」에 따른 보험업(보험중개·대리와 보험회사에 제공하는 손해사정용역, 보험조사 및 보고용역을 포함하되, 보험계리용역 및 「근로자퇴직급여 보장법」에 따른 연금계리용역은 제외)

⑨ 「여신전문금융업법」에 따른 여신전문금융업(여신전문금융업을 공동으로 수행하는 사업자 간에 상대방 사업자의 여신전문금융업무를 위임받아 수행하는 경우를 포함)

⑩ 「자산유동화에 관한 법률」제2조 제5호에 따른 유동화전문회사가 하는 자산유동화사업 및 「자산유동화에 관한 법률」제10조 제1항에 따른 자산관리자가 하는 자산관리사업

⑪ 「한국주택금융공사법」에 따른 채권관리자가 하는 주택저당채권·학자금대출채권의 관리·운용 및 처분 사업

⑫ 「한국주택금융공사법」에 따른 채권관리자가 하는 주택저당채권·학자금대출채권의 관리·운용 및 처분 사업

⑬ 다음의 어느 하나에 해당하는 자산 관리·운용 용역. 다만, 해당 용역을 제공하는 자가 자금을 부동산, 실물자산 및 지상권·전세권·임차권 등 부동산 관련 권리, 어업권, 광업권에 운용하는 경우는 제외한다.

　㉠ 「벤처투자 촉진에 관한 법률」제2조 제9호에 따른 창업기획자가 같은 조 제8호에 따른 개인투자조합에 제공하는 자산 관리·운용 용역

　㉡ 「벤처투자 촉진에 관한 법률」제2조 제9호에 따른 창업기획자 또는 같은 법 제50조 제1항 제2호·제4호 또는 제5호에 따른 자가 같은 법 제2조 제11호에 따른 벤처투자조합(같은 법 제63조의2에 따라 등록한 조합은 제외한다)에 제공하는 자산 관리·운용 용역

　㉢ 「벤처투자 촉진에 관한 법률」제66조에 따른 한국벤처투자가 같은 법 제70조 제1항에 따른 벤처투자모태조합에 제공하는 자산 관리·운용 용역

　㉣ 「벤처투자 촉진에 관한 법률」제63조의2 제1항 제1호부터 제3호까지의 자가 같은 법 제2조 제12호에 따른 민간재간접벤처투자조합("민간재간접벤처투자조합")에 제공하는 자산 관리·운용 용역

　㉤ 「벤처투자 촉진에 관한 법률」제63조의2 제3항에 따라 공동으로 업무집행조합원이 되는 자로서 기획재정부령으로 정하는 자가 민간재간접벤처투자조합에 제공하는 자산 관리·운용 용역. 다만, 기획재정부령으로 정하는 자가 제공하는 자산 관리·운용 용역의 경우에는 같은 조 제4항에 따른 다른 벤처투자조합에 대한 출자와 관련하여 민간재간접벤처투자조합에 제공하는 자산 관리·운용 용

역으로 한정한다.
⑭ 「한국투자공사법」에 따른 한국투자공사가 같은 법에 따라 제공하는 위탁자산 관리·운용 용역
⑮ 「농림수산식품투자조합 결성 및 운용에 관한 법률」에 따른 투자관리전문기관 또는 업무집행조합원이 같은 법에 따른 농식품투자모태조합, 농식품투자조합에 제공하는 자산 관리·운용 용역. 다만, 투자관리전문기관 또는 업무집행조합원이 자금을 부동산, 실물자산 및 지상권·전세권·임차권 등 부동산 관련 권리, 어업권, 광업권에 운용하는 경우는 제외한다.
⑯ 「민법」 제32조에 따라 설립된 금융결제원이 「한국은행법」 제81조 제2항에 따른 지급결제제도의 운영기관으로서 수행하는 지급결제제도 운영업무
⑰ 금전대부업(어음 할인, 양도담보, 그 밖에 비슷한 방법을 통한 금전의 교부를 업으로 하는 경우를 포함)
⑱ 「중소기업협동조합법」에 따른 중소기업중앙회의 공제사업 계약 체결을 대리하는 용역
⑲ 「한국해양진흥공사법」에 따른 한국해양진흥공사가 같은 법에 따라 수행하는 보증업무

2) 면세되는 금융·보험 용역에 해당하지 않는 경우

다음 어느 하나에 해당하는 용역은 면세하는 금융·보험 용역으로 보지 아니한다(부가령 제40조 제4항).

① 복권, 입장권, 상품권, 지금형주화 또는 금지금에 관한 대행용역. 다만, 수익증권 등 금융업자의 금융상품 판매대행용역, 유가증권의 명의개서 대행용역, 수납·지급 대행용역 및 국가·지방자치단체의 금고대행용역은 제외한다.
② 기업합병 또는 기업매수의 중개·주선·대리, 신용정보서비스 및 은행업에 관련된 전산시스템과 소프트웨어의 판매·대여 용역
③ 부동산 임대용역
④ ①과 ②에 따른 용역과 유사한 용역
⑤ 「소득세법 시행령」 제62조 또는 「법인세법 시행령」 제24조에 따른 감가상각자산의 대여용역(「여신전문금융업법」에 따른 시설대여업자가 제공하는 시설대여용역은 제외하되, 그 시설대여업자가 「자동차관리법」 제3조에 따른 자동차를 대여하고 정비용역을 함께 제공하는 경우는 포함한다)

3) 면세사업에 사용하기 위하여 취득한 건물을 매각하는 경우 부가가치세 과세여부

면세사업인 금융업 관련 금융점포 및 면세 농산물 간이판매시설과 면세사업 관련 고객쉼터(이하 "금융점포 등"이라 함)로 사용하기 위하여 취득한 건물을 매각하는 경우에는 부가가치세가 면제에 해당한다(부가-3935, 2008.10.30.).

4) 금융업자가 담보재화를 처분하는 경우

금융업을 영위하는 사업자가 대출을 받은 자의 채무변제불능으로 인하여 담보재화(면세재화 또는 면세사업에 관련된 재화는 제외한다)를 공매처분하는 경우, 해당 재화의 소유권이 대출받은 자에게 있는 때에는 다음과 같이 처리한다(부가통 26-40-2).

① 대출을 받은 자가 사업자인 때에는 과세하며
② 대출을 받은 자가 사업자가 아닌 때(폐업자를 포함한다)에는 과세하지 아니한다.

▶▶ 금융·보험용역 과세 또는 면세 판정 사례 (부가집 26-40-2)

면세 대상인 금융·보험용역	면세되는 금융·보험용역에서 제외되는 것
① 금융·보험용역을 제공하는 사업자가 다른 금융사업자의 금융상품을 판매대행하는 경우, 금융위원회가 고시하는 「금융회사의 업무위탁 등에 관한 규정」 제3조 제1항 각 호에 해당하는 사항을 제외한 해당 금융상품판매와 관련된 모든 업무를 일괄적으로 수행하고 받는 대행수수료는 부가가치세가 면제된다.	① 금융보험 외의 사업자(법인 포함)가 여신전문금융기관과 계약에 의하여 여신전문금융기관의 금융상품판매대행만을 주업으로 하고 그 대가를 받는 경우
② 금융위원회에 등록한 보험대리점 소속의 고용관계 없는 사용인(금융위원회에 신고된 자)이 보험모집용역을 제공하는 경우 해당 보험모집용역	② 「자본시장과 금융투자업에 관한 법률」에 따른 유사투자자문업자에 해당하는 사업자가 증권ARS라이브 방송시설을 갖추고 인터넷 방송을 통하여 주식 시황 추이 등 증권투자에 대한 정보를 불특정 다수인에게 제공하는 용역
③ 관련 법령에 따라 인·허가를 받지 아니한 자가 금전을 대부하고 이자 등의 대가를 받는 사업을 운영하는 경우	③ 여신전문금융업자가 여신전문금융용역과는 별도로 자문용역을 제공하는 경우

금융·보험용역의 면세 범위 (부가집 26-40-1)

① 면세되는 금융·보험용역에는 은행업(보호예수 제외), 집합투자업(부동산·실물자산 등에 투자하는 경우 제외), 신탁업, 투자매매업 및 투자중개업, 일반사무관리회사업, 투자일임업(부동산·실물자산 등에 투자하는 경우 제외), 외국환업무용역, 상호저축은행업, 신용보증기금업, 보증업, 보험업(보험계리용역 및 연금계리용역 제외), 여신전문금융업 및 금전대부업 등이 포함된다.
② 신용카드업자가 신용카드가맹점과 체결한 지급보증계약에 따라 자기책임하에 가입회원의 물품대금을 일정기간 단위로 가맹점에 일괄지급하고(수금 여부에 관계없이 가입회원을 대신하여 지급) 가맹점과 가입회원으로부터 받는 일정률의 수수료는 금융·보험용역에 해당하므로 면세한다.
③ 주무관청에 등록을 한 사업자가 보험업자와 피보험자를 위하여 보험계약의 체결·보험료의 영수·납입 등 보험업무를 대리하는 용역은 금융·보험용역에 해당된다.
④ 금융·보험업자가 대출을 받은 자의 채무변제불이행으로 인한 채권보전목적으로 경매를 통하여 담보부동산을 취득하여 매각하는 경우에는 부가가치세가 면제되나, 해당 부동산을 과세사업에 사용·수익하다가 매각하는 경우 부가가치세가 과세된다.
⑤ 금융업을 영위하는 사업자가 대출을 받은 자의 채무변제불능으로 인하여 담보재화(면세재화 또는 면세사업에 관련된 재화는 제외한다)를 공매 처분하는 경우 해당 재화의 소유권이 대출받은 자에게 있는 때에는 다음과 같이 처리한다.
  1. 대출을 받은 자가 사업자인 경우에는 부가가치세를 과세한다.
  2. 대출을 받은 자가 사업자가 아닌 때(폐업자를 포함한다)에는 과세하지 아니한다.
⑥ 금융·보험용역을 제공하는 사업자가 다음의 재화 또는 용역을 금융·보험용역에 통상적으로 부수하여 제공하는 때에는 면세한다.
  1. 담보재화 등 자산평가용역
  2. 투자조사 및 상담용역
  3. 면세용역제공에 사용하는 유가증권용지 등 업무용 재화
  4. 금융·보험업무에서 취득한 재화
  5. 유가증권의 대체결제업무·명의개서대행업무 등
  6. 보험의 보상금 결정에 관련된 업무

★ 면세되는 사례
- 신용카드 사용대금을 신용카드가맹점에 선 지급하고 신용카드사로부터 자금을 회수하는 사업(표준산업분류: 65929)(서삼 46015-12164, 2002.12.16.)
- 지급보증용역(부가 1265.1-3246, 1981.12.11.)
- 부동산담보제공(부가 1265.1-1787, 1983.08.26.)
- 평가·조사·상담·보상금 결정 등의 업무·경영상담 등 금융보험용역에 필수적으로 부수되어 제공되는 용역(간세 1235-1303, 1979.04.25.)
- 신용카드관련용역과 보험대리용역(부가통칙 12-33-3, 12-33-4)
- 교원공제회 등의 보험활동(간세 1235-2060, 1977.07.19.)

- 상품권 매입 판매업(부가 46015-4810, 2000.12.20.)
- 인가받은 부동산신탁전업금융업자가 신탁업역무제공(서삼 46015-10141, 2001.09.06.)
- 인허가를 받지 아니한 자의 금전대부업도 면세함(부가 46015-2303, 1998.10.13.)

★ 과세되는 사례
- 현금인출기 설치·사용수수료(서삼 46015-12209, 2002.12.20.)
- 시설대여업자의 자동차 대여용역과 정비용역 함께 제공대가(서삼 46015-10659, 2002.04.24.)
- 신용카드판매 알선용역(부가 1265.1-10, 1982.01.04.)
- 담보재화 공매(대출을 받은 자가 사업자인 경우)(간세 1235-3708, 1977.10.12.)
- 복권·입장권·상품권·지금형주화·금지금에 관한 대행용역, 합병 또는 기업매수의 중개·주선·대리, 신용정보서비스 및 은행업에 관련된 전산시스템과 소프트웨어의 판매·대여용역, 부동산의 임대용역
- 유동화전문회사가 기계장치를 구입하여 대여하는 대여용역(서삼 46015-10071, 2001.08.30.)
- 허가받지 아니한 신용카드이용 관련용역(발행, 관리, 대금결제, 가맹점모집 등)(제도 46015-10242, 2001.03.24.)
- 은행의 대여금고 제공 용역(서면3팀-228, 2005.02.16.)
- 부동산 중개업자의 대출상품 안내 및 알선 등의 용역(제도 46015-10318, 2001.03.28.)

 관련 해석사례 및 집행기준

카드사가 금융사로부터 제공받은 카드회원모집 및 체크카드 발급대행용역의 부가가치세 면제 여부

「여신전문금융업법」에 따른 신용카드업자가 금융사와 신용카드업무 위수탁 협약을 체결하여 금융사로부터 제공받는 신용카드 회원모집 및 체크카드 발급대행 용역은 「부가가치세법 시행령」 제40조 제4항에 따라 부가가치세 과세대상 용역에 해당함(서면부가 2021-4392, 2021.12.28.).

보험대리점이 고객정보를 보험회사에 제공하는 경우 부가가치세 면제 여부

「보험업법」에 따라 등록한 보험대리점이 보험회사와 "광고 컨설팅 계약"을 체결하여 인터넷 배너 광고를 통해 얻은 고객의 정보를 데이터베이스로 구축(이하 "고객DB")한 후 보험회사에게 고객DB를 이용하도록 제공하고 보험회사로부터 수수료를 받는 경우 「부가가치세법」 제26조 제1항 제11호 및 제2항에 따른 면세하는 금융·보험용역에 해당하지 아니하는 것입니다(사전법령해석부가 2021-1489, 2021.12.09.).

매출채권을 양도받아 회수하면서 보증보험료 및 수수료 등을 받는 경우 해당 용역의 면세여부

이동통신사업자가 고객에게 이동통신단말기를 판매한 대리점으로부터 단말기 판매채권을 매입하여 해당 고객과의 별도 약정에 따라 단말기 판매채권을 관리·회수하는 업무(팩토업 또는 상법상 채권매입업)로서 해당 업무에 통상적으로 부수되는 용역대가(해당 고객 등으로부터 받는 보증보험료 및 각종 관리수수료 등)를 받는 경우 해당 용역에 대하여는 「부가가치세법」 제

26조 제1항 제11호에 따라 부가가치세가 면제되는 것임(사전법령해석부가 2015-432, 2016.01.06.).

금융결제원의 지로EDI, 실시간조회, 등록·해지 서비스의 면세여부
금융결제원이 지급결제제도의 운영기관으로서 수행하는 지급결제제도 운영업무에 한하여 면세되며, 자체적으로 제공하는 지로EDI 서비스, 실시간 조회 및 등록·해지 서비스는 과세대상임(서면법령해석부가 2015-0651, 2015.06.20.).

지급보증용역의 부가가치세 과면세여부
부가가치세법 시행령 제40조 제1항 각 호의 법률에 따라 등록하지 아니한 사업자가 제공하는 지급보증용역은 면세대상에 해당하지 아니함(서면-2014-법령해석부가-21791, 2015.06.18.).

금융기관이 파산절차업무를 수행하면서 본점 건물을 매도하는 경우 면세범위
「금융산업의 구조개선에 관한 법률」에 따라 영업정지된 금융기관의 「채무자 회생 및 파산에 관한 법률」에 따른 파산관재인이 당해 퇴출된 금융기관의 잔여재산 처분업무 등 파산절차상 업무를 수행하는 경우 부가가치세 면세여부는 당해 금융기관이 공급하던 금융업의 범위와 동일하게 적용하는 것으로, 귀 질의의 임대용 부동산을 공매에 의하여 양도하는 경우의 해당 부동산의 양도는 면세되는 재화 또는 용역에 부수되는 재화 또는 용역이 아니므로 「부가가치세법」 제4조 제1호에 따라 부가가치세가 과세되는 것임(부가- 896, 2013.09.27.; 부가-117, 2014.02.17.).

상호저축은행이 PF대출시 컨설팅 업무수행 명목으로 별도로 받는 PF수수료 면세여부
상호저축은행법에 의한 인가를 받은 상호저축은행이 PF대출시 사업성 검토, 사업관련 정보제공 등의 컨설팅 업무를 수행하는 명목으로 자금대출 이자와는 별도로 받는 PF수수료의 경우, 자금대출여부 결정 및 대출금의 원활한 회수 등 자금대출 업무에 필수적으로 부수하여 공급하는 용역에 대한 대가에 해당하는 경우에는 부가가치세가 면세되는 것이나, 별도로 공급되는 용역에 대한 대가에 해당하는 경우에는 부가가치세가 과세되는 것임(재부가-266, 2012.05.24.).

은행·증권금융회사가 제공하는 금융자문용역의 면세여부
「한국산업은행법」에 따른 한국산업은행 또는 「자본시장과 금융투자업에 관한 법률」에 따른 증권금융회사가 '은행자본확충펀드' 운용회사에 제공하는 금융자문용역은 「부가가치세법」 제12조 제1항 제12호에 따른 면세되는 금융·보험용역에 해당하지 아니하는 것입니다(법규부가 2009-266, 2009.08.04).

대부업을 영위하는 사업자의 대출중개 및 대출모집대행 용역 과세여부
대부업을 영위하는 사업자가 대출중개 및 대출모집대행 용역을 제공하고 그 대가를 받는 경우

부가가치세 과세되는 것임(서면 3팀-1249, 2007.04.27.).

● **사업자의 대출상품 안내 및 알선 용역 면제여부**

사업자(법인 포함)가 상호저축은행 및 대부업체와 계약에 의해 대출상품 안내 및 알선 등의 용역을 제공하고 그 대가를 받는 경우 부가가치세법 제7조 제1항의 규정에 의하여 부가가치세가 과세되는 것임(서면3팀-1883, 2004.09.13.).

(2) 저술가·작곡가 등이 직업상 제공하는 일정한 인적용역

저술가·작곡가, 그 밖의 자가 직업상 제공하는 다음의 인적용역 공급에 대하여 면세한다(부가법 제26조 제1항 제15호).

인적용역은 독립된 사업(여러 개의 사업을 겸영하는 사업자가 과세사업에 필수적으로 부수되지 아니하는 용역을 독립하여 공급하는 경우를 포함한다)으로 공급하는 것으로서 다음에 해당하는 용역으로 한다(부가령 제42조).

여기에서 "독립된 사업으로 공급하는 용역"이란 영 제42조에 규정하는 용역만을 별도로 공급하는 것을 뜻한다. 따라서 부가가치세가 과세되는 사업을 겸영하더라도 부가가치세가 과세되는 사업과 관련하여 공급되지 아니하고 별도로 공급되는 용역은 독립된 사업으로 공급되는 용역이므로 부가가치세가 면제된다(간세 1265.1-763, 1980.03.18.).

1) 개인이 물적시설 없이 근로자를 고용(고용 외의 형태로 해당 용역의 주된 업무에 대해 타인으로부터 노무 등을 제공받는 경우를 포함한다)하지 않고 독립된 자격으로 용역을 공급하고 대가를 받는 인적용역

여기서 '물적시설'이라 함은 계속적·반복적으로 사업에만 이용되는 건축물·기계장치 등의 사업설비(임차한 것을 포함)를 말한다(부가칙 제29조). 그리고 '근로자를 고용하지 아니하였다'는 의미는 인적용역 실현을 위한 본질적인 업무를 수행하는 근로자(일용근로자 및 고용 외 형태로 해당 용역의 주된 업무에 대해 타인으로부터 노무 등을 제공받는 경우 포함)를 고용하지 않은 경우를 말하므로 인적용역 제공과 직접 관련없이 보조역할만 수행하는 업무보조원을 고용한 경우는 포함한다(부가집 26-42-1 ⑥).

① 저술·서화·도안·조각·작곡·음악·무용·만화·삽화·만담·배우·성우·가수와 이와 유사한 용역
② 연예에 관한 감독·각색·연출·촬영·녹음·장치·조명 또는 이와 유사한 용역
③ 건축감독·학술용역과 이와 유사한 용역
④ 음악·재단·무용(사교무용을 포함한다)·요리·바둑의 교수 또는 이와 유사한 용역

⑤ 직업운동가·역사·기수·운동지도가(심판을 포함한다)와 이와 유사한 용역
⑥ 접대부·댄서와 이와 유사한 용역
⑦ 보험가입자의 모집, 저축의 장려 또는 집금 등을 하고 실적에 따라 보험회사 또는 금융기관으로부터 모집수당·장려수당·집금수당 또는 이와 유사한 성질의 대가를 받는 용역과 서적·음반 등의 외판원이 판매실적에 따라 대가를 받는 용역
이 경우 외판원이 판매실적에 따라 대가를 받는 용역은 「방문판매 등에 관한 법률」에 따른 방문판매원 또는 후원방문판매원, 방문판매업자 또는 후원방문판매업자로부터 사업장 관리·운영의 위탁을 받은 자, 다단계판매원이 판매실적에 따라 대가를 받는 용역으로 한다. 다만, 다단계판매원의 경우에는 후원수당을 지급받는 부분으로 한정하여 면세한다(부가칙 제30조).
⑧ 저작자가 저작권에 의하여 사용료를 받는 용역
⑨ 교정·번역·고증·속기·필경(筆耕)·타자·음반취입 또는 이와 유사한 용역
⑩ 고용관계 없는 자가 다수인에게 강연을 하고 강연료·강사료 등의 대가를 받는 용역
⑪ 라디오·텔레비전방송 등을 통하여 해설·계몽 또는 연기를 하거나 심사를 하고 사례금 또는 이와 유사한 성질의 대가를 받는 용역
⑫ 작명·관상·점술 또는 이와 유사한 용역
⑬ 개인이 일의 성과에 따라 수당 또는 이와 유사한 성질의 대가를 받는 용역(예: 대리운전기사, 퀵서비스 배달원, 회원모집용역 등)

2) 개인·법인 또는 법인격 없는 사단·재단 기타 단체가 독립된 자격으로 용역을 공급하고 대가를 받는 인적용역

① 「형사소송법」 및 「군사법원법」 등의 규정에 의한 국선변호인의 국선변호, 「국세기본법」에 따른 국선대리인의 국선대리, 「법률구조법」에 의한 법률구조 및 「변호사법」에 의한 법률구조사업(부가칙 제31조)
② 학술연구용역·기술연구용역
학술연구용역과 기술연구용역은 새로운 학술 또는 기술을 개발하기 위하여 수행하는 새로운 이론·방법·공법 또는 공식 등에 관한 연구용역을 말한다(부가칙 제32조)
③ 직업소개소를 경영하는 자가 공급하는 용역
인생상담, 직업재활상담 및 그 밖에 이와 유사한 상담용역(결혼상담을 제외한다)과 「중소기업창업지원법」에 의한 중소기업상담회사가 제공하는 창업상담용역(부가칙 제33조)
④ 「장애인복지법」 제40조에 따른 장애인보조견 훈련 용역

⑤ 외국 공공기관 또는 「국제금융기구에의 가입조치에 관한 법률」 제2조에 따른 국제금융기구로부터 받은 차관자금으로 국가 또는 지방자치단체가 시행하는 국내사업을 위하여 공급하는 용역(국내사업장이 없는 외국법인 또는 비거주자가 공급하는 용역을 포함한다)

⑥ 「민법」에 따른 후견인과 후견감독인이 제공하는 후견사무 용역

⑦ 「가사근로자의 고용개선 등에 관한 법률」에 따른 가사서비스 제공기관이 가사서비스 이용자에게 제공하는 가사서비스

⑧ 「직업안정법」에 따른 근로자공급 용역(2025.01.01. 이후 공급하는 경우)
'근로자공급용역'이란 공급계약에 따라 근로자를 타인에게 사용하게 하는 사업으로(「직업안정법」 제2조의2) 누구든지 고용노동부장관의 허가를 받지 아니하고는 근로자공급사업을 하지 못하며(「직업안정법」 제33조), 국내 근로자공급사업의 경우는 「노동조합 및 노동관계조정법」에 따른 노동조합만이 허가를 받을 수 있다.
예: 전국예능인노동조합(연예인 및 보조출연자), 동부지역노동조합(농수산물상하역), 전국의 항운노동조합이 대다수 차지

⑨ 다른 사업자의 사업장(다른 사업자가 제공하거나 지정한 경우로서 그 사업자가 지배·관리하는 장소를 포함한다)에서 그 사업자의 시설 또는 설비를 이용하여 물건의 제조·수리, 건설, 그 밖에 이와 유사한 것으로서 기획재정부령으로 정하는 작업을 수행하기 위한 단순 인력 공급용역. 다만,「파견근로자 보호 등에 관한 법률」에 따른 근로자파견 용역은 제외한다(2025.01.01. 이후 공급하는 경우).
☞ 현재 기획재정부령으로 정한 것은 없다.
여기서 과세되는 '근로자파견 용역'이란 근로자파견사업을 하려는 자는 고용노동부장관의 허가를 받아야하며, 허가를 받은 사업체가 공급하는 근로자파견 용역을 말한다. 2024년 6월 30일 기준 고용노동부에 허가를 받은 업체 수는 2,200여개이다.
☞ 허가업체 명단은 공공데이터 포털 > 「근로자파견 사업 허가 업체 현황」으로 검색하면 사업체 명단 확인 가능하며 고용노동부에서 반기별로 공시한다.

인력공급업 과·면세 판단

업 종	허가여부	과세여부
제조·수리·건설업	허가받은 인력공급업	세금계산서 발급 - 과세
	허가받지 않은 인력공급업	계산서 발급 - 면세
이외의 업종	허가여부 불문 인력공급업	세금계산서 발급 - 과세

> **참고** **단순인력공급업 관련 주요 q&a** (국세청 제공 자료)

Q1. 면세되는 인력공급업은 구체적으로 어떤 업종이 해당되나요?
☞ 자기관리 아래 있는 노동자를 계약의 의하여 타인 또는 타사업체에 공급하는 산업활동을 말합니다.
☞ 또한, 타인의 의뢰에 의하여 타인이 공급한 재화에 주요자재를 해당 사업자가 전혀 부담하지 않고 단순히 가공만 해주고 그에 대한 대가를 받는 기타사업지원서비스업과 원청업체의 생산시설을 이용하여 단순인력만 제공하는 경우가 이에 해당합니다.

Q2. 인적용역만을 제공하는 경우 세금계산서가 아닌 계산서를 발급해야 하나요?
☞ 개정된 부가가치세법 시행령이 적용되는 2025.01.01. 이후 공급분부터는 단순인적용역 만을 제공하는 사업자는 세금계산서가 아닌 계산서를 발급하여야 하며 인력공급과 관련하여 수취한 세금계산서는 매입세액으로 공제를 받을 수 없습니다.

Q3. 기존 과세사업자의 경우 사업자 등록은 어떻게 해야 하나요?
☞ 개정된 부가가치세법 시행령에 따른 인적용역만을 제공한다면, 법인사업자는 면세사업자로 사업자등록을 정정신고 해야 합니다. 개인사업자는 과세사업자를 폐업 신고한 후, 새롭게 면세사업자로 사업자등록 해야 합니다.

Q4. 신규사업자의 경우 사업자 등록은 어떻게 해야 하나요?
☞ 신규로 사업을 시작하는 사업자가 개정된 부가가치세법 시행령에 따른 인적용역만을 제공하는 경우에는 면세사업자로 등록해야 합니다. 다만, 「파견근로자 보호 등에 관한 법률」에 따라 고용노동부 장관의허가를 받은 사업자는 과세사업자에 해당합니다.

Q5. 인력공급을 하는 사업자가 자기의 시설 또는 설비 등을 이용하여 인적용역과 함께 제공하는 경우에도 면세하는 인적용역에 해당하나요?
☞ 인적용역만을 제공하는 경우에 면세에 해당하는 것이며, 자기의 시설 또는 설비 등을 이용하여 인적용역과 함께 제공하는 경우에는 부가가치세 과세사업에 해당합니다.

Q6. 운송 또는 경비용역의 경우에도 면세하는 인력공급용역에 해당하나요?
☞ 개정된 부가가치세법 시행령은 물건의 제조·수리, 건설 작업을 수행하기 위한 단순 인력공급업에 적용하는 것으로 운송이나 경비용역의 경우에는 현행처럼 부가가치세 과세가 됩니다.

Q7. 면세에 해당하는 인력공급업과 과세사업을 함께 운영하는 경우에는 어떻게 해야 하나요?
☞ 부가가치세 과·면세 겸영사업자에 해당하며 면세사업에 해당하는 인력공급업에 대해서는 개정된 시행령에 따라 계산서를 발행하고 그 외 과세사업에 대해서는 세금계산서를 발행해야 하며 과세사업과 면세사업 등에 관련된 매입세액의 계산은 실지귀속에 따라 하되, 실지 귀속을 구분할 수 없는 매입세액은 대통령령으로 정하는 기준에따라 안분하여 계산해야 합니다.

Q8. 도급업, 임가공업도 면세가 적용되는 것인가요?
☞ 정상적인 도급업, 임가공업은 현행과 동일하게 과세됩니다. 다만, 근로자에 대한 지휘·명령 권한을 도급인이 행사하는 등 불법으로 인력을 공급(파견)하는 경우에는 해당 용역의 공급은 면세에 해당합니다.

Q9. 사급의 형태로 인적용역을 제공하는 경우에도 부가가치세가 면제되나요?
☞ 사급이란 원도급업자가 하도급업자에게 필요한 원자재를 직접 구입하여 제공하는 것을 말하며, 일반적으로 "유상사급"과 "무상사급"으로 구분됩니다. 유상사급은 원도급업자가 하도급업자에게 원자재를 공급하고, 그 비용을 하도급업자로부터 받는 방식이며, 무상사급은 원

도급업자가 하도급업자에 원자재를 무상으로 공급하는 방식입니다. 이 경우에도 유상 또는 무상과 관계없이 근로자에 대한 지휘·명령권 등 관련 법령을 위반해서 인력만을 제공하였다면 부가가치세가 면제되는 것입니다.

- ☞ 사급의 개념: 제조에 필요한 원부자재를 대량으로 구매하여 계열사 또는 하청(협력)업체에 공급하는 계약 형태로 주로 제조업에서 사용되는 방식
- ☞ 사급의 장점: 원청이 원부자재를 구입하여 하청(협력)업체에 공급하기 때문에 원부자재의 품질을 관리할 수 있으며, 대량구매에 따른 원가절감이 가능
- ☞ 사급의 종류
    - 유상사급(有償賜給)
        - 원청업체가 원부자재를 구입하여 하청(협력)업체에 유상(원부자재 대금을 받고)으로 공급하고, 하청업체로부터 생산된 제품을 공급받을 때 임가공비에 원부자재대금까지 포함하여 대금을 지급하는 방식
    - 무상사급(無償賜給)
        - 원청업체가 하청(협력)업체에게 원부자재를 무상(원부자재 대금을 받지 않고)으로공급하고 하청업체로부터 생산된 제품을 공급받을 때 임가공비만 지급하는 방식

Q10. 부가가치세가 면제되는 용역을 공급하면서 세금계산서를 발급한 경우에 어떤 불이익이 있나요?

- ☞ 공급받는자가 부가가치세가 면제되는 용역에 대해 세금계산서를 교부받은 경우에는 매입세액으로 공제 받을 수 없으며, 과소신고(초과환급신고)가산세 및 납부지연가산세가 적용될 수 있습니다. 다만, 공급자가 부가가치세가 면제되는 용역을 공급하면서 계산서를 교부하는 대신 착오 또는 무지로 부가가치세법 상 세금계산서를 교부한 경우에는 계산서 미발급 가산세를 적용하지는 않습니다.
- ☞ 서면법인 2020-5509, 2021.02.23.
    부가가치세가 면제되는 용역을 공급하면서 계산서를 교부하는 대신 부가가치세가 과세되는 것으로 착오하거나 부지로 「부가가치세법」상 세금계산서를 교부한 경우에는 계산서 미발급 가산세를 적용하지 않는 것임.

 참고

🔲 근로자파견사업 관련 주요 q&a (국세청 제공 자료)

1. 「파견근로자 보호 등에 관한 법률 시행령」 제3조(허가의 세부기준)

법 제9조 제2항에 따른 근로자파견사업의 자산 및 시설 등의 기준은 다음과 같다.
① 상시 5명 이상의 근로자(파견근로자는 제외한다)를 사용하는 사업 또는 사업장으로서 고용보험·국민연금·산업재해보상보험 및 국민건강보험에 가입되어 있을 것
② 1억원 이상의 자본금(개인인 경우에는 자산평가액)을 갖출 것
③ 전용면적 20제곱미터 이상의 사무실을 갖출 것

Q1. 「파견근로자 보호 등에 관한 법률」에 따른 근로자파견 용역은 이번 시행령 개정에서 제외한 이유는 무엇인가요?

- ☞ 파견법에 따라 근로자 파견사업을 영위하기 위해서는 고용노동부장관의 허가 요건 등이 있어 관련법에 따라 관리가 되고 있고, 해당업체를 면세적용할 경우 매입세액 불공제 등 수익률 악화에 따른 고용위축이 우려된다는 업계 및 관련 부처의 의견을 반영하여 면세적용에서 제외하게 되었습니다.

Q2. 「파견근로자 보호 등에 관한 법률」에 따라 고용노동부장관의 허가를 받지 않고 근로자를 파견하는 경우에는 과세되는 용역인가요?
☞ 개정된 시행령 「자」목 단서 조항에 「파견근로자 보호 등에 관한 법률」에 따른 근로자 파견용역만 과세로 규정되어 있기 때문에 허가를 받지 않고 근로자를 파견하는 경우에는 부가가치세가 면제되며 근로자파견의 판단 기준은 고용노동부 관련 지침을 참고하시기 바랍니다(고용노동부 홈페이지 통합검색창에서 「근로자파견의 판단기준에 관한 지침」으로 검색하면 확인 가능).

Q3. 파견법에 따른 인력공급업체가 관계기관으로부터 파견법을 위반한 사실이 적발되어 허가가 취소된 경우에는 부가세 면세가 적용되는 건가요?
☞ 파견법에 따른 근로자 파견용역에 대해서만 면세에서 제외되는 것으로 허가가 취소된 경우에는 해당 근로자 파견용역은 면세가 적용되는 것입니다.

Q4. 허가가 취소된 경우에 면세가 적용되는 시점은 언제인가요?
☞ 파견법을 위반하여 허가가 취소된 날이 면세 적용되는 기준일입니다.

면세되는 인적용역 판정 사례 (부가집 26-42-2)

면세 대상인 인적용역	면세 대상에서 제외되는 인적용역
① 물적시설 없이 근로자를 고용하지 아니한 대출상담사가 독립된 자격으로 저축은행에 제공하는 대출주선용역	① 새로운 사업의 타당성 조사, 실시설계 또는 이들을 포함한 종합계획을 작성하는 용역은 면세되는 학술·기술연구용역에 해당하지 아니한다.
② 사업설비를 갖추지 아니한 개인이 독립된 자격으로 리스회사와의 계약에 의하여 차량리스 이용자의 모집 또는 집급 등의 활동을 하고 그 실적에 따라 리스회사로부터 수당을 받는 경우	② 출판사에 삽화용역을 제공하는 개인이 계속적·반복적으로 사업에만 이용되는 건축물·기계장치 등의 사업설비(임차한 것을 포함)를 갖추고 출판사에 제공하는 삽화용역
③ 골프연습장에서 고용관계 없이 골프운동지도자가 근로자를 고용하지 않고 독립된 자격으로 제공하는 운동지도용역	③ 사업자가 발주자의 사업장 내에서 발주자로부터 공장기계시설 및 자재를 제공받아 자기의 책임하에 제조하여 주고 대가를 받는 경우
④ 개인이 독립된 자격으로 근로자를 고용하지 아니하고 본인 소유의 오토바이를 이용하여 운송용역을 공급하고 수당 또는 이와 유사한 성질의 대가를 받는 경우	④ 노동력을 확보하고 계약에 의하여 타사업체에 수요인력을 수시로 제공하는 사업은 인력공급업에 해당한다.

> ✱ **면세되는 사례**
> - 사업설비를 갖추지 아니한 검침원의 전기계기검침 용역공급(서삼 46015-10673, 2002.04.25.)
> - 한국개발연구원 등의 학술연구용역(간세 1235-2707, 1977.08.24.)
> - 직업운동가의 매니저용역 (간세 1235-3556, 1978.10.30.)
> - 개인이 제공하는 리스이용자 모집용역(부가 46015-2051, 1995.11.03.)
> - 개인이 제공하는 금융기관의 연체대금 회수 및 변제독려 용역(부가 46015-672, 1997.03.27.)
> - 고용관계 없는 자동차영업사원(부가 46015-2514, 1999.08.23.)
>
> ✱ **과세되는 사례**
> - 법인이 받는 저작권 사용료 및 번역료 등(부가 22601-98, 1991.01.24.)
> - 소사장제가 면세하는 인적용역 해당여부(서삼 46015-11560, 2002.09.13.)
>   "소사장제"는 시행령35조 1호 타목에 규정하는 면세되는 인적용역의 범위에 해당되지 않음.
> - 단순물가조사·판단이 불필요한 각종 단순검사(재간세 1235-2313, 1977.08.01.)
> - 전기공작물의 검사용역 불량절연유 교체작업(간세 1235-2487, 1977.08.11.)
> - 고압가스안전관리용역(법인 1265.1-2251, 1981.08.25.)
> - 농작물 피해를 조사하여 전산처리 하는 조사용역(간세 1235-2729, 1977.08.24.)
> - 시추용역·기업진단·원단위 조사용역(간세 1235-4511, 1977.12.31.)
> - 운동지도가가 운영하는 유기장·운동설비운영업(부가 22601-1447, 1986.07.21.)
> - 판매알선 및 집금용역·문예진흥기금모금용역(간세 1265.1-1903, 1980.06.25.)
> - 업무전산처리수수료·컴퓨터대여금(부가 1235-2576, 1978.06.30.)
> - 키펀치 용역(간세 1235-3187, 1977.09.17.)
> - 컴퓨터 소프트웨어 개발용역(2000.12.29. 개정시 연구개발업에서 제외시킴)
> - 법인이 제공하는 연예에 관한 녹음용역(부가 46015-1694, 1994.08.18.)

 관련 해석사례 및 집행기준

직업운동가, 가수 등의 인적 용역 면세여부

직업운동가, 가수 등 스포츠·연예의 기능을 가진 자와 이들의 감독·매니저 등 해당직업운동가 등의 기능 발휘를 지도·주선하는 자가 개인의 독립된 자격으로 제공하는 용역은 면세함(부가통 26-42-1).

주식의 중개 및 자문용역이 부가가치세 과세대상인지 여부

원고의 노동력 차체에 의하여서만 부가가치가 창출된 것이 아니라 원고의 노동력 외의 여러 가지 요소가 결합하여 부가가치가 창출된 것으로 판단되므로, 이 사건 용역은 노동력을 제공하는 근로유사용역이라고 볼 수 없고, 원고가 사업이라고 할 만한 규모에 이르지 못하는 수준에서 인적 용역을 제공하였다고 볼 수도 없어 부가가치세 면제대상이라고 볼 수 없음(대법 2014두38828, 2014.10.24.).

대출상담사가 저축은행에 제공하는 대출주선용역의 면세여부

물적시설없이 근로자를 고용하지 아니한 대출상담사가 독립된 자격으로 저축은행에 대출주선용역을 제공하고 그에 대한 대가를 받은 경우 해당 대출주선용역은 면세되는 인적용역에 해당하는 것임(법규과-1172, 2010.07.21.).

개인소유 승합차량 이용하여 상품을 배달·설치하는 경우

개인이 방문판매업자와의 계약을 통하여 근로자를 고용하지 아니하고 본인 소유의 승합차량을 이용하여 독립적으로 상품을 배달, 설치 사후관리, 판매대행의 대가로 수당을 받는 경우 부가가치세가 면세되는 것이며, 면세사업자등록증을 교부받을 수 있는 것임(부가가치세과-2221, 2008.07.24.).

오토바이를 이용한 배달용역의 면세여부

개인이 독립된 자격으로 근로자를 고용하지 아니하고 본인 소유의 오토바이를 이용하여 운송용역을 제공하고 수당 등을 받는 경우 부가가치세가 면세되는 인적용역에 해당함(서면3팀-693, 2008.04.01.).

업무보조원을 고용하여 제공하는 인적용역의 면세여부

독립적인 용역제공자가 업무보조원을 고용한 경우 업무보조원이 수행하는 업무가 주된 용역업무에 직접적으로 관련 있는 용역제공 또는 주된 용역 제공에 필수적으로 부수되는 업무보조는 과세되는 것이나, 주된 용역 제공에 필수적으로 부수되는 업무에 해당하지 않는 경우에는 면세되는 것임(재부가-472, 2007.06.20.).

사업설비 없이 개인이 제공하는 간병용역 면세여부

개인이 「부가가치세법 시행규칙」 제11조의3 제5항에서 규정하는 물적시설 없이 근로자를 고용하지 아니하고 독립된 자격으로 환자에게 간병용역을 제공하고 그에 대한 대가를 받는 경우에는 「부가가치세법」 제12조 제1항 제13호 및 같은법 시행령 제35조 제1호 파목의 규정에 의하여 부가가치세가 면세되는 것임(서삼-2719, 2007.10.01.).

면세되는 창업상담용역의 범위

부가가치세법 시행규칙 제11조의3 제3항 제2호에서 규정하는 "창업상담용역"이라 함은 중소기업창업지원법 제2조에 의한 창업과 관련하여 창업예비자 및 창업하는 자에게 제공하는 상담 및 정보제공용역을 말하는 것이며, 동 용역이 중소기업창업지원법에 의한 창업자 중 이미 창업을 제공한 자에게 제공되는 경우에는 부가가치세가 면제되는 창업상담용역에 해당하지 않음(재소비 46015-109, 2002.04.23.).

개인이 사업설비 없이 제공하는 상품판매 대행용역 면세여부

인적·물적 사업설비를 갖추지 아니한 개인이 다른 사업자의 사업장에서 계약에 의하여 독립적

으로 판매대행용역을 제공하고 그 판매실적에 따라 일정수수료를 받는 경우에는 부가가치세법 시행령 제35조 제1호 파목의 규정에 의하여 부가가치세가 면제되는 것임(부가 46015-264, 2002.04.16.).

◆ 법인이 영위하는 연예인 매니저업 면세여부

법인사업자가 연예의 기능을 가진 자(연예인)와 전속계약을 체결하고 해당 법인에 전속된 연예인의 연예활동을 위하여 홍보활동, 출연교섭, 계약체결, 대가수령 및 기타 관리용역을 제공하는 경우 해당 용역제공에 대하여는 부가가치세가 면제되지 아니하는 것임(부가 46015-355, 1998.02.27.).

◆ 법인 등이 받는 저작권 사용료

법인, 법인격 없는 사단, 재단 기타단체가 저작권 사용에 대한 사용료를 받는 용역은 부가가치세법 제12조 제1항 제13호 및 동법 시행령 제35조의 규정에 의한 부가가치세가 면제되는 인적용역의 범위에 해당하지 아니하므로 동법 제1조에 의해 부가가치세가 과세됨(부가 22601-98, 1991.01.24.).

(3) 토지의 공급

토지 자체 공급은 새로운 부가가치를 창출한 것은 아니므로 면세하고, 반면에 토지의 임대는 임대차라는 계약에 의해 가치가 창출된 것이므로 과세한다.

> ✱ **면세되는 사례**
> - 토지를 취득할 수 있는 권리양도(부가-1340, 2010.10.08, 부가-1735, 2010.12.29.)
> - 상가건물·공장건물 양도시 토지에 대한 가액(부가 1265.1-2557, 1984.12.01.)
> - 매립지 양도·공원묘지분양(간세 1265.1-3353, 1980.12.24.)
> - 기부채납자산인 토지(국심 88부162, 1988.04.28.)
>
> ✱ **과세되는 사례**
> - 부피나 무게 개념으로 거래되는 흙(간세 1235-1676, 1978.06.08.)
> - 토지의 임대(전·답·임야·과수원·염전 등 제외)
> - 은행의 대여금고 제공 용역(서면3팀-228, 2005.02.16.)
> - 부동산 중개업자의 대출상품 안내 및 알선 등의 용역(제도 46015-10318, 2001.03.28.)

>>> **주택과 이에 부수되는 토지의 임대용역**

구 분		구 분	부가가치세 과세여부
매매의 경우	주택	국민규모 주택	부가가치세 면세
		국민주택규모 초과 주택	부가가치세 과세
	기타(상가)건물		부가가치세 과세
	토 지		부가가치세 면세
임대의 경우	주택 및 부속토지		부가가치세 면세
	기타(상가) 건물		부가가치세 과세
	토지만의 임대		부가가치세 과세

☞ 국민주택이라 함은 전용면적 기준으로 85㎡ 이하를 말하며 다가구 주택의 경우 전체 연면적기준이 아니고 가구당 면적을 기준으로 판단한다.
☞ 면세되는 주택 및 부속토지의 임대시 면세되는 부속토지는 주택정착면적의 5배(도시지역 외의 지역은 10배)를 초과하는 부분은 토지의 임대로 부가가치세가 과세된다.

5. 공익성 재화·용역

(1) 종교, 자선, 학술, 구호 등 공익을 목적으로 하는 단체가 공급하는 재화 또는 용역

1) 의의

종교, 자선, 학술, 구호(救護), 그 밖의 공익을 목적으로 하는 단체가 공급하는 재화 또는 용역으로서 다음의 범위에 해당하는 것은 부가가치세를 면제한다(부가법 제26조 제1항 제18호).

① 주무관청의 허가 또는 인가를 받거나 주무관청에 등록된 단체로서 「상속세 및 증여세법 시행령」 제12조 각 호의 어느 하나에 따른 사업[29] 또는 비영리법인의 사

---

[29] 「상속세및증여세법」상 공익법인등의 사업으로서 다음과 같다(상증령 제12조).
- 종교의 보급 기타 교화에 현저히 기여하는 사업
- 「초·중등교육법」 및 「고등교육법」에 의한 학교, 「유아교육법」에 따른 유치원을 설립·경영하는 사업
- 「사회복지사업법」의 규정에 의한 사회복지법인이 운영하는 사업
- 「의료법」에 따른 의료법인이 운영하는 사업
- 「법인세법」 제24조 제2항에 해당하는 기부금(법정기부금)을 받는 자가 해당 기부금으로 운영하는 사업
- 「법인세법 시행령」 제36조 제1항 제1호 각목의 규정에 의한 지정기부금단체 등 및 「소득세법 시행령」 제80조 제1항 제5호에 따른 기부금대상민간단체가 운영하는 고유목적사업
- 「법인세법 시행령」 제36조 제1항 제2호 다목에 해당하는 기부금(기획재정부장관이 지정하여 고시하는 기부금)을 받는 자가 해당 기부금으로 운영하는 사업

업으로서 종교, 자선, 학술, 구호, 사회복지, 교육문화, 예술 등 공익을 목적으로 하는 사업을 하는 단체가 그 고유의 사업목적을 위하여 일시적으로 공급하거나 실비 또는 무상으로 공급하는 재화 또는 용역

> ☞ 주무관청의 허가 또는 인가를 받지 아니하거나 등록되지 아니한 단체가 제공하는 용역은 부가가치세가 과세됨(서면3팀-19, 2008.01.03)

② 학술 및 기술 발전을 위하여 학술 및 기술의 연구와 발표를 주된 목적으로 하는 단체(학술등 연구단체)가 그 연구와 관련하여 실비 또는 무상으로 공급하는 재화 또는 용역

③ 「문화재보호법」에 따른 지정문화재(지방문화재를 포함, 무형문화재는 제외)를 소유하거나 관리하고 있는 종교단체(주무관청에 등록된 종교단체로 한정)의 경내지 및 경내지 안의 건물과 공작물의 임대용역

> ☞ 종교단체가 소유한 상가건물을 점포 및 주차장 등으로 임대하고 그 중 일부를 종교단체가 사용하는 경우에는 부가가치세가 과세함(부가 46015-1345, 1998.06.22.).

④ 공익을 목적으로 교육부장관이나 고용노동부장관(이들이 지정하는 자 포함)의 추천을 받은 자로서 기숙사를 운영하는 자가 학생이나 근로자를 위하여 실비 또는 무상으로 공급하는 음식 및 숙박 용역

⑤ 「저작권법」 제105조 제1항에 따라 문화체육관광부장관의 허가를 받아 설립된 저작권위탁관리업자로서 기획재정부령으로 정하는 사업자[30]가 저작권자를 위하여 실비 또는 무상으로 공급하는 신탁관리 용역

⑥ 「저작권법」 제25조 제7항(같은 법 제31조 제6항, 제75조 제2항, 제76조 제2항, 제76조의2 제2항, 제82조 제2항, 제83조 제2항 및 제83조의2 제2항에 따라 준용되는 경우를 포함한다)에 따라 문화체육관광부장관이 지정한 보상금수령단체로서 기획재정부령으로 정하는 단체[31]인 사업자가 저작권자를 위하여 실비 또는 무상으로 공급하는 보상금 수령 관련 용역

⑦ 「법인세법」 제24조 제2항 제4호 나목에 따른 비영리 교육재단이 「초·중등교육법」 제60조의2 제1항에 따른 외국인학교의 설립·경영 사업을 하는 자에게 제공하는 학교시설 이용 등 교육환경 개선과 관련된 용역

---

30) (사)한국음악저작권협회, (사)한국문예학술저작권협회, (사)한국방송작가협회, (사)한국음악실연자연합회, (사)한국음반산업협회, (사)한국복제전송저작권협회, (사)한국시나리오작가협회, (사)한국방송실연자협회, (재)한국문화정보원, (사)한국영화배급협회, (재)한국언론진흥재단, (사)함께하는음악저작인협회, (사)한국영화제작가협회(부가칙 제34조 제3항)

31) 사단법인 한국음악실연자연합회, 사단법인 한국문학예술저작권협회, 사단법인 한국연예제작자협회

2) 공익단체 등이 일시적으로 공급하는 재화 또는 용역의 범위

주무관청에 등록된 종교·자선·학술·구호·기타 공익을 목적으로 하는 단체가 그 고유의 사업목적을 위하여 일시적으로 공급하거나 실비 또는 무상으로 공급하는 것으로서 다음의 재화 또는 용역에 대하여는 면세한다(부가집 26-45-1).

> ㉠ 한국반공연맹 등이 주관하는 바자(Bazaar)회 또는 의연금모집자선회에서 공급하는 재화
> ㉡ 마을문고 본부에서 실비로 공급하는 책장 등 재화

3) 공익단체의 계속적 수익사업

주무관청에 등록된 종교 등 공익단체의 경우에도 다음 예시하는 경우와 같이 계속적으로 운영관리하는 수익사업과 관련하여 공급하는 재화 또는 용역에 대하여는 면세하지 아니한다(부가통, 26-45-2).

① 소유부동산의 임대 및 관리사업. 다만, 문화재보호법에 따른 지정문화재를 소유 또는 관리하고 있는 종교단체의 경내지 및 경내지 안의 건물과 공작물의 임대용역은 제외한다.
② 자체기금 조성을 위하여 생활필수품, 고철 등을 공급하는 사업

> ★ 면세되는 사례
> - 주무관청의 허가를 받아 설립된 비영리법인이 그 고유의 사업목적을 위하여 국내기업 및 국내 사업장이 없는 해외기업들에게 전시부스 임대용역을 일시적으로 공급하거나 실비로 공급하는 경우(법규부가 2013-209, 2013.06.12.)(법규부가 2013-434, 2013.10.10.)
> - 축산물등급판정소가 제공하는 축산물 등급 판정용역(서삼 46015-10350, 2003.02.26.)
> - 천주교회관의 일시대여(부가 1235-2616, 1977.09.06.)
> - 사찰경내입장료(부가 1235-3381, 1977.10.10.)
> - 종교단체의 연주회 회원권 수입(간세 1235-3809, 1977.10.20.)
> - 사찰경내의 사진용역제공(부가 1265.1-2498, 1979.09.22.)
> - 태능 푸른동산의 사격장 개방료(간세 1265.1-639, 1982.05.21.)
> - 선교단체의 무인가 교육용역(국심 83서 1280, 1984.01.30.)
> - 농지개량조합의 농지개량관련용역(대법83누712, 1984.05.29.)
> - 대한체육회의 선수촌개방사용료(간세 1265.1-621, 1980.03.06.)
> - 등록된 종교단체 경내지의 건물 등 임대용역
> - 학생·근로자용의 공익성 음식·숙박용역
> - 면세사업을 위한 기부채납은 면세사업에 부수되는 재화의 일시적·우발적 공급에 해당하여 부가가치세가 면제되고, 관련 매입세액은 공제대상이 아님(부가-607, 2014.07.04.)

> ★ 과세되는 사례
> - 학술연구단체 또는 기술연구단체가 제공하는 인성·적성검사 용역(대법원 2011두3913, 2012.12.13.)
> - 민간정보기술자격 검정수수료(서삼 46015-10789, 2002.05.14.)
>   다만, 시행령 45조의 규정을 적용할 수 있는 때에는 면세임.
> - 공익단체가 계속적으로 공급하는 부동산임대 및 관리사업(통칙 26-45-2)
> - 공익단체에서 양도받은 관람료징수권에 의한 관람료(부가 1265-115, 1981.01.15.)

 관련 해석사례 및 집행기준

사회복지법인이 장애인보호작업장에서 공급하는 재화 또는 용역의 면세여부

주무관청의 허가를 받아 설립된 사회복지법인이 주무관청에 장애인직업재활시설로 신고된 장애인보호사업장을 운영하면서 직업재활훈련프로그램의 일환으로 실비로 재화 또는 용역을 공급하는 경우 면세대상임(서면법령해석부가 2015-379, 2015.08.31.).

비영리법인의 일시적 부스 임대용역 과세여부

「민법」제32조에 따라 주무관청의 허가를 받아 설립된 비영리법인이 그 고유의 사업목적을 위하여 국내기업 및 국내 사업장이 없는 해외기업들에게 전시부스 임대용역을 일시적으로 공급하거나 실비로 공급하는 경우에는 부가가치세법 제12조 제1항 제17호 및 같은 법 시행령 제37조 제1호에 따라 부가가치세가 면제되는 것임(법규부가 2014-445, 2014.10.21.).

입장료 수입에 대한 부가가치세 과면세여부

공익을 목적으로 하는 재단이 해양공원의 운영을 자기 고유의 목적사업으로 하고 있고 해당 해양공원 부지 내에 부속된 시설물에 대하여 입장료를 실비 수준으로 받는 경우에는 「부가가치세법」제26조 제1항 제18호 및 「같은 법 시행령」제45조 제1호에 따라 부가가치세가 면제되는 것임(부가-862, 2014.10.24.).

비영리 사회복지법인이 노인전문병원에 간병용역을 제공하는 경우 부가가치세 면세 해당 여부

주무관청의 허가를 받아 설립된 사회복지사업을 영위하는 비영리법인이 그 고유의 사업목적을 위하여 노인전문병원 등에 간병용역을 제공하고 그 대가를 실비로 지급받는 경우에는 「부가가치세법」제26조 제1항 제18호 및 같은법 시행령 제45조 제1호의 규정에 따라 부가가치세가 면제되는 것임.

덧붙여, 같은 규정에서 면세요건으로 정한 "실비로 공급하는 용역"이란 용역의 제공에 실지로 드는 재료비, 인건비, 감가상각비 등의 비용 또는 그 이하의 금액만을 대가로 받고 공급하는 용역을 말하는 것임(부가-125, 2014.02.17.).

◦ 대학교 산학협력단이 기술을 이전하고 받는 기술료

산업교육 및 산학협력 촉진에 관한 법률에 따라 대학교 내에 설립된 비영리법인인 산학협력단(이하 "산학협력단")이 연구개발의 성과물인 지적재산권 등을 기업체 등에 이전 하면서 대가를 받는 경우 산학협력단이 받는 지적재산권 이전 대가에 대하여는 부가가치세법 시행령 제37조 제1호의 2에 따른 면세를 적용하지 아니하는 것임(서면법규과-676, 2013.06.13.).

◦ 공익법인이 고유의 사업목적을 위하여 실비로 공급하는 경우

경기도 중소기업 종합지원센터 설립 및 운영에 관한 조례에 따라 설립된 경기중소기업종합지원센터가 같은 조례 제6조 제1항에 따른 사업을 수행하고 수수료를 받는 경우가 그 고유의 사업목적을 위하여 실비로 공급하는 용역에 해당하는 때에는 부가가치세법 제12조 제1항 제17호 및 같은 법 시행령 제37조 제1호의 규정에 의하여 부가가치세가 면제되는 것임(부가-1236, 2012.12.18.).

◦ 연구용역을 수행하면서 세미나 개최비 등 포함 여부

신청법인이 부가가치세법 시행령 제37조 제1의2호에 따라 부가가치세가 면제되는 연구용역을 공급함에 있어 연구용역 공급에 포함되는 비용인 회의비, 운영비 등을 구분·계상하여 받는 경우 공급받는 자로부터 받는 해당 연구용역 대가 전체에 대하여 부가가치세가 면제되는 것임(법규부가 2012-406, 2012.10.31.).

◦ 정부에서 설립한 비영리공익법인의 직업체험프로그램 운영수입 등에 대한 면세여부

정부(고용노동부장관)에서 청소년과 어린이에게 다양한 직업세계에 대한 정보를 제공할 목적으로 고용정책기본법 제18조의2에 따라 설립한 공익법인인 신청인이 그 고유의 사업목적으로 직업세계관, 체험관, 진로설계관을 운영하여 청소년 등에게 이용하게 하면서 그 운영에 관련된 인건비, 감가상각비, 체험재료비 등 운영원가에 상당하거나 미달하는 입장료·체험료를 이용자들에게 받는 경우 부가가치세법 시행령 제37조 제1호에 따른 면세대상 용역의 공급에 해당하는 것임(법규부가 2012-355, 2012.09.28.).

◦ 산학협력단이 보유한 기술의 권리 양도시 과세여부

산학협력단이 정부출연금을 지원받아 참여기업과 공동기술개발을 수행하고 개발된 기술개발 결과물 중 정부출연금 지분에 상당하는 부분을 참여기업에게 소유권 이전하는 것은 부가가치세 과세대상임(부가-180, 2012.02.20.).

◦ 공익단체가 공급하는 재화 또는 용역의 면세여부

「부가가치세법 시행령」 제37조 제1호에서 규정하는 공익을 목적으로 하는 단체(이하 "공익단체"라 함)가 그 고유의 목적사업을 위하여 일시적으로 공급하거나 실비 또는 무상으로 공급하는 재화 또는 용역은 부가가치세가 면제되는 것으로, 귀 질의의 경우 부가가치세 면제 여부는 공익단체 해당여부, 제공하는 용역이 고유사업 목적인지 여부 및 그 대가가 실비에 해당하는

지 등의 구체적인 사실에 따라 판단할 사항임(서면3팀-1176, 2008.06.12.).

- **사립학교가 교실을 시험장소로 사용하게 하고 실비 수준의 사용료를 받은 경우 면세여부**

  사립학교가 학교시설(교실 등)을 각종 시험장소로 사용하게 하고 사용료를 실비로 받는 경우 부가가치세법 시행령 제37조 제1호의 규정이 적용되는 경우 부가가치세가 면제되는 것이나 일시적 공급여부 및 실비에 해당하는지 여부는 구체적 사실에 따라 판단할 사항임(서면3팀-1814, 2007.06.26.).

- **비영리법인이 발행한 기관지 등에 관련되는 광고용역**

  비영리사업을 목적으로 하는 법인이 불특정인에게 판매를 목적으로 하지 아니하고 발행하는 기관지로서, 기관의 명칭이나 별칭이 당해 출판물의 명칭에 포함되어 있는 경우, 당해 기관지 등과 관련되는 광고용역은 부가가치세가 면제되는 것임(부가 46015-343, 2001.02.23.).

(2) 국가·지방자치단체·지방자치단체조합이 공급하는 재화·용역

국가, 지방자치단체 또는 지방자치단체조합이 공급하는 재화·용역으로서 다음에 해당하는 재화·용역을 제외한 것에 대해 부가가치세를 면제한다(부가법 제26조 제1항 19호; 부가령 제46조).

① 「우정사업 운영에 관한 특례법」에 따른 우정사업조직이 제공하는 다음의 용역
   ㉠ 「우편법」 제1조의2 제3호의 소포우편물을 방문접수하여 배달하는 용역
   ㉡ 「우편법」 제15조 제1항에 따른 선택적 우편역무 중 「우편법 시행규칙」 제25조 제1항 제10호에 따른 우편주문판매를 대행하는 용역
② 「철도건설법」에 따른 고속철도에 의한 여객운송용역
③ 부동산임대업, 도매 및 소매업, 음식점업·숙박업, 골프장 및 스키장 운영업, 기타 스포츠시설 운영업. 다만, 다음의 어느 하나에 해당하는 경우에는 부가가치세를 면제한다.
   ㉠ 국방부 또는 「국군조직법」에 따른 국군이 「군인사법」 제2조에 따른 군인, 「군무원인사법」 제3조 제1항에 따른 일반군무원, 그 밖에 이들과 생계를 같이하는 배우자, 직계존·비속에 해당하는 사람에게 제공하는 소매업, 음식점업·숙박업, 기타 스포츠시설 운영업(골프 연습장 운영업은 제외한다) 관련 재화 또는 용역
   ㉡ 국가, 지방자치단체 또는 지방자치단체조합이 그 소속 직원의 복리후생을 위하여 구내에서 식당을 직접 경영하여 음식을 공급하는 용역

ⓒ 국가 또는 지방자치단체가 「사회기반시설에 대한 민간투자법」에 따른 사업시행자로부터 같은 법 제4조 제1호 및 제2호의 방식에 따라 사회기반시설 또는 사회기반시설의 건설용역을 기부채납받고 그 대가로 부여하는 시설관리운영권

④ 다음의 어느 하나에 해당하는 의료보건용역

ⓘ 부가령 제35조 제1호 단서(*)에 따른 진료용역(성형수술 등)
☞ 쌍꺼풀수술, 코성형수술, 유방확대·축소술, 지방흡인술, 주름살제거술, 안면윤곽술, 치아성형 등 성형수술과 악안면 교정술, 색소모반·주근깨·흑색점·기미 치료술, 여드름 치료술, 제모술, 탈모치료술, 모발이식술, 문신술 및 문신제거술, 피어싱, 지방융해술, 피부재생술, 피부미백술, 항노화치료술 및 모공축소술

ⓛ 부가령 제35조 제5호(*)에 해당하지 아니하는 동물의 진료용역
☞ 「축산물 위생관리법」에 따른 가축에 대한 진료용역, 「수산생물질병 관리법」에 따른 수산동물에 대한 진료용역, 「장애인복지법」 제40조 제2항에 따른 장애인 보조견표지를 발급받은 장애인 보조견에 대한 진료용역, 「국민기초생활 보장법」 제2조 제2호에 따른 수급자가 기르는 동물의 진료용역, 질병 예방 및 치료를 목적으로 하는 동물의 진료용역으로서 농림축산식품부장관 또는 해양수산부장관이 기획재정부장관과 협의하여 고시하는 용역

관련 해석사례 및 집행기준

- **지방자치단체가 일시적으로 문화시설 대관료를 받는 경우 부가세 과세여부**

지방자치단체가 자기의 시설물을 계속적·반복적으로 사용하게 하고 그 대가를 받는 경우에는 부동산임대업에 해당되어 부가가치세가 과세되는 것이나 공연시설을 공연시설운영업의 목적에 적합하도록 직접 운영관리하면서 공연이 없는 시간(기간)대에 **일시적**으로 대여하고 대관료를 받는 경우에는 부가가치세가 면제되는 것임(서면 2016부가-3903, 2016.05.31.).

- **국립대학에서 주차장을 운영하는 경우 부가가치세 과세여부**

국립대학교가 부설주차장을 설치하여 이용자로부터 주차요금을 받는 경우 「부가가치세법」 제26조 및 「같은 법 시행령」 제46조에 따라 부가가치세가 면제되는 것으로 대가수령방법에 따라 달리 적용하지 아니하는 것임(서면부가 2014-22014, 2015.02.17.).

- **주차장 위탁관리용역에 대한 계산서 발급의무 여부**

지방공기업법 제76조 규정에 의하여 설립된 지방공단이 지방자치단체로부터 그 시설의 관리 및 운영에 관하여 위탁을 받아 지방자치단체의 명의와 계산으로 사업을 하는 경우 그 사업은 지방자치단체가 공급하는 것에 해당하여 「부가가치세법 시행령」 제46조에 따라 면세되는 것이며 「소득세법 시행령」 제211조 제2항 제2호 규정에 따라 「부가가치세법 시행령」 제73조 제1항 및 제2항에 규정된 사업(주차장 운영업)으로서 부가가치세가 면제되는 사업의 경우 영

수증을 발급하며 다만, 재화 또는 용역을 공급받은 사업자가 사업자등록증을 제시하고 계산서의 발급을 요구하는 때에는 계산서를 발급하여야 함(부가- 931, 2014.11.24.).

지방자치단체가 생활폐기물을 수집·처리하는 과정에서 재활용품을 분류하여 판매하는 경우

지방자치단체가 독립된 사업이 아닌 지방공공행정의 일환으로 생활폐기물을 수집·처리하는 과정에서 발생하는 재활용품을 판매하는 경우, 해당 재활용품의 판매는 부가가치세법 제26조 제1항 제19호에 따라 부가가치세가 면제되는 것임(서면법규과-297, 2014.03. 31.).

지방자치단체가 축구경기장의 운영 등 업무를 프로축구단에게 대행하는 경우

지방자치단체가 축구전용경기장을 취득하고 이를 운영하는 경우에는 '경기장 운영업'에 해당되어 과세대상으로 보지 아니하는 것이며, 당해 시설의 사용자로부터 사용기간에 따른 경기장 사용료를 징수하는 것은 주된 사업인 '경기장 운영업'에 부수되는 것이므로 경기장 시설에 대한 취득·관리비용의 매입세액은 공제되지 아니하는 것임(부가-982, 2013.10.23.).

지방자치단체로부터 경기장 관리·운영을 위탁받은 협회가 일반인들로부터 받은 강습료의 면세여부

지방자치단체가 자기 소유의 시설물을 민간에 위탁운영하도록 하면서 지방자치단체로부터 그 시설의 관리 및 운영에 관하여 위탁을 받은 수탁자가 수탁자의 책임과 계산으로 용역을 공급하지 아니하고 지방자치단체의 책임과 계산으로 용역을 공급하는 경우에는 당해 용역의 공급에 대하여는 위탁자인 지방자치단체가 납세의무자가 되는 것임.

또한, 경기를 관람할 수 있는 시설을 갖춘 경기장을 운영하는 경우 '경기장 운영업'에 해당되어 부가가치세가 면제되는 것으로 경기가 없는 시간(기간)대에 운동 등을 위한 공간으로 사용하게 하고 사용료를 받는 산업활동은 주된 사업인 '경기장운영업'에 포함되는 것으로 주된 사업(부가가치세 면제)에 부수되는 것으로 보아 사용료에 대하여도 부가가치세가 면제되는 것임(부가-251, 2013.03.19.).

지방자치단체가 기타 운동시설운영업을 운영하고 받는 사용료

기독교청년회가 지자체로부터 위임을 받아 지방자치단체 명의로 종합체육시설을 운영함에 있어 기타 운동시설 운영업에 속하는 체육시설을 설치.운영하고 그 사용료를 받는 경우에 대해서는 부가가치세가 과세되는 것임(부가-306, 2012.03.22.).

직원 복리후생 목적의 구내식당 위탁운영을 위한 임대용역의 과세여부 및 매입세액 공제여부

비영리공익법인이 소속 직원의 복리후생을 목적으로 구내식당을 운영하면서 위탁운영업체에게 급식·조리장소 등을 무상 사용하게 하고 급식·조리장소에 대한 관리비 등을 비영리공익법인이 부담하는 경우 구내식당 임대용역의 공급에 대해서는 부가가치세가 과세되지 아니하고 관련 매입세액도 매출세액에서 공제할 수 없는 것임(법규부가 2011-116, 2011.05.03.).

◈ 국가·지방자치단체·지방자치단체조합의 임대용역 등 과세여부(재부가-306, 2007.04.25.)
- 체육공원(시민공원)내에 설치된 배구장 등 운동시설 이용료는 체육공원운영업에 해당되어 부가가치세가 면세됨. 다만, 동 체육공원내 운동시설의 운영주체가 다른 경우에는 부가가치세가 과세되는 것임.
- 일반인이 경기를 관람할 수 있는 시설을 갖춘 축구장 등은 경기장운영업으로 면세됨.
- 국·공립학교의 학교시설(교실·운동장 등)을 방과 후 또는 주말에 일반인에게 대여하고 받는 사용료는 부가가치세 면세됨.

◈ 국·공립학교의 구내매점 사용료 과세여부

국·공립학교 소유의 구내매점을 타인에게 임대하고 사용료를 받는 경우에는 부동산임대업에 해당되어「부가가치세법 시행령」제38조 제3호의 규정에 의하여 부가가치세가 과세되는 것임(재정경제부 부가가치세제과-186, 2007.03.22.).

(3) 국가·지방자치단체·지방자치단체조합 또는 일정한 공익단체에 무상으로 공급하는 재화·용역 (단, 유상공급은 과세)

국가, 지방자치단체, 지방자치단체조합 또는 공익단체에 무상으로 공급하는 재화 또는 용역에 대하여 면세한다(부가법 제26조 제1항 제20호).

"공익단체"란 주무관청의 허가 또는 인가를 받거나 주무관청에 등록된 단체로서「상속세 및 증여세법 시행령」제12조 각 호의 어느 하나에 해당하는 사업(종교,학교, 사회복지 등)을 하는 단체를 말한다(부가령 제47조 제1항). 그리고 공익사업을 위하여 주무관청의 승인을 얻어 금품을 모집하는 단체도 공익단체로 본다(예: 신문사의 수재의연품 모금)(부가령 제47조).

✱ 면세되는 사례
- 교육연구시설을 공립고등학교에 무상증여(부가 22601-1388, 1992.09.07.)
- 국립생사검사소에 검사용으로 무상공급한 생사(간세 1235-2156, 1977.07.21.)

✱ 과세되는 사례
- 일정기간 무상사용·수익 조건부의 기부채납(통칙 6-14-8)
- 기부채납으로 인한 무상점유기간의 연장(국심 88서122, 1988.04.27.)
- 기부채납에 따른 관리운영권의 위탁(국심 88서83, 1988.05.13.)
- 기부채납에 따른 사용수익권의 허가(국심 88서1263, 1989.01.14.)

 관련 해석사례 및 집행기준

국가·공익단체 등에 무상으로 공급하는 재화의 매입세액 공제

자기의 사업과 관련하여 생산하거나 취득한 재화를 국가·지방자치단체 등에 무상으로 공급하는 경우 해당 재화의 매입세액은 매출세액에서 공제하나, 자기의 사업과 관련없이 취득한 재화를 국가·지방자치단체 등에 무상으로 공급하는 경우 해당 재화의 매입세액은 공제하지 아니한다(부가통 38-0-6).

국가 등에 무상공급하는 재화의 매입세액 공제여부

사업자가 자기의 과세사업과 관련하여 생산하거나 취득한 재화를 국가·지방자치단체 등에 무상으로 공급하는 경우 해당 재화의 매입세액은 「부가가치세법」 제38조 제1항에 따라 매출세액에서 공제하는 것이나 자기의 사업과 관련 없이 취득한 재화를 국가·지방자치단체 등에 무상으로 공급하는 경우 또는 당초부터 국가 등에 기증을 목적으로 취득한 재화의 매입세액은 공제하지 아니하는 것입니다(서면부가 2015-0244, 2015.06.28.).

기부채납 후 면세사업에 사용하는 경우

부가가치세 면세사업을 영위하는 자가 그 면세사업과 관련하여 시설물을 신축하여 기부채납하고 무상사용권을 받아 그 시설물을 자기의 면세사업에 사용하는 경우 기부시설의 공급에 대하여 부가가치가 면제되는 것임(부가-820, 2014.10.06.).

과면세 겸영사업자의 기부채납 관련 부가가치세 과세표준 및 매입세액 안분계산

사업자가 과세 및 면세사업과 관련하여 지방자치단체 소유의 토지에 건물을 신축·준공하여 당해 자치단체에 귀속(기부채납)시키고 동 시설에 대한 무상사용·수익권을 얻어 과세 및 면세사업에 사용함에 있어 당해 건물신축에 관련된 매입세액을 「부가가치세법 시행령」 제61조 제4항 제3호 규정의 사용면적비율에 의하여 계산한 경우 당해 기부채납하는 신축건물 중 과세사업에만 사용되는 면적분에 대하여는 부가가치세가 과세되고 이와 관련된 매입세액은 전액 공제하며, 면세사업에만 사용되는 면적분에 대하여는 부가가치세가 면제되고 이와 관련된 매입세액은 전액 불공제하는 것임(부가-1167, 2013.12.26.).

공익단체에 무상으로 공급하는 의약품의 면제여부

사업자가 주무관청의 허가·인가 또는 주무관청에 등록된 단체로서 상속세 및 증여세법 시행령 제12조 제4호에 규정된 의료법의 규정에 의한 의료법인에게 무상으로 공급하는 의약품은 부가가치세가 면제되는 것임(부가-332, 2012.03.27.).

인·허가 조건 기부채납 시 매입세액 공제 여부

사업자가 부가가치세가 과세되는 주택(도시)개발사업을 수행하기 위해 기반시설 등을 신축하여 지방자치단체에 기부채납하는 조건으로 인·허가를 득한 경우, 자기사업과 관련이 있는 것으로 보아 동 시설의 건설과 관련된 매입세액은 부가가치세법 제17조 제1항의 규정에 의하여 자기의 매출세액에서 공제할 수 있는 것임. 다만, 당해 매입세액이 토지의 조성 등을 위한 자본적 지출과 관련된 매입세액에 해당하는 경우에는 같은 법 같은 조 제2항의 규정에 의하여 매출세액에서 공제하지 아니하는 것임(재부가-534, 2007.07.13.).

(4) 특정한 재화·용역에 대한 면세

우표(수집용 우표는 제외한다), 인지(印紙), 증지(證紙), 복권과 공중전화 및 다음의 담배(수입담배 포함)에 대하여 부가가치세를 면제한다(부가법 제26조 제1항 제9 ~ 10호).

① 판매가격이 20개비를 기준으로 200원 이하인 것
② 「담배사업법」에 의한 특수용 담배(군용 담배·보훈용 담배·보세구역 판매용 담배 등) 중 영세율이 적용되는 것을 제외한 것

03 조세특례제한법에 의한 면세

1. 국민주택과 국민주택의 건설용역 면세

국민주택 및 그 주택의 건설용역(리모델링 용역을 포함)에 대하여 부가가치세를 면제한다(조특법 제106조 제1항).

(1) 국민주택

국민주택이란 「주택법」 제2조 제1호에 따른 주택으로서 그 규모가 국민주택규모 이하의 주택을 말한다. "국민주택규모"란 1호 또는 1세대당 주거전용면적(기획재정부령으로 정하는 다가구주택은 가구당 전용면적을 기준으로 한 면적)이 85㎡(「수도권정비계획법」 제2조 제1호의 규정에 의한 수도권을 제외한 도시지역이 아닌 읍 또는 면지역은 100㎡) 이하의 주택을 말한다(조특령 제106조 제4항).

따라서 오피스텔(준주택 오피스텔을 포함한다)은 「주택법」에 따른 주택에 해당하지 아니하므로 부가가치세가 과세된다(조특집 106-0-1).

(2) 국민주택의 건설용역

국민주택의 건설용역으로서 「건설산업기본법」·「전기공사업법」·「소방시설공사업법」·「정보통신공사업법」·「주택법」·「하수도법」 및 「가축분뇨의 관리 및 이용에 관한 법률」에 의하여 **등록을 한 자가** 공급하는 것을 말한다. 다만, 「소방시설공사업법」에 따른 소방공사감리업은 제외한다(조특령 제106조 제4항 제2호).

(3) 국민주택의 설계용역

국민주택의 설계용역으로서 「건축사법」, 「전력기술관리법」, 「소방시설공사업법」, 「기술사법」 및 「엔지니어링산업진흥법」에 따라 등록 또는 신고를 한 자가 공급하는 것을 말한다(조특령 제106조 제4항 제3호). 다만, 국민주택 감리용역은 면제되지 아니한다(부가 -701, 2014.08.12.).

(4) 국민주택 리모델링 용역

면세되는 국민주택 리모델링 용역이란 「주택법」·「도시 및 주거환경정비법」 및 「건축법」에 의하여 리모델링하는 것으로서 다음의 어느 하나에 해당하는 용역을 말하며, 해당 리모델링하기 전의 주택규모가 국민주택에 해당하는 경우(리모델링 후 해당 주택의 규모가 국민주택규모를 초과하는 경우로서 리모델링하기 전의 주택규모의 100분의 130을 초과하는 경우를 제외한다)에 한한다. 이 경우 리모델링이란 건축물의 노후화 억제 또는 기능향상 등을 위하여 대수선 또는 대통령령이 정하는 범위 내에서 증축하는 행위를 말한다(조특령 제106조 제5항).

① 「건설산업기본법」·「전기공사업법」·「소방시설공사업법」·「정보통신공사업법」·「주택법」·「하수도법」 및 「가축분뇨의 관리 및 이용에 관한 법률」에 의하여 등록을 한 자가 공급하는 것
② 해당 리모델링에 사용되는 설계용역으로서 「건축사법」에 의하여 등록을 한 자가 공급하는 것

(5) 국민주택건설용역에 해당하는 경우

다음에 해당하는 경우에는 국민주택건설용역에 해당하므로 부가가치세가 면제된다(조특집 106-106-1).

1) 하도급 받은 국민주택건설용역

「건설산업기본법」 등에 따라 등록한 사업자가 하도급 또는 재하도급을 받아 국민주택 및 이에 부수되는 부대시설의 건설용역을 공급하는 때에는 부가가치세가 면제된다(조특

통 106-106-2).

2) 국민주택 부대시설

국민주택에 해당하는 집단주택의 부대설비 및 복리시설을 주택공급과 별도로 공급하는 경우에는 부가가치세를 면제하지 아니하나 동 설비시설을 주택의 공급에 부수하여 공급하고 그 대가를 주택의 분양가격에 포함하여 받는 경우에는 동 부가가치세를 면제한다(조특통 106-0-1). 예를 들면 도로포장, 상수도공사, 조경공사, 어린이놀이터, 운동시설, 울타리(담장)등의 설치에 관한 건설용역이 해당한다.

3) 국민주택 건설을 위한 기존건물 철거용역

건설업을 영위하는 법인이 국민주택규모 이하 주택 및 근린생활시설을 건설함에 있어 「건설산업기본법」에 따른 구조물해체·비계공사업 면허를 보유한 사업자와 도급계약을 체결하여 기존 건축물 철거용역을 공급받는 경우 국민주택규모 이하 주택을 건설하기 위하여 제공받는 것에 해당하는 부분은 부가가치세가 면제되는 것이나 근린생활시설을 건설하기 위하여 제공받는 것에 해당하는 부분은 부가가치세가 과세된다(사전법규부가 2023-861, 2024.03.27.).

4) 국민주택건설용역에 부수한 모델하우스 건설용역

「건설산업기본법」에 의하여 등록한 사업자가 국민주택의 건설용역을 제공함에 있어서 동 국민주택건설용역에 부수하여 모델하우스의 건설용역을 제공하는 경우에는 동 모델하우스 건설용역은 부가가치세가 면제되는 것이나 동 사업자가 모델하우스 건설용역만을 제공하는 경우에는 부가가치세가 과세한다(부가 22601-1477, 1989.10.14.).

5) 국민주택 하자보수용역

부가가치세가 면세되는 국민주택 건설용역을 공급한 사업자가 계약에 의하여 일정기간동안 하자 보수용역을 공급하는 경우에는 부가가치세가 면제되는 것이나 기존에 완성된 국민주택규모 이하 아파트에 대한 보수용역(하자보수 용역은 제외)은 부가가치세 과세 대상에 해당한다(부가-652, 2014.07.18.).

6) 국민주택 하자보수용역

부가가치세가 면세되는 국민주택 건설용역을 공급한 사업자가 계약에 의하여 일정기간동안 하자 보수용역을 공급하는 경우에는 부가가치세가 면제되는 것이나 기존에 완성된 국민주택규모 이하 아파트에 대한 보수용역(하자보수 용역은 제외)은 부가가치세 과세 대상에 해당한다(부가-652, 2014.07.18.).

(6) 국민주택건설용역에 해당하지 않는 경우

다음에 해당하는 경우에는 국민주택건설용역에 해당하지 않으므로 과세대상에 해당한다(조특집 106-106-1).

① 종업원의 복리 또는 근로의 편의를 위한 합숙소나 기숙사에 대한 건설용역
② 관계 법령에 따라 면허를 받지 아니하거나 등록을 하지 아니한 사업자가 공급하는 건설용역
③ 기존에 완성된 국민주택에 대한 수리 및 배관공사용역
④ 도·소매업자가 국민주택의 공급자 또는 국민주택건설업자에게 공급하는 재화
⑤ 「엔지니어링산업 진흥법」에 따라 신고한 사업자가 관계 법령에 따라 제공하는 지하안전영향평가용역

(7) 발코니 확장공사 용역이 국민주택규모 이하 임대주택 건설용역에 부수여부

국민주택규모 이하의 공동주택을 신축하여 임대하고자 하는 사업자가 전체 세대를 발코니 확장형으로 공급받기로 시공사와 일괄도급계약을 체결하여 발코니를 거실 등으로 변경하기 위해 공급받는 용역은 주택건설 용역과 구분되는 별도의 용역으로서 '주택건설 용역의 공급에 부수되어 공급되는 것으로서 주택건설 용역의 공급에 포함되는 것'에 해당하지 아니하는 것으로 부가가치세 과세대상에 해당한다(기획재정부부가-54, 2019.01.15.).

판례에서는 이는 시행사가 처음부터 공동주택 전체 세대를 발코니 확장형으로 정하여 공급하기로 하고, 시공사와 일괄도급계약을 체결하였다고 하더라도 그러한 사정만으로 본건 용역의 성격이 달라진다거나 부수되는 용역에 해당하는 것으로 보기 어려우므로 별도의 용역거래로 판단하였다(대법원 2018두64153, 2019.03.14.; 수원지법 2016구합69858, 2017.06.27.외).

☞ 주택신축판매업을 영위하는 사업자가 공동주택 분양시 사업자가 아닌 최종소비자인 수분양자들에게 분양계약과 별도로 발코니 확장용역을 제공하는 경우 영수증을 발급할 수 있는 것임(사전법규부가 2024-256, 2024.04.25.).

(8) 다가구주택 건설용역의 부가가치세 면제

1) 점포가 있는 경우

「건설산업기본법」에 따라 등록한 사업자가 점포와 점포에 딸린 가구당 전용면적이 국민주택규모 이하인 다가구주택에 대한 건설용역을 제공하는 경우 해당 건설용역 중 다가구주택의 건설용역에 해당하는 부분에 대하여는 부가가치세를 면제한다. 다만, 건설

용역을 공급함에 있어 점포와 다가구주택의 대가가 불분명한 경우 해당 건설용역을 공급받는 자의 면세예정면적과 과세예정면적의 총예정면적의 비율에 따라 계산한다(조특집 106-106-2).

2) 다가구주택

"다가구주택"이란「건축법 시행령」별표 1 제1호 다목32)에 해당하는 것을 말한다. 이 경우 한 가구가 독립하여 거주할 수 있도록 구획된 부분을 각각 하나의 주택으로 본다(조특칙 제48조 제1항).

3) 다세대주택

"다가구주택"이란「건축법 시행령」별표 1 제1호 다목33)에 해당하는 것을 말한다. 이 경우 한 가구가 독립하여 거주할 수 있도록 구획된 부분을 각각 하나의 주택으로 본다(조특칙 제48조 제1항).

4) 다중주택

부가가치세가 면제되는 다중주택의 경우 국민주택규모의 주택 해당여부는 1동 전체의 전용면적을 기준으로 판단한다(서면3팀-1674, 2007.06.07.).

이러한 "다중주택"은 학생 또는 직장인 등 여러 사람이 장기간 거주할 수 있는 구조를 갖추고 있지만, 취사시설은 설치할 수 없어 각 호별로 독립된 주거의 형태는 갖추지 못하는 주택이며, 다중주택을 공급하면서 다중주택으로서 건축허가 및 사용승인을 받고, 공부상으로도 다중주택에 해당하므로 부가가치세가 면제되는 국민주택에 해당하지 않는다(조심 2023인10578, 2024.01.08.).

5) 국민주택규모 이하의 다세대 주택과 상가를 함께 신축하여 판매하는 경우

사업자가 국민주택규모 이하의 다세대 주택과 상가를 함께 신축하여 판매하는 경우(주상복합건물) 상가판매에 대하여는 부가가치세가 과세된다(부가 46015-147, 1996.01.24.).

---

32) 다음의 요건을 모두 갖춘 주택으로서 공동주택에 해당하지 아니한 것을 말한다.
  ① 주택으로 쓰는 층수(지하층은 제외한다)가 3개 층 이하일 것, 다만, 1층의 전부 또는 일부를 필로티 구조로 하여 주차장을 사용하고 나머지 부분을 주택 외의 용도로 쓰는 경우에는 해당 층을 주택의 층수에서 제외한다.
  ② 1개 동의 주택으로 쓰이는 바닥면적(부설 주차장 면적은 제외한다. 이하 같다)의 합계가 660제곱미터 이하일 것
  ③ 19세대(내지 동별 세대수를 합한 세대를 말한다)이하가 거주할 수 있을 것
33) 주택으로 쓰는 1개 동의 바닥면적 합계가 660제곱미터 이하이고, 층수가 4개층 이하인 주택(2개 이상의 동을 지하주차장으로 연결하는 경우에는 각각의 동으로 본다)

 관련 해석사례 및 집행기준

- 건설 중인 국민주택의 부가가치세 면제

  사업자가 건설 중에 있는 국민주택을 양도하는 경우에는 면세사업에 관련된 재화의 공급으로서 부가가치세를 면제한다(조특통 106-0…2).

- 국민주택 건설공사에서 발생하는 건설폐기물 처리용역이 부가가치세가 면제되는지 여부

  국민주택을 공급하는 사업자가 폐기물처리업을 영위하는 사업자와 국민주택규모 이하 공동주택 건설에 따른 폐기물처리 도급계약을 체결하고 폐기물 처리용역을 공급받는 경우, 해당 용역은 국민주택 건설용역에 해당하지 아니하며, 국민주택 건설용역에 부수하여 공급되는 용역에도 해당하지 아니한다(사전법규부가 2024-686, 2024.09.25.).

- 공익사업시행자가 지장물 관리자에게 이전비를 지급하는 경우 지장물 이설공사 용역 관련 부가가치세 부담 여부

  「공익사업을 위한 토지 등의 취득 및 보상에 관한 법률」에 따른 공익사업시행자가 사업부지 내 지장물 관리자(이하 "갑")에게 지장물 이설을 요청함에 따라 갑이 사업자(이하 "을")에게 지장물 이설공사를 위탁하여 수행하고, 공익사업시행자가 갑에게 손실보상금에 해당하는 지장물 이전비를 지급하는 경우 각 거래는 별개의 독립된 거래로서 공익사업시행자가 갑에게 지급하는 이전비는 「부가가치세 과세대상에 해당하지 아니하는 것이며, 을이 갑에게 제공하는 지장물 이설공사 용역은 부가가치세 과세대상에 해당한다(서면법규부가 2022-5722, 2023.08.10.).

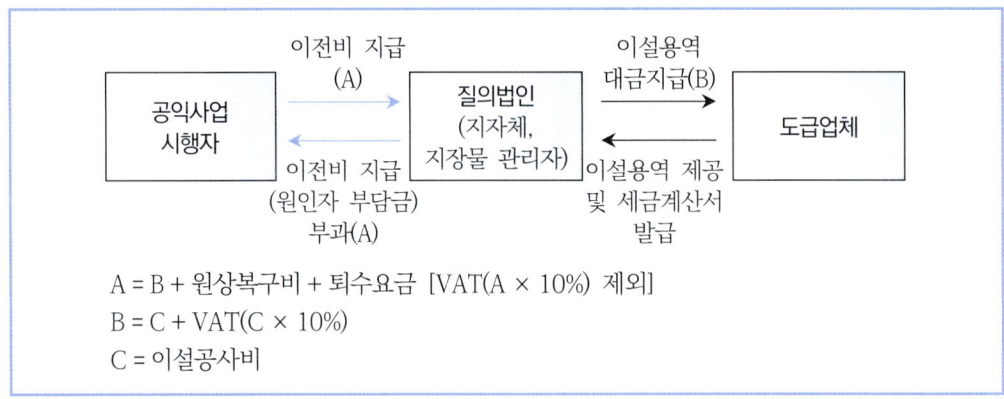

- 국민주택 규모 이하 노인복지주택(부대시설 포함) 건설용역이 부가세 면제 대상인지 여부

  부가가치세가 면제되는 국민주택은 「주택법」에 따른 국민주택 규모 이하의 주택을 말하는 것으로 「주택법」에 따른 주택에 해당하지 않는 건축물에 대하여는 면세를 적용할 수 없는 것임(기획재정부 부가가치세제과-308, 2016.06.15.).

전세대 발코니확장형 아파트 공급시 주택의 주거전용면적에 발코니면적이 포함되는지 여부

국민주택규모 이하의 공동주택을 신축하여 공급하고자 하는 사업자가 사업계획승인신청시 정상적인 발코니가 설치된 도면과 발코니 구조변경 도면을 함께 제출하여 지방자치단체로부터 사업계획 변경승인을 받아 전체 세대의 발코니를 무상으로 확장한 공동주택을 공급하는 경우 주거전용면적에 발코니면적은 포함되지 아니한다(기준법령해석부가 2019-415, 2019.06.10.).

공부상 주택으로 허가받지 않은 주거시설 공급시 면세여부

조세특례제한법 제106조 제1항 제4호에 따라 부가가치세가 면제되는 국민주택은 주택법에 따른 국민주택 규모 이하의 주택을 말하는 것으로 주택법에 따른 주택에 해당하지 않는 건축물에 대하여는 면세를 적용할 수 없는 것임(기획재정부부가-608, 2015.11.12.).

국민주택건설의 인허가조건부로 공급하는 도로, 방음벽, 상하수도시설 등의 면세여부

국민주택을 공급하는 사업자가 국민주택사업인가조건에 따라 주택단지경계에 위치하는 방음벽의 설치용역 및 전기·가스 인입공사용역을 공급하는 경우 조세특례제한법 제106조 제1항 제4호 및 부가가치세법 제14조에 따라 부가가치세가 면제되나, 주택단지의 밖에 방음벽을 설치하여 공급하는 경우 부가가치세가 면제되지 아니하는 것임. 또한, 국민주택사업의 인가조건에 따라 도로 및 상하수도시설을 개설하여 지방자치단체에 기부채납하는 경우 부가가치세법 제26조 제1항 제20호에 따라 부가가치세가 면제되는 것임(서면법규-110, 2015.02.02.).

승강기 제조업자가 자기가 제작한 승강기를 국민주택에 설치하는 경우 부가가치세 면제여부

승강기(엘리베이터)를 제조·판매하는 사업자가 「건설산업기본법」에 따라 전문건설업(승강기설치공사업)으로 등록한 후 건설용역을 전문으로 제공하는 독립된 사업부서와 종업원을 두고 국민주택건설공사의 엘리베이터 설치공사를 수주하여 자기의 제조장에서 제작한 엘리베이터를 해당 부서의 책임 하에 국민주택에 설치·시공하는 경우에는 「조세특례제한법」 제106조 제1항 제4호에 따라 부가가치세가 면제되는 것임. 다만, 부가가치세가 과세되는 사업과 관련하여 생산한 재화인 승강기를 부가가치세가 면제되는 용역을 공급하는 사업을 위하여 사용하는 경우에는 「부가가치세법」 제6조 제2항과 같은 법 시행령 제15조 제1항 제1호에 따라 재화의 공급(면세전용)에 해당하여 부가가치세가 과세되는 것임(법규부가-442, 2012.11.20.).

국민주택 건설 사업시행자로 지정되기 전에 공급받은 설계용역의 면세여부

「건축사법」에 의하여 등록을 한 자가 주무관청이 발주하는 민간투자시설사업에 참여하는 사업자에게 사업시행자 지정(실시협약 체결) 전 사업추진 일정에 따라 국민주택의 계획(기본)설계 용역을 제공하는 경우 「조세특례제한법」 제106조 제1항 제4호 및 같은법 시행령 제106조 제4항 제3호에 따라 부가가치세를 면제하는 것임(부가가치세과-1905, 2009.12.31.).

업무시설로 신축하여 주택으로 임대 시 동 건물의 건설용역 면세여부

건축법상 용도가 주택이 아닌 업무시설로 건축허가를 받아 건물을 신축 준공한 후 주거가 가능한 시설로 개조·변경하여 주택임대업에 사용하는 경우에는 동 임대건물의 국민주택규모 여부에 관계없이 당해 건물의 건설용역은 「조세특례제한법」 제106조 제1항 제4호에서 규정하는 "부가가치세가 면제되는 국민주택 건설용역"에 해당하지 아니하며 당해 건물을 동 주택임대사업에 사용하다가 양도하는 경우에는 부가가치세가 면제되는 용역의 공급에 필수적으로 부수되는 재화의 공급으로서 「부가가치세법」 제12조 제3항에 따라 부가가치세가 면제되는 것임(법규부가 2008-11, 2008.11.10.).

국민주택규모의 오피스텔을 주거용으로 분양하는 경우 면세여부

주거용으로 사용이 가능한 오피스텔을 신축하여 분양하는 경우에 있어 1호당 전용면적이 85㎡ 이하인 경우에도 해당 건물의 공급에 대하여는 조세특례제한법 제106조 제1항 제4호의 규정에 의하여 부가가치세가 면제되는 국민주택의 공급에 해당하지 아니하는 것임(서삼 46015-10928, 2003.06.10.).

2. 공동주택의 관리용역 등 면세 (조특법 제106조 제1항4의2호~4의4호, 조특령 제106조 제6항)

① 「공동주택관리법」 제2조 제1항 제10호에 따른 관리주체, 「경비업법」 제4조 제1항에 따라 경비업의 허가를 받은 법인("경비업자") 또는 「공중위생관리법」 제3조 제1항에 따라 위생관리용역업의 신고를 한 자 ("청소업자")가 「주택법」 제2조 제3호에 따른 공동주택 중 국민주택을 제외한 주택으로서 다음의 주택에 공급하는 일반관리용역·경비용역 및 청소용역에 대하여 부가가치세를 면제한다.

> ㉠ 수도권을 제외한 도시지역이 아닌 읍 또는 면지역의 주택
> ㉡ 그 외의 주택으로서 1호 또는 1세대당 주거전용면적이 135제곱미터 이하인 주택

② 관리주체, 경비업자 또는 청소업자가 「주택법」 제2조 제3호에 따른 공동주택 중 국민주택에 공급하는 대통령령으로 정하는 일반관리용역·경비용역 및 청소용역

> ㉠ 관리주체가 공동주택에 공급하는 경비용역과 일반관리용역으로서 대통령령이 정하는 용역
> ㉡ 경비업자가 공동주택에 공급하거나 관리주체의 위탁을 받아 공동주택에 공급하는 경비용역

③ 「노인복지법」 제32조 제1항 제3호에 따른 노인복지주택(이하 이 호에서 "노인복지주택"이라 한다)의 관리·운영자, 경비업자 및 청소업자가 「주택법」에 따른 국민주택 규모 이하의 노인복지주택에 공급하는 대통령령으로 정하는 일반관리용역·경비용역 및 청소용역

> **실무 Tip** 공동주택의 관리용역에 해당되는 것과 해당되지 않는 경우

면세되는 사례	과세되는 사례
① 공동주택에 제공하는 "무인전자경비용역" ② 공동주택의 관리용역(일반관리·경비·청소용역)	① 주거용으로 사용하는 오피스텔의 관리용역(부가-602, 2012.05.25.; 부가-864, 2014.10.24.) ② 업무시설인 오피스텔에 공급하는 경비용역, 청소용역(부가-1105, 2009.08.04.) ③ 주택관리업자가 공동주택에 직접 제공하는 소독용역(서삼 46015-11474, 2002.08.19.) → 소독업 신고를 한 사업자가 공급하는 소독용역은 면세(제도46015-12583, 2001.08.06.) ④ 공동주택의 개별 세대와 독립 계약하여 제공하는 경비용역(재소비46015-267, 2002.10.19.)

3. 도서지방 자가발전용 석유류의 면세

「전기사업법」 제2조에 따른 전기사업자가 전기를 공급할 수 없거나 상당한 기간 전기공급이 곤란한 도서(島嶼)로서 산업통상자원부장관(위임받은 기관을 포함)이 증명하는 도서지방의 자가발전에 사용할 목적으로 수산업협동조합중앙회에 직접 공급하는 석유류에 대하여 부가가치세를 면제한다. 다만, 2025년 12월 31일까지 공급한 것에만 면세한다(조특법 제106조 제1항 제1호).

4. 공장 등 및 학교 구내식당, 위탁급식업자가 공급하는 음식용역의 면세

다음 중 어느 하나에 해당하는 음식용역(식사류로 한정)은 2026년 12월 31일까지 공급한 것에 대해 부가가치세를 면제한다(조특법 제106조 제1항 제2호).

① 공장, 광산, 건설사업현장 및 「여객자동차 운수사업법」에 따른 노선 여객자동차운송사업장의 경영자가 그 종업원의 복리후생을 목적으로 해당 사업장의 구내에서 식당을 직접 경영하여 공급하는 음식용역[34]

② 「여객자동차 운수사업법」 제11조에 따른 공동운수협정을 체결한 노선 여객자동차 운송사업자로 구성된 조합이 그 사업자의 종업원에게 제공하기 위하여 아래의 요건을 모두 충족하는 위탁 계약을 통해 공급받는 음식용역

> ㉠ 음식용역을 공급하는 사업자(수탁사업자)와 공동운수협정을 체결한 노선여객운수사업자(운수사업자)로 구성된 조합 또는 운수사업자(각 조합과 운수사업자의 임원 및 사용인 포함)는 「국세기본법」 제2조 제20호에 따른 특수관계인이 아닐 것
> ㉡ 수탁사업자는 조합에 소속된 운수사업자의 종업원에게만 음식용역을 제공

③ 「초·중등교육법」 제2조 및 「고등교육법」 제2조에 따른 학교*의 경영자가 학생의 복리후생을 목적으로 학교 구내에서 식당을 직접 경영하여 공급하는 음식용역
   ☞ 초등학교, 공민학교, 중학교, 고등공민학교, 고등학교, 고등기술학교, 특수학교 외 각종학교, 대학, 산업대학, 교육대학, 전문대학, 방송대학, 통신대학, 방송통신대학 및 사이버대학, 기술대학 외 각종학교

④ 「학교급식법」 제4조의 어느 하나에 해당하는 학교*의 장의 위탁을 받은 학교급식 공급업자가 위탁급식의 방법으로 해당 학교에 직접 공급하는 음식용역
   ☞ 초등학교, 공민학교, 중학교, 고등공민학교, 고등학교, 고등기술학교, 특수학교, 근로청소년을 위한 특별학급 및 산업체부설 중·고등학교, 그 밖에 교육감이 필요하다고 인정하는 학교

 관련 해석사례 및 집행기준

○ 구내식당 운영에 관련된 매입세액의 공제 여부

공장·광산·건설사업현장 및 「자동차운송사업법」(현행 「여객자동차운수사업법」)에 의한 자동차운송사업 중 노선여객자동차운송자의 사업장과 교육법 제81조(현행 「초·중등교육법」 제2조 및 「고등교육법」 제2조)의 규정에 의한 각급 학교의 경영자가 그 종업원 또는 학생의 복리후생을 목적으로 당해 사업장 등의 구내에서 식당을 직접 경영하여 무상 또는 유상으로 공급하는 음식용역에 관련하여 발생하는 매입세액은 매출세액에서 공제되지 아니함. 다만, 부가가치세 과세사업자로서 무상으로 공급하는 음식용역이 「부가가치세법」 제7조 제2항 및 동법시행령 제19조 규정에 의한 자가공급에 해당될 경우에는 당해 음식용역에 관련하여 발생된 매입세액은 매출세액에서 공제하는 것임(소비 22601-54, 1985.01.15.).

---

34) "경영자"란 공장 등 사업장과 각급 학교의 경영자들이 비용을 공동으로 부담하여 하나의 구내식당을 직접 경영하거나 종업원 단체 또는 학생단체가 직접 경영하는 경우의 해당 사업자를 포함하며, "사업장 등의 구내"란 사업장 등과 떨어져 있더라도 해당 사업과 관련되는 기숙사하치장 등 시설의 구내를 포함하는 것으로 한다(부가통 106-0-4).

● 공장식당에서 공급하는 음식용역의 면세적용 범위

공장 경영자가 그 종업원의 복리후생을 목적으로 당해 공장 구내에서 식당을 직접 경영하여 공급하는 음식용역(식사류에 한함)은 조세감면규제법 제100조 제1항 제5호(현행 「조세특례제한법」 제106조 제1항 제2호)의 규정에 의하여 부가가치세가 면제되는 것으로, 이 경우 종업원이 육체노동 근무자인지 여부에 관계없이 당해 공장 구내에서 제공되는 음식용역에 대하여 부가가치세가 면제되는 것이며, 사업자의 공장·본사·직매장 등이 각각 별개의 사업장으로 되어 있는 경우에는 공장 구내식당에서 제공되는 음식용역에 대하여만 부가가치세가 면제되는 것임 (부가 46015-1199, 1994.06.16.).

● 사립학교에서 구내식당에서 제공하는 음식용역에 대한 면세 범위

「사립학교법」 제2조의 규정에 따른 사립학교에서 구내식당을 직접 경영하거나 또는 위탁경영하는 경우 학생을 대상으로 공급하는 음식용역에 한하여 부가가치세가 면제되고, 교직원 및 선생님에게 공급하는 음식용역은 「조세특례제한법」 제106조 제1항 제2호의 규정에 따라 부가가치세가 과세되는 것임(기획재정부 부가가치세제과-689, 2009.10.14.).

》》 학교별 급식용역 과·면세 구분

구 분		학 생	교 직 원
국·공립학교	직 영	면 세	면 세
	위탁(전체·일부 위탁)		
사립학교	직 영		과 세
	위탁(전체·일부 위탁)		

5. 농·어업 경영 및 농·어업 작업 대행용역의 면세

「농어업경영체 육성 및 지원에 관한 법률」에 따라 설립된 영농조합법인 및 농업회사법인이 공급하는 농업경영 및 농작업의 대행용역과 같은 법에 따라 설립된 영어조합법인 및 어업회사법인이 공급하는 어업경영 및 어작업의 대행용역에 대하여 부가가치세를 면제한다. 다만, 2026년 12월 31일까지 공급하는 것에만 면세한다(조특법 제106조 제1항 제3항 ; 조특령 제106조 제3항).

6. 건설임대주택 난방용역의 면세

「공공주택 특별법」 제50조의2 제1항에 따라 영구적인 임대를 목적으로 건설한 임대주택에 공급하는 난방용역에 대해 2026년 12월 31일까지 공급한 것에만 부가가치세를 면세한다(조특법 제106조 제1항 제4의5).

7. 온실가스 배출권 등에 대한 면세

「온실가스 배출권의 할당 및 거래에 관한 법률」 제2조 제3호의 배출권과 같은 법 제29조 제1항에 따른 외부사업 온실가스 감축량 및 같은 조 제3항에 따른 상쇄배출권에 대해 2025년 12월 31일까지 공급한 것에만 부가가치세를 면세한다(조특법 제106조 제1항 제5호).

8. 정부업무대행단체가 공급하는 재화·용역

조특령 제106조 제7항에 열거된 정부업무대행단체(별정우체국, 우체국, 한국농어촌공사 등)가 그 고유의 목적사업으로서 기획재정부령이 정하는 사업(별표 10)을 위하여 공급하는 재화·용역은 면세한다. 다만, 다음의 어느 하나에 해당하는 사업은 과세로 규정하고 있으며, 주차장운영 및 자동차견인업은 「부가가치세법시행령 제45조의1(실비로 대가를 받는 경우 면세)」의 규정에 불구하고 부가가치세를 과세한다(조특법 제106조 제1항 제1호 ; 조특령 제106조 제8항).

① 소매업·음식점업·숙박업·욕탕업 및 예식장업
② 「부가가치세법 시행령」 제3조 제2항에 규정된 사업
③ 부동산임대업
④ 골프장·스키장 및 기타 운동시설운영업
⑤ 수상오락서비스업
⑥ 유원지·테마파크운영업
⑦ 주차장운영업 및 자동차견인업

9. 국가철도공단이 공급하는 철도시설

「국가철도공단법」에 따른 국가철도공단이 「철도산업발전기본법」에 따른 철도시설을 국가에 귀속시키고 같은 법에 따라 철도시설관리권을 설정받는 방식으로 국가에 공급하는 철도시설에 대하여 부가가치세를 면제한다(조특법 제106조 제1항 제7호).

10. 사회기반시설의 건설용역

「사회기반시설에 대한 민간투자법」에 따른 사업시행자가 부가가치세가 면제되는 사업을 할 목적으로 같은 법 제4조 제1호부터 제3호까지의 규정에 따른 방식으로 국가 또는 지방자치단체에 공급하는 같은 법에 따른 사회기반시설 또는 사회기반시설의 건설용역은 부가가치세를 면제한다(조특법 제106조 제1항 제7의2).

11. BTO 방식 건설한 기숙사 관리운영권 및 그 기숙사를 이용하여 제공하는 용역

다음의 법인이 「사회기반시설에 대한 민간투자법」 제4조 제1호(BTO)에 따른 방식을 준용하여 건설한 기숙사에 대하여 국가, 지방자치단체 또는 「고등교육법」에 따른 학교가 제공하는 시설관리운영권 및 그 법인이 그 기숙사를 이용하여 제공하는 용역은 2015년 1월 1일부터 2025년 12월 31일까지 실시협약이 체결된 것에 대해 면세한다(조특법 제106조 제1항 제8의3).

① 「한국사학진흥재단법」에 따른 한국사학진흥재단이 설립한 특수 목적 법인
② 한국사학진흥재단

12. 시내버스운송 사업용 천연가스버스

「여객자동차 운수사업법」에 따른 시내버스 및 마을버스 운송사업용으로 공급하는 버스로서 천연가스를 연료로 사용하는 것에 대하여 부가가치세를 면제한다. 2023년 12월 31일까지 공급하는 것에만 적용한다(조특법 제106조 제1항 제9호).

13. 전기버스

친환경연료를 사용하는 전기버스의 보급을 촉진하기 위하여 다음 요건을 모두 갖춘 전기버스의 공급에 대하여 부가가치세를 면제한다. 2025년 12월 31일까지 공급하는 것에만 적용한다(조특법 제106조 제1항 제9의2호).

① 「환경친화적 자동차의 개발 및 보급 촉진에 관한 법률」에 따른 전기자동차 또는 수소전기자동차로서 각 목의 요건을 갖춘 자동차
② 「여객자동차 운수사업법」에 따른 시내버스, 농어촌버스 및 마을버스 운송사업용으로 공급하는 버스

14. 간이과세자에게 공급하는 자동차

「여객자동차 운수사업법」및 같은 법 시행령에 따른 개인택시운송사업용으로「부가가치세법」에 따른 간이과세자에게 공급하는 자동차에 대하여 부가가치세를 면제한다. 2025년 12월 31일까지 공급하는 것에만 적용한다(조특법 제106조 제1항 제9의3호).

15. 희귀병 치료를 위한 물품

「관세법」제91조 제4호 및 제5호에 따른 물품 중 희귀병 치료를 위한 것으로서 다음의 것은 부가가치세를 면제한다(조특법 제106조 제1항 제10호 ; 조특령 제106조 제14항).

① 세레자임 등 고셔병환자가 사용할 치료제 및 로렌조오일 등 부신이영양증환자가 사용할 치료제
② 혈우병으로 인한 심신장애인이 사용할 열처리된 혈액응고인자농축제
③ 근육이양증환자의 치료에 사용할 근육모세포
④ 윌슨병환자의 치료에 사용할 치료제
⑤ 후천성면역결핍증으로 인한 심신장애인이 사용할 치료제
⑥ 장애인의 음식물섭취에 사용할 삼킴장애제거제
⑦ 장기이식 후 면역억제제의 합병증의 림파구증식증 환자의 치료에 사용할 치료제
⑧ 니티시논 등 타이로신혈증환자가 사용할 치료제
⑨ 발작성 야간 헤모글로빈뇨증 및 비정형 용혈성 요독증후군, 전신 중증 근무력증 및 시신경 척수염 범주질환 환자의 치료에 사용할 치료제
⑩ 신경섬유종증 1형 환자의 치료에 사용할 치료제

16. 영유아용 기저귀와 분유

출산 장려를 위해 영유아용 기저귀와 분유. 다만, 액상 형태의 분유를 포함하되「부가가치세법」제26조에 따라 부가가치세가 면제되는 분유는 제외한다(조특법 제106조 제1항 제11호).

17. 목재펠릿

저탄소신재생에너지인 목재펠릿의 사업초기 시장형성 등의 어려움을 해소하기 위해「조세특례제한법」및「농·축산·임·어업용 기자재 및 석유류에 대한 부가가치세 영세율 및 면세 적용 등에 관한 특례규정」에 따른 농민 또는 임업에 종사하는 자에게 난방용

또는 농업·임업용으로 공급하는 임산물 중 목재펠릿을 2025년 12월 31일까지 공급하는 것에 대하여 부가가치세를 면제한다(조특법 제106조 제1항 제12호).

18. 해저광물자원개발을 위한 과세특례

(1) 해저조광권자가 수입하는 기계·장비 및 자재

「해저광물자원 개발법」에 따른 해저조광권을 가진 자("해저조광권자")가 해저광물의 탐사 및 채취사업에 사용하기 위해 2025년 12월 31일까지 수입하는 기계·장비 및 자재에 대한 관세와 부가가치세를 면제한다(조특법 제140조 제1항).

(2) 해저조광권자의 대리인 또는 도급업자가 수입하는 기계·장비 및 자재

해저조광권자의 대리인 또는 도급업자가 해저광물의 탐사 및 채취사업에 직접 사용하기 위하여 2025년 12월 31일까지 그 해저조광권자의 명의로 수입하는 기계·장비 및 자재에 대한 관세와 부가가치세를 면제한다(조특법 제140조 제2항).

19. 부가가치세 등 신고 시 제출서류

(1) 국민주택 건설용역 등

「조세특례제한법」에 따라 부가가치세가 면제되는 도서지방의 자가발전용 석유류, 국민주택과 그 주택의 건설용역 등을 공급한 사업자는 부가가치세법에 의한 예정·확정 신고 또는 영세율 등 조기환급신고를 하는 때에 해당 신고서에 면세공급증명서를 첨부하여 제출하여야 한다(조특령 제106조 제12항 제3호).

(2) 학교급식공급업자가 공급하는 위탁급식용역

부가가치세가 면제되는 위탁급식의 방법으로 음식용역을 공급하는 학교급식공급업자는 「소득세법」 제78조의 규정에 의한 사업장현황신고(부가가치세 과세사업을 겸영하는 학교급식공급업자인 경우에는 「부가가치세법」 제48조 및 동법 제49조의 규정에 의한 예정신고 및 확정신고)를 할 때에 위탁급식을 공급받는 학교의 장이 확인한 위탁급식공급가액증명서를 사업장 관할세무서장에게 제출하여야 한다(조특령 제106조 제13항).

04 부수재화·용역에 대한 면세

1. 부수 재화·용역의 공급에 대한 면세

면세되는 재화 또는 용역의 공급에 통상적으로 부수되는 재화 또는 용역의 공급은 면세되는 재화 또는 용역의 공급에 포함되는 것으로 본다(부가법 제26조 제2항).

2. 비영리 출판물과 관련되는 용역의 범위

영리 아닌 사업을 목적으로 하는 법인 기타 단체가 발행하는 기관지 또는 이와 유사한 출판물과 관련되는 용역은 면세되는 재화 또는 용역의 공급에 필수적으로 부수되는 재화 또는 용역의 공급으로 보아 면세한다(부가령 제48조).

여기에서 "기관지 또는 이와 유사한 출판물"이란 불특정인에게 판매할 목적이 아니라 그 단체의 목적이나 정신을 널리 알리기 위하여 발행하는 것을 말하고 그 기관의 명칭이나 별칭이 해당 출판물의 명칭에 포함되어 있는 것으로 한정한다(부가칙 제36조).

3. 부수재화·용역의 과·면세 사례

면세되는 사례	과세되는 사례
• 의료보건용역 공급시 직영구내식당에서 환자에게 음식물공급 • 신문사가 주된사업 관련 유료심포지움 개최(간세 1235-1946, 1979.06.14.) • 비영리 출판물(기관자 등)과 관련된 광고용역(부가 22601-1311, 1988.07.28.) • 국민주택건설시의 지하수개발(부가 1265.1-182, 1983.01.28.) • 금융업자가 일시적 공급한 골프회원권 양도(부가 46015-2647, 1998.11.28.) • 면세사업자가 사업에 공하던 고정자산·영업권 양도 • 시설대여업자가 면세사업에 공하던 사업용자산 양도(부가 46015-2040, 2000.08.22.)	• 장의업자가 장의용역의 공급과는 별도로 장의용품 판매 • 입시학원의 기숙사·음식·숙박용역(부가 22601-1238, 1989.08.28.) • 시외버스를 전세운행 • 시내버스 운영사업자의 버스차체 광고물부착 대가 • 유상 공급하는 비영리법인의 정기간행물에 게재된 광고료(부가 22601-301.1991.03.14.)

 관련 해석사례 및 집행기준

- 면세사업을 영위하기 위해 건물 취득하였다가 사업 개시 전 양도하는 경우 과세여부

  의료법인이 장기요양기관을 설립하여 면세사업을 운영할 목적으로 쟁점건물을 취득하였으나 인허가를 받지 못하여 건물 일부를 양도하는 경우 면세사업과 관련하여 우연히 또는 일시적 공급하는 재화로서 부가가치세가 면제되는 것임(서면법령해석부가 2021-6652, 2021.11.11.).

- 과학교재와 함께 공급하는 교구의 면세여부

  학습교재와 함께 공급하는 학습도구는 부수재화로서 부가가치세가 면제되는 것이나, 사실상 별개의 재화로 볼 수 있는 경우 학습도구는 부가가치세가 과세되는 것임(서면부가 2018-1491, 2018.05.31.).

- 장례 대행 용역 제공시 부가가치세 과면세여부

  장의업자가 제공하는 장의용역 및 이에 필수적으로 부수하여 제공되는 장의용품은 부가가치세가 면제되는 것이나 장례 대행 용역은 부가가치세 과세대상임(서면부가 2017-540, 2017.05.31.).

- 대부업자가 대물변제 받은 상가를 양도하는 경우

  금전대부업자가 대출금 채권과 상계하는 조건으로 취득한 부동산을 부동산 임대업 등 부가가치세가 과세되는 사업에 사용하지 아니하고 보유하다 양도하는 경우 부가가치세가 면제되는 것임(법규부가 2013-6, 2013.01.14.).

05 재화수입에 대한 면세

1. 부가가치세법

다음에 해당하는 재화의 수입에 대하여는 부가가치세를 면제한다(부가법 제27조).

(1) 수입 미가공식료품

가공되지 아니한 식료품(식용으로 제공되는 농산물, 축산물, 수산물과 임산물을 포함한다)의 수입에 대하여 부가가치세를 면제한다(부가법 제27조).

다만, 관세가 감면되지 아니하는 수입 미가공식료품으로서 다음의 것은 수입할 때에는 과세하며, 면세하지 아니하는 수입 미가공식료품 분류표를 적용할 때에는 「관세법」 별표의 관세율표를 기준으로 한다(부가령 제49조, 부가칙 제37조).

① 커피, 커피의 껍데기·껍질과 웨이스트(관세율표 0901)
② 코코아두(원래 모양이나 부순 것으로서 볶은 것을 포함한다)(관세율표 1801)
③ 코코아의 껍데기·껍질과 웨이스트(관세율표 1802)

(2) 도서, 신문 및 잡지

도서, 신문 및 잡지는 「관세법」 별표 관세율표 제49류의 인쇄한 서적, 신문, 잡지나 그 밖의 정기간행물, 수제(手製)문서 및 타자문서와 면세되는 전자출판물의 수입에 대하여 면세한다(부가령 제50조).

(3) 학술연구단체 등이 과학용 등으로 수입하는 재화

「한국교육방송공사법」에 따른 한국교육방송공사 또는 문화단체가 과학용·교육용·문화용으로 수입하는 재화로서 다음에 해당하는 것은 면세한다. 다만 제1) 내지 제5)의 재화는 관세가 감면되는 것에 한하여 면세를 적용하되, 관세가 경감되는 경우에는 경감되는 부분만 해당한다(부가법 제27조, 부가령 제51조, 부가칙 제39조).

1) 학교(서울대학교병원, 국립대학병원, 서울대학교치과병원 및 국립대학치과병원 포함), 박물관 또는 그 밖의 시설에서 진열하는 표본 및 참고품·교육용의 촬영된 필름·슬라이드·레코드·테이프 그 밖에 이와 유사한 매개체와 이러한 시설에서 사용되는 물품. 동 물품에는 위 시설에서 사용하기 위하여 소관 중앙행정기관의 장이 수입하는 것을 포함한다.

① 「정부조직법」 제4조 또는 지방자치단체의 조례에 따라 설치된 기관이 운영하는 시험소, 연구소, 공공직업훈련원, 공공도서관, 동물원, 식물원 및 전시관
② 「대한무역투자진흥공사법」에 따른 대한무역투자진흥공사의 전시관
③ 「산업집적활성화 및 공장설립에 관한 법률」 제31조 제2항에 따라 설립된 산업단지관리공단의 전시관
④ 「정부출연연구기관 등의 설립·운영 및 육성에 관한 법률」에 따라 설립된 산업연구원과 「과학기술분야 정부출연연구기관 등의 설립·운영 및 육성에 관한 법률」에 따라 설립된 한국생산기술연구원 및 한국과학기술정보연구원
⑤ 수출조합의 전시관. 다만, 산업통상자원부장관이 면세를 추천한 부분으로 한정한다.
⑥ 「중소기업진흥에 관한 법률」에 따라 설립된 중소기업진흥공단이 개설한 전시관 및 연수원

⑦ 「소비자기본법」에 따른 한국소비자원
⑧ 디자인 및 포장에 관한 연구개발사업을 추진하기 위하여 비영리법인이 개설한 전시관
⑨ 「과학관의 설립·운영 및 육성에 관한 법률」에 따른 과학관(사립과학관의 경우에는 같은 법에 따라 등록한 것으로 한정한다)

2) 연구원·연구기관 등 다음의 과학기술 연구개발 시설에서 과학기술의 연구개발에 제공하기 위하여 수입하는 물품

① 「특정연구기관 육성법」 제2조에 따른 연구기관
② 「산업기술혁신 촉진법」 제42조에 따라 산업통상자원부장관의 허가를 받아 설립된 연구소
③ 「산업교육진흥 및 산학연협력촉진에 관한 법률」 제25조에 따라 설립된 산학협력단
④ 「산업기술연구조합 육성법」에 따라 설립된 산업기술연구조합
⑤ 「과학기술분야 정부출연연구기관 등의 설립·운영 및 육성에 관한 법률」 제8조에 따라 설립된 연구기관
⑥ 「국방과학연구소법」에 따라 설립된 국방과학연구소
⑦ 「한국해양과학기술원법」에 따라 설립된 한국해양과학기술원
⑧ 「우주항공청의 설치 및 운영에 관한 특별법」 제19조에 따라 설립된 한국항공우주연구원 및 같은 법 제20조에 따라 설립된 한국천문연구원
⑨ 산업기술연구를 목적으로 「민법」 제32조 및 「협동조합 기본법」에 따라 설립된 비영리법인으로서 독립된 연구시설을 갖추고 있는 법인임을 산업통상자원부장관, 과학기술정보통신부장관 또는 기획재정부장관이 확인·추천하는 기관

3) 과학기술의 연구개발을 지원하는 단체에서 수입하는 과학기술의 연구개발에 사용되는 시약류

4) 「정부출연연구기관 등의 설립·운영 및 육성에 관한 법률」 제8조에 따라 설립된 한국교육개발원이 학술연구를 위하여 수입하는 물품

5) 「한국교육방송공사법」에 따른 한국교육방송공사가 교육방송을 위하여 수입하는 물품

6) 외국으로부터 다음의 영상 관련 공익단체에 기증되는 재화로서 그 단체가 직접 사용하는 것

① 「방송통신위원회의 설치 및 운영에 관한 법률」에 따른 방송통신위원회
② 「영화 및 비디오물의 진흥에 관한 법률」 제4조에 따른 영화진흥위원회
③ 「영화 및 비디오물의 진흥에 관한 법률」 제71조에 따른 영상물등급위원회
④ 「민법」 제32조에 따라 설립된 재단법인 한국영상자료원, 재단법인 한국방송진흥원 및 사단법인 한국영상미디어협회

(4) 종교단체 등에 기증되는 재화

종교의식, 자선, 구호, 그 밖의 공익을 목적으로 외국으로부터 종교단체·자선단체 또는 구호단체에 기증되는 다음 재화 수입에 대하여 면세한다(부가령 제52조).

① 사원(寺院)이나 그 밖의 종교단체에 기증되는 물품으로서 관세가 면제되는 것
② 자선 또는 구호의 목적으로 기증되는 급여품으로서 관세가 면제되는 것
③ 구호시설 및 사회복리시설에 기증되는 구호 또는 사회복리용에 직접 제공하는 물품으로서 관세가 면제되는 것

(5) 국가 등에 기증되는 재화

외국으로부터 국가, 지방자치단체 또는 지방자치단체조합에 기증되는 재화의 수입에 대하여 면세한다.

(6) 소액물품

거주자가 받는 소액물품으로서 관세가 면제되는 재화의 수입에 대하여 면세한다.

(7) 이주 등으로 인한 수입재화

이사, 이민 또는 상속으로 인하여 수입하는 재화로서 관세가 면제되거나 「관세법」에 따른 간이세율이 적용되는 재화의 수입에 대하여 면세한다.

(8) 여행자 휴대품

여행자의 휴대품, 별송(別送) 물품 및 우송(郵送) 물품으로서 관세가 면제되거나 해당 간이세율이 적용되는 재화의 수입에 대하여 면세한다.

(9) 견본품

수입하는 상품의 견본과 광고용 물품으로서 관세가 면제되는 재화의 수입에 대하여 면세한다.

(10) 국내 박람회 등 출품하기 위한 수입물품

국내에서 열리는 박람회, 전시회, 품평회, 영화제 또는 이와 유사한 행사에 출품하기 위하여 무상으로 수입하는 물품으로서 관세가 면제되는 재화의 수입에 대하여 면세한다.

(11) 조약 등에 의거 관세가 면제되는 재화

조약, 국제법규 또는 국제관습에 의하여 관세가 면제되는 재화로서 다음에 해당하는 것의 수입에 대하여 부가가치세를 면제한다(부가령 제53조).

① 대한민국을 방문하는 외국의 원수와 그 가족 및 수행원이 사용하는 물품
② 국내에 있는 외국의 대사관·공사관, 그 밖에 이에 준하는 기관의 업무용품
③ 국내에 주재하는 외국의 대사·공사, 그 밖에 이에 준하는 사절 및 그 가족이 사용하는 물품
④ 국내에 있는 외국의 영사관, 그 밖에 이에 준하는 기관의 업무 용품
⑤ 국내에 있는 외국의 대사관·공사관·영사관, 그 밖에 이에 준하는 기관의 직원과 그 가족이 사용하는 물품
⑥ 정부와의 사업계약을 수행하기 위하여 외국계약자가 계약조건에 따라 수입하는 업무 용품
⑦ 국제기구나 외국정부로부터 정부에 파견된 고문관·기술단원, 그 밖에 이에 준하는 자가 직접 사용할 물품

(12) 수출 후 재수입 재화

수출된 후 다시 수입하는 재화로서 관세가 감면되는 것은 사업자가 재화를 사용하거나 소비할 권한을 이전하지 아니하고 외국으로 반출하였다가 다시 수입하는 재화로 「관세법」 제99조(재수입면세)에 따라 관세가 면제되거나 「관세법」 제101조(해외임가공물품 등의 감면)에 따라 관세가 경감되는 재화는 면세한다. 다만, 관세가 경감되는 경우에는 경감되는 비율만큼만 면제한다.

(13) 일시 수입재화

다시 수출하는 조건으로 일시 수입하는 재화로서 관세가 감면되는 것은 「관세법」 제97조에 따라 관세가 감면되는 것은 면세한다. 다만, 관세가 경감되는 경우에는 경감되는 비율만큼만 해당한다.

(14) 수입 담배

판매가격 20개 기준 200원 이하인 것과 특수용 담배로서 담배의 수입에 대하여 면세한다.

(15) 관세가 무세이거나 감면되는 재화

재화 이외에 관세가 무세이거나 감면되는 재화로서 다음에 대하여 면세한다. 다만, 관세가 경감되는 경우에는 경감되는 비율만큼만 면제한다.

① 정부에서 직접 수입하는 군수품(정부의 위탁을 받아 정부 외의 자가 수입하는 경우를 포함한다)
② 국가원수 경호용으로 사용할 물품
③ 국내 거주자에게 수여된 훈장·기장 또는 이에 준하는 표창장과 상패
④ 기록문서와 그 밖의 서류
⑤ 외국에 주둔하거나 주재하는 국군 또는 재외공관으로부터 반환된 공용품
⑥ 대한민국의 선박 또는 그 밖의 운수기관이 조난으로 인하여 해체된 경우 그 해체재 및 장비품
⑦ 대한민국 수출물품의 품질·규격·안전도 등이 수입국의 권한 있는 기관이 정하는 조건을 충족하는 것임을 표시하는 수출물품 첨부용 라벨
⑧ 항공기의 제작·수리 또는 정비에 필요한 부분품
⑨ 항공기의 제작·수리 또는 정비에 필요한 원재료로서 소관 중앙행정기관의 장이 국내 생산이 곤란한 것으로 확인하는 것
⑩ 국제 올림픽 및 아시아 운동 경기 대회 종목에 해당하는 운동용구(부분품을 포함한다)로서 대회 참가 선수의 훈련에 직접 사용되는 물품
⑪ 대한민국과 외국 간의 교량, 통신시설, 해저통로, 그 밖에 이에 준하는 시설의 건설 또는 수리에 쓰이는 물품
⑫ 국제적십자사, 그 밖의 국제기구 및 외국적십자사가 국제평화봉사활동 또는 국제친선활동을 위하여 기증하는 물품
⑬ 박람회, 국제경기대회, 그 밖에 이에 준하는 행사에 사용하기 위하여 그 행사 참가자가 수입하는 물품
⑭ 과학기술정보통신부장관이 국가안전보장에 긴요하다고 인정하여 수입하는 비상통신용 및 전파관리용 물품
⑮ 수입신고한 물품으로서 수입신고 수리 전에 변질 또는 손상된 것
⑯ 「관세법」 외의 법령(「조세특례제한법」은 제외한다)에 따라 관세가 감면되는 물품
⑰ 지도, 설계도, 도안, 우표, 수입인지, 화폐, 유가증권, 서화, 판화, 조각, 주상, 수집품, 표본 또는 그 밖에 이와 유사한 물품
⑱ 시각·청각 및 언어의 장애인, 지체장애인, 만성신부전증 환자, 희귀난치성 질환자 등을 위한 용도로 특수하게 제작되거나 제조된 물품 중 기획재정부령으로 정하는

물품(협정관세율이 0인 것을 포함한다)
⑲ 국가정보원장 또는 그 위임을 받은 자가 국가안전보장 목적의 수행에 긴요하다고 인정하여 수입하는 물품
⑳ 그 밖에 관세의 기본세율이 무세인 물품으로서 기획재정부령으로 정하는 것과 관세의 협정세율이 무세인 철도용 내연기관, 디젤기관차 및 이식용 각막

2. 「조세특례제한법」

다음의 재화의 수입에 대하여 부가가치세를 면제한다(조특법 제106조 제2항).

① 무연탄
② 과세사업에 사용하기 위한 선박(제3자에게 판매하기 위하여 선박을 수입하는 경우는 제외)
③ 과세사업에 사용하기 위한 「관세법」에 따른 보세건설물품
④ 「조세특례제한법」 제105조 제1항 제5호에서 규정하는 농민 또는 임업에 종사하는 자가 직접 수입하는 농업용·축산업용 또는 임업용 기자재(특례규정시행규칙 별표 1, 2)와 동법 제105조 제1항 제6호에서 규정하는 어민이 직접수입하는 어업용 기자재에 대해서는 2025년 12월 31일까지 수입신고하는분에만 적용한다.
⑤ 「국제경기대회 지원법」 제9조에 따라 설립된 2024강원동계청소년올림픽대회조직위원회 또는 지방자치단체가 2024강원동계청소년올림픽대회의 경기시설제작·건설 및 경기운영에 사용하기 위한 물품으로서 국내제작이 곤란한 것으로 2024년 12월 31일까지 수입신고하는 분에만 적용한다.

06 면세포기

1. 의의

부가가치세가 면제되는 재화·용역을 공급하는 사업자가 자기의 의사표시로 면세를 받지 않고 과세사업자로 적용받을 수 있도록 하는 제도를 면세포기라 한다. 그러나 면세포기제도는 모든 면세사업자에 대하여 적용되는 것이 아니라, 소비자의 조세부담 경감을 위한 면세제도의 특성상 소비자의 조세부담이 불리하지 않는 범위 내에서 인정되고 있다.

2. 면세포기 대상

면세포기의 대상을 다음 4가지를 제한적으로 열거하고 있으며, 그 구체적 적용을 시행령에 위임하고 있다(부가령 제28조 제1항).

① 영세율의 적용 대상이 되는 재화·용역
② 주택과 부수토지의 임대용역
③ 저술가·작곡가 등이 직업상 제공하는 인적 용역
④ 학술 및 기술 발전을 위하여 학술 및 기술의 연구와 발표를 주된 목적으로 하는 단체가 그 연구와 관련하여 실비 또는 무상으로 공급하는 재화 또는 용역

「부가가치세법시행령」 제57조에서는 ① 영세율이 적용되는 재화·용역을 공급하는 경우, ② 공익단체 중 학술연구단체·기술연구단체가 그 연구와 관련하여 실비 또는 무상으로 공급하는 재화 또는 용역을 공급하는 경우만으로 한정하고 있다.

따라서 부가가치세가 면제되는 정부업무대행단체도 영세율 적용대상 재화 또는 용역을 공급하는 경우에는 면세포기가 가능하다(부가통 28-57-3).

3. 면세포기의 신고

면세포기가 가능한 재화 또는 용역을 공급하는 사업자가 면세를 받지 아니하고자 하는 경우에는 『면세포기신고서(부가칙 별지 제13호)』를 관할세무서장에게 제출하고 지체 없이 사업자등록을 하여야 한다(부가령 제57조). 또한 신규로 사업을 개시하는 사업자인 경우에는 사업자등록신청서와 함께 면세포기신고서를 제출할 수 있다(부가칙 제44조 제2항).

① 사업자의 인적사항
② 면세를 포기하려는 재화 또는 용역
③ 그 밖의 참고 사항

부가가치세가 면제되는 재화 또는 용역의 공급이 영세율의 적용 대상이 되는 것과 학술등 연구단체가 그 연구와 관련하여 실비 또는 무상으로 공급하는 재화 또는 용역에 대하여 부가가치세의 면제를 받지 아니하려는 사업자는 면세포기신고서를 관할 세무서장에게 제출(국세정보통신망에 의한 제출을 포함한다)하여야 한다. 이 경우 지체 없이 사업자등록을 하여야 한다.

4. 면세포기의 효력

(1) 효력발생시기

면세포기신고의 효력은 「부가가치세법」에 의하여 사업자등록을 한(사업자등록접수일) 이후 거래분부터 적용한다.

(2) 면세포기효력의 범위

1) 면세포기한 사업자가 국내에 공급하는 경우

영세율적용 대상이 되는 것만을 면세포기한 사업자가 면세되는 재화 또는 용역을 국내에 공급하는 경우에는 면세포기의 효력이 없다(부가통 28-57-2). 즉, 면세포기한 사업자가 일부는 수출하고 그 나머지는 국내에서 공급하는 경우에는 수출하는 재화에 대하여만 면세포기 효력이 있어 영세율을 적용받고, 국내판매분은 면세를 적용받게 되는 것이다.

2) 사업양도시 면세포기 효력

면세포기신고를 한 사업자가 사업을 포괄양도·양수하는 경우에 면세포기의 효력은 사업을 양수한 사업자에게 승계된다(부가통 28-57-4).

3) 2 이상의 사업 중 일부만 면세포기

면세되는 2 이상의 사업 또는 종목을 영위하는 사업자는 면세포기대상이 되는 재화 또는 용역의 공급 중에서 면세포기하고자 하는 재화 또는 용역의 공급만을 구분하여 면세포기할 수 있다(부가통 28-57-1).

5. 면세의 재적용 제한

면세포기신고를 한 사업자는 신고한 날로부터 3년간은 부가가치세의 면세를 적용받지 못한다. 다만, 면세포기신고를 한 날로부터 3년이 지난 뒤 부가가치세를 면제받으려면 『면세적용신고서』와 함께 사업자등록증을 제출하여야 하며, 이 경우 면세적용신고서를 제출하지 아니한 경우에는 계속하여 면세를 포기한 것으로 본다(부가법 제28조 제3항, 부가령 제58조).

07 면세사업자의 협력의무

1. 의의

면세사업자는 「부가가치세법」상의 납세의무자가 아니므로 신고 등의 의무는 없다. 다만, 세금계산서 등의 상호 대사를 위해 세금계산서합계표 등을 제출하도록 하고 있다(부가법 제54조 제5항).

2. 협력의무

(1) 세금계산서 합계표 제출의무

세금계산서를 발급받은 국가, 지방자치단체, 지방자치단체조합, 그 밖에 대통령이 정하는 자[35]는 세금계산서합계표를 해당 과세기간이 끝난 후 25일 이내에 납세지 관할 세무서장에게 제출하여야 한다(부가법 제54조 제5항).

(2) 면세사업자의 대리납부의무

대리납부란 국내에 사업장이 없는 비거주자 또는 외국법인과 국내사업장이 있는 비거주자 또는 외국법인으로부터 용역 또는 권리(국내사업장과 관련 없는 용역을 제공하는 경우에 한함)를 공급받는 경우 해당 용역 등을 공급받은 자가 그 대가를 지급하는 시점에 국외의 공급자를 대리하여 부가가치세를 징수·납부하는 것을 말한다(부가법 제52조).

(3) 소득세 및 법인세 납세의무

「부가가치세법」상 납세의무는 없으나, 「소득세법」 또는 「법인세법」상 면세사업자로서 제반 권리·의무가 있다.

---

[35] "대통령령으로 정하는 자"란 다음의 자를 말한다.
　① 부가가치세가 면제되는 사업자 중 소득세 또는 법인세의 납세의무가 있는 자(「조세특례제한법」에 따라 소득세 또는 법인세가 면제되는 자를 포함한다)
　② 「민법」 제32조에 따라 설립된 법인
　③ 특별법에 따라 설립된 법인
　④ 각급학교 기성회, 후원회 또는 이와 유사한 단체
　⑤ 「법인세법」 제94조의2에 따른 외국법인연락사무소

08 영세율과 면세의 비교

구 분	영 세 율	면 세
기본원리	일정한 과세거래에 0% 세율을 적용 ① 공급받는 자는 거래징수를 면함. ② 매입세액을 전액 환급하여 제거함. ③ 완전면세제도	일정한 거래에 대한 납세의무 면제 ① 거래징수 없음. ② 매입세액은 환급되지 않으므로 다음 단계로 전가됨. ③ 부분면세제도
취 지	국제적 이중과세방지(= 소비지국 과세원칙 실현), 수출촉진	부가가치세의 역진성 완화
대 상	수출 등 외화획득 거래	기초생활필수품 및 국민후생용역
사업자의 협력의무	부가가치세법상 사업자이므로 부가가치세법상 제반 의무를 이행해야 함(사업자등록, 장부비치·기장, 세금계산서 발급, 매입·매출세금계산서합계표 제출, 영세율 과세표준 신고).	부가가치세법상 사업자가 아니므로 매입처별세금계산서 합계표의 제출과 대리납부의무만 이행함.

■ 부가가치세법 시행규칙 [별지 제13호서식](2013.06.28 개정)   홈택스(www.hometax.go.kr)에서도 신청할 수 있습니다.

면세 [ ] 포기   신고서
[ ] 적용

※ [ ]에는 해당하는 곳에 √ 표시를 합니다.

접수번호	접수일	처리기간	즉시

신고인 인적사항	상호(법인명)		사업자등록번호	
	성명(대표자)		전화번호	
	사업장(주된 사업장) 소재지			
	업태		종목	

신고내용

[ ]면세 포기 신고	「부가가치세법 시행령」 제57조에 따라 아래 재화 또는 용역에 대한 면세를 포기할 것을 신고합니다.	
	면세 포기를 하려는 재화 또는 용역의 종류	면세 포기 사유

[ ]면세 적용 신고	「부가가치세법 시행령」 제58조에 따라 아래 재화 또는 용역에 대한 면세를 적용받을 것을 신고합니다.			
	면세를 포기한 재화 또는 용역의 종류	면세 포기 연월일	면세를 적용받으려는 재화 또는 용역의 종류	면세를 적용 받으려는 사유

년   월   일

신고인
(서명 또는 인)

세무서장 귀하

첨부서류	없음	수수료 없음

작 성 방 법

※ 해당되는 신고사항에 [√]표시하고 해당 사항과 작성일을 적은 후 신고인란에 서명 또는 날인하여 제출합니다.

210mm×297mm[백상지 80g/㎡(재활용품)]

CHAPTER
05

과세표준

01 _ 부가가치세의 계산구조
02 _ 공급시기(거래시기)
03 _ 재화와 용역의 과세표준
04 _ 과세표준의 계산특례
05 _ 대손세액공제

01 부가가치세의 계산구조

현행 「부가가치세법」은 전단계세액공제법을 채택하고 있으므로 부가가치를 과세표준으로 하지 않고 매출세액에서 매입세액을 차감하여 계산된 납부세액이 결과적으로 부가가치에 대하여 과세된 것과 같은 구조를 취한다. 부가가치세의 계산구조는 다음과 같다.

		과 세 표 준	재화·용역의 공급가액 (면세 재화·용역 제외)
(×)		세　　　　율	10% (영세율: 0%)
		매 출 세 액	대손세액 가감
(-)		매 입 세 액	과세기간 중 매입세액 (매입세액불공제분 제외)
		납부(환급)세액	
(+)		가　산　세	
(-)		공 제 · 감 면 세 액	• 예정신고미환급세액, 예정고지세액(개인, 법인) • 신용카드매출전표 발행공제(개인) • 전자신고세액공제(개인, 법인) 등
		자진납부(환급)세액	

02 공급시기 (거래시기)

1. 의의

부가가치세는 과세기간 단위로 과세되므로 재화 또는 용역의 공급이 어느 과세기간에 귀속되는지가 중요한데, 이러한 공급시기는 부가가치세의 거래징수와 세금계산서 발급시기를 결정하므로 중요하다. 공급시기를 잘못 판단한 경우에는 공급자 및 공급받는 자 모두에게 가산세가 부과되거나 매입세액불공제 등의 불이익이 따를 수 있음에 유의하여야 한다.

> 공급시기 = 재화나 용역의 거래시기 = 세금계산서 발급시기 = 세금계산서상 "작성연월일"

2. 일반적 기준 - 재화의 공급시기

재화가 공급되는 시기는 원칙적으로 다음에 해당하는 때로 한다(부가법 제15조).

구 분	공 급 시 기
① 재화의 이동이 필요한 경우 (예: 상품, 제품, 원료, 기계장비 등 동산)	재화가 인도되는 때
② 재화의 이동이 필요하지 아니한 경우 (예: 건물, 구축물, 권리 등)	재화가 이용가능하게 되는 때
③ 위의 규정을 적용할 수 없는 경우	공급이 확정되는 때

여기서 "이용가능하게 되는 때"란 계약당사자가 계약상의 내용을 이행함으로써 그 재화를 매입하는 자가 소유권을 주장할 수 있거나, 공급자(판매자)의 승낙 하에 매입자가 이미 사용을 시작한 경우를 말한다[36].

예를 들어 사업용 건물의 양도 시 공급 시기에 대한 판단 기준은 ① 매매대금이 청산되거나 소유권이전등기가 완료되기 전이라도, 양수인이 사실상 소유자로서 해당 건물에 대한 배타적인 이용 및 처분 권한을 가지며 점유가 이전된 경우, 양수인이 건물을 실질적으로 이용한 시점이며(제도 46015-12252, 2001.07.19.), ② 소유권이전등기가 완료되었더라도 매매 잔금 미지급 등의 사유로 인해 양도인과 양수인 간의 특약에 따라 잔금 지급 이전까지 양수인의 사용 및 수익이 제한되는 경우, 양수인이 잔금을 지급하고 실제로 건물을 사용·수익할 수 있게 된 날이 공급 시기가 된다(서면3팀-1213, 2007.04.25.).

3. 거래형태별 재화의 공급시기

거래형태별 재화의 공급시기는 다음과 같다(부가령 제28조).

(1) 현금·외상판매 및 할부판매의 경우

해당 재화가 인도되거나 이용가능하게 되는 때를 공급시기로 한다(부가령 제28조 제1항). 그리고 "할부판매"란 재화를 공급하고 그 대가를 월부 기타 할부방법에 따라 2회 이상 나누어 받는 것으로서 해당 재화의 인도일의 다음 날부터 최종 할부금을 받기로 한날까지의 기간이 1년 미만인 경우를 말한다.

---

[36] 국세공무원교육원, "앞의 책", 120p 참고.

(2) 장기할부판매의 경우

장기할부판매로 재화를 공급하는 경우에는 **대가의 각 부분을 받기로 한 때**를 재화의 공급시기로 본다(부가령 제28조 제3항).

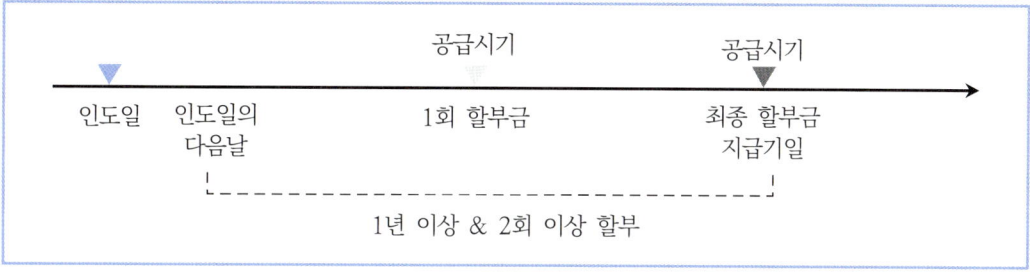

"장기할부판매"란 재화를 공급하고 그 대가를 월부·연부 기타 부불방법에 따라 받는 것 중 다음에 해당하는 것을 말한다.

① 2회 이상으로 분할하여 대가를 받는 것
② 해당 재화의 인도일의 다음달부터 최종 할부금 지급기일까지의 기간이 1년 이상인 것

그리고 "대가의 각 부분을 받기로 한 때"란 받기로 약정된 날을 의미한다. 따라서 실제로 대가를 받았는지 여부에 관계없이 대가의 각 부분을 받기로 약정한 날이 공급시기가 되고 이때 세금계산서를 발급하여야 한다.

(3) 완성도기준지급조건부

1) 공급시기

완성도기준지급조건부로 재화를 공급하는 경우 대가의 각 부분을 받기로 한 때를 재화의 공급시기로 본다(부가령 제28조 제3항). 다만, 완성도기준지급조건부로 재화를 공급하는 경우 재화가 인도되거나 이용가능하게 되는 날 이후에 받기로 한 대가의 부분에 대해서는 재화가 인도되거나 이용가능하게 되는 날을 그 재화의 공급시기로 본다(부가령 제28조 제3항 단서).

2) 완성도기준지급조건부 공급의 요건

"완성도기준지급조건부"란 공급하는 용역의 제작기간이 장기간을 요하는 경우에 그 진행도 또는 완성진도를 확인하여 그 비율만큼 대가를 지급하는 것을 말하며, 완성도기준지급에서 완성후의 공급시기는 있을 수 없다. 예를 들어 완성(준공)후 1월 이내 대금을 지급받기로 약정시 완성(준공)일이 공급시기이다.

① 재화의 제작기간이나 공사기간에 대한 요건이 없음에 유의하여야 한다(6월 이내의 단기공급에서도 적용될 수 있음)(부가 46015-217, 1998.02.06.).
② 완성도의 측정은 제작(공사) 시작부터 완성사이에서만 이루어질 수 있으므로 완성시점 이후의 공급시기는 장기할부의 경우를 제외하고는 발생될 수 없다.
③ 다음의 경우에는 완성도기준지급으로 보지 않는다.

> ㉠ 계약서에 대금지급방법이나 지급일자 등이 구체적으로 명시되지 아니한 경우
> ㉡ 계약서상 기성금 지급은 월 1회로 되어 있으나, 그 지급기일을 명시하지 아니한 경우(조심 2024 서4152, 2024.12.16.).
> ㉢ 계약서상 기성부분 확인절차 등을 명시하고 실제로는 기성고를 확인하지 아니하여 기성고 금액이 확정되지 아니한 경우(부가-226, 2010.02.24.).

3) 대가의 각 부분을 받기로 한 때

대가의 각 부분을 받기로 한 때란 받기로 약정된 날을 의미한다. 따라서 실제로 대가를 받았는지 여부에 관계없이 대가의 각 부분을 받기로 약정한 날이 공급시기가 되고 이때 세금계산서를 발급하는 것이나, 먼저 대가를 받은 경우에는 받은 날이 공급시기가 된다(재부가 -254, 2010.04.16.).

● 실무사례 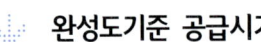 **완성도기준 공급시기**

㈜한결의 경우 20x5.07.31. 기성확정되고 기성확정일로부터 10일 이내 지급조건의 경우
① 20x5.08.05. 대가가 약정일보다 먼저 지급된 경우 지급받는 20x5.08.05.이 공급시기이며,
② 대가가 약정일보다 늦은 20x5.08.14. 대가가 지급되었다면 10일 되는 날인 8.10.이 공급시기이다.
③ 완성(준공)후 1월 이내에 대금을 받기로 약정하는 경우에는 완성(준공)일이 공급시기가 된다.

4) 기성청구 확정일
① 기성고 청구이후 기성고 확인 및 기성금액을 확정하고 대가지급하는 경우 기성고 확정일에 세금계산서를 발급하는 경우에는 사실과 다른 세금계산서로 보지 않는다(조심 2008중 830, 2008.07.16.).
② 기성고확정일 아닌 다른 날로 기재한 경우
사업자가 완성도기준지급조건부계약에 따라 건설용역을 공급하면서 시행사와 사전약정에 따라 매월 감리업체의 기성검사 확인을 거쳐 기성금을 확정하여 기성청구를 하는 경우로서 「부가가치세법」 제34조 제3항 제3호에 따른 세금계산서를 발

급하면서 작성연월일을 기성부분금 확정일이 아닌 그 확정일이 속한 달의 다른 날을 기재한 경우 해당 세금계산서는 「부가가치세법」 및 제39조 제1항 제2호에 따른 사실과 다른 세금계산서에 해당하지 아니한다(기준법령해석부가 2018-52, 2018.04.24.).

5) 완성도기준지급조건부 용역의 공급시기 사례(부가집 16-29-1)
① 완성도기준지급조건부로 건설용역을 공급함에 있어 당사자의 약정에 의하여 준공검사일 이후 잔금을 받기로 한 경우 해당 잔금에 대한 공급시기는 건설용역의 제공이 완료되는 때로 한다.
② 완성도기준지급조건부로 건설용역을 공급하면서 당사자간 기성금 등에 대한 다툼이 있어 법원의 판결에 의하여 대가가 확정되는 경우 해당 건설용역의 공급시기는 법원의 판결에 의하여 대가가 확정되는 때로 한다.
③ 완성도기준지급조건부 건설용역을 공급함에 있어 기성부분에 대한 공급시기는 기성청구 후 대가의 지급이 확정되어 그 대가를 실제로 받은 날이 되지만, 기성부분에 대한 대가를 기성고 확정일로부터 약정된 날까지 지급받지 못한 때에는 그 약정일의 종료일이 된다.

6) 지급일을 명시하지 아니한 완성도기준조건부 용역의 공급시기(부가집 16-29-2)
① 건설용역을 공급함에 있어 건설공사기간에 대한 약정만 체결하고 대금지급기일에 관한 약정이 없는 경우의 공급시기는 다음과 같다.
　㉠ 해당 건설공사에 대한 건설용역의 제공이 완료되는 때. 다만, 해당 건설용역 제공의 완료 여부가 불분명한 경우에는 준공검사일
　㉡ 해당 건설공사의 일부분을 완성하여 사용하는 경우에는 그 부분에 대한 건설용역의 제공이 완료되는 때. 다만, 해당 건설용역 제공의 완료 여부가 불분명한 경우에는 그 부분에 대한 준공검사일
② 건설공사 계약시 완성도에 따라 기성고 대금을 나누어 받기로 하였으나, 그 지급일을 명시하지 아니한 경우에는 공사기성고가 결정되어 그 대금을 받을 수 있는 때를 그 공급시기로 한다.
③ 사업자가 완성도기준지급 건설용역의 공급계약서상 특정내용에 따라 해당 건설용역에 대하여 검사를 거쳐 대가의 각 부분의 지급이 확정되는 경우에는 검사 후 대가의 지급이 확정되는 때를 그 공급시기로 본다.

7) 계약금의 공급시기
완성도기준지급조건부로 재화를 공급하거나 용역을 제공함에 있어서 그 대가의 일부로 계약금을 거래상대방으로부터 받는 경우에는 해당 계약조건에 따라 계약금을 받기로 한

때를 그 공급시기로 본다. 이 경우 착수금 또는 선수금 등의 명칭으로 받는 경우에도 해당 착수금 또는 선수금이 계약금의 성질이 있는 때에는 계약금으로 본다(부가집 15-28-2).

8) 선수금의 공급시기

사업자가 완성도기준지급조건부로 「국고금관리법」 제26조의 적용을 받지 아니하는 건설용역을 공급함에 있어 도급인으로부터 공사자금 지원목적으로 선수금(착수금)을 지급받고 동 선수금 중 작업진행율에 상당하는 부분을 확정된 기성고대금에 순차로 충당하기로 한 경우 동 선수금의 공급시기는 계약에 따라 확정된 기성고대금에 충당되는 때인 것이나, 이 경우 사업자가 공사용역을 제공하는 도급계약을 체결하고 받은 선급금에 대하여 「부가가치세법」 제9조 제1항 또는 제2항에 규정하는 시기(원래의 공급시기)가 도래하기 전에 동법 제16조의 규정(공급시기특례규정)에 의한 세금계산서를 발급하는 경우에는 그 발급하는 때를 당해 용역의 공급시기로 보는 것임(부가 46015-2496, 1997.11.07.).

구 분	계약금	선급금
공급시기	• 계약금을 받기로 한 때	• 계약에 따라 확정된 기성고대금에 충당되는 때
성 격	• 계약금을 지급자가 해약시 - 계약금 포기 • 계약금 수령자가 해약시 - 배액을 상환하여야하는 해약금	• 계약서상 정산규정 및 해약시 손해배상 청구 약정명시

「민법」 제565조 [해약금]

① 매매의 당사자 일방이 계약당시에 금전 기타 물건을 계약금, 보증금 등의 명목으로 상대방에게 교부한 때에는 당사자간에 다른 약정이 없는 한 당사자의 일방이 이행에 착수할 때까지 교부자는 이를 포기하고 수령자는 그 배액을 상환하여 매매계약을 해제할 수 있다.

(4) 중간지급조건부 재화공급의 경우

1) 공급시기

중간지급조건부로 재화를 공급하는 경우에는 대가의 각 부분을 받기로 한 때를 재화의 공급시기로 본다(부가령 제28조 제3항). 다만, 중간지급조건부로 재화를 공급하는 경우 재화가 인도되거나 이용가능하게 되는 날 이후에 받기로 한 대가의 부분에 대해서는 재화가 인도되거나 이용가능하게 되는 날을 그 재화의 공급시기로 본다(부가령 제28조 제3항 단서).

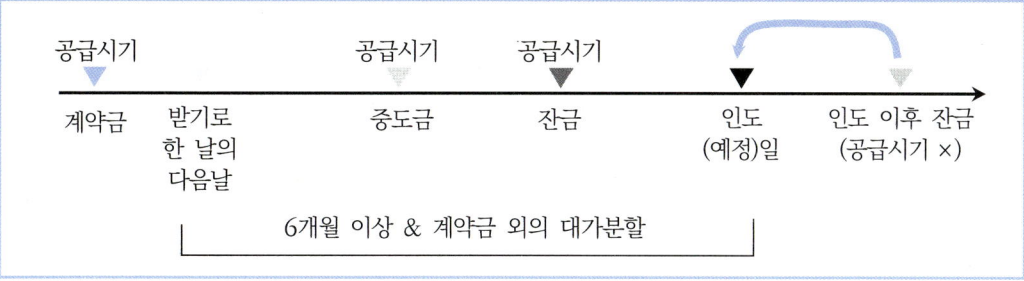

2) 중간지급조건부 공급의 요건

"중간지급조건부"란 계약금을 받기로 한 날의 다음 날로부터 재화를 인도하는 날 또는 재화를 이용가능하게 하는 날까지의 기간이 6개월 이상으로서 그 기간 내에 계약금 외의 대가를 분할하여 받는 경우를 말한다.

"계약금 외의 대가를 분할하여 받는 경우"란 계약금을 제외한 나머지의 대가를 분할하여 받는 것이므로 계약금을 포함하여 대가를 최소한 3회 이상 나누어 받아야 하고 계약금, 중도금, 잔금으로 계약서상 명시되어야 한다.

그리고 중간지급조건부 공급에는 「국고금관리법」 제26조에 따라 경비를 미리 지급받는 경우와 「지방회계법」 제35조에 따라 선금급을 지급받는 경우도 포함된다. 「국고금관리법」 제26조 및 「지방회계법」 제35조에는 지출관은 운임, 용선료, 제조·용역계약의 대가 등 경비를 그 성질상 미리 지급하지 아니하면 사무 또는 사업에 지장을 가져올 우려가 있는 경비의 경우에는 이를 미리 지급하거나 계산하여 지급할 수 있다고 정하고 있다. 이 경우에는 횟수나 기간에 관계없이 중간지급조건부 공급에 해당하므로 그 선급금을 받는 때가 공급시기가 된다.

3) 중간지급조건부계약의 변경에 따른 공급시기 사례(부가집 15-28-5)

① 사업자가 중간지급조건부로 재화 또는 용역의 공급계약을 체결하였으나 그 내용이 변경된 경우의 공급시기는 다음과 같다.

> ㉠ 당초 계약의 지급일자 변경
>   계약의 변경내용에 따라 대가의 각 부분을 받기로 한 때
> ㉡ 계약금 이외 대가의 지급방법 변경
>   대가의 각 부분을 일시에 받기로 변경한 경우에는 재화의 공급 또는 용역의 제공이 완료된 때

② 중간지급조건부로 재화를 공급하기로 하였으나 지급기간 중에 거래상대방에게 재화를 인도하는 경우 나머지 중도금 및 잔금의 공급시기는 해당 재화를 인도한 때로 한다.

③ 중간지급조건부로 제공하는 건설용역이 조기 준공으로 인하여 계약금 지급일부터 준공예정일까지의 기간이 6월 미만이 된 경우 이미 발행한 세금계산서는 적법하며, 나머지 용역대가는 준공일을 공급시기로 본다.

④ 당초 재화의 공급계약이 중간지급조건부에 해당하지 아니하였으나, 당사자간에 계약조건을 변경하여 중간지급조건부계약으로 변경된 경우 계약변경 이전에 지급한 계약금은 변경계약일을, 변경계약일 이후에는 변경된 계약에 의하여 대가의 각 부분을 받기로 한 때를 각각 공급시기로 본다.

4) 중간지급조건부 부동산 공급의 경우 매도인의 계약위반으로 계약상 잔금일 이후 잔금을 공탁한 경우 잔금의 공급시기

중간지급조건부 재화의 공급에 해당하는 경우로서 매도인이 잔금지급기일까지 명도를 하지 아니하여 매수인이 잔금을 변제공탁하면서 임의적으로 소유권이전등기에 필요한 서류의 교부시기를 연장하여 준 경우에는 잔금 정산일(공탁일)을 해당 잔금의 공급시기로 하는 것임(사전법령해석부가 2015-0123, 2015.06.30.).

5) 중간지급조건부계약의 잔금에 대한 공급시기

중간지급조건부계약에 따라 부동산을 공급하는 경우 잔금약정일까지 잔금이 청산되지 아니하여 소유권이전등기가 되지 아니하고 해당 부동산의 사용·수익이 불가능한 경우 잔금의 공급시기는 입주증 교부, 소유권이전등기 등에 따라 해당 부동산이 사실상 이용가능하게 되는 날(대금청산일)이 된다(부가통 15-28-5). 실무상 입주지정종료일을 공급시기로 판단하는 경우가 있으므로 유의해야한다.

(5) 공급단위를 구획할 수 없는 계속적 공급의 경우

전력이나 그 밖의 공급단위를 구획할 수 없는 재화를 계속적으로 공급하는 경우에는 대가의 각 부분을 받기로 한 때를 재화의 공급시기로 본다(부가령 제28조 제3항). 다만, 그 공급시기가 되기 전에 세금계산서 또는 영수증을 발급하는 경우에는 그 발급하는 때를 당해 재화 또는 용역의 공급시기로 본다(부가령 제30조 제3호).

(6) 반환·동의·기타조건부판매 및 기한부판매의 경우

반환조건부·동의조건부판매·기타조건부 및 기한부판매의 경우에는 그 조건이 성취되거나 기한이 지나 판매가 확정되는 때를 공급시기로 본다(부가령 재28조 제2항).

(7) 재화의 공급으로 보는 간주공급의 공급시기

재화 공급의 특례 규정에 따라 재화의 공급으로 보는 간주공급에 대한 공급시기는 다

음과 같다(부가령 제28조 제4항).

① 면세전용의 경우, 비영업용 소형승용자동차와 그 유지를 위한 재화의 경우, 개인적공급의 경우에는 해당 재화를 사용하거나 소비하는 때
② 판매목적으로 자기의 다른 사업장에 반출하는 경우에는 해당 재화를 자기의 다른 사업장으로 반출하는 때
③ 사업상 증여의 경우에는 해당 재화를 자기의 고객이나 불특정 다수에게 증여하는 때
④ 사업을 폐업하는 경우 남아 있는 재화를 자기에게 공급하는 것으로 보는 경우에는 폐업일

(8) 무인판매기를 이용하여 재화를 공급하는 경우

해당 사업자가 무인판매기에서 현금을 꺼내는 때를 재화의 공급시기로 본다(부가령 제28조 제5항).

(9) 수출재화의 공급시기

수출재화의 공급시기는 다음과 같다(부가령 제28조 제6항).

① 내국물품을 외국으로 반출하거나 중계무역방식으로 수출하는 경우: 수출재화의 선(기)적일. 즉, 대가를 어떻게 받는지 관계없이 수출물품을 배 또는 비행기에 실은 날이 무조건 공급시기가 된다.
② 원양어업 및 위탁판매수출의 경우: 수출재화의 공급가액이 확정되는 때
③ 위탁가공무역 방식의 수출, 외국인도수출 또는 원료를 대가없이 국외로 수탁가공 사업자에게 반출하여 가공한 재화를 양도하는 경우에 그 원료의 반출에 해당하는 경우: 외국에서 해당 재화가 인도되는 때
④ 수출로 보는 내국신용장에 의해 공급하는 재화의 공급시기: 재화를 인도하는 때 (부가통 15-28-5)

(10) 상품권에 의한 재화의 공급

상품권 등을 현금 또는 외상으로 판매하고 그 후 해당 상품권 등이 현물과 교환되는 경우에는 재화가 실제로 인도되는 때가 그 공급시기이다(부가령 제28조 제1항). 사업자가 상품권을 발행하여 현금으로 판매한 후에 해당 상품권을 가지고 있는 자에게 현물을 교환해 주는 경우에 있어 상품권을 판매할 때에는 세금계산서를 발급할 수 없다.

(11) 재화의 공급으로 보는 가공의 경우

주요 자재의 전부 또는 일부를 부담하고 상대방으로부터 인도받은 재화에 공작을 가하여 새로운 재화를 만드는 가공계약에 의하여 재화를 인도하는 경우에는 재화의 이동이 필요하므로 가공된 재화를 인도하는 때를 공급시기로 한다(부가령 제28조 제1항).

 실무사례 — **장기할부판매시 공급시기**

[사실관계]

(주)한결은 기계장비를 다음과 같이 구입하였다.
계 약 일 – 20x5년 1월 9일
지급조건 – 20x5년 1월부터 24개월 할부조건
기계가액 – 3억
계약금으로 0.5억을 지급하고 3억에 대한 세금계산서를 수령한 경우 매입세액공제가 가능한지?

해답

장기할부판매의 공급시기는 대가의 각 부분을 받기로 한 때가 원칙이지만 재화를 인도한 때에 세금계산서를 발급한 경우에는 그 발급하는 때를 공급시기로 본다는 의미(부가 -492, 2013.05.31.)이므로 전액 매입세액공제가 가능하다.

 실무사례 — **중간지급조건부 판매 공급시기**

[사실관계]

(주)한결은 20x5.01.01. (주)두울에게 기계를 3억원에 납품하기로 한다. 대금결제 방법이 다음과 같이 경우별로 다를 때 각 경우의 공급시기와 공급가액은?

구 분	계약금	중도금	잔금
경우 1	1억 (20x5.01.01.)	1억 (20x5.05.01.)	1억 (20x5.09.01.)
경우 2	1억 (20x5.01.01.)	1억 (20x5.03.01.)	1억 (20x5.05.01.)
경우 3	1억 (20x5.01.01.)	1억 (20x5.05.01.)	1억 (20x5.09.01.)
경우 4	1억 (20x5.01.01.)	1억 (20x5.07.01.).재화인도	2억 (20x5.09.01.)

* 경우 3은 당초 계약내용을 변경하여 중도금 대금지급분 1억원을 20x5.09.01.에 일시 지급하였다.

해답

(1) 경우 1
재화의 인도 이전에 계약금 외의 대가를 분할하여 지급하며, 계약금을 지급하기로 한 날로부터 잔금을 지급하기로 한 날이 6월 이상이므로 중간지급조건부에 해당된다. 따라서, 계약에 따라 대가의 각 부분을 받기로 한때(20x5.01.01., 20x5.05.01., 20x5.09.01.)가 공급시기이며, 받기로 한 각 대가(1억원)가 공급가액이 된다.

(2) 경우 2

재화의 인도 이전에 계약금 외의 대가를 분할하여 지급하나, 계약금을 지급하기로 한 날로부터 잔금을 지급하기로 한 날이 6월 미만이므로 중간지급조건부에 해당되지 않는다. 따라서, 재화를 인도하는 시점인 20x5.05.01.만이 공급시기가 되며, 공급가액은 3억원이 된다.

(3) 경우 3

재화의 인도 이전에 계약금 외의 대가를 분할하여 지급하지 않으므로 중간지급조건부에 해당되지 않는다. 따라서, 계약금 1억원은 선세금계산서에 해당하므로 20x5.01.01.이 공급시기가 되며 잔금 2억원은 재화를 인도하는 시점인 20x5.09.01.이 공급시기가 된다.

(4) 경우 4

재화의 인도 이전에 계약금 외의 대가를 분할하여 지급하며, 계약금을 지급하기로 한 날로부터 잔금을 지급하기로 한 날이 6월 이상이므로 중간지급조건부에 해당된다. 중도금 수령시 재화가 인도되었으므로 잔금 2억에 대한 공급시기는 재화의 인도일인 20x5.07.01.이 된다.

● 실무사례 중간지급조건부 + 장기할부판매 혼합[37]

[사실관계]

1. 20x3.11.01.에 다음과 같이 대금을 수령하기로 하고 기계장치를 매각하였다(총매각대금 10억원).
   ① 계약금(20x3.11.01.): 1억원
   ② 1차중도금(20x4.03.31.): 3억원
   ③ 2차중도금(20x4.06.30.): 1억원(기계장치 인도)
   ④ 잔금(20x4.08.31.): 5억원

해답

중간지급조건부로 재화를 공급하는 경우 대가의 각 부분을 받기로 한 때가 공급시기이다. 다만, 재화가 인도되거나 이용가능하게 되는 날 이후에 받기로 한 대가의 부분에 대해서는 재화가 인도되거나 이용가능하게 되는 날을 그 재화의 공급시기로 보므로 잔금 4억원에 대한 공급시기는 재화의 인도일인 20x4.06.30.임.

2. 위 사례에서 다른 조건들은 변동이 없고 잔금 5억원에 대하여 대금을 나누어 받는 경우 즉, 20x4.09.30. 1억원, 20x4.12.31. 1억원, 20x5.03.31. 1억원, 20x5.06.30. 1억원, 20x5.09.30. 1억원으로 5회에 걸쳐 나누어 받는 경우

해답

이 경우 잔금에 대하여는 각각의 대가를 받기로 한 때가 원칙적인 공급시기임.
☞ 중간지급조건부와 장기할부판매의 혼합된 거래
재화가 인도되기 전에 계약금 이외의 대가를 분할하여 받고, 그 나머지 대가는 장기할부판매조건으로 받기로 한 경우에는 중간지급조건부와 장기할부판매의 혼합된 거래이므로 대가의 각 부분을 받기로 한 때가 공급시기이다(부가 22601-1069, 1990.08.17.).

---

37) 김명주, "앞의 책", 166p 참고.

• **실무사례** **완성도기준지급조건부 공급시기[38]**

[사실관계]

㈜한결은 완성도기준지급조건부로 건설용역을 제공하고 대가는 기성고확정일로부터 10일 이내에 지급하는 경우 기성청구일에 세금계산서를 발급한 경우 정당한 세금계산서인지?

구 분	일 자
기성청구일	20x4.03.31.
기성확정일	20x4.04.10.
대금지급일	20x4.04.05.

해답

용역의 공급시기는 기성확정일보다 먼저 수령한 경우에는 대금수령일(20x4.04.05.)이 공급시기가 되며, 기성청구일(20x4.03.31.)에 세금계산서를 발급한 경우에도 기성부분금의 지급이 확정되는 때에 발급한 세금계산서로 사실과 다른 세금계산서에 해당하지 아니한다.

(12) 보세구역에서 수입하는 재화의 공급시기

사업자가 보세구역 안에서 보세구역 밖의 국내에 재화를 공급하는 경우가 재화의 수입에 해당하는 때에는 수입신고 수리일을 재화의 공급시기로 본다(부가령 제28조 제7항). 사업자가 보세구역 내에 보관된 재화를 다른 사업자에게 공급하고 해당 재화를 공급받은 자가 그 재화를 보세구역으로부터 국내로 반입하는 경우에는 부가가치세 과세거래인 재화의 공급과 재화의 수입에 모두 해당되어 재화의 공급에 대한 과세표준은 그 재화의 공급가액(거래당사자간의 실지거래가액)에서 세관장이 징수하는 부가가치세액(수입부가가치세)에 대한 과세표준 상당액을 빼고 계산한다.

---

38) 박병완, "앞의 책", 245p 참고.

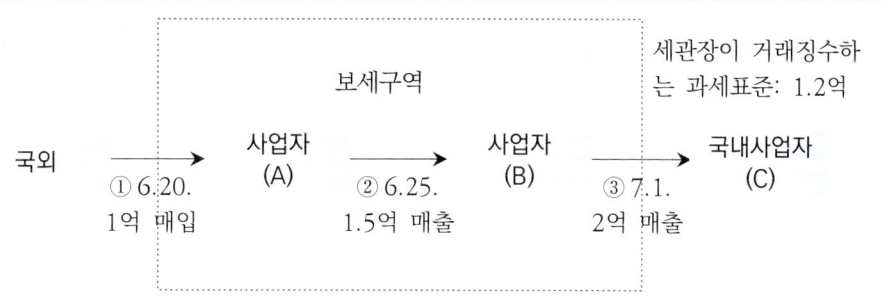

① 국외에서 보세구역으로 재화 반입: 재화의 수입에 해당되지 않음.
② 보세구역 내 거래: 재화 또는 용역의 공급에 해당
③ 보세구역에서 국내로 공급: 재화의 수입에 해당(수입신고일: 07.01.)
- B가 C에게 공급하는 경우 재화의 수입에 해당하여 세관장이 수입부가세를 징수한다. 한편, B의 과세표준은 2억 - 1.2억 = 0.8억이 되며, 0.8억의 10%인 800만원을 C로부터 거래징수한다(공급시기: 07.01.).
- A가 B에게 공급하는 경우로서 B가 수입신고하는 경우[재화의 공급(A→B)과 재화의 수입(B→C)이 동시에 존재] A의 과세표준은 1.5억 - 1.2억 = 0.3억이 되며, 0.3억의 10%인 300만원을 B로부터 거래징수한다(공급시기: 07.01. → 재화인도일은 06.25.이지만 세관장이 거래징수하는 과세표준 1.2억원을 차감하기 위하여 공급시기를 수입신고수리일인 07.01.로 한다.).39)

(13) 폐업 전에 공급한 재화의 공급시기가 폐업일 이후에 도래하는 경우

폐업 전에 공급한 재화의 공급시기가 폐업일 이후에 도래하는 경우에는(예: 장기할부판매) 그 폐업일을 공급시기로 본다(부가령 제28조 제9항). 예를 들어 중간지급조건부로 재화를 공급하는 중에 폐업을 한 경우 폐업일 이후 도래하는 공급시기(잔금약정일 등)는 폐업일을 공급시기로 보는 것이므로 이 경우 사업을 폐지하는 때 잔존하는 재화로 과세하여서는 안되고 양도가액으로 과세하여야 한다(서면3팀-177, 2005.02.03.).

---

39) 김명주, "앞의 책", 168p 참고.

• **실무사례** **폐업일 이후 공급시기 도래 시 공급시기 판단 사례**(부가집 15-28-3)

[사실관계]
부동산임대업을 운영하는 사업자 한결은 임대하던 부동산을 10억원을 받고 아래와 같이 매각하였다.
- 계약금: 1억원(20x5.01.10.)
- 중도금: 3억원(20x5.04.10.)
- 잔 금: 6억원(20x5.08.10.)
- 폐업일: 20x5.07.31.

이 경우 한결이 매각한 부동산에 대한 공급시기는?

해답
계약금 1억원은 20x5.01.10., 중도금 3억원은 20x5.04.10.이고, 잔금 6억원에 대한 통상의 공급시기는 20x5.08.10.이지만 폐업일 이전에 매매계약을 체결하고 폐업일 이후 통상의 공급시기가 도래하는 때에는 그 폐업일(20x5.07.31.)을 공급시기로 본다.

(14) 리스자산의 공급시기

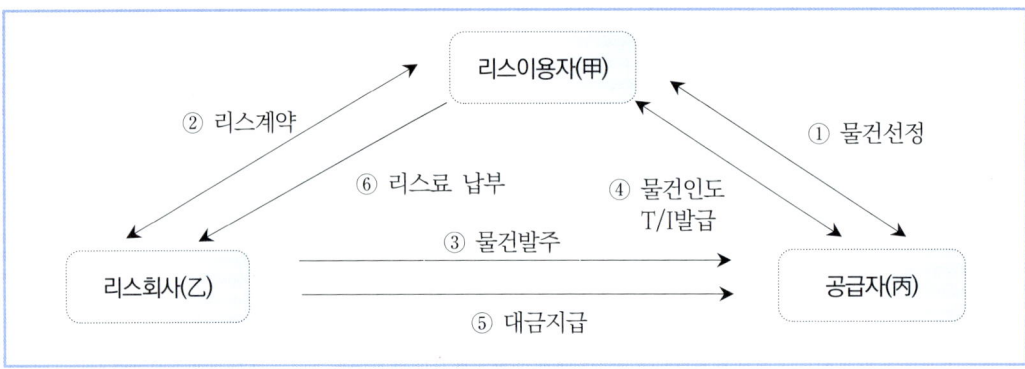

리스회사(乙)가 공급자(丙)로부터 리스 물건을 제공받을 경우, 세금계산서가 리스회사에게 발급되면 면세사업자인 리스회사는 부가가치세 공제를 받을 수 없다. 이에 따라 리스료에 부가가치세가 포함되며, 리스이용자(甲)도 매입세액을 공제받지 못해 중복 과세 문제가 발생할 수 있다. 이를 해결하기 위해, 리스이용자가 부가가치세 과세사업자인 경우 공급자로부터 직접 재화를 공급받거나 수입한 것으로 간주하여 세금계산서를 발급받도록 하고 있는 것이다.

한편 리스는 금융리스와 운용리스로 구분되는데, 「부가가치세법」에서는 두 유형을 따로 구분하지 않고 공급자 또는 세관장이 리스이용자에게 세금계산서를 발급한다. 다만, 리스이용자가 환급세액이 발생할 경우 금융리스는 조기환급 대상이지만, 운용리스는 조기환급 대상이 아니다.

> **• 실무사례** **이용자명의운용리스**
>
> **[사실관계]**
> 거래처에서 이용자운용리스라고 해서 **자동차에서 법인회사명의로 세금계산서를 수취하였으며 차종은 ***스포츠로 화물차로 분류가 된다. 자동차등록증은 법인회사명의이며, 캐피탈에 계약서에는 운용리스이며 계산서를 받고 있는 상황이다. 자동차대금은 캐피탈에서 지급하고 법인회사에서는 캐피탈로 리스료를 지급하고 있다.
> 운용리스임에도 불구하고 리스이용자가 부가서 공제를 받을 수 있는 것인지?
>
> **해답**
> 부가가치세 납세의무가 있는 사업자가 「여신전문금융업법」 제3조에 따라 등록한 시설대여업자로부터 시설 등을 임차하고, 그 시설 등을 공급자로부터 직접 인도받는 경우에는 공급자가 그 사업자에게 직접 세금계산서를 발급할 수 있는 것이므로 **자동차에서 세금계산서를 수취하였고 해당 차량이 비영업용소형승용차에 해당하지 않는다면 매입세액 공제 가능하다.
>
> *「**부가가치세법시행령**」 제69조 【**위탁판매 등에 대한 세금계산서 발급**】
> ⑪ 납세의무가 있는 사업자가 「여신전문금융업법」 제3조에 따라 등록한 시설대여업자로부터 시설 등을 임차하고, 그 시설 등을 공급자 또는 세관장으로부터 직접 인도받는 경우에는 법 제32조 제6항에 따라 공급자 또는 세관장이 그 사업자에게 직접 세금계산서를 발급할 수 있다.

(15) 부동산 양도에 따른 공급시기(부가집 15-28-3)

① 부동산을 양도하는 경우의 공급시기는 해당 부동산이 이용가능하게 되는 때이며, 이용가능하게 되는 때란 원칙적으로 소유권이전등기일을 말하지만, 당사자간 특약에 따라 소유권이전등기일 전에 실제 양도하여 사용·수익하거나 잔금 미지급 등으로 소유권이전등기일 이후에도 사용·수익할 수 없는 사실이 객관적으로 확인되는 때에는 실제로 사용·수익이 가능한 날을 말한다.

② 중간지급조건부로 부동산을 공급하기로 계약하였으나 소유권 이전 및 잔금 지급 전에 이를 이용가능하게 하는 경우 해당 부동산을 이용가능하게 한 때를 공급시기로 본다.

③ 사업자가 부동산임대사업에 사용하던 건물을 매각하는 계약을 체결하여 계약금과 중도금을 받고 잔금을 받지 않은 상태에서 폐업한 경우 그 폐업일을 해당 건물의 공급시기로 본다.

④ 건축 중인 건물을 양도하는 경우 양수인이 그 건축 중인 건물을 이용가능하게 된 때를 공급시기로 본다.

⑤ 부동산을 기부채납하기로 약정함에 따라 사회기반시설을 신축하여 일정기간 사용·수익한 후에 기부채납하는 경우 그 기부채납절차가 완료된 때를 공급시기로 본다.

(16) 임차토지에 설치한 시설물의 공급시기(부가집 15-28-6)

① 사업자가 타인 소유의 토지 위에 건물을 신축하여 일정 기간 동안 무상 또는 저리로 사용하기로 약정하고 토지 소유자 명의로 신축건물을 보존 등기하는 경우 재화와 용역의 교환거래로서 해당 건축물의 이전은 재화의 공급에 해당한다.
② 타인의 토지 위에 임차인이 건물을 신축하여 자기의 명의로 등기하여 토지를 무상 또는 저리로 사용하던 중에 임대차계약 종료 시 토지를 명도하면서 해당 건물의 소유권을 임대인에게 이전하는 경우 그 건물에 대한 소유권을 이전하는 때에 재화의 공급으로 부가가치세가 과세된다. 이 경우 임대인은 토지의 임대에 따른 대가를 금전 외의 것으로 받은 것으로서 「부가가치세법 시행령」 제65조 제5항에 따라 공급가액을 계산하여 부가가치세 신고납부의무를 진다.
③ 임차인이 임차토지위에 자신의 계산과 책임으로 건물을 신축하여 적정한 토지임대료를 지급하고 사용한 후 임대기간 만료 또는 해지 시 임차인의 비용으로 철거하도록 약정되었다면 해당 건축물의 취득가액을 임대인의 토지임대료에 포함하지 아니한다.

(17) 온라인쇼핑몰 이용약관에 따른 구매확정기한 내 신용카드 등 결제하는 경우 재화의 공급시기

사업자가 온라인쇼핑몰을 통하여 고객에게 재화를 공급하는 경우로서 해당 쇼핑몰의 개별 약관에 따라 동의조건이나 기한을 약정한 경우에는 해당 조건의 성취나 기한이 지나 판매가 확정되는 때를 공급시기로 한다(부가통 15-28-7).

 관련 해석사례 및 집행기준

현물출자 재화의 공급시기

사업자가 재화를 법인에 현물출자하는 경우에는 현물출자로서의 이행이 완료되는 때를 그 공급시기로 본다. 이 경우 이행이 완료되는 때란 「상법」 제295조 제2항에 따라 출자의 목적인 재산을 인도하는 때이며, 등기·등록 그 밖의 권리의 설정 또는 이전을 요할 경우에는 이에 관한 서류를 완비하여 발급하는 때를 말한다(부가집 15-28-1).

- **상품권 등에 의하여 공급하는 재화의 공급시기**

사업자가 재화를 법인에 현물출자하는 경우에는 현물출자로서의 이행이 완료되는 때를 그 공급시기로 본다. 이 경우 이행이 완료되는 때란 「상법」 제295조 제2항에 따라 출자의 목적인 재산을 인도하는 때이며, 등기·등록 그 밖의 권리의 설정 또는 이전을 요할 경우에는 이에 관한 서류를 완비하여 발급하는 때를 말한다(부가집 15-28-2).

- **소포우편에 의한 수출재화의 공급시기**

사업자가 소포우편에 의하여 재화를 수출하는 경우 해당 재화에 대한 소포수령증의 발급일을 공급시기로 본다(부가집 15-28-7).

- **중간지급조건부로 수출하는 재화의 공급시기**

내국물품을 외국으로 반출하고 그 대가를 분할하여 지급받는 경우, 수출재화의 공급시기는 해당 수출재화의 선적일로 하는 것임(서면부가 2017-3440, 2018.04.06.).

- **검수조건부 물품공급시 세금계산서 발급시기**

공급받는 자의 검수를 필수적인 인도조건으로 하는 재화의 공급인 경우에 이동되는 재화의 공급시기는 당해 인도조건이 성취되는 때인 것으로 매매계약서상 검수조건을 부기하지 아니하였다 하더라도 관련증빙서류에 의거 검수가 이루어져야만 인도가 가능한 경우에는 당해 재화의 공급시기는 당해 인도조건이 성취되는 때인 것임(서면부가 2015-22427, 2016.06.20.).

- **중간지급조건부 부동산공급의 경우 매도인의 계약위반으로 계약상 잔금일 이후 잔금을 공탁한 경우 잔금의 공급시기**

중간지급조건부 재화의 공급에 해당하는 경우로서 매도인이 잔금지급기일까지 명도를 하지 아니하여 매수인이 잔금을 변제공탁하면서 임의적으로 소유권이전등기에 필요한 서류의 교부시기를 연장하여 준 경우에는 잔금 정산일(공탁일)을 해당 잔금의 공급시기로 하는 것임(사전법령해석부가 2015-0123, 2015.06.30).

- **공급가액을 결정하지 아니한 상태에서 재화를 인도하는 경우**

사업자가 공급가액을 결정하지 아니한 상태에서 재화를 인도하고 사후에 공급가액이 결정되는 경우 재화의 공급시기는 재화가 인도되는 때인 것이며, 이 경우 공급가액은 인도 당시의 시가로 하고 사후에 결정된 공급가액이 시가와 차이가 있을 때에는 수정세금계산서를 교부하는 것이나, 부가가치세법 시행령 제21조 제1항 제3호에 규정하는 조건부 및 기한부판매인 경우에는 그 조건이 성취되거나 기한이 경과되어 판매가 확정되는 때를 공급시기로 하는 것임(부가-825, 2012.07.30.).

- **재화를 장기할부로 판매하고 매출채권을 인도시점에 다른 사업자에게 양도하는 경우 공급시기**

휴대폰 단말기 판매업자가 통신사로부터 단말기를 구입하여 휴대통신 가입자에게 2~3년간

할부판매 조건으로 단말기를 공급하고, 해당 매출채권은 단말기 인도시점에 통신사에 양도하여 실제 단말기 공급대가를 인도시점에 일시에 회수하는 경우, 해당 단말기의 공급시기는 매출채권을 통신사에 양도한 재화의 인도시점이 되는 것임(부가가치세과-660, 2012.06.08.).

◆ 타인의 토지 위에 건물 신축후 일정기간 무상 사용하는 경우의 과세표준 및 공급시기
- 사업자가 타인 소유의 토지 위에 건물을 신축하여 일정기간 무상으로 사용 후 명도하기로 약정하고 토지 소유자의 명의로 신축 건물을 보존등기 하는 것은 재화의 공급에 해당하는 것으로서 당해 건물이 이용가능한 시기에 당해 건물의 시가를 과세표준으로 하여 부가가치세를 거래징수 하여야 하는 것이며,
- 토지 소유자가 자기의 토지 위에 다른 사업자로 하여금 건물을 신축하여 일정기간 사용하게 하고 그 대가로 건물의 소유권을 취득하는 것은 토지의 임대에 해당하여 부가가치세가 과세되는 것으로 부가가치세 과세표준은 일정기간 토지의 임대용역에 대한 대가로 건물을 선불 또는 후불로 받는 경우에 해당하여 당해 건물의 시가를 일정기간(2과세기간 이상에 걸침)의 월수로 나눈 금액의 각 과세대상기간의 합계액으로 하는 것이며, 공급시기는 예정신고기간 또는 과세기간의 종료일인 것임. 다만, 공급시기가 도래하기 전에 세금계산서를 교부한 경우에는 그 교부하는 때를 공급시기로 본다(부가-489, 2009.04.09.).

◆ 전력공급에 대한 세금계산서 발행일을 공급시기로 세금계산서를 교부하는 경우 부가가치세법상 타당성 여부

전력 기타 공급단위를 구획할 수 없는 전력을 계속적으로 공급하는 경우에 있어 공급시기는 각 부분을 받기로 한 때로 하는 것임(서면 3팀-836, 2005.06.16.).

◆ 선하증권 양도후 양수자가 수입통관하는 경우 공급시기

수입물품에 대한 선하증권을 양도하고 양수자가 수입통관하는 경우 선하증권 양도와 관련한 공급시기는 당해 수입물품의 수입신고 수리일인 것임(서삼 46015-11452, 2003.09.15.).

◆ 사업자가 가스를 수용가에게 계속적으로 공급하는 경우 재화의 공급시기

도시가스를 각 수용가에게 공급하는 가스업을 영위하는 사업자가 가스를 수용가에게 계속적으로 공급하는 경우 재화의 공급시기는 대가의 각 부분을 받기로 한 때(가스요금의 납부기한)인 것임(부가 22601-1715, 1992.11.17.).

◆ 타인의 토지 위에 건물 신축후 일정기간 무상 사용하는 경우의 과세표준 및 공급시기
- 사업자가 타인 소유의 토지 위에 건물을 신축하여 일정기간 무상으로 사용 후 명도하기로 약정하고 토지 소유자의 명의로 신축 건물을 보존등기 하는 것은 재화의 공급에 해당하는 것으로서 당해 건물이 이용가능한 시기에 당해 건물의 시가를 과세표준으로 하여 부가가치세를 거래징수 하여야 하는 것이며,
- 토지 소유자가 자기의 토지 위에 다른 사업자로 하여금 건물을 신축하여 일정기간 사용하게

하고 그 대가로 건물의 소유권을 취득하는 것은 토지의 임대에 해당하여 부가가치세가 과세되는 것으로 부가가치세 과세표준은 일정기간 토지의 임대용역에 대한 대가로 건물을 선불 또는 후불로 받는 경우에 해당하여 당해 건물의 시가를 일정기간(2과세기간 이상에 걸침)의 월수로 나눈 금액의 각 과세대상기간의 합계액으로 하는 것이며, 공급시기는 예정신고기간 또는 과세기간의 종료일인 것임. 다만, 공급시기가 도래하기 전에 세금계산서를 교부한 경우에는 그 교부하는 때를 공급시기로 본다(부가 46015-1518, 2000.06.30.; 부가-489, 2009.04.09).

4. 용역의 공급시기

부가가치세법에서는 법령에 구체적으로 그 공급시기를 정하여 놓았지만 복잡한 산업의 형태에 적용하기 위해서는 법령 규정으로는 한계가 있으므로 실무에 적용시에는 일반적 공급기준에 따라 사실판단을 요함에 유의하여야 한다.

원칙적인 용역이 공급되는 시기는 역무가 제공되거나 시설물, 권리 등 재화가 사용되는 때로 한다.

5. 거래형태별 용역의 구체적인 공급시기

거래형태별 구체적인 용역의 공급시기는 다음과 같다. 다만, 폐업 전에 공급한 용역의 공급시기가 폐업일 이후에 도래하는 경우 그 폐업일을 공급시기로 본다.

① 통상적인 공급의 경우 역무의 제공이 완료되는 때
② 장기할부·완성도 기준지급·중간지급 또는 기타 조건부로 용역을 공급하거나 그 공급단위를 구획할 수 없는 용역을 계속적으로 공급하는 경우 그 대가의 각 부분을 받기로 한 때
③ 일정한 용역을 둘 이상의 과세기간에 걸쳐 계속적으로 제공하고 그 대가를 선불로 받는 경우 예정신고기간 또는 과세기간 종료일
  ㉠ 헬스클럽장 등 스포츠센터를 운영하는 사업자가 연회비를 미리 받고 회원들에게 시설을 이용하게 하는 것
  ㉡ 사업자가 다른 사업자와 상표권 사용계약을 할 때 사용대가 전액을 일시불로 받고 상표권을 사용하게 하는 것
  ㉢ 「노인복지법」에 따른 노인복지시설(유료인 경우에만 해당한다)을 설치·운영하는 사업자가 그 시설을 분양받은 자로부터 입주 후 수영장·헬스클럽장 등을 이

　　　　용하는 대가를 입주 전에 미리 받고 시설 내 수영장헬스클럽장 등을 이용하게
　　　　하는 것
　　　ⓔ 그 밖에 위의 규정과 유사한 용역
④ 2 이상의 과세기간에 걸쳐 부동산임대용역을 공급하고 그 대가를 선불 또는 후불로 받는 경우 안분계산한 임대료는 예정신고기간 또는 과세기간 종료일
⑤ 간주임대료는 예정신고기간 또는 과세기간의 종료일
⑥ 사업자가 사회기반시설에 대한 민간투자법 제4조 제3호(BOT)의 방식을 준용하여 설치한 시설에 대하여 둘 이상의 과세기간에 걸쳐 계속적으로 시설을 이용하게 하고 그 대가를 받는 경우(2013.02.15. 이후 공급하는 분부터) 예정신고기간 또는 과세기간 종료일
⑦ 위 이외의 경우 역무의 제공이 완료되고 그 공급가액이 확정되는 때

• **실무사례**　　**중간지급조건부인 경우 거래시기 판단 사례**(부가집 16-29-3)

[사실관계]
사업자 '갑'은 '을'에게 건물 신축에 대한 건설공사용역을 제공하여 주기로 하면서 아래와 같이 중간지급조건부로 도급공사계약을 체결하였다.
• 도급금액: 30억원
• 계약금: 4억원(20x5.02.20.)
• 1차 중도금: 6억원(20x5.04.20.)
• 2차 중도금: 6억원(20x5.06.20.)
• 잔금: 14억원(준공 후 지급)
• 준공일: 20x5.10.20.
• 잔금 수령일: 20x5.11.15.

해답
이 경우 '갑'이 제공한 건설용역 공급시기 판단은?
☞ 중간지급조건부 건설용역 공급계약에 따라 20x5.02.20., 20x5.04.20., 20x5.06.20.을 각각 공급시기로 보아 세금계산서를 발급하고, 잔금은 20x5.11.15. 받았더라도 건설용역 제공완료일인 20x5.10.20.을 공급시기로 하여 14억원에 대하여 세금계산서를 발급하여야 한다.

 관련 해석사례 및 집행기준

재판상 화해판결에 따라 파산관재인이 임대료를 지급받는 경우

채권은행의 파산관재인이 채권자대위청구로 임차인에게 임대료지급소송을 제기하여 법원판결에 따라 연체된 임대료와 부동산인도일까지 매월 임대료를 지급받기로 한 경우 연체된 임대료는 「부가가치세법 시행령」 제29조 제2항 제1호의 규정에 따라 공급가액이 확정되는 때를 공급시기로 하고, 부동산인도일까지 지급받기로 한 임대료는 같은 법 시행령 제29조 제1항 제4호에 따라 대가의 각 부분을 받기로 한 때를 공급시기로 하여 부동산임대업자가 그 공급을 받는 자에게 세금계산서를 발급하는 것임(사전법령해석부가 2016- 0119, 2016.04.05.).

판매알선용역 등의 정산과 관련된 소송이 제기된 경우
용역계약에 의하여 역무에 대한 대가가 정해진 상태에서 해당 역무의 제공이 완료된 후 제기된 약정금 소송이 용역대금의 정산과 관련된 다툼에 불과한 경우에는 역무제공이 완료되는 때가 공급시기임(사전법령해석부가 2015-0279, 2015.10.29.).

중간지급조건부 용역 공급 중 계약기간이 단축되는 경우
중간지급조건부로 용역을 공급하면서 계약금 등에 대하여 세금계산서를 교부한 후, 조기준공으로 공사기간이 6월 미만이 되는 경우 기 교부한 세금계산서는 정당한 것이며 나머지 용역 대가에 대하여는 준공일을 공급시기로 세금계산서를 교부하는 것임(부가가치세과-509, 2009.04.10.).

완성도기준지급조건부 거래에서 검수 후 대금을 지급하기로 한 경우
건설업을 영위하는 사업자가 완성도기준지급조건부로 건설용역을 공급함에 있어 발주자에게 기성부분에 대한 검사를 필한 후 대가의 지급을 청구하고 발주자는 기성부분에 대한 검사를 완료하여 그 대가를 지급하기로 한 경우 공급시기는 그 대가를 받기로 한 때(기성부분이 확정되어 그 대가의 지급이 확정되는 때)인 것임. 이 경우 준공검사일 이후 잔금을 지급하기로 한 경우 당해 잔금의 공급시기는 건설용역의 제공이 완료되는 때임(서면3팀-792, 2008.04.21.).

부동산 임대료를 분기 또는 반기별로 받기로 한 경우 공급시기
사업자가 2과세기간 이상에 걸쳐 부동산임대용역을 공급하고 그 대가를 선불 또는 후불로 받는 경우에는 예정신고기간 또는 과세기간 종료일이 당해 용역의 공급시기가 되는 것이나, 임대용역을 계속적으로 공급하고 그 대가를 월별, 분기별, 반기별로 기일을 정하여 받기로 한 경우 공급시기는 그 대가의 각 부분을 받기로 한 때가 되는 것임(서면3팀-3385, 2007.12.21.).

공사 지연으로 단기공사의 공사기간이 6월 이상이 된 경우
당초 중간지급조건부나 완성도기준기급조건부에 해당하지 않는 용역공급 계약이 공사기간의 지연으로 계약금을 지급하기로 한 날로부터 준공일까지의 기간이 6월 이상이 된 경우 계약의 변경 없이 공사가 이루어진 경우에는 완료일이 공급시기가 되는 것이며, 계약 조건을 변경한 경우에는 변경계약 내용에 따라 공급시기를 결정하는 것임(서면3팀-1009, 2005.07.01.).

6월 미만 단기공사의 완성도지급기준 적용
계약금을 지급하기로 한 날로부터 잔금을 지급하기로 한 날까지의 기간이 6월 미만인 경우에도 용역의 제공이 완료되기 이전에 완성도에 따라 그 완성비율에 해당하는 대가를 받기로 하는 경우에는 완성도기준지급조건부 공급에 해당하는 것임(서면3팀-1003, 2005.07.01.).

6. 재화 및 용역의 공급시기의 특례

(1) 공급시기가 되기 전에 대가를 수령하고 세금계산서 등을 발급한 경우

사업자가 재화 또는 용역의 공급시기가 되기 전에 재화 또는 용역에 대한 대가의 전부 또는 일부를 받고, 그 받은 대가에 대하여 세금계산서 또는 영수증을 발급하면 그 세금계산서 등을 발급하는 때를 공급시기로 본다(부가법 제17조 제1항). 이 경우의 세금계산서는 원칙적인 공급시기 전까지 발급할 수 있으며, 대가의 지급시기와 발급시기의 과세기간이 다른 경우에는 세금계산서 발급이 이루어진 때를 공급시기로 본다(재경부 부가-634, 2007.09.03.).

여기서 "받은 대가"에는 현금 외에 수표, 어음, 신용카드, 전자화폐, 현물의 인도(양도) 등이 포함된다.

● 실무사례 **선발급 세금계산서(1) - 대가수령 후 발급하는 경우**

[사실관계]
㈜한결은 6월 5일에 재화를 인도하기로 하고 계약금을 3월 2일에 수령하였고 잔금은 인도일에 4억원을 받기로 하였다. 이 경우 세금계산서 발급은 어떻게 해야하는지?

```
                    3.2.                        6.5.
        ─────────── 계약금수령 = 선발급 ─────────── 인도일
                    1억                          4억
```

해답
(1) 원칙
　　재화의 공급시기인 인도일에 세금계산서를 5억원에 발급한다.
(2) 특례
　　세금계산서 발급특례에 의해서 3월 2일부터 6월 4일 사이에 계약금으로 수령한 금액 1억원에 발급가능하고 인도일에 4억원으로 세금계산서를 발급한다.

---

(2) 공급시기가 되기 전에 세금계산서를 발급한 경우

① 사업자가 재화 또는 용역의 공급시기가 되기 전에 세금계산서를 발급하고 그 세금계산서 발급일부터 7일 이내에 대가를 받으면 해당 세금계산서를 발급한 때를 재화 또는 용역의 공급시기로 본다(부가법 제17조 제2항).

• 실무사례　선발급 세금계산서(2) - 대가수령없이 발급 후 7일 이내 수령하는 경우

[사실관계]

㈜한결은 6월 5일에 재화를 인도하기로 하고 3월 2일에 계약금 1억원에 대해서 세금계산서를 발급하고 3월 7일에 수령하였고 잔금은 인도일에 4억원을 받기로 하였다. 이 경우 세금계산서 발급은 어떻게 해야하는지?

```
        3.2.            3.7.            6.5.
       ─선발급──────── 계약금수령 ────── 인도일
        1억                              4억
```

해답

(1) 원칙
　재화의 공급시기인 인도일에 세금계산서를 5억원에 발급한다.
(2) 특례
　세금계산서 발급특례에 의해서 세금계산서를 먼저 발급하고 7일 이내에 수령하였으므로 1억원은 정당한 세금계산서이며, 인도일에 4억원으로 세금계산서를 발급한다.

② 대가를 지급하는 사업자가 다음 중 어느 하나에 해당하는 경우에는 재화 또는 용역을 공급하는 사업자가 그 재화 또는 용역의 공급시기가 되기 전에 세금계산서를 발급하고 그 세금계산서 발급일부터 7일이 지난 후 대가를 받더라도 해당 세금계산서를 발급한 때를 재화 또는 용역의 공급시기로 본다(부가법 제17조 제3항).

㉠ 거래 당사자 간의 계약서·약정서 등에 대금 청구시기(세금계산서 발급일을 말한다)와 지급시기를 따로 적고, 대금 청구시기와 지급시기 사이의 기간이 30일 이내인 경우

㉡ 세금계산서 발급일이 속하는 과세기간(공급받는 자가 조기환급을 받은 경우에는 세금계산서 발급일부터 30일 이내)에 재화 또는 용역의 공급시기가 도래하는 경우
　예: 발급일 03.31., 공급시기 06.30. → 발급일을 공급시기로 본다.
　☞ 2023.02.14. 이전에는 동일 과세기간 내에 공급시기 도래 및 대가수령을 해야 한다. 예를 들어 발급일 03.31., 지급일 06.30., 공급시기 06.30. → 발급일을 공급시기로 본다.

• 실무사례 선발급 세금계산서(3) - 대가수령없이 발급하고 7일 경과 후 30일 이내 수령시

[사실관계]
㈜한결은 6월 5일에 재화를 인도하기로 하고 3월 2일에 계약금 1억원에 대해서 세금계산서를 발급하고 3월 25일에 수령하였고 잔금은 인도일에 4억원을 받기로 하였다. 이 경우 세금계산서 발급은 어떻게 해야하는지?

```
                3.2.              3.25.                6.5.
      ─────────선발급──────────계약금수령──────────인도일
                1억                                    4억
```

해답
(1) 원칙
재화의 공급시기인 인도일에 세금계산서를 5억원에 발급한다.
(2) 특례
세금계산서 발급특례에 의해서 계약서상 청구시기(3월 2일)과 지급시기(3월 25일)이 30일 이내이므로 3월 2일 세금계산서는 정당하며, 인도일에 4억원으로 세금계산서를 발급한다.

• 실무사례 선발급 세금계산서(4) - 발급하고 동일 과세기간 내 공급시기가 도래하는 경우

[사실관계]
㈜한결은 6월 5일에 재화를 인도하기로 하고 인도일에 5억원을 받기로 하였다. 이 경우 세금계산서 발급은 어떻게 해야하는지?

```
                3.2.                              6.5.
      ─────────선발급──────────────────────────인도일
                5억
```

해답
(1) 원칙
재화의 공급시기인 인도일에 세금계산서를 5억원에 발급한다.
(2) 특례
세금계산서 발급특례에 의해서 3월 2일에 5억원에 세금계산서를 발급하고 공급시가가 동일 과세기간 내에 도래하는 경우에는 정당한 세금계산서로 본다.

(3) 대가수령 없이 공급시기가 되기 전에 세금계산서 등을 발급한 경우

사업자가 할부로 재화 또는 용역을 공급하는 경우 등으로서 다음에 해당하는 공급시기가 되기 전에 세금계산서 또는 영수증을 발급하는 경우에는 그 발급한 때를 공급시기로 본다(부가법 제17조 제4항).

① 장기할부판매로 재화를 공급하거나 장기할부조건부로 용역을 공급하는 경우의 공급시기: 장기할부판매의 공급시기는 대가의 각 부분을 받기로 한 때가 원칙이지만 재화를 인도한 때에 세금계산서를 발급한 경우에는 그 발급하는 때를 공급시기로 본다는 의미임(부가 -492, 2013.05.31.).
② 전력 기타 공급단위를 구획할 수 없는 재화를 계속적으로 공급하는 경우
③ 장기할부 또는 통신 등 그 공급단위를 구획할 수 없는 용역을 계속적으로 공급하는 경우
④ 법 제23조에 따른 외국항행용역의 공급으로서 상법에 따라 발행된 선하증권에 따라 거래사실이 확인되는 경우(단, 용역의 공급시기가 선하증권 발행일로부터 90일 이내인 경우로 한정)
　　☞ 선주가 선하증권 발행 시 세금계산서를 선발급하는 업계 관행 고려

관련 해석사례 및 집행기준

장기 용역제공에 대한 선불 이용료를 신용카드로 지급받은 경우의 공급시기
영수증발급의무가 있는 골프연습장 운영업자가 회원으로부터 1년간의 연회비를 선수하고 회원에게 신용카드매출전표(영수증)를 발급하는 경우에는 그 발급하는 때를 공급시기로 보는 것임(법규부가 2011-0268, 2011.07.29.).

공급대가를 전자채권으로 지급한 경우 지급시기에 선세금계산서를 발급받을 수 있는 지 여부
「부가가치세법」 제9조 제3항 규정의 '그 받은 대가'에는 현금 외에 전자채권 등이 포함되는 것임(부가-1229, 2011.10.10.).

부동산 임대용역의 공급시기 전에 세금계산서를 발행한 경우
부동산 임대용역을 계속적으로 공급하고 그 대가를 매월 기일을 정하여 받기로 한 경우 공급시기는 그 대가를 받기로 한 때가 되는 것이며, 이 경우 공급시기가 도래하기 전에 세금계산서를 교부하는 경우에는 그 교부하는 때를 공급시기로 보는 것임(서면3팀-832, 2008.04.28).

- 공급시기 되기 전에 신용카드매출전표를 발행한 경우

    공급시기가 도래하기 전에 재화나 용역의 공급대가를 신용카드로 지급받고 신용카드매출전표를 발행한 경우 신용카드매출전표를 교부하는 때가 공급시기임(서면3팀-2508, 2007.09.05.).

- 대가를 지급한 다음 과세기간에 선세금계산서를 발급받은 경우

    공급대가를 미리 지급한 후 그 공급시기가 도래하기 전에 세금계산서를 교부받은 경우로 대금지급시기와 세금계산서 교부시기가 과세기간이 다르다하여도 세금계산서 교부가 이루어진 시기를 공급시기로 보아 매입세액을 공제할 수 있는 것임(재부가-634, 2007.09.03.).

- 장기할부판매의 경우 공급시기 되기 전에 세금계산서를 발급한 경우

    사업자가 장기할부판매 또는 전력·통신 등 공급단위를 구획할 수 없는 재화나 용역을 계속적으로 공급하는 경우, 공급시기가 도래하기 전에 세금계산서를 교부하는 경우에는 그 교부하는 때를 공급시기로 보는 것임(서면3팀-876, 2004.05.06.).

- 공급시기 도래전에 어음이나 수표 발행한 경우 공급시기

    공급시기가 도래하기 전에 대가의 일부 또는 전부를 받은 경우 받은 금액을 한도로 세금계산서 교부가능하며, 받은 대가에는 현금이외에 수표나 어음 등이 포함되는 것임(서면3팀-306, 2004.02.25.).

03 재화와 용역의 과세표준

1. 과세표준의 범위

(1) 공급가액의 의의

재화 또는 용역의 공급에 대한 부가가치세의 과세표준은 해당 과세기간에 공급한 재화 또는 용역의 공급가액을 합한 금액으로 한다(부가법 제29조 제1항). 이 경우 대금, 요금, 수수료, 그 밖에 어떤 명목이든 상관없이 재화 또는 용역을 공급받는 자로부터 받는 금전적 가치 있는 모든 것을 포함하되, 부가가치세는 포함하지 아니한다(부가법 제29조 제3항). 과세표준의 계산은 실질과세의 원칙에 따르므로 과세표준에는 명칭여하에 불구하고 대가관계 있는 모든 금전적 가치를 포함한다.

공급가액과 공급대가의 차이

구 분	부가가치세 포함여부	비 고
공급가액	부가가치세가 포함되지 않은 금액	일반과세자의 과세표준
공급대가	부가가치세가 포함된 금액	간이과세자의 과세표준

(2) 공급가액의 범위

사업자의 공급가액은 해당 거래단계에서 창출된 부가가치뿐만 아니라 해당 거래단계 이전의 사업자들이 창출한 부가가치가 포함되어 있는 부가가치의 누적금액이다. 공급가액의 범위는 다음과 같다.

> ① 금전으로 대가를 받은 경우에는 그 대가
> ② 금전 이외의 대가를 받은 경우에는 자기가 공급한 재화 또는 용역의 시가
> ③ 폐업하는 경우에는 폐업 시 남아 있는 재화의 시가
> ④ 제10조 제1항·제2항·제4항·제5항 및 제12조 제1항[재화의 간주공급 중 직매장 반출을 제외와 용역의 자가공급]에 따라 재화 또는 용역을 공급한 것으로 보는 경우에는 자기가 공급한 재화 또는 용역의 시가
> ⑤ 제10조 제3항[자가공급 중 직매장 반출]에 따라 재화를 공급하는 것으로 보는 경우에는 해당 재화의 취득가액
> ⑥ 외상거래, 할부거래, 대통령령으로 정하는 마일리지 등으로 대금의 전부 또는 일부를 결제하는 거래 등 그 밖의 방법으로 재화 또는 용역을 공급하는 경우: 공급 형태 등을 고려하여 대통령령으로 정하는 가액

공급가액의 계산 (부가집 29-0-2)

과세표준에서 공제하지 아니하는 금액	공급가액에 포함하지 아니하는 금액
• 재화 또는 용역을 공급한 후의 그 공급가액에 대한 대손금	• 에누리액 • 환입된 재화의 가액
• 거래처와 사전약정에 따라 일정기간의 수금실적 및 판매실적에 따라 거래처에 지급하는 장려금	• 공급받는 자에게 도달하기 전에 파손·훼손 또는 멸실된 재화의 가액
• 수출대가의 일부로 받는 관세환급금	• 재화 또는 용역의 공급과 직접 관련되지 아니하는 국고보조금과 공공보조금
• 건설용역 대가의 일부인 하자보증금과 유보금	• 계약 등에 의하여 확정된 대가의 지급지연으로 인하여 받는 연체이자

과세표준에서 공제하지 아니하는 금액	공급가액에 포함하지 아니하는 금액
• 재화 또는 용역을 공급한 후의 그 공급가액에 대한 대손금	• 에누리액
	• 환입된 재화의 가액
	• 외상판매에 대한 공급대가의 미수금을 결제하거나 약정기일 전에 영수하여 할인하는 금액
	• 용역 등의 대가와 구분하여 수령하고 해당 종업원에게 지급한 사실이 확인되는 종업원 봉사료
	• 반환조건의 용기대금과 포장비용을 공제한 금액으로 공급하는 경우 그 용기대금과 포장비용

(3) 부가가치세액이 별도 구분 표시되지 않는 경우

사업자가 재화 또는 용역을 공급하고 그 대가로 받은 금액에 공급가액과 세액이 별도로 표시되어 있지 아니한 경우 또는 부가가치세가 포함되어 있는지가 분명하지 아니한 경우에는 그 거래금액 또는 영수할 금액에 부가가치세가 포함되어 있는 것으로 보아 그 금액의 110분의 100에 해당하는 금액을 공급가액으로 한다(부가법 제29조 제7항).

그러나 ⊙ 부가가치세를 별도로 수수할 수 있음에도 거래당사자간 무자료 거래를 위하여 공급가액만을 수령하여 부가가치세를 포기한 경우, ⓒ 부가가치세 과세대상거래를 오인하여 영세율 또는 면세거래로 보아 공급가액만을 수수한 경우 공급가액과 세액이 불분명한 것으로 볼 수 없다(부가집 29-04-4).

(4) 대가를 외국통화 기타 외국환으로 받은 경우

대가를 외국통화 기타 외국환으로 받는 때에는 다음 금액을 과세표준으로 한다(부가령 제59조).

구 분	외 화 환 산 액
공급시기 되기 전에 원화로 환가한 경우	그 환가한 금액
공급시기가 되기 전에 외화로 사용한 경우	그 사용한 날의 기준환율 또는 재정환율에 의하여 계산한 금액 (부가가치세과-1122, 2009.08.11.)
공급시기 이후에 외화통화 기타 외국환 상태로 보유하거나 지급받는 경우	공급시기의 외국환거래법에 의한 기준환율 또는 재정환율에 의하여 계산한 금액

① 사업자가 그 대가를 당사자간에 정해진 환율을 기준으로 하여 원화로 확정하고 그 금액을 원화로 받는 경우에는 원화로 받는 그 금액이 부가가치세 과세표준이 된다 (고정환율로 약정시, 부가 46015-1658, 1999.06.11.).

② 사전약정에 의하여 고정된 환율을 적용한 원화가액으로 대가를 확정하고 외국통화로 지급받는 경우 확정된 원화가액을 공급가액으로 한다(상담3팀-1031, 2004. 05.31.).
③ 수출하는 사업자가 공급시기 도래 전에 수출대금을 외국환으로 미리 받아 외화차입금의 상환 또는 외화물품대금의 결제에 사용한 경우, 부가가치세 과세표준은 상환 또는 결제한 때의 「외국환거래법」에 따른 기준환율 또는 재정환율에 의하여 계산한 금액으로 한다(부가가치세과-1122, 2009.08.11.).

> 참고 **환율**
> 1. **기준환율(매매기준율)**
>   최근 거래일의 외국환중개회사를 통하여 거래가 이루어진 미화의 현물환매매 중 익일영업일 결제거래에서 형성되는 율과 그 거래량을 가중 평균하여 산출되는 시장평균환율을 말한다.
> 2. **재정환율(재정된 매매기준율)**
>   최근 주요 국제금융시장에서 형성된 미화 이외의 통화와 미화와의 매매중간율을 시장평균환율로 재정한 율을 말한다.
> 3. 외국환중개회사의 장은 기준환율·재정환율을 매일 영업개시 30분 전까지 기획재정부장관, 한국은행총재 및 각 외국환업무취급기관의 장에게 통보하고 있으며, 매매기준율 등의 고시는 서울외국환중개(주)가 수행하고 있다.
> 4. 공급시기가 공휴일인 경우에는 공급시기 전일의 기준환율 등을 적용한다.

● 실무사례   **외환으로 받은 경우**

[사실관계]
20x5년 8월 20일에 미국의 ABC사에 제품을 $40에 수출하고 금일에 제품을 선적하였다. 대금은 8월 1일에 $20을 받아서 8월 10일에 $10을, 8월 31일에 $10을 환가하였다. 그리고 잔금 $20는 9월 10일에 받기로 하였다.

* 기준환율
  8월 1일 1$당 1,300원
  8월 10일 1$당 1,250원   8월 20일 1$당 1,200원
  8월 31일 1$당 1,150원   9월 10일 1$당 1,100원

해답
공급시기가 8월 20일이므로 공급시기 되기 전인 8월10일에 환가한 $10은 그 환가한 금액이고 공급시기 이후에 환가한 $30은 공급시기의 기준환율에 의하여 계산한 금액이 된다.
• 과세표준 = $10 × 1,250원 + $30 × 1,200원 = 48,500원

2. 유형별 공급가액의 계산

(1) 의의

외상거래, 할부거래, 일정한 마일리지 등으로 대금의 전부 또는 일부를 결제하는 거래 등 그 밖의 방법으로 재화 또는 용역을 공급하는 경우에는 공급 형태 등을 고려하여 다음의 정하는 가액을 공급가액으로 한다(부가법 제29조 제3항 6호). 마일리지 등이란 재화 또는 용역의 구입실적에 따라 마일리지, 포인트 또는 그 밖에 이와 유사한 형태로 별도의 대가 없이 적립받은 후 다른 재화 또는 용역 구입 시 결제수단으로 사용할 수 있다. 또한 재화 또는 용역의 구입실적에 따라 별도의 대가 없이 교부받으며 전산시스템 등을 통하여 그 밖의 상품권과 구분 관리되는 상품권도 이에 포함된다(부가령 제61조 제1항).

유형별 과세표준

구 분	과세표준
외상판매 및 할부판매	공급한 재화의 총가액(이자상당액 포함)
장기할부판매	계약에 따라 받기로 한 대가의 각 부분(이자상당액 포함)
완성도지급기준·중간지급조건부 공급 및 계속적으로 재화·용역을 공급하는 경우	계약에 따라 받기로 한 대가의 각 부분
자가공급·개인적 공급·사업상 증여	자기가 공급한 재화의 시가
폐업시 잔존재화	사업자의 업태별 시가 (예: 도매업자는 도매가)
위탁가공무역 수출	완성제품의 인도가액
기부채납	관련 법률에 의한 기부채납가액 (부가가치세 포함된 경우는 이를 제외)
공유수면매립용역	공유수면매립법에 의하여 산정한 매립공사에 소요된 총 사업비
경매자산	경락가액

(2) 외상판매 및 할부판매의 경우

외상판매·할부판매의 경우에는 공급한 재화의 총가액을 공급가액으로 한다(부가령 제61조 제2항).

(3) 장기할부판매, 완성도기준지급조건부·중간지급조건부 및 계속적 공급의 경우

다음의 어느 하나에 해당하는 경우에는 계약에 따라 받기로 한 대가의 각 부분을 공급가액으로 한다(부가령 제61조 제2항 제2호).

> ① 장기할부판매의 경우
> ② 완성도기준지급조건부 또는 중간지급조건부로 재화나 용역을 공급하는 경우
> ③ 계속적으로 재화나 용역을 공급하는 경우

(4) 기부채납의 경우

기부채납의 공급가액은 해당 기부채납의 근거가 되는 법률에 따라 기부채납된 가액(부가가치세가 포함된 경우 그 부가가치세는 제외)으로 한다(부가령 제61조 제2항 제3호).

☞ 사업자가 국가나 지방자치단체에 건물, 구축물 등을 기부채납 하는 경우에는 「국유재산법」 또는 「지방재정법」에 따라 감정평가기관의 감정평가 등을 거쳐 해당 자산의 가액을 결정한다.

(5) 공유수면매립용역

「공유수면 관리 및 매입에 관한 법률」에 따라 매립용역을 제공하는 경우에는 같은법에 따라 산정한 해당 매립공사에 소요된 총사업비를 공급가액으로 한다(부가령 제61조 제2항 제4호).

(6) 보세구역 내에서 재화공급

사업자가 보세구역 내에 보관된 재화를 다른 사업자에게 공급하고, 그 재화를 공급받은 자가 그 재화를 보세구역으로부터 반입하는 경우에 재화를 공급한 자의 공급가액은 그 재화의 공급가액에서 세관장이 부가가치세를 징수하고 발급한 수입세금계산서에 적힌 공급가액을 뺀 금액으로 한다. 다만, 세관장이 부가가치세를 징수하기 전에 같은 재화에 대한 선하증권이 양도되는 경우에는 선하증권의 양수인으로부터 받은 대가를 공급가액으로 할 수 있다(부가령 제61조 제2항 제5호).

(7) 둘 이상의 과세기간에 걸쳐 용역을 제공 후 대가를 선불로 받는 경우

사업자가 다음의 어느 하나에 해당하는 용역을 둘 이상의 과세기간에 걸쳐 제공하고 그 대가를 선불로 받는 경우에는 해당 금액을 계약기간의 월수로 나눈 금액의 각 과세대상기간의 합계액을 그 공급가액으로 한다. 이 경우 개월 수의 계산에 관하여는 해당 계약기간의 개시일이 속하는 달이 1개월 미만이면 1개월로 하고, 해당 계약기간의 종료일이 속하는 달이 1개월 미만이면 산입하지 아니한다(부가령 제61조 제2항 제6호).

> ① 헬스클럽장 등 스포츠센터를 운영하는 사업자가 연회비를 미리 받고 회원들에게 시설을 이용하게 하는 것
> ② 사업자가 다른 사업자와 상표권 사용계약을 할 때 사용대가 전액을 일시불로 받고 상표권을 사용하게 하는 것
> ③ 「노인복지법」에 따른 노인복지시설(유료인 경우에만 해당한다)을 설치·운영하는 사업자가 그 시설을 분양받은 자로부터 입주 후 수영장·헬스클럽장 등을 이용하는 대가를 입주 전에 미리 받고 시설 내 수영장·헬스클럽장 등을 이용하게 하는 것
> ④ 그 밖에 ①에서 ③까지의 규정과 유사한 용역

(8) BOT 방식의 시설에 대하여 둘 이상의 과세기간에 걸쳐 용역을 제공하는 경우

사업자가 「사회기반시설에 대한 민간투자법」 제4조 제3호의 방식(BOT)을 준용하여 설치한 시설에 대하여 둘 이상의 과세기간에 걸쳐 용역을 제공하는 경우에는 그 용역을 제공하는 기간 동안 지급받는 대가와 그 시설의 설치가액을 그 용역제공 기간의 월수로 나눈 금액의 각 과세대상기간의 합계액을 공급가액으로 한다. 이 경우 개월 수의 계산에 관하여는 해당 용역제공 기간의 개시일이 속하는 달이 1개월 미만이면 1개월로 하고, 해당 용역제공 기간의 종료일이 속하는 달이 1개월 미만이면 산입하지 아니한다(부가령 제61조 제2항 제7호).

(9) 위탁가공무역 방식 수출

위탁가공무역 방식으로 수출하는 경우에는 완성된 제품의 인도가액을 공급가액으로 한다(부가령 제61조 제2항 제8호).

(10) 마일리지 등의 경우

자기적립마일리지 등으로 대금의 전부 또는 일부를 결제받은 경우에는 다음의 각 금액을 합한 금액을 공급가액으로 한다.

> ① 마일리지등 외의 수단으로 결제받은 금액
> ② 자기적립마일리지 등 외의 마일리지 등으로 결제받은 부분에 대하여 재화 또는 용역을 공급받는 자 외의 자로부터 보전(補塡)받았거나 보전받을 금액
>   ㉠ 고객·사업자별로 마일리지 등의 적립 및 사용 실적을 구분하여 관리하는 등의 방법으로 당초 공급자와 이후 공급자가 같다는 사실이 확인될 것
>   ㉡ 사업자가 마일리지 등으로 결제받은 부분에 대하여 재화 또는 용역을 공급받는 자 외의 자로부터 보전받지 아니할 것

(11) 자기적립마일리지 등 외의 마일리지 등으로 대금의 전부 또는 일부를 결제받은 경우

자기적립 마일리지 등 외의 마일리지 등으로 대금의 전부 또는 일부를 결제받은 경우로서 다음의 어느 하나에 해당하는 경우에는 공급한 재화 또는 용역의 시가를 말한다.

> ① 제3자 적립마일리지로 결제받은 금액을 보전받지 아니하고 면세사업 전용에 따른 자기생산·취득재화(매입세액이 공제된 재화)를 공급한 경우
> ② 제3자 적립마일리지로 결제받은 금액에 대하여 특수관계인으로부터 부당하게 낮은 금액을 보전받거나 아무런 금액을 받지 아니하여 조세의 부담을 부당하게 감소시킬 것으로 인정되는 경우

3. 부당행위계산부인

(1) 의의

특수관계인에게 공급하는 재화 또는 용역(수탁자가 위탁자의 특수관계인에게 공급하는 신탁재산과 관련된 재화 또는 용역을 포함한다)의 공급이 다음의 어느 하나에 해당하는 경우로서 조세의 부담을 부당하게 감소시킬 것으로 인정되는 경우에는 공급한 재화 또는 용역의 시가를 공급가액으로 본다(부가령 제29조 제4항).

> ① 재화의 공급에 대하여 부당하게 낮은 대가를 받거나 대가를 받지 않은 경우에는 자기가 공급한 재화의 시가
> ② 용역의 공급에 대하여 부당하게 낮은 대가를 받은 경우에는 자기가 공급한 용역의 시가
> ③ 용역의 공급에 대하여 대가를 받지 아니한 경우로서 특수관계인에게 사업용 부동산을 무상으로 임대한 경우

여기서 "부당하게 낮은 대가"란 "정당하지 않거나 이치에 맞지 않게 낮은 대가" 혹은 "현저하게 낮은 대가"라는 의미로 사업자가 조세의 부담을 부당하게 감소시킬 것으로 통상의 상거래에서 있을 수 있는 시가와의 편차를 넘어서서 훨씬 더 낮은, 즉 거래관행에 비추어 객관적으로 조세회피의 의도가 인식될 정도의 것으로서 합리적인 경제적 관점에서 볼 때 지나치게 낮은 것을 의미한다 할 것이다(헌재 2000헌바81, 2002.05.30.).

특수관계여부에 따른 공급가액 판단

구 분	부당하게 낮은 대가를 받은 경우		대가를 받지 않는 경우	
	특수관계인	특수관계 없는 자	특수관계인	특수관계 없는 자
재 화	시 가	거래금액	시 가(공급의제)	시 가(공급의제)
용 역	시 가	거래금액	과세대상 아님 (특수관계인 부동산 임대 제외)	과세대상 아님

☞ 재화 또는 용역을 무상으로 공급하는 경우, 이는 소득세 및 법인세에서 부당행위계산부인의 대상이 된다.

(2) 특수관계인

「소득세법 시행령」 제98조 제1항 또는 「법인세법 시행령」 제2조 제8항 각 호에 따른 자("특수관계인")를 말한다.

1) 「소득세법 시행령 제98조 제1항」

"특수관계인"이란 「국세기본법 시행령」 제1조의2 제1항, 제2항 및 같은 조 제3항 제1호에 따른 특수관계인을 말한다.

① 법 제2조 제20호 가목에서 "혈족·인척 등 대통령령으로 정하는 친족관계"란 다음 각 호의 어느 하나에 해당하는 관계(이하 "친족관계"라 한다)를 말한다.

> ㉠ 4촌 이내의 혈족
> ㉡ 3촌 이내의 인척
> ㉢ 배우자(사실상의 혼인관계에 있는 자를 포함한다)
> ㉣ 친생자로서 다른 사람에게 친양자 입양된 자 및 그 배우자·직계비속
> ㉤ 본인이 「민법」에 따라 인지한 혼인 외 출생자의 생부나 생모(본인의 금전이나 그 밖의 재산으로 생계를 유지하는 사람 또는 생계를 함께하는 사람으로 한정한다)

② 법 제2조 제20호 나목에서 "임원·사용인 등 대통령령으로 정하는 경제적 연관관계"란 다음 각 호의 어느 하나에 해당하는 관계(이하 "경제적 연관관계"라 한다)를 말한다.

> ㉠ 임원과 그 밖의 사용인
> ㉡ 본인의 금전이나 그 밖의 재산으로 생계를 유지하는 자
> ㉢ ㉠ 및 ㉡의 자와 생계를 함께하는 친족

③ 법 제2조 제20호 다목에서 "주주·출자자 등 대통령령으로 정하는 경영지배관계"란 다음 각 호의 구분에 따른 관계(이하 "경영지배관계"라 한다)를 말한다.

> ⊙ 본인이 개인인 경우
>   가. 본인이 직접 또는 그와 친족관계 또는 경제적 연관관계에 있는 자를 통하여 법인의 경영에 대하여 지배적인 영향력을 행사하고 있는 경우 그 법인
>   나. 본인이 직접 또는 그와 친족관계, 경제적 연관관계 또는 가목의 관계에 있는 자를 통하여 법인의 경영에 대하여 지배적인 영향력을 행사하고 있는 경우 그 법인

2) 「법인세법 시행령 제2조 제8항」

① 임원(제40조 제1항에 따른 임원을 말한다. 이하 이 항, 제10조, 제11조, 제19조, 제38조 및 제39조에서 같다)의 임면권의 행사, 사업방침의 결정 등 해당 법인의 경영에 대해 사실상 영향력을 행사하고 있다고 인정되는 자(「상법」 제401조의2 제1항에 따라 이사로 보는 자를 포함한다)와 그 친족(「국세기본법 시행령」 제1조의2 제1항에 따른 자를 말한다. 이하 같다)

② 제50조 제2항에 따른 소액주주등이 아닌 주주 또는 출자자(이하 "비소액주주등"이라 한다)와 그 친족

③ 다음 각 목의 어느 하나에 해당하는 자 및 이들과 생계를 함께하는 친족
   ⊙ 법인의 임원·직원 또는 비소액주주등의 직원(비소액주주등이 영리법인인 경우에는 그 임원을, 비영리법인인 경우에는 그 이사 및 설립자를 말한다)
   ⓒ 법인 또는 비소액주주등의 금전이나 그 밖의 자산에 의해 생계를 유지하는 자

④ 해당 법인이 직접 또는 그와 제1호부터 제3호까지의 관계에 있는 자를 통해 어느 법인의 경영에 대해 「국세기본법 시행령」 제1조의2 제4항에 따른 지배적인 영향력을 행사하고 있는 경우 그 법인

⑤ 해당 법인이 직접 또는 그와 제1호부터 제4호까지의 관계에 있는 자를 통해 어느 법인의 경영에 대해 「국세기본법 시행령」 제1조의2 제4항에 따른 지배적인 영향력을 행사하고 있는 경우 그 법인

⑥ 해당 법인에 100분의 30 이상을 출자하고 있는 법인에 100분의 30 이상을 출자하고 있는 법인이나 개인

⑦ 해당 법인이 「독점규제 및 공정거래에 관한 법률」에 따른 기업집단에 속하는 법인인 경우에는 그 기업집단에 소속된 다른 계열회사 및 그 계열회사의 임원

(3) 시가

시가란 다음의 정하는 가격으로 한다(부가령 제62조).

① 사업자가 특수관계인이 아닌 자와 해당 거래와 유사한 상황에서 계속적으로 거래한 가격 또는 제3자간에 일반적으로 거래된 가격(제조업자의 제조장 가격, 도매업자의 도매가격, 소매업자의 소매가격 등)
② 위 ①의 가격이 없는 경우에는 사업자가 그 대가로 받은 재화 또는 용역의 가격(공급받은 사업자가 그와 특수관계인이 아닌 자와 해당 거래와 유사한 상황에서 계속적으로 거래한 해당 재화 및 용역의 가격 또는 제3자 간에 일반적으로 거래된 가격을 말함)
③ 위 ①, ②의 가격이 없거나 시가가 불분명한 경우에는 「소득세법 시행령」 제98조 제3항 및 제4항[법인세법 준용] 또는 「법인세법 시행령」 제89조 제2항 및 제4항에 따른 가격

「법인세법 시행령」 제89조	내 용
제2항	시가가 불분명한 경우에는 다음 차례로 적용하여 계산한 금액에 따른다. ① 「감정평가 및 감정평가사에 관한 법률」에 따른 감정평가법인등이 감정한 가액이 있는 경우 그 가액(감정한 가액이 2 이상인 경우에는 그 감정한 가액의 평균액). 다만, 주식등 및 가상자산은 제외한다. ② 「상속세 및 증여세법」 제38조·제39조·제39조의2·제39조의3, 제61조부터 제66조까지의 규정을 준용하여 평가한 가액[보충적 평가방법]
제4항	유형 또는 무형의 자산을 제공하거나 제공받는 경우에는 당해 자산 시가의 100분의 50에 상당하는 금액에서 그 자산의 제공과 관련하여 받은 전세금 또는 보증금을 차감한 금액에 정기예금이자율을 곱하여 산출한 금액 = [(해당 부동산의 시가 × 50%) - 보증금] × 정기예금이자율 × 일수 / 365(366)

(4) 특수관계인간의 부동산임대용역

특수관계인에게 사업용 부동산을 임대하는 경우에는 부가가치세 과세 대상인 용역 공급으로 본다. 단,「산업교육진흥 및 산학연협력촉진에 관한 법률」에 따라 설립된 산학협력단과 대학간 사업용 부동산의 임대용역, 「공공주택 특별법」에 따른 부동산투자회사간 사업용 부동산의 임대용역은 제외한다(부가법 제12조 제2항; 부가령 제26조 제2항).

이때 부가가치세 과세표준은 공급한 용역의 시가를 공급가액으로 하며, 정상적인 거래 시가와 낮은 대가와의 차액에 대하여 세금계산서를 발급할 의무가 없다(부가-123, 2014.02.17.).

유사거래가액이 없는 경우 부동산임대 과세표준은 다음과 같이 계산된다.

시가 = [(자산의 시가 × 50%) - 전세금 등] × 정기예금 이자율(3.1%)

이는 1년 기준의 임대료 과세표준이므로 부가가치세 신고시에는 월로 나누어 해당 과세기간의 월수를 곱한 금액을 과세표준으로 신고해야한다. 임차인은 매입세액공제가 불가능함에 유의하여야 한다.

• 실무사례 **부동산 무상임대시 과세표준계산**

[사실관계]
부동산임대업을 영위하는 아버지가 아들에게 1층 상가를 저가로 임대하였다.
보증금 2천만원, 월세 200,000원 받기로 하였으며, 현재 상가의 시가는 5억원이다. 20x5.1기 부가세 확정신고시 과세표준은?

해답
시가 = [(5억 × 50%) - 20,000,000] × 정기예금 이자율(3.1%) × 181/365 = 3,535,698원

---

(5) 저가 공급시 수정세금계산서 발급여부

특수관계인에 해당하는 법인에게 재화를 부당하게 시가보다 낮은 대가로 공급한 후 시가로 공급가액을 수정하는 경우 수정세금계산서 발급사유에 해당하지 아니한다(서면법규-1520, 2012.12.24.).

(6) 무상임대 부동산을 양도시 부가가치세 과세여부

사업자가 무상으로 부동산 임대용역을 제공하다가 당해 부동산을 양도하는 경우에는 부가가치세가 과세된다(부가 46015-730, 1999.03.18.).

(7) 특수관계인에게 무상임대시 과세사례

① 부동산임대 개인사업자가 자신이 대표이사로 있는 법인에게 무상임대한 경우
   부동산임대업을 영위하는 개인사업자가 임대용부동산을 자신이 대표이사로 있는 법인사업자에게 대가를 받거나 아무런 대가를 받지 아니하고 임대하는 경우 그 임대용역의 공급에 대해서는 부가가치세를 과세하는 것이며, 이때 해당 부동산임대용역의 공급가액은 시가로 하는 것임(사전법령해석부가 2015-145, 2015.06.05.).
② 특수관계인에게 부동산 무상임대용역의 과세여부
   제조업을 영위하는 법인이 다른 법인의 공장을 임차하여 일부는 직접 자기사업에 사용하고 일부 사업장은 특수관계인에게 무상으로 임대하는 경우, 용역의 공급에 해당하여 부가가치세 과세대상이다(부가-1128, 2013.12.08.).

● 실무사례 **고가·저가 공급에 대한 공급가액 계산 사례** (부가집 29-0-2)

도매업 및 서비스업을 겸영하는 사업자 "갑"이 20x5년 제1기 과세기간 중 매출처 "을"에게 아래와 같이 재화 또는 용역을 공급한 경우 공급가액 계산 방법

과세대상	시 가	거래금액	"을"과의 관계	과세표준
재화1	10,000,000	5,000,000	특수관계인	10,000,000
재화2	10,000,000	5,000,000	특수관계인 외	5,000,000
재화3	10,000,000	15,000,000	특수관계인	15,000,000
재화4	10,000,000	15,000,000	특수관계인 외	15,000,000
재화5	10,000,000	(무상공급)	특수관계인	10,000,000
재화6	10,000,000	(무상공급)	특수관계인 외	10,000,000
용역1	**10,000,000**	**5,000,000**	**특수관계인**	**10,000,000**
용역2	10,000,000	5,000,000	특수관계인 외	5,000,000
용역3	10,000,000	15,000,000	특수관계인	15,000,000
용역4	10,000,000	15,000,000	특수관계인 외	15,000,000
용역5	**10,000,000**	**(무상공급)**	**특수관계인**	**0**
용역6	10,000,000	(무상공급)	특수관계인 외	0

* 용역5: 부동산임대용역인 경우에는 과세표준은 시가 10,000,000원임.

● 실무사례 **아들이 소유한 사업용 토지를 아버지에게 무상사용시 부가가치세 과세여부**

[사실관계]

부산시 중구 **동의 토지 86㎡를 아들과 공유하고 있으며 신청인의 지분은 20㎡이고 아들의 지분은 66㎡임. 신청인은 위 토지 위의 건물을 단독 소유하여 건물임대업을 영위하고 있는바, 아들 소유지분의 토지는 무상사용하고 있다.

이 경우 아버지와 아들이 공유하는 토지 위의 건물을 아버지가 소유하여 건물임대업을 영위하면서 아들 소유의 토지를 무상사용 하는 경우 아들이 토지임대용역을 제공하는 것으로 보아 과세할 수 있는 지 여부

해답

아버지가 아들과 공유한 토지 위의 건물을 단독으로 소유하여 건물임대업을 영위하면서 아들 소유지분의 사업용 토지의 사용대가를 지급하지 아니하는 경우 그 아들의 신청인에 대한 사업용 토지의 무상임대는 「부가가치세법」 제7조 제3항에 따른 과세대상이며 그 과세표준은 시가로 한다(법규부가 2012-486, 2012.12.17.).

4. 재화 수입의 경우

(1) 일반적인 경우

재화의 수입에 대한 과세표준은 관세의 과세가격과 관세, 개별소비세·주세·교통·에너지·환경세·교육세·농어촌특별세를 합한 금액으로 한다(부가법 제29조 제2항).

> 과세표준 = 관세의 과세가격 + 관세 + 개별소비세·주세·교통·에너지·환경세 + 교육세·농특세

(2) 보세구역 내에서 공급하는 경우

사업자가 보세구역 내에 보관된 재화를 다른 사업자에게 공급하고, 그 재화를 공급받은 자가 그 재화를 보세구역으로부터 반입하는 경우에는 그 재화의 공급가액에서 세관장이 관세법에 따라 부가가치세를 징수하고 발급한 수입세금계산서에 적힌 공급가액을 뺀 금액으로 한다(부가령 제61조 제2항 제5호). 다만, 재화의 공급가액 중 재화의 수입에 대한 부가가치세 공급가액을 제외한 잔액이 없는 때에는 세금계산서 발급의무가 없다(서삼 46015-10204, 2003.02.06.).

(3) 선하증권을 양도하는 경우

세관장이 부가가치세를 징수하기 전에 같은 재화에 대한 선하증권이 양도되는 경우에는 선하증권의 양수인으로부터 받은 대가를 공급가액으로 할 수 있다(부가령 제61조 제2항 제5호).

● 실무사례 **수입재화공급**

보세구역내에서 제조업을 영위하고 있는 사업자 태구씨는 외국에서 도착한 물품을 원재료로 하여 생산한 제품을 보세구역 밖에서 사업을 하고 있는 창현씨에게 공급하였다. 그 관세의 과세가격이 5,000원, 관세가 2,000원이라고 할때 세관장이 징수할 부가가치세와 태구씨가 거래징수하여야 할 부가가치세는 각각 얼마인가? 상황별로 판단하시오.

(상황1) 공급가액이 10,000원인 경우
1. 세관장이 징수할 부가가치세
   (5,000 + 2,000) × 10% = 700원
2. 태구씨가 창현씨에게 거래징수할 부가가치세
   (10,000 - 7,000) × 10% = 300원

(상황2) 공급가액이 6,000원인 경우
1. 세관장이 징수할 부가가치세
   (5,000 + 2,000) × 10% = 700원
2. 태구씨가 창현씨에게 거래징수할 부가가치세
   거래징수할 세액 없음.

5. 과세표준에 포함되는 항목

과세표준에는 거래상대자로부터 받는 대금·요금·수수료 그 밖의 명목여하에 불구하고 실질적 대가관계에 있는 모든 금전적 가치있는 것으로서 다음의 어느 하나에 해당하는 것을 포함한다(부가집 29-0-2).

① 현물로 받는 경우에는 자기가 공급한 재화·용역의 시가
② 장기할부판매 또는 할부판매 경우의 이자상당액
③ 대가의 일부로 받는 운송보험료, 산재보험료 등
④ 대가의 일부로 받는 운송비, 포장비, 하역비 등
⑤ 개별소비세, 교통·에너지·환경세 및 주세가 과세되는 재화·용역에 대하여는 해당 개별소비세, 교통·에너지·환경세 및 주세와 그 교육세 및 농어촌특별세상당액

● 실무사례 과세표준에 포함하는 항목

[사실관계]
1. 甲사업자의 건물(시가 1억원)과 乙사업자의 기계(시가 2억원)를 교환한 경우 둘의 공급가액은?
2. 제품을 물품대금 2,000,000원과 할부이자 100,000원에 할부판매한 경우 공급가액은?

해답
1. 금전 외의 대가를 받는 경우에는 자기가 공급하는 재화의 시가이므로, 甲사업자의 공급가액은 1억원, 乙사업자의 공급가액은 2억원이 된다.
2. 공급가액에는 물품대금 외에 할부(판매)이자도 포함되므로 공급가액은 2,100,000원이 된다.

 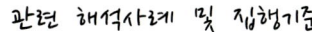

- **장기도급계약에 따른 공급시기와 금융비용의 과세표준 계산**

사업자가 용역의 제공이 완료된 후 그 대가를 월부·연부·기타의 부불방법에 따라 2회 이상 분할하여 대가를 받는 것으로 당해 용역의 공급의 완료일 다음 날부터 최종 할부금 지급기일까지의 기간이 1년 이상인 장기할부조건에 해당하는 경우에는 세금계산서를 발급하여야 하는 것이고, 사업자가 재화 또는 용역을 공급하고 그 대가를 받을 경우 과세표준은 재화 또는 용역을 공급받는 자로부터 받은 대금, 요금, 수수료, 기타 명목여하에 불구하고 대가관계에 있는 모든 금전적 가치가 있는 것을 포함하는 것으로, 금융이자에 상당하는 금액을 공사도급금액에 포함하여 공사도급계약을 체결한 경우에 당해 금융이자에 상당하는 금액은 부가가치세 과세표준에 포함하는 것임(부가-688, 2013.07.26.).

- **쇼핑몰 운영자가 발급한 쿠폰 사용으로 인한 판매자의 과세표준**

컴퓨터 및 주변기기 등 상품을 판매하는 사업자(이하 "판매자")가 상품거래를 알선하는 자(이하 "쇼핑몰운영자")의 쇼핑몰을 통하여 상품을 판매함에 있어 쇼핑몰운영자의 책임과 계산으로 할인쿠폰을 발행하여 상품가격을 할인하여 주고 그 할인금액 상당액을 쇼핑몰운영자에게 지급할 서비스이용료에서 차감하는 경우「부가가치세법」제29조 제1항에 따라 할인금액 상당액은 판매자의 부가가치세 과세표준에서 차감하지 아니하는 것이므로 해당 상품의 정상 판매가격을 과세표준으로 하는 것임(법규부가 2013-260, 2013.10.29.).

6. 과세표준에 포함되지 않는 금액 (= 과세표준에서 제외하는 금액)

과세표준에 포함되지 않는, 즉 제외하는 금액이 공급가액에 포함되어 세금계산서가 이미 발급된 경우에 실무상으로 취해야 하는 사후조치는 해당 금액을 공급가액에서 차감하여 수정세금계산서를 발급한다. 다만, 세금계산서가 발급되지 않은 경우의 사후조치는 해당 금액을 공급가액에서 제외하고 세금계산서를 발급하여야 한다.

(1) 에누리

재화나 용역을 공급할 때 그 품질이나 수량, 인도조건 또는 공급대가의 결제방법이나 그 밖의 공급조건에 따라 통상의 대가에서 일정액을 직접 깎아 주는 금액이다(부가법 제59조 제5항 제1호). 공급자가 재화나 용역의 공급시 통상의 공급가액에서 일정액을 공제·차감한 나머지 가액만을 받는 방법 뿐만 아니라, 공급가액을 전부 받은 후 그 중 일정액을 반환하거나 또는 이와 유사한 방법에 의하여 할인해 주는 금액도 에누리에 해당한다(대법 2001두6586, 2003.04.25.; 대법2013두19615, 2015.12.23.).

 관련 해석사례 및 집행기준

◆ 사업자가 점수(포인트) 적립에 의한 대금 공제 제도를 다른 사업자들과 함께 운영하면서 각자의 1차 거래에서 고객에게 점수를 적립해주고 그 후 고객이 사업자들과 2차 거래를 할 때에 적립된 점수 상당의 가액을 대금에서 공제하고 나머지 금액만 현금 등으로 결제할 수 있도록 한 경우, 2차 거래에서 적립된 점수 상당만큼 감액된 가액이 에누리액에 해당하여 2차 거래의 공급가액에 포함할 수 없는지 여부

사업자가 고객에게 재화를 공급하는 1차 거래를 하면서 매출액의 일정비율에 해당하는 점수를 적립해 주고, 향후 고객에게 다시 재화를 공급하는 2차 거래를 하면서 적립된 점수 상당의 가액을 공제하고 나머지 금액만 현금 등으로 결제할 수 있도록 한 경우에, 2차 거래에서 적립된 점수 상당만큼 감액된 가액은 결국 사업자와 고객 사이에서 미리 정해진 공급대가의 결제 조건에 따라 공급가액을 직접 공제·차감한 것으로서 에누리액에 해당한다. 즉 1차 거래에서 적립된 점수는 사업자가 1차 거래 때 고객에게 약속한 할인 약정의 내용을 수치화하여 표시한 것에 불과하며 할인 약정에 따라 그 점수 상당만큼 공제된 가액은 2차 거래의 공급가액에 포함할 수 없다. 또한, 사업자가 점수 적립에 의한 대금 공제 제도를 다른 사업자들과 함께 운영하면서 각자의 1차 거래에서 고객에게 점수를 적립해주고 그 후 고객이 사업자들과 2차 거래를 할 때에 적립된 점수 상당의 가액을 대금에서 공제하고 나머지 금액만 현금 등으로 결제할 수 있도록 한 경우에, 이 역시 여러 사업자들과 고객 사이에 미리 정해진 공급가액 결제 조건에 따라 공급가액을 직접 공제·차감한 것으로서 에누리액에 해당하며, 그 점수 상당의 공제된 가액을 2차 거래의 공급가액에 포함할 수 없음은 마찬가지이다.

한편 사업자들 사이에 2차 거래에서 대금 공제에 사용된 점수와 관련하여 내부적으로 일정한 기간 등을 정하여 상호 간에 사용된 점수를 정산하고 차액 상당액을 정산금으로 지급하도록 하였더라도, 이는 특정한 2차 거래뿐만 아니라 사업자들 사이의 사전에 약정된 점수 적립 및 사용에 따른 계속적인 정산관계를 전제로 하여 각자 적립한 점수를 넘는 공급가액 공제와 관련한 손실을 서로 전보해 주는 것으로서, 다수 사업자들이 점수 적립에 의한 대금 공제 제도를 통합 운영함에 따른 위험을 분담하는 한편 대금 공제가 가능한 대상 거래를 확대하여 고객들의 활발한 구매를 유도함으로써 관련 사업자들 전체의 이익을 도모하려는 것이다. 즉 이 경우에도 적립된 점수는 여러 사업자들이 공통적으로 고객과 사전에 마친 할인 약정에 따라 할인 가능 금액을 수치화하여 표시한 것에 불과하고, 2차 거래의 공급자 자신이 1차 거래에서 적립한 점수에 관하여는 2차 거래에서 사용하더라도 다른 사업자들로부터 정산금을 받을 수 없으며, 또한 사업자들 사이의 정산금은 2차 거래와 별도로 이루어진 통합 정산약정 및 계속적인 거래의 결과에 의하여 산정된다. 따라서 여러 사업자들 사이의 정산약정에 따라 사업자가 고객이 아닌 다른 사업자들로부터 정산금을 지급받더라도 이는 2차 거래의 공급과 대가관계에 있다고 볼 수 없고, 적립된 점수의 교차사용 및 정산이 예정되어 있다는 사정만을 가지고 적립된 점수에 의하여 할인된 가격이 에누리액이 아니고 2차 거래의 공급가액에 포함되어야 한다고 보기도 어렵다(대법원2015두58959, 2016.08.26.).

> **[판례요약]**
>
> **1. 개별 사업자의 점수 적립 및 사용**
> - 1차 거래에서 고객에게 점수를 적립해 주고, 2차 거래에서 적립된 점수를 공제하는 경우, 이는 미리 정해진 공급가액의 결제 조건에 따른 에누리액(할인)으로 볼 수 있다.
> - 2차 거래에서 공제된 가액은 공급가액에 포함할 수 없다.
>
> **2. 여러 사업자가 공동 운영하는 점수 적립 제도**
> - 여러 사업자가 고객에게 점수를 적립해 주고, 고객이 어느 사업자와 거래하든 적립된 점수를 사용할 수 있도록 하는 경우도 마찬가지로 에누리액에 해당한다.
> - 적립된 점수를 활용한 대금 공제는 공급가액에서 차감되며, 2차 거래의 공급가액에 포함되지 않는다.
>
> **3. 사업자 간 정산 관계**
> - 사업자들끼리 점수 사용을 정산하여 차액을 지급하는 경우, 이는 특정한 거래와 직접적인 대가 관계가 아니라 사업자들 간의 위험 분담과 고객 구매 유도를 위한 통합 운영 방식이다.
> - 사업자 간 정산금은 2차 거래의 공급과 대가 관계에 포함되지 않는다.
>
> **4. 결 론**
> 점수 적립 및 공제를 통해 할인된 금액은 사업자와 고객 사이에서 미리 정해진 조건에 따라 차감된 공급가액으로서 에누리액이며, 이를 공급가액에 포함할 수 없다.

단말기 보조금을 부가가치세 과세표준에서 공제되는 에누리로 볼 수 있는지 여부

원고는 보조금 지원 요건을 갖춘 가입자에게 보조금을 지원하되 그 보조금의 용도를 단말기의 대가를 결제하는 것으로 제한함으로써 실질적으로 가입자에게 대리점으로부터 보조금 상당액을 할인받을 수 있는 권리를 부여하였고, 가입자도 보조금 상당액을 감액한 나머지 가액을 대리점에 지급하고 단말기를 공급받았으며, 대리점 역시 그 보조금 상당액만큼 감액된 대금을 원고에게 지급하여 원고에 대한 단말기 매입 대금을 모두 결제하였으므로, 원고와 대리점 사이에 대리점이 보조금 지원 요건을 갖춘 가입자에게 보조금 상당액만큼 할인 판매하는 것을 조건으로 하여 단말기의 공급가액에서 보조금 상당액을 감액하여 결제하기로 하는 약정이 있었다고 볼 수 있고, 결국 그 보조금 상당액은 원고의 대리점에 대한 단말기 공급가액에서 직접 공제되는 가액에 해당한다고 볼 수 있다. 그리고 이 사건 보조금이 이동통신용역의 공급거래에서 수익을 얻기 위한 목적에서 지원되었더라도, 이동통신용역을 일정한 기간 동안 공급받을 것을 조건으로 하여 단말기의 공급가액에서 직접 공제된 이상, 특별한 사정이 없는 한 단말기의 공급과 관련된 에누리액에 해당한다고 할 것이다. 또한, 이 사건 보조금이 공제된 금액에 의한 단말기 대금의 전제는 원고의 대리점에 대한 단말기 공급 시부터 예정되어 있었던 사정에 비추어 보면, 비록 원고가 이 사건 보조금을 판매장려금 등으로 계상하고 단마릭의 공급가

액의 감소에 따른 수정세금계산서를 발급하지 않았으며 마치 대리점이 가입자로부터 보조금채권을 승계취득하여 원고의 대리점에 대한 단말기 대금채권과 상계하는 형식으로 정산을 하였더라도, 이러한 회계 및 세무처리는 이사건 보조금을 에누리액으로 보지 않던 당시 과세행정을 고려한 부득이한 조치로 볼 수 있으며, 그로 인하여 이 사건 보조금의 성격이 달라진다고 하기도 어렵다(대법2013두19615, 2015.12.23.).

수탁자가 고객에게 적립해준 적립금을 위탁자의 상품구매시 사용하는 경우 위탁자의 공급가액

판매자(위탁자)가 위수탁판매대행계약에 따라 판매대행업자(수탁자)로부터 마일리지 등을 부여받은 고객에게 2017년 4월 1일 이후에 마일리지 등 사용금액만큼 재화를 할인하여 공급하고 할인금액을 위탁자가 수탁자에게 지급하는 판매수수료에서 차감하는 경우 해당 할인금액은 재화의 공급가액에 포함된다(기획재정부부가-64, 2022.01.27).

구매할인쿠폰 적용에 따라 상품판매가에서 직접 할인되는 금액이 에누리인지 여부

상품판매를 위수탁하고 판매대행수수료를 수수하는 판매대행계약에 따라 판매대행 업자가 판매자의 상품판매가격을 할인받을 수 있는 쿠폰을 발행하여 쿠폰 적용에 대한 판매자의 동의하에 구매회원에게 상품을 할인판매하고 판매자로부터 지급받는 판매대행수수료에서 쿠폰 적용에 다른 할인금액을 직접 차감하기로 약정한 경우, 판매자의 상품 판매가격에서 직접 할인되는 금액은 부가세법 제29조 제5항 제1호에 따른 에누리액으로 판매자의 부가가치세 과세표준에 포함하지 아니하는 것임(법령해석과-2502, 2016.07.29.).

사전약정한 가격할인액을 익월 초에 지급하는 경우 에누리액에 해당하는지 여부

사업자가 재화를 공급할 때 그 품질이나 수량, 인도조건 또는 공급대가의 결제방법이나 그 밖의 공급조건에 따라 통상의 대가에서 일정액을 직접 깎아 주기로 사전약정을 체결하고 그 공급시기마다 깎아 주기로 약정한 금액을 월별로 합산하여 다음 달 초에 지급하는 경우 공급받는 자에게 지급하는 해당 금액은 「부가가치세법」 제29조 제5항 제1호에 따라 공급가액에 포함하지 아니하는 에누리액에 해당하는 것임(사전 법령해석부가 2015- 181, 2015.07.14.).

(2) 환입된 재화의 가액(매출 환입)

환입이란 일단 공급한 재화가 품질 기타 계약조건 위반 등으로 반품되어 온 것으로 당초 공급의 일부 또는 전부를 취소하는 것과 같으므로 공급가액에 포함하지 않는다(부가법 제29조 제5항 제2호). 환입된 재화는 반드시 당초 공급한 재화이어야 하며, 공급한 과세기간이 경과된후 환입된 경우에는 그 사유가 발생한 때에 당초 공급가액을 기준으로 수정세금계산서를 발급하고 환입일이 속하는 예정신고 또는 확정신고시의 과세표준에서 환입재화의 공급가액을 차감한다(부가 1265.2-2270, 1981.08.26.).

반품에 대한 세무처리

구 분	내 용
반품하는 경우	반품 날짜에 (-)수정세금계산서 발행한다.
반품 후 동일 재고자산과 교환하는 경우	과세대상거래가 아니므로 수정세금계산서 발급대상이 아니다.
반품 후 동종 또는 유사 재고자산과 새로운 자산으로 교환하는 경우	- 반품날짜에 반품받은 재화는 (-)수정세금계산서 발행한다. - 교환 재고자산은 별도의 재화의 공급에 해당한다.
반품없이 재공급하는 경우	재화의 간주공급(사업상 증여)에 해당한다.

 관련 해석사례 및 집행기준

- **구매할인쿠폰 적용에 따라 상품판매가에서 직접 할인되는 금액이 에누리인지 여부**

  상품판매를 위수탁하고 판매대행수수료를 수수하는 판매대행계약에 따라 판매대행 업자가 판매자의 상품 판매가격을 할인받을 수 있는 쿠폰을 발행하여 쿠폰 적용에 대한 판매자의 동의하에 구매회원에게 상품을 할인판매하고 판매자로부터 지급받는 판매대행수수료에서 쿠폰 적용에 다른 할인금액을 직접 차감하기로 약정한 경우, 판매자의 상품 판매가격에서 직접 할인되는 금액은 부가세법 제29조 제5항 제1호에 따른 에누리액으로 판매자의 부가가치세 과세표준에 포함하지 아니하는 것임(법령해석과-2502, 2016.07.29.).

- **위·수탁 물품판매 할인액의 과세표준 포함 여부(기획재정부 부가-71, 2011.02.08.)**

  - 전자상거래 등에서의 소비자보호에 관한 법률에 의한 통신판매업자(이하 수탁자라 한다)가 물품판매 위탁자와의 위·수탁 계약에 따라 물품판매를 하는 경우, 동 계약에 따라 수탁자가 판매가격을 직접 할인한 금액은 부가가치세법 제13조 제2항 제1호에 따른 에누리액으로 물품판매 위탁자의 부가가치세 과세표준에 포함하지 아니하는 것이나, 수탁자의 책임과 계산으로 할인판매를 하는 금액이나 수탁자가 부담하는 할인금액은 물품판매 위탁자의 부가가치세 과세표준에 포함하는 것임.
  - 수탁자가 물품판매 위탁자와의 위·수탁 계약에 따라 물품을 판매하고 그 대가로 수수료를 받는 경우, 해당 판매수수료 금액이 수탁자의 부가가치세 과세표준이 되는 것임. 다만, 수탁자가 물품판매 위탁자와의 계약에 따라 할인판매를 하고 그 할인금액을 수탁자의 판매수수료에서 공제하기로 하는 경우(실질적으로 위탁자의 판매수수료 비용이 줄어드는 경우)에는 수탁자의 판매수수료 에누리액에 해당하는 것이며, 수탁자가 자기의 책임과 계산으로 할인판매를 하거나 부담하기로 한 경우(부가가치세과-1407, 2009.09. 29.)의 할인금액은 그러하지 아니하는 것임(기획재정부 부가-71, 2011.02.08.).

- **사전약정한 가격할인액을 익월 초에 지급하는 경우 에누리액에 해당하는지 여부**

  사업자가 재화를 공급할 때 그 품질이나 수량, 인도조건 또는 공급대가의 결제방법이나 그 밖

의 공급조건에 따라 통상의 대가에서 일정액을 직접 깎아 주기로 사전약정을 체결하고 그 공급시기마다 깎아 주기로 약정한 금액을 월별로 합산하여 다음 달 초에 지급하는 경우 공급받는 자에게 지급하는 해당 금액은 「부가가치세법」 제29조 제5항 제1호에 따라 공급가액에 포함하지 아니하는 에누리액에 해당하는 것임(사전법령해석부가 2015- 181, 2015.07.14.).

- **통신판매업자가 오픈마켓사업자의 광고용역에 대한 대가를 무상으로 적립된 포인트로 결제할 경우 과세대상 여부**

  통신판매업자가 오픈마켓사업자로부터 광고용역을 공급받고 무상으로 적립된 포인트로 결제하는 경우 해당 포인트 상당액은 오픈마켓사업자의 과세표준에 포함하지 아니함(부가-406, 2012.04.08.).

- **용역의 공급에 대해 무상으로 적립된 포인트로 결제할 경우**

  용역의 공급에 대해 그 대가를 별도로 받지 아니하고 적립된 포인트에 의하여 당해 용역을 제공하는 경우에는 「부가가치세법」 제7조 제3항의 규정에 의하여 부가가치세가 과세되지 아니하는 것임(부가-947, 2012.09.14.).

- **단통법에 따라 공시되는 단말기 지원금이 용역대가 및 에누리액에 해당하는지 여부에 대한 회신**

  단통법에 따라 이동통신사업자가 대리점에 지급하는 이동통신단말장치 지원금은 대리점의 이동통신사업자에 대한 용역대가에 해당하며, 대리점이 해당지원금을 자기계산과 책임 하에 이동통신단말장치 출고가에서 차감하여 판매하는 경우 해당지원금은 이동통신단말장치의 매출에누리액에 해당함(기획재정부 부가-46, 2015.01.14.).

- **이동통신사에서 대리점에 공급하는 단말기의 공급가액에서 차감하기로 한 단통법상 지원금이 에누리인지**

  이동통신사업자와 대리점이 이동통신단말장치 공급계약을 체결하면서 이동통신사업자가 대리점에 공급한 이동통신단말장치를 대리점이 일정요건(가입기간 및 요금제)을 갖춘 이용자에게 판매하면 사전에 약정한 지원금 상당액(이동통신단말장치 유통구조 개선에 관한 법률 제2조 제9호에 따른 지원금을 말함)을 당초 공급가액에서 차감하기로 하는 판매방식을 공급계약서 및 이용약관에 명시하고 미래창조과학부의 승인을 받아 홈페이지 등에 사전 공시한 경우 당초 공급가액에서 차감하기로 하는 지원금에 대하여는 부가가치세법 시행령 제70조 제1항 제3호에 따라 수정세금계산서를 발급할 수 있는 것임. 또한, 대리점이 이동통신단말장치 유통구조 개선에 관한 법률 제4조 제5항에 따라 이동통신사업자가 공시한 지원금의 15% 범위 내에서 이용자에게 지원금을 추가로 지급하는 경우 대리점의 이동통신단말장치 공급에 대한 공급가액은 부가가치세법 제29조 제3항에 따라 이용자로부터 실제 지급받는 금전(부가가치세 제외)이 되는 것임(법규부가 2014-460, 2014.12.19.).
  - ☞ 대리점이 사전약정에 따른 조건에 따라 고객에게 단말기를 판매한 경우 당초 공급가액에서 제외하기로 한 금액은 에누리이고, 대리점의 단말기 판매에 대한 공급가액은 고객으로부터 실제 지급받은 금

액임.
- ☞ 기획재정부 부가-46(2015.01.14.)에서는 이동통신사업자가 대리점에 단말기는 공급하지 않고 단말장치 지원금만 지급한 경우로 이동통신사가 대리점에 지급하는 이동통신 단말장치 지원금은 대리점의 이동통신사업자에 대한 용역대가에 해당한다고 판단하고 있으며,
- ☞ 법규부가 2014-460(2014.12.19.)에서는 이동통신사업자가 대리점에 단말기를 같이 판매하는 회사로 단말장치 지원금에 대해 사전약정에 따라 공급가액에서 차감하기로 하여 이동통신사업자가 대리점에 지급하는 이동통신 단말장치 지원금은 매출에누리로 보아 수정세금계산서 발급대상으로 판단하고 있어서 사례가 다름.

(3) 도달 전 파손·훼손 또는 멸실된 재화의 가액

공급받는 자에게 도달하기 전에 파손·훼손 또는 멸실한 재화의 가액은 공급가액에 포함하지 아니한다(부가법 제29조 제5항 제3호).

(4) 대가관계 없는 국고보조금과 공공보조금

재화 또는 용역의 공급과 직접 관련되지 아니하는 국고보조금과 공공보조금은 공급에 대한 대가관계가 아니므로 공급가액에 포함하지 아니한다(부가법 제29조 제5항 제4호).

따라서 사업자가 부가가치세가 과세되는 재화 또는 용역을 공급하고 재화 또는 용역을 공급받는 자가 지급받은 국고보조금을 재원으로 그 대가를 받는 경우에는 부가가치세 과세표준에 포함한다(서면3팀-289, 2008.02.05.). 다만, 사업자가 「보조금의 예산 및 관리에 관한 법률」에 의해 보조금의 교부대상이 되는 보조사업 수행자로서 당해 보조사업을 수행하고 국고보조금을 지급받는 경우 동 국고보조금은 부가가치세 과세표준에 포함되지 아니한다(서면 3팀-397, 2006.03.03.).

 관련 해석사례 및 집행기준

▸ **지방자치단체의 공공체육시설을 관리·운영하고 받는 지원금의 부가가치세 공급가액 포함 여부**
사업자가 지방자치단체의 공공체육시설을 위탁운영하면서 발생한 손실의 일부를 지원금으로 받는 경우 해당 지원금은 공공체육시설 위탁운영에 대한 대가로서 부가가치세 공급가액에서 제외하는 국고보조금 등에 해당하지 않는 것임(서면부가 2021-3765, 2021.07.30.).

▸ **국고보조금 사업에 대한 부가가치세 과세여부**
「지방공기업법」에 의하여 설립된 지방공사가 지방자치단체와 사업위탁계약에 따라 해당 사업을 수행하는 것은 용역의 공급에 해당하며 해당 용역을 제공하고 받는 보조금 등의 대가는 부가가치세 공급가액에 포함하는 것임(서면부가 2016-5588, 2017.01.31.).

- **기업의 온실가스 감축실적에 대하여 지급한 국고보조금의 과세표준 포함 여부**

  정부가 기업의 온실가스 감축실적에 대하여 지급한 국고보조금은 재화의 공급에 직접 관련되는 보조금이므로 과세표준에 포함되는 것임(기획재정부 부가가치세제과-433, 2016.09.08.).

- **정부로부터 고속도로 통행료 차액보전금을 지급받는 경우 부가가치세 과세표준 포함여부**

  사업시행자가 고속도로를 준공하여 국가에 기부채납하고 시설관리운영권을 인정받아 사용·수익하면서 국가의 물가정책 등에 따라 적기에 통행료를 조정하지 못하여 발생하는 손실을 국가가 그 사업시행자에게 보상하는 경우 그 보상금은 "재화 또는 용역의 공급과 직접 관련되지 아니하는 국고보조금과 공공보조금"에 해당하는 것임(기획재정부 부가가치세제과-104, 2016.02.25.).

- **지방공사가 장애인 콜택시 위탁사업을 운영하고 지급받는 보조금**

  지방공사가 「교통약자의 이동편의 증진법」의 시행에 따른 장애인 콜택시 사업을 위탁받아 운영하고 당해 지방자치단체 「보조금의 예산 및 관리에 관한 조례」에 의해 보조금의 발급대상이 되는 보조사업의 수행자로서 보조금을 지급받는 경우 동 보조금은 「부가가치세법」 제13조 제2항 제4호의 규정에 따라 부가가치세 과세표준에 포함되지 아니하는 것임(서삼-2998, 2007.11.05.).

- **기술연구개발을 위한 정부출연금이 과세표준에 포함여부**

  「공사법」에 따라 설립된 정부투자기관(이하 "공사"라 함)과 정부의 위임을 받은 전문연구기관(이하 "평가원"이라 함)이 기술연구개발협약을 체결한 후 공사 단독 또는 다른 기업('참여기업'이라 함)과 공동으로 기술연구개발을 수행하고 그 연구개발의 결과물(지적재산권, 실시권 등)을 공사 또는 참여기업에 귀속시키는 경우 당해 기술연구개발과 관련하여 국토해양부 또는 평가원으로부터 지급받는 정부출연금은 「부가가치세법」 제13조 제2항 제4호 및 같은 법 시행령 제48조 제10항에 따라 부가가치세 과세표준에 포함하지 아니하는 것임(법규부가 2008-10, 2008.11.10.).

(5) 연체이자

공급에 대한 대가의 지급이 지체되었음을 이유로 받는 연체이자는 공급가액에 포함하지 아니한다(부가법 제59조 제5항 제5호).

(6) 매출할인

공급에 대한 대가를 약정기일 전에 받았다는 이유로 사업자가 당초의 공급가액에서 할인해 준 금액(매출할인)은 공급가액에 포함하지 아니한다(부가법 제59조 제5항 제6

호). 이 경우 할인액은 재화 또는 용역을 공급한 당초 과세기간의 과세표준에서 차감하는 것이 아니라 할인액이 발생한 날이 속하는 과세기간의 과세표준에서 차감하여야 하고, 세금계산서 발급대상에 대해서는 할인사유가 발생한 날을 작성연월일로 하여 감액수정세금계산서를 발급한다.

〉〉〉 매출에누리와 환입 및 매출할인의 차이점

구 분	기업회계기준	법인(소득)세법	부가가치세법
매출에누리	매출차감 항목	매출차감 항목	과세표준에 불포함
매출 환입	매출차감 항목	매출차감 항목	과세표준에서 차감함
매출할인	매출차감 항목	매출차감 항목	과세표준에서 차감함

(7) 용기대금과 포장비용

통상적으로 용기 또는 포장을 해당 사업자에게 반환할 것을 조건으로 그 용기대금과 포장비용을 공제한 금액으로 공급하는 경우에는 그 용기대금과 포장비용은 공급가액에 포함하지 아니한다(부가령 제61조 제2항).

이 경우에 사업자가 용기 또는 포장의 회수를 보장하기 위하여 받는 보증금 등은 공급가액에 포함하지 아니하나, 반환조건으로 공급한 용기 또는 포장을 회수할 수 없어 그 용기대금과 포장비용을 변상금 형식으로 변제받을 때에는 공급가액에 포함한다(부가통 29-61-6).

(8) 구분 기재된 종업원 봉사료

사업자가 음식·숙박용역이나 개인서비스 용역을 공급하고 그 대가와 함께 받는 종업원(자유직업소득자 포함)의 봉사료를 세금계산서, 영수증 또는 신용카드매출전표 등에 그 대가와 구분하여 기재한 경우로서 봉사료를 해당 종업원에게 지급한 사실이 확인되는 경우에는 그 봉사료는 공급가액에 포함하지 아니한다. 다만, 사업자가 그 봉사료를 자기의 수입금액에 계상하는 경우에는 공급가액에 포함한다(부가령 제61조 제4항).

> • **실무사례** **과세표준에 포함되지 않는 금액**
>
> **[사실관계]**
> (주)한결이 제품을 (주)세연에게 1,000원에 판매하였으나 (주)세연의 검수시에 일부 제품의 파손이 발견되어 (주)세연은 다음과 같은 조치를 하였다.
> 1. 100원의 제품을 반품하였다. 단, 아직 세금계산서가 발행되지 아니한 경우
> 2. 100원의 제품을 반품하였다. 단, 공급가액 1,000원으로 세금계산서가 발행된 경우
> 3. 100원의 제품을 반품하였고 (주)한결은 동일한 제품으로 대체 공급하였다.
>
> **해답**
> 1. 공급가액을 900원, 부가가치세 90원으로 하여 세금계산서를 발행한다.
> 2. 매출환입 100원을 공급가액에서 차감하는 수정세금계산서를 발행한다.
> 3. 과세대상 거래가 아니므로 별도의 세금계산서를 발행하지 않는다.

7. 과세표준에서 공제하지 않는 금액 (= 과세표준에 포함하는 금액)

과세표준에서 공제하지 아니하는 금액이란 그 성격상 과세표준에 포함한다는 의미이다. 즉 해당 금액이 과세표준에 포함되어 세금계산서가 발급된 경우 적합하게 처리되었으므로 사후조치가 필요없다.

(1) 대손금

채권 등을 회수할 수 없는 경우의 미회수채권을 의미하는데, 이는 이미 거래상대방이 재화·용역을 소비한 것이므로 당초 과세표준에서 공제하지 않는다.

(2) 판매장려금 지급액

사업자가 재화 또는 용역을 공급받는 자에게 지급하는 장려금이나 이와 유사한금액은 과세표준에서 공제하지 아니한다(부가법 제29조 제6항). 장려금을 금전으로 지급하는 경우에는 과세표준에서 공제하지 아니하며, 재화로 공급하는 경우에는 사업상증여에 해당하므로 과세한다(부가통 10-0-5).

(3) 하자보증금

하자보증을 위하여 공급받는 자에게 보관시켜 하자보증기간이 종료되면 반환받을 예치금에 불과하므로 과세표준에서 공제하지 아니한다.

● 실무사례 과세표준에서 공제하지 않는 금액

[사실관계]
(주)한결이 제품을 (주)세연에게 1,000원에 판매한 후 다음과 같은 상황이 발생한 경우 각 상황에 답하라.
1. 판매장려금 100원을 지급하고 세금계산서의 공급가액을 1,000원에 발행한 경우
2. 판매장려금 100원을 지급하고 세금계산서의 공급가액을 900원에 발행한 경우
3. (주)세연에게 판매장려물품 100원을 지급하고 세금계산서의 공급가액을 1,000원에 발행한 경우

해답
1. 지급한 판매장려금은 공급가액에서 공제하지 않으므로 별도의 조치가 필요없다.
2. 공급가액은 1,000원이므로 공급가액을 100원 증액시키는 수정세금계산서를 발행한다.
3. 판매장려물품은 사업상증여에 해당하므로 추가로 과세하며, 세금계산서는 발급하지 않는다.

 관련 해석사례 및 집행기준

전력 절감량에 따라 전기요금에서 차감하여 청구하는 방식으로 지급하는 에너지 캐시백이 에누리인지 장려금인지 여부

전기판매사업자가 전기사용 절감량에 따라 전기소비자에게 매월 산정한 에너지 캐시백을 익월 전기요금 청구 시 차감하는 방식으로 지급하는 경우 해당 금액은 장려금에 해당하는 것임(사전법규부가 2023-335, 2023.06.09.).

사업주에게 지급하는 광고비 지원금 및 대출이자 지원금이 장려금인지 에누리인지

사업자가 재화 또는 용역의 개별적 공급거래나 대가와 연계됨이 없이 판매촉진 등 사업의 진작을 위하여 지급되는 광고비 지원금 등은 부가법에 따른 장려금에 해당함(사전법령해석부가 2020-578, 2020.07.31).

8. 사례별 과세표준

(1) 아파트 분양후 중도금등의 조기 납부시 할인액의 과세표준 공제여부

계약당사자간의 사전약정에 의하여 중도금이나 잔금을 약정일 이전에 납부시 일정액을 차감하여 준다는 내용을 계약서에 명시하여 계약한 경우 그 할인금액은 과세표준에서 공제하여 세금계산서를 교부하는 것임(서삼 46015-11513 2003.09.24.).

(2) 사전약정에 의해 신형재화가 출시된 후 구형재화에 대해 공급단가를 인하해 주는 경우

사전약정에 의하여 동일종류의 신형 재화가 출시되면 구형재화에 대해서 공급단가를 인하하고 인하일로부터 소급하여 일정기간 내에 공급된 구형재화에 대하여도 공급단가를 인하하기로 한 경우 그 조정된 가액에 대하여 수정세금계산서 교부할 수 있는 것이며, 월합계세금계산서 교부시 당해 월합계세금계산서에서 동 인하된 금액을 차감하여 월합계세금계산서 교부할 수 있음(부가 46015-2031 1998.09.09.).

(3) 수출된 재화가 환입된 경우 과세표준의 계산

재화를 수출한 후 계약 내용의 위반 등의 사유로 반입된 재화로서 수입세금계산서를 교부받은 경우에는 반입일이 속하는 예정, 확정신고시 매출 과세표준에서 반입된 재화의 공급가액을 차감하여 과세표준을 계산하고, 당해 수입세금계산서의 매입세액은 반입일이 속하는 예정, 확정신고시 매입세액을 공제받을 수 있음(부가 22601-243, 1990.02.28.).

(4) 수입된 재화를 반품하는 경우

사업자가 수입한 재화를 반품하는 경우 수출하는 재화에 해당되어 영의 세율을 적용하는 것이며 부가가치세 신고시 이를 누락한 경우 영세율신고불성실 가산세가 해당된다(부가 46015-2390, 1998.10.22.).

(5) 상품권을 할인하여 판매하는 경우 과세표준

① 상품권을 판매시에는 재화의 공급이 아니며 상품권 선수금으로 회계처리하고 할인액은 (액면가액 10원을 8만원 판매시)상품권할인액(부채인 선수금 차감항목)으로 처리한다.
② 추후 소비자에게 상품을 판매하고 상품권을 받을 경우 매출액은 선수금 10만원으로 하고, 상품권할인액 2만원은 매출에누리 처리하고, 할인된 판매가액 8만원을 부가가치세 과세표준으로 하여 신고한다(부가 46015-1493, 1994.07.19.).

(6) 인터넷 쇼핑몰·모바일 서비스·수입대행

1) 쇼핑몰 운영사업자의 과세표준

인터넷 쇼핑몰 운영사업자가 인터넷상에서 판매자와 구매자 사이의 상품거래를 중개하고 약관에 따라 실제 상품 판매가격에 수수료율을 적용하여 계산한 판매수수료를 판매자로부터 지급받는 경우 당해 인터넷 쇼핑몰 운영사업자의 부가가치세 과세표준은 당해 판매수수료로 한다(부가-775, 2010.06.24.).

2) 비거주자에게 판매시 영세율 적용여부

인터넷쇼핑몰을 통하여 부가가치세 과세재화를 판매하는 사업자가 비거주자로부터 주문받아 소포우편(EMS 등) 등에 의하여 수출하는 경우에는 「부가가치세법」 제21조 제2항 제1호에 따라 영의 세율을 적용한다. 이 경우 영세율 첨부서류는 같은 법 시행령 제101조에 따르는 것이나, 부득이한 사유로 인하여 해당 규정에 따른 서류를 첨부할 수 없는 때에는 국세청장이 정하는 서류로써 갈음할 수 있는 것이며 법령 또는 훈령에 정한 서류를 제출할 수 없는 경우에는 영세율 규정에 의한 외화획득명세서에 해당 외화획득내역을 입증할 수 있는 증빙서류를 첨부하여 제출한다(서면부가 2015-700, 2016.03.20.).

3) 할인쿠폰에 의한 할인 판매 시 부가가치세 과세표준

① 인터넷 쇼핑몰 운영사업자가 자기의 계산과 책임으로 구매자에게 할인쿠폰을 발행하고, 판매자와의 약관에 따라 구매자가 동 할인쿠폰으로 상품을 구매하면서 할인받는 금액을 판매자로부터 지급받을 판매수수료에서 공제하는 경우, 동 공제금액은 판매자의 상품판매가격 및 인터넷 쇼핑몰 운영사업자의 판매수수료 과세표준에 포함한다(부가-1407, 2009.09.29.).

② 인터넷 쇼핑몰 운영사업자가 위탁자의 과세재화를 수탁판매하여주고 수수료를 지급받는 거래에 있어서 동 쇼핑몰의 판매촉진을 위하여 자기계산으로 고객에게 할인쿠폰을 발행하여 고객이 상품구매시 판매가액에서 일정금액을 할인받을 수 있도록 하여 주는 경우 위탁자의 부가가치세 과세표준은 할인전 「위탁판매금액」으로 하는 것이나, 조세특례제한법 제126조의3 규정의 현금영수증 발급시 기재하는 금액은 할인 후 「현금영수」한 금액으로 한다(서면3팀-2140, 2005.11.25.).

4) 위·수탁 물품판매 할인액의 과세표준 포함 여부

전자상거래 등에서의 소비자보호에 관한 법률에 의한 통신판매업자("수탁자")가 물품판매 위탁자와의 위·수탁 계약에 따라 물품판매를 하는 경우, 동 계약에 따라 수탁자가 판매가격을 직접 할인한 금액은 「부가가치세법」 제13조 제2항 제1호에 따른 에누리액

으로 물품판매 위탁자의 부가가치세 과세표준에 포함하지 아니하는 것이나, 수탁자의 책임과 계산으로 할인판매를 하는 금액이나 수탁자가 부담하는 할인금액은 물품판매 위탁자의 부가가치세 과세표준에 포함한다. 수탁자가 물품판매 위탁자와의 위·수탁 계약에 따라 물품을 판매하고 그 대가로 수수료를 받는 경우, 해당 판매수수료 금액이 수탁자의 부가가치세 과세표준이 된다. 다만, 수탁자가 물품판매 위탁자와의 계약에 따라 할인판매를 하고 그 할인금액을 수탁자의 판매수수료에서 공제하기로 하는 경우(실질적으로 위탁자의 판매수수료 비용이 줄어드는 경우)에는 수탁자의 판매수수료 에누리액에 해당하는 것이며, 수탁자가 자기의 책임과 계산으로 할인판매를 하거나 부담하기로 한 경우(부가가치세과-1407, 2009.09.29.)의 할인금액은 그러하지 아니한다(기획재정부 부가-71, 2011.02.08.).

(7) 모바일 서비스

1) 모바일식권서비스를 운영하는 사업자가 제휴식당을 모집하여 음식용역을 공급하는 경우 세금계산서 발급방법

모바일식권서비스를 운영하는 사업자("서비스운영사업자")가 제휴식당을 모집하여 계약을 체결한 후 해당 서비스에 가입한 고객사 또는 이용회원을 대상으로 제휴식당을 통해 음식용역 등을 공급받게 하는 경우로서, 동 서비스운영사업자가 고객사 또는 이용회원으로부터 음식용역의 대가를 받은 후 해당 음식용역을 제공한 제휴식당에게 일정비율의 수수료를 차감한 금액을 그 대가로 지급하는 거래에 대해서는

① 제휴식당은 서비스운영사업자로부터 지급받는 금액을 공급가액(대가)으로, 서비스운영사업자를 공급받는 자로 하여 「부가가치세법」 제32조에 따른 세금계산서를 발급하는 것이며,
② 서비스운영사업자는 고객사 또는 이용회원으로부터 지급받는 금액(음식용역 대금, 식대관리, 정산지원 등)을 공급가액(대가)으로, 고객사 또는 이용회원을 공급받는 자로 하여 「부가가치세법」 제32조에 따른 세금계산서를 발급하는 것임(기획재정부부가-636, 2017.12.06.).

2) 모바일 앱을 직접판매하거나 해당 앱을 무료로 설치할 수 있는 티켓을 판매하는 경우

모바일 앱을 국내외 사용자가 유상으로 다운로드받아 사용하는 경우 용역의 공급으로서 부가가치세 과세대상에 해당하는 것이며, 국외소비자가 다운로드받는 분은 영세율이 적용된다. 한편, 국내사업자가 해당 앱을 무료로 설치할 수 있는 개별 인증코드가 인쇄된 티켓을 보험회사 등에 판매하는 경우 해당 티켓의 판매는 재화의 공급으로서 「부가가치세법」 제4조에 따른 부가가치세 과세대상에 해당한다(사전법령해석부가 2016-62,

2016.03.22.).

3) 스마트폰용 애플리케이션 공급 관련 부가가치세 과세표준 등

국내 사업자가 개발한 스마트폰용 응용프로그램(애플리케이션)을 인터넷 상의 오픈마켓에 등재하고 오픈마켓 운영자의 중개 하에 국내·외 소비자가 이를 유상으로 다운로드 받아 사용하는 경우, 공급가액과 세액이 별도 표시되어 있지 아니하는 경우 거래금액의 110분의 100에 해당하는 금액을 과세표준으로 보되, 영세율이 적용되는 경우에는 전체 거래금액을 영세율 과세표준으로 한다(부가 -171, 2013.02.19.).

(8) 수입대행의 경우

① 구매대행업자가 물품구매 대행계약을 체결하여 단순히 물품구매를 대행하고 그 대가로 대행수수료를 지급받는 경우 「부가가치세법」 제29조 제3항 제1호에 따라 대행수수료가 공급가액이 되는 것이나, 자기의 계산과 책임하에 해당 물품을 매입하고, 거래상대방에게 해당 물품을 공급하는 경우 거래상대방으로부터 수취하는 전체 금액이 공급가액에 해당한다(사전법규부가 2024-235, 2024.06.17.).

② 수입대행업자가 '수입대행계약'을 체결하여 단순히 수입대행 용역을 제공하는 경우로서 수입대행업자가 자기 명의로 발급받은 선하증권을 의뢰자에게 양도하고 의뢰자가 자기 명의로 수입통관 후 수입대행업자에게 상품대금 및 대행수수료를 정산·지급하는 경우 수입대행업자의 부가가치세 공급가액은 대행수수료가 되는 것임(사전법령해석부가 2019-711, 2019.12.16.).

③ 해외직구대행업을 영위하는 사업자가 온라인 상품중개 플랫폼("오픈마켓")에 입점하여 해당 오픈마켓에서 해외상품 구매를 원하는 자로부터 상품의 구매대행을 의뢰받아 국내 오픈마켓에 등록(입점)한 다른 해외직구대행사업자에게 주문 요청하여 단순히 구매를 대행하고 그 대가로 대행수수료를 지급받는 경우 「부가가치세법」 제29조 제3항 제1호에 따라 대행수수료가 공급가액이 된다(서면법규부가 2022-3073, 2022.11.09).

(9) 여행사의 경우

1) 여행업자가 해외여행상품 등 판매시 대가를 구분한 경우

여행업자가 외국항행 항공권을 구매하여 해외여행상품 등을 판매하는 경우로서 여행객으로부터 여행객이 부담하여야 할 항공료, 숙박 및 식사요금 등의 경비와 알선수수료(대행수수료)를 구분하여 대가를 받는 경우 여행업자의 부가가치세 공급가액은 알선수수료(대행수수료)가 되는 것임(서면법령해석부가 2018-1761, 2018.08.16.).

2) 여행알선용역을 제공시 대가를 구분없이 수령한 경우

여행알선업자가 여행자가 부담할 비용과 여행알선수수료의 구분없이 대가를 받는 경우 그 대가 전액이 부가가치세 과세표준이 된다(서면부가 2019-1565, 2019.05.21.).

3) 여행사가 다른 여행사에게 항공권을 판매하는 경우 과세여부

여행사가 항공사로부터 구입한 항공권을 다른 여행사에게 판매하는 경우, 당해 항공권의 매매거래는「부가가치세법」제1조에서 규정하는 과세대상에 해당하지 아니한다(부가-1351, 2010.10.12.).

4) 국제여행알선 용역의 부가가치세 영세율 적용여부

사업자가「부가가치세법」제22조에 따라 국외에서 제공하는 용역에 대하여 영세율을 적용하는 것이나 국내에서 내국인에게 국제여행알선 용역을 제공하는 경우에는 부가가치세가 과세된다(서면-2014-부가-21286, 2015.03.11.).

5) 여행서비스를 제공하는 사업자가 국외 지자체 등으로부터 지급받는 금액의 부가가치세 과세여부 등

① 여행알선업자가 국내에서 국외 지방자치단체·시설 운영사업자 등에게 관광객을 알선하거나 선사에 크루즈 정박국가에 대한 관광을 원하는 관광객("기항지 관광객")을 모집하여 주고 그 대가를 지급받는 경우 해당 대가에 대하여는 용역의 공급에 해당하므로 부가가치세가 과세된다.

② 여행알선업자가 국외에서 현지여행사가 제공하기로 한 기항지 관광객에 대한 현지 관광가이드 용역을 제공하고 현지여행사로부터 그 대가를 지급받는 경우 해당 대가에 대하여는 영세율이 적용된다(서면법령해석부가 2017-1929, 2017.11.20.).

6) 외국인관광객 송객서비스를 제공하는 사업자의 외국인관광객 숙박비 등을 부담하면서 발생한 부가가치세액이 매입세액공제 가능한지 여부

외국인 관광객을 모집하여 국내 상품판매점에 데려다 주는 서비스("송객서비스")를 제공하고 해당 판매점으로부터 수수료를 받는 사업을 영위하는 여행사가 송객서비스 공급을 위하여 사전약정에 따라 외국인관광객의 숙박비·교통비·식비 등을 부담하면서 발생한 부가가치세액은「부가가치세법」제38조 제1항(자기의 사업과 관련한 매입세액)에 따라 매출세액에서 공제하는 매입세액에 해당한다(기획재정부부가-390, 2019.06.24.).

(10) 변호사

1) 성공보수금의 부가가치세 과세표준

변호사업을 운영하는 사업자가 소송관련 법률서비스 용역을 제공하고 승소하면 그 대가로 당해 소송에 관련된 부동산의 일정지분을 이전 받기로 한 경우 역무의 제공이 완

료된 때 자기가 공급한 용역의 시가를 부가가치세 과세표준으로 한다(서삼 46015-11301, 2003.08.13.).

2) 소송 승소로 인한 부당이득금

계약상의 원인으로 볼 수 있는 특별한 사정이 없다면 법원의 판결에 따라 지급받는 부당이득금은 계약상 또는 법률상의 원인에 의한 용역의 공급에 해당하지 아니하여 부가가치세가 과세되지 아니한다(서면부가 2014-21147, 2015.02.17.).

3) 「채무자회생 및 파산에 관한 법률」에 따라 회생위원이 받는 수수료

전문자격사인 변호사가 법원으로부터 파산관재인으로 선임되어 「채무자 회생 및 파산에 관한 법률」에서 정하는 파산관재인의 직무를 수행하고 그 보수를 받는 경우 해당 직무수행용역에 대하여는 「부가가치세법」 제26조 제1항 제15호(인적용역)에 따라 부가가치세가 면제된다(서면부가 2015-1313, 2015.09.22.).

04 과세표준의 계산특례

부가가치세의 공급가액은 일반적으로 재화 또는 용역의 공급에 대한 대가를 기준으로 금전으로 받는 경우에는 그 대가를, 금전 외의 대가를 받거나 대가가 없는 경우에는 자기가 공급한 재화 또는 용역의 시가를 기준으로 계산한다. 그러나 다음의 경우에는 공급가액 계산에 대한 특례규정이 적용된다.

> ① 공통사용재화를 공급하는 경우
> ② 토지·건물 등의 일괄공급
> ③ 부동산임대용역의 공급
> ④ 간주공급

1. 공통사용재화를 공급하는 경우

(1) 과세표준의 안분계산

과세사업과 면세사업(부가가치세가 과세되지 않는 재화 또는 용역을 공급하는 사업 포함)에 공통으로 사용하던 재화를 공급하는 경우에는 다음 산식에 의하여 과세표준을 계산한다. 다만, 휴업 등으로 직전 과세기간 공급가액이 없는 경우 공급한 날에 가장 가

까운 과세기간의 공급가액(또는 사용면적)에 의하여 계산한다(부가법 제29조 제8항, 부가령 제63조 제1항, 제2항).

그러나 과세사업과 면세사업 등을 겸영하는 사업자라 하더라도 어느 한 사업에만 전용하던 재화(기계장치)를 공급하는 경우에는 그 실지귀속(과세분 또는 면세분)이 분명하므로 안분계산을 할 필요가 없다.

1) 공급가액으로 안분하는 경우

과세·면세 등 겸업사업자가 과세사업과 면세사업에 공통으로 사용하던 재화를 공급하는 경우에 그 공급가액은 다음 산식에 따라 계산한다(부가령 제63조 제1항).

$$공급가액 = 해당\ 재화의\ 공급가액 \times \frac{공급일이\ 속하는\ 과세기간\ 직전\ 과세기간의\ 과세공급가액}{공급일이\ 속하는\ 과세기간\ 직전\ 과세기간의\ 총공급가액}$$

☞ 과세공급가액은 공통사용재화에 관련된 직전 과세기간의 과세사업의 공급가액을 말하고, 총공급가액은 공통사용재화에 관련된 직전 과세기간의 과세사업의 공급가액과 면세사업 등의 수입금액 합계액을 말한다.

☞ 원칙적으로 세금계산서의 발급은 해당 재화의 공급시기에 하여야 한다. 따라서 해당 과세기간의 공급가액을 기준으로 안분계산하는 것은 불가능하기 때문에 직전 과세기간의 공급가액을 기준으로 하는 것이다.

2) 사용면적비율로 안분하는 경우

과세사업과 면세사업에 공통으로 관련된 공통매입세액을 총예정사용면적에 대한 면세사업에 관련된 예정사용면적의 비율로 안분계산하였거나, 총사용면적에 대한 면세사용면적의 비율로 정산하거나 증가된 면세사용면적비율로 재계산한 재화를 공급하는 경우에 그 공급가액은 다음 산식에 의하여 계산한다(부가령 제63조 제2항).

$$공급가액 = 해당\ 재화의\ 공급가액 \times \frac{공급일이\ 속하는\ 과세기간\ 직전\ 과세기간의\ 과세사용면적}{공급일이\ 속하는\ 과세기간\ 직전\ 과세기간의\ 총사용면적}$$

☞ 동일한 안분기준을 적용하는 것을 원칙으로 한다.

	매입시	보유시	공급시
[원칙]	공급가액 —	공급가액 —	공급가액
[특례]	사용면적 —	사용면적 —	사용면적

(2) 안분계산 생략

다음의 경우 안분계산을 하지 않고 해당 재화의 공급가액 전부를 과세표준으로 한다 (부가령 제63조 제3항).

> ① 재화를 공급하는 날이 속하는 과세기간의 직전 과세기간의 총공급가액 중 면세공급가액이 5% 미만인 경우. 다만, 해당 재화의 공급가액이 5천만원 이상인 경우는 제외한다.
> ② 재화의 공급가액이 50만원 미만인 경우[40]
> ③ 재화를 공급하는 날이 속하는 과세기간에 신규로 사업을 개시하여 직전 과세기간이 없는 경우[41]

(3) 공통사용목적 건물을 사업개시 전 양도한 경우

사업자가 과세사업과 면세사업에 공통으로 사용하기 위하여 건물을 신축함에 있어 매입세액을 예정사용면적비율에 따라 공제받고 당해 건물을 준공 후 사업개시 전에 양도한 경우에는 건물 양도가액 전액을 과세표준으로 하고, 당해 신축건물의 매입세액은 전액 공제되므로 영 제61조 제2호에 따라 정산한다(서면3팀-560, 2008.03.13.). 즉, 건물의 양도일 이전 과세기간에 발생한 매입세액을 예정사용면적 비율 등으로 안분 계산하여 불공제한 경우에는 건물을 매각한 과세기간에 그 매입세액을 공제한다.

---

[40] 여기에서 해당 과세기간 공통사용재화의 공급가액 합계액 50만원 미만이 아니라 재화의 공급단위별 가액이 50만원 미만인 경우에 안분계산을 생략한다. 예를 들어 공통사용 A재화의 가액이 40만원이고, B재화의 가액이 80만원인 경우 A재화는 안분계산을 하지 않고 40만원 전액을 공급가액으로 하고, B재화는 안분 계산한다. 만약, 과세사업의 공급가액 비율이 40%인 경우에 B재화의 공급가액은 32만원이 된다. 그러나 공통매입세액의 안분계산은 해당 과세기간 공통매입세액 합계액이 5만원미만인 경우에 생략한다(부가 1265.1-2712, 1984.12.18.).

[41] 예를 들어 甲법인이 광고가 포함된 잡지출판업을 하기 위해 2025.02.01. 사업자 등록을 하고 중고윤전기를 취득하여 사업에 사용하다 동 중고윤전기를 06.10. 매각하고 새로운 윤전기를 취득한 경우에 06.10. 중고윤전기를 매각할 때에 직전과세기간의 공급가액 비율로 안분계산을 하여야 하나, 2025.02.01. 신규로 사업을 개시하여 직전 과세기간이 없어 안분계산을 할 수 없으므로 실제거래가액 전액을 공급가액으로 하고, 2025.02.01. 동 중고윤전기를 취득할 때에 발생한 매입세액은 전액 공제된다. 만약, 04.25. 제1기 예정신고를 할 때에 매입세액을 안분 계산하여 일부를 불공제한 경우 동 불공제한 매입세액은 제1기 확정신고를 할 때에 추가로 공제한다.

● **실무사례** **과세표준**

[사실관계]

《사례1》 과세사업과 면세사업에 공통으로 사용하는 재화를 20X5년 2월 25일에 1,000,000원에 공급하였다. 다음 자료에 의하여 이 재화에 대한 부가가치세 과세표준을 계산하면?

과세기간	과세사업의 공급가액	면세사업의 공급가액	합 계
20X3년 제1기	60,000,000원	40,000,000원	100,000,000원
20X4년 제2기	96,000,000원	4,000,000원	100,000,000원
20X5년 제1기	40,000,000원	60,000,000원	100,000,000원

해답 과세표준: $1,000,000 \times \dfrac{96,000,000}{96,000,000 + 4,000,000} = 960,000$원

《사례2》 다음 자료에 의하여 20X5년 제2기의 부가가치세 공통사용재화 공급에 대한 과세표준은 얼마인가?
(1) 해당 과세기간의 판매내역
   ① 과세공급가액(에누리액 250,000원 포함)   1,200,000원
   ② 면세공급가액   800,000원
   ③ 공통사용재화의 공급가액   510,000원
(2) 직전과세기간의 판매내역
   ① 과세공급가액   1,265,000원
   ② 면세공급가액   1,035,000원

해답 공통사용재화 과세표준 $= 510,000 \times \dfrac{1,265,000,000}{1,265,000,000 + 1,035,000,000} = 280,500$원

 관련 해석사례 및 집행기준

과·면세 사업에 공통 사용하던 부동산을 토지와 건물을 구분하지 않고 매각하는 경우 과세표준 계산 방법

과·면세 사업에 공통으로 사용하던 부동산을 토지가액과 건물가액을 구분하지 않고 매각하는 경우에는 먼저 토지가액과 건물가액을 안분계산하여 건물가액을 산정한 후에 그 건물가액 중 과세사업에 사용된 건물의 공급가액을 과세표준으로 하는 것임(부가-2976, 2008.09.09.).

2. 토지와 건물 등의 일괄공급시 과세표준

(1) 원칙

사업자가 토지와 그 토지에 정착된 건물 또는 구축물 등을 함께 공급하는 경우에는 건물 또는 구축물 등의 실지거래가액을 공급가액으로 한다(부가법 제29조 제9항).

여기서 "실지거래가액"은 일반적으로 매매계약서상의 매매금액이 실지거래가액임이 확인되고, 계약서상에 토지의 가액과 건물의 가액이 구분 표시가 되어 있으며, 구분표시된 토지와 건물가액 등이 정상적인 거래 등에 비추어 합당하다고 인정되는 경우에는 실지거래가액으로 본다. 또한 비록 매매계약서상에는 토지의 가액과 건물의 가액이 구분 표시되어 있지 않다하더라도, 계약서상에 기재된 매매금액이 실지거래가액임이 확인되고, 매매계약 체결 전에 계약당사자간에 건물가액 및 토지가액을 합의한 사실이 관련 증빙 등에 의하여 확인할 수 있는 경우로서, 구분된 토지와 건물가액 등이 정상적인 거래 등에 비추어 합당하다고 인정되는 경우에는 실지거래가액으로 본다(부가 46051-1682, 1996.08.21.).

(2) 예외

다음의 어느 하나에 해당하는 경우에는 대통령령으로 정하는 바에 따라 안분계산한 금액을 공급가액으로 한다(부가법 제29조 제9항, 부가령 제64조 제2항 1호).

① 사업자가 토지와 그 토지에 정착된 건물 또는 구축물 등을 함께 공급하는 경우에는 그 가액의 구분이 불분명한 경우
② 납세자가 실제거래가액으로 구분한 가액이 기준시가에 따른 안분가액과 30% 이상 차이가 나는 경우. 다만, 사업자가 구분한 실지거래가액을 인정할 만한 사유 ㉠ 다른 법령에서 토지와 건물의 양도가액을 정한 경우, ㉡ 건물이 있는 토지를 취득하여 건물을 철거하고 토지만 사용하는 경우 가 있는 경우 제외한다.

(3) 실지거래가액이 없는 경우

사업자가 토지와 그 토지에 정착된 건물 등을 함께 공급하는 경우에 있어서 실지거래가액 중 토지의 가액과 건물 등의 가액의 구분이 불분명한 경우 등은 다음에 정하는 바에 따라 안분계산한 금액을 공급가액으로 한다(부가법 제29조 제9항 후단, 부가령 제64조 제1항, 1~3호).

구 분		내 용
① 감정평가가액이 있는 경우		감정가액(1순위)에 비례하여 안분
② 감정평가가액이 없는 경우	기준시가⁴²⁾가 모두 있는 경우	기준시가(2순위)에 비례하여 안분 ☞ 공급계약일 현재 기준시가 적용
	기준시가가 모두 없거나 일부 없는 경우	① 장부가액(3순위) → 장부가액이 없으면 취득가액(4순위)에 비례하여 안분계산한 후 ② 기준시가 있는 자산은 그 합계액을 다시 기준시가에 따라 안분계산
③ 위 규정 적용이 곤란한 경우		국세청장이 정하는 바에 따라 안분

1) 감정가액

감정가액이란 공급시기(중간지급조건부 또는 장기할부판매의 경우는 최초 공급시기)가 속하는 과세기간의 직전 과세기간 개시일부터 공급시기가 속하는 과세기간의 종료일까지 「감정평가 및 감정평가사에 관한 법률」 제2조 제4호에 따른 감정평가업자가 평가한 감정평가가액을 말한다(부가령 제64조 1호). 이 기간 이후의 소급감정은 인정하지 아니한다(조심 2012존4554, 2012.12.18.).

2) 토지와 건물 등 감정평가가액이 모두 있는 경우

- 공급가액 = 일괄양도가액(VAT 별도) × $\dfrac{\text{건물 등 감정평가가액}}{\text{토지감정평가가액 + 건물 등 감정평가가액}}$

- 공급가액 = 일괄양도가액(VAT 포함) × $\dfrac{\text{건물 등 감정평가가액}}{\text{토지감정평가가액 + 건물 등 감정평가가액 + 부가세}^*}$

☞ 일괄공급가액에 부가가치세가 포함되어 있는 경우 건물 등 가액의 10%로 함.

3) 토지와 건물 등 감정평가가액이 모두 없는 경우로서 기준시가 모두 있는 경우

토지와 건물 등에 대한 「소득세법」 제99조의 규정에 의한 기준시가(이하 "기준시가"라 한다)가 모두 있는 경우에는 공급계약일 현재의 기준시가에 따라 계산한 가액에 비례하여 안분 계산한다.

---

42) 공급계약일 현재 예정신고기간 또는 과세기간이 끝난 날 현재의 「소득세법」 제99조에 따른 기준시가를 말한다.

> 공급가액 = 일괄양도가액(VAT 포함) × $\dfrac{\text{건물 등 기준가액}}{\text{토지 기준가액 + 건물 등 기준가액}}$
>
> ☞ ㉠ 토지의 기준가액: 개별공시지가(㎡) × 면적
> ㉡ 건물의 기준가액: ㎡당 금액 × 건물연면적
> * ㎡당 금액 = 건물신축가격기준액 × 구조지수 × 용도지수 × 위치지수 × 경과연수별 잔가율
> ㉢ 공동주택·오피스텔·상업용 건물: 매년 1회 이상 토지와 건물을 일괄하여 국토해양부장관이 고시하는 금액

4) 토지와 건물 등 기준시가가 없는 경우

 토지와 건물 등 중 어느 하나 또는 모두의 기준시가가 없는 경우로서 감정평가가액이 있는 경우에는 그 가액에 비례하여 안분 계산한다. 다만, 감정평가가액이 없는 경우에는 장부가액(장부가액이 없는 경우에는 취득가액)에 비례하여 안분계산한 후 기준시가가 있는 자산에 대하여는 그 합계액을 다시 기준시가에 의하여 안분 계산한다(부가령 제64조 제1항 2호).

[1차 안분계산]

> ㉠ 토지가액 = 일괄양도가액(VAT 별도) × $\dfrac{\text{토지장부가액 등}}{\text{토지장부가액 등 + 건물 장부가액 + 기계장치 장부가액}}$
>
> ㉡ 건물가액 = 일괄양도가액(VAT 별도) × $\dfrac{\text{건물 장부가액 등}}{\text{토지장부가액 등 + 건물 장부가액 + 기계장치 장부가액}}$
>
> ㉢ 기계가액 = 일괄양도가액(VAT 별도) × $\dfrac{\text{기계장치 장부가액 등}}{\text{토지장부가액 등 + 건물 장부가액 + 기계장치 장부가액}}$
>
> ☞ 일괄공급가액에 부가가치세가 포함되어 있는 경우 건물 등 가액의 10%로 함.

[2차 안분계산]

> • 토지가액 = (㉠ + ㉡) × $\dfrac{\text{토지 기준시가}}{\text{토지 기준시가 + 건물 기준시가}}$
>
> • 건물가액 = (㉠ + ㉡) × $\dfrac{\text{건물 기준시가}}{\text{토지 기준시가 + 건물 기준시가}}$

(4) 위 3), 4)를 적용할 수 없는 경우

위 3), 4)를 적용할 수 없거나 적용하기 곤란한 경우에는 다음과 같이 안분 계산한다(국세청고시 제2021-43호, 2021.08.24.).

1) 토지와 건물 등의 가액을 일괄산정·고시하는 오피스텔, 상업용 건물 및 주택을 공급하는 경우

사업자가 「소득세법」 제99조 제1항 제1호 다목 및 라목에 규정하는 오피스텔, 상업용 건물, 주택을 공급하는 경우로서 실지거래가액 중 토지의 가액과 건물 등의 가액의 구분이 불분명한 경우에는 다음과 같이 과세표준을 계산한다.

① 토지 및 건물 등의 기준가액 산정

토지의 기준가액은 「소득세법」 제99조 제1항 제1호 가목에 의한 토지의 기준시가(개별공시지가)로 하고, 건물 등의 기준가액은 같은 법 제99조 제1항 제1호 나목의 규정에 의하여 국세청장이 고시한 건물의 기준시가(㎡당 금액 × 건물연면적)의 산정방법을 준용하여 계산한 가액으로 한다.

② 과세표준의 계산

$$\text{공급가액} = \text{실지거래가액(부가가치세 불포함)} \times \frac{\text{①의 건물 등의 기준가액}}{\text{①의 토지 기준가액과 건물 등의 기준가액의 합계액}}$$

③ 사례

상업용 건물의 기준시가는 토지·건물 안분계산에 적용할 수 없으므로, 토지의 기준가액과 건물의 기준가액으로 안분계산한다.

2) 건물의 건축 중에 토지와 건물을 함께 공급하는 경우

사업자가 건물의 건축 중에 토지와 건물의 공급계약을 체결하면서 당해 건물을 완성하여 공급하기로 한 경우로서 실지거래가액 중 토지의 가액과 건물 등의 가액의 구분이 불분명한 경우에는 다음의 순서에 의하여 공급가액을 계산한다.

① 토지 및 건물 등의 기준가액 산정

토지의 기준가액은 「소득세법」 제99조 제1항 제1호 가목에 의한 토지의 기준시가로 하고, 건물 등은 공급계약일 현재에 건축법상의 건축허가조건에 따라 건물이 완성된 것으로 보아 건물 등의 기준가액에 의한다. 다만, 당초의 건축허가조건이 변경되거나 건축허가조건과 다르게 건물이 완성되는 경우에는 당해 건물 등이 완성된 날(완성된 날이 불분명한 경우에는 준공검사일)에 정산하여야 한다.

② 과세표준의 안분계산

$$공급가액 = 실지거래가액(부가가치세 불포함) \times \frac{①의\ 건물\ 등의\ 기준가액}{①의\ 토지\ 기준가액과\ 건물\ 등의\ 기준가액의\ 합계액}$$

③ 과세표준의 정산

위 ①의 단서규정에 의하여 토지와 건물 등의 기준가액을 정산하는 경우에는 ②의 규정에 의한 공급가액을 정산하여야 한다.

④ 사례

아파트·상가 등 분양시가 해당한다.

3) 미완성된 건물 등을 토지와 함께 공급하는 경우

사업자가 토지와 미완성된 건물 등을 함께 공급하며 실지거래가액 중 토지의 가액과 건물 등의 가액의 구분이 불분명한 경우 토지의 기준가액은 「소득세법」 제99조 제1항 제1호 가목에 의한 토지의 기준시가로 하고, 미완성된 건물 등은 장부가액(장부가액이 없는 경우에는 취득가액)으로 하여 그 가액에 비례하여 실지거래가액을 안분 계산한다. 예를 들어, 신축 중에 있는 토지와 건물을 양도하는 경우이다.

$$공급가액 = 실지거래가액 \times \frac{건물기준가액}{토지기준가액 + 건물기준가액}$$

☞ ㉠ 토지의 기준가액: 개별공시지가(㎡) × 면적
　㉡ 건물의 기준가액: 장부가액(장부가액이 없는 경우 취득가액)

● 실무사례 **부동산의 일괄공급**

[사실관계]
제조업을 영위하는 (주)한결은 자신의 제조업에 사용하던 토지, 건물 및 구축물을 양도하였다. 각각의 물음별로 답하여라.

구 분	토 지	건 물	구축물	합 계
취득가액	200,000,000원	150,000,000원	50,000,000원	400,000,000원
장부가액	200,000,000원	100,000,000원	20,000,000원	320,000,000원
기준시가	160,000,000원	40,000,000원	?	200,000,000원
감정가액	-	-	-	

【물음1】 전체 양도가액이 500,000,000원(부가가치세별도)인 경우로서 구축물의 기준시가를 모르는 경우의 부가가치세 과세표준을 구하시오.

【물음2】 전체 양도가액이 500,000,000원(부가가치세 포함)인 경우로서 구축물의 기준시가는 10,000,000원인 경우의 부가가치세 과세표준을 구하시오.

해답

【물음1】 기준시가를 모르는 경우(부가가치세 별도)
1. 장부가액에의 의한 1차 안분

$$\text{토지(건물, 기계장치 등)가액} = \text{총거래가액} \times \frac{\text{토지(건물, 기계장치 등) 장부가액(취득가액)}}{\text{토지장부가액(취득가액) + 건물장부가액(취득가액) + 기계장치장부가액(취득가액)}}$$

(1) 기준시가 있는 자산(토지, 건물)
500,000,000원 × (200,000,000원 + 100,000,000원) / 320,000,000원 = 468,750,000원
(2) 기준시가 없는 자산(구축물)
500,000,000원 × 20,000,000원 / 320,000,000원 = 31,250,000원

2. 기준시가에 의한 2차 안분

$$\text{공급가액} = \text{기준시가 있는 자산가액의 합계액} \times \frac{\text{건물기준시가}}{\text{건물기준시가 + 토지기준시가}}$$

(1) 토지: 468,750,000원 × 160,000,000원 / 200,000,000원 = 375,000,000원
(2) 건물: 468,750,000원 × 40,000,000원 / 200,000,000원 = 93,750,000원

3. 과세표준 = 건물의 공급가액 + 구축물의 공급가액 = 125,000,000원

【물음2】 기준시가를 알고 있는 경우(부가가치세 포함)
1. 기준시가에 의한 안분
   (1) 토지: 500,000,000원 × 160,000,000원 / 215,000,000원※ = 372,093,023원
      ※ 160,000,000원 + (40,000,000원 + 10,000,000원) × 110/100 = 215,000,000원
   (2) 건물: 500,000,000원 × 40,000,000원 / 215,000,000원 = 93,023,255원
   (3) 구축물: 500,000,000원 × 10,000,000원 / 215,000,000원 = 23,255,813원
2. 과세표준 = 건물의 공급가액 + 구축물의 공급가액 = 116,279,068원

(5) 과세·면세사업에 공통으로 쓰던 토지와 건물을 함께 공급하는 경우로서 실지거래가액이 불분명한 경우

자기 건물에서 약국을 운영하다 토지·건물을 매각하는 경우 또는 1층부터 4층까지는 임대하고 5층은 학원 또는 병원으로 쓰던 토지·건물을 매각하면서 토지와 건물의 가액이 불분명한 경우로서 부가가치세액이 포함되어 있는 경우 공급가액 안분 계산은 다음의 산식에 따른다.43)

$$공급가액 = 실지거래가액 \times \cfrac{건물\ 기준시가 \times \cfrac{직전\ 과세기간\ 과세공급가액}{직전과세기간\ 총공급가액}}{토지\ 및\ 건물\ 기준시가 + 건물\ 기준시가 \times \cfrac{직전\ 과세기간\ 과세공급가액}{직전과세기간\ 총공급가액} \times 10\%}$$

☞ 실지거래가액은 토지가액, 건물가액, 과세사업 사용분 건물가액에 대한 부가가치세 상당액으로 구성되어 있음(건물가액 전체에 1.1을 곱하면 안 됨).
☞ 감정가액이 있으면 감정가액 비율, 면적구분이 가능하면 면적비율

실무사례 부동산의 공급

[사실관계]

개인사업자 홍길동은 자기 소유의 상가에서 약국(과세·면세 겸업)을 운영하다가 20x5.05.10. 해당 상가(토지 및 건물)를 매각하기로 하였다. 과세기간별 공급가액 및 기준시가가 다음 자료와 같을 때 해당 상가 매각에 따른 부가가치세 공급가액을 계산하시오.44)

1. 과세기간별 과세·면세 공급가액

구 분	과세공급가액	면세공급가액	합 계
20x4.2기	50,000,000원	150,000,000원	200,000,000원
20x5.1기	60,000,000원	180,000,000원	240,000,000원

2. 20x4.04.10. 현재 기준시가

구 분	토 지	건 물	합 계
20x5.05.10.	100,000,000원	200,000,000원	300,000,000원

【물음】 전체 양도가액이 305,000,000원(부가가치세 포함)인 경우로서 해당 상가 매각에 따른 부가가치세 과세표준을 구하시오.

---

43) 국세공무원교육원, "앞의 책", 358p 참고.

해답

$$공급가액 = 305,000,000 \times \dfrac{200,000,000 \times \dfrac{50,000,000}{200,000,000}}{100,000,000 + 200,000,000 + (200,000,000) \times \dfrac{50,000,000}{200,000,000} \times 10\%}$$

$$= 50,000,000$$

(6) 토지와 함께 공급한 건물 등의 공급가액 안분계산

사업자가 토지와 함께 건물 등을 공급하는 경우 그 건물 등의 과세표준은 다음의 순서에 의한 가액으로 계산한다(부가집 29-64-1).

구 분	공급가액 계산방법
① 실거래가액이 모두 있는 경우	• 구분된 건물 등의 실지거래가액
② 감정평가액이 모두 있는 경우	• 감정평가법인이 평가한 감정평가액에 비례하여 안분계산
③ 기준시가가 모두 있는 경우	• 공급계약일 현재 기준시가에 비례하여 안분계산
④ 기준시가가 일부 있는 경우	• 먼저 장부가액(장부가액이 없는 경우 취득가액)에 비례하여 안분계산 • 기준시가가 있는 자산에 대하여는 그 합계액을 다시 기준시가에 비례하여 안분계산
⑤ 기준시가가 모두 없는 경우	• 장부가액(장부가액이 없는 경우 취득가액)에 비례하여 안분계산
⑥ 국세청장이 정한 공급가액 안분계산방법	• 토지와 건물 등의 가액을 일괄 산정·고시하는 오피스텔 등의 경우 　➜ 토지의 기준시가와 국세청장이 고시한 건물의 기준시가에 비례하여 안분계산 　　* 국세청장이 고시한 건물의 기준시가: 신축가격, 구조, 용도, 위치, 신축연도 등을 고려하여 매년 1회 이상 국세청장이 산정·고시하는 가액(이하 이 항에서 같다) • 건축 중에 있는 건물과 토지를 함께 양도하는 경우 　➜ 해당 건물을 완성하여 공급하기로 한 경우에는 토지의 기준시가와 완성될 국세청장이 고시한 건물의 기준시가에 비례하여 안분계산 • 미완성 건물 등과 토지를 함께 공급하는 경우 　➜ 토지의 기준시가와 미완성 건물 등의 장부가액(장부가액이 없는 경우 취득가액)에 비례하여 안분계산

---

44) 국세공무원교육원, "앞의 책", 361p 참고.

(7) 철거 예정인 건물 양도시 건물가액 "0"원에 대한 처리

2018년 이전에는 건물이 철거될 경우 매매계액서상 건물가액을 "0원"으로 인정하였으나(부가-0729, 2018.11.28.), 2019년에 세법 개정으로 인하여 건물가액 "0원"을 인정하지 않아 과세관청과 쟁점이 되었으며, 2022년에 예외규정을 신설하여 건물가액 "0원"을 인정하게 되었다.

1) 2022.01.01. 이후 양도하는 경우

2022.01.01. 이후 공급분부터 건물 등이 있는 토지를 취득하여 그 건물 등을 철거하고 토지만 사용하는 경우는 안분계산 대상에서 제외하는 것으로 세법이 개정되었다.

고시원을 운영하던 사업자가 고시원(토지, 건물)을 매수인에게 일괄 양도하며 계약상 구분된 토지와 건물의 가액이 기준시가로 안분계산한 금액과 100분의 30 이상 차이가 있지만 매수인이 매매특약사항에 의하여 토지와 건물을 함께 공급받은 후 건물을 철거하고 토지만 사용하는 경우 건물의 공급가액은 「부가가치세법」 제29조 제9항 제2호 및 같은 법 시행령 제64조 제2항 제2호에 따라 실지거래가액으로 한다(사전법규부가 2022-299, 2022.03.15).

이는 계약서에 건물의 실지거래가액을 명시하고 매수인이 실제 건물을 사용하지 않고 즉시 철거하는 등 정상적인 거래에 비추어 합당하다고 인정되는 경우 건물의 실지거래가액을 공급가액으로 인정한다는 의미이다.

2) 2019 ~ 2021.12.31. 양도하는 경우

사업자(이하 "양도인")가 2019.01.01. 이후 토지와 그 토지에 정착된 사업용 건물을 일괄 양도함에 있어 매매계약상 건물가액은 없는 것으로 하고 양수인이 잔금 지급일 또는 소유권이전등기일 전에 양도인의 승낙을 받아 건물을 철거하기 시작한 경우에도 실지거래가액으로 구분한 토지와 건물 가액이 「부가가치세법 시행령」 제64조에 따라 안분계산한 금액과 100분의 30 이상 차이가 있는 경우에는 같은 법 제29조 제9항에 따라 안분계산한 금액을 공급가액으로 한다(서면법령해석부가 2021-4052, 2021.06.29.).

구 분	내 용
2022.01.01. 이후 양도하는 경우	안분계산대상에서 제외
2019 ~ 2021.12.31. 양도하는 경우	안분계산대상에 포함

 관련 해석사례 및 집행기준

일괄 양도하는 토지·건물의 양도가액 기준시가 산정시점

일괄 양도하는 토지와 건물의 가액이 불분명한 때에 부가령 제64조에 따라 공급계약일 현재의 기준시가에 따라 안분계산 하는 것임(기획재정부재산-1077, 2022.08.31.).

건물가액을 기준시가에 의해 안분계산하는 경우 세금계산서 기재불성실 가산세 적용여부

사업자가 다른 사업자에게 토지, 건물을 일괄공급하면서 신고한 건물의 실지거래가액이 기준시가 등에 따라 안분계산한 금액과 30%이상 차이가 나는 것으로서 기준시가에 따라 계산한 공급가액에 대해 세금계산서를 수정 발급하는 경우, 그 과소기재한 공급가액에 대하여 부가법 §60②(5)에 따른 가산세를 적용하는 것임(서면법규부가 2022-2230, 2022.06.10.).

☞ 세금계산서 수정발급으로 인한 수정신고시
  ㉠ 신고·납부지연가산세
  ㉡ 세금계산서 불성실 가산세(과소기재금액의 1%)적용

오피스텔 분양권 매각 시 과세표준 계산방법 및 사업의 양도 해당 여부

오피스텔 분양권 매각 시 과세표준의 계산은 실지거래가액으로 하되, 실지거래가액이 불분명한 경우 「부가가치세법 시행령」 제64조 및 국세청 고시 제2015-43호에 따라 안분계산하는 것이고, 해당 오피스텔 매각이 '사업의 양도'에 해당하는지는 사실판단 사항이며, '폐업시 잔존재화'의 적용대상에는 해당하지 아니함(서면부가 2018-1456, 2018.05.31.).

토지의 기부채납을 조건으로 사업용 건물을 건축하는 경우

사업자가 토지와 건물의 가액을 구분하기 위하여 총 분양가액을 부가가치세법 시행령 제48조의2 제4항 각 호에서 정한 방법으로 안분계산할 때에 적용되는 토지의 기준시가는 건축허가 조건으로 공공용지로 기부채납되는 토지를 제외하는 것임(부가-163, 2013.02.18.).

신축 건물의 일부만을 분양하는 경우 안분계산 기준

과·면세 겸영사업자가 건물을 신축하여 1~2층은 분양하고 3~7층은 자기의 면세사업에 사용하는 경우로서 분양하는 건물의 토지가액과 건물가액은 분양계약상 합의된 실지거래가액에 따르는 것이며, 그 가액이 건물의 규모와 형태, 제3자간에 일반적으로 거래된 가격 등 사회통념에 비추어 합당하다고 인정되지 아니하여 불분명한 경우에는 부가가치세법 시행령 제48조의2 제4항 각 호에 따라 계산하는 것이며, 신청인의 경우 분양하는 건물의 실지거래가액을 산정하기 위하여 기준시가 비율로 안분 계산하는 경우 적용되는 기준시가는 자가 사용하는 건물을 제외한 건물의 기준시가가 되는 것임(법규부가 2012-500 2013.01.02.).

◎ 건물신축 판매시 과세표준 안분계산 방법

건물을 신축하여 판매하는 사업자가 건물의 건축 중에 토지와 건물을 함께 공급(분양)하는 경우 그 분양가액 중 토지의 가액과 건물의 가액이 불분명하고 분양계약 이전에 「지가공시 및 토지 등의 평가에 관한 법률」에 의한 감정평가법인에 토지 및 건물을 감정하여 그 감정평가한 가액이 있는 경우에 건물의 과세표준은 감정평가액에 비례하여 안분계산 하는 것임(서삼 46015-10907, 2003.06.05.).

◎ 다가구주택에 부착된 상가에 대한 부가가치세 과세여부

전용면적이 국민주택규모 이하인 다가구용 단독주택을 공급하는 경우 면세되나 가구당 전용면적이 국민주택 규모 이하인 다가구주택과 상가 및 주차장이 복합된 건물을 신축하여 전체를 동일인에게 양도하는 경우 상가 등은 면세되지 아니함(부가 46015-2115, 1997.09.11.).

> **저자주**

구 분	과세여부
다가구주택과 이에 부수된 주차장	면 세
상가와 상가에 부수된 주차장	과 세

☞ 주차장은 면적에 비례하여 안분한다.

3. 부동산임대용역을 공급하는 경우

> 과세표준 = 임대료 + 간주임대료 + 관리비수입

(1) 선불 또는 후불임대료에 대한 과세표준의 계산

사업자가 2과세기간 이상에 걸쳐 부동산임대용역을 공급하고 그 대가를 선불 또는 후불로 받는 경우 해당 금액을 계약기간의 월수로 나눈 금액의 각 과세대상기간의 합계액을 그 과세표준으로 한다. 이 경우 임대 시작 월이 1월 미만이면 1월로 하고 임대 종료 월이 1월 미만이면 이를 산입하지 않는다(부가령 제65조 제5항).

$$\text{과세표준} = \text{선불 또는 후불로 받는 임대료} \times \frac{\text{각 과세대상기간의 월수}}{\text{계약기간의 월수}}$$

(2) 전세금 또는 임대보증금에 대한 보증금 간주임대료의 계산

사업자가 부동산임대용역을 공급하고 받은 전세금 또는 임대보증금은 금전 이외의 대가를 받은 것으로 보아 다음 산식에 따라 계산한 금액을 임대료로 보아 과세표준으로 한다(부가령 제65조 제1항).

$$\text{과세표준} = \text{해당 기간의 전세금 또는 임대보증금} \times \text{과세대상기간의 일수} \times \frac{\text{계약기간 1년의 정기예금이자율(해당 예정신고기간 또는 과세기간 종료일 현재)}}{365(\text{윤년에는 } 366)}$$

☞ 간주임대료 계산시 계약에 따라 임대보증금을 임대료에 충당하였을 때에는 충당한 금액을 제외한 금액으로 계산함(부가령 제65조 제3항).

간주임대료는 실제 보증금 등을 운용하여 실현된 소득에 대하여 과세하는 것이 아니라 보증금등을 금전 외의 대가로 간주하여 법에서 정한 방법으로 공급가액을 계산하는 것으로서 실제 그 금액을 지급받았는지 여부에 상관없이 약정상 받기로 한 금액을 의미하는 것이므로 간주임대료는 계약에서 약정한 보증금 등을 기준으로 계산하여야 한다(대법원95누4018, 1995.07.14. 외). 따라서 약정 보증금을 실제 지급받지 못하였거나 사용수익할 수 없는 담보물로 지급 받은 경우에도 간주임대료를 계산하여 공급가액에 포함하여야 한다(조심2008서 3232, 2008.11.17.; 부가 46015-2036, 1996.09.25. 외).

1) 정기예금이자율

정기예금 이자율은 「은행법」에 의하여 인가를 받은 은행으로서 서울특별시에 본점을 둔 은행의 계약기간 1년의 정기예금이자율의 평균을 감안하여 기획재정부장관이 정한 이자율을 말하고, 정기예금이자율은 3.1%[45]이다(부가칙 제47조).

● 실무사례 **부동산 임대 과세표준 계산 (1)**

[사실관계]
㈜한결은 임대보증금 5억원에 월 5백만원의 임대료를 받는 경우에 20x5년 제2기 부가가치세 예정신고 과세표준은? 정기예금이자율은 3.1%로 가정하며 임대시작은 20x4년 4월 1일부터이다.

해답
(5억원 × 92일 × 3.1% ÷ 366일) = 3,896,174 + 15,000,000 = 18,896,174원

---

[45] 정기예금이자율: 2024년 3.5%, 2023년 2.9%, 2021-22년 1.2%, 2020년 1.8%, 2019년 2.1%

2) 지하도의 건설비를 전액 부담한 경우의 전세금 등의 계산

국가 등의 소유로 귀속되는 지하도의 건설비를 전액 부담한 자가 지하도로 점용허가(1차 무상점용기간에 한함)를 받아 대여하는 경우 임대면적에 대한 건설비 상당액은 전세금 등으로 보지 아니한다. 이때의 건설비상당액은 다음과 같이 계산한다(부가령 제65조 제1항 후단, 부가칙 제46조).

$$\text{국가 등에 기부채납된 지하도의 건설비} \times \frac{\text{전세금 등을 받고 임대한 면적}}{\text{임대 가능 면적}}$$

3) 재임대(전대업)

사업자가 부동산을 임차하여 다시 임대용역을 제공하는 경우 해당 기간의 전세금 또는 임대보증금을 "해당 기간의 전세금 또는 임대보증금 − 임차 시 지불한 전세금 또는 임차보증금"으로 한다.

$$\text{과세표준} = (\text{임대보증금} - \text{임차보증금}) \times \text{정기예금이자율} \times \text{과세대상 일수} / 365(\text{윤년 } 366)$$

이 경우 임차한 부동산 중 직접 자기의 사업에 사용하는 부분이 있는 경우 임차 시 지불한 전세금 또는 임차보증금은 다음 계산식에 따른 금액을 제외한 금액으로 한다(부가령 제65조 제2항).

$$\text{임차 시 지불한 전세금 또는 임차보증금} \times \frac{\text{예정신고기간 또는 과세기간 종료일 현재 직접 자기의 사업에 사용하는 면적}}{\text{예정신고기간 또는 과세기간 종료일 현재 임차한 부동산의 총면적}}$$

$$\text{공급가액} = \left(\text{전세금 등} - \left(\text{임차시 지불한 전세금 등} \times \frac{\text{전대면적}}{\text{임차면적}} \right) \right) \times \frac{\text{과세대상기간의 일수}}{365(\text{윤년 } 366)} \times \text{정기예금 이자율}$$

실무적으로 공유오피스의 경우, 전대업으로 임차할 때 지급한 보증금보다 재임대 시 수령하는 보증금이 적은 경우가 일반적이므로 간주임대료는 계산되지 않는다. 다만, 부동산임대공급가액명세서는 반드시 작성해야 한다는 점에 유의해야 한다.

> **● 실무사례** **부동산 임대 과세표준 계산(2)**
>
> **[사실관계]**
> ㈜한결은 건물 100평을 4억원에 임차하여 사용 중에 있으며, 임차한 100평 중 40평을 임대보증금 2억원에 월 5백만원의 임대료를 받는 경우에 20×5년 제1기 확정신고 부가가치세 과세표준은? 정기예금이자율은 3.1%로 가정하며 재임대 시작은 20×5년 4월 1일부터이다.
>
> **해답**
> 간주임대료: [(2억원 -1.6억원) × 3.1% × 91일 ÷ 366일)] = 308,306원
> * 4억원 × 40평/100평 = 1.6억원
> 과세표준: 308,306 + 15,000,000 = 15,308,306원

(3) 관리비수입

사업자가 과세되는 부동산을 임대하고 받는 관리비는 과세표준에 포함한다. 다만, 임차인이 부담해야 할 보험료·수도료 및 공공요금 등은 별도로 구분징수하여 납입을 대행하는 경우에 해당 금액은 과세표준에 포함하지 아니한다.

☞ 구분징수한다는 의미는 임차인이 직접 부담하여야 할 공공요금(전기료, 수도료, 가스료, 보험료 등)을 임대인이 징수하여 단순납입 대행하는 경우를 말함.

(4) 임대보증금 등에 대한 부가가치세 부담과 세금계산서 발급의무 면제

과세되는 부동산임대용역을 제공하고 받은 전세금 또는 임대보증금의 이자상당액(간주임대료)에 대한 부가가치세는 원칙적으로 임대인이 부담하는 것이나, 임대인과 임차인간의 약정에 따라 임차인이 부담하는 경우도 있다(부가집 29-65-2). 그러나 간주임대료에 대한 부가가치세는 누가 부담하든지 세금계산서 발급의무가 면제되어 세금계산서를 발급하거나 발급받을 수 없고(부가령 제71조 제1항 제6호, 통칙 33-71-1) 실지로 부담한 자가 소득세 또는 법인세를 계산할 때에 필요경비로 산입하는 것이다. 따라서 임차인이 간주임대료에 대한 부가가치세를 부담하고 세금계산서를 발급받았다하더라도 그 매입세액은 공제받을 수 없다(부가 1265-743, 1983.04.20.).

(5) 과세(부동산 임대)·면세(주택 임대)용역을 함께 공급하는 경우

과세대상 임대료와 면세대상 임대료의 구분이 가능한 경우 실지귀속에 의한다. 다만, 그 가액의 구분이 불분명한 경우에는 다음의 방법으로 안분계산한다(부가법 제29조 제10항 제2호, 부가령 제65조 제4항).

① 임대료 총액 = (월세액 × 임대월수) + 전세금 등에 대한 간주임대료

② 토지분(또는 건물분) 임대료상당액 = 총 임대료 상당액 × $\dfrac{\text{토지가액 또는 건물가액}}{\text{토지가액 + 정착된 건물가액의 합계액}}$

☞ 토지가액 또는 건물가액은 예정신고기간 또는 과세기간이 끝난 날 현재의 「소득세법」 제99조에 따른 기준시가에 따른다(부가칙 48①).

③ 토지임대과세표준 = 토지임대료 상당액 × $\dfrac{\text{과세되는 토지임대면적}}{\text{총토지임대면적}}$

④ 건물임대과세표준 = 건물임대료 상당액 × $\dfrac{\text{과세되는 건물임대면적}}{\text{총건물임대면적}}$

• 실무사례　부동산 임대 과세표준 계산 (3)

[사실관계]

부동산임대업자(개인) 김치국이 상가·주택 겸용건물을 다음과 같이 임대하는 경우 20x5년 제2기 (07.01.~12.31.) 부가가치세 공급가액 계산 방법(윤년이라 가정한다)?

- 임대차계약 내용: 보증금 288,744,740원, 월임대료 3,000,000원(부가가치세 별도)
- 기준시가: 건물 2억원, 토지 3억원
- 건물(단층) 임대면적: 상가 300㎡, 주택 200㎡
- 건물 부속토지 면적: 800㎡
- 도시구역 내이고, 정기예금이자율은 3.1%

해답

① 총 임대료 계산: 22,500,000원
　월세수입: 3,000,000원 × 6개월 = 18,000,000원
　간주임대료: 288,744,740원 × 3.1% × 184일/366일 = 4,500,000원
② 건물 및 토지 임대료 구분
　건물 분: 22,500,000원 × 2억원/(2억원 + 3억원) = 9,000,000원
　토지 분: 22,500,000원 - 9,000,000원 = 13,500,000원
③ 과세대상 부속토지 계산
　과세분 토지면적: 800㎡ × 300㎡/(300㎡ + 200㎡) = 480㎡
④ 신고대상 공급가액: 13,500,000원
　상가 건물: 9,000,000원 × 300㎡/(300㎡ + 200㎡) = 5,400,000원
　상가 토지: 13,500,000원 × 480㎡/800㎡ = 8,100,000원

 관련 해석사례 및 집행기준

지상권 설정에 따른 세금계산서 발급시기는 언제인지

사업자가 2개 과세기간 이상에 걸쳐 부동산 임대용역을 제공하고 그 대가를 후불로 받는 경우 당해 부동산 임대용역의 공급시기는 용역이 제공되는 예정신고기간 또는 과세기간 종료일로 하는 것이고 해당 공급시기에 공급받는 자에게 세금계산서를 발급하는 것임(서면부가 2024-1457, 2024.04.15.).

국유재산 분납에 따른 이자의 부가가치세 공급가액 포함 여부

사용자가 연납하여야 할 국유재산 임대료를 분납하기로 함에 따라 월 임대료에 이자를 포함하여 지급받는 경우 해당 이자는 부가가치세 공급가액에 포함됨(서면부가 2021-3748, 2021.06.30.).

임대료를 인하한 경우 공급가액 산정 방법

부동산 임대용역을 공급하고 그 대가를 확정한 후 당해 대가의 전부 또는 일부를 면제하여 주는 경우 공급가액은 당초 약정된 금액이 되는 것이나, 약정서나 변경계약서 등을 통해 임대료를 인하한 경우 공급가액은 변경된 금액이 되는 것임(서면부가 2020-1550, 2020.04.03.).

특수관계자간 임대차계약시 임대료 산정 방법

부가가치세 공급가액 산정의 기준이 되는 시가는 특수관계에 있는 자 외의 자와 해당 거래와 유사한 상황에서 계속적으로 거래한 가격 등이 있는 경우 그 가격에 의하며 거래된 가격이 없거나 불분명한 경우 「부가가치세법 시행령」 제62조에 따라 적용함(서면부가 2016-6281, 2017.03.30.).

임대용 부동산 양도시 부가가치세 과세표준

부가가치세 과세사업(임대업)을 영위하던 사업자가 사업을 폐업하기 전에 임대용 부동산을 양도한 경우 「부가가치세법」 제9조 제1항에 의한 재화의 공급으로서 부동산 매각대금을 공급가액으로 하며, 사실상 폐업일 이후에 양도된 건물에 대하여는 폐업시 잔존재화로서 같은 법 시행령 제66조에 따라 계산한 금액을 공급가액으로 하는 것임(서면부가 2017-730, 2017.03.27.).

부동산전대업의 경우 전세금 또는 임대보증금에 대한 부가가치세 과세표준계산 특례 적용방법

사업자가 부동산을 임차하여 다시 임대용역을 제공하는 경우에 있어, 임차시 지불한 전세금 또는 임대보증금이 전세금 또는 임대보증금을 초과하는 경우에는 간주임대료를 계산하지 아니하는 것이며(음수의 경우 계산하지 아니함),

간주임대료에 대한 부가가치세 과세표준을 계산함에 있어, 계산산식에 적용하는 "임차시 지불한 전세금 또는 임대보증금"이 계약상의 원인으로 변동이 있는 경우에는 변경되었거나 변경된 날을 기준으로 구분하여 과세표준을 계산하는 것임(서삼 46015-11323, 2002.08.19.).

실무사례 — 부동산임대공급가액명세서 작성

[사실관계]

다음 자료에 따라 20x5년 제2기 확정신고시 제출할 부동산임대공급가액명세서를 작성하고 부가가치세 신고서에 추가 반영하시오. 그리고 간주임대료를 임대인이 부담하고 있다고 가정하고 간주임대료에 대한 정기예금이자율은 3.1%로 가정한다. 간주임대료와 관련한 회계처리를 하여라.

층	호수	상호 (사업자번호)	면적 (㎡)	용도	임대기간	보증금 (원)	월세 (원)	관리비 (원)
지하 1층	B01	우리호프 (104-81-24017)	400	점포	20×3.09.01.~ 20×5.09.30.	23,000,000	500,000	30,000
					20×5.10.01.~ 20×6.10.31.	35,000,000	550,000	40,000
지상 1층	101	미림슈퍼 (107-81-27084)	600	점포	20×4.09.05.~ 20×6.09.04.	60,000,000	300,000	50,000
지상 2층	201	성수상사 (131-81-74993)	600	사무실	20×4.04.03.~ 20×6.04.02.	50,000,000	200,000	50,000

※ 월세와 관리비에 대해서는 세금계산서를 발급하고 있다.

해답

1. 부동산임대공급가액명세서(단위: 원)

상호 (사업자번호)	임대계약내용		임대료 수입금액(과세표준)		
	보증금	월세등	합계	보증금이자	월세등(계)
합계	168,000,000	1,720,000	4,702,984	1,132,984	3,570,000
미림슈퍼 (107-81-27084)	60,000,000	350,000	1,518,821	468,821	1,050,000
성수상사 (131-81-74993)	50,000,000	250,000	1,140,684	390,684	750,000
우리호프 (104-81-24017)	35,000,000	590,000	2,043,479	273,479	1,770,000

2. 부가세신고서란 - 기타란 - 1,132,984 - 113,298
3. (차) 세금과공과 113,298원 (대) 부가세예수금 113,298원

4. 간주공급에 대한 과세표준

(1) 일반적인 경우

재화의 간주공급에 있어서 과세표준은 일반적으로 해당 재화의 시가에 의한다. 다만, 간주공급에 해당하는 재화가 감가상각자산인 경우에는 다음의 계산산식에 의하여 과세표준을 구한다.

> **감가상각자산**: 과세표준 = 해당 재화의 취득가액 × (1 − 체감률 × 경과된 과세기간의 수)

① 취득가액: 장기할부조건으로 취득하는 경우의 현재가치할인차금과 지급이자로 계상한 연지급수입이자는 이를 취득가액에 포함하는 것으로 한다.

② 체감률

구 분	2001.12.31. 이전 취득분	2002.01.01. 이후 취득분
건물·구축물	10%	5%
기타의 감가상각자산	25%	

③ 경과된 과세기간의 수: 과세기간 개시일 후에 감가상각자산을 취득하거나 해당 자산을 간주공급한 경우에는 그 과세기간 개시일에 해당 재화를 취득하거나 공급한 것으로 보아 과세기간 수를 계산한다(기초취득·기초공급 간주).

건물·구축물의 경과된 과세기간의 수가 20을 초과하는 때에는 20으로, 기타의 감가상각자산의 경과된 과세기간의 수가 4를 초과하는 때에는 4로 한다.

(2) 판매목적 타사업장 반출의 경우

사업자가 자기의 사업과 관련하여 생산·취득한 재화를 타인에게 직접 판매할 목적으로 직매장 등 다른 사업장에 반출하는 경우에 과세표준은 다음과 같다.

① 원칙: 해당 재화의 취득가액
② 취득가액에 일정액을 더하는 경우: 그 공급가액
③ 개별소비세·주세·교통·에너지·환경부가세가 적용되는 재화

> 과세표준 = 개별소비세 등의 과세표준 + 개별소비세 등을 더한 금액

실무사례 : 폐업시 잔존재화

[사실관계]

부동산매매업 및 제조업을 영위하는 사업자가 20x5.10.15. 폐업하였으며, 폐업시 잔존재화의 내역이 다음과 같을 때 부가가치세 공급가액 계산 방법은 다음과 같다.

구 분	취득(사용)일	취득·제조원가	잔존재화 가액	비 고
건물1	20x3.07.01.	500,000,000원	700,000,000원(매매가액) 425,000,000원(장부가액)	사업용 고정자산 (제조장 사용)
구축물	20x4.07.30.	100,000,000원	120,000,000원(매매가액) 90,000,000원(장부가액)	사업용 고정자산 (제조장 사용)
건물2	20x5.06.01.	300,000,000원	400,000,000원 (폐업당시 시가)	재고자산 (매매용)
기계장치	20x5.05.30.	250,000,000원	100,000,000원(장부가액)	사업용 고정자산 (제조장 사용)
제품	20x4.10.01.	200,000,000원	240,000,000원	제조장 생산물

* 매매가액은 폐업일 이후 매매된 가액임.

해답

구 분	경과된 과세기간 계산	계 산 근 거	공 급 가 액
건물1	20x3.07.01. ~ 20x5.06.30.	500,000,000원 × (1 - 5% × 4)	400,000,000원
구축물	20x4.07.01. ~ 20x5.06.30.	100,000,000원 × (1 - 5% × 2)	90,000,000원
건물2	-	재고자산은 폐업 당시 시가	400,000,000원
기계장치	20x5.01.01. ~ 20x25.06.30.	250,000,000원 × (1 - 25% × 1)	187,500,000원
제품	-	재고자산의 경우 폐업 시 시가	240,000,000원
합 계			1,317,500,000원

05 대손세액공제

1. 의의

사업자는 부가가치세 과세되는 재화 또는 용역을 공급하고 외상매출금이나 그 밖의 매출채권(부가가치세를 포함한 것을 말함)의 전부 또는 일부가 공급을 받은 자의 파산·강제집행 등의 사유로 대손되어 회수할 수 없는 경우에는 그 대손금액에 포함된 부가가치세를 대손이 확정된 날이 속하는 과세기간의 매출세액에서 뺄 수 있다. 그 후에 대손

금액의 전부 또는 일부를 회수한 경우에는 회수한 대손금액에 관련된 대손세액을 회수한 날이 속하는 과세기간의 매출세액에 더한다(부가법 제45조).

$$\text{대손세액} = \text{대손금액(부가세 포함)} \times \frac{10}{110}$$

>> 대손세액공제

구 분	공 급 자	공 급 받 은 자
대손이 확정된 경우	대손세액을 매출세액에서 차감	대손세액을 매입세액에서 차감
대손금을 변제한 경우	대손세액을 매출세액에 가산	대손세액을 매입세액에 가산

2. 대손사유 = 대손세액공제요건

부가가치세가 과세되는 재화 또는 용역을 공급한 사업자가 대손세액을 공제받기 위해서는 재화 또는 용역을 공급받은 자에게 다음의 사유가 발생하여야 한다(부가령 제87조 제1항).

(1) 「소득세법 시행령」 제55조 제2항 또는 「법인세법 시행령」 19조의2 제1항의 대손사유

① 「상법」에 따른 소멸시효가 완성된 외상매출금 및 미수금
② 「어음법」에 따른 소멸시효가 완성된 어음
③ 「수표법」에 따른 소멸시효가 완성된 수표
④ 「민법」에 따른 소멸시효가 완성된 대여금 및 선급금
   ☞ 대여금은 부가가치세가 과세되는 재화·용역에 대한 것이 아니므로 대손세액공제대상 채권이 아님
⑤ 「채무자 회생 및 파산에 관한 법률」에 따른 회생계획인가의 결정 또는 법원의 면책결정에 따라 회수불능으로 확정된 채권
⑥ 「서민의 금융생활 지원에 관한 법률」에 따른 채무조정을 받아 같은 법 제75조의 신용회복지원협약에 따라 면책으로 확정된 채권
⑦ 물품의 수출 또는 외국에서의 용역제공으로 발생한 채권으로서 다음에 정하는 사유에 해당하여 무역에 관한 법령에 따라 「무역보험법」 제37조에 따른 한국무역보험공사로부터 회수불능으로 확인된 채권
   ㉠ 채무자의 파산·행방불명 또는 이에 준하는 불가항력으로 채권회수가 불가능함을 현지의 거래은행·상공회의소·공공기관 또는 해외채권추심기관(「무역보험

법」제37조에 따른 한국무역보험공사와 같은 법 제53조 제3항에 따른 대외채권 추심 업무 수행에 관한 협약을 체결한 외국의 기관을 말한다. 이하 이 항에서 같다)이 확인하는 경우
ⓛ 거래당사자 간에 분쟁이 발생하여 중재기관·법원 또는 보험기관 등이 채권금액을 감면하기로 결정하거나 채권금액을 그 소요경비로 하기로 확정한 경우(채권금액의 일부를 감액하거나 일부를 소요경비로 하는 경우에는 그 감액되거나 소요경비로 하는 부분으로 한정한다)
ⓒ 채무자의 인수거절·지급거절에 따라 채권금액의 회수가 불가능하거나 불가피하게 거래당사자 간의 합의에 따라 채권금액을 감면하기로 한 경우로서 이를 현지의 거래은행·검사기관·공증기관·공공기관 또는 해외채권추심기관이 확인하는 경우(채권금액의 일부를 감액한 경우에는 그 감액된 부분으로 한정한다)
⑧ 「민사집행법」에 의하여 채무자의 재산에 대한 경매가 취소된 압류채권
⑨ 채무자의 파산, 강제집행, 형의집행, 사업의 폐지, 사망, 실종 또는 행방불명으로 회수할 수 없는 채권
⑩ 부도발생일로부터 6개월 이상 지난 수표 또는 어음상의 채권 및 외상매출금(중소기업의 외상매출금으로서 부도발생일 이전의 것에 한정함). 다만, 채무자의 재산에 대하여 저당권을 설정하고 있는 경우는 제외한다.
⑪ 중소기업의 외상매출금 및 미수금으로서 회수기일이 2년 이상 지난 외상매출금 등. 다만, 특수관계인과의 거래로 인하여 발생한 외상매출금 등은 제외한다.
⑫ 재판상 화해 등 확정판결과 같은 효력을 가지는 것으로서 다음에 해당하는 회수불능으로 확정된 채권
  ㉠ 「민사소송법」에 따른 화해
  ㉡ 「민사소송법」에 따른 화해권고결정
  ㉢ 「민사조정법」 제30조에 따른 결정
⑬ 회수기일이 6월 이상 지난 채권 중 30만원(채무자별 채권가액의 합계액을 기준으로 함)이하인 채권
⑭ 「법인세법 시행령」 제61조 제2항 각호 외의 부분 단서에 따른 금융회사 등의 채권(같은항 제13호에 따른 여신전문금융회사인 신기술사업금융업자의 경우에는 신기술사업자에 대한 것에 한정한다)중 다음 어느 하나에 해당하는 채권
  ㉠ 금융감독원장이 기획재정부장관과 협의하여 정한 대손처리기준에 따라 금융회사 등이 금융감독원장으로부터 대손금으로 승인받은 것
  ㉡ 금융감독원장이 위 "㉠"의 기준에 해당한다고 인정하여 대손처리를 요구한 채

권으로서 금융회사 등이 대손금으로 계상한 것
⑮ 「벤처투자 촉진에 관한 법률」제2조 제10호에 따른 중소기업창업투자회사의 창업자에 대한 채권으로서 중소벤처기업부장관이 기획재정부장관과 협의하여 정한 기준에 해당한다고 인정한 것

☞ ① ~ ⑦은 「법인세법」규정에 의하여 신고조정에 해당하는 대손상각으로서 반드시 대손확정시점에 대손상각하여야 하며 그 기한이 경과한 이후에는 대손상각할 수 없다.

☞ ⑧ ~ ⑮은 결산조정사항으로서 결산시 사업자가 대손상각으로 반영한 경우에 손금산입이 된다.

(2) 소멸시효 완성

1) 「상법」상 소멸시효

상행위로 인한 채권은 채권의 권리를 행사할 수 있는 때로부터 5년간 행사하지 아니하면 소멸시효가 완성되나, 다른 법령에 이보다 단기 시효의 규정이 있는 때에는 그 규정을 적용한다(상법 제64조).

2) 「민법」상 소멸시효

① 「민법」제162조(10년의 소멸시효): 채권은 10년간 행사하지 아니하면 소멸시효가 완성한다.
② 「민법」제163조(3년의 단기소멸시효): 이자, 부양료, 급료, 공사에 관한 채권, 상품 대가 등
③ 「민법」제164조(1년의 단기소멸시효): 음식료, 숙박료, 입장료 등
④ 「민법」제165조(판결 등에 의하여 확정된 채권의 소멸시효): 판결에 의하여 확정된 채권(파산절차에 의하여 확정된 채권 및 재판상의 화해, 조정 기타 판결과 동일한 효력이 있는 것도 포함)은 단기의 소멸시효에 해당한 것이라도 그 소멸시효는 10년으로 한다.

3) 소멸시효의 기산점

소멸시효는 권리를 행사할 수 있는 때로부터 진행한다(「민법」제166조).

4) 중단사유

「민법」상 시효중단의 사유에는 권리자가 자기의 권리를 주장하는 것으로서 청구, 압류·가압류, 가처분이 있고, 의무자가 진실한 권리를 인정하는 것으로 승인이 있다. 한편, 「국세기본법」은 시효중단의 사유로서 ① 납세고지, ② 독촉 또는 납부최고, ③ 교부청구, ④ 압류를 규정하고 있다.

① 「민법」상 중단사유

압류, 가압류, 가처분, 청구, 승인

② 청구

권리자가 청구를 하면 소멸시효가 중단되는데, 여기서 청구란 재판상의 청구, 파산절차 참가, 지급명령, 화해 신청 등이 포함된다(「민법」 제168조).

③ 승인

시효의 이익을 받을 당사자가 상대방의 권리의 존재를 인정하는 뜻을 표시하는 것이다(「민법」 제168조 제3호).

5) 무재산입증

채권의 회수가능성 등 구체적인 사정을 감안하여 정당한 사유 없이 채권회수를 위한 법적 조치를 취하지 아니함에 따라 소멸시효가 완성된 경우에는 동 채권의 금액은 기업업무추진비 또는 기부금으로 본다(재경부 법인46012-93, 2003.05.31.). 이 경우에는 과세관청에서 채무자가 변제능력이 있었다는 점을 입증하여야한다.

(3) 부도발생일로부터 6개월 이상 지난 수표·어음상의 채권 및 외상매출금

부도발생일로부터 6개월 이상 지난 수표·어음상의 채권 및 외상매출금(중소기업이 보유한 외상매출금으로서 부도발생일 이전의 것에 한정함). 다만, 채무자의 재산에 대하여 저당권을 설정하고 있는 경우는 제외한다.

"부도발생일"이란 해당 부도어음·수표의 지급기일을 말하되, 지급기일 전에 해당 어음·수표를 제시하여 금융기관으로부터 부도확인을 받은 경우에는 그 부도확인일을 말한다.

그리고 중소기업이란 공급자가 「조세특례제한법 시행령」 제2조에 따른 중소기업에 해당하는 것을 의미한다.

》》 **부도발생일로부터 6월 이상 지난의 의미**

부도발생일	공제가능일
직전연도 6.30. ~ 12.29.	1기 확정신고시 공제가능
직전연도 12.30. ~ 해당연도 6.29.	2기 확정신고시 공제가능

예를 들어 20x4.06.30.로부터 6월이 되는 날은 20x4.07.01.을 기산일(초일불산입)로 하여 만료일은 20x4.12.31.이 된다(주, 월, 연의 처음부터 기산하는 경우 역에 의하여 계산하므로 만료일이 20x4.12.31.임). 따라서 20x4.12.31.이 지난 날(대손확정일)은 20x5.01.01.이 되므로 20x5.1기 확정신고시 공제한다.

(4) 중소기업의 외상매출금 및 미수금으로서 회수기일이 2년 이상 지난 외상매출금 등. 다만, 특수관계인과의 거래로 인하여 발생한 외상매출금 등은 제외한다.

1) 회수기일

'회수기일'이란 중소기업이 보유하고 있는 외상매출금 등에 대한 대금을 회수하기로 약정한 날짜를 의미한다(서면법인 2022-5631, 2023.08.18.). 이러한 회수기일이 변경되는 경우에는 변경된 회수기일을 적용한다(법인-4044, 2020.11.30.).

구 분	회수기일
별도의 약정이 있는 경우	계약서상 약정된 회수기일
별도의 약정이 없는 경우	세금계산서 발급일

2) 대손세액공제시기

「부가가치세법」에서는 2020.01.01. 전에 이미 회수기일이 2년 이상 경과하였다면 개정 규정을 적용할 수 없는 것이어서 2020.01.01. 이후에 회수기일이 2년 이상 경과하여 대손이 확정된 경우에 한하여 대손 세액을 공제할 수 있다. 즉, 장부상 비용으로 처리여부에 관계없이 사유가 충족된 시점에 적용한다.

☞ 「법인세법」에서는 개정조항의 시행 전에 이미 회수기일이 2년 이상 경과한 경우라도 2020.01.01. 이후에 손비로 계상하였다면 그 계상한 날이 속하는 사업연도에 대손금을 손금 산입할 수 있는 것으로 해석하고 있다(서면법령해석법인 2021-2501, 2020.10.26.).

구 분	회수기일
「부가가치세법」	회수기일이 2년이 지난 시점이 속하는 확정신고기한
「법인세법」	회수기일이 2년이 지나고 장부상 손금으로 계상한 시점

3) 무재산입증 여부

채무자의 무재산 등 회수불능 사실에 대한 입증이 없더라도 대손요건을 충족한 것으로 본다(법인 -0209, 2020.10.21.).

(5) 채무자의 파산, 강제집행, 형의집행, 사업의 폐지, 사망, 실종 또는 행방불명으로 회수할 수 없는 채권

① 파산

"채무자의 파산"이란 「채무자회생 및 파산에 관한 법률」에 따라 법원이 파산폐지 결정하거나 파산종결 결정하여 공고한 경우를 말한다(법인집 19의2-19의2-2). 해당 채권자가 배당받을 금액이 채권금액에 미달하는 사실이 객관적으로 확인되는 경우 대손세액공제대상이 된다.

② 강제집행

「민사집행법」에 따른 강제집행 결과 법원으로부터 강제(압류)집행불능조서를 발급받은 경우 회수하지 못한 매출채권에 대하여 강제집행불능조서를 발급받은 과세기간부터 「부가가치세법 시행령」 제87조 제2항에 따른 기한까지 그 대손이 확정된 과세기간에 대손세액을 매출세액에서 공제할 수 있다(기준법령해석부가 2015-154, 2015.09.11.).

③ 사망·실종, 행방불명

재화 또는 용역을 공급받은 자(채무자)가 사망 또는 실종선고를 받았다 하여 무조건 대손세액공제를 할 수 있는 것이 아니라 채무자의 상속인이 없거나 상속인이 상속을 포기 또는 한정 상속함으로써 상속재산으로 매출채권을 회수할 수 없는 경우에 대손세액공제를 적용한다.

④ 사업의 폐지 등

"사업의 폐지"란 사실상 채무자가 당해 사업을 폐업하고 소유재산 등이 없어 채권을 회수할 수 없는 상태를 말하는 것으로, 채무자의 무재산·폐업 등으로 인해 채권을 회수할 수 없음이 객관적으로 입증되는 경우에는 대손금으로 보아 대손세액공제를 적용할 수 있다(조심 2014구4438, 2015.02.06.).

(6) 「채무자 회생 및 파산에 관한 법률」에 따른 회생계획인가의 결정 또는 법원의 면책결정에 따라 회수불능으로 확정된 채권

1) 회생계획인가결정으로 매출채권의 일부를 변제받기로 한 후 행방불명으로 회수가 불가능하게 된 경우 대손세액공제 시기

사업자가 재화를 외상으로 판매한 후 채무자에 대한 회생계획인가결정으로 매출채권의 일부를 변제받기로 하였으나 채무자의 폐업으로 행방불명되어 회수가 불가능하게 된 경우 대손세액공제 시기는 「법인세법 시행령」 제19조의2 제1항 각 호의 어느 하나에 해당(사업 폐지 등)하는 사유가 발생하여 대손이 확정된 날이 속하는 과세기간인 것임

(부가-597, 2012.05.25.).

2) 출자전환된 회생채권의 대손세액 계산

회생계획인가결정에 따라 채권을 출자전환하는 경우 채권의 장부가액과 주식의 시가와의 차액에 대하여 대손세액을 계산함에 있어 주식의 시가산정 기준일은 신주발행의 효력발생일인 '납입기일의 다음 날'이며 출자전환 주식의 의무보호예수기간 경과 후 주식을 현물로 교부하는 시점에 해당 주식의 가격이 상승한 경우 대손금의 변제에 해당하지 아니한다(서면법령해석부가 2017-2796, 2018.03.15.).

3) 회생계획인가 결정에 따라 출자전환 후 무상소각된 경우

회생계획인가결정으로 채권이 출자전환되었다가 무상소각된 경우에는 채권이 회수불능으로 확정되었다고 볼 수 있으므로 대손세액공제사유에 해당한다(대법2019두46824, 2019.10.31).

4) 회생계획인가결정 내용에 따른 대손세액공제 적용여부[46]

결정내용	대손세액공제 적용여부
매출채권 전액 회수할 수 없는 경우	• 대손세액공제 적용가능
매출채권 회수 60 % 면제, 40% 분할상환	• 60% 면제분은 대손세액공제적용가능
매출채권 60% 분할상환, 40% 주식출자전환시	• 60% 분할상환부분은 대손세액공제 적용불가 • 40% 출자전환분은 매출채권의 장부가액과 시가의 차액을 대손세액공제 적용가능

(7) 사업양도자 매출채권에 대한 대손세액 공제

개인사업자가 자기의 과세사업을 법인으로 전환하기 위해 법인을 설립하고 개인사업에 관한 모든 권리와 의무를 해당 신설법인에 포괄적으로 양도함에 있어서 사업양도 전에 발생한 매출채권에 대한 「상법」상의 소멸시효가 법인전환 후 완성됨으로 인해 해당 매출채권(부가가치세 포함)의 전부 또는 일부가 대손되어 회수할 수 없는 경우에는 그 대손이 확정된 날이 속하는 과세기간의 매출세액에서 대손세액을 뺄 수 있다(부가통 45-87-2).

---

[46] 박병완, "앞의 책", 639p 참고.

(8) 회생절차개시 결정일 이후 부도발생일부터 6개월 이상 되는 어음상 채권의 대손세액공제(부가집 45-87-12)

① 사업자가 재화 또는 용역을 공급하고 그 대가로 어음을 받은 경우로서 「채무자 회생 및 파산에 관한 법률」 제43조 제1항에 따른 법원의 재산보전처분 명령일 이후 금융회사로부터 해당 어음에 부도확인을 받은 경우 「법인세법 시행령」 제19조의2 제1항 제9호에 따른 부도발생일은 부도어음의 지급기일 또는 금융회사로부터 부도확인을 받은 날 중 빠른 날을 말한다.

② 사업자가 부가가치세가 과세되는 재화 또는 용역을 공급하고 그 대가로 받은 어음이 부도 발생한 경우로서 부도발생일로부터 6개월 이상 지난 어음상 채권은 해당 채무자에 대한 「채무자 회생 및 파산에 관한 법률」에 따른 회생절차개시 결정이나 회생계획인가 결정에 관계없이 부도발생일로부터 6개월 이상 지난 날이 속하는 과세기간에 「부가가치세법」 제45조 제1항에 따라 부가가치세 대손세액공제를 할 수 있다. 다만, 회생계획인가 결정일이 속하는 과세기간에 현금으로 받는 부도어음상의 채권에 대하여는 그러하지 아니한다.

③ 사업자가 부가가치세가 과세되는 재화 또는 용역을 공급하고 그 매출채권의 전부 또는 일부가 「채무자 회생 및 파산에 관한 법률」에 따른 회생계획인가의 결정에 따라 채무자의 주식으로 전환됨과 동시에 주식병합으로 감자된 경우에는 「채무자 회생 및 파산에 관한 법률」에 의한 법원의 회생계획인가결정에 따라 채권을 출자 전환시 채권의 장부가액과 주식의 시가와의 차액은 대손세액공제 대상에 해당한다.

(9) 위장세금계산서 발급시 대손세액공제

부가가치세 과세사업자가 재화 또는 용역을 공급하고 실제 공급받는 자와 세금계산서상 공급받는 자가 다른 위장 세금계산서를 교부한 경우 실제 공급받는 자로부터 회수하지 못한 매출채권(부가가치세 포함)에 대하여는 부가가치세법 제17조의2의 규정에 의한 대손세액공제를 받을 수 없다(재소비 46015-277, 1998.10.16.).

(10) 경정청구에 의한 대손세액공제 가능여부

대손이 확정된 날이 속하는 과세기간에 대한 부가가치세 확정신고시 대손세액을 공제받지 못한 경우 경정청구시 대손세액공제 가능하다(재소비46015-346, 2002.12.12.).

(11) 금융기관에서 할인한 부도어음의 대손세액 공제

부도수표·어음에 대한 대손세액 공제의 적용 시 재화나 용역의 대가로 받은 어음을 금융기관에서 할인한 후 해당 어음이부도 발생하여 대출금으로 전환하였으나 해당 부도

어음을 금융기관이 소지하고 있는 때에도 수표 또는 어음의 부도발생일로부터 6월이 경과한 경우에는 대손세액 공제 가능하다(부가집 45-87-7).

(12) 융통어음의 공제 여부

사업자가 거래처로부터 재화 또는 용역의 공급대가가 아닌 단순히 자금결제 및 융통 목적으로 받은 어음이 부도발생한 경우 해당 어음의 부도에 대하여는 대손세액공제를 받을 수 없다(부가집 45-87-9).

(13) 업무대행에 따른 대손금의 대손세액공제 범위

광고대행용역만을 제공하는 사업자가 광고주로부터 광고비를 대신 징수하여 광고회사에 지급하기로 하였으나 광고주의 부도로 광고비를 받지 못하여 해당 광고대행사업자가 대신 변제한 경우 대신 변제한 해당 광고비 상당액에 대하여는 대손세액공제를 받을 수 없다(부가집 45-87-9).

(14) 약정에 따른 채권포기액의 대손세액 공제(부가집 45-87-10)

① 매출채권의 일부를 포기한 경우
  사업자가 과세재화 또는 용역을 공급하고 공급받는 자로부터 외상매출금 그 밖에 매출채권의 일부만 회수하고 나머지 채권은 포기한 경우 해당 채권을 포기한 금액에 대하여는 대손세액공제를 할 수 없다.
② 대손세액공제 후 매출채권의 일부를 회수하고 잔액은 포기한 경우
  정당하게 대손세액공제를 받은 이후 해당 매출채권 중 일부만 회수하고 잔액은 회수할 수 없어 포기하기로 한 경우 해당 회수한 채권금액에 대한 대손세액만을 회수한 날이 속하는 과세기간의 매출세액에 가산한다.

3. 시기의 제한

사업자가 부가가치세가 과세되는 재화 또는 용역을 공급한 후 그 공급일로부터 10(*)년이 지난 날이 속하는 과세기간에 대한 확정신고 기한까지 대손세액 공제대상이 되는 사유로 인하여 확정되는 대손세액(결정 또는 경정으로 증가된 과세표준에 대하여 부가가치세액을 납부한 경우 해당 대손세액을 포함한다)으로 한다(부가령 제87조 제2항).

☞ 2020.02.11.이 속하는 과세기간에 대손이 확정되는 분부터 10년을 적용하며, 그 이전에는 5년을 적용한다.

4. 대손세액공제액

사업자가 대손이 확정된 날이 속하는 과세기간의 매출세액에서 뺄 수 있는 대손세액은 다음 계산식에 따라 계산한 금액으로 한다(부가법 제45조 제1항).

$$대손세액 = 대손금액(부가가치세 포함) \times \frac{10}{110}$$

5. 회수불능의 입증

대손세액공제를 받고자 하는 사업자는 부가가치세 확정신고서에 대손세액공제신고서와 대손금액이 발생한 사실을 증명하는 서류를 첨부하여 관할세무서장에게 제출하여야 한다.

6. 공제세액의 사후관리

(1) 공급자가 대손세액을 확정한 경우

대손세액공제를 받은 후 회수한 경우에는 회수일이 속하는 과세기간의 매출세액에 더한다.

(2) 공급자가 대손세액을 회수한 경우

재화 또는 용역을 공급받은 사업자가 대손세액의 전부 또는 일부를 매입세액으로 공제받은 경우로서 공급자의 대손이 그 공급을 받은 사업자가 폐업 전에 확정되는 경우에는 관련 대손세액에 해당하는 금액을 대손이 확정된 날이 속하는 과세기간의 매입세액에서 뺀다. 다만, 그 사업자가 대손세액을 빼지 아니한 경우에는 공급을 받은 자의 관할세무서장이 결정 또는 경정하여야 한다(부가법 제45조 제3항). 이 경우 신고불성실·납부지연가산세는 부과되지 아니한다(국기법 제47조의2 제4항 및 국기법 제47조의3 제4항).

7. 공급받는 자의 공제세액의 사후관리

(1) 공급자가 대손세액을 회수한 경우

대손세액공제를 받은 후 회수한 경우에는 회수일이 속하는 과세기간의 매출세액에 더한다.

(2) 대손금액을 변제한 공급받은 자의 경우

대손세액에 해당하는 매입세액을 뺀(신고 또는 결정·경정으로 매입세액을 뺀 경우 모두 포함) 해당 사업자가 대손금액의 전부 또는 일부를 변제한 경우에는 변제한 대손금액에 관련된 매입세액을 변제한 날이 속하는 과세기간의 매입세액에 더하여 공제받을 수 있다(부가법 제45조 2제4항). 이 경우 변제한 대손금액 관련 매입세액을 공제받는 자는 부가가치세 확정신고서에 대손세액공제(변제)신고서와 변제사실을 증명하는 서류를 첨부하여 제출하여야 한다(부가령 제87조 제4항).

(3) 공급받은 사업자의 경우

1) 대손세액

재화 또는 용역을 공급받은 사업자가 대손세액의 전부 또는 일부를 매입세액으로 공제받은 경우로서 공급자의 대손이 그 공급을 받은 사업자가 폐업 전에 확정되는 경우에는 관련 대손세액에 해당하는 금액을 대손이 확정된 날이 속하는 과세기간의 매입세액에서 뺀다. 다만, 그 사업자가 대손세액을 빼지 아니한 경우에는 공급을 받은 자의 관할세무서장이 결정 또는 경정하여야 한다(부가법 제45조 제3항).

→ 사업자 신고누락시 과세관청이 결정하며 가산세를 적용하지 않는다.

2) 대손변제세액

변제일이 속하는 과세기간의 매입세액에 더한다.

---

* 참고: 대손확정일

1. 공급일이 2015년 3월 8일인 경우
   2025년 1기 확정신고기한인 2025년 7월 25일까지 대손요건이 확정되어야 한다.

2. 부도일(어음수령의 경우)이 2024년 7월 1일인 경우
   2025년 1월 1일이 부도발생일로부터 6월이 지난 날이므로 2025년 제1기 확정신고시 대손세액 공제를 받을 수 있다.

>> 대손 확정 및 변제와 관련한 공급자, 공급받는 자 세무처리

구분	대손이 확정된 경우	대손금을 회수·변제한 경우
공급자	대손이 확정된 날이 속하는 과세기간의 매출세액에서 대손세액을 뺀다.	회수한 날이 속하는 과세기간의 매출세액에 회수한 대손세액을 더한다.
	대손세액공제	대손세액가산
공급받는 자	매입세액공제를 받고 동 대손이 폐업전에 확정되는 경우에는 그 확정된 날이 속하는 과세기간의 매입세액에서 대손세액을 뺀다.	대손세액을 매입세액에서 뺀 후 대손금을 변제한 경우에는 변제일이 속하는 과세기간의 매입세액에 변제한 대손세액을 더한다.
	대손처분받은 세액(신고서상 52번)	변제대손세액(신고서상 47번)

8. 제출서류

대손세액을 공제받고자 하는 사업자는 부가가치세 확정 신고와 함께 대손세액공제(변제)신고서와 대손금액이 발생한 사실을 증명하는 서류를 관할 세무서장에게 제출하는 경우에만 적용한다(부가령 제87조 제4항).

① 파산: 매출(입)세금계산서, 채권배분계산서
② 강제집행: 매출(입)세금계산서, 채권배분계산서 또는 강제집행불능조서, 배당표
③ 사망·실종: 매출(입)세금계산서, 가정법원판결문, 채권배분계산서
④ 회생계획인가 또는 면책결정: 매출(입)세금계산서, 법원의 회생계획인가안 또는 면책결정문
⑤ 부도발생일로부터 6월이 경과한 어음: 매출(입)세금계산서, 부도어음(원본제시)
  ☞ 전자어음의 경우 지급거절 전자문서 (전자어음의 발행 및 유통에 관한 법률 제12조 제1항)
    - www.u-note.kr 사이트에서 부도어음확인서 출력 가능
⑥ 상법상의 소멸시효: 매출(입)세금계산서 및 인적사항, 거래품목, 거래금액, 거래대금의 청구내역 등 채무자별 거래사실을 확인할 수 있는 서류
⑦ 기타: 매출(입)세금계산서 및 기타 채권이 회수불능임을 입증할 수 있는 서류
  ☞ 상기 대손 사실을 증명하는 서류는 부가가치세 과세표준 신고 또는 과세표준 수정신고를 전자신고시 제출기한이 10일 연장됨(국세청 고시 제2018-32호, 2018.08.24.).

 관련 해석사례 및 집행기준

거래처로부터 양수받은 외상매출금 채권의 대손세액 공제 가능 여부

사업자가 재화를 공급하고 그 대가를 거래처A로부터 거래처A가 거래처B에게 매출하여 발생된 외상매출금 채권으로 지급받은 후 거래처A와의 채권·채무관계를 종결하고, 거래처B가 파산 등으로 인해 해당 채권금액을 회수할 수 없는 경우 그 채권금액에 대하여는 「부가가치세법」 제45조 제1항에 따른 대손세액공제를 받을 수 없는 것임(사전법규부가 2022-1051, 2022.11.08.).

사업을 포괄적으로 승계하지 아니한 양수인이 승계한 매출채권에 대한 대손세액공제 가능 여부

사업의 연속성을 인정하여 재화의 공급으로 보지 아니하는 포괄적 사업양도에 해당하지 아니한 경우에는 양수인이 승계받은 매출채권에 대손사유가 발생하더라도 대손세액공제를 받을 수 없는 것임(법규부가 2014-235, 2014.06.30.).

부도처리된 전자어음과 함께 발행된 전자채권

중소기업인 사업자가 동일거래처로부터 재화와 용역의 공급에 대한 대가로 전자어음과 전자채권을 수령한 후, 예금부족 등을 사유로 전자어음은 부도처리되고, 전자채권에 대해서도 부도를 사유로 미결제된 경우, 전자채권의 발행자가 발행한 어음의 부도 발생을 전제로 당해 전자채권금액이 외상매출금에 해당하는 때에는 「법인세법 시행령」 제19조의2 제1항 제9호에 따른 대손금에 해당하므로 「부가가치세법 시행령」 제63조의2 제1항에 따른 대손세액공제가 적용되는 것임(부가-27, 2013.01.10.).

매출채권을 일부 대가만 받고 양도한 경우 미회수액(법규부가 2011-68, 2011.03.15.)

매출채권을 일부 대가(30%)만 받고 양도한 경우 미회수한 가액(70%)에 대하여는 대손세액 공제할 수 없음(법규부가 2011-68, 2011.03.15.).

부도발생한 유치권 설정 채권의 대손세액 공제 가능 여부

부도발생일로부터 6개월 이상 지난 어음의 경우에는 그 어음상의 채권자가 해당 공급받는 자의 재산에 유치권을 행사하는지 여부와 관계없이 대손세액공제를 받을 수 있는 것임(부가가치세과-41, 2011.01.13.).

매출누락분을 대손 확정 후 수정신고하는 경우

사업자가 확정신고 시 매출을 누락하여 수정신고 하였으나, 수정신고 이전에 부도로 대손이 확정된 경우, 대손이 확정된 날의 과세기간에 대한 경정청구로 대손세액을 공제받을 수 없는 것이며, 다만, 수정신고일 이후 도래하는 상법상의 소멸시효가 완성되는 날이 속하는 과세기간에 대손세액 공제를 받을 수 있는 것임(부가가치세과-1494, 2009.10.15.).

대손금으로 계상되지 않은 매출채권의 대손세액 공제가능 여부

- 「법인세법 시행령」 제19조의2 제1항의 규정에 따라 대손금으로 인정되는 사유에 해당되는 경우 「부가가치세법 시행령」 제63조의2 제2항이 정한 기한까지 「상법」에 의한 소멸시효 완성일이 속하는 과세기간의 종료일 이내에 그 대손이 확정되는 날이 속하는 과세기간의 매출세액에서 공제할 수 있는 것임.
- 「법인세법 시행령」 제19조의2 제1항의 규정에 따라 대손금으로 인정되는 사유에 해당되는 경우라면 법인세 결산 또는 신고조정시 대손금으로 계상되지 않은 매출채권도 대손세액공제가 가능함(서면3팀-431, 2007.02.06.).
  - ☞ 저자주: 「법인세법」상 대손금은 장부상 계상여부에 따른 결산조정사항 및 신고조정사항으로 구분되지만 「부가가치세법」상 장부상 계상여부에 관계없이 사유가 확정된 시점의 확정신고기한에 대손세액공제를 적용해야 한다.

여러 건의 매출 채권 중 일부를 변제받은 경우

대손세액 공제를 함에 있어 여러 건의 매출채권 중 일부를 변제받은 경우 그 변제받은 금액이 특정채권에 대한 대가임이 확인되는 때에는 당해 채권금액의 회수로 보는 것이나 특정채권에 대한 대가임이 확인되지 아니하는 경우에는 매출채권을 발생순서대로 회수한 것으로 보는 것임(서면3팀-2382, 2004.11.25.).

폐지한 사업장의 매출채권이 대손된 경우 대손세액공제 가능여부

수 개의 사업장을 보유하고 있는 사업자가 그 중 하나의 사업장을 폐지하고 관련 사업을 다른 사업장에서 인계받은 경우 폐지한 사업장의 매출채권 관련 대손세액은 「부가가치세법」 제17조의2 제1항의 규정에 의하여 관련 사업을 인계받은 다른 사업장의 매출세액에서 차감할 수 있음(재소비-248, 2004.03.05.).

실무사례 대손사유

[사실관계]

㈜한결은 제조업을 영위하는 회사로서 B사에 제품을 2022.05.25.에 2억원(부가세 별도)에 외상으로 공급하고 세금계산서를 발급하였다.

- 상황1 – 2025.07.25. 확정신고시 전액 회수를 못한 경우 대손세액공제 적용시기는?
- 상황2 – 2023.08.12. 2천만원을 회수한 이후 회수하지 못한 경우 대손세액공제 적용시기는?
- 상황3 – 회수하지 못하여 B사 소유 부동산에 압류한 경우 대손세액공제 적용시기는?

해답

1. 외상거래 후 전액 회수를 하지 못한 경우에는 소멸시효가 완성된 과세기간(2025.07.25.)에 대손세액공제를 적용할 수 있으나 채권을 회수하기 위한 노력의 입증이 필요하다. 매출채권의 소멸시효는 「상법」상 5년, 「민법」상 사업자가 판매한 제품 또는 상품의 채권은 3년이다.
2. 채권의 일부를 회수한 경우에는 「민법」상 승인에 해당하고 소멸시효 중단사유에 해당하므로, 2023.08.12.부터 3년이 경과하는 2026.08.12.에 소멸시효가 완성된다.
3. 부동산의 압류는 소멸시효 중단사유에 해당하므로 소멸시효가 다시 기산되어 3년이 경과해야 한다.

실무사례 출자전환에 따른 대손세액공제 및 대손금

[사실관계]

전자부품을 제조·판매하는 A사는 B사에 제품을 22억원(부가세 포함)에 외상으로 공급하였다. 그러나 B사는 경영난으로 인해 법원에 회생절차를 신청했고, 법원은 20x5년 3월 1일 회생계획 인가 결정은 채무를 출자로 전환하는 내용으로 A사는 시가 3.3억원(부가세 포함)인 비상장주식을 수령하였다. 이 경우 대손세액공제 및 대손금 회계처리는? (단, 매도가능증권으로 처리한다)

해답

(1) 대손세액공제
 (2,200,000,000 - 330,000,000) × 10/110 = 170,000,000
(2) 회계처리
 (차) 매도가능증권　　2,030,000,000　　(대) 외상매출금　　2,200,000,000
 　　부가세예수금　　　170,000,000

실무사례 — 대손세액공제신고서 작성

[사실관계]

다음 자료를 토대로 20x5년 1기 부가가치세 확정신고시 대손세액공제신고서 및 부가가치세신고서를 작성하시오. 20x5년 1기 확정신고시 대손세액공제 대상인지의 여부를 판단하여 신고서에 반영하시오.

〈자료〉

1. 20x4년 10월 9일 강남상사(대표성명: 하영호, 사업자등록번호: 110-72-35528)에 제품 10,000,000원(부가가치세 별도)을 외상매출하고 동사 발행 어음을 수령하였다. 동 어음이 20x5년 1월 30일 부도발생하였다.
2. 20x3년 6월 10일 이천상사(대표성명: 한주일, 사업자등록번호: 135-56-12345)에 공장에서 사용하던 기계장치를 5,000,000원(부가가치세 별도)에 외상으로 매각하였다. 이천상사는 20x5년 3월 20일 현재 대표자가 실종되어 기계장치 판매대금을 회수할 수 없음이 객관적으로 입증되었다. 기계장치에는 저당권 등이 설정되어 있지 아니하다.
3. 20x2년 2월 10일 부천상사(대표성명: 이수만, 사업자등록번호: 130-13-15168)에 제품 1,000,000원(부가가치세 별도)을 외상으로 판매하였다. 외상매출금의 소멸시효는 20x5년 2월 10일 완성되었으며, 무재산이 입증되었다.

해답

1. 대손세액공제신고서

대손세액 계산신고 내용

대손확정 연월일	대손금액	공제율 (10/110)	대손세액	공급받는 자 상호	성명	등록번호	대손사유
20x5.03.20	5,500,000	10/110	500,000	이천상사	한주일	135-56-12345	사망, 실종
20x5.02.10	1,100,000	10/110	100,000	부천상사	이수만	130-13-15168	채권시효소멸

2. 2기 확정 부가가치세 신고서

과세표준 및 매출세액	과세	세금계산서 발급분	(1)		$\frac{10}{100}$	
		매입자발행세금계산서	(2)		$\frac{10}{100}$	
		신용카드·현금영수증 발행분	(3)		$\frac{10}{100}$	
		기타(정규영수증 외 매출분)	(4)			
	영세율	세금계산서 발급분	(5)		$\frac{0}{100}$	
		기 타	(6)		$\frac{0}{100}$	
	예 정 신 고 누 락 분		(7)			
	대 손 세 액 가 감		(8)			-600,000
	합 계		(9)		㉑	

■ 부가가치세법 시행규칙 [별지 제19호서식(1)](2022.03.18 개정)　　　홈택스(www.hometax.go.kr)에서도 신청할 수 있습니다.

대손세액 공제(변제)신고서(갑)

| 접수번호 | 접수일 | 처리기간 | 즉시 |

1. 신고인 인적사항

① 상호(법인명)	② 사업자등록번호
③ 성명	④ 사업장 소재지

2. 대손세액 계산신고 내용

⑤ 당초 공급 연월일	⑥ 대손확정 연월일	⑦ 대손 금액	⑧ 공제율 (10/110)	⑨ 대손 세액	공급받는 자			⑬ 대손 사유
					⑩ 상호	⑪ 성명	⑫ 사업자등록번호	

3. 변제세액 계산신고 내용

⑭ 당초 대손 확정연월일	⑮ 변제 연월일	⑯ 변제 금액	⑰ 공제율 (10/110)	⑱ 변제 세액	공급자			㉒ 변제 사유
					⑲ 상호	⑳ 성명	㉑ 사업자등록번호	

「부가가치세법 시행령」 제87조제4항에 따라 대손세액을 공제받기(매입세액에 가산하기) 위하여 신고합니다.

년　월　일

신고인　　　　　　(서명 또는 인)

세무서장 귀하

| 첨부서류 | 1. 대손확정사실을 증명하는 서류 및 관련 세금계산서
2. 변제사실을 증명하는 서류 | 수수료
없음 |

작성방법

⑤ – ⑬: 재화 또는 용역을 공급한 사업자가 「부가가치세법」 제45조제1항에 따라 대손세액을 공제받으려는 경우에 작성하며, ⑤에는 대손(회수불가능) 채권과 관련된 재화 또는 용역의 당초 공급연월일을 적습니다.

⑭ – ㉒: 재화 또는 용역을 공급받은 사업자가 당초 대손이 확정된 날이 속하는 과세기간에 대손세액을 매입세액에서 차감 후 대손금액의 전부 또는 일부를 변제한 경우 「부가가치세법」 제45조제4항에 따라 변제 관련 대손세액을 매입세액에 가산하려는 경우에 작성하며, ⑭에는 당초 대손확정연월일을 적습니다.

※ 대손(변제)세액 계산신고 내용이 많은 경우에는 별지 제19호서식(2) 또는 별지 제19호서식(3)에 이어서 작성합니다.

210mm×297mm[백상지 80g/㎡(재활용품)]

CHAPTER 06

거래징수와 세금계산서

01 _ 거래징수
02 _ 세금계산서
03 _ 영수증
04 _ 매입자발행세금계산서
05 _ 현금영수증

01 거래징수

1. 의의

　소비세인 부가가치세의 납세자는 재화나 용역을 공급받는 자('거래상대방')이나 납세의무자는 해당 재화나 용역을 공급하는 자('사업자')이다. 사업자가 납부할 부가가치세액은 매출세액에서 매입세액을 공제한 금액이므로 사업자 측에서는 매입시에 세금계산서를 발급 받아 이를 증명서류로 자신이 부담하는 매입세액을 공제받고, 매출시에는 거래와 동시에 세금계산서를 발급하고 거래상대방으로부터 부가가치세를 거래 징수하는 것을 본질로 하는 조세이다(헌재98헌바18, 2000.03.30.).

　여기서 "거래징수"란 사업자가 재화 또는 용역을 공급하는 경우에 공급받는 자로부터 해당 재화 또는 용역에 대한 과세표준에 세율을 적용하여 부가가치세를 징수하는 것을 말하는데(부가법 제15조), 이는 부가가치세 상당액을 공급받는 자에게 전가시켜 궁극적으로 최종소비자에게 부담시키겠다는 취지이다.

2. 거래징수의무자

　과세대상이 되는 재화 또는 용역을 공급하는 사업자는 납세의무자로서 거래징수 의무가 있다. 그러나 면세사업자는 「부가가치세법」상 납세의무가 없으므로 거래징수의무 또한 발생하지 않는다. 간이과세자의 경우는 거래징수 규정이 적용되지 않지만, 공급대가에 부가가치세액이 실질적으로 포함되어 있어 거래징수한 것으로 볼 수도 있다.

3. 거래상대방

　국내에서 과세 대상이 되는 재화 또는 용역을 공급받는 자는 누구든지 거래징수의 대상이 된다. 따라서 부가가치세 납세의무가 있는 사업자는 거래 상대방이 일반과세자, 간이과세자, 면세사업자, 국가 및 지방자치단체, 최종소비자인지에 관계없이 거래징수를 해야 한다.

4. 거래징수시기

　재화 또는 용역을 공급하는 경우, 즉 공급시기에 거래징수의무가 있다. 따라서 사업자가 재화 또는 용역을 공급하는 시기에 사실상 부가가치세를 징수하였는지 여부에 불

구하고 공급시기에 속하는 예정신고기간 또는 확정신고기간의 매출세액으로 계상하여야 한다.

 관련 해석사례 및 집행기준

- 부가가치세 거래징수 여부

  사업자가 부가가치세가 과세되는 재화 또는 용역을 공급하는 때에는 「부가가치세법」 제15조의 규정에 의하여 부가가치세를 그 공급을 받는 자로부터 징수하여야 하는 것이며, 이 경우 부가가치세 부담여부에 대하여는 당사자 간에 해결할 사항임(서면3팀-54, 2005.01.13.).

- 부가가치세를 거래징수 못한 경우 부가가치세 납부 의무 여부

  사업자가 재화 또는 용역을 공급하는 때에는 「부가가치세법」 제13조의 규정에 의한 과세표준에 동법 제14조의 규정에 의한 세율을 적용하여 계산한 부가가치세를 그 공급받는 자로부터 징수하여야 하는 것이며, 이때 징수하지 아니하였다하여 부가가치세를 납부할 의무가 소멸되지 않는 것임(부가 46015-1962, 1996.09.19.).

 ## 세금계산서

1. 의의

세금계산서(T/I: Tax Invoice)란 사업자가 재화 또는 용역을 공급하는 경우 부가가치세를 거래징수하고 이를 입증하기 위하여 공급받는 자에게 발급하는 증명서류를 말한다. 이것으로 공급받는 자에게 부가가치세를 전가시키고, 공급받는 자는 거래징수당한 부가세를 매입세액으로 공제받을 수 있다.

따라서 세금계산서는 부가가치세의 전가를 위한 법적 장치인 동시에 매입세액공제의 필수적 자료로서 반드시 필요하다.

전자세금계산서						승인번호	20x50805-41000042-16514690		
공급자	등록번호	111-811119	종사업장 번호		공급받는자	등록번호	101-03-93144	종사업장 번호	
	상호	(주)상공유통	성 명 (대표자)	김상공		상호	한신마트	성 명 (대표자)	김한신
	사업장 주소	서울 영등포구 문래동 1가 25				사업장 주소	서울 마포구 도화동 600		
	업태	제조	종목	유제품		업태	소매	종목	슈퍼마켓
	이메일	123@nate.com				이메일	hansin@empas.com		
작성일자	공급가액		세액		수정사유				
20x5/08/05	2,125,000		212,500						
비고									
월	일	품 목		규격	수량	단가	공급가액	세액	비고
8	5	바나나우유			2,500	850	2,125,000	212,500	
합계금액		현 금		수 표		어 음	외상미수금	이 금액을 (청구)함	
2,337,500							2,337,500		

2. 세금계산서의 기능

(1) 거래입증 기능

거래시에 주고받는 세금계산서는 거래사실을 입증해주는 근거서류가 된다.

(2) 매입세액공제 기능

거래단계별로 부가가치세를 공급받는 자에게 전가하도록 하는 전단계세액공제법을 채택하고 있으므로 매입처별 세금계산서합계표를 작성하여 매입세액공제를 받는다.

(3) 거래의 상호대사 기능

사업자는 세금계산서를 발급하였거나 발급받은 때에는 매출·매입처별 세금계산서합계표를 부가가치세 신고 시에 제출하여야 하고 부가가치세 신고의무가 없는 국가·지방자치단체, 동 조합, 부가령 제99조에 규정하는 자[47]도 발급받은 세금계산서가 있는 경우 매입처별 세금계산서합계표를 사업자의 경우와 같이 관할세무관서에 제출하도록 규정하고 있다(부가법 제54조 제5항⑤; 부가령 제99조).

---

[47] 1. 부가가치세가 면제되는 사업자 중 소득세 또는 법인세의 납세의무가 있는 자(「조세특례제한법」에 따라 소득세 또는 법인세가 면제되는 자를 포함한다)
2. 「민법」 제32조에 따라 설립된 법인
3. 특별법에 따라 설립된 법인
4. 각급학교 기성회, 후원회 또는 이와 유사한 단체
5. 「법인세법」 제94조의2에 따른 외국법인연락사무소

과세관청은 공급받은 자가 제출한 매입처별 세금계산서합계표와 공급자가 제출한 매출처별 세금계산서합계표를 상호대사(cross-check)함으로써 매출누락 여부를 파악한다.

(4) 기타 기능

세금계산서는 재화·용역공급시 같이 송부함으로써 송장의 역할, 현금거래에 있어서 영수증의 역할, 외상거래에 있어서 청구서의 역할을 한다. 그러나 계약서의 기능은 가지고 있지 않다.

3. 세금계산서 기재사항

세금계산서를 작성하여 발급할 때에는 다음과 같은 필요적 기재사항과 임의적 기재사항을 기재하여야 한다(부가법 제32조 제1항).

(1) 필요적 기재사항

다음에 해당하는 사항 중 그 전부 또는 일부가 적히지 않았거나 그 내용이 사실과 다른 경우 세금계산서로서의 효력이 인정되지 않는다. 따라서 필요적 기재사항의 전부 또는 일부가 누락되어 있거나 허위로 기재된 경우에는 공급자에게는 세금계산서불성실가산세(공급가액의 1%)가 적용되고, 공급받는 자에게는 매입세액이 공제되지 아니한다.

> ① 공급하는 사업자의 등록번호와 성명, 명칭
> ② 공급받는 자의 등록번호(공급받는 자가 비사업자 또는 등록한 사업자가 아닌 경우: 고유번호 또는 공급받는 자의 주민번호)
> ③ 공급가액, 부가가치세액
> ④ 작성연월일
>   ☞ 세금계산서의 작성은 세법상 공급시기, 거래시기에 작성하는 것이므로 공급시기와 작성시기가 다른 경우에는 가산세와 매입세액불공제 등 불이익이 있다. 실제 작성시기와 관계없이 공급시기, 거래시기를 기준으로 작성일을 기재하여야 한다.

"공급받는 자의 등록번호"의 의미는 재화나 용역을 공급받는 자가 부가가치세 면세사업자에 해당하여 「부가가치세법」상 사업자등록에 의한 등록번호를 부여받지 않은 경우 「소득세법」 또는 「법인세법」상 사업자등록에 의하여 부여받은 등록번호가 있다 하더라도 이를 기재하지 아니하고 「부가가치세법」상의 고유번호 또는 공급받는 자의 주소·성명 및 주민등록번호를 기재하였다면 세금계산서 중 '공급받는 자의 등록번호'에 관한 사항의 전부 또는 일부가 기재되지 아니하거나 사실과 다른 때에 해당한다고 볼 수 없으므로 세금계산서 부실기재로 인한 가산세의 부과대상이 될 수 없다(대법원 2003두

9718, 2006.09.08.).

(2) 임의적 기재사항

임의적 기재사항은 세금계산서의 효력에 아무런 영향을 미치지 않는 사항들이다.

> ① 공급하는 자의 주소
> ② 공급받는 자의 상호·성명·주소
> ③ 공급하는 자와 공급받는 자의 업태와 종목, 공급품목, 단가와 수량
> ④ 공급연월일
> ⑤ 거래의 종류
> ⑥ 사업자단위과세사업자의 경우 실제로 재화 또는 용역을 공급하거나 공급받는 종된 사업장의 소재지 및 상호

(3) 세금계산서 기재시 유의사항

① 세금계산서 발급시 공급가액 및 세액은 원단위까지 기재한다.
   ☞ 1원 미만의 단수는 당사자간의 합의에 의하여 반올림 또는 절사 방법으로 처리하고, 국고금의 수입 또는 지출에서 10원 미만이 끝수가 있을 때에는 그 끝수는 계산하지 아니한다.
② 공급받는 자가 사업자가 아닌 경우에는 등록번호에 갈음하여 부여받은 고유번호 또는 공급받는 자의 주소·성명 및 주민등록번호를 기재하여 발급한다(부가-1376, 2016.02.15.).
③ 사업자가 재화 또는 용역을 공급하고 그 대가를 제3자에게 지급하도록 하는 경우에도 세금계산서는 공급하는 사업자가 공급받는 자에게 발급한다(부가-490, 2011.05.12.).
④ 비고란에 위탁, 수탁판매의 경우 수탁자 또는 대리인의 등록번호를 기재하고 일반소비자 또는 미등록사업자와 거래시는 주민등록번호를 기재하며 월합계세금계산서의 경우 '합계', 전력 등의 공급받는 명의자가 실지소비자에게 공급시는 '전력' 또는 '공통매입' 등을 기재하고 기타 필요한 사항을 기재한다.
⑤ 사업자등록증에 기재된 업태·종목 중 해당 거래 품목에 해당하는 업태·종목을 기재하며 2가지 이상의 업태·종목을 거래하는 경우 공급가액이 큰 업태·종목을 기재하되 ~외라고 기재한다.

(4) 분실된 세금계산서의 처리방법(부가집 32-67-2)

① 공급자 보관용 세금계산서를 분실한 경우에는 기장 및 모든 증빙에 의하여 공급자 보관용 세금계산서를 사본으로 작성하여 보관하여야 한다.
② 공급받는 자 보관용 세금계산서를 분실한 경우에는 공급자가 확인한 사본을 발급받아 보관하여야 한다(부가집 32-67-2).

(5) 휴·폐업에 따른 세금계산서의 처리방법

사업자가 사업을 폐지하면서 재고재화로서 과세된 잔존하는 재화를 실제로 처분하는 때에는 세금계산서를 발급할 수 없고 일반영수증을 발급하여야 한다. 다만, 휴업하는 사업자의 경우에는 전력비·난방비·사용하지 아니하는 재산 처분 등 사업장 유지관리 등에 따른 세금계산서는 발급받거나 발급할 수 있다(부가집 32-67-5).

관련 해석사례 및 집행기준

세금계산서의 부가가치세액 기재방법, 실제청구금액 결정

세금계산서의 부가가치세액은 공급가액의 10%를 기재하는 것이며, 단수조정에 따른 실제 청구금액의 결정은 거래당사자간 약정이나 합의에 따라 결정할 사항임(부가-381, 2011.04.12.).

부가가치세 신고 시 원 미만의 단수처리 방법
- 예정 또는 확정신고 시: 과세표준 계산 및 매출세액 계산 시 원미만 단수는 국고금단수법(현행 국고금관리법)에 의하여 계산하지 아니함.
- 거래징수시:
  ① 관납의 경우 국고금관리법에 의하여 10원 미만의 단수는 계산하지 아니함.
  ② 기타의 경우 원 미만의 단수는 사사오입하도록 권장함.
- 거래징수세액과 매출세액과의 차액이 발생하는 경우 손비 또는 익금 처리함(간세 1235-4254, 1977.11.22.).

4. 세금계산서의 발급의무자와 발급시기

(1) 발급의무자

사업자가 부가가치세 과세대상이 되는 재화·용역을 공급하는 때에 세금계산서를 발급하여야 한다(부가법 제32조 제1항). 이러한 세금계산서의 발급의무자는 납세의무자로 등록한 사업자이다. 비록 납세의무자라 하더라도 사업자등록을 하지 않으면 세금계산서를 발급할 수 없으며, 면세사업자와 간이과세사업자(직전연도 공급대가 4,800만원 미만, 신규사업 개시자)는 세금계산서를 발급할 수 없다. 다만, 공동매입·위탁판매 등 예외적인 경우에는 간이과세자, 면세사업자, 고유번호를 부여받은 자도 거래상대방의 매입세액공제를 위하여 자기가 발급받은 세금계산서의 공급가액 범위 안에서 세금계산서를 발급할 수 있다.

(2) 발급시기

세금계산서는 재화의 공급시기와 용역의 공급시기에 재화 또는 용역을 공급받는 자에게 발급하는 것이 원칙이다(부가법 제34조 제1항).

관련 해석사례 및 집행기준

공동사업자 구성원 중 일부에게 임대하는 경우 세금계산서 발급여부
부동산임대업을 공동으로 영위하는 사업자가 공동사업자 구성원 중 일부에게 해당 부동산을 임대하는 경우에 그 임대용역에 대하여 세금계산서를 발급하는 것임(사전법령해석부가 2015-0132, 2015.05.27.).

사업에 사용하지 않은 차량을 매각하는 경우
부동산임대업을 영위하는 개인사업자가 당해 임대사업에 사용된 적이 없는 개인 명의의 차량을 처분하는 경우, 이는 부가가치세 납세의무가 없으므로 세금계산서를 발급할 수 없는 것임(부가-671, 2013.07.24.).

공동사업자 세금계산서 발급 방법
공동사업자의 경우 세금계산서 수수는 사업자등록증상에 기재된 대표자 명의로 세금계산서를 교부하거나 교부받아야 함(부가-1158, 2011.09.27.).

공동명의 차량구입시 세금계산서 발급방법
사업자와 비사업자가 실제 공동으로 차량을 취득한 경우에는 세금계산서를 공동명의로 교부받을 수 있는 것임(부가-845, 2011.07.27.).

복지포인트 결제시 세금계산서 발급
인터넷 쇼핑몰을 운영하는 사업자(갑)가 다른 사업자(을)와 임직원 전용 쇼핑몰 운영계약을 체결한 후, (갑)이 (을)의 임직원에게 재화를 공급하고 복지포인트에 해당하는 대금을 (을)의 신용카드(법인카드)로 지급받은 경우, (갑)은 (을)의 임직원에게 세금계산서 또는 영수증을 교부하여야 하는 것임(부가가치세과-1493, 2009.10.15.).

폐업일 이후 세금계산서 발급 여부
공급시기에 세금계산서를 발급하는 것으로 폐업일 이후에는 세금계산서를 발급할 수 없는 것임(서면3팀-2899, 2007.10.25.).

과세기간이 지난 후 소급하여 세금계산서를 발급할 수 있는지 여부
사업자가 부가가치세가 과세되는 재화 및 용역을 공급하는 때에는 공급시기에 세금계산서를 공급받는 자에게 발급하여야 하는 것으로, 과세기간이 지난 후에 소급하여 세금계산서를 발급할 수 없는 것임(서면3팀-2202, 2007.08.03.).

사업자가 용역 공급 대가를 받지 못한 경우 세금계산서 발급 여부
사업자가 부가가치세법 제1조의 규정에 의한 재화 또는 용역을 공급하는 경우 그 대가의 수수 여부에 불구하고 공급받는 자에게 세금계산서를 교부하고 관할세무서장에게 부가가치세 과세표준과 납부세액을 신고하여야 하는 것임(서면3팀-1127, 2007.04.13.).

수출용 원자재 등에 대한 세금계산서 발급(부가집 32-67-3)
① 내국신용장에 의하여 수출용 원자재 등을 공급하는 사업자는 공급받는 사업자가 재화를 인수하는 때에 해당 일자의 「외국환거래법」에 따른 기준환율 또는 재정환율에 의하여 계산한 금액을 공급가액으로 하여 세금계산서를 발급한다.
② 수출품생산업자로부터 원신용장을 양도받아 대행수출하는 수출업자가 수출품생산업자의 수출용 재화에 필요한 원자재 구입을 위하여 내국신용장을 개설하고 수출품생산업자가 원자재생산업자로부터 직접 원자재를 공급받는 경우에는 원자재생산업자는 수출품 생산업자를 공급받는 자로 하여 세금계산서를 발급하여야 한다.

관세환급금에 대한 세금계산서 발급(부가집 32-67-4)
① 사업자가 수입원재료를 사용하여 제조 또는 가공한 재화를 내국신용장에 의하여 수출업자에게 공급하고 수출업자로부터 해당 수입원재료에 대한 관세환급금을 받는 경우 해당 관세환급금은 대가의 일부로서 영세율 과세표준에 산입되므로 세금계산서를 발급하여야 한다.
② 내국신용장에 의한 재화의 공급 시 공급대가에 포함된 관세환급금 상당액이 나중에 수출업자가 세관장으로부터 환급받은 관세환급금과 같지 아니하여 그 차액을 정산하는 경우에는 해당 금액이 확정되는 때에 수정세금계산서를 발급한다.

대행수출에 따른 세금계산서 발급
수출품생산업자가 수출업자와 수출대행계약을 체결하여 재화를 수출하는 때(수출대행계약과 함께 수출용 완제품 내국신용장을 개설받은 경우를 포함한다)에는 세금계산서의 발급의무가 면제된다. 다만, 수출업자는 수출대행용역의 대가에 대하여 세금계산서를 발급하여야 한다(부가집 33-71-2).

- **지입차량에 대한 세금계산서 발급**

지입회사가 지입차주의 위탁을 받아 지입차량을 매입하는 경우에 지입회사는 법 제10조 제7항 단서에 따라 차량공급자로부터 자기의 명의로 세금계산서를 발급받고 자기의 명의로 지입차주에게 세금계산서를 발급하여야 한다(부가통 32-69…1).

- **보험사고 자동차 수리비의 세금계산서 발급**

보험사고자동차에 대한 수리용역을 제공하는 사업자는 해당 용역대가의 지급자 또는 해당 차량의 소유자 여부에 관계없이 실제 자기책임하에 자동차수리용역을 제공받는 자에게 세금계산서를 발급한다(부가통 32-69…2).

- **하치장에서 인도되는 재화의 세금계산서 발급**

사업자가 하치장으로 반출한 재화를 해당 하치장에서 거래상대자에게 인도하는 경우에 세금계산서는 그 재화를 하치장으로 반출한 사업장을 공급하는 자로 하여 발급하여야 한다(부가통 32-69…3).

(3) 발급시기 특례 – 선발급

1) 공급시기 되기 전에 대가를 받고 세금계산서를 발급한 경우

사업자가 재화 또는 용역의 공급시기가 되기 전에 재화 또는 용역에 대한 대가의 전부 또는 일부를 받고, 그 받은 대가에 대하여 세금계산서 또는 영수증을 발급하면 그 세금계산서 등을 발급하는 때를 공급시기로 본다(부가법 제17조 제1항). 이 경우의 세금계산서는 원칙적인 공급시기 전까지 발급할 수 있으며, 대가의 지급시기와 발급시기의 과세기간이 다른 경우에는 세금계산서 발급이 이루어진 때를 공급시기로 본다(재경부 부가-634, 2007.09.03.).

여기서 "받은 대가"에는 현금 외에 수표, 어음, 신용카드, 전자화폐, 현물의 인도(양도) 등이 포함된다.

2) 공급시기 되기 전에 세금계산서를 발급하고 대가를 받는 경우

① 사업자가 재화 또는 용역의 공급시기가 되기 전에 세금계산서를 발급하고 그 세금계산서 발급일부터 7일 이내에 대가를 받으면 해당 세금계산서를 발급한 때를 재화 또는 용역의 공급시기로 본다(부가법 제17조 제2항).

② 대가를 지급하는 사업자가 다음 중 어느 하나에 해당하는 경우에는 재화 또는 용역을 공급하는 사업자가 그 재화 또는 용역의 공급시기가 되기 전에 세금계산서를 발급하고 그 세금계산서 발급일부터 7일이 지난 후 대가를 받더라도 해당 세금계

산서를 발급한 때를 재화 또는 용역의 공급시기로 본다(부가법 제17조 제3항).
- ㉠ 거래 당사자 간의 계약서·약정서 등에 대금 청구시기(세금계산서 발급일을 말한다)와 지급시기를 따로 적고, 대금 청구시기와 지급시기 사이의 기간이 30일 이내인 경우
- ㉡ 세금계산서 발급일이 속하는 과세기간(공급받는 자가 조기환급을 받은 경우에는 세금계산서 발급일부터 30일 이내)에 재화 또는 용역의 공급시기가 도래하는 경우
  예: 발급일 3.31., 공급시기 6.30. → 발급일을 공급시기로 본다.
  ☞ 2023.02.14. 이전에는 동일 과세기간 내에 공급시기 도래 및 대가수령을 해야 한다. 예를 들어 발급일 3.31., 지급일 6.30., 공급시기 6.30. → 발급일을 공급시기로 본다.

3) 대가를 받지 않고 공급시기 되기 전에 세금계산서를 발급하는 경우

사업자가 할부로 재화 또는 용역을 공급하는 경우 등으로서 다음에 해당하는 공급시기가 되기 전에 세금계산서 또는 영수증을 발급하는 경우에는 그 발급한 때를 공급시기로 본다(부가법 제17조 제4항).

① 장기할부판매로 재화를 공급하거나 장기할부조건부로 용역을 공급하는 경우의 공급시기: 장기할부판매의 공급시기는 대가의 각 부분을 받기로 한 때가 원칙이지만 재화를 인도한 때에 세금계산서를 발급한 경우에는 그 발급하는 때를 공급시기로 본다는 의미임(부가 -492, 2013.05.31.).
② 전력 기타 공급단위를 구획할 수 없는 재화를 계속적으로 공급하는 경우
③ 장기할부 또는 통신 등 그 공급단위를 구획할 수 없는 용역을 계속적으로 공급하는 경우
④ 법 제23조에 따른 외국항행용역의 공급으로서 상법에 따라 발행된 선하증권에 따라 거래사실이 확인되는 경우(단, 용역의 공급시기가 선하증권 발행일로부터 90일 이내인 경우로 한정)
  ☞ 선주가 선하증권 발행 시 세금계산서를 선발급하는 업계 관행 고려

 관련 해석사례 및 집행기준

대금청구시기와 지급시기를 충족한 선발행세금계산서 해당여부

사업자가 건설용역을 제공하면서 선급금 지급조건으로 환경인허가를 받고 이행보증보험증권을 제출하면 발주자의 승인을 거친 후 30일 이내에 대가를 지급받기로 약정한 경우로서 선급금 지급조건을 갖추어 대금지급을 청구(전자세금계산서 발행)하고 발주자의 승인을 거쳐 30일

이내에 해당 대가를 지급받은 경우 해당 (전자)세금계산서는 「부가가치세법」 제17조 제3항에 따라 발급한 정당한 세금계산서에 해당하는 것임(서면법령해석부가 2015-2138, 2015.11.26.).

용역대가를 미리 지급한 경우 과세기간을 달리하여 세금계산서를 발급받은 경우 매입세액 공제가능
용역에 대한 대가의 일부를 미리 지급한 후 그 공급시기가 도래하기 전에 세금계산서를 교부받은 경우로서 용역에 대한 일부 대가지급시기와 세금계산서 교부시기가 과세기간이 다르다하여도 세금계산서 교부가 이루어진 시기를 공급시기로 보아 매입세액공제를 할 수 있음(부가가치세제과-634, 2007.09.03.).

(4) 발급시기 특례 – 후발급

다음의 경우로 재화 또는 용역의 공급일이 속하는 날의 다음달 10일(그 날이 공휴일 또는 토요일인 경우에는 바로 다음 영업일을 말한다)까지 세금계산서를 발급할 수 있다(부가법 제34조 제3항).

① 거래처별로 월의 1일부터 말일까지의 공급가액을 합하여 해당 달의 말일을 작성연월일로 하여 세금계산서를 발급하는 경우. 예를 들면 6월 거래분을 6월 30일자로 7월 10일까지 발급하는 경우이다.
　☞ 월을 달리하여 공급된 부분까지 합계하여 월합계세금계산서를 발급할 수 없음(말일이 일요일, 공휴일인 경우에도 말일자로 월합계 발급함)
② 거래처별로 월의 1일부터 말일까지의 기간 이내에서 사업자가 임의로 정한 기간의 공급가액을 합하여 그 기간의 종료일을 작성연월일로 하여 세금계산서를 발급하는 경우. 예를 들면 4월 10일부터 4월 24일까지의 거래분을 2주일 단위로 정산하기로 한 경우 거래분을 합계하여 2주일의 말일(4월 24일)를 작성일자로 발급할 수 있는 경우이다.
③ 관계 증빙서류 등에 따라 실제거래사실이 확인되는 경우로서 해당 거래일을 작성연월일로 하여 세금계산서를 발급하는 경우. 예를 들면 6월 8일 거래하였으나 세금계산서를 발급하지 못한 경우 7월 10일까지 6월 8일을 작성일자로 발급하는 경우이다.
　☞ 이 규정에 의해 일반적으로 세금계산서는 다음달 10일까지 발급이 가능

● **실무사례**  **매입세액공제여부**

[사실관계]

㈜한결은 다음과 같이 세금계산서를 수취하였다. 각 사례별 매입세액공제 여부에 대하여 설명하라.

사례	대가 지급	세금계산서 수취	세법상 공급시기
(1)	20x5.08.30.	20x5.08.30.	20x5.10.25.
(2)	20x5.08.30.	20x5.09.25.	20x5.10.25.
(3)	20x5.10.04.	20x5.10.25.	20x5.10.25.
(4)	20x5.10.15.	20x5.10.10.	20x5.10.25.

해답

(1), (2), (3): 매입세액공제 가능함(대가를 지급하였다면 공급시기 이전에 언제라도 세금계산서 발급이 가능함.)
(4): 매입세액공제 가능함(대가를 7일 이내 지급하였다면 인정됨.)

 관련 해석사례 및 집행기준

품목별 또는 담당자별로 월합계 세금계산서 발급 가능

사업자가 거래처별로 1역월의 공급가액을 합계하여 당해 월의 말일자로 세금계산서를 교부함에 있어 동일 거래처에 품목별 또는 담당자별로 구분하여 2매 이상의 세금계산서를 교부한 경우 사실과 다른 세금계산서에 해당하지 않는 것임(서면3팀-2853, 2007.10.19.).

1역월을 초과하여 월합계 세금계산서를 발급한 경우

사업자가 월합계 세금계산서를 교부함에 있어, 1역월의 범위를 초과하여 합계한 공급가액으로 당해 재화 또는 용역의 공급일이 속하는 과세기간 내에 세금계산서를 교부한 경우, 당해 세금계산서의 공급가액 중 1역월의 범위를 초과하여 월을 달리하여 교부한 공급가액에 대하여는 세금계산서 교부불성실 가산세를 과세하고, 당해 세금계산서의 매입세액은 공급받는 자의 매출세액에서 공제하는 것이나, 매입처별합계표불성실 가산세를 공급받는 자의 납부세액에 가산하거나 환급세액에서 공제하는 것임(제도 46015-12172, 2001.07.16.).

월합계 세금계산서 발급시 반품분 처리

거래처별로 1역월의 공급가액을 합계하여 세금계산서를 교부하는 경우 당해 월 및 이전 공급분에 대한 반품 시 반품 월에 차감하여 교부할 수 있음(부가 46015-988, 1998.05.13.).

5. 전자세금계산서

(1) 의의

전자세금계산서 제도란 사업자가 전자적 방법에 의해 세금계산서를 발급하고, 국세청에 전송하는 것을 말한다(부가법 제32조 제2항).

(2) 전자세금계산서 발급방법

전자세금계산서를 발급하고자 하는 사업자는 다음에 정한 방법에 따라 인증시스템을 거쳐 정보통신망으로 발급하여야 한다(부가법 제32조 제2항, 부가령 제68조 제5항).

① 「조세특례제한법」 제5조의2 제1호에 따른 전사적(全社的)기업자원관리설비를 이용하는 방법
② 재화 또는 용역을 실제 공급하는 사업자를 대신하여 전자세금계산서 발급업무를 대행하는 사업자의 전자세금계산서 발급 시스템을 이용하는 방법

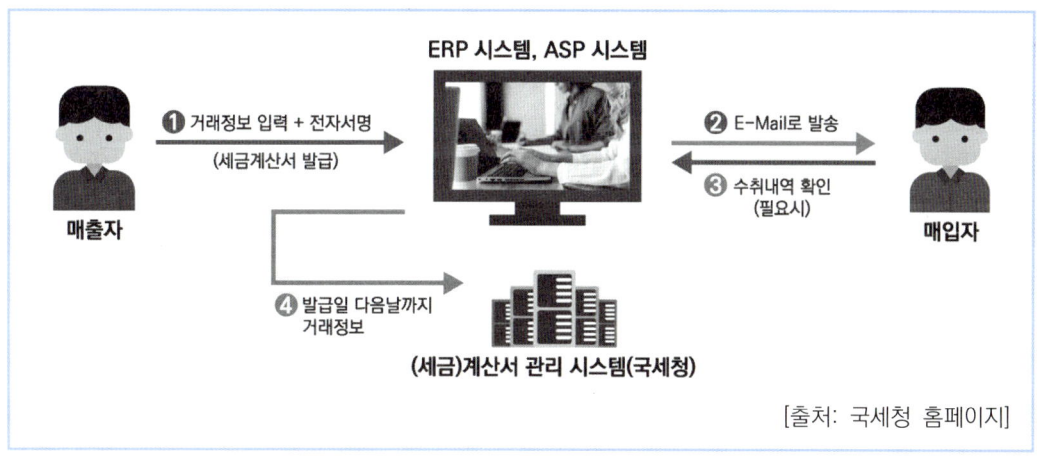

[출처: 국세청 홈페이지]

☞ 자체구축(ERP) 또는 발급대행사업자(ASP) 시스템을 이용하여 공급자가 공급받는 자에게 전자(세금)계산서를 발급한 후 국세청에 전송하는 것으로 주로 규모가 큰 사업자들이 사용

③ 국세청장이 구축한 전자세금계산서 발급 시스템을 이용하는 방법(공동인증서·보안카드·지문 등 생체인증으로 발급)

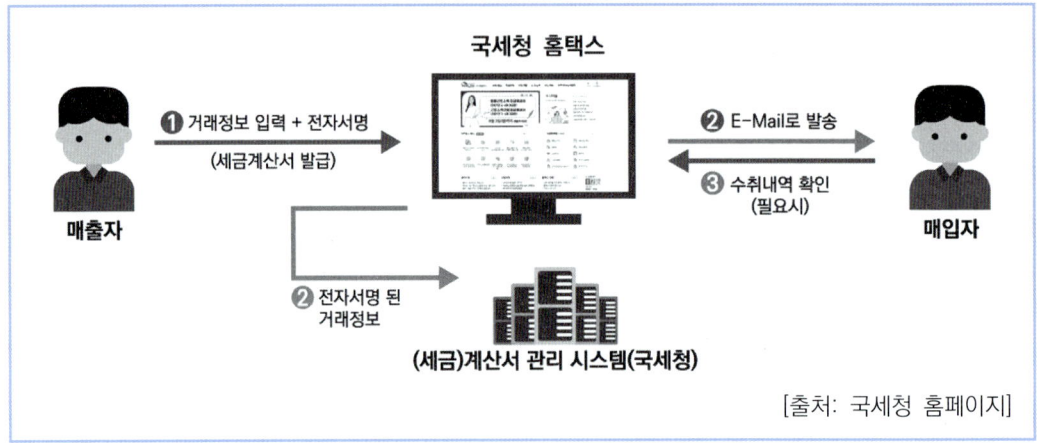

[출처: 국세청 홈페이지]

☞ 발급건수가 적은 사업자들이 주로 이용, 발급과 동시에 국세청에 자동 전송

④ 전자세금계산서 발급이 가능한 현금영수증 발급장치 및 그 밖에 국세청장이 지정하는 전자세금계산서 발급 시스템을 이용하는 방법

위 "①·②·④"에 따른 설비 또는 시스템을 구축·운영하려는 자는 미리 기획재정부령으로 정하는 바에 따라 국세청장 또는 관할 세무서장에게 등록하여야 한다(부가령 제68조 제6항).

(3) 전자세금계산서 의무발급대상자

다음에 해당하는 자는 전자세금계산서를 의무발급해야 한다(부가법 제32조 제2항, 부가령 제68조 제1항).

① 법인사업자의 경우는 무조건 2011년 1월 1일부터 강제적으로 발급하였다.
② 개인사업자의 경우는 사업장별 재화 및 용역의 공급가액(면세공급가액을 포함함)의 합계액이 8천만원 이상(2024.07.01. 이후 재화 또는 용역의 공급하는 분부터 적용)의 다음 해 제2기 과세기간과 그 다음 해 제1기 과세기간은 전자세금계산서를 발급하여야 한다. 다만, 사업장별 재화와 용역의 공급가액의 합계액이 수정신고 또는 결정 및 경정으로 8천만원이상이 된 경우 전자세금계산서를 발급하여야 하는 기간은 수정신고 등을 한 날이 속하는 과세기간의 다음 과세기간과 그 다음 과세기간으로 한다(부가령 제68조 제2항).

기준연도	발급의무기간
2020년도 공급가액 3억이상	2021년 7월 1일 ~ 2022년 6월 30일
2021년도 공급가액 2억이상	2022년 7월 1일 ~ 2023년 6월 30일
2022년도 공급가액 1억이상	2023년 7월 1일 ~ 2024년 6월 30일
2023년도 공급가액 8천만원이상	2024년 7월 1일 ~
2024년도 공급가액 8천만원이상	2025년 7월 1일 ~

  2023년부터는 공급가액 8천만원 이상인 경우에는 2024년에 공급가액이 8천만원 미만이 되더라고 계속 전자세금계산서 의무발급자에 해당함에 유의해야 한다.
③ 법인사업자 및 전자세금계산서 발급대상 사업자가 아닌 개인 사업자도 전자세금계산서를 발급·전송할 수 있다(부가령 제68조 제10항).
④ 사업자단위과세사업자인 개인사업자는 전자세금계산서 의무발급 대상에 해당하는지 여우는 직전연도의 본점 또는 주사무소와 모든 종사업장의 공급가액의 합계액을 기준으로 판정한다.

(4) 발급의무 통지

  관할세무서장은 개인사업자가 전자세금계산서 의무발급 개인사업자에 해당하는 경우에는 전자세금계산서를 발급해야 하는 날이 시작되기 1개월 전까지 그 사실을 해당 개인사업자에게 통지하여야 하며, 해당 개인사업자가 전자세금계산서를 발급해야 하는 날이 시작되기 1개월 전까지 통지를 받지 못한 경우에는 통지서를 수령한 날이 속하는 달의 다음 다음달 1일부터 전자세금계산서를 발급하여야 한다(부가령 제68조 제3항, 제4항).

(5) 발급기한

① 재화 또는 용역의 공급시기에 발급함이 원칙이다.
② 세금계산서 발급특례규정(월합계)의 경우에는 공급시기가 속하는 달의 다음달 10일까지 발급이 가능하며, 다음달 10일이 토요일·공휴일인 경우 해당일의 다음날까지 연장된다.

(6) 전송기한

  사업자가 전자세금계산서를 발급한 경우 전자세금계산서 발급일의 다음 날까지 전자세금계산서 발급명세를 국세청장에게 전송하여야 하며, 미전송시 가산세를 부과한다.
  ☞ 전송기한이 공휴일이면 다음날까지 연장됨.

(7) 수신함 지정 및 수신 간주

전자세금계산서는 공급받는 자의 이메일 계정을 통하여 수신하는 것이 원칙이나, 재화나 용역을 공급받는 자가 전자세금계산서를 발급받을 수신함을 가지고 있지 아니하거나 지정하지 아니한 경우 또는 수신함이 적용될 수 없는 시스템을 사용하는 경우에는 국세청장이 구축한 전자세금계산서 발급시스템을 수신함으로 지정한 것으로 본다(부가령 제68조 제11항).

전자세금계산서가 재화나 용역을 공급받는 자가 지정하는 수신함에 입력되거나 국세청장이 구축한 전자세금계산서 발급시스템에 입력된 때에 재화나 용역을 공급받는 자가 그 전자세금계산서를 수신한 것으로 본다(부가령 재68조 제12항). 즉, 거래상대방의 수신확인여부는 불문한다.

(8) 전자세금계산서 발급 간주 및 전산매체 제출

전기사업자 등 다음에 해당하는 사업을 하는 사업자는 해당 사업과 관련하여 세금계산서의 필요적·임의적 기재사항과 그 밖에 필요하다고 인정되는 사항 및 관할 세무서장에게 신고한 전자세금계산서임을 적은 계산서(표준인증서 첨부)를 관할 세무서장에게 신고한 후 발급할 수 있다. 이 경우 공급일의 다음달 11일까지 전자세금계산서 파일을 전산매체로 제출하여야 한다(부가령 제68조 제9항).

① 「전기사업법」에 따른 전기사업자가 산업용 전력을 공급하는 경우
② 「전기통신사업법」에 따른 전기통신사업자가 사업자에게 전기통신역무를 제공하는 경우. 다만, 부가통신사업자가 통신판매업자에게 「전기통신사업법」 제4조 제4항에 따른 부가통신역무를 제공하는 경우는 제외한다.
③ 「도시가스사업법」에 따른 도시가스사업자가 산업용 도시가스를 공급하는 경우
④ 「집단에너지사업법」에 따른 집단에너지를 공급하는 사업자가 산업용 열 또는 산업용 전기를 공급하는 경우
⑤ 「방송법」 제2조 제3호에 따른 방송사업자(지상파방송사업자, 종합유선방송사업자, 위성방송사업자, 방송채널사용사업자, 공동체라디오방송사업자)가 사업자에게 방송용역을 제공하는 경우
⑥ 일반과세자가 농·어민에게 「조세특례제한법」 제105조의2에 따른 농·어업용 기자재(사후환급이 적용되는 기자재)를 공급하는 경우
⑦ 「인터넷멀티미디어 방송사업법」 제2조 제5호 가목에 따른 인터넷멀티미디어 방송제공업자가 사업자에게 방송용역을 제공하는 경우

(9) 전자세금계산서 발급(전송)시 혜택

① 전자세금계산서 발급(전송)분에 대한 보관의무를 면제한다.
② 전자세금계산서 발급(전송)분에 대한 매출 및 매입 합계표 개별명세서 제출의무를 면제한다.
③ 전자세금계산서 발급에 대한 세액공제

재화 및 용역의 공급가액 등을 고려하여 개인사업자가 전자세금계산서를 2027년 12월 31일까지 발급[전자세금계산서 발급명세를 해당 재화 또는 용역의 공급시기가 속하는 과세기간(예정신고의 경우 예정신고기간)의 마지막 날의 다음달 11일까지 국세청장에게 전송한 경우로 한정한다]하는 경우에는 전자세금계산서 발급 건당 200원을 해당 과세기간의 부가가치세 납부세액에서 공제할 수 있다. 이 경우 공제한도는 연간 100만원으로 한다(부가법 제47조 제1항).

(10) 전자세금계산서 관련 가산세

1) 전자세금계산서 지연발급

법인사업자와 전자세금계산서 의무발급 개인사업자가 재화나 용역의 공급시기가 지난 후 해당 재화 또는 용역의 공급시기가 속하는 과세기간에 대한 확정신고기한까지 발급하는 경우에는 그 공급가액 1%를 곱한 금액을 납부세액에 더하거나 환급세액에서 뺀다(부가법 제60조 제2항).

2) 전자세금계산서 미발급

법인사업자와 전자세금계산서 의무발급 개인사업자가 재화나 용역의 공급시기가 지난 후 해당 재화 또는 용역의 공급시기가 속하는 과세기간에 대한 확정신고기한까지 발급하지 아니한 경우에는 그 공급가액 2%를 곱한 금액을 납부세액에 더하거나 환급세액에서 뺀다(부가법 제60조 제2항).

3) 전자세금계산서 지연전송

법인사업자와 전자세금계산서 의무발급 개인사업자가 전자세금계산서를 발급하고 전자세금계산서 발급일의 다음 날(그날이 공휴일 또는 토요일인 경우는 다음날)이 지난 후 재화 또는 용역의 공급시기가 속하는 과세기간에 대한 확정신고기한까지 국세청장에게 세금계산서 발급명세를 전송하는 경우에는 그 공급가액에 대하여 0.3%를 곱한 금액을 납부세액에 더하거나 환급세액에서 뺀다(부가법 제60조 제2항).

4) 전자세금계산서 미전송

법인사업자와 전자세금계산서 의무발급 개인사업자가 전자세금계산서를 발급하고 전

자세금계산서 발급일의 다음 날(그날이 공휴일 또는 토요일인 경우는 다음날)이 지난 후 재화 또는 용역의 공급시기가 속하는 과세기간 에 대한 확정신고기한까지 국세청장에게 세금계산서 발급명세를 전송하지 아니한 경우에는 그 공급가액에 대하여 0.5%를 곱한 금액을 납부세액에 더하거나 환급세액에서 뺀다(부가법 제60조 제2항).

공급시기	발급시기	공 급 자 2017.01.01. 이후 공급분	공급받는 자	
			2019.02.12. 이후	2022.02.15. 이후
1월~5월	6월말까지 발급	지연발급가산세 (공급가액 × 1%)	지연수취가산세 (공급가액 × 0.5%)	
	07.01.~07.25.까지 발급	지연발급가산세 (공급가액 × 1%)	지연수취가산세 (공급가액 × 0.5%)	
	7.26. 이후 익년도 1.25.까지 발급	미발급 (공급가액 × 2%)	지연수취가산세 (공급가액 × 0.5%)	
	익년도 1.25. 이후 익년도 7.25.까지 발급		없음	지연수취가산세 (공급가액 × 0.5%)
	익년도 7.25 이후 발급		없음	없음
6월	7.10.까지 발급	-	-	-
	7.11.~7.25.까지 발급	지연발급가산세 (공급가액 × 1%)	지연수취가산세 (공급가액 × 0.5%)	
	7.26. 이후 익년도 1.25.까지 발급	미발급 (공급가액 × 2%)	지연수취가산세 (공급가액 × 0.5%)	
	익년도 1.25. 이후 익년도 7.25.까지 발급		없음	지연수취가산세 (공급가액 × 0.5%)
	익년도 7.25. 이후 발급		없음	없음

2019.02.12. 이후 재화 또는 용역을 공급받는 분부터는 재화 또는 용역의 공급시기가 속하는 과세기간에 대한 확정신고기한이 지난 후 세금계산서를 발급받았더라도 그 세금계산서의 발급일이 확정신고기한 다음날부터 1년(2022.02.15. 이전 6개월) 이내이고 다음의 어느 하나에 해당하는 경우에는 매입세액공제가 가능하며, 지연수취가산세를 적용한다.

① 과세표준수정신고서와 경정 청구서를 세금계산서와 함께 제출하는 경우
② 해당 거래사실이 확인되어 납세지 관할 세무서장, 납세지 관할 지방국세청장 또는 국세청장이 결정 또는 경정하는 경우

실무사례 1   전자세금계산서 관련 지연발급가산세

[사실관계]

㈜한결은 ㈜세무에 20x5년 3월 30일에 물품을 3억원에 공급했으나, 담당자의 실수로 전자세금계산서를 발급하지 않았으며, 5월 1일에 전자세금계산서를 발급하였다. 이 경우 공급자와 공급받는 자 입장에서 가산세 및 매입세액공제여부는?

```
㈜한결  ─────────────────▶  ㈜세무
        ① 20x4.03.30. 재화공급
        ② 2024.05.01. 전자세금계산서 발급
```

해답

(1) 공급자(A기업)

공급자는 세금계산서 지연발급에 해당되어 공급가액의 1% 가산세를 적용한다.

구 분			금 액	세 율	세 액
사 업 자 미 등 록 등		(61)		1 / 100	
세 금 계 산 서	지연발급 등	(62)	300,000,000	1 / 100	3,000,000
	지연수취	(63)		5 / 1,000	
	미발급 등	(64)		뒤쪽 참조	
전자세금계산서 발급명세 전송	지연전송	(65)		3 / 1,000	
	미전송	(66)		5 / 1,000	
세금계산서합계표	제출 불성실	(67)		5 / 1,000	
	지연제출	(68)		3 / 1,000	
(26) 가산세 명세					
신 고 불 성 실	무신고(일반)	(69)		뒤쪽 참조	
	무신고(부당)	(70)		뒤쪽 참조	
	과소·초과환급신고(일반)	(71)		뒤쪽 참조	
	과소·초과환급신고(부당)	(72)		뒤쪽 참조	
납 부 지 연		(73)		뒤쪽 참조	
영세율 과세표준 신고불성실		(74)		5 / 1,000	
현금매출명세서 불성실		(75)		1 / 100	
부동산임대공급가액명세서 불성실		(76)		1 / 100	
매입자 납부특례	거래계좌 미사용	(77)		뒤쪽 참조	
	거래계좌 지연입금	(78)		뒤쪽 참조	
신용카드매출전표 등 수령명세서 미제출·과다기재		(79)			
합 계		(80)	300,000,000		3,000,000

(2) 공급받는 자
공급받는 자는 매입세액공제를 적용하고 세금계산서 지연 수취에 해당되어 공급가액의 0.5% 가산세를 부담한다.

(26) 가산세 명세	구 분			금 액	세 율	세 액
	사 업 자 미 등 록 등		(61)		1 / 100	
	세 금 계 산 서	지연발급 등	(62)		1 / 100	
		지연수취	(63)	300,000,000	5 / 1,000	300,000
		미발급 등	(64)		뒤쪽 참조	
	전자세금계산서 발급명세 전송	지연전송	(65)		3 / 1,000	
		미전송	(66)		5 / 1,000	
	세금계산서합계표	제출 불성실	(67)		5 / 1,000	
		지연제출	(68)		3 / 1,000	
	신 고 불 성 실	무신고(일반)	(69)		뒤쪽 참조	
		무신고(부당)	(70)		뒤쪽 참조	
		과소·초과환급신고(일반)	(71)		뒤쪽 참조	
		과소·초과환급신고(부당)	(72)		뒤쪽 참조	
	납 부 지 연		(73)		뒤쪽 참조	
	영세율 과세표준 신고불성실		(74)		5 / 1,000	
	현금매출명세서 불성실		(75)		1 / 100	
	부동산임대공급가액명세서 불성실		(76)		1 / 100	
	매입자 납부특례	거래계좌 미사용	(77)		뒤쪽 참조	
		거래계좌 지연입금	(78)		뒤쪽 참조	
	신용카드매출전표 등 수령명세서 미제출·과다기재		(79)			
	합 계		(80)	300,000,000		300,000

• 실무사례 2 ❖ 전자세금계산서 관련 미발급가산세

[사실관계]

㈜한결은 ㈜세무에 20x5년 3월 30일에 물품을 3억원에 공급했으나, 담당자의 실수로 전자세금계산서를 발급하지 않았으며, 제1기 부가가치세 확정신고 이후에 거래처 담당자의 요청으로 7월 28일에 전자세금계산서를 발급하였다. 이 경우 공급자와 공급받는 자 입장에서 가산세 및 매입세액공제여부는?

㈜한결 ──────────────────▶ ㈜세무
① 20x5.03.30. 재화공급
② 20x5.07.28. 전자세금계산서 발급

[해답]

(1) 공급자
공급자는 세금계산서 미발급에 해당되어 공급가액의 2% 가산세를 적용한다.

구 분			금 액	세 율	세 액
	사 업 자 미 등 록 등	(61)		1 / 100	
세 금 계 산 서	지연발급 등	(62)		1 / 100	
	지연수취	(63)		5 / 1,000	
	미발급 등	(64)	300,000,000	뒤쪽 참조	6,000,000
전자세금계산서 발급명세 전송	지연전송	(65)		3 / 1,000	
	미전송	(66)		5 / 1,000	
세금계산서합계표	제출 불성실	(67)		5 / 1,000	
	지연제출	(68)		3 / 1,000	
신 고 불 성 실	무신고(일반)	(69)		뒤쪽 참조	
	무신고(부당)	(70)		뒤쪽 참조	
	과소·초과환급신고(일반)	(71)		뒤쪽 참조	
	과소·초과환급신고(부당)	(72)		뒤쪽 참조	
납 부 지 연		(73)		뒤쪽 참조	
영세율 과세표준 신고불성실		(74)		5 / 1,000	
현금매출명세서 불성실		(75)		1 / 100	
부동산임대공급가액명세서 불성실		(76)		1 / 100	
매입자 납부특례	거래계좌 미사용	(77)		뒤쪽 참조	
	거래계좌 지연입금	(78)		뒤쪽 참조	
신용카드매출전표 등 수령명세서 미제출·과다기재		(79)			
합 계		(80)	300,000,000		6,000,000

(26) 가산세 명세

(2) 공급받는 자

2019.02.12. 이후 공급분부터는 세금계산서 발급일이 공급시기가 속하는 과세기간에 대한 확정신고기한 다음날부터 1년(2022.02.14. 이전 6개월) 이내로서 수정신고·경정청구하거나, 결정·경정하는 경우에는 공급받는 자는 매입세액공제가능하며, 세금계산서 지연 수취에 해당되어 공급가액의 0.5% 가산세를 부담한다.

구 분			금 액	세 율	세 액
	사 업 자 미 등 록 등	(61)		1 / 100	
세 금 계 산 서	지연발급 등	(62)		1 / 100	
	지연수취	(63)	300,000,000	5 / 1,000	300,000
	미발급 등	(64)		뒤쪽 참조	
전자세금계산서 발급명세 전송	지연전송	(65)		3 / 1,000	
	미전송	(66)		5 / 1,000	
세금계산서합계표	제출 불성실	(67)		5 / 1,000	
	지연제출	(68)		3 / 1,000	
신 고 불 성 실	무신고(일반)	(69)		뒤쪽 참조	
	무신고(부당)	(70)		뒤쪽 참조	
	과소·초과환급신고(일반)	(71)		뒤쪽 참조	
	과소·초과환급신고(부당)	(72)		뒤쪽 참조	
납 부 지 연		(73)		뒤쪽 참조	
영세율 과세표준 신고불성실		(74)		5 / 1,000	
현금매출명세서 불성실		(75)		1 / 100	
부동산임대공급가액명세서 불성실		(76)		1 / 100	
매입자 납부특례	거래계좌 미사용	(77)		뒤쪽 참조	
	거래계좌 지연입금	(78)		뒤쪽 참조	
신용카드매출전표 등 수령명세서 미제출·과다기재		(79)			
합 계		(80)	300,000,000		300,000

(26) 가산세 명세

•실무사례 3   전자세금계산서 관련 미발급가산세

[사실관계]

㈜한결은 ㈜세무에 20x5년 3월 30일에 물품을 3억원에 공급했으나, 담당자의 실수로 전자세금계산서를 발급하지 않았으며, 제1기 부가가치세 확정신고 이후에 거래처 담당자의 요청으로 종이세금계산서를 발급하였다. 이 경우 공급자와 공급받는 자 입장에서 가산세 및 매입세액공제여부는?

㈜한결 ───────────────────────────▶ ㈜세무
       ① 20x5.03.30. 재화공급
       ② 20x5.07.28. 종이세금계산서 발급

해답

(1) 공급자는 세금계산서 미발급에 해당되며, 전자세금계산서 외의 세금계산서를 발급하여 공급가액의 1% 가산세를 적용한다.

구 분				금 액	세 율	세 액
(26) 가산세 명세	사 업 자 미 등 록 등		(61)		1 / 100	
	세 금 계 산 서	지연발급 등	(62)		1 / 100	
		지연수취	(63)		5 / 1,000	
		미발급 등	(64)	300,000,000	뒤쪽 참조	6,000,000
	전자세금계산서 발급명세 전송	지연전송	(65)		3 / 1,000	
		미전송	(66)		5 / 1,000	
	세금계산서합계표	제출 불성실	(67)		5 / 1,000	
		지연제출	(68)		3 / 1,000	
	신 고 불 성 실	무신고(일반)	(69)		뒤쪽 참조	
		무신고(부당)	(70)		뒤쪽 참조	
		과소·초과환급신고(일반)	(71)		뒤쪽 참조	
		과소·초과환급신고(부당)	(72)		뒤쪽 참조	
	납 부 지 연		(73)		뒤쪽 참조	
	영세율 과세표준 신고불성실		(74)		5 / 1,000	
	현금매출명세서 불성실		(75)		1 / 100	
	부동산임대공급가액명세서 불성실		(76)		1 / 100	
	매입자 납부특례	거래계좌 미사용	(77)		뒤쪽 참조	
		거래계좌 지연입금	(78)		뒤쪽 참조	
	신용카드매출전표 등 수령명세서 미제출·과다기재		(79)			
	합 계		(80)	300,000,000		6,000,000

(2) 2019.02.12. 이후 공급분부터는 세금계산서 발급일이 공급시기가 속하는 과세기간에 대한 확정신고기한 다음날부터 1년(2022.02.14. 이전 6개월) 이내로서 수정신고·경정청구하거나, 결정·경정하는 경우에는 공급받는 자는 매입세액공제가능하며, 가산세를 적용하지 아니한다.

●실무사례 4   전자세금계산서 관련 가산세[48]

[사실관계]
1. 사업자 한결은 전자세금계산서 발급분을 전송하고, 부가가치세 신고시 매출처별 세금계산서합계표에 기재하지 않았다. 이 경우 가산세 대상인지?
2. 공급자가 50,000원 발급하여야 하나 600,000원으로 지연발급한 경우 지연발급대상 금액은?
3. 지연수취가산세(0.5%) 적용시 매입세액 공제받지 않은 경우에도 적용하는지?

해답
1. 매출처별 세금계산서합계표 미제출 가산세 적용되지 않는다(부가-1058, 2010.08.13.).
2. 지연발급가산세 대상금액은 50,000원이다.
3. 지연수취가산세는 매입세액을 공제받은 경우에 한하여 부과한다.

관련 해석사례 및 집행기준

사업자단위 과세사업자로 등록한 개인사업자의 전자세금계산서 의무발급 여부 판정기준

사업자단위 과세사업자로 등록한 개인사업자가 전자세금계산서 의무발급 개인사업자에 해당하는지 여부는 직전 연도의 본점 또는 주사무소와 모든 종된 사업장의 공급가액 합계액을 기준으로 판정하는 것임(법규부가 2012-325, 2012.09.28.).

전자세금계산서를 발급받은 경우 매입처별세금계산서합계표 제출 여부

사업자가 재화 또는 용역을 공급받아 전자세금계산서를 교부받은 때에는 「부가가치세법」제20조에 따라 해당 과세기간의 예정신고 또는 확정신고와 함께 매입처별세금계산서합계표를 제출하여야 하는 것임(전자세원과-860, 2009.12.22.).

전자세금계산서 발급분을 전송하고 세금계산서합계표에 기재하지 않은 경우 가산세 적용 여부

사업자가 전자세금계산서 발급분을 전송하고 부가가치세 신고 시 매출처별세금계산서합계표에 기재하지 않은 경우, 「부가가치세법」제20조 제1항 단서규정에 따라 매출처별세금계산서합계표가산세는 적용되지 아니하는 것임.

다만 신고서 금액과 합계표 금액이 서로 달라 전산 오류가 발생되어 사업자가 해명해야 하는 불편함이 발생하므로, 전자세금계산서를 발급하여 전송한 분도 매출처별세금계산서합계표 전자세금계산서 발급분으로 기재하여 제출하여야 하는 것임(부가-1058, 2010.08.13.).

주민등록번호 기재 전자세금계산서 발행분의 현금영수증 의무발급 여부

현금영수증 의무발급사업자가 현금거래에 대하여 비사업자에게 주민등록번호 기재분 전자세금계산서를 발행한 경우 현금영수증 의무발급 대상 아님(재소득-0547, 2011.12.21.).

---

48) 박병완, "앞의 책", 376p 참고.

6. 수정세금계산서

(1) 의의

종이세금계산서 하에서도 수정사유가 발생한 경우 수정세금계산서를 발급해야 하나, 대부분의 경우 이미 발급된 세금계산서를 양자간 약속에 의해 폐기처분하고 정확한 세금계산서를 다시 발급하는 관행이 존재하였다. 그러나 전자세금계산서의 경우에는 이미 발급·전송된 세금계산서에 수정 사유가 발생한 경우 양자 간 폐기처분 할 수 없으므로 반드시 세법에 맞는 수정세금계산서 발급이 필요하다.

(2) 수정세금계산서 발급사유 및 방법

세금계산서를 발급한 후 그 기재사항에 관하여 다음과 같이 착오나 정정 등의 사유가 발생한 경우에는 세금계산서를 수정하여 발급할 수 있다(부가법 제32조 제7항 및 부가령 제70조).

1) 당초 공급한 재화가 환입된 경우(1장 발급)

재화가 환입된 날을 작성일자로 기재하고, 비고란에 당초 세금계산서 작성일자를 부기한 후 음(-)의 표시를 하여 발급한다. 처음 공급한 재화가 환입(還入)된 경우에는 재화가 환입된 날을 작성일로 적고 비고란에 처음 세금계산서 작성일을 덧붙여 적은 후 붉은색 글씨로 쓰거나 음(陰)의 표시를 하여 발급한다.

2) 계약의 해제인 경우(1장 발급)

계약 해제분의 작성일자는 계약해제일을 기재하고 비고란에 당초 세금계산서 작성일자를 부기한 후 음(-)의 표시를 하여 발급한다.

3) 일부 계약의 해지 등을 포함해 공급가액에 추가 또는 차감되는 금액이 발생한 경우(1장 발급)

증감사유가 발생한 날을 작성일자로 기재하고, 추가되는 금액은 정(+)의 세금계산서를 발급하고, 차감되는 금액은 음(-)의 표시를 하여 발급 한다.

4) 내국신용장 등이 발급된 경우(2장 발급)

공급시기가 속하는 과세기간 종료 후 25일 이내에 내국신용장 등이 개설된 경우, 당초 세금계산서 작성일자를 기재하고 비고란에 내국신용장 개설일 등을 부기하되, 당초에 발급한 세금계산서 내용대로 세금계산서를 음(-)의 표시를 하여 발급하고, 추가하여 영세율 세금계산서를 발급한다.

5) 필요적 기재사항 등이 착오로 잘못 기재된 경우(2장 발급)

세무서장이 경정하여 통지하기 전까지 수정세금계산서를 작성하되, 당초에 발급한 세금계산서 내용대로 음(-)의 세금계산서를 발급하고, 수정하여 발급하는 세금계산서는 정(+)의 세금계산서를 발급한다. 다만, 다음의 어느 하나에 해당하는 경우로서 과세표준 또는 세액을 경정할 것을 미리 알고 있는 경우는 제외한다.

① 세무조사의 통지를 받은 경우
② 세무공무원이 과세자료의 수집 또는 민원 등을 처리하기 위하여 현지출장이나 확인업무에 착수한 경우
③ 세무서장으로부터 과세자료 해명안내 통지를 받은 경우
④ 그 밖에 ①부터 ③까지에 따른 사항과 유사한 경우

6) 필요적 기재사항 등이 착오 외의 사유로 잘못 기재된 경우(2장 발급)

재화 및 용역의 공급일이 속하는 과세기간에 대한 확정신고기한 다음 날로부터 1년이 되는 날(*)까지 수정세금계산서 발급이 가능하며, 당초에 발급한 세금계산서 내용대로 음(-)의 세금계산서를 발급하고, 수정하여 발급하는 세금계산서는 정(+)의 세금계산서를 발급한다. 다만, 다음의 어느 하나에 해당하는 경우로서 과세표준 또는 세액을 경정할 것을 미리 알고 있는 경우는 제외한다.

① 세무조사의 통지를 받은 경우
② 세무공무원이 과세자료의 수집 또는 민원 등을 처리하기 위하여 현지출장이나 확인업무에 착수한 경우
③ 세무서장으로부터 과세자료 해명안내 통지를 받은 경우
④ 그 밖에 ①부터 ③까지에 따른 사항과 유사한 경우
 ☞ 사업자가 「부가가치세법」 제32조에 따른 세금계산서를 발급한 후 공급받는 자가 잘못 적힌 경우에는 같은 법 시행령 제70조 제1항 제6호에 따라 재화나 용역의 공급일이 속하는 과세기간에 대한 확정신고 기한까지 수정세금계산서를 발급할 수 있는 것이며, 이 경우 같은 법 제60조 제2항 제1호 및 제7항 제1호에 따른 가산세를 적용하지 않는 것임(기획재정부부가-538, 2014.09.05.).
 ☞ 2022.02.15. 이후 재화 또는 용역을 공급하는 분부터 적용

7) 착오에 의한 이중 발급(1장 발급)

착오로 이중으로 발급한 경우 당초에 발급한 세금계산서의 내용대로 음(-)의 표시를 하여 발급한다.

8) 면세 등 발급대상이 아닌 거래에 대해 발급한 경우(1장 발급)

면세 등 발급 대상이 아닌 거래 등에 대하여 발급한 경우 당초에 발급한 세금계산서

의 내용대로 음(-)의 표시를 하여 발급한다.

☞ 수정세금계산서 발급기한을 경과하여 발급한 경우에는 지연발급 가산세 등이 적용될 수 있음에 유의하여야 한다.

9) 세율을 잘못 적용한 경우(1장 발급)

처음에 발급한 세금계산서의 내용대로 세금계산서를 붉은색 글씨로 쓰거나 음(-)의 표시를 하여 발급하고, 수정하여 발급하는 세금계산서는 검은색 글씨로 작성하여 발급한다. 다만, 5)의 해당하는 경우로서 과세표준 또는 세액을 경정할 것을 미리 알고 있는 경우는 제외한다.

10) 일반과세자에서 간이과세자로 과세유형 전환한 경우

일반과세자에서 간이과세자로 과세유형이 전환된 후 과세유형 전환 전 공급한 재화·용역에 환입, 계약의 해제, 공급가액 증감 등의 사유가 발생한 경우에는 처음에 발급한 세금계산서 작성일을 수정(전자)세금계산서의 작성일로 적고, 비고란에 사유 발생일을 덧붙여 적은 후 추가되는 금액은 검은색 글씨로, 차감되는 금액은 붉은색 글씨로 쓰거나 음(-)의 표시를 하여 수정(전자)세금계산서를 발급할 수 있다.

11) 간이과세자에서 일반과세자로 과세유형 전환한 경우

간이과세자에서 일반과세자로 과세유형이 전환된 후 과세유형 전환 전 공급한 재화·용역에 환입, 계약의 해제, 공급가액 증감 등의 사유가 발생하여 수정(전자)세금계산서를 발급하는 경우에는 처음에 발급한 세금계산서 작성일을 수정(전자)세금계산서의 작성일로 적고, 비고란에 사유 발생일을 덧붙여 적은 후 추가되는 금액은 검은색 글씨로, 차감되는 금액은 붉은색 글씨로 쓰거나 음(-)의 표시를 해야 한다(부가령 제70조 제3항).

수정세금계산서 발급사유 및 방법 요약

구 분	작성·발급방법		작성월일주3	비고란	발급기한	수정신고
	방 법	매수				
① 재화의 환입	환입금액에 대하여 (-)세금계산서 발급	1매	환입된 날	처음 작성일	환입된 날 다음달 10일까지	✕
② 계약의 해제	(-)세금계산서 발급	1매	계약해제일	처음 작성일	계약해제일 다음달 10일까지	
③ 공급가액 변동	증감분에 대하여 (+) 또는 (-) 세금계산서 발급	1매	변동사유 발생일	처음 작성일	변동사유 발생일 다음달 10일까지	
④ 내국신용장 등 사후개설주4	(-)세금계산서와 영세율 세금계산서 발급	2매		내국신용장 개설일	내국신용장 등 개설 다음달 10일까지(단, 과세기간 종료 후 25일주5 이내에 개설된 경우는 25일까지)	✕ or ○ 과세기간 다를 경우 수정신고
⑤ 필요적 기재사항 등이 착오로 잘못 기재주1	(-)세금계산서와 정확한 세금계산서 발급주2	2매	처음 세금계산서 작성일	수정분 발급일	착오사실을 인식한 날 다음달 10일까지	
⑥ 필요적 기재사항 등이 착오외의 사유로 잘못 기재					잘못 기재를 인식한 날 다음달 10일까지(확정신고 기한 다음날로부터 1년까지)	
⑦ 착오로 전자세금계산서 이중발급	(-)전자세금계산서 발급	1매		발급 사유	착오사실을 인식한 날 다음달 10일까지	
⑧ 면세 등 발급대상이 아닌 거래	(-)세금계산서 발급	1매		발급 사유	인식한 날 다음달 10일까지	
⑨ 세율을 잘못 적용	(-)세금계산서와 정확한 세금계산서 발급	2매		발급 사유	인식한 날 다음달 10일까지	

주1. 다만, 다음 각 목의 어느 하나에 해당하는 경우로서 과세표준 또는 세액을 경정할 것을 미리 알고 있는 경우는 제외한다.
　① 세무조사의 통지를 받은 경우
　② 세무공무원이 과세자료의 수집 또는 민원 등을 처리하기 위하여 현지출장이나 확인업무에 착수한 경우
　③ 세무서장으로부터 과세자료 해명안내 통지를 받은 경우
　④ 그 밖에 ①부터 ③까지에 따른 사항과 유사한 경우
주2. 국세청홈택스에서 당초 취소분 1장은 자동발급되고, 수정분 1장은 직접입력하여 총 2장을 발급함.
주3. ②, ⑥, ⑧, ⑨의 경우 수정세금계산서는 2012.07.01. 이후 분부터 적용됨, 특히 ②의 경우 이전

에는 처음 작성일이었음.
주4. 내국신용장(구매확인서)이 재화의 공급시기에 개설되지 않고 그 달 내 또는 다음달 10일까지 개설되는 경우 재화의 공급시기에 바로 영세율 발급 가능(세금계산서 발급특례규정 때문)
주5. 과세기간 종료 후 25일이 되는 날이 공휴일 또는 토요일인 경우에는 바로 다음 영업일을 말한다.

(3) 수정세금계산서 발급시 가산세 적용 여부

사업자가 세금계산서를 교부한 후 그 기재사항에 관하여 착오 또는 정정사유가 발생한 경우에는 수정세금계산서를 교부할 수 있는 것이며, 당초 작성·제출한 매출처별세금계산서합계표에 대하여 가산세를 적용하지 아니한다(서면부가 2017-2187, 2017.09.28.).

(4) 가공 세금계산서에 대한 수정세금계산서 발급여부

사업자가 재화 또는 용역의 공급없이 가공으로 세금계산서를 발급한 경우, 가공으로 발급한 세금계산서에 대하여는 수정세금계산서를 발급할 수 없다(서면3팀-429, 2004.03.08.).

(5) 폐업한 자의 수정세금계산서 발급 방법

재화 또는 용역의 공급에 대하여 세금계산서를 발급하였으나 수정세금계산서 발급사유가 발생한 때에 공급받는 자 또는 공급자가 폐업한 경우에는 수정세금계산서를 발급할 수 없다. 이 경우 이미 공제받은 매입세액 또는 납부한 매출세액은 납부세액에서 차가감하여야 한다(부가집 32-70-2).

(6) 사업양도의 경우 수정세금계산서 발급방법

사업양도 후 수정세금계산서의 발급의무가 발생한 경우에는 사업양도자가 수정세금계산서를 발급할 수 있다. 다만, 동 사업양수도계약에 있어서 사업양도자의 공급가액을 추가 또는 차감하여 수정할 수 있는 권리와 의무를 사업양수자가 승계받은 부분에 한하여 사업양수자가 해당 사유가 발생하는 시기에 양수자의 공급가액을 수정하는 세금계산서를 발급할 수 있다(서면3팀-2068, 2004.10.11.).

(7) 세무조사기간 중 수정세금계산서 발급가능 여부

사업자가 세금계산서를 발급한 후 공급가액에 착오 또는 경정사유가 발생한 경우에는 경정통지 하기 전까지 당초 세금계산서 작성일자로 수정세금계산서를 발급할 수 있는 것이며, 수정세금계산서를 발급받은 사업자는 경정청구에 의하여 매입세액 공제가 가능한 것이나, 세무조사기간 중 적발된 공급가액 누락금액이 착오 및 정정사유에 해당하는지는 그 사실관계를 종합적으로 검토하여 판단할 사항이다(서면3팀-1812, 2005.10.19.).

(8) 구매확인서를 발급받은 후 수정세금계산서 미발급시 가산세 적용 여부

사업자가 「관세법」 제196조에 따른 보세판매장에 재화를 공급하고 10%의 세율이 기재된 세금계산서를 발급한 후 공급시기가 속하는 과세기간 종료 후 25일 이내에 「대외무역법」 제18조에 따른 구매확인서를 발급받은 경우에는 0%세율이 기재된 세금계산서로 수정 발급할 수 있다. 다만, 사업자가 구매확인서를 발급받았음에도 (영세율)수정세금계산서를 발급하지 아니한 경우로서 당초 발급한 세금계산서에 의해 부가가치세 신고·납부를 이행한 경우에는 해당 거래에 대하여 「부가가치세법」 제60조 제2항 및 제6항의 가산세를 적용하지 않는 것이며, 공급시기가 속하는 과세기간 종료 후 25일이 경과한 뒤에는 수정세금계산서를 발급할 수 없다(기획재정부부가-585, 2017.11.16.).

☞ 사업자가 재화를 공급하고 부가가치세액을 적은 세금계산서를 발급하여 부가가치세를 신고·납부한 경우에는 「부가가치세법 시행령」에 따른 영세율 수정세금계산서를 발급하지 아니하였다하여 조세탈루 등 국고손실이 발생한 것도 아니며, 수정세금계산서를 발급하도록 할 경우 납품업체와 면세점 간에 세금계산서 수정발급 및 부가가치세 반환 등의 번거로운 업무만 부담하게 되므로 영세율 적용 혜택을 포기하고 일반세율로 신고·납부할 수 있게 된다.

(9) 수정세금계산서 작성시 유의사항

① 재화가 인도되는 때에 해당 재화의 공급가액이 확정되지 아니한 경우에는 해당 재화의 잠정가액으로 세금계산서를 발급한 후, 공급가액이 확정되는 때에 그 확정된 금액과의 차액에 대하여 수정세금계산서를 발급하는 것이다.
② 단순히 거래상대방 간에 주고받을 금액을 상계하는 경우에는 수정세금계산서를 발급할 수 없다.
③ 세금계산서 발급 후 당초 계약을 변경하여 합의한 경우에는 수정세금계산서를 발급할 수 있으나, 단순히 쌍방간 합의에 의하여 대가를 수수하지 않기로 한 경우에는 수정세금계산서를 발급할 수 없다.

실무사례 — 수정세금계산서 발급사유

[사실관계]

1. 작성일자를 잘못 기재하여 발급한 경우 전자 수정발급
   - 정상: 20x4.10.30. 공급가액 1,000원 / 세액 100원이나
   - 발급: 20x4.11.02. 공급가액 1,000원 / 세액 100원으로 발급한 경우

2. 공급가액을 잘못 기재하여 발급한 경우 전자 수정발급
   - 정상: 20x4.10.30. 공급가액 2,000원 / 세액 200원이나
   - 발급: 20x4.10.30. 공급가액 20,000원 / 세액 2,000원으로 발급한 경우
   - 인식: 20x4.11.05. 인식한 경우

3. 공급받는 자란에 사업자등록번호가 사업자등록번호가 아닌 대표이사 개인 주민번호로 발급되어 있는 경우 매입세액 공제 가능한가?

4. 공급받는 자를 잘못 기재하여 발급한 경우 전자 수정발급(착오 외의 사유)
   - 정상: 20x4.10.30. ㈜우민 공급가액 2,000원 / 세액 200원이나
   - 발급: 20x4.10.30. ㈜이민 공급가액 20,000원 / 세액 2,000원으로 발급한 경우
   - 인식: 20x4.12.05. 인식한 경우

해답

1. 기재사항의 착오인 경우로서 2장 발행
   2024.11.02. -1,000/-100…1장 발행 / 2024.10.30. 1,000/100…1장 발행
2. 기재사항의 착오인 경우로서 2장 발행
   2024.10.30. -20,000/-2,000…1장 발행 / 2024.10.30. 2,000/200…1장 발행
3. 사업자가 세금계산서를 발급한 후 그 기재사항에 관하여 착오 또는 정정사유가 발생한 경우에는 부가가치세의 과세표준과 납부세액 또는 환급세액을 경정하여 통지하기 전까지 세금계산서를 수정하여 발급할 수 있는 것으로, 처음 작성일자로 하여 당초 주민등록번호 발행분을 취소하고 사업자등록번호로 적힌 수정세금계산서를 발급한다.
4. 공급받는 자를 변경하는 것은 수정세금계산서 발급 사유 중 "착오 외"에 해당하는 것인 바, 공급받는 자를 변경하는 수정세금계산서는 재화나 용역의 공급일이 속하는 과세기간에 대한 확정신고 기한 다음 날로부터 1년까지 발급할 수 있으며, 이 경우 지연수취가산세를 적용하지 아니하는 것임.

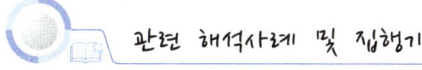
관련 해석사례 및 집행기준

리스사업자에게 교부한 세금계산서를 리스이용자에게 수정발급 가능 여부

리스거래에 대하여 당초 차량판매회사가 공급받는 자를 리스회사로 기재한 세금계산서를 발급하였으나, 수정세금계산서 발급기한이 경과된 후에 공급받는 자를 리스이용자로 하는 수정세금계산서를 발급한 경우 해당 수정세금계산서에 대하여는 세금계산서 관련 가산세를 적용하지 아니하는 것임(서면법령해석부가 2019-1759, 2019.07.17.).

고유번호증으로 발급받은 세금계산서의 수정발행 가능 여부

고유번호증을 발급받은 자가 고유번호증 상의 고유번호로 세금계산서를 적법하게 발급받고 이후 사업자등록번호를 새로 발급받은 것은 수정세금계산서 발급사유에 해당하지 아니함(서면부가 2018-1358, 2018.06.01).

주민등록번호로 발급된 세금계산서의 수정 발급 여부

사업자가 세금계산서를 발급한 후 그 기재사항 중 사업자등록번호가 아닌 주민등록번호를 기재하여 착오 또는 정정사유가 발생한 경우에는 수정세금계산서를 수정하여 교부할 수 있음(서면부가 2017-2417, 2017.12.26.).

계약의 합의해제가 있는 경우 공급이 완료된 용역에 대한 수정세금계산서 발급이 가능한지 여부

사업자가 계약상 또는 법률상의 원인에 따라 광고용역의 공급을 완료하고「부가가치세법」제32조 및 제34조에 따른 세금계산서를 발급한 후에 해당 계약의 계약주체를 소급 변경하는 수정계약을 체결한 경우에는 같은 법 시행령 제70조 제1항 제2호에 따른 계약의 해제로 볼 수 없으므로 공급이 완료된 용역을 취소하는 수정세금계산서를 발급하거나 공급받는 자를 달리하는 세금계산서를 다시 발급할 수 없는 것임(사전-2015-법령해석부가-0176, 2015.06.29.).
☞ 당초 적법한 거래에 따라 용역공급이 완료된 후 합의해제를 이유로 해당 용역공급이 없었던 것이 되는 것이 아니므로 공급이 완료된 거래에 대한 수정세금계산서 발급은 불가하다.

발급사유 없이 수정세금계산서를 발급한 경우 매입세액공제가 가능한지 여부

당초 정당한 세금계산서를 발급한 후 수정세금계산서를 발급할 수 있는 사유에 해당하지 않는 채 세금계산서를 수정하여 발급한 경우 수정의 효력이 없으며, 당초 발급한 세금계산서가 정당하다면 매입세액공제가 가능한 것임(기준법령해석부가 2014-21827, 2015.02.27.).

건설용역을 제공하고 발급한 세금계산서에 대해 확정된 국민주택규모 이하 주택비율에 따라 정산하는 경우

사업자가 건축 중에 있는 국민주택을 설계변경 등에 의하여 국민주택규모를 초과하는 주택으로 건축·완공하는 경우에 설계변경 건축허가시점 이전에 공급한 건설용역에 대하여는 수정세

금계산서를 발급할 수 없는 것임(부가-994, 2013.10.24.).
☞ 국민주택규모 미만의 건설용역의 일부인 철거 공사를 한 경우 국민주택규모 미만의 주택 비율을 확인하지 않고 과세로 교부한 경우에도 추후 비율이 변동되더라도 수정세금계산서 발급할 수 없음.

수정세금계산서를 발급받지 못한 경우 매입세액 추가납부 여부

사업자가 완성도기준지급 또는 중간지급조건부로 재화 또는 용역을 공급받기로 약정하고 계약금에 대한 세금계산서를 교부받아 부가가치세법 제17조의 규정에 의한 매입세액으로 공제받았으나, 거래 상대방의 폐업으로 당초 계약이 취소되어 재화 또는 용역을 공급받지 못한 경우에는 그 사유가 발생한 때가 속하는 과세기간에 당초에 공제 받은 매입세액을 납부세액에 가산하여 정부에 납부하여야 함(부가-963, 2012.09.19.).
☞ 공제받지 못할 매입세액으로 기재하는 방법이 있음.

신용카드 발급분 수정세금계산서 발급 가능 여부

사업자가 재화 또는 용역을 공급하고 부가가치세법 제16조의 세금계산서 대신 같은 법 제32조의2 신용카드매출전표를 발급한 경우에는 부가가치세법 시행령 제59조 제1항 각 호의 수정세금계산서 발급사유에 해당하는 경우라도 수정세금계산서를 발급할 수 없는 것임(법규부가 2011-0481, 2011.12.29.).

재화를 공급받은 면세사업자가 과세사업자로 전환된 후 환입된 경우 수정세금계산서 발급 방법

사업자가 면세사업자에게 부가가치세 과세대상인 재화를 공급하였으나, 그 면세사업자가 과세사업자로 전환된 후에 해당 재화에 대한 환입이 발생한 경우, 그 환입된 날을 작성일자로 하고, 공급받는 자의 변경된 등록번호를 기재하여 수정세금계산서를 발급하는 것임(부가-1429, 2011.11.18.).

지점폐업 후 본점에서 반품받은 경우 수정세금계산서 발급

지점을 폐업하고 본점이 지점사업을 양수하여 계속 영위하던 중 지점에서 공급한 재화가 본점으로 환입되는 경우, 본점은 재화가 환입된 날을 작성일자로 하여 수정세금계산서를 교부할 수 있는 것임(부가가치세과-476, 2009.04.07.).

중간지급조건부 용역공급계약 해지 시 수정세금계산서 발급

완성도기준지급 또는 중간지급조건부계약에 의하여 용역을 제공하면서 각 대가를 받기로 한때에 세금계산서를 교부한 후 당해 계약이 해지된 경우, 당초 교부한 공급가액과 해지된 때까지의 용역제공대가(공급가액)와의 정산차액에 대하여는 해지된 날을 작성일자로 하여 수정세금계산서를 교부하는 것임(서면3팀-2852, 2007.10.18.).

7. 세금계산서 발급특례

(1) 위탁판매(주선·중개 포함)의 경우

1) 일반적인 경우

위탁판매 또는 대리인에 의한 판매의 경우에 수탁자 또는 대리인이 재화를 인도하는 때에는 수탁자 또는 대리인이 세금계산서를 발급하며, 위탁자 또는 본인이 직접 재화를 인도한 때에는 위탁자 또는 본인이 세금계산서를 발급할 수 있다. 이 경우에는 비고란에 수탁자 또는 대리인의 사업자등록번호를 적어야 한다(부가령 제69조 제1항).

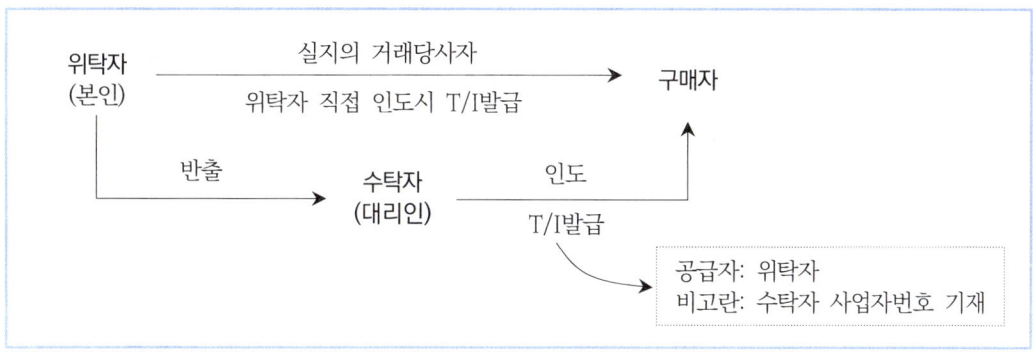

2) 위탁자 또는 본인을 알 수 없는 경우

위탁자 또는 본인을 알 수 없는 경우에는 위탁자(본인)는 수탁자(대리인)에게, 수탁자(대리인)는 거래상대방에게 공급한 것으로 보아 세금계산서를 각각 발급한다(부가령 제69조 제3항).

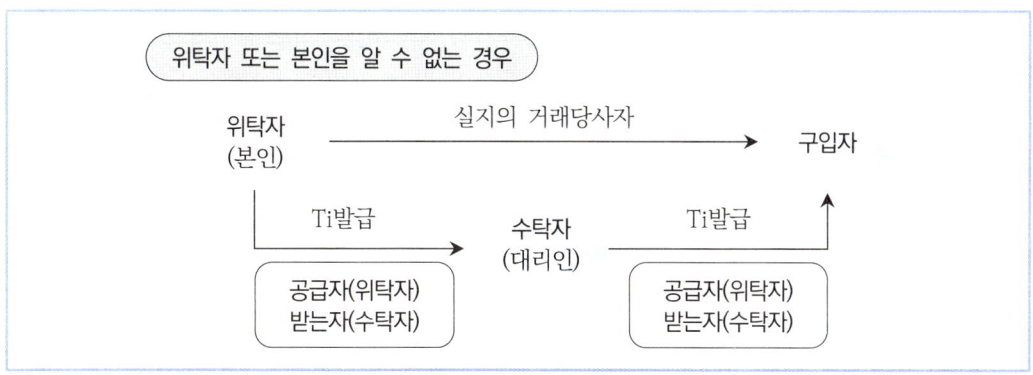

(2) 위탁매입의 경우

1) 일반적인 경우

위탁매입 또는 대리인에 의한 매입의 경우에는 공급자가 위탁자 또는 본인을 공급받는 자로 하여 세금계산서를 발급한다. 이 경우 수탁자 또는 대리인의 등록번호를 비고란에 덧붙여 적어야 한다(부가령 제69조 제2항).

2) 위탁자 또는 본인을 알 수 없는 경우

위탁자 또는 본인을 알 수 없는 경우에는 해당 재화를 공급하는 자는 수탁자 또는 대리인에게, 수탁자 또는 대리인은 위탁자 또는 본인에게 재화를 공급한 것으로 보아 세금계산서를 각각 발급한다(부가령 제69조 제3항).

(3) 수용으로 인하여 재화가 공급되는 경우

수용으로 인하여 재화가 공급되는 경우에는 위탁판매의 경우를 준용하여 해당 사업시행자가 세금계산서를 발급할 수 있다(부가령 제69조 제4항).

(4) 용역의 공급에 대한 주선·중개의 경우

용역의 공급에 대한 주선·중개의 경우에는 위·수탁 매매의 경우를 준용하여 공급자 명의로 주선·중개업자가 세금계산서를 발급한다(부가령 제69조 제5항).

한편, 화물운송주선 용역을 공급하는 사업자가 불특정 다수인의 화주와 운송계약을 체결하여 화주로부터 화물운임 및 수수료를 받아 운수업자로 하여금 화물을 운송하게 하고 그 운임을 지불하는 경우에 세금계산서 발급은 다음과 같이 한다(부가통 16-58-6).

① 운송주선업자는 운송주선용역을 공급받는 자(화주 또는 운송업자)에게 운송주선용역의 대가인 수수료에 대하여 세금계산서를 발급하고 화물운송계약이 확정될 때에 운송업자 명의로 화주에게 화물운송용역에 대한 세금계산서를 발급하며 이때 운송주선업자의 등록번호를 비고란에 부기한다.
② 화물운송업자는 화물운송주선업자가 화물운송업자의 명의로 세금계산서를 발급하지 아니한 경우에 한하여 화주에게 세금계산서를 발급한다.

(5) 「조달사업에 관한 법률」에 따라 물자가 공급되는 경우

「조달사업법」에 따라 물자가 공급되는 경우에는 공급자 또는 세관장이 해당 실수요자에게 직접 세금계산서를 발급하여야 한다. 다만, 물자를 조달하는 때에 해당 물자의 실수요자를 알 수 없는 경우에는 조달청장에게 세금계산서를 발급하고 조달청장이 실지로 해당 물자를 인도하는 때에 해당 실수요자에게 세금계산서를 발급할 수 있다(부가령

제69조 제6항). 이 경우 과세표준에는 실수요자로부터 받는 금전적 가치 있는 모든 것을 포함한다(재경부 부가-335, 2007.05.02.).

(6) 한국가스공사가 가스도입판매자를 위하여 수입하는 경우

「한국가스공사법」에 따른 한국가스공사가 기획재정부령이 정하는 가스도입판매업자를 위하여 천연가스(액화한 것 포함)를 직접 수입하는 경우에는 세관장이 해당 가스도입판매사업자에게 직접 세금계산서를 발급할 수 있다(부가령 제69조 제7항).

(7) 리스거래

1) 리스시설 임차시 세금계산서 발급

납세의무가 있는 사업자(과세사업자)가 「여신전문금융업법」 제3조에 따라 등록한 시설대여업자(리스회사)로부터 시설 등(리스자산)을 임차하고, 해당 시설 등을 공급자 또는 세관장으로부터 직접 인도받는 경우에는 해당 사업자(리스이용자)가 공급자로부터 재화를 직접 공급받거나 외국으로부터 재화를 직접수입한 것으로 간주하고 있으므로, 공급자 또는 세관장이 해당 사업자(리스이용자)에게 직접 세금계산서를 발급할 수 있다(부가령 제69조 제8항).

☞ 실무상 '이용자명의리스'라고 불리어지는데 리스이용자가 리스회사로부터 계산서를 받지 않고 직접 제조회사나 세관장에게서 세금계산서를 받아 매입세액공제 가능하다(예: 경차, 9인승이상 카니발 등).

2) 리스이용자가 변경되는 경우

금융리스의 경우 리스이용자가 새로운 리스이용자에게 당해 리스자산을 넘겨주는 것은 자산의 양도로서 부가가치세가 과세되며 리스이용자는 새로운 리스이용자에게 세금계산서를 발급하여야 한다.

운용리스의 경우 리스이용자가 새로운 리스이용자에게 당해 리스자산을 넘겨주는 것은 재화의 공급에 해당하지 아니하며, 공급자 또는 세관장은 새로운 리스이용자에게 세금계산서를 발급하지 아니한다. 다만, 새로운 리스이용자에게 대가를 받고 임차인의 지위를 양도하는 경우 그 대가에 대하여는 부가가치세가 과세된다(재부가 22601-21, 1991.01.08.).

3) 리스계약이 해지되는 경우 - 금융리스

사업자가 시설대여업자로부터 금융리스 조건으로 리스자산을 임차하고 공급자(세관장)로부터 직접 인도받아 사용하다가 시설대여 계약이 해지되어 해당 시설대여업자에게 해당 리스자산을 반환하는 것은 재화의 공급에 해당하는 것으로 사업자는 리스자산을

반환하는 때에 시설대여업자에게 세금계산서를 발급하여야 한다(서면3팀-255, 2004. 02.17.).

4) 리스계약이 해지되는 경우 - 운용리스

사업자가 시설대여업자로부터 운용리스 조건으로 리스자산을 임차하여 사용하다가 시설대여 계약이 해지되어 해당 시설대여업자에게 리스자산을 반환하는 것은 임대차용 자산을 반환하는 것이므로 세금계산서를 발급하지 아니하며, 계산서 교부대상 거래도 해당하지 않는다(서면2팀-1658, 2005.10.17.).

5) 판매 후 리스자산의 경우

사업자가 신규로 제조하거나 구입한 시설 또는 사용하여 온 시설을 시설대여업법에 의하여 인가를 받은 시설대여회사에 판매한 후 그 시설을 리스하는 경우 해당 사업자는 자기를 공급자 및 공급받는 자로 하여 세금계산서를 발급한다(서면3팀-636, 2006. 03.31.).

(8) 조달청장이 발행한 창고증권 양도로서 임치물 반환이 수반되는 경우

사업자인 임치인이 임치물을 임치하는 때에 창고증권과의 교환으로 임치물을 반환받는 자를 알 수 없는 경우에는 임치인이 조달청장에게 세금계산서를 발급하고 조달청장은 창고증권과의 교환으로 임치물을 반환받는 자에게 세금계산서를 발급할 수 있다(부가령 제69조 제8항).

(9) 감정평가업자 등이 감정평가용역 등을 제공하는 경우

「부동산 가격공시 및 감정평가에 관한 법률」에 따른 감정평가업자 또는 「신문 등의 진흥에 관한 법률」에 따른 정기간행물발행업자 또는 「뉴스통신진흥에 관한 법률」에 따른 뉴스통신사업을 경영하는 법인이 법원의 의뢰에 의하여 감정평가용역 또는 광고용역을 제공하는 경우 해당 용역을 실지로 공급받는 자를 알 수 없는 경우에는 감정평가업자 또는 정기간행물발행업자 또는 뉴스통신사업을 경영하는 법인은 법원에 세금계산서를 발급하고, 해당 법원이 감정평가용역 및 광고용역을 실지로 공급받는 자에게 그 용역에 대한 대가를 징수하는 때에 세금계산서를 발급할 수 있다(부가령 제69조 제10항).

(10) 전기통신사업자가 다른 전기통신사업자의 가입자에게 용역 제공 경우

「전기통신사업법」에 따른 전기통신사업자가 다른 전기통신사업자의 이용자에게 전기통신역무를 제공하고 그 대가의 징수를 다른 전기통신사업자에게 대행하게 하는 경우에는 해당 전기통신역무를 제공한 사업자가 다른 전기통신사업자에게 세금계산서를 발급

하고, 다른 전기통신사업자가 가입자에게 세금계산서를 발급할 수 있다(부가령 제69조 제11항).

(11) 발전사업자가 전력시장을 통하여 전력을 공급하는 경우

「전기사업법」에 따른 발전사업자가 전력시장을 통하여 같은 법에 따른 전기판매사업자 또는 전기사용자에게 전력을 공급하고 그 대가를 같은 법에 따른 한국전력거래소를 통하여 받는 경우에는 해당 발전사업자가 한국전력거래소에 세금계산서를 발급하고 한국전력거래소가 해당 전기판매사업자 또는 전기사용자에게 세금계산서를 발급할 수 있다(부가령 제69조 제12항).

(12) 위성이동멀티미디어방송사업자가 방송용역을 제공하는 경우

「방송법 시행령」 제1조의2 제4호 및 제5호에 따른 위성이동멀티미디어방송사업자 및 일반위성방송사업자가 「전기통신사업법」에 따른 전기통신사업자의이용자에게 각각 위성이동멀티미디어방송용역 또는 일반위성방송용역을 제공하고 그 대가의 징수를 전기통신사업자에게 대행하게 하는 경우, 위성이동멀티미디어방송사업자 및 일반위성방송사업자는 전기통신사업자에게 세금계산서를 발급하고, 전기통신사업자가 이용자에게 세금계산서를 발급할 수 있다(부가령 제69조 제13항).

(13) 전력을 공급받는 명의자와 실지 소비자가 다른 경우

「전기사업법」에 따른 전기사업자가 전력을 공급하는 경우로써 전력을 공급받는명의자와 전력을 실제로 소비하는 자가 다른 경우에 전기사업자가 전기를 공급받는 명의자를 공급받는 자로 하여 세금계산서를 발급하고 해당 명의자는 그 발급받은 세금계산서에 기재된 공급가액의 범위 안에서 전력을 실제로 소비하는 자를 공급받는 자로 하여 세금계산서를 발급한 때(세금계산서 발급의무가 면제되는 전력 또는 도시가스를 공급받는 명의자가 비사업자인 실지소비자에게 발급한 때를 포함)에는 그 전기사업자가 전력을 실지로 소비하는 자를 공급받는자로 하여 세금계산서를 발급한 것으로 본다(부가령 제69조 제14항).

전기사업자 → 명의자 → 실지소비자
(명의자는 발급받은 세금계산서의 공급가액 범위 내에서 발급)

따라서 전기사업자로부터 세금계산서를 발급받은 자가 일반과세자가 아닌 간이과세자, 고유번호를 부여받은 자 등인 경우에도 동 규정에 따라 예외적으로 세금계산서를

발급 할 수 있다(부가통 16-58-8). 이 경우에 간이과세자나 고유번호가 부여된 비사업자가 세금계산서를 발급한 경우 부가가치세 신고는 하지 않으며 매출 및 매입처별세금계산서 합계표만 제출한다.

(14) 재생에너지전기공급사업자가 전력을 공급하는 경우

「전기사업법」에 따른 재생에너지전기공급사업자가 전기사용자에게 전력을 공급하고 같은 법에 따른 전기판매사업자 및 한국전력거래소에 관련 대금을 지급하는 경우에는 전기판매사업자 및 한국전력거래소가 재생에너지전기공급사업자에게 세금계산서를 발급하고 재생에너지전기공급사업자가 전기사용자에게 세금계산서를 발급할 수 있다(부가령 제69조 제14항).

(15) 동업자단체 등의 공동판매·공동매입의 경우

동업자가 조직한 조합 또는 이와 유사한 단체가 그 조합원 또는 구성원을 위하여 재화 또는 용역을 공급하거나 공급받는 경우와 「국가를 당사자로 하는 계약에 관한 법률」에 의한 공동도급계약에 따라 용역을 공급하고 그 공동수급체의 대표자가 그 대가를 지급받는 경우 및 도시가스사업자가 도시가스를 공급함에 있어서 도시가스를 공급받는 명의자와 도시가스를 실지로 소비하는 자가 서로 다른 경우에도 위 "14)"의 방법을 준용한다(부가령 제69조 제16항).

(16) 보세구역내 조달청 창고 및 런던금속거래소의 창고에 보관된 물품이 국내로 반입되는 경우

보세구역내 소재하는 조달청 창고 및 런던금속거래소 지정창고에 보관된 물품이 국내로 반입되는 경우, 세관장이 수입세금계산서를 발급한다(부가령 제69조 제17항).

(17) 국외사업자의 용역 등 공급에 관한 특례에 의하여 용역 등을 공급하는 경우

국외사업자(법 제52조 제1항 각호에 해당하는 자)가 법 제53조 제1항(국외사업자의 용역 등 공급에 관한 특례)에 따라 용역 등을 공급하는 경우에는 위탁매매인을 공급자로 하여 세금계산서를 발급하며, 해당 용역 등을 공급하는 국외사업자의 상호 및 주소를 덧붙여 적어야 한다(부가령 제69조 제18항).

(18) 온실가스 배출권을 공급하는 경우

「온실가스 배출권의 할당 및 거래에 관한 법률」에 따라 배출권 거래계정을 등록한 자가 배출권 거래소가 개설한 배출권 거래시장을 통하여 다른 할당대상업체 등에게 배출권을 공급하고 그 대가를 배출권 거래소를 통하여 받는 경우에는 그 할당대상업체 등이 배출권 거래소에 세금계산서를 발급하고 배출권거래소가 공급받은 할당대상업체 등에 세금계산서를 발급할 수 있다(부가령 제69조 제19항).

☞ 2016.01.01. 공급분부터 2020.12.31.까지는 부가가치세 면세

(19) 합병 소멸법인의 재화·용역의 공급

합병에 따라 소멸하는 법인이 합병계약서에 기재된 합병을 할 날부터 합병등기일까지의 기간에 재화 또는 용역을 공급하거나 공급받는 경우 합병 이후 존속하는 법인 또는 합병으로 신설되는 법인이 세금계산서를 발급하거나 발급받을 수 있다(부가령 제69조 제20항).

(20) 분할·분할합병 소멸법인의 재화·용역의 공급

분할 또는 분할합병에 따라 소멸하는 법인이 분할계획서에 기재된 분할을 할 날 또는 분할합병계약서에 기재된 분할합병을 할 날부터 분할등기일 또는 분할합병등기일까지의 기간에 재화 또는 용역을 공급하거나 공급받는 경우에는 다음의 어느 하나에 해당하는 법인으로서 분할계획서 또는 분할합병계약서에서 정하는 바에 따라 해당 재화 또는 용역의 공급에 관한 권리의무를 승계하는 법인이 세금계산서를 발급하거나 발급받을 수 있다(부가령 제69조 제21항).

① 분할 또는 분할합병 이후 존속하는 법인
② 분할 또는 분할합병으로 신설되는 법인

(21) 2 이상의 사업장이 있는 경우

① 본점과 지점 등 2 이상의 사업장이 있는 법인사업자가 본점에서 계약을 체결하고 재화 또는 용역은 지점이 공급하는 경우 세금계산서는 재화나 용역을 실제 공급하는 사업장에서 발급한다.
② 본점과 지점 등 2 이상의 사업장이 있는 법인사업자가 계약·발주·대금지급 등의 거래는 해당 본점에서 이루어지고, 재화 또는 용역은 지점에서 공급받는 경우 세금계산서는 본점 또는 지점 어느 쪽에서도 발급받을 수 있다.
③ 본점에서 일괄하여 계약체결 및 대금 결제하고 거래상대방으로부터 세금계산서를 발급받은 경우 해당 세금계산서의 공급가액 범위 내에서 용역을 실지로 사용·소비하는 지점으로 세금계산서를 발급할 수 있다.
④ 제조장과 직매장 등 2 이상의 사업장을 가진 사업자가 제조장에서 생산한 재화를

직매장 등에서 전담하여 판매함에 있어 수송 등의 편의를 위하여 제조장에서 거래처에 직접 재화를 인도하는 경우에는 공급자를 제조장으로 하는 세금계산서를 직접 거래처에 발급한다. 다만, 이미 제조장에서 직매장 등으로 세금계산서(총괄납부사업자의 경우에는 거래명세서)를 발급한 경우에는 직매장 등에서 거래처에 세금계산서를 발급하여야 한다.

(22) 운송주선업자의 거래

운송주선용역을 공급하는 사업자가 불특정다수인의 화주와 운송위탁계약을 체결하여 화주로부터 화물·운임 및 주선수수료를 받아 운수업자로 하여금 화물을 운송하게 하고 그 운임을 지불하는 경우 세금계산서의 발급은 다음과 같이 한다.

① 운송주선사업자는 운송주선용역을 공급받는 자(화주 또는 운송업자)에게 운송주선용역의 대가인 수수료에 대하여 세금계산서를 발급하고 화물운송계약이 확정될 때에 운송업자의 명의로 화주에게 화물운송용역에 대한 세금계산서를 발급한다. 이 경우 화물운송주선업자의 등록번호를 비고란에 함께 기재한다.
② 화물운송업자는 화물운송주선업자가 화물운송업자의 명의로 세금계산서를 발급하지 아니한 경우에 한하여 화주에게 세금계산서를 발급한다.

(23) 공동도급에 대한 세금계산서 발급

공동도급이란 공사·제조·기타 도급계약에 있어서 발주처와 공동수급체가 체결하는 계약으로서 1개의 사업현장에서 둘 이상의 사업자(공동수급체)가 각각 자기의 지분 또는 공동의 지분에 대하여 사업을 수행하는 형태를 말한다(부가집 32-0-4).

1) 사업자등록

원칙적으로 공동수급체는 공동사업자로 보지 아니하므로 사업자등록 대상에 해당하지 아니한다.

2) 매출세금계산서

공동수급체의 구성원 각자가 발주처에 자기가 공급한 용역에 대하여 발급하는 것이 원칙이다. 다만, 공동수급체의 대표사가 그 대가를 지급받는 경우 해당 공동수급체의 구성원은 각자 공급한 용역에 대하여 공동수급체 대표자에게 세금계산서를 발급하고, 그 대표사는 발주처에게 세금계산서를 일괄 발급할 수 있다.

3) 매입세금계산서

공동비용에 대해 각각 발급받을 수 있는 경우 그 지분금액대로 각각 수취가능하나,

대표사가 전체를 발급받아 각 공동지분에 따라 나머지 구성원에게 세금계산서 발급 가능하다. 이 경우 대표사가 발급한 세금계산서는 재화 또는 용역을 공급한 것이 아니므로 부가가치세 과세표준에 포함되지 아니하지만 세금계산서합계표는 제출해야한다.

 관련 해석사례 및 집행기준

- **지방자치단체가 한국전력공사로부터 위탁받아 공사하는 경우**

  한국전력공사가 자신이 관리하는 전선의 유지보수를 위해 배전선로 부근의 가로수 가지치기 공사를 지방자치단체에 위탁하고 지방자치단체가 사업자에게 재위탁한 경우, 해당 지방자치단체는 용역을 제공한 사업자로부터 발급받은 세금계산서에 적힌 공급가액의 범위 안에서「부가가치세법 시행령」제69조 제14항 및 제15항의 규정을 준용하여 한국전력공사에 세금계산서를 발급할 수 있는 것임(부가-866, 2013.09.23.).

- **공동매입 등에 대한 세금계산서 발급과 관련한 가산세 적용**

  조합이 그 조합원을 위하여 수수한 세금계산서에 대해 그 공급가액을 신고하지 아니하거나 매출·매입처별세금계산서합계표를 제출하지 아니한 경우 같은 법 제60조의 규정은 적용하지 아니하는 것임(부가-689, 2013.07.26.).

- **집합건물관리단의 공동매입에 따른 세금계산서 발급 방법 등**

  집합건물의 구분소유자들이 집합건물의소유및관리에관한법률 제23조에 규정한 관리단을 구성하여 고유번호를 부여받은 경우에 있어서 자치적으로 건물을 관리하고 그 관리에 소요된 비용만을 각 입주자들에게 분배하여 징수하는 경우에는 부가가치세가 과세되는 재화 또는 용역의 공급에 해당하지 아니하는 것으로 부가가치세법 제16조의 규정에 의한 세금계산서를 교부할 수 없는 것임. 다만, 당해 관리단이 입주자들이 실지로 소비하는 재화 또는 용역에 대하여 부가가치세법 제16조의 규정에 의하여 세금계산서를 교부받은 경우에 당해 명의자인 관리단은 그 교부받은 세금계산서에 기재된 공급가액의 범위 안에서 당해 재화 또는 용역을 실지로 소비하는 입주자들에게 같은 법 시행규칙 제18조의 규정에 의하여 세금계산서를 교부할 수 있는 것임(부가-292, 2011.03.24.).

- **빌딩관리사무소의 자재 및 용역 대금에 대한 세금계산서 발급**

  빌딩관리사무소가 입주자들이 사용한 전기료 및 건물 관리를 위한 자재구입 또는 수리용역 등에 대하여 세금계산서를 수취한 경우 세금계산서 수취금액의 범위 내에서 시행규칙 제18조의 규정에 의하여 실제 비용을 부담한 입주자들에게 세금계산서를 발급받은 날짜로 세금계산서를 발급할 수 있는 것이며, 세금계산서를 발급받은 입주자들은 매입세액 공제 가능함.

  ☞ 관리사무소가 고유번호를 받은 경우 및 간이과세자도 발급가능(부가가치세과-894, 2009.03.06.)

백화점 등 특정매입거래의 세금계산서 발급방법

1. 사업자가 백화점내에 매장을 임차하여 매출액의 일정비율에 상당하는 금액을 임차료(수수료)로 지급하기로 약정하고 동 매장을 직접 운영(상품구입, 재고관리, 판매관리 등)하면서 자기 책임과 계산하에 재화를 판매한 후 임차료(수수료)를 차감하고 판매대금을 지급받는 경우 당해 매장은 사업장에 해당하며, 당해 매장의 임차료(수수료)에 대하여는 백화점 사업자로부터 세금계산서를 수취하는 것이며
2. 사업자가 백화점 사업자와 특정 거래조건(재고반품 및 마진율과 대금지급 등)에 의한 계약을 체결하여 백화점 사업자에게 재화를 공급하고 그 공급대가는 판매금액 중 일정비율에 상당하는 마진금액을 차감한 금액으로 지급 받기로 한 경우에는 당해 지급받는 금액으로 백화점 사업자에게 세금계산서를 교부하는 것으로
3. 상기 1 또는 2에 해당여부는 관련계약내용, 거래조건 등 구체적 거래형태 등을 고려하여 판단할 사항임(서면3팀-341, 2006.02.23.).

공동판매 관련자료 미제출시 가산세 적용여부

공동업자가 조직한 조합이 그 조합원을 위하여 재화 또는 용역을 공급하거나 공급받고 세금계산서를 수수한 경우에 당해 세금계산서의 공급가액은 부가가치세법 제18조 및 제19조 규정에 의한 부가가치세 신고시 조합의 사업과 관련된 매출·매입 금액과 합하여 신고하는 것임. 또한, 당해 세금계산서는 조합의 사업과 관련하여 교부하였거나 교부한 세금계산서와 함께 매출·매입처별세금계산서합계표를 작성하여 같은법 제20조의 규정에 의하여 정부에 제출하여야 하는 것이나, 조합원을 위하여 재화 또는 용역을 공급하고 발행한 세금계산서의 공급가액은 조합의 수입금액에 해당하지 아니하므로 과세표준명세의 수입금액제외란에 기재하여 신고하여야 하는 것임. 다만, 이 경우 조합이 그 조합원을 위하여 수수한 세금계산서의 공급가액을 신고하지 아니하거나 매출·매입처별세금계산서합계표를 제출하지 아니한 경우에도 같은 법 제22조의 규정은 적용하지 아니하는 것임(서면3팀-2020, 2004.10.02.).

인터넷 쇼핑몰 운영 사업자의 수탁 판매분 세금계산서 발급

1. 인터넷 쇼핑몰 운영사업자가 재화를 수탁받아 판매하면서 결제대행업체를 통하여 신용카드 매출전표를 발행한 경우 구매자가 세금계산서를 요구하는 경우 위탁 세금계산서를 교부하여야 하는 것임.
2. 사업자가 인터넷사이트에 다른 사업자의 광고를 게재하여 주고 대가를 받는 경우에는 영수증 교부대상에 해당하지 아니하므로 세금계산서를 교부하여야 하는 것임(서면3팀-1310, 2004.07.07.).

8. 세금계산서의 발급의무 면제

다음과 같이 세금계산서를 발급하기 어렵거나 세금계산서의 발급이 불필요한 경우 세금계산서를 발급하지 아니할 수 있다(부가법 제33조, 부가령 제71조).

① 택시운송 사업자, 노점 또는 행상을 하는 사람, 무인자동판매기를 이용하여 재화나 용역을 공급하는 사업자가 공급하는 재화 또는 용역
② 전력이나 도시가스를 실제로 소비하는 자(사업자 제외)를 위하여 전기사업자 또는 도시가스사업자로부터 전력이나 도시가스를 공급받는 명의자
③ 소매업 또는 미용·욕탕 및 유사 서비스업을 경영하는 자가 공급하는 재화 또는 용역. 다만, 소매업의 경우 공급받는 자가 세금계산서의 발급을 요구하지 아니하는 경우로 한정한다.
④ 자가공급·개인적 공급·사업상증여 및 폐업시의 잔존재화. 다만, 총괄납부 사업자가 판매목적으로 직매장 등 다른 사업장에 재화를 공급하는 경우는 세금계산서를 발급하여야 한다.
⑤ 수출재화. 다만, 원료를 대가 없이 국외의 수탁가공 사업자에게 반출하여 가공한 재화를 양도하는 경우 그 원료와 내국신용장 또는 구매확인서에 의한 공급, 한국국제협력단과 한국국제보건의료재단 및 대한적십자사에 공급하는 재화는 세금계산서를 발급하여야 한다.
⑥ 국외제공용역
⑦ 그 밖에 국내사업장이 없는 비거주자 또는 외국법인에게 공급하는 재화 또는 용역. 다만 다음 중 어느 하나에 해당하는 경우는 제외한다.
  ㉠ 해당 비거주자 또는 외국법인이 해당 외국의 개인사업자 또는 법인사업자임을 증명하는 서류를 제시하고 세금계산서 발급을 요구하는 경우
  ㉡ 「법인세법」 제94조의2에 따른 외국법인 연락사무소에 재화 또는 용역을 공급하는 경우
    ☞ 2023.07.01. 이후 공급분부터 적용
⑧ 그 밖의 외화 획득거래로서 국내주재 외국정부기관에 대한 공급과 국내사업장이 없는 비거주자와 외국법인에 공급. 다만, 수출재화 임가공 용역은 세금계산서를 발급하여야 한다.
⑨ 선박 또는 항공기의 외국항행용역으로서 항공기운송용역·상업서류송달용역·국내사업장이 없는 비거주자와 외국법인에 대한 공급
⑩ 간주임대료(부가가치세는 원칙적으로 임대인이 부담하며 약정에 의해서 임차인이

부담할 수 있으나 세금계산서는 발급할 수 없다)
⑪ 공인인증기관이 공인인증서를 발급하는 용역. 다만, 공급받는 자가 사업자로서 세금계산서의 발급을 요구하는 경우는 제외한다.
⑫ 간편사업자등록을 한 사업자가 국내에 공급하는 전자적 용역

9. 세금계산서와 신용카드매출전표의 이중발행 금지

(1) 신용카드매출전표 발행 이후 세금계산서 발급을 요구하는 경우

사업자가 공급계약을 체결하고 거래시기가 되기 전에 신용카드매출전표를 발행한 경우, 동일한 거래처에 1역월 동안 2회 이상의 재화를 공급하고 그 대가의 일부를 신용카드로 지급받고 전표를 발행한 경우, 인터넷으로 주문을 받아 인터넷으로 신용카드매출전표를 발행한 경우 등의 어떠한 경우에도 신용카드매출전표를 발행한 이후에는 세금계산서를 발급할 수 없으며, 이 경우 신용카드매출전표가 매입세금계산서 역할을 하므로 공급받은 자의 경우 매입세액을 공제받을 수 있다.

(2) 공급시기에 세금계산서를 발급하였으나 그 후 대금결제를 신용카드매출전표로 하는 경우

사업자가 재화나 용역을 공급하고 공급시기에 세금계산서를 발급하였으나 그 이후 대금결재 수단을 신용카드로 받는 경우에는 당초 세금계산서는 취소대상이거나 사실과 다른 세금계산서는 아니다. 이 경우 공급받은 자의 경우 세금계산서합계표를 제출하여 매입세액을 공제받을 수 있다.

☞ 공급자는 신용카드매출전표 등 발행금액 집계표상의 신용카드매출전표 등 발행금액 중 세금계산서 발급내역에 이를 기재하여야 과세표준의 이중 계상을 방지한다.

 관련 해석사례 및 집행기준

▸ 타인 신용카드로 결제한 경우 세금계산서 발급

사업자가 매입세액 공제 대상 물품을 타인(종업원 및 가족 제외)명의 신용카드로 결제한 경우 신용카드매출전표에 의하여 매입세액이 공제되지 아니하며 세금계산서를 수취하여야 매입세액이 공제되는 것임. 이 경우 공급자는 재화를 공급받는 자가 세금계산서의 교부를 요구하는 경우 신용카드 명의자와 사업자등록증 상의 대표자가 다른 것으로 확인되는 때에는 세금계산서를 교부할 수 있는 것임(서면3팀-1912, 2007.07.05.).

▸ 현금영수증을 자동발급한 경우 세금계산서 발급의무 면제

현금영수증 가맹점이 재화를 공급하고 공급받는 자의 신분인식수단을 확인할 수 없어 국세청

장이 지정한 번호(010-000-1234)로 현금영수증을 발급한 경우에는 시행령 제57조 제2항의 규정에 의하여 세금계산서 교부의무가 면제되는 것임(상담3팀-1893, 2007.07.03.).

10. 수입세금계산서

(1) 수입세금계산서의 발급

관할 세관장은 수입되는 재화에 대하여는 부가가치세를 징수하는 때에는 세금계산서 발급에 관한 규정을 준용하여 수입된 재화에 대한 수입세금계산서를 수입자에게 발급하여야 한다. 이 경우 수입되는 재화에 부가가치세의 납부가 유예되는 경우에는 수입세금계산서에 납부유예 표시를 하여 발급한다(부가법 제72조 제1항, 부가령 제72조 제1항).

(2) 수정수입세금계산서 발급사유

세관장은 다음 중 어느 하나에 해당하는 경우에 수입하는 자에게 수정수입세금계산서를 발급하여야 한다(부가법 제35조 제2항, 부가령 제72조).

① 「관세법」에 따라 세관장이 과세표준 또는 세액을 결정 또는 경정하기 전에 수입하는 자가 수정신고·경정청구 등을 하는 경우
② 세관장이 「관세법」에 따라 과세표준 및 세액을 결정 또는 경정하는 경우 (수입하는 자가 해당 재화의 수입과 관련하여 다음 ㉠~㉢ 의 어느 하나에 해당하지 아니하는 경우로 한정한다.)
　㉠ 「관세법」 제270조(제271조 제2항에 따른 미수범의 경우를 포함한다), 제270조의2 또는 제276조를 위반하여 고발되거나 같은 법 제311조에 따라 통고처분을 받은 경우
　㉡ 「관세법」 제42조 제2항에 따른 부정한 행위 또는 「자유무역협정의 이행을 위한 관세법의 특례에 관한 법률」 제36조 제1항 제1호에 단서에 따른 부당한 방법으로 관세의 과세표준 또는 세액을 과소신고한 경우
　㉢ 수입자가 과세표준 또는 세액을 신고하면서 관세조사 등을 통하여 이미 통지받은 오류를 다음 신고시에도 반복되는 등 대통령령으로 정하는 중대한 잘못이 있는 경우
③ 수입하는 자가 세관공무원의 관세 조사 등 대통령으로 정하는 행위가 발생하여 과세표준 및 세액을 결정 또는 경정할 것을 미리 알고 「관세법」에 따라 수정신고를 하는 경우(해당 재하의 수입과 관련하여 상기 ②. ㉠ ~ ㉢에 해당하지 아니하는 경

우로 한정한다.)

(3) 수정수입세금계산서 발급신청

수입하는 자는 세관장이 수정수입세금계산서를 발급하지 아니하는 경우 국세기본법상 부과제척기간 내에 세관장에게 수정수입세금계산서의 발급을 신청할 수 있다(부가법 제35조 제3항).

(4) 수정수입세금계산서 발급방법

부가가치세를 납부받거나 징수 또는 환급한 날을 작성일로 적고 비고란에 최초 수입세금계산서 발급일 등을 덧붙여 적은 후 추가되는 금액은 검은색 글씨로, 차감되는 금액은 붉은색 글씨로 쓰거나 음의 표시를 하여 발급한다.

(5) 수정된 매출처별 세금계산서합계표 제출

세금계산서 합계표의 제출 규정을 준용하여 작성된 수정된 매출처별 세금계산서합계표를 해당 세관 소재지를 관할하는 세무서장에게 제출하여야 한다(부가법 제35조 제4항).

 관련 해석사례 및 집행기준

- **사업자단위과세 적용으로 말소된 종된 사업장의 사업자등록번호로 발급받은 수입세금계산서의 매입세액공제 가능여부**

  사업자단위과세가 적용되는 과세기간 전에 수입신고수리된 물품에 대하여 사업자단위과세 적용 후에 종된 사업장의 사업자등록번호로 수입세금계산서를 발급받는 경우에는 해당 수입세금계산서의 매입세액은 발급일이 속하는 과세기간에 공제가능한 것임(서면법규과-499, 2013.04.30.).

- **내국법인을 통하여 구매하기로 한 재화를 국외에서 인도받아 직접 수입하는 경우**

  내국법인(쟁점법인)이 국내의 다른 내국법인(갑법인)에게 국외의 A법인이 생산한 재화(쟁점상품)를 국외에서 인도하여 갑법인 명의로 항공화물운송장을 교부받은 경우로서 갑법인이 쟁점상품의 국내 수입, 통관 등 제반 수입절차를 이행하여 관할 세관장으로부터 수입세금계산서를 발급받는 경우 쟁점법인과 갑법인의 거래는 국외거래에 해당하여 부가가치세가 과세되지 아니하는 것이나, 쟁점법인은 쟁점상품 공급에 대하여 갑법인에「법인세법」제121조에 따라 계산서를 발급하여야 하는 것임(법규부가 2012-310, 2012.09.10.; 부가-801, 2014.09.30.).

11. 세금계산서합계표의 제출

(1) 의의

사업자는 세금계산서 또는 수입세금계산서를 발급하였거나 발급받은 경우에는 다음의 사항을 적은 매출처별 세금계산서합계표와 매입처별 세금계산서합계표(이하 "매출·매입처별 세금계산서합계표"라 한다)를 해당 예정신고 또는 확정신고를 할 때 함께 제출하여야 한다(부가법 제54조 제1항). 다만, 예정고지에 의하여 부가가치세를 납부하는 사업자는 예정신고기간 분을 해당 과세기간의 확정신고와 함께 제출하여야 한다.

① 공급하는 사업자 및 공급받는 사업자의 등록번호와 성명 또는 명칭
② 거래기간
③ 작성 연월일
④ 거래기간의 공급가액의 합계액 및 세액의 합계액
⑤ 거래처별 세금계산서 발급매수

사업자가 국세청장이 정하는 바에 따른 매출·매입처별 세금계산서합계표의 기록사항을 모두 적은 것으로써 전자계산조직을 이용하여 처리된 테이프 또는 디스켓을 제출하는 경우에는 매출·매입처별 세금계산서합계표를 제출한 것으로 본다(부가령 제97조 제1항).

(2) 전자세금계산서의 경우

전자세금계산서를 발급하거나 발급받고 전자세금계산서 발급명세를 해당 재화 또는 용역의 공급시기가 속하는 과세기간(예정신고의 경우에는 예정신고기간) 마지막 날의 다음 달 11일까지 국세청장에게 전송한 경우에는 해당 예정신고 또는 확정신고(예정고지의 경우에는 해당 과세기간의 확정신고) 시 매출·매입처별 세금계산서합계표를 제출하지 아니할 수 있다(부가법 제54조 제2항).

(3) 예정신고시 매출·매입처별 세금계산서합계표를 제출하지 못하는 경우

예정신고를 하는 사업자가 각 예정신고와 함께 매출·매입처별 세금계산서합계표를 제출하지 못하는 경우에는 해당 예정신고기간이 속하는 과세기간의 확정신고를 할 때 함께 제출할 수 있다(부가법 제54조 제3항).

(4) 영세율 등 조기환급신고의 경우

영세율 등 조기환급 신고를 하는 경우에 해당 영세율 등 조기환급신고서에 매출·매입

처별 세금계산서합계표를 첨부하여 제출하여야 하며, 이 경우에는 매출처별 세금계산서합계표와 매입처별 세금계산서합계표를 제출한 것으로 본다(부가령 제107조 제5항, 제6항).

(5) 세관장의 제출의무

수입세금계산서를 발급한 세관장은 사업자의 경우를 준용하여 매출처별세금계산서합계표를 해당 세관 소재지를 관할하는 세무서장에게 제출하여야 한다(부가법 제54조 제4항). 다만, 전자세금계산서 발급명세를 해당 재화 또는 용역의 공급시기가 속하는 과세기간(예정신고의 경우에는 예정신고기간) 마지막 날의 다음 달 11일까지 국세청장에게 전송한 경우에는 해당 예정신고 또는 확정신고(예정고지의 경우에는 해당 과세기간의 확정신고) 시 매출·매입처별 세금계산서합계표를 제출하지 아니할 수 있다(부가법 제54조 제2항).

(6) 면세사업자 등의 제출의무

세금계산서를 발급받은 국가, 지방자치단체, 지방자치단체조합, 면세사업자(소득세 또는 법인세의 납세의무가 있는 자에 한함) 등은 부가가치세의 납세의무가 없는 경우에도 매입처별 세금계산서합계표를 해당 과세기간 종료 후 25일 이내에 사업장 관할세무서장에게 제출하여야 한다(부가법 제54조 제5항).

> ① 면세사업자 중 소득세 또는 법인세 납세의무가 있는 자(「조세특례제한법」에 의하여 소득세 또는 법인세가 면제되는 자를 포함한다)
> ② 「민법」제32조의 규정에 의하여 설립된 비영리법인
> ③ 「특별법」에 의하여 설립된 법인
> ④ 각급학교 기성회, 후원회 또는 이와 유사한 단체
> ⑤ 외국법인의 연락사무소

(7) 공동매입 등에 의하여 세금계산서를 발급한 경우

① 세금계산서를 발급받거나 발급한 조달청장 및 법원은 해당 세금계산서에 대한 매출·매입처별 세금계산서합계표를 사업장 관할 세무서장에게 제출할 수 있다(부가칙 제67조 제1항).

② 전력공급(도시가스사업자의 도시가스 공급업 포함) 및 동업자단체 등의 공동판매 및 매입(☞ 부가령 제69조 제14항, 15항) 등에 있어 실제로 재화를 공급하거나 공급받는 자를 위하여 세금계산서를 발급받고 발급한 자는 해당 세금계산서에 대한

매출·매입처별 세금계산서합계표를 납세지 관할세무서장에게 제출하여야 한다(부가칙 제67조 제2항).

(8) 전자세금계산서 발급분을 전송하고 세금계산서합계표에 기재하지 않은 경우 가산세 적용 여부

사업자가 전자세금계산서 발급분을 전송하고 부가가치세 신고 시 매출처별세금계산서합계표에 기재하지 않은 경우, 「부가가치세법」 제20조 제1항 단서규정에 따라 매출처별세금계산서합계표 가산세는 적용되지 아니한다(부가-1058, 2010.08.13.).

(9) 기한후신고 시 기 전송한 전자세금계산서에 대해 매출처별세금계산서합계표 미제출가산세를 적용해야 하는 지 여부

사업자가 전자세금계산서 발급분을 전송하고 부가가치세 신고 시 매출처별세금계산서합계표에 기재하지 않은 경우 별도로 세금계산서합계표를 제출하지 아니하는 것이며, 매출처별세금계산서합계표가산세는 적용되지 아니한다(부가-386, 2012.04.05.).

(10) 사실과 다르게 과다기재하여 신고한 매입처별세금계산서합계표에 대한 가산세 적용

사업자가 매입처별세금계산서 합계표의 기재사항중 공급가액을 사실과 다르게 과다하게 기재하여 신고한 때에는 과다하게 기재하여 신고한 공급가액에 대하여 매입처별세금계산서합계표 기재불성실 가산세를 적용한다(서면3팀-3389, 2007.12.21.).

■ 부가가치세법 시행규칙 [별지 제38호서식(1)] (2024.03.22 개정) 홈택스(www.hometax.go.kr)에서도 신청할 수 있습니다.

매출처별 세금계산서합계표(갑)

년 제 기 (월 일 ~ 월 일)

※ 뒤쪽의 작성방법을 읽고 작성하시기 바랍니다. (앞쪽)

1. 제출자 인적사항

① 사업자등록번호   ② 상호(법인명)

③ 성명(대표자)   ④ 사업장 소재지

⑤ 거래기간   년 월 일 ~ 년 월 일   ⑥ 작성일   년 월 일

2. 매출세금계산서 총합계

구 분		⑦ 매출처수	⑧ 매수	⑨ 공급가액 (조 십억 백만 천 일)	⑩ 세액 (조 십억 백만 천 일)
합 계					
과세기간 종료일 다음 달 11일까지 전송된 전자세금계산서 발급분	사업자등록번호 발급분				
	주민등록번호 발급분				
	소 계				
위 전자세금계산서 외의 발급분	사업자등록번호 발급분				
	주민등록번호 발급분				
	소 계				

▶ 과세기간(예정신고기간)종료일 다음 달 11일까지 전송된 전자세금계산서 금액을 기재한다.

▶ 종이세금계산서와 과세기간(예정신고기간)종료일 다음달 11일까지 전송되지 않은 전자세금계산서 금액을 기재한다.

3. 과세기간 종료일 다음 달 11일까지 전송된 전자세금계산서 외 발급분 매출처별 명세
(합계금액으로 적음)

⑪ 번호	⑫ 사업자 등록번호	⑬ 상호 (법인명)	⑭ 매수	⑮ 공급가액 (조 십억 백만 천 일)	⑯ 세액 (조 십억 백만 천 일)	비고
1						
2						
3						
4						
5						

⑰ 관리번호(매출)   －

210mm×297mm[백상지 80g/㎡ 또는 중질지 80g/㎡]

(뒤쪽)

작성방법

이 합계표는 아래의 작성방법에 따라 한글과 아라비아숫자로 정확하고 선명하게 적어야 하며, 공급가액과 세액은 원 단위까지 표시하여야 합니다.

①~④: 제출자의 사업자등록증에 적힌 사업자등록번호(또는 고유번호), 상호(법인명), 성명(대표자), 사업장 소재지를 적습니다.

⑤: 신고대상기간을 적습니다(예시: 2010년 1월 1일 ~ 2010년 6월 30일).

⑥: 이 합계표를 작성하여 제출하는 연월일을 적습니다.

⑦~⑩: 합계란에는 과세기간 종료일 다음 달 11일까지 전송된 전자세금계산서 발급받은 분 소계와 위 전자세금계산서 외의 발급받은 분 소계의 단순합계를 적습니다.

과세기간 종료일 다음 달 11일까지 전송된 전자세금계산서 발급받은 분에는 전자세금계산서로 발급받고, 과세기간(예정신고대상자의 경우 예정신고기간) 종료일 다음 달 11일(토요일, 공휴일인 경우 그 다음 날)까지 국세청에 전송된 매입세금계산서에 대한 매입처 수, 총매수, 총공급가액 및 총세액을 적습니다.

위 전자세금계산서 외의 발급받은 분에는 종이세금계산서, 전자세금계산서로 발급받았으나 그 개별명세가 과세기간(예정신고대상자의 경우 예정신고기간) 종료일 다음 달 11일(토요일, 공휴일인 경우 그 다음 날)까지 국세청에 전송되지 않은 전자세금계산서에 대한 매입처 수, 총매수, 총공급가액 및 총세액을 적습니다.

⑪: 과세기간 종료일 다음 달 11일까지 전송된 전자세금계산서 외 발급받은 매입처별 명세는 위 전자세금계산서 외의 발급받은 분에 대한 각각의 매입처별로 1번부터 부여하여 마지막까지 순서대로 적고[매입처별 세금계산서합계표(갑)서식을 초과하는 매입처별 거래분에 대해서는 매입처별 세금계산서합계표(을)서식에 이어서 적습니다], 주민등록번호로 발급받은 세금계산서는 사업자등록 전 매입세액 공제를 받을 수 있는 세금계산서만 적으며, 매입자가 세무서장에게 요청하여 발급하는 매입자발행세금계산서는 별도의 「매입자발행세금계산서합계표」에 적고, 전자세금계산서 외의 발급받은 분에는 포함하지 않습니다.

⑫·⑬: 위 전자세금계산서 외의 발급받은 분 세금계산서의 거래처(공급자) 사업자등록번호와 상호(법인명)를 적습니다.

⑭~⑯: 위 전자세금계산서 외의 발급받은 분 세금계산서를 거래처(공급자)별로 합하여 세금계산서 매수, 공급가액, 세액을 적습니다. 수정세금계산서의 경우에도 매수와 금액을 더하여 적습니다(예정신고 누락분을 확정신고 시 제출하는 경우 거래처에 더하여 적습니다).

⑰: 사업자가 적지 않습니다(권번호-페이지번호).

※ 3. 과세기간 종료일 다음 달 11일까지 전송된 전자세금계산서 외 발급받은 매입처가 5개를 초과하는 경우 『매입처별 세금계산서합계표(을)』[별지 제39호서식(2)]에 이어서 작성합니다.

■ 부가가치세법 시행규칙 [별지 제39호서식(1)] (2024.03.22 개정)

홈택스(www.hometax.go.kr)에서도 신청할 수 있습니다.

매입처별 세금계산서합계표(갑)

년 제 기 (월 일 ~ 월 일)

※ 아래의 작성방법을 읽고 작성하시기 바랍니다.　　　　　　　　　　　　　　　　　　(앞쪽)

1. 제출자 인적사항

① 사업자등록번호		② 상호(법인명)	
③ 성명(대표자)		④ 사업장 소재지	
⑤ 거래기간	년 월 일 ~ 년 월 일	⑥ 작성일	년 월 일

2. 매입세금계산서 총합계

구 분		⑦ 매입처수	⑧ 매수	⑨ 공급가액 (조 십억 백만 천 일)	⑩ 세액 (조 십억 백만 천 일)
합 계					
과세기간 종료일 다음 달 11일까지 전송된 전자세금계산서 발급받은 분	사업자등록번호 발급받은 분				
	주민등록번호 발급받은 분				
	소 계				
위 전자세금계산서 외의 발급받은 분	사업자등록번호 발급받은 분				
	주민등록번호 발급받은 분				
	소 계				

* 주민등록번호로 발급받은 세금계산서는 사업자등록 전 매입세액 공제를 받을 수 있는 세금계산서만 적습니다.

3. 과세기간 종료일 다음 달 11일까지 전송된 전자세금계산서 외 발급받은 매입처별 명세
(합계금액으로 적음)

⑪ 번호	⑫ 사업자 등록번호	⑬ 상호 (법인명)	⑭ 매수	⑮ 공급가액 (조 십억 백만 천 일)	⑯ 세액 (조 십억 백만 천 일)	비고
1						
2						
3						
4						
5						

⑰ 관리번호(매입)　　　　－

210mm×297mm[백상지 80g/㎡ 또는 중질지 80g/㎡]

(뒤쪽)

작성방법

이 합계표는 아래의 작성방법에 따라 한글과 아라비아숫자로 정확하고 선명하게 적어야 하며, 공급가액과 세액은 원 단위까지 표시하여야 합니다.

①~④: 제출자의 사업자등록증에 적힌 사업자등록번호(또는 고유번호), 상호(법인명), 성명(대표자), 사업장 소재지를 적습니다.

⑤: 신고대상기간을 적습니다(예시: 2010년 1월 1일 ~ 2010년 6월 30일).

⑥: 이 합계표를 작성하여 제출하는 연월일을 적습니다.

⑦~⑩: 합계란에는 과세기간 종료일 다음 달 11일까지 전송된 전자세금계산서 발급받은 분 소계와 위 전자세금계산서 외의 발급받은 분 소계의 단순합계를 적습니다.

과세기간 종료일 다음 달 11일까지 전송된 전자세금계산서 발급받은 분에는 전자세금계산서로 발급받고, 과세기간(예정신고대상자의 경우 예정신고기간) 종료일 다음 달 11일(토요일, 공휴일인 경우 그 다음 날)까지 국세청에 전송된 매입세금계산서에 대한 매입처 수, 총매수, 총공급가액 및 총세액을 적습니다.

위 전자세금계산서 외의 발급받은 분에는 종이세금계산서, 전자세금계산서로 발급받았으나 그 개별명세가 과세기간(예정신고대상자의 경우 예정신고기간) 종료일 다음 달 11일(토요일, 공휴일인 경우 그 다음 날)까지 국세청에 전송되지 않은 전자세금계산서에 대한 매입처 수, 총매수, 총공급가액 및 총세액을 적습니다.

⑪: 과세기간 종료일 다음 달 11일까지 전송된 전자세금계산서 외 발급받은 매입처별 명세는 위 전자세금계산서 외의 발급받은 분에 대한 각각의 매입처별로 1번부터 부여하여 마지막까지 순서대로 적고[매입처별 세금계산서합계표(갑)서식을 초과하는 매입처별 거래분에 대해서는 매입처별 세금계산서합계표(을)서식에 이어서 적습니다], 주민등록번호로 발급받은 세금계산서는 사업자등록 전 매입세액 공제를 받을 수 있는 세금계산서만 적으며, 매입자가 세무서장에게 요청하여 발급하는 매입자발행세금계산서는 별도의 「매입자발행세금계산서합계표」에 적고, 전자세금계산서 외의 발급받은 분에는 포함하지 않습니다.

⑫·⑬: 위 전자세금계산서 외의 발급받은 분 세금계산서의 거래처(공급자) 사업자등록번호와 상호(법인명)를 적습니다.

⑭~⑯: 위 전자세금계산서 외의 발급받은 분 세금계산서를 거래처(공급자)별로 합하여 세금계산서 매수, 공급가액, 세액을 적습니다. 수정세금계산서의 경우에도 매수와 금액을 더하여 적습니다(예정신고 누락분을 확정신고 시 제출하는 경우 거래처에 더하여 적습니다).

⑰: 사업자가 적지 않습니다(권번호-페이지번호).

※ 3. 과세기간 종료일 다음 달 11일까지 전송된 전자세금계산서 외 발급받은 매입처가 5개를 초과하는 경우 『매입처별 세금계산서합계표(을)』[별지 제39호서식(2)]에 이어서 작성합니다.

●실무사례 1   종이세금계산서를 전자세금계산서 발급분으로 신고한 경우 가산세 적용 여부

[사실관계]

20×5년 1월~6월 거래분에 대해 종이세금계산서를 발급하였으나 매출처별 세금계산서합계표에는 착오로 전자세금계산서 발급분으로 기재하여 신고를 한 경우 매출처별 세금계산서합계표 미제출 가산세가 적용되는지?

해답

매출처별 세금계산서합계표를 제출하지 아니하였거나, 제출한 매출처별 세금계산서합계표의 기재사항이 적혀 있지 아니하거나 사실과 다르게 적혀 있는 경우 공급가액의 1%에 해당하는 금액을 납부세액에 더하거나 환급세액에서 빼는 것임(부가-900, 2011.08.12).

●실무사례 2   비영리법인이 고유목적사업과 관련하여 매입세금계산서를 부실 수취 및 미제출시의 가산세 적용여부

[사실관계]

한결재단은 고유목적사업 이외의 수익(과세)사업은 운영하고 있지 않으며, 고유목적사업의 수행과정에서 사업자로부터 세금계산서를 수취하여 연간2회(7월 25일, 1월 25일) 제출하고 있다. 사실과 다르게 기재된 세금계산서 등을 수취·보관하거나, 매입처별세금계산서합계표를 미제출하는 경우의 가산세 적용하는지?

해답

수익사업을 영위하지 아니하는 비영리법인에 해당하고, 부가가치세의 납세의무가 없는 경우, 당해 비영리법인이 고유목적사업과 관련하여 사업자로부터 재화 또는 용역을 공급받고 세금계산서를 수취한 때에는 「법인세법」 제120조의3 및 「부가가치세법」 제20조에 따라 매입처별세금계산서합계표를 동 규정에서 정한 기한 이내에 납세지관할세무서장에게 제출하여야 한다. 이 경우 당해 비영리법인이 수취·보관한 세금계산서의 기재사항 중 일부 오류가 있거나, 동 세금계산서합계표를 제출기한까지 제출하지 못한 경우 「법인세법」 제76조 및 「부가가치세법」 제22조에 따른 가산세는 적용되지 아니한다(법규부가 2008-36, 2008.12.18).

03 영수증

1. 의의

세금계산서의 필요적 기재사항 중 공급받는 자의 등록번호와 부가가치세액을 별도로 구분하여 기재하지 아니한 계산서를 영수증이라 한다. 영수증을 발급하는 경우에도 공급자는 부가가치세 매출세액을 납부하여야 하나, 공급받는 자는 매입세액을 공제받을 수 없다. 다음의 계산서 등은 영수증으로 본다(부가통 36-73-1).

> ① 여객운송사업자가 발급하는 승차권·승선권·항공권
> ② 공연장·유기장의 사업자가 발급하는 입장권·관람권. 다만, 「개별소비세법」이 적용되는 것은 그 법에서 정하는 바에 따른다.
> ③ 금전등록기계산서와 신용카드가맹사업자가 발급하는 계산서
> ④ 「전기사업법」에 따른 전기사업자가 발급하는 비산업용 전력사용료에 대한 영수증
> ⑤ 그 밖의 전 각 호에 유사한 계산서

2. 영수증 발급대상자

다음의 해당하는 사업자가 재화 또는 용역을 공급(부가가치세가 면제되는 재화 또는 용역의 공급은 제외)하는 경우에는 재화 또는 용역의 공급시기에 그 공급을 받은 자에게 세금계산서를 발급하는 대신 영수증을 발급하여야 한다(부가법 제36조 제1항, 부가령 제73조 제1항).

(1) 주로 사업자가 아닌 자에게 재화 또는 용역을 공급하는 사업자

① 소매업
② 음식점업(다과점업을 포함한다)
③ 숙박업
④ 미용, 욕탕 및 유사서비스업
⑤ 여객운송업
⑥ 입장권을 발행하여 영위하는 사업
⑦ 변호사업, 심판변론인업, 변리사업, 법무사업, 공인회계사업, 세무사업, 경영지도사업, 기술지도사업, 감정평가사업, 손해사정인업, 통관사업, 기술사업, 건축사업, 도선사업, 측량사업, 공인노무사업, 의사업, 한의사업, 약사업, 한약사업, 수의사업

 및 행정사업(부가가치세 납세의무자나 사업소득이 있는 사업자에게 공급하는 것은 제외)
⑧ 「우정사업 운영에 관한 특례법」에 따른 우정사업조직이 「우편법」에 따른 선택적 우편업무 중 소포우편물을 방문접수하여 배달하는 용역을 공급하는 사업
⑨ 의료보건용역 중 의사 등이 제공하는 미용목적 성형수술 진료용역
⑩ 의료보건용역 중 수의사가 제공하는 면세되지 않는 동물진료용역
⑪ 교육용역 중 「체육시설의 설치·이용에 관한 법률」 제10조 제1항 제2호의 무도학원 및 「도로교통법」 제2조 제32호의 자동차운전학원
⑫ 전자서명인증사업자가 공인인증서를 발급하는 사업
⑬ 간편사업자등록을 한 사업자가 국내에 전자적 용역을 공급하는 사업
⑭ 주로 사업자가 아닌 소비자에게 재화·용역을 공급하는 사업으로서 다음에 게기하는 사업(부가칙 제53조)

㉠ 도정업과 떡류 제조업 중 떡방앗간
㉡ 양복점업, 양장점업, 양화점업
㉢ 주거용 건물공급업(주거용 건물을 자영 건설하는 경우 포함)
㉣ 운수업 및 주차장 운영업
㉤ 부동산중개업
㉥ 사회서비스업 및 개인서비스업
㉦ 가사서비스업
㉧ 도로 및 관련 시설 운영업
㉨ 자동차제조업 및 판매업
㉩ 주거용 건물수리·보수 및 개량업
㉪ 기타 위 ㉠ 내지 ㉩와 유사한 사업으로서 세금계산서를 발급할 수 없거나 현저히 곤란한 사업

---

(2) 간이과세자 중 다음의 어느 하나에 해당하는 자

① 직전 연도의 공급대가의 합계액(직전 과세기간에 신규로 사업을 시작한 개인사업자의 경우에는 사업개시일로부터 그 과세기간 종료일까지의 공급대가를 합한 금액을 12개월로 환산한 금액)이 4,800만원 미만인 자
② 신규로 사업을 시작하는 개인사업자로서 간이과세로 하는 최초의 과세기간 중에 있는 자

3. 영수증 발급사업자에게 세금계산서 발급을 요구하는 경우

(1) 임시사업장 사업자 및 전기사업자, 전기통신사업자 등에 대한 특례

전기사업자 등 다음에 해당하는 사업자는 영수증을 발급할 수 있다. 이 경우 해당 사업자는 영수증을 발급하지 아니하면 세금계산서를 발급하여야 한다(부가법 제36조 제2항, 부가령 제73조 제2항).

① 임시사업장 개설사업자가 그 임시사업장에서 사업자가 아닌 소비자에게 재화 또는 용역을 공급하는 경우
② 「전기사업법」에 의한 전기사업자가 산업용 아닌 전력을 공급하는 경우
③ 「전기통신사업법」에 의한 전기통신사업자가 전기통신 역무를 제공하는 경우(다만, 부가통신사업자가 통신판매업자에게 「전기통신사업법」에 따른 부가통신역무를 제공하는 경우 제외)
④ 「도시가스사업법」에 따른 도시가스사업자가 산업용이 아닌 도시가스를 공급하는 경우
⑤ 「집단에너지사업법」에 따른 집단에너지를 공급하는 사업자가 산업용이 아닌 열 또는 산업용이 아닌 전기를 공급하는 경우
⑥ 「방송법」에 따른 방송사업자가 사업자가 아닌 자에게 방송용역을 제공한 경우
⑦ 「인터넷멀티미디어 방송사업법」에 따른 인터넷멀티미디어 방송제공사업자가 사업자가 아닌 자에게 방송용역을 제공하는 경우

(2) 공급받는 자의 요구에 의한 세금계산서 발급 특례

다음에 해당하는 일반과세자 또는 간이과세자(영수증 발급 적용기간 제외)는 재화 또는 용역을 공급받는 자가 사업자등록증을 제시하고 세금계산서 발급을 요구한 경우에는 세금계산서를 발급하여야 한다(부가법 제36조 제3항, 부가령 제73조 제3항, 제4항). 다만, 다음의 경우에는 세금계산서 발급요구가 있어도 세금계산서를 발급할 수 없다.

① 미용·욕탕 및 유사서비스업, 여객운송업(전세버스운송사업을 제외), 입장권을 발행하여 영위하는 사업, 의료보건용역 중 미용목적성형수술, 수의사가 제공하는 면세되지 아니하는 동물진료용역, 교육용역 중 무도학원 및 자동차운전학원, 간편사업자등록을 한 사업자가 국내에 전자적 용역을 공급하는 경우를 제외한 그 밖의 영수증 발급대상 사업을 영위하는 사업자가 재화 또는 용역을 공급하는 경우 공급을 받는 사업자가 사업자등록증을 제시하고 세금계산서의 발급을 요구하는 경우

② 임시사업장 사업자 및 전기사업자, 전기통신사업자 등에게 공급을 받는 사업자가 사업자등록증을 제시하고 세금계산서의 발급을 요구하는 경우

③ 미용·욕탕 및 유사서비스업, 전세버스운송사업을 제외한 여객운송업, 입장권을 발행하여 영위하는 사업, 의료보건용역 중 미용목적성형수술과 수의사가 제공하는 면세되지 아니하는 동물진료용역, 교육용역 중 무도학원 및 자동차운전학원을 하는 사업자가 감가상각자산 또는 영수증 발급대상 역무 외의 역무를 공급하는 경우에는 공급을 받는 사업자가 사업자등록증을 제시하고 세금계산서의 발급을 요구하는 때

(3) 자동차 제조업 및 자동차 판매업자의 세금계산서 발급 특례

영수증발급의무자 중 일반과세자 또는 간이과세자(영수증 발급 적용기간 제외)인 자동차 제조업 및 자동차 판매업자가 영수증을 발급하였으나, 공급받는 사업자가 해당 재화를 공급받은 날이 속하는 과세기간의 다음 달 10일까지 사업자등록증을 제시하고 세금계산서 발급을 요구하는 때에는 세금계산서를 발급하여야 한다. 이 경우 처음 발급한 영수증은 발급되지 아니한 것으로 본다(부가령 제73조 제5항).

4. 영수증 기재사항 등

(1) 영수증 발급 시 기재사항

영수증에는 ① 공급자의 등록번호·상호·성명(법인인 경우에는 대표자의 성명), ② 공급대가, ③ 작성 연월일, ④ 그 밖에 필요한 사항을 적어 발급하여야 한다(부가령 제73조 제7항).

(2) 수정 영수증 발급

영수증을 발급한 후에 그 기재사항에 관하여 착오 또는 정정사유가 발생한 경우에는 부가가치세의 과세표준과 납부세액 또는 환급세액을 경정하여 통지하기 전까지 영수증을 회수하여 파기하고 다시 발급할 수 있다. 이 경우에 회수되지 아니하는 때에는 다시 발급할 수 없다(부가통 36-73-2).

(3) 영수증에 부가가치세액 구분 표시

영수증 발급대상 사업을 하는 자가 신용카드기 또는 직불카드기 등 기계적 장치(금전등록기 제외)에 의하여 영수증을 발급하는 때에는 영수증에 공급가액과 세액을 별도로 구분하여 기재하여야 한다(부가령 제73조 제8항).

(4) 금전등록기에 의한 계산서 발급

영수증을 발급하는 사업자는 금전등록기를 설치하여 영수증을 대신하여 공급대가를 적은 계산서를 발급할 수 있다. 이 경우 사업자가 계산서를 발급하고 해당 감사테이프를 보관할 경우에는 영수증을 발급하고 장부의 작성을 이행한 것으로 보며, 현금수입을 기준으로 부가가치세를 부과할 수 있다(부가법 제36조 제4항).

(5) 신용카드매출전표 등의 영수증 간주

신용카드매출전표, 현금영수증, 직불카드영수증, 결제대행업체를 통한 신용카드매출전표, 선불카드영수증(실지 명의가 확인되는 것으로 한정), 직불전자지급수단 영수증, 선불전자지급수단 영수증(실지 명의가 확인되는 것으로 한정), 전자지급결제대행에 관한 업무를 하는 금융회사 또는 전자금융업자를 통한 신용카드매출전표는 영수증으로 본다(부가법 제36조 제5항).

5. 간이과세자의 영수증발급 적용기간

(1) 간이과세자의 영수증 발급 적용기간

1) 직전연도 공급대가 합계액 4,800만원 미만인 자

영수증 발급에 관한 규정이 적용되거나 적용되지 아니하게 되는 기간은 해의 1월 1일부터 12월 31일까지의 공급대가의 합계액(신규로 사업을 시작한 개인사업자의 경우 환산한 금액)이 4천800만원에 미달하거나 그 이상이 되는 해의 다음 해의 7월 1일부터 그 다음 해의 6월 30일까지로 한다(부가법 제36조의2 제1항).

2) 간이과세자 중 신규사업자

신규로 사업을 시작하는 간이과세자로 영수증 발급에 관한 규정이 적용되는 기간은 사업 개시일부터 사업을 시작한 해의 다음 해의 6월 30일까지로 한다(부가법 제36조의2 제2항).

(2) 간이과세자의 영수증 발급 적용기간 통지

① 영수증 발급에 관한 규정이 적용되거나 적용되지 않게 되는 사업자의 관할 세무서장은 영수증발급에 따른 규정이 적용되는 기간이 시작되기 20일 전까지 영수증 발급에 관한 규정이 적용되거나 적용되지 않게 되는 사실을 그 사업자에게 통지해야 하고, 사업자등록증을 정정하여 과세기간 개시 당일까지 발급해야 한다(부가령 제73조의2 제1항).

② 영수증 발급에 관한 규정이 적용되지 않게 되는 사업자의 관할 세무서장이 간이과세자에 관한 규정이 적용되지 않게 되는 사실을 그 사업자에게 통지하고 사업자등록증을 정정하여 발급한 경우에는 위 ①에 따른 통지·발급을 하지 않는다(부가령 제73조의2 제2항).

04 매입자발행세금계산서

1. 의의

납세의무자로 등록한 사업자로서 세금계산서 발급의무가 있는 사업자가 재화 또는 용역을 공급하고 세금계산서 발급 시기에 세금계산서를 발급하지 아니한 경우(공급자의 부도·폐업, 계약의 해제·변경 또는 그 밖에 대통령령으로 정하는 사유가 발생한 경우*로서 사업자가 수정세금계산서 또는 수정전자세금계산서를 발급하지 않은 경우를 포함한다) 그 재화 또는 용역을 공급받은 자는 관할 세무서장의 확인을 받아 세금계산서를 발행할 수 있다(부가법 제34의2).

☞ ① 재화 또는 용역을 공급한 자가 소재불명 또는 연락두절 상태인 경우
　② 재화 또는 용역을 공급한 자가 휴업이나 그 밖의 부득이한 사유로 세금계산서를 발급받는 것이 곤란하다고 국세청장이 인정하는 경우(부가령 제71조의2 제2항)

● **매입자발행세금계산서 발급 절차**

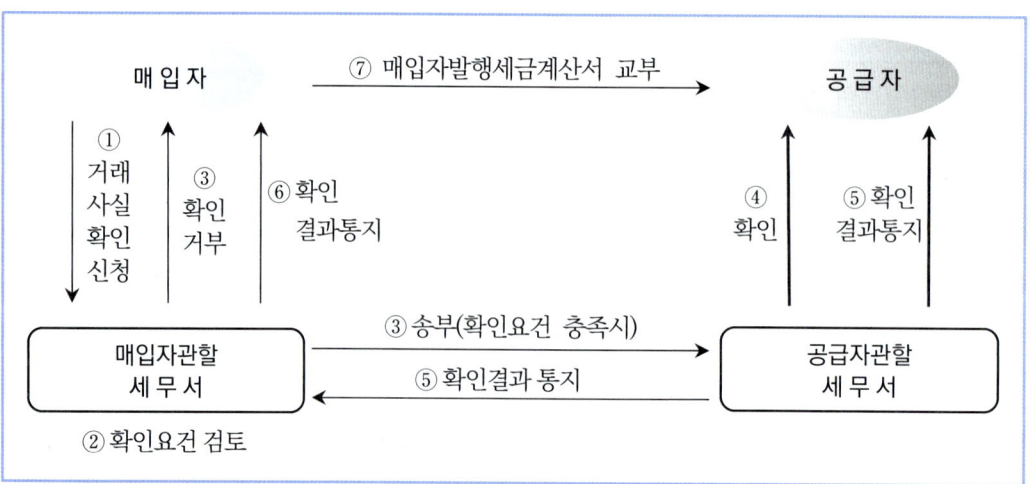

2. 발행요건

(1) 공급자

세금계산서 발급의무가 있는 자(일반과세자와 2021.07.01.부터는 세금계산서 발급의무가 있는 간이과세자), 영수증 발급대상 사업(주로 사업자가 아닌 자에게 재화 또는 용역을 공급하는 사업)을 하는 사업자로서 세금계산서 발급을 요구하는 경우에 세금계산서 발급의무가 있는 자를 포함한다(부가령 제71조의2 제1항). 따라서 미등록사업자 및 세금계산서 발급의무가 없는 간이과세자, 면세사업자는 제외된다.

(2) 공급받는 자

매입자발행세금계산서는 면세사업자와 간이과세자를 포함한 모든 사업자가 발행할 수 있다. 그 이유로 다음과 같다. 면세사업자의 경우 세금계산서를 수령하지 못하는 경우 지출증명서류미수취 가산세가 적용되고, 간이과세자는 세금계산서 수령에 따른 매입세액공제를 적용받을 수 없기 때문이다.

(3) 발행대상

거래사실의 확인신청대상이 되는 거래는 거래건당 공급대가가 5만원 이상(2023.02.27. 이전 10만원)인 경우로 한다. 또한 상한 규정이 폐지되었으며, 신청횟수에 제한이 없다(부가령 제71조의2 제4항).

(4) 확인신청

해당 재화 또는 용역의 공급시기가 속하는 과세기간의 종료일로부터 1년(2024.02.28. 이전 신청분은 6개월) 이내에 거래사실확인신청서에 거래사실을 객관적으로 입증할 수 있는 서류를 첨부하여 신청인(매입자) 관할세무서장에게 거래사실의 확인을 신청하여야 한다(부가령 제71조의2 제3항).

(5) 보정요구 및 거부결정

① 신청을 받은 신청인의 관할 세무서장은 신청서에 재화 또는 용역을 공급한 자의 인적사항이 부정확하거나 신청서 기재방식에 흠이 있는 경우에는 신청일부터 7일 이내에 일정한 기간을 정하여 보정요구를 할 수 있다(부가령 제71조의2 제5항).
② 신청인이 보정요구에 응하지 아니하거나 신청기간을 넘긴 것이 명백한 경우, 신청서의 내용으로 보아 거래당시 미등록사업자 및 휴·폐업자와 거래한 것이 명백한 경우에는 관할 세무서장은 거래사실의 확인을 거부하는 결정을 한다(부가령 제71

조의2 제6항).

(6) 서류송부

거부 결정을 하지 않는 경우 신청인의 관할 세무서장은 거래사실 확인신청서가 제출된 날(보정을 요구한 때에는 보정이 된 날)부터 7일 이내에 신청서와 증빙서류를 공급자의 관할 세무서장에게 송부한다(부가령 제71조의2 제7항).

(7) 거래사실 확인

신청서를 송부 받은 공급자 관할세무서장은 신청인의 신청내용, 제출된 증빙자료 검토, 현지확인 등을 거쳐 거래사실 여부를 확인한다. 이 경우 거래사실의 존재 및 그 내용에 대한 입증책임은 신청인에게 있다(부가령 제71조의2 제8항).

(8) 결과통지

공급자 관할 세무서장은 신청일의 다음 달 말일까지 공급자와 신청인 관할 세무서장에게 다음과 같이 통지한다. 다만, 공급자의 부도, 일시 부재 등 기획재정부령이 정하는 불가피한 사유가 있는 경우에는 거래사실 확인기간을 20일 이내의 범위에서 연장할 수 있다(부가령 제71조의2 제9항).

① 거래사실이 확인되는 경우에는 공급자 및 공급받는 자의 사업자등록번호, 작성연월일, 공급가액 및 부가가치세액 등을 포함한 거래사실 확인 통지
② 거래사실이 확인되지 아니하는 경우에는 거래사실 확인불가 통지

(9) 매입자발행세금계산서의 발급

신청인 관할 세무서장으로부터 거래사실 확인 통지를 받은 신청인은 공급자 관할 세무서장이 확인한 거래일자를 작성일자로 하여 매입자발행세금계산서를 발행하여 공급자에게 교부하여야 한다(부가령 제71조의2 제11항). 이 경우 매입자발행세금계산서에 기재된 부가가치세액은 공제받을 수 있는 매입세액으로 본다.

3. 매입세액공제 및 가산세

(1) 매입세액공제

매입자발행세금계산서를 발급한 신청인은 예정신고, 확정신고 또는 경정청구시 매입자발행세금계산서합계표를 제출한 경우 해당 재화 또는 용역의 공급시기에 해당하는 과세기간의 매출세액 또는 납부세액에서 매입세액으로 공제받을 수 있다(부가령 제71조

의2 제12항). 이 경우 공급자는 세금계산서 미발급가산세(2%)를 적용한다.

(2) 가산세

재화 또는 용역을 공급받는 자가 매입자발행세금계산서를 발급하여 매입세액공제를 받는 경우 해당 매입자발행세금계산서에 대해서는「부가가치세법」제60조 제7항 제1호 및 같은법 시행령 제108조 제5항[지연수취가산세]에 따른 가산세를 적용하지 않는 것임(부가-1131, 2013.12.08.).

4. 부가가치세 신고

(1) 공급자

매출처별 세금계산서합계표에 반영하고 부가가치세 신고서 과세표준란의 '매입자발행세금계산서(2)'에 기재한다.

(2) 공급받는 자

매입자발행세금계산서 합계표를 작성하고 부가가치세 신고서의 '매입자발행세금계산서(13)'에 기재하여 매입세액을 공제한다.

■ 부가가치세법 시행규칙 [별지 제14호의3서식] (적색) (2021.10.28 개정)<어려운 법령용어 정비를 위한 개별소비세법 시행규칙>

매입자발행세금계산서(공급자보관용)

| 책 번 호 | 권 호 |
| 일 련 번 호 | - |

공급자	등록번호			공급받는자	등록번호		
	상호(법인명)		성 명 (대표자)		상호(법인명)		성 명 (대표자)
	사업장 주소				사업장 주소		
	업 태		종 목		업 태		종 목

작성	공 급 가 액	세 액	비 고
연 월 일 빈칸 수	조 천 백 십 억 천 백 십 만 천 백 십 일	천 백 십 억 천 백 십 만 천 백 십 일	

월	일	품 목	규격	수량	단가	공급가액	세 액	비 고

합계금액	현 금	수 표	어 음	외상 미수금	이 금액을 영수 청구 함

210㎜×148.5㎜(인쇄용지(특급) 34g/㎡)

■ 부가가치세법 시행규칙 [별지 제14호의3서식] (청색) (2021.10.28 개정)<어려운 법령용어 정비를 위한 개별소비세법 시행규칙>

매입자발행세금계산서(공급받는 자 보관용)

| 책 번 호 | 권 호 |
| 일 련 번 호 | - |

공급자	등록번호			공급받는자	등록번호		
	상호(법인명)		성 명 (대표자)		상호(법인명)		성 명 (대표자)
	사업장 주소				사업장 주소		
	업 태		종 목		업 태		종 목

작성	공 급 가 액	세 액	비 고
연 월 일 빈칸 수	조 천 백 십 억 천 백 십 만 천 백 십 일	천 백 십 억 천 백 십 만 천 백 십 일	

월	일	품 목	규격	수량	단가	공급가액	세 액	비 고

합계금액	현 금	수 표	어 음	외상 미수금	이 금액을 영수 청구 함

210㎜×148.5㎜(인쇄용지(특급) 34g/㎡)

> **참고**
>
> **매입자발행계산서** (2023.07.01. 이후 재화 또는 용역을 공급하거나 공급받는 분부터 적용)
>
> **1. 의의**
> 공급자의 사정으로 계산서를 발급하지 아니하는 경우 납세자의 비용증빙을 용이하게 하는 등 납세 편의와 계산서 거래의 세원투명성 제고
>
> **2. 주요내용**
> (1) 내용
> 공급자가 면세 재화·용역을 공급하고 계산서를 발급하지 아니하는 경우 관할 세무서의 확인 하에 매입자가 계산서를 발행한다.
> (2) 신청대상
> 거래건당 공급가액 5만 원 이상인 거래로서 공급시기가 속하는 과세기간 종료일부터 1년 (2024.02.28. 이전 신청분은 6개월) 이내 거래사실의 확인을 신청해야한다.
> * 거래사실 확인신청서를 작성하여 거래입증서류(거래명세표, 영수증, 무통장입금증 등)와 함께 신청인 관할 세무서에 신청
> (3) 거부통지
> 신청내용에 인적사항 불분명 등 흠이 있어 보정요구 하였으나 불응한 경우 또는 신청기한을 지나 신청 또는 미등록·휴폐업자와의 거래가 명백한 경우 거래사실 확인신청 거부통지를 한다.
> (4) 실거래 여부 확인
> 공급자 관할 세무서에서 실거래 여부를 확인하여 공급자, 신청인 관할 세무서에 거래사실 확인결과 통지한다.
> (5) 매입자발행계산서 발행
> 관할 세무서로부터 거래사실 확인 통지를 받은 매입자(신청인)는 공급자에게 매입자발행계산서 발급해야 한다. 그러나, 신청인 및 공급자 모두가 관할 세무서장으로부터 거래사실 확인 통지를 받은 때에는 신청인이 공급자에게 매입자발행계산서를 교부한 것으로 간주하므로 매입자가 따로 계산서를 공급자에게 교부할 필요가 없다.
> (6) 불이익
> ① 공급자: 부가가치세 면제되는 재화·용역을 공급하는 사업자는 계산서를 발급하여야 함에도, 이를 발급하지 아니한 공급자에게는 계산서 미발급 가산세(공급가액의 2%)가 부과된다.
> ② 공급받는 자: 면세농산물을 재료로 하여 제조업, 음식점업을 영위하는 사업자가 부가가치세 신고 시 매입자발행계산서합계표를 제출한 경우 해당 매입자발행계산서의 공급가액은 「부가가치세법」 제42조에 따라 의제매입세액공제를 받을 수 있다. 또한, 매입자발행계산서를 발행하여 보관한 경우에는 증명서류 수취·보관 의무를 이행한 것으로 간주(「소득세법」 제160조의2 제3항)하므로 증명서류 수취불성실 가산세 부담 없이 사업소득에 대한 필요경비로 산입할 수 있다.

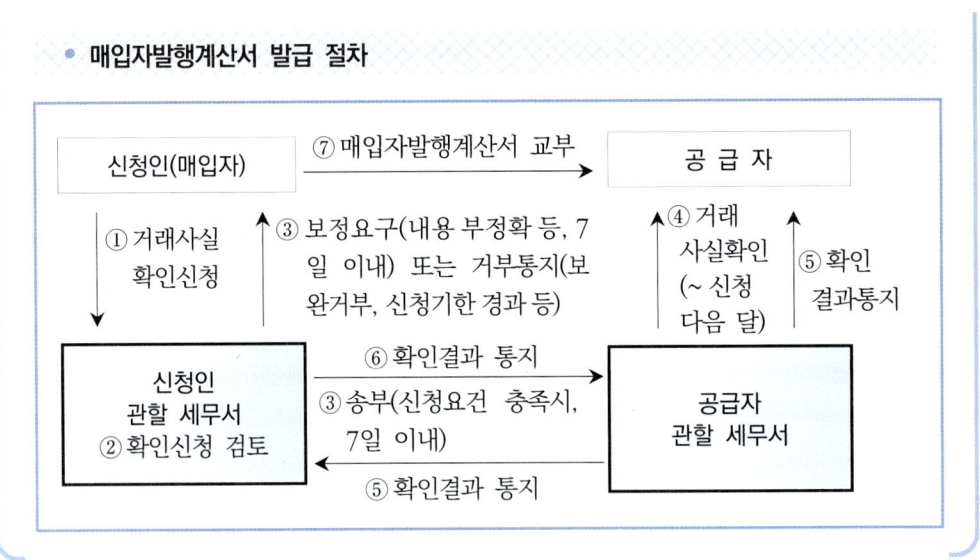

05 현금영수증

1. 현금영수증제도의 개요

(1) 의의

"현금영수증"이란 현금영수증가맹점이 재화 또는 용역을 공급하고 그 대금을 현금으로 받는 경우 해당 재화 또는 용역을 공급받는 자에게 현금영수증 발급장치에 의해 발급하는 것으로서 거래일시·금액 등 결제내용이 기재된 영수증을 말한다(조특법 제126조의3 제4항).

이러한 현금영수증제도는 기업과 소비자간 거래의 투명성 및 자영사업자 등의 현금거래 파악, 납세의식 제고 등을 위하여 도입된 제도이다. 소비자가 현금과 함께 주민등록번호, 휴대폰번호를 제시하면, 현금영수증가맹점은 현금영수증 발급장치를 통해 거래일시·금액 등 결제내역이 기재된 현금영수증을 발급하고 현금결제 건별 내역이 국세청에 통보된다.

(2) 현금영수증 가맹점 가입

소비자상대업종(소득령 별표3의2)을 경영하는 법인 및 개인사업자(직전 과세기간의 수입금액이 2천 400만원 이상), 의료업, 수의업, 약사업과 전문직 개인사업자 등이 현금영수증 의무발급업종이며 이 요건에 해당하는 날부터 60일[49] 이내에 신용카드단말기 등에 현금영수증 발급장치를 설치함으로써 현금영수증가맹점으로 가입하여야 한다(소법 제162조의3 제1항 및 소령 제210조의3 제1항). 만약, 미가입하면 미가입기간(가입기한의 다음 날부터 가입일 전날까지의 일수)의 수입금액에 1% 가산세를 부과한다.

> 미가입기간의 수입금액 = 해당 과세기간의 수입금액 × 미가입기간 / 365

또한, 미가입한 과세기간에 대하여 중소기업특별세액감면, 창업중소기업세액감면 등을 적용하지 아니한다(조특법 제128조 제4항).

☞ 2012.01.01.부터 다수의 사업장이 있는 사업자의 경우 일부 사업장에 대해 현금영수증가맹점에 가입하지 않을 경우 모든 사업장이 아니라 해당 사업장에 대한 중소기업특별세액감면 등 조세특례제한법상 각종 감면 혜택을 배제한다. 다만, 사업자가 정당한 사유가 있는 경우에는 그러하지 아니하다.

소비자상대업종 (소득령 별표 3의2)

구 분	업 종
소매업	제외업종: 노점상업·행상업, 무인자동판매기운영업, 자동차소매업(중고자동차 소매업은 제외한다), 우표·수입인지소매업 및 복권소매업
숙박 및 음식점업	전체업종
제조업	해당업종: 과자점업, 도정업 및 제분업(떡방앗간을 포함), 양복점업, 양장점업 및 양화점업
건설업	실내건축 및 건축마무리 공사업
도매업	자동차중개업
부동산업 및 임대업	부동산 중개 및 대리업, 부동산 투자 자문업, 부동산 감정평가업(감정평가사업을 포함한다), 의류 임대업
운수업	전세버스 운송업, 이사화물운송주선사업, 특수여객자동차 운송업(장의차량 운영업), 주차장 운영업, 여행사업, 기타 여행보조 및 예약 서비스업, 여객 자동차 터미널 운영업, 소화물 전문 운송업
전문·과학 및 기술서비스업	변호사업, 변리사업, 공증인업, 법무사업, 행정사업, 공인노무사업, 공인회계사업(기장대리 포함), 세무사업(기장대리 포함), 건축설계 및 관련 서비스업, 기술사업, 심판변론인업, 경영지도사업, 기술지도사업, 손해사정인업, 통관업, 측량사업, 인물 사진 및 행사용 영상 촬영업, 사진처리업

---

49) 직전과세기간의 수입금액의 합계액이 2천 400만원 이상인 사업자의 경우 그 요건에 해당하는 날이 속하는 달의 말일부터 3개월

구 분	업 종
교육서비스업	컴퓨터학원, 속기학원 등 그 외 기타 분류안된 교육기관, 운전학원, 자동차정비학원 등 기타 기술 및 직업훈련학원, 일반 교과 학원, 외국어학원, 방문 교육 학원, 온라인 교육 학원, 기타 교습학원, 예술 학원, 태권도 및 무술 교육기관, 기타 스포츠 교육기관, 청소년 수련시설 운영업(교육목적용으로 한정), 기타 교육지원 서비스업
보건업 및 사회복지서비스업	종합병원, 일반병원, 치과병원, 한방병원, 요양병원, 일반의원(일반과, 내과, 소아청소년과, 일반외과, 정형외과, 신경과, 정신건강의학과, 피부과, 비뇨의학과, 안과, 이비인후과, 산부인과, 방사선과 및 성형외과), 기타의원(마취통증의학과, 결핵과, 가정의학과, 재활의학과 등 달리 분류되지 아니한 병과), 치과의원, 한의원, 수의업, 앰뷸런스 서비스업, 유사 의료업
예술, 스포츠 및 여가 관련 서비스업	영화관 운영업, 비디오물 감상실 운영업, 독서실 운영업, 박물관 운영업,. 식물원 및 동물원 운영업, 실내 경기장 운영업, 실외 경기장 운영업, 경주장 운영업(경마장 운영업을 포함한다), 골프장 운영업, 스키장 운영업, 체력단련시설 운영업, 수영장 운영업, 볼링장 운영업, 당구장 운영업, 종합 스포츠시설 운영업, 골프연습장 운영업, 스쿼시장 등 그 외 기타 스포츠시설 운영업, 컴퓨터 게임방 운영업, 노래연습장 운영업, 오락사격장 등 기타 오락장 운영업, 해수욕장 운영 등 기타 수상오락 서비스업, 낚시장 운영업, 무도장 운영업, 유원지 및 테마파크 운영업, 기원 운영업
협회 및 단체, 수리 및 기타 개인서비스업	컴퓨터 및 주변 기기 수리업. 통신장비 수리업. 자동차 종합 수리업. 자동차 전문 수리업. 자동차 세차업, 모터사이클 수리업,.의복 및 기타 가정용 직물제품 수리업, 가죽, 가방 및 신발수리업, 시계, 귀금속 및 악기 수리업, 보일러수리 등 그 외 기타 개인 및 가정용품 수리업, 이용업. 두발 미용업, 피부 미용업, 손·발톱 관리 등 기타 미용업, 욕탕업, 마사지업, 비만 관리 센터 등 기타 신체관리 서비스업, 가정용 세탁업, 세탁물 공급업, 장례식장 및 장의관련 서비스업, 화장터 운영, 묘지 분양 및 관리업, 예식장업, 점술 및 유사 서비스업, 산후 조리원, 결혼 상담 및 준비 서비스업, 애완동물 장묘 및 보호서비스업
가구내 고용활동	놀이방·어린이집(「영유아보육법」에 따라 설치·인가된 경우는 제외)

2. 현금영수증 발급

(1) 현금영수증 발급금액

현금영수증가맹점이 재화 또는 용역을 공급하고 그 대금이 건당 1원 이상의 거래금액이면 현금영수증 발급이 가능하다(소득령 제210조의3 제6항).

(2) 현금영수증 발급시기

현금영수증가맹점이 재화 또는 용역을 공급하고 그 대금을 현금으로 지급받은(계좌에 입금된) 때에 발급하여야 하며, 기 지급 받은 현금에 대한 소급발급은 안되는 것이며, 발급된 현금영수증에 대한 재화 또는 용역 거래의 취소, 변경 등 수정사항이 발생한 경우 수정발급이 가능하다(서면 3팀-1700, 2005.10.06.).

의무발급 대상 이외의 현금거래(예: 전문직 사업자의 경우 10만원 미만거래, 의무발급업종 이외의 업종은 모든 현금거래)시 현금영수증의 발급을 요청하지 아니하는 경우에도 현금을 받은날부터 5일 이내 무기명(국세청 지정코드인 010-000-1234)으로 현금영수증을 발급할 수 있다(소득령 제210의3조 제12항).

다만, 「소득세법」 제168조, 「법인세법」 제111조 또는 「부가가치세법」 제8조에 따라 사업자등록을 한 자에게 재화 또는 용역을 공급하고 계산서 또는 세금계산서를 발급한 경우에는 현금영수증을 발급하지 아니할 수 있다(소득법 제162조의3 제4항, 소득령 제210조의3 제3항, 법인법 제117조의2 제4항).

3. 현금영수증 발급의무 대상 및 위반시 제재 사항

(1) 현금영수증 발급의무 대상자

현금영수증 의무발행업종을 영위하는 사업자로서 현금영수증가맹점으로 가입한 사업자는 건당 10만원 이상(VAT 포함)인 재화 또는 용역을 공급하고 그 대금을 현금을 받은 경우에는 상대방이 현금영수증 발급을 요청하지 아니하더라도 현금영수증을 발급하여야 한다(소법 162조의3 제4항). 다만, 사업자등록을 한 자에게 재화 또는 용역을 공급하고 계산서 또는 세금계산서를 발급한 경우에는 현금영수증을 발급하지 아니할 수 있다(소득법 제162조의3 제4항, 소득령 제210조의3 제3항, 법인법 제117조의2 제4항).

☞ 주민번호 기재 종이세금계산서를 발급하여도 현금영수증을 반드시 발급하여야 하며, 전자세금계산서를 발급하는 경우에는 현금영수증을 발급하지 않아도 된다.

》현금영수증 의무발행업종 (소득령 별표 3의3)

구 분	업 종
사업 서비스업	변호사업, 공인회계사업, 세무사업, 변리사업, 건축사업, 법무사업, 심판변론인업, 경영지도사업, 기술지도사업, 감정평가사업, 손해사정인업, 통관업, 기술사업, 측량사업, 공인노무사업, 행정사업
보건업	종합병원, 일반병원, 치과병원, 한방병원, 요양병원, 일반의원(일반과, 내과, 소아청소년과, 일반외과, 정형외과, 신경과, 정신건강의학과, 피부과, 비뇨의학과, 안과, 이비인후과, 산부인과, 방사선과 및 성형외과), 기타의원(마취통증의학과, 가정의학과, 재활의학과 등 달리 분류되지 아니한 병과 등), 치과의원, 한의원, 수의업 (약사 제외함)
숙박 및 음식점업	일반유흥주점업(단란주점포함), 무도유흥주점업, 일반 및 생활 숙박시설 운영업, 출장음식서비스업, 기숙사 및 고시원 운영업(고시원 운영업에 한정), 숙박공유업
교육서비스업	일반교습학원, 예술학원, 외국어학원 및 기타 교습학원, 운전학원, 태권도 및 무술 교육기관, 스포츠 교육기관, 기타 교육지원서비스업, 청소년 수련시설 운영업(교육목적용으로 한정), 기타 기술 및 직업훈련학원, 컴퓨터 학원, 그 외 기타 분류 안 된 교육기관
그 밖의 업종	골프장운영업, 골프연습장운영업, 장례식장 및 장의관련서비스업, 예식장업, 부동산 중개 및 대리업, 부동산 투자 자문업, 산후조리원, 시계 및 귀금속 소매업, 피부미용업, 손·발톱관리 미용업 등 기타 미용업, 비만관리센터 등 기타신체관리서비스업, 마사지업(발마사지업 및 스포츠마사지업으로 한정), 실내건축 및 건축마무리 공사업(도배업만 영위하는 경우는 제외), 인물사진 및 행사비디오 촬영업, 결혼상담 및 준비서비스업, 의류임대업, 포장이삿운송업, 자동차 부품 및 내장품 판매업, 자동차종합수리업, 자동차 전문수리업, 전세버스운송업, 가구소매업, 전기용품 및 조명장치 소매업, 의료용 기구 소매업, 페인트, 창호 및 기타 건설자재 소매업, 주방용품 및 가정용 유리, 요업 제품 소매업[거울 및 액자(내용물 없는 것) 소매업, 주방용 유리제품 소매업, 관상용 어항 소매업으로 한정], 안경 및 렌즈소매업, 운동 및 경기용품 소매업, 예술품 및 골동품 소매업, 중고자동차 소매업 및 중개업, 악기소매업, 자전거 및 기타운송장비 소매업, 체력단련시설 운영업, 화장터 운영, 묘지 분양 및 관리업(묘지 분양 및 관리업에 한정), 특수여객자동차 운송업, 가전제품 소매업, 의약품 및 의료용품 소매업, 독서실 운영업, 두발미용업, 철물 및 난방용구 소매업, 신발 소매업, 애완용 동물 및 관련용품 소매업, 의복 소매업, 컴퓨터 및 주변장치, 소프트웨어 소매업, 통신기기 소매업, 건강보조식품 소매업, 자동차 세차업, 벽지 마루덮개 및 장판류 소매업, 기계공구 소매업, 가방 및 기타 가죽제품소매업, 중고가구 소매업, 사진기 및사진용품 소매업, 모터사이클 수리업, 가전제품 수리업, 가정용 직물제품 소매업, 가죽 가방 및 신발 수리업, 게임용구, 인형 및 장난감 소매업, 구두류 제조업, 남자용 겉옷 제조업, 여자용 겉옷 제조업, 모터사이클 및 부품 소매업(부품 판매업으로 한정한다), 시계, 귀금속 및 악기 수리업, 운송장비용 주유소 운영업, 의복 및 기타 가정용 직물제품 수리업, 중고 가전제품 및 통신장비 소매업, 백화점, 대형마트, 체인화편의점, 기타 대형 종합소매업, 서적 신문 및 잡지류 소매업, 곡물 곡분 및 가축사료 소매업, 육류 소매업, 자동차 중개업, 주차장 운영업, 여객 자동차 터미널 운영업, 통신장비 수리업, 보일러수리 등 기타 가정용품 수리업
통신판매업	전자상거래 소매업(위의 규정에 따른 업종에서 사업자가 공급하는 재화 또는 용역을 온라인 통신망을 통하여 소매하는 경우에 한정)

☞ 표시부분은 2017.07.01. 이후 거래분부터 적용하고 예술품 및 골동품 소매업의 경우 2019.01.01. 이후 거래분부터 적용함.

(2) 현금영수증 발급 불성실 가산세

현금영수증 발급의무 대상자가 현금영수증을 발급하지 아니한 경우(「국민건강보험법」에 따른 보험급여의 대상인 경우 등 대통령령으로 정하는 경우는 제외한다) 거래대금의 20% 가산세를 부과한다. 다만, 착오나 누락으로 인하여 거래대금을 받은 날로부터 10일 이내에 관할 세무서에 자진 신고하거나 현금영수증을 자진발급한 경우 10% 가산세를 부과한다.

☞ 보험급여의 대상인 경우 등 대통령령으로 정하는 경우(소득령 제147조의4 제2항)

> 1. 「국민건강보험법」에 따른 보험급여
> 2. 「의료급여법」에 따른 의료급여
> 3. 「긴급복지지원법」에 따른 의료지원비
> 4. 「응급의료에 관한 법률」에 따른 대지급금
> 5. 「자동차손해배상 보장법」에 따른 보험금 및 공제금(같은 법 제2조 제6호의 「여객자동차 운수사업법」 및 「화물자동차 운수사업법」에 따른 공제사업자의 공제금으로 한정한다)

☞ 2018.12.31. 이전에는 50%에 상당하는 과태료를 부과함.

만약 상대방이 현금영수증의 발급을 요청시 현금영수증을 발급하지 아니하여 세무서장으로부터 통보받은 경우에는 통보받은 건별 미발급금액의 각각 5%에 해당하는 금액(건별로 계산한 금액이 5천원에 미달하는 경우에는 5천원으로 한다)을 가산세로 부과한다(소득법 제81조의9 제2항 제2호).

(3) 「조세특례제한법」상 감면배제

현금영수증가맹점으로 가입하여야 할 사업자가 이를 이행하지 아니한 경우에는 해당 사업장에 대하여 중소기업특별세액감면 등을 적용하지 아니한다. 단, 의무불이행에 대하여 정당한 사유가 있는 경우 제외한다(조특법 제128조 제4항).

☞ 2012.01.01.부터 다수의 사업장이 있는 사업자의 경우 일부 사업장에 대해 현금영수증가맹점에 가입하지 않을 경우 모든 사업장이 아니라 해당 사업장에 대한 중소기업특별세액감면 등 조세특례제한법상 각종 감면 혜택을 배제한다.

(4) 현금영수증 의무발급업자에 대한 규정 요약

	10만원 이상 거래시	10만원 미만 거래시
거래상대방 발급 요청이 있는 경우	발급	발급
거래상대방 발급 요청이 없는 경우	무조건 발급^{주)}	변호사 등 16개 전문직 및 예식장, 부동산중개업, 산후조리원 등은 미발급 거래에 대하여는 현금매출명세서 제출 대상
미발급시 제재	2019.01.01. 이후는 미발급액의 20% 가산세 부과 ☞ 2018.12.31. 이전은 미발급금액의 50% 과태료 부과	• 발급거부금액의 5% 가산세 • 현금매출명세서 미제출금액의 1% 가산세
신고포상금	발급거부금액의 20%(한도: 건당 50만원, 연간 200만원) ☞ 연말정산 소득공제 추가	

주. 의무발급에서 제외되는 것
  • 사업자에게 계산서 또는 세금계산서를 발급한 경우(부가법 제162조의3 제4항)
  • 비사업자에게 주민등록번호 기재분 전자세금계산서를 발행한 경우(재소득-547, 2011.12.21.)

 관련 해석사례 및 집행기준

▸ **해외 온라인쇼핑몰을 통해 재화를 공급하고 판매대금을 외화로 정산받는 경우 현금영수증 의무발급대상에 해당하는지 여부**

현금영수증가맹점인 개인사업자가 건당 거래금액(부가가치세액 포함)이 10만원 이상인 재화를 공급하고 그 대금을 현금으로 받은 경우로서, 부가가치세 신고기한 내에 부가령 제101조 제1항에 규정하는 외화입금증명서를 붙여 사업장 관할 세무서장에게 부가가치세 과세표준 신고(수정신고를 포함)한 경우, 해당 거래는 현금영수증 의무발급대상에 해당되지 아니하는 것임(서면법규소득 2022-11, 2022.12.21.).

▸ **소송 등으로 계약서상 거래대금 중 일부 금액만 현금으로 받은 경우 계약금액 전액이 현금영수증 미발급 가산세 대상인지 여부**

현금영수증 의무발행업종을 영위하는 사업자는 건당 거래금액이 10만원 이상인 재화 또는 용역을 공급하고 그 대금을 현금으로 받은 경우 거래상대방이 현금영수증 발급을 요청하지 아니하더라도 현금영수증을 발급해야 하며, 이를 위반할 경우 현금영수증 미발급 가산세 대상임. 거래대금 중 현금으로 일부 금액만 받은 경우에 대하여 현금영수증 미발급 가산세 대상에 해당함(서면전자세원 2022-4594, 2022.11.17.).

- 숙박공유플랫폼을 통해 소비자에게 숙박용역을 제공하고 대가를 송금받는 경우 현금영수증 발행 의무 대상에 해당하는지 여부 등

  숙박공유업을 영위하는 사업자는 숙박공유플랫폼에서 예약자(소비자)가 건당 10만원 이상 거래에 대하여 현금으로 결제한 경우에는 2023년 1월부터 현금영수증 의무 발행해야 하나, 예약자가 신용카드로 결제한 경우에는 현금영수증 발행할 의무가 없음(서면전자세원 2022-4346, 2022.10.27.).

- 거래수수료를 가상자산으로 받는 경우의 현금영수증 발급의무의 존부

  재화나 용역을 구입하고 가상화폐로 결제한 경우 현금영수증 발급대상에 해당하지 아니함(서면법규소득 2022-2967, 2022.08.25.).

- 보험회사가 모터사이클 수리비용을 수리업체에 직접 지불하는 경우 소비자에게 현금영수증을 발행해야 할 의무가 있는지 여부

  모터사이클 수리업을 영위하는 사업자는 재화 또는 용역을 공급하고 손해보험을 영위하는 보험회사로부터 받는 보험금에 대하여는 현금영수증을 발급하지 않는 것임(서면전자세원 2022-3189, 2022.07.25.).

- 고객이 오픈마켓에서 무통장입금 등 기타 결제를 할 경우 실제 판매자에게 현금영수증 발급의무가 있는지 여부

  실제 판매자인 통신판매자에게 현금영수증 발급의무가 있으며, 현금영수증 미발급 시 가산세 적용한다. 다만, 통신판매업자가 부가통신사업자가 운영하는 사이버몰을 이용하여 재화를 공급하고 그 대가를 부가통신사업자를 통하여 받는 경우 부가통신사업자가 통신판매업자에 갈음하여 현금영수증을 발급할 수 있으며, 이 경우 현금영수증 미발급에 대한 가산세를 적용받지 않는다(서면전자세원 2022-773, 2022.03.03.).

- 중고거래 플랫폼에서 고객이 재화에 대한 대가를 신용카드로 결제하여 입금받는 경우 현금영수증 발급 여부

  중고거래 플랫폼에서 고객이 재화에 대한 대금을 신용카드로 결제하여 중고거래 플랫폼으로부터 고객의 결제대금 중 수수료를 제외한 대금을 입금받는 경우 현금영수증 발급대상에 해당하지 않는다(서면전자세원 2022-559, 2022.02.22.).

- 건당 10만원 미만 입금받은 부분을 제외하고, 건당 10만원 이상 입금받은 부분에 대해서만 현금영수증 미발급 가산세 대상인지 여부

  현금영수증 의무발급 여부는 건당 거래금액으로 판단하는 것으로 소비자가 사전에 계약내용과 거래금액을 인지(약정)하고 용역을 제공받는 경우에는 대가를 나누어 지급받는 경우에도 동일 거래로 합산하여 계산하나 이는 거래 상대방의 계약 내용에 따라 사실 판단할 사항임(서면전

자세원2021-64, 2021.01.25.).

● **중고차 매매상사가 중고자동차를 소매·중개 시 현금영수증 발급대상에 해당하는지 여부**
중고차 매매상사가 판매자와 구매자를 연결해주고 중개수수료를 현금으로 받는 경우 중고차 매매상사는 차량 전체금액이 아닌 중개수수료 부분에 대해서 현금영수증을 발급하는 것입니다(서면전자세원2020-445, 2020.02.11.).

● 실무사례 1 현금영수증 발급여부

[사실관계]
현금영수증 의무발행 업종을 경영하는 사업자로서 현금영수증가맹점으로 가입한 사업자가 사업자가 아닌 자에게 용역을 공급하고「부가가치세법」에 따라 주민등록번호를 기재한 종이세금계산서를 발급하였으나, 그 거래대금을 2회에 걸쳐 현금으로 수령한 후 현금영수증을 발급하지 않은 경우 현금영수증 발급의무 위반에 해당하는지 여부?

해답
현금영수증 의무발행 업종을 경영하는 사업자(개인은 현금영수증가맹점, 법인은 내국법인)가 사업자가 아닌 자에게 건당 거래금액(부가가치세액을 포함한다)이 10만원 이상인 용역을 제공하고 주민등록번호를 기재한 세금계산서를 발급한 후 그 대금을 현금으로 받은 경우, 해당 역무의 제공이 완료되는 때가 용역의 공급시기이고, 그 대금을 현금으로 받은 때에 현금영수증을 발급하는 것이며 이를 불이행하는 경우에는 현금영수증 발급의무 위반에 해당하는 것입니다(전자세원-428, 2011.08.18.).

● 실무사례 2 전자세금계산서를 발급한 경우 현금영수증 의무발급여부

[사실관계]
인테리어 업체로서 고객의 주민번호가 기재된 전자세금계산서를 발급하였으나, 비사업자인 고객의 주민등록번호로 전자세금계산서를 발급된 건에 대해 이를 취소하고 현금영수증을 발행해야 할 의무가 있는지 여부?

해답
비사업자에게 주민등록번호를 기재한 전자세금계산서를 발급하고 동 세금계산서 발급명세를 국세청장에게 전송한 경우는 현금영수증을 발급하지 아니할 수 있으므로 전자세금계산서를 취소하고 현금영수증을 발급해야할 의무는 없다(서면전자세원 2022-1177, 2022.07.25.).

CHAPTER 07

납부세액 계산

01 _ 납부세액 계산구조
02 _ 세금계산서에 의한 매입세액
03 _ 신용카드 매출전표 등 수령명세서에 의한 매입세액
04 _ 의제매입세액의 공제
05 _ 재활용폐자원 등에 대한 매입세액
06 _ 공제하지 아니하는 매입세액
07 _ 공통매입세액의 안분 및 정산
08 _ 납부세액 또는 환급세액의 재계산
09 _ 과세사업전환시 매입세액공제
10 _ 재고매입세액의 공제

01 납부세액 계산구조

현행 부가가치세법상 납부세액의 계산구조는 다음과 같다.

| 매 출 세 액 | 매 출 세 액
(+) 예정신고 누락분
(±) 대손세액 가감
(=) 매 출 세 액 |

| 매 입 세 액 | 매입세금계산서상의 매입세액
(+) 기타공제매입세액
  ① 신용카드매출전표 등 수령명세서 제출분
  ② 의제매입세액
  ③ 재활용폐자원 매입세액
  ④ 재고매입세액
  ⑤ 변제대손세액
(−) 공제받지 못할 매입세액
  ① 불공제 매입세액
  ② 공통매입세액면세사업분
  ③ 대손처분 받은 세액
(=) 매 입 세 액 |

| 납부세액 (매출세액−매입세액) | 납 부 세 액
(−) 신용카드 매출전표 발행 등에 대한 세액공제
(−) 기타 공제·경감세액
(−) 예정신고 미환급세액·예정고지세액
(+) 가산세액
(=) 차가감 납부세액 |

02 세금계산서에 의한 매입세액

구 분	내 용
납부세액	납부세액 = 매출세액 - 매입세액
매입세액	세금계산서 수취분 매입세액 ← 매입처별 세금계산서합계표 제출 (+) 예정신고누락분 (+) 신용카드매출전표 등 수령명세서 제출분 (+) 의제매입세액 ← 매입가액 × 일정률 (+) 재고매입세액 ← 간이과세자가 일반과세자로 변경된 경우 (-) 공제받지 못할 매입세액 ← 사업과 관련이 없는 지출에 대한 매입세액 등 (-) 공통매입세액 면세사업분 ← 공통매입세액 × 면세비율 매출세액에서 차감되는 매입세액

1. 의의

(1) 의의

현행「부가가치세법」에서는 사업자가 창출한 부가가치를 직접 계산하여 과세하는 것이 아니라, 매출액, 즉 재화 및 용역의 공급가액에 대하여 매출세액을 계산한 후, 이전 단계에서 발생한 매입세액을 차감하여 최종 부가가치세액(대리납부에 따라 납부한 부가가치세액을 포함)을 결정한다(부가법 제38조 제1항).

> ① 사업자가 자기의 사업을 위하여 사용하였거나 사용할 목적으로 공급받은 재화 또는 용역에 대한 부가가치세액(사업의 포괄양수도의 경우 양수자가 대리납부한 세액 포함)
> ② 사업자가 자기의 사업을 위하여 사용하였거나 사용할 목적으로 수입하는 재화의 수입에 대한 부가가치세액

(2) 공제대상 매입세액의 범위

공제대상 매입세액의 범위를 살펴보면 다음과 같다(부가집 38-01-1).

1) 일반적인 매입세액

사업자가 재화 또는 용역을 공급받거나 재화를 수입하면서 부담한 부가가치세액으로서 자기의 사업을 위하여 사용되었거나 사용될 매입세액은 자기의 매출세액에서 공제할

수 있다. 이 때 자기가 부담한 매입세액이 있는 경우라도 세금계산서, 매입자발행세금계산서, 신용카드매출전표 등이 아니면 공제받을 수 없다.

2) 사업자등록정정 의무를 이행하지 아니한 사업자의 매입세액

사업자가 사업장 이전·상호변경 등 사업자등록증 정정사유가 발생하였으나 이를 정정하지 아니하고 세금계산서를 발급받은 경우 해당 세금계산서의 필요적 기재사항 또는 임의적 기재사항에 의하여 그 거래사실이 확인되는 때에는 그 세금계산서의 매입세액을 매출세액에서 공제하거나 환급할 수 있다. 다만, 비영리법인이 수익사업 관련 재화를 공급받으면서 과세사업자로 별도로 등록하지 아니하고 사업자등록번호가 아닌 비영리법인의 고유법호로 세금계산서를 교부받은 경우 당해 세금계산서의 매입세액은 매출세액에서 공제되지 아니한다.

3) 공동시설에 관련된 매입세액

2 이상의 사업자가 공동으로 사용할 사업부대설비공사를 그 중 한 사업자의 명의로 계약을 체결한 경우 해당 설비건설용역을 제공하는 사업자는 각 사업자를 공급받는 자로 하여 세금계산서를 발급할 수 있으며, 그 용역을 공급받은 각 사업자는 자기가 부담한 매입세액을 공제받을 수 있다.

4) 면세포기한 사업자의 매입세액

면세사업자가 면세포기를 하는 경우 면세포기한 사업에 대하여 해당 과세기간에 영세율이 적용되거나 부가가치세가 면제되는 재화·용역의 공급이 없는 때에도 그 과세기간의 면세포기사업과 관련된 매입세액은 자기의 매출세액에서 공제한다. 다만, 면세포기사업에 대하여 해당 과세기간에 면세되는 재화의 공급만이 있는 경우에는 면세사업에 관련된 매입세액으로 공제하지 아니한다.

5) 사업상 피해재산의 복구와 관련된 매입세액

사업자가 자기사업과 관련하여 타인의 재산에 손해를 입혀 해당 피해재산의 수리에 관련된 매입세액은 매출세액에서 공제한다.

6) 공급시기 이후 동일 과세기간에 대한 확정신고기한까지 발급받은 세금계산서와 관련된 매입세액

재화 또는 용역의 공급시기 이후 그 공급시기가 속하는 과세기간에 대한 확정신고기한까지 세금계산서를 발급받은 경우 해당 세금계산서의 매입세액은 매출세액에서 공제한다.

☞ 지연수취가산세를 적용

7) 거래일 이후 공급자가 폐업·행방불명된 경우의 매입세액

사업자가 자기의 사업을 위하여 정당한 세금계산서를 발급받았으나 거래일 이후 공급자가 폐업·행방불명된 경우에도 매입세액을 공제받을 수 있다.

8) 인·허가 조건 기부채납자산의 취득과 관련된 매입세액

사업자가 과세되는 사업을 위하여 사회기반시설 등을 신축하여 지방자치단체에 기부채납하는 조건으로 인·허가를 얻은 경우, 해당 기반시설의 건설과 관련된 매입세액은 자기의 매출세액에서 공제할 수 있다. 다만, 해당 매입세액이 토지의 조성 등을 위한 자본적 지출과 관련된 매입세액에 해당하는 경우에는 매출세액에서 공제하지 아니한다.

9) 화재 등으로 멸실된 재고상품의 매입세액

과세사업에 사용 또는 소비하기 위하여 구입한 재화가 화재, 도난, 파손, 부패 등으로 멸실된 경우 해당 재화의 취득과 관련된 매입세액은 자기의 매출세액에서 공제한다.

10) 용역의 무상 공급에 관련된 매입세액

사업자가 사용인에 대한 복리후생, 고객에 대한 판매 확대를 위하여 용역을 무상으로 공급하는 경우 해당 용역의 공급에 관련된 매입세액은 매출세액에서 공제한다.

11) 공급시기 이후 1년 이내 발급받은 세금계산서 관련 매입세액

재화 또는 용역의 공급시기가 속하는 과세기간에 대한 확정신고기한 다음 날부터 1년 이내에 세금계산서를 발급받고 수정신고·경정청구 하거나 관할 세무서장 등이 결정·경정하는 경우 해당 세금계산서의 매입세액은 매출세액에서 공제한다.

☞ 지연수취가산세를 적용

12) 공급시기 전 발급받은 세금계산서 관련 매입세액

공급시기 전 세금계산서를 발급받고 발급일부터 6개월 이내에 공급시기가 도래하며 해당 거래사실이 확인되어 과세관청이 결정·경정하는 경우 해당 세금계산서의 매입세액은 매출세액에서 공제한다.

13) 위탁매매·일반매매 오류 관련 매입세액

다음의 경우 거래사실이 확인되고 부가가치세를 신고·납부한 경우 관련 매입세액은 매출세액에서 공제한다.

① 거래당사자 간 선택한 매매형식(위탁 또는 일반)에 따라 세금계산서를 발급받은 경우
② 거래당사자 간 선택한 용역의 공급방식(중개·주선 또는 일반)에 따라 세금계산서를 발급받은 경우
③ 위·수탁용역에서 위탁자로부터 받은 사업비를 계약에 따라 수탁자의 공급가액에 포함 또는 제외하여 세금계산서를 발급받은 경우
④ 매출에누리를 판매장려금으로 보아 공급가액에 포함하여 세금계산서를 발급받은 경우

14) 사업의 양도시 부담한 수수료등의 매입세액공제

부가가치세 과세대상인 부동산 임대업을 영위하던 사업자가 임대사업을 법 제10조 제9항 제2호에 따라 양도하면서 부담한 중개수수료 관련 매입세액은 매출세액에서 공제한다(부가통 38-0-8).

2. 매입세액의 공제시기

(1) 일반적인 매입세액

해당 재화·용역을 공급 받은 거래시기가 속하는 예정·확정 신고기간의 매출세액에서 공제한다(부가집 38-0-2 제1항).

(2) 재화의 수입에 따른 매입세액

사업자가 자기의 사업과 관련하여 발급받은 수입세금계산서는 그 수입일이 속하는 예정신고기간 또는 과세기간의 매출세액에서 공제받을 수 있으나, 수입일이 속하는 과세기간 경과 후 발급받은 때에는 수입세금계산서를 발급받은 날이 속하는 과세기간의 매출세액에서 공제받을 수 있다(부가집 38-0-2 제2항).

(3) 사업의 양도시 발급받지 못한 수입세금계산서의 매입세액

사업양도자가 수입재화에 대한 수입세금계산서를 사업양도시까지 발급받지 못하고 사업양도 후 사업양수자가 사업양도자 명의로 발급받은 경우에 사업양수자가 수입세금계산서를 발급받은 과세기간에 매입세액으로 공제받을 수 있다(부가집 38-0-2 제3항).

3. 2 이상의 사업장에 관련된 매입세액 공제(부가집 38-0-3)

(1) 법인의 사업장 신설과 관련된 매입세액

① 사업자가 사업장을 확장하거나 이전하기 위하여 기존사업장 이외의 장소에 건물을 취득하면서 매입세금계산서를 기존사업장 명의로 발급받는 경우 해당 신설사

업장이 과세사업을 영위하는 때에는 기존사업장의 매출세액에서 공제할 수 있다.
② 신설사업장의 사업자등록일 이후에도 신설사업장의 건설용역에 대한 세금계산서를 기존사업장 명의로 발급받은 경우 해당 세금계산서의 매입세액은 기존사업장에서 공제받을 수 있다.
③ 신설사업장의 건설이 완료된 경우에도 기존사업장에서 신설사업장으로 세금계산서를 발급하지 아니한다.
④ 사업장 이전 목적으로 매입한 건물로 이전하지 못하고 매각하는 경우에도 해당 건물의 구입과 관련된 매입세액은 추징하지 않는다.

(2) 계약·발주·대금결제하는 사업장과 인도받은 사업장이 다른 경우의 매입세액

본사와 공장 등 2 이상의 사업장이 있는 사업자가 거래를 함에 있어서 계약, 발주, 대금결제 등 거래는 본사에서 이루어지고 재화는 운송편의를 위하여 실질적으로 사용, 소비하는 공장으로 인도받는 경우 세금계산서는 본사 또는 공장 어느 쪽에서도 발급받을 수 있으며, 발급받은 사업장에서 매입세액으로 공제받을 수 있다.

(3) 개인사업자의 사업장 신설에 따른 매입세액

① 개인사업자가 사업장을 확장하거나 이전하기 위하여 기존사업장 외의 장소에 건물을 취득하면서 매입세금계산서를 기존사업장 명의로 발급받는 경우 해당 신설사업장이 과세사업을 영위하는 때에는 기존사업장의 매출세액에서 공제할 수 있다.
② 과세사업을 영위하는 개인사업자가 다른 지역에 기존 사업내용과 관련 없는 사업장을 설치하는 경우 해당 신설사업장의 설치와 관련된 매입세액은 기존사업장에서 공제되지 않는다.
③ 개인사업자가 기존 사업장의 업종과 다른 사업을 영위하기 위하여 기존 사업장 외의 장소에서 건물을 신축하는 경우 사업자등록 정정신고 또는 별도의 사업자등록을 하지 아니하고 건물신축 관련 매입세액을 기존 사업장에서 공제받을 수 없다.

≫ 법인사업자 & 개인사업자 비교

유 형		내 용	
법인 사업자	사업확장 또는 이전 목적	업종이 동일한 경우	• 기존 사업장에서 매입세액공제 가능함
		업종이 상이한 경우	
개인 사업자	사업확장 또는 이전 목적	업종이 동일한 경우	• 기존 사업장에서 매입세액공제 가능함
		업종이 상이한 경우	• 기존 사업장에서 매입세액공제 불가능 • 신설 사업장에서 매입세액공제 가능

 관련 해석사례 및 집행기준

- **여행업의 매입세액 공제 범위**

  「관광진흥법」에 따른 여행업을 영위하는 사업자의 과세표준은 여행알선용역을 제공하고 받는 수수료이므로 해당 여행알선용역의 공급에 직접 관련되지 아니한 관광객의 운송·숙박·식사 등에 따른 매입세액은 매출세액에서 공제하지 아니한다(부가통 39-0-1).

- **과세·면세 사업자등록정정 전에 면세사업자번호로 수취한 세금계산서 매입세액 공제**

  면세사업자가 2016.07.19. 과세·면세겸업자로 사업자등록정정신청한 경우 1월~6월까지 재화 또는 용역을 공급받고 면세사업자등록번호로 발급받은 세금계산서는 매출세액에서 공제가 가능한 것이며, 이 경우 과세사업과 면세사업 등에 공통으로 사용되어 실지귀속을 구분할 수 없는 공통매입세액은 안분계산하는 것임(사전법령해석부가 2016-0320, 2016.07.28.).

- **무상으로 제공받는 부품을 무환으로 수입하면서 부담한 부가가치세액이 공제가능한지 여부**

  국내사업자가 외국에 소재한 모회사와 해당 모회사가 국내에 판매한 발전사업용 설비에 대한 보증수리용역 대행계약을 체결하고 해당 모회사로부터 수리에 사용될 부품을 무상으로 제공받아 수리용역을 제공하는 경우로서 해당 부품을 무환으로 수입하면서 부가가치세를 부담하고 세관으로부터 수입세금계산서를 발급받은 경우 해당 세금계산서의 매입세액은 매출세액에서 공제되는 것임(사전법령해석부가 2015-385, 2015.11.25.).

- **해외 본사와의 약정에 따라 광고비를 공동부담하고 이를 청구하는 경우**

  국내 과세사업자가 국내사업장이 없는 외국법인과 국내 사업장에서 공동으로 기술개발을 하면서 비용을 공동으로 분담하고 개발결과물을 외국법인과 공동으로 소유하는 계약을 체결하고 이와 관련하여 국내의 다른 사업자로부터 재화 또는 용역을 공급받고 관련 세금계산서를 전부 발급받는 경우 자기지분을 초과하는 매입세액은 매출세액에서 공제할 수 없는 것임(부가-996, 2013.10.24.).

- **매출세액을 초과하는 매입세액의 공제 가능 여부**

  판매 전략상의 이유로 매입가격보다 낮은 가격으로 의료장비를 판매함에 따라 의료장비 공급에 따른 매출세액이 매입세액에 미달하는 경우에도 매출세액에서 공제되는 것임(법규부가 2012-262, 2012.09.07.).

- **특수관계인으로부터 고가매입한 경우 매입세액 공제여부**

  사업자가 자기의 과세사업을 위하여 사용되었거나 사용될 재화 또는 용역을 특수관계에 있는 자로부터 시가보다 고가로 매입하고 그에 따른 세금계산서를 발급받은 경우 해당 매입세액은 「부가가치세법」 제17조 제1항에 따라 매출세액에서 공제되는 것이나, 동 매입세액이 같은 조

제2항에서 규정한 불공제되는 것인지는 사실판단할 사항임(법규과-1464, 2010.09.24.).

타인 명의로 등기된 건물 신축비용의 매입세액 공제여부

법인이 개인명의로 건축허가가 난 토지를 구입하여 자기 책임하에 건축물을 신축하여 개인명의로 보존등기 후 매매형식으로 소유권을 취득한 경우에도, 실질적으로 당해 법인이 건설용역을 제공받았다면 법인이 건설용역에 대한 매입세액을 공제받을 수 있는 것임(부가가치세과-3414, 2008.10.05.).

건설용역 제공대가를 대물로 받은 경우 매입세액공제

건설업자가 건물신축판매업자와 건물신축 공사도급계약을 체결하고 공사대금을 신축건물 중 일부로 대물변제 받는 경우 건설업자는 자기가 공급한 건설용역대가 전체를 공급가액으로 하고 건물신축판매업자는 대물변제 하는 부동산 가액을 공급가액으로 하여 각각 세금계산서를 발급하여야 하는 것이며, 세금계산서를 발급받은 사업자는 발급받은 세금계산서상의 매입세액을 각각 자기의 매출세액에서 공제(환급)받는 것임(서면3팀-93, 2008.01.10.).

재화수입 후 세관장이 경정하여 부가가치세를 추징한 경우

외국으로부터 재화를 수입하고 세관장으로부터 수입세금계산서를 발급받은 후 당초 수입한 재화에 대하여 관할세관장이 경정하여 추가로 관세 및 부가가치세를 부담하고 추가수입세금계산서를 발급받은 경우 당해 수입세금계산서의 매입세액은 그 수입세금계산서를 발급받은 날이 속하는 과세기간에 자기의 매출세액에서 공제할 수 있음(서면3팀-1324, 2007.05.02.).

공동사업자가 그 공동사업자 구성원에게 임대시 부가가치세 매입세액 환급 여부

부가가치세는 「부가가치세법」 제4조의 규정에 의하여 사업장마다 신고·납부하는 것으로 귀 질의에 있어 별도로 사업자등록을 한 부동산임대업자인 "X"사업자와 임차인으로서의 병원인 "Y"사업자는 별개의 사업자로서 그 "X"사업자가 자기의 부동산임대사업과 관련하여 취득한 당해 건물에 대한 매입세액은 매출세액에서 공제가 가능한 것임(서면3팀-1563, 2005.09.20.).

사원용 아파트 수선비 및 사적비용을 사업자가 지출하는 경우 당해 매입세액 공제여부

제조업을 영위하는 사업자가 자기의 종업원이 거주하는 국민주택규모의 사택을 수리하는 경우에 당해 사택수리와 관련하여 발생한 매입세액은 매출세액에서 공제되는 것이며, 해당 사택에 거주하는 종업원의 생활과 관련된 사적비용인 전기료·수도료·가스료 등을 사업자가 지출한 경우 해당 지출과 관련하여 발생한 매입세액은 동 규정에 의하여 매출세액에서 공제되는 것이나, 이 경우에는 법 제6조 제3항 및 동법시행령 제16조 제1항의 규정[자가공급]에 의하여 부가가치세가 과세되는 것임(서삼 46015-11099, 2003.07.10.).

- '기한후 신고'에 해당하지 않는 사업자의 매입세액 공제 및 '매입처별 세금계산서합계표 불성실가산세' 적용여부

부가가치세 환급세액이 발생한 사업자가 확정신고기한이 경과한 후에 부가가치세신고서와 함께 매입처별세금계산서합계표를 제출하였다 하더라도 이는 기한 후 신고에 해당하지 아니하는 것이나, 당해 사업자가 교부받은 세금계산서의 매입세액은 매출세액에서 공제되는 것임. 다만, 이 경우에는 매입처별세금계산서 합계표 미제출 가산세가 적용되는 것임(서삼 46015-11031, 2003.06.27.).

☞ 2007.01.01. 이후 법정신고기한 도래분부터 환급세액 발생자도 기한후 신고 가능함.

- 공사대금 자금지원 목적으로 지급한 건설용역 선급금 관련 매입세액의 공제가능 여부

사업자가 자기의 과세사업에 관련된 건설용역과 자기의 면세사업에 관련된 건설용역을 제공받기로 건설업자와 일괄계약을 체결한 후 공사대금의 자금지원 목적으로 선급금을 지급하고 당해 선급금에 대하여 과세사업에 관련된 건설용역의 공급가액 범위 내에서 법 제9조 제3항의 규정에 의하여 세금계산서를 교부받는 경우 당해 세금계산서의 매입세액은 동법 제17조 제2항 제1의2호에서 규정한 사실과 다른 매입세액에 해당하지 아니하는 것으로 자기의 매출세액에서 공제할 수 있는 것임(서삼 46015-11068, 2002.06.26.).

- 부부가 공동으로 건축한 건물의 사업자등록을 남편명의의 단독사업자로 한 경우 매입세액공제 가능 여부

부부가 공동으로 건축허가를 득하여 부가가치세 과세사업에 사용할 건물을 신축하고 소유권등기를 하였으나 사업자등록은 남편 명의의 단독사업자로 하고 세금계산서를 발급받은 경우 해당 건물의 신축에 관련된 부가가치세 매입세액을 매출세액에서 전액 공제받을 수 있음(부가 46015-1649, 1999.06.11.).

03 신용카드 매출전표 등 수령명세서에 의한 매입세액

1. 의의

사업자가 일정한 사업자(일반과세자 또는 세금계산서 발급가능한 간이과세자)로부터 재화 또는 용역을 공급받고 부가가치세액이 별도로 구분된 신용카드매출전표 등을 발급 받은 때에는 공제할 수 있는 매입세액으로 본다(부가법 제46조 제3항).

2. 공제요건

(1) 사업자의 범위

일반과세자와 간이과세자 중 직전연도 공급대가가 4,800만원 미만인 자와 간이과세자 신규사업자를 제외한 사업자를 말한다(부가령 제88조 제5항).

2021.06.30. 이전 공급분	2021.07.01. 이후 공급분
세금계산서 발급금지업종을 경영하는 사업자가 아닌 일반과세자	일반과세자 및 간이과세자. 다만 다음의 사업자는 제외한다. ① 세금계산서 발급금지업종을 경영하는 사업자 ② 간이과세자 중 다음 중 어느 하나에 해당하는 자 　㉠ 직전연도의 공급대가의 합계액이 4,800만원 미만인 자 　㉡ 신규로 사업을 시작하는 개인사업자로서 간이과세자로 하는 최초의 과세기간 중에 있는 자

(2) 업종요건

세금계산서 발급 금지대상인 업종을 영위하는 사업자로부터 발급받은 신용카드매출 전표 등이 아니어야 한다(부가령 제88조 제5항). 그 이유는 ① ~ ⑥ 사업자는 영수증발 급대상 사업자이므로 세금계산서를 발급이 불가능한 사업자이기 때문이다.

① 목욕·이발·미용업
② 여객운송업(전세버스운송사업은 제외)
③ 입장권 발행하여 경영하는 사업
④ 「의료법」에 따른 의사, 치과의사, 한의사, 조산사 또는 간호사가 제공하는 용역 중

「국민건강보험법」 제41조 제4항에 따라 요양급여의 대상에서 제외되는 쌍꺼풀수술, 코성형수술, 유방확대·축소술, 지방흡입술, 주름살제거술, 안면윤곽술, 치아성형(치아미백, 라미네이트와 잇몸성형술을 말한다) 등의 진료용역을 공급하는 사업
⑤ 수의사가 제공하는 동물의 진료용역(부가가치세가 과세되는 수의사의 동물진료용역 제외)
⑥ 교육용역 중 부가가치세가 과세되는 무도학원, 자동차운전학원

(3) 공제대상 신용카드매출전표 등

「여신전문금융업법」에 따른 신용카드매출전표(결제대행업체 통한 거래 포함), 직불카드 영수증, 현금영수증(부가통신사업자가 통신판매업자를 대신하여 발급하는 현금영수증을 포함한다, 선불카드 영수증(실지명의가 확인되는 것에 한정함), 직불전자지급수단 영수증, 선불전자지급수단(실제 명의가 확인되는 것으로 한정한다), 선불카드영수증(실지명의가 확인되는 것에 한정함), 전자지급결제대행에 관한 업무를 하는 금융회사 또는 전자금융업자를 통한 신용카드매출전표을 말한다(부가법 제46조 제1항, 부가령 제88조 제4항).

예를 들어 「여신전문금융업법」에 따른 결제대행업체 또는 「전자금융업법」상 전자금융업자, 부가통신사업자가 아닌 경우로서 온라인 중개플랫폼을 운영하는 사업자(수탁자)가 실제 판매자(위탁자)의 재화를 판매 대행하는 형태로 수탁자가 재화를 인도하고 위탁자가 아닌 수탁자 명의로 부가가치세액이 별도로 구분 가능한 신용카드매출전표등을 발급하는 경우, 해당 신용카드매출전표등을 발급받은 사업자는 매입세액으로 공제받을 수 없다(부가통 46-88-1).

☞ 실무상 인터넷 오픈마켓(G마켓, 옥션 등)에서 신용카드로 구입 또는 판매한 경우 공제여부는 해당 오픈마켓 사업자가 「여신전문금융업법」에 의하여 각 신용카드사와 결제대행계약을 체결하고 신용카드 결제를 한 경우에만 공제가능한 바, 오픈마켓 사업자별로 각 신용카드사와의 결제대행계약 체결여부가 다르므로, 오픈마켓 사업자에게 해당 카드 결제분이 「여신전문금융업법」에 의하여 결제대행한 것인지 여부를 확인하여야 한다.

(4) 보관 및 제출의무

다음의 요건을 모두 충족한 경우 공제할 수 있는 매입세액으로 본다(부가법 제46조 제3항).

① 신용카드매출전표 등 수령명세서를 제출해야 한다.
② 신용카드매출전표 등을 그 거래사실이 속하는 과세기간에 대한 확정신고를 한 날로부터 5년간 보관해야 하며, 아래의 경우 매출전표 등을 보관한 것으로 본다.

> ㉠ 신용카드 등의 월별 이용대금명세서를 보관
> ㉡ 신용카드 등의 거래정보를 전송받아 ERP(전사적 자원관리시스템)에 보관

③ 간이과세자가 영수증을 발급하여야 하는 기간에 발급한 신용카드매출전표 등이 아니어야 한다.
　☞ 영수증 발급에 관한 규정이 적용는 기간은 해의 1월 1일부터 12월 31일까지의 공급대가의 합계액(신규로 사업을 시작한 개인사업자의 경우 제61조 제2항에 따라 환산한 금액)이 4천800만원에 미달한 경우이다.

(5) 매입세액불공제 대상이 아닐 것

① 판매용 상품, 제조용 원재료 등 구입시 세금계산서의 수취없이 신용카드매출전표 등을 수취한 경우(2006.02.09. 이후 공급분부터는 공제가능함)
② 개별소비세 과세대상 승용차 관련 매입세액(유대 등)·기업업무추진비 관련 매입세액·사업과 관련없는 매입세액(가사용 매입 등)을 신용카드매출전표 등으로 수취한 경우
③ 간이과세자(세금계산서 발급 불가자)·면세사업자로부터 신용카드매출전표 등을 수취한 경우
④ 타인(종업원 및 가족 제외)명의 신용카드를 사용한 경우(서면3팀-1912, 2007.07.05)
⑤ 외국에서 발행된 신용카드
⑥ 항공권·KTX·고속버스·택시요금, 미용·욕탕·유사서비스업, 공연(영화)입장권 등 구입비용
⑦ 과세되는 쌍꺼풀 등 성형수술, 수의사의 동물진료용역, 무도학원, 자동차운전학원

3. 세금계산서를 발급받고 신용카드로 대금 결제시 신고방법

사업자가 세금계산서를 수령하고 신용카드로 대금 결제하여 신용카드매출전표 및 세금계산서를 중복 발급한 경우에는 세금계산서에 의한 매입세액 신고하여야 한다(서면 3팀-1916, 2004.09.17.).

4. 사업용 신용 카드 및 화물자운전복지카드

(1) 의의

사업용 신용카드 제도란 사업자가 사업용 물품을 구입하는데 사용하는 신용카드를 홈택스의 「사업용 신용카드 등록」 코너에 등록하는 제도를 말한다.[50]

(2) 등록절차

1) 개인사업자

홈택스 홈페이지에 공인인증서를 이용하여 로그인 후 [조회/발급 - 현금영수증 - 사업용신용카드 - 사업용신용카드 등록] 메뉴에서 사업자 본인명의로 발급받은 신용카드(직불카드 및 가족카드는 등록불가)를 최대 50개까지 등록할 수 있다.

2) 법인사업자

법인 명의로 카드를 발급받은 법인사업자는 별도의 등록절차 없이 자동 등록된다.

(3) 부가세신고시 매입세액공제방법

홈택스 홈페이지에서 조회되는 '세액공제 금액조회'에 아래와 같이 매입세액 공제·불공제 여부를 결정한 후, 공제대상 합계금액만 부가가치세 신고서에 기재하여 매입세액 공제를 적용한다.

구 분	공급자 업종 및 사업자구분	매입세액공제 여부
매입세액 공제	• 부가가치세 일반과세자로서 선택 또는 당연불공제에 해당하지 않는 거래	• 매입세액 공제가 가능하며, 매입세액 공제대상이 아닌 경우 불공제로 수정 가능
선택 불공제	• 「사업무관, 접대관련, 개인가사지출, 비영업용 자동차」 등은 불공제 대상 예) 음식, 숙박, 항공운송, 승차권, 주유소, 차량유지, 과세유흥업소, 자동차구입, 골프연습장, 목욕, 이발 등	• 불공제대상으로 분류되었으나 사업용도로 이용한 건은 공제로 수정 • 항공운송, 승차권, 성형수술, 목욕, 이발 등의 지출은 매입세액 불공제 대상임
당연 불공제	• 간이과세자 및 면세사업자와 거래	• 매입세액 공제 불가

☞ 실무적으로 매입세액 불공제 대상이나 공제대상으로 잘못 적용하여 신고하는 경우 추후 잘못 공제받은 매입세액을 추징당할 수 있으므로 신고 시 유의해야 한다.

(4) 화물운전자복지카드

화물운전자 복지카드를 사용하는 화물운전자는 별도의 등록없이 홈택스 홈페이지에서 화물운전자 복지카드 사용내역을 조회할 수 있으며, 부가가치세 신고 시 제출하는 "신용카드매출전표 등 수령명세서"에 거래처별 합계가 아닌 복지카드로 매입한 전체 합계금액만 기재하면 된다.

---

50) 국세청누리집, 전자(세금)계산서/현금영수증/신용카드, 사업용신용카드 개요 참고.

>>> 현금영수증 발급 관련

발급할 수 있는 경우	발급할 수 없는 경우 (기 지급받은 현금에 대하여 소급발급 할 수 없음)
• 주차요금을 매월 정산하여 받는 경우 • 카지노 입장료를 현금으로 받는 경우 • 지하철 정기권·식권을 판매하는 경우 및 식대를 월 합계로 받는 경우 • 한국산업인력공단의 국가기술자격 검정수수료 • 상품권으로 물품을 구매하는 경우	• 국가·지방자치단체가 받는 재화·용역 공급대가 중 부가가치세가 과세되지 않는 경우 • 외교통상부가 받는 여권발급수수료 및 문화관광체육부가 받는 출국납부금 • 마일리지(적립금, 포인트, 사이버머니, 쿠폰 등)로 결제하는 경우 • 금융기관 대출금 이자 • 지방자치단체가 행정처분에 의하여 부과하는 과태료(주차위반 등) • 여행알선용역에 있어 여행알선 수수료 이외의 운송·숙박·식사 등에 대한 비용 • 「여신전문금융업법」에 규정된 선불카드로 결제하는 경우

5. 결제대행업체 거래시 유의사항

(1) 의의

결제대행업체(PG)란 신용카드사와 가맹점 계약을 체결하기 어려운 중소 쇼핑몰·음식점 등을 대신해 카드사와 대표가맹점 계약을 맺고 결제를 대행하는 업체를 말한다.

(2) 거래흐름

금융감독원에 등록한 결제대행업체는 ① 가맹점으로부터 매출결제의뢰를 받으면, ② 결제대행을 통해 가맹점에 카드대금을 지급, ③ 가맹점의 매출자료인 '결제대행자료'를 국세청에 분기별로 제출하고, ④ 국세청은 결제대행자료 등을 신고 도움자료로 납세자에게 제공하여 ⑤납세자의 성실신고를 지원한다.[51]

---

51) 국세청누리집, 전자(세금)계산서/현금영수증/신용카드, 결제대행업체 거래시 주의사항 참고.

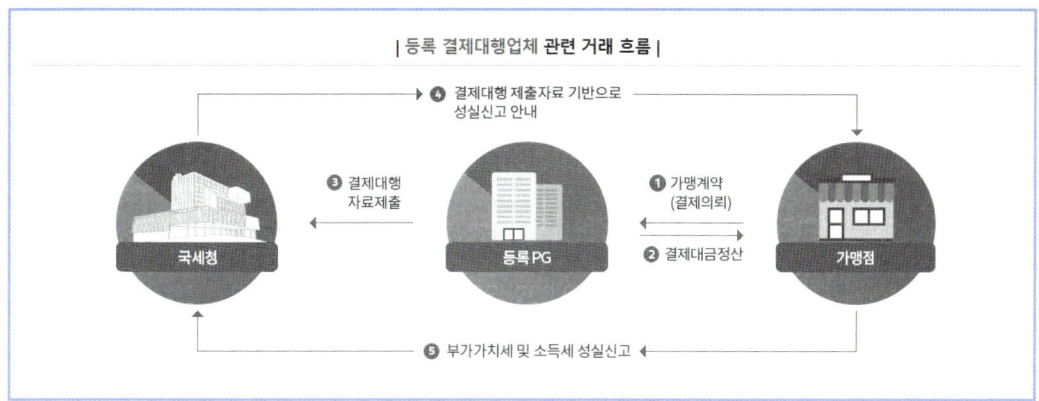

다만, 미등록 결제대행업체는 결제대행자료(사업자의 매출자료)를 국세청에 제출하지 않는 방식으로 가맹점의 탈세를 조장하는 것으로 파악된다.

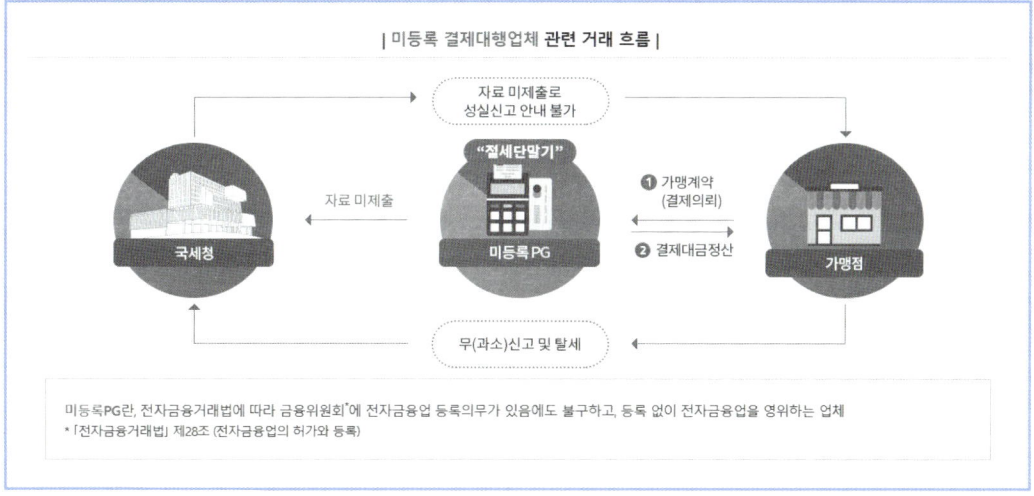

(3) 결제대행업체 확인방법

결제대행업체를 이용하는 가맹점 사업자께서는 결제대행 가맹 계약시 금융위원회의 전자금융업자 등록 여부를 반드시 확인하여야 한다.

> (인터넷) 금융소비자 포털 파인 ⇒ 금융회사정보 ⇒ 전자금융업등록현황 조회
> (바로가기) https://fine.fss.or.kr/fine/bbs/B0000392/list.do?menuNo=900495

만약 미등록 결제대행업체 이용에 따른 세금 불성실 신고로 세금 추징, 가산세 납부 (최대 40%) 등 불이익을 받을 수 있다.

● **실무사례** **신용카드매출전표 매입세액공제여부**[52]

[사실관계]

① ㈜한결은 간이과세자(세금계산서 발급 불가 사업자) 갑으로부터 사업관련 물품을 구입하고 신용카드로 결제하였다. 이 경우 A는 공제 가능한지?
② ㈜한결은 임·직원 복리를 위하여 영화시네마 티켓 20매를 구입하고 신용카드로 결제하였다. 이 경우 공제 가능한지?
③ ㈜한결은 종업원 명의 신용카드로 사업관련 물품을 구입하였다. 이 경우 공제 가능한지?
④ ㈜한결은 「여신전문금융업법」에 따른 결제대행업체 또는 「전자금융업법」상 전자금융업자 아닌 온라인 플래폼사를 통해 물품을 매입하고 판매하는 사업자이다. 온라인 중개 플랫폼을 운영하는 사업자가 실제 판매자의 판매를 대행하면서 신용카드매출전표에 자기를 공급자로 구분 기재하여 발급하는 경우 구매자 입장에서 신용카드매출전표 수취에 따른 매입세액 공제가 가능한지 여부?

해답

①, ②는 공제되지 않음.
당초부터 세금계산서를 발급할 수 없는 간이과세자, 면세사업자, 일반과세자 중 ㉠ 미용, 욕탕 및 유사서비스업 ㉡ 여객운송업(전세버스 제외) ㉢ 입장권 발행 영위 사업자로부터 신용카드매출전표 수취시 공제 안된다.
③은 공제가능.
종업원, 직원, 가족명의의 신용카드매출전표를 발행받는 경우도 자기의 사업과 관련 있는 매입이면 공제 가능하다, 다만, 타인은 안된다(서면3팀-1912, 2007.07.05.).
④ 공제불가능
플랫폼 운영사업자(수탁자)가 실제 판매자(위탁자)의 판매를 대행하면서 신용카드매출전표에 자기를 공급자로 구분 기재하여 발급하는 경우 해당 신용카드매출전표등을 발급받은 사업자는 매입세액으로 공제 받을 수 없는 것임(서면법규부가 2022-1413, 2022.10.13.).

 관련 해석사례 및 집행기준

▸ **신용카드 사용 등에 따른 세액공제 누락 시 부가가치세법상 신고기간별 경정청구 가능 여부**

부가가치세 신고기간별로 과세표준을 신고한 자가 특정 신고기간에 「부가가치세법」 제46조의 '신용카드 등의 사용에 따른 세액공제'를 누락한 경우로서, 해당 신고기간이 속하는 전체 과세기간에 대해 '납부할 세액'이 발생하지 않은 경우에도 「국세기본법」상의 경정청구가 가능함(기획재정부부가-181, 2023.03.08.).

▸ **미용실을 일시적으로 대여받고 그 대가를 신용카드로 결제 시 매입세액 공제 가능 여부**

미용업을 영위하는 일반과세자가 미용업 외의 용역를 제공하고 신용카드 매출전표를 발급한 경우 해당 매입세액은 공제할 수 없는 것이나, 해당 용역(미용업 이외 역무)를 제공받은 사업

---

52) 박병완, "앞의 책", 1117p 참고.

자가 사업자등록증을 제시하고 세금계산서 발급을 요구할 때에는 당해 사업자는 이에 응하여야 하는 것임(서면부가 2018-1354, 2018.05.31.).

신용카드 매입세액공제 증빙 보관 방법
신용카드매출전표등에 의한 매입세액을 공제받은 경우에는 「부가가치세법」 제46조에 따라 신용카드매출전표 등을 그 거래사실이 속하는 과세기간에 대한 확정신고 기한 후 5년간 보관하여야 하는 것임(서면부가 2017-1802, 2017.11.30.).

수탁자인 대리점 명의로 신용카드매출전표 등을 발급받은 경우 매입세액공제 가능 여부
위·수탁판매계약에 따라 수탁자가 재화를 인도하고 위탁자가 아닌 수탁자 명의로 부가가치세액이 별도로 구분 가능한 신용카드매출전표 및 현금영수증(이하 "신용카드매출전표 등"이라 함)을 발급하는 경우, 해당 신용카드매출전표 등을 발급받은 사업자는 「부가가치세법」 제46조 제3항에 따른 매입세액으로 공제 받을 수 없는 것임(서면법규과-954, 2013.09.03.; 서면부가 2016-6273, 2017.03.30.).

할인하여 구입한 상품권으로 재화를 구입하고 초과하여 발급받은 현금영수증의 매입세액공제 여부
사업자가 할인하여 구입한 상품권으로 대형할인점에서 재화를 구입하면서 해당 상품권의 액면금액 상당액이 기재된 현금영수증을 발급받는 경우로서 상품권을 구입한 거래와 재화를 구입한 거래가 연속된 하나의 거래에 해당하는 경우에는 그 재화를 구입하기 위해 실지로 지출한 금액(상품권 구입가액)을 초과하여 발급받은 현금영수증에 대한 매입세액은 매출세액에서 공제하지 아니하는 것임(부가-150, 2012.02.15.).

과세기간 이후에 발급받은 신용카드매출전표 등의 매입세액 공제 여부
신용카드매출전표 등의 부가가치세 매입세액공제의 경우에는 세금계산서 발급시기 및 납부세액 규정이 적용되는 것임. 따라서 신용카드매출전표 등을 해당 공급시기가 속하는 과세기간 이후에 발급받은 경우에는 매입세액을 공제할 수 없는 것임(전자세원과-554, 2009.08.27.).

후불교통카드로 통행료를 결제하는 경우 매입세액공제
고속도로 통행료를 신용카드에 해당하는 후불교통카드 또는 후불전자카드로 수납하고 영수증을 교부한 경우, 동 영수증은 신용카드매출전표에 해당하므로 세금계산서를 발급하지 아니하는 것이며, 하이패스 차로를 통과한 사업자에게 동 영수증(신용카드매출전표)을 발급하지 아니한 경우 당해 사업자가 세금계산서의 발급를 요구하는 때에는 세금계산서를 교부할 수 있는 것임(법규부가 2009-0167, 2009.05.25.).

민자고속도로 통행료에 대한 영수증을 발급한 후 세금계산서 발급을 요구받는 경우
민자고속도로 운영사업자가 통행차량에 대하여 통행료를 징수하고 영수증을 교부한 후, 공급받은 자가 사업자등록증을 제시하고 월별로 월합계세금계산서 발급을 요구하는 때에는, 공급

자는 전산으로 관리하고 있는 차량번호별 이용내역을 기준으로 부가가치세법 시행령 제79조의2 제3항의 규정에 따라 공급받은 자에게 세금계산서를 교부할 수 있음(부가-5093, 2008.12.31.).

신용카드업자로부터 거래내역을 전송받는 경우
신용카드업자로부터 신용카드 거래내역을 전송받아 전사적 자원관리시스템(ERP)에 보관(「국세기본법 시행령」 제65조의7의 규정에 의한 요건을 충족하는 경우)함에 있어 전송받은 거래정보에 공급가액과 부가가치세액이 별도 구분 기재되거나, 전송받은 거래정보에 부가가치세액이 별도 기재되지 아니하여 거래시기에 부가가치세액이 별도로 구분 기재된 신용카드매출전표 등을 수취하여 보관하는 경우에는 매입세액공제가 가능함(전자세원과-394, 2009.02.11.).

지점매입 재화의 대가를 본점명의의 신용카드로 결제한 경우 지점에서 매입세액공제 여부
총괄납부 사업자가 각 사업장에서 재화를 공급받고 본점 명의의 신용카드로 대금을 결제한 경우 매입세액은 재화를 공급받은 각 사업장의 매출세액에서 공제하는 것입니다. 다만, 본점에서 계약·발주하여 본점명의의 신용카드로 결제하고 재화를 지점에서 공급받는 경우 그 부가가치세액은 본점의 매출세액에서 공제받을 수 있는 것임(서면3팀-2240, 2007.08.10.).

월합계로 결제한 신용카드매출전표 등에 대한 매입세액 공제
신용카드매출전표·현금영수증 등으로 월합계하여 영수증을 교부하였을 경우 해당 신용카드매출전표 등은 매입세액으로 공제받을 수 없는 것임(서면3팀-733, 2007.03.07.).

해외에서 부담한 부가가치세의 매입세액 공제 여부
해외에서 자기의 사업과 관련하여 지출한 경비에 대한 부가가치세의 경우 당해 거래에 대하여 세금계산서를 교부받을 수 없으므로 매입세액공제를 받을 수 없는 것입니다(서면3팀-686, 2006.04.10.).

종업원 카드로 사용한 신용카드의 매입세액 공제
사업과 관련하여 소속 종업원 명의의 신용카드를 사용하고 전표 등에 부가세를 별도 기재하는 등 요건이 충족되는 경우 매입세액으로 공제 할 수 있는 것임(서면3팀-1599, 2004.08.07.).

가족 및 종업원명의 신용카드 등의 사용시 매입세액공제 가능여부
일반과세자로부터 재화 또는 용역을 공급받고 불가피한 사유로 가족명의의 신용카드매출전표를 발행받는 경우에 있어 당해 일반과세자가 그 전표에 공급받는 자와 부가가치세액을 별도로 기재하고 확인한 때에는 그 부가가치세액이 당해 사업자의 사업을 위하여 사용된 경우 매입세액 공제 가능 함(서면 3팀-899, 2004.05.11.).

◆ 타인 명의 신용카드매출전표 매입세액공제 여부

재화·용역을 공급받고 그 거래시기에 타인(종업원 및 가족 제외)명의 신용카드로 결제한 경우 신용카드매출전표에 기재된 매입세액은 공제할 수 없는 것이며, 이 경우 세금계산서를 교부받아 매입세액을 공제하는 것이며 공급자는 공급받는 자가 세금계산서의 교부를 요구하는 경우 세금계산서를 교부할 수 있는 것임(서면3팀-1823, 2004.09.02.).

타인명의 신용카드시 매입세액공제여부 판단

구 분	법인사업자	개인사업자
대표이사, 임원, 종업원 명의 카드	공제가능	공제가능
가족명의 카드	공제대상 아님	공제가능
타인 명의 카드	공제대상 아님	공제대상 아님

◆ 복리후생목적의 소비 및 사무용품의 구입 시 신용카드매출전표를 교부받은 경우 매입세액공제가능 여부

제조업자가 도·소매업을 겸업하는 일반과세자로부터 당해 제조업의 원·부자재가 아니며 재판매에도 사용되지 아니하는 복리후생 목적의 소비용품 또는 사무용품을 구입함에 있어서, 구입한 당해 재화의 대가를 신용카드로 결제하고 공급자인 일반과세자가 신용카드매출전표에 공급받는 자와 부가가치세액을 별도로 기재하고 확인한 경우 그 매입세액은 공제할 수 있는 것임 (서삼 46015-10934, 2002.05.31.).

◆ 법인의 회식비 등에 대한 매입세액공제 가능여부

부가가치세 과세사업을 영위하는 법인이 사내 규정에 의하여 종업원의 회식비 등을 법인카드를 이용하여 지출하고 일반과세자로부터 신용카드매출전표에 공급받는 자와 부가가치세액을 별도로 기재하고 확인 받은 경우, 그 부가가치세액은 당해 법인의 매출세액에서 매입세액으로 공제할 수 있는 것임(서삼 46015-10413, 2001.10.08.).

☞ 출장시 식대 및 숙박비 등도 구분 기재된 신용카드매출전표를 수령한 경우에는 매입세액공제대상에 해당한다.

■ 부가가치세법 시행규칙 [별지 제16호서식(1)](2019.03.20 개정) 홈택스(www.hometax.go.kr)에서도 신청할 수 있습니다.

신용카드매출전표등 수령명세서(갑)

년 제 기 (월 일 ~ 월 일)

(앞쪽)

1. 제출자 인적사항

① 상호(법인명)	② 사업자등록번호
③ 성명(대표자)	

2. 신용카드 등 매입명세 합계

구 분	거래건수	공급가액	세 액
④ 합 계			
⑤ 현금영수증			
⑥ 화물운전자복지카드			
⑦ 사업용 신용카드			
⑧ 그 밖의 신용카드 등			

3. 그 밖의 신용·직불카드, 기명식선불카드, 직불전자지급수단 및 기명식선불전자지급수단 매출전표 수령금액 합계

일련번호	⑨ 카드회원번호	⑩ 공급자(가맹점) 사업자등록번호	⑪ 그 밖의 신용카드 등 거래명세 합계		
			거래건수	공급가액	세액
1					
2					
3					
4					
5					
6					
7					
8					
9					
10					
11					
12					
13					
14					
15					

※ 기재내용이 많은 경우 별지 제16호서식(2)의 신용카드매출전표등 수령명세서(을)에 이어서 작성합니다.

210㎜×297㎜[백상지 80g/㎡(재활용품)]

(뒤쪽)

작 성 방 법

이 명세서는 아래의 작성방법에 따라 한글과 아라비아 숫자로 정확하게 적어야 하며, 거래금액은 원 단위까지 표시해야 합니다.

1. 제출자 인적사항란

① ~ ③: 제출자(세액공제 신청자)의 사업자등록증에 적은 상호(법인명)·사업자등록번호·성명(대표자)을 적습니다.

2. 신용카드 등 매입명세 합계란

※ 사업과 직접 관련 없는 거래는 제외합니다(「부가가치세법」 제39조 참조)

④: 현금영수증, 화물운전자복지카드, 사업용 신용카드, 그 밖의 신용카드 등에 의한 거래건수·공급가액·세액을 합계하여 적습니다.
⑤: 「조세특례제한법」에 따라 수취한 현금영수증의 거래건수·공급가액·세액을 합계하여 적습니다.
⑥: 화물운전자가 발급받은 화물운전자복지카드 사용금액을 합계하여 적습니다.
⑦: 사업자가 등록한 사업용 신용카드 사용금액을 합계하여 적습니다.
⑧: 신용·직불카드, 기명식선불카드, 직불전자지급수단 및 기명식선불전자지급수단 매출전표 수령금액 합계란에 작성된 거래건수·공급가액·세액을 합계하여 적습니다.

3. 그 밖의 신용·직불카드, 기명식선불카드, 직불전자지급수단 및 기명식선불전자지급수단 매출전표 수령금액 합계란

※ 세금계산서를 발급받은 거래, 사업과 관련 없는 거래는 제외합니다(「부가가치세법」 제39조 참조).

재화나 용역을 공급받고 발급받은 신용카드(화물운전자복지카드는 제외합니다) 매출전표를 카드번호별, 가맹점 사업자등록번호별로 합계금액을 적습니다.

⑨: 재화나 용역을 공급받으면서 결제한 신용·직불카드 등의 카드회원번호 또는 직불전자지급수단·기명식선불전자지급수단에 부여된 회원번호를 적습니다.
⑩: 신용카드매출전표 등에 적은 가맹점 사업자등록번호를 적습니다.
⑪: 신용카드매출전표 등에 적은 거래건수·공급가액·세액의 합계를 각각 적습니다.

【 작 성 예 시 】

2. 신용카드 등 매입명세 합계

구 분	거래건수	공급가액	세 액
④ 합 계	34	2,727,000	272,700
⑤ 현 금 영 수 증	2	450,000	45,000
⑥ 화물운전자복지카드	10	1,340,000	134,000
⑦ 사업용 신용카드	10	100,000	10,000
⑧ 그 밖 의 신 용 카 드	12	837,000	83,700

3. 그 밖의 신용·직불카드, 기명식선불카드, 직불전자지급수단 및 기명식선불전자지급수단 매출전표 수령금액 합계

일련번호	⑨ 카드회원번호	⑩ 공급자(가맹점) 사업자등록번호	⑪ 그 밖의 신용카드 등 거래명세 합계		
			거래건수	공급가액	세액
1	1258-8547-8965-6745	102-02-34567	5	250,000	25,000
2	7858-8547-8965-3257	102-02-34567	7	587,000	58,700
3		102-02-34567	1	10,000	1,000

210mm×297mm[백상지 80g/㎡(재활용품)]

04 의제매입세액의 공제

1. 의의

사업자가 부가가치세를 면제받아 공급받은 농산물·축산물·수산물 또는 임산물(1차 가공된 것, 미가공식료품 및 소금 포함)을 원재료로 하여 제조·가공한 재화 또는 창출한 용역의 공급에 대하여 과세되는 경우에는 그 면세농산물 등의 가액의 일정율에 해당하는 금액을 매입세액으로 공제할 수 있다(부가법 제42조). 이는 전단계세액공제법하의 「부가가치세법」상에서 나타나는 경제효율의 왜곡(환수효과, 누적효과)을 시정하는데 있다.

☞ 환수효과: 면세적용단계에서 과세하지 않았던 부가가치세가 다음 거래단계의 과세로 인하여 다시 국고로 환수하게 되는 현상

☞ 누적효과: 해당 면세적용단계 이전단계에서 이미 과세된 부분에 대하여 재차 과세되는 현상

2. 적용 요건

(1) 적용대상자

의제매입세액공제를 받을 수 있는 사업자는 사업자등록을 한 자에 한정한다. 다만, 농·어민 등으로부터 직접 농산물 등을 구입하는 경우에는 제조업자에 한하여 공제된다.

(2) 면세로 공급받은 농·축·수·임산물

부가가치세를 면제받아 공급받은 농산물, 축산물, 수산물, 임산물의 원생산물과 원생산물의 본래의 성질이 변하지 않는 정도의 1차 가공을 거쳐 식용으로 제공하는 것, 김치·두부 등의 단순가공식료품, 원생산물의 본래의 성질이 변하지 아니하는 정도로 1차 가공 과정에서 필수적으로 발생하는 부산물, 미가공식료품을 단순히 혼합한 것 및 소금을 포함한다(부가령 제84조 제1항).

(3) 원재료로 사용할 것

의제매입세액의 공제대상이 되는 원재료는 다음과 같다(부가집 42-84-4).

① 재화를 형성하는 원료와 재료
② 재화를 형성하지는 아니하나 해당 재화의 제조·가공에 직접적으로 사용되는 것으로서 화학반응을 하는 물품
③ 재화의 제조·가공과정에서 해당 물품이 직접적으로 사용되는 단용원자재
④ 용역을 창출하는데 직접적으로 사용되는 원료와 재료

● 실무사례 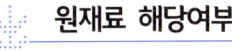 원재료 해당여부 관련 사례53)

① 음식점을 운영하는 사업자가 과세되는 음식용역의 창출에 농산물(쌀, 채소 등), 축산물, 수산물 등을 사용하는 경우
  → 해당됨.
② 우리나라에서 생산된 생화(꽃)로 우편엽서를 만든 경우
  → 해당됨(부가 46015-498, 2000.03.08.)
③ 우리나라에서 생산된 원목을 광물채취의 자재(갱목)로 사용하는 경우
  → 해당 안됨(간세 1235-2344, 1977.08.01.)
④ 국내생산 말을 구입하여 경마경기에 출주시키고 수당을 받는 경우
  → 해당 안됨(부가 46015-1157, 1996.06.14.)
⑤ 생화를 구입하여 과세되는 행사용역의 공급에 사용하는 경우
  → 해당됨(서삼-1539, 2005.09.15.)

(4) 제조·가공한 재화 또는 창출한 용역의 과세

사업자가 공급받는 면세농산물 등을 원재료로 하여 제조·가공한 재화 또는 창출한 용역에 대하여 과세되어야 한다. 따라서 제조·가공을 거치지 아니한 경우에는 공제가 안된다(부가법 제42조).

(5) 면세농산물 등을 입증하는 서류를 제출할 것

사업자는 예정신고 및 확정신고와 함께 면세농산물 등을 공급받은 사실을 입증하는 매입처별계산서합계표 또는 신용카드매출전표 등 수령명세서, 매입자발행계산서합계표를 제출하여야 한다. 다만, 제조업을 경영하는 사업자가 농어민으로부터 면세농산물등을 직접 공급받는 경우에는 의제매입세액 공제신고서만 제출한다(부가령 제84조 제5항).

---

53) 국세공무원교육원, "앞의 책", 499p 참고.

3. 의제매입세액의 계산

(1) 일반적인 경우

> • 의제매입세액 = 면세농산물 등의 가액 × $\dfrac{2}{102}$
>
> ㉠ 과세유흥장소의 음식점업자: 102분의 2
> ㉡ ㉠외의 음식점업자: 106분의 6(개인사업자는 108분의 8)(과세표준이 2억원 이하인 경우에는 2026.12.31.까지 9/109)]
> ㉢ 제조업자(중소기업 및 개인사업자에 한정): 104분의 4
> ㉣ 제조업자(과자점업, 도정업, 제분업, 떡방앗간을 운영하는 개인): 106분의 6
> ㉤ ㉠, ㉡, ㉢, ㉣ 이외의 사업자: 102분의 2

과세유흥장소란 실제로 개별소비세가 부과되는지 여부에 관계없이 개별소비세법에서 규정하는 범위의 것(유흥주점, 외국인전용 유흥음식점, 유흥주점과 사실상 유사한 영업을 하는 장소)을 말한다(부가집 42-84-3 제3항).

(2) 겸영사업자의 경우

> 의제매입세액 = 면세농산물 등의 가액 × 공제율 × $\dfrac{\text{과세공급가액}}{\text{총 공급가액}}$

(3) 면세 농산물 등의 가액

① 의제매입세액 공제대상 원재료인 면세농산물 등의 가액은 운임 등의 부대비용을 제외한 매입원가로 한다. 사업자가 직접 부담한 운임 등의 부대비용은 세금계산서 등을 발급받아 매입세액으로 공제받을 수 있기 때문에 제외한다(부가통 42-84-2).
② 수입 면세농산물 등의 수입가액은 관세의 과세가격으로 한다(부가칙 제56조 제1항).
③ 과세사업과 면세사업을 겸영하는 사업자가 제조, 채취, 채굴, 재배, 양식 기타 이와 유사한 방법에 의하여 취득한 면세원재료 가액은 「소득세법 시행령」 제89조 제1항 또는 「법인세법 시행령」 제72조 제2항의 따라 계산된 취득가액으로 한다(부가집 42-84-5).

(4) 공제대상 면세 농산물 등 가액의 한도

해당 과세기간에 해당 사업자가 면세농산물 등과 관련하여 공급한 과세표준에 일정율을 곱하여 계산한 금액에 공제율을 곱한 금액을 매입세액으로서 공제할 수 있는 금액의 한도로 한다(부가령 제84조 제2항).

구 분		과세표준	의제매입세액 공제 한도액			
			음식점업		기타업종	
			2022.01.01. ~ 2025.12.31.	2026.01.01. 이후	2022.01.01. ~ 2025.12.31.	2026.01.01. 이후
개 인		1억원 이하	과세표준의 75%	과세표준의 50%	과세표준의 65%	과세표준의 50%
		1억원 초과 ~ 2억원 이하	과세표준의 70%			
		2억원 초과	과세표준의 60%	과세표준의 40%	과세표준의 55%	과세표준의 40%
법 인			과세표준의 50%(2026.01.01. 이후 30%)			

(5) 제조업 의제매입세액 공제 계산방법 조정

다음의 요건을 모두 총족하는 사업자는 제2기 과세기간에 대한 납부세액을 확정신고 할 때, 1역년에 공급받은 면세농산물등의 가액에 공제율[54]을 곱한 금액에서 제1기 과세기간에 위 (1)에 따라 매입세액으로 공제받은 금액을 차감한 금액을 매입세액으로 공제할 수 있다(부가령 제84조 제3항).

① 제1기 과세기간에 공급받은 면세농산물 등의 가액을 1역년에 공급받은 면세농산물 등의 가액으로 나누어 계산한 비율이 75%이상이거나 25%미만일 것
② 해당 과세기간이 속하는 1역년 동안 계속하여 제조업을 영위하였을 것

[1역년 면세농산물 등의 가액 × 공제율] − 제1기 과세기간 공제액

1역년 면세농산물 등의 가액 한도

구 분		과세표준	의제매입세액 공제 한도액	
			2022 ~ 2025년까지	2026년 이후
개 인		4억원 이하	65%	50%
		4억원 초과	55%	40%
법 인			50%	30%

---

54) 1역년의 매입세액으로서 공제할 수 있는 금액의 한도는 1역년에 면세농산물등과 관련하여 공급한 과세표준 합계액(이하 "과세표준 합계액"이라 한다)에 위 (4) 한도율을 적용한다.

4. 공제시기

의제매입세액은 해당 원재료를 실제로 사용하는 시점이 아니라 구입한 시점을 기준으로 공제된다. 따라서 해당 원재료를 공급받은 시점이 속하는 예정 또는 확정 신고기간시 매출세액에서 공제된다(간세 1235-4733, 77.12.26.).

사업자가 예정신고시에 공제받지 못한 의제매입세액은 확정신고시에 공제가능하고, 확정신고시에 공제받지 못한 경우에는 수정신고·경정청구·기한후신고시 공제할 수 있다.

다만, 사업자가 면세원재료 등을 직접 재배·사육 또는 양식을 하거나 타인이 재배·사육 또는 양식 중에 있는 원재료 등을 구입한 때의 의제매입세액 공제시기는 해당 농산물·축산물·수산물 또는 임산물을 생산·채취 또는 벌목 등을 하여 과세재화의 제조·가공 또는 과세용역의 창출에 사용하거나 사용할 수 있는 때이다(부가집 42-84-10).

5. 의제매입세액의 공제사업장

제조업을 영위하는 2개 이상의 사업장이 있는 사업자의 의제매입세액공제는 의제매입세액 공제대상 원재료를 공급받는 당해 사업장에서 하여야 하며, 의제매입세액 공제대상원재료를 공급받는 사업장과 과세되는 재화의 최종제품이 완성되는 장소가 따로 있는 경우에는 최종제품이 완성되는 사업장에서도 공제할 수 있다(부가 22601-1561, 1992. 10.19.).

6. 의제매입세액 공제액의 추징

의제매입세액의 공제를 받은 면세농산물 등을 그대로 양도 또는 인도하거나 면세사업, 기타의 목적(개인적공급·사업상증여)을 위하여 사용하거나 소비되는 때에는 그 공제한 금액을 납부세액에 더하거나 환급세액에서 공제하여야 한다(부가령 제84조).

또한, 면세로 공급받은 농산물·축산물·수산물 또는 임산물을 구입한 때에 의제매입세액을 공제받은 후 해당 재화의 구성부분의 일부만을 과세재화의 제조·가공 또는 과세용역의 창출에 사용하고 나머지 부분은 그대로 양도 또는 인도하는 경우(소세지 제조업자가 생돈을 구입하여 돈육을 사용하고 부산물을 판매하는 경우 등)에도 재계산하여야 한다. 이 경우 양도한 부분의 취득가액을 구분할 수 없거나 합리적인 구분기준이 없는 때에는 양도한 부분의 양도가액을 기준으로 하여 재계산할 수 있다(부가집 42-84-8).

그러나 면세로 공급받은 농·축·수·임산물을 원재료로 하여 제조·생산된 부가가치세 과세재화가 부패하여 폐기되거나 화재로 소실된 경우에는 재계산하지 아니한다(부가집 42-84-7).

7. 공제받지 못한 의제매입세액의 구제 방법

(1) 관련서류 미제출한 경우 구제방법

사업자가 예정신고시에 의제매입세액공제 관련 서류를 제출하지 못하여 공제받지 못한 의제매입세액은 확정신고시에 제출하여 공제받을 수 있으며, 예정 또는 확정신고시에 공제받지 못한 의제매입세액은 해당 서류를 다음과 같이 제출하는 경우 의제매입세액을 공제받을 수 있다(부가집 42-84-11).

> ① 과세표준수정신고서와 함께 제출하는 경우
> ② 경정청구서와 함께 제출하여 경정기관이 경정하는 경우
> ③ 기한후 과세표준신고서와 함께 제출하여 관할세무서장이 결정하는 경우
> ④ 과세관청의 경정시 발급받은 계산서, 신용카드매출전표 등 수취명세서 또는 매입자발행계산서합계표를 경정기관의 확인을 거쳐 정부에 제출하는 경우

(2) 계산서에 대한 구제방법

① 사업자등록을 신청한 사업자가 사업자등록증 발급일까지의 거래에 대하여 해당 사업자 또는 대표자의 주민등록번호를 기재하여 발급받은 계산서는 의제매입세액을 공제할 수 있는 계산서로 본다.
② 발급받은 계산서의 필요적 기재사항 중 일부가 착오로 기재되었으나 해당 계산서의 그 밖의 필요적 기재사항 또는 임의적 기재사항으로 보아 거래사실이 확인되는 경우의 계산서는 의제매입세액을 공제할 수 있는 계산서로 본다.
③ 면세되는 농산물 등의 공급시기 후에 발급받은 계산서로서 해당 공급시기가 속하는 부가가치세 과세기간에 대한 확정신고기한까지 발급받은 계산서는 의제매입세액을 공제받을 수 있는 계산서로 본다.

8. 겸업자의 의제매입세액 안분계산

(1) 의의

과세사업과 면세사업을 겸업하는 사업자가 면세 원재료를 매입한 경우에는 그 과세기간 종료일까지 해당 원재료의 실지귀속에 따라 의제매입세액 공제대상 원재료 여부를 구분하고 차기이월 원재료에 대하여는 그 용도가 불분명하므로 공통매입세액 안분계산 규정을 준용한다(부가집 42-84-9).

(2) 안분계산방법

과세사업과 면세사업 등을 겸영하는 경우에는 부가령 제81조[공통매입세액 안분계산]를 준용하여 매입세액을 안분하여 계산한다(부가칙 제56조 제4항).

공통매입세액 안분계산규정을 준용할 때 적용하는 산식은 해당 사업장에서 매입한 면세원재료로서 제조·가공한 과세재화 또는 창출한 과세용역과 면세재화 또는 면세용역과의 총공급가액에 대한 과세재화 또는 과세용역 공급가액이 차지하는 비율에 따라 의제매입세액 공제대상 원재료를 구분한다(부가집 42-84-9 제2항).

구분된 의제매입세액 공제대상 원재료의 매입가액으로 의제매입세액을 계산·공제한다. 다만, 의제매입세액이 공제된 원재료가 과세재화 또는 과세용역의 원재료로 사용되지 아니하고 면세재화 또는 면세용역의 원재료로 전용되는 경우 전용한 날이 속하는 예정신고 또는 확정신고시 추가 납부한다(부가집 42-84-9 제4항).

9. 회계처리

부가가치세를 면제받아 공급받은 농산물 등의 가액에서 의제매입세액상당액을 뺀 금액을 원재료의 가액으로 하고 의제매입세액상당액은 부가세대급금으로 처리한다(간세 1235-3456, 1977.09.23.).

　(차) 부가세대급금　　　　　　　　***　(대) 원재료(타계정대체)　　　　　　　***

 관련 해석사례 및 집행기준

- 의제매입세액공제한도 계산시 부산물의 과세표준 포함여부

  참치를 원료로 하여 과세 재화인 참치통조림을 생산하는 사업자가 통조림 제조과정에서 필수적으로 부수하여 생산되는 부산물을 공급하는 경우, 해당 부산물은 부수재화의 공급에 해당하는 것이며, 같은 법 시행령 제84조 제2항에 따른 과세표준에 포함하는 것임(서면부가 2016-6103, 2016.12.21.).

- 사업자 단위 과세 사업자의 부가가치세 신고시 의제매입세액공제 적용 방법

  「부가가치세법」 제8조에 따른 사업자 단위 과세 사업자는 같은 법 제6조에 따라 본점(법인)을 납세지로 하여 같은 법 제48조 및 제49조에 따른 부가가치세 예정·확정신고를 하는 것으로, 이 경우 의제매입세액으로 공제할 수 있는 금액의 한도는 사업자 단위 과세사업자 전체의 면세농산물 등과 관련하여 공급한 과세표준을 한도로 하는 것임(사전법령해석부가 2016-86, 2016.03.15.).

연간매출액이 확정되기 전의 과세기간에 대한 의제매입세액 공제율 적용방법 등

제조업을 영위하는 사업자가 면세농산물 등을 구입한 과세기간에 조세특례제한법 시행령 제2조 제1항에 따라 중소기업으로 보는 매출액 범위에 해당하는지가 확정되지 아니한 경우에는 면세농산물 구입일이 속하는 과세기간에 해당 사업연도 개시일부터 과세기간(또는 예정신고기간) 종료일까지 매출액 합계액을 연간 매출액으로 환산하여 중소기업 해당여부를 판정한 후 의제매입세액 공제액을 계산하고, 중소기업 해당여부가 확정된 과세기간에 해당 과세기간과 직전 과세기간의 의제매입세액을 정산하는 것임(사전법령해석부가 2015-205, 2015.07.20.).

총괄납부사업자의 의제매입세액 공제 한도액 계산 방법

의제매입세액 공제 한도액을 계산함에 있어 "해당과세기간에 해당 사업자가 면세농산물 등과 관련하여 공급한 과세표준"은 제조장에서 공급한 과세표준과 직매장을 통하여 판매한 과세표준을 합한 금액임(서면법규-422, 2014.04.28.).

떡을 제조하여 판매하는 사업자의 의제매입세액공제

부가가치세법상 재화 또는 용역을 공급하는 사업의 구분은 통계청장이 고시하는 당해 과세기간 개시일 현재의 「한국표준산업분류」에 의하는 것으로서, 귀 질의의 떡을 제조하는 산업활동은 제조업 중 떡 제조업(분류코드 10711)에 해당하는 것이고, 이에 부수하여 공급되는 재화 및 용역의 공급에 대해서는 주된 거래인 떡 제조업에 포함되는 것입니다. 다만, 접객시설을 갖추고 고객에게 떡을 제공하는 경우에 대해서는 음식점업 중 제과점업(분류코드 56191)에 해당하는 것입니다. 이 경우 의제매입세액의 계산에 대해서는 해당하는 의제매입세액공제율을 적용하는 것입니다(부가-1143, 2012.11.22.).

제조업 및 음식점업 겸업자의 의제매입세액 공제

다수의 사업장에서 제조업과 음식점업을 영위하는 사업자가 제조장에서 농산물 등을 구입하여 과세재화를 제조하여, 일부는 외부에 판매하고 일부는 자기의 다른 사업장에서 원재료로 사용하는 경우 해당 음식용역에 사용하는 농산물 등의 의제매입세액 공제는 음식점업의 공제율을 적용하는 것이며, 실지 귀속이 불분명한 경우에는 시행령 제61조 제1항[공통매입세액의 안분계산의 규정을 준용하는 것임(부가가치세과-1821, 2008.07.07.).

호텔업자의 예식장 임대와 관련 생화구입시 의제매입세액 공제율

호텔사업자가 식당과 구분되지 않는 예식장을 고객에게 무상으로 임대함에 있어 생화를 구입하여 예식장을 장식하고 그 대가를 받는 경우 해당 생화의 구입가액에 대하여 의제매입세액 공제시 음식점업의 공제율을 적용하지 아니하는 것임(서면3팀-1876, 2007.07.02.).

탈각굴에 의한 의제매입세액 공제여부

수출하는 재화에 대하여 면세포기한 사업자가 탈각굴(껍질을 제거한 굴)을 구입하여 세척, 선별, 염수첨가, 냉장포장하여 수출하는 경우에는 부가가치세법 제17조 제3항의 규정에 의한 의제매입세액은 공제받을 수 없는 것입니다(재소비46015-57, 2003.03.03.).

제조업자의 의제매입세액 공제 시 첨부서류 및 증명서류미수취가산세 해당여부

낙농품 제조업을 영위하는 사업자가 농가부업소득의 범위를 초과하는 축산업을 영위하는 자로부터 원유를 공급받아 의제매입세액을 공제 받는 경우 해당 사업자는 매입처별계산서합계표를 제출하여야 하는 것임. 법인이 한국표준산업분류상 농업 중 축산업에 종사하는 농·어민(법인은 제외)으로부터 재화 또는 용역을 직접 공급받고 그 대가를 지급함에 있어서 계산서 등을 수취·보관하지 아니하는 경우 적격증명서류미수취가산세를 적용하지 아니하는 것임(서삼 46015-10524, 2002.03.29.).

본점에서 구입한 농산물을 지점인 음식점에 공급하는 경우

2개 이상의 사업장을 가진 음식업자가 한 사업장에서 음식 원재료인 농산물을 일괄 구입하여 일부 가공하여 다른 사업장에 원재료로 반출하는 경우 재화의 공급에 해당하지 아니하며, 의제매입세액 공제는 음식점업의 공제율을 적용하여 농산물을 구입한 사업장에서 받는 것임(서삼 46015-10524, 2002.03.29.).

조경업자가 농민으로부터 수목을 직접 구입시 의제매입세액 공제여부

조경공사업을 영위하는 건설업자가 조경공사에 직접 사용되는 수목 등의 부가가치세가 면제되는 원료 또는 재료를 면세사업자로부터 공급받고 부가세 신고시 매입처별계산서합계표 또는 신용카드매출전표 등 수취명세서를 사업장관할세무서장에게 제출하는 경우에는 의제매입세액을 공제받을 수 있는 것이나, 동 면세 원재료를 농민으로부터 직접 공급받는 경우에는 의제매입세액을 공제받을 수 없음(부가 46015-2921, 1995.12.27.).

●실무사례 1 의제매입세액공제

[사실관계]

생선통조림 제조업체인 한결농산(주)는 다음과 같이 생산 판매하였다. 20x5년 제2기 확정신고시 납부할 부가가치세를 계산하시오.

구 분	공급가액	부가가치세
참치통조림 매출액	20,000,000원	2,000,000원
참치 매입액	10,200,000원	-
그 밖의 원재료매입액	8,000,000원	800,000원

해답

① $10,200,000 \times \dfrac{2}{102} = 200,000$원(의제매입세액)

② 납부세액: 2,000,000 - 800,000 - 200,000 = 1,000,000원

실무사례 2 의제매입세액공제 - 겸영사업자

[사실관계]

과일통조림 제조업체인 (주)한결은 농수산물을 구입하여 과세·면세 겸영사업을 할 경우 다음 자료에 의하여 의제매입세액을 계산하시오.

1. 과세기간: 20x5.10.01. - 20x5.12.31.
2. 구입가격: 30,800,000원(매입시 부담한 운임 200,000원이 포함되어 있으며 과세사업 또는 면세사업에 사용되는지 실지귀속이 불분명함)
3. 총공급가액: 80,000,000원
   ① 과세분(통조림판매분)   50,000,000원
   ② 면세분(과일판매분)   30,000,000원

$$(30,800,000 - 200,000) \times \frac{50,000,000}{80,000,000} \times \frac{2}{102} = 375,000원$$

실무사례 3 의제매입세액공제신고서작성

[사실관계]

(주)한결(중소기업임)는 복숭아 통조림을 제조하는 업체로 본다. 다음은 20×5년 제1기 확정신고기간(20×5.04.01. ~ 20×5.06.30.) 동안 매입한 면세자료이다. 의제매입세액 공제신청서를 작성(수량기재는 생략)하고, 6월 30일자로 의제매입세액공제액을 회계처리하시오.

구 분	일자	상호 (성명)	사업자번호 (주민번호)	매입가격	품명
계산서 매입분 (현금거래)	4월 6일	(주)하나	127-81-49025	3,060,000원	복숭아
	6월 4일	(주)웅진	129-81-66753	204,000원	수도요금
신용카드 매입분 (현대카드)	5월 2일	(주)대어	204-81-37258	816,000원	방역비
	6월 3일	(주)보람	106-81-51688	1,428,000원	복숭아
농어민 매입분 (현금거래)	4월 1일	김흥수	701201-2213216	3,978,000원	복숭아

1. 의제매입세액공제신고서 작성
   - 6월 4일 (주)웅진의 204,000원, 수도요금은 의제매입세액공제 대상 아님
   - 5월 2일 (주)대어의 816,000원, 방역비는 의제매입세액공제 대상 아님

2. 면세농산물등 매입가액 합계

구 분		⑤매입처 수	⑥건 수	⑦매입가액	⑧공제율	⑨의제매입세액
⑩합 계		2	2	7,038,000	4/104	270,692
사업자로부터의 매 입 분	⑪ 계 산 서	1	1	3,060,000	4/104	117,692
	⑫ 신용카드 등					
⑬농어민등으로부터의 매입분		1	1	3,978,000	4/104	153,000

3. 면세농산물등 의제매입세액 관련 신고내용

가. 과세기간 과세표준 및 공제 가능한 금액 등

과세표준			대상액 한도계산		⑲ 당기 매입액	⑳ 공제대상금액 (= ⑱ 과 ⑲ 의 금액 중 적은 금액)
⑭ 합계	⑮ 예정분	⑯ 확정분	⑰ 한도율	⑱ 한도액		
			60/100		7,038,000	

나. 과세기간 공제할 세액

공제대상세액		이미 공제받은 세액			㉖ 공제(납부)할 세액 (= ㉒ - ㉓)
㉑ 공제율	㉒ 공제대상세액	㉓ 합계	㉔ 예정 신고분	㉕ 월별 조기분	
4/104					

4. 매입시기 집중 제조업 면세농산물등 의제매입세액 관련 신고내용

가. 해당 해의 1월 1일부터 12월 31일까지 과세표준 및 제2기 과세기간 공제 가능한 금액 등

과세표준			대상액 한도액		해당해의 1월 1일부터 12월 31일까지 매입액			㉟공제대상금액 (=㉛과㉜의 금액 중 적은 금액)
㉗ 합계	㉘ 제1기	㉙ 제2기	㉚ 한도율	㉛ 한도액	㉜ 합계	㉝ 제1기	㉞ 제2기	

나. 제2기 과세기간 공제할 세액

공제대상세액		이미 공제받은 세액				㊸공제(납부)할 세액 (= ㊲-㊳)
㊱ 공제율	㊲공제대상세액	㊳ 총 합계	㊴ 제1기	제2기		
				㊵ 합계	㊶예정 신고분	㊷월별 조기분

5. 농어민 등으로부터의 매입분에 대한 명세(합계금액으로 작성함)

일련 번호	㊹ 면세농산물등을 공급한 농어민 등		㊺ 건 수	㊻ 품 명	㊼ 수 량	㊽ 매입가액
	성 명	주민등록번호				
	합 계		1			3,978,000
1	김홍수	701201-2213216	1	복숭아		3,978,000

「부가가치세법 시행령」 제84조제5항에 따라 의제매입세액을 공제받기 위해 위와 같이 신고합니다.

2. 6월 30일 회계처리

(차) 부가세대급금　　270,692원　　(대) 원재료　　270,692원 (8.타계정대체)

05 재활용폐자원 등에 대한 매입세액

1. 의의

재활용폐자원 및 중고자동차를 수집하는 사업자가 ① 세금계산서를 발급할 수 없는 자 ② 부가가치세 과세사업을 영위하지 아니하는 자(면세사업과 과세사업을 겸영하는 경우 포함) ③ 「부가가치세법」 제36조의2에 따라 영수증을 발급하여야 하는 간이과세자로부터 재활용폐자원을 2025년 12월 31일까지, 중고자동차를 2025년 12월 31일까지 취득하여 제조 또는 가공하거나 이를 공급하는 경우에는 취득가액에 일정비율을 곱하여 계산한 금액을 매입세액으로 공제할 수 있다(조특법 제108조 제1항).

☞ 부가가치세 과세사업자로부터는 세금계산서를 수취하여 공제받는 것이 원칙이다.
☞ 2014.01.01. 이후 국가, 지방자치단체로부터 재활용폐자원을 취득하는 것은 공제대상이 아니다.

2. 매입세액공제 적용사업자의 범위

다음에 해당하는 사업자만 재활용폐자원 매입세액공제를 적용받을 수 있다(조특령 제110조 제3항). 따라서 영수증을 발급하여야 하는 간이과세자에 대해서는 재활용폐자원 등에 대한 부가가치세 매입세액 공제특례를 적용하지 아니한다(제도 46015-12630, 2001.08.09.).

① 「폐기물관리법」에 의하여 폐기물중간처리업 허가를 받은 자(폐기물을 재활용 하는 경우에 한함) 또는 폐기물재활용신고를 한 자
② 「자동차관리법」에 의하여 중고자동차매매업등록을 한 자
③ 「한국환경자원공사법」에 의한 한국환경자원공사
④ 「자동차관리법」에 의한 중고자동차를 수출하는 자
⑤ 기타 재활용폐자원을 수집하는 사업자로서 재생재료 수집 및 판매를 주된 사업으로 하는 자

3. 재활용 폐자원 등의 범위

(1) 재활용폐자원의 범위

"재활용폐자원"이란 고철, 폐지, 폐유리(공병 제외), 폐합성수지, 폐합성고무, 폐금속캔(폐알루미늄캔 포함), 폐건전지(폐밧데리 제외), 폐비철금속류(폐전선 포함), 폐타이어

(중고타이어 제외), 폐섬유(폐의류 포함), 폐유(폐식용유 포함)을 말한다(조특령 제110조 제4항). 여기서 매입세액이 공제되는 고철·폐비철금속류란 파손, 절단 기타 사유로 원래의 용도대로 사용할 수 없는 것을 의미하므로 물품이 본래 용도대로 재사용이 가능한 것이라면 재활용폐자원에 해당되지 아니한다(조특집 108-110-2).

☞ 공제대상이 아닌 것: 폐목재, 폐건축자재, 폐밧데리, 폐합성섬유, 폐양초, 중고 가전제품 등

(2) 중고자동차의 범위

"중고자동차"란 「자동차관리법」에 따른 자동차 중 중고자동차를 말한다. 다만, 다음의 자동차는 제외한다.

① 수출되는 중고자동차로서 「자동차등록령」 제8조에 따른 자동차등록원부에 기재된 제작연월일부터 같은 영 제32조에 따른 수출이행여부신고서에 기재된 수출신고 수리일까지의 기간이 1년 미만인 자동차

② 부가가치세 과세사업을 영위하지 아니하는 자(면세사업과 과세사업 겸영 포함)와 간이과세자 등 세금계산서를 발급할 수 없는 자가 해당 자동차 구입과 관련하여 「부가가치세법」 제38조에 따라 매입세액공제 받은 후 중고자동차를 수집하는 사업자에게 매각한 자동차(조특령 제110조 제1항에 따른 자를 대신하여 그 밖의 다른 관계인이 해당 자동차 구입과 관련하여 매입세액공제를 받은 경우를 포함). 다만, 「부가가치세법」 제63조 제3항에 따라 간이과세자가 매입세액을 공제받은 경우는 제외한다.

☞ 2014.02.21. 이후 취득분부터 직전 거래 단계에서 매입세액을 공제받은 중고자동차를 중고자동차 수집사업자가 매입하는 경우에 대해서는 재활용폐자원 등에 대한 매입세액 공제 특례를 적용하지 아니하도록 하여 이중공제를 방지한다. 예를 들어 ②에 해당되는 자동차는 시설대여업(리스업)의 경우를 말하는데, 리스회사 소유의 자동차 중 리스이용자가 매입세액을 공제받은 차량은 리스회사로부터 매매사업자가 상품용으로 차량을 구입하여도 이중공제를 방지하기 위하여 재활용폐자원 매입세액공제가 불가능함을 의미한다.

> **매입세액공제 적용시 유의사항**[55]
>
> **(1) 중고자동차**
> ① 일반과세자가 사업용으로 사용하던 중고자동차는 반드시 세금계산서를 발급받아야 한다.
> ② 소형승용자동차 구입시 매입세액공제를 받지 못하였다고 하더라도 중고차 매각시에는 세금계산서를 발급해야 함.
> ③ 제작일 이후 1년 이내에 수출(수출신고수리일 기준)하는 자동차와 중고차 매도자 또는 제3자가 해당 중고차에 대한 부가가치세 매입세액을 이미 공제받은 중고자동차는 매입세액공제대상에서 제외됨.
>
> **(2) 자동차 폐차업자**
> ① 수집한 폐차를 그대로 또는 단순히 운반 등의 편의를 위해 압축·절단하여 고철로 판매하는 경우
> ➡ "재생재료 수집 및 판매업" 해당하고 매입세액공제특례 적용됨.
> ② 수집한 폐차를 일정형태로 압축·절단·분쇄 기타 가공처리하여 원료상태로 판매하는 경우
> ➡ 제조업 중 "고철가공처리업"에 해당하므로 매입세액공제 적용 안됨

4. 세액공제액

재활용폐자원 및 중고자동차를 취득하여 제조 또는 가공하거나 이를 공급하는 경우 재활용폐자원 및 중고자동차 취득가액에 아래의 공제율을 곱하여 계산한 금액을 매입세액으로 공제한다(조특령 제108조 제1항).

(1) 공제율 및 공제시기

$$① \text{ 재활용폐자원 등의 취득가액} \times \frac{3}{103}$$

$$② \text{ 중고자동차 취득가액} \times \frac{10}{110}$$

(2) 공제한도

재활용폐자원 매입세액을 공제받는 경우에는 부가가치세 확정신고를 할 때 해당 과세기간에 해당 사업자가 공급한 재활용폐자원과 관련한 부가가치세 과세표준에 80/100을 곱하여 계산한 금액에서 세금계산서를 발급받고 매입한 재활용폐자원 매입가액(사업용 고정자산 매입가액은 제외)을 뺀 금액을 한도로 하여 계산한 매입세액을 매출세액에

---

[55] 송재원, "앞의 책", 173p 참고.

서 공제할 수 있다. 이 경우 예정신고 및 조기환급신고시 이미 재활용폐자원 매입세액공제를 받은 금액이 있는 경우에는 확정신고를 할 때 정산한다(조특령 제108조 제2항).

> ① 재활용폐자원
>   한도: 과세표준 × 80% - 세금계산서를 발급받고 매입한 재활용폐자원 매입가액
>   (해당 사업자의 사업용 고정자산 매입가액은 제외)
> ② 중고자동차: 공제한도 없음

(3) 공제시기

재활용폐자원을 취득한 날이 속하는 과세기간의 부가가치세 신고시 공제한다.

5. 제출서류

매입세액공제를 받고자 하는 자는 부가가치세 예정신고 또는 확정신고시 『재활용폐자원 등의 매입세액공제신고서』에 「소득세법」 제163조 및 「법인세법」 제121조의 규정에 의한 매입처별계산서 합계표 또는 영수증을 첨부하여 「재활용폐자원 및 중고자동차 매입세액 공제신고서」를 제출(국세정보통신망에 의한 제출 포함)하여야 한다(조특령 제110조 제5항).

6. 세액공제 배제

재활용폐자원 등의 매입세액공제신고서에 다음의 사항이 기재되어 있지 아니하거나 그 거래내용이 사실과 다른 경우에는 매입세액을 공제하지 아니한다(조특령 제110조 제5항).

> ① 공급자의 등록번호(개인의 경우에는 주민등록번호)와 명칭 및 대표자의 성명(개인의 경우에는 그의 성명)
> ② 취득가액

7. 공제하지 아니한 재활용폐자원 등의 매입세액 공제

재활용폐자원 등을 수집하는 사업자가 부가가치세 신고를 할 때에 재활용폐자원 등에 대한 매입세액공제를 받지 아니한 경우로서 재활용폐자원 등 매입세액공제신고서와 매입처별 세금계산서합계표 또는 영수증을 다음과 같이 제출하는 경우에는 재활용폐자원

등에 대한 매입세액 공제를 받을 수 있다(조특령 제110조 제6항).

① 「국세기본법」에 따른 수정신고서와 함께 제출하는 경우
② 「국세기본법」에 따른 경정청구서와 함께 제출하여 경정기관이 경정하는 경우
③ 「국세기본법」에 따른 기한후과세표준신고서와 함께 제출하여 관할서장이 결정하는 경우
④ 발급받은 세금계산서에 대한 매입처별 세금계산서합계표의 거래처별 등록번호 또는 공급가액이 착오로 사실과 다르게 적힌 경우로서 발급받은 세금계산서에 의하여 거래사실이 확인되는 경우
⑤ 「부가가치세법」 제57조에 따른 경정에 있어서 경정기관의 확인을 거쳐 해당 경정기관에 제출하는 경우

● 실무사례 재활용폐자원매입세액공제

[사실관계]
2025년 1월 7일 고물상 사업자 甲은 미등록사업자 乙로부터 폐지 2,500만원 상당액을 구입하였다. 의제매입세액공제는? 甲의 과세표준은 3,500만원이며 세금계산서에 의한 폐지매입액은 1,000만원이다.

해답

乙의 연간 매출액이 48,000,000원 미만(간이과세자 수준)인 경우라면 甲은 다음과 같이 524,271원 공제받는다.

① 2,500만원 × $\dfrac{3}{103}$ = 728,155원

② 한도: 3,500만원 × 80% - 1천만원 = 1,800만원 × $\dfrac{3}{103}$ = 524,271원

 관련 해석사례 및 집행기준

▸ 시설대여업자로부터 중고자동차를 취득하는 경우 재활용폐자원 매입세액공제 대상 취득가액 산정
중고차매매업자가 운용리스 이용자로부터 리스승계를 받은 후 중고자동차를 취득하기 위해 시설대여업자에게 지급하는 잔여리스료는 재활용폐자원 매입세액공제 대상에 해당하나 리스승계를 받기 위해 운용리스 이용자에게 지급한 금전은 이에 해당하지 아니하는 것임(서면부가 2020-3584, 2021.07.09.).

▸ 공매로 취득한 중고자동차에 대한 재활용폐자원 공제
중고자동차매매업 등록을 한 자가 공매로 폐업자의 중고자동차 취득시 재활용폐자원 등에 대한 매입세액을 공제받을 수 있으나, 계속사업 중인 일반과세자의 사업용 중고자동차(비사업용은 제외)를 공매로 취득시 매입세액공제 특례를 적용할 수 없는 것임(서면부가 2017-2207,

2017.10.31.).

법인사업자로부터 면세사용차량 구입시 재활용폐자원 매입세액공제 여부

「조세특례제한법 시행령」 제110조 제1항 규정에 따라 부가가치세과세사업을 영위하지 아니하는 자(면세사업과 과세사업을 겸영하는 경우를 포함한다)는 개인, 법인 구분하지 아니하고 면세사업, 비과세사업 등 과세사업 외의 용도로 사용하던 중고차를 이전하는 경우로서 세금계산서 발급의무가 없는 자를 의미함(부가-819, 2014.10.06.).

운용리스 차량 구입 시 재활용폐자원등 매입세액공제 특례 적용 여부

「자동차관리법」에 따라 자동차매매업등록을 한 자가 여신전문금융업법 제3조에 따라 등록한 시설대여업자로부터 중고자동차를 취득하는 경우 조세특례제한법 제108조 및 동법 시행령 제110조에 따른 재활용 폐자원 등 매입세액공제특례 대상에 해당하는 것임(부가가치세과-700, 2014.08.12.).

주사업장 총괄납부사업자의 재활용폐자원 매입세액 공제 한도액 계산 방법

「부가가치세법」 제51조 제1항에 따른 주사업장 총괄납부사업자가 재활용폐자원을 매입하여 "자기의 다른 사업장"(이하 "A사업장"이라 한다)으로 반출하여 가공 등을 거쳐 판매하는 경우 재활용폐자원 매입세액 공제는 해당 재화를 매입한 사업장에서 공제받을 수 있는 것이며, 「조세특례제한법」 제108조 제2항에 따른 "해당 과세기간에 해당 사업자가 공급한 재활용폐자원과 관련한 부가가치세 과세표준"의 계산은 해당 재화를 구입한 사업장과 A사업장의 해당 과세기간의 과세표준 합계액 중 재활용폐자원과 관련하여 발생한 과세표준을 말하는 것임(서면법규과-452, 2014.04.30.).

개인으로부터 48백만원이 넘는 중고자동차를 매입하는 경우

「자동차관리법」에 따라 자동차매매업등록을 한 사업자가 부가가치세 과세사업을 영위하지 아니하는 개인으로부터 취득하는 중고자동차에 대해서는 그 취득가액이 4천8백만원 이상인 경우에도 재활용폐자원매입세액으로 공제할 수 있는 것임(법규부가 2012-270, 2012.07.31.).

일반과세자규모에 해당하는 미등록사업자로부터 중고자동차를 취득한 경우 재활용폐자원 공제

일반과세자 규모에 해당하는 미등록사업자로부터 중고자동차를 취득하여 공급하는 경우에는 재활용폐자원 등에 대한 부가가치세 매입세액 공제규정을 적용하지 아니하는 것임(부가-1578, 2010.11.30.).

출고 후 운행사실이 없는 신차를 취득한 경우 재활용폐자원 공제

자동차수출업자가 개인으로부터 출고된 이후 운행한 사실이 없는 신차를 구입한 경우에는 중고자동차에 해당하지 아니하므로 재활용폐자원 등에 대한 매입세액공제를 받을 수 없는 것임(기획재정부부가-662, 2009.09.29.).

허위신고로 추징당한 재활용폐자원의 실거래처 제시한 경우

재활용폐자원 매입세액공제신고서에 공급자의 인적사항을 허위로 기재하여 매입세액을 공제받은 후, 관할세무서장의 조사에서 그 사실이 밝혀져 매입세액공제가 부인됨에 따라 이를 대체하기 위해 실거래처로부터 교부받은 증빙서류를 제시한 경우에는 매입세액공제를 받을 수 없는 것임(기획재정부부가-277, 2009.04.02.).

재활용폐자원매입세액공제 한도액 계산시 일반관리비용의 차감여부

재활용폐자원매입세액공제 한도액 계산시 일반관리비용은 차감하는 "세금계산서를 발급받고 매입한 재활용폐자원 매입가액"에 해당되지 않는 것임(부가-645, 2009.05.07.).
☞ 일반관리비용: 임차료, 세무사수수료, 전기료 등

신차를 바로 구매하여 수출한 경우 재활용 폐자원 공제 안됨.

형식상 중간취득자로부터 매수하여 수출하였다 하더라도 그 실체가 신차를 수출한 경우에는 재활용폐자원 등에 대한 부가가치세 매입세액을 공제받을 수 없음(인천지방법원2005구합4964, 2006.09.07, 심사부가 2005-0146, 2005.06.27.).

● 실무사례 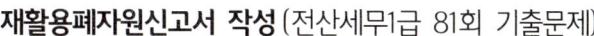 **재활용폐자원신고서 작성** (전산세무1급 81회 기출문제)

[사실관계]
한결상사는 재활용폐자원을 수집하는 사업자로서 제1기 확정신고시 재활용폐자원세액공제 신고서를 작성하시오.

(1) 거래자료

공급자	사업자번호	거래일자	품명	수량(KG)	취득금액	증빙	건수
장고물상	120-04-78964	20x5.04.06.	고철	400	7,800,000원	영수증	1

(2) 추가자료
- 장고물상은 간이과세사업자이다.
- 예정신고기간 중의 재활용폐자원 거래내역은 없다.
- 2기 과세기간 중 재활용관련 매출액과 세금계산서 매입액(사업용 고정자산 매입액은 없다)은 다음과 같다.

구분	매출액(공급가액)	매입공급가액(세금계산서)
예정분	62,000,000원	48,000,000원
확정분	70,000,000원	56,000,000원

해답

※ 뒤쪽의 작성방법을 읽고 작성하시기 바랍니다. (앞 쪽)

	처리기간	즉시

1. 신고인 인적사항

①성 명(법인명)	한결상사	②사업자 등록번호	111-11-11119
③업 태	제조/도매	④종 목	비철금속

2. 재활용폐자원 등 매입합계

구 분	매입처수	건수	취득금액	매입세액 공제액
⑤ 합 계	1	1	7,800,000	227,184
⑥ 영수증 수취분	1	1	7,800,000	227,184
⑦ 계산서 수취분				

3. 재활용폐자원 매입세액공제 관련 신고내용

가. 과세기간 과세표준 및 공제가능한 금액 등

매출액			대상액 한도계산		당 기 매 입 액			(16) 공제가능한 금액(=⑫-⑭)
⑧ 합계	⑨ 예정분	⑩ 확정분	⑪ 한도율	⑫ 한도액	⑬ 합계	⑭ 세금계산서	⑮ 영수증등	
132,000,000	62,000,000	70,000,000	80%	105,600,000	111,800,000	104,000,000	7,800,000	1,600,000

나. 과세기간 공제할 세액

(17) 공제대상금액 (=⑮와 (16)의 금액 중 적은 금액)	공제대상세액		이미 공제받은 세액			(23)공제(납부)할 세액 (=(19)-(20))
	(18)공제율	(19) 공제대상 세액	(20) 합계	(21) 예정 신고분	(22) 월별 조기분	
1,600,000	3/103	46,601				46,601

4. 영수증 수취분에 대한 매입처 명세(합계금액으로 기재, 단 중고자동차는 거래처별로 기재)

일련번호	(24)공 급 자		(25) 구분 코드	(26) 건수	(27) 품명	(28) 수량	(29) 차량번호	(30) 차대번호	(31) 취득금액
	성명 또는 상호(기관명)	주민등록번호 또는 사업자등록번호							
	합 계			1					7,800,000
1	창고물상	120-04-78964	1	1	고철				7,800,000

* 구분코드 : 1. 중고자동차, 2. 기타 재활용폐자원

「조세특례제한법 시행령」 제110조제5항에 따라 재활용폐자원 및 중고자동차에 대한 매입세액을 공제받기 위해 신고합니다.

년 월 일

신고인 한결상사 윤한결 (서명 또는 인)

남대문세무서장 귀하

첨부서류	* 구비서류 : 매입처별계산서합계표 * 공급자가 5곳을 초과하는 경우(중고자동차의 경우 거래건수가 5건을 초과하는 경우)에는 별지 제 69호서식(2)에 이어서 작성합니다.	수수료 없음

210mm x 297mm(신문용지 54g/㎡)

• 회계처리

(차) 부가세대급금　　227,184원　　(대) 원재료(타계정대체)　　227,184원

06 공제하지 아니하는 매입세액

1. 의의

원칙적으로 사업자가 자기의 사업을 위하여 사용하였거나 사용할 목적으로 공급받은 재화 또는 용역 및 재화의 수입에 대한 부가가치세액은 매출세액에서 공제받을 수 있는 매입세액이 된다(부가법 제38조 제1항). 다만, 실제 거래징수를 당했다고 하더라도 일정한 매입세액은 공제하지 아니하는데 그 범위는 다음과 같다(부가법 제39조).

> 1. 세금계산서 미수취·부실기재·사실과 다른 세금계산서에 대한 매입세액
> 2. 매입처별 세금계산서 합계표의 미제출·부실기재에 대한 매입세액
> 3. 사업과 직접 관련이 없는 지출에 대한 매입세액
> 4. 「개별소비세법」 제1조 제2항 제3호 자동차의 구입, 임차, 유지에 관한 매입세액
> 5. 면세사업 등에 관련된 매입세액과 토지 관련 매입세액
> 6. 기업업무추진비 및 이와 유사한 비용의 지출과 관련된 매입세액
> 7. 토지 관련 매입세액
> 8. 사업자 등록전 매입세액

「부가가치세법」에서 매입세액을 공제를 제한하는 규정은 부가가치세제 운영의 기초가 되는 세금계산서의 정확성과 진실성을 확보하기 위해 일종의 제재장치를 마련한 것으로서 세금계산서가 부가가치세제를 유지하는 핵심적 요소이므로, 해당 규정이 평등권이나 조세법률주의 및 과잉금지의 원칙에 반한다고 볼 수 없다(대법원 2005두7013, 2007.04.13.; 헌재 2000헌바50, 2002.08.29.).

2. 세금계산서 미수취·불명분 매입세액

(1) 매입세액이 공제되지 아니하는 경우

세금계산서 또는 수입세금계산서를 발급받지 아니한 경우 또는 발급받은 세금계산서 또는 수입세금계산서에 필요적 기재사항의 전부 또는 일부가 적히지 아니하였거나 사실과 다르게 적힌 경우의 매입세액은 매출세액에서 공제하지 아니한다(부가법 제39조 제1항 제2호).

(2) 사실과 다른 세금계산서로 보아 매입세액이 공제되지 아니하는 경우

세금계산서의 기재 내용이 사실과 다르다는 의미는 세금계산서의 필요적 기재사항의 내용이 재화 또는 용역에 관한 당사자 사이에 작성된 거래계약서 등의 형식적인 기재 내용에 불구하고 그 재화 또는 용역을 실제로 공급하거나 공급받는 주체와 가액 및 시기 등과 서로 일치하지 아니하는 경우를 의미한다(대법원 1996.12.10. 선고 96누617 판결).

① 갑 사업자로부터 재화 또는 용역을 공급받았으나 공급하는 자가 을로 적혀 있는 세금계산서를 발급받은 경우
② 세금계산서상의 공급가액과 부가가치세액이 재화 또는 용역을 공급받은 실제가액보다 과다하게 적힌 세금계산서를 발급받은 경우우(공급가액이 사실과 다르게 적힌 경우에는 실제 공급가액과 사실과 다르게 적힌 금액의 차액에 해당하는 세액을 말한다)
③ 폐업자, 간이과세자 (영수증발급 적용기간)등 세금계산서를 발급할 수 없는 자로부터 세금계산서를 발급받은 경우
④ 재화 또는 용역을 실제로 공급받지 아니하고 자료상 행위자 등으로부터 허위의 세금계산서를 받은 경우
⑤ 재화 또는 용역의 공급시기가 속하는 과세기간에 대한 확정신고기한 다음 날부터 1년 후에 세금계산서를 발급받은 경우
☞ 2022년 2월 15일 이후 공급분: 6개월 → 1년 개정

(3) 예외 – 매입세액을 공제받을 수 있는 경우

다음의 경우에는 매입세액으로 공제받을 수 있다(부가령 제75조).
① 사업자등록을 신청한 사업자가 사업자등록증 발급일까지의 거래에 대하여 해당 사업자 또는 대표자의 주민등록번호를 적어 발급받은 경우
② 발급받은 세금계산서의 필요적 기재사항 중 일부가 착오로 사실과 다르게 적혔으나 그 세금계산서에 적힌 나머지 필요적 기재사항 또는 임의적 기재사항으로 보아 거래사실이 확인되는 경우
③ 재화 또는 용역의 공급시기 이후에 발급받은 세금계산서로서 해당 공급시기가 속하는 과세기간에 대한 확정신고기한까지 발급받은 경우(세금계산서 발급특례규정에 따라 발급받은 경우를 포함)
☞ 지연수취가산세(0.5%)는 적용함.
☞ 2019.01.01. 이후 공급받는 분부터 적용

④ 전자세금계산서로서 국세청장에게 전송되지 아니하였으나 발급한 사실이 확인되는 경우
⑤ 전자세금계산서 발급사업자(법인사업자 또는 전자세금계산서 의무발급 개인사업자)로부터 전자세금계산서 외의 세금계산서(종이세금계산서)로서 재화 또는 용역의 공급시기가 속하는 과세기간에 대한 확정신고기한까지 발급받았고, 그 거래사실도 확인되는 경우
⑥ 실제로 재화 또는 용역을 공급하거나 공급받은 사업장이 아닌 사업장을 적은 세금계산서를 발급받았더라도 그 사업장이 「부가가치세법」 제51조 제1항(주사업장 총괄납부)에 따라 총괄하여 납부하거나 사업자단위과세사업자에 해당하는 사업장인 경우로서 재화나 용역을 실제로 공급한 사업자가 「부가가치세법」 제48조·제49조(예정 및 확정 신고납부) 또는 「부가가치세법」 제66조·제67조(간이과세자의 예정부과·확정 신고납부)에 따라 납세지 관할 세무서장에게 해당 과세기간에 대한 납부세액을 신고·납부한 경우
⑦ 재화 또는 용역의 공급시기가 속하는 과세기간에 대한 확정신고기한이 지난 후 세금계산서를 발급받았더라도 그 세금계산서의 발급일이 확정신고기한 다음 날부터 1년(2022.02.14. 이전 6개월)이내이고 다음의 어느 하나에 해당하는 경우
☞ 지연수취가산세(0.5%)는 적용함.
㉠ 「국세기본법 시행령」 제25조 제1항에 따른 과세표준수정신고서와 같은 「국세기본법 시행령」 제25조의3에 따른 경정 청구서를 세금계산서와 함께 제출하는 경우
㉡ 해당 거래사실이 확인되어 「부가가치세법」 제57조에 따라 납세지 관할 세무서장, 납세지 관할 지방국세청장 또는 국세청장("납세지 관할 세무서장 등")이 결정 또는 경정하는 경우
⑧ 재화 또는 용역의 공급시기 전에 세금계산서를 발급받았더라도 재화 또는 용역의 공급시기가 그 세금계산서의 발급일부터 6개월(2022.02.14. 이전 30일) 이내에 도래하고 해당 거래사실이 확인되어 「부가가치세법」 제57조에 따라 납세지 관할 세무서장 등이 결정 또는 경정하는 경우
☞ 지연수취가산세(0.5%)는 적용함.
⑨ 다음의 경우로서 그 거래사실이 확인되고 거래 당사자가 「부가가치세법」 제48조·제49조(예정 및 확정 신고납부) 또는 「부가가치세법」 제66조·제67조(간이과세자의 예정부과·확정 신고납부)에 따라 납세지 관할 세무서장에게 해당 납부세액을 신고하고 납부한 경우
㉠ 거래의 실질이 위탁매매 또는 대리인에 의한 매매에 해당함에도 불구하고 거래

　　　당사자 간 계약에 따라 위탁매매 또는 대리인에 의한 매매가 아닌 거래로 하여 세금계산서를 발급받은 경우
　ⓒ 거래의 실질이 위탁매매 또는 대리인에 의한 매매에 해당하지 않음에도 불구하고 거래 당사자 간 계약에 따라 위탁매매 또는 대리인에 의한 매매로 하여 세금계산서를 발급받은 경우
　ⓒ 거래의 실질이 용역의 공급에 대한 주선·중개에 해당함에도 불구하고 거래 당사자 간 계약에 따라 용역의 공급에 대한 주선·중개가 아닌 거래로 하여 세금계산서를 발급받은 경우
　ⓔ 거래의 실질이 용역의 공급에 대한 주선·중개에 해당하지 않음에도 불구하고 거래 당사자 간 계약에 따라 용역의 공급에 대한 주선·중개로 하여 세금계산서를 발급받은 경우
　ⓜ 다른 사업자로부터 사업(용역을 공급하는 사업으로 한정한다. 이하 이 호에서 같다)을 위탁받아 수행하는 사업자가 위탁받은 사업의 수행에 필요한 비용을 사업을 위탁한 사업자로부터 지급받아 지출한 경우로서 해당 비용을 공급가액에 포함해야 함에도 불구하고 거래 당사자 간 계약에 따라 이를 공급가액에서 제외하여 세금계산서를 발급받은 경우
　ⓑ 다른 사업자로부터 사업을 위탁받아 수행하는 사업자가 위탁받은 사업의 수행에 필요한 비용을 사업을 위탁한 사업자로부터 지급받아 지출한 경우로서 해당 비용을 공급가액에서 제외해야 함에도 불구하고 거래 당사자 간 계약에 따라 이를 공급가액에 포함하여 세금계산서를 발급받은 경우
　ⓢ 「부가가치세법」 제29조 제5항 제1호에 따라 같은 호에 따른 금액을 공급가액에 포함하지 않아야 함에도 불구하고 거래당사자 간 계약에 따라 해당 금액을 같은 조 제6항에 따른 장려금이나 이와 유사한 금액으로 보고 이를 공급가액에 포함하여 세금계산서를 발급받은 경우(2023.02.28. 이후 공급분부터 적용)
⑩ 「부가가치세법」 제3조 제2항에 따라 부가가치세를 납부해야 하는 수탁자가 위탁자를 재화 또는 용역을 공급받는 자로 하여 발급된 세금계산서의 부가가치세액을 매출세액에서 공제받으려는 경우로서 그 거래사실이 확인되고 재화 또는 용역을 공급한 자가 「부가가치세법」 제48조·제49조(예정 및 확정 신고납부) 또는 「부가가치세법」 제66조·제67조(간이과세자의 예정부과·확정 신고납부)에 따라 납세지 관할 세무서장에게 해당 납부세액을 신고하고 납부한 경우
　☞ 2022.01.01. 이후 시행
⑪ 「부가가치세법」 제3조 제3항에 따라 부가가치세를 납부해야 하는 위탁자가 수탁자를 재화 또는 용역을 공급받는 자로 하여 발급된 세금계산서의 부가가치세액을

매출세액에서 공제받으려는 경우로서 그 거래사실이 확인되고 재화 또는 용역을 공급한 자가 「부가가치세법」 제48조·제49조(예정 및 확정 신고납부) 또는 「부가가치세법」 제66조·제67조(간이가세자의 예정부과·확정 신고납부)에 따라 납세지 관할 세무서장에게 해당 납부세액을 신고하고 납부한 경우

☞ 2022.01.01. 이후 시행

 관련 해석사례 및 집행기준

- **타인명의 등록사업자에 대한 부가가치세법 적용**

사업자가 영 제108조 제1항에서 정하는 타인의 명의로 사업자등록을 하고 부가가치세를 신고·납부하여 관할 세무서장 등이 경정하는 경우 그 타인명의로 발급받은 세금계산서의 매입세액은 「국세기본법」 제14조(실질과세원칙)에 따라 해당 사업자의 매출세액에서 공제하며, 이 경우 법 제60조 제1항 제2호(타인명의 등록 가산세)에 따른 가산세는 적용한다(부가통 60-108-1).

- **지연수취한 세금계산서의 작성 연월일과 실제 공급시기가 다른 경우 매입세액 공제 여부**

① 납세자가 재화 또는 용역의 공급시기가 속하는 과세기간에 대한 확정신고기한 다음 날부터 6개월 이내에 공급시기를 작성연월일로 하는 세금계산서를 발급받아 공급시기가 속하는 과세기간에 대한 과세표준수정신고서와 경정청구서와 함께 제출하는 경우 해당 세금계산서 상의 매입세액은 「부가가치세법 시행령」 제75조 제7호 가목에 따라 공급시기가 속하는 과세기간의 매출세액에서 공제하는 것임.

② 사업자가 재화 또는 용역의 공급시기를 착오하여 착오한 공급시기를 작성연월일로 하는 세금계산서를 발급받아 부가가치세를 신고한 경우 세금계산서 발급일이 재화 또는 용역의 실제 공급시기가 속하는 과세기간에 대한 확정신고기한 다음 날부터 6개월 이내이고 납세지 관할 세무서장 등이 거래사실을 확인하여 결정 또는 경정하는 경우 해당 세금계산서 상의 매입세액은 「부가가치세법 시행령」 제75조 제7호 나목에 따라 실제 공급시기가 속하는 과세기간의 매출세액에서 공제를 받을 수 있는 것임(기획재정부부가-455, 2021.10.18.).

- **사업장을 보유한 사업자가 다른 사업장을 타인 명의로 등록한 경우 매입세액 공제 여부**

부가가치세법 제60조 제1항 제2호의 타인의 명의로 같은 법 제8조에 따른 사업자등록을 하여 사업을 하는 것으로 확인되는 경우로서 그 타인의 명의로 등록된 사업장에서 재화 또는 용역을 공급받고 해당 사업장의 사업자등록번호가 기재된 세금계산서를 발급받은 경우에는 부가가치세법 제39조 제1항 제2호의 발급받는 세금계산서의 필요적 기재사항이 사실과 다르게 적힌 경우로 보지 아니하는 것이며, 위 회신내용은 회신일 이후 경정·결정하는 분부터 적용하는 것임(기획재정부부가-519, 2017.10.12.).

미용업체로부터 미용용역을 제공받은 후 세금계산서를 교부받아 관련 매입세액을 공제받을 수 있는지 여부

미용용역도 세금계산서 발급이 가능하다고 주장하나, 청구법인과 미용업체들 사이의 결재요청서 등에서 쟁점용역이 미용용역임이 확인되는 점, 관련 법령에서 청구법인에게 쟁점용역을 공급한 미용업체가 제공하는 미용용역에 대하여 세금계산서 대신 영수증을 교부하도록 규정하고 있는 점 등에 비추어 청구법인이 미용업체로부터 세금계산서를 교부받고 그 매입세액을 공제한 것은 잘못이라고 판단됨(심사부가 2015-108, 2016.02.11.).

위탁매매와 일반매매거래가 혼재된 거래에 있어 세금계산서의 수수방법

위탁매매임이 명백히 확인되는 경우 위탁자를 공급자로 하여 세금계산서를 발급하는 것이나, 위탁매매인지 일반매매거래인지가 불분명하지만 거래당사자가 법적거래형식을 매매거래로 약정하고 일반매매형식에 따라 세금계산서가 수수되어 조세탈루나 거래사실이 왜곡되지 않았다면 해당 세금계산서를 사실과 다른 세금계산서로 봄은 부당함(서면법령해석부가 2015-2429, 2015.12.14.).

대가 지급과 교부시기가 달라도 세금계산서 교부시기가 공급시기임.

용역에 대한 대가의 일부를 미리 지급한 후 그 공급시기가 도래하기 전에 세금계산서를 교부받은 경우로서 용역에 대한 일부 대가 지급시기와 세금계산서 교부시기가 과세기간이 다르다 하여도 세금계산서 교부가 이루어진 시기를 공급시기로 보아 매입세액공제를 할 수 있는 것임(심사부가 2014-187, 2015.03.24.).

지방공사가 지방자치단체의 사업을 대행하면서 받은 세금계산서 관련 매입세액 공제 여부

지방공사가 지방자치단체와 위·수탁 협약을 체결하고 부가가치세가 과세되는 사업을 대행하여 주면서 해당 지방공사의 명의로 세금계산서를 발급하거나 발급받는 경우, 해당 사업에 사용되었거나 사용될 재화 또는 용역의 공급에 대한 매입세액은 수탁받은 과세사업의 매출세액에서 공제할 수 있는 것임(부가-872, 2011.08.02.).

사업자등록을 정정하지 아니하고 세금계산서를 발급받은 경우

일반과세자가 사업자등록을 정정하지 아니하고 그 거래 시기에 세금계산서를 교부한 경우로서 당해 세금계산서의 필요적 기재사항 또는 임의적 기재사항으로 보아 그 거래사실이 확인되는 때에는 공급받는 자는 그 매입세액이 불공제되는 매입세액에 해당하는 경우를 제외하고 자기의 매출세액에서 공제할 수 있는 것임(부가가치세과-1601, 2010.12.03.).

지입차주가 직접 화물운송계약을 체결한 경우 지입회사를 대리한 행위로 볼 수 있는지 여부

지입회사 소속의 지입차주가 직접 그 명의로 화물운송계약을 체결한 경우 대외적으로는 지입차주가 지입회사를 대리한 행위로서 그 법률 효과는 지입회사에 귀속되나, 지입차주에게 지입회사를 대리할 의사가 없었고 거래상대방도 지입회사와 거래의사가 없었다면 그 법률효과는 지입회사에 귀속되는 것이 아니므로 지입회사 명의이 세금계산서는 공급자가 사실과 다른 세금계산서에 해당함(대법 2007두15469, 2009.06.25.).

- 총괄사업장에서 지점 사업장이 공급받을 용역에 대해 계약을 체결하고 대금을 지급후 세금계산서를 교부받은 경우 사실과 다른 세금계산서 인지 여부

계약상 원인에 의하여 용역을 공급받는 사업장이 어느 사업장인지를 정함에 있어 계약체결의 경위와 각 사업장간의 상호관계등을 고려하여야 하는 바, 총괄사업장에서 지점 사업장이 공급받을 용역에 대해 계약을 체결하고 대금을 지급 후 세금계산서를 교부받은 경우 사실과 다른 세금계산서 해당하지 아니함(대법 2007두4896, 2009.05.14.).

- 공급자의 발급거절로 공급받는자가 임의로 작성 제출한 세금계산서의 공제여부

공급자의 일방적인 발급 거절로 인하여 세금계산서를 교부받지 못한 경우, 실지 거래사실이 확인되는 경우라 하더라도 공급자가 발행하지 아니하고 매입자가 임의로 작성한 세금계산서를 부가가치세 매입세액 공제대상으로 볼 수는 없음(대법 2008두22051, 2009.03.02.).

- 명의 위장사업자와 거래한 선의의 사업자에 대한 경정

사업자가 거래상대방의 사업자등록증을 확인하고 거래에 따른 세금계산서를 발급하거나 발급받은 경우, 거래상대방이 관계기관의 조사로 인하여 명의위장사업자로 판정되었다 하더라도 해당 사업자를 선의의 거래당사자로 볼 수 있는 때에는 경정 또는 「조세범처벌법」에 따른 처벌 등 불이익한 처분을 받지 아니한다(부가통 57-103-1).

- 사실과 다른 세금계산서를 교부받았는지 여부(공드럼 도매 및 재생업)

공급받는 자가 세금계산서의 명의위장사실을 알지 못하였고, 그와 같이 알지 못한 데에 대한 과실이 있다고 보기 어려울 때는 매입세액 불공제함은 부당함(대법 2007두21792, 2007.12.28).

- 사업장 확장을 위해 공장건물 취득시 교부받은 세금계산서의 매입세액 공제 여부

사업자가 기존의 사업장과는 별도로 다른 장소에 공장건물 취득과 관련된 세금계산서를 기존사업장에서 교부받은 경우 당해 세금계산서의 매입세액은 기존사업장에서 공제받을 수 있는 것임(서면3팀-855, 2008.04.29.).

구 분	동일한 업종	상이한 업종
법인사업자	기존 사업장에서 공제가능	
개인사업자	기존 사업장에서 공제가능	기존 사업장에서 공제불가능

- 이전목적 부동산취득에 대하여 매입세액 공제한 후 다른 사업장으로 등록한 경우

사업자가 사업장을 이전할 목적이나 사업규모를 확장할 목적으로 다른 장소에 부동산을 취득하면서 기존 사업장에서 매입세액을 공제받았으나 부득이한 사유로 사업장 이전 등을 하지 못

하고 새로이 취득한 부동산을 다른 과세사업에 사용하기 위하여 사업자등록(일반과세자로 등록하는 경우에 한함)을 한 경우 기 공제받은 매입세액은 영향을 미치지 아니하는 것임(서면3팀-725, 2007.03.07.).

공동사업장 명의로 발급받은 공동사업자 구성원의 단독사업 관련 세금계산서 상의 매입세액 공제 여부

청구인이 쟁점세금계산서를 교부받은 기존사업장은 공동사업장인 반면 신규사업장은 청구인 단독소유의 사업장이므로 청구인의 기존사업장과 이건 공동사업장은 각각 권리의무의 주체가 되는 별개의 사업장으로 그 이해관계를 달리하는 것인데도 단독사업장관련 매입세액을 청구인의 기존사업장의 매입세액으로 공제하는 것은 합당하지 않다 할 것이고, 별개의 독립된 사업장인 단독사업장이 공급받은 용역에 대한 세금계산서를 청구인의 기존사업장 명의로 교부받은 경우 쟁점세금계산서는 공급받는 자가 사실과 다른 세금계산서로 보아야 할 것이다(국심 2005서41, 2005.07.13).

과세기간을 달리하여 재발행 된 세금계산서의 매입세액 공제여부

부가가치세법은 동일한 거래에 대하여는 하나의 세금계산서가 발급되어야 함을 전제로 하고있고, 다만, 당초의 공급시기에 세금계산서가 발급되었으나 착오 등에 의하여 해당과세기간에 대한 과세표준과 세액의 경정 등이 필요한 경우에 예외적으로 수정세금계산서의 발행이 허용된다고 보아야 할 것인 바, 이 사건 2차 세금계산서는 1차 세금계산서에 의한 매입세액이 불공제처분된 후에 그 기재내용을 취소하거나 수정하지 아니하고 이를 그대로 둔 채 동일한 거래에 대하여 당초와는 과세기간을 달리 하여 다시 발행, 발급된 것으로서 적법한 수정세금계산서로서의 요건을 갖추지 못하였다고 할 것이며, 따라서 이는 동일한 거래에 대하여 이중으로 발행된 부적법한 세금계산서에 해당한다고 보아야 한다(대법 2002두1717, 2004.05.27.).

실제공급자와 세금계산서상의 공급자가 다른 경우, 매입세액을 공제·환급받을 수 있는 요건

실제 공급자와 세금계산서상의 공급자가 다른 세금계산서는 공급받는 자가 세금계산서의 명의위장사실을 알지 못하였고 알지 못한 데에 과실이 없다는 특별한 사정이 없는 한 그 매입세액을 공제 내지 환급받을 수 없으며, 공급받는 자가 위와 같은 명의위장사실을 알지 못한 데에 과실이 없다는 점은 매입세액의 공제 내지 환급을 주장하는 자가 이를 입증하여야 한다(대법원 2002두2277, 2002.06.28.).

중간지급조건부 등의 계약의 잔금지급시 총액으로 세금계산서 교부받은 경우 공제매입세액의 계산

총합계로 교부받은 세금계산서이더라도 계약금과 중도금에 대하여는 공급시기가 사실과 다른 세금계산서이므로 매입세액공제 받을 수 없는 것이나, 잔금부분에 대해서는 사실과 다른 세금계산서라 볼 수 없으므로 동 잔금에 해당되는 매입세액은 공제받을 수 있음(조법 1265.2-1275, 1982.10.29.).

3. 매입처별세금계산서합계표 미제출·부실기재분 매입세액

(1) 원칙 – 매입세액이 공제되지 아니하는 경우

매입처별 세금계산서합계표를 해당 예정신고·확정신고시 또는 예정신고누락분을 확정신고시에 제출하지 아니한 경우의 매입세액 또는 제출한 매입처별 세금계산서합계표의 기재사항 중 거래처별 등록번호 또는 공급가액의 전부 또는 일부가 적히지 아니하였거나 사실과 다르게 적힌 경우 그 기재사항이 적히지 아니한 부분 또는 사실과 다르게 적힌 부분의 매입세액은 매출세액에서 공제하지 아니한다(부가법 제 39조 제1항 제1호).

(2) 예외 – 매입세액을 공제받을 수 있는 경우

다음의 경우에는 매입세액으로 공제받을 수 있다(부가령 제74조).
① 발급받은 세금계산서에 대한 매입처별 세금계산서합계표 또는 신용카드매출전표 등의 수령명세서(정보처리시스템으로 처리된 전산매체 포함)를 과세표준수정신고서와 함께 제출하는 경우
② 발급받은 세금계산서에 대한 매입처별 세금계산서합계표 또는 신용카드매출전표 등 수령명세서를 경정청구서와 함께 제출하여 경정기관이 경정하는 경우
③ 발급받은 세금계산서에 대한 매입처별 세금계산서합계표 또는 신용카드매출전표 등 수령명세서를 기한후과세표준신고서와 함께 제출하여 관할 세무서장이 결정하는 경우
④ 발급받은 세금계산서에 대한 매입처별 세금계산서합계표의 거래처별 등록번호 또는 공급가액이 착오로 사실과 다르게 적힌 경우로서 발급받은 세금계산서에 의하여 거래사실이 확인되는 경우
⑤ 경정에 있어서 사업자가 발급받은 세금계산서 또는 일반과세자로부터 발급받은 신용카드매출전표 등을 경정기관의 확인을 거쳐 정부에 제출하는 경우
☞ 자진정정이 아니므로 가산세가 부과됨.

관련 해석사례 및 집행기준

- **수기로 작성된 쟁점세금계산서가 공급시기가 속하는 과세기간에 발급된 것인지 여부**
청구법인이 수령한 세금계산서가 전자세금계산서가 아니라 종이 세금계산서인 점, 청구법인이 매입세액을 지급하지 않은 점, 청구법인과 공급자 모두 매입, 매출세액 신고를 누락한 점으로 미루어 공급시기가 속한 과세기간 내 세금계산서를 발급받았다고 보기 어려움(심사부가 2014-158, 2015.01.27.).

- **매입처별세금계산서합계표를 착오로 잘못 기재한 경우**

  매입처별세금계산서합계표의 거래처별 등록번호가 착오 기재된 경우 교부받은 세금계산서에 의해 거래사실 확인시는 매입세액 공제됨(부가 46015-1967, 1998.08.31.).

- **매입처별세금계산서합계표를 제출하지 아니한 경우**

  사업자가 매입처별세금계산서합계표를 제출하지 아니한 경우의 매입세액 또는 제출한 매입처별세금계산서합계표의 기재사항 중 거래처별등록번호 또는 공급가액의 전부 또는 일부가 기재되지 아니하였거나 사실과 다르게 기재된 경우 그 기재사항이 기재되지 아니한 분 또는 사실과 다르게 기재된 분의 매입세액은 자기의 매출세액에서 공제하지 아니하는 것이나, 다만 시행령 제60조 제1항에서 규정하는 매입세액은 자기의 매출세액에서 공제할 수 있는 것임(부가 46015-871, 1995.05.12.).

4. 사업과 직접 관련없는 지출에 대한 매입세액

(1) 의의

사업과 직접 관련이 없는 지출에 대한 매입세액은 매출세액에서 공제하지 아니한다. 이러한 사업과 직접 관련이 없는 지출의 범위는 「소득세법 시행령」 제78조 또는 「법인세법 시행령」 제48조, 제49조 제3항 및 제50조에서 정하는 바에 따른다(부가법 제39조 제1항 제4호).

> ① 사업자가 그 업무와 관련없는 자산을 취득·관리함으로써 발생하는 취득비·유지비·수선비와 이와 관련되는 필요경비
> ② 사업자가 그 사업에 직접 사용하지 아니하고 타인(종업원을 제외한다)이 주로 사용하는 토지·건물 등의 유지비·수선비·사용료와 이와 관련되는 지출금
> ③ 사업자가 그 업무와 관련없는 자산을 취득하기 위하여 차입한 금액에 대한 지급이자
> ④ 사업자가 사업과 관련없이 지출한 기업업무추진비
> ⑤ 공동비용 중 사업자가 분담금액을 초과하여 지출하는 비용

(2) 국가·공익단체 등에 무상으로 공급하는 재화의 매입세액 공제

자기의 사업과 관련하여 생산하거나 취득한 재화를 국가·지방자치단체 등에 무상으로 공급하는 경우 해당 재화의 매입세액은 매출세액에서 공제하나, 자기 사업과 관련없이 취득한 재화를 국가·지방자치단체 등에 무상으로 공급하는 경우 해당 재화의 매입세액은 공제하지 아니한다(부가집 38-0-4). 예를 들어 생수와 라면을 생산하는 법인의 경우 생수, 라면 등을 생산하여 기증하는 경우 매출은 면세되나, 라면, 생수 등을 매입

할 때에 부담한 매입세액은 공제된다.

(3) 여행업의 매입세액 공제

「관광진흥법」에 따른 여행업을 영위하는 사업자의 공급가액은 여행알선용역을 제공하고 받는 수수료이므로 해당 여행알선용역의 공급에 직접 관련되지 아니한 관광객의 운송·숙박·식사 등에 따른 매입세액은 공제하지 아니한다(부가집 38-0-5).

(4) 골프회원권 매입시의 매입세액 공제여부

골프회원권 구입이 「부가가치세법」 제17조 제2항 제2호와 같은법 시행령 제60조 제3항의 규정에 의하여 사업과 직접 관련이 없는 지출에 해당되는 때에는 동 매입세액은 매출세액에서 공제를 받지 못하나, 사업과 직접 관련이 있는지 여부는 동 회원권의 사용실태 등 관련사실을 고려하여 판단하여야 할 사항이다(부가 22601-2056, 1985.10.22.)

관련 해석사례 및 집행기준

○ **유상증자 관련비용의 매입세액 공제 여부**

부가가치세가 과세되는 사업을 영위하는 법인이 과세사업 확장 및 설비투자에 필요한 자금을 조달할 목적으로 유상증자를 하면서 외부업체로부터 법률자문 및 컨설팅자문용역을 공급받고 수수료를 지급한 경우로서 해당 자문용역이 자기의 과세사업과 직접 관련된 경우 수수료에 대한 매입세액은 「부가가치세법」 제38조에 따라 매출세액에서 공제할 수 있는 것임(기준법령해석부가 2021-112, 2021.06.23.).

○ **사업장 수용 보상금과 관련하여 소송을 진행하는 경우 소송비용 관련 매입세액 공제 여부**

제조업 및 부동산임대업을 영위하는 사업자가 「도시 및 주거환경정비법」에 따른 재개발정비사업지구 내 소재한 사업장이 같은 법에 따라 수용되었으나 그 보상가격에 이의가 있어 정비사업조합과 사업시행인가무효확인소송 및 명도소송을 진행하며 지출한 소송비용 관련 매입세액은 「부가가치세법」 제39조 제1항에 따라 공제하지 아니하는 것임(서면법령해석부가 2020-6271, 2021.05.13.).

○ **과세사업을 위한 타사 주식취득과 관련된 금융자문수수료의 매입세액 공제 여부**

사업자가 자기의 과세사업 확장을 통해 시장지배를 강화할 목적으로 타법인 주식취득과 관련하여 외부업체로부터 금융자문용역을 제공받고 자문수수료를 지급하면서 부담한 부가가치세액은 매출세액에서 공제할 수 있는 것임(기준법령해석부가 2019-479, 2019.07.11.).

이동통신 대리점이 고객의 가입비를 통신회사에 대납하고 받은 신용카드 매출전표상의 매입세액 공제 여부

이동통신 단말기 판매대리점이 이동통신 가입고객이 해당 통신회사에 납부할 가입비를 대신 납부하여 해당 사업자의 신용카드로 결제하는 경우 그 신용카드 매출전표에 적힌 매입세액은 매출세액에서 공제하지 아니함(서면법규-147, 2013.02.08.).

사업장 이전 목적으로 건물 취득 후 부동산임대업으로 별도 사업자등록을 한 경우 과세여부

사업장을 임차하여 음식업을 영위하던 사업자가 사업장을 이전하기 위하여 다른 장소에 건물을 신축중에 법인을 설립하여 신축중인 건물과 토지를 제외하고 음식업을 법인에게 양도한 후 신설사업장은 부동산임대업으로 전환하는 경우에 당해 신설사업장은 신규로 사업자등록을 하고, 이 경우 기존사업장에서 공제받은 신설사업장 관련 매입세액에 대하여는 부가가치세가 과세되지 아니하는 것임(부가가치세과-417, 2011.04.19.).

해외현지법인의 부동산개발 관련 금융자문수수료의 매입세액 공제 여부

내국법인의 해외현지법인이 해외에서 시행하는 부동산개발사업과 관련된 자금을 당해 내국법인과 해외 현지법인이 일정액씩 나누어 국내 금융기관으로부터 프로젝트파이낸싱의 방식으로 조달함에 있어 당해 내국법인이 자금조달에 필요한 금융자문용역을 국내사업자로부터 제공받고 세금계산서를 교부받은 경우, 당해 금융자문수수료는 「부가가치세법」 제17조 제2항 제2호에 따라 당해 내국법인의 과세사업과 직접 관련이 없는 지출에 해당하여 관련매입세액을 매출세액에서 공제할 수 없는 것이나, 귀 자문신청이 이에 해당하는지 여부는 해외 부동산개발사업의 시행 주체, 당해 내국법인의 사업내용 등을 종합적으로 고려하여 판단할 사항임(법규과-915, 2009.07.06.).

특수관계인에게 대여 목적의 자금을 조달하면서 공급받은 금융·법률 자문용역 관련 매입세액의 공제 여부

사업자가 특수관계인에 대한 대여금으로 사용하기 위하여 자금을 조달하면서 관련 금융·법률 자문용역을 공급받은 것에 대한 매입세액은 매출세액에서 공제하지 아니하는 것임(법규과-33, 2009.01.05.).

사업장 이전 목적으로 취득한 부동산으로 이전하지 못하는 경우

사업자가 사업장을 이전할 목적이나 사업규모를 확장할 목적으로 다른 장소에 부동산을 취득하면서 기존 사업장에서 매입세액을 공제받았으나 부득이한 사유로 사업장 이전 등을 하지 못하고 새로이 취득한 부동산을 다른 과세사업에 사용하기 위하여 사업자등록(일반과세자로 등록하는 경우에 한함)을 한 경우 기 공제받은 매입세액에는 영향을 미치지 아니하는 것임(서면3팀-3203, 2007.11.28.).

- **부부 공동명의로 구입한 부동산관련 매입세액의 공제가능 여부**
  - 약국을 운영하는 사업자가 다른 장소에 당해 사업자의 부인과 공동으로 사업용 건물을 취득하면서 약국사업자 명의로 세금계산서를 교부받은 경우 당해 매입세액은 약국사업자의 매출세액에서 공제되지 아니하는 것임.
  - 공동명의로 취득한 사업용 건물의 소유지분 일부를 양도하고 새로 지분을 취득한 자와 공동으로 사업을 영위하는 경우에는 출자지분의 양도로서 재화의 공급에 해당하지 아니하는 것이나, 새로 지분을 취득한 자가 소유지분의 부동산을 공동사업에 공하지 아니하고 독립하여 별도의 사업을 영위하는 경우에는 재화의 공급에 해당되어 지분양도에 대하여는 당해 공동사업자의 명의로 세금계산서를 교부하여야 하는 것임(서삼 46015- 10984, 2003.06.20.).

5. 개별소비세 과세대상 자동차의 구입과 임차 및 유지에 관한 매입세액

(1) 의의

「개별소비세법」 제1조 제2항 제3호에 따른 자동차(운수업, 자동차판매업 등 대통령령으로 정하는 업종에 직접 영업으로 사용되는 것 제외)의 구입과 임차(賃借) 및 유지에 관한 매입세액은 매출세액에서 공제하지 아니한다(부가법 제39조 제1항 제5호).

지프형이 아닌 9인승 이상 승합차, 배기량 1,000cc 이하 경차, VAN형 차량, 화물자동차는 매입세액공제 가능하며, 개별소비세가 과세되면 불공제, 개별소비세가 과세되지 아니하면 공제되는 것으로 이해하면 된다.

(2) 영업용

직접 영업에 사용되는 것으로 인정되는 업종은 운수업, 자동차판매업, 자동차임대업, 운전학원업, 경비업(기계경비업무)의 출동차량과 이와 유사한 업종을 말한다(부가령 제78조, 부가령 제19조).

> **참고**
>
> ■ 「개별소비세법」 및 「자동차관리법」상 자동차
>
> 1. 「개별소비세법」 별표1 과세물품 중 자동차(별표1에서 「개별소비세법」상 과세물품인 자동차의 범위를 구체적으로 열거하고 있음)
>   가. 「자동차관리법」 제3조에 따른 구분기준에 따라 승용자동차로 구분되는 자동차(정원 8명 이하의 자동차로 한정하되, 배기량이 1,000cc 이하의 것으로서 길이가 3.6미터 이하이고 폭이 1.6미터 이하인 것은 제외)
>   나. 「자동차관리법」 제3조에 따른 구분기준에 따라 이륜자동차로 구분되는 자동차(내연기관을 원동기로 하는 것은 그 총배기량이 125cc를 초과하는 것으로 한정하며, 내연기관 외의 것을 원동기로 하는 것은 그 정격출력이 1킬로와트를 초과하는 것으로 한정). 다만, 국방용 또는 경찰용으로서 해당 기관의 장이 증명하는 것은 제외한다.
>   다. 「자동차관리법」 제3조에 따른 구분기준에 따라 캠핑용자동차로 구분되는 자동차(캠핑용 트레일러를 포함)
>   라. 「환경친화적 자동차의 개발 및 보급촉진에 관한 법률」 제2조 제3호에 따른 전기자동차로서 「자동차관리법」 제3조에 따른 구분기준에 따라 승용자동차로 구분되는 자동차(정원 8명 이하의 자동차로 한정하되, 길이가 3.6미터 이하이고 폭이 1.6미터 이하인 것은 제외)
>
> 2. 「자동차관리법」 3조
>   ① 자동차는 다음 각 호와 같이 구분한다.
>   1. 승용자동차: 10인 이하를 운송하기에 적합하게 제작된 자동차
>   2. 승합자동차: 11인 이상을 운송하기에 적합하게 제작된 자동차. 다만, 다음 각 목의 어느 하나에 해당하는 자동차는 승차인원에 관계없이 이를 승합자동차로 본다.
>   가. 내부의 특수한 설비로 인하여 승차인원이 10인 이하로 된 자동차
>   나. 국토교통부령으로 정하는 경형자동차로서 승차인원이 10인 이하인 전방조종자동차
>   다. 캠핑용자동차 또는 캠핑용트레일러
>   3. 화물자동차: 화물을 운송하기에 적합한 화물적재공간을 갖추고, 화물적재공간의 총적재화물의 무게가 운전자를 제외한 승객이 승차공간에 모두 탑승했을 때의 승객의 무게보다 많은 자동차
>   4. 특수자동차: 다른 자동차를 견인하거나 구난작업 또는 특수한 작업을 수행하기에 적합하게 제작된 자동차로서 승용자동차·승합자동차 또는 화물자동차가 아닌 자동차
>   5. 이륜자동차: 총배기량 또는 정격출력의 크기와 관계없이 1인 또는 2인의 사람을 운송하기에 적합하게 제작된 이륜의 자동차 및 그와 유사한 구조로 되어 있는 자동차

(3) 사례별 판단

유 형	공제여부	예규
제조회사 성능시험목적으로 구입한 차량	불공제	재부가-411, 2010.06.24.
정비회사가 취득한 배기량 2,000cc 승용차	불공제	법규부가 2014-480, 2014.10.22.
자동차판매회사가 취득한 시승·전시용 승용차	공제가능	서삼 46015-11912, 2002.11.07.

 관련 해석사례 및 집행기준

자동차 판매업자가 구입한 승용자동차의 매입세액 공제 여부

자동차 판매업자가 자기의 사업을 위하여 사용할 목적으로 승용자동차를 구입하는 경우, 해당 승용자동차의 구입에 관한 매입세액은 매출세액에서 공제할 수 있는 것임(서면부가 2019-3454, 2020.08.31.).

소형승용자동차의 임차 및 유지 관련 비용이 매입세액공제 대상인지 여부

사업자가 자동차 판매사에 자동차 테스트 용역 및 신차 시승회·발표회등 행사 대행 용역을 제공하기 위하여 소형승용자동차를 임차하고 관련 유지비용 등을 지출하는 경우 관련 매입세액은 공제하지 아니함(서면법령해석부가 2019-10, 2020.01.31.).
☞ 한국표준산업분류에 따르면 질의법인이 수입자동차 판매사와의 위탁계약에 따라 차량을 테스트하고 시승회, 발표회 등 행사를 대행하는 본건 용역은 기술서비스업 및 사업지원 서비스업에 해당하여 부가령 제19조에 열거된 업종 및 이와 유사한 업종에 포함되지 아니하므로 질의법인이 소형승용자동차를 자기 사업을 위하여 직접 사용한다 하더라도 관련 매입세액은 공제되지 아니하는 것임.

비영업용소형승용자동차의 대리운전용역을 제공받은 경우 매입세액 공제여부

사업자가 개별소비세가 과세되는 소형승용자동차(법인 소유 차량 또는 종업원 소유 차량)의 유지를 위하여 대리운전업체로부터 대리운전용역을 제공받고 교부받은 세금계산서의 매입세액은 공제하지 아니하는 것임(부가-870, 2009.06.25.).

내방고객의 주차료를 지급한 경우 매입세액 공제여부

사업자가 자기의 고객을 위하여 임차하여 사용하는 주차장의 임차료에 관련된 매입세액은 매출세액에서 공제된다. 다만, 사업자가 회사업무용으로 사용하는 비영업용 소형승용자동차를 주차하는 주차장 임차료에 관련된 매입세액은 부가가치세법 제17조 제2항 제3호의 규정에 의하여 매출세액에서 공제하지 아니함(서면3팀-2219, 2006.09.21.).

렌트카업자로 부터 임차한 승용차를 대가를 받고 대여(재임대)하는 경우

해운대리점업을 영위하는 사업자가 자동차 대여업자로부터 비영업용 소형자동차를 임차하여 타인에게 대여하고(자기가 업무용으로 사용하는 경우 제외) 그 대가를 받는 경우 동 임차료에 대한 매입세액은 공제 가능한 것임(서면 3팀-120, 2008.01.15.).

차량을 비사업자와 공동으로 구입하는 경우 매입세액공제

매입세액공제 대상인 차량을 사업자인 남편과 비사업자인 배우자가 공동으로 매입하여 과세사업에 사용하는 경우, 사업자등록번호와 성명 및 비고란에 비사업자의 인적사항이 기재된 매입

세금계산서를 수취하고 자동차등록원부에는 비사업자의 명의로 등록하는 경우 동 매입세액은 사업자의 매출세액에서 공제할 수 없는 것임(서삼 46015-11542, 2003.10.01.).

고객의 차량을 망실하여 지급한 수리비용의 매입세액 공제

음식점업자가 고객의 주차를 대행하다가 당해 차량을 망실하여 당해 사업자의 책임과 계산하에 수리하여 주고 세금계산서를 받는 경우 당해 매입세액은 공제받을 수 있는 것임(부가 22601-3861, 2000.11.28.).

매입세액 불공제된 비영업용 소형승용차 매각시 과세여부

매입시에 매입세액을 공제받지 못한 비영업용 소형승용차를 매각하는 경우에는 재화의 공급으로 과세되는 것임(부가 46015-1146, 1994.06.07.).

(참고) 영업용이 아닌 업무용 승용자동차 예시

회사별	명 칭	정 원	공제여부	차 종	종 류
현 대	갤로퍼	5, 6	×	승용	
	갤로퍼-밴	2	○	화물	
	그레이스-미니버스	9, 12	○	승용,승합	
	그레이스-밴	3, 6	○	화물	
	베라크루즈	7	×	승용	
	산타모	5, 6, 7	×	승용	
	산타모	9	○	승용	
	산타페	7	×	승용	
	스타렉스	7	×	승용	
	스타렉스	9	○	승용	
	스타렉스-밴	6	○	화물	
	아토스	4	○	승용	경차
	테라칸	7	×	승용	
	투싼	5	×	승용	
	트라제XG	7	×	승용	
	트라제XG	9	○	승용	
	포타	3	○	화물	
	베르나, 엑센트, 엑셀, 아반떼, i30, 엘란트라, 쏘나타(YF, NF, EF), 쏘나타2, 마르샤, 에쿠스, 제네시스, 그	4, 5	×	승용	

회사별	명칭	정원	공제여부	차종	종류
기 아	랜져, 다이너스티, 제네시스쿠페, 투스카니, 티뷰론, 스쿠프				
	레토나, 록스타	5	×	승용	
	레토나-밴, 모닝-밴	2	○	화물	
	모닝	5	○	승용	경차
	모하비	5	×	승용	
	비스토	5	○	승용	경차
	쏘렌토	7	×	승용	
	스포티지	5, 7	×	승용	
	스포티지-밴	2	○	화물	
	카니발,카렌스	7	×	승용	
	그랜드 카니발	11	○	승합	
	카니발	9	○	승용	
	카니발 - 밴	6	○	화물	
	타우너-코치,밴,트럭	7, 2	○	승용, 화물	경차
	프레지오	9, 12, 15	○	승용, 승합	
	프레지오 - 밴	6	○	화물	
	프라이드, 리오, 쏘울, 포르테, 쎄라토, 스펙트라, 슈마, K5, 로체, 옵티마, 크레도스, 오피러스, K7, 엔터프라이즈	5	×	승용	
쉐보레 (GM대우)	다마스 - 밴	2	○	화물	경차
	다마스 - 코치	7	○	승용	경차
	라보	2	○	화물	경차
	레조	7	×	승용	
	마티즈	5	○	승용	경차
	마티즈 - 밴	2	○	화물	경차
	윈스톰	5, 7	×	승용	
	티코	5	○	승용	경차
	젠트라, 칼로스, 라노스, 라세티, 누비라, 에스페로, 토스카, 매그너스, 레간자, 프린스, 슈퍼살롱, 브로엄, 알페온, 베리타스, 스테이츠맨	5	×	승용	
쌍 용	렉스턴	5, 7	×	승용	
	로디우스	9,11	○	승용, 승합	

회사별	명칭	정원	공제여부	차종	종류
	무쏘	5	×	승용	
	무쏘 - 밴, 스포츠	2, 5	○	화물	
	액티언	5	×	승용	
	액티언 스포츠	5	○	화물	
	카이런	7	×	승용	
	코란도 - 밴	3	○	화물	
	코란도(패밀리)	4, 5, 6	×	승용	
	이스타나	11,12,14,15	○	승합	
	이스타나 - 밴	2, 6	○	화물	
	체어맨	5	×	승용	
르노삼성	QM5	5	×	승용	
	SM7,SM5,SM3	5	×	승용	

6. 기업업무추진비 및 이와 유사한 비용의 지출에 관련된 매입세액

「소득세법」 및 「법인세법」에 규정하는 기업업무추진비 및 이와 유사한 비용의 지출에 대한 매입세액은 공제하지 않는다. 여기서 "기업업무추진비"란 접대, 교제, 사례 또는 그 밖에 어떠한 명목이든 상관없이 이와 유사한 목적으로 지출한 비용으로서 내국법인이 직접 또는 간접적으로 업무와 관련이 있는 자와 업무를 원활하게 진행하기 위하여 지출한 금액을 말한다(법인법 제25조).

 관련 해석사례 및 집행기준

- 복리후생적 목적으로 지급하는 재화 중 개인적 공급으로 보지 아니하는 기준의 적용 방법

  사업자가 2019.02.12. 이후 복리후생적인 목적으로 경조사(명절, 창립기념일, 생일 등)와 관련하여 「부가가치세법」 제10조 제1항에 따른 자기생산·취득 재화를 사용인에게 대가를 받지 아니하고 연간 수차례 제공하는 경우 제공한 재화의 연간 공급가액(시가)합계액이 10만원을 초과하게 되는 때 그 초과액을 공급가액으로 하여 부가가치세가 과세되는 것임(서면법령해석부가 2020-1774, 2020.06.30.).

- 골프회원권 양도의 과세여부 및 골프회원권 취득시 매입세액 공제 여부

  사업자가 골프장 회원권을 양도하는 경우의 부가가치세 과세표준은 골프장 회원권의 양도가액으로 하는 것이며, 사업자가 취득한 골프장 회원권이 자기의 사업과 관련하여 종업원의 복리후생을 목적인 경우에는 매입세액공제가 가능한 것이나, 거래처 등에 대한 접대목적인 경우에

는 매입세액으로 공제되지 아니하는 것임(서면3팀-1640, 2007.06.01.).

- **음식용역에 관련하여 발생한 접대비 등 지출관련 의제매입세액공제 여부**

  음식·숙박업을 영위하는 과세사업자가 자기의 사업과 관련하여 사업장내에서 그 사용인에게 음식용역을 무상으로 제공하는 경우에 당해 음식용역에 관련하여 발생한 매입세액은 매출세액에서 공제하는 것이나, 기업업무추진비 및 이와 유사한 비용의 지출에 관련된 매입세액은 매출세액에서 공제할 수 없는 것임(서삼 46015-10017, 2001.08.27.).

- **거래처에 간판을 제작하여 제공하는 경우**

  의류를 제조·판매하는 사업자가 광고 선전을 목적으로 자기의 상호·로고·상품명 등이 표시된 일정규격의 간판과 실내장식 등 광고 선전용 물품을 대리점에 제공하고 이를 제공받은 대리점과 사전약정에 의하여 당해 간판 등을 당해 사업자의 자산으로 계상하여 감가상각을 하며 대리점에는 일정기간동안 관리책임만을 부여하는 경우에는 당해 광고선전용 자산의 취득과 관련한 매입세액은 기업업무추진비 및 이와 유사한 비용과 관련한 매입세액에 해당하지 아니하므로 당해 사업자의 매출세액에서 공제할 수 있는 것임(부가 46015-1393, 1998.06.25.).

- **사업자가 종업원 복지후생용으로 사용한 재화의 매입세액**

  사업자가 자기의 사업과 관련하여 사업장 내서 복지후생목적으로 사용·소비하기 위하여 자기의 사용인에게 무상으로 공급하는 작업복, 작업모, 작업화, 면장갑, 음식물에 대하여는 매입세액이 공제되는 것이며, 이 경우 복지후생목적의 범위는 「소득세법시행령」 제8조 및 제12조의2와 「법인세법시행령」 제45조의 규정에 의하는 것임(부가 1265-2266, 1982.08.30.).

7. 사업자등록 전 매입세액

사업자등록을 하기전의 매입세액은 매출세액에서 공제하지 아니한다. 다만, 공급시기가 속하는 과세기간이 끝난 후 20일 이내에 등록 신청한 경우 등록신청일부터 공급시기가 속하는 과세기간 기산일(01.01. 또는 07.01.를 말한다)까지 역산한 기간 이내의 것은 매입세액공제 가능하다. 등록이라 함은 사업자등록신청서를 소관세무서장에게 제출하는 날 즉, 등록신청일을 기준으로 한다. 예를 들어, 사업자등록을 7월 20일에 신청한 경우 1월 1일부터 7월 20일까지 매입분에 대하여 사업자 또는 대표자(법인)의 주민등록번호를 기재하여 세금계산서를 발급받은 경우 및 신용카드매출전표 등을 수취한 경우 매입세액 공제가능하다.

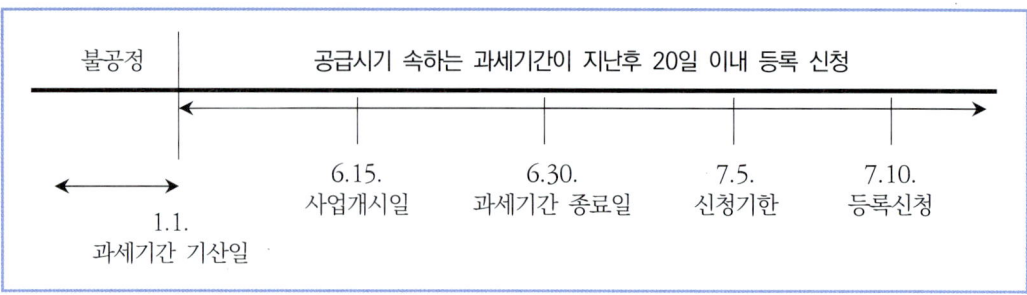

☞ 사업개시일 이후 공급받은 분부터 공제 허용 → 사업개시일이 속하는 과세기간에 공급받은 분부터 공제 허용(2018.01.01. 이후 재화 또는 용역을 공급하는 분부터 적용)

 관련 해석사례 및 집행기준

면세사업자로 교부받은 매입세금계산서의 공제여부

부가가치세 면세되는 사업자로 등록한 자가 부가가치세가 과세되는 사업을 영위하는 때에는 과세사업자에 대한 사업자등록을 사업개시일부터 20일 이내에 사업장 관할 세무서장에게 사업자등록을 신청하여야 하며 등록하기 이전의 매입세액은 공제하지 아니함(부가-441, 2014.05.15.).

면세포기신고일로부터 역산하여 20일 이내에 매입한 재화의 매입세액공제여부

과세·면세사업을 겸영하는 사회복지법인이 그 고유의 사업목적을 위하여 북한으로 무상 반출하는 재화에 대하여 면세포기신고를 하고 영세율을 적용받는 경우에는 면세포기신고를 한 날부터 영세율이 적용되는 것이며, 면세포기신고서를 제출하기 전에 발생한 당해 무상 반출하는 재화와 관련된 매입세액은 공제받을 수 없는 것임(법규부가 2009-0121, 2009.04.23.).

과세사업등록 전 20일 이내에 면세사업자 등록번호로 발급받은 세금계산서의 매입세액 공제여부

면세사업자로 사업자등록한 자가 과세사업자로 사업자등록정정신청한 날로부터 역산하여 20일 이내에 재화 또는 용역을 공급받고 면세사업자등록번호로 발급받은 세금계산서의 매입세액은 「부가가치세법」 제17조 제2항 제1의2 단서 및 제5호 단서에 따라 매출세액에서 공제 가능함(법규과-693, 2009.02.24.).

사업자등록 전에 세금계산서 수취 후 20일이 되는 날이 공휴일인 경우(상담3팀-858, 2007.03.21.)

사업자가 사업을 개시하면서 적법하게 세금계산서를 수취한 후 20일이 되는 날이 토·공휴일이어서 그 다음날에 사업자등록을 신청한 경우 당해 매입세액은 사업자등록 신청일로부터 역산하여 20일 이내의 것에 해당하는 것임(서면3팀-858, 2007.03.21.).

8. 면세사업 등에 관련된 매입세액

면세사업 등에 관련된 매입세액(면세사업 등을 위한 투자에 관련된 매입세액 포함)은 매출세액에서 공제하지 아니한다. 예를 들면 부가가치세가 면제되는 국민주택 공급과 관련하여 매입세액을 부담한 경우 해당 매입세액은 매출세액에서 공제하지 아니한다(부가법 제39조 제1항 7호).

(1) 면세사업의 범위

면세사업 등이란 면세사업 및 부가가치세가 과세되지 아니하는 재화 또는 용역을 공급하는 사업을 말한다(부가법 제2조).

(2) 비과세사업과 관련한 매입세액

사업자가 면세되거나 비과세되는 재화 또는 용역을 공급받고 과세거래로 오인하여 부가가치세를 부담하고 발급받은 세금계산서의 매입세액은 매출세액에서 공제하지 아니한다(부가집 39-0-1 제3항).

(3) 면세사업 등을 위한 투자와 관련한 매입세액

사업자가 다른 사업자의 면세사업을 인수하는 과정에서 지급한 중개수수료 관련 매입세액은 매출세액에서 공제하지 아니한다.

관련 해석사례 및 집행기준

▶ 면세포기 한 사업자의 매입세액 공제

수산업 등 면세사업을 영위하는 사업자가 법 제28조 제1항에 따라 면세포기를 하는 경우에 면세포기한 사업에 대하여 해당 과세기간에 영세율이 적용되거나 부가가치세가 면제되는 재화·용역의 공급이 없는 때에도 그 과세기간의 면세포기 사업과 관련된 매입세액은 법 제38조에 따라 공제한다. 다만, 면세포기한 사업에 대하여 해당 과세기간에 면세되는 재화의 공급만이 있는 경우에는 법 제39조 제1항 제7호에 따라 공제하지 아니한다(부가통 38-0-1).

▶ 보유주식 매각에 따른 수수료 발생시 매입세액 공제여부

주식의 매각은 부가가치세 과세대상인 재화 또는 용역의 공급에 해당하지 아니하므로, 사업자가 보유주식 매각과 관련하여 지출한 수수료에 대한 매입세액은 사업과 관련이 없는 매입세액으로서 매출세액에서 공제되지 아니하는 것임(부가-3066, 2008.09.16.).

무상 제공하는 음식용역 관련 매입세액 공제여부

공장·광산·건설사업장 및 자동차운송사업법(현행 「여객자동차 운수사업법」)에 의한 자동차운송사업자 중 노선여객운송자의 사업장과 교육법 제81조(현행 「초·중등교육법」 제2조 및 「고등교육법」 제2조)의 규정에 의한 각급 학교의 경영자가 그 종업원 또는 학생의 복리후생을 목적으로 당해 사업장 등의 구내에서 식당을 직접 경영하여 유상으로 공급하는 음식용역에 관련하여 발생하는 매입세액은 「부가가치세법」 제17조 제2항 제4호(현행 제6호)에 따라 매출세액에서 공제되지 아니하는 것이나, 음식용역이 무상으로 공급되어 「부가가치세법」 제7조 제2항 및 동법 시행령 제19조에 따른 용역의 자가공급에 해당하는 경우에는 당해 음식용역에 관련하여 발생하는 매입세액은 매출세액에서 공제하는 것임(부가 22601-855, 1990.07.05.).

9. 토지에 관련된 매입세액

(1) 의의

토지의 조성 등을 위한 자본적 지출액에 관련된 매입세액은 토지의 취득가액에 산입되어 자산으로 계상되어야 하는 것으로 매출세액에서 공제하지 아니한다(부가법 제39조 제1항 제7호, 부가령 제80조).

① 토지의 취득 및 형질변경, 공장부지 및 택지의 조성 등에 관련된 매입세액
(사례: 토지의 취득을 위하여 지급한 중개수수료, 감정평가비, 컨설팅비, 명의이전 비용에 관련된 매입세액)
② 건축물이 있는 토지를 취득하여 그 건축물을 철거하고 토지만을 사용하는 경우에는 철거한 건축물의 취득 및 철거비용에 관련된 매입세액. 여기서 "토지만을 사용하는 경우"에는 취득한 건축물을 철거하고 주차장, 야적장 등으로 사용하는 경우뿐만 아니라 타인으로부터 취득한 건축물을 철거하고 새로운 건물을 신축하는 경우도 포함된다.
③ 토지의 가치를 현실적으로 증가시켜 토지의 취득원가를 구성하는 비용에 관련된 매입세액

(2) 공제되지 아니하는 토지 관련 매입세액

다음에 경우에는 토지 관련 매입세액에 해당하므로 공제가 불가능하다(부가집 39-80-1).

① 건축물이 있는 토지를 취득하여 그 건축물을 철거하고 토지만을 사용하는 경우에는 철거한 건축물의 취득 및 철거비용에 관련된 매입세액
② 토지의 취득을 위한 직접적인 비용으로 발생한 매출주선 수수료 등 토지의 취득에

소요된 것이 명백한 대출금 관련 매입세액
③ 사업자가 금융자문용역을 공급받고 발급받은 세금계산서상의 매입세액 중 토지의 취득과 관련된 매입세액
④ 공장건물 신축을 위하여 임야에 대지조성공사를 하는 경우 해당 공사비용 관련 매입세액
⑤ 토지의 조성과 건물·구축물 등의 건설공사에 공통으로 관련되어 그 실지귀속을 구분할 수 없는 매입세액 중 총공사비(공통비용 제외)에 대한 토지의 조성 관련 공사비용의 비율에 따라 계산한 매입세액
⑥ 토지의 취득을 위하여 지급한 중개수수료, 감정평가비, 컨설팅비, 명의이전비용에 관련된 매입세액
⑦ 과세사업을 하기 위한 사업계획 승인 또는 인·허가 조건으로 사업장 인근에 진입도로를 건설하여 지방자치단체에 무상으로 귀속시킨 경우 진입도로 건설비용 관련 매입세액

(3) 토지 관련 매입세액에 해당하지 않는 경우

다음에 경우에는 토지 관련 매입세액에 해당하지 않으므로 매입세액 공제가 가능하다(부가집 39-80-1).

① 공장 또는 건물을 신축하면서 건축물 주변에 조경공사를 하여 정원을 만든 경우 해당 공사 관련 매입세액
② 과세사업에 사용하기 위한 지하건물을 신축하기 위하여 지하실 터파기에 사용된 중기사용료, 버팀목 및 버팀 철근 등에 관련된 매입세액
③ 토지와 구분되는 감가상각자산인 구축물(옹벽, 석축, 하수도, 맨홀 등) 공사 관련 매입세액
④ 공장 구내의 토지 위에 콘크리트 포장공사를 하는 경우 해당 공사 관련 매입세액
⑤ 과세사업에 사용하여 오던 자기 소유의 노후 건물을 철거하고 신축하는 경우 해당 철거비용과 관련된 매입세액

(4) 토지조성 등 평가용역에 대한 공제여부

1) 토지 취득 전에 지출된 각종 영향평가 등의 매입세액(상담3팀-897, 2006.05.17.)

사업자가 토지 취득 전에 사업성 검토를 위한 토지적성평가 및 환경영향평가 등의 사전평가용역을 제공받은 경우 동 사전평가용역비는 토지의 취득여부에 관계없이 토지관련 매입세액에 해당한다(서면3팀-897, 2006.05.17.).

2) 택지조성관련 문화재 발굴비용의 매입세액 공제

사업자가 택지의 조성과 관련하여 문화재지표조사 및 시·발굴용역을 제공받고 지출한 매입세액은 토지관련 매입세액으로 공제되지 아니한다(서면3팀-743, 2007.03.08.).

3) 토지만을 사용하기 위해 건축물을 철거하는 과정에서 제공받은 토양정밀조사용역 등 관련 매입세액

부동산매매업자가 건축물이 있는 토지를 취득하여 토지만을 사용하기 위하여 그 건축물을 철거하는 과정에서 관할 지방자치단체의 요구로 토양정밀조사용역과 오염토양반출정화용역을 제공받고 대가를 지급하면서 부담한 매입세액은 매출세액에서 공제되지 아니한다(부가-584, 2012.05.24.).

(5) 과세사업 관련 평가용역에 대한 공제여부

1) 토지 취득 후에 지출된 교통 영향평가 등의 매입세액

사업자가 토지를 분양받아 과세사업에 사용될 건물을 신축하기 위하여 지출하는 교통영향평가 용역을 제공받고 수취한 매입세액은 공제 가능하다(재부가-421, 2007.06.01.).

2) 「관광진흥법」상 관광시설조성을 위하여 설계용역 및 교통영향평가용역 등을 제공받은 경우 매입세액공제 여부

사업자가 관광지조성계획승인을 받아 과세사업에 사용할 관광시설의 조성을 위한 설계용역 및 관광시설조성에 따른 교통영향평가용역, 재해영향평가용역, 수질오염관리계획용역을 제공받고 지출한 비용은 매출세액에서 공제할 수 있다(부가-4623, 2008.12.04.).

3) 임차토지위에 건물신축 위한 교통영향평가 등에 관련된 매입세액 공제가능여부

사업자가 임차한 토지위에 과세사업을 위하여 사용될 건축물의 신축과 관련하여 교통영향평가용역을 제공받고 지출한 매입세액 및 법률·회계서비스 등을 제공받고 지출한 매입세액은 매출세액에서 공제된다(서면3팀-2816, 2006.11.15.).

(6) 타인소유 토지 개발시 관련 매입세액 공제여부

1) 임차한 토지에 대한 토지조성공사 관련 매입세액

임차인이 임차한 토지에 토지조성공사를 함에 따라 토지의 가치가 현실적으로 증가한 경우로서 임차인이 일정기간 낮은 임차료로 사용하는 경우 임차인이 토지소유주에게 토지조성용역을 공급한 것으로 보아 해당 용역의 공급에 대하여 부가가치세가 과세되는 것이며, 토지관련 매입세액은 매출세액에서 공제된다(서면부가 2017-1041, 2017.04.25.). 그리고 토지소유자는 해당 사업자에게 토지의 임대용역을 제공하는 것으로 부가가치세가 과세된다.

2) 임차한 토지에 대해 자본적 지출 후 매수하기로 한 경우

특수관계인으로부터 토지를 임차하여 골프장을 조성하고 임대차계약이 종료되는 때에 임차인이 해당 토지를 매수하기로 한 경우로서 임차인이 골프장의 토지 조성을 위한 자본적 지출을 부담한 경우에는 매출세액에서 공제하지 아니한다(기획재정부부가-306, 2015.04.14.).

(7) 부동산 취득 시 중개수수료 등에 대한 매입세액 공제

토지 및 건물 취득 시 사업자가 지급한 부대비용(중개수수료 등)의 매입세액 중 토지 취득에 관련한 매입세액은 공제되지 아니하는 것이며, 토지 관련 매입세액이 구분되지 아니하는 경우에는 공통매입세액으로 안분계산한다(부가가치세과-2552, 2008.08.13.).

(8) 부동산 매각 시 중개수수료 등에 대한 매입세액 공제

부동산 임대업자가 과세사업에 사용하던 건물과 부속 토지를 양도하기 위하여 부동산 컨설팅 및 중개수수료를 지출하면서 부담한 매입세액은 공제가 가능하다(서면3팀-309, 2008.02.12.).

● 실무사례   토지 등 자본적 지출

[사실관계]
(주)한결은 본사 건물을 신축하기 위해 다음과 같이 건축물이 있는 토지를 취득하고 이를 철거하다. 단, 모든 금액은 보통예금에서 지출되다. 다음 자료를 참고하여 토지 취득가액과 회계처리를 하여라.

(1) 토지 매입가액: 5억원
(2) 건물 매입가액: 1억원(부가가치세 별도)
(3) 철거비용: 1천만원(부가가치세 별도)

해답

(1) 취득가액 산정
   (주)한결은 본사 건물을 신축하기 위한 토지를 확보하기 위해 건축물이 있는 토지를 매입하였으므로, 건물 매입가액 및 철거비용 모두 토지의 취득가액이 된다. 또한, 부가가치세 매입세액도 토지 취득과 관련된 매입세액이므로, 공제받지 못할 매입세액이 된다. 따라서 토지 취득가액은 다음과 같다.
   ∴ 토지 취득가액
   = 토지 매입가액 + 건물 매입가액 + 건물 부가가치세 + 철거비용 + 철거비용 부가가치세
   = 5억원 + 1억원 + 1,000만원 + 1,000만원 + 100만원
   = 6억 2,100만원

(2) 회계처리

토지·건물	(차) 토지	610,000,000원	(대) 보통예금	610,000,000원
철거비용	(차) 토지	11,000,000원	(대) 보통예금	11,000,000원

* 매매가액은 폐업일 이후 매매된 가액임.

 관련 해석사례 및 집행기준

◆ **목욕탕 운영을 위한 지하수개발관련 매입세액의 공제여부**

목욕탕 영업을 위한 용수로 사용하기 위한 지하수개발 용역 관련 매입세액은 과세사업을 위한 것이므로 매입세액공제 가능(사전법령해석부가 2015-98, 2015.04.28.)

◆ **진입도로가 토지와 구분되는 구축물에 해당하는 경우 진입도로 공사비용은 토지관련 매입세액이 아님**

사업자가 목장용지, 임야, 건축물 등을 취득하여 해당 토지에 대한 표토제거, 절토, 면고르기, 흙운반 등 토목공사를 실시하고 급경사면을 평평하게 하거나 메우기 공사를 통하여 풍력발전단지 부지조성공사를 하는 경우 해당 부지조성공사와 관련된 매입세액은 부가가치세법 제39조 제1항 제7호에 따른 토지관련 매입세액에 해당하는 것임. 다만, 사업자가 토지 위에 진입도로 공사를 하고 이와 관련된 비용이 토지와 구분되는 감가상각 대상자산인 별도의 구축물에 해당하는 경우 당해 비용에 대한 매입세액은 부가가치세법 시행령 제80조의 규정에 의한 토지에 관련된 매입세액에 해당하지 아니하는 것임. 이 경우 진입도로 공사비용이 별도의 구축물에 관련된 자본적 지출인지 여부는 공사내용 등 사실관계를 종합적으로 고려하여 판단할 사항임(기획재정부 부가-161, 2015.02.24.).

◆ **지하공공보도시설을 설치 완료한 후 해당 구청에 기부채납하는 경우**

도시 및 주거환경정비법 제48조의 규정에 의하여 인가받은 관리처분계획에 따라 건축물을 건설하여 공급하는자(이하 "사업시행자"라 함)가 관할 구청으로부터 도시환경정비사업 시행인가를 받으면서 그 인가 조건에 따라 사업시행자의 부담으로 지하공공보도시설(이하"해당 시설물"이라 함)을 설치 완료한 후 해당 구청에 기부채납하는 경우 해당 시설물 공사와 관련한 매입세액 중 토지의 취득원가를 구성하는 비용에 관련된 매입세액은 부가가치세법 제39조 제1항에 따라 매출세액에서 공제하지 아니하는 것임(법규부가 2013-427, 2013.10.31.).

◆ **지방자치단체가 무상으로 건물 임대용역 제공 시에도 관련 비용의 매입세액 공제가 가능한지**

국가, 지방자치단체 등이 부동산임대업을 영위하기 위하여 건물을 개보수하면서 매입세금계산서를 수취하였으나, 임차자에게 그 임대차 부동산과 관련한 관리비 등을 지원하면서 임대료를 받지 않거나 임대료를 받는 경우에도 그 임대료가 관리비 등의 지원금보다 적어 실질적으로 임대의 대가를 받는 정도가 아닌 임대차 계약을 체결한 경우에는 용역의 공급으로 보지 않으므로 관련 매입세액은 공제받을 수 없는 것임(부가가치세과-952, 2013.10.16.).

◆ **철거 예정 건축물을 취득하고 상당기간 부동산임대업에 실제 공하는 경우 매입세액 공제 여부**

사업자가 부동산개발업과 부동산임대업을 사업목적으로 사업자등록 후 부동산개발을 위해 철거 예정 건축물을 취득하고 부동산개발사업 절차가 확정될 때까지 상당기간이 소요되어 그 기간까지 부동산임대에 사용하면서 실제 임대차계약내용대로 임대업에 공하는 경우, 당해 건축물을 취득하면서 지출한 매입세액에 대해서는 「부가가치세법」 제17조 제2항에 따른 매입세액을 제외하고는 자기의 매출세액에서 공제할 수 있는 것임(부가-313, 2013.04.09.).

- 골프장 코스 조성공사 비용

골프장 조성시 토지와 일체가 되어 코스를 구성하는 시설조성 관련 매입세액은 불공제되나, 건물·구축물 공사관련 매입세액은 공제대상임(부가-115, 2013.02.04.).

- 조경의 유지 및 관리용역에 대한 매입세액 공제여부

과세사업을 영위하는 사업자가 사업장 및 사택(주주 등이 아닌 임원과 소액주주 등인 임원 및 사용인이 사용하는 것에 한함)에 조경공사를 완료한 후 기존 식재된 수목과 잔디에 대한 조경 유지 및 관리용역과 관련된 매입세액은 토지관련 매입세액에 해당하지 아니함(부가가치세과-1063, 2010.08.13.).

- 골프장 개장 후 잔디 교체 공사비의 매입세액 공제

골프장을 운영하면서 티그라운드에 식재된 잔디의 원상회복을 위한 잔디 교체 등의 작업을 하는 경우 당해 작업과 관련된 매입세액은 토지관련 매입세액에 해당하지 아니함(부가가치세과-3080, 2008.09.16.).

- 골프장 사업을 위한 소요자금의 대출주선 용역과 관련한 매입세액 공제범위

골프장 사업을 영위하는 법인이 동 사업에 소요되는 자금의 대출주선 용역을 공급받고 교부받은 세금계산서상의 매입세액이 토지와 구분되는 건물, 구축물 등의 건설공사 부분과 관련된 경우에는 매출세액에서 공제받을 수 있는 것이나, 골프장 부지 구입과 코스조성 공사 부분과 관련된 경우에는 부가가치세법 제17조 제2항 제4호 및 동법 시행령 제60조 제6항 규정의 토지관련 매입세액에 해당하여 공제되지 아니하는 것임(법규과-3832, 2006.09.14.).

- 골프장 건설 관련 각종 영향평가 용역의 매입세액 공제여부

사업자가 골프장을 건설하기 위하여 국토이용계획·사업계획과 관련된 용역·환경영향평가·교통영향평가 및 골프장 조성관련 토목설계 용역을 제공받고 부담한 매입세액은 토지관련 매입세액에 해당하는 것이며, 클럽하우스 건축설계용역은 건축물 관련 매입세액으로 공제 가능함(서면3팀-2149, 2004.10.22.).

• 실무사례 공제받지 못할 매입세액명세서작성

[사실관계]

다음 자료에 의하여 20X5년 1기 확정 부가가치세 신고 시 공제받지 못할 매입세액 명세서를 작성하시오. 자료의 매입액은 모두 부가가치세를 제외한 금액이고, 전액 세금계산서를 수취하였다.

1. 공급가액 내역

구 분	20X5년 1기 예정 (1월 1일 ~ 3월 31일)	20X5년 1기 확정 (4월 1일 ~ 6월 30일)
과세사업	227,500,000원	132,500,000원
면세사업	122,500,000원	117,500,000원
합 계	350,000,000원	250,000,000원

2. 매입세금계산서 수취 내역(4월 1일 ~ 6월 30일)
   - 면세사업용 원재료 매입액: 37,000,000원(3매)
   - 과세사업과 면세사업 공통사용 원재료 매입액: 130,000,000원(2매)
   - 승용차 매입액: 35,000,000원(1매), 임원 업무용 3,000cc임.
   - 이사비용: 650,000원(1매), 대주주 자택이사비용을 법인명의로 세금계산서 수취함.

3. 예정신고기간 내역(1월 1일 ~ 3월 31일)
   - 공통매입세액 3,200,000원에 대한 불공제매입세액: 1,120,000원

해답

2. 공제받지 못할 매입세액 명세

매입세액 불공제 사유	매수	세금계산서 공급가액	매입세액	비고
①필요적 기재사항 누락 등				
②사업과 직접 관련 없는 지출	1	650,000	65,000	
③개별소비세법 제1조제2항제3호에 따른 자동차 구입·유지 및 임차	1	35,000,000	3,500,000	
④기업업무추진비 및 이와 유사한 비용 관련				
⑤면세사업등 관련	3	37,000,000	3,700,000	
⑥토지의 자본적 지출 관련				
⑦사업자등록 전 매입세액				
⑧금·구리 스크랩 거래계좌 미사용 관련 매입세액				
⑨합계	5	72,650,000	7,265,000	

3. 공통매입세액 안분 계산 명세

일련번호	과세·면세사업등 공통매입		⑫총공급가액 등	⑬면세공급가액 등	⑭불공제 매입세액 [⑪×(⑬÷⑫)]
	⑩ 공급가액	⑪ 세 액			
합계					

4. 공통매입세액의 정산 명세

일련번호	⑮총공통매입세액	(16)면세사업등 확정비율	(17)불공제 매입세액 총액((15) × (16))	(18)기 불공제 매입세액	(19)가산 또는 공제되는 매입세액((17)-(18))
1	13,000,000	40.000000	5,200,000	1,120,000	4,080,000
합계			5,200,000	1,120,000	4,080,000

07 공통매입세액의 안분 및 정산

1. 의의

사업자가 과세사업과 면세사업을 겸영하는 경우 과세사업과 관련된 매입세액은 매출세액에서 공제되나, 면세사업과 관련된 매입세액은 공제되지 않는다. 그러나 과세사업과 면세사업에 공통으로 사용되어 실지귀속을 구분할 수 없는 매입세액은 일정한 경우에 안분하여 공제하는데 이를 공통매입세액의 안분이라 하며 요건은 다음과 같다.

> ① 사업자가 과세사업과 면세사업을 겸영할 것
> ② 과세사업과 면세사업에 공통으로 사용되는 것
> ③ 실지귀속이 불분명할 것
> ④ 공통매입세액이 공제되는 매입세액의 요건을 충족할 것

2. 일반적인 경우: 해당 과세기간의 공급가액 비율로 안분계산

과세사업과 면세사업에 공통으로 사용되어 실지귀속을 구분할 수 없는 공통매입세액은 다음 산식에 의하여 계산한다. 다만, 예정신고를 하는 때에는 예정신고기간에 있어서 총공급가액에 대한 면세공급가액의 비율에 의하여 안분계산하고, 확정신고를 하는 때에 정산한다(부가법 제40조, 부가령 제81조 제1항).

$$\text{면세사업에 관련된 매입세액} = \text{공통매입세액} \times \left(\frac{\text{해당 과세기간 면세공급가액}}{\text{해당 과세기간 총공급가액}} \right)$$

☞ 면세공급가액이란 ① 면세사업 등에 대한 공급가액과 ② 사업자가 해당 면세사업 등과 관련하여 받았으나 과세표준에 포함되지 않는 국고보조금과 공공보조금 및 이와 유사한 금액의 합계액을 말한다. 그리고 ①·②에서 면세사업 등이란 면세사업과 비과세사업(즉, 부가가치세가 과세되지 않는 재화 또는 용역을 공급하는 사업)을 말한다.

> • **실무사례**   **공통매입세액에 대한 총공급가액 사례**[56]
>
> (1) 자기소유 5층 건물, 1~4층 임대, 5층에서 잡지사(광고 포함)를 운영하는 경우의 수입금액은 임대·잡지판매·광고 수입으로 구분한다.
>   ㉠ 윤전기, 종이 취득 관련 매입세액 안분계산시 총공급가액
>   ☞ 잡지판매수입 + 광고수입
>   ㉡ 전기요금 관련 매입세액 안분계산시 총공급가액
>   ☞ 임대수입 + 잡지판매수입 + 광고수입
>
> (2) 건설업을 영위하는 甲법인의 건설현장
>   ➡ A현장: 사업용 건물, B현장: 국민주택, C현장: 국민 및 초과주택 건설용역 제공
>   ㉠ A현장 관련 매입세액 ⇒ 전액공제
>   ㉡ B현장 관련 매입세액 ⇒ 전액 불공제
>   ㉢ C현장 관련 매입세액 ⇒ C현장 공급가액 기준으로 안분계산
>   ㉣ 본사 운영 관련(복사기, 컴퓨터, 임차료, 광고료 등)매입세액
>   ☞ A, B, C 전체 건설현장 공급가액 기준 안분계산

3. 동일 과세기간에 공급받은 재화를 공급하는 경우

과세사업과 면세사업에 공통으로 사용되는 재화를 공급받은 과세기간 중에 다시 공급하는 경우 직전 과세기간의 공급가액비율로 안분계산한다(부가칙 제54조 제2항).

$$\text{면세사업에 관련된 매입세액} = \text{공통매입세액} \times \left(\frac{\text{직전 과세기간 면세공급가액}}{\text{직전 과세기간 총공급가액}} \right)$$

* 동일한 과세기간에 매입하여 공급한 공통사용재화의 경우와 형평을 유지하기 위하여 직전 과세기간의 공급가액을 기준으로 한다.

4. 해당 과세기간 중 과세 또는 면세사업에 대한 공급가액이 없는 경우

(1) 안분계산 방법

해당 과세기간 중 과세사업과 면세사업의 공급가액이 없거나 그 어느 한 사업의 공급가액이 없는 경우 해당 과세기간에 있어서 안분계산은 다음의 순서에 의한다(부가령 제81조 제4항).

---

56) 국세공무원교육원, "앞의 책", 476p 참고.

① 매입가액 비율: 총매입가액(공통매입가액 제외)에 대한 면세사업관련 매입가액의 비율
② 예정공급가액의 비율
③ 예정사용면적의 비율

다만, 건물을 신축 또는 취득하여 과세사업과 면세사업에 제공할 예정면적을 구분할 수 있는 경우는 ① 예정사용면적 비율 ② 매입가액 비율 ③ 예정공급가액 비율 순서로 안분계산한다.

* 예정사용면적기준으로 공통매입세액을 안분 계산 후 과세사업과 면세사업의 공급가액 기준으로 계산할 수 있더라도 과세사업과 면세사업의 사용면적이 확정되기 전까지는 예정사용면적 기준으로 공통매입세액을 안분계산하고, 과세사업과 면세사업의 사용면적이 확정되는 과세기간에 확정된 사용면적을 기준으로 공통매입세액을 안분계산한다(부가령 제81조 제5항).

● 실무사례 공통매입세액안분 (예정신고시)

[사실관계]

다음 20X4년 제1기 예정신고기간의 자료에 의해서 잡지사를 운영하고 있는 ㈜한결의 공제 받을 수 없는 매입세액은 얼마인가?

1. 과세사업 현황
   ① 공급가액: 5,000,000원   ② 매입세액: 600,000원

2. 면세사업 현황
   ① 공급가액: 3,000,000원   ② 매입세액: 400,000원

3. 공통매입세액: 800,000원(종이)

해답

예정신고시 불공제 매입세액: $800,000 \times \dfrac{3,000,000}{8,000,000} = 300,000원$

(2) 정산

예외적인 방법으로 공통매입세액을 안분계산한 경우에는 해당 재화의 취득으로 과세사업과 면세사업의 공급가액 또는 사용면적이 확정되는 과세기간에 다음과 같이 정산하여 확정신고한다(부가령 제81조).

① 매입가액 또는 예정공급가액 비율로 안분계산한 경우:

과세사업과 면세사업의 공급가액이 확정되는 과세기간에 총공급가액 비율로 정산한다.

$$\text{가산 또는 공제되는 세액} = \text{총공통매입세액} \times \left(1 - \frac{\text{확정되는 과세기간의 면세공급가액}}{\text{확정되는 과세기간의 총공급가액}}\right) - \text{기공제세액}$$

② 예정사용면적 비율로 안분계산한 경우:

과세사업과 면세사업의 사용면적이 확정되는 과세기간에 실제사용면적 비율로 정산한다.

$$\text{가산 또는 공제되는 세액} = \text{총공통매입세액} \times \left(1 - \frac{\text{확정되는 과세기간의 면세사용면적}}{\text{확정되는 과세기간의 총사용면적}}\right) - \text{기공제세액}$$

실무사례 · 공통매입세액안분 (확정신고시)

[사실관계]

(주)한결은 꽁치와 꽁치통조림에 공통적으로 사용할 목적으로 냉장보관용 냉장고를 20X5년 3월 15일에 60,000,000원(부가가치세 6,000,000원)에 구입하였다. (주)한결의 공급가액 명세가 다음과 같을 때 제1기 예정신고 및 확정신고에 있어서 매입세액 중 불공제되는 금액을 계산하시오.

구 분	꽁치판매	꽁치통조림판매	합 계
20X4.01.01. ~ 03.31.	6억원	14억원	20억원
20X4.04.01. ~ 06.30.	12억원	18억원	30억원
합 계	18억원	32억원	50억원

해답

1. 제1기 예정신고시 불공제 매입세액: $6,000,000 \times \dfrac{6억원}{20억원} = 1,800,000$원

2. 제1기 확정신고시 불공제 매입세액: $6,000,000 \times \dfrac{18억원}{50억원} - 1,800,000 = 360,000$원

● **실무사례** **공통매입세액안분**[57]

[사실관계]

1. ㈜한결은 학원과 부동산임대업을 하기 위해 건물을 신축하였고, 건물신축과 관련하여 아래와 같이 공통매입세액이 발생하였다. 이 경우 각 과세기간별 공제받지 못할 매입세액을 계산하시오.

구 분	합계	20x4년 1기	20x4년 2기	20x5년 1기
공통매입세액	100,000,000원	25,000,000원	40,000,000원	35,000,000원

 * 예정사용면적: 총면적 1,000㎡(학원 600㎡, 임대 400㎡)
 * 20x5년 1기 건물 준공, 실제 사용면적: 학원 700㎡, 임대 300㎡

2. 개인사업자 한결은 「건설산업기본법」에 따라 등록하고 건설업을 영위하고 있다. 다음의 자료로 20x5년 제1기 부가가치세 확정신고시 면세사업에 관련된 매입세액을 계산하시오.

  ① 건설현장별 공급가액

구 분	합계액	A 현장(사업용 건물건설: 과세)	B 현장	
			국민주택건설 (면세)	초과주택건설 (과세)
20x5년 1기	500,000,000원	200,000,000원	100,000,000원	200,000,000원

  ② 20x5년 1기 중 매입세액 내역(세금계산서는 적법하게 발급 받음)
   가. 사무실 임차료와 전기요금 관련 매입세액: 2,000,000원
   나. A 현장의 건축자재 취득 관련 매입세액: 8,000,000원
   다. B 현장의 건축자재 취득 관련 매입세액: 15,000,000원

해답

1. 공제받지 못할 매입세액 계산
 * 20x4년 1기: 25,000,000원 × 600㎡ ÷ 1,000㎡ = 15,000,000원
 * 20x4년 2기: 40,000,000원 × 600㎡ ÷ 1,000㎡ = 24,000,000원
 * 20x5년 1기: 확정된 면적으로 정산
 100,000,000원 × 700㎡ ÷ 1,000㎡ = 70,000,000원(전체 불공제액)에서 기 불공제한 세액 39,000,000원을 제외한 31,000,000원이 20x5년 1기에 불공제할 세액임.

2. 5,400,000원
 - B현장 : 15,000,000 × 100,000,000/300,000,000 = 5,000,000원
 - 사무실: 2,000,000 × 100,000,000/500,000,000 = 400,000원

구 분	꽁치판매	꽁치통조림판매	합계
20x5.01.01. ~ 03.31.	6억원	14억원	20억원
20x5.04.01. ~ 06.30.	12억원	18억원	30억원
합 계	18억원	32억원	50억원

---

[57] 국세공무원교육원, "앞의 책", 486-487p 참고.

5. 안분계산의 배제

다음의 경우에는 매입세액을 안분계산하지 않고 공통매입세액 전액을 공제한다(부가령 제81조 제2항).

① 해당 과세기간의 과세기간의 공통매입세액이 5백만원 미만이고 총공급가액 중 면세공급가액이 5% 미만인 경우의 공통매입세액
② 해당 과세기간의 공통매입세액이 5만원 미만인 경우의 매입세액
③ 재화를 공급하는 날이 속하는 과세기간에 신규로 사업을 개시하여 직전 과세기간이 없는 경우 해당 공통사용재화에 대한 매입세액

• 실무사례   **신축하는 건축물의 매입세액 안분계산 사례** (부가집 40-81-6)

[사실관계]

사업자 (주)북악이 20x5.01.01. 사옥을 신축하여 20x5.04.10. 준공한 후 건설업, 부동산임대업, 학원업을 운영하기 위하여 다음과 같이 사옥을 사용하는 경우 20x5년 제1기 과세기간에 공제받을 수 있는 매입세액 공제 방법.

구분	건물용도 및 면적				신축 관련 매입세액	20x5년 제1기 공급가액			
	지층	1~2층	3~4층	5층		면 세		과 세	
						건설업	학원업	건설업	임대업
면적	100㎡	300㎡	400㎡	200㎡	3억원	3억원	1.5억원	7억원	5천만원
용도	주차장	건설업 (과·면세겸업)	임대업 (과세)	학원업 (면세)					

1) 지층은 주차장(이용료 무료)과 보일러실(건축물 난방용)이다.
2) 층별 예정사용면적과 용도는 사업계획서 및 건축물대장에 의하여 객관적으로 확인 되었으며 실제 준공 후 당초 계획에 따라 사용되었고 공급가액은 준공 후 해당 과세기간에 발생된 부가가치세 공급가액과 면세수입금액임.

해답

(1단계) 면적에 따라 실지귀속이 확인되는 매입세액 계산
① 과세 사업 관련 매입세액 (3~4층): 전액 공제

$$300{,}000{,}000원 \times \frac{400㎡}{(100㎡ + 300㎡ + 400㎡ + 200㎡)} = 120{,}000{,}000원$$

② 면세사업 관련 매입세액(5층): 전액 불공제

$$300{,}000{,}000원 \times \frac{200㎡}{(100㎡ + 300㎡ + 400㎡ + 200㎡)} = 60{,}000{,}000원$$

③ 일부 과세·면세 공통사용면적 관련 매입세액(1 ~ 2층): 2단계 안분계산 대상

$$300,000,000원 \times \frac{300㎡}{(100㎡ + 300㎡ + 400㎡ + 200㎡)} = 90,000,000원$$

④ 전체 건축물 공통사용면적 관련 매입세액(지층): 3단계 안분계산 대상

$$300,000,000원 \times \frac{100㎡}{(100㎡ + 300㎡ + 400㎡ + 200㎡)} = 30,000,000원$$

(2단계) 일부 과세·면세사업 공통사업용면적에 대한 매입세액 안분계산

위 1단계에서 건설업 사업부문에만 사용되는 건축물의 신축관련 매입세액(90,000,000원)을 (주)북악의 해당 과세기간 과·면세 공급가액의 비율로 안분계산하여 불공제세액을 계산한다.

$$90,000,000원 \times \frac{300,000,000원}{(700,000,000원 + 300,000,000원)} = 27,000,000원$$

(3단계) 전체 과세·면세사업 공통사용면적에 대한 매입세액 안분계산

지층에 귀속되는 매입세액(30,000,000원)의 경우 주차장을 (주)북악, 임차인, 외부방문객에게 무료로 이용하게 하거나 보일러실은 건물 전체에 난방을 위한 공간이므로 특정 사업부문에 전속되는 것이 아니므로 당해 사업장(건축물 전체)에서 발생된 모든 과세공급가액과 면세공급가액의 비율로 안분계산하여 불공제세액을 계산한다.

$$90,000,000원 \times \frac{(300,000,000원 + 150,000,000원)}{(300,000,000원 + 150,000,000원 + 700,000,000원 + 50,000,000원)}$$
$$= 11,250,000원$$

(4단계) 불공제 매입세액 합계: 98,250,000원(60,000,000원 + 27,000,000원 + 11,250,000원)

[과세·면세 사용면적이 있는 건축물의 매입세액 계산방법(부가집 40-81-6)]

매입세액의 계산은 먼저 실지귀속에 따라 산정하며, 사업자가 건축물을 취득하거나 신축하면서 발생된 매입세액과 관련하여 과세사업과 면세사업에 사용될 면적 및 과세·면세사업에 공통으로 사용될 면적이 객관적으로 구분되어 있는 경우 다음과 같이 매입세액을 안분계산한다.

① 건축물의 취득관련 매입세액에 대하여 과세사업에만 전적으로 사용되는 면적이 전체 면적에서 차지하는 비율을 곱하여 계산한 매입세액은 전액 공제하고, 면세사업에만 전적으로 사용되는 면적이 차지하는 비율을 곱하여 계산한 매입세액은 전액불공제한다.
② 과세사업과 면세사업에 공통으로 사용되는 면적에 관련된 매입세액에 대하여는 그 사업부문에서 발생된 총공급가액에 대한 면세공급가액의 비율에 의하여 안분계산한 가액을 불공제한다.
③ 해당 건축물에서 운영하는 전체 사업에 공통으로 사용되는 면적(주차장, 기계실, 보일러실, 관리사무실 등)에 관련된 매입세액이 있는 경우 불공제되는 매입세액의 계산은 전체 사업에서 발생된 총공급가액에 대한 면세공급가액의 비율에 의하여 안분계산한다.

 관련 해석사례 및 집행기준

안분계산대상인 공통매입세액을 전액 불공제하여 신고한 경우 공통매입세액 정산방법

공통매입세액에 대하여 안분계산하지 아니하고 전액 불공제하여 신고한 경우 부가령 제81조 제5항 및 제82조에 따라 정산할 수 있는 것이며, 정산할 과세기간에 정산하지 못한 경우에는 국기법 제45조의2에 따라 경정청구할 수 있는 것임(서면법규-1284, 2013.11.27.).

면세사업 등을 겸영하기 위한 건물을 신축하는 경우 매입세액의 안분계산 방법

사업자가 면세사업과 과세사업인 부동산임대업 등에 사용하기 위한 건물을 신축함에 있어 과세사업과면세사업, 과세·면세 공통사업에 제공할 예정면적을 구분할 수 있는 경우에는 해당 건물의 신축에 관련된 매입세액은 「부가가치세법시행령」 제81조 제4항 제3호에 따라 총 예정사용면적(각각의 사업에 공통으로 사용되는 공유면적은 제외함)에 대한 과세사업, 면세사업 또는 과세·면세 공통사업에 관련된 예정사용면적비율로 안분계산하여 매입세액을 구분한 다음, ① 과세사업에 관련된 매입세액은 공제하고 ② 면세사업에 관련된 매입세액은 불공제하는 것이며 ③ 과세·면세 공통사업에 관련된 매입세액은 같은 법 시행령 제81조 제4항 제2호에 따라 총예정공급가액에 대한 과세사업 또는 면세사업에 관련된 예정공급가액의 비율로 안분계산하여 과세사업에 관련된 매입세액은 공제하고, 면세사업에 관련된 매입세액은 불공제하는 것임(부가-768, 2013.08.28.).

공통매입세액 안분계산시 보조금을 공급가액에 포함하는지

비영리재단법인이 지방자치단체 또는 민간사업자(이하 "지방자치단체 등"이라 함)로부터 위탁받은 사업(이하 "해당사업"이라 함)을 수행하면서 지방자치단체 등으로부터 보조금을 받아 사용한 후 남는 보조금을 반환하는 경우 해당 보조금은 「부가가치세법 시행령」 제81조 제1항에 따른 공통매입세액 안분 계산시 총공급가액에 포함하는 것이며, 해당사업이 면세사업에 해당되는 경우에는 면세공급가액에도 포함하는 것임(법규부가 2013-446, 2013.10.29.).

건물의 자본적 지출 관련 공통매입세액의 안분계산 방법

사업자가 건물을 신축하면서 과세·면세사업에 제공할 면적이 구분되어 신축 관련 공통매입세액을 예정사용면적 비율로 안분계산하고, 과세·면세사업의 사용면적이 확정되는 과세기간에 사용면적 비율로 정산한 다음, 해당 건물을 과세·면세사업에 사용하면서 건물의 취득원가를 구성하는 자본적 지출 관련 매입세액이 발생한 경우 해당 매입세액 중 면세사업에 관련된 매입세액의 계산은 실지귀속에 따라 하되 실지귀속을 구분할 수 없는 공통매입세액에 대해서는 해당 과세기간의 사용면적의 비율에 따라 안분계산함(법규과-123, 2012.02.08.).

사업자단위 과세자의 공통매입세액 안분계산

사업자단위과세사업자가 각 사업장에서 동일한 업종의 과세사업과 면세사업을 겸영하는 경우 공통매입세액의 안분계산은 각 사업장별로 영 61조 제1항에 따라 계산한 후, 본점 또는 주사업장에서 이를 합산하여 신고하는 것임(부가가치세과-814, 2009.06.15.).

조기환급 신고시 공통매입세액 안분계산

공통매입세액을 안분계산 함에 있어 매월 또는 매2월에 대하여 조기환급신고를 하는 경우에는 각 조기환급기간 별로 공통매입세액을 안분계산할 수 있는 것임(서면3팀-1169, 2008.06.10.).

여러 개의 사업장이 있는 경우 공통매입세액 안분계산

여러 개의 사업장이 있는 사업자의 경우 공통매입세액의 안분계산은 사업지 단위(예: 건설업에 있어서 건설현장 단위)로 하되, 각 사업장에 공통으로 사용되는(예: 본사 임대료 등) 매입세액의 안분계산은 전체 사업장의 공급가액의 합계액으로 안분계산 하는 것임(서면 3팀 - 3250, 2006.12.26.).

본점에서 발생되는 공통매입세액 안분계산 시 토지의 공급가액 포함여부

과세·면세사업을 겸영하는 건설업자의 본점에서 공통매입세액이 발생하여 각 공사현장의 공급가액 합계액으로 안분계산하는 경우 공통매입세액과 관련된 총공급가액과 면세공급가액에는 토지의 공급가액이 포함되는 것임(서면 3팀-2668, 2006.11.06.).

본사 명의로 발급받은 공통매입세액 안분계산 방법

계약·발주·대금결제 등의 거래는 해당 공단의 본부에서 이루어지고 재화 또는 용역은 실질적으로 사용·소비하는 지사에서 공급받는 경우 세금계산서는 본부 또는 지사 어느 쪽에서도 발급받을 수 있는 것이며, 이 경우 발급받은 세금계산서에 의하여 부가가치세법 시행령 제61조, 제61조의2, 제63조 규정에 의한 매입세액의 안분계산, 공통매입세액의 정산, 납부세액 또는 환급세액의 재계산은 세금계산서를 발급받은 사업장에서 하는 것임. 다만, 해당 재화 또는 용역을 실질적으로 사용·소비하는 사업장의 총공급가액에 대한 면세공급가액 또는 총사용면적에 대한 면세사업에 관련된 사용면적비율에 의하여 계산하는 것임(서면 3팀-795, 2006. 04.28.).

아파트형공장 분양시 공통매입세액 안분계산 및 정산방법

「부가가치세법 시행령」 제61조의2 제1호에 따라 공통매입세액을 정산함에 있어서

가. 건물의 준공전에 분양이 완료된 아파트형공장 건설분양의 경우 분양이 완료되면 공급가액이 확정된 것으로 볼 수 있으므로 '확정되는 과세기간'은 분양이 완료된 과세기간이 되는 것임.

나. 과세·면세사업의 공급가액이 계속적으로 여러 과세기간에 발생되어 그 비율이 변동되는 경우의 '총공급가액'은 공급가액이 발생된 전체과세기간의 공급가액 합계액을 말하는 것이므로 건물의 준공전에 분양이 완료된 경우, 분양이 완료된 과세기간에 각 사업장별 총공통매입세액에 대하여 전체과세기간의 총공급가액과 총면세공급가액의 비율에 의하여

이전·확장 목적 과·면세 겸용 부동산 안분공제 후 과세사업 사용의 경우 매입세액 공제

과세·면세 사업을 함께 영위하는 약국사업자가 사업장 이전·확장을 위해 취득하기로 한 상가와 관련하여 계약금과 중도금에 대한 세금계산서를 발급받아「부가가치세법 시행령」제61조에 따라 매입세액을 안분계산한 후, 해당 상가에 대하여 부동산임대업을 영위하기로 하고 사업자등록을 한 경우 공제되지 않은 매입세액은 기존 겸영사업장에서「부가가치세법 시행령」제61조의2에 따라 매출세액에서 공제할 수 있는 것임(부가가치세과-597, 2010.05.11.).

공급가액이 음수인 경우 및 일반관리비의 공통매입세액 안분계산

계약의 해지 및 반품 등으로 과세사업 또는 면세사업의 공급가액이 음수가 된 경우에는 당해 과세기간의 과세 또는 면세사업의 공급가액이 없는 것으로 보아 영 제61조 제4항에 따라 안분계산하고, 과세사업과 면세사업의 공급가액이 확정되는 과세기간에 영 제61조의2의 규정에 의하여 정산하는 것이며, 건물신축 관련 매입세액이 아닌 준공이후 분양광고비, 사무실유지비, 기장수수료 등 분양과 관련된 공통매입세액은 시행령 제61조 제4항 단서의 규정이 적용되지 아니하는 것임(예정면적으로 안분계산 하지 아니함)(서면 3팀 - 96, 2007.01.10.).

건물 신축중에 설계변경이 있는 경우

아파트를 신축 분양하는 사업자가 예정사용면적 비율에 따라 공통매입세액을 안분계산 하던 중 설계변경으로 인하여 당초 예정사용면적비율이 변경된 경우에는 당해 변경일이 속하는 과세기간 분부터 동 변경비율에 따라 공통매입세액을 안분 계산하는 것이며, 종전 신고분에 대하여는 과세사업과 면세사업의 사용면적이 확정되는 과세기간의 확정 신고하는 때에 정산하는 것임(서면3팀-2166, 2005.11.30.).

공통매입세액과 관련 없는 고정자산 매각금액의 총공급가액 등 포함 여부

공통매입세액과 관련이 없는 고정자산의 매각에 따른 공급가액은 총 공급가액 및 면세공급가액에 포함되지 아니함(서삼 46015-11127, 2002.07.05.).

안분계산한 건물을 준공전 양도하는 경우

사업자가 면세사업과 과세사업에 공통으로 사용하기 위하여 건물을 신축함에 있어 매입세액을 예정사용 면적비율에 따라 공제받고 당해 건물을 준공 후 사업개시 전에 양도한 경우에는 시행령 제48조의2 제3항 제3호의 규정에 의하여 건물 양도가액 전액을 과세표준으로 하고 당해 신축건물의 매입세액은 동법시행령 제61조 제3항 제3호의 규정에 의하여 전액 공제되는 것이며, 동법 시행령 제61조의2 제2호의 산식에 의하여 정산하는 것임(부가 46015-4048, 2000.12.16.).

◆ 연수원을 신축하여 일부 대관한 경우 매입세액안분계산 중 면세사용면적 계산(부가 46015-2199, 1996.10.22.)

1. 금융보험업과 부동산임대업을 겸영하는 사업자가 금융보험업에 종사하는 종업원 연수목적의 연수원을 신축하여 종업원연수용으로 사용하고 사업자가 사용하지 않는 때에 일부분 또는 전체를 대관하여 주고 대관료를 받는 경우 당해 대관료에 대하여는 부가가치세가 과세되는 것이며, 이때 당해 연수원 신축과 관련된 매입세액은 부가가치세법 제17조의 규정에 의하여 매출세액에서 공제되는 것이나, 과·면세 겸영사업에 해당하여 동법시행령 제61조 제4항의 규정에 의하여 매입세액 안분계산하는 것이고, 동시행령 제61조 제4항의 규정에 의하여 매입세액 안분계산하는 것이고, 동시행령 제61조의2 및 제63조의 규정에 의하여 공통매입세액의 정산 또는 납부세액·환급세액의 재계산을 하는 것입니다.

2. 다만, 총사용면적에 대한 면세사용면적 비율에 의하여 매입세액을 안분계산하거나 정산 또는 재계산하는 경우에 적용할 면세사용면적은 대관되지 않은 면적에 대관하지 아니한 일수를 곱하여 계산한 면적을 과세기간의 일수로 나누어 계산하는 것입니다.

   ※ 공통매입세액 중 불공제세액의 계산

   공통매입세액 × {[(총사용면적 - 대여면적) × (과세기간일수 - 일반인 대여 일수)] ÷ 과세기간 일수} ÷ 총사용면적

08 납부세액 또는 환급세액의 재계산

1. 의의

과세사업과 면세사업에 공통으로 사용되는 자산의 매입세액은 안분하여 공제를 받게 되는데, 취득일 이후의 과세기간에도 공통으로 사용되는 감가상각자산인 경우에는 면세비율의 증감에 따라 매입세액을 과대·과소하게 공제받는 결과가 된다. 따라서 감가상각자산에 대한 매입세액공제의 적정성을 기하기 위하여 과대·과소하게 공제된 매입세액을 납부세액에 가산 또는 공제하여 해당 과세기간의 확정신고와 함께 신고하여야 한다(부가법 제41조; 부가령 제85조 제7항).

2. 재계산의 요건

다음의 요건을 모두 충족하는 경우에 재계산한다(부가령 제83조 제1항; 부가령 제85조 제7항).

① 과세사업과 면세사업에 공통으로 사용되고 있는 감가상각자산일 것
② 매입세액이 공제된 재화이어야 한다.
③ 해당 과세기간의 면세비율과 취득일이 속하는 과세기간(그 후 과세기간에 재계산한 때는 그 재계산한 과세기간)에 적용되었던 면세비율이 5% 이상 증가 또는 감소일 것

"총공급가액"이란 해당 재화와 관련된 과세기간의 과세사업에 대한 공급가액과 면세사업 등에 대한 수입금액의 합계액을 말하고, "면세공급가액"이란 해당 재화와 관련된 과세기간의 면세사업 등에 대한 수입금액을 말하며(부가칙 제55조 제1항), "총사용면적"이란 해당 재화와 관련된 과세기간의 과세사업에 사용되는 면적과 면세사업 등에 사용되는 면적을 합한 면적으로 하고, "면세사용면적"이란 해당 재화와 관련된 과세기간의 면세사업 등에 사용되는 면적을 말한다(부가칙 제55조 제2항).

3. 재계산의 방법

납부세액 또는 환급세액의 재계산에 따라 납부세액에 가산 또는 공제하거나 환급세액에 가산 또는 공제하는 세액은 다음의 계산식에 따라 계산한 금액으로 한다(부가령 제83조 제2항). 공통매입세액에 대한 안분계산을 해당 취득일이 속하는 과세기간의 총공

급가액에 대한 면세공급가액의 비율로 안분계산한 경우에는 증가되거나 감소된 면세공급가액의 비율에 의하여 다시 계산하고, 해당 취득일이 속하는 과세기간의 총사용면적에 대한 면세사용면적의 비율로 안분계산한 경우에는 증가되거나 감소된 면세사용면적의 비율에 의하여 다시 계산한다(부가령 제83조 제3항).

(1) 건물 또는 구축물

$$\text{가산 또는 공제되는 세액} = \text{해당 재화의 매입세액} \times \left(1 - \frac{5}{100} \times \text{경과된 과세기간의 수}\right) \times \text{증가되거나 감소된 면세공급가액의 비율 또는 증가되거나 감소된 면세사용면적의 비율}$$

(2) 기타의 감가상각자산

$$\text{가산 또는 공제되는 세액} = \text{해당 재화의 매입세액} \times \left(1 - \frac{25}{100} \times \text{경과된 과세기간의 수}\right) \times \text{증가되거나 감소된 면세공급가액의 비율 또는 증가되거나 감소된 면세사용면적의 비율}$$

(3) 경과된 과세기간의 계산

건물·구축물 등의 감가상각자산의 경과된 과세기간의 수가 20을 초과하는 때에는 20으로 하고. 기타의 감가상각자산의 경과된 과세기간 수가 4를 초과하는 때는 4로 한다(부가령 제66조 제2항 후단 준용). 한편, 경과된 과세기간의 수를 계산함에 있어 과세기간의 개시일 후에 감가상각자산을 취득하거나 해당 재화가 재계산대상 재화에 해당하게 된 경우에는 그 과세기간의 개시일에 해당 재화를 취득하거나 해당 재화가 재계산 대상 재화가 된 것으로 본다(부가령 제83조 제5항).

4. 재계산된 세액의 신고납부

해당 사업자는 재계산된 세액을 해당 과세기간에 대한 확정신고와 함께 관할세무서장에게 이를 신고납부하여야 한다. 즉 예정신고시에는 재계산을 하지 않는다.

5. 재계산의 배제

(1) 재화의 공급의제에 해당하는 경우

과세사업에 사용하던 감가상각자산이 간주공급으로 과세되는 경우에는 그 자체가 과다 공제한 매입세액의 정산절차이므로 재계산을 배제하는 것이다(부가령 제83조 제4항).

(2) 공통사용재화의 공급에 해당하는 경우

공통사용재화의 공급에 해당하여 부가가치세가 과세된 경우에는 재계산을 배제한다(부가칙 제55조 제3항).

● **실무사례** **납부세액 재계산**

[사실관계]
다음 자료를 보고 ㈜한결의 20x5년 1기 부가가치세 확정신고시 공제받지 못할 매입세액 명세서(납부세액 재계산)를 작성하시오(20x4년 2기까지 납부세액 재계산은 올바르게 신고되었다).

1. 과세사업과 면세사업에 공통으로 사용되는 자산의 구입명세

구 분	취득일자	공급가액	부가가치세	비고
건 물	20x3.07.22	100,000,000원	10,000,000원	
비 품	20x4.05.10	20,000,000원	2,000,000원	

2. 20x4년 및 20x5년의 공급가액 명세

구 분	20x4년 제1기	20x4년 제2기	20x5년 제1기
과세사업	150,000,000원	300,000,000원	240,000,000원
면세사업	250,000,000원	200,000,000원	360,000,000원

해답

- 건물 = 10,000,000 × 0.85 × 0.2 = 1,700,000원
- 비품 = 2,000,000 × 0.5 × 0.2 = 200,000원

면세비율	20x4년 제1기	20x4년 제2기	20x5년 제1기
비 율	0.625	0.4	0.6(0.2증가)

공제받지 못할 매입세액 명세서			
(20x5년 1기)			
5. 납부세액 또는 환급세액 재계산 내역			
일련 번호	⑲ 해당재화의 매입세액	⑳ 경감률(%) [1 - (5/100 또는 25/100 × 경과된 과세기간수)]	㉑ 증가 또는 감소 된 면세공급가액 (사용면적) 비율(%)	㉒ 가산 또는 공제되는 매입세액 (⑲ × ⑳ × ㉑)
1	10,000,000	0.85	0.2	1,700,000
2	2,000,000	0.5	0.2	200,000
합계				1,900,000

관련 해석사례 및 집행기준

- **과·면세 겸영사업자가 과세사업으로 전환하는 경우 당초 안분계산한 공통매입세액의 재계산방법**
  과세사업과 면세사업을 겸영하는 사업자가 과세사업과 면세사업에 공통으로 사용되는 「소득세법 시행령」 제62조 제2항에 따른 감가상각자산을 취득하면서 발생한 매입세액을 「부가가치세법」 제40조 및 같은 법 시행령 제81조에 따라 안분계산하고 이후 과세기간에 과세사업으로 전환한 경우로서, 공통매입세액의 안분계산에 따라 매입세액이 공제된 후 공통매입세액 안분기준에 따른 비율과 감가상각자산의 당초 취득일이 속하는 과세기간(그 후의 과세기간에 재계산한 때는 그 재계산한 과세기간)에 적용되었던 공통매입세액 안분기준에 따른 비율이 5퍼센트 이상 차이가 나는 경우 당초 안분계산한 공통매입세액은 같은 법 제41조 및 같은 법 시행령 제83조에 따라 재계산하는 것임(서면법규부가 2022-5730, 2023.05.09.).

- **감가상각자산 면세(과세)전용 한 후 과·면세공급가액 증감시 납부세액 재계산 방법**
  사업자가 취득한 감가상각자산에 대하여 「부가가치세법시행령」 제49조 제2항(면세사업 일부 전용시 과세표준 계산) 또는 같은 법 시행령 제63조(과세사업 일부전용시 매입세액 안분)의 규정을 적용받은 과세기간 이후에 총공급가액에 대한 면세공급가액비율이 증감된 경우에는 같은 법 제62조의2에 규정하는 계산방법을 준용하여 계산된 세액을 그 사유가 발생한 과세기간의 매출세액에 가산(면세공급가액비율이 증가한 경우)또는 매입세액에 가산(면세공급가액 비율이 감소한 경우)하는 것임(서삼-2556, 2007.09.11.).

- **면세비율이 5% 미만에서 5% 이상이 되는 경우 재계산 여부 및 면세공급가액 비율의 적용**
  부가가치세 과세사업과 면세사업을 겸영하는 사업자가 사옥신축에 따른 매입세액을 공제받을 경우 해당 과세기간의 면세공급가액의 비율이 5% 미만이어서 전액 공제받았으나 다음 과세기간에는 면세공급비율이 5% 이상일 경우 부가가치세법 시행령 제63조(현행 제62조의2)의 규정에 의한 납부세액 또는 환급세액의 재계산은 동령 제61조(제3항 포함)의 규정에 의하여 계

산한 매입세액이 공제된 후 총공급가액에 대한 면세되는 공급가액의 비율이 해당 취득일이 속하는 과세기간의 그 비율보다 증가되는 경우의 감가상각자산에 한하여 납부세액 또는 환급세액의 재계산을 하여야 한다(부가 1265-187, 1982.01.20.). 이 경우 해당 감가상각자산의 취득일이 속하는 과세기간에 적용하였던 비율은 공통매입세액을 안분계산하였던 비율을 의미하므로 당초 면세공급가액비율이 5% 미만이어서 안분계산을 생략한 경우에 면세공급가액의 비율은 0%이다(재소비 46016-313, 2003.09.19.).

사업양도자 납부세액 재계산시의 취득일

과세사업과 면세사업을 겸영하는 사업자가 해당 사업 공통으로 사용할 감가상각자산을 취득하고 그 자산에 대한 매입세액을 부가가치세법시행령 제61조 및 제61조의2 규정에 의해 안분계산 또는 정산하여 공제받은 후 해당 사업을 부가가치세법 제6조 제6항의 규정에 의해 포괄적으로 양도하고, 양수받은 사업자도 해당 과세, 면세사업을 계속 영위함에 있어서 양수 후 해당 총공급가액에 대한 면세공급가액의 비율이 사업양도 전에 안분계산시 또는 정산시에 적용한 총공급가액에 대한 면세공급가액의 비율보다 증가하는 경우 양수자는 해당 감가상각자산에 대해 매입세액을 공제받은 사실이 없음에도 동법시행령 제63조의 규정에 의해 납부세액을 재계산시 해당 감가상각 대상자산의 취득일은 양도자가 당초 취득한 날로 한다(소비 46015-374, 1996.12.14.).

부가가치세 과·면세 겸영사업자의 감가상각자산 취득가액 계산

부가가치세 과세사업과 면세사업을 겸영하는 사업자가 부가가치세법 제17조 제5항의 규정에 의하여 재계산한 부가가치세 납부세액 또는 환급세액은 당해 부가가치세 과세기간 종료일이 속하는 귀속연도의 소득금액을 계산함에 있어 감가상각자산의 취득가액에 가산(납부세액) 또는 차감(환급세액)하는 것임(법규-647, 2005.10.14.).

09 과세사업 전환시 매입세액공제

1. 의의

사업자가 면세사업용 재화를 과세사업용으로 전환하는 경우 면세사업용으로 매입세액이 공제되지 아니한 재화를 과세사업에 사용하거나 소비하는 경우에는 그 날이 속하는 과세기간의 확정신고와 함께 『과세전환감가상각자산신고서』에 의하여 각 사업장 관할세무서장에게 신고한 경우에는 구입시 공제받지 못한 매입세액을 공제할 수 있다(부가법 제43조). 이는 과세사업에
사용하는 감가상각자산을 면세사업에 전용하는 경우 재화의 공급으로 보아 과세하고 있는 것과 비교해 과세의 형평성을 제고하기 위함이다.

2. 과세사업에 전부 전환한 경우

사업자가 면세사업에 관련된 매입세액이 공제되지 않은 감가상각자산을 과세사업에 사용·소비하는 때에 공제하는 세액은 다음 산식에 따라 계산한 금액으로 한다.

구 분	과세전환매입세액
건물·구축물	면세사업관련 불공제된 매입세액 × (1 - 5% × 경과된 과세기간수)
기타의 감가상각자산	면세사업관련 불공제된 매입세액 × (1 - 25% × 경과된 과세기간수)
☞ 면세사업관련 불공제매입세액 = 취득당시 해당 재화의 면세사업관련 불공제 매입세액	

3. 감가상각자산을 일부전환한 경우 (과세사업과 면세사업에 공통사용하는 경우)

(1) 의의

면세사업용 감가상각자산을 과세사업과 면세사업에 공통으로 사용·소비하는 때에 공제하는 세액은 다음 산식에 따라 계산한 금액을 공제하는 매입세액으로 하되, 과세공급가액의 비율이 총공급가액의 5% 미만인 경우에는 공제세액이 없는 것으로 본다(부가령 제85조 제2항).

구 분	과세전환매입세액		
건물·구축물	면세사업관련 불공제된 매입세액	× (1 - 5% × 경과된 과세기간수) ×	과세공급가액 / 총공급가액
기타의 감가상각자산	면세사업관련 불공제된 매입세액	× (1 - 25% × 경과된 과세기간수) ×	과세공급가액 / 총공급가액

☞ 공급가액은 일부전환(용)일이 속하는 과세기간의 공급가액을 말한다.

(2) 과세사업과 면세사업의 공급가액이 없는 경우

1) 안분계산 적용

과세사업에 일부 전용한 해당 과세기간 중 과세사업과 면세사업 등의 공급가액이 없거나 그 어느 한 사업의 공급가액이 없는 경우에 해당 과세기간에있어서의 안분계산은 다음의 순서에 의한다(부가령 제85조 제3항). 다만, 취득 시 면세사업 등과 관련하여 매입세액이 공제되지 아니한 건물에 대하여 과세사업과 면세사업 등에 제공할 예정면적을 구분할 수 있는 경우에는 예정사용면적비율에 의한 안분계산을 우선하여 적용한다(부가령 제85조 제3항 단서).

> ① 총매입가액에 대한 과세사업에 관련된 매입가액의 비율
> ② 총예정공급가액에 대한 과세사업에 관련된 예정공급가액의 비율
> ③ 총예정사용면적에 대한 과세사업에 관련된 예정사용면

2) 정산

사업자가 과세전용 매입세액을 매입가액비율, 예정공급가액비율, 예정사용면적비율의 방법으로 매입세액을 안분계산하여 공제한 경우에는 과세사업용 사용 또는 소비로 과세사업과 면세사업 등의 공급가액 또는 과세사업과 면세사업 등의 사용 면적이 확정되는 과세기간에 대한 납부세액을 확정 신고할 때에 다음의 산식에 따라 정산한다(부가령 제85조 제4항).

구 분	과세전환매입세액		
건물·구축물	면세사업관련 불공제된 매입세액	× (1 - 5% × 경과된 과세기간수) ×	과세공급가액 / 총공급가액
기타의 감가상각자산	면세사업관련 불공제된 매입세액	× (1 - 25% × 경과된 과세기간수) ×	과세공급가액 / 총공급가액

☞ 공급가액은 일부전환(용)일이 속하는 과세기간의 공급가액을 말한다.

① 매입가액 또는 예정공급가액 비율로 안분계산한 경우:

공급가액이 확정되는 과세기간의 총공급가액에 대한 과세공급가액비율로 정산한다.

구 분	과세전환매입세액
건물·구축물	면세사업관련 불공제된 매입세액 × (1 - 5% × 경과된 과세기간수) × (과세공급가액/총공급가액) - 이미 공제한 매입세액
기타의 감가상각자산	면세사업관련 불공제된 매입세액 × (1 - 25% × 경과된 과세기간수) × (과세공급가액/총공급가액) - 이미 공제한 매입세액

② 예정사용면적 비율로 안분계산한 경우:

사용 면적이 확정되는 과세기간의 총사용면적에 대한 면세사업 사용면적의 비율로 정산한다.

구 분	과세전환매입세액
건물·구축물	면세사업관련 불공제된 매입세액 × (1 - 5% × 경과된 과세기간수) × (과세사용면적/총사용면적) - 이미 공제한 매입세액
기타의 감가상각자산	면세사업관련 불공제된 매입세액 × (1 - 25% × 경과된 과세기간수) × (과세사용면적/총사용면적) - 이미 공제한 매입세액

(3) 경과된 과세기간의 계산

건물·구축물 등의 감가상각자산의 경과된 과세기간의 수가 20을 초과하는 때에는 20으로 하고, 기타의 감가상각자산의 경과된 과세기간 수가 4를 초과하는때는 4로 한다(부가령 제66조 제2항 후단 준용). 한편, 경과된 과세기간의 수를 계산할 때 과세기간 개시일 후에 감가상각자산을 취득하는 경우에는 그 과세기간 개시일에 그 재화를 취득한 것으로 본다(부가령 제85조 제6항).

4. 재계산

영 제85조 제1항부터 제6항에 따라 매입세액이 공제된 과세기간 이후에 총공급가액(사용면적)에 대한 면세공급가액(사용면적)의 비율과 해당 감가상각자산의 취득일이 속하는 과세기간(그 후의 과세기간에 재계산한 때는 그 재계산한 과세기간)에 적용되었던

비율 간의 차이가 5% 이상인 경우에는 영 제83조를 준용하여 매입세액을 재계산 한다(부가령 제85조 제7항).

5. 공제방법

사업자가 면세사업과 관련되어 매입세액이 공제되지 아니한 감가상각자산을 과세사업에 사용·소비하는 때에는 동 과세사업에 사용·소비하는 날이 속하는 과세기간에 대한 확정신고와 함께 기획재정부령이 정하는 『과세사업전환 감가상각자산 신고서』를 작성하여 각 납세지 관할세무서장에게 신고하여야 한다(부가령 제85조 제5항).

 관련 해석사례 및 집행기준

- **주거용 임대하던 오피스텔을 상업용으로 임대시 매입세액 공제**

  오피스텔을 취득하면서 부동산임대업으로 사업자등록을 신청하여 관련 매입세액을 공제받고 오피스텔을 상업용으로 임대한 자가 오피스텔을 주거용 임대로 전환하면서 면세전용에 따른 자가공급에 해당하는 것으로 보아 부가가치세를 신고·납부한 후, 해당 오피스텔을 상업용으로 임대하는 경우 신청인은 과세사업전환 감가상각자산에 대하여 그 과세사업에 사용한 날이 속하는 과세기간의 매입세액으로 공제할 수 있는 것임(법규부가 2013-43, 2013.02.15.).

- **면세사업등록전 취득한 감가상각자산의 과세전용 매입세액 공제**

  면세사업에 사용할 감가상각자산을 매입하면서 면세사업자 등록신청일로부터 역산하여 20일 이내에 대표자 주민등록번호로 세금계산서를 발급받은 경우에 있어, 「부가가치세법」 제17조 제2항 제6호 규정에 따라 매입세액이 공제되지 아니한 동 감가상각자산을 과세사업에 사용하는 때에는 같은 법 시행령 제63조 규정에 따라 계산한 금액을 그 과세사업에 사용하는 날이 속하는 과세기간의 매입세액으로 공제할 수 있는 것임. 또한, 매입세액 계산시 경과된 과세기간의 수를 산정함에 있어 감가상각자산을 취득한 날이라 함은 당해 재화가 실제로 사업에 사용되는 날을 말하는 것임(부가-1205, 2010.09.10.).

■ 부가가치세법 시행규칙 [별지 제17호서식] (2013.06.28 개정)   홈택스(www.hometax.go.kr)에서도 신청할 수 있습니다.

과세사업전환 감가상각자산 신고서

접수번호	접수일	처리기간	즉시

1. 과세사업 전환 후 과세사업자 인적사항

상호(법인명)		사업자등록번호	
성명(대표자)		전화번호	
사업장(주된 사업장) 소재지			
업태		종목	
과세사업 사용·소비시기		년 월 일부터	

2. 과세사업 전환 전 면세사업자 인적사항

상호(법인명)		사업자등록번호	
사업장 소재지		전화번호	

3. 감가상각자산명세서

구 분 (건물·구축물·기타)	수량	취득일	면세사업등 관련 불공제세액	과세사업 전환 공제 매입세액	보관장소

「부가가치세법 시행령」 제85조제5항에 따라 과세사업에 사용·소비된 감가상각자산을 신고합니다.

년 월 일

신고인 (서명 또는 인)

세 무 서 장 귀하

첨부서류	없음	수수료 없음

210㎜×297㎜[백상지 80g/㎡(재활용품)]

10 재고매입세액의 공제

1. 의의

(1) 재고매입세액

재고매입세액이란 간이과세자가 일반과세자로 과세유형이 변경되는 경우 변경일 현재 재고품 등에 대하여 공제받지 못한 매입세액을 일괄하여 공제해주는 제도이다.

(2) 재고납부세액

일반과세자가 간이과세자로 변경된 경우에, 변경일 현재의 재고품 및 감가상각자산에 대한 매입세액을 이미 공제받은 때에는 그 공제받은 세액을 납부세액에 가산하여 납부하여야 하는데 이를 재고납부세액이라 한다.

2. 공제대상자산

간이과세세자가 일반과세자로 변경되는 경우 그 변경일 현재의 재고품, 건설중인 자산 및 감가상각자산("재고품 등")이 공제대상이 된다(부가령 제86조 제1항).

구 분	공제대상
재고품	상품, 제품(반제품 및 재공품 포함), 재료(부재료 포함)
건설중인 자산	
감가상각자산	㉠ 건물·구축물의 경우에는 취득·건설 또는 신축 후 10년 이내의 것 ㉡ 기타 감가상각자산의 경우에는 취득 또는 제작 후 2년 이내의 것에 한정한다.

3. 재고매입세액의 계산 (2021.07.01. 이후 공급분부터 적용)

(1) 상품, 제품, 재료의 재고품

$$재고금액 \times \frac{10}{110} \times \left(1 - 0.5\% \times \frac{110}{10}\right)$$

(2) 건설중인 자산

$$해당\ 건설\ 중인\ 자산과\ 관련하여\ 공제받은\ 매입세액 \times \left(1 - 0.5\% \times \frac{110}{10}\right)$$

(3) 감가상각자산 중 건물 또는 구축물

$$취득가액 \times \left(1 - \frac{10}{100} \times 경과된\ 과세기간의\ 수\right) \times \frac{10}{110} \times \left(1 - 0.5\% \times \frac{110}{10}\right)$$

(4) 감가상각자산 중 기타의 감가상각자산

$$취득가액 \times \left(1 - \frac{50}{100} \times 경과된\ 과세기간의\ 수\right) \times \frac{10}{110} \times \left(1 - 0.5\% \times \frac{110}{10}\right)$$

(5) 사업자가 직접 제작·건설·신축한 감가상각자산

$$매입세액공제액 \times (1 - 상각률 \times 경과된\ 과세기간의\ 수) \times \left(1 - 0.5\% \times \frac{110}{10}\right)$$

(6) 재고품 및 감가상각자산의 금액

재고품, 건설 중인 자산 및 감가상각자산의 금액은 장부 또는 세금계산서에따라 확인되는 그 재고품, 건설 중인 자산 및 감가상각자산의 취득가액(부가가치세 포함)으로 한다(부가령 제86조 제2항).

(7) 경과된 과세기간의 수

경과된 과세기간의 수는 법 제5조에 따른 과세기간 단위로 계산하되 건물또는 구축물의 경과된 과세기간의 수가 20을 초과할 때에는 20으로, 기타 감가상각자산의 경과된 과세기간의 수가 4를 초과하는 때에는 4로 한다. 또한, 과세기간 개시일 후에 감가상각자산을 취득한 경우에는 그 과세기간의 개시일에 해당 재화를 취득한 것으로 본다(부가령 제86조 제3항; 부가령 제66조 제2항 후단).

4. 재고매입세액의 공제시기

결정된 재고매입세액은 그 승인을 받은 날이 속하는 예정신고기간 또는 과세기간의 매출세액에서 공제한다(부가령 제86조 제7항). 그리고 예정신고기간에 재고매입세액공제로 환급세액이 발생하는 경우 그 신고기간에 영세율이 적용되는 과세표준이있거나 감가상각자산을 취득한 경우를 제외하고는 일반 환급에 해당하여 예정신고기간에는 환급되지 아니하고 확정신고 기간에만 환급된다.

5. 절차

(1) 신고

재고매입세액을 공제받으려면 간이과세자가 일반과세자로 변경되는 날 현재의 재고품, 건설 중인 자산 및 감가상각자산을 변경되는 날의 직전과세기간에 대한 확정신고와 함께 『일반과세전환시 재고품등 신고서』에 의하여 각 납세지 관할세무서장에게 신고(국세정보통신망에 의한 신고를 포함)하여야 한다(부가령 제86조 제1항).

(2) 승인 및 통지

재고품 등의 신고를 받은 관할 세무서장은 재고매입세액으로서 공제할 수 있는 재고금액을 조사·승인하고 일반과세자로 변경된 날의 직전과세기간에 대한 확정신고기한 경과 후 1월 이내에 해당 사업자에게 공제될 재고매입세액을 통지하여야 한다. 이 경우 그 기한 내에 통지하지 아니한 때에는 해당 사업자가 신고한 재고금액을 승인한 것으로 본다(부가령 제86조 제6항). 다만, 이때에 승인하거나 승인한것으로 보는 재고매입세액의 내용에 오류 또는 탈루가 있는 경우에는 법 제57조에 따라 조사하여 경정한다(부가령 제86조 제8항).

6. 재고매입세액 적용배제

일반과세자가 간이과세자로 변경된 후에 다시 일반과세자로 변경되는 경우, 간이과세자로 변경된 때에 재고납부세액으로 납부하지 아니한 재고품, 건설 중인자산 및 감가상각자산에 대하여는 재고매입세액으로 공제하지 아니한다(부가령 제86조 제5항).

 관련 해석사례 및 집행기준

• 기한 후 제출 또는 경정청구를 통하여 재고매입세액을 공제받을 수 있는지 여부

간이과세에서 일반과세로 변경되는 사업자가 「부가가치세법 시행령」 제63조의3 제1항에 따라 일반과세자로 변경되는 날의 직전 과세기간에 대한 확정신고와 함께 일반과세 전환시의 재고품 및 감가상각자산신고서를 제출하지 아니하고, 기한 후 제출 또는 경정청구를 통하여 재고매입세액공제를 신청하는 경우, 관할 세무서장이 장부 또는 세금계산서 등에 의하거나 재고조사 등을 통해 일반과세전환시의 재고품 및 감가상각자산을 확인할 수 있는 때에는 재고매입세액공제가 가능한 것임(부가가치세제과-838, 2010.12.20.).

- **과세기간중 간이과세포기신고로 재고매입세액계산시 경과된 과세기간의 계산 방법**

  간이과세자가 간이과세포기신고로 인하여 일반과세자로 변경되어 재고매입세액을 공제함에 있어 '경과된 과세기간이 수'는 법 제3조 규정에 의한 과세기간 단위로 계산(개시일로부터 간이과세포기일이 속하는 달의 말일까지를 1과세기간으로 계산)(서면 3팀-1586, 2007.05.25.).

- **공급시기 이후에 세금계산서를 교부받은 재고품의 경우**

  재고매입세액공제는 부가가치세법 제17조의3의 규정에 의한 매입세액공제대상인 재고품 및 감가상각자산에 한하므로 공급시기 후에 세금계산서를 교부받은 재고품등에 대하여는 재고매입세액공제를 받을 수 없는 것임(부가 46015-2076, 1999.07.20.).

■ 부가가치세법 시행규칙 [별지 제18호서식] (2025.03.21 개정)

홈택스(www.hometax.go.kr)에서도 신청할 수 있습니다.

[ ]일반 [ ]간이 과세전환 시의 재고품등 신고서

※ 아래의 작성방법을 읽고 작성하시기 바랍니다.

| 접수번호 | | 접수일 | | 처리기간 | 즉시 |

1. 신고인 인적사항

① 상호(법인명)		② 사업자등록번호	
③ 성명(대표자명)		④ 전화번호	
⑤ 사업장(주된 사업장) 소재지			
⑥ 업태		⑦ 종목	

2. 과세유형 전환 내용

※ 일반과세자로 유형전환 시 작성합니다.				※ 간이과세자로 유형전환 시 작성합니다.	
⑧ 일반과세 적용시기	년 월 일부터			⑩ 간이과세 적용기간	년 월 일부터 년 월 일까지
⑨ 일반과세 적용사유	일반과세 전환통지	간이과세 포기신고	기타	⑪ 간이과세 전환통지일	년 월 일

3. 재고품, 건설 중인 자산 및 감가상각자산 명세

⑫ 품명	⑬ 규격	⑭ 수량	⑮ 단가	⑯ 재고품 등의 금액	⑰ 재고매입세액 또는 재고납부세액	⑱ 보관장소	⑲ 취득일 (감가상각자산만 해당함)

「부가가치세법 시행령」 [ ]제86조제1항에 따라 일반
                         [ ]제112조제1항에 따라 간이 과세전환 시의 재고품 등을 신고합니다.

년 월 일

신고인 (서명 또는 인)

세무서장 귀하

| 첨부서류 | 없음 | 수수료
없음 |

작성방법

1. ① ~ ⑦은 사업자의 기본사항을 작성합니다.
2. ⑧, ⑨는 간이과세자에서 일반과세자로 유형전환된 사업자가 적습니다.
3. ⑩, ⑪은 일반과세자에서 간이과세자로 유형전환된 사업자가 적습니다.
4. ⑫ ~ ⑲는 과세유형전환 시의 재고품 및 감가상각자산 명세를 적습니다.
5. ⑯: 간이과세자에서 일반과세자로 유형전환된 사업자가 재고매입세액 신고 시에는 부가가치세를 포함한 금액을 적고, 일반과세자에서 간이과세자로 유형전환된 사업자가 재고납부세액 신고 시에는 부가가치세를 제외한 금액을 적습니다.
6. ⑰: 재고매입세액 신고 시에는 「부가가치세법 시행령」 제86조제3항에 따라 계산한 금액을 적고, 재고납부세액 신고 시에는 「부가가치세법 시행령」 제112조제3항에 따라 계산한 금액을 적습니다.
7. 해당하는 신고사항에 [√]표시하고 작성일을 적은 후 신고인 란에 서명 또는 날인하여 제출합니다.

210mm×297mm[백상지 80g/㎡(재활용품)]

CHAPTER

차가감납부 (환급)세액계산

01 _ 경감·공제세액
02 _ 예정신고미환급세액 및 예정고지세액
03 _ 사업양수자의 대리납부 기납부세액
04 _ 매입자 납부특례 기납부세액
05 _ 가산세

01 경감·공제세액

1. 전자신고세액공제

(1) 적용대상자

전자신고세액공제 적용대상자는 다음과 같다(조특법 제104조의8).

> ① 직접 전자신고를 하는 납세의무자[일반과세자(개인·법인), 간이과세자]
> ② 전자신고를 대행하는 세무대리인

(2) 납세자가 신고하는 경우

납세자가 직접 전자신고의 방법으로 부가가치세 신고를 하는 경우에는 해당 납부세액에서 1만원을 공제하거나 환급세액에 가산한다. 다만, 매출가액과 매입가액이 없는 일반과세자에 대하여는 전자신고세액공제를 적용하지 아니하며, 간이과세자에 대하여는 공제세액이 납부세액에 매입세금계산서 수취세액공제, 재고매입세액 및 의제매입세액에 따른 금액을 가감(加減)한 후의 금액을 초과할 때에는 그 초과하는 금액은 없는 것으로 본다(조특법 제104조의8 제2항).

(3) 세무대리인이 신고하는 경우

「세무사법」에 따른 세무사(「세무사법」에 따른 세무사등록부 또는 세무대리업무등록부에 등록한 공인회계사 및 변호사, 같은 법에 따른 세무법인 및 「공인회계사법」에 따른 회계법인을 포함한다.)가 납세자를 대리하여 전자신고의 방법으로 직전 과세연도 동안 소득세, 양도소득세 또는 법인세를 신고를 한 경우에는 해당 세무사의 소득세(사업소득에 대한 소득세만 해당한다) 또는 법인세의 납부세액에서 2만원을 공제하고, 직전 과세기간 동안 부가가치세를 신고한 경우에는 해당 세무사의 부가가치세 납부세액에서 1만원을 공제한다(조특법 제104조의8 제2항). 예를 들어 예정분이 포함된 20×4년 2기 확정 부가가치세에 대한 전자신고를 한 경우 20×5년 1기 확정신고시 공제한다.

전자신고세액공제 = min[①, ②]

① 1만원 × 신고건수
② 연간 공제 한도액*: 300만원 (세무법인 및 회계법인은 750만원)
   ☞ 해당 세무사가 소득세 또는 법인세의 납부세액에서 공제받을 금액 및 부가가치세에서 공제받을 금액을 합한 금액을 말한다.
   ☞ 확정신고 시에만 공제하며 총괄납부 사업자는 각 사업장별로 공제하나, 사업자단위 과세 사업자는 본점 또는 주사무소에서만 공제된다.

(4) 전자송달 방법으로 신청한 경우

납세자가 「국세기본법」 제8조 제1항에 따른 전자송달의 방법으로 납부고지서의 송달을 신청한 경우 신청한 달의 다음다음 달 이후 송달하는 분부터 다음의 어느 하나에 해당하는 국세의 납부세액에서 납세고지서 1건당 1천원 금액을 공제한다(조특법 제104조의8 제5항).

① 「소득세법」 제65조 제1항 전단[소득세 중간예납고지세액]에 따라 결정·징수하는 소득세
② 「부가가치세법」 제48조 제3항 본문 및 같은 법 제66조 제1항 본문[부가가치세 예정고지세액]에 따라 결정·징수하는 부가가치세
③ 「국세기본법」 제22조 제3항[상속세 및 증여세 등 정부부과세목]에 따라 과세표준과 세액이 정부가 결정하는 때 확정되는 국세(수시부과하여 징수하는 경우는 제외한다)

 관련 해석사례 및 집행기준

- **본·지점이 있는 세무법인이 납세자를 대리하여 전자신고 한 경우 전자신고 세액공제 연간 한도액 계산 기준**
  본·지점이 있는 세무법인이 납세자를 대리하여 전자신고한 경우 해당 세무법인의 전자신고에 따른 연간 세액공제 한도액은 본점과 지점의 공제세액을 합하여 적용하는 것임(부가- 212, 2012.02.29.).

- **세무사가 납세자를 대리하여 부가가치세 전자신고 시 전자신고세액공제 방법**
  세무사가 납세자를 대리하여 전자신고의 방법으로 부가가치세를 신고한 경우 해당 세무사는 전자신고한 날이 속하는 과세기간에 대한 부가가치세 신고시 전자신고세액공제를 하는 것임 (부가-962, 2010.07.23.).

◈ 세무대리인의 전자신고세액공제 시 연간공제한도액 산정 시 연간의 의미

「조세특례제한법 시행령」 제104조의5 제5항(2010.02.18. 개정 대통령령 제22037호)의 연간 공제한도액의 연간은 1월 1일부터 12월 31일까지를 말하는 것임(부가-1241, 2010.09.17.).

2. 전자세금계산서 발급 전송에 대한 세액공제 특례

(1) 세액공제 대상자

전자세금계산서 발급에 대한 인센티브 부여하기 위하여 개인사업자가 전자세금계산서를 2027년 12월 31일까지 발급(전자세금계산서 발급명세를 제32조 제3항에 따른 기한까지 국세청장에게 전송한 경우로 한정한다)하는 경우에는 전자세금계산서 발급 건수 등을 고려하여 일정한 금액을 해당 과세기간의 부가가치세 납부세액에서 공제할 수 있다(부가법 제47조 제1항).

☞ 2022.07.01. 이후 공급하는 재화 또는 용역에 대한 전자세금계산서를 발급하는 분부터 적용한다.

(2) 전자세금계산서 발급·전송에 대한 세액

다음 전자세금계산서 발급·전송에 대한 세액을 해당 과세기간의 부가가치세 납부세액에서 공제할 수 있다(부가령 제89조 제1항, 제2항).

> ① 전자세금계산서 발급·전송에 대한 세액 = 발급 건수 × 200원
> ② 공제한도: 연간 100만원

공제받는 금액이 그 금액을 차감하기 전의 납부할 세액[제37조 제2항에 따른 납부세액에서 이 법, 「국세기본법」 및 「조세특례제한법」에 따라 빼거나 더할 세액(제60조 및 「국세기본법」 제47조의2부터 제47조의4까지의 규정에 따른 가산세는 제외한다)을 빼거나 더하여 계산한 세액을 말하며, 그 계산한 세액이 0보다 작으면 0으로 본다]을 초과하면 그 초과하는 부분은 없는 것으로 본다.

☞ 전자세금계산서 발급세액공제로 환급을 발생하지 아니한다.

(3) 제출서류

전자세금계산서 발급·전송에 대한 세액공제를 받으려는 사업자는 제48조(예정신고) 및 제49조(확정신고)에 따라 신고할 때 전자세금계산서 발급세액공제신고서[별지 제20호 서식]를 납세지 관할 세무서장에게 제출하여야 한다(부가법 제47조 제3항).

■ 부가가치세법 시행규칙 [별지 제20호서식](2022.03.18 개정)

홈택스(www.hometax.go.kr)에서도 신청할 수 있습니다.

전자세금계산서 발급세액공제신고서

| 접수번호 | 접수일 | 처리기간 | 즉시 |

1. 신고인 인적사항

① 상 호 (법인명)　　한결상사　　　　② 사업자등록번호　111-11-11119

③ 성　　　　명　　　윤한결　　　　　④ 전 화 번 호　　　--

⑤ 사 업 장 소 재 지　서울 중구 ******500-55

⑥ 직전연도 사업장별 공급가액(면세공급가액 포함) 합계액 3억원 미만 개인사업자 여부　　[V] 여 [　] 부

2. 전자세금계산서 발급세액공제 계산신고 내용

가. 공제대상세액

⑦ 전자세금계산서 발급건수	⑧ 건당 공제금액	⑨ 공제가능 세액 (⑦ × ⑧)	⑩ 해당 공제세액 (⑨과 ⑬ 중 적은 금액)
100	200원	20,000	20,000

나. 공제 한도액 계산

⑪ 연간 공제한도액	⑫ 기 공제세액	⑬ 해당 과세기간 공제한도액 (⑪ - ⑫)
100만원		1,000,000

「부가가치세법」 제47조에 따라 전자세금계산서 발급세액 공제를 받기 위하여 위와 같이 신고합니다.

2025년 07월 25일

신고인　　　한결상사　　　　(서명 또는 인)
　　　　　　윤한결

남대문　세무서장　귀하

| 첨부서류 | 없음 | 수수료 없음 |

210mm×297mm[백상지 80g/㎡(재활용품)]

3. 일반택시 운송사업자 경감세액

(1) 의의

일반택시 운송사업자에 대해서는 부가가치세 납부세액의 99%(경감세액)를 2026년 12월 31일 이전에 끝나는 과세기간분까지 경감한다(조특법 제106조의7 제1항).
- ☞ 2018.01.01이 속하는 과세기간 경감 분부터 적용함.
- ☞ 개인택시 운송사업은 「여객자동차운수사업법시행령」 제3조상 일반택시운송사업자의 범위에 해당하지 아니하므로 공제대상이 아니다.

(2) 경감세액의 사용

일반택시 운송사업자는 경감세액에 대하여 다음의 의무를 이행하여야 한다.

1) 운송사업자에게 지급하는 경우(납부세액의 90%)

일반택시 운송사업자는 경감세액 중 부가가치세 납부세액의 90%에 해당하는 금액을 국토교통부장관이 정하는 바에 따라 경감된 부가가치세의 확정신고납부기한 종료일부터 1개월("지급기간") 이내에 일반택시 운수종사자에게 현금으로 지급하여야 한다. 이 경우 일반택시 운송사업자는 지급하는 현금이 부가가치세 경감세액임을 일반택시 운수종사자에게 알려야 한다(조특법 제106조의7 제2항).

2) 택시 감차 보상의 재원으로 사용하는 경우(납부세액의 5%)

일반택시 운송사업자는 택시 감차 보상의 재원으로 사용하기 위하여 경감세액 중 부가가치세 납부세액의 5%에 해당하는 금액을 국토교통부장관이 정하는 지급기간 이내에 택시 감차보상재원 관리기관에 지급하여야 한다(조특법 제106조의7 제3항).

3) 택시운수종사자 복지기금의 재원으로 사용하는 경우(납부세액의 4%)

일반택시 운송사업자는 택시운수종사자 복지기금의 재원 마련을 위하여 경감세액 중 부가가치세 납부세액의 100분의 4에 해당하는 금액을 국토교통부장관이 정하는 지급기간 이내에 택시운송사업자단체에 지급하여야 한다(조특법 제106조의7 제4항).
- ☞ 2018.01.01이 속하는 과세기간 경감 분부터 적용함.

(3) 지급명세서의 제출

일반택시 운송사업자는 지급기간 종료일부터 10일 이내에 일반택시 운송종사자에게 경감세액을 지급한 명세를 국토교통부장관과 일반택시 운송사업자 관할 세무서장에게 각각 제출해야 한다(조특법 제106의7조 제5항).

(4) 사후관리

1) 미지급통보

국토교통부장관은 일반택시 운송사업자가 경감된 세액을 지급기간에 일반택시 운수종사자와 택시 감차보상재원 관리기관에게 지급하였는지를 확인하고 그 결과를 지급기간 종료일부터 3개월 이내에 국세청장 또는 일반택시 운송사업자 관할 세무서장에게 통보("미지급통보"라 함)하여야 하고, 미지급통보 대상이 된 일반택시 운송사업자에게도 그 미지급통보 대상이 되었음을 알려야한다(조특법 제106의7조 제6항).

2) 미지급 경감세액 및 이자상당액 추징

미지급통보를 받은 국세청장 또는 일반택시 운송사업자 관할 세무서장은 국토교통부장관이 미지급통보를 한 날까지 일반택시 운송사업자가 현금으로 지급한 경우와 지급하지 아니한 경우로 구분하여 일반택시 운송사업자로부터 추징하는 방법을 달리한다(조특법 제106의7조 제7항).

① 국토교통부장관이 국세청장 또는 일반택시 운송사업자 관할 세무서장에게 미지급경감세액에 대한 미지급통보를 한 날까지 현금으로 지급한 경우: ㉠, ㉡합한 금액

㉠ 이자상당액	미지급경감세액 상당액 × 경감된 부가가치세 신고납부기한 종료일의 다음날부터 지급일까지의 기간(일) × 2.2/10,000
㉡ 가산세	미지급경감세액 상당액 × 20/100

② 국토교통부장관이 국세청장 또는 일반택시 운송사업자 관할 세무서장에게 미지급경감세액에 대한 미지급통보를 한 날까지 현금으로 지급하지 아니한 경우: ㉠, ㉡, ㉢ 합한 금액

㉠ 미지급경감세액 상당액	미지급경감세액 상당액 × 경감된 부가가치세 신고납부기한 종료일의 다음날부터 지급일까지의 기간(일) × 2.2/10,000
㉡ 이자상당액	미지급경감세액 상당액 × 경감된 부가가치세 신고납부기한 종료일의 다음날부터 지급일까지의 기간(일) × 2.2/10,000
㉢ 가산세	미지급경감세액 상당액 × 20/100

3) 추징한 미지급경감세액 상당액 지급

국세청장 또는 일반택시 운송사업자 관할 세무서장은 추징한 미지급경감세액 상당액을 해당 일반택시 운송사업자가 지급하여야 할 일반택시 운수종사자에게 지급하여야 한

다(조특법 제106의7조 제8항).
- ☞ 2018.01.01이 속하는 과세기간 경감 분에 대해 미지급이 발생하는 경우부터 적용함.

 관련 해석사례 및 집행기준

- 택시 광고수입분의 부가가치세 납부세액 경감대상여부

  사업자가 「여객자동차 운수사업법」에 따른 일반택시 운송사업과 택시광고사업을 함께 영위하는 경우 택시광고사업은 「조세특례제한법」 제106조의7에 따른 일반택시 운송사업자 부가가치세 납부세액 경감 대상에 해당하지 아니함(부가-968, 2014.12.08.).

- 일반택시 운송사업자가 운송업과 여러 종류의 사업을 함께 양도하는 경우 부가가치세 납부세액 경감여부

  일반택시 운송사업자가 운송업과 여러 종류의 사업을 함께 양도하는 경우 경감세액은 일반택시 운송사업에 관련된 사업용 고정자산과 영업권 등의 매출세액과 매입세액을 포함하여 계산하는 것임(부가-1325, 2011.10.25.).

4. 현금영수증 사업자에 대한 세액공제

(1) 의의

자영사업자의 과세표준 양성화를 위해 현금거래부분에 대한 효율적인 소득파악수단으로의 활용과 재정수요의 뒷받침 및 근로소득자와의 과세형평성을 제고하고, 소비자의 현금거래시 거래내역이 현금영수증가맹점의 단말기를 통하여 국세청으로 자동 통보되는 시스템을 구축하여 세원관리의 즉시성과 효율성을 제고하기 위함이다.

(2) 공제대상 사업자

조특법 제126조의3 규정에 따라 국세청장으로부터 현금영수증사업에 대한 승인을 얻은 현금영수증사업자를 말하는데, 현금영수증사업자란 현금영수증 발행사업자(가맹점)가 아니라 현금영수증 발급기를 각 업소에 설치하여 주는 사업자를 말한다.

(3) 공제대상 세액

현금영수증사업자에 대한 현금영수증 결제건수에 따라 일정금액(건수 당 12원을 기준으로 ±30% 이내)을 해당 과세기간의 부가가치세 납부세액에서 공제받거나 환급세액

에 가산할 수 있다(조특법 제126조의3 제1항).

(4) 신청서류 제출

세제지원을 받고자 하는 현금영수증사업자는 『현금영수증사업자 부가가치세세액공제신청서』를 국세청장에게 제출하여야 한다(조특령 제121조의3 제9항).

5. 신용카드 등 결제금액에 대한 부가가치세 대리납부

(1) 취지

유흥주점 업종은 사업유지 기간이 상대적으로 다른 사업자에 비해서 짧고 신용카드 매출에 대한 부가가치세 체납이 빈번하여 이를 사전에 방지하기 위해 2019.01.01. 이후 공급분부터 신용카드사가 결제금액의 일정부분을 원천징수하여 사업자를 대신 납부하는 제도가 시행되었다.

(2) 내용

신용카드업자는 특례사업자(간이과세자 제외)가 소비자에게 부가가치세 과세 재화 또는 용역을 공급하고 신용카드 결제분(신용·직불·선불카드만 한정)의 해당 공급대가를 그 사업자에게 지급하는 때에 공급대가의 110분의 4에 해당하는 금액을 부가가치세로 징수한다(조특법 제106조의10 제1항).

● **부가가치세 대리납부제도흐름**

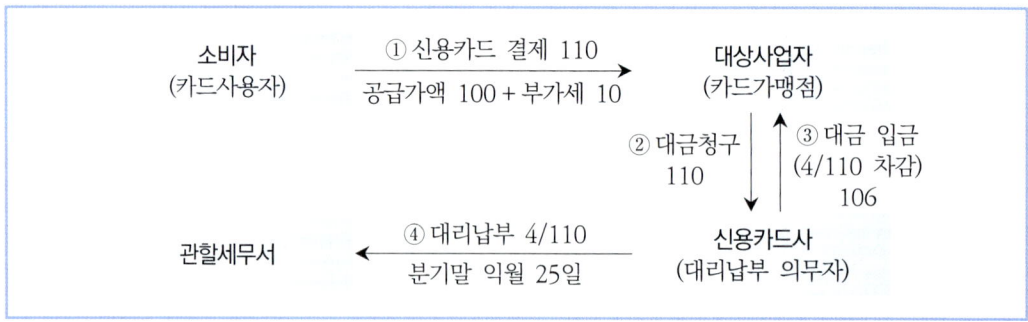

(3) 대상업종

부가가치세가 과세되는 재화와 용역을 공급하는 사업자로서 다음의 업종을 영위하는 사업자(이하 "특례사업자"라 한다)를 말한다. 다만, 「부가가치세법」 제61조에 따른 간이

과세자는 제외한다(조특령 제106조의14 제2항).

1) 일반 유흥주점업(「식품위생법 시행령」 제21조 제8호 다목에 따른 단란주점영업을 포함)

접객시설과 함께 접객 요원을 두고 술을 판매하는 각종 형태의 유흥 주점을 말한다. 예를 들면 가요주점(접객서비스 포함), 룸살롱(접객서비스 포함), 맥주홀(접객서비스 포함), 비어홀(접객서비스 포함), 서양식 일반 유흥주점(접객서비스 포함), 술집(접객서비스 포함), 요정(접객서비스 포함), 바(접객서비스 포함)가 있다.

2) 무도 유흥주점업

무도시설을 갖추고 술을 판매하는 무도 유흥 주점을 말한다. 예를 들면 디스코클럽, 카바레(무도시설 보유), 무도 유흥주점, 나이트클럽, 극장식 주점(무도시설 보유)이 있다.

3) 단란주점영업(「식품위생법 시행령」 제21조 제8호 다목)

주로 주류를 조리·판매하는 영업으로서 손님이 노래를 부르는 행위가 허용되는 영업을 말한다(「식품위생법 시행령」 제21조 제8호 다목).

(4) 대리납부의무자

대리납부의무자는 국세청장이 지정하는 신용카드업자이다. "신용카드업자"란 「여신전문금융업법」 제2조 제2호의2에 따른 신용카드업자로서 부가가치세 대리납부를 안정적으로 운영할 수 있다고 인정되어 국세청장이 지정한 자를 말한다(조특령 제106조의14 제1항).

(5) 납부세액

신용카드 결제 금액(봉사료 및 개별소비세 제외)의 4/110을 납부한다.

(6) 신고 & 납부

대리납부의무자(신용카드업자)는 해당 공급대가를 특례사업자에게 지급하는 때에 징수한 대리납부 금액을 매 분기가 끝나는 날의 다음달 25일까지 대리납부의무자 관할 세무서장에게 납부하고 『대리납부신고서』를 함께 제출해야 한다(조특령 제106조의14 제1항).

(7) 특례사업자의 지정 통지 및 부가가치세 신고

1) 특례사업자 지정 통지

① 특례사업자가 계속사업자인 경우

관할세무서장은 사업자가 대리납부의 적용대상이 되는 특례사업자에 해당하는 경

우 해당 규정을 적용하여야 하는 과세기간이 시작되지 1개월 전까지 그 사실을 해당 사업자에게 통지하여야 한다.

② 특례사업자가 신규사업자인 경우

신규 사업자는 사업자등록 발급시에 통지하여 최초 과세기간부터 적용한다.

2) 기납부세액 공제

신용카드사가 대리납부한 부가가치세액은 특례사업자가 부가가치세 예정신고 및 확정신고 시 기납부세액으로 공제한다.

3) 추가세액공제

신용카드업자가 납부한 부가가치세액에서 금융기관의 이자율(1%)을 곱한 금액을 예정 및 확정신고시 납부세액에서 공제할 수 있다

☞ 이 경우 해당 공제금액 차감 후 납부할 세액이 음수인 경우에는 영으로 본다.

6. 소규모 개인사업자에 대한 부가가치세 경감

(1) 의의

다음의 요건을 모두 갖춘 사업자가 2020년 12월 31일까지 재화 또는 용역을 공급한 분에 대하여 「부가가치세법」 제49조에 따른 확정 신고를 하는 경우에는 부가가치세 납부세액에서 일정한 금액을 감면한다(조세특례제한법 제108조의4 제1항).

① 「부가가치세법」 제2조 제5호에 따른 일반과세자로서 개인사업자일 것
② 감면받으려는 과세기간의 재화 또는 용역의 공급가액을 합한 금액(사업자가 둘 이상의 사업장을 경영하는 경우에는 그 둘 이상의 사업장의 공급가액을 합한 금액을 말한다)이 4천만원 이하일 것. 다만, 해당 과세기간이 6개월 미만(1개월 미만의 끝수가 있으면 1개월로 한다)인 경우에는 6개월로 환산한 금액을 기준으로 한다.
③ 업종 등을 고려하여 감면배제 사업이 아닌 사업을 경영할 것
　㉠ 부동산 임대 및 공급업
　㉡ 「개별소비세법」 제1조 제4항에 해당하는 과세유흥장소를 경영하는 사업

(2) 감면세액의 계산

부가가치세 감면세액은 다음 계산식에 따라 계산한 금액(해당 금액이 음수인 경우에는 영으로 본다)으로 한다(조세특례제한법 제108조의4 제3항).

> 감면세액 = 일반과세방식 세액(A) − 간이과세방식 세액(B)
>
> A: 「부가가치세법」 제37조 제2항에 따른 납부세액에서 같은 법 제46조에 따른 신용카드 등의 사용에 따른 세액공제 등 대통령령으로 정하는 공제세액을 뺀 금액
> B: 해당 과세기간의 재화와 용역의 공급에 대한 대가(부가가치세가 포함된 대가를 말하며, 이하 "공급대가"라 한다)의 합계액(영세율이 적용되는 재화 또는 용역의 공급분은 제외한다) × 직전 3년간 신고된 업종별 평균 부가가치율 등을 고려하여 대통령령으로 정하는 업종별 부가가치율 × 10퍼센트

업종별 평균 부가가치율

업 종	부가가치율
1. 전기·가스·증기 및 수도 사업	5%
2. 소매업, 도매업 및 음식점업	10%
3. 농·임업 및 어업, 제조업, 숙박업, 운수업 및 정보통신업	20%
4. 건설업, 광업, 창고업, 금융 및 보험업, 그 밖의 30퍼센트 서비스업	30%

(3) 업종이 둘 이상인 경우

사업자가 감면배제사업과 감면배제사업 외의 사업(이하 "감면대상사업"이라 한다)을 함께 경영하는 경우 감면세액은 다음 계산식에 따라 안분하여 계산한다.

> 감면세액 = (A × B/C) − D
>
> A: 「부가가치세법」 제37조 제2항에 따른 납부세액에서 제2항에 따른 공제세액을 뺀 금액
> B: 감면대상사업의 공급가액의 합계액
> C: 총 공급가액의 합계액
> D: 감면대상사업에 대한 간이과세방식 세액

(4) 감면신청

감면을 적용받으려는 사업자는 「부가가치세법」 제49조에 따른 확정신고를 할 때 납세지 관할 세무서장에게 감면신청을 하여야 한다(조세특례제한법 제108조의4 제4항).

7. 신용카드매출전표 등의 발행 세액공제

(1) 적용대상 사업자

일반과세자 중 주로 사업자가 아닌 자에게 재화 또는 용역을 공급하는 사업으로서 다음의 업종을 영위하는 사업자와 간이과세자 중 직전연도 공급대가의 합계액이 4,800만원 미만인 자와 신규 간이과세자로서 최초의 과세기간에 있는 자를 말한다. 다만, 법인사업자와 직전 연도의 재화 또는 용역의 공급가액의 합계액이 사업장을 기준으로 10억원을 초과하는 개인사업자는 제외한다(부가법 제46조 제1항, 부가령 제73조 제1항·제2항, 부가칙 제53조).

① 소매업
② 음식점업(다과점업 포함)
③ 숙박업
④ 미용, 욕탕 및 유사서비스업
⑤ 여객운송업
⑥ 입장권을 발행하여 영위하는 사업
⑦ 변호사업, 심판변론인업, 변리사업, 법무사업, 공인회계사업, 세무사업, 경영지도사업, 기술지도사업, 감정평가사업, 손해사정인업, 통관업, 기술사업, 건축사업, 도선사업, 측량사업, 행정사업[「부가가치세법」 제3조(납세의무자) 및 「소득세법」 제160조의2 규정에 의한 사업자에게 공급하는 것 제외]
⑧ 우정사업조직이 「우편법」 제15조 제1항에 규정된 부가우편업무 중 소포우편물을 방문접수하여 배달하는 용역을 공급하는 사업
⑨ 「국민건강보험법」에 따라 요양급여의 대상에서 제외되는 성형수술 등 과세진료용역
⑩ 과세되는 수의사가 제공하는 동물의 진료용역
⑪ 무도학원, 자동차운전학원의 용역을 공급하는 사업
⑫ 공인인증서를 발급하는 사업
⑬ 간편사업자등록을 한 사업자가 국내에 전자적 용역을 공급하는 사업
⑭ 주로 사업자가 아닌 소비자에게 재화 또는 용역을 공급하는 사업으로서 기획재정부가령(부가칙 제53조)이 정하는 다음의 사업

> ㉠ 도정업과 떡류 제조업 중 떡방아간
> ㉡ 양복점업, 양장점업 및 양화점업
> ㉢ 주거용 건물공급(주거용 건물을 자영건설하는 경우 포함)
> ㉣ 운수업 및 주차장 운영업

    ⓜ 부동산중개업
    ⓑ 예술, 스포츠 및 여가 관련 서비스업, 수리 및 기타 개인서비스업
    ⓢ 가구내 고용활동
    ⓞ 도로 및 관련시설 운영업
    ⓩ 자동차 제조업 및 자동차 판매업
    ⓒ 주거용 건물의 수리·보수 및 개량업
    ⓚ 그 밖에 ㉠ 내지 ⓩ과 유사한 사업으로서 세금계산서를 발급할 수 없거나 발급하는 것이 현저히 곤란한 사업

⑭ 임시사업장 개설사업자가 그 임시사업장에서 사업자가 아닌 소비자에게 재화 또는 용역을 공급하는 경우

⑮ 「전기사업법」에 따른 전기사업자가 산업용이 아닌 전력을 공급하는 경우

⑯ 「전기통신사업법」에 따른 전기통신사업자가 전기통신용역을 제공하는 경우. 다만, 부가통신사업자가 통신판매업자에게 전기통신사업법에 의한 부가통신역무를 제공하는 경우에는 제외한다.

⑰ 「도시가스사업법」에 의한 도시가스사업자가 산업용이 아닌 도시가스를 공급하는 경우

⑱ 「집단에너지사업법」에 따라 집단에너지를 공급하는 사업자가 산업용이 아닌 열 또는 산업용이 아닌 전기를 공급하는 경우

⑲ 「방송법」 제2조 제3호에 따른 방송사업자가 사업자가 아닌 자에게 방송용역을 제공하는 경우

⑳ 「인터넷 멀티미디어 방송사업법」 제2조 제5호 가목에 따른 인터넷 멀티미디어 방송 제공사업자가 사업자가 아닌 자에게 방송용역을 제공하는 경우

(2) 공제대상 매출

1) 「여신전문금융업법」에 따른 아래의 것

    ① 신용카드·직불카드 매출
    ② 결제대행업체(PG사)를 통한 신용카드 매출
    ③ 선불카드(실지명의가 확인되는 것에 한정함) 매출
        ☞ 「여신전문금융업법」에 의한 결제대행업체(PG사: (주)엘지유플러스, (주)케이지이니시스, (주)카카오, 네이버(주), 쿠팡(주), (주)우아한형제들, (주)티몬, 십일번가주식회사, 카페24주식회사 등)는 '금융소비자 포털파인' 홈페이지로 들어가서 금융회사정보 - 전자금융업(등록현황 조회)에서 검색하면 된다.

2) 「조세특례제한법」 제126조의3에 따른 현금영수증 매출

통신판매업자가 부가통신사업자가 운영하는 사이버몰을 이용하여 재화·용역을 공급하고 그 대가를 부가통신사업자를 통하여 받는 경우에는 부가통신사업자가 해당 통신판매업자의 명의로 현금영수증을 발급가능하다(조특령 제121조의3 제12항).

3) 「전자금융거래법」에 따른 다음의 것

① 직불전자지급수단[58] 영수증
② 선불전자지급수단[59] 영수증(실제 명의가 확인되는 것으로 한정한다)
③ 전자지급결제대행에 관한 업무를 하는 금융회사 또는 전자금융업자를 통한 신용카드매출전표

4) 아래의 요건을 모두 갖춘 전자적 결제 수단에 의한 매출(부가령 제88조 제1항)

① 카드 또는 컴퓨터 등 전자적인 매체에 화폐가치를 저장하였다가 재화 또는 용역을 구매할 때 지급하는 결제 수단(이하 "전자화폐"라 함)일 것
② 전자화폐를 발행하는 사업자가 결제 명세를 가맹 사업자별로 구분하여 관리하는 결제수단일 것
③ 통신판매업자가 판매를 대행 또는 중개하는 부가통신사업자를 통해 재화 또는 용역을 공급하고 부가통신사업자로부터 전자적으로 대금을 결제받는 경우(부가통신사업자가 법 제75조 제1항 및 이 영 제121조 제1항에 따라 제출하는 월별 거래명세를 통해 그 결제 내역이 확인되는 경우만 해당한다)

☞ 2024.01.01. 이후 공급분부터 적용
☞ 쿠팡, 네이버 등이 부가통신사업자로 홈택스에 자료를 제출하면 신용카드/판매(결제)대행 매출자료에서 조회된다.

---

[58] "직불전자지급수단"이라 함은 이용자와 가맹점간에 전자적 방법에 따라 금융회사의 계좌에서 자금을 이체하는 등의 방법으로 재화 또는 용역의 제공과 그 대가의 지급을 동시에 이행할 수 있도록 금융회사 또는 전자금융업자가 발행한 증표(자금을 융통받을 수 있는 증표를 제외한다) 또는 그 증표에 관한 정보를 말한다(전자금융거래법 제2조).

[59] "선불전자지급수단"이라 함은 이전 가능한 금전적 가치가 전자적 방법으로 저장되어 발행된 증표 또는 그 증표에 관한 정보로서 다음 각 목의 요건을 모두 갖춘 것을 말한다. 다만, 전자화폐를 제외한다(전자금융거래법 제2조).
  ㉠ 발행인(대통령령이 정하는 특수관계인을 포함한다) 외의 제3자로부터 재화 또는 용역을 구입하고 그 대가를 지급하는데 사용될 것
  ㉡ 구입할 수 있는 재화 또는 용역의 범위가 2개 업종(「통계법」 제22조 제1항의 규정에 따라 통계청장이 고시하는 한국표준산업분류의 중분류상의 업종을 말한다. 이하 이 조에서 같다)이상일 것

(3) 세액공제액 계산

부가가치세가 과세되는 재화 또는 용역을 공급하고 세금계산서의 발급시기에 「여신전문금융업법」에 의한 신용카드매출전표·현금영수증·직불카드영수증·결제대행업체를 통한 신용카드매출전표·실제 명의가 확인되는 선불카드영수증(이하 '신용카드매출전표 등'이라 한다)을 발급하거나 전자적 결제수단에 의하여 대금을 결제받는 경우 일정금액을 납부세액에서 공제한다(부가법 제46조 제1항, 부가령 제88조 제1항~제4항).

구 분	2015.01.01. ~ 2021.06.30.	2021.07.01. ~ 2026.12.31.
일반업종	공급대가×1.3%	공급대가×1.3% (한도 1,000만원)
간이과세자 음식·숙박업	공급대가×2.6%	

☞ 공급가액의 합계액에는 면세 공급가액은 제외하지만 고정자산 매각금액은 포함한다.
☞ 신규개업 또는 중도 폐업하는 사업자가 신용카드발행세액 공제를 적용하는 경우에도 공제한도를 별도 환산하는 규정 없음.

(4) 세액공제액 한도

공제받는 금액이 그 금액을 차감하기 전의 납부할 세액을 초과하는 때에는 그 초과하는 부분은 없는 것으로 본다. 이 경우 그 금액을 차감하기 전의 납부할 세액이란 「부가가치세법」, 「국세기본법」 및 「조세특례제한법」에 따라 빼거나 더할 세액(부가가치세법에 의한 가산세 및 국세기본법에 의한 무신고, 과소신고·초과환급신고, 납부지연가산세를 제외)을 빼거나 더하여 계산한 세액을 말하며, 그 계산한 세액이 "0"보다 작으면 "0"으로 본다(부가법 제46조 제2항).

(5) 사례별 판단

1) 소매업자가 세금계산서를 발급하고 신용카드로 결제받은 경우 세액공제 여부

개인사업자로서 소매업 등을 영위하는 사업자가 부가가치세가 과세되는 재화 또는 용역을 공급하고 부가령 제73조 제3항[60]의 규정에 의해 세금계산서를 발급하고 그 대가를 공급받는 자의 신용카드에 의해 결제되는 경우 신용카드발행세액공제를 할 수 있다(재소비 46015-36, 2002.02.05.).

---

60) ③ 제1항 제1호부터 제3호까지, 제5호(「여객자동차 운수사업법 시행령」 제3조 제2호 가목에 따른 전세버스운송사업으로 한정한다), 제7호, 제8호, 제12호 또는 제14호의 사업을 하는 사업자와 제2항 각 호의 어느 하나에 해당하는 사업자가 재화 또는 용역을 공급하는 경우로서 그 재화 또는 용역을 공급받는 사업자가 법 제36조 제3항에 따라 세금계산서의 발급을 요구하는 경우에는 세금계산서를 발급해야 한다(2021.02.17. 개정).

2) 도·소매업자가 세금계산서를 발급하고 신용카드로 결제받은 경우 세액공제 여부

도·소매업을 하는 사업자가 재화를 공급한 경우 거래상대방이 세금계산서의 발급을 요구하는 경우 세금계산서를 발급하고 신용카드로 결제받은 금액에 대하여는 신용카드매출전표발행세액공제를 적용할 수 있다(국심2001서3015, 2002.02.09.).

구 분	소비자	세액공제여부
도매업	사업자가 재판매 목적으로 소비하는 경우에는 도매로 본다.	공제불가
소매업	사업자가 최종소비자 입장이면 소매로 본다.	공제가능

3) 제조업자가 전자상거래 방식으로 소비자에게 제품 판매시 신용카드발행세액공제 적용 여부

사업자가 제품을 제조하여 전자상거래 방식으로 판매하고 신용카드매출전표를 발행하는 경우 「부가가치세법」 제46조 제1항에 따른 신용카드매출전표의 발행에 대한 세액공제를 받을 수 없는 것임(사전법령해석부가 2020-1137, 2020.12.31.).

☞ 한국표준산업분류 - 전자상소매업
일반 대중을 대상으로 온라인 통신망을 통하여 각종 상품을 소매하는 산업활동을 말한다. 다만, 제조 사업체가 전자상거래 방식으로 제조한 제품을 판매하는 경우에는 해당 제품 제조업으로 분류 한다.

4) 제로페이 결제방식으로 대금을 받는 경우 신용카드매출전표발행세액 공제 대상여부

매출 10억 이하인 개인사업자(직전 연도의 재화 또는 용역의 공급가액의 합계액이 10억원을 초과하는 개인사업자 제외)가 「전자금융거래법」에 따른 직불 또는 선불전자지급수단에 해당하는 제로페이 결제방법에 따라 대금을 결제받는 경우 신용카드매출전표발행 세액공제를 적용할 수 있다(사전법령해석부가 2019-756, 2019.12.31.).

5) 대형마트 명의로 신용카드매출전표를 발행하는 경우

재화를 공급한 사업자와 신용카드매출전표를 발행하는 사업자가 다른 경우에는 신용카드 등의 사용에 따른 세액공제를 적용하지 아니한다(부가-1033, 2013.10.31.).

구 분	세액공제여부
결제대행업체 등록시	발행세액공제 가능
결제대행업체 미등록시	발행세액공제 불가

 관련 해석사례 및 집행기준

- 신용카드 사용 등에 따른 세액공제 누락 시 부가가치세법상 신고기간별 경정청구 가능 여부

  부가가치세 신고기간별로 과세표준을 신고한 자가 특정 신고기간에 「부가가치세법」 제46조의 '신용카드 등의 사용에 따른 세액공제'를 누락한 경우로서, 해당 신고기간이 속하는 전체 과세기간에 대해 '납부할 세액'이 발생하지 않은 경우에도 「국세기본법」상의 경정청구가 가능함(기획재정부부가-181, 2023.03.08.).

- 신용카드 등의 사용에 따른 세액공제 시 납부세액 한도 적용 범위

  신용카드 등의 사용에 따른 세액공제 시 공제받는 금액은 신고기간별(조기환급신고, 예정신고, 확정신고) 납부할 세액을 한도로 하는 것임(서면법령해석부가 2020-1163, 2021.10.12.).

- 사업자단위과세 개인사업자의 신용카드 등의 사용에 따른 세액공제 적용 제외 대상 판정기준

  사업자단위과세사업자로 등록한 개인사업자의 경우 신용카드 등의 사용에 따른 세액공제 적용 제외 기준인 사업장을 기준으로 10억원을 초과하는지 여부는 직전연도의 주사무소와 종된 사업장의 사업장별 공급가액을 기준으로 판단하는 것임(기획재정부부가-352, 2020.08.12.).

- 즉석판매제조·가공업을 영위하는 개인사업자의 신용카드매출전표등 발급에 따른 세액공제 여부

  개인사업자가 국, 찌개, 볶음, 반찬 등을 제조하여 주로 일반소비자에게 판매하는 사업이 한국표준산업분류에 따른 조리반찬류 소매업(G47218)에 해당하는 경우에는 신용카드매출전표 등 발급에 따른 세액공제를 받을 수 있는 것이나 해당 사업이 이에 해당하는지 여부는 한국표준산업분류를 따르는 것임(서면법령해석부가 2018-3593, 2019.09.05.).

- 사업의 실질이 구매대행인 경우 신용카드매출전표 발행에 따른 세액공제 여부

  구매대행업자가 해외 구매원가, 배송원가 및 구매대행수수료에 대하여 여전법에 따른 결제대행업체를 통한 신용카드매출전표등을 발행하는 경우 해당 결제금액 중 구매대행수수료에 대하여는 신용카드매출전표발행세액공제를 받을 수 있는 것임(서면법령해석부가 2018-2530, 2019.01.23.).

- 신용카드발행세액공제 적용 제외 대상 여부

  「부가가치세법」 제46조 제1항의 '직전 연도의 재화 또는 용역의 공급가액의 합계액'은 부가가치세가 과세되는 모든 재화 또는 용역의 공급가액의 합계액을 말함(서면부가 2018-1379, 2018.06.22.).

- 신용카드발행세액공제 적용대상 공급가액 범위

  신용카드발행세액공제 적용대상 공급가액의 범위에는 부가가치세가 면제되는 재화 또는 용역

의 공급가액은 제외하는 것임(기획재정부 부가-361, 2016.07.20.).

경정청구시 신용카드발행세액공제를 신고기간별로 적용하는 것인지 과세기간별로 적용하는 것인지 여부

월별조기환급신고시 신고누락한 매입세액에 대한 경정청구시 신용카드발행세액공제는 해당 과세기간별로 적용하는 것임(서면법령해석부가 2014-20980, 2015.07.16.).

신용카드매출전표 발행세액공제 시 업종별 납부세액으로 공제하는지 여부

일반과세자 중 주로 사업자가 아닌 자에게 재화 또는 용역을 공급하는 사업으로서 부가가치세법시행령 제73조 제1항 및 제2항에 따른 사업을 하는 사업자(법인사업자 제외)가 부가가치세가 과세되는 재화 또는 용역을 공급하고 세금계산서 발급시기에 여신전문금융업법에 따른 신용카드매출전표 등을 발급하는 경우에는 부가가치세법 제46조 제1항의 규정에 따른 금액(연간 500만원을 한도로 한다)을 부가가치세법시행령 제73조 제1항 및 제2항에 따른 사업의 납부세액에서 공제하는 것임(부가가치세과-945, 2013.10.16.).

> ☞ 저자주: 하나의 사업장에서 음식업과 부동산매매업을 같이 영위하는 경우 부동산매매업의 고정자산 매입 등으로 인하여 전체 납부세액이 환급일지라도 신용카드매출전표 발행세액 공제는 음식점업 납부세액에서 공제하는 것임.

자진발급 현금영수증 등에 대한 신용카드매출전표 등 발행세액공제 여부

현금영수증가맹점(법인 제외)이 부가가치세가 과세되는 재화 또는 용역을 공급하고 「부가가치세법」 제16조의 규정에 의한 세금계산서의 교부시기에 소비자의 신분인식수단을 확인할 수 없어 국세청장이 지정한 번호(010-000-1234)로 현금영수증을 발급한 경우에는 같은 법 제32조의2 제1항의 규정에 의하여 현금영수증발행에 대한 세액공제를 받을 수 있는 것임(서면3팀-1309, 2007.05.02.).

신용카드 발행세액공제시 연간 한도액의 계산기준

사업자의 과세유형이 간이과세자에서 일반과세자로 전환된 경우, 법 제32조의2 제1항에서 규정하는 세액공제의 연간 한도액을 계산함에 있어서 간이과세자로서 동 세액공제를 받은 금액은 납부세액에서 실제로 공제된 금액인 것임(서삼 46015-10411, 2003.03.12.).

전문직 사업자의 신용카드매출전표 발행세액공제 가능 여부

법정사업 및 행정사업을 영위하는 사업자가 법정사업자에게 사업에 해당하는 용역을 공급하는 때에는 신용카드매출전표 발행세액공제 규정을 적용하지 아니함(서삼 46015-10652, 2003.04.17.).

02 예정신고미환급세액 및 예정고지세액

1. 예정신고미환급세액

예정신고시 재고과다 등으로 일반환급을 신고한 경우 환급세액을 기재한다. 이 경우 고정자산취득 또는 영세율 등 조기환급을 신고한 경우 환급 여부를 사업자가 통보받지 못한 경우가 있으므로 세무서에 확인하여 조기환급을 하지 않은 경우에만 기재하여야 한다.

2. 예정고지세액

해당 과세기간 중에 예정고지된 세액이 있는 경우 그 예정고지세액을 기재한다. 이 경우 납부기한을 경과하여 가산금을 납부한 경우 가산금을 합산하지 아니한다.

03 사업양수자의 대리납부 기납부세액

1. 의의

사업의 양도는 재화의 공급으로 보지 않음에도 불구하고 사업의 양도에 따라 그 사업을 양수받는 자는 그 대가를 지급하는 때에 그 대가를 받은 자로부터 부가가치세를 징수하여 그 대가를 지급하는 날이 속하는 달의 다음달 25일까지 납부할 수 있는 제도를 말한다(부가법 제52조 제4항, 부가령 제95조 제5항).

2. 재화의 공급으로 보는 경우

2014.01.01. 이후 사업을 양도하는 분부터 대리납부에 따라 그 사업을 양수받는 자가 대가를 지급하는 때에 그 대가를 받은 자로부터 부가가치세를 징수하여 납부한 경우는 재화의 공급으로 본다(부가법 제10조 제8항 제2호).

3. 대리납부세액

사업양도대가 × 10%

4. 신고기한

부가가치세를 징수하여 그 대가를 지급하는 날이 속하는 달의 다음달 25일까지 사업양수자의 인적사항, 사업의 양수에 따른 대가를 받은 자의 인적사항, 사업의 양수에 따른 대가의 가액과 부가가치세액, 그 밖의 참고 사항을 적은 부가가치세 대리납부신고서 [별지 제37호의2 서식]와 함께 사업장 관할 세무서장에게 납부할 수 있다(부가법 제52조 제4항, 부가령 제95조 제5항).

5. 사업양도인 신고방법

사업양도인은 부가가치세 신고서 작성시 사업양수자가 대리납부한 세액을 기납부세액으로 차감하여 기재한다(부가집 10-23-3).

■ 부가가치세법 시행규칙 [별지 제37호의2서식](2014.03.14 신설)

부가가치세 대리납부신고서(사업양수자용)

※ 아래의 작성방법을 읽고 작성하시기 바랍니다.

접수번호	접수일		처리기간 즉시

1. 사업양수자 인적사항

① 상호(법인명) ㈜ 한국	② 사업자등록번호
③ 성명(대표자) 김한국	④ 사업장 소재지
⑤ 업태	⑥ 종목

2. 사업양도자 인적사항

⑦ 상호(법인명) ㈜ 한결	⑧ 사업자등록번호
⑨ 성명(대표자) 윤한결	⑩ 사업장 소재지
⑪ 업태	⑫ 종목

3. 대리납부 신고 내용

⑬ 공급일	⑭ 공급가액	⑮ 부가가치세액
2025.5.20.	150,000,000	15,000,000

「부가가치세법 시행령」 제95조제5항에 따라 위와 같이 부가가치세 대리납부를 신고합니다.

2025년 05월 20일

신고인   김한국 (서명 또는 인)

강 서 세 무 서 장 귀하

첨부서류	없음	수수료 없 음

작 성 방 법

이 신고서는 아래의 작성방법에 따라 한글과 아라비아 숫자로 정확하게 적고, 거래금액은 원단위까지 표시합니다.

1. 사업양수자 인적사항
① ~ ⑥: 대리납부신고서를 제출하는 사업자의 인적사항을 적습니다.

2. 사업양도자 인적사항
⑦ ~ ⑫: 사업의 양도에 따른 대가를 받은 사업자의 인적사항을 적습니다.

3. 대리납부 신고 내용
⑬: 사업의 양수에 따른 대가의 지급일을 적습니다.
⑭: 사업의 양수에 따른 대가의 가액을 적습니다.
⑮: 대리납부하는 부가가치세액을 적습니다.

210mm×297mm[백상지 80g/㎡(재활용품)]

04 매입자 납부특례 기납부세액

1. 금 관련 제품 거래시 매입자 납부제도(조특법 제106의 4조)

(1) 적용대상

금사업자 간에 부가가치세 과세대상인 금지금, 금제품 및 금 관련 웨이스트와 스크랩을 거래하는 경우 적용한다. 다만, 면세거래 및 소매업자와 소비자간의 거래에는 적용하지 아니한다.

① 금사업자: 금 관련 제품을 공급하거나 공급받으려는 사업자 또는 수입하려는 사업자
② 금 관련 제품:
  ㉠ 금괴(덩어리)·골드바 등 원재료 상태로서 순도가 99.5% 이상인 금 → 금지금
  ㉡ 소비자가 구입한 사실이 있는 반지 등 제품 상태인 것으로 순도가 58.5% 이상인 금 → 금제품
  ㉢ 금 함유량이 10만분의 1 이상인 웨이스트와 스크랩 → 2015.07.01. 이후 금거래계좌를 개설·신고하고 금 관련 웨이스트와 스크랩을 공급하거나 공급받는 경우 또는 수입신고하는 경우부터 적용
③ 금 관련 제품을 수입하려는 사업자

(2) 금거래계좌 개설

① 금 관련 제품을 공급하거나 공급받으려는 사업자 또는 수입하려는 금사업자는 국세청장 지정금융기관*에 금거래계좌를 개설하여야 한다.
  ☞ 국민은행, 농협은행, 대구은행, 신한은행, 우리은행, 중소기업은행, 하나은행
  부가가치세 매입자 납부특례제도를 운영하는 금융회사의 지정 등에 관한 고시(국세청 고시 제2016-16호. 2016.09.12.)
  ☞ 세무서장에게 신고의무 폐지됨.
② 「금거래계좌」 요건(사업장별로 2개 이상 개설할 수 있음)
  ㉠ 국세청장이 지정한 금융기관에 개설한 계좌일 것
  ㉡ 개설되는 계좌의 명의인 표시에 사업자의 상호가 함께 기재될 것(상호가 있는 경우)
  ㉢ 개설되는 계좌의 표지에 "금거래계좌"라는 문구가 표시될 것
    ☞ 금거래계좌를 사용한 대금 결제는 「소득세법」상 사업용계좌를 사용한 것으로 봄

(3) 금거래계좌를 통한 대금 지급 및 부가가치세 처리

1) 금사업자가 부가가치세가 과세되는 금 관련 제품을 매입한 때

① 금거래계좌를 사용하여 제품가액과 부가가치세를 입금하면 지정금융기관은 제품가액은 매출자에게 부가가치세는 부가가치세 관리계좌에 자동입금 되도록 처리된다.

② 금사업자가 금 관련 제품을 다른 금사업자로부터 공급받았을 때에는 그 공급을 받은 때나 세금계산서를 발급받은 때에 금거래계좌를 사용하여 금 관련 제품의 가액은 공급한 사업자에게, 부가가치세액은 국세청장이 지정한 자(지정금융기관 부가가치세 관리계좌)에게 입금하여야 한다(조특법 제106의4조 제3항 본문).

☞ 2015.01.01. 이후 공급하거나 공급받는 분부터 입금시기를 명확히 함(「그 공급을 받은 때나 세금계산서를 발급받은 때에」 문구 추가함)

다만, 기업구매자금대출 등 조특령 제106의9조 제6항으로 정하는 방법인 조특법 제7조의2에 따른 환어음·판매대금추심의뢰서, 기업구매전용카드, 외상매출채권담보대출제도, 구매론제도 및 네트워크론제도, 「전자금융거래법」 제2조에 따른 전자채권, 외국환은행을 통하여 외화로 대금을 지급하는 거래를 이용하여 금관련 제품의 가액을 결제하는 경우에는 부가가치세액만 입금할 수 있다(2009.04.01. 이후 공급분부터, 조특법 제106의4조 제3항 단서, 조특령 제106의9조 제6항).

③ 금지금을 수입하는 경우 금지금을 별도로 수입신고하고 부가가치세를 금거래계좌로 입금(2009.07.01. 이후 수입하는 분부터)할 수 있다.

④ 매출자가 매입자로부터 부가가치세를 거래징수하지 아니한다.

2) 지정금융기관에 입금된 부가가치세의 처리

① 금 관련 제품을 공급받은 자가 입금한 부가가치세 매입세액은 해당 사업자가 금 관련 제품을 공급하고 거래 상대방이 거래계좌에 입금한 매출세액의 범위에서 지정금융기관이 실시간 정산·환급한다.

② 지정금융기관은 정산·환급하고 남은 부가가치세액을 예정 또는 확정신고기한에 사업자별로 국고에 입금한다.

③ 지정금융기관에 입금한 부가가치세액은 각 사업자별로 납부하여야 할 세액에서 공제하거나 환급받을 세액에 가산한다.

참고

국세청 홈택스 (공인인증서 로그인)

세금 신고 > 신고도움자료조회 > 매입자납부 특례 조회

- 금 관련 제품 거래시 매입자 납부제도 흐름도 사례[61]

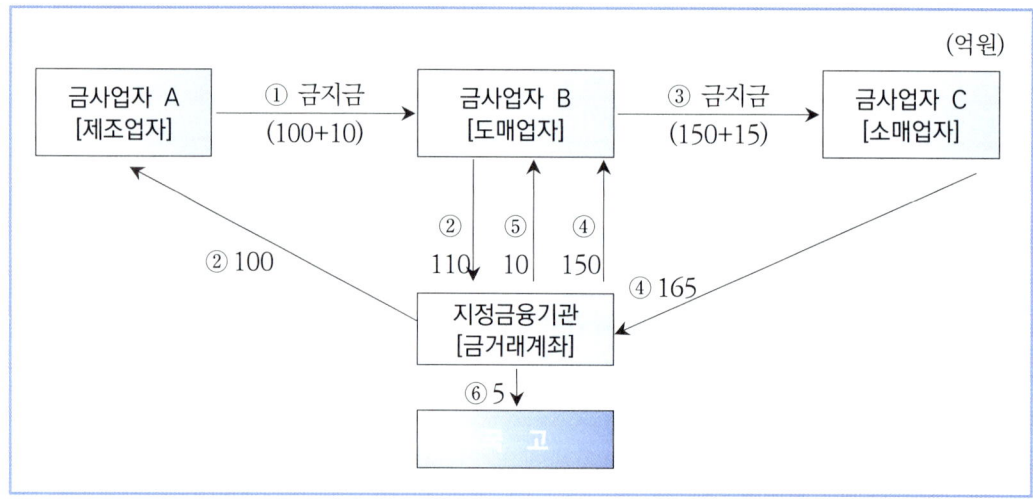

---

61) 국세상담센터, 부가가시체 상담실무, 2017., 559p 참고.

> ① 금사업자 A가 금사업자 B에게 100억원의 금 관련 제품을 매출하면
> ② 금사업자 B는 제품가액 100억원 및 부가세액 10억원을 금거래계좌에 입금(결제)함.
>   → 이후 지정금융기관은 금지금가액 100억원을 A에게 지급함.
> ③ B가 금사업자 C에게 금 관련 제품을 150억원에 매출하고
> ④ C는 매입세액(B의 매출세액) 15억원을 포함한 165억원을 금거래계좌에 입금(결제)함.
>   → 이때 지정금융기관은 제품가액 150억원을 B에게 지급함.
> ⑤ C가 매입세액(B의 매출세액)을 지정금융기관에 입금하는 즉시 지정금융기관은 B에 대하여 매출세액(15억원)의 한도 내에서 매입세액(10억원)을 B에게 환급하고
> ⑥ 신고기간 도래 시 지정금융기관은 실시간 환급 후의 잔액(5억원)을 국고에 납부함.

(4) 금관련 제품 수입업자 및 금지금 제련업자의 매입세액 환급(조특칙48의4, 국세청 고시 제2016-16호, 2016. 9. 12)

① 금관련 제품 수입업자가 수입시에 납부하거나 금지금제련업자가 매출에 대한 부가가치세액을 환급 받기 위하여는 「금관련 제품 수입업자 부가가치세 환급신청서」 또는 「금지금 제련업자 부가가치세 환급신청서」를 관할 세무서장에게 제출한다.

② 금관련 제품 수입업자 및 금지금제련업자에 대하여는 다음의 세액을 매입세액으로 보아 매출세액의 범위내에서 세무서장이 환급신청서를 검토한 후 지정금융기관에 그 사실을 통보하여 환급한다.

  ㉠ 금관련 제품 수입 시 세관에 납부한 부가가치세액
  ㉡ 금지금제련업자는 매입자가 입금한 부가가치세액(매출세액)에서 그 제련업자가 입금한 부가가치세액(매입세액)을 뺀 금액의 70%에 해당하는 금액

(5) 매입자의 환급세액 환급보류(조특법 제106의4조 제10항)

① 세무서장은 해당 예정신고기간 및 확정신고기간 중 금사업자의 금관련 제품 매출액이 금관련 제품 매입액 대비 70% 이하인 경우 6월 이내의 기간 동안 환급을 보류할 수 있다.

② 다만, 아래의 경우에는 그러하지 아니한다.
  ㉠ 환급받을 세액이 500만원 이하인 경우
  ㉡ 금사업자, 금사업자의 대표자 또는 임원이 다음의 요건을 모두 갖춘 경우
    • 해당 신고납부기한 종료일 현재 최근 3년간 조세범으로 처벌받은 사실이 없을 것
    • 해당 신고납부기한 종료일 현재 최근 1년간 국세를 체납한 사실이 없을 것
    • 해당 신고납부기한 종료일 현재 최근 3년간 결손처분을 받은 사실이 없을 것

- 해당 신고납부기한 종료일 현재 최근 1년간 금거래계좌를 이용하지 아니하고 금관련 제품의 거래를 한 사실이 없을 것
- 그 밖에 부가가치세 신고·납부현황을 고려할 때 조세포탈 우려가 없다고 국세청장이 인정하는 경우

(6) 금거래계좌를 사용한 경우 조세혜택

① 금거래계좌를 이용하여 대금을 결제한 경우 사업용계좌를 사용한 것으로 본다(조특령 제106의9 조 제4항).
② 금 웨이스트와 스크랩 관련 소득세 및 법인세 세액공제을 적용한다(조특법 122의4).

(7) 금거래계좌를 사용하지 아니한 경우 불이익

① 금관련 제품을 공급받은 자가 금거래계좌를 통하여 부가가치세액을 입금하지 아니한 경우 매입세금계산서에 기재된 매입세액은 매출세액에서 불공제한다(조특법 제106의4조 제6항).
② 매출·매입 금사업자 모두에게 금관련 제품가액의 10% 가산세 징수하나(조특법 제106의4조 제7항)금 관련 웨이스트, 스크랩과 구리 또는 철스크랩 물품이 혼합된 제품을 공급하거나 공급받으려는 사업자가 스크랩등 거래계좌를 사용하는 경우 가산세 징수하지 않는다.
③ 관할 세무서장은 금관련 제품을 공급받은 금사업자가 부가가치세액을 입금하지 아니한 경우에는 부가가치세액 입금기한의 다음 날부터 부가가치세액을 입금한 날까지의 기간에 대하여 대통령령으로 정하는 이자율(1일 2.2/10,000)을 곱하여 계산한 금액을 입금하여야 할 부가가치세액에 가산하여 징수한다(조특법 제106의4조 제8항).

2. 스크랩 등 거래시 매입자 납부제도

(1) 의의

스크랩 등 거래의 투명화·정상화를 통한 스크랩 등 산업의 발전을 지원하고 매출자가 거래징수한 부가가치세를 무납부하는 것을 방지하기 위하여 매출자에 의한 거래징수제도를 매입자납부제도로 전환하였다.
☞ 구리스크랩은 2014.01.01. 이후 공급분부터, 철스크랩은 2016.10.01. 이후 공급분부터 적용

(2) 적용대상

1) 스크랩 등을 공급하거나 공급받으려는 사업자 간에 부가가치세 과세대상인 스크랩 등을 거래하는 경우 적용한다. 다만 소매업자와 소비자간의 거래는 적용하지 아니한다(조특법 106의9①).

① 스크랩 등 사업자: 구리, 철 스크랩 등을 공급하거나 공급받으려는 사업자 또는 수입하려는 사업자(제조업, 도매업, 소매업 등을 영위하는 사업자)

② 스크랩 등:
  ㉠ 「관세법」제84조에 따라 기획재정부장관이 고시한 「관세·통계통합품목분류표」중 구리의 웨이스트 및 스크랩과 잉곳(ingot) 또는 이와 유사한 재용해(再溶解) 구리의 웨이스트와 스크랩으로부터 제조된 괴상의 주조물
  ㉡ 구리가 포함된 합금의 웨이스트 및 스크랩으로서 구리함유량이 40% 이상인 물품
  ㉢ 「관세법」제84조에 따라 기획재정부장관이 고시한 「관세·통계통합품목분류표」중 철의 웨이스트와 스크랩, 철강의 재용해용 스크랩 잉곳 또는 그 밖에 이와 유사한 것으로서 대통령령으로 정하는 물품

2) 스크랩 등을 수입하려는 사업자

(3) 스크랩 등 거래계좌 개설

① 스크랩 등 사업자는 조특령 106의12①에 따라 스크랩 등 거래계좌를 개설하여야 한다.

② 스크랩 등 거래계좌는 다음의 요건을 모두 갖춘 계좌를 말한다.

> ㉠ 국세청장이 지정한 금융회사등(13개 은행)에 개설한 계좌일 것
> ㉡ 개설되는 계좌의 명의인 표시에 사업자의 상호가 함께 기재될 것(상호가 있는 경우로 한정)
> ㉢ 개설되는 계좌의 표지에 "스크랩등거래계좌"라는 문구가 표시될 것

③ 사업자는 1개의 거래계좌를 2개 이상의 사업장에 대한 거래계좌로 사용할 수 있으며, 사업장별로 2개 이상의 스크랩등거래계좌를 개설할 수 있다.

④ 스크랩등거래계좌를 이용하여 대금을 결제한 경우에는 「소득세법」제160조의5에 따라 사업용계좌를 사용한 것으로 본다.

(4) 거래계좌 미사용시 불이익

1) 매입세액 불공제

스크랩등을 공급받은 스크랩 등사업자가 부가가치세액을 입금하지 아니한 경우에는

스크랩 등을 공급한 스크랩 등 사업자에게서 발급받은 세금계산서에 적힌 세액은 매출세액에서 공제되는 매입세액으로 보지 아니한다(조특법 제106조의9 제5항).

2) 미사용가산세

스크랩등거래계좌를 사용하지 아니하고 스크랩등의 가액을 결제받은 경우에는 해당 스크랩등을 공급하거나 공급받은 스크랩등사업자에게 제품가액의 100분의 10을 가산세로 징수한다(조특법 제106조의9 제6항).

3) 지연입금가산세

스크랩 등을 공급받은 스크랩 등 사업자가 부가가치세액을 입금하지 아니한 경우에는 부가가치세액 입금기한의 다음 날부터 부가가치세액을 입금한 날(예정·확정 신고기한을 한도로 한다)까지의 기간에 대하여 2.2/10,000을 곱하여 계산한 금액을 입금하여야 할 부가가치세액에 가산하여 징수한다(조특법 제106조의9 제7항).

☞ 부가가치세액 입금기한: 스크랩 등을 공급을 받은날(스크랩 등을 공급받은 날이 세금계산서를 발급받은 날보다 빠른 경우에는 세금계산서를 발급받은 날)의 다음날

(5) 스크랩 등 거래계좌를 통한 대금 지급 및 부가가치세 처리

① 스크랩 등 사업자가 스크랩 등을 다른 스크랩 등 사업자에게 공급하였을 때에는 부가가치세를 그 공급받는 자로부터 징수하지 아니한다.
② 스크랩 등 사업자가 스크랩 등을 다른 스크랩 등 사업자로부터 공급받았을 때에는 그 공급을 받은 날의 다음 날까지 스크랩 등 거래계좌를 사용하여 스크랩 등의 가액은 스크랩 등을 공급한 사업자에게, 부가가치세액은 부가가치세 관리계좌에 자동입금처리 된다.
③ 스크랩 등 수입에 대한 부가가치세는 스크랩 등 거래계좌를 사용하여 수입자가 스크랩 등을 별도로 수입신고하고 그 스크랩 등에 대한 부가가치세를 부가가치세액만 입금하는 방법으로 납부할 수 있다.
④ 공급받은 자가 입금한 부가가치세액은 스크랩 등을 공급한 스크랩 등 사업자가 납부하여야 할 세액에서 공제하거나 환급받을 세액에 가산한다.
⑤ 공제하거나 환급받을 세액에 가산한 후(환급되지 않고 남아 있는)의 부가가치세액을 매 분기가 끝나는 날의 다음 달 25일까지 국고에 납부하여야 한다.

(6) 매입자의 환급세액 환급보류

세무서장은 해당 예정신고기간 및 확정신고기간 중 스크랩 등의 매출액이 스크랩 등의 매입액에서 차지하는 비율이 70%이하인 경우에는 환급을 보류할 수 있다. 다만, 다

음의 어느 하나에 해당하는 경우에는 그러하지 아니하다(조특법 106조의9 제9항).

☞ 환급을 보류할 수 있는 기간은 해당 예정신고기한 또는 확정신고기한의 다음 날부터 6개월 이내로 한다.

① 환급받을 세액이 500만원 이하인 경우
② 체납이나 포탈 등의 우려가 적다고 인정되는 경우(스크랩등사업자, 스크랩등사업자의 대표자 또는 임원이 다음의 요건을 모두 갖춘 경우)

> ㉠ 해당 신고납부기한 종료일 현재 최근 3년간 조세범으로 처벌받은 사실이 없을 것
> ㉡ 해당 신고납부기한 종료일 현재 최근 1년간 국세를 체납한 사실이 없을 것
> ㉢ 해당 신고납부기한 종료일 현재 최근 3년간 결손처분을 받은 사실이 없을 것
> ㉣ 해당 신고납부기한 종료일 현재 최근 1년간 스크랩등거래계좌를 이용하지 아니하고 스크랩등의 거래를 한 사실이 없을 것
> ㉤ 그 밖에 부가가치세 신고·납부 현황 등을 고려할 때 조세포탈의 우려가 없다고 국세청장이 인정하는 경우에 해당할 것

(7) 구리 스크랩, 철 스크랩 사업자의 부가가치세 신고

구리 스크랩 등 사업자도 일반사업자와 동일하게 부가가치세를 신고·납부하여야 한다. 지정금융기관을 통해 국고에 입금된 부가가치세액은 부가가치세 신고서상 스크랩등 "매입자납부 특례 기납부세액"란에 금액을 기재하여 예정신고·확정신고기한에 관할 세무서로 신고한다.

(8) 스크랩 등에 대한 부가가치세 매입세액공제 특례

① 스크랩 등 사업자가 스크랩 등에 대하여 재활용폐자원 부가가치세 매입세액 공제 특례를 적용받는 경우에는 예정신고기간(01.01. ~ 03.31./07.01. ~ 09.30.)이 끝나는 날의 다음 날부터 25일 이내에 사업장 관할 세무서장에게 신고할 수 있다(조특법 108조의2 제1항).
② 스크랩 등 사업자는 신고와 함께 특례기간에 대한 납부세액을 사업장 관할 세무서장에게 납부하여야 한다(조특법 108조의2 제2항).
③ 부가가치세를 신고납부하는 경우에는 「부가가치세법」을 따른다(조특법 108조의2 제3항).

(9) 스크랩등 사업자의 부가가치세 예정부과 특례

① 스크랩 등 사업자에 대하여 예정고지할 경우 그 결정세액에서 그 예정신고기간 또는 예정부과기간 종료일 현재 스크랩 등 거래계좌에서 국고에 납부할 부가가치세를 뺀 금액을 각각 징수한다. 다만, 그 산정한 세액이 음수인 경우에는 "0"으로 본다(조특법 108조의3 제1항).

② 스크랩 등 사업자가 휴업 또는 사업부진으로 예정신고·납부하는 경우 그 예정신고기간 또는 예정부과기간 종료일 현재 스크랩 등 거래계좌에서 국고에 납부할 부가가치세를 뺀 금액을 각각 신고납부한다. 다만, 그 산정한 세액이 음수인 경우에는 "0"으로 본다(조특법 108조의3 제2항).

 관련 해석사례 및 집행기준

▸ **폐드럼을 공급하는 경우 부가가치세 매입자 납부특례 적용대상인 철 스크랩등에 해당하는지 여부**
페인트가 담겨있던 공드럼이 「관세법」 제84조에 따라 기획재정부장관이 고시한 「관세·통계통합품목분류표」 중 철의 웨이스트와 스크랩(품목번호가 "7204"의 품목을 의미함)에 해당하는 경우에는 조세특례제한법 제106조의9 제1항에서 규정하는 스크랩 등에 해당하는 것임(사전법령해석부가 2016-0526, 2016.11.10.).

▸ **보세구역에서 스크랩 반출거래시 구리스크랩 등 거래계좌 결제 여부**
수입·수출 거래는 국내 사업자간 거래가 아니므로 매입자납부 대상에 해당하지 않으나, 국외 사업자와 직거래가 아닌 내국신용장·구매확인서에 의해 영세율이 적용되는 거래는 제품가액을 구리스크랩 등 거래계좌로 결제하는 것이며, 보세구역에서 구리 스크랩 등을 반출하는 업체와의 거래는 국내 사업자간 거래로 구리 스크랩 등 거래계좌로 결제해야 함(부가-214, 2014.03.24.).

▸ **지점사업장 명의로 개설된 구리스크랩 계좌를 본점 거래시 사용하는 경우 가산세대상 여부**
본점과 지점을 가지고 있는 사업자가 본점 사업장을 지점 사업장으로 이전하고 지점 사업자등록을 폐업한 경우로서 기존에 지점 사업장명의로 개설한 구리 스크랩 등 거래계좌를 본점 사업장에서 구리 스크랩 등의 거래계좌로 사용하는 경우에는 조세특례제한법 제106조의9 제6항 및 제7항을 적용하지 아니하는 것임(서면법령해석부가 2015-689, 2015.10.21.)

▸ **채권·채무 상계처리후 잔액만 구리거래계좌로 결제가능한지 여부**
「조세특례제한법」 제106조의9에 따라 채권·채무액을 서로 상계처리하지 않고 구리거래 계좌를 통해 채권·채무액별로 수수하며, 선수금을 구리거래계좌로 받고 세금계산서를 발급하는 경우에는 세금계산서 발급일을 공급시기로 하여 거래대금을 입금받고 추후 정산을 통해 공급가액 변동시 변동가액에 대한 추가결제처리 후 수정세금계산서(공급가액 변동사유)를 발급하고, 세금계산서를 발급하지 않은 경우에는 공급시기 도래시 선수금을 정산하고, 세금계산서는 「부가가치세법」 제34조에 따라 공급시기 또는 월합계 방식으로 전체 거래금액을 기재하여 발급함(부가-154, 2014.03.07.).

폐가전제품 거래시 구리거래계좌 이용 여부

구리가 일부 부속되어 있는 폐제품은 구리가액이 제품가액을 결정함에 있어 영향을 미치지 못하는 경우 구리스크랩등에 대한 부가가치세 매입자 납부특례 대상에서 제외하며, 폐제품 거래시 구리부분에 대해 별도로 세금계산서를 발급하고 구분 관리하는 경우에는 구리가액만 적용함(부가-160, 2014.03.07.).

산화동(CuO) 거래시 구리거래계좌를 사용해야 하는 지 여부

산화동(CuO)은 구리를 가열하여 만들어진 제품으로 구리 거래계좌 사용대상이 아님(부가-156, 2014.03.07.).

실무사례: 구리스크랩, 철스크랩(고철) 관련 부가가치세 신고 사례[62]

(1) 구리(철)스크랩 매출 2,000(세액 200원)만 있는 경우

매출세액	매입세액	납부세액	매입자납부특례 기납부	납부할 세액
200	0	200	200	0

(2) 구리(철)스크랩 매출 2,000(세액 200원), 매입 1,500(세액 150원)의 경우

매출세액	매입세액	납부세액	매입자납부특례 기납부	납부할 세액
200	150	50	50	0

☞ 실시간 환급세액 150원(매출세액을 한도로 함.)

(3) 구리(철)스크랩 매출 1,500(세액 150원), 매입 2,000(세액 200원)의 경우

매출세액	매입세액	납부세액	매입자납부특례 기납부	납부할 세액
150	200	△50	0	△50

☞ 실시간 환급세액 150원(매출세액을 한도로 함), 매입자납부특례 기납부 없음.

(4) 구리(철)스크랩 거래와 일반거래가 동시에 존재시
  - 구리(철): 매출 20,000(세액 2,000원), 매입 10,000(세액 1,000원)의 경우
  - 일반: 매출 25,000(세액 2,500원), 매입 20,000(세액 2,000원)의 경우

매출세액	매입세액	납부세액	매입자납부특례 기납부	납부할 세액
4,500	3,000	1,500	1,000	500

☞ 실시간 환급세액 1,000원[구리(철) 매출세액을 한도로 함.]

(5) 구리(철)스크랩 거래와 일반거래가 동시에 존재시
  - 구리(철): 매출 10,000(세액 1,000원), 매입 20,000(세액 2,000원)의 경우
  - 일반: 매출 15,000(세액 1,500원), 매입 10,000(세액 1,000원)의 경우

매출세액	매입세액	납부세액	매입자납부특례 기납부	납부할 세액
2,500	3,000	△500	0	△500

☞ 실시간 환급세액 1,000원[구리(철) 매출세액을 한도로 함], 매입자납부특례 기납부 없음.

---

62) 박병완, "앞의 책", 674p 참조.

05 가산세

1. 의의

가산세란 세법에 규정하는 의무의 성실한 이행을 확보하기 위하여 세법에 따라 산출한 세액에 가산하여 징수하는 금액으로 과세권의 행사 및 조세채권의 실현을 용이하게 하기 위하여 납세자가 정당한 이유 없이 세법에 규정된 신고, 납세 등 각종 의무를 위반한 경우 「국세기본법」 및 각 세법이 정하는 바에 따라 부과되는 행정상의 제재로서 납세자의 고의 또는 과실은 고려되지 아니한다(부가집 60-0-1).

2. 요약

	가산세 종류	가산세액
신고 및 납부 관련 가산세	무신고가산세	• 부당 무신고납부세액 × 40% or 일반 무신고납부세액 × 20%
	과소신고·초과환급신고 가산세	• 부당과소신고 납부세액 등 × 40% or 일반과소신고 납부세액 등 × 10%
	납부지연·환급지연가산세	• 미납세액(초과환급세액) × 경과일수 × 이자율(1일 22/100,000)
	영세율과세표준 신고불성실가산세	• 무·과소신고 영세율 과세표준 × 0.5%
등록 관련 가산세	미등록 가산세	• 공급가액 × 1%(간이과세자는 공급대가 × 0.5%)
	명의위장 등록가산세	• 공급가액 × 2%(간이과세자는 공급대가 × 1%)
세금계산서 관련 가산세	세금계산서 발급 및 전송불성실	• 세금계산서의 지연발급: 공급가액 × 1% • 세금계산서 미발급가산세: 공급가액 × 2% • 종이세금계산서 발급가산세: 공급가액 × 1% • 둘 이상의 사업장을 가진 사업자가 다른 사업장 명의로 발급: 공급가액 × 1% • 전자세금계산서 발급명세서 지연전송 가산세: 공급가액 × 0.3% • 전자세금계산서 발급명세서 미전송 가산세: 공급가액 × 0.5% • 세금계산서 기재불성실가산세: 공급가액 × 1%
	세금계산서 등 부정수수 (간이과세자의 경우 발급만 적용)	• 자료상이 수수한 세금계산서가산세: 공급가액 × 3%
	매출처별세금계산서 합계표불성실	• 미제출·기재내용 누락 및 부실기재: 공급가액 × 0.5% • 지연제출(예정분 → 확정분): 공급가액 × 0.3%

가산세 종류		가산세액
기타	매입처별세금계산서 합계표불성실 (미제출(경정 공제분) 가산세를 제외한 나머지는 일반과세자만 적용)	• 세금계산서의 지연수취: 공급가액 × 0.5% • 미제출(경정 공제분)·기재내용 누락 및 부실기재·과다기재: 공급가액 × 0.5%
	경정에 따른 매입세액공제 불성실	• 경정등에 따라 공제되는 신용카드수취 매입세액공제: 공급가액 × 0.5%
	현금매출명세서 등 제출불성실 (일반과세자만 적용)	• 미제출 또는 과소기재 수입금액 × 1%
	부동산임대공급가액명세서 제출불성실가산세	• 미제출 또는 사실과 다르게 제출한 수입금액 × 1%
	대리납부불성실 가산세	• 미납세액 × 3% + 미납세액 × (2.2/10,000) × 일수 [한도 : 10%]

3. 사업자등록 관련 가산세

(1) 미등록 가산세

사업자(법 제53조의2 제1항 및 제2항에 따른 전자적용역을 공급하는 간편사업자등록 대상자 포함)사업개시일로부터 20일 이내에 사업자등록을 신청하지 아니한 경우에는 사업개시일부터 등록을 신청한 날의 직전일까지의 공급가액에 대하여 1%에 해당하는 금액을 납부세액에 더하거나 환급세액에서 뺀다.

> 가산세 = (사업개시일 ~ 등록 신청한 날의 직전일)의 공급가액 × 1%

☞ 사업자등록기한이 경과한 후 1월 이내 즉, 사업개시일로부터 20일이 지난 후 1월 이내에 사업자등록을 신청한 경우 50% 경감한다.

(2) 타인명의등록 가산세

사업자가 타인의 명의로 사업자등록을 하고 실제사업을 영위하는 것으로 확인되는 경우 사업개시일부터 실제 사업을 하는 것으로 확인되는 날의 직전일까지의 공급가액에 대하여 2%에 해당하는 금액을 납부세액에 더하거나 환급세액에서 뺀다(부가법 제60조 제1항).

'타인'이란 자기의 계산과 책임으로 사업을 영위하지 아니하는 자를 말하는데, 사업자의 배우자와 상속세 과세표준 신고기한까지의 기간 동안 상속인이 피상속인 명의의 사업자등록을 활용하여 사업을 하는 경우는 제외된다. 즉, 배우자 및 피상속인를 제외한

다른 사람의 명의로 사업자등록을 한 경우 모두 가산세 부과 대상이므로 직계존·비속도 타인에 포함한다(부가령 제108조 제1항).

> 가산세 = (사업개시일 ~ 실제사업을 하는 것으로 확인되는 날의 직전일)의 공급가액 × 2%
> ☞ 2023.04.10. ~ 2024.12.31.: 1%

참고 **조세범처벌법 §11【명의대여행위 등】** (2010.01.01. 이후 명의 대여행위부터 적용)
① 조세의 회피 또는 강제집행의 면탈을 목적으로 타인의 성명을 사용하여 사업자등록을 한 자는 2년 이하의 징역 또는 2천만원 이하의 벌금에 처한다.
② 조세의 회피 또는 강제집행의 면탈을 목적으로 자신의 성명을 사용하여 타인에게 사업자등록을 할 것을 허락한 자는 1년 이하의 징역 또는 1천만원 이하의 벌금에 처한다.

(3) 감면적용 및 한도액

미등록사업자는 사업자등록기한이 경과한 후 1월 이내 즉, 사업개시일로부터 20일이 지난 후 1월 이내에 사업자등록을 신청한 경우 50% 경감한다. 미등록가산세는 과세기간별로 5천만원(「중소기업법」상 중소기업이 아닌 기업은 1억원)을 한도로 한다.

(4) 중복적용배제

미등록·타인명의등록 가산세가 적용되는 부분은 세금계산서 발급 관련 가산세(미발급 제외), 경정시 공제받은 신용카드매출전표 등 가산세, 매출처별세금계산서합계표 미제출 등 가산세를 적용하지 아니한다. 다만, 더 높은 가산세율이 적용되는 세금계산서 관련 가산세와 경합시 미등록·타인명의등록 가산세는 배제된다.

(5) 기존사업장에서 신고한 미등록사업장의 과세표준에 대한 가산세

사업자가 사업자등록을 한 사업장 외에 등록을 하지 않은 미등록 사업장에서 별도의 사업을 영위하면서 미등록사업장의 과세표준 및 세액을 이미 등록한 사업장의 과세표준 및 세액 신고 시 합하여 신고·납부한 경우 미등록사업장에 대한 과세표준 및 세액을 결정·징수하여야 한다. 이 경우 세금계산서 미발급가산세(2007.12.31. 이전 공급분은 미등록가산세), 무신고가산세가 적용되나, 납부지연가산세는 적용되지 아니한다(부가집 60-0-8).

(6) 타인명의 등록사업자에 대한 부가가치세법 적용

사업자가 영 제70조의3 제1항에서 정하는 타인의 명의로 사업자등록을 하고 부가가

치세를 신고·납부하여 관할 세무서장 등이 경정하는 경우 그 타인명의로 발급받은 세금계산서의 매입세액은 국세기본법 제14조에 따라 해당 사업자의 매출세액에서 공제하며 이 경우 법 제22조 제1항 제2호에 따른 가산세는 적용한다(부가통 22-0-1).

실무사례 사업자 등록 관련 가산세[63)]

[사실관계]

[사례1]

사업자 갑(개인)은 20X5.01.20. 사업을 개시하였으나, 개인적인 사정으로 인하여 다음과 같이 사업자등록을 하였다면 20X5년 1기에 사업자 갑이 부담하여야 할 미등록 가산세는?

㉠ 20X5.01.20. ~ 3.10까지의 공급가액 합계액 50,000,000원
㉡ 20X5.01.25. ~ 3.20.까지의 공급가액 합계액 60,000,000원

해답

유 형	가산세
20X5.03.11. 사업자등록 신청한 경우	50,000,000 × 1% × 50% = 250,000원 ☞ 사업개시일부터 20일 경과하였으므로 사업개시일부터 사업자등록 신청일 직전일까지의 공급가액에 대하여 미등록가산세 적용. 다만, 사업자등록기한이 경과한 후 1월 이내이므로 50% 감면(국기법 제48조 제2항 제3항 나)
20X5.03.21. 사업자등록 신청한 경우	60,000,000 × 1% = 600,000원 ☞ 사업개시일부터 20일 경과하였으므로 사업개시일부터 사업자등록 신청일 직전일까지의 공급가액에 대하여 미등록가산세 적용

[사례2]

실사업자 A가 20X3.07.11. 사업을 시작하면서 종원업인 B명의로 사업자등록을 하였고, 20X5.06.25. 관할세무서장의 세무조사 시 실제 사업자인 A임이 확인된 경우 타인명의등록가산세 계산 방법?

과 세 기 간		과 세 표 준
20X4년 제1기		250,000,000원
20X4년 제2기		400,000,000원
20X5년 제1기	01.01. ~ 06.25.	300,000,000원
	06.26. ~ 06.30.	150,000,000원

해답

과 세 기 간	계 산 산 식	가산세액
20X4년 제1기	250,000,000원 × 2%	5,000,000원
20X4년 제2기	400,000,000원 × 2%	8,000,000원
20X5년 제1기	300,000,000원 × 2%	6,000,000원

 관련 해석사례 및 집행기준

○ **사업자등록한 자가 타인명의로 등록하여 발급받은 세금계산서의 실질사업자 경정시**

「부가가치세법」 제2조에 따라 사업자등록을 한 사업자가 타인의 명의를 이용하여 일반과세자로 등록한 후 실제 사업을 영위하면서 명의를 대여한 타인 명의로 교부받은 세금계산서의 매입세액은 실질사업자의 매출세액에서 공제하지 아니하는 것이며, 「부가가치세법 기본통칙」 60-108-1은 명의위장사업자가 미등록상태에서 타인 명의로 사업자등록을 하고 부가가치세 신고납부를 한 경우에 적용하기 바람(기준법령해석부가 2015-171, 2015.09.14.).

○ **면세사업자로 등록하고 과세사업 영위시 미등록가산세 적용됨.**

면세사업자로 등록한 사업자가 과세사업자 등록을 별도로 하지 아니하고 부가가치세 과세사업을 영위하는 경우에는 미등록가산세를 적용받게 되는 것임(부가 46015-993, 1993.06.21.).
  ☞ 사업자등록신청서상의 "부가세 과세여부"란에 "부(否)"로 표기하였으나 업태·종목에 과세사업의 종류를 기재한 경우 → 면세사업자 등록증 발급 → 미등록가산세 부과 못함(대법원 2004두10982, 2004. 12.10.).

○ **부동산임대업의 사업장에 대한 미등록가산세**

각각 따로 등록하여야 할 2이상의 부동산 중 1개의 부동산만 사업자등록을 하고 등록하지 아니한 다른 부동산의 임대수입금액을 합산하여 신고한 경우에도 등록하지 아니한 다른 부동산에 대하여는 부가가치세법 제22조의 규정에 의한 미등록가산세 및 무신고가산세가 적용된다(부가 1265.1-78, 1984.01.16.).

4. 세금계산서불성실 가산세

사업자가 다음 중 어느 하나에 해당하는 경우에는 그 공급가액에 대하여 1% ~ 3%에 해당하는 금액을 납부세액에 더하거나 환급세액에서 뺀다(부가법 제60조 제2항 ~ 제4항).

(1) 세금계산서 지연발급 가산세

세금계산서를 발급시기[세금계산서 발급특례가 적용되는 경우 그 과세기간말의 다음 달 10일(그 날이 공휴일 또는 토요일인 경우에는 바로 다음 영업일)]가 지난 후 공급시기가 속하는 과과세기간에 대한 확정신고기한까지 발급하는 경우 그 공급가액에 대하여 1%에 해당하는 금액을 납부세액에 더하거나 환급세액에서 뺀다.

---

63) 국세공무원교육원, "앞의 책", 606p 참고.

> 가산세액 = 지연발급한 공급가액 × 1%

(2) 세금계산서 미발급(종이발급 포함) 가산세

① 세금계산서를 발급시기가 지난 후 재화 또는 용역의 공급시기가 속하는 과세기간에 대한 확정신고기한까지 발급하는 아니한 경우 그 공급가액에 대하여 2%에 해당하는 금액을 납부세액에 더하거나 환급세액에서 뺀다.

> 가산세액 = 미발급한 공급가액 × 2%

② 전자세금계산서를 발급하여야 할 의무가 있는 자가 전자세금계산서를 발급하지 아니하고 세금계산서 발급시기에 전자세금계산서 외의 세금계산서를 발급한 경우에는 그 공급가액에 대하여 1%에 해당하는 금액을 납부세액에 더하거나 환급세액에서 뺀다.

> 가산세액 = 종이세금계산서로 발급한 공급가액 × 1%

③ 둘 이상의 사업장을 가진 사업자가 재화 또는 용역을 공급한 사업장 명의로 세금계산서를 발급하지 아니하고 세금계산서의 발급시기에 자신의 다른 사업장 명의로 세금계산서를 발급한 경우

> 가산세액 = 다른 사업장 명의로 발급한 공급가액 × 1%
> ☞ 2020.01.01. 이후 공급분부터 적용

(3) 세금계산서 부실기재 가산세

사업자가 발급한 세금계산서의 필요적 기재사항의 전부 또는 일부가 착오 또는 과실로 적혀 있지 아니하거나 사실과 다른 경우는 그 공급가액에 대하여 1%에 해당하는 금액을 납부세액에 더하거나 환급세액에서 뺀다. 다만, 세금계산서의 필요적 기재사항 중 일부 사항이 착오나 과실로 잘못 적혔으나 해당 세금계산서에 적힌 나머지 필요적 기재사항 또는 임의적 기재사항으로 보아 거래사실이 확인되는 경우에는 사실과 다른 세금계산서로 보지 아니한다(부가령 제108조 제3항).

$$\text{가산세액} = \text{부실기재하여 발급한 공급가액} \times 1\%$$

☞ 필요적 기재사항
① 공급하는 사업자의 등록번호와 성명 또는 명칭
② 공급받는 자의 등록번호. 다만, 공급받는 자가 사업자가 아니거나 등록한 사업자가 아닌 경우에는 영67①에서 정하는 고유번호 또는 공급받는 자의 주민등록번호
③ 공급가액과 부가가치세액
④ 작성년월일

(4) 전자세금계산서 발급명세 미전송 가산세

전자세금계산서 발급사업자가 발급일의 다음날이 지난 후 공급시기가 속하는 과세기간에 대한 확정신고기한까지 국세청장에게 전자세금계산서 발급명세를 전송하지 아니한 경우 공급가액의 0.5%에 해당하는 금액을 납부세액에 더하거나 환급세액에서 뺀다.

$$\text{가산세액} = \text{발급명세 지연전송한 공급가액} \times 0.3\%$$

(5) 전자세금계산서 발급명세 지연전송 가산세

전자세금계산서 발급사업자가 발급일의 다음날이 지난 후 공급시기가 속하는 과세기간에 대한 확정신고기한까지 국세청장에게 전자세금계산서 발급명세를 전송한 경우 공급가액의 0.3%에 해당하는 금액을 납부세액에 더하거나 환급세액에서 뺀다.

$$\text{가산세액} = \text{발급명세 미전송한 공급가액} \times 0.3\%$$

- **전자세금계산서 발급명세서 전송관련**

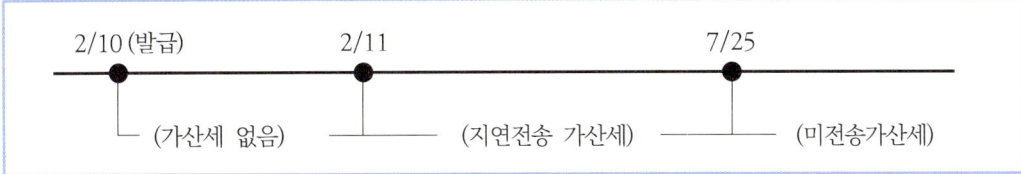

(6) 한도액

과세기간별로 5천만원(「중소기업법」상 중소기업이 아닌 기업은 1억원)을 한도로 한다. 다만, 세금계산서 미발급가산세는 한도가 없다.

(7) 영세율 거래에 대해 부가가치세액을 적어 세금계산서를 발급한 경우

영세율이 적용되는 재화 또는 용역의 공급에 대하여 부가가치세액(세율 10%)을 별도로 적은 세금계산서를 발급하고 이에 따라 과세표준과 납부세액을 신고·납부하는 등 조세탈루 사실이 없는 경우 해당 세금계산서는 사실과 다른 세금계산서로 보지 아니하므로 공급자는 세금계산서 발급불성실가산세 및 매출처별세금계산서 합계표 관련 가산세(부가통 60-108-5)를 적용하지 아니하고, 공급받은 자는 해당 세금계산서의 매입세액을 매출세액에서 공제한다(부가집 60-0-19).

(8) 영세율 거래가 아닌 과세거래분에 대해 영세율 세금계산서를 발급한 경우

영세율 적용이 안되는 과세거래분에 대하여 영세율세금계산서를 발급후 부가가치세를 신고한 경우, 과세거래분에 대해 영세율세금계산서를 발급한 데 대해 매출처별세금계산서합계표불성실가산세는 적용되지 아니하나 세금계산서불성실가산세가 적용된다(서면 3팀-2432, 2004.12.02.).

 관련 해석사례 및 집행기준

- **당초 공급가액 착오 기재로 수정세금계산서 발급 시 세금계산서 지연발급가산세 적용 여부**

  당초 발급한 세금계산서의 공급가액이 착오로 과다하게 기재되어 수정세금계산서를 발급한 경우, 세금계산서 지연발급 가산세를 적용하지 않는 것임(사전법규부가 2023-236, 2023.05.02.).

- **과세기간 종료 후 25일 이내 구매확인서를 발급받았으나 수정세금계산서를 발급하지 아니한 경우 세금계산서 미발급 해당 여부**

  사업자가 구매확인서를 발급받았음에도 (영세율)수정세금계산서를 발급하지 아니한 경우로서 당초 발급한 세금계산서에 의해 부가가치세를 신고·납부한 경우에는 해당 거래에 대하여 가산세를 적용하지 아니하는 것임(서면법령해석부가 2017-2671, 2017.11.17.).

- **수입세금계산서에 대한 세금계산서불성실가산세 적용 여부**

  수입하는 자가 사실과 다른 회계처리를 하는 과정에서 수입물품의 수입가격을 실제보다 과다하게 신고함으로써 세관장으로부터 공급가액과 세액이 과다하게 기재된 수입세금계산서를 발급받은 경우는「부가가치세법」제60조 제3항 제2호의 '재화 또는 용역을 공급받지 아니하고 세금계산서 등을 발급받은 경우'에 해당하지 아니하는 것임(기획재정부 부가가치세제과-478, 2017.09.19.).

공급시기 이후 일괄발급한 세금계산서의 가산세 적용 여부
사업자가 재화 또는 용역을 공급하고 공급시기에 세금계산서를 교부하지 아니하고 그 다음 과세기간에 세금계산서를 교부하여 신고·납부한 경우 세금계산서를 교부하지 아니한 과세기간에는 부가가치세법 제60조 제2항의 가산세(세금계산서 미발급)가 적용되는 것이며, 세금계산서를 교부하고 신고·납부한 과세기간에는 동법 제6항의가산세(매출처별 세금계산서합계표 불성실)가 적용되지 아니함(서면부가 2015-2649, 2016.04.27.).

공급받는 자를 정정하여 수정세금계산서 발급시 지연발급(수취) 가산세 부과 여부
사업자가 「부가가치세법」 제32조에 따른 세금계산서를 발급한 후 공급받는 자가 잘못 적힌 경우에는 같은 법 시행령 제70조 제1항 제6호에 따라 재화나 용역의 공급일이 속하는 과세기간에 대한 확정신고 기한까지 수정세금계산서를 발급할 수 있는 것이며, 이 경우 「부가가치세법」 제60조 제2항 제1호 및 제7항 제1호에 따른 가산세를 적용하는 것임(서면법규과-1255, 2013.11.14.).

지점매출을 본점에서 신고한 경우
2 이상의 사업장이 있는 법인사업자가 지점에서 재화를 공급하고 본점에서 세금계산서 교부 및 신고·납부를 한 경우 당해 지점은 부가가치세법 제22조 제3항 제1호에 따른 세금계산서 미교부가산세, 「국세기본법」 제47조의4 제1항에 따른 초과환급신고가산세 및 「국세기본법」 제47조의5 제1항에 따른 납부·환급불성실가산세가 적용되는 것임(법규과-173, 2009.09.22.).

임대건물 양도 후 다른 지점에서 세금계산서 발급시 가산세 적용 여부
비영리단체의 지점사업자인 "甲"이 사용·수익하던 임대용 부동산을 양도하였으나 당해 임대용 부동산에 대하여 다른 지점사업자(비영리단체의 상급기관)인 "乙"이 세금계산서를 발급하고 부가가치세를 신고·납부하는 경우 "甲"은 「부가가치세법」 제60조 제3항에 따른 가산세(미발급)가 적용되는 것임(법규과-116, 2009.09.11.).

월별조기환급 신고에 대한 경정시 세금계산서 관련 가산세 적용여부
「부가가치세법 시행령」 제73조 제3항에 따른 영세율 등 조기환급 신고에 대하여 같은법 시행령 제68조 제2항 제5호의 규정에 따라 부가가치세의 과세표준과 환급세액을 조사에 의하여 같은 법 제18조 또는 제19조에 의한 신고기한 전에 경정하는 경우 「부가가치세법」 제60조 제3항 제3의2호의 규정에 의한 세금계산서불성실가산세를 부과하는 것임(재정부 부가-404, 2008.10.15.).

면세사업자와 거래하고 주민등록번호를 기재한 세금계산서 발급

세금계산서의 필요적 기재사항 중 '등록번호'는 특별한 사정이 없는 한 「부가가치세법」상 사업자등록에 의하여 발급받은 등록번호라고 해석하여야 할 것임. 따라서 같은법 시행령 제53조 제2항에서 규정하고 있는 '사업자' 역시 부가가치세 과세사업자로 해석하여야 할 것임. 그렇다면 재화나 용역을 공급받는 자가 부가가치세 면세사업자에 해당하여 「부가가치세법」상 사업자등록에 의한 등록번호를 부여받지 않은 경우 그러한 면세사업자가 「소득세법」 또는 「법인세법」상 사업자등록에 의하여 부여받은 등록번호가 있다 하더라도 이를 기재하지 아니하고 부가가치세법상의 고유번호 또는 공급받는 자의 주소·성명 및 주민등록번호를 기재하였다면 세금계산서 중 '공급받는 자의 등록번호'에 관한 사항의 전부 또는 일부가 기재되지 아니하거나 사실과 다른 때에 해당한다고 볼 수 없으므로 부가가치세법 제60조 제2항 제1호 소정의 세금계산서 부실기재로 인한 가산세의 부과대상이 될 수 없음(대법원 2003두9718, 2006.09.08.).

특수관계인간 저가 거래하고 발급한 세금계산서에 대한 가산세 적용여부

「부가가치세법」 제13조 제1항 제3호의 규정은 부당하게 낮은 대가로 물품을 공급하는 자의 과세표준을 재계산하는 효력을 가지고 있을 뿐이고, 특수관계인과간 사이에 적법·유효하게 성립된 법률행위의 사법상 효력을 부인하거나 실지거래를 재구성하는 효력을 가지는 것은 아니라고 할 것이므로 정상적인 거래 시가와 낮은 대가와의 매출차액에 대하여 세금계산서를 발급할 의무가 있다고 보기 어렵고, 당사자 합의에 따라 실제거래금액을 공급가액으로 하여 발급된 세금계산서가 정상적인 거래 시가를 공급가액으로 하지 않았다는 이유로 사실과 다른 세금계산서라고 할 수도 없음. 따라서 세금계산서 미발급가산세와 사실과 다른 세금계산서가산세를 부과한 것은 부당함(대법원 2002두1588, 2004.09.23.).

허위로 공급가액을 감액하는 수정세금계산서 발급시의 가산세

사업자가 재화를 공급하고 그 거래시기에 세금계산서를 발급한 후 공급받는 자로부터 해당 재화를 반품받은 사실이 없음에도 불구하고 공급가액을 감액하는 수정세금계산서를 허위로 발급한 경우, 그 감액된 공급가액에 대하여는 세금계산서를 발급하지 아니한 것으로 보아 부가가치세법 제60조 제2항 제1호에 규정하는 세금계산서 미발급가산세를 적용한다(부가 22601-298, 1985.02.13.).

5. 세금계산서·신용카드매출전표 가공(위장)발급(수취) 가산세

사업자가 다음 중 어느 하나에 해당하는 경우에는 그 공급가액에 대하여 2%~3%에 해당하는 금액을 납부세액에 더하거나 환급세액에서 뺀다(부가법 제60조 제3항).

(1) 가공세금계산서 발급·수취 가산세

사업자가 재화 또는 용역을 공급하지(받지) 아니하고 세금계산서 또는 신용카드매출전표 등을 발행(수취)한 때에는 그 공급가액(그 세금계산서에 기재된 금액을 말함)에 대하여 3%에 해당하는 금액을 납부세액에 더하거나 환급세액에서 뺀다.

여기서 "신용카드매출전표 등"은 「여신전문금융업법」에 따른 신용카드매출전표, 「조세특례제한법」 제126조의3에 따른 현금영수증(부가통신사업자가 통신판매업자를 대신하여 발급하는 현금영수증을 포함), 「여신전문금융업법」에 따른 직불카드영수증·결제대행업체를 통한 신용카드매출전표·선불카드영수증(실제 명의가 확인되는 것으로 한정)(부가법 제46조 1항, 부가령 제88조 3항).

> 가산세액 = 가공발급하거나 발급받은 공급가액 × 3%

[사례1]

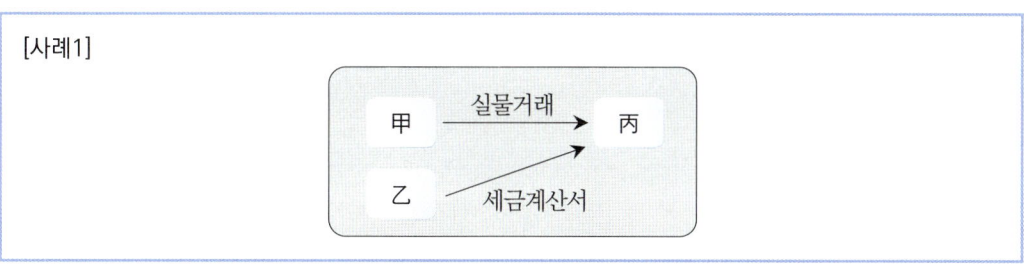

사례1의 경우 사업자甲이 丙에게 실제 공급하고 甲이 乙명의의 세금계산서를 발급한 경우, 甲은 '미발급가산세(2%)'를, 乙은 '가공발급 가산세(3%)'를, 丙은 '위장수취 가산세(2%)'를 각각 부과한다.

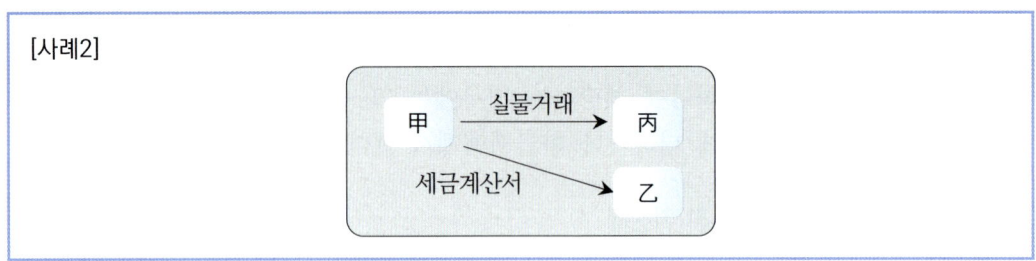

[사례2]

사례2의 경우 甲이 丙에게 실제 공급하고 세금계산서는 발급시기에 乙에게 발급한 경우, 甲은 '위장발급 가산세(2%)'를, 乙은 '가공수취 가산세(3%)'를 부과한다(丙은 매입과 관련한 가산세 없음).

(2) 위장(타인 명의)세금계산서 발급·수취 가산세

사업자가 재화 또는 용역을 공급하고(받고) 실제로 재화 또는 용역을 공급하는 자 외의 자의 명의로 세금계산서를 발행(수취)한 때에는 그 공급가액에 대하여 2%에 해당하는 금액을 납부세액에 더하거나 환급세액에서 뺀다. 세금계산서를 발급받은 자도 동일하다.

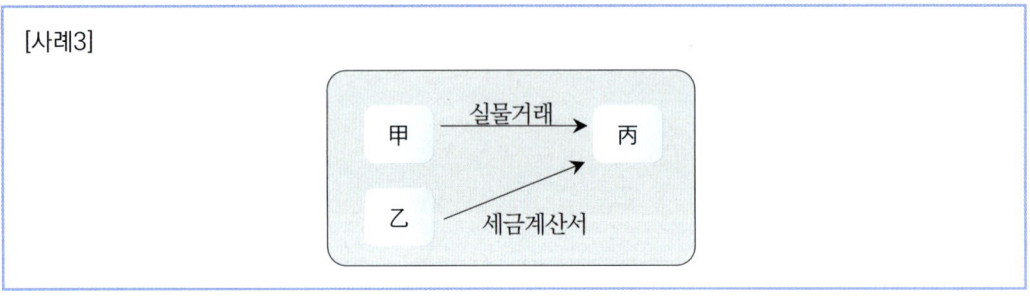

[사례3]

사례3의 경우 사업자丙이 재화를 甲으로부터 100만원 공급받고, 세금계산서를 乙로부터 100만원 받은 경우, 상관관계가 있는 거래로 보아 위장으로 판단할 수 있다. 그러나 乙로부터 세금계산서를 80만원 받은 경우 하나의 거래에 해당하지 않아 가공으로 판단한다.64)

가산세액 = 위장발급하거나 발급받은 공급가액 × 2%

---

64) 국세공무원교육원, "앞의 책", 618p.

(3) 공급가액 과다기재 발급·수취 가산세

사업자가 재화 또는 용역을 공급하거나 공급받고 공급가액을 과다하게 기재한 세금계산서등을 발급하거나 발급받은 경우 실제보다 과다하게 기재한 부분에 대한 공급가액의 2%에 해당하는 금액을 납부세액에 더하거나 환급세액에서 뺀다.

> 가산세액 = 실제보다 과다하게 기재한 공급가액 × 2%

참고

「조세범처벌법」 제10조 (세금계산서의 발급의무 위반 등)

① 다음 각 호의 어느 하나에 해당하는 행위를 한 자는 1년 이하의 징역 또는 공급가액에 부가가치세의 세율을 적용하여 계산한 세액의 2배 이하에 상당하는 벌금에 처한다.
  1. 「부가가치세법」에 따라 세금계산서(전자세금계산서를 포함한다. 이하 이 조에서 같다)를 발급하여야 할 자가 세금계산서를 발급하지 아니하거나 거짓으로 기재하여 발급한 행위
  2. 「소득세법」 또는 「법인세법」에 따라 계산서(전자계산서를 포함한다. 이하 이 조에서 같다)를 발급하여야 할 자가 계산서를 발급하지 아니하거나 거짓으로 기재하여 발급한 행위
  3. 「부가가치세법」에 따라 매출처별 세금계산서합계표를 제출하여야 할 자가 매출처별 세금계산서합계표를 거짓으로 기재하여 제출한 행위
  4. 「소득세법」 또는 「법인세법」에 따라 매출처별 계산서합계표를 제출하여야 할 자가 매출처별 계산서합계표를 거짓으로 기재하여 제출한 행위

② 다음 각 호의 어느 하나에 해당하는 행위를 한 자는 1년 이하의 징역 또는 공급가액에 부가가치세의 세율을 적용하여 계산한 세액의 2배 이하에 상당하는 벌금에 처한다.
〈개정 2018.12.31.〉
  1. 「부가가치세법」에 따라 세금계산서를 발급받아야 할 자가 통정하여 세금계산서를 발급받지 아니하거나 거짓으로 기재한 세금계산서를 발급받은 행위
  2. 「소득세법」 또는 「법인세법」에 따라 계산서를 발급받아야 할 자가 통정하여 계산서를 발급받지 아니하거나 거짓으로 기재한 계산서를 발급받은 행위
  3. 「부가가치세법」에 따라 매입처별 세금계산서합계표를 제출하여야 할 자가 통정하여 매입처별 세금계산서합계표를 거짓으로 기재하여 제출한 행위
  4. 「소득세법」 또는 「법인세법」에 따라 매입처별 계산서합계표를 제출하여야 할 자가 통정하여 매입처별 계산서합계표를 거짓으로 기재하여 제출한 행위

③ 재화 또는 용역을 공급하지 아니하거나 공급받지 아니하고 다음 각 호의 어느 하나에 해당하는 행위를 한 자는 3년 이하의 징역 또는 공급가액에 부가가치세의 세율을 적용하여 계산한 세액의 3배 이하에 상당하는 벌금에 처한다.
  1. 「부가가치세법」에 따른 세금계산서를 발급하거나 발급받은 행위
  2. 「소득세법」 및 「법인세법」에 따른 계산서를 발급하거나 발급받은 행위
  3. 「부가가치세법」에 따른 매출·매입처별 세금계산서합계표를 거짓으로 기재하여 제출한 행위
  4. 「소득세법」 및 「법인세법」에 따른 매출·매입처별계산서합계표를 거짓으로 기재하여 제

출한 행위
④ 제3항의 행위를 알선하거나 중개한 자도 제3항과 같은 형에 처한다. 이 경우 세무를 대리하는 세무사·공인회계사 및 변호사가 제3항의 행위를 알선하거나 중개한 때에는 「세무사법」 제22조 제2항에도 불구하고 해당 형의 2분의 1을 가중한다.
⑤ 제3항의 죄를 범한 자에 대해서는 정상(情狀)에 따라 징역형과 벌금형을 병과할 수 있다.

6. 비사업자(자료상) 관련 가산세

사업자가 아닌 자가 재화 또는 용역을 공급하지 아니하고 세금계산서를 발급한 경우에는 사업자로 보고 그 세금계산서에 적힌 공급가액의 3%에 해당하는 금액을 납부세액에 더하거나 환급세액에서 뺀다(부가법 제60조 제3항).

 관련 해석사례 및 집행기준

• **가공세금계산서를 취소하는 음의 수정세금계산서에 대하여 가공세금계산서발급 가산세를 부과하는 것은 부당함.**

수정세금계산서는 당초의 세금계산서와 상관관계를 갖는 하나의 거래에 해당한다고 볼 수 있고, 당초 거짓으로 발행하였던 세금계산서를 취소하기 위하여 수정세금계산서를 발급하였음에도 수정세금계산서 역시 거짓세금계산서로 보아 가산세를 부과한다면, 잘못을 수정하려 한 납세자에게 더 큰 불이익을 지우게 되는 점, 수정세금계산서의 발급에 대한 제재와 관계없이 당초의 거짓 세금계산서의 발급을 이유로 제재함으로써 거짓 세금계산서를 발급·수취한 행위를 바로잡을 수 있는 점 등에 비추어 수정세금계산서에 대하여 가공세금계산서 가산세를 부과한 처분은 잘못이 있다고 판단됨(조심-2023-서-0257, 2024.03.14.).
* 당초 가공세금계산서 발급 후 이를 취소하기 위해 감액 수정세금계산서를 발급한 경우 당초분에 대하여만 세금계산서 가공발급가산세 부과

• **실물거래 없이 발급한 세금계산서에 대한 수정세금계산서는 가산세 적용대상이 아님**

실물거래 없이 세금계산서를 발급한 후 당일 또는 수일 후에 동 세금계산서를 수정하는 세금계산서를 발급한 경우 수정세금계산서에 대한 가산세를 적용한 것은 부당함(심사부가 2015-5, 2015.04.23.).

• **부가가치세 과세대상거래에 해당하지 아니함에도 세금계산서를 발급한 경우 가산세 적용여부**

부가가치세 과세대상거래에 해당하지 아니함에도 착오로 세금계산서를 교부한 경우 부가가치세법 제60조 제3항 제1호에 따른 가산세를 적용하지 아니하는 것임(부가-698, 2014.08.12.).

◆ 가공세금계산서 발급에 대한 환급 여부

사업자가 가공매출에 대한 수정세금계산서를 발행하여 경정청구한 이후 과세관청의 자료상조사를 받고 일부 가공세금계산서에 대하여 부분자료상으로 확정된 경우 매출감액으로 발생하는 환급세액은 환급가능함(부가-783, 2013.08.30.).

◆ 가공세금계산서에 의한 신고납부 부가가치세의 환급여부

부가가치세가 과세되는 재화나 용역을 공급함이 없이 세금계산서만을 가공으로 교부하는 자료상행위자가 가공세금계산서에 의하여 신고납부한 부가가치세는 환급받을 수 없는 것임(부가46015-1825, 2000.07.26.).

7. 세금계산서합계표 관련 가산세

(1) 매출처별세금계산서합계표 제출불성실 가산세

1) 가산세

사업자가 다음 어느 하나에 해당하면 그에 따른 금액(가산세액)을 납부세액에 더하거나 환급세액에서 뺀다. 다만, 제출한 매출처별 세금계산서합계표의 기재사항이 착오로 적힌 경우로서 사업자가 발급한 세금계산서에 따라 거래사실이 확인되는 부분의 공급가액에 대하여는 그러하지 아니하다(부가법 제60조 6항).

구 분	내 용	가산세
미제출	납세의무자로 등록한 사업자가 재화 또는 용역을 공급하고 발급한 세금계산서에 대하여 예정신고·확정신고 또는 예정신고누락분을 확정신고 할 때에 매출처별세금계산서합계표를 제출하지 아니한 경우 제출하지 아니한 경우	공급가액 × 0.5% ☞ 제출기한이 지난 후 1개월 이내에 제출하는 경우 해당 가산세의 50%를 감면한다.
불명분(누락·거짓기재)	납세의무자로 등록한 사업자가 재화 또는 용역을 공급하고 발급한 세금계산서에 대하여 예정신고·확정신고 또는 예정신고누락분을 확정신고를 하는 때 제출한 매출처별세금계산서합계표의 기재사항 중 거래처별 등록번호 또는 공급가액의 전부 또는 일부가 전부 또는 일부가 적혀 있지 아니하거나 사실과 다르게 적혀 있는 경우	공급가액 × 0.5%
지연제출	사업자가 매출처별세금계산서합계표를 각 예정신고와 함께 제출하지 아니하고 해당 예정신고기간이 속하는 과세기간의 확정신고와 함께 제출하는 경우(기재사항 중 등록번호 또는 공급가액의 전부 또는 일부가 기재되지 아니하거나 사실과 다	공급가액 × 0.3%

구 분	내 용	가산세
	른 경우 제외) ☞ 매출처별세금계산서 합계표를 확정신고기한이 지난 후 수정신고, 경정청구, 기한후신고와 함께 제출하는 것은 지연제출이 아니라 미제출에 해당한다.	

2) 수정신고 등에 따른 매출처별세금계산서합계표에 대한 가산세

사업자가 매출처별세금계산서합계표를 예정신고 또는 확정신고와 함께 제출하지 아니하고 수정신고·경정 등의 청구·기한후신고 기한내에 제출한 경우에는 매출처별세금계산서합계표미제출가산세를 적용한다(부가집 60-0-9).

3) 매출거래 및 반품거래 세금계산서 동시 누락에 따른 가산세

사업자가 매출거래와 반품거래에 대하여 각각 세금계산서를 발급하였으나 부가가치세 신고 시 제출하는 매출처별세금계산서합계표에 모두 기재하지 아니한 경우에는 각각의 세금계산서 공급가액 합계액(절대값의 합계액)에 대하여 매출처별세금계산서합계표 불성실가산세를 적용한다(부가집 60-0-14).

• 실무사례 매출처별 세금계산서합계표 가산세

[사실관계]

개인사업자인 한결은 20x3.01.31. 상품을 매출(공급가액 100,000,000원, 세액 10,000,000원)하고 세금계산서도 적법하게 발급하였으나, 실무자의 착오로 제1기 부가가치세 예정신고시 신고누락하였다. 다음의 경우 세금계산서 관련가산세를 계산하면?

해답

1) 예정신고에 대하여 확정신고기한 전에 수정신고를 하는 경우
   ☞ 확정신고기한 전에 수정신고하는 경우 지연제출가산세 적용하므로(부가 46015-1604, 2000.07.06.): 1억원 × 0.3% = 300,000원
2) 확정신고시 확정신고서상에 예정신고누락분에 대한 수정신고의 뜻을 부기하여 신고하는 경우
   ☞ 지연 제출에 해당: 1억원 × 0.3% = 300,000원
3) 확정신고시에도 누락하였다가 확정신고기한 경과 후 1월 이내에 수정신고를 하면서 합계표를 제출한 경우
   ☞ 법 20조에서 예정신고시 누락한 합계표는 확정신고시에 제출하도록 하고 있어 최종 제출기한은 확정신고기한으로 보아야 하고, 제출기한 경과 후 1월 이내 제출하므로 50% 감면 적용: 1억원 × 0.5% × 50% = 250,000원
4) 미제출 상태에서 세무서에서 부가가치세 경정을 하는 경우
   ☞ 매출처별세금계산서합계표 미제출가산세 적용: 1억원 × 0.5% = 500,000원

 관련 해석사례 및 집행기준

종이세금계산서를 전자세금계산서 발급분으로 신고한 경우 가산세 적용
매출처별세금계산서합계표를 제출하지 아니하였거나, 제출한 매출처별 세금계산서합계표의 기재사항이 적혀 있지 아니하거나 사실과 다르게 적혀 있는 경우 공급가액의 100분의 1에 해당하는 금액을 납부세액에 더하거나 환급세액에서 빼는 것임(부가-900, 2011.08.12.).

전자세금계산서 발급분을 전송하고 세금계산서합계표에 기재하지 않은 경우 가산세 적용
사업자가 전자세금계산서 발급분을 전송하고 부가가치세 신고 시 매출처별세금계산서합계표에 기재하지 않은 경우, 매출처별세금계산서합계표가산세는 적용되지 아니하는 것임(부가가치세과-1058, 2010.08.13.).

세금계산서를 발급하지 아니하였으나 매출처별세금계산서합계표에 포함하여 작성·제출한 경우 적용하는 가산세
자문용역계약을 체결한 사업자가 당해 용역을 공급하기 전에 세금계산서를 작성하여 교부하고자 하였으나 거래 상대방의 수취거부로 교부되지 아니하였음에도 「부가가치세법」 제18조에 따른 부가가치세 예정신고시 매출처별세금계산서 자문용역계약을 체결한 사업자가 당해 용역을 공급하기 전에 세금계산서를 작성하여 교부하고자 하였으나 거래 상대방의 수취거부로 교부되지 아니하였음에도 「부가가치세법」 제18조에 따른 부가가치세 예정신고시 매출처별세금계산서합계표에 포함하여 작성·제출하고 신고·납부한 후 「국세기본법」 제45조의2에 따라 경정청구를 하는 경우 「부가가치세법」 제60조 제2항 제1호(세금계산서 발급불성실) 또는 같은 법 제60조 제3항 제2호(가공발급)에 따른 가산세는 적용하지 아니하는 것이나 같은 법 제60조 제4항 제2호(매출처별세금계산서합계표 기재불성실)에 따른 가산세는 적용하는 것임(법규과-1012, 2009.07.22.).

국외거래에 대하여 세금계산서를 수수한 경우 가산세
국내외 다자간 거래시 국외거래에 해당하는 거래에 대하여 영세율세금계산서를 교부하여 신고한 경우 법 제22조 4항 및 5항의 가산세(매출·매입 합계표불성실)는 적용되지 아니함(부가가치세과-4449, 2008.11.27.)

매출 및 반품 세금계산서를 미제출한 경우
사업자가 매출거래와 반품거래에 대한 세금계산서 합계표를 신고 누락한 경우에는 당해 세금계산서 각각 공급가액 합계액(음수의 경우 절대값으로 합계)에 대하여 매출처별세금계산서합계표 불성실가산세를 적용함(제도 46015-11611, 2001.06.20.).

- 예정분 매출세금계산서를 신고 누락하여 확정신고기한 전 수정신고 하는 경우 매출처 별세금계산서합계표 지연제출가산세 적용

    사업자가 예정신고기간에 재화나 용역을 공급하고 발급한 세금계산서를 예정신고시 누락하여 확정신고기한 전에 「국세기본법」 제45조의 규정에 의하여 수정신고 하는 경우에는 매출처별세금계산서합계표 지연제출 가산세를 적용함(부가 46015-1604, 2000.07.06.).

- 예정신고기간 중 반품분 세금계산서합계표를 확정신고 시 제출하는 경우

    예정신고 기간 중 공급하고 반품받은 분에 대하여 예정신고시 매출처별세금계산서합계표를 제출치 못하여 확정신고시 제출하는 경우 감액 공급가액에 대하여 지연제출가산세 적용함(부가 46015-292, 1997.02.06.).

(2) 매입처별세금계산서합계표 제출불성실 가산세

사업자가 매입처별세금계산서합계표에 따르지 아니하고 다음과 같은 사유로 세금계산서 또는 수입세금계산서에 따라 매입세액을 공제받은 경우에 가산세를 적용한다. 다만, 매입처별세금계산서합계표의 기재사항이 착오로 기재된 경우로서 발급하였거나 발급받은 세금계산서에 의하여 거래사실이 확인되는 분의 공급가액에 대하여는 그러하지 아니하다.

1) 지연수취

① 재화 또는 용역의 공급시기 이후에 발급받은 세금계산서로서 해당 공급시기가 속하는 과세기간에 대한 확정신고기한까지 발급받아 매입세액을 공제받은 경우(세금계산서 발급특례규정에 따라 발급받은 경우 포함)(지연수취)

② 재화 또는 용역의 공급시기가 속하는 과세기간에 대한 확정신고기한이 지난 후 세금계산서를 발급받았더라도 그 세금계산서의 발급일이 확정신고기한 다음 날부터 1년(2023.02.14. 이전 6개월) 이내이고 다음의 어느 하나에 해당하는 경우

㉠ 과세표준수정신고서와 경정 청구서를 세금계산서와 함께 제출하는 경우
㉡ 해당 거래사실이 확인되어 납세지 관할 세무서장 등이 결정 또는 경정하는 경우

③ 재화 또는 용역의 공급시기 전에 세금계산서를 발급받았더라도 재화 또는 용역의 공급시기가 그 세금계산서의 발급일부터 6개월(2023.02.14. 이전 30일) 이내에 도래하고 해당 거래사실이 확인되어 납세지 관할 세무서장 등이 결정 또는 경정하는 경우(사전수취)

2) 미제출과 누락·거짓기재

매입처별 세금계산서합계표를 제출하지 아니한 경우 또는 제출한 매입처별 세금계산서합계표의 기재사항 중 거래처별 등록번호 또는 공급가액의 전부 또는 일부가 적혀 있지 아니하거나 사실과 다르게 적혀 있는 경우에는 매입처별 세금계산서합계표에 따르지 아니하고 세금계산서 또는 수입세금계산서에 따라 공제받은 경우에 가산세를 적용한다.

- ☞ 매입처별세금계산서합계표를 수정신고·경정청구 및 기한 후 신고에 의하여 제출하는 경우와 매입처별세금계산서합계표의 거래처별 등록번호 또는 공급가액이 착오로 사실과 다르게 적힌 경우로서 발급받은 세금계산서에 의하여 거래사실이 확인되는 경우에는 가산세가 적용되지 아니함(부가령 제108조 제6항).
- ☞ 매입누락분에 대하여 경정기관의 확인을 거쳐 공제받는 경우에는 매입세액은 공제되나, 가산세(공급가액의 0.5%) 부과됨(부가법 제60조 제7항 제2호).

3) 과다기재

제출한 매입처별 세금계산서합계표, 신용카드 매출전표 등 수령명세서의 기재사항 중 공급가액을 사실과 다르게 과다하게 적어 신고한 경우

- ☞ 세금계산서를 과다발급받아 합계표 과다기재하여 신고한 경우에는 공급가액 과다수취 가산세(2%) 적용됨(부가법 제60조 제3항, 9항).

 관련 해석사례 및 집행기준

면세거래를 세금계산서로 발급받은 후 다시 수정세금계산서를 발급받는 경우

사업자가 부가가치세가 면제되는 재화를 공급받고 매입세금계산서를 발급받아 매입처별세금계산서합계표에 제출한 후 공급자로부터 이를 수정한 세금계산서를 발급받아 제출하는 경우 「부가가치세법」 제60조 제7항의 매입처별세금계산서합계표 가산세 부과대상에 해당하지 않는 것임(부가-875, 2013.09.26.).

계약 해제로 수정세금계산서를 발급받은 사업자가 수정신고를 하지 아니한 상태에서 부가가치세를 경정고지 받은 경우 가산세적용

「부가가치세법」 제6조 제1항 및 같은 법 시행령 제59조 제2호의 사유로 수정세금계산서를 교부받은 사업자가 「국세기본법」 제45조 제1항에 의한 수정신고를 하지 아니한 상태에서 부가가치세를 경정고지하는 경우에는 매입처별 세금계산서합계표가산세, 초과환급신고가산세 및 납부·환급불성실가산세를 적용하는 것임(재부가-632, 2010.09.24.)

수정세금계산서를 받지 못한 경우 매입처별세금계산서합계표 불성실가산세 적용여부

공급받는 자가 수정세금계산서를 발급받은 경우에는 이를 매입처별세금계산서합계표에 기재

하여 부가가치세를 신고납부하여야 하며, 공급받는 자에게 수정분 매입처별 세금계산서합계표 제출 의무 해태에 따른 책임이 없는 경우 매입처별세금계산서합계표 불성실가산세를 적용하지 아니하는 것임(부가-930, 2014.11.24.).

경정청구분 매입세액 불공제시 가산세 적용여부

신고누락분으로 경정청구 하였으나 매입세액 불공제 대상으로 결정되는 경우에는 매입처별세금계산서 합계표 불성실 가산세는 적용하지 아니하는 것임(서면3팀-1571, 2005.09.21.).

상품권에 대한 매입처별세금계산서합계표 불성실 가산세 적용

법 제22조 제5항의 '매입처별세금계산서합계표의 기재사항 중 사실과 다르게 과다하게 기재하여 신고한'의 의미는 정상적으로 교부받은 세금계산서상의 공급가액을 매입처별세금계산서합계표에 과다하게 기재하거나 사업과 관련 없는 세금계산서를 교부받아 매입처별세금계산서합계표에 기재한 경우를 말하는 것으로, 상품권의 경우 세금계산서 교부의무와 매입처별세금계산서합계표 제출에 대한 의무가 없는 거래로 합계표에 기재하여 부가가치세를 신고·납부하였다 하여도 매입처별세금계산서합계표의 기재사항 중 사실과 다르게 과다하게 신고한 것으로 볼 수 없으므로 매입처별세금계산서합계표 가산세 부과대상에 해당하지 않는 것임(재부가-546, 2007.07.18.).

매입처별세금계산서합계표 불성실가산세 적용여부

과세사업과 면세사업을 겸영하는 사업자가 예정신고기간에 면세사업에 관련된 재화나 용역을 공급받고 교부받은 세금계산서에 대하여 예정신고시 매입세액 불공제분으로 기재하고 세금계산서합계표를 작성하여 제출한 것에 대하여, 확정신고시에도 매입세액 불공제분으로 기재하고 세금계산서합계표를 작성하여 제출함으로써 중복 신고된 경우 법 제22조 제4항의 규정에 의한 가산세가 적용되지 아니하는 것임(서삼 46015-11403, 2003.09.01.).

사실과 다른 세금계산서 수취분 수정신고시 가산세 여부

사실과 다른 세금계산서를 교부받아 예정 또는 확정시에 제출한 매입처별세금계산서 합계표상의 공급가액에 대하여는 '수정신고 또는 경정청구'하는 경우에도 해당 가산세가 부과됨(부가 46015-2854, 1998.12.26.)

8. 현금매출명세서 등 제출불성실 가산세

(1) 의의

사업자가 법소정 사업자가 현금매출명세서 또는 부동산임대공급가액명세서를 제출하지 아니하거나 제출한 수입금액(현금매출명세서의 경우에는 현금매출을 말함)이 사실과 다르게 적혀 있는 경우에는 제출하지 아니한 수입금액 또는 제출한 수입금액과 실제 수입금액과의 차액에 대하여 1%에 해당하는 금액을 납부세액에 더하거나 환급세액에서 뺀다(부가법 제60조 제8항).

(2) 열거업종

1) 부동산업: 부동산 중개업

2) 전문·과학 및 기술서비스업

① 변호사업, 심판변론인업, 변리사업, 법무사업, 공인회계사업, 세무사업, 경영지도사업, 기술지도사업, 감정평가사업, 손해사정인업, 통관업, 기술사업, 건축사업, 도선사업, 측량사업(2007.01.01.부터)

② 공인노무사업, 약사업, 한약사업, 수의사업(2010.07.01.부터)

③ 의사업, 한의사업(2012.07.01.부터)

3) 보건업: 병원·의원에 한정 (2012.07.01.부터)

4) 그 밖의 개인서비스업: 예식장업

5) 부동산임대업자

(3) 한도액

과세기간별로 5천만 원(「중소기업기본법」상 중소기업이 아닌 기업은 1억 원)을 한도로 하고, 현금매출명세서 등을 제출기한이 지난 후 1월 이내에 제출시 50%를 경감한다.

 관련 해석사례 및 집행기준

- 영세율적용대상거래인 국외제공용역에 대하여 현금매출명세서를 제출하여야 하는지 여부

  「부가가치세법 시행령」 제109조 제2항 제7호에 해당하는 사업자는 같은 법 제55조에 따라 부가가치세 예정신고 또는 확정신고시 현금매출명세서를 제출하여야 하는 것임(서면부가 2015-22266, 2015.02.17.).

- 부동산임대공급가액명세서의 내용을 사실과 다르게 기재한 경우(재부가-411, 2010.06.24.)

  부동산임대공급가액명세서의 임대사항, 임대면적, 임차인 인적사항 및 임대차계약내용을 사실과 다르게 기재한 경우에도 그에 해당하는 수입금액에 대하여 가산세 부과하는 것임(재부가-411, 2010.06.24.).

■ 부가가치세법 시행규칙 [별지 제26호서식](2024.03.22 개정)　　　　홈택스(www.hometax.go.kr)에서도 신청할 수 있습니다.

현금매출명세서

년　제　기　(　월　일 ~ 　월　일)

※ 아래의 작성방법을 읽고 작성하시기 바랍니다.

① 상호(법인명)	② 성명(대표자)	③ 사업자등록번호

공급가액	④ 합계		⑤ 현금매출		⑥ 세금계산서	
	건수	금액	건수	금액	건수	금액

현금매출 명세

⑦ 일련번호	⑧ 의뢰인		⑨ 거래일	⑩ 거래 금액		
	주민등록번호(또는 사업자등록번호)	성명(또는 상호)		공급대가	공급가액	부가가치세
합계						

작 성 방 법

① ~ ③은 제출자의 상호 또는 법인명과 대표자, 사업자등록번호를 적습니다.
⑤: 현금매출란에는 순수 현금매출(세금계산서 발급분 제외)을 적습니다.
⑥: 세금계산서 발급분 중 「부가가치세법」 제32조제1항제2호 단서에 따라 주민등록번호를 적은 분은 ⑥ 세금계산서란에 포함하여 적습니다.
⑦ ~ ⑩은 현금매출 내용을 적습니다.

210mm×297mm[백상지(80g/㎡) 또는 중질지(80g/㎡)]

9. 영세율과세표준신고불성실 가산세

(1) 의의

영세율이 적용되는 과세표준을 하지 아니하거나 그 신고한 과세표준이 신고하여야 할 과세표준에 미달하는 때에는 그 신고하지 아니한 과세표준, 미달하게 신고한 경우에는 그 미달한 과세표준의 0.5%에 해당하는 금액을 납부세액에 더하거나 환급세액에서 뺀다. 또한 영세율 과세표준을 신고하였으나 영세율 첨부서류를 제출하지 아니한 경우도 동일하다. 다만, 수출실적명세서와 영세율첨부서류제출명세서의 기재사항이 착오로 기재되었으나 서류에 의하여 그 사실이 확인되는 경우에는 적용하지 아니한다(국기령 제27조의2 제2항).

(2) 「조세특례제한법」에 의한 영세율 첨부서류 미제출시 가산세 부과

「조세특례제한법」 제105조 제1항에 따라 영세율이 적용되는 과세표준의 경우 「조세특례제한법 시행령」 제106조 제12항 및 「농·축산·임·어업용 기자재 및 석유류에 대한 부가가치세 영세율 및 면세 적용 등에 관한 특례 규정」 제4조에 따른 서류를 부가가치세 신고시 첨부하지 아니하는 부분에 대하여는 「부가가치세법」에 따라 부가가치세 예정 또는 확정 신고로 보지 아니한다(부가령 제90조 제8항 제2호).

 관련 해석사례 및 집행기준

- 영세율 과세표준 신고누락, 영세율 첨부서류 제출한 경우

  부가가치세 예정신고서 또는 부가가치세 확정신고서를 작성할 때 영세율이 적용되는 과세표준을 과세표준란에 기재하지 않았으나 영세율 첨부서류를 제출한 경우에는 영세율신고불성실가산세를 적용하지 아니하는 것임(부가-1352, 2011.10.31.).

- 영세율 적용 수정세금계산서의 경정청구에 대한 영세율 신고불성실 가산세 적용여부

  영세율 적용 대상거래를 과세거래로 하여 세금계산서를 교부하고 부가가치세를 신고납부한 동 거래에 대하여 영세율을 적용하는 수정세금계산서를 교부하고 경정청구하는 경우에는 영세율신고불성실 가산세가 적용되지 아니하는 것임(서삼 46015-12214, 2002.12.23.).

- 영세율 과세표준 과다 신고시 영세율신고불성실 가산세 적용 안됨.

  영세율 첨부서류를 정상적으로 제출하였으나, 그 신고한 과세표준이 신고하여야 할 과세표준보다 과다하게 신고한 경우에는 영세율신고불성실가산세가 적용되지 아니함(부가 46015-1233, 2000.05.29.).

10. 신고불성실 가산세

(1) 무신고가산세

납세의무자가 법정신고기한까지 세법에 따른 과세표준신고(예정신고 포함)를 하지 아니한 경우에는 「부가가치세법」에 따른 납부세액의 20%에 상당하는 금액을 납부할 세액에 더하거나 환급받을 세액에서 뺀다.

(2) 부정무신고가산세

1) 의의

납세의무자가 부정행위로 법정신고기한까지 세법에 따른 과세표준 신고를 하지 아니한 경우에는 부가가치세법」에 따른 납부세액의 40%(국제거래에서 발생한 부정행위로 국세의 과세표준 신고를 하지 아니한 경우에는 60%)에 상당하는 금액을 가산세로 한다.

2) 부정행위

사기나 그 밖의 부정한 행위(부정행위)란 「조세범처벌법」 제3조 제6항 다음의 어느 하나에 해당하는 행위를 말한다(국세기본법시행령 제12조의2 제1항).

① 이중장부의 작성 등 장부의 거짓 기장
② 거짓 증빙 또는 거짓 문서의 작성 및 수취
③ 장부와 기록의 파기
④ 재산의 은닉, 소득·수익·행위·거래의 조작 또는 은폐
⑤ 고의적으로 장부를 작성하지 아니하거나 비치하지 아니하는 행위 또는 계산서, 세금계산서 또는 계산서합계표, 세금계산서합계표의 조작
⑥ 「조세특례제한법」 제24조 제1항 제4호에 따른 전사적 기업자원관리설비의 조작 또는 전자세금계산서의 조작
⑦ 그 밖에 위계(僞計)에 의한 행위 또는 부정한 행위

조세범처벌법 §8【장부의 소각·파기 등】

조세를 포탈하기 위한 증거인멸의 목적으로 세법에서 비치하도록 하는 장부 또는 증빙서류(「국세기본법」 제85조의3 제3항에 따른 전산조직을 이용하여 작성한 장부 또는 증빙서류를 포함한다)를 해당 국세의 법정신고기한이 지난날부터 5년 이내에 소각·파기 또는 은닉한 자는 2년 이하의 징역 또는 2천만원 이하의 벌금에 처한다.

(3) 무신고가산세 적용 배제

① 「부가가치세법」 제69조에 따라 납부의무가 면제되는 경우에는 「국세기본법」 제47조의2 제1항 및 제2항(무신고) 가산세 부과를 배제한다(국기법 제47조의2 제3항).
② 대손세액 공제의 경우, 그 공급을 받은 사업자가 대손세액에 해당하는 금액을 매입세액에서 차감하여 신고하지 아니한 경우 그 사업자의 관할세무서장이 빼야 할 매입세액을 결정 또는 경정(更正)하는 경우에는 「국세기본법」 제47조의2 제1항·제2항(무신고) 및 제47조의3 제1항·제2항(부정 무신고) 가산세 부과를 배제한다(국기법 제47조의2 제4항).

(4) 과소신고·초과환급신고 가산세

1) 일반과소신고·초과환급신고 가산세

사업자가 법정신고기한까지 「부가가치세법」에 따라 부가가치세 신고서를 제출한 경우로서 신고한 납부세액이 신고하여야 할 납부세액 보다 적게 신고(과소신고) 하거나, 신고한 환급세액이 신고하여야 할 환급세액 보다 많이 신고(초과환급신고)한 경우에는 과소신고한 납부세액과 초과신고분 환급세액을 합한 금액의 100분의 10에 상당하는 금액을 가산세로 한다.

구 분	일반과소신고·초과환급신고 가산세
부가가치세	과소신고납부세액등 × 10% + 과소신고된 영세율과세표준 × 0.5%

2) 부정과소신고·초과환급신고 가산세

부당한 방법으로 납부세액을 과소신고하거나, 환급세액을 초과신고한 경우에는 다음 '㉠', '㉡'의 금액을 합한 금액을 가산세로 한다(국기법 제47조의3 제2항).

구 분	계산구조
㉠ 부정과소신고 가산세액	부정과소신고납부세액 등 × 40%
㉡ 일반과소신고 가산세액	(과소신고납부세액 등 - 부정과소신고납부세액 등) × 10%

3) 사업자 아닌 자의 경우

「국세기본법」 제47조의3 제1항(일반과소신고·초과환급신고가산세), 제2항(부정과소신고·초과환급신고가산세)의 규정은 부가가치세법에 따른 사업자가 아닌 자가 환급세액을 신고한 경우에도 적용한다(국기법 제47조의3 제3항).
☞ 2012.01.01. 이후 개시하는 과세기간부터 적용

(5) 가산세 감면

「국세기본법」상 신고불성실 가산세는 10%, 20%, 40%의 가산세가 적용되는 것으로 강화되었으므로 특히 매출누락 부분 등에 대한 수정신고시 가산세 적용에 주의해야 한다. 또한 법정신고기한 경과 후 1월 이내에 수정신고를 한 경우 90%, 1개월 초과 3개월 이내 75%, 3개월 초과 6개월 이내 50%, 6개월 초과 1년 이내 30%, 1년 초과 1년 6개월 이내 20%, 1년 6개월 초과 2년이내 10% 가산세를 감면한다.

 관련 해석사례 및 집행기준

- **면세사업자가 환급신고한 경우 초과환급신고 가산세 적용여부**

  주택신축판매업을 시작하면서 건축물 신축에 대한 매입세금계산서에 대해 부가가치세 확정신고 시 환급신청하였으나 관할세무서의 환급조사 시 면세사업자로 확인되어 환급 보류된 경우 2012.01.01. 이후 최초로 개시하는 과세기간분부터는 초과환급신고가산세가 적용됨(징세과-1117, 2012.10.19.).

- **과소신고가산세 및 초과환급신고가산세 적용여부**

  납세자가 부가가치세 확정신고시 납부세액은 정상적으로 신고하였으나, 예정신고시 환급받은 세액을 예정신고 미환급세액으로 공제함으로써 환급받을 세액을 신고한 경우, 과소신고가산세는 적용하지 아니하나 초과환급신고가산세는 적용하는 것임(기획재정부 조세정책과-8, 2011. 01.03.).

- **매입반품 세금계산서 무신고시 가산세 적용됨.**

  매입거래 취소분 수정세금계산서(매입감액 세금계산서)를 신고누락한 경우 관련 가산세 적용되며, 6월내 수정신고시는 신고불성실가산세 50% 경감함(제도46015-11611, 2001.06.20.).

11. 납부지연 가산세

(1) 의의

사업자가 예정·확정신고시 납부하여야 할 세액을 무납부하거나, 과소납부한 때에 그리고 신고한 환급세액이 신고하여야할 환급세액을 초과하여 과다하게 환급된 경우는 그 금액의 1일 2.2/10,000원(2023.02.14. 이전 2.5/10,000)을 적용하여 가산세를 부과한다.

> 무납부가산세 = 무납부·과소납부세액 × 2.2/10,000 × 무납부일수
> (무납부일수: 납부기한의 다음날부터 자진납부일 또는 고지일까지)

(2) 사업자 아닌 자의 경우

납부·환급불성실가산세는 부가가치세법에 따른 사업자가 아닌 자가 환급받은 경우에도 적용한다(국기법 제47조의4 제2항).

(3) 과세기간을 잘못 적용하여 신고납부한 경우

과세기간을 잘못 적용하여 신고납부한 경우에 납부지연가산세 적용은 실제신고납부한 날에 실제 신고납부한 금액의 범위에서 당초 신고납부하여야 할 과세기간에 대한 국세를 자진납부한 것으로 본다(국기법 제47조의4 제6항). 다만, 당해 신고가 국기법 제47조의2 제2항(부정무신고), 제47조의3 제2항(부정과소신고 등)에 해당하는 경우에는 적용하지 아니한다.

(4) 사업장을 달리하여 신고납부한 경우

부가가치세법에 따른 사업자가 납부기한까지 어느 사업장에 대한 부가가치세를 다른 사업장에 대한 부가가치세에 더하여 신고납부한 경우 납부지연가산세를 적용할 때 부가가치세를 납부한 것으로 본다(국기법 제47조의4 제3항).

 관련 해석사례 및 집행기준

- **무납부자가 경정청구시 납부지연가산세**

  사업자가 예정·확정신고 시 납부하여야 할 세액을 무납부하여 결정 고지된 후, 당초 신고내용에 대하여 경정청구를 하여 납부하여야 할 세액이 차감되는 경우에도 기 결정 고지된 납부불성실가산세는 경감되지 아니하는 것이나, 경정결정시에 동 납부불성실가산세는 기납부세액으로 공제하는 것임(서면3팀-28, 2007.01.04.).

- **2개 이상의 다른 사업장을 가지고 있는 사업자가 착오로 한 사업장으로 신고납부한 경우**

  부가가치세법에 따른 사업자가 같은 법에 따른 납부기한까지 어느 사업장에 대한 부가가치세를 다른 사업장에 대한 부가가치세에 더하여 신고납부한 경우 부가가치세법 제22조 제4항 및 제5항, 국세기본법 제47조의2를 적용하는 것임(부가-118, 2013.02.04.).

- 총괄납부 승인없이 지점 매입을 본점으로 신고한 경우

  2 이상의 사업장이 있는 사업자가 총괄납부 승인을 얻지 아니하고 지점 매입액을 본점 매입액으로 본점 매출액을 지점 매출액으로 잘못 신고·납부한 경우 과소납부 또는 과다 공제받은 사업장은 납부불성실 가산세를 적용하는 것임(서면3팀-2241, 2006.09.25.).
  - ➜ (개정) 어느 사업장에 대한 부가가치세를 다른 사업장에 대한 부가가치세에 더하여 신고납부한 경우에는 납부한 것으로 봄(2012.01.01. 이후 과세기간부터 적용)
  - ➜ (재개정) 어느 사업장에 대한 부가가치세를 다른 사업장에 대한 부가가치세에 더하여 신고납부한 경우에는 납부·환급불성실가산세를 적용하지 아니함(2015.01.01. 이후부터 적용)

- 1기분을 2기에 신고·납부한 경우 납부불성실 가산세 적용기간(재소비-116, 2005.01.28.)

  사업자가 1기 확정분에 공급한 용역에 대하여 2기 확정신고시 신고·납부한 경우, 납부불성실 가산세 적용기간은 7월 26일부터 납세고지일까지임.
  - ➜ (개정) 실제 신고납부한 날에 실제 신고납부한 범위에서 당초 신고납부하였어야 할 과세기간에 대한 국세를 자진납부한 것으로 봄. 따라서 가산세 적용기간은 7월 26일부터 실제 납부일까지임(2012.01.01. 이후 과세기간부터 적용)
  - ➜ (재개정) 어느 사업장에 대한 부가가치세를 다른 사업장에 대한 부가가치세에 더하여 신고납부한 경우에는 납부, 환급불성실가산세를 적용하지 아니함(2015.01.01. 이후부터 적용)

12. 대리납부불성실 가산세

대리납부의무자가 대리납부세액을 사업장 또는 주소지관할세무서장에게 납부하지 않는 경우에 납부하지 아니한 대리납부세액의 10%를 더한다.

13. 가산세의 중복적용 배제

① 미등록가산세나 명의위장등록가산세가 적용되는 부분에 대하여는 세금계산서지연발급·부실기재 가산세, 전자세금계산서 발급명세서 지연(미)전송 가산세, 신용카드매출전표 관련 가산세 및 매출처별 세금계산서합계표 관련 가산세를 적용하지 아니한다(부가법 제60조 제9항 제1호).

② 세금계산서 지연발급·부실기재가산세, 전자세금계산서 발급명세서 지연(미)전송 가산세가 적용되는 부분에 대하여는 매출처별세금계산서합계표 관련 가산세를 적용하지 아니한다(부가법 제60조 제9항 제2호).

③ 세금계산서 미발급, 가공발급(수취), 위장발급(수취), 과다발급(수취) 가산세가 적용되는 부분에 대하여는 사업자등록 미등록·명의위장등록 가산세와 매출·매입처별 세금계산서합계표 관련 가산세를 적용하지 아니한다(부가법 제60조 제9항 제3호).

④ 위장발급가산세(부가법 제60조 제3항 제3호)가 적용되는 부분에 대해서는 세금계산서 미발급 가산세(부가법 제60조 제2항 제2호)를 적용하지 아니한다(부가법 제60조 제9항 제4호).
⑤ 세금계산서 지연발급가산세(부가법 제60조 제2항 제1호) 또는 세금계산서미발급가산세(부가법 제60조 제2항 제2호))가 적용되는 부분에 대하여는 전자세금계산서 발급명세서 지연전송(제3호), 미전송(제4호), 세금계산서 부실기재가산세(제5호)를 적용하지 아니한다. 또한, 세금계산서 부실기재가산세(제5호)를 적용하는 경우 전자세금계산서 발급명세서 지연전송(제3호), 미전송(제4호)가산세를 적용하지 아니한다(부가법 제60조 제2항).
⑥ 신고불성실가산세, 납부지연가산세를 적용하는 경우 예정신고납부와 관련하여 가산세가 부과되는 부분에 대하여는 확정신고납부와 관련하여 가산세를 부과하지 아니한다(국기법 제47조의2 제5항; 제47조의4 제5항).
⑦ 공급가액 과다기재 세금계산서발급가산세(부가법 제60조 제3항 제3호)가 적용되는 부분에 대해서는 세금계산서 부실기재가산세(부가법 제60조 제2항 제5호)를 적용하지 아니한다(부가법 제60조 제9항 제5호).
☞ 2020.01.01. 이후 공급분부터 적용
⑧ 법인세·「소득세법」의 현금영수증 미발급가산세(20%)가 적용되는 부분에 대하여는 세금계산서 미발급가산세, 매출처별 세금계산서합계표 부실기재 가산세를 적용하지 아니한다(부가법제 60조 제10항).

14. 가산세의 감면과 가산세 한도

(1) 가산세 감면

다음 어느 하나에 해당하는 경우에는 「국세기본법」 또는 「부가가치세법」에 따른 해당 가산세액에서 다음에 상당하는 금액을 감면한다(국기법 제48조 2항).

① 과세표준신고서를 법정신고기한까지 제출한 자가 법정신고기한이 지난 후 수정신고한 경우: 과소신고가산세 및 초과환급신고가산세
② 과세표준신고서를 법정신고기한까지 제출하지 아니한 자가 법정신고기한 지난 후 기한후신고를 한 경우: 무신고
③ 과세전적부심사결정 통지기간 내에 그 결과를 통지하지 아니한 경우: 결정·통지가 지연됨으로써 해당 기간에 부과되는 납부·환급불성실가산세
④ 세법에 따른 제출·신고·가입·등록·개설의 기한이 경과한 후 1월 이내에 그 의무

를 이행하는 경우: 제출 등의 의무위반에 대하여 세법에 따라 부과되는 가산세

⑤ ①에도 불구하고 예정신고기한까지 예정신고를 하였으나 과소(초과환급)신고한 경우로서 확정신고기한까지 과세표준을 수정하여 신고한 경우(해당 기간에 부과되는 과소신고·초과환급신고가산세만 해당하며, 과세표준과 세액을 경정할 것을 미리 알고 과세표준신고를 하는 경우는 제외): 해당 가산세액의 50%

⑥ ②에도 불구하고 예정신고기한까지 예정신고를 하지 아니하였으나 확정신고기한까지 과세표준신고를 한 경우(해당 기간에 부과되는 무신고가산세만 해당하며, 과세표준과 세액을 경정할 것을 미리 알고 과세표준신고를 하는 경우는 제외): 해당 가산세액의 50%

(2) 가산세 한도

미등록·타인명의등록가산세, 세금계산서불성실가산세, 매출처별세금계산서합계표불성실가산세, 매입처별세금계산서합계표불성실가산세, 현금매출명세제출불성실가산세는 과세기간 단위로 구분하여 그 의무위반의 종류별로 각각 1억원을 한도로 한다

●실무사례 1   예정신고 누락분을 확정신고 반영하는 경우

[사실관계]

㈜한결은 20x5년 제1기 확정신고(04.01. ~ 06.30.)를 할 때 아래 거래에 대한 신고를 누락하여 20x5년 9월 1일에 수정신고를 하고자 한다.

- 5월 3일: ㈜화인상사에 제품을 판매하고, 전자세금계산서(공급가액 32,000,000원, 부가가치세 3,200,000원)를 적법하게 발급하고 전송하였다.
- 5월 10일: 금아유통에 제품을 판매하고, 종이세금계산서(공급가액 20,000,000원, 부가가치세 2,000,000원)를 발급하였다.
- 6월 21일: ㈜아이테크에 제품을 판매하였으나, 세금계산서(공급가액 17,000,000원, 부가가치세 1,700,000원)를 발행하지 아니하였다.

해답

- 신고불성실 가산세(일반): 6,900,000원 × 10% × 50%(감면) = 345,000원
- 납부지연 가산세: 6,900,000원 × 2.5/10,000 × 38일 = 65,550원
- 세금계산서 미발급 가산세: 17,000,000원 × 2% = 340,000원
  20,000,000원 × 1% = 200,000원

실무사례 2 확정신고 이후 수정신고하는 경우

[사실관계]

㈜한결은 제1기 확정 부가가치세를 법정신고기한인 7월 25일에 신고 납부하였으나, 8월 14일에 다음과 같은 내용이 누락된 것을 알고 수정신고 및 납부하고자 한다.

(1) 외국법인인 거래처에 수출한 재화에 대한 신고를 누락하였다(직수출).

거래처명	선적일	수출신고일	대금결제일	환율			외화금액
				선적일	수출신고일	대금결제일	
라로체	06.27.	06.29.	07.10.	1,100원/$	1,020원/$	1,150원/$	$3,000

(2) 5월 3일: ㈜대상라이프에게 소형승용자(2,000cc)를 공급대가 13,200,000원에 현금판매한 사실을 누락하였다(세금계산서 미발급분).
(3) 사무실 6월분 임차료에 대한 종이발급분 매입 세금계산서를 누락하였다.
 - 공급가액: 2,000,000원(부가가치세 별도)
 - 공급자: 미림빌딩
 - 일 자: 6월 30일

[해답]

- 신고불성실 가산세(과소신고, 일반): 1,000,000원 × 10% × 50%(감면) = 50,000원
- 영세율 과세표준 신고불성실 가산세: 3,300,000원 × 0.5% × 50%(감면) = 8,250원
- 납부지연 가산세: 1,000,000원 × 0.025% × 20일 = 5,000원
- 세금계산서 미발급 가산세 (전자세금계산서 미발급가산세 미전송가산세 및 세금계산서 합계표가 중복되는 경우에는 미발급가산세만 적용한다.): 12,000,000원 × 2% = 240,000원

실무사례 3 영세율과세표준신고불성실 가산세

[사실관계]

(주)대박은 1기 예정신고기간 중 1,000원의 수출을 하였으며, 동 수출은 영세율적용대상이다. 위 내용에 대해 다음과 같이 예정신고를 한다고 할 때, 각 상황별로 가산세를 구하여라.

구 분	신고한 과세표준	첨부서류 제출여부
상황 1	1,000	제 출
상황 2	-	미제출
상황 3	1,000	미제출

[해답]

① 상황 1
  과세표준도 적법하게 신고하고 첨부서류도 제출한 바, 가산세가 없다.

② 상황 2
과세표준을 신고하지 않았으며 첨부서류도 제출하지 아니한 바, 가산세가 부과된다. 이때, 부과되는 가산세는 공급가액 1,000원의 0.5%인 10원이 된다.
③ 상황 3
과세표준은 적법하게 신고하였으나 첨부서류를 제출하지 아니한 바, 가산세가 부과된다. 이때, 부과되는 가산세는 공급가액 1,000원의 0.5%인 10원이 된다.

실무사례 4 　 본·지점 관련 가산세 (2)

[사실관계]
㈜한결은 지점 매출분을 지점에서 세금계산서 발급하였으나, 본점 매출로 신고한 경우 본·지점의 가산세는?

해답
(1) 본점
  • 본점 납부분을 지점에서 납부한 것으로 보아, 지점 경정청구시 납부지연가산세 적용하지 않는다 (국기법 제47조의4 제③항 1호).
  • 매출세액을 환급하지 않는다.
(2) 지점
  본점에서 납부하였으므로 지점에서는 신고불성실 가산세만 적용한다.

실무사례 5 　 본·지점 관련 가산세 (2)[65]

[사실관계]
㈜한결은 지점 매출분을 본점에서 세금계산서 발급하였으나, 본점 매출로 신고한 경우 본·지점의 경정시 가산세는?

해답
(1) 본점
  • 세금계산서 기재불성실 가산세를 적용하지 않는다(부가-0027, 2019.03.12.).
(2) 지점
  지점에서 세금계산서를 발급하지 않았으므로 세금계산서 미발급가산세(1%) 적용하고, 신고불성실 가산세를 적용한다.
(3) 관련해석
  지점에서 재화를 공급하고 본점에서 세금계산서를 발급한 경우, 지점에는 세금계산서 미발급가산세를 부과하되, 본점은 세금계산서 기재불성실가산세를 적용하지 아니하는 것임(법령해석 부가-0027, 2019.03.12.). (➔ 가산세 중복적용 배제)

---

[65] 박병완, "앞의 책" 1024면 참고.

•실무사례 6 　 과세기간을 잘못 적용한 경우

[사실관계]

㈜한결은 20x5.07.03.(2기) 매출세금계산서 발급분을 20x5.07.25.에 1기 확정신고·납부하였다. 이 경우 ㈜한결의 20×5. 1기 및 2기의 경정시 가산세는?

해답

1기	2기
• 매출세액을 환급하지 않는다. • 매출처별세금계산서합계표 가산세는 착오로 부과하지 않는다.	• 1기에 매출세액을 납부하였으므로 신고불성실 가산세만 적용한다.

•실무사례 7 　 사업자등록 여부에 따른 부가가치세 세액차이

[사실관계]

한결은 20x5.01.01. ~ 06.30.까지 제작한 콘텐츠를 해외 플랫폼 운영사에 업로드하고 받은 수익이 $50,000(환율 1$ = 1,200원 가정)이고, 사무실을 임차하여 1천 1백만 원(부가세 포함) 지급하고 세금계산서를 수취하였다. 사업자등록 여부에 따른 부가가치세 세액 차이는?

해답

사업자 등록 시	사업자 미등록 시
• 매출세액(영세율) 　: 60,000,000원 × 0% = 0원 • 매입세액(공제) 　: 10,000,000원 × 10% = △1,000,000원 　　☞ 환급세액 : 1백만 원	• 매출세액(영세율) 　: 60,000,000원 × 0% = 0원 • 매입세액(불공제) • 미등록 가산세(1%): 60만 원 • 영세율과세표준 무신고 가산세(0.5%): 30만 원 　　☞ 부과세액: 90만 원

•실무사례 8 　 초과환급가산세

[사실관계]

㈜한결은 20x5년 1기 부가가치세 확정신고시 신고내역은 다음과 같다.
- 당초 환급세액: 5,000,000원, 8월 16일에 입금되었다.
- 중복매입 발견일: 2025년 9월 4일(종이 세금계산서 수령임)
- 중복매입 금액: 10,000,000원 (부가세 1,000,000원 별도)
- 9월 4일 수정신고시 관련 가산세는?

> **해답**
> - 초과환급가산세: 1,000,000원 × 10% × (1 - 75%) = 25,000원
>   납부불성실 가산세: 1,000,000원 × 2.2/10,000 × (8.17. ~ 9.4. = 19일) = 4,180원
>   * 31 - 16 + 4 = 19일
>   매입처별세금계산서합계표 가산세: 10,000,000 × 0.5% = 50,000원
>   * 전자세금계산서 수령시에는 가산세는 제외됨.

• 실무사례 9 공급받는 자를 사실과 다르게 발급한 경우[66)]

> **[사실관계]**
> ㈜한결는 ㈜지윤에게 20x4.06.30.에 재화를 1억원에 공급하였지만 세금계산서는 ㈜소양에게 발급하고 각각 부가가치세 신고를 한 경우 이와 관련된 가산세는?
>
> ```
>                          ① 20x4.06.30. 재화공급           →  ㈜지윤
>            ㈜한결
>                          ② 20x4.07.10. 위장세금계산서 발급   →  ㈜소양
> ```
>
> **해답**
> (1) 공급자
>   ① 해당 거래가 서로 상관관계를 갖는 하나의 거래에 해당하는 경우
>   세금계산서 발급이 서로 상관관계를 갖는 하나의 거래에 해당된다면 세금계산서 위장발급가산세(공급가액의 2%)만 적용한다. 즉, 실제 거래금액으로 세금계산서를 발급한 것을 의미한다.
>   ② 해당 거래가 하나의 거래로 해당하지 않는 경우
>   해당 거래가 하나의 거래가 아니라면 위장발급가산세가 적용된다.
> (2) 공급받는 자
>   - ㈜지윤은 세금계산서를 발급받지 못하였으므로 매입세액공제가 불가능하고, 증명서류 수취 불성실 가산세가 적용된다.
>   - ㈜소양은 세금계산서에 의하여 매입세액공제를 받은 경우라면 매입세액불공제, 가공세금계산서 수취 가산세, 신고불성실 가산세, 납부지연 가산세를 부가가치세 수정신고시 적용한다.

---

66) 진성규, 슬기로운 가산세사례실무, 조세통람, 2024, 100p 참고.

CHAPTER
09

신고 및 납부절차

01 _ 예정신고와 납부
02 _ 확정신고와 납부
03 _ 재화의 수입에 대한 신고·납부
04 _ 대리납부
05 _ 국외사업자의 용역 등 공급에 대한 특례
06 _ 전자적 용역을 공급하는 국외사업자의 용역 공급에 관한 특례

01 예정신고와 납부

1. 예정신고

(1) 일반적인 경우

사업자는 각 예정신고기간에 대한 과세표준과 납부세액 또는 환급세액을 예정신고기한까지 신고하여야 한다. 다만, 조기환급신고에 있어 이미 신고한 내용은 제외한다(부가법 제48조 제1항).

(2) 예정신고기간

구 분		예정신고기간	예정신고납부기한
제1기 예정신고	계속사업자	01.01. ~ 03.31.	04.25.
	신규사업자	사업개시일(등록일) ~ 03.31.	
제2기 예정신고	계속사업자	07.01. ~ 09.30.	10. 25.
	신규사업자	사업개시일(등록일) ~ 09.30.	

(3) 예정신고납부 대상자

구 분	예정신고납부 대상자
법인사업자	무조건 신고해야 한다. 다만, 2021.01.01. 이후 직전 과세기간 공급가액의 합계액이 1억 5천만원 미만인 법인사업자는 각 예정신고기간마다 직전과세기간에 대한 납부세액의 50%(1천원 미만인 단수가 있을 때에는 그 단수금액은 버린다)로 결정하여 해당 예정신고기간이 끝난 후 25일까지 징수한다.
개인사업자	다음에 해당하는 경우에는 선택할 수 있다(부가령 제48조 제4항). ① 휴업 또는 사업부진 등으로 인하여 각 예정신고기간의 공급가액 또는 납부세액이 직전 과세기간의 공급가액 또는 납부세액의 1/3에 미달하는 자 ② 각 예정신고기간분에 대하여 조기환급을 받고자 하는 자

(4) 제출서류

예정신고에 있어서는 부가가치세예정신고서와 함께 영세율첨부서류, 매입·매출처별 세금계산서합계표 등 관련서류를 제출하여야 한다(부가령 제90조 제2항). 제출한 매출·매입처별 세금계산서합계표에는 다음의 사항을 기재하여야 한다(부가법 제54조 제1항).

① 공급하는 사업자 및 공급받는 사업자의 등록번호와 성명·명칭
② 거래기간
③ 작성 연월일
④ 거래기간의 공급가액의 합계액 및 세액의 합계액
⑤ 거래처별 세금계산서 발급매수와 기타 기획재정부령이 정하는 것

다만, 전자세금계산서 발급명세를 과세기간 다음달 11일까지 전송한 경우에는 「매출·매입처별 세금계산서합계표」를 제출하지 아니할 수 있다(부가법 제54조 제2항).

2. 예정신고세액의 납부

사업자는 예정신고를 할 때 그 예정신고기간의 납부세액을 부가가치세 예정신고서와 함께 각 납세지 관할 세무서장(총괄납부 승인사업자는 주사업장 관할세무서장)에게 납부하거나 납부서를 작성하여 한국은행(그 대리점 포함) 또는 체신관서에 납부하여야 한다(부가법 제48조 제2항). 이러한 예정신고에 있어서 법 제60조 및 「국세기본법」 제47조의2 내지 제47조의4에 따른 각종 가산세는 적용하지 않으며 신용카드매출전표 등 발행세액공제는 가능하다(부가령 제90조 제1항).

> **예정신고시 적용하지 않는 규정**

① 대손세액공제	② 납부·환급세액의 재계산
③ 가산세	④ 전자신고세액공제
⑤ 면세사업용 재화의 과세전환 매입세액공제	⑥ 일반환급

3. 예정고지납부

```
────── 4.25 ──────────────────── 7.25
                                 1.1.-6.30.
                                 납부세액   500
원칙 - 예정고지 및 납부 200      (-) 예정고지세액 200
(직전 과세기간 납부세액의 1/2 > 50만원)   납부세액   300
예외 - 신고 및 납부
- 사업부진, 영세율 적용시
* 예정고지세액 납부여부 불문
```

(1) 원칙: 고지에 의한 징수

사업장 관할세무서장은 개인사업자 또는 소규모 법인에 대하여 각 예정신고기간마다 직전과세기간에 대한 납부세액의 1/2에 해당하는 금액(1,000원 미만 절사)을 결정하여 해당 예정신고기한 내에 고지·징수한다. 다만, 예정고지세액이 50만원 미만인 경우 또는 간이과세자에서 해당 과세기간 개시일 현재 일반과세자로 변경된 경우 또는 「국세징수법」 제13조 제1항[67] 어느 하나에 해당하는 사유로 관할 세무서장이 징수하여야 할 금액을 사업자가 납부할 수 없다고 인정되는 경우에는 이를 징수하지 아니한다(부가법 제48조 제3항).

여기서 "직전 과세기간의 납부세액"이란 신용카드매출전표 등 발행 세액공제액, 전자세금계산서 발급·전송세액공제액, 전자신고에 대한 세액공제액, 일반택시운송사업자 부가가치세 경감액, 원산지확인서 발급에 대한 부가가치세 세액공제는 빼고, 결정 또는 경정과 수정신고 및 경정청구에 의한 결정금액이 있는 경우는 그 내용이 반영된 금액을 말한다.

(2) 예외: 예정신고납부를 하는 경우

다음에 해당하는 자는 선택적으로 예정신고·납부(해당 예정신고기간에 대하여 제57조의2에 따라 수시부과한 세액은 공제)를 하거나 예정고지 납부를 할 수 있다. 이 경우 예정고지서를 받은 사업자가 부가가치세 예정신고를 한 경우에는 그 결정(고지)이 없었던 것으로 본다(부가법 제48조 제4항).

① 휴업 또는 사업부진으로 인하여 각 예정신고기간의 공급가액 또는 납부세액(「부가가치세법」 제48조 제3항에 따른 예정고지 납부세액)이 직전과세기간의 1/3에 미달하는 자
② 각 예정신고기간분에 대해 조기환급을 받고자 하는 자

---

[67] ① 관할 세무서장은 납세자가 다음 각 호의 어느 하나에 해당하는 사유로 국세를 납부기한 또는 독촉장에서 정하는 기한(이하 이 조, 제15조 및 제16조에서 "납부기한 등"이라 한다)까지 납부할 수 없다고 인정되는 경우 대통령령으로 정하는 바에 따라 납부기한 등을 연장(세액을 분할하여 납부하도록 하는 것을 포함한다. 이하 같다)할 수 있다.
  1. 납세자가 재난 또는 도난으로 재산에 심한 손실을 입은 경우
  2. 납세자가 경영하는 사업에 현저한 손실이 발생하거나 부도 또는 도산의 우려가 있는 경우
  3. 납세자 또는 그 동거가족이 질병이나 중상해로 6개월 이상의 치료가 필요한 경우 또는 사망하여 상중(喪中)인 경우
  4. 그 밖에 납세자가 국세를 납부기한등까지 납부하기 어렵다고 인정되는 경우로서 대통령령으로 정하는 경우

(3) 예정 납세고지서의 발부 및 징수기한

개인사업자에 대하여는 각 예정신고기간마다 직전 과세기간에 대한 납부세액의 2분의 1에 상당하는 금액을 결정하여 해당 예정신고기한까지 징수한다(부가집 48-90-2).

구 분	고지서 발부 기간	징수기한
제1기분 예정신고 기간분	04.01. ~ 04.10.	04.25.
제2기분 예정신고 기간분	10.01. ~ 10.10.	10.25.

4. 예정신고를 무신고한 경우

예정신고기간분에 대해 무신고 등으로 조사결정하는 경우, 매출처별 세금계산서합계표 미제출 및 신고·납부지연가산세를 부과하며, 발급받은 세금계산서 미제출분에 대하여 매입세액공제시는 매입처별 세금계산서합계표 미제출 가산세를 부과한다(부가 46015-4978, 1999.12.20.).

 관련 해석사례 및 집행기준

- 예정신고 누락액을 확정신고에 반영하여 신고하는 경우 신고불성실가산세 적용여부

  사업장 관할세무서장은 사업자가 예정신고한 내용에 오류 또는 탈루가 있는 때에는 「부가가치세법」 제21조의 규정을 준용하여 과세표준과 납부세액 또는 환급세액을 조사하여 결정 또는 경정하고 국세징수의 예에 의하여 징수할 수 있는 것으로, 이 경우 「부가가치세법」 제22조 및 「국세기본법」 제47조의3 내지 제47조의5 규정에 의한 가산세가 적용되는 것임(징세-1092, 2009.02.23.).

- 예정신고 누락분을 확정신고시 가산세와 감면적용 여부

  예정신고 누락분을 확정신고에 포함하여 수정신고시 매출처별세금계산서합계표 지연제출가산세, 신고불성실가산세 및 납부지연가산세가 적용됨(부가 46015-4037, 1999.10.04.).

• 실무사례　　**예정고지대상자의 예정신고의 효력**

[사실관계]
일반과세자인 개인사업자가 예정고지를 받은 후, 예정신고 대상이 아님에도 불구하고 예정신고 및 납부(6,900,000원)를 진행한 경우, 해당 예정신고가 적법한 신고로 인정되는지, 그리고 확정신고 시 예정신고분(5,600,000원)을 제외하고 확정신고만 하면 되는지 여부?

해답

예정결정 고지대상자로서 신고대상자에 해당하지 아니하는 자가 예정신고납부한 때에는, 신고납부효력이 없으며 확정신고시에 예정신고기간분의 과세표준을 제외하고 신고납부한 경우에는 확정신고분을 수정신고 하여야 하는 것임(서삼 46015-10078, 2003.01.14.).

02 확정신고와 납부

1. 확정신고

(1) 일반적인 경우

사업자는 각 과세기간에 대한 과세표준과 납부세액 또는 환급세액을 그 과세기간이 끝난 후 25일(폐업하는 경우 폐업일이 속하는 달의 다음 달 25일) 이내에 납세지 관할 세무서장에게 신고하여야 한다(부가법 제49조 제1항).

(2) 확정신고기간

구 분		신고기간	신고기한
제1기 확정신고	계속사업자	01.01. ~ 06.30.	07.25.
	신규사업자	개시일(등록일) ~ 06.30.	
	폐업자	01.01. ~ 폐업일	폐업일이 속한 달의 다음달 25일
제2기 확정신고	계속사업자	07.01. ~ 12.31.	다음해 01.25.
	신규사업자	개시일(등록일) ~ 12.31.	
	폐업자	07.01. ~ 폐업일	폐업일이 속한 달의 다음달 25일

(3) 확정신고대상자

사업자(법인사업자, 개인사업자)는 각 과세기간에 대한 과세표준과 납부세액(환급세액)을 확정신고기한까지 신고하여야 한다. 다만, 예정신고 및 조기환급신고에 있어 이미 신고한 내용은 제외하며(부가법 제49조 제1항 단서), 예정신고 누락분이 있는 경우 해당 누락된 부분만 추가하여 신고하여야 하며, 가산세 부과대상에 해당할 경우 가산세를 포함하여 신고납부하여야 한다.

(4) 제출서류

사업자는 확정신고에 있어서는 부가가치세확정신고서(별지 21호 서식)와 함께 다음의 관련서류를 제출하여야 한다(부가령 제91조 제2항).

구 분	제출 서류
사업을 양도하는 경우	사업양도 신고서
공제받지 못할 매입세액이 있는 경우	공제받지 못할 매입세액 명세서
신용카드매출전표 등을 발행한 사업자의 경우	신용카드매출전표 등 발행금액 집계표
전자적 결제 수단으로 매출하여 세액공제 받는 경우	전자화폐결제 명세서
신용카드매출전표 등으로 매입세액을 공제받는 경우	신용카드매출전표 등 수령명세서
부동산임대업자의 경우	부동산임대공급가액명세서와 임대차계약서사본(사업장을 임대한 후 임대차계약을 갱신한 경우에만 해당)
부동산관리업을 경영하는 사업자의 경우(주거용건물관리는 제외)	건물관리명세서
음식·숙박업자 및 그 밖의 서비스업자의 경우	사업장현황명세서
예식장업 등 현금매출명세서 제출대상 사업의 경우	현금매출명세서
건물·기계장치 등을 취득한 경우	건물 등 감가상각자산 취득명세서
사업자 단위 과세 사업자인 경우	사업자 단위 과세의 사업장별 부가가치세과세표준 및 납부세액(환급세액) 신고명세서
영세율을 적용하여 재화 또는 용역을 공급한 경우	영세율 매출명세서

① 영세율이 적용되는 과세표준이 있는 경우 신고서에 영세율 첨부서류를 첨부하여야 하며, 첨부하지 아니한 부분은 신고로 보지 않는다(부가령 제90조 제8항).
② 의료보건용역 중 수의사가 제공하는 부가가치세가 면제되는 동물 진료용역을 공급하는 경우에는 예정신고 또는 확정신고를 할 때(부가가치세 면세되는용역만을 공급하는 경우에는「소득세법」에 따른 사업자현황신고를 할 때에 매출명세서를 제출하여야 한다(부가령 제90조 제9항).

③ 의제매입세액 공제대상자는 의제매입세액 공제신고서와 매입처별 계산서 및 신용카드매출전표 등 수령명세서. 다만, 제조업을 경영하는 사업자가 농어민으로부터 면세농산물을 직접 공급받는 경우에는 의제매입세액 공제신고서만 제출한다(부가령 제84조 제5항).

④ 주된 사업장에서 총괄 납부를 하는 경우에는 사업장별 부가가치세 과세표준및 납부세액(환급세액) 신고명세서를 첨부하여야 한다(부가칙 제62조 제17항).

⑤ 「조세특례제한법」 제108조에 따른 재활용폐자원 등에 대한 부가가치세액을 공제받는 경우에는 재활용폐자원 등 매입세액 공제신고서에 매입처별계산서합계표 또는 영수증을 첨부하여야 한다(조특령 제110조 제5항).

⑥ 간이과세자가 일반과세자로 변경된 경우에는 그 변경된 날 현재에 있는 재고품 등에 대하여 일반과세 전환 시의 재고품 등 신고서를 작성하여 그 변경되는 날의 직전 과세기간에 대한 신고와 함께 납세지 관할 세무서장에게 신고하여야한다(부가령 제86조 제1항).

⑦ 대손세액 공제를 받으려 하거나 대손세액을 매입세액에 더하려는 사업자는부가가치세 확정신고서에 대손세액 공제(변제)신고서와 대손사실 또는 변제사실을 증명하는 서류를 첨부하여 관할 세무서장에게 제출하여야 한다(부가령 제87조 제4항).

2. 확정납부

사업자는 확정신고를 할 때 예정신고시 미환급세액이 있는 경우에는 미환급세액과 예정고지세액을 확정신고 시의 납부세액에서 빼고 부가가치세 확정신고서와 함께 각 납세지 관할 세무서장(주사업장 총괄납부의 경우에는 주된 사업장 소재지의 관할 세무서장)에게 납부하거나 「국세징수법」에 따른 납부서를 작성하여 한국은행등에 납부하여야 한다(부가법 제49조 제2항).

3. 비거주자 등 신고·납부

비거주자 또는 외국법인의 대리인은 그 비거주자 또는 외국법인을 대리하여 예정·확정신고 및 납부와 매출·매입처별 세금계산서합계표를 제출하여야 한다(부가령 제90조 제7항).

4. 확정신고를 무신고한 경우

부가가치세 확정신고를 하지 아니한 때에는 사업장 관할세무서장이 그 과세기간에 대

한 부가가치세의 과세표준과 납부세액 또는 환급세액을 조사에 의하여 경정하는 것이며, 발급받은 세금계산서를 경정기관의 확인을 거쳐 정부에 제출하는 때에는 매입세액을 공제받을 수 있다. 다만, 매출·매입처별 세금계산서합계표 미제출가산세와 신고(납부)지연가산세가 부과된다(서면3팀-522, 2007.02.13.).

5. 예정신고누락분 확정신고시 가산세 감면

부가가치세 매출세액 예정신고 누락분을 확정신고에 반영하여 신고하는 경우, 이는 '법정신고기한이 지난 후 1개월 초과 3개월 이내에 수정신고한 경우'로서 해당 가산세액의 75%에 상당하는 금액을 감면한다(기준법령해석기본2021-161, 2021.08.31.).

6. 확정신고누락분 수정신고시 가산세 감면

부가가치세 확정신고시 누락분을 수정신고시에는 신고불성실가산세와 영세율과세표준신고불성실 가산세를 다음과 같이 감면을 적용한다. 법정신고기한 경과 후 1월 이내에 수정신고를 한 경우 90%, 1개월초과 3개월 이내 75%, 3개월 초과 6개월 이내 50%, 6개월 초과 1년 이내 30%, 1년 초과 1년 6개월 이내 20%, 1년 6개월 초과 2년이내 10% 가산세를 감면한다.

관련 해석사례 및 집행기준

- **예정신고기간에 교부하여야 할 세금계산서를 확정신고기간에 발급한 경우 매출누락 및 매입세액공제 여부**

  사업자가 예정신고기간에 교부하여야 할 세금계산서를 확정신고기간에 교부한 경우 매출누락에는 해당되지 아니하나 가산세가 적용되는 것임. 공급시기 이후에 교부받은 세금계산서로서 당해 공급시기가 속하는 과세기간내에 교부받은 경우에는 매출세액에서 공제할 수 있는 것이며, 이 경우 가산세를 적용하는 것임(부가-2910, 2008.09.04.).

- **예정고지대상자의 월별조기환급 신고**

  4월분 또는 4, 5월분의 매출·매입거래에 관한 과세표준과 조기 환급세액을 신고하는 경우 동법 제18조 제2항 및 동법시행령 제64조 제4항에 규정하는 1기 예정신고기간에 대한 고지세액은 당해 조기환급 신고서상의 공제세액란에 기재하지 아니하는 것임(부가 46015-4801, 2000.12.20).

03 재화의 수입에 대한 신고·납부

1. 재화의 수입에 대한 신고·납부

재화를 수입하는자 (납세의무자)가 재화의 수입에 대하여 「관세법」에 따라 관세를 세관장에게 신고하고 납부하는 경우에는 재화의 수입에 대한 부가가치세를 함께 신고하고 납부하여야 한다(부가법 제50조).

2. 재화의 수입에 대한 부가가치세 납부유예

(1) 개요

수출 중소·중견기업의 자금 부담 완화를 위하여 중소·중견기업 사업자에 대해서는 재화를 수입할 때 세관장에게 납부하던 부가가치세의 납부를 유예하고, 이후 세무서장에게 부가가치세를 신고할 때 납부가 유예된 부가가치세를 납부하는 제도를 도입하였다.

(2) 납부유예대상자

세관장은 매출액에서 수출액이 차지하는 비율 등 다음의 요건을 모두 충족하는 중소·중견사업자가 물품을 제조·가공하기 위한 원재료 등 중소사업자가 자기의 과세사업에 사용하기 위한 재화의 수입에 대하여 부가가치세의 납부유예를 미리 신청하는 경우에는 해당 재화를 수입할 때 부가가치세의 납부를 유예할 수 있다. 다만, 매출세액에서 공제되지 아니하는 매입세액과 관련된 재화는 제외한다(부가법 제50의2 제1항, 부가령 제91의2 제1항, 제2항).

① 직전 사업연도에 「조세특례제한법 시행령」 제2조에 따른 중소기업 또는 중견기업에 해당하는 법인(제조업을 주된 사업으로 경영하는 기업에 한정한다)일 것
② 직전 사업연도에 영세율을 적용받은 재화의 공급가액의 합계액("수출액")이 다음에 해당할 것

> ㉠ 직전 사업연도에 「조세특례제한법 시행령」 제2조에 따른 중소기업인 경우: 직전 사업연도에 공급한 재화 또는 용역의 공급가액의 합계액에서 수출액이 차지하는 비율이 30% 이상이거나 수출액이 100억원 이상일 것
> ㉡ 직전 사업연도에 중견기업(제조업을 주된 사업으로 영위하는 기업에 한함)인 경우: 직전 사업연도에 공급한 재화 또는 용역의 공급가액의 합계액에서 수출액이 차지하는 비율이 30% 이상일 것

③ 납부유예 요건의 충족여부의 확인 요청일 현재 다음의 요건에 모두 해당할 것

> ㉠ 최근 3년간 계속하여 사업을 경영하였을 것
> ㉡ 최근 2년간 국세(관세를 포함한다.)를 체납(납세고지서에 따른 납부기한의 다음 날로부터 15일 이내에 체납된 국세를 모두 납부한 경우에는 제외)한 사실이 없을 것
> ㉢ 최근 3년간 「조세범처벌법」 또는 「관세법」 위반으로 처벌받은 사실이 없을 것
> ㉣ 최근 2년간 법 제50조의2 제3항에 따라 납부유예가 취소된 사실이 없을 것

(3) 납부유예 절차

① 중소·중견사업자는 다음의 신고기한의 만료일 중 늦은 날부터 3개월 이내에 관할 세무서장에게 납부유예 요건의 충족 여부의 확인을 요청할 수 있다(부가령 제91의2조 제3항).

> ㉠ 직전 사업연도에 대한 법인세법에 따른 법인세 과세표준 신고기한
> ㉡ 직전 사업연도에 대한 부가가치세법에 따른 확정신고기한

관할 세무서장은 중소·중견사업자 납부유예 요건의 충족여부의 확인을 요청한 경우에는 해당 중소·중견사업자가 납부유예 요건에 해당하는지 여부를 확인한 후 요청일부터 1개월 이내에 확인서를 해당 중소·중견사업자에게 발급하여야 한다(부가령 제91의2조 제4항).

② 부가가치세의 납부를 유예받으려는 중소·중견사업자는 위 ①에 따라 발급받은 확인서를 첨부하여 『부가가치세 납부유예 적용 신청서(별지 제33호의3 서식)』를 관할 세관장에게 제출하여야 한다(부가령 제91의2조 제5항).

③ 위 ②에 따라 신청을 받은 관할 세관장은 신청일부터 1개월 이내에 납부유예의 승인 여부를 결정하여 해당 중소·중견사업자에게 통지하여야 한다(부가령 제91의2조 제7항). 이에 따라 납부유예를 승인하는 경우 그 유예기간은 1년으로 하며, 납부유예는 「관세법」 제38조에 따른 납세신고를 할 때 납부하여야 하는 부가가치세에 한정하여 적용한다(부가령 제91의2조 제8항).

(4) 납부유예세액 정산

납부를 유예받은 중소·중견사업자는 납세지 관할 세무서장에게 예정신고, 확정신고 또는 조기환급신고를 할 때 해당 재화에 대하여 매출세액에서 공제하는 매입세액과 납부가 유예된 세액을 정산하여 납부하여야 한다. 이 경우 납세지 관할 세무서장에게 납

부한 세액은 세관장에게 납부한 것으로 본다(부가법 제50의2조 제2항, 부가령 제91의2조 제9항).

(5) 납부유예 사후관리

세관장은 부가가치세의 납부가 유예된 중소사업자가 국세를 체납하는 등 다음 중 어느 하나에 해당하는 경우에는 그 납부의 유예를 취소할 수 있다. 이 경우 세관장은 해당 중소사업자에게 그 취소 사실을 통지하여야 한다(부가법 제50의2조 제3항; 부가령 제91조의2 제10항).

① 해당 중소·중견사업자가 국세를 체납한 경우
② 해당 중소·중견사업자가 「조세범처벌법」 또는 「관세법」 위반으로 국세청장·지방국세청장·세무서장 또는 관세청장·세관장으로부터 고발된 경우
③ 제1항 요건을 충족하지 아니한 중소·중견사업자에게 납부유예를 승인한 사실을 관할 세관장이 알게 된 경우

한편 국세청장, 지방국세청장, 세무서장은 해당 중소·중견사업자가 위 사유 중 어느 하나에 해당하는 사실을 알게 되었을 때에는 지체 없이 그 사실을 관세청장에게 통보하여야 한다(부가령 91의2 ⑪).

 관련 해석사례 및 집행기준

● **재화의 수입에 대한 부가가치세 납부유예 적용 여부**

직전 사업연도 매출액 대비 수출액이 차지하는 비율이 30% 이상이며, 중소기업에 해당하는 법인의 A지점에서 재화를 수출하고, B지점이 재화를 수입하면서 「부가가치세법 시행령」 제91조의2 제1항 제3호의 요건을 모두 충족하는 경우 같은 법 제50조의2에 따라 해당 재화를 수입할 때 부가가치세의 납부를 유예할 수 있는 것임(기획재정부 부가가치세제과-351, 2022.08.03.).

04 대리납부

1. 의의

대리납부제도란 국내에 사업장이 없는 비거주자 또는 외국법인과 국내사업장이 있는 비거주자 또는 외국법인으로부터 용역 또는 권리("용역 등")(국내사업장과 관련 없는 용역을 제공하는 경우에 한함)을 공급받는 경우 해당 용역 등을 공급받은 자가 그 대가를 지급하는 시점에 국외의 공급자를 대리하여 부가가치세를 징수·납부하는 것을 말한다 (부가집 52-95-1).

> ① 국내사업장이 없는 비거주자 또는 외국법인
> ② 국내사업장이 있는 비거주자 또는 외국법인 (국내사업장과 실질적으로 관련되지 않았거나 국내사업장의 귀속되지 않는 용역을 제공하는 경우에 한함)

이 제도는 소비지국과세원칙에 입각하여 국내사업장이 없는 비거주자 등의 용역공급과 국내사업자의 용역공급 사이 과세상의 중립성을 유지하기 위한 것이다.

2. 대리납부적용요건

(1) 공급자

공급자는 다음 어느 하나에 해당하는 자를 말한다.
① 국내사업장이 없는 비거주자 또는 외국법인
② 다음에 해당하는 국내사업장이 있는 비거주자 또는 외국법인
  ㉠ 국내사업장이 있는 비거주자 또는 외국법인의 국내원천소득이지만 그 소득이 국내사업장과 실질적으로 관련이 없거나 그 국내사업장에 귀속되지 않은 것으로서 지급하는 자가 그 소득을 지급할 때에 원천징수하는 경우
  ㉡ "①"외의 경우로서 해당 용역 등의 제공이 국내사업장에 귀속되지 않는 경우

(2) 대리납부 대상

공급장소가 국내로서 다음 어느 하나에 해당하는 것을 말한다(부가통 52-95-1).
① 비거주자 또는 외국법인의 재화·시설물 또는 권리를 우리나라에서 사용하고 그 대가를 지급하는 자(공급받은 그 용역을 과세사업에 제공하는 경우는 제외하되,

법 제39조에 따라 매입세액이 공제되지 아니하는 용역을 공급받는 경우는 포함한다)
② "재화·시설물 또는 권리"란 부동산, 부동산상의 권리, 광업권, 조광권, 채석권, 선박, 항공기, 자동차, 건설기계, 기계, 설비, 장치, 운반구, 공구, 학술 또는 예술상의 저작물(영화필름을 포함)의 저작권, 특허권, 상표권, 의장, 모형, 도면, 비밀의 공식 또는 공정, 라디오·텔레비전·방송용 필름 및 테이프, 산업상·상업상 또는 과학상의 지식·경험 또는 숙련에 관한 정보, 우리나라 법에 따른 면허·허가 또는 이와 유사한 처분에 의하여 설정된 권리, 기타 이와 유사한 재화·시설물 또는 권리를 말한다.

(3) 공급받는 자

대리납부의 의무는 용역을 공급받는 자가 사업자인가 여부를 불문하므로 최종소비자·비거주자·외국법인 등도 해당되나 공급받은 해당 용역을 과세사업에 공하는 경우는 제외한다.

따라서 대리납부의무자는 면세사업자나 비사업자에 한하며, 과세사업자의 경우에는 공급받은 해당 용역을 과세사업과 관련 없이 소비하는 경우에 한하여 대리납부의무를 지게 된다. 왜냐하면 과세사업자의 경우 대리납부한 세액을 부가가치세 신고시 매입세액으로 공제받음으로써 세수의 실익은 없으면서 납세절차만 복잡하기 때문이다.

① 해당 용역 등이 국내에서 사용 또는 소비되어야 한다.
② 제공받은 용역 등이 부가가치세가 과세되지 아니하는 사업에 사용 또는 소비되어야 한다(매입세액이 공제되지 아니하는 용역 등을 공급받는 경우 포함).

3. 대리납부 절차

(1) 대리납부세액 징수

대리납부할 부가가치세액은 제공받는 용역 등의 공급시기에 관계없이 그 대가를 지급하는 때에 징수한다(부가법 제52조 제1항). 다만, 대리납부할 부가가치세액은 용역 등을 공급받기 전에 그 대가의 일부를 수회에 걸쳐 지급하는 경우에는 그 지급을 하는 때마다 대리납부세액을 징수한다(부가집 52-95-2).

(2) 대리납부세액 납부

대리납부세액을 징수한 자는 징수한 세액을 지급일이 속하는 예정(확정)신고시에 다음의 사항을 적은 대리납부신고서[별지 제37호 서식]를 부가가치세를 징수한 사업장 또

는 주소지 관할 세무서장에게 납부하거나 「국세징수법」에 따른 납부서를 작성하여 한국은행(그 대리점 포함) 또는 체신관서에 납부하여야 한다(부가법 제52조 제2항, 부가령 제95조 제1항).

> ① 용역 등 공급자의 상호·주소·성명
> ② 대리납부하는 사업자의 인적사항
> ③ 공급가액 및 부가가치세액
> ④ 그 밖의 참고사항

4. 대리납부 계산방법

(1) 대리납부의 대상이 되는 용역의 대가

> 대리납부세액 = 용역대가 × 10%

① 거래당사자간에 부가가치세액의 징수 및 부담에 대하여 별도의 계약이 있는 경우 해당 계약 금액
② 부가가치세액의 징수 및 부담에 대하여 별도 계약 없이 용역대가의 전액을 지급하는 때에는 해당 용역대가에 부가가치세가 제외되어 있는 것으로 본다.
③ 부가가치세액의 징수 및 부담에 대하여 별도의 계약이 없이 용역대가에서 부가가치세액을 공제하여 지급하는 때에는 해당 용역대가에 부가가치세가 포함되어 있는 것으로 하여 계산한다.

(2) 용역의 대가를 외화로 지급하는 때

① 원화로 외화를 매입하여 지급하는 경우에는 지급일 현재의 대고객외국환 매도율에 의하여 계산한 금액
② 보유 중인 외화로 지급하는 경우에는 지급일 현재의 기준환율 또는 재정환율에 의하여 계산한 금액

(3) 과세·면세사업에 공통으로 사용된 용역의 대리납부 세액 계산

비거주자 또는 외국법인으로부터 공급받은 용역 등이 과세사업과 면세사업 등에 공통으로 사용되어 그 실지 귀속을 구분할 수 없는 경우 그 면세사업 등에 사용된 용역 등의 과세표준은 다음 계산식에 따라 계산한 금액으로 한다.

$$\text{면세사업에 관련된 매입세액} = \text{해당 용역 등의 총공급가액} \times \frac{\text{대가지급일이 속하는 과세기간의 면세공급가액}}{\text{대가지급일이 속하는 과세기간의 총공급가액}}$$

다만, 과세기간 중 과세사업과 면세사업 등의 공급가액이 없거나 그 어느 한 사업에 공급가액이 없으면 그 과세기간에 대한 안분계산은 부가령 제81조 제4항(공통매입세액 안분 계산)과 부가령 제82조(공통매입세액의 정산)를 준용한다.

5. 대리납부불성실 가산세

대리납부를 이행하지 아니한 때에는 사업장 또는 주소지 관할세무서장은 그 납부하지 아니하거나 과소납부한 경우에는 납부하지 아니한 세액 또는 과소납부분 세액의 10%에 상당하는 금액을 한도로 하여 다음의 금액을 합한 금액을 가산세로 한다(국기법 제47조의5).

① 납부하지 아니한 세액 또는 과소납부분 세액 × 3%
② 납부하지 아니한 세액 또는 과소납부분 세액 × 납부기한의 다음 날부터 자진납부일 또는 납세고지일까지의 기간 × 2.2/10,000(2023.02.14. 이전 2.5/10,000)

6. 대리납부세액의 과다납부에 따른 환급 및 가산세 감면적용

부가가치세 대리납부시 제출하는 대리납부신고서는 과세표준에 대한 신고가 아니므로 수정신고 또는 경정청구 대상에 해당되지 않으며, 수정신고시 적용되는 가산세의 감면 등이 적용되지 않는다. 다만, 과다하게 납부한 대리납부세액에 대하여는 「국세기본법」에 따라 환급청구를 할 수 있다(부가집 52-95-8). 반면에 판례에서는 부가가치세 대리납부신고서에는 용역공급자, 대가지급연월일, 공급받은 금액, 부가가치세액을 기재하는 란이 별도로 있는 바, 과세표준신고서에 기재하여야 할 사항을 모두 포함하고 있는 점에 비추어 경정청구대상이 된다고 본다(서울행정법원 2016구합54411, 2016. 11.17.).

7. 사업양도의 경우 사업을 양수받는 자의 대리납부

사업의 양도는 재화의 공급으로 보지 않음에도 불구하고 사업의 양도에 따라 그 사업을 양수받는 자는 그 대가를 지급하는 때에 그 대가를 받은 자로부터 부가가치세를 징수하여 그 대가를 지급하는 날이 속하는 달의 다음달 10일까지 사업양수자의 인적사항, 사업의 양수에 따른 대가를 받은 자의 인적사항, 사업의 양수에 따른 대가의 가액과 부가가치세액, 그 밖의 참고 사항을 적은 『부가가치세 대리납부신고서』와 함께 사업장 관할 세무서장에게 납부할 수 있다(부가법 제52조 제4항; 부가령 제95조 제5항).

8. 해외 저작권자에게 저작권 사용대가를 지급하는 경우 대리납부 여부

사업자가 해외 저작권자 등과 저작권 사용계약을 체결하고 해외 저작권자 및 저작권자의 단순한 대리인인 외국대리인에게 지급하는 저작권사용료는 대리납부 대상에 해당하지 아니하나, 저작권자로부터 저작권을 양수하거나 저작권 사용에 대한 권리를 포괄적으로 위임받은 외국대리인에게 지급하는 저작권사용료는 대리납부 대상에 해당한다(서면법령해석부가 2018-3688, 2018.12.18.).

(1) 인적용역에 해당하는 경우

해외 저작권자와 직접 출판계약을 체결하여 한국어판 도서를 번역·출판하고 저작권 사용료를 지급하는 경우 해당 용역은 부가세가 면제되는 인적용역에 해당하므로 부가세 대리납부의무가 없다.

(2) 인적용역에 해당하지 않는 경우

해외 저작권자로부터 저작권을 양수하거나 그 사용에 대한 권리를 포괄적으로 위임받은 외국대리인 등과 저작권 사용계약을 체결하여 외국대리인 등에게 저작권 사용료를 지급하는 경우에는 해당 용역은 개인으로서 문학·학술 또는 예술의 창작물을 저작한 자가 직업상 제공하는 인적용역으로 볼 수 없으므로 부가세 대리납부의무가 있다.

9. 외국어교육기관이 외국법인으로부터 용역을 제공받은 경우 대리납부 해당여부

필리핀 법률에 의해 필리핀 교육시설에 해당하는 국내사업장이 없는 외국법인이 「평생교육법」 제33조 및 같은 법 시행령 제48조에 따른 원격평생교육시설에 해당하는 내국법인에게 전화 또는 화상으로 원어민 강사의 영어 강의용역을 공급하는 경우로서, 해당 내국법인이 외국법인으로부터 공급받은 동 강의용역을 국내에서 자기의 면세사업에 사용하고, 동 강의용역의 대가를 외국법인에게 지급하는 경우 대리납부 규정을 적용한다(기획재정부부가-313, 2015.04.14. ;서면법령해석부가 2014-19760, 2015.04.21.).

이는 면세대상인 교육용역은 국내 교육시설 관련법에 따라 주무관청의 허가·인가 받거나 주무관청에 등록신고된 경우만 적용되는 것으로 현지법률에 따라 현지정부 주무관청 지도감독 받는 경우까지 확대 해석 할 수 없다. 즉, 현지 외국법인은 국내 학생, 수강생 등에게 강의용역을 제공한 것이 아니라 계약에 따라 내국법인에게 강의용역 제공한 것에 불과하므로 면세하는 교육용역으로 볼 수 없으므로 과세에 해당한다.

관련 해석사례 및 집행기준

- 손해사정 업무를 위해 비거주자로부터 자문용역을 공급받는 경우 대리납부 여부

  손해사정업자가 국내에서 발생한 보험사고의 손해사정 업무를 위해 국내사업장이 없는 비거주자로부터 자문용역을 공급받고 해당 결과물을 국내에서 사용하는 경우 그 대가를 지급하는 때 대리납부하여야 하는 것임(사전법규부가 2022-953, 2022.11.15.).

- 국제소송에 따른 용역을 공급받는 경우 대리납부 적용 여부

  면세사업을 영위하는 내국법인이 국내사업장이 없는 외국법무법인으로부터 법률자문용역을 공급받고 그 대가를 지급하는 경우 해당 내국법인은 부가가치세를 징수하여 납부하여야 하는 것임(기획재정부부가-366, 2021.08.13.).

- 해외 저작권자에게 저작권 사용대가를 지급하는 경우 대리납부 여부

  사업자가 해외 저작권자등과 저작권사용계약을 체결하고 해외 저작권자 및 저작권자의 단순한 대리인인 외국대리인에게 지급하는 저작권사용료는 대리납부 대상에 해당하지 아니하나, 저작권자로부터 저작권을 양수하거나 저작권 사용에 대한 권리를 포괄적으로 위임받은 외국대리인에게 지급하는 저작권사용료는 대리납부 대상에 해당하는 것임(서면법령해석부가 2018-3688, 2018.12.18.).

- 국내사업장이 없는 해외법인으로부터 제공받는 지급보증용역의 대리납부여부

  면세사업을 영위하는 내국법인이 국내사업장이 없는 외국의 모법인으로부터 지급보증 용역을 공급받고 그 대가를 지급하는 경우 「부가가치세법」 제52조에 따라 해당 내국법인은 그 대가를 지급하는 때에 외국의 모법인으로부터 부가가치세를 징수하여야 하는 것임(재부가-294, 2015.04.07.)

- 외국 헤드헌팅사로부터 직원 소개용역 등을 제공받는 경우

  외국법인으로부터 부가가치세가 면제되는 직원소개 및 보험용역을 공급받은 경우 부가가치세 대리납부의무 없음(법규부가 2011-0355, 2011.08.31.).

- **사이버대학이 외국법인의 온라인 영어 교육프로그램을 국내에서 사용하고 그 사용대가를 외국법인에 송금하는 경우**

「고등교육법」 제2조 및 교육과학기술부 인가에 근거하여 설립한 사이버대학이 재학생 영어교육을 위하여 국내사업장이 없는 외국법인과 온라인 영어 교육프로그램 사용권계약을 체결하여 온라인 강의 및 영어회화 지도를 수강하는 교육과정(「고등교육법」 제21조 및 같은 법 시행령 제13조에 따라 외국 또는 외국이 공인하는 평가인정기구의 평가인정을 받은 외국대학과 공동으로 운영하는 교육과정을 제외)을 개설하고, 재학생들로 하여금 인터넷 서버에 접속하여 온라인 강의 및 화상영어지도를 수강하게 하고 그 사용대가를 외국법인에 송금하는 경우 그 송금하는 금액에 대하여는 「부가가치세법」 제34조에 따라 부가가치세를 징수하여 대리납부 하여야 하는 것임(부가-1402, 2010.10.21.).

- **국내사업장이 없는 외국법인으로부터 컨설팅용역을 공급받는 경우 대리납부 대상 여부**

2019광주세계수영선수권대회조직위원회가 국내사업장 없는 외국법인으로부터 대회의 해외언론 홍보 등을 위한 컨설팅용역을 공급받고 그 대가를 지급하는 경우 대리납부 의무가 있음(사전법령해석부가 2018-386, 2018.06.12.).

- **국내사업장이 없는 해외법인으로부터 제공받는 지급보증용역의 대리납부여부**

면세사업을 영위하는 내국법인이 국내사업장이 없는 외국의 모법인으로부터 지급보증 용역을 공급받고 그 대가를 지급하는 경우 「부가가치세법」 제52조에 따라 해당 내국법인은 그 대가를 지급하는 때에 외국의 모법인으로부터 부가가치세를 징수하여야 하는 것임(재부가-294, 2015.04.07.).

- **외국 헤드헌팅사로부터 직원 소개용역 등을 제공받는 경우**

외국법인으로부터 부가가치세가 면제되는 직원소개 및 보험용역을 공급받은 경우 부가가치세 대리납부의무 없음(법규부가 2011-0355, 2011.08.31.).

- **사이버대학이 외국법인의 온라인 영어 교육프로그램을 국내에서 사용하고 그 사용대가를 외국법인에 송금하는 경우**

「고등교육법」 제2조 및 교육과학기술부 인가에 근거하여 설립한 사이버대학이 재학생 영어교육을 위하여 국내사업장이 없는 외국법인과 온라인 영어 교육프로그램 사용권계약을 체결하여 온라인 강의 및 영어회화 지도를 수강하는 교육과정(「고등교육법」 제21조 및 같은 법 시행령 제13조에 따라 외국 또는 외국이 공인하는 평가인정기구의 평가인정을 받은 외국대학과 공동으로 운영하는 교육과정을 제외)을 개설하고, 재학생들로 하여금 인터넷 서버에 접속하여 온라인 강의 및 화상영어지도를 수강하게 하고 그 사용대가를 외국법인에 송금하는 경우 그 송금하는 금액에 대하여는 「부가가치세법」 제34조에 따라 부가가치세를 징수하여 대리납부 하여야 하는 것임(부가-1402, 2010.10.21.).

■ 부가가치세법 시행규칙 [별지 제37호서식](2013.06.28 개정)

부가가치세 대리납부신고서

※ 아래의 작성방법을 읽고 작성하시기 바랍니다.

접수번호	접수일	처리기간 즉시

1. 신고인 인적사항

① 상호(법인명)		② 사업자등록번호	
③ 성명(대표자)		④ 사업장 소재지	
⑤ 업태		⑥ 종목	

2. 대리납부 신고 내용

용역 등 공급자		⑨ 대가지급 연월일	⑩ 공급 받은 금액	⑪ 부가 가치세	⑫ 가산세	⑬ 납부할 세액
⑦ 성명(법인명)	⑧ 주소					

「부가가치세법 시행령」 제95조제1항에 따라 위와 같이 부가가치세 대리납부를 신고합니다.

년   월   일

신고인

(서명 또는 인)

세 무 서 장   귀하

첨부서류	없음	수수료 없음

작성방법

이 신고서는 아래의 작성방법에 따라 한글과 영문, 아라비아 숫자로 정확하게 적고, 거래금액은 원단위까지 표시합니다.

1. 사업자기본사항
   ① ~ ⑥: 대리납부신고서를 제출하는 사업자의 인적사항을 적습니다.

2. 대리납부 신고 내용
   ⑦: 용역 등 공급자의 성명 또는 법인명을 적습니다.
   ⑧: 용역 등 공급자의 정확한 주소를 적습니다.
   ⑨: 용역 등 대가 지급일(외화송금일)을 적습니다.
   ⑩: 용역 등 대가 지급액을 원화로 적습니다. 다만, 원화를 외화로 매입하여 지급하는 경우에는 지급일 현재의 대고객 외국환매도율에 의하여 계산한 금액으로 하고, 보유 중인 외화로 지급하는 경우에는 지급일 현재의 기준환율 또는 재정환율에 의하여 계산한 금액으로 적습니다.
   ⑪: 대리납부하는 부가가치세액을 적습니다.
   ⑫: 「국세기본법」 제47조의5에 따른 가산세가 적용되는 경우 가산세를 적습니다.
   ⑬: 대리납부하는 부가가치세액과 가산세를 더한 금액을 적습니다.

05 국외사업자의 용역 등 공급에 대한 특례

1. 대상자

아래에 해당하는 자(대리납부 대상 용역 등을 제공하는 자)가 사업자등록 대상인 위탁매매인, 준위탁매매인 또는 대리인을 통하여 국내에서 용역 등을 공급하는 경우에는 위탁매매인, 준위탁매매인, 대리인이 해당 용역 등을 공급한 것으로 본다(부가법 제53조 제1항).

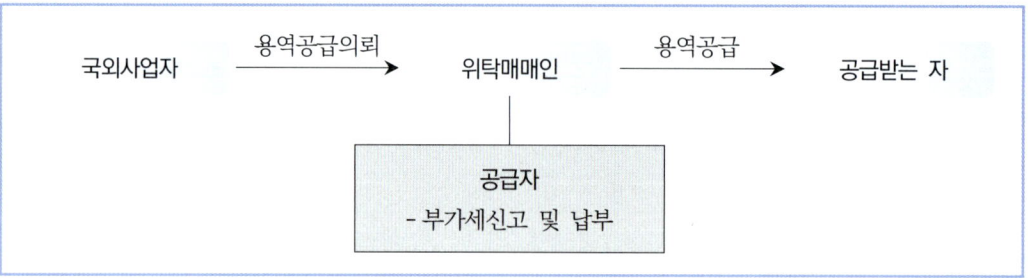

① 국내사업장이 없는 비거주자 또는 외국법인
② 국내사업장이 있는 비거주자 또는 외국법인(국내사업장과 관련 없이 용역 등을 제공하는 경우로서 국내사업장에 실질적으로 관련되지 않는 경우 및 해당 용역 등의 제공이 국내사업장에 귀속되지 않는 경우만 해당)

국외사업자가 위탁매매인 등을 통하여 용역 등을 공급하는 경우에는 위탁매매인 등이 공급하는 자로 세금계산서를 발급하며, 세금계산서를 발급할 때 그 용역을 공급하는 국외사업자(비거주자·외국법인)의 상호 및 주소를 덧붙여 발급한다(부가령 제69조 제17항).

2. 공급장소 특례

위 (1)에 해당하는 자로부터 권리를 공급받는 경우에는 재화의 공급장소에 불구하고 공급받는 자의 국내에 있는 사업장 소재지 또는 주소지를 해당 권리가 공급되는 장소로 본다(부가법 제53조 제2항).

 관련 해석사례 및 집행기준

• 위탁매매인으로서 용역 등 공급에 대한 부가가치세 납세의무가 있는지 여부

비거주자 또는 외국법인이 어플리케이션 등의 용역을 통신판매중개자가 운영하는 오픈마켓을 통해 국내 구매고객에게 공급하고, 통신판매중개자가 그 구매대금을 송금받아 수수료를 차감한 금액을 비거주자 또는 외국법인에게 송금하는 경우 「부가가치세법」 제53조에 따라 통신판매중개자가 해당 용역을 공급한 것으로 보는 것임(부가, 기준법령해석부가 2015-0067, 2016. 04.07.).

06 전자적 용역을 공급하는 국외사업자의 용역 공급에 관한 특례

1. 의의

국내개발자와 해외개발자 간 과세형평을 높이기 위하여 국내 소비자가 해외오픈마켓을 통하여 구매하는 전자적 용역(어플, 영화, 음악 등)에 대하여 부가가치세 과세방안을 마련하여 2015.07.01. 이후 전자적 용역을 공급하는 분부터 적용한다.

2. 용역공급의 특례

(1) 전자적 용역을 직접 공급하는 국외사업자

전자적 용역을 공급하는 자(국내 사업장이 없는 비거주자 또는 외국법인으로 한정한다)가 국내에 이동통신단말장치 또는 컴퓨터 등을 통하여 국내에 제공하는 용역으로서 다음의 전자적 용역을 공급하는 경우(「부가가치세법」, 「소득세법」, 「법인세법」에 따라 사업자등록을 한 자의 과세사업 또는 면세사업에 대하여 용역을 공급하는 경우는 제외)에는 국내에서 해당 전자적 용역이 공급되는 것으로 본다(부가법 제53조의2 제1항).

① 게임·음성·동영상 파일 또는 소프트웨어 등 다음 어느 하나의 용역
　㉠ 게임·음성·동영상 파일, 전자 문서 또는 소프트웨어와 같은 저작물 등으로서 광(光) 또는 전자적 방식으로 처리하여 부호·문자·음성·음향 및 영상 등의 형태로 제작 또는 가공된 것

　　　ⓒ 위 ㉠에 따른 전자적 용역을 개선시키는 것
② 광고를 게재하는 용역
③ 「클라우드컴퓨팅 발전 및 이용자 보호에 관한 법률」 제2조 제3호에 따른 클라우드컴퓨팅서비스
④ 재화 또는 용역을 중개하는 용역으로서 다음 어느 하나의 용역
　㉠ 국내에서 물품 또는 장소 등을 대여하거나 사용·소비할 수 있도록 중개하는 것
　ⓒ 국내에서 재화 또는 용역을 공급하거나 공급받을 수 있도록 중개하는 것
⑤ 그 밖에 ①부터 ④까지와 유사한 용역으로서 대통령령으로 정하는 용역(현재 없음)

(2) 국외사업자를 위해 전자적 용역을 공급하는 제3자

전자적 용역을 공급하는 자(국내 사업장이 없는 비거주자 또는 외국법인으로 한정한다)가 다음에 해당하는 제3자(국내 사업장이 없는 비거주자 또는 외국법인을 포함한다)를 통하여 국내에 전자적 용역을 공급하는 경우(국내사업자의 용역 등 공급특례가 적용되는 경우는 제외한다)에는 그 제3자가 해당 전자적 용역을 국내에 공급한 것으로 본다(부가법 제53의2조 제2항).

유 형	내 용
① 오픈마켓 사업자	정보통신망 등을 이용하여 전자적 용역의 거래가 가능하도록 오픈마켓이나 그와 유사한 것을 운영하고 관련서비스를 제공하는 자
② 대금결제대행을 병행하는 중개업자	전자적 용역의 거래에서 중개에 관한 행위 등을 하는 자로서 구매자로부터 거래대금을 수취하여 판매자에게 지급하는 자
③ 기타 거래 관여자	그 밖에 위 ①, ②와 유사하게 전자적 용역의 거래에 관여하는 자로서 대통령령으로 정하는 자

3. 사업자등록에 관한 특례

(1) 간편사업자등록

국내에 전자적 용역을 공급하는 자는 국세정보통신망에 접속하여 아래의 사항을 입력하는 방식으로 국세청장에게 간편사업자등록을 하여야 한다. 이 경우 그 사업의 개시일로부터 20일 이내에 간편사업자등록을 하여야 한다(부가법 제53의2조 제3항, 부가령 제96의2조 제2항).

① 사업자 및 대표자의 이름과 전화번호, 우편주소, 이메일 주소 및 웹사이트주소 등의 연락처. 이 경우 법인의 사업자가 법인 이름과 다른 이름으로 거래하는 경우

거래이름을 포함한다.
② 등록국가·주소 및 등록번호 등 용역을 제공하는 사업장이 소재하는 국외사업자등록 관련 정보
③ 제공하는 전자적 용역의 종류, 국내에 전자적 용역을 공급하는 사업개시일 및 그 밖에 간편사업자등록을 위하여 필요한 사항으로서 기획재정부가령으로 정하는 것

이러한 사업자등록을 신청하지 아니한 경우 사업개시일부터 등록을 신청한 날의 직전일까지의 공급가액에 대하여 1%에 해당하는 금액을 가산세로 부과한다(부가법 제60조 제1항).

(2) 간편사업자등록의 통지

국세청장은 간편사업자등록을 한 자에 대하여 간편사업자등록번호를 부여하고, 사업자(납세관리인이 있는 경우 납세관리인을 포함한다)에게 통지(정보통신망을이용한 통지를 포함한다)하여야 한다(부가령 제96의2조 제4항).

4. 신고·납부 등에 관한 특례

대리납부 규정에도 불구하고 간편사업자등록을 한 자는 다음과 같은 방법으로 부가가치세를 신고납부하여야 한다(부가법 제53의2조 제4항).

구 분	내 용
신 고	간편사업자등록을 한 자는 국세정보통신망에 접속하여 다음의 사항을 입력하는 방식으로 부가가치세 예정신고 및 확정신고를 하여야 한다(부가령 재96의2조 제5항). ① 사업자 이름 및 간편사업자등록번호 ② 신고기간 동안 국내에 공급한 전자적 용역의 총 공급가액, 공제받을 매입세액 및 납부할 세액 ③ 그 밖에 필요한 사항(납세관리인 인적사항 및 부가가치세 환급 계좌번호)
과세표준의 계산	간편사업자등록자가 국내에 공급한 전자적용역의 대가를 외국통화나 그 밖의 외국환으로 받은 경우에는 과세기간 종료일(예정신고 및 납부에 대해서는예정신고기간 종료일을 말한다)의 기준환율을 적용하여 통지하거나 국세정보통신망에 고시하는 방법 등으로 사업자(납세관리인이 있는 경우 납세관리인을 포함한다)에게 기준환율을 알려야 한다(부가령 제96의2조 제7항).
납부세액의 계산	간편사업자등록을 한 자는 전자적 용역의 공급과 관련하여 공제되는 매입세액 외에는 전자적 용역 공급에 대한 매출세액 또는 납부세액에서 공제하지 아니한다(부가법 제53의2조 제5항).
세액의 납부	간편사업자등록을 한 사업자는 예정신고 또는 확정신고 시에 국세청장이 정하는 바에 따라 외국환은행의 계좌에 납입하는 방식으로 한다.

구 분	내 용
공급시기	국내로 공급되는 전자적 용역의 공급시기는 다음의 시기 중 빠른 때로 한다(부가령 제96의2조 제7항). ① 구매자가 공급하는 자로부터 전자적 용역을 제공받은 때 ② 구매자가 전자적 용역을 구매하기 위하여 대금의 결제를 완료한 때
납세지	간편사업자등록을 한 사업자의 납세지는 사업자의 신고 또는 납부의 효율과 편의를 고려하여 국세청장이 지정한다(부가령 제96의2조 제12항).
가산세	무신고, 과소신고, 납부지연가산세를 적용한다(국기법 47조의2). ☞ 2021.01.01. 이후 용역을 공급하는 분부터 적용

5. 자료제출의무

(1) 거래명세서의 작성

간편사업자등록을 한 자는 전자적 용역의 공급에 대한 거래명세(등록사업자의 과세사업 또는 면세사업에 대하여 용역을 공급하는 경우의 거래명세를 포함)를 그 거래사실이 속하는 과세기간에 대한 확정신고 기한이 지난 후 5년간 보관하여야 한다(부가법 제53조의2 제6항).

> ① 공급한 전자적 용역의 종류
> ② 공급가액과 부가가치세액
> ③ 전자적 용역의 공급시기(용역을 제공받은 때와 대금결제 완료 중 빠른 때)
> ④ 공급받는 자의 등록번호(사업자인 경우로 한정) 및 성명·상호
> ⑤ 납세관리인 인적사항과 부가가치세 환급금 계좌번호

(2) 전자적 용역 거래명세서 제출

국세청장은 부가가치세 신고의 적정성을 확인하기 위하여 간편사업자등록을 한 자에게 전자적 용역 거래명세서를 제출할 것을 요구할 수 있으며(부가령 제96조의2 제7항), 간편사업자등록을 한 자는 제출 요구를 받은 날부터 60일 이내에 국세청장에게 제출하여야 한다(부가령 제96조의2 제8항).

6. 세금계산서 발급의무 면제

간편사업자등록을 한 사업자가 국내에 공급하는 전자적 용역에 대하여는 세금계산서 발급의무가 면제되므로 영수증을 발급하여야 한다(부가법 제71조 제1항 제8호).

7. 사업자등록의 말소

국세청장은 간편사업자등록을 한 자가 국내에서 폐업한 경우(사실상 폐업한 아래의 경우를 포함) 간편사업자등록을 말소할 수 있다(부가령 제96조의2 제10항).

① 간편사업자등록자가 부도발생, 고액체납 등으로 도산하여 소재 불명
② 간편사업자등록자가 사업의 영위에 필요한 인허가 등의 취소 등 사유로 대한민국 또는 제3항 제2호*에 따른 등록국가에서 사업을 수행할 수 없는 경우
   ☞ 등록국가·주소 및 등록번호 등 용역을 제공하는 사업장이소재하는 국외 사업자 등록 관련 정보
③ 간편사업자등록자가 전자적 용역을 공급하기 위한 인터넷 홈페이지(이동통신단말장치에서 사용되는 애플리케이션 등 장소 포함)를 폐쇄
④ 간편사업자등록자가 정당한 사유 없이 계속하여 둘 이상의 과세기간에 걸쳐 부가가치세를 무신고
⑤ 그 밖에 제1호부터 제4호까지의 경우와 유사한 경우로서 국세청장이 간편사업자등록자가 사실상 폐업상태에 있다고 인정

관련 해석사례 및 집행기준

- **전자적 용역을 공급하는 국외사업자에게 결제대행 용역을 제공하는 사업자의 대리납부 의무 여부 등**
  국외사업자가 오픈마켓을 통해 게임 용역을 국내에 공급하는 거래에 있어 국내사업자가 전자지급결제대행 용역을 제공하는 경우 국내사업자는 대리납부 의무가 없으며, 국외사업자 용역 공급 특례규정상 위탁매매인 등 또는 제3자에 해당하지 아니한다(서면법령해석부가 2020-5473, 2020.12.29.).

- **전자적 용역을 공급하는 국외사업자의 중개용역에 해당하여 간편사업자 등록 후 부가가치세 신고·납부하여야 하는지**
  국내사업장이 없는 비거주자 또는 외국법인으로서 외국에 서버를 두고 어플리케이션(Application, 이하 '앱')을 제공하는 사업자(이하 '국외 오픈마켓')가 「부가가치세법」 제53조의2 제1항 제1호의 용역(이하 '앱용역')을 개발자와 소비자 사이에 중개하는 용역을 제공하고 개발자로부터 중개수수료를 수취하는 경우 해당 중개용역이 같은 법 제53조의2 제1항 제4호의 중개용역에 해당하여 같은 법 제53의2 제3항에 따라 간편사업자 등록 후 부가가치세를 신고·납부하여야 하는지 여부에 대하여 아래와 같이 회신합니다.
  ① 국외 오픈마켓이 국외 개발자와 국외 또는 국내 소비자 사이의 앱용역 공급 거래를 중개하는 것은 국외 오픈마켓이 국외 개발자에게 국외에서 용역을 공급하는 것이므로 부가가치세

　　과세대상에 해당하지 아니함.
② 국외 오픈마켓이 국내 개발자와 국외 소비자 사이의 앱용역 공급 거래를 중개하는 경우 해당 중개용역은 「부가가치세법 시행령」 제96조의2 제2항 제2호에 해당하지 아니하므로 부가가치세 과세대상에 해당하지 아니함.
③ 국외 오픈마켓이 국내 개발자와 국내 소비자 사이의 앱용역 공급 거래를 중개하는 경우로서, 국내 개발자가 「부가가치세법」 제8조에 따라 사업자등록을 하지 않은 경우에는 해당 중개용역은 「부가가치세법 시행령」 제96의2 제2항 제2호에 해당하므로 같은 법 제53조의2 제3항에 따라 간편사업자 등록 후 부가가치세를 신고·납부하여야 하는 것이나, 국내 개발자가 사업자등록을 한 경우에는 같은 법 제53조의2 규정이 적용되지 아니하므로 부가가치세 신고·납부 대상에 해당하지 아니함(기획재정부부가-450, 2019.07.17.).

CHAPTER 10

결정·경정·징수·환급

01 _ 결정 및 경정
02 _ 수시부과의 결정
03 _ 징수
04 _ 환급

01 결정 및 경정

1. 결정·경정기관

(1) 의의

과세표준과 납부세액 또는 환급세액의 결정·경정은 원칙적으로 각 납세지 관할세무서장이 한다. 다만, 국세청장이 특히 중요하다고 인정한 경우에는 납세지 관할 지방국세청장 또는 국세청장이 결정 또는 경정할 수 있다(부가령 제102조 제1항).

(2) 주사업장 총괄납부의 경우

주사업장 총괄 납부의 경우 각 납세지 관할세무서장, 납세지 관할 지방국세청장또는 국세청장이 과세표준과 납부세액 또는 환급세액을 결정하거나 경정하였을 때에는 지체 없이 납세지 관할 세무서장 또는 총괄납부를 하는 주된 사업장 관할세무서장에게 통지하여야 한다(부가령 제102조 제2항).

(3) 사업장을 이전하는 경우

부가가치세의 과세표준과 세액의 결정 또는 경정은 그 처분 당시 해당 부가가치세의 납세지를 관할하는 세무서장이 행하는 것이므로 사업장 이전일 전의 과세기간에 대한 과세표준과 세액을 결정 또는 경정은 이전 후 사업장 관할세무서장이 하여야 한다(부가집 57-0-2).

(4) 사업장을 설치하지 아니한 경우

사업장을 설치하지 아니하고 사업자등록도 하지 아니한 경우에는 과세표준 및 세액을 결정하거나 경정할 당시의 사업자의 주소 또는 거소를 사업장으로 한다(부가령 제8조 제5항).

2. 결정·경정의 사유의 범위

납세지 관할 세무서장, 납세지 관할 지방국세청장 또는 국세청장은 사업자가 다음 어느 하나에 해당하는 경우에만 해당 예정신고기간 및 과세기간에 대한 부가가치세의 과세표준과 납부세액 또는 환급세액을 조사하여 결정 또는 경정한다(부가법 제57조 제1항; 부가령 제103조 제1항).

> ① 예정신고 또는 확정신고를 하지 아니한 경우
> ② 예정신고 또는 확정신고를 한 내용에 오류가 있거나 내용이 누락된 경우
> ③ 확정신고를 할 때 매출처별 세금계산서합계표 또는 매입처별 세금계산서 합계표를 제출하지 아니하거나 제출한 매출처별 세금계산서합계표 또는 매입처별 세금계산서 합계표의 기재사항의 전부 또는 일부가 적혀 있지 아니하거나 사실과 다르게 적혀 있는 경우
> ④ 그 밖에 다음 사유로 부가가치세를 포탈할 우려가 있는 경우
>   ㉠ 사업장의 이동이 빈번한 경우
>   ㉡ 사업장의 이동이 빈번하다고 인정되는 지역에 사업장이 있을 경우
>   ㉢ 휴업 또는 폐업 상태에 있을 경우
>   ㉣ 신용카드가맹점 또는 현금영수증가맹점 가입대상자로 지정받은 사업자가 정당한 사유없이 신용카드가맹점 또는 현금영수증가맹점으로 가입하지 아니한 경우로서, 사업 규모나 영업 상황으로 보아 신고 내용이 불성실하다고 판단되는 경우
>   ㉤ 영세율 등 조기환급 신고의 내용에 오류가 있거나 내용이 누락된 경우

3. 재경정

납세지 관할 세무서장, 납세지 관할 지방국세청장 또는 국세청장은 결정 또는 경정한 과세표준과 납부세액 또는 환급세액에 오류가 있거나 누락된 내용이 발견되면 즉시 다시 경정한다(부가법 제57조 제3항).

4. 경정의 제한

「부가가치세법 시행령」 제73조 제1항에서 규정하는 사업(소매업 등 영수증 발급업종) 중 국세청장이 정하는 업종을 경영하는 사업자로서 같은 장소에서 계속하여 5년 이상 사업을 경영한 자에 대하여는 객관적인 증명자료로 보아 과소하게 신고한 것이 분명한 경우에만 경정할 수 있다(부가령 제103조 제2항).

5. 결정 또는 경정방법

(1) 원칙: 실지조사 결정·경정

납세지 관할 세무서장 등은 각 예정신고기간 및 과세기간에 대한 과세표준과 납부세액 또는 환급세액을 조사하여 결정 또는 경정하는 경우에는 세금계산서, 수입세금계산서, 장부 또는 그 밖의 증명 자료를 근거로 하여야 한다(부가법 제57조 제2항).

(2) 예외: 추계결정·경정

실지조사 결정 또는 경정이 원칙이나 예외적으로 다음 어느 하나에 해당하는 경우에는 추계(推計)로 결정·경정할 수 있다(부가법 제57조 제2항).

1) 추계결정·경정사유

① 과세표준을 계산할 때 필요한 세금계산서, 수입세금계산서, 장부 또는 그 밖의 증명 자료가 없거나 그 중요한 부분이 갖추어지지 아니한 경우
② 세금계산서, 수입세금계산서, 장부 또는 그 밖의 증명 자료의 내용이 시설규모, 종업원 수와 원자재·상품·제품 또는 각종 요금의 시가에 비추어 거짓임이 명백한 경우
③ 세금계산서, 수입세금계산서, 장부 또는 그 밖의 증명 자료의 내용이 원자재사용량, 동력 사용량이나 그 밖의 조업 상황에 비추어 거짓임이 명백한 경우

2) 추계결정·경정방법

추계결정·경정방법은 다음 어느 하나의 방법에 의한다(부가령 제104조 제1항).

① **정당하다고 인정되는 동일 업황의 다른 동업자와의 권형에 의하여 계산한 방법**
장부의 기록이 정당하다고 인정되고 신고가 성실하여 부가가치세 경정을 받지 아니한 같은 업종과 같은 현황의 다른 사업자와 권형(權衡)에 따라 계산하는 방법
② **업종별 생산수율을 적용하여 계산한 방법**
국세청장이 업종별로 투입원재료에 대하여 조사한 생산수율(生産收率)이 있을 때에는 생산수율을 적용하여 계산한 생산량에 그 과세기간 중에 공급한 수량의 시가를 적용하여 계산하는 방법
③ **업종별 영업효율을 적용하여 계산한 방법**
국세청장이 사업의 종류·지역 등을 감안하여 사업과 관련된 종업원, 객실, 사업장, 차량, 수도, 전기 등 인적·물적 시설의 수량 또는 가액과 매출액의관계를 정한 영업효율이 있는 때에는 영업효율을 적용하여 계산하는 방법
④ **국세청장이 사업의 종류별·지역별로 정한 다음 어느 하나에 해당하는 기준에 따라 계산하는 방법**
  ㉠ 생산에 투입되는 원재료, 부재료 중에서 일부 또는 전체의 수량과 생산량의 관계를 정한 원단위 투입량
  ㉡ 인건비, 임차료, 재료비, 수도광열비, 그 밖의 영업비용 중에서 일부 또는 전체의 비용과 매출액의 관계를 정한 비용관계비율
  ㉢ 일정기간 동안의 평균재고금액과 매출액 또는 매출원가의 관계를 정한 상품회전율
  ㉣ 일정기간 동안의 매출액과 매출총이익의 비율을 정한 매매총이익률
  ㉤ 일정기간 동안의 매출액과 부가가치액의 비율을 정한 부가가치율
⑤ **추계결정·경정대상 사업자에 대하여 위의 비율을 계산할 수 있는 경우에는 그 비율을 적용하여 계산하는 방법**
⑥ **주로 최종소비자를 대상으로 거래하는 음식 및 숙박업과 서비스업에 대해서는 국세청장이 정하는 입회조사기준에 따라 계산하는 방법**

6. 결정·경정과 매입세액 공제

(1) 경정할 때 제출하는 매입세금계산서상의 매입세액

사업자가 재화나 용역을 공급받고 발급받은 세금계산서나 신용카드매출전표 등(재화 또는 용역을 공급받고 부가가치세액을 별도로 구분가능한 것)을 본래의 예정신고 및 확정신고하면서 그 합계표에 의하여 매입세액을 공제받지 않은 경우에는 그 거래가 사실임을 경정기관의 확인을 거쳐 매입세액으로 공제할 수 있다(부가령 제74조 5호; 부가령 제108조 제4항). 그러나 공제받은 세금계산서 및 신용카드매출전표 등에 대해서 공급가액에 0.5%에 해당하는 금액을 가산세로 부과한다(부가법 제60조 제5항).

(2) 추계 결정·경정의 경우의 매입세액

추계경정의 경우에 납부세액을 계산할 때에 공제하는 매입세액은 발급받은 세금계산서를 관할 세무서장에게 제출하고 그 기재내용이 분명한 부분으로 한정한다. 다만, 재해 그 밖의 불가항력으로 인하여 발급받은 세금계산서가 소멸되어 세금계산서를 제출하지 못하게 되었을 때에는 해당 사업자에게 공급한 거래상대방이 제출한 세금계산서에 의하여 확인되는 것을 납부세액에서 공제할 수 있다(부가령 제104조 제2항).

02 수시부과의 결정

1. 의의

납세지 관할 세무서장 등은 사업자가 과세기간 중에 다음의 어느 하나에 해당하는 경우에는 수시로 그 사업자에 대한 부가가치세를 부과할 수 있다(부가법 제57조의2 제1항).

(1) 가공세금계산서 등을 발급하거나 발급받은 경우(부가법 제60조 제3항)

① 재화 또는 용역을 공급하지 아니하고 세금계산서 또는 제46조 제3항에 따른 신용카드매출전표등(이하 "세금계산서등"이라 한다)을 발급한 경우: 그 세금계산서등에 적힌 공급가액의 3%

② 재화 또는 용역을 공급받지 아니하고 세금계산서등을 발급받은 경우: 그 세금계산서등에 적힌 공급가액의 3%

③ 재화 또는 용역을 공급하고 실제로 재화 또는 용역을 공급하는 자가 아닌 자 또는

실제로 재화 또는 용역을 공급받는 자가 아닌 자의 명의로 세금계산서등을 발급한 경우: 그 공급가액의 2%

④ 재화 또는 용역을 공급받고 실제로 재화 또는 용역을 공급하는 자가 아닌 자의 명의로 세금계산서등을 발급받은 경우: 그 공급가액의 2%

⑤ 재화 또는 용역을 공급하고 세금계산서등의 공급가액을 과다하게 기재한 경우: 실제보다 과다하게 기재한 부분에 대한 공급가액의 2%

⑥ 재화 또는 용역을 공급받고 제5호가 적용되는 세금계산서등을 발급받은 경우: 실제보다 과다하게 기재된 부분에 대한 공급가액의 2%

(2) 다음 사유로 부가가치세를 포탈(逋脫)할 우려가 있는 경우

부가가치세를 포탈할 우려가 있는 경우 다음과 같다(부가령 제103조).
① 사업장의 이동이 빈번한 경우
② 사업장의 이동이 빈번하다고 인정되는 지역에 사업장이 있을 경우
③ 휴업 또는 폐업상태에 있을 경우
④ 신용카드가맹점 또는 현금영수증가맹점 가입대상으로 지정받은 사업자가 정당한 사유없이 신용카드가맹점 또는 현금영수증가맹점으로 가입하지 아니하는 경우로서 사업규모나 영업 상황으로 보아 신고내용이 불성실하다고 판단되는 경우
⑤ 영세율 등 조기환급 신고의 내용에 오류가 있거나 내용이 누락된 경우

2. 수시부과기간

해당 과세기간의 개시일부터 수시부과사유가 발생한 날까지를 수시부과기간으로 하며, 이 경우 수시부과사유가 확정신고기한 이전에 발생한 경우로서 사업자가 직전 과세기간에 대하여 확정신고를 하지 아니한 경우에는 직전 과세기간을 수시부과기간에 포함한다(부가법 제57조의2 제2항).

03 징수

1. 의의

납세자는 납세의무가 확정된 세액을 납부하는 것이 원칙이나 이를 납부하지 않는 경우에는 과세당국은 「국세징수법」에 따라 징수하게 된다.

2. 재화·용역의 공급에 대한 징수

납세자 관할 세무서장은 사업자가 예정신고 또는 확정신고를 할 때에 신고한 납부세액을 납부하지 아니하거나 납부하여야 할 세액보다 적게 납부한 경우에는 그 세액을, 「부가가치세법」 제57조에 따라 결정 또는 경정을 한 경우에는 추가로 납부하여야 할 세액을, 「부가가치세법」 제57조의2에 따라 수시부과한 경우에는 수시부과한 세액을, 「국세징수법」에 따라 징수한다(부가법 제58조 제1항).

3. 재화의 수입에 대한 징수

재화의 수입에 대한 부가가치세는 세관장이 관세징수의 예68)에 의하여 징수한다(부가법 제58조 제2항).

04 환급

1. 의의 (환급세액 = 매출세액 < 매입세액)

부가가치세의 환급이란 납부세액을 계산함에 있어 매출세액을 초과하는 매입세액이 발생하게 되면 그 초과하는 금액을 납세자에게 돌려주는 것을 말한다. 이 경우 일반환

---

68) 「관세법」 제11조(납세고지서의 송달), 제16조(과세물건 확정의 시기), 제17조(적용 법령), 제18조(과세환율), 제19조(납세의무자), 제38조(신고 납부), 제38조의2(보정), 제38조의3(수정 및 경정), 제38조의4(수입물품의 과세가격 조정에 따른 경정), 제39조(부과고지), 제41조(가산금), 제43조(관세의 현장 수압), 제46조(관세환급금의 환급), 제47조(과다환급관세의 징수) 및 제106조(계약내용과 다른 물품 등에 대한 관세 환급)에 따른다(부가령 제105조).

급은 각 과세기간별로 그 확정신고기한 경과 후 30일 내에 사업자에게 환급하여야 하며, 영세율이 적용되거나 사업설비의 신설·취득 등 조기환급대상에 해당하는 경우에는 예정신고기한, 확정신고기한, 영세율 등 조기환급 신고기한 경과 후 15일 이내에 환급하여야 한다(부가집 59-0-1).

2. 일반환급

납세지 관할 세무서장은 각 과세기간별로 그 과세기간에 대한 환급세액을 확정신고한 사업자에게 그 확정신고기한이 지난 후 30일 이내에 환급하여야 한다(부가법 제59조 제1항). 일반환급은 과세기간단위로 하므로 예정신고시 미환급세액은 이를 환급하지 않고 확정신고시 납부할 세액에서 차감하도록 하고 있다.

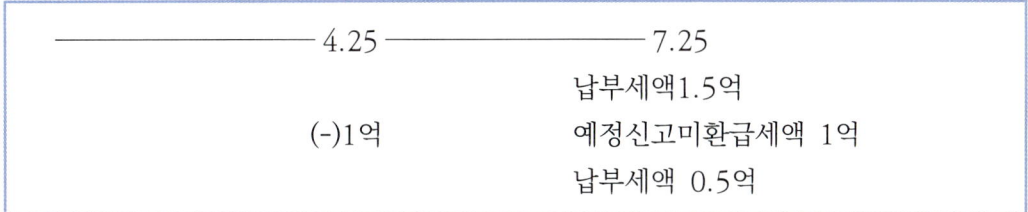

3. 조기환급

(1) 의의

사업장관할세무서장은 사업자가 다음에 해당하는 때에는 일반환급절차에 불구하고 해당 환급세액을 각 과세기간 또는 각 예정신고기간별로 각 신고기한의 경과 후 15일 이내에 사업자에게 조기환급할 수 있다(부가법 제59조 제2항, 부가령 제107조 제1항).

> ① 재화 또는 용역의 공급에 대하여 영세율이 적용되는 때
> ② 사업설비(건물·기계장치 등의 감가상각자산을 말한다)를 신설·취득·확장 또는 증축하는 때 → 시설투자
> ③ 재무구조개선계획 이행 사업자(법원의 인가결정을 받은 회생계획, 기업개선계획의 이행을 위한 약정 및 특별약정을 이행중인 사업자)

(2) 조기환급의 방법

1) 과세기간별 또는 예정신고기간별 조기환급

사업자가 예정신고서 또는 확정신고서를 제출하는 경우에는 조기환급을 신고한 것으

로 본다. 다만, 사업설비의 신설·취득·확장 또는 증축에 해당하는 경우에는 사업설비의 종류 등을 적은 『건물 등 감가상각취득명세서』 [별지 제27호 서식]를 그 신고서에 첨부하여야 하며, 사업자가 재무구조개선계획을 이행 중에 있어 조기환급에 해당하는 경우에는 『재무구조개선계획서』 [별지 제27호의2 서식]를 각각 그 신고서에 첨부하여야 한다(부가령 제107조 제3항).

2) 영세율 등 조기환급기간별 조기환급

영세율 등 조기환급기간이란 예정신고기간 또는 과세기간 최종 3월 중 매월 또는 매 2월을 뜻한다. 이러한 조기환급을 받고자 하는 사업자는 영세율 등 조기환급기간 종료일부터 25일 이내에 조기환급기간에 대한 과세표준과 환급세액을 사업장관할세무서장에게 신고할 수 있으며 조기환급을 받을 수 있는 증빙서류를 첨부하여야 한다(부가령 제107조 제4항).

① 1월(2월)분만을 신고하는 경우: 조기환급신고기한 2월 25일(3월 25일)까지
   01.01. ── 01.31. ── 02.25. 신고, 환급 ── 03.10. 환급
   02.01. ── 02.28. ── 03.25. 신고, 환급 ── 04.10. 환급
② 1월~2월분을 같이 신고하는 경우: 조기환급신고기한 3월 25일까지
   01.01. ── 02.28. ── 03.25. 신고, 환급 ── 04.10. 환급

(3) 조기환급세액 계산

조기환급세액은 영세율이 적용되는 공급분에 관련된 매입세액 또는 시설투자에 관련된 매입세액이 있는 경우 그 외의 매입세액을 구분하지 아니하고 사업장별로 해당 매출세액에서 매입세액을 공제하여 계산한다(부가집 59-107-2).

(4) 조기환급기간

이러한 조기환급세액은 각 과세기간 또는 각 예정신고기간별로 각 신고기한의 경과 후 15일 이내에 사업자에게 환급하여야 한다(부가법 제59조 제1항; 부가령 제107조 제1항; 부가령 제107조 제4항).

(5) 2이상인 사업장의 조기환급신고(부가집 59-107-1).

① 사업자(총괄납부사업자 제외)가 어느 한 사업장에서 조기환급사유가 발생하는 경우 해당 사업장의 거래분만을 조기환급신고할 수 있다
② 총괄납부사업자는 영세율 등 조기환급신고기간에 각 사업장의 납부세액과 환급세액을 차가감하여 계산한 환급세액에 대하여 신고할 수 있다.

(6) 리스이용자의 리스시설에 대한 조기환급

납세의무가 있는 사업자가 사업설비를 신설·취득·확장 등의 목적으로 「여신전문금융업법」 제3조에 따라 등록한 시설대여업자로부터 임차하고 공급자 또는 세관장으로부터 세금계산서를 발급받은 경우에는 조기환급을 받을 수 있다(부가집 59-107-3).

(7) 매매목적용 건축물 등의 취득 시 조기환급(부가집 59-107-3)

① 부동산매매업을 영위하는 사업자가 매매목적의 건물을 신축하는 경우 신축과 관련된 매입세액은 조기환급대상에 해당되지 아니한다(부가집 59-107-3).
② 「사회기반시설에 대한 민간투자법」에 따른 사업시행자가 과세되는 사업을 영위할 목적으로 국가 또는 지방자치단체에 공급하는 사회기반시설과 관련된 매입세액은 조기환급대상에 해당되지 아니한다.

(8) 월별조기환급신고시 가산세 적용

4월분 과세표준과 환급세액에 대하여 영세율 등 조기환급신고서를 제출한 후 당해 영세율 등 조기환급신고시 누락한 4월분 매입세금계산서는 확정신고시 제출하는 것이며, 당해 매입세금계산서를 5월분 과세표준과 환급세액에 대하여 영세율 등 조기환급신고서를 제출하면서 포함하여 제출한 경우 「부가가치세법」 제22조 제5항 및 「국세기본법」 제47조의4에서 규정하는 가산세는 적용하지 아니한다(서면3팀-1904, 2007.07.05.).

☞ 월별 조기환급신고는 법정신고가 아니기 때문에 수정신고 및 경정청구가 불가하다.

● **실무사례** **조기환급**

[사실관계]
예정고지(1월~3월)자가 5월에 시설투자로 4월~5월분을 조기환급 신고하는 경우 신고 방법 및 확정신고는?

해답
- 조기환급대상: 반드시 4월~5월분 매출·매입을 모두 함께 신고해야 한다.
- 조기환급신고기한: 6월 25일
- 7월 확정신고: 1월~3월, 6월분을 확정신고한다.
- 예정고지분에 대해서는 기납부세액으로 확정신고시 공제한다.
    ☞ 월별 조기환급신고시 매출 등이 누락된 경우 예정·확정 신고기한이 경과하기 전에는 세금계산서합계표미제출 및 신고불성실 가산세는 부과되지 아니하며, 과다 환급받은 경우에 한하여 환급불성실가산세가 부과된다.

 관련 해석사례 및 집행기준

- **가공세금계산서 수취분 월별 조기환급 신고분 경정시 가산세**

  조기환급 신고분에 대하여 예정·확정 신고기한 전에 경정하는 경우, 법 제22조 제3항 제3의2호의 규정(위장·가공세금계산서 수취)에 의한 세금계산서불성실가산세를 부과하는 것임(재부가-404, 2008.10.15.).

- **예정고지대상자의 월별조기환급 신고**

  4월분 또는 4, 5월분의 매출·매입거래에 관한 과세표준과 조기 환급세액을 신고하는 경우 동법 제18조 제2항 및 동법시행령 제64조 제4항에 규정하는 1기 예정신고기간에 대한 고지세액은 당해 조기환급 신고서상의 공제세액란에 기재하지 아니하는 것임(부가 46015-4801, 2000.12.20.).

- **일반환급대상을 조기환급 한 후 세액을 추징하는 경우 가산세 적용 여부**

  사업자가 부가가치세 예정신고 시 일반환급대상을 조기환급 대상으로 환급신청하여 사업장관할 세무서장이 조기환급 한 후 동 세액을 추징하는 경우에는 가산세는 적용하지 아니하는 것임(부가 46015-1442, 1997.06.27.).

- **일부 사업설비로 인한 환급 발생 시 조기환급 해당세액**

  사업자가 사업설비를 신설, 취득, 확장 또는 증축하는 때에는 조기환급할 수 있는 것이며, 시설투자에 대한 매입세액과 이외의 매입세액을 구분하지 않고 과세사업과 관련한 전체 매입세액이 모두 조기환급대상이 되는 것임(부가 22601-2493, 1987.12.03.).

4. 경정시 환급

결정·경정에 의하여 추가로 발생한 환급세액이 있는 경우에는 지체없이 사업자에게 환급하여야 한다(부가령 제106조 제2항).

CHAPTER 11

간이과세자

01 _ 간이과세자의 범위
02 _ 과세 적용과 과세유형의 변경
03 _ 간이과세자의 세액계산구조
04 _ 일반과세자와 간이과세자의 비교
05 _ 과세유형 변경시 세액계산 특례
06 _ 납부의무면제
07 _ 결정·경정·가산세

01 간이과세자의 범위

1. 개요

간이과세자는 직전 1역년(01.01.~12.31.)의 재화와 용역의 공급에 대한 공급대가가 1억400만원(부동산임대업자 및 과세유흥장소를 경영하는 사업자는 4,800만원)에 미달하는 개인사업자로 한다. 여기에서 직전 1역년이란 직전연도 1월 1일부터 12월 31일까지를 말하며, 공급대가란 10%의 부가가치세가 포함된 대가이다. 다만, 다음에 어느 하나에 해당하는 경우에는 간이과세규정을 적용하지 아니한다(부가법 제61조 제1항).

> ① 간이과세가 적용되지 않는 다른 사업장(이하 "기준사업장"이라 한다)을 보유하고 있는 사업자
> ② 업종, 규모, 지역 등을 고려하여 간이배제업종에 해당하는 경우

☞ 간이과세자로 사업자등록을 하고 사업을 한 결과, 실제 공급대가가 간이과세 기준금액을 초과하는 경우에도 최초의 과세기간에는 간이과세자로 한다.

	2021.01.01. 이전	2021.02.18. ~ 2024.02.28.	2024.02.29. 이후
공급대가	4,800만원	8,000만원	1억 400만원

2. 적용배제 업종

(1) 간이과세적용배제업종

다음에 해당하는 개인사업자의 경우에는 공급대가 수준에 관계없이 간이과세를 적용받을 수 없다(부가법 제61조 제1항 2).

① 광업
② 제조업. 다만, 주로 최종소비자에게 직접 재화를 공급하는 사업으로서 다음 어느 하나에 해당하는 사업은 제외한다(부가칙 제71조 제1항).
  ㉠ 과자점업
  ㉡ 도정업, 제분업 및 떡류 제조업 중 떡방앗간
  ㉢ 양복점업
  ㉣ 양장점업
  ㉤ 양화점업
  ㉥ 그 밖에 자기가 공급하는 재화의 50% 이상을 최종소비자에게 공급하는 사업으로서 국세청장이 정하는 것(국세청고시 제2024-35호 2024.11.19.: 간이과세

　　를 적용받을 수 있는 제조업)
③ 도매업(소매업을 겸영하는 경우를 포함하되, 재생용 재료수집 및 판매업은 제외)
④ 부동산매매업
⑤ 다음의 지역에서 「개별소비세법」 제1조 제4항에 해당하는 과세유흥장소를 경영하는 사업
　　㉠ 특별시, 광역시, 특별자치시, 「제주특별자치도 설치 및 국제자유도시 조성을 위한 특별법」 제15조 제2항에 따라 설치된 행정시 및 시 지역(광역시, 특별자치시, 행정시 및 도농복합형태의 시 지역의 읍·면 지역은 제외)
　　㉡ 국세청장이 사업 현황과 사업 규모 등을 고려하여 간이과세 적용 대상에서 제외할 필요가 있다고 인정하여 고시하는 지역(국세청고시 제2024-35호 2024.11.19.: 간이과세배제기준)
⑥ 부동산임대업(특별시, 광역시, 특별자치시, 행정시 및 시 지역에 소재하는 부동산임대사업장을 경영하는 사업으로서 국세청장이 정하는 규모 이상의 사업)(국세청고시 제2024-35호 2024.11.19.: 간이과세배제기준)
⑦ 전문직사업자[69] 등 사업의 종류나 규모 또는 장소 등을 감안하여 국세청장이 정하는 기준에 해당하는 경우에 해당하는 사업자는 간이과세자가 될 수 없다.
⑧ 재화의 공급으로 보지 아니하는 사업양도로서 일반과세자로부터 포괄 양수받은 사업장을 영위하는 자(다만, 상기 ①～⑦과 ⑨～⑪에 해당하지 아니하는 경우로서 포괄양수 이후 공급대가의 합계액이 기준금액에 미달하는 경우는 제외)
⑨ 사업장의 소재 지역과 사업의 종류·규모 등을 고려하여 국세청장이 정하는 기준에 해당하는 것(국세청고시 제2024-35호 2024.11.19.: 간이과세배제기준)
⑨ 「소득세법 시행령」 제208조 제5항에 해당하지 아니하는 개인사업자(전전년도 기준 복식부기의무자)가 경영하는 사업(부가령 제109조 제2항 10).
⑩ 전기·가스·증기 및 수도 사업
⑪ 건설업. 다만, 주로 최종소비자에게 직접 재화 또는 용역을 공급하는 사업으로서 기획재정부령으로 정하는 사업은 제외한다.

> ㉠ 도배, 실내 장식 및 내장 목공사업
> ㉡ 배관 및 냉·난방 공사업
> ㉢ 그 밖에 최종소비자에 대한 매출비중, 거래유형 등을 고려하여 주로 최종소비자에게 직접 재화 또는 용역을 공급하는 사업에 해당한다고 국세청장이 인정하여 고시하는 사업

---

[69] 변호사업, 심판변론인업, 변리사업, 법무사업, 공인회계사업, 세무사업, 경영지도사업, 기술지도사업, 감정평가사업, 손해사정인업, 통관업, 기술사업, 건축사업, 도선사업, 측량사업을 말한다.

⑫ 전문·과학·기술서비스업, 사업시설 관리·사업지원 및 임대 서비스업. 다만, 주로 최종소비자에게 직접 용역을 공급하는 사업으로서 기획재정부령으로 정하는 사업은 제외한다.

> ㉠ 개인 및 가정용품 임대업
> ㉡ 인물사진 및 행사용 영상 촬영업
> ㉢ 복사업
> ㉣ 그 밖에 최종소비자에 대한 매출비중, 거래유형 등을 고려하여 주로 최종소비자에게 직접 용역을 공급하는 사업에 해당한다고 국세청장이 인정하여 고시하는 사업

(2) 다른 사업장을 가지고 있는 경우

간이과세가 적용되지 않는 다른 사업장을 보유하고 있는 사업자도 간이과세자가 될 수 없다(부가법 제61조 제1항 1).

02 과세 적용과 과세유형의 변경

1. 계속사업자의 경우

계속사업자가 간이과세자로 적용되거나 적용되지 아니하게 되는 기간은 1역년(歷年)의 공급대가가 기준금액에 미달하거나 그 이상이 되는 해의 다음 해의 7월 1일부터 그 다음해의 6월 30일까지로 한다(부가법 제62조 제1항).

① 간이과세자가 간이과세자 배제사업을 신규로 겸영하는 경우에는 해당 사업의 개시일이 속하는 과세기간의 다음 과세기간부터 간이과세자에 관한 규정을 적용하지 아니한다.
② 간이과세자 배제사업을 신규로 겸영하여 일반과세자로 전환된 사업자로서 해당 연도 공급대가의 합계액이 4,800만원 미만인 사업자가 간이과세 배제대상 사업을 폐지하는 경우에는 해당 사업의 폐지일이 속하는 연도의 다음 연도 7월 1일부터 간이과세자에 관한 규정을 적용한다(부가령 제110조 제5항).

2. 신규사업자의 경우

신규로 사업을 시작하는 개인사업자가 사업을 시작한 날이 속하는 연도의 공급대가의 합계액이 기준금액에 미달될 것으로 예상되어 사업자등록을 신청할 때 사업자등록신청서와 함께 간이과세 적용신고서를 관할 세무서장에게 제출(국세정보통신망에 의한 제출도 포함한다)한 경우 최초의 과세기간에는 간이과세자로 한다(부가법 제61조 제3항, 제4항). 다만, 기준사업장을 보유하고 있는 사업자와 간이과세 배제업종을 영위하는 사업자인 경우에는 간이과세를 적용하지 아니한다(부가법 제61조 제4항 단서).

3. 과세유형의 변경통지

과세유형이 변경되는 사업자의 관할 세무서장은 변경되는 과세기간 개시 20일 전까지 그 사실을 해당 사업자에게 통지하여야 하며, 사업자등록증을 정정하여 과세기간 개시 당일까지 발급하여야 한다.

① 일반과세자에서 간이과세자로 변경되는 경우에는 통지 여부에 관계없이 과세유형 전환 시기에 간이과세자에 관한 규정을 적용한다. 다만, 부동산임대업을 경영하는 사업자의 경우에는 통지를 받은 날이 속하는 과세기간까지는 일반과세자에 관한 규정을 적용한다(부가령 제110조 제2항).
② 간이과세자에서 일반과세자로 변경되는 경우에는 통지를 받은 날이 속하는 과세기간까지는 간이과세자에 관한 규정이 적용되고, 그 다음 과세기간부터 일반과세자로 전환된다(부가령 제110조 제3항). 따라서 직전 연도의 공급대가 합계액이 기준금액이상이 되는 경우에는 일반과세자로의 과세유형전환통지를 반드시 하여야 한다.

4. 신규사업자의 과세유형변경

신규사업자의 경우에는 그 사업개시일부터 그 과세기간의 종료일까지의 공급대가의 합계액을 12월로 환산한 금액을 기준으로 하여 최초과세기간에 대한 확정신고 후에 개시하는 과세기간(3번째 과세기간)의 개시일이 과세유형의 변경시기가 된다.

5. 간이과세의 포기

(1) 포기

간이과세자가 간이과세를 포기하여 일반과세자가 되는 경우에는 포기신고일이 속하는 과세기간의 개시일부터 그 신고일이 속하는 달의 말일까지의 기간과 포기신고일이 속하는 달의 다음달 1일부터 그 과세기간의 종료일까지의 기간을 각각 1과세기간으로 한다. 간이과세의 포기신고는 일반과세를 적용받고자 하는 달의 전달 20일까지 간이과세포기신고서를 제출하면 된다. 한편, 간이과세를 포기한 사업자는 3년간 간이과세의 적용을 받지 못한다(부가법 제70조).

(2) 간이과세 적용신고

간이과세를 포기한 사업자가 3년이 경과한 후 다시 간이과세의 적용을 받고자 할 때에는 이를 적용받고자 하는 과세기간개시 10일 전까지 『간이과세적용신고서』를 사업장 관할세무서장에게 제출하여야 한다(부가령 제116조 제2항).

6. 과세유형 변경통지가 없는 경우

① 일반과세자가 간이과세자로 전환되는 경우에는 과세유형 전환통지와 관계없이 간이과세를 적용한다.
② 간이과세자가 일반과세자로 변경되는 경우 통지를 받은 날이 속하는 과세기간까지는 간이과세자에 관한 규정을 적용한다.

03 간이과세자의 세액계산구조

1. 세액계산구조

공 급 대 가	부가가치세포함 금액
(×) 해당업종의 부가가치율	
(×) 세 율(10%)	
= 매 출 세 액	업종별로 계산하여 합산
(−) 공 제 세 액	매입세금계산서 등에 대한 세액공제, 의제매입세액공제(2021. 07.01. 이후 폐지), 전자신고 세액공제, 신용카드매출전표 발급 등에 대한 세액공제, 전자세금계산서 발급세액공제(2023.07. 01. 이후) 등
(+) 재 고 납 부 세 액	
(+) 가 산 세	
(−) 예정부과세액, 예정신고세액	예정부과기간의 납부세액을 인하여 환급세액이 발생한 경우에는 환급받을 수 있다.
= 차 가 감 납 부 세 액	

(1) 업종별 부가가치율 - 2021.06.30. 이전에 재화 또는 용역의 공급한 분

업 종	부가가치율
전기·가스·증기 및 수도사업	5%
소매업, 재생용 재료수집 및 판매업, 음식점업	10%
제조업, 농업·임업 및 어업, 숙박업, 운수 및 통신업	20%
건설업, 부동산임대업, 그 밖의 서비스업	30%

(2) 업종별 부가가치율 - 2021.07.01. 이후에 재화 또는 용역의 공급한 분

업 종	부가가치율
소매업, 재생용 재료수집 및판매업, 음식점업	15%
제조업, 농업·임업 및 어업,소화물 전문 운송업	20%
숙박업	25%
건설업, 그 밖의 운수업, 창고업, 정보통신업, 그 밖의 서비스업	30%
금융 및 보험 관련 서비스업, 전문·과학 및 기술 서비스업(인물사진 및 행사용 영상 촬영업 제외), 사업시설관리·사업지원 및 임대 서비스업, 부동산 관련 서비스업, 부동산임대	40%

(3) 겸영사업자의 공통사용자산의 공급에 대한 부가가치율

간이과세자가 둘 이상의 업종에 공통으로 사용하던 재화를 공급하여 업종별 실지귀속을 구분할 수 없는 경우에 적용할 부가가치율은 다음 계산식에 따라 계산한 율의합계로 한다. 이 경우 휴업 등으로 인하여 해당 과세기간의 공급대가가 없는 경우에는 그 재화를 공급한 날에 가장 가까운 과세기간의 공급대가에 의하여 계산한다(부가령 제111조 제5항).

$$\text{해당 재화 관련 각 업종별 부가가치율} \times \left(\frac{\text{해당 과세기간 해당 재화와 관련 각 업종의 공급대가}}{\text{해당 과세기간 해당 재화와 관련 각 업종의 총공급대가}} \right)$$

2. 의제매입세액공제 (2021.07.01. 이후 신고분부터 삭제)

3. 매입세금계산서 등에 대한 세액공제

(1) 2021.06.30. 이전에 재화 또는 용역을 공급받은 분 또는 수입신고한 분

> 매입세금계산서 등에 대한 세액공제액 = 매입세액 × 해당 업종의 부가가치율

(2) 2021.07.01. 이후에 재화 또는 용역을 공급받은 분 또는 수입신고한 분

> 매입세금계산서 등에 대한 세액공제액 = 공급대가 × 0.5%

(3) 겸영사업자의 경우

① 간이과세자가 부가가치율이 서로 다른 업종을 겸영하는 경우에는 업종별 실지귀속에 의하되, 업종별 실지귀속을 적용할 수 없는 부분에 대하여는 「부가가치세법 시행령」 제111조 제2항 제1호(전기·가스·증기 및 수도 사업)의 부가가치율인 5%을 적용하여 산출한 금액(부가령 제111조 제6항)이다.

② 간이과세자가 과세사업과 면세사업을 겸영하는 경우에는 과세사업과 면세사업의 실지귀속에 의하되, 과세사업과 면세사업의 실지귀속을 구분할 수 없는 분에 대하여는 다음의 계산식에 따라 계산한 금액(부가령 제111조 제7항)으로 한다.

$$\text{해당 과세기간 매입세액} \times \left(\frac{\text{해당 과세기간 공급대가}}{\text{해당 과세기간 총공급대가}} \right) \times \text{해당 업종의 부가가치율}$$

③ 2021.07.01. 이후에는 업종별 실지귀속에 의하되 과세사업과 관련하여 세금계산서 등을 발급받은 재화나 용역의 공급대가의 0.5%를 곱한 금액으로, 실지 귀속이 불분명한 경우에는 다음의 계산식에 따라 계산한 금액(부가령 제111조 제7항)으로 한다.

$$\text{해당 과세기간 매입세액} \times \left(\frac{\text{해당 과세기간 공급대가}}{\text{해당 과세기간 총공급대가}} \right) \times 0.5\%$$

4. 신용카드매출전표 발행 등에 대한 세액공제

아래의 적용대상 사업자가 부가가치세가 과세되는 재화 또는 용역을 공급하고 그 공급시기에 신용카드매출전표 등(직불카드영수증·기명식선불카드영수증, 현금영수증 포함)을 발행하거나 전자화폐로 대금을 결제받은 경우 다음의 금액을 납부세액에서 공제한다(부가법 제46조 제2항).

> 세액공제액 = min[발행금액·결제금액 × 공제율, 연간 1,000만원 한도]

구분	2021.06.30. 이전 공급분	2021.07.01. 이후 공급분
적용대상자	간이과세자	(1) 주로 사업자 아닌 자에게 재화 또는 용역을 공급하는 사업으로서 영수증 발급대상 사업을 하는 간이과세자 (2) 간이과세자 중 다음 중 어느 하나에 해당하는 자 ① 직전연도의 공급대가의 합계액이 4,800만원 미만인 자 ② 신규로 사업을 시작하는 개인사업자로서 간이과세자로 하는 최초의 과세기간 중에 있는 자
공제율	1.3% (음식점업 또는 숙박업을 영위하는 간이과세자는 2.6%)	1.3% (2027년 이후 1%)
연간한도	1,000만원(2027.01.01. 이후 500만원)	

5. 전자세금계산서 발급세액공제

개인사업자가 전자세금계산서를 2023년 7월 1일부터 2026년 12월 31일까지 발급(전자세금계산서 발급명세를 제32조 제3항에 따른 기한까지 국세청장에게 전송한 경우로 한정한다)하는 경우에는 전자세금계산서 발급 건수 등을 고려하여 대통령령으로 정하는 금액을 해당 과세기간의 부가가치세 납부세액에서 공제할 수 있다(부가법 제47조 제1항).

> ① 전자세금계산서 발급·전송에 대한 세액 = 발급 건수 × 200원
> ② 공제한도: 연간 100만원

6. 확정신고와 납부

(1) 예정부과와 납부

1) 예정부과제도

사업장 관할세무서장은 간이과세자에 대하여 직전 과세기간에 대한 납부세액의 2분의 1에 해당하는 금액을 1월 1일부터 6월 30일까지의 납부세액으로 결정하여 예정부과기간이 끝난 후 25일 이내까지 징수한다. 이 경우 관할세무서장은 부가가치세액에 대하여 7월 1일부터 7월 10일까지 납세고지서를 발부하여야 한다. 다만, 징수하여야 할 금액이 50만원 미만이거나 2023.07.01.에 간이과세자가 일반과세자로 변경되는 경우에 과세기간이 2023년 1월 1일부터 6월 30일인 간이과세자의 경우에는 이를 징수하지 아니한다(부가법 제66조 제1항). 이 경우 관할세무서장은 부가가치세액에 대하여 7월 1일부터 7월 10일까지 납세고지서를 발부하여야 한다(부가령 제114조 제1항).

2) 예정부과기간에 대한 신고

선택적 예정신고·납부의무자	필수적 예정신고·납부의무자
휴업 또는 사업부진 등으로 인하여 예정부과기간의 공급가액 또는 납부세액이 직전 예정부과기간의 공급가액 또는 납부세액의 3분의1에 미달하는 자는 예정부과기간의 과세표준과 납부세액을 예정부과기한까지 선택적으로 신고·납부할 수 있다(부가법 제66조 제2항).	예정부과기간에 세금계산서를 발급한 간이과세자는 예정부과기간의 과세표준과 납부세액을 예정부과기한까지 사업장관할세무서장에게 신고하여야한다(부가법 제66조 제3항).

① 예정부과에 따른 결정이 있는 경우 간이과세자가 예정신고를 한 경우에는 그 결정(고지)이 없었던 것으로 본다(부가법 제66조 제4항).
② 예정부과기간에 대한 신고하는 간이과세자는 예정부과기간의 납부세액을 관할 세무서장에게 납부하여야 한다(부가법 제66조 제5항).
③ 예정신고자는 "매출처별 세금계산서 합계표(2021.07.01.부터 시행)·매입처별 세금계산서합계표"를 예정신고시 제출하여야 하며 예정신고시 제출하지 못하는 경우에는 확정신고시 제출할 수 있다(부가법 제66조 제6항).

(2) 확정신고와 납부

간이과세자는 각 과세기간의 과세표준과 납부세액을 그 과세기간 끝난 후 25일(폐업하는 경우 폐업일이 속한 달의 다음 달 25일) 이내에 사업장 관할세무서장에게 신고하고 납부하여야 한다. 간이과세자가 확정신고하는 경우에는 차가감납부세액을 납부하거나 간이과세자확정신고서와 함께 관할세무서장에게 납부하거나 한국은행 등에 납부하

여야 한다. 또한 매출처별 세금계산서 합계표(2021.07.01.부터 시행)·매입처별 세금계산서합계표를 확정신고시 제출하여야 한다(부가법 제67조).

7. 가산세

구 분		가산세율
세금계산서 발급 등 관련 가산세	① 세금계산서 지연발급	공급가액의 1%
	② 세금계산서 미발급	공급가액의 2%(또는 1%)
	③ 전자세금계산서발급명세지연전송분	공급가액의 0.3%
	④ 전자세금계산서 미전송분	공급가액의 0.5%
	⑤ 세금계산서 부실기재분	공급가액의 1%
	⑥ 가공세금계산서 발급	공급가액의 3%
	⑦ 위장세금계산서 발급	공급가액의 2%
	⑧ 공급가액 과다기재 세금계산서 발급	공급가액의 2%
매출처별 세금계산서 합계표 관련 가산세	① 미제출	공급가액의 0.5%
	② 부실기재	공급가액의 0.5%
	③ 지연제출	공급가액의 0.3%
세금계산서 미수취 가산세	간이과세자가 세금계산서 발급의무가 있는 사업자로부터 재화 또는 용역을 공급받고 세금계산서를 수취하지 않은 경우	공급대가의 0.5%
경정시 공제받은 세금계산서등 가산세	세금계산서 등을 발급받고 공제받지 않은 이후에 결정·경정을 통해 매입세액공제를 받는 경우	공급가액의 0.5%

☞ 경정시 공제받은 세금계산서 등 가산세는 2021.01.01. 이후 결정·경정하는 분부터 적용하며, 세금계산서 관련 가산세는 2021.07.01. 이후 재화나 용역을 공급하거나 공급받는 분부터 적용한다.

8. 결정·경정 및 징수

간이과세자에 대한 과세표준과 납부세액은 일반과세의 규정을 적용하여 결정 또는 경정할 수 있다. 한편 간이과세자는 영수증만을 발급하므로 세금계산서관련 가산세는 적용되지 않지만, 미등록가산세(0.5%)·허위등록가산세(1%)·영세율과세표준신고불성실가산세(0.5%)·신고불성실가산세·납부지연가산세·경정에 의한 공제시 가산세를 적용한다.
☞ 결정 또는 경정 기관의 확인을 거쳐 매입세액으로 공제받는 경우에는 그 공급가액의 1%를 가산세로 부과한다.

04 일반과세자와 간이과세자의 비교

일반과세자와 간이과세자를 비교하면 다음과 같다.

구 분	일 반 과 세 자	간 이 과 세 자
적용대상	• 1역년의 공급대가가 4천8백만원 이상인 사업자 • 간이과세를 포기한 사업자 • 간이과세자 배제 업종	• 1역년의 공급대가가 8천만원 미만인 사업자 • 제외자 - 광업, 제조업, 도매업, 전문직사업자
과세표준	• 공급가액(거래금액)	• 공급대가(부가가치세 포함)
납부세액	• 매출세액 - 매입세액	• 공급대가 × 부가가치율 × 10% (0%)
매입세액	• 매입세액 전액 공제	• 매입가액(공급대가) × 0.5% ☞ 2021년 7월 1일 이후
의제매입세액공제	• 업종제한 없음	• 적용배제 ☞ 2021년 7월 1일 이후
환 급	• 매입세액의 매출세액 초과분 조기·일반환급	• 공제세액의 납부세액 초과분 환급하지 않음
거래증빙	• 세금계산서 발급	• 원칙: 세금계산서 발급 • 예외: 영수증 발급
포기신고	• 포기신고에 의해 간이과세자로 전환할 수 없음	• 포기신고에 의해 일반과세자로 전환할 수 있음.
예정신고·납부	• 예정고지 원칙(법인 제외) 예정신고하는 경우도 있음	• 예정고지 원칙 예정신고하는 경우도 있음
납부의무면제	• 해당사항 없음	• 공급대가가 4,800만원 미만인 경우
가산세	• 세금계산서 관련 가산세 있음. • 등록 관련 가산세: 공급가액의 1%	• 세금계산서 관련 가산세 있음. ☞ 2021년 7월 1일 이후 • 등록 관련 가산세: 공급대가의 0.5% (타인명의 1%)

05 과세유형 변경시 세액계산 특례

1. 의의

(1) 재고매입세액

재고매입세액이란 간이과세자가 일반과세자로 과세유형이 변경되는 경우 변경일 현재 재고품 등에 대하여 공제받지 못한 매입세액을 일괄하여 공제해주는 제도이다.

(2) 재고납부세액

일반과세자가 간이과세자로 변경된 경우에, 변경일 현재의 재고품 및 감가상각자산에 대한 매입세액을 이미 공제받은 때에는 그 공제받은 세액을 납부세액에 가산하여 납부하여야 하는데 이를 재고납부세액이라 한다.

2. 계산

(1) 재고납부세액

1) 2021.06.30. 이전

① 상품, 제품, 재료의 재고품

$$재고금액 \times \frac{10}{100} \times (1 - 업종별\ 부가가치율)$$

② 건설중인 자산

$$해당\ 건설\ 중인\ 자산과\ 관련하여\ 공제받은\ 매입세액 \times (1 - 업종별\ 부가가치율)$$

③ 감가상각자산 중 건물 또는 구축물

$$취득가액 \times \left(1 - \frac{10}{100} \times 경과된\ 과세\ 기간의\ 수\right) \times \frac{10}{100} \times (1 - 업종별\ 부가가치율)$$

④ 감가상각자산 중 기타의 감가상각자산

$$\text{취득가액} \times \left(1 - \frac{50}{100} \times \text{경과된 과세 기간의 수}\right) \times \frac{10}{100} \times (1 - \text{업종별 부가가치율})$$

⑤ 직접 제작·건설·신축한 감가상각자산

$$\text{매입세액공제액} \times (1 - \text{상각률} \times \text{경과된 과세기간의 수}) \times (1 - \text{업종별 부가가치율})$$

2) 2021.07.01. 이후

① 상품, 제품, 재료의 재고품

$$\text{재고금액} \times \frac{10}{100} \times \left(1 - 0.5\% \times \frac{110}{10}\right)$$

② 건설중인 자산

$$\text{해당 건설 중인 자산과 관련하여 공제받은 매입세액} \times \left(1 - 0.5\% \times \frac{110}{10}\right)$$

③ 감가상각자산 중 건물 또는 구축물

$$\text{취득가액} \times \left(1 - \frac{10}{100} \times \text{경과된 과세 기간의 수}\right) \times \frac{10}{100} \times \left(1 - 0.5\% \times \frac{110}{10}\right)$$

④ 감가상각자산 중 기타의 감가상각자산

$$\text{취득가액} \times \left(1 - \frac{50}{100} \times \text{경과된 과세 기간의 수}\right) \times \frac{10}{100} \times \left(1 - 0.5\% \times \frac{110}{10}\right)$$

⑤ 직접 제작·건설·신축한 감가상각자산

$$\text{매입세액공제액} \times (1 - \text{상각률} \times \text{경과된 과세기간의 수}) \times \left(1 - 0.5\% \times \frac{110}{10}\right)$$

(2) 재고매입세액

1) 2021.06.30. 이전

① 상품, 제품, 재료의 재고품

$$\text{재고금액} \times \frac{10}{110} \times (1 - \text{업종별 부가가치율})$$

② 건설중인 자산

$$\text{해당 건설 중인 자산과 관련하여 공제받은 매입세액} \times (1 - \text{업종별 부가가치율})$$

③ 감가상각자산 중 건물 또는 구축물

$$\text{취득가액} \times \left(1 - \frac{10}{100} \times \text{경과된 과세 기간의 수}\right) \times \frac{10}{110} \times (1 - \text{업종별 부가가치율})$$

④ 감가상각자산 중 기타의 감가상각자산

$$\text{취득가액} \times \left(1 - \frac{50}{100} \times \text{경과된 과세 기간의 수}\right) \times \frac{10}{110} \times (1 - \text{업종별 부가가치율})$$

⑤ 직접 제작·건설·신축한 감가상각자산

$$\text{매입세액공제액} \times (1 - \text{상각률} \times \text{경과된 과세기간의 수}) \times (1 - \text{업종별 부가가치율})$$

2) 2021.07.01. 이후

① 상품, 제품, 재료의 재고품

$$\text{재고금액} \times \frac{10}{110} \times \left(1 - 0.5\% \times \frac{110}{10}\right)$$

② 건설중인 자산

$$\text{해당 건설 중인 자산과 관련하여 공제받은 매입세액} \times \left(1 - 0.5\% \times \frac{110}{10}\right)$$

③ 감가상각자산 중 건물 또는 구축물

$$\text{취득가액} \times \left(1 - \frac{10}{100} \times \text{경과된 과세 기간의 수}\right) \times \frac{10}{110} \times \left(1 - 0.5\% \times \frac{110}{10}\right)$$

④ 감가상각자산 중 기타의 감가상각자산

$$\text{취득가액} \times \left(1 - \frac{50}{100} \times \text{경과된 과세 기간의 수}\right) \times \frac{10}{110} \times \left(1 - 0.5\% \times \frac{110}{10}\right)$$

⑤ 직접 제작·건설·신축한 감가상각자산

$$\text{매입세액공제액} \times (1 - \text{상각률} \times \text{경과된 과세기간의 수}) \times \left(1 - 0.5\% \times \frac{110}{10}\right)$$

3) 재고품 및 감가상각자산의 금액

재고품 및 감가상각자산의 금액은 장부 또는 세금계산서에 의해 확인되는 취득가액으로 한다.

4) 재고품 등의 신고

① 재고매입세액: 과세유형 변경일 현재의 재고품 및 감가상각자산(매입세액공제대상에 한함)을 변경되는 날의 직전 과세기간에 대한 확정신고와 함께 각 사업장관할세무서장에게 신고한다.
② 재고납부세액: 과세유형 변경일 현재의 재고품 및 감가상각자산(매입세액공제를 받은 것에 한함)을 변경되는 날의 직전 과세기간에 대한 확정신고와 함께 각 사업장 관할세무서장에게 신고한다.

5) 공제 및 납부방법

① 재고매입세액은 그 승인을 얻은 날이 속하는 예정신고기간 또는 과세기간의 매출세액에서 공제하며, 매출세액을 초과하는 금액은 환급한다.
② 재고납부세액은 간이과세자로 변경된 날부터 6개월간의 거래에 대한 납부할 세액에 가산하여 납부한다.

06 납부의무면제

1. 면제대상

간이과세자의 해당 과세기간의 공급대가가 4,800만원 미만인 경우에는 세액의 납부의무를 면제하고, 가산세도 부과하지 아니한다. 다만, 재고납부세액은 납부할 의무가 있다(부가령 제69조 제1항).

한편, 납부의무의 면제대상을 판단할 때에는 다음의 공급대가의 합계액을 12개월로 환산한 금액을 기준으로 하며 이 경우 1개월 미만의 끝수가 있으면 1개월로 한다(부가법 제69조 제3항).

① 해당 과세기간에 신규로 사업을 시작한 간이과세자에 대하여는 그 사업개시일부터 그 과세기간의 종료일까지의 공급대가의 합계액
② 휴업자·폐업자 및 과세기간 중 과세유형을 전환한 간이과세자는 그 과세기간 개시일부터 휴업일·폐업일 및 과세유형 전환일까지의 공급대가의 합계액
③ 1역년의 공급대가의 합계액에 따라 유형전환이 되어 간이과세 과세기간(일반 → 간이: 07.01. ~ 12.31., 간이 → 일반: 01.01. ~ 06.30.)을 적용받은 간이과세자는 해당 과세기간 공급대가의 합계액. 즉, 실제 사업기간이 12개월 미만인 간이과세자에 대한 납부의무 면제대상 해당 여부는 12개월로 환산한 금액을 기준으로 판정한다.

2. 면제대상자가 자진납부하는 경우의 처리

납부의무가 면제되는 간이과세자가 자진납부한 사실이 확인되는 경우에는 관할세무서장은 이를 환급하여야 한다. 또한 자진납부한 후 환급청구를 하는 경우 관할세무서장은 그 청구일로부터 2월 이내에 이를 환급하여야 한다.

07 결정·경정·가산세

1. 결정·경정

간이과세자에 대한 과세표준과 납부세액의 결정 또는 경정에 관하여는 「부가가치세법」 제57조(일반과세자의 결정·경정)를 준용한다(부가법 제68조 제1항).

2. 징수

간이과세자에 대한 부가가치세의 징수에 관하여서도 「부가가치세법」 제58조(일반과세자의 징수규정)을 준용한다(부가법 제68조 4항).

3. 가산세

간이과세자에 대한 가산세 부과에 관하여는 제60조 제1항·제2항 및 같은 조 제3항 제1호·제3호·제5호를 준용한다. 이 경우 제60조 제1항 각 호 중 "공급가액"은 "공급대가"로, "1%"는 "0.5%"로, "2%"는 "1%"로 본다(부가법 제68조의2 제1항).

	가산세 부과 사유	가산세 적용대상 금액	가산세율
①	사업자등록을 하지 않은 경우	미등록 신고기간 동안의 공급대가(매출액) (납부의무면제자의 경우 5/1,000와 5만원 중 큰 금액)	0.5%
	사업자등록을 거짓으로 한 경우	공급대가(매출액)	1% (2024.12.31. 이전 0.5%)
②	법정신고기한까지 무신고한 경우 (일반)	무신고 납부세액 (법63②의 납부세액)	20%
	법정신고기한까지 무신고한 경우 (부정)		40%
	법정기한까지 과소신고한 경우(일반)	과소신고 납부세액 (법63②의 납부세액)	10%
	법정기한까지 과소신고한 경우(부정)		40%
③	법정기한까지 납부세액을 납부하지 않은 (과소납부) 경우	미납부(과소납부)한 납부세액	지연납부일수 1일당 2.2/10,000
④	결정·경정기관의 확인을 거쳐 매입세액 공제받는 경우	공급가액	1%
⑤	영세율 적용분을 신고하지 않은(과소신고) 경우	무신고(과소신고)한 공급대가(매출액)	0.5% (2011년까지는 1%)

가산세 부과 사유	가산세 적용대상 금액	가산세율
⑥ 금 관련 제품 및 스크랩등 거래시 전용계좌를 사용하지 아니하고 결제받은 경우(거래계좌 미사용)	제품가액 (매출·매입자 각각 적용)	10%
⑦ 금 관련 제품 및 스크랩등 거래시 공급시기에 전용계좌에 입금하지 않은 경우 (거래계좌 지연입금)	지연 입금한 부가가치세액 [공급받은 날의 다음 날부터 입금한 날(신고기한 한도)까지]	지연입금일수 1일당 2.2/10,000

(1) 사업자 등록 관련 가산세

간이과세자가 다음의 어느 하나에 해당하는 경우 다음의 구분에 따른 금액을 납부세액에 더하거나 환급세액에서 뺀다(부가법 제60조 제2항).

① 제32조에 따라 세금계산서를 발급하여야 하는 사업자로부터 재화 또는 용역을 공급받고 세금계산서를 발급받지 아니한 경우(제36조의2 제1항 및 제2항에 따라 영수증을 발급하여야 하는 기간에 세금계산서를 발급받지 아니한 경우는 제외한다): 그 공급대가의 0.5%

② 세금계산서 등을 발급받고 제63조 제3항에 따라 공제받지 아니한 경우로서 제57조 제1항에 따른 해당 결정 또는 경정 기관의 확인을 거쳐 제63조 제7항 전단에 따라 납부세액을 계산할 때 매입세액으로 공제받는 경우: 그 공급가액의 0.5%

(2) 타인 명의

타인의 명의로 제8조에 따른 사업자등록을 하거나 그 타인 명의의 제8조에 따른 사업자등록을 이용하여 사업을 하는 것으로 확인되는 경우 공급대가의 1%(2024.12.31. 이전은 0.5%)

(3) 세금계산서 관련 가산세

간이과세자가 다음의 어느 하나에 해당하는 경우 다음의 구분에 따른 금액을 납부세액에 더하거나 환급세액에서 뺀다(부가법 제60조 제2항).

① 세금계산서의 발급시기가 지난 후 해당 재화 또는 용역의 공급시기가 속하는 과세기간에 대한 확정신고 기한까지 세금계산서를 발급하는 경우에는 가산세율 1%를 적용한다.

② 세금계산서의 발급시기가 지난 후 해당 재화 또는 용역의 공급시기가 속하는 과세기간에 대한 확정신고 기한까지 세금계산서를 발급하지 아니한 경우에는 가산세

율 2%를 적용한다. 다만, 둘 이상의 사업장을 가진 사업자가 재화 또는 용역을 공급한 사업장 명의로 세금계산서를 발급하지 아니하고 세금계산서 발급시기에 자신의 다른 사업장 명의로 세금계산서를 발급한 경우에는 가산세율 1%를 적용한다.

③ 전자세금계산서 발급명세 전송기한이 지난 후 재화 또는 용역의 공급시기가속하는 과세기간에 대한 확정신고 기한까지 국세청장에게 전자세금계산서발급명세를 전송하는 경우에는 그 공급가액에 가산세율 0.3%를 적용한다.

④ 전자세금계산서 발급명세 전송기한이 지난 후 재화 또는 용역의 공급시기가 속하는 과세기간에 대한 확정신고 기한까지 국세청장에게 전자세금계산서발급명세를 전송하지 아니한 경우에는 그 공급가액에 가산세율 0.5%를 적용한다.

⑤ 세금계산서의 필요적 기재사항의 전부 또는 일부가 착오 또는 과실로 적혀있지 아니하거나 사실과 다른 경우에는 그 공급가액에 가산세율 1%를 적용한다. 다만, 대통령령으로 정하는 바에 따라 거래사실이 확인되는 경우는 제외한다.

(4) 가공 등 매출세금계산서 관련 가산세

간이과세자가 다음의 어느 하나에 해당하는 경우 다음의 구분에 따른 금액을 납부세액에 더하거나 환급세액에서 뺀다(부가법 제60조 제2항).

① 재화 또는 용역을 공급하지 아니하고 세금계산서 또는 제46조 제3항에 따른 신용카드매출전표등("세금계산서등")을 발급한 경우: 그 세금계산서등에 적힌 공급가액의 3%

② 재화 또는 용역을 공급하고 실제로 재화 또는 용역을 공급하는 자가 아닌 자 또는 실제로 재화 또는 용역을 공급받는 자가 아닌 자의 명의로 세금계산서등을 발급한 경우: 그 공급가액의 2%

③ 재화 또는 용역을 공급하고 세금계산서등의 공급가액을 과다하게 기재한 경우: 실제보다 과다하게 기재한 부분에 대한 공급가액의 2%

(5) 매입세금계산서 관련 가산세

간이과세자가 다음의 어느 하나에 해당하는 경우 다음의 구분에 따른 금액을 납부세액에 더하거나 환급세액에서 뺀다(부가법 제60조 제2항).

① 세금계산서 발급의무가 있는 간이과세자가 세금계산서를 발급하여야 하는 사업자로부터 재화 또는 용역을 공급받고 세금계산서를 발급받지 아니한 경우 그 공급대가의 0.5%

② 매입세금계산서를 발급받고 공제받지 아니한 경우로서 결정 또는 경정기관의 확인을 거쳐 매입세액으로 공제받는 경우 그 공급가액의 0.5%

(6) 매출처별 세금계산서합계표 미제출가산세

간이과세자가 다음의 어느 하나에 해당하는 경우 다음의 구분에 따른 금액을 납부세액에 더하거나 환급세액에서 뺀다(부가법 제60조 제3항).

① 매출처별 세금계산서합계표를 미제출 또는 부실기재하여 제출한 경우 공급가액의 0.5%
② 예정부과기간에 제출하여야 하는 매출처별 세금계산서합계표를 예정부과기간이 속하는 과세기간에 확정신고를 할 때 제출할 경우 공급가액의 0.3%

(7) 납부의무 면제자에 대한 가산세 적용

① 공급대가가 4,800만원 미만으로 납부의무가 면제되는 간이과세자에 대하여는 무(과소)신고불성실 가산세, 영세율과세표준 불성실가산세와 허위등록가산세를 적용하지 아니한다(국기법 제47의2조 제3항, 제47조의3조 제6항, 부가법 제69조 제2항).
② 사업 개시일부터 20일 이내까지 사업자등록을 신청하지 아니한 경우에는 공급대가에 0.5%에 상당하는 미등록가산세와 5만원 중 큰 금액으로 한다(부가법 제69조 제2항).

 관련 해석사례 및 집행기준

◦ **일부 사업을 폐지하는 경우의 간이과세적용**
동일한 사업장에서 2 이상의 사업을 겸영하는 사업자가 그 중 일부사업을 폐지하는 경우의 간이과세적용은 직전 연도의 공급대가에 폐지한 사업(광업·제조업 및 도매업 등을 포함한다)의 공급대가를 포함하여 계산함(부가집 61-109-2).

◦ **공인중개사 법정수수료 한도액에 부가가치세액이 포함되어 있는지 여부**
간이과세자인 공인중개업자는 부가가치세가 포함된 중개보수를 수령하는 것이며 부가가치세법 제31조에 따른 거래징수 규정이 적용되지 아니함(기획재정부 부가가치세제과-70, 2015.01.19.).

◦ **간이과세자가 부가가치세액을 별도로 징수할 수 있는지 여부**
간이과세자가 재화 또는 용역을 공급하는 경우 「부가가치세법」 제31조(구법 제15조)에 따른 부가가치세 거래징수 적용 대상에 해당되지 아니하는 것임(부가-718, 2012.06.22.).

간이과세자가 도매업을 겸영하는 경우 간이과세 적용시기

간이과세자로 등록하고 소매업을 영위하는 사업자가 간이과세적용이 배제되는 도매업(소매업을 겸영하는 경우를 포함하되, 재생용 재료수집 및 판매업을 제외한다)을 신규로 겸영하는 경우에는 당해 도매업의 개시일이 속하는 과세기간의 다음 과세기간부터 간이과세자에 관한 규정을 적용하지 아니하는 것임(부가-1156, 2010.09.02.).

간이과세자가 수정신고로 연간 공급대가가 4,800만원 이상이 된 경우

해당연도 다음해의 제2기 및 그 다음해의 제1기 납부세액 계산방법 당초 신고한 공급대가는 4,800만원에 미달하여 간이과세 대상이었으나, 수정신고로 인하여 비로소 4,800만원 이상이 된 경우에는 과세유형전환통지와 관계없이 부가가치세법 제26조 제7항에 따라 2007년 제2기부터 2008년 제1기까지의 납부세액은 동법 제17조를 준용하여 계산한 금액으로 함(기획재정부 부가가치세 제과-187, 2010.03.29.).

일반과세인 공동사업자의 구성원과 간이과세자인 공동사업자의 구성원이 동일한 경우

일반과세 사업장과 간이과세 사업장을 공동으로 운영하는 사업자의 구성원이 동일한 경우 당해 간이과세 사업장은 간이과세배제 대상에 해당하는 것임(서면3팀-278, 2005.02.24.).

간이과세자가 일반과세인 공동사업자의 구성원에 해당하는 경우

간이과세자로 등록된 사업자가 공동사업자인 일반과세 사업장의 구성원에 해당하는 경우 당해 간이과세 사업장은 간이과세배제 대상에 해당하지 아니하는 것임(재소비-1351, 2004.12.13.).

간이과세 배제대상 사업자가 간이과세자로 등록한 경우

간이과세가 배제대상 되는 사업을 영위하는 자가 간이과세자로 사업자등록을 신청하여 교부받은 경우에도 최초 사업개시일이 속하는 과세기간부터 일반과세자로 과세하는 것임(부가 46015-650, 2003.09.20.).

부동산임대업 간이과세배제기준 적용시 공용면적 계산 방법

주상복합건물의 공용면적인 주차장을 주택과 상가에서 공동으로 사용하는 경우 부동산임대업 간이과세배제기준 적용시 건물면적은 공용면적을 전체 건물면적 대비 상가면적으로 안분하여 계산한 면적을 당해 상가 면적에 합하여 계산하는 것임(부가가치세과-1876, 2009.12.24.).

실무사례 일반과세자와 간이과세자의 비교

[사실관계]

한결식당을 영위하는 간이과세자인 김모세의 20X5년 제1기 부가가치세 과세자료는 다음과 같으며 일반과세자로의 전환을 검토하고 있다. 만일 김모세가 20X5년도 1기에 일반과세자였다면 간이과세자인 경우에 비해 20X5년 1기 부가가치세의 추가납부세액은 얼마인지 계산하고 그 계산과정(1. 일반과세자인 경우 차가감 납부할 세액, 2. 간이과세자인 경우 차가감 납부할 세액, 3. 추가납부세액)을 명시하시오.

(1) 20X5년 1기 공급대가는 27,500,000원(신용카드매출전표 발행분 3,300,000원 불포함)이다.
(2) 매입처별세금계산서합계표상 정당한 매입세액은 1,000,000원이다.
(3) 매입처별계산서합계표상 면세농산물 매입가액은 2,000,000원이다.
(4) 신용카드매출전표에 의해 확인되는 면세수산물 매입가액은 1,500,000원이다.
(5) 음식점업의 업종별 부가가치율은 15%, 의제매입세액공제율은 9/109이다.
(6) 일반과세자의 경우 한도는 고려하지 않는다고 가정한다.

해답

1. 일반과세자인 경우 차가감 납부할 세액
    (1) 매출세액(27,500,000원 + 3,300,000원) × $\frac{100}{110}$ × 10% =   2,800,000원
    (2) 매입세액
        - 매입처별세금계산서합계표상 매입세액   (1,000,000원)
        - 의제매입세액 (2,000,000원 + 1,500,000원) × $\frac{9}{109}$ =   (288,990원)
    (3) 납부세액: (1) - (2)   1,511,010원
    (4) 공제세액
        - 신용카드매출전표발행 세액공제 3,300,000원 × 1.3%   (42,900원)
    (5) 차가감 납부할 세액   1,468,110원

2. 간이과세자인 경우 차가감 납부할 세액
    (1) 납부세액 (27,500,000원 + 3,300,000원) × 15% × 10% =   462,000원
    (2) 공제세액
        - 매입세금계산서 등 세액공제 (1,000,000원 × 110/10 × 0.5% =   (55,000원)
        - 의제매입세액 (2021.7.1. 이후 폐지)
        - 신용카드 매출전표 발행 세액공제 3,300,000원 × 1.3% =   (42,900원)
    (3) 차가감납부할 세액   364,100원

3. 추가납부 세액
    1,468,110원 - 364,100원 = __1,104,010원__

■ 부가가치세법 시행규칙 [별지 제44호서식] (2023.06.30. 개정) 홈택스(www.hometax.go.kr)에서도 신청할 수 있습니다.

간이과세자 부가가치세 [ ]예정신고서 [ ]신고서 [ ]기한후과세표준신고서

(4쪽 중 1쪽)

		처리기간	즉시

신고기간   년 (월 일 ~ 월 일)

사업자	상 호		성명(대표자명)		사업자등록번호	- -
	생년월일		전화번호		사업장	주소지	휴대전화
	사업장 소재지				전자우편주소	

❶ 신고내용

구 분			금 액	부가가치율	세율	세 액
과세표준 및 매출세액	21.6.30. 이전 과세분	전기·가스·증기 및 수도사업 (1)		5/100	10/100	
		소매업, 재생용 재료수집 및 판매업, 음식점업 (2)		10/100	10/100	
		제조업, 농·임·어업, 숙박업, 운수 및 통신업 (3)		20/100	10/100	
		건설업, 부동산임대업, 그 밖의 서비스업 (4)		30/100	10/100	
	21.7.1. 이후 과세분	소매업, 재생용 재료수집 및 판매업, 음식점업 (5)		15/100	10/100	
		제조업, 농·임·어업, 소화물 전문 운송업 (6)		20/100	10/100	
		숙박업 (7)		25/100	10/100	
		건설업, 운수 및 창고업(소화물 전문 운송업 제외), 정보통신업, 그 밖의 서비스업 (8)		30/100	10/100	
		금융 및 보험 관련 서비스업, 전문·과학 및 기술 서비스업(인물사진 및 행사용 영상 촬영업 제외), 사업시설관리·사업지원 및 임대서비스업, 부동산 관련 서비스업, 부동산임대업 (9)		40/100	10/100	
	영세율 적용분	세금계산서 발급분 (10)			0/100	
		기타 (11)			0/100	
	재고 납부세액 (12)					
	합계 (13)					㉮
공제세액	매입세금계산서등 수취세액공제	21.6.30. 이전 공급받은 분 (14)				2쪽 참조
		21.7.1. 이후 공급받은 분 (15)				
	의 제 매 입 세 액 공 제 (16)					
	매입자발행 세금계산서 세액공제	21.6.30. 이전 공급받은 분 (17)				
		21.7.1. 이후 공급받은 분 (18)				
	전 자 신 고 세 액 공 제 (19)					
	전자세금계산서 발급세액 공제 (20)					
	신용카드매출전표등 발행세액공제	21.6.30. 이전 공급한 분 (21)				
		21.7.1. 이후 공급한 분 (22)				
	기타 (23)					
	합계 (24)					㉯
매입자 납부특례 기납부세액 (25)						㉰
예정 부과(신고) 세액 (26)						㉱
가산세액 계 (27)						㉲
차감 납부할 세액(환급받을 세액) (㉮-㉯-㉰-㉱+㉲)						(28)

❷ 과세표준 명세

	업 태	종 목	업종코드	금 액
(29)				
(30)				
(31)	기타(수입금액 제외분)			
(32)	합 계			

❸ 면세수입금액

	업 태	종 목	업종코드	금 액
(33)				
(34)				
(35)	수입금액 제외분			
(36)	합 계			

❹ 국세환급금계좌신고 거래은행   은행 지점 계좌번호

❺ 폐업신고 폐업연월일   .   .   폐업사유

❻ 영세율 상호주의 여[ ] 부[ ] 적용구분   업종   해당 국가

「부가가치세법 시행령」 제114조제3항 및 「국세기본법」 제45조의3에 따라 위의 내용을 신고하며, 위 내용을 충분히 검토하였고 신고인이 알고 있는 사실 그대로를 정확하게 작성하였음을 확인합니다.

년   월   일

신고인:
(서명 또는 인)

세무대리인은 조세전문자격자로서 위 신고서를 성실하고 공정하게 작성하였음을 확인합니다.

(4쪽 중 2쪽)

| 첨부서류 | 1. 매입처별 세금계산서합계표
2. 매출처별 세금계산서합계표(세금계산서를 발급한 자만 제출합니다)
3. 매입자발행 세금계산서합계표
4. 영세율 첨부서류(영세율 적용을 받는 자만 제출합니다)
5. 부동산임대공급가액명세서(부동산임대업자만 제출합니다)
6. 사업장현황명세서(음식, 숙박 및 그 밖의 서비스업자가 확정신고를 하는 경우만 제출합니다)
7. 의제매입세액 공제신고서
8. 그 밖에 「부가가치세법 시행규칙」 제74조제2항에 따른 해당 서류 | 수수료
없음 |

작 성 방 법

이 신고서는 한글과 아라비아 숫자로 작성하며, 금액은 원 단위까지 표시합니다.

■ 란은 사업자가 적지 않습니다.

❶ 신고내용란

(1) ~ (4): 해당 업종의 금액란에는 2021년 6월 30일 이전 매출액(과세분으로 공급한 재화 또는 용역의 공급대가)을 적습니다.

(5) ~ (9): 해당 업종의 금액란에는 4쪽 중 3쪽 (41), (46), (51), (56), (61)합계란의 금액을 적습니다. 세액란에는 (금액×해당 업종의 부가가치율×10/100)에 따라 계산된 세액을 적습니다.

(10)·(11): 해당 신고대상기간에 영세율이 적용되는 사업실적 중 세금계산서 발급분은 (10)란에, 세금계산서 발급의무가 없는 부분은 (11)란에 적습니다.

(12): 일반과세자에서 간이과세자로 변경된 사업자가 변경된 날 현재의 재고품 및 감가상각자산에 대한 재고납부세액을 납부하는 경우에 적습니다.

(14): 일반과세자로부터 받은 세금계산서 또는 신용카드매출전표 등에 적은 매입세액을 공제받는 경우에 적으며, 금액란에는 해당 매입세금계산서 또는 신용카드매출전표 등에 적은 부가가치세 합계액을, 세액란에는 (금액× 해당 업종의 부가가치율)에 따라 계산된 세액을 적습니다.

(15): 사업자로부터 세금계산서 또는 신용카드매출전표 등을 발급받아 납부세액에서 공제받는 경우에 적으며, 금액란에는 해당 매입세금계산서 또는 신용카드매출전표 등에 적은 공급대가 합계액을, 세액란에는 (금액× 0.5퍼센트)에 따라 계산된 세액을 적습니다.

(16): 음식점업, 제조업 사업자가 2021년 6월 30일 이전에 공급받아 음식점업, 제조업에 사용된 면세농산물등에 대한 의제매입세액을 공제받는 경우에 적고, 금액란에는 의제매입세액 공제신고서의 면세농산물등의 매입가액을, 세액란에는 [음식점업 사업자 중 과세유흥장소 사업자는 면세농산물등의 가액 × 2/102, 과세유흥장소 외 음식점업 사업자는 면세농산물등의 가액 × 8/108(과세표준 4억원 이하인 경우 9/109), 제조업 사업자는 면세농산물등의 가액 × 6/106]에 따라 계산한 금액을 적습니다.

(17): 매입자가 관할 세무서장으로부터 거래사실확인 통지를 받고 발행한 매입자발행 세금계산서에 적은 매입세액을 공제받는 경우에 적으며, 금액란에는 해당 매입세금계산서 또는 신용카드매출전표 등에 적은 부가가치세 합계액을, 세액란에는 (금액× 해당 업종의 부가가치율)에 따라 계산된 세액을 적습니다.

(18): 매입자가 관할 세무서장으로부터 거래사실확인 통지를 받고 발행한 매입자발행 세금계산서에 적은 매입세액을 공제받는 경우에 적으며, 금액란에는 해당 매입세금계산서 또는 신용카드매출전표 등에 적은 공급대가 합계액을, 세액란에는 (금액× 0.5퍼센트)에 따라 계산된 세액을 적습니다.

(19): 「조세특례제한법」 제104조의8제2항에 따른 전자신고 세액공제 금액(10,000원)을 적되, 공제세액이 (13)란의 세액에서 (14)란부터 (18)란까지의 세액을 뺀 후의 세액을 초과할 때에는 그 초과하는 세액은 공제되지 않습니다.

(20): 2023년 7월 1일 이후 공급하는 재화 또는 용역에 대하여 전자세금계산서를 발급하고 발급명세를 국세청에 전송한 경우 발급 건수당 200원을 곱하여 계산한 금액(연간 100만원 한도)을 적습니다.

(21): 2021년 6월 30일 이전에 신용카드 등이나 전자화폐에 의한 매출이 있는 사업자가 적으며, 금액란에는 신용카드 등 및 전자화폐에 의한 매출액을, 세액란에는 (신용카드 등이나 전자화폐 매출액 × 13/1,000, 음식점업 또는 숙박업은 26/1,000)에 따라 계산한 금액을 적습니다.

(22): 2021년 7월 1일 이후에 신용카드 등이나 전자화폐에 의한 매출이 있는 사업자가 적으며, 금액란에는 신용카드 등 및 전자화폐에 의한 매출액을, 세액란에는 (신용카드 등이나 전자화폐 매출액 × 10/1,000, 2023년 12월 31일까지는 13/1,000)에 따라 계산한 금액을 적습니다.

※ (21)의 세액과 (22)의 세액을 더한 금액은 연간 500만원을 한도로 하되, 2023년 12월 31일까지는 1,000만원을 한도로 적습니다.

(24): 세액의 합계액은 (13)란을 한도로 하여 공제합니다.

(25): 「조세특례제한법 시행령」 제106조의9제5항 및 제106조의13제4항에 따른 부가가치세 관리기관이 국고에 직접 입금한 부가가치세액을 세액란에 적습니다.

(26): 해당 과세기간 중에 예정부과(신고)된 세액이 있는 경우 그 예정부과(신고)세액을 적습니다.

(27): 신고한 내용에 가산세가 적용되는 경우가 있는 사업자만 적으며, 4쪽 중 3쪽 (77)합계란의 세액을 적습니다.

❷ 과세표준 명세란

(29)·(30): (13)의 과세표준 합계액을 업태, 종목별로 구분하여 적습니다.

(31): 부가가치세는 과세되나 소득세 과세 시 수입금액에서 제외되는 금액(고정자산매각, 직매장공급 등)을 적고, (32)란의 합계액이 (13)란의 금액과 일치해야 합니다.

❸ 면세수입금액란

(33)·(34): 부가가치세가 면세되는 매출액이 있는 경우 업태, 종목별로 구분하여 적습니다.

(35): 면세수입금액 중 종합소득세 과세 시 수입금액에서 제외되는 금액(고정자산매각 등)을 적습니다.

❹ 국세환급금계좌신고란

국세환급금을 송금받으려는 거래은행과 계좌번호를 적습니다.

❺ 폐업신고란

폐업을 하고 확정신고하는 사업자만 적습니다.

❻ 영세율 상호주의란

「부가가치세법」 제25조 또는 같은 법 시행령 제33조제2항제1호 단서 및 제2호에 따라 영세율에 대한 상호주의가 적용되어 (10)·(11)란에 영세율 과세표준 금액이 존재하는 사업자가 적습니다. 적용 구분란에는 부가가치세법령상 근거조항(예: 법 제21조, 법 제22조, 법 제23조, 법 제24조제1항제1호, 법 제24조제1항제2호, 영 제33조제2항제1호 단서, 영 제33조제2항제2호)을 적고, 업종란에는 부가가치세 영세율이 적용된 재화·용역 또는 그 업종을 적습니다.

210mm×297mm[백상지(80g/㎡) 또는 중질지(80g/㎡)]

(4쪽 중 3쪽)

※ 이 쪽은 해당 사항이 있는 사업자만 사용합니다.
※ 아래의 작성방법을 읽고 작성하시기 바랍니다.

사업자등록번호 ☐☐☐-☐☐-☐☐☐☐☐ *사업자등록번호는 반드시 적으시기 바랍니다.

구분			금액(공급대가)
(5)~(9) 21.7.1. 이후 과세분 명세	(5) 소매업, 재생용 재료수집 및 판매업, 음식점업	세금계산서 발급분 (37)	
		매입자발행 세금계산서 (38)	
		신용카드·현금영수증 발행분 (39)	
		기타(정규영수증 외 매출분) (40)	
		합계 (41)	
	(6) 제조업, 농·임·어업, 소화물 전문 운송업	세금계산서 발급분 (42)	
		매입자발행 세금계산서 (43)	
		신용카드·현금영수증 발행분 (44)	
		기타(정규영수증 외 매출분) (45)	
		합계 (46)	
	(7) 숙박업	세금계산서 발급분 (47)	
		매입자발행 세금계산서 (48)	
		신용카드·현금영수증 발행분 (49)	
		기타(정규영수증 외 매출분) (50)	
		합계 (51)	
	(8) 건설업, 운수 및 창고업(소화물 전문 운송업 제외), 정보통신업, 그 밖의 서비스업	세금계산서 발급분 (52)	
		매입자발행 세금계산서 (53)	
		신용카드·현금영수증 발행분 (54)	
		기타(정규영수증 외 매출분) (55)	
		합계 (56)	
	(9) 금융 및 보험 관련 서비스업, 전문·과학 및 기술서비스업(인물사진 및 행사용 영상 촬영업 제외), 사업시설관리·사업지원 및 임대서비스업, 부동산 관련 서비스업, 부동산임대업	세금계산서 발급분 (57)	
		매입자발행 세금계산서 (58)	
		신용카드·현금영수증 발행분 (59)	
		기타(정규영수증 외 매출분) (60)	
		합계 (61)	

	구분			금액	세율	세액
(27) 가산세액 명세	사업자 미등록 등		(62)		5 / 1,000	
	세금계산서	지연발급 등	(63)		1 / 100	
		미발급 등	(64)		4쪽 참조	
		미수취	(65)		5 / 1,000	
	세금계산서 합계표	제출 불성실	(66)		5 / 1,000	
		지연제출	(67)		3 / 1,000	
	신고 불성실	무신고(일반)	(68)		4쪽 참조	
		무신고(부당)	(69)		4쪽 참조	
		과소신고(일반)	(70)		4쪽 참조	
		과소신고(부당)	(71)		4쪽 참조	
	납부지연		(72)		4쪽 참조	
	결정·경정기관 확인 매입세액 공제		(73)		5 / 1,000	
	영세율 과세표준신고 불성실		(74)		5 / 1,000	
	매입자 납부특례	거래계좌 미사용	(75)		4쪽 참조	
		거래계좌 지연입금	(76)		4쪽 참조	
	합계		(77)			

210mm×297mm[백상지(80g/㎡) 또는 중질지(80g/㎡)]

(4쪽 중 4쪽)

작성방법

(37) ~ (61) : 해당 신고대상기간에 부가가치세가 과세되는 사업실적 중 세금계산서 발급분은 (37), (42), (47), (52), (57)란에, 매입자로부터 받은 매입자발행 세금계산서의 발행분은 (38), (43), (48), (53), (58)란에, 신용카드매출전표등 발행분과 전자화폐수취분은 (39), (44), (49), (54), (59)란에, 세금계산서 발급의무가 없는 부분 등 그 밖의 매출은 (40), (45), (50), (55), (60)란에 적습니다.

※ 이 때 금액은 공급대가를 적습니다.

(62) ~ (77) : 아래의 각 가산세 부과 사유를 참고해서 해당 란에 적습니다.

	가산세 부과 사유	가산세 적용대상 금액	
(62)	사업자등록을 하지 않은 경우	미등록 신고기간 동안의 공급대가(매출액)	5/1,000*
	사업자등록을 타인 명의로 한 경우 또는 타인 명의의 사업자등록을 이용한 경우	공급대가(매출액)	5/1,000
(63)	세금계산서 발급시기를 경과하여 발급하거나 세금계산서의 필요적 기재사항의 전부 또는 일부가 착오 또는 과실로 적혀 있지 않거나 사실과 다른 경우	공급가액	1/100
(64)	세금계산서를 발급하지 않은 경우	공급가액	2/100
	재화 또는 용역의 공급 없이 세금계산서 등을 발급한 경우	세금계산서 등에 적힌 금액	3/100
	실제로 재화 또는 용역을 공급하는 자가 아닌 자의 명의로 세금계산서 등을 발급하거나 재화 또는 용역의 공급가액을 과다하게 기재하여 세금계산서 등을 발급한 경우	공급가액	2/100
(65)	세금계산서를 발급하여야 하는 사업자로부터 재화 또는 용역을 공급받고 세금계산서를 발급받지 아니한 경우	공급대가	5/1,000
(66)	매출처별 세금계산서합계표를 제출하지 아니한 경우, 거래처별 등록번호 또는 공급가액의 전부 또는 일부가 적혀 있지 않거나 사실과 다르게 적혀 있는 경우	제출하지 아니한 부분에 대한 공급가액 기재사항이 적혀 있지 않거나 사실과 다르게 적혀 있는 부분에 대한 공급가액	5/1,000
(67)	매출처별 세금계산서합계표를 법 제66조제6항 단서에 따라 신고를 할 때 제출하지 못하여 해당 예정부과기간이 속하는 과세기간에 확정신고를 할 때 제출하는 경우	공급가액	3/1,000
(68)·(69)	법정기한까지 신고하지 않은 경우	무신고 납부세액	20/100(부당 40/100)
(70)·(71)	법정기한까지 과소신고한 경우	과소신고 납부세액	10/100(부당 40/100)
(72)	법정기한까지 납부세액을 납부하지 않은(과소납부한) 경우	미납부(과소납부)한 납부세액	1일당 22/100,000
(73)	결정·경정기관의 확인을 거쳐 매입세액 공제받는 경우	공급가액	5/1,000
(74)	영세율 적용분을 신고하지 않은(과소신고한) 경우	무신고(과소신고)한 공급대가(매출액)	5/1,000
(75)	「조세특례제한법」 제106조의4제7항 및 제106조의9제6항에 따라 금거래계좌, 스크랩등거래계좌를 사용하지 않고 결제받은 경우	제품가액	10/100
(76)	「조세특례제한법」 제106조의4제8항 및 제106조의9제7항에 따라 입금기한 내에 금거래계좌, 스크랩등거래계좌에 입금하지 않은 경우	지연 입금한 부가가치세액	지연입금일수 1일당 22/100,000

* 납부의무면제자의 경우 5/1,000와 5만원 중 큰 금액

210mm×297mm[백상지(80g/㎡) 또는 중질지(80g/㎡)]

■ 부가가치세법 시행규칙 [별지 제45호서식] (2021.03.16 개정)   홈택스(www.hometax.go.kr)에서도 신청할 수 있습니다.

(2쪽 중 제1쪽)

<부동산임대사업자용>

보내는 사람
○○세무서장
○○시 ○○구 ○○동 ○○○번지
우○○○-○○○

부가가치세 신고서 재중

받는 사람

님 귀하

우 ○○○-○○○

※ 이 신고서는 부동산임대업을 영위하는 간이과세사업자를 위한 간편 신고서입니다.
⇒ 2개 이상 업종의 사업을 하는 경우, 영세율·재고납부세액·가산세·신용카드매출전표에 의한 매입세액에 대한 신고사항이 있는 경우 또는 해당 신고기간에 세금계산서를 발급한 경우에는 정식 신고서(「부가가치세법 시행규칙」 별지 제44호서식)를 작성해야 하고, 정식 신고서는 국세청 인터넷 홈페이지(www.nts.go.kr)에서 내려받을 수 있습니다.

간이과세자 부가가치세 간편 신고서(부동산임대사업자용)

| 관리번호 | | | | | 처리기간 | 즉시 |

신고기간   년 (월 일 ~ 월 일)

사업자	상호		성명(대표자명)		사업자등록번호			
	주민등록번호		전자우편주소		전화번호	사업장	주소지	휴대전화
	사업장 소재지							

부동산임대 공급가액명세서

수입금액내용(기간   월 ~   월)   (단위: 원)

임대사항			⑧ 임대면적(m²)	임차인 인적사항 및 임대차 계약내용							임대료수입금액(과세표준)		
⑤ 동	⑥ 층	⑦ 호		⑨ 상호(성명)	⑩ 사업자등록번호	⑪ 입주일	⑫ 갱신일	⑬ 퇴거일	⑭ 보증금	⑮ 월임대료	⑯ 합계	⑰ 보증금이자(계)	⑱ 월임대료(계)
합계													

* ⑰ 보증금이자 = ⑭ 해당 과세기간의 보증금 또는 전세금 × 1.2%(「부가가치세법 시행규칙」 제47조) × 해당 과세기간의 일수 ÷ 365(윤년에는 366)

신고내용

구 분		금 액	부가가치율	세 율	세 액
매출	21.6.30. 이전 공급한 분 (1)	×	×	10/100	㉮
	21.7.1. 이후 공급한 분 (2)	×	×	10/100	㉯
공제세액	매입세금계산서상 세액합계 21.6.30. 이전 공급받은 분 (3)	×			㉰
	21.7.1. 이후 공급받은 분 (4)	×			㉱
	신용카드매출금액합계 (5)	×		13/1,000	㉲
납부할 세액 (㉮ + ㉯ - ㉰ - ㉱ - ㉲)					(6)
예정고지세액					(7)
차감납부할 세액{(6)-(7)}					(8)

(3): 일반과세자로부터 받은 세금계산서에 적은 매입세액을 공제받는 경우에 적으며, 금액란에는 해당 매입세금계산서에 적은 부가가치세 합계액을, 세액란에는 (금액 × 부가가치율 30퍼센트)에 따라 계산된 세액을 적습니다.
(4): 사업자로부터 세금계산서 또는 신용카드매출전표 등을 발급받아 납부세액에서 공제받는 경우에 적으며, 금액란에는 해당 매입세금계산서에 적은 공급대가 합계액을, 세액란에는 (금액 × 0.5퍼센트)에 따라 계산된 세액을 적습니다.

면세수입금액

업 태	종 목	업종코드	금 액
(9)			
(10)			

「부가가치세법 시행령」 제114조제3항 및 「국세기본법」 제45조의3에 따라 위의 내용을 신고하며, 위 내용을 충분히 검토하였고 신고인이 알고 있는 사실 그대로를 정확하게 적었음을 확인합니다.

년   월   일

신고인   (서명 또는 인)

세무서장   귀하

210mm×297mm[백상지(80g/m²) 또는 중질지(80g/m²)]

■ 부가가치세법 시행규칙 [별지 제46호서식] (2024.03.22 개정)   홈택스(www.hometax.go.kr)에서도 신청할 수 있습니다.
(2쪽 중 제1쪽)

<부동산임대업종 외 사업자용>

보내는 사람
 ○○세무서장
○○시 ○○구 ○○동 ○○○번지
㉾ ○○○-○○○

요금후납

부가가치세 신고서 재중
받는 사람
                    님 귀하
                                      ㉾ ○○○-○○○

※ 이 신고서는 간이과세사업자(부동산임대업자 제외)를 위한 간편 신고서입니다.
⇒ 2개 이상 업종의 사업을 하는 경우, 영세율·재고납부세액·가산세·신용카드매출전표에 의한 매입세액에 대한 신고사항이 있는 경우 또는 해당 신고기간에 세금계산서를 발급한 경우에는 정식 신고서(「부가가치세법 시행규칙」 별지 제44호서식)를 작성해야 하고, 정식 신고서는 국세청 인터넷 홈페이지(www.nts.go.kr)에서 내려받을 수 있습니다.

간이과세자 부가가치세 간편 신고서(부동산임대업종 외 사업자용)

| 관리번호 | | | | | | 처리기간 | 즉시 | |

신고기간   년 (월 일 ~ 월 일)

사업자	상호		성명(대표자명)		사업자등록번호			
	주민등록번호		전자우편주소		전화번호	사업장	주소지	휴대전화
	사업장 소재지							

신 고 내 용

구 분		금 액	부가가치율	세 율	세 액
매출	21.6.30. 이전 공급한 분 (1)		×	× 10/100	㉮
	21.7.1. 이후 공급한 분 (2)		×	× 10/100	㉯
공제세액	매입세금계산서상 세액 합계	21.6.30. 이전 공급받은 분 (3)	×		㉰
		21.7.1. 이후 공급받은 분 (4)	×		㉱
	신용카드매출금액 합계	21.6.30. 이전 공급한 분 (5)	×		㉲
		21.7.1. 이후 공급한 분 (6)	×		㉳
	의제매입세액 공제(면세농산물등 구입금액) (7)		×		㉴
납부할 세액(㉮+㉯-㉰-㉱-㉲-㉳-㉴)				(8)	
예정고지세액				(9)	
차감납부할 세액{(8)-(9)}				(10)	

(3): 일반과세자로부터 받은 세금계산서에 적은 매입세액을 공제받는 경우에 적으며, 금액란에는 해당 매입세금계산서에 적은 부가가치세 합계액을, 세액란에는 (금액 × 해당 업종의 부가가치율)에 따라 계산된 세액을 적습니다.
(4): 사업자로부터 세금계산서 또는 신용카드매출전표 등을 발급받아 납부세액에서 공제받는 경우에 적으며, 금액란에는 해당 매입세금계산서에 적은 공급대가 합계액을, 세액란에는 (금액 × 0.5퍼센트)에 따라 계산된 세액을 적습니다.
(5): 2021년 6월 30일 이전에 신용카드 등이나 전자화폐에 의한 매출액이 있는 사업자가 적으며, 금액란에는 신용카드 등 및 전자화폐에 의한 매출액을, 세액란에는(신용카드 등이나 전자화폐 매출액 × 13/1,000, 음식점업 또는 숙박업은 26/1,000)에 따라 계산한 금액을 적습니다.
(6): 2021년 7월 1일 이후에 신용카드 등이나 전자화폐에 의한 매출액이 있는 사업자가 적으며, 금액란에는 신용카드 등 및 전자화폐에 의한 매출액을, 세액란에는 (신용카드 등이나 전자화폐 매출액 × 10/1,000, 2026년 12월 31일까지는 13/1,000)에 따라 계산한 금액을 적습니다.
※ (5)와 (6)의 세액을 더한 금액은 연간 500만원을 한도로 하되, 2026년 12월 31일까지는 1,000만원을 한도로 적습니다.
(7): 음식점업, 제조업 사업자가 2021년 6월 30일 이전에 공급받아 음식점업, 제조업에 사용된 면세농산물등에 대한 의제매입세액을 공제받는 경우에 적고, 의제매입세액 공제율은 음식점업 중 과세유흥장소는 2/102, 과세유흥장소 외 음식점업은 8/108(과세표준 4억원 이하는 9/109), 제조업은 6/106을 적용합니다.

면 세 수 입 금 액

업 태	종 목	업종코드	금 액
(11)			
(12)			

「부가가치세법 시행령」 제114조제3항 및 「국세기본법」 제45조의3에 따라 위의 내용을 신고하며, 위 내용을 충분히 검토하였고 신고인이 알고 있는 사실 그대로를 정확하게 적었음을 확인합니다.

년   월   일

신고인   (서명 또는 인)

세무서장   귀하

210mm×297mm[백상지(80g/㎡) 또는 중질지(80g/㎡)]

CHAPTER 12

보 칙

01 _ 보칙
02 _ 벌칙

01 보칙

1. 장부의 작성·보관

(1) 장부의 기록의무

① 사업자는 자기의 납부세액 또는 환급세액과 관계되는 모든 거래사실을 장부에 기록하고 사업장에 갖추어 두어야 비치하여야 하며, 이러한 장부에 기록하여야 할 거래 사실은 다음과 같다(부가법 제71조 제1항, 부가령 제117조 제1항).

> ㉠ 공급한 자 및 공급받은 자
> ㉡ 공급한 품목 및 공급받은 품목
> ㉢ 공급가액 및 공급받은 가액
> ㉣ 매출세액과 매입세액
> ㉤ 공급한 시기 및 공급받은 시기
> ㉥ 그 밖의 참고사항

② 직전 공급대가 4,800만원 미만인 자와 신규사업자에 해당하는 간이과세자는 부가가치세액을 합한 공급대가를 기록할 수 있다(부가령 제117조 제2항).

(2) 과세·면세의 구분 기장

사업자가 부가가치세가 부과되는 재화 또는 용역의 공급과 함께 부가가치세가 면제되는 재화 또는 용역을 공급하거나 의제매입세액을 공제받는 경우에는 과세되는 공급과 면세되는 공급 및 면세농산물 등을 공급받은 사실을 각각 구분하여 장부에 기록하여야 한다(부가법 제71조 제2항).

(3) 장부기록의무의 이행

간이과세자가 발급받았거나 발급한 세금계산서 또는 영수증을 보관하는 때에는 장부기록의무를 이행한 것으로 보며(부가령 제117조 제3항), 사업자가 「법인세법」 제112조 및 「소득세법」 제160조에 따라 장부기록의무를 이행한 경우에는 장부기록의무를 이행한 것으로 본다(부가법 제71조 제4항).

(4) 장부 보관의무

사업자는 기록한 장부와 발급하거나 발급받은 세금계산서, 수입세금계산서 또는 영수

증을 그 거래사실이 속하는 과세기간에 대한 확정신고 기한 후 5년간 보관하여야 한다. 다만, 전자세금계산서를 발급한 사업자가 국세청장에게 전자세금계산서 발급명세를 전송한 경우에는 그러하지 아니하다(부가법 제71조 제3항). 또한, 사업자는 장부, 세금계산서 또는 영수증을 정보처리장치, 전산테이프 또는 디스켓 등의 전자적 형태로 보존할 수 있다(부가령 제117조 제4항).

(5) 수의자의 동물진료용역

「수의사법」에 따른 수의사가 제공하는 용역 중 부가가치세가 면제되는 동물진료용역을 공급하는 사업자는 동물 진료용역 매출대장(정보처리장치, 전산테이프 또는 디스켓 등의 전자적 형태 포함)을 작성하여 사업장에 갖추어 두어야 하며, 이 경우 매출대장을 정보처리장치, 전산테이프 또는 디스켓 등의 전자적 형태로 작성할 수 있다(부가령 제117조 제5항).

> ① 「축산물 위생관리법」에 따른 가축에 대한 진료용역
> ② 「수산생물질병 관리법」에 따른 수산동물에 대한 진료용역
> ③ 「장애인복지법」 제40조 제2항에 따른 장애인 보조견표지를 발급받은 장애인 보조견에 대한 진료용역
> ④ 「국민기초생활 보장법」 제2조 제2호에 따른 수급자가 기르는 동물의 진료용역
> ⑤ ①부터 ④까지의 규정에 따른 진료용역 외에 질병 예방 및 치료를 목적으로 하는 동물의 진료용역으로서 농림축산식품부장관 또는 해양수산부장관이 기획재정부장관과 협의하여 고시하는 용역

위 사업자가 「수의사법」 제13조 제1항에 따른 진료부에 동물 진료용역 매출대장의 기재사항을 모두 적는 경우에는 그 진료부로 매출대장을 대신할 수 있다(부가령 제117조 제6항).

2. 부가가치세의 세액 등에 관한 특례

(1) 의의

납부세액에서 이 법 및 다른 법률에서 규정하고 있는 부가가치세의 감면세액 및 공제세액을 빼고 가산세를 더한 세액의 74.7%를 부가가치세로, 25.3%를 지방소비세로 한다(부가법 제72조 제1항).

(2) 신고 등 절차

부가가치세와 「지방세법」에 따른 지방소비세를 신고, 납부, 경정 및 환급할 경우에는

부가가치세와 지방소비세를 합친 금액을 신고, 납부, 경정 및 환급한다(부가법 제72조 제2항).

	2013.12.31. 이전	2014 ~ 2018	2019	2020 ~ 2021	2022	2023 ~ 현재
부가가치세	95%	89%	85%	79%	76.3%	74.7%
지방소비세	5%	11%	15%	21%	23.7%	25.3%

3. 납세관리인

(1) 납세관리인 선정사유

개인사업자가 다음에 해당하는 경우에는 부가가치세의 신고·납부·환급 그 밖의 필요한 사항을 처리하는 납세관리인을 정하여야 한다(부가법 제73조 제1항 ~ 제2항).

> ① 사업자가 사업장에 통상적으로 머무르지 아니하는 경우
> ② 6개월 이상 국외에 체류하려는 경우

그리고 사업자는 위 ①, ② 경우 이외에도 부가가치세에 관한 신고·납부·환급 등 그 밖의 필요한 사항을 처리하기 위하여 다음의 자를 납세관리인으로 정할 수 있다(부가령 제118조 제1항).

> ① 「세무사법」 제6조에 의하여 등록한 자
> ② 다단계판매업자(해당 다단계판매업자에게 등록을 한 다단계판매원 중 제11조 제8항 단서에 따른 다단계판매원 외의 다단계판매원이 다단계판매업자를 납세관리인으로 선정하는 경우로 한정한다)
> ③ 「자본시장과 금융투자업에 관한 법률」에 따른 신탁업자(같은 법에 따른 신탁업 중 부동산에 관한 신탁업에 한정한다)

(2) 납세관리인의 신고

납세관리인을 선정하거나 변경한 사업자(다단계판매업자를 포함)는 다음의 사항을 적은 납세관리인 선정(변경)신고서[국기칙 별지 43호]를 지체없이 관할세무서장에게 제출하여야 한다. 납세관리인의 주소 또는 거소가 변경된 때에도 지체없이 신고하여야 한다(부가령 제118조 제2항).

> ① 사업자의 인적사항
> ② 납세관리인의 주소, 성명 및 주민등록번호
> ③ 그 밖의 참고 사항

4. 질문·조사

(1) 질문조사권

부가가치세에 관한 사무에 종사하는 공무원은 부가가치세에 관한 업무를 위하여 필요하면 납세의무자, 납세의무자와 거래를 하는 자, 납세의무자가 가입한 동업조합 또는 이에 준하는 단체에 부가가치세와 관계되는 사항을 질문하거나 그 장부·서류나 그 밖의 물건을 조사할 수 있다(부가법 제74조 제1항).

(2) 명령

납세지 관할 세무서장은 부가가치세의 납세보전 또는 조사를 위하여 납세의무자에게 장부·서류 또는 그 밖의 물건을 제출하게 하거나 다음 사항을 명할 수 있다(부가법 제74조 제2항).

> ① 세금계산서의 발급
> ② 금전등록기의 설치·사용
> ③ 신용카드 조회기의 설치·사용
> ④ 현금영수증 발급장치의 설치·사용
> ⑤ 표찰(標札)의 게시(揭示)
> ⑥ 업종별 표시
> ⑦ 그 밖에 납세보전을 위한 단속에 필요한 사항

(3) 세무공무원

부가가치세에 관한 사무에 종사하는 공무원이 부가가치세와 관계되는 사항을 질문 또는 조사를 할 때에는 그 권한을 표시하는 조사원증을 지니고 이를 관계인에게 보여주어야 한다(부가법 제74조 제3항). 다만, 부가가치세에 관한 사무에 종사하는 공무원은 직무상 필요한 범위 외에 다른 목적 등을 위하여 그 권한을 남용해서는 아니된다(부가법 제74조 제4항).

(4) 사례

세무서장은 사업자가 명령서를 수령하기 전에는 명령사항 위반으로 처벌할 수 없다(부가통 35-86-1).

5. 자료제출의무

다음의 어느 하나에 해당하는 자는 재화 또는 용역의 공급과 관련하여 국내에서 판매 또는 결제를 대행하거나 중개하는 경우 월별거래명세70)를 매 분기 말일의 다음 달 15일까지 국세청장, 납세지 관할 지방국세청장 또는 납세지 관할 세무서장에게 제출하여야 한다(부가법 제75조 제1항, 부가령 제121조).

> ① 「전기통신사업법」 제5조에 따른 부가통신사업자로서 「전자상거래 등에서 소비자보호에 관한 법률」 제2조 제3호에 따른 통신판매업자의 판매를 대행 또는 중개하는 자
> ② 「여신전문금융업법」 제2조 제5호 나목에 따른 결제대행업체
> ③ 「전자금융거래법」 제2조 제4호에 따른 전자금융업자
> ④ 「외국환거래법」 제8조 제4항에 따른 전문외국환업무취급업자
> ⑤ 그 밖에 ①부터 ④까지의 사업자와 유사한 사업을 수행하는 자로서 대통령령으로 정하는 자

이 경우 국세청장, 납세지 관할 지방국세청장 또는 납세지 관할 세무서장은 관련 명세를 제출하여야 하는 자가 관련 명세를 제출하지 아니하거나 사실과 다르게 제출한 경우 그 시정에 필요한 사항을 명할 수 있다.

02 벌칙

1. 과태료 의의

국세청장, 납세지 관할 지방국세청장 또는 납세지 관할 세무서장은 다음의 어느 하나에 해당하는 자에게 2천만원 이하의 과태료를 부과한다(부가법 제76조 제1항).

---

70) 월별 거래 명세의 제출은 별지 제48호 서식[판매대행자료] 및 별지 제48호의2 서식[결제대행자료], 별지 제48호의 3 서식[결제대금예치자료], 별지 제48조의4 서식[소액외환송금자료], 별지 제48호의5 서식[게시판을 이용한 판매중개자료]을 말한다(부가칙 제78조).

① 장부·서류 또는 그 밖의 물건을 제출하지 않아서 납세보전 또는 조사를 위한 명령을 위반한 자
② 관련 명세를 제출하여야 하는 자가 관련 명세를 제출하지 아니하거나 사실과 다르게 제출한 경우로서 시정 명령을 위반한 자

2. 과태료의 부과기준

과태료의 부과기준는 별표에 의해 아래와 같다.

(1) 일반기준

① 관할 세무서장은 다음의 어느 하나에 해당하는 경우 제2호 및 제3호의 개별기준에 따른 과태료 금액의 2분의 1 범위에서 그 금액을 줄여 부과할 수 있다. 다만, 과태료를 체납하고 있는 위반행위자의 경우에는 그렇지 않다.

㉠ 위반행위가 사소한 부주의나 오류로 인한 것으로 인정되는 경우
㉡ 위반행위자가 법 위반상태를 시정하거나 해소하기 위해 노력한 사실이 인정되는 경우
㉢ 그 밖에 위반행위의 정도·동기·결과 등을 고려하여 과태료 금액을 줄일 필요가 있다고 인정되는 경우

② 관할 세무서장은 다음의 어느 하나에 해당하는 경우 제2호 및 제3호의 개별기준에 따른 과태료 금액의 2분의 1 범위에서 그 금액을 늘려 부과할 수 있다. 다만, 늘리는 경우에도 「부가가치세법」 제76조에 따른 과태료 금액의 상한을 넘을 수 없다.

㉠ 위반행위가 고의나 중대한 과실에 따른 것으로 인정되는 경우
㉡ 그 밖에 위반행위의 정도·동기·결과 등을 고려하여 과태료 금액을 늘릴 필요가 있다고 인정되는 경우

(2) 개별기준

위반행위	수입금액별 과태료금액			
	1,000억원 초과	500억원 초과 1,000억원 이하	100억원 초과 500억원 이하	100억원 이하
납세보전 또는 조사를 위한 명령을 위반한 경우	2,000만원	1,500만원	1,000만원	500만원
시정 명령을 위반한 경우				

① 위 표에서 "수입금액"이란 위반행위를 한 날이 속한 연도의 직전 연도 연간 부가가치세 과세표준(면세사업 수입금액을 포함한다)을 말한다.
② 수입금액은 신고금액을 기준으로 하되, 결정·경정된 금액이 있는 경우 결정·경정된 금액을 기준으로 한다.
③ 위반행위를 한 날이 속한 연도의 직전 연도 중에 사업을 시작한 경우에는 해당 연도의 수입금액을 연간 금액으로 환산한 금액을 수입금액으로 한다.
④ 수입금액이 확인되지 않는 경우에는 연간 수입금액이 100억원 이하인 것으로 본다.

(3) 위반행위에 따른 부과기준

다음의 위반행위에 대해서는 해당 항목에 따른 부과기준을 적용한다.

위반행위	과태료 금액		
	1차 위반	2차 위반	3차 이상 위반
신용카드 거래승인 대행사업자 또는 신용카드 조회기 판매사업자가 신용카드 거래승인 또는 신용카드 조회기의 설치 등에 관한 명령을 위반한 경우	100만원	200만원	500만원
전자세금계산서 발급 시스템을 구축·운영하는 사업자가 전자세금계산서 발급 방법 등 전자세금계산서 발급 시스템의 구축·운영에 관한 명령을 위반한 경우	100만원	200만원	500만원
「부가가치세법 시행령」 제61조 제4항에 따라 봉사료를 공급가액에서 제외하려는 사업자가 봉사료 지급대장 작성에 관한 명령을 위반하여 이를 작성하지 않거나 거짓으로 작성한 경우	미작성 또는 거짓작성 금액의 8/100에 해당하는 금액 (2,000만원을 한도로 한다)	미작성 또는 거짓작성 금액의 16/100에 해당하는 금액 (2,000만원을 한도로 한다)	미작성 또는 거짓작성 금액의 24/100에 해당하는 금액 (2,000만원을 한도로 한다)

① 위반행위의 횟수에 따른 과태료의 가중된 부과기준은 최근 3년간 같은 위반행위로 과태료 부과처분을 받은 경우에 적용한다. 이 경우 기간의 계산은 위반행위에 대하여 과태료 부과처분을 받은 날과 그 처분 후에 다시 같은 위반행위를 하여 적발한 날을 기준으로 한다.
② 가중된 부과처분을 하는 경우 가중처분의 적용 차수는 그 위반행위 전 부과처분 차수(비고 제1호에 따른 기간에 과태료 부과처분이 둘 이상 있었던 경우에는 높은 차수를 말한다)의 다음 차수로 한다.

MEMO

CHAPTER
13

부가가치세신고서 작성실무

01 _ 부가가치세신고서 작성
02 _ 세금 추징사례 (국세청보도자료)

01 부가가치세신고서 작성

부가가치세 신고서는 2장으로 되어 있는데 이 중 1장은 모든 신고자가 작성하여야 하며 2장은 해당 사항이 있는 자만 작성한다.

1. 신고서 명칭 등 표시

	[ ]예정 [ ]확정		
일반과세자 부가가치세	[ ]기한후과세표준	신고서	
	[ ]영세율 등 조기환급		

(제1장 앞쪽)

관리번호				처리기간	즉시
□ 신고기간 년 기 (월 일 ~ 월 일)					
사업자	상 호 (법인명)		성 명 (대표자명)		사업자등록번호	- -
	주민(법인) 등록번호	-	전화번호		사업장	주소지	휴대전화
	사업장 주소				전자우편 주소	

- 일반과세자 『부가가치세(예정·확정·기한후과세표준·영세율 등 조기환급)신고서』의 해당란에 "○, √"으로 표시한다. 신고기간란은 해당 연도 및 신고기간을 기록한다.
- 성명(대표자명): 개인사업자는 성명, 법인사업자는 법인명/대표자명, 공동사업자는 ㅇㅇㅇ외 ㅇ명으로 기재한다. 상속의 경우에는 신고당시의 명의자인 상속인 명의로 기재하고, 다만, 수입금액을 피상속인과 상속인으로 구분하여 별지로 제출하는 것이 다음연도 5월 소득세 신고시 편리하다.

2. 과세표준 및 매출세액

구 분			금 액	세율	세 액
과세표준 및 매출세액	과세	세금계산서 발급분 (1)		10 / 100	
		매입자발행 세금계산서 (2)		10 / 100	
		신용카드·현금영수증 발행분 (3)		10 / 100	
		기타(정규영수증 외 매출분) (4)			
	영세율	세금계산서 발급분 (5)		0 / 100	
		기 타 (6)		0 / 100	
	예 정 신 고 누 락 분 (7)				
	대 손 세 액 가 감 (8)				
	합 계 (9)			㉮	

(1) 세금계산서 발급분

신고대상기간에 부가가치세가 과세되는 사업실적 중 세금계산서를 발행한 분을 기재한다. 세액란에는 공급가액 합계액의 10%를 기재하여야 하며, 세금계산서상의 세액을 합계하여 기재하면 안된다. 확정신고의 경우 예정신고분 및 월별조기환급신고분을 제외한다.

1. 매출처별세금계산서합계표상의 공급가액과 금액이 일치하는 지를 확인하여야 한다.

2. 수정세금계산서 발급 사유
① 당초 공급한 재화가 환입된 경우(1장 발급)
 - 재화가 환입된 날을 작성일자로 기재하고, 비고란에 당초 세금계산서 작성일자를 부기한 후 음(-)의 표시를 하여 발급
② 계약의 해제인 경우(1장 발급)
 - 2012.07.01.부터 계약 해제분의 작성일자는 계약해제일을 기재하고 비고란에 당초 세금계산서 작성일자를 부기한 후 음(-)의 표시를 하여 발급
③ 일부 계약의 해지 등을 포함해 공급가액에 추가 또는 차감되는 금액이 발생한 경우(1장 발급)
 - 증감사유가 발생한 날을 작성일자로 기재하고, 추가되는 금액은 정(+)의 세금계산서를 발급하고, 차감되는 금액은 음(-)의 표시를 하여 발급
④ 내국신용장 등이 발급된 경우(2장 발급)
 - 공급시기가 속하는 과세기간 종료 후 25일 이내에 내국신용장 등이 개설된 경우, 당초

세금계산서 작성일자를 기재하고 비고란에 내국신용장 개설일 등을 부기하되, 당초에 발급한 세금계산서 내용대로 세금계산서를 음(-)의 표시를 하여 발급하고, 추가하여 영세율 세금계산서를 발급

⑤ 필요적 기재사항 등이 착오로 잘못 기재된 경우(2장 발급)
 - 세무서장이 경정하여 통지하기 전까지 수정세금계산서를 작성하되, 당초에 발급한 세금계산서 내용대로 음(-)의 세금계산서를 발급하고, 수정하여 발급하는 세금계산서는 정(+)의 세금계산서를 발급
 - 다만, 과세표준과 세액을 경정할 것을 미리 알고 있는 경우에는 발급할 수 없다.

⑥ 필요적 기재사항 등이 착오 외의 사유로 잘못 기재된 경우(2장 발급)
 - 재화 및 용역의 공급일이 속하는 과세기간에 대한 확정신고 기한 다음 날 1년이 되는 날까지 수정세금계산서 발급이 가능하며, 당초에 발급한 세금계산서 내용대로 음(-)의 세금계산서를 발급하고, 수정하여 발급하는 세금계산서는 정(+)의 세금계산서를 발급
 - 공급받는 자의 변경은 착오 외의 사유임
 - 다만, 과세표준과 세액을 경정할 것을 미리 알고 있는 경우에는 발급할 수 없다.

> 사업자가 「부가가치세법」 제32조에 따른 세금계산서를 발급한 후 공급받는 자가 잘못 적힌 경우에는 같은 법 시행령 제70조 제1항 제6호에 따라 재화나 용역의 공급일이 속하는 과세기간에 대한 확정신고 기한까지 수정세금계산서를 발급할 수 있는 것이며, 이 경우 같은 법 제60조 제2항 제1호 및 제7항 제1호에 따른 가산세를 적용하지 않는 것임(기획재정부부가-538, 2014.09.05.).

⑦ 착오에 의한 이중 발급(1장 발급)
 - 착오로 이중으로 발급한 경우 당초에 발급한 세금계산서의 내용대로 음(-)의 표시를 하여 발급
 - 면세 등 발급 대상이 아닌 거래 등에 대하여 발급한 경우 당초에 발급한 세금계산서의 내용대로 음(-)의 표시를 하여 발급
   ※ 수정세금계산서 발급기한을 경과하여 발급한 경우에는 지연발급 가산세 등이 적용될 수 있음에 유의하여야 한다.

3. 법인, 개인의 경우 종이세금계산서를 발급한 경우 매출처별세금계산서합계표에 반영여부를 확인하여야 한다.

4. 전자세금계산서 지연발급 및 미발급 가산세
(1) 지연발급
  공급시기가 속하는 다음달 10일을 지난 후에 해당 재화 또는 용역의 공급시기가 속하는 과세기간의 확정신고기한까지 발급하는 경우에는 공급가액의 1% 적용한다.

> 예) 03.10. 거래를 04.11. ~ 07.25. 이내에 발급하는 경우
> (2) 미발급
>   ① 전자세금계산서 미발급시
>   ② 공급시기가 속하는 과세기간의 확정신고기한까지 발급하지 아니한 경우에는 공급가액의 2% 적용한다. 다만 종이세금계산서를 발급하는 경우에는 공급가액의 1% 적용한다.
>   예) 3.10. 거래를 7.25.까지 발급하지 않은 경우
>   예) 6월분 거래를 7.25.까지 발급하지 않은 경우

(2) 매입자발행세금계산서

매출자가 세금계산서를 발급하지 않아 매입자가 관할세무서장으로부터 거래사실확인 통지를 받고 발행한 매입자발행세금계산서상 금액과 세액을 기재한다.

> 1. 매입자가 재화 용역의 공급시기가 속하는 과세기간의 종료일로부터 1년(2024.02.28. 이전 6개월) 이내 거래건당 공급대가가 5만원(2023.02.27. 이전 10만원) 이상이어야 하며 영수증, 무통장입금증 등 증빙서류를 첨부하여 신청인 관할 세무서장에 신청해야 한다.
>
> 2. 매입자발행세금계산서는 전자세금계산서 작성 및 전송대상이 아니다. 즉 수기로 발행을 해야 함.
>
> 3. 발급사유추가
>   공급자의 부도·폐업, 계약의 해제 또는 변경 등으로 사업자가 수정세금계산서 또는 수정 전자세금계산서를 발급하지 아니한 경우를 포함한다(2018.01.01. 이후 공급하는 분부터 적용).

(3) 신용카드·현금영수증 발행분

세금계산서를 발급하지 않은 매출분 중 신용카드매출전표, 직불카드, 기명식 선물카드, 현금영수증 발행분, 전자화폐 수취분에 대한 매출을 기재한다. 업종에 관계없이 신용카드 등을 발행한 부분은 세금계산서 발행을 하지 못하며, 만약 세금계산서 발행과 신용카드가 이중으로 결제되었을 경우 세금계산서 발행분으로 기재하여야 한다.

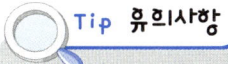 Tip 유의사항

1. 신용카드매출전표 등 발행금액집계표 작성하여야 함.

2. 신용카드매출전표 등 발행금액집계표를 작성하여야 하며 세금계산서와 신용카드가 이중으로 결제된 경우에는 세금계산서와 중복으로 표시되어야함에 유의하여야 한다.

3. 특히 현금영수증의무발행업종으로 세금계산서와 현금영수증이 이중으로 결제된 경우에는 전산프로그램상 자동으로 세금계산서와 중복으로 표시가 되지 않으므로 유의하여야 한다.

   [사례] 신용카드 매출(50,000,000원) 중 세금계산서 중복 부분 10,000,000원

2. 신용카드매출전표 등 발행금액 현황			
구 분	⑤합 계	⑥신용·직불·기명식 선불카드	⑦현금영수증
합 계		50,000,000	
과세 매출분		50,000,000	
면세 매출분			
봉사료			
3. 신용카드매출전표 등 발행금액(⑤합계) 중 세금계산서(계산서) 발급내역			
⑧세금계산서 발급금액	10,000,000	⑨계산서 발급금액	

(4) 기타(정규영수증 외 매출)

부동산임대사업자의 간주임대료와 세금계산서발급의무 면제 또는 영수증의 매출분, 간주공급(개인적공급, 사업상증여) 등을 기재한다.

* 음식점 등 배달앱(배달의 민족 등)을 통한 매출액 중 신용카드 매출이 아닌 통장에 입금된 현금매출이 누락되지 않도록 유의해야 한다.

> **Tip 유의사항**

1. 부동산임대공급가액명세서를 작성하고 간주임대료 부분이 반영되어야 한다.
(1) 선불 또는 후불임대료에 대한 과세표준의 계산

$$과세표준 = 선불 또는 후불로 받는 임대료 \times \frac{각\ 과세대상기간의\ 월수}{계약기간의\ 월수}$$

* 초월 산입, 말월불산입

(2) 간주임대료

$$과세표준 = (해당기간의\ 전세금\ 또는\ 임대보증금 - 임차시\ 지불한\ 전세금 - 자기가\ 사용한\ 부분의\ 전세금) \times 과세대상기간의\ 일수 \times \frac{계약기간\ 1년의\ 정기예금이자율\ 3.1\%(당해\ 예정신고기간\ 또는\ 과세기간종료일\ 현재)}{365(윤년일\ 때\ 366)}$$

☞ 간주임대료 계산시 계약에 따라 임대보증금을 임대료에 충당하였을 때에는 충당한 금액을 제외한 금액으로 계산함(영65③).

(3) 공급시기
① 2 이상의 과세기간에 걸쳐 부동산임대용역을 공급하고 그 대가를 선불 또는 후불로 받는 경우 안분계산한 임대료는 예정신고기간 또는 과세기간 종료일
② 간주임대료는 예정신고기간 또는 과세기간의 종료일
③ 부동산임대용역을 계속적으로 공급하고 그 대가를 월별, 분기별, 반기별로 기일을 정하여 받기로 한 경우 공급시기는 그 대가의 각 부분을 받기로 한 때가 되는 것임(부가-1003, 2004.12.24.).

(4) 관리비수입
사업자가 과세되는 부동산을 임대하고 받는 관리비는 과세표준에 포함한다. 다만, 임차인이 부담해야 할 보험료·수도료 및 공공요금 등은 별도로 구분징수하여 납입을 대행하는 경우에 해당 금액은 과세표준에 포함하지 아니한다.

(5) 부동산임대공급가액 명세서 미제출시 가산세
제출하지 아니한 수입금액 또는 제출한 수입금액과 실제 수입금액의 차액에 1% 적용함.
→ 부동산임대공급가액명세서의 임대사항, 임대면적, 임차인 인적사항 및 임대차계약내용을 사실과 다르게 기재한 경우 그에 해당하는 수입금액에 대하여 가산세 부과(기획재정부부가-411, 2010.06.24.)

2. 아래의 해당하는 업종에 대해서는 현금매출명세서를 작성하여야 한다.

예식장업, 부동산중개업, 보건업(병원과 의원으로 한정), 변호사업, 심판변론인업, 변리사업, 법무사업, 공인회계사업, 세무사업, 경영지도사업, 기술지도사업, 감정평가사업, 손해사정인업, 통관업, 기술사업, 건축사업, 도선사업, 측량사업, 공인노무사업, 의사업, 한의사업, 약사업, 한약사업, 수의사업, 기타개인서비스업

3. 간주공급과 관련하여
(1) 면세사업전용 사례

고속버스사업용(과세)으로 취득한 차량·정비기계를 시내버스사업(면세)에서 사용하는 경우 또는 자기가 직접 생산한 사료(과세)를 축산업(면세)에 사용하는 경우 등이 이에 해당한다(매입시 매입세액불공제분은 제외).

(2) 개인적 공급, 사업상 증여에 해당하는 경우에는 시가로 공급가액을 반영해야 하며 관련 회계처리시 상품 또는 제품에 대해서는 타계정대체로 장부를 작성해야 한다.

[사례] 거래처에 상품을 무상 증정 (원가 100, 시가 150원)

(차) 접대비   115   (대) 상 품   100 (적요: 타계정 대체)
                                    부가세예수금   15

(3) 판매목적 타 사업장 반출(직매장)의 경우 원칙적으로 세금계산서 발급대상이다. 다만, 총괄납부자 또는 사업자단위과세의 적용을 받는 과세기간에 반출하는 것은 재화의 공급으로 보지 아니한다.

4. 폐업시 잔존재화 과세표준의 계산
(1) 비상각자산 - 시가
(2) 상각자산 - 의제시가

= 당해 재화의 취득가액 × (1 - 체감률 × 경과된 과세기간의 수)

구분	2001.12.31. 이전 취득분	2002.01.01. 이후 취득분
건물·구축물	10%	5%
기타의 감가상각자산	25%	

* 경과된 과세기간의 수: 과세기간 개시일 후에 감가상각자산을 취득하거나 당해 자산을 간주공급한 경우에는 그 과세기간 개시일에 당해 재화를 취득하거나 공급한 것으로 보아 과세기간 수를 계산한다(기초취득·기초공급 간주).

** 건물은 10년, 이외의 자산은 2년 경과하면 의제시가를 적용하지 아니한다.

(5) 영세율(세금계산서 발급분)과 (6) 영세율(기타)

부가가치세 영(0)의 세율이 적용되는 매출액의 합계액을 기재한다.

- (5) ~ (6): 해당 신고대상기간 중의 영세율이 적용되는 사업실적 중
  - 세금계산서를 발행한 분은 (5)란 ➡ 내국신용장, 구매확인서, 임가공계약서
  - 세금계산서 발급의무가 없는 분은 (6)란에 기재한다. ➡ 직수출, 대행수출

> **Tip 유의사항**
>
> 1. 세금계산서 발급분의 금액은 매출처별세금계산서합계표상의 공급가액과 금액이 일치하는 지를 확인하여야 한다.
>
> 2. 영세율 적용대상 거래 중 유의사항
> (1) 직수출
>   관세청에서 제출받은 수출 통관자료와 수출실적명세서의 상호대사를 통한 매출누락 협의자를 추출하고 있음에 유의하자.
> (2) 내국신용장과 대외무역법에서 정하는 구매확인서에 의하여 공급하는 재화(금지금 제외)
>   - 재화·용역을 공급한 후 해당 재화·용역의 공급시기가 속하는 과세기간 종료 후 25일 이내에 내국신용장·구매확인서가 개설·발급되는 경우
>   - 수정세금계산서를 발급하여 당초 과세거래분에 대하여 영세율을 적용한다.
> (3) 수출재화임가공용역
>   ① 수출업자(내국신용장수출업자 제외)와 직접 도급계약에 의해 수출재화를 임가공하는 수출재화임가공용역. 단, 사업자가 부가가치세를 별도로 적은 세금계산서를 발급한 경우에는 그러하지 아니하다.
>   ② 내국신용장 또는 구매확인서에 의한 수출재화 임가공용역
>
> 3. 제출서류 및 관련서류
> (1) 수출실적명세서, 영세율첨부서류제출명세서, 영세율매출명세서를 작성하여야 한다.
> (2) 수출신고필증, 선하증권(선적일), 내국신용장·구매확인서 사본(수동발급한 경우) 또는 내국신용장·구매확인서 전자발급명세서, 외국환입금증, 임가공계약서, 대행계약서 등 관련서류가 구비되어야 한다.
>
> 4. 수출실적명세서 작성시 필요한 수출신고필증 검토사항
> (1) 수출신고번호
> (2) 결제금액(외화 또는 KRW)을 기준으로 과세표준 계산

구 분	외 화 환 산 액
공급시기 되기 전에 원화로 환가한 경우	그 환가한 금액 * 수출실적명세서에 선적일을 기재하고 환가일의 환율을 적용한다.
공급시기 이후에 외화통화 기타 외국환 상태로 보유하거나 지급받는 경우	공급시기의 외국환거래법에 의한 기준환율 또는 재정환율에 의하여 계산한 금액 * 공급시기가 공휴일인 경우 전날 고시된 환율을 적용한다.

(3) 거래구분에 따라 영세율적용여부 판단
  ① 29: 위탁가공을 위한 원자재 수출
  ② 31: 위탁판매를 위한 물품의 수출
  ③ 89: 수출 후 반품되어 작업 후 다시 반출되는 물품
  ④ 92: 무상으로 반출하는 상품의 견본 및 광고용품
  수출신고서는 작성되지만 부가가치세법상 재화의 공급이 아니므로 영세율 신고대상이 아님.
  이후 위탁가공물품이나 위탁물품이 외국에서 팔리는 시점에서는 수출신고서가 별도로 작성되지는 않지만 수출계약서사본과 외화입금증명서 등 영세율첨부서류를 첨부하여 반드시 부가가치세 영세율 신고를 하여야 함(수출실적명세서(갑) "⑪ 기타영세율적용"란에 기재)

5. 영세율합계금액은 영세율매출명세서와 일치하여야 한다.

6. 영세율과세표준신고불성실가산세
  무신고, 과소신고, 첨부서류 미제출의 경우 공급가액 × 0.5% × 감면율

(7) 예정신고누락분

예정신고를 하면서 누락한 금액을 확정신고를 하는 때에 신고하는 경우에 기재하며, 2장 앞쪽 〈37〉합계란의 금액과 세액을 기재한다.

- 〈33〉~〈36〉: 1장 앞쪽 (7)란에 예정신고 누락분을 합계하여 기재한 경우 그 예정신고 누락분의 명세를 기재한다.

다만, 매입자발행세금계산서는 세금계산서란에 포함하여 기재한다.

		구 분		금 액	세율	세 액
예정신고 누락분 명 세	(7)매출	과세	세 금 계 산 서 (33)		10/100	
			기 타 (34)		10/100	
		영세율	세 금 계 산 서 (35)		0/100	
			기 타 (36)		0/100	
		합 계	(37)			
	(12)매입	세 금 계 산 서	(38)			
		그 밖의 공제매입세액	(39)			
		합 계	(40)			

1. 예정신고시 누락된 분에 대하여 확정신고 하는 경우 기재한다.
   (예: 전자세금계산서 지연발급가산세 0.5%, 신고불성실가산세 수정신고 75% 경감, 납부지연가산세 계산, 영세율과세표준신고불성실가산세)
2. 매입자발행세금계산서는 세금계산서란에 포함하여 기재한다.

(8) 대손세액가감

부가가치세가 과세되는 재화·용역의 공급에 대한 외상매출금 등이 대손되어 대손세액을 공제받는 사업자가 기재한다.

- 대손세액을 공제받는 경우에는 대손세액을 차감표시(△)하여 기재하고,
- 대손금액의 전부 또는 일부를 회수하여 회수한 대손금액과 관련된 (+)대손세액을 기재한다.

> **Tip 유의사항**

1. 대손세액공제(변제)신고서를 작성하여야 한다.

2. 대손사유 요건 충족여부를 검토해야 한다.
    ① 외상매출금 및 미수금으로서 상법·어음법·수표법상의 소멸시효가 완성된 채권
        ☞ 중단사유: 압류, 가압류, 가처분, 청구, 승인(일부 회수)
    ② 채무자의 파산, 강제집행, 형의집행, 사업의 폐지, 사망, 실종, 행방불명으로 인하여 회수할 수 없는 채권
        ☞ 거래처 폐업과 무재산으로 매출채권을 회수할 수 없음을 객관적인 증빙으로 입증할 수 있다면 소멸시효완성 전이라도 거래처 폐업일이 속하는 과세기간에 대한 확정신고시 대손세액공제를 신청할 수 있음.
    ③ 부도발생일로부터 6개월 이상 지난 수표·어음상의 채권 및 외상매출금(중소기업이 보유한 외상매출금으로서 부도발생일 이전의 것에 한함). 다만, 채무자의 재산에 대하여 저당권을 설정하고 있는 경우 제외 등
        ☞ 부도발생일이란 당해 부도어음·수표의 지급기일을 말하되, 지급기일 전에 당해 어음·수표를 제시하여 금융기관으로부터 부도확인을 받은 경우에는 그 부도확인일을 말함.

부도발생일	공제가능일
직전연도 06.30. ~ 12.29.	1기 확정신고시 공제가능
직전연도 12.30. ~ 당해연도 06.29.	2기 확정신고시 공제가능

    ④ 중소기업의 외상매출금 및 미수금으로서 회수기일이 2년 이상 지난 외상매출금 등. 다만, 특수관계인과의 거래로 인하여 발생한 외상매출금 등은 제외한다.

3. 대손세액공제액
    사업자가 부가가치세가 과세되는 재화 또는 용역을 공급한 후 그 공급일로부터 10년이 경과된 날이 속하는 과세기간에 대한 확정신고기한까지 대손세액 공제대상이 되는 사유로 인하여 확정되는 대손세액이어야 한다.

$$대손세액 = 대손금액 \times \frac{10}{110}$$

4. 입증서류
    ① 파산: 매출(입)세금계산서, 채권배분계산서
    ② 강제집행: 매출(입)세금계산서, 채권배분계산서 또는 강제집행불능조서
    ③ 실종: 매출(입)세금계산서, 가정법원판결문, 기타 채권이 회수불능임을 입증할 수 있는 서류

④ 회생계획인가 또는 면책결정: 매출(입)세금계산서, 법원의 회생계획인가안 또는 면책결정문
⑤ 부도발생일로부터 6월이 지난 수표·어음: 매출(입)세금계산서, 부도수표·어음(원본제시)
　※ 전자어음의 경우 지급거절 전자문서 (전자어음의 발행 및 유통에 관한 법률 제12조 제1항)-www.u-note.kr 사이트에서 부도어음확인서 출력 가능
⑥ 상법상의 소멸시효 완성: 매출(입)세금계산서 및 기타 채무자별 거래사실을 확인할 수 있는 서류(거래 대금의 청구내역 등)
⑦ 기타: 매출(입)세금계산서 및 기타 채권이 회수불능임을 입증할 수 있는 서류

3. 매입세액

매입세액	세금계산서 수취분	일반매입	(10)		
		수출기업 수입분 납부유예	(10-1)		
		고정자산 매입	(11)		
	예정신고 누락분		(12)		
	매입자발행 세금계산서		(13)		
	그 밖의 공제매입세액		(14)		
	합계(10)-(10-1) + (11) + (12) + (13) + (14)		(15)		
	공제받지 못할 매입세액		(16)		
	차　감　계　　　(15)-(16)		(17)		④

(10)~(11) 세금계산서 수취분

발급받은 세금계산서에 의하여 작성한 "매입처별세금계산서합계표"상의 매입세금계산서 총합계란의 공급가액 및 세액을 고정자산매입분(11)과 그외 매입분(10)으로 구분 집계하여 각각의 란에 기재(공제받지 못할 매입세액 포함)한다.

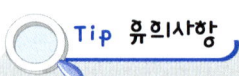

1. 매입처별세금계산서합계표상의 세액과 신고서상 세액이 일치하는 지를 확인하여야 한다.

2. 부가가치율을 계산할 때 매출원가와 관련 없는 감가상각자산을 제외하여 신고성실도 분석·경정 등에 활용하기 위함이므로 정확히 기재하여야 한다.

3. 고정자산 매입금액은 건물 등 감가상각자산 취득명세서에 반영하여 제출하여야 한다.

4. 수출 중소기업의 수입 부가가치세 납부유예제도

일정 요건을 충족하는 수출 중소기업이 물품을 제조·가공하기 위한 원재료 등 수입시 세관에 납부하는 수입 부가가치세의 유예함으로써 자금부담을 완화시키는 제도이다.

(1) 직전 사업연도에 조특법시행령 제2조에 따른 중소기업 법인일 것
(2) 직전 사업연도에 법 제21조에 따라 영세율을 적용받은 재화의 공급가액의 합계액(수출액)이 다음의 어느 하나에 해당할 것(중소기업의 경우)
  ① 직전 사업연도에 공급한 재화 또는 용역의 공급가액의 합계액 중 수출액이 차지하는 비율이 30% 이상일 것
  ② 수출액이 100억원 이상일 것
(3) 관할세무서장에게 충족요건 확인 요청일 현재 다음 요건에 모두 해당할 것
  ① 최근 3년간 계속하여 사업을 경영하였을 것
  ② 최근 2년간 국세(관세 포함)를 체납한 사실이 없을 것
  ③ 최근 3년간 「조세범처벌법」 또는 「관세법」 위반으로 처벌받은 사실이 없을 것
  ④ 최근 2년간 법 제50조의2 제3항에 따라 납부유예가 취소된 사실이 없을 것

납부유예된 세액을 부가가치세 신고시 매입세액공제액에서 차감한다.

5. 월합계세금계산서 관련하여

다음의 경우로 재화 또는 용역의 공급일이 속하는 날의 다음달 10일(그 날이 공휴일 또는 토요일인 경우에는 바로 다음 영업일을 말한다)까지 세금계산서를 발급할 수 있다.
  ① 거래처별로 월의 1일부터 말일까지의 공급가액을 합하여 해당 달의 말일을 작성 연월일로 하여 세금계산서를 발급하는 경우. 예를 들면 6월 거래분을 6월 30일자로 7월 10일까지 발급하는 경우이다.
  ② 거래처별로 월의 1일부터 말일까지의 이내에서 사업자가 임의로 정한 기간의 공급가액을 합하여 그 기간의 종료일을 작성 연월일로 하여 세금계산서를 발급하는 경우
  ③ 관계 증명서류 등에 따라 실제거래사실이 확인되는 경우로서 해당 거래일을 작성 연월일로 하여 세금계산서를 발급하는 경우. 예를 들면 6월 8일 거래하였으나 세금계산서를 발급하지 못한 경우 7월 10일까지 6월 8일을 작성일자로 발급하는 경우이다.
  *이 규정에 의해 일반적으로 세금계산서는 다음달 10일까지 발급이 가능

6. 선발급 세금계산서 처리

(1) 공급시기가 되기 전에 대가를 수령하고 세금계산서를 발급한 경우
원칙적인 공급시기가 되기 전에 재화 또는 용역에 대한 대가의 전부 또는 일부를 받고, 그 받은 대가에 대하여 세금계산서 또는 영수증을 발급하는 경우에는 그 발급한 때를 각각 그 재화 또는 용역의 공급시기로 본다. 이 경우 세금계산서는 공급시기 전까지는 발급할 수 있다.

(2) 공급시기가 되기 전에 세금계산서 등 발급한 경우
   ① 재화 또는 용역의 공급시기가 되기 전에 세금계산서를 발급하고 그 세금계산서 발급일부터 7일 이내에 대가를 받으면 해당 세금계산서를 발급한 때를 재화 또는 용역의 공급시기로 본다.
   ② 대가를 지급하는 사업자가 다음 중 어느 하나에 해당하는 경우에는 재화 또는 용역을 공급하는 사업자가 그 재화 또는 용역의 공급시기가 되기 전에 세금계산서를 발급하고 그 세금계산서 발급일부터 7일이 지난 후 대가를 받더라도 해당 세금계산서를 발급한 때를 재화 또는 용역의 공급시기로 본다(부가법 17③).
      ㉠ 거래 당사자 간의 계약서·약정서 등에 대금 청구시기와 지급시기를 따로 적고, 대금청구시기와 지급시기 사이의 기간이 30일 이내일 것
      ㉡ 세금계산서 발급일이 속하는 과세기간(공급받는 자가 조기환급을 받는 경우에는 세금계산서 발급일부터 30일 이내)에 재화 또는 용역의 공급시기가 도래하는 경우
(3) 대가수령 없이 공급시기가 되기 전에 세금계산서를 발급한 경우
   사업자가 할부로 재화 또는 용역을 공급하는 경우 등으로서 다음에 해당하는 공급시기가 되기 전에 세금계산서 또는 영수증을 발급하는 경우에는 그 발급한 때를 공급시기로 본다(부가법 17④).
   ① 장기할부판매로 재화를 공급하거나 장기할부조건부로 용역을 공급하는 경우의 공급시기: 장기할부판매의 공급시기는 대가의 각 부분을 받기로 한 때가 원칙이지만 재화를 인도한 때에 세금계산서를 발급한 경우에는 그 발급하는 때를 공급시기로 본다는 의미임(부가 -492, 2013.05.31.)
   ② 전력 기타 공급단위를 구획할 수 없는 재화를 계속적으로 공급하는 경우
   ③ 장기할부 또는 통신 등 그 공급단위를 구획할 수 없는 용역을 계속적으로 공급하는 경우

(12) 예정신고누락분

예정신고를 하면서 누락한 금액을 확정신고를 하는 때에 신고하는 경우에 기재하며, 2장 앞쪽〈40〉합계란의 금액과 세액을 기재한다.
- 〈38〉 ~ 〈39〉: 1장 앞쪽 (12)란에 예정신고 누락분을 합계하여 기재한 경우 그 예정신고 누락분의 명세를 기재한다. 다만, 매입자발행세금계산서는 세금계산서란에 포함하여 적는다.

		구 분		금 액	세율	세 액
예정신고 누 락 분 명 세	(7)매출	과세	세 금 계 산 서 (33)		10 / 100	
			기 타 (34)		10 / 100	
		영세율	세 금 계 산 서 (35)		0 / 100	
			기 타 (36)		0 / 100	
		합 계 (37)				
	(12)매입	세 금 계 산 서 (38)				
		그 밖의 공제매입세액 (39)				
		합 계 (40)				

예정신고시 누락된 분에 대하여 확정신고 또는 수정신고하는 경우 기재하며 일정액의 가산세가 부과된다. [세금계산서 관련 가산세, 신고불성실가산세, 납부(초과환급)지연가산세 계산하여야 함]

(13) 매입자발행세금계산서

매출자가 세금계산서를 발급하지 않아 매입자가 관할세무서장으로부터 거래사실확인 통지를 받고 발행한 매입자발행세금계산서상 금액과 세액을 기재한다.

1. 매입자가 재화 용역의 공급시기가 속하는 과세기간의 종료일로부터 1년 이내 거래건당 공급대가가 5만원 이상이어야 하며 영수증, 무통장입금증 등 증빙서류를 첨부하여 신청인 관할 세무서장에 신청해야 한다.

2. 매입자발행세금계산서는 전자세금계산서 작성 및 전송대상이 아니다. 즉 수기로 발행을 해야 한다.

3. 사유추가
   사업자의 부도·폐업 등으로 사업자가 수정세금계산서 또는 수정전자세금계산서를 발급하지 아니한 경우를 포함한다(2018.01.01. 이후 공급하는 분부터 적용).

(14) 그 밖의 공제매입세액

발급받은 신용카드매출전표등상의 매입세액, 의제매입세액, 재활용폐자원 등에 대한 매입세액, 고금의제매입세액·과세사업전환매입세액·재고매입세액 또는 변제대손세액을 공제받는 사업자가 기재하며, 2장 앞쪽 (49)합계란의 금액과 세액을 기재한다.

	구 분			금 액	세율	세 액
(14) 그 밖의 공제 매 입 세 액 명 세	신용카드매출전표등 수령명세서 제출분	일반 매입	(41)			
		고정자산매입	(42)			
	의 제 매 입 세 액		(43)		뒤쪽 참조	
	재 활 용 폐 자 원 등 매 입 세 액		(44)		뒤쪽 참조	
	과세사업전환 매입세액		(45)			
	재 고 매 입 세 액		(46)			
	변 제 대 손 세 액		(47)			
	외국인 관광객에 대한 환급세액		(48)			
	합 계		(49)			

(41) ~ (42) 신용카드매출전표등 수령명세서 제출분

사업과 관련한 재화나 용역을 공급받고 발급받은 신용카드매출전표 등을 신용카드매출전표 등 수령명세서에 작성하여 제출함으로써 매입세액을 공제하는 경우에 일반매입과 고정자산매입을 구분하여 적는다.

 Tip 유의사항

1. 신용카드매출전표 등 수령금액명세서를 작성하여야 한다.

2. 고정자산 매입의 경우 건물 등 감가상각자산 취득명세서에 반영하여 제출하여야 한다.

3. 공제요건
   사업자가 일반과세자 또는 간이과세자(세금계산서 발급)로부터 재화 또는 용역을 공급받고 부가가치세액이 별도로 구분되는 신용카드매출전표 등을 발급받은 때에는 다음의 요건을 모두 충족한 경우 공제할 수 있는 매입세액으로 본다.
   ① 신용카드매출전표 등 수령명세서를 제출할 것
   ② 신용카드매출전표 등을 그 거래사실이 속하는 과세기간에 대한 확정신고를 한 날로부터 5년간 보관할 것
   ③ 세금계산서 발급 금지대상인 미용·욕탕·유사서비스업 등을 영위하는 사업자로부터 발급받은 신용카드매출전표 등이 아닐 것

ⓐ 미용·욕탕·유사서비스업
ⓑ 여객운송업(전세버스 제외) → 항공기, 고속버스, ktx요금, 새마을(면세)
ⓒ 입장권 발행하여 경영하는 사업 → 극장관람권 등
ⓓ 의료법에 따른 의사·치과의사·한의사·조산사 또는 간호사가 제공하는 용역 중 국민건강보험법 제41조 제3항에 따라 요양급여의 대상에서 제외되는 쌍꺼풀수술, 코성형수술, 유방확대·축소술, 지방흡인술, 주름살제거술의 진료용역을 공급하는 사업
ⓔ 수의사가 제공하는 동물의 진료용역(부가가치세가 과세되는 수의사의 동물진료용역)
ⓕ 교육용역 중 부가가치세가 과세되는 무도학원, 자동차운전학원

④ 종업원 및 가족명의의 신용카드매출전표를 발행받는 경우도 해당 사업자의 사업을 위하여 사용되었거나 사용될 재화 또는 용역의 공급에 대한 세액임이 객관적으로 확인되는 경우에는 공제대상이 된다.
⑤ 타인명의의 신용카드매출전표는 매입세액공제되지 않는다.
⑥ 세금계산서 및 신용카드매출전표에 의한 매입세액 이중공제 신고 않도록 유의하여야 한다.
⑦ 사업자가 자기의 사업과 관련 없이 가정에서 사용하기 위하여 구입한 가정용품 등에 신용카드매출전표를 발급받은 경우 매입세액 공제할 수 없다.
⑧ 직원이 없는 개인사업자의 경우 음식점의 경우 복리후생비로 처리 않도록 해야 한다.

2. 신용카드 등 매입내역 합계

구 분	거래건수	공급가액	세 액
⑤ 합 계	34	2,727,000	272,700
⑥ 현 금 영 수 증	2	450,000	45,000
⑦ 화물운전자복지카드	10	1,340,000	134,000
⑧ 사업용 신용카드	10	100,000	10,000
⑨ 기타신용카드등	12	837,000	83,700

3. 기타 신용·직불카드 및 기명식선불카드 매출전표 수령금액 합계

일련번호	⑩ 카드회원번호	⑪ 공급자(가맹점) 사업자등록번호	⑫ 기타 신용카드 등 거래내역 합계		
			거래건수	공급가액	세액
1	1258-8547-8965-6745	102-02-34567	5	250,000	25,000
2	7858-8547-8965-3257	102-02-34567	7	587,000	58,700

(43) 의제매입세액

면세농산물등을 원재료로 제조·창출한 재화 또는 용역이 과세되어 의제매입세액을 공제받는 사업자가 적고, 금액란에는 의제매입세액 공제신고서의 면세농산물등의 매입가액을, 세액란에는 의제매입세액 공제신고서의 공제할 세액을 적는다.

 **Tip 유의사항**

1. 의제매입세액공제신고서 및 매입처별계산서합계표 또는 신용카드매출전표수취명세서를 제출하여야 한다.

2. 공제요건
   면세농산물 등을 원재료로 제조·가공하여 과세재화를 생산하거나 과세용역을 창출하는 경우이어야 한다.

3. 공제액 계산

   > 의제매입세액공제액 = 면세로 구입한 농·축·수·임산물의 매입가액 × 공제율 × 과세공급가액/총공급가액(한도: 해당과세기간의 과세표준 × 한도율 × 공제율)

   ㉠ 과세유흥장소의 음식점업자: 104분의 4
   ㉡ ㉠외의 음식점업자: 106분의 6(개인사업자는 108분의 8)(과세표준이 2억원 이하인 경우에는 2026.12.31.까지 9/109)]
   ㉢ 제조업자(중소기업 및 개인사업자에 한정): 104분의 4
   ㉣ ㉠, ㉡, ㉢ 이외의 사업자: 102분의 2

구 분	과세표준	의제매입세액 공제 한도액	
		원칙	음식업
개 인	1억원 이하	과세표준의 65%	과세표준의 50%
	1억원 초과 2억원 이하	과세표준의 65%	과세표준의 50%
	2억원 초과	과세표준의 55%	과세표준의 40%
법 인		과세표준의 50%	과세표준의 50%

4. 사후관리
   면세재화를 생산하거나 면세농산물 등을 그대로 양도하는 경우에는 의제매입세액공제를 받을 수 없다.

5. 필요서류
   ① 제조업을 영위하는 사업자가 농·어민으로부터 면세농산물 등을 직접 공급받는 경우에는 의제매입세액공제신고서(농·어민의 경우 주민등록번호를 기재해야 함)만을 제출한다.
   ☞ 제조업 이외의 자가 농·어민으로부터 직접구입하는 경우에는 의제매입세액공제대상이 아님에 유의해야 한다.
   ② 매입처별계산서합계표 또는 신용카드매출전표수령명세서를 제출하여야 한다.

(44) 재활용폐자원 매입세액

재활용폐자원 등에 대한 매입세액을 공제받는 사업자가 적고, 금액란에는 재활용폐자원 등의 취득가액을, 세액란에는 「조세특례제한법 시행규칙」 별지 제69호서식(1) 재활용폐자원 및 중고자동차 매입세액 공제신고서(갑)의 공제할 세액을 적는다.

> **Tip 유의사항**
>
> 1. 재활용폐자원 및 중고품 매입세액 공제신고서를 작성 및 계산서합계표 또는 영수증을 제출하여야 한다.
>   ※ 공급자의 등록번호(개인은 주민등록번호)와 명칭 및 대표자의 성명(개인 성명), 취득가액이 기재되어 있지 아니하거나 그 거래내용이 사실과 다른 경우에는 매입세액을 공제하지 아니함.
>
> 2. 재활용폐자원 매입세액공제
> (1) 적용대상
>   재활용폐자원 및 중고자동차를 수집하는 사업자가 ① 세금계산서를 발급할 수 없는 자, ② 기타 부가가치세 과세사업을 영위하지 아니하는 자(면세사업과 과세사업을 겸업하는 경우 포함)와 ③ 간이과세자로부터 재활용폐자원을 2025년 12월 31일까지, 중고자동차를 2025년 12월 31일까지 취득하여 제조 또는 가공하거나 이를 공급하는 경우
> (2) 공제대상사업자
>   ① 폐기물관리법에 의하여 폐기물중간처리업 허가를 받은 자(폐기물을 재활용 하는 경우에 한함) 또는 폐기물재활용신고를 한 자
>   ② 자동차관리법에 의하여 중고자동차매매업등록을 한 자
>   ③ 한국환경자원공사법에 의한 한국환경자원공사
>   ④ 자동차관리법에 의한 중고자동차를 수출하는 자
>   ⑤ 기타 재활용폐자원을 수집하는 사업자로서 재생재료 수집 및 판매를 주된 사업으로 하는 자
>   ※ 제조업의 경우는 폐기물재생처리업 허가를 받아야 함.
> (3) 공제율
>   ① 재활용폐자원 등의 취득가액 $\times \dfrac{3}{103}$
>   ② 한도: [과세표준 × 80% - 세금계산서에 의한 재활용폐자원매입가액]
>   ③ 중고자동차 취득가액 $\times \dfrac{10}{110}$ 한도규정 없음.

(4) 부당공제 유형
① 사망자, 노숙자, 해외이주자 등으로 매입하여 부당공제받은 경우
② 일반규모(연간 공급대가 4,800만원 이상) 미등록자, 일반과세자로부터 매입하여 공제받은 경우
③ 재활용폐자원 매입세액 공제한도를 초과하는 경우
④ 중고자동차매매상사가 개인으로부터 운행사실이 없는 신차를 구입하는 경우 중고자동차에 대한 재활용폐자원 매입세액공제를 받을 수 없는 것임(기재부 부가-662. 2009. 09.29.).
⑤ 중고자동차를 개인으로부터 구입한 후 수출하지 아니하고 국내 개인에게 재판매하는 경우 재활용폐자원 등에 대한 매입세액공제를 적용받을 수 없다(서면3팀-2962, 2006. 11.30.).

(45) 과세전환매입세액

면세사업 등에 사용하는 감가상각자산을 과세사업에 사용하거나 소비하는 경우 취득시 공제하지 않은 매입세액을 공제받는 경우에 적는다.

1. 과세전환감가상각자산신고서를 작성해야 한다(확정신고시에만 적용함).

구 분	과세전환매입세액
건물·구축물	면세사업관련 불공제된 매입세액 × (1 - 5% × 경과된 과세기간수)
기타의 감가상각자산	면세사업관련 불공제된 매입세액 × (1 - 25% × 경과된 과세기간수)
☞ 면세사업관련 불공제매입세액 = 취득당시 해당 재화의 면세사업관련 불공제 매입세액	

2. 사례
① 주거용 오피스텔의 사무용 전환
② 의원으로 사용하던 건물의 부동산임대 전환 등

(46) 재고매입세액

간이과세자에서 일반과세자로 변경된 사업자가 그 변경되는 날 현재의 재고품등에 대하여 매입세액을 공제받는 경우에 적는다.

1. 예정신고기간에 재고매입세액 공제로 환급이 발생한 경우 그 신고기간에 영세율이 적용되는 과세표준이 있거나 감가상각자산을 취득한 경우를 제외하고는 일반환급에 해당하여 예정신고기간에는 환급되지 않고 확정신고시에만 환급된다.

(16) 공제받지 못할 매입세액

발급받은 세금계산서의 매입세액 중 공제받지 못하는 매입세액, 과세사업과 면세사업에 공통으로 사용된 공통매입세액 중 면세사업관련 매입세액 또는 대손처분받은 세액이 있는 사업자가 기재하며, 2장 앞쪽 (53)합계란의 금액과 세액을 기재한다.

(16) 공제받지 못할 매입세액 명세	구 분		금 액	세율	세 액
	공제받지 못할 매입세액	(50)			
	공통매입세액 면세사업등분	(51)			
	대 손 처 분 받 은 세 액	(52)			
	합 계	(53)			

1. 공제받지 못할 매입세액 명세서를 작성하여야 한다.

2. 매입세액불공제
(1) 사업과 직접 관련없는 지출에 대한 매입세액
(2) 개별소비세 과세대상 자동차의 구입과 임차 및 유지에 관한 매입세액
    사업자가 개별소비세 과세대상 자동차[운수업, 자동차판매업, 자동차임대업, 운전학원업, 경비업(출동차량에 한정하여 적용) 및 이와 유사한 업종에 직접 영업으로 사용하는 것 제외]를 구입·임차·유지에 관련된 매입세액은 공제되지 아니한다.
    ☞ 지프형이 아닌 9인승 이상 승합차, 배기량 1,000cc 이하 경차, 길이가 3.6미터 이하이고 폭이 1.6미터 이하인 전기차, VAN형 차량, 화물자동차는 매입세액공제 가능(예: 모닝, 레이, 레이 EV, 스파크, 9인승 카니발, 트럭 등)

- ☞ 매입세액 공제가능 차량에 대한 주유비 및 수리비 등의 유지비용 매입세액공제 가능.
- ☞ 과세사업자가 사업용 자산인 소형승용차를 매각하는 경우 거래당사자의 매입세액공제 여부 불문하고 부가가치세가 과세되는 것임.
- ☞ 유료도로 통행료 매입세액공제 여부
매입세액이 공제되는 차량을 이용하여 유료도로 사업자에게 통행료를 지급하면서 발급받은 세금계산서나 신용카드매출전표상의 매입세액은 공제되는 것임(서면3팀-1553, 2005.09.16.).

(3) 접대비(기업업무추진비) 및 이와 유사한 비용의 지출에 관련된 매입세액

「소득세법」 및 「법인세법」에 규정하는 접대비 및 이와 유사한 비용의 지출에 대한 매입세액은 공제하지 않는다.

(4) 토지관련 매입세액

토지의 조성 등을 위한 자본적 지출액에 관련된 매입세액은 토지의 취득가액에 산입되어 자산으로 계상되어야 하는 것으로 매출세액에서 공제하지 아니한다.

① 토지의 취득 및 형질변경, 공장부지 및 택지의 조성 등에 관련된 매입세액
② 건축물이 있는 토지를 취득하여 그 건축물을 철거하고 토지만을 사용하는 경우에는 철거한 건축물의 취득 및 철거비용에 관련된 매입세액(취득 → 철거)
  - 기존 과세사업에 사용하던 노후건물을 철거하고 새로운 건물 등을 신축하는 경우 신축하는 경우 철거관련 매입세액은 공제가능함.
③ 토지의 가치를 현실적으로 증가시켜 토지의 취득원가를 구성하는 비용에 관련된 매입세액
  - 부지, 택지의 조성(절토, 유용성토, 잔토정리)과 관련된 매입세액 ➡ 불공제
  - 법인세법 시행규칙 별표5에 해당하는 구축물인 경우(옹벽, 석축, 하수도, 맨홀, 포장도로) ➡ 매입세액공제
  - 임차한 토지에 조성한 골프코스 관련 매입세액은 공제가능함.

3. 공통매입세액 중 면세사업 등분

(1) 안분시 산식

$$\text{면세사업에 관련된 매입세액} = \text{공통매입세액} \times \frac{\text{면세공급가액}}{\text{총공급가액}}$$

만약, 당해 과세기간중 과세사업과 면세사업의 공급가액이 없거나 그 어느 한 사업의 공급가액이 없는 경우에 당해 과세기간에 있어서의 안분계산은 다음의 순서에 의한다. 다만, 건물을 신축 또는 취득하여 과세사업과 면세사업에 제공할 예정면적을 구분할 수 있는 경우에는 ㉢을 ㉠ 및 ㉡에 우선하여 적용한다.

㉠ 총매입가액(공통매입가액을 제외한다)에 대한 면세사업에 관련된 매입가액의 비율
㉡ 총예정공급가액에 대한 면세사업에 관련된 예정공급가액의 비율
㉢ 총예정사용면적에 대한 면세사업에 관련된 예정사용면적의 비율

(2) 안분계산의 생략

다음의 경우에는 안분계산의 경제성이 없으므로 공통매입세액을 전액 공제한다.
① 해당 과세기간의 총공급가액 중 면세공급가액이 5% 미만인 경우의 공통매입세액. 다만, 공통매입세액이 5백만원 이상인 경우는 제외한다.
② 당 과세기간 중의 공통매입세액이 5만원 미만인 경우의 매입세액
③ 해당 과세기간이 신규로 사업을 시작한 사업자가 해당 과세기간에 공통으로 사용하던 재화를 공급하여 과세표준의 안분계산을 생략한 재화의 매입세액

4. 납부세액 재계산
(1) 요건
① 공통으로 사용되고 있는 감가상각자산일 것
② 당초 안분계산의 대상인 매입세액일 것
③ 면세비율이 5% 이상 증가 또는 감소일 것

(2) 재계산
① 건물 또는 구축물

$$\text{가산 또는 공제되는 세액} = \text{해당 재화의 매입세액} \times \left(1 - \frac{5}{100} \times \text{경과된 과세기간의 수}\right)$$
$$\times \text{증가되거나 감소된 면세공급가액의 비율 또는 증가되거나 감소된 면세사용면적의 비율}$$

※ 2001.12.31. 이전 취득분은 5/100를 10/100으로 적용

② 기타의 감가상각자산

$$\text{가산 또는 공제되는 세액} = \text{해당 재화의 매입세액} \times \left(1 - \frac{25}{100} \times \text{경과된 과세기간의 수}\right)$$
$$\times \text{증가되거나 감소된 면세공급가액의 비율 또는 증가되거나 감소된 면세사용면적의 비율}$$

(3) 재계산의 배제
① 과세사업에 사용하던 감가상각자산이 간주공급으로 과세되는 경우에는 그 자체가 과다 공제한 매입세액의 정산절차이므로 재계산을 배제하는 것이다.
② 공통사용재화의 공급에 해당하여 부가가치세가 과세된 경우에는 재계산을 배제한다.

4. 경감공제세액

경감· 공제 세액	그 밖의 경감·공제세액	(18)			
	신용카드매출전표등 발행공제 등	(19)			
	합 계	(20)		㉔	

	구 분		금 액	세율	세 액
(18) 그 밖의 경감·공제 세액 명세	전 자 신 고 세 액 공 제	(54)			
	전자세금계산서 발급세액 공제	(55)			
	택 시 운 송 사 업 자 경 감 세 액	(56)			
	대리납부 세액공제	(57)			
	현금영수증사업자 세액공제	(58)			
	기 타	(59)			
	합 계	(60)			

(18) 그 밖의 경감·공제세액

그 밖의 경감·공제세액란은 전자신고세액공제, 택시운송사업자 경감세액, 전자세금계산서 발급세액공제, 현금영수증사업자세액공제 등의 합계액(2장앞쪽 (60)합계란의 금액)을 기재한다.

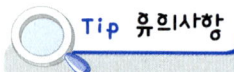

전자세금계산서 발급세액공제의 경우 법인사업자는 적용되지 아니하며 개인사업자의 경우에만 적용한다.

(19) 신용카드매출전표 등 발행공제 등

개인사업자로서 소매업자, 음식점업자, 숙박업자 등이 신용카드매출 등 및 전자화폐에 의한 매출이 있는 경우에 기재하며, 금액란에는 신용카드매출전표 등 발행금액과 전자화폐 수취금액을, 세액란에는 동 금액의 1.3%에 해당하는 금액(연간 1천만원을 한도로 함)을 기재한다.

1. 개인사업자의 경우 연간 1천만원 한도[공제세액이 그 금액을 차감하기 전의 납부할 세액(가산세 제외)을 초과하는 경우 그 초과액은 없는 것으로 본다]이므로 한도초과여부를 체크하여야 한다.
   ☞ 실무상 1기와 2기 전산프로그램이 상이한 경우 반드시 신고서를 통한 한도체크를 해야함.
2. 법인과 직전연도 공급가액 10억원 초과하는 개인사업자는 적용하지 아니하며 10억원 초과여부는 사업장 단위로 판정한다.
3. 영수증 발급의무자만 공제대상이므로 도매업, 제조업, 부동산매매업 등 세금계산서 발급대상자는 공제대상자에 해당하지 아니한다.

5. 차가감 납부세액

예 정 신 고 미 환 급 세 액	(21)		㉺	
예 정 고 지 세 액	(22)		㉻	
사업양수자의 대리납부 기납부세액	(23)		㉼	
매입자 납부특례 기납부세액	(24)		㉽	
신용카드업자의 대리납부 기납부세액	(25)		㉾	
가 산 세 액 계	(26)		㉿	
차감·가감하여 납부할 세액(환급받을 세액)(㉠-㉡-㉺-㉻-㉼-㉽-㉾+㉿)	(27)			
총괄 납부 사업자가 납부할 세액(환급받을 세액)				

(21) 예정신고 미환급세액

예정신고시 재고과다 등으로 일반환급을 신고한 경우 환급세액을 기재한다. 이 경우 고정자산취득 또는 영세율 등 조기환급을 신고한 경우 환급 여부를 사업자가 통보받지 못한 경우가 있으므로 세무서에 확인하여 조기환급을 하지 않은 경우에만 기재하여야 한다.

법인사업자의 경우 확정신고시 무실적이라도 예정신고시 환급세액여부를 체크하여야 한다.

(22) 예정고지세액

해당 과세기간 중에 예정고지된 세액이 있는 경우 그 예정고지세액을 기재한다. 이 경우 납부기한을 경과하여 가산금을 납부한 경우 가산금을 합산하지 아니한다.

개인사업자의 경우 예정고지세액 납부여부에 상관없이 반영하여야 한다.

(23) 사업양수자의 대리납부 기납부세액

사업양수자가 국고에 납입한 부가가치세액을 적는다.

사업의 포괄적으로 양도하는 경우에는 재화의 공급으로 보지 아니하는 것을 원칙으로 하되, 사업을 포괄적으로 양도·양수함에 따라 그 사업을 포괄적으로 양수하는 자가 양도한 자로부터 부가가치세를 징수하여 납부한 경우에는 매입자가 납부한 세액을 공제한다.

(24) 매입자납부특례 기납부세액

부가가치세 관리기관(신한은행)이 국고에 직접 입금한 부가가치세액을 적는다(홈택스에서 확인).

1. 금지금·금제품 및 구리 스크랩 등 거래의 투명화·정상화를 통한 해당 산업의 발전을 지원하고 매출자가 거래징수한 부가세를 무납부하는 것을 방지하기 위하여 현행 매출자에 의한 거래징수제도를 「매입자납부제도」로 전환하여, 매입자가 납부한 세액을 공제한다.
2. 금관련 제품을 공급받은 자가 금거래계좌를 통하여 부가가치세액을 입금하지 아니한 경우 매입세금계산서에 기재된 매입세액은 매출세액에서 불공제한다.
3. 매출·매입 금사업자 모두에게 금관련 제품가액의 10% 가산세 징수한다(조특법 106의4⑦).
4. 금관련 제품 매입자가 부가가치세액을 입금하지 않은 경우 미 입금기간에 대하여 납부불성실가산세 부과한다.

(25) 신용카드업자의 대리납부 기납부세액

신용카드업자는 해당 공급대가를 특례사업자(유흥주점업)에게 지급하는 때에 공급대가의 110분의 4에 해당하는 금액을 부가가치세로 징수하여 매 분기가 끝나는 날의 다음 달 25일까지 대리납부신고서와 함께 신용카드업자의 관할 세무서장에게 납부하여야 한다.

(26) 가산세액

신고한 내용에 가산세가 적용되는 경우가 있는 사업자만 기재하며, 2장 앞쪽 (79) 합계란의 세액을 기재한다.

구 분				금 액	세 율	세 액
(26) 가산세 명세	사 업 자 미 등 록 등		(61)		1 / 100	
	세 금 계 산 서	지연발급 등	(62)		1 / 100	
		지연수취	(63)		5 / 1,000	
		미발급 등	(64)		뒤쪽 참조	
	전자세금계산서 발급명세 전송	지연전송	(65)		3 / 1,000	
		미전송	(66)		5 / 1,000	
	세금계산서 합계표	제출 불성실	(67)		5 / 1,000	
		지연제출	(68)		3 / 1,000	
	신 고 불 성 실	무신고(일반)	(69)		뒤쪽참조	
		무신고(부당)	(70)		뒤쪽참조	
		과소·초과환급신고(일반)	(71)		뒤쪽참조	
		과소·초과환급신고(부당)	(72)		뒤쪽참조	
	납 부 불 성 실		(73)		뒤쪽참조	
	영세율 과세표준신고 불성실		(74)		5 / 1,000	
	현금매출명세서 불성실		(75)		1 / 100	
	부동산임대공급가액명세서 불성실		(76)		1 / 100	
	매입자 납부특례	거래계좌 미사용	(77)		뒤쪽참조	
		거래계좌 지연입금	(78)		뒤쪽참조	
	합 계		(79)			

(61): 사업자등록을 하지 않거나 타인의 명의로 등록한 경우 또는 타인 명의의 사업자등록을 이용한 경우 그 공급가액과 세액을 적습니다.
(62): 세금계산서 발급시기를 경과하여 발급하거나 세금계산서의 필요적 기재사항의 전부 또는 일부가 착오 또는 과실로 적혀 있지 않거나 사실과 다른 경우 그 공급가액과 세액을 적습니다.
(63): 재화 또는 용역의 공급시기 이후에 발급받은 세금계산서로서 해당 공급시기가 속하는 과세기간의 확정 신고기한까지 발급받아 매입세액공제를 받은 경우 그 공급가액과 세액을 적습니다.
(64): 세금계산서를 발급하지 않거나 재화 또는 용역의 공급 없이 세금계산서등을 발급 및 수취하거나 실제로 재화 또는 용역을 공급하는 자 및 공급받는 자가 아닌 자의 명의로 세금계산서 등을 발

급 및 수취하거나 재화 또는 용역의 공급가액을 과다하게 기재하여 세금계산서 등을 발급 및 수취한 경우 그 공급가액과 세액을 적습니다.
- 세금계산서를 발급하지 않은 경우: 공급가액의 2%,
- 재화 또는 용역의 공급 없이 세금계산서등을 발급 및 수취한 경우: 세금계산서등에 적힌 금액의 3%,
- 실제로 재화 또는 용역을 공급하는 자 및 공급받는 자가 아닌 자의 명의로 세금계산서 등을 발급 및 수취하거나 재화 또는 용역의 공급가액을 과다하게 기재하여 세금계산서 등을 발급 및 수취한 경우: 공급가액의 2%

(65): 전자세금계산서 발급 의무 사업자가 전자세금계산서 발급일의 다음 날이 경과한 후 재화 또는 용역의 공급시기가 속하는 과세기간에 대한 확정신고기한까지 세금계산서 발급명세를 전송한 경우 그 공급가액과 세액을 적습니다.

(66): 전자세금계산서 발급 의무 사업자가 전자세금계산서 발급일의 다음 날이 경과한 후 재화 또는 용역의 공급시기가 속하는 과세기간에 대한 확정신고기한까지 세금계산서 발급명세를 전송하지 않은 경우 그 공급가액과 세액을 적습니다.

(67): 「부가가치세법」 제60조 제6항 및 제7항에 해당하는 경우(매출·매입처별 세금계산서합계표를 미제출·부실기재 등) 그 공급가액과 세액을 적습니다. 다만, 「부가가치세법」 제60조 제6항 제3호에 해당하는 경우는 (68)번에 적습니다.

(68): 매출처별 세금계산서합계표를 각 예정신고와 함께 제출하지 않고 해당 예정신고기간이 속하는 과세기간의 확정신고와 함께 제출하는 경우 그 공급가액과 세액을 적습니다.

(69)·(70):「국세기본법」 제47조의2에 따라 법정신고기한까지 신고하지 않은 납부세액과 그 가산세액을 적습니다.
- 부정행위에 따른 부당 무신고가산세: 납부세액의 40%,-그 외 일반 무신고가산세: 납부세액의 20%
  ※ 법정신고기한이 지난 후 1개월 이내에 기한 후 신고·납부한 경우 가산세액의 50%, 1개월 초과 6개월 이내 20% 감면

(71)·(72):「국세기본법」 제47조의3에 따라 과소신고한 납부세액 또는 초과신고한 환급세액과 그 가산세액을 적습니다.
- 부정행위에 따른 부당 과소·초과환급신고 가산세: 납부세액의 40%,-그 외 일반 과소·초과환급신고 가산세 납부세액의 10%
  ※ 법정신고기한이 지난 후 6개월 이내에 수정신고한 경우 가산세액의 50%, 6개월 초과 1년 이내 20%, 1년 초과 2년 이내 10% 감면

(73): 「국세기본법」 제47조의4에 따라 납부하지 않거나 미달하게 납부한 세액 및 환급신고해야 할 환급세액을 초과한 환급세액과 그 가산세액을 적으며, 가산세율은 $\dfrac{22 \times (경과일수)}{100,000}$ 입니다.
  ※ 경과일수는 당초 납부기한의 다음 날부터 납부일까지 또는 환급받은 날의 다음 날부터 납부일까지의 기간의 일수를 말합니다.

(74): 영세율이 적용되는 과세표준을 신고하지 않거나 미달하게 신고한 경우 그 공급가액과 세액을 적습니다.

(75): 현금매출명세서를 제출해야 할 사업자가 그 명세서를 제출하지 않거나 사실과 다르게 적은 경우 그 공급가액과 세액을 적습니다.

(76): 부동산임대공급가액명세서를 제출해야 할 사업자가 그 명세서를 제출하지 않거나 사실과 다르게 적은 경우 그 공급가액과 세액을 적습니다.

(77): 「조세특례제한법」 제106조의4 제7항 및 제106조의9 제6항에 따라 금지금 및 구리 스크랩등 거래계좌를 사용하지 않고 결제받은 경우 그 가산세액을 적으며, 가산세율은 제품가액의 100분의 10에 해당하는 금액입니다.

(78): 「조세특례제한법」 제106조의4 제8항 및 제106조의9 제7항에 따라 거래시기에 부가가치세액을 거래계좌에 입금하지 않은 경우 공급일(공급일이 세금계산서 발급일보다 빠른 경우 세금계산서 발급일)의 다음 날부터 부가가치세 입금일까지 기간에 대한 가산세액을 적으며, 가산세액은 지연입금액 $\times \dfrac{22 \times (경과일수)}{100,000}$ 입니다.

Tip 유의사항

1. 예정신고누락분을 반영하는 경우 매출처별세금계산서합계표불성실가산세, 신고불성실가산세, 납부지연 가산세, 영세율과세표준신고불성실가산세가 적용된다.

2. 매출처별세금계산서 합계표 제출 불성실 가산세

구분	사유	가산세
미제출	매출처별세금계산서 합계표 미제출 ☞ 제출기한이 경과 후 1개월 이내에 제출하는 경우 해당 가산세의 50% 감면함.	공급가액 × 0.5%
부실기재	거래처별 등록번호 또는 공급가액의 전부 또는 일부가 기재되지 않았거나 사실과 다른 경우 ☞ 착오는 제외	공급가액 × 0.5%
지연제출	매출처별세금계산서 합계표 지연제출	공급가액 × 0.3%

3. 신고불성실가산세 = 미납세액 × 10%(무신고: 20%) × 50%(법정신고기한 경과후 6개월 이내에 수정신고시)

4. 납부지연가산세 = 미납세액 × 2.2/10,000 × 지연일수(법정신고기한 다음날 ~ 자진납부일까지)
   * 2023.02.14. 이전 2.5/10,000

5. 영세율과세표준신고불성실가산세 = 무신고, 과소신고, 서류미제출 공급가액 × 0.5% × 50%(법정신고기한 경과후 6개월 이내에 수정신고시)

6. 매입처별세금계산서합계표 제출불성실 가산세

매입세금계산서 지연수취	공급가액 × 0.5%
합계표의 미제출·부실기재로 경정시 세금계산서 등에 의하여 매입세액 공제 받는 경우	공급가액 × 0.5%
합계표, 신용카드매출전표수령명세서의 공급가액을 과다기재하여 매입세액 공제 받은 경우	공급가액 × 0.5% ※ 세금계산서를 과다발급받아 합계표에 반영하여 신고한 경우: 공급가액 과다수취가산세 2% 적용

(27) 차가감하여 납부할 세액(환급받을 세액)

환급세액이 발생한 경우에는 금액 앞에 (△), 전산출력의 경우 (-)표시를 한다.

② 국세환급금 계좌신고	거래은행		은행	지점	계좌번호	
③ 폐업 신고	폐업일			폐업 사유		
④ 영세율 상호주의	여[ ] 부[ ]	적용구분		업종		해당 국가

⑤ 과세표준 명세					「부가가치세법」 제48조·제49조 또는 제59조와 「국세기본법」 제45조의3에 따라 위의 내용을 신고하며, 위 내용을 충분히 검토하였고 신고인이 알고 있는 사실 그대로를 정확하게 적었음을 확인합니다.
업 태	종목	생산요소	업종 코드	금 액	년 월 일
(28)					신고인: (서명 또는 인)
(29)					세무대리인은 조세전문자격자로서 위 신고서를 성실하고 공정하게 작성하였음을 확인합니다.
(30)					세무대리인: (서명 또는 인)
(31) 수입금액 제외					세무서장 귀하
(32) 합 계					첨부서류 뒤쪽 참조

세무대리인	성 명		사업자등록번호	
	관리번호	생년월일	전화번호	

> **Tip 유의사항**

1. 국세환급금계좌신고
   - (27)란에 "환급받을 세액"이 발생한 사업자가 기재한다.
     - 환급금 계좌는 환급금을 송금받을 본인의 예금계좌이므로 반드시 신고인 본인의 예금계좌를 적어야 한다.

2. 폐업신고
   사업을 폐업하고 확정신고하는 사업자만 기재한다(별도 폐업신고서 제출 필요 없음).
   * 사업자등록증, 폐업신고확인서(해당업종에 한함)를 첨부하여 제출
   * 폐업일
     - 사업을 실질적으로 폐업하는 날(불분명한 경우 폐업신고서 접수일)

3. 과세표준명세
   - (28) ~ (32): 과세표준 합계액 (9)을 업태, 종목별로 기재
   - 수입금액제외란은 고정자산매각, 직매장공급 등 소득세 계산시 수입금액에서 제외되는 금액을 기재함에 유의하여야 함.
   - (32) 란의 합계액이 (9)란의 금액과 일치하여야 한다.

02 세금 추징사례 (국세청보도자료)

사례 1

음식업 사업자가 모바일 어플리케이션을 이용하여 개인에게 매출한 후 그 공급가액을 신고 누락한 사례

[분석 내용]

❏ 모바일 어플리케이션을 통해 음식 주문을 받아 판매중인 배달음식 사업자 A는
　- 개인 소비자에게 음식을 판매하고 신용카드 외에 현금으로 대금을 결제받음.
　- 사업자와 A가 어플리케이션 업체에게 지급한 수수료 관련 매입세금계산서 내역 등을 검토한 결과,
　- 지급한 수수료에 비해 부가가치세 신고 매출액이 현저히 적어 신고 누락에 대해 성실신고 사전안내함.

[조치 결과]

❏ 월별 판매수수료 정산내역, 신용카드·현금영수증 발행내역, 부가가치세 신고내용 등을 확인한 결과,
　- 현장에서 소비자로부터 현금결제 받은 매출액을 신고 누락한 것으로 확인되어 가산세와 함께 부가가치세를 추징함.

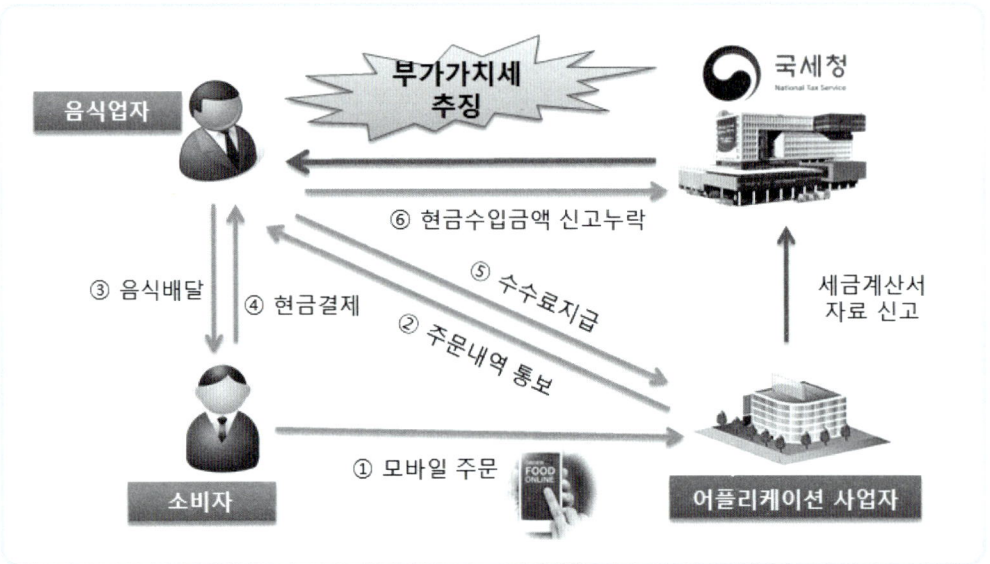

> **사례 2**
>
> 부동산 임대업을 영위하는 사업자가 사업과 관련 없는 사적사용 비용을 매입세액으로 공제받은 사례

[분석 내용]
- ❏ 부동산 임대업을 운영하는 법인사업자 B는
  - 부가가치세 신고 시, 사업용으로 등록한 신용카드 외에 개인 신용카드로 결제한 금액을 그 밖의 신용카드 사용액으로 매입세액 공제함.
- ❏ 신용카드 사용내역을 분석한 결과, 사업과 관련 없는 사용 내역을 매입세액으로 공제하였음을 확인함.

[조치 결과]
- ❏ 개인 신용카드 구매처 업종 및 사용내역 등을 확인한 결과
  - 음식·의료·잡화 등 임대사업과 관련 없이 개인적으로 사용한 매입금액으로서
  - 공제받을 수 없는 매입세액을 잘못 공제받은 사실을 확인하여 법인사업자 B에 대해 가산세와 함께 부가가치세를 추징함.

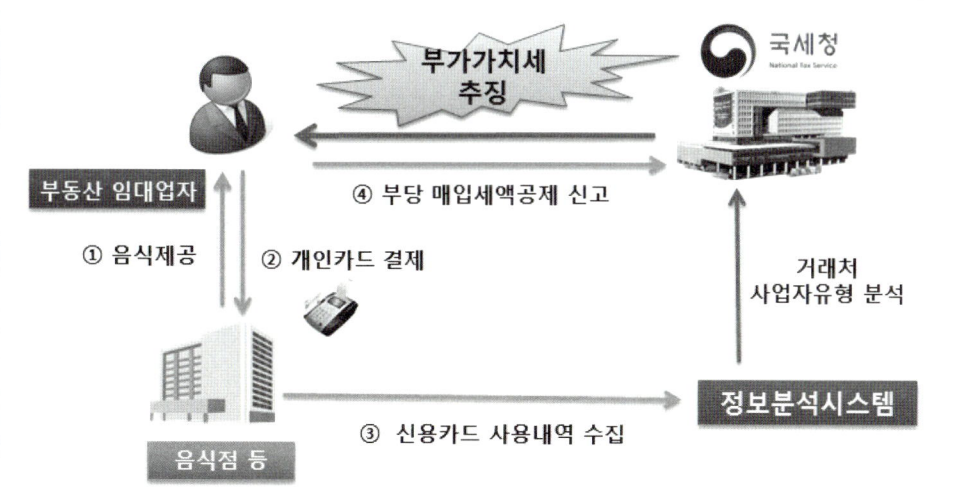

> **사례 3**
>
> 소방시설 건설업자가 개인 또는 면세사업자(원룸)에 용역을 공급하고 세금계산서 미발행한 후 신고 누락한 사례

[분석 내용]

❏ 소방시설 건설업을 영위하는 사업자 C는 개인주택 및 원룸 등에 소방시설을 전문적으로 설치하는 자로서
- 소방시설 착공 및 완공 자료와 부가가치세 신고내용을 확인한 바, 과세표준 과소신고 혐의 있는 것으로 확인됨.

[조치 결과]

❏ 건축주가 비사업자 또는 면세사업자인 공사에 대해 세금계산서를 발행하지 않고 부가가치세 신고를 누락한 사실이 확인되어 가산세와 함께 부가가치세를 추징함.

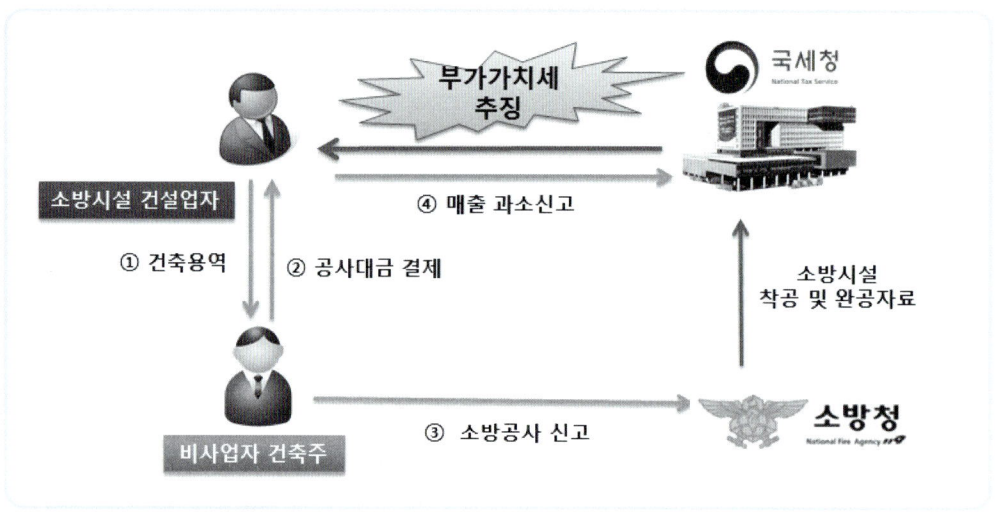

> **사례 4**
> 폐기물 운반·처리업체의 매출 누락 여부를 검증하여 과소신고분에 대해 부가가치세를 추징한 사례

[분석 내용]

❑ D는 폐기물을 수집하여 운반·처리하는 업체로
  - 한국환경공단의 올바로시스템 사이트에 집계되는 폐기물 운반·처리실적을 수집하여 검토한 결과,
  - 폐기물 배출업자가 세금계산서를 발행하지 않은 처리건에 대하여 부가가치세 신고를 누락한 혐의가 있는 것으로 확인됨.

[조치 결과]

❑ 폐기물 운반·처리실적에 의해 수입금액을 환산하여 검증한 결과, 매출을 과소하게 신고한 사실을 확인하고 가산세와 함께 부가가치세를 추징함.

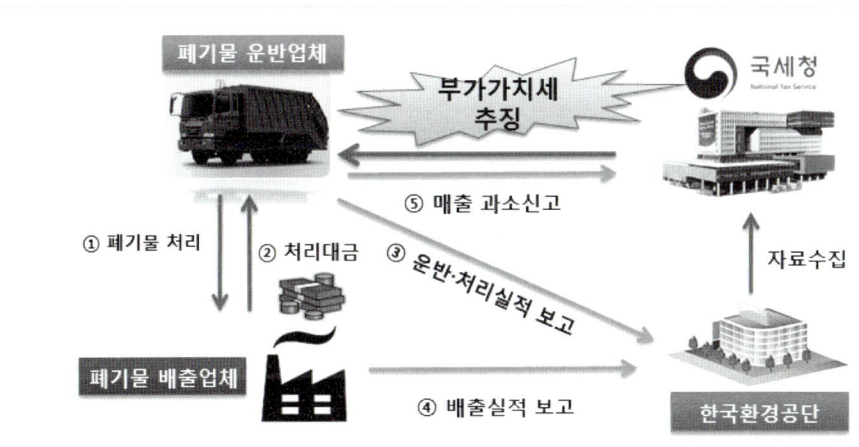

사례 5

부동산중개업자가 중개수수료를 할인해주면서 그 대가로 현금영수증을 발급하지 않고 관련 매출을 신고 누락

[분석 내용]
❑ 부동산 중개업을 영위하는 공인중개사 A는
- 사업자가 아닌 일반 개인에게 중개서비스를 제공하면서 관련 중개수수료가 10만원을 초과하는 경우 의무적으로 현금영수증을 발행해야 함에도,
- 중개수수료를 할인해주는 대가로 현금영수증을 발급하지 않고 매출액을 신고 누락한 혐의가 있어 확인 대상으로 선정함.

[조치 결과]
❑ 부동산 실거래가 신고자료, 신용카드·현금영수증 발행내역 등을 구체적으로 확인한 결과
- 현금 매출액을 신고 누락한 것으로 확인되어 공인중개사 A에 대해 가산세와 함께 부가가치세를 추징함.

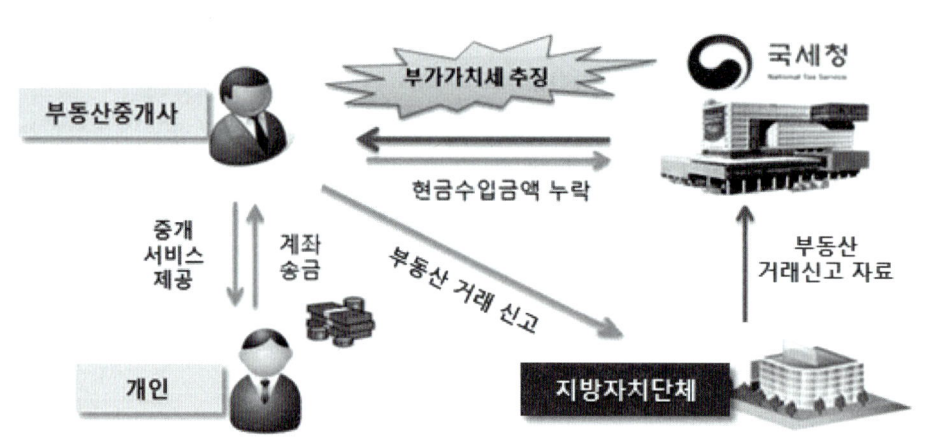

사례 6

게임방을 영위하는 사업자가 최종 소비자에게 게임 이용 서비스를 제공한 후 공급가액을 신고 누락한 사례

[분석 내용]
❏ 게임 이용 서비스를 제공하는 게임방 사업자 B는
- 개인 소비자에게 게임 이용 서비스를 제공하고 신용카드 외에 현금으로 대금을 결제 받음.
- 사업자 B가 게임서비스 공급회사에 지급한 수수료 관련 매입세금계산서 내역 등을 검토한 결과,
- 지급한 수수료 대비 부가가치세 신고 매출액이 현저히 적어 신고 누락에 대해 성실신고 안내함.

[조치 결과]
❏ 월별 서버 이용수수료 정산내역, 신용카드·현금영수증 발행내역, 부가가치세 신고내용 등을 확인한 결과,
- 소비자로부터 현금결제 받은 매출액을 신고 누락한 것이 확인되어 가산세와 함께 부가가치세를 추징함.

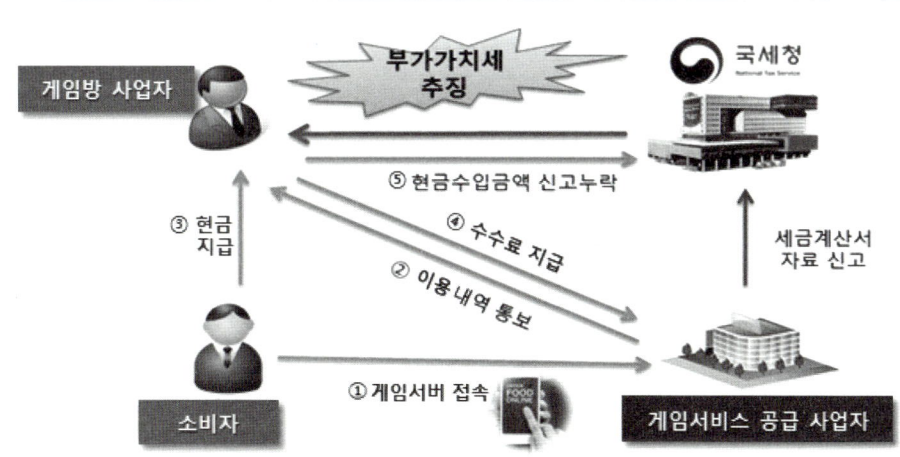

사례 7

신축 오피스텔을 매입하여 부가가치세를 환급받고 주거용으로 임대하는 등 면세로 전용한 후 신고 누락한 사례

[분석 내용]
❑ 부동산 임대업자 C는
- 신축 오피스텔을 분양받거나 매입하여 상가 임대(과세 대상) 목적으로 사업자등록을 신청하고 부가가치세를 환급받음.
- 오피스텔 과다 공급 및 경기 불황 등으로 공실이 늘어나자 주거용 임대*로 변경하면서 면세 전용에 따른 매입세액 불공제를 신고하지 않아 분석대상자로 선정함.
  * 면세사업으로 건물매입 관련 부가가치세를 환급받을 수 없음.

[조치 결과]
❑ 오피스텔 입주자 현황, 임차인 사업자 등록 여부 등을 분석한 결과 실제 주거용으로 임대한 사실이 확인되어 임대사업자 C에게 가산세와 함께 부가가치세를 추징함.

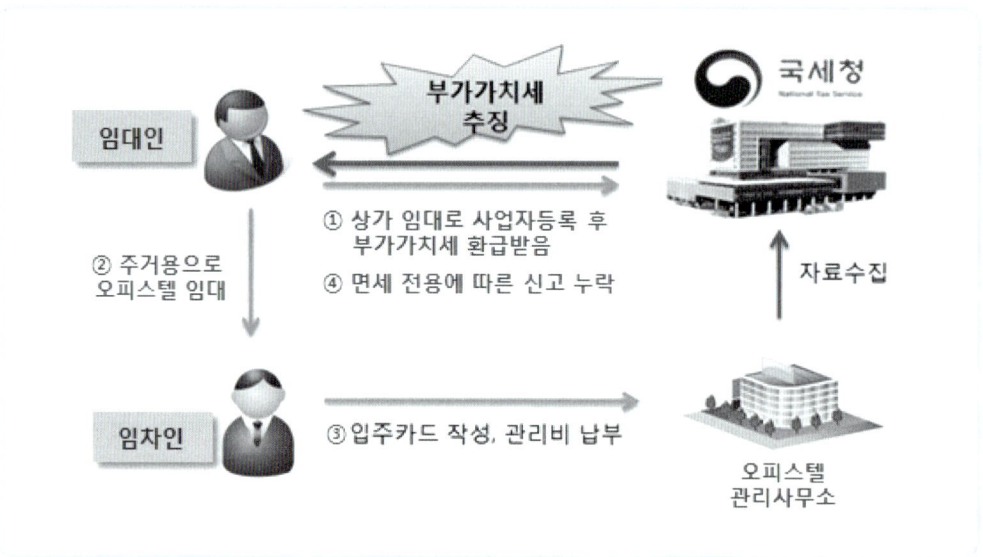

사례 8

특수관계인에게 사업장을 무상 임대하고 매출신고 누락

[분석 내용]

❑ 부동산임대업을 영위하는 사업자 A는 카페를 운영하는 아들 B에게 본인 소유 상가를 무상으로 임대하면서
- 특수관계인*에 대한 사업용 부동산의 무상 임대용역은 부가가치세 과세 대상(부가가치세법 제12조)임에도,

  * 6촌 이내 혈족, 4촌 이내 인척, 배우자, 임원과 그 밖의 사용인 등 (국세기본법 시행령 제1조의2 제1항, 제2항, 제3항 제1호)

- 일반적인 용역의 무상공급과 동일하게 과세거래가 아닌 것으로 보아, 신고 누락한 혐의

[조치 결과]

❑ 임대인과 임차인의 가족 관계 및 사업내역 등을 분석하여 세금계산서를 발행하지 않는 등 신고 내역이 없는 부동산 임대 사업자를 추출한 후,
- 임차인(특수관계인)의 개업일, 인근 임대차 시세 등을 확인하여 임대인의 부동산 임대용역 신고누락분 점검 추진

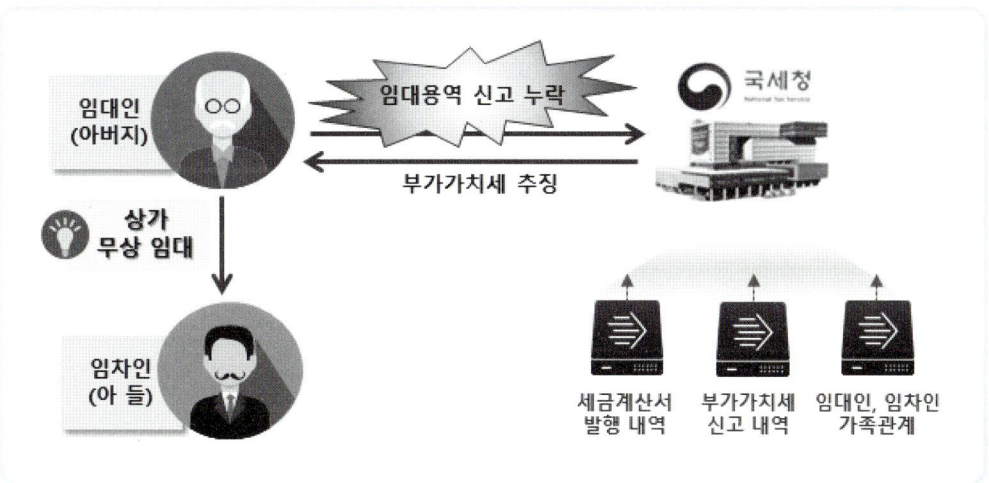

사례 9

신축 오피스텔 취득시 매입세액 환급 받은 후 임차인에게 상시 주거용으로 임대한 경우 환급세액 추징

[분석 내용]

❏ 오피스텔 임대사업자 C는
  - 신축 오피스텔을 구입한 후 구입대금의 10%를 매입세액으로 신고하여 부가가치세를 환급받음.
  - 오피스텔을 사업용으로 임대해야 부가가치세를 환급받을 수 있음에도 이를 면세인 주거용으로 임대하고 부가가치세 신고 시에는 매출실적이 없는 것으로 신고함.

[조치 결과]

❏ 임대사업장 전입세대의 주민등록 내역, 전기 사용내역 수집 및 분석을 통해 주거용 임대로 면세전용한 임대사업자 선정
  - 주거용 임대 사실 및 시기를 확인하여 당초 부당하게 환급받은 부가가치세 추징 추진(부가가치세법 제39조 제1항 제7호)

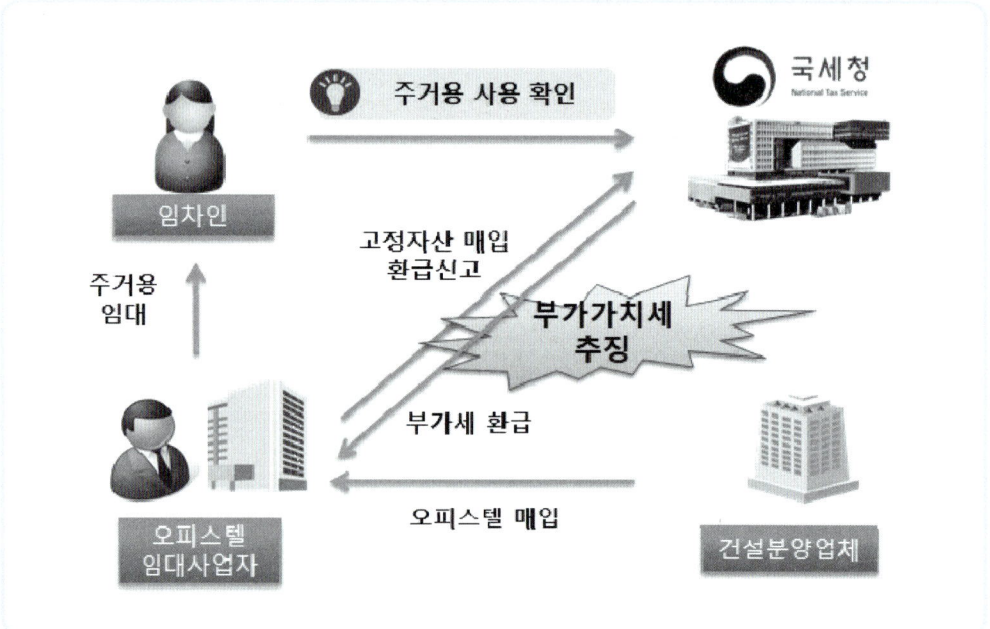

사례 10

빅데이터를 활용한 재활용폐자원 매입세액 부당공제 혐의자 추출

[분석 내용]
- 사업자 D씨는 재활용폐자원 도매업자로서 미등록 사업자로부터 고액의 폐자원을 매입하며 세금계산서를 수취하지 못하여 매입세액을 공제 받지 못하게 되자,
- 친·인척, 사망자 등의 인적사항을 차용(도용)하여 정상거래로 위장한 후 부당하게 공제받은 혐의가 있는 것으로 분석
  * (관련법령) 조세특례제한법 제108조 (재활용폐자원 등에 대한 부가가치세 매입세액 공제특례)

[조치 결과]
- 친·인척 및 사망자, 해외출국자, 군복무자 등으로부터 고액 매입거래가 있는 부당공제 혐의자를 선정하고,
  - 매입거래자의 소득 수준, 연령, 거주지, 재산 등의 자료를 연계분석하여 고액 탈루 혐의자 대상 점검 추진

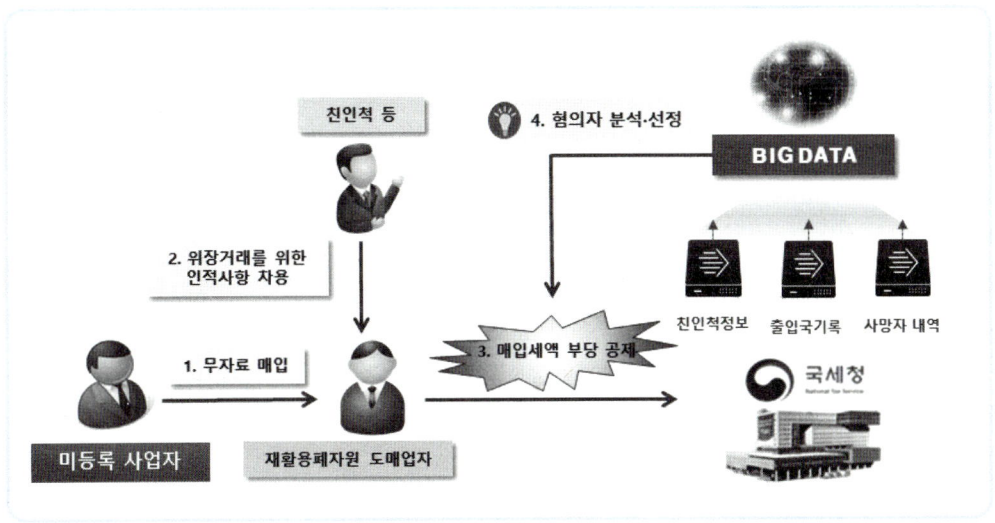

사례 11

고철 도·소매 사업자가 철·구리 스크랩 거래시 전용계좌를 미사용한 경우 매입세액 불공제

[분석 내용]

❑ 매입자납부제도 도입 이후 철·구리 스크랩 등 적용대상 품목을 거래하는 사업자는 전용계좌를 사용하여 대금을 결제해야함에도
  - 전용계좌를 사용하지 않고 거래한 사업자가 있는 것으로 분석
  * (관련법령) 조세특례제한법 제106조의9 (스크랩등에 대한 부가가치세 매입자 납부특례)

[조치 결과]

❑ 빅데이터 분석을 통해 전자세금계산서 품목이 철·구리 스크랩임에도 전용계좌를 사용하지 않은 거래 추출·점검 추진
  - (업종, 품목명 분석) 고철 도·소매업자의 전자세금계산서 품목과 전용계좌 거래내역 비교 분석
  - (거래처 전용계좌 사용률 분석) 매출에 대한 전용계좌 입금율이 99% 이상인 사업자의 매입내역을 분석하여 전용계좌 미사용자 추출
  - (전용계좌 이상거래 분석) 전용계좌 입·출금 내역이 한쪽만 존재하거나, 한쪽 거래만 과다한 사업자의 전자세금계산서 거래내역 비교 분석

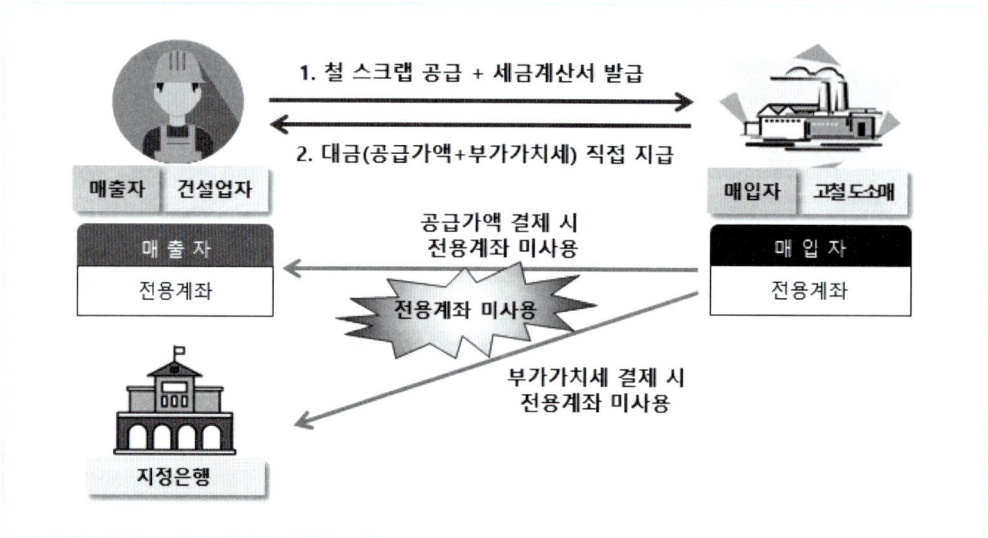

> **사례 12**
>
> 오피스텔 신축 판매업자가 분양 수입금액을 면세(주택)로 신고하여 부가가치세 탈루

[분석 내용]

❑ 건물을 신축·판매하는 사업자 A는 도시형 생활주택(면세)과 오피스텔(과세)이 함께 소재한 복합건물을 분양하면서
- 오피스텔 분양은 부가가치세 과세대상에 해당되는 데도, 도시형 생활주택과 동일하게 국민주택 공급으로 보아 면세매출로 신고한 혐의가 있어 확인 대상으로 선정함.

> • 조심 2017서991(17.12.20. 심판관합동회의)
> 부가가치세가 면제되는 국민주택(조특법 §106①4)은 「주택법」에 따른 주택에 한하는 것으로, 오피스텔은 해당하지 않음.

[조치 결과]

❑ 지방자치단체로부터 건축물 준공자료를 수집·분석하여 과세 매출이 없는 신축 판매업자를 추출한 후
- 건축물대장에 오피스텔로 등재되어 있는 호수의 소유권 변동이력을 확인하여 분양분에 대한 부가가치세 △△억원 추징

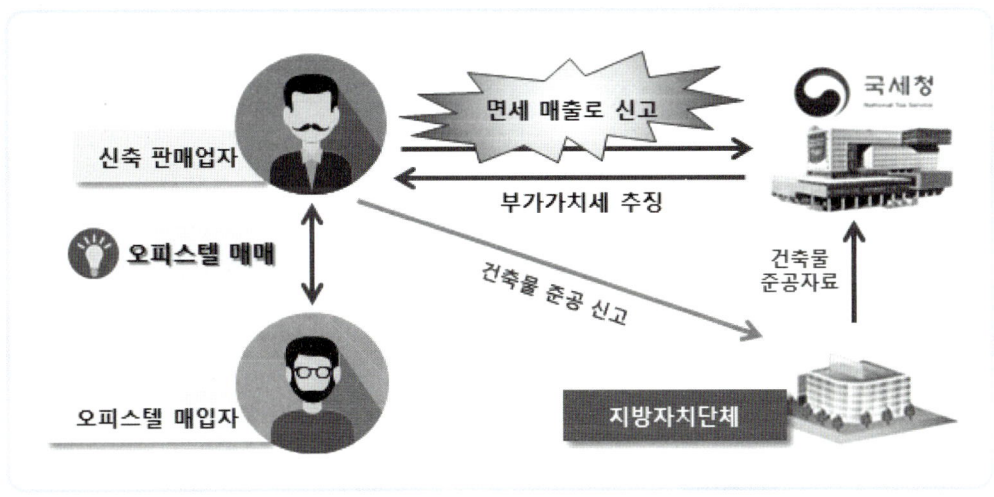

사례 13
토지와 건물을 일괄로 양도하면서 매매가액을 임의로 구분하여 부가가치세 탈루

[분석 내용]
- 사업자 B는 사업에 사용하던 건물(과세)과 토지(면세)를 일괄로 양도하면서 매매가액을 안분하여 부가가치세를 신고하였으나
  - 건물가액이 상대적으로 낮아 매매가액을 임의로 구분하여 부가가치세를 과소 신고한 혐의가 있어 확인 대상으로 선정

> • 부가가치세법 제29조【과세표준】제9항 제2호 ('18.12.31. 개정)
> 사업자가 실지거래가액으로 구분한 토지와 건물 등의 가액이 대통령령*으로 정하는 바에 따라 안분 계산한 금액과 100분의 30 이상 차이가 있는 경우 그 안분 계산한 금액을 공급가액으로 한다.
> * (부가세법 시행령 제64조) 기준시가 내지 감정가액 등

[조치 결과]
- 부가가치세 신고내역과 (세금)계산서 등을 분석하여 토지·건물을 일괄 양도한 사업자를 추출한 후 건축물대장·등기부등본 상 정보를 통해 기준시가 비율을 계산하고
  - 실지거래가액을 건물 기준시가로 안분한 매매가액과 대사하여 30/100 이상 차이나는 사업자에 대해 부가가치세 △억원 추징

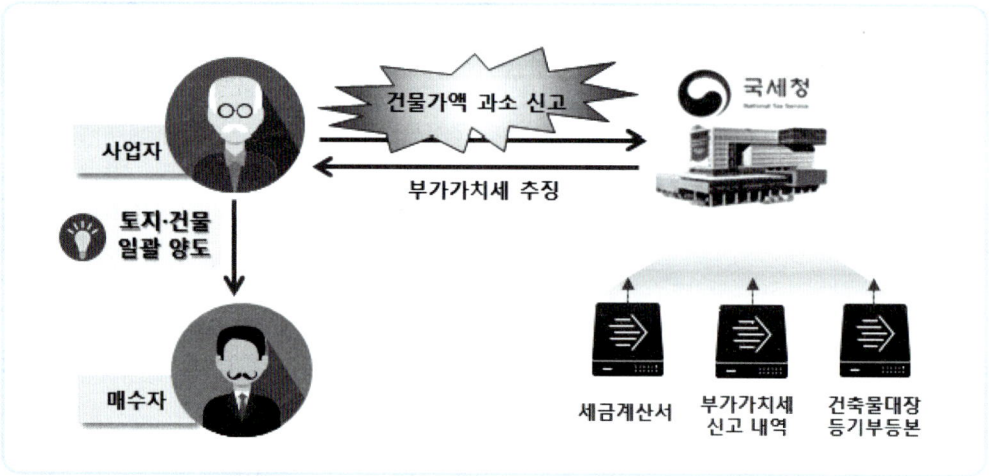

> **사례 14**
> 약국 사업자가 일반의약품 등 비보험 대상 물품을 판매하고 부가가치세 신고 누락

[분석 내용]
❏ 약국을 운영하는 사업자 C는 양약(과세)과 조제약(면세)을 판매하면서 면세수입을 포함하여 부가가치세를 신고하였으나
  - 신용카드 매출의 대부분이 면세로 확인되어 양약 판매 등 과세대상을 면세로 신고한 혐의가 있어 확인 대상으로 선정

[조치 결과]
❏ 국민건강보험공단으로부터 수집한 보험급여 지급 자료와 부가가치세 면세 수입금액 신고 자료를 근거로 신용카드 면세분 매출금액을 확정한 후
  - 면세 수입금액을 초과하여 신고한 면세분 신용카드 매출금액을 과세 매출 누락으로 확인하여 부가가치세 △억원 추징

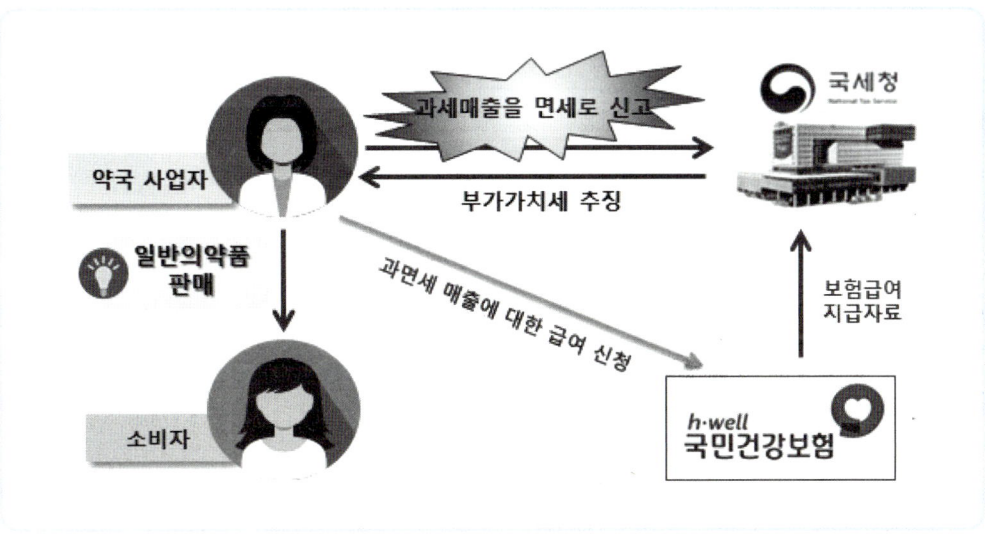

> **사례 15**
> 내국신용장 개설 없이 하도급 계약에 따라 공급한 재화를 영세율 적용 신고하고 환급받은 부가가치세 추징

[분석 내용]
❑ 건설자재 등을 제조하는 국내사업자 D는
 - 해외건설 사업을 수주한 국내사업자 E와 하도급 계약을 체결하고 내국신용장(구매확인서) 개설 없이 해외건설 현장에 건설 자재를 납품한 후
 - 국외용역에 대한 대가를 수취한 E로부터 자재 공급대가를 외화로 지급받고 영세율을 적용하여 부가가치세 신고

[조치 결과]
❑ 국내사업자 D와 E의 물품거래는 구매확인서(내국신용장)를 개설하지 않고 이루어진 국내거래로 영세율 적용 대상이 아니므로 가산세와 함께 부가가치세 △억원 추징

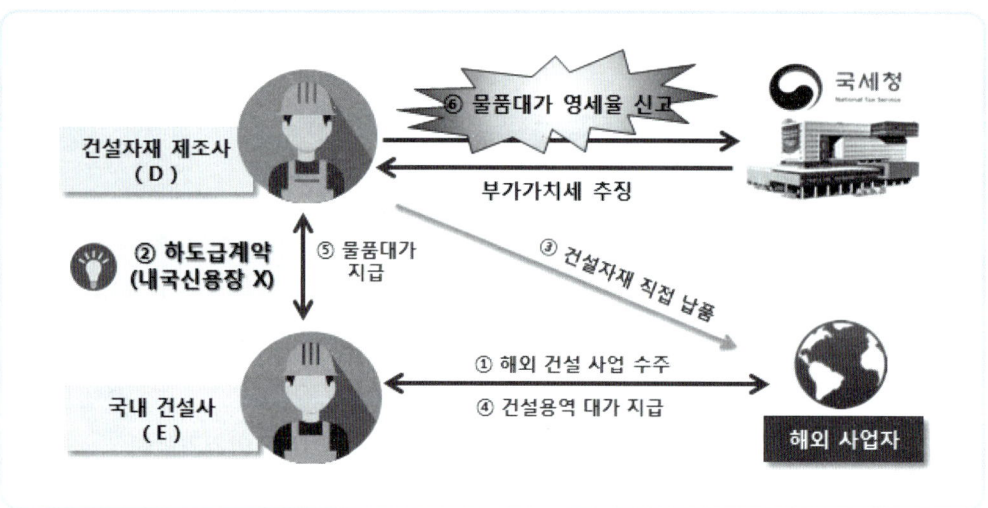

사례 16

여행알선업체가 관광객이 부담한 여행경비의 매입세액을 공제하여 부가가치세 추징

[분석 내용]

❑ 사업자 F는 여행을 주선하는 알선 서비스를 제공하고 관련 수수료 수입을 부가가치세 매출로 신고하면서
  - 관광버스비, 숙박비, 식대 등 여행객 관련 비용을 사업 관련 비용으로 보아 매입세액으로 공제

> • 부가가치세법 기본통칙 39-0-1【여행업의 매입세액 공제 범위】
>   관광진흥법에 의한 여행업을 영위하는 사업자의 과세표준은 여행 알선용역을 제공하고 받는 수수료이므로 여행알선용역의 공급에 직접 관련되지 아니한 관광객의 운송·숙박·식사 등에 따른 매입세액은 매출세액에서 공제하지 아니한다.

[조치 결과]

❑ 사업자 F가 신고 시 제출한 매입세금계산서·신용카드수취명세서 등을 분석하여 거래 상대방의 업종을 확인한 후
  - 관광버스비, 숙박비, 식대 등 여행객과 관련하여 공제받은 매입세액을 부인하고, 가산세와 함께 부가가치세 △억원 추징

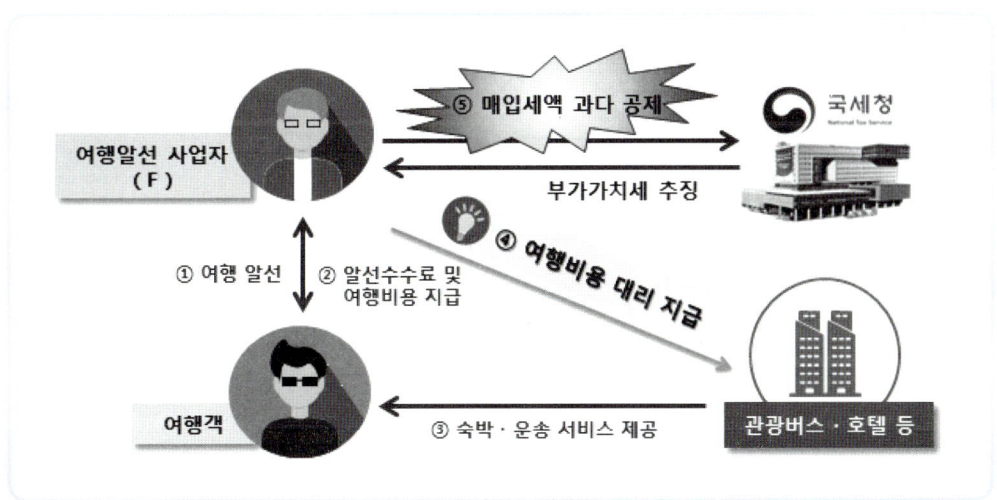

사례 17

스마트폰 앱을 통해 화물 알선 용역 제공하고 지급받은 알선수수료를 신고 누락하는 사례

[분석 내용]

❏ 화물운송 알선업을 영위하고 있는 사업자 A는 스마트폰 앱(App)을 통해 화물 운송의뢰 내용을 화물정보망에 등록,
  - 운송업자는 화물정보망에 접속하여 운송의뢰 건을 선택한 후, 화물운송 용역을 제공하고, 화주로부터 대금을 수령함.
  - 또한, 화물정보망 사업자는 운송업자가 선택한 운송의뢰 건을 중개한 알선업자(A)에게 알선(중개)수수료 지급을 정산 대행함.
  - 알선(중개)수수료는 알선업자와 운송업자 간에 세금계산서를 수수해야 하나 신고누락한 혐의가 있어 확인대상으로 선정

[조치 결과]

❏ 지방자치단체로부터 화물 알선업 인허가 사업자 현황을 파악하고, 화물정보 앱(App) 운영 사업자로부터 알선 사업자에게 지급(정산)한 알선수수료 지급자료를 수집하여,
  - 화물 알선수수료에 대해 세금계산서를 미(과소)발행하고 신고 누락한 사업자에 대해 부가가치세 ○억 원 추징

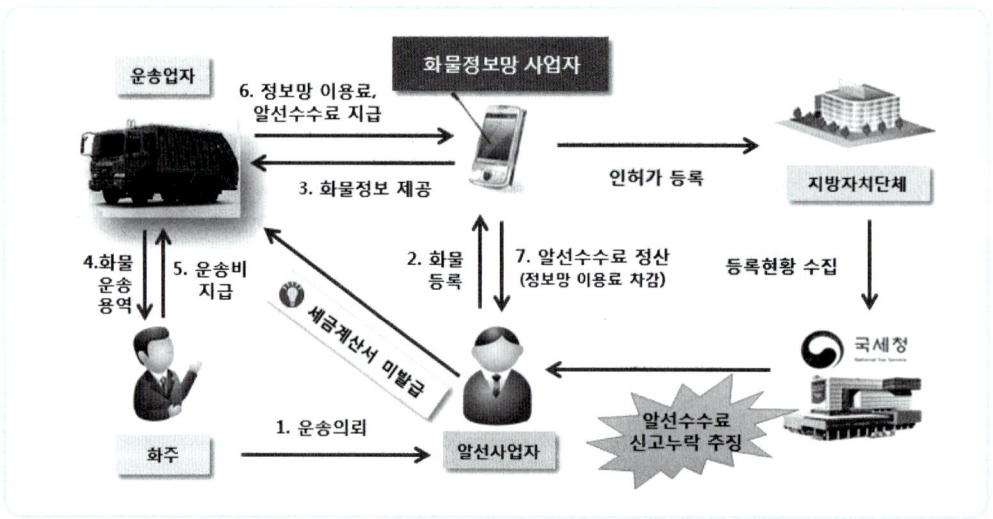

사례 18

비영리법인이 임대 매출액을 신고 누락하는 사례

[분석 내용]

❑ 고유목적 교육사업을 영위하는 비영리 사단법인 B는 보유 중인 토지를 주차시설 사업자에게 임대하였으나
  - 부동산 임대용역을 고유목적 사업으로 보아 부가가치세 신고를 누락한 혐의가 있어 확인 대상으로 선정함.

> • 부가가치세법 기본통칙 26-45-2【공익단체의 계속적 수익사업】
>   주무관청에 등록된 영 제45조에 따른 종교 등 공익단체의 경우에도 다음 예시하는 경우와 같이 계속적으로 운영관리하는 수익사업과 관련하여 공급하는 재화 또는 용역에 대하여는 면세하지 아니한다.
>   1. 소유부동산의 임대 및 관리사업.

[조치 결과]

❑ '학교알리미'에서 관리 중인 사립학교 결산자료를 수집하여 부동산 임대수입 내역이 있는 비영리 법인을 대상으로,
  - NTIS 신고자료와 비교·분석하여 고액 임대수입액을 신고누락한 비영리법인에 대해 ○억 원 추징

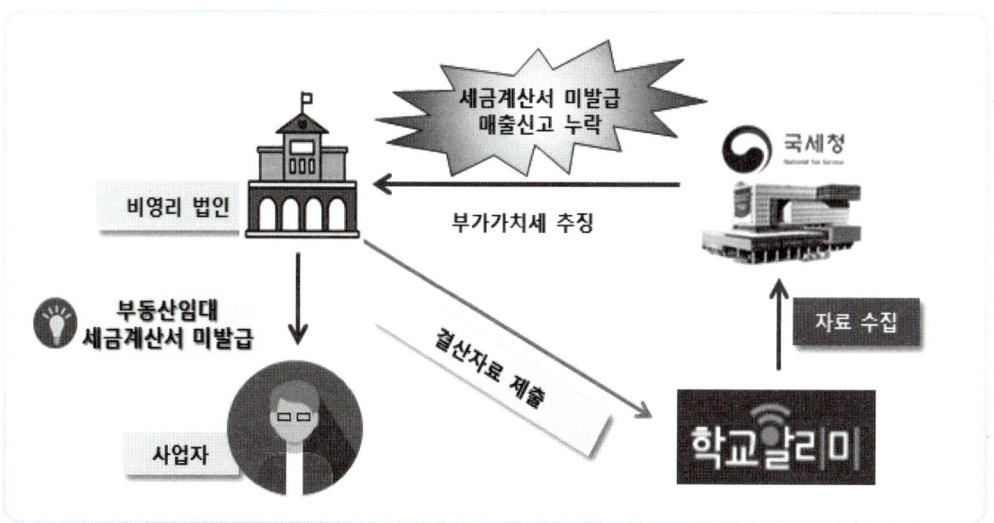

사례 19

건설업체가 오피스텔을 시공하며 건설용역 대가를 면세수입금액으로 보아 매출액을 신고 누락한 사례

[분석 내용]

❏ 건설업체 ㈜C는 공동주택(면세)과 오피스텔(과세)이 함께 소재한 복합건물을 건설시공하면서
  - 오피스텔 건설시공 용역은 부가가치세 과세 대상임에도, 공동주택과 동일하게 국민주택에 해당한다고 보아 면세매출로 신고한 혐의가 있어 확인 대상으로 선정함.

[조치 결과]

❏ 지방자치단체로부터 건축물 준공자료를 수집·분석하여 오피스텔이 포함된 건물의 건축주 및 건설사를 추출한 후,
  - 건축물대장상 공동주택·오피스텔 등재내역을 확인하여 건설시공사의 오피스텔 건설용역 신고누락분 ○억 원 추징

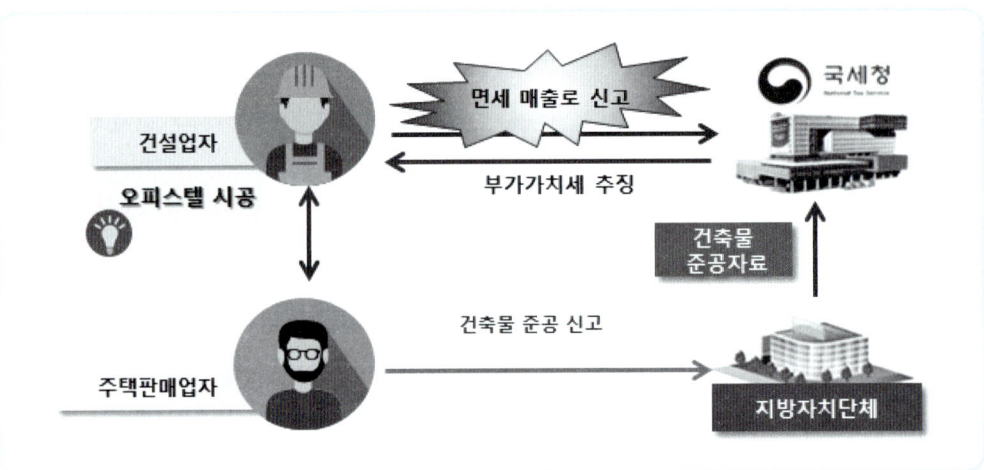

사례 20

농작물 재배사형 태양광 발전업체가 재배사 설치공사 관련(면세) 매입세액을 전액 공제 받아 부가가치세 탈루

[분석 내용]
- 태양광 발전 사업을 영위하는 법인 D는 건설업자로부터 농작물 등 재배사 건축 관련 매입세금계산서를 수취하고 고정자산매입비용으로 부가가치세 환급 신고함.
  - 세금계산서 품목명에 'OO리 재배사건축'으로 표기되어 있어 재배사형 태양광시설* 투자임을 판단하고 현장확인 함.
    * 재배사형 태양광 시설은 농작물이나 곤충사육장등의 시설을 설치하여 과면세 매출이 동시에 발생하므로 매입 중 면세관련 매입 여부 확인이 필요함.

[조치 결과]
- 현장확인 결과 태양광 패널 설치 없이 재배사 골재시설만 설치된 상태로 농작물 재배 등의 면세사업 관련 매입임을 확인하고 매입세액 부인하여 부가가치세 ○억 원 추징

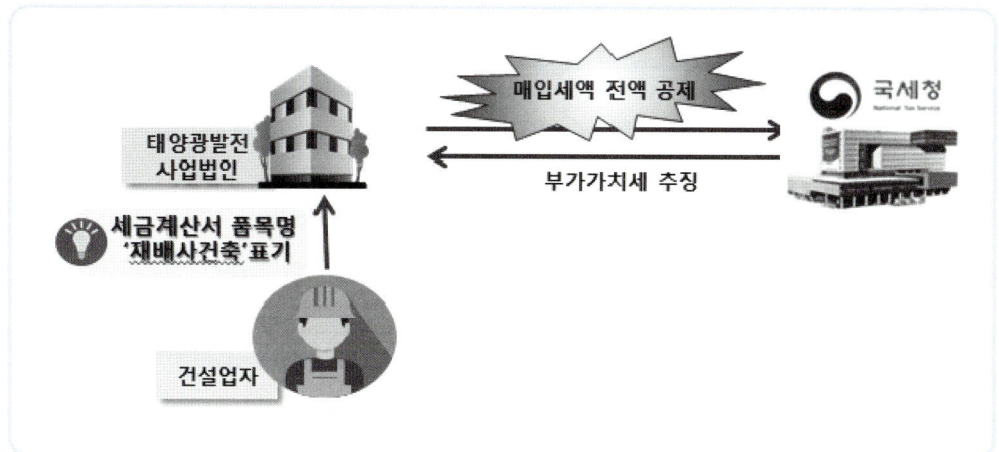

사례 21

국내에서 비거주자 및 외국법인에게 제공한 용역대가를 원화로 수령후 영세율 매출로 신고하여 부가가치세 탈루

[분석 내용]
- 사업자 E는 행사대행업을 영위하는 사업자로, 해외 명품브랜드 법인의 VIP고객 초청 국내행사와 관련하여
  - 국외 VIP고객(비거주자)에게 의전대행 용역을 제공하고 해외법인으로부터 직접 원화로 수령한 용역대금을 영세율 매출로 부가가치세 신고
  * 외화획득 용역의 공급 등 영세율 적용(부가법§24)은 국내에서 국내사업장이 없는 비거주자 또는 외국법인에 공급되는 용역으로서 그 대금을 외국환은행에서 원화로 받아야 함(외국환은행에서 매각)

[조치 결과]
- 해외법인과의 용역제공 계약서 및 외화매입증명서, 송금장, 대금청구서 등 대금 증빙자료 등을 요청하여 검토결과,
  - 외국환 은행에서 원화로 받거나 외화를 직접 송금받아 외국환은행에 매각하는 방법이 아닌 직접 원화로 입금 받은 것으로 영세율매출이 아닌 것을 확인하여 부가가치세 ○억 원 추징

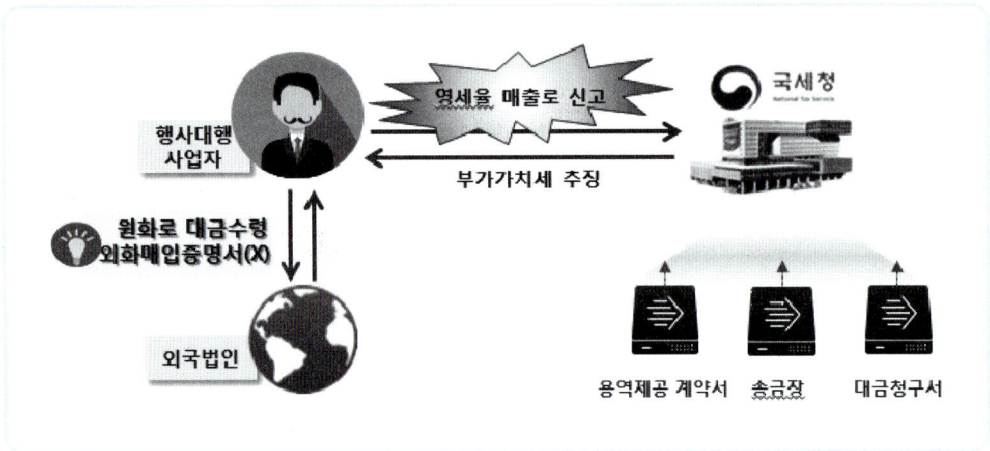

사례 22

업무와 무관한 개인적 소송비용을 사업장 관련 매입세액으로 잘못 신고하여 부당하게 공제받은 사례

[분석 내용]
- 제조업을 운영하는 법인사업자 A는 임원의 형사소송비용을 대납하면서 법무법인으로부터 세금계산서를 수취하고, 관련 부가가치세를 사업 관련 매입세액으로 보아 공제 신고함.
- 임원의 개인적 소송비용을 대납하면서 세금계산서를 수취한 경우 사업과 관련없는 비용으로 관련 매입세액은 불공제 대상임에도 공제 대상으로 잘못 신고하여 분석대상자로 선정함.

[조치 결과]
- 부가가치세 신고서, 세금계산서 발행내역, 소송대리자료를 기반으로 빅데이터 분석한 결과,
  - 소송당사자와 세금계산서 수취자가 서로 상이하고, 도로교통법위반(음주운전) 등 사업과 관련없는 형사사건임이 확인되어 사업자 A에게 가산세와 함께 부가가치세를 추징함.

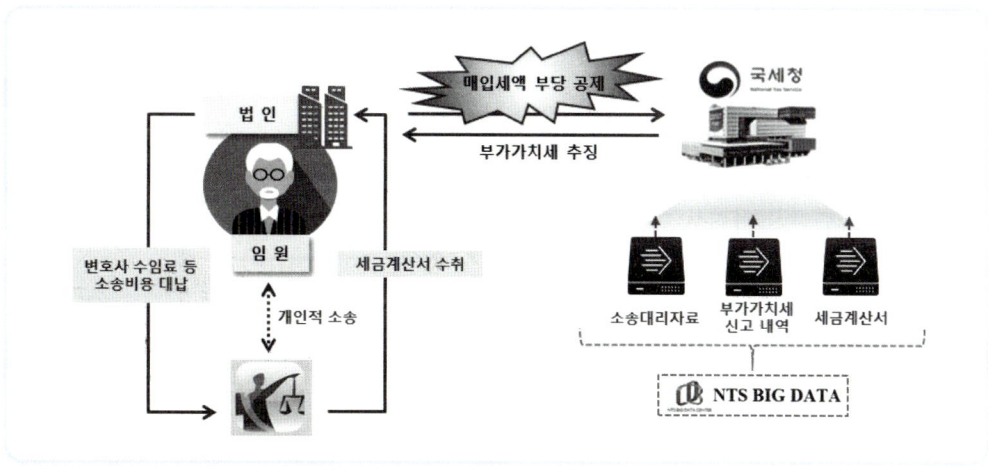

사례 23
국내 사업장이 없는 외국법인에 전문서비스 용역을 제공하면서 면세 상호주의 고려 없이 무조건 영세율 매출로 신고한 사례

[분석 내용]
- 경영 컨설팅업을 영위하는 사업자 B는 국내 사업장이 없는 헝가리 소재 외국법인에게 경영 컨설팅 용역을 제공하면서 외화를 획득하는 용역의 공급으로 보아 영세율 매출로 신고함.
- 국내 사업장이 없는 외국법인에게 경영컨설팅 등 전문서비스 용역을 제공하면서 영세율을 적용받으려면 상대방 국가에서 우리나라의 거주자 등에 대해 동일하게 면세(면세 상호주의)*를 적용해야함.
  * 부가가치세법 제24조 제1항 제3호 및 같은 법 시행령 제33조 제2항 제1호
  - 사업자 B는 외국법인이 소재한 헝가리가 면세 상호주의 국가가 아님에도 영세율 적용이 가능한 것으로 오인하여 부가가치세 과세 매출로 신고하지 않아 분석대상자로 선정함.

[조치 결과]
- 부가가치세 신고서와 외환수취내역을 분석한 결과, 경영컨설팅 용역을 제공하면서 면세 상호주의가 적용되지 않는 국가로부터 외환을 수취한 것이 확인되어 사업자 B에게 가산세와 함께 부가가치세를 추징함.

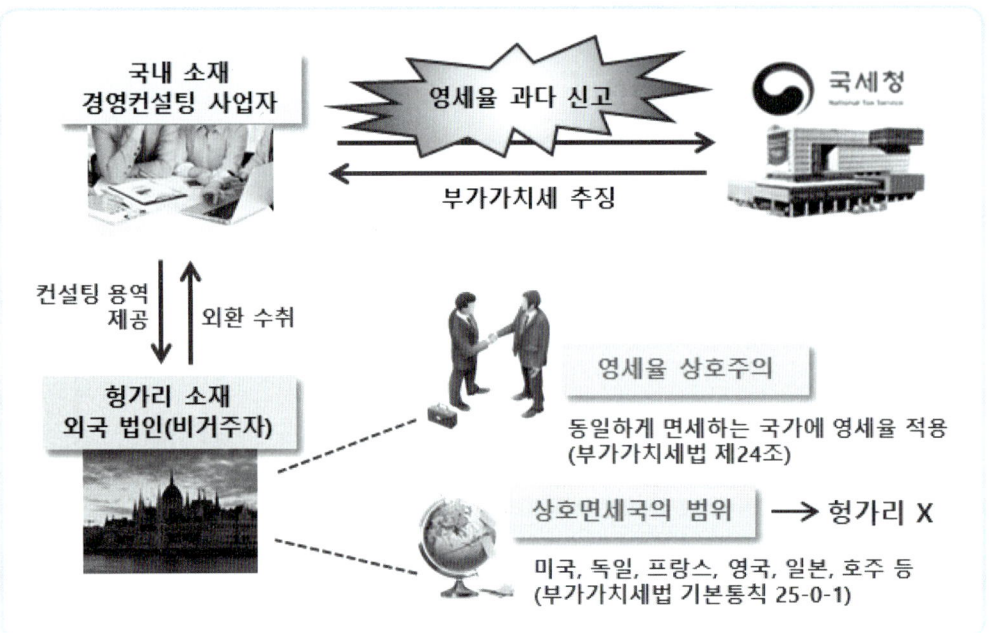

사례 24

낚시어선 운영업을 영위하는 사업자가 낚시인들로부터 현금으로 승선비를 지급받으면서 부가가치세 매출 신고를 누락한 사례

[분석 내용]
- 낚시어선을 운영하는 선주 C는 바다낚시 동호회 회원들에게 단체할인 명목으로 승선비를 현금으로 지급받거나, 개인 낚시인들에게 현금 결제를 유도하면서 관련 부가가치세를 신고하지 않음.
- 어선에 승객들을 승선시켜 가까운 연안해역 등에서 바다낚시를 할 수 있게 어선 운항 용역을 제공하는 경우, 부가가치세 과세 대상으로 매출 신고를 하여야 함에도 이를 누락하여 분석대상자로 선정함.

[조치 결과]
- 해양수산부로부터 수집한 낚시어선업 신고자료, 각 지역 해양경찰서에서 제출받은 어선별 승선인원 및 부가가치세 신고자료 등을 분석한 결과,
  - 낚시어선 운영업에 대한 사업자등록을 하지 않거나, 현금 매출 신고를 누락하는 등 세금탈루 혐의가 확인되어 선주 C에게 가산세와 함께 부가가치세를 추징함.

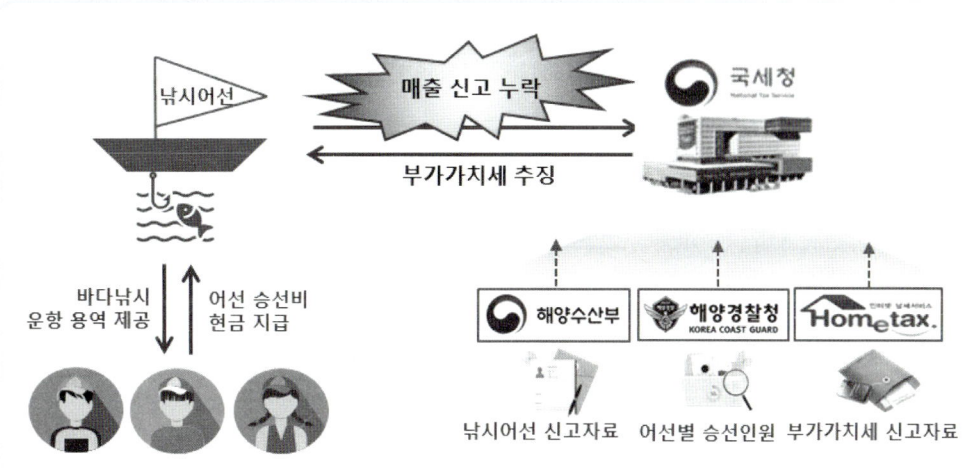

> **사례 25**
>
> 인테리어 공사업을 영위하는 사업자가 비사업자에게 할인을 명목으로 현금 결제를 유도하여 부가가치세 매출 신고를 누락한 사례

[분석 내용]
- 인테리어 공사업을 운영하는 사업자 D는 인테리어 수요가 많은 신축 대단지 아파트 입주민(비사업자)을 대상으로 공사비용 할인을 제시하면서 현금 결제를 유도하고, 관련 부가가치세를 신고하지 않음.
- 아파트 내부 구조 변경, 실내 장식, 도배 등 인테리어 공사 용역을 제공하는 경우, 부가가치세 과세대상으로 매출 신고를 하여야 하나 이를 누락하여 분석대상자로 선정함.

[조치 결과]
- 아파트 관리사무소 등으로부터 수집한 동·호수별 승강기 사용료 자료, 사용료 지급에 따른 세금계산서 발급 내역, 공사 의뢰 입주민에 대한 현금영수증 발행 여부, 부가가치세 신고자료 등을 연계 분석한 결과,
  - 인테리어 공사업자는 현금영수증 의무발행 사업자*임에도 불구하고 발행 내역이 전무하고, 비사업자 대상 세금계산서 발행 사실도 없어 매출 신고 누락으로 보아 사업자 D에게 가산세와 함께 부가가치세를 추징함.
  * 소득세법시행령 제210조의3 제11항 별표 3의3, 실내건축 및 건축마무리 공사업

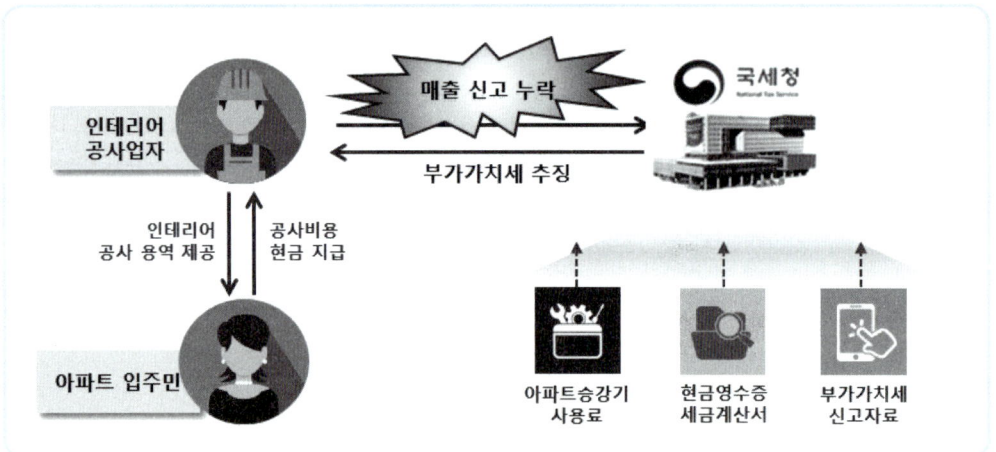

사례 26

실내 스크린골프장을 운영하는 사업자가 게임 이용료를 현금으로 지급받으면서 부가가치세 매출 신고를 누락한 사례

[분석 내용]
- 실내 스크린골프장을 운영하는 사업자 A는 현금할인 이벤트 명목으로 게임 이용료를 현금으로 지급받거나, 수시로 현금 결제를 유도하면서 관련 부가가치세를 신고하지 않음.
- 최종 소비자를 대상으로 하는 업종 특성 상 신용카드 매출 외에 기타 현금 매출(정규영수증 외 매출분)도 발생하지만, 신고서를 분석한 결과 전무하거나 소액으로 확인되어 분석대상자로 선정함.

[조치 결과]
- 스크린 골프 창업 자료를 수집하여 특정 매입(유지보수비 등)에 비례하여 매출이 발생한다는 사업 구조를 확인하고,
  - 세금계산서 수수내역, 스크린골프 예약앱 자료, 신용카드 일일 매출건별 거래내역 등을 분석하여 누락한 현금매출액을 확인한 후 사업자 A에게 가산세와 함께 부가가치세를 추징함.

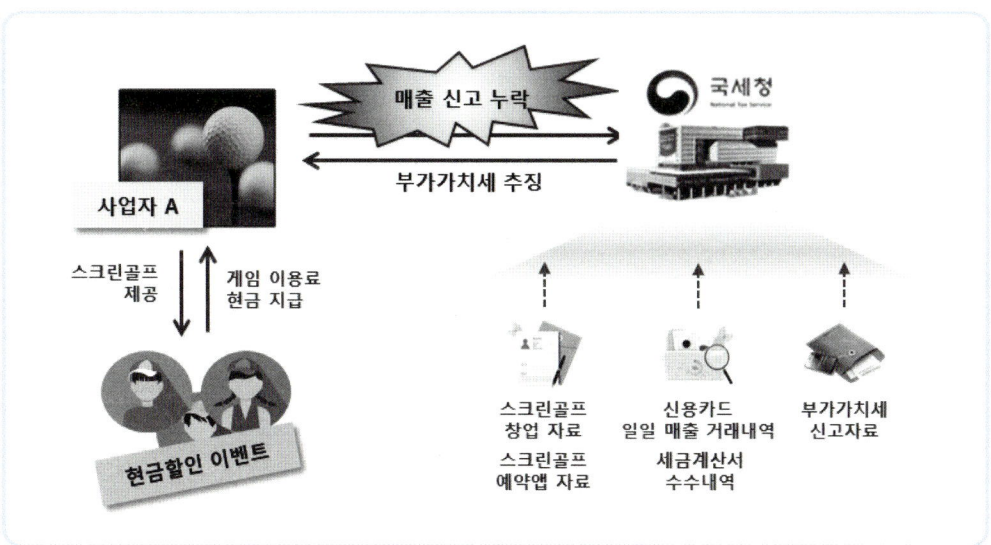

사례 27

건설업 등록을 하지 않은 사업자가 국민주택 건설용역을 제공하면서 면세로 오인하여 부가가치세 매출 신고를 누락한 사례

[분석 내용]
- 건설업자 B는 국민주택규모(85m2) 이하에 해당하는 주택을 신축하면서 부가가치세가 면세되는 건설용역으로 보아 면세로 신고함.
- 건설산업기본법 등의 규정에 따라 건설업 등을 등록한 사업자가 국민주택 규모 이하의 주택건설용역을 제공하고 그 대가를 받는 경우 부가가치세가 면세*되나,
  * 조세특례제한법 제106조 제1항 제4호 및 같은 법 시행령 제106조 제4항 제2호
  - 사업자 B는 건설업 등록 등을 하지 않았음에도 제공한 건설용역을 면세로 오인하여 부가가치세를 신고하지 않아 분석대상자로 선정함.

[조치 결과]
- 건설업 등 관련 등록 자료*, 부가가치세 신고서, 계산서 수수내역 등을 분석한 결과, 건설 용역을 제공하면서 면세로 신고/한 것이 확인되어 사업자 B에게 가산세와 함께 부가가치세를 추징함.
  * 건설산업기본법, 전기공사업법, 소방시설공사업법, 정보통신공사업법, 주택법 등에 의하여 등록을 한 사업자 자료

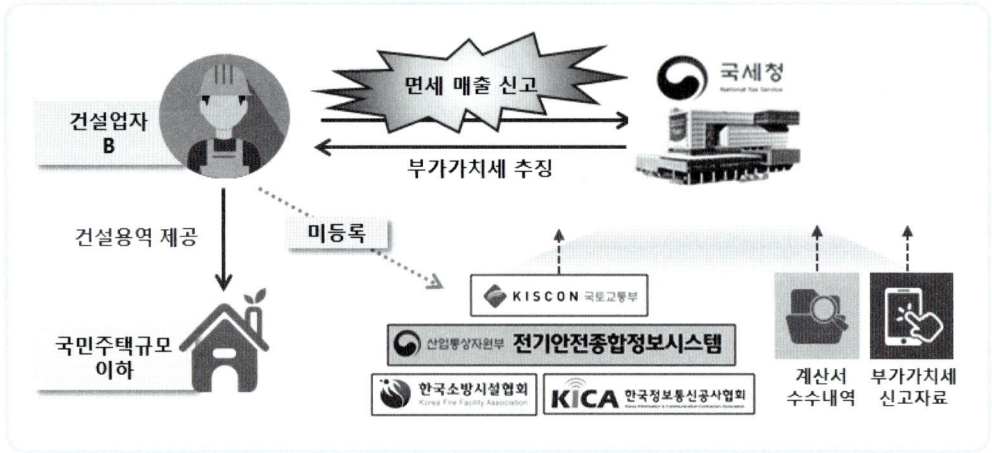

> **사례 28**
>
> 보트 등 고액의 사치성 레저물품을 사업자 명의로 구입하고 관련 매입세액을 부당하게 공제받은 사례

[분석 내용]
- ☐ 건축자재를 판매하는 사업자 C는 산업용 재화 무역업을 영위하는 사업자 E로부터 부품·장비 매입 명목으로 세금계산서를 발급받아 부가가치세를 환급받음.
- ☐ 사업자 E는 국제보트쇼 참가업체로 보트·크루즈 모터 등 레저부품 판매업도 겸업하는 것이 확인됨에 따라
  - 사업자 C가 고액의 개인 사치성 물품을 구입하면서 관련 매입 세액을 공제 신고한 혐의가 있어 분석 대상자로 선정함.

[조치 결과]
- ☐ 국제보트쇼 참가업체 명단, 세금계산서 수수내역 등을 통해 거래내용을 확인하고, 인명구조요원 원천세 신고내역, 레저기구 등록증 등 물품 매입처의 레저사업 관련성을 종합적으로 분석한 결과
  - 사치성 레저물품 관련 매입세액을 부당하게 공제 신고한 것이 확인되어 가산세와 함께 부가가치세를 추징함.

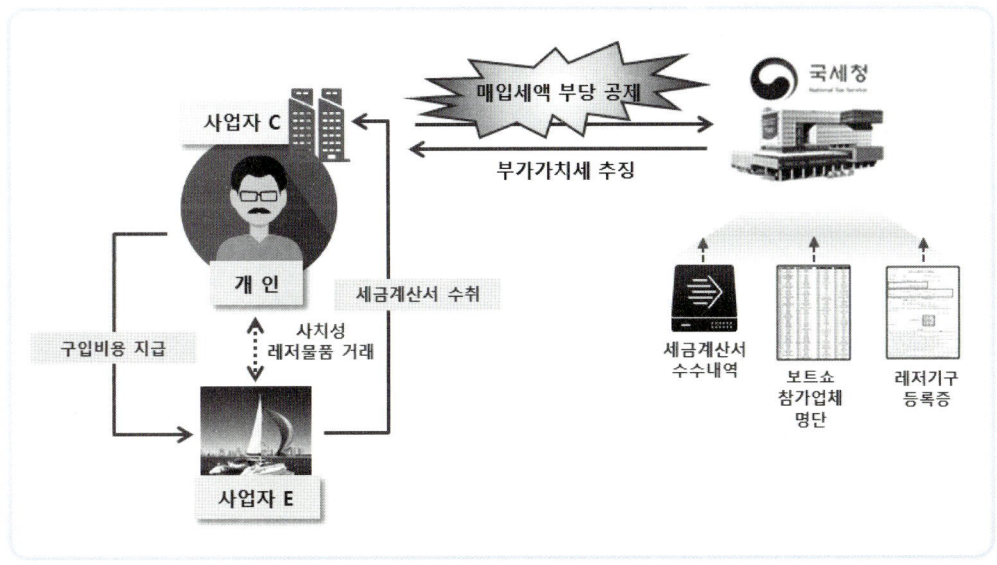

사례 29

부동산 신축판매업자가 아파트를 분양하면서 공통매입세액 안분계산을 누락하여 매입세액을 과다하게 공제받은 사례

[분석 내용]
- ❑ 사업자 D는 아파트를 신축 판매하면서 아파트 분양 시 발생하는 비용에 대한 세금계산서를 수취하여 부가가치세를 환급받음.
  - 토지(면세) 및 건물(과세) 공급과 관련하여 공통매입세액이 발생한 경우 안분 계산하여 토지분(면세)에 대해서는 불공제 처리하여야 하나 전액 매입세액 공제로 신고한 혐의가 있어 분석대상자로 선정함.

[조치 결과]
- ❑ 공사도급 계약서, 분양 계약서 등 분양 관련 자료와 세금계산서 수수내역, 부가가치세 신고내역 등을 분석한 결과,
  - 금융 자문료, 분양대행 수수료, 사무실 운영비 등 공통매입세액에 대해 토지분과 건물분으로 안분 계산하지 않고 전액 공제로 신고한 것이 확인되어 가산세와 함께 부가가치세를 추징함.

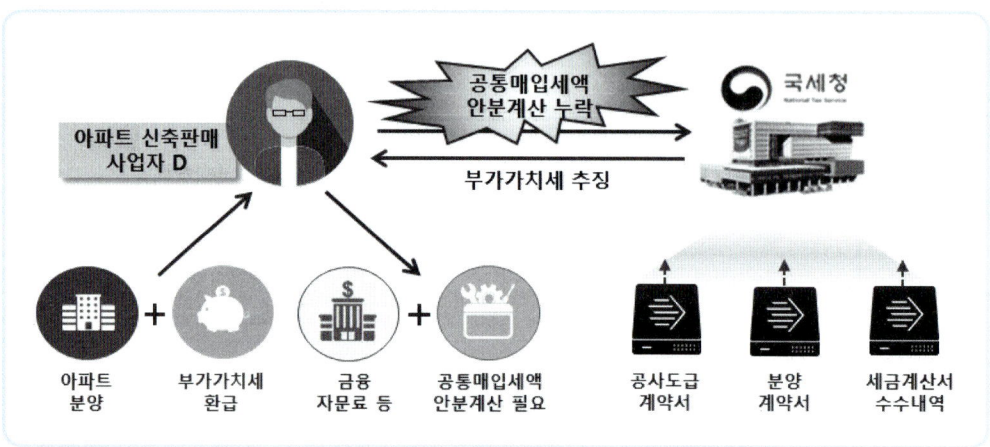

> **사례 30**
>
> (부당환급) 중고차매매 사업자가 친·인척을 이용한 변칙 고액거래를 통해 재활용폐자원 매입세액을 부당하게 과다공제 받은 사례

❏ 사실관계 및 확인과정
- **중고차매매업**을 영위하는 A법인은 **개인 및 사업자(중고차 판매상 등)** 로부터 **중고자동차를 매입**하여 국·내외로 판매하는 사업자로서,
  - 세금계산서를 발급할 수 없는 자로부터 **중고자동차를 매입**하고 **재활용폐자원 매입세액공제**[*](중고자동차 취득가액의 110분의 10)를 신고함.
  * 조세특례제한법 제108조 및 동법 시행령 제110조
- A법인의 부가가치세 환급신청에 대해 관련 **거래내역을 분석한** 결과, **고액 중고자동차 거래자**가 A법인 **대표자의 친인척**으로 확인되어 **실제 거래 여부를 확인함**.

❏ 확인 결과
- 재활용폐자원 매입세액공제신고서, 차량등록증, 거래계약서 등 확인 결과, A법인이 **부가가치세 부담**이 **없는 비사업자**(대표자의 **친인척**)를 통해 **거래금액을 부풀린 것**으로 확인되어 **과다 공제** 매입세액 000백만원 **추징**

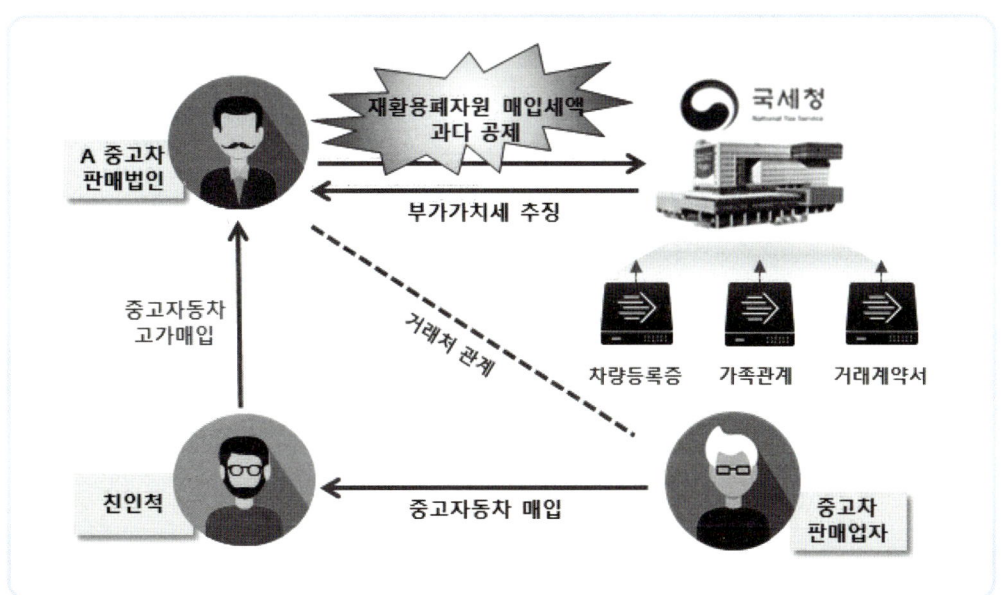

사례 31

(부당환급) 토지취득 관련 매입세액 및 업무무관 자산 취득 매입세액을 부당하게 공제받은 사례

❏ 사실관계 및 확인과정
- 주택건설업을 영위하는 B법인은 **토지 취득 컨설팅 비용** 및 **요트 구입 비용** 관련 매입세액을 공제대상으로 하여 **부가가치세를 신고함**.
- **토지 관련 매입세액** 및 **사업과 직접 관련 없는 지출**은 **불공제**[*] 대상이므로 **토지 관련성** 및 **사업 관련성** 여부를 확인함.
  * 부가가치세법 제39조 제1항 제4호 및 제7호

❏ 확인 결과
- **컨설팅 계약서, 수입신고필증, 세금계산서, 부가가치세 신고서** 등 검토한 결과,
  • B법인은 컨설팅 비용을 **토지 관련 매입세액**으로 인정하고, 요트 구입은 **요트 대여사업 계획**에 따른 **매입**이라고 **해명**하였으나,
  • **요트 대여사업 관련 사업자등록** 및 **사업진행 경과**가 확인되지 않아
- **토지 취득 컨설팅** 및 **요트 구입 관련 매입세액 전액 불공제**하고 **부가세 000백만원 추징**

> **사례 32**
> (명의위장) 무재산자의 명의를 빌려 사업자 등록하여 세금 탈루한 사례

❑ 사실관계 및 확인과정
 - 별다른 소득원이 없는 ○○○은 사업자등록을 내 주면 **매월 일정 금액을 지급** 받을 수 있다는 **제안**을 받고 건설업으로 사업자**등록**
   • 실사업자인 △△△은 ○○○에게 매월 명의대여료 지급을 위해 공인인증서 등을 요구하고, 건설현장에 인력을 공급하며 세금계산서 발행
 - 당초 무실적으로 부가가치세 신고하고 고액의 수정신고 후 무납부 하여 과세예고 통지하였으나, **우편물이 반송**되고 사업장 또한 **폐문부재**
   • **거래처** 확인을 통해 **실사업자**가 △△△이며, 매출 대금이 ○○○의 통장에 입금되면 **즉시 실사업자**인 △△△ **계좌로 이체된 사실 확인**

❑ 확인 결과
 - 실사업자 명의로 **사업자등록 정정**하고, 부가세·소득세 000백만원 **추징** 후 명의대여자와 실사업자에게 **각각** 00백만원 **통고처분**

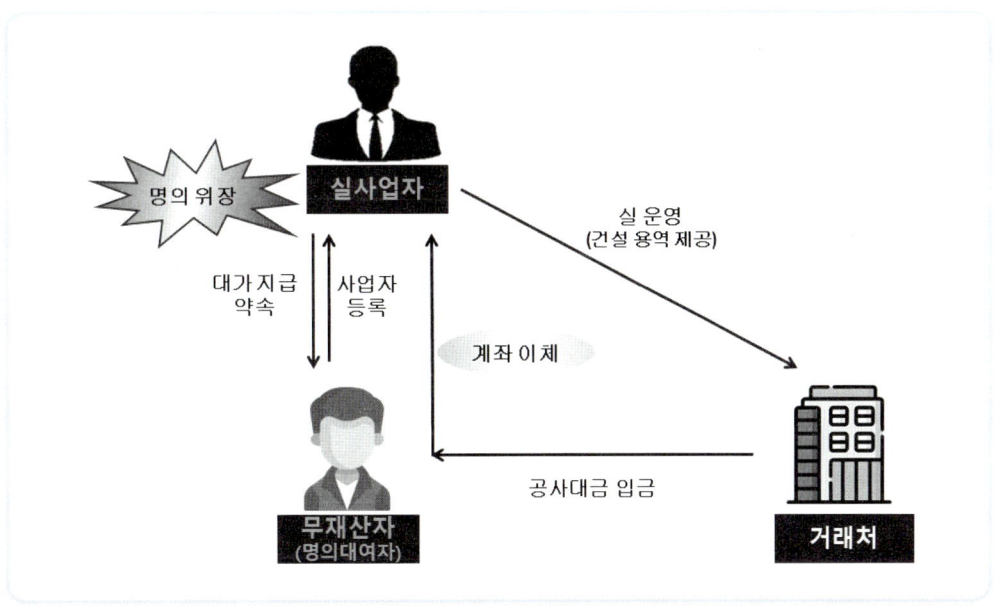

사례 33

(명의위장) 종업원 및 근로소득이 있는 원거리 거주자를 바지사장으로 내세워 소득을 분산하여 세금 탈루한 사례

❑ 사실관계 및 확인과정
- □□□은 상가 밀집지역에 음식점을 운영하며 **소득 분산**을 위해 **종업원** △△△, 원거리에 거주하는 **지인** ○○○ **명의**로 인근에 음식점을 **추가 등록**
- □□□의 **누리소통망**(SNS)에 본인 사업장 외 다른 사업장에 대한 **다수의 홍보글**과 ○○○이 **원거리**에서 **직장생활**을 하고 있어 **음식점** 운영이 **어렵다**는 사실을 **확인**
  • 납세자 대면 전 사업장 **주변 탐문**을 통해 △△△, ○○○ 명의 음식점을 □□□가 **실제로 운영**하고 있다는 **사실**을 확인
- **현장확인**을 통해 사업장 운영관리와 관련인 문답 등 면밀히 확인하자 □□□가 **실사업자임을 시인**

❑ 확인 결과
- 실사업자 명의로 **사업자등록 정정**하고, 부가세·소득세 000백만원 **추징** 후 각각의 명의대여자와 실사업자에게 00백만원 **통고처분**

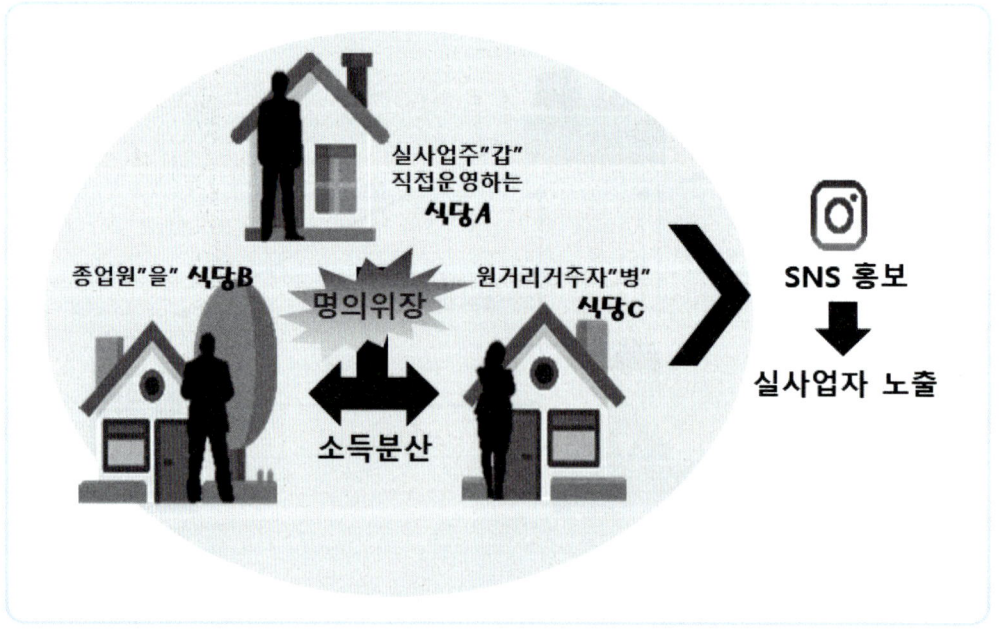

사례 34

친인척 명의로 전자상거래 사업자를 다수 등록하여 수입금액 분산 및 관련 세금 탈루한 사례

❑ 사실관계 및 확인과정
 - 반려동물용품점을 운영하는 □□□는 온라인 매출이 증가하자 **수입금액 분산**을 위해 **친인척 명의**로 **전자상거래업 사업자 다수 등록**
 - 명의위장한 **온라인매장**은 **매입이 거의 없는** 반면, **실사업자 사업장**은 용품 및 택배비 등 **매입이 매출 대비 과다**하여 **고액 환급 발생**에 착안
   • 거래처인 **택배회사를 현장확인**하여 **온라인매장**에서 **판매한 용품**이 **실사업자 사업장**에서 **출고**된 것을 확인하고 □□□이 실사업자임을 확인
❑ 확인 결과
 - 실사업자 명의로 **사업자등록 정정**하고, 부가세·소득세 000백만원 **추징** 후 명의대여자·실사업자에게 **각각** 00백만원 **통고처분**, 실사업자 통고미이행으로 조세범처벌법에 따라 **검찰고발**

> (조세범처벌법 §11) 조세회피, 강제집행 면탈 목적으로 타인 명의 사업자등록
> - 실제 사업자: 2년 이하 징역 또는 2천만원 이하 벌금
> - 명의 대여자: 1년 이하 징역 또는 1천만원 이하 벌금

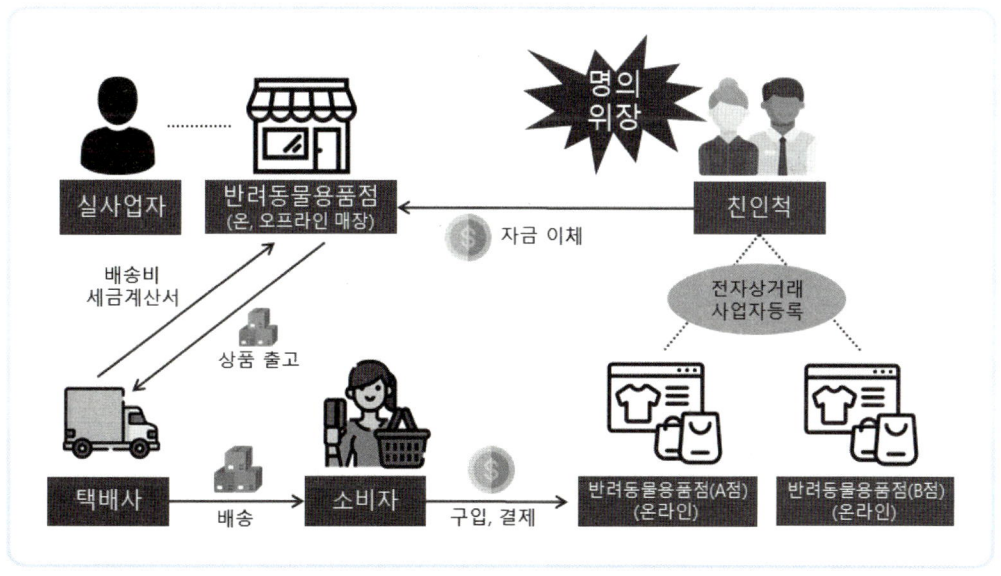

> **사례 35**
> (신고확인) 사업과 관련 없는 캠핑카를 구입하고 해당 매입세액을 부당하게 공제받은 사례

❏ 사실관계 및 확인과정
- **설계업**을 영위하는 사업자 A는 **캠핑카**를 **구입**하고, 관련 부가가치세를 매입세액으로 **공제** 신고함.
  • 캠핑카는 **개별소비세 과세대상** 차량으로 사업자가 **운수업, 자동차판매업** 등의 업종에 **직접 영업용**으로 **사용**되는 경우에만 **공제 가능**하나,
  • A는 설계업 영위 사업자로 운수업 등과 관련 없는 업종임에도 **공제 대상**으로 **잘못 신고한 혐의**가 있어 분석대상자로 선정함.

❏ 확인 결과
- 부가가치세 신고서, 전자세금계산서 수취내역, 자동차등록원부 등을 종합적으로 분석한 결과,
  • 개별소비세 과세대상인 캠핑카를 취득하였고, 운수업 등과 관련 없는 설계업을 영위하고 있음이 **확인**되어 사업자 A에게 **부가가치세** 및 **가산세 추징**

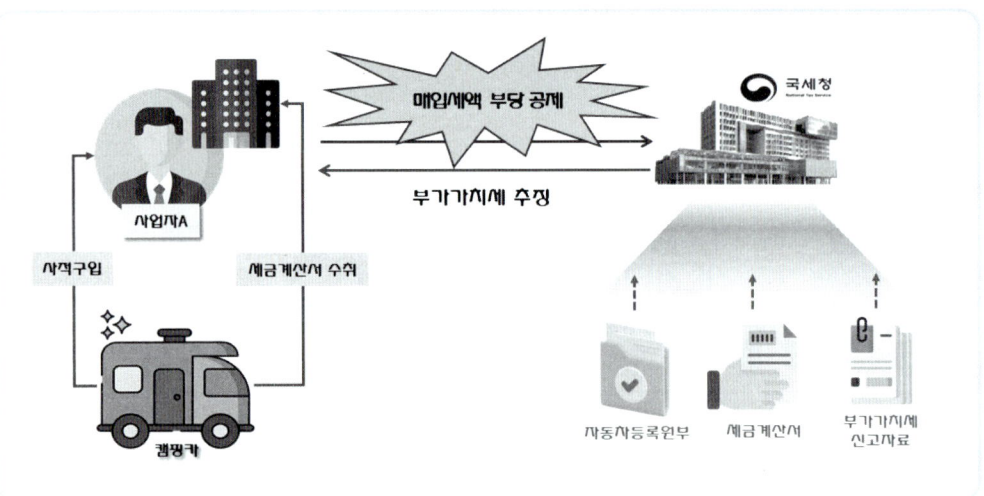

> **사례 36**
> (신고확인) 과세 사업과 관련하여 취득한 부동산 일부를 면세 사업에 사용하면서 매입세액을 부당하게 공제받은 사례

❏ 사실관계 및 확인과정
 - 임대사업자 A는 근린생활시설 건물을 매입하고 **과세 사업**인 **부동산임대업**으로 사업자등록 후 **건물분**에 대한 부가가치세를 **환급**받음.
 - 이후 근린생활시설 일부를 **면세 사업**인 **요양원**으로 사용하였으나 **매입세액 전액을 공제받은 혐의**가 있어 분석대상자로 선정함.
   • 면세 사업인 **요양원을 추가 운영** 시 과세 사업인 부동산임대업으로 환급받은 매입세액 중 **면세 전환**과 관련된 **매입세액**은 **공제대상**에 **해당하지 아니함**.
❏ 확인 결과
 - 세금계산서, **건축물대장, 인허가 관련 서류** 등을 분석한 결과, 부동산임대업에 사용하던 건물을 요양원으로 사용 시 **면세사업 전환**에 **따른 매입세액을 불공제**하지 **않은** 것이 확인되어 **부가가치세와 가산세를 추징**

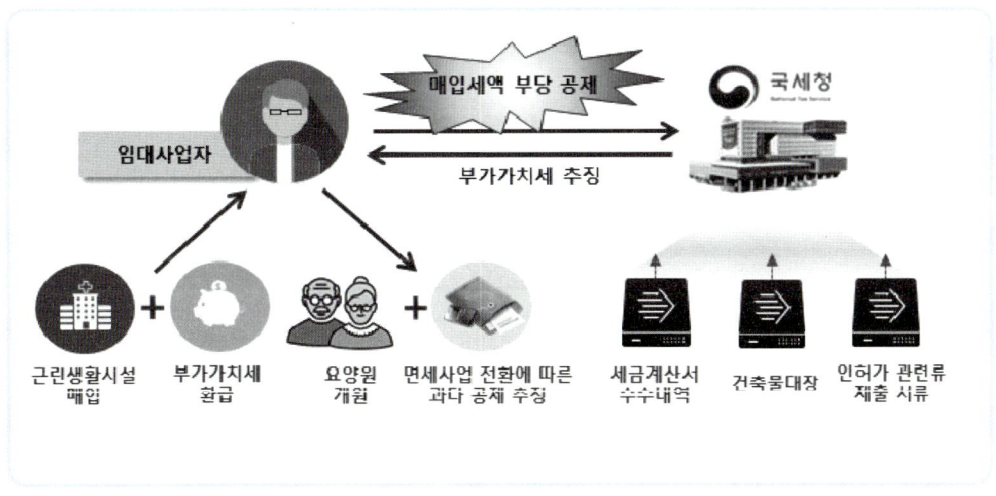

사례 37

(부당환급) 외국인 관광객에게 여행서비스를 제공하고 수취한 대가 전액을 영세율 매출로 신고하여 매입세액 공제 후 부당 환급 받은 사례

❑ 사실관계 및 확인과정
  - 국내여행사 A는 **외국인 관광객**에게 **국내여행 서비스**를 제공하고 **해외 여행사**로부터 수취한 **전체 대가**를 **관광알선수수료**로 보아 **영세율 매출**로 신고한 후, **여행경비**(숙박비 등)를 **매입세액 공제대상**으로 환급 신고함.
  - **관광알선수수료**는 **영세율 적용** 대상이나 계약서 등에 의해 관광알선수수료와 여행경비가 구분되지 않는 경우, **전체 대가**를 **과세 매출**로 신고*해야 하나 **영세율 매출**로 신고한 혐의가 있어 환급 적정여부 검토
    * 전체 대가를 과세 매출로 신고하고 여행경비를 매입세액으로 공제
❑ 확인 결과
  - 국내여행사 A는 관광알선수수료와 여행경비가 구분되지 않아 **전체 대가를 과세 매출**로 신고해야 함에도 **영세율**로 **신고**함을 확인
  - 국내여행사 A가 수령한 **전체 대가**를 **과세 매출**로 보아 **일반세율**을 **적용**하여 **부가가치세** 및 **가산세 추징**

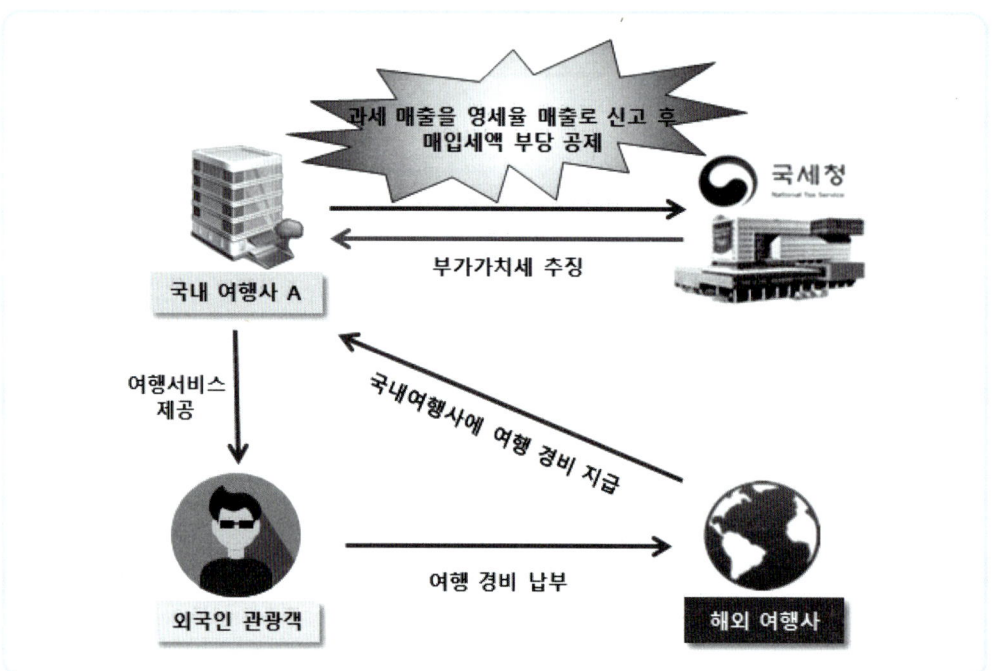

사례 38

(부당환급) 건물 및 토지 일괄구입 후 토지 양도 위하여 기존 건물 철거하는 비용을 매입세액 공제 후 부당하게 환급 받은 사례

❑ 사실관계 및 확인과정
- 부동산개발 법인이 **건물**과 **토지**를 **일괄** 취득한 후, **토지 양도목적**으로 **기존건물**을 **철거**하고 **철거비용**을 **공제대상 매입세액**으로 신고함.
- **토지관련 매입세액**은 **불공제** 대상으로 부가가치세 환급 검토과정에서 해당 토지의 건축물 등 **현황**과 **매입세금계산서 품목** 등을 **확인**함.

❑ 확인 결과
- 매입세금계산서 **품목** 중 '**공사대금**' 항목에 대해 **공사계약서**를 확인한 결과, 해당 매입세금계산서는 **기존건물 철거** 및 **대지 조성** 공사대금을 지급하고 수수한 세금계산서로 **토지관련 매입세액**으로 확인함.
- 또한 검토과정에서 **토지**의 조성·판매 관련한 '**부동산컨설팅 비용**'을 공제대상 매입세액으로 신고한 것이 추가로 확인되어, **토지 관련 매입세액**으로 전부 **불공제**하고 **부가가치세** 및 **가산세 추징**

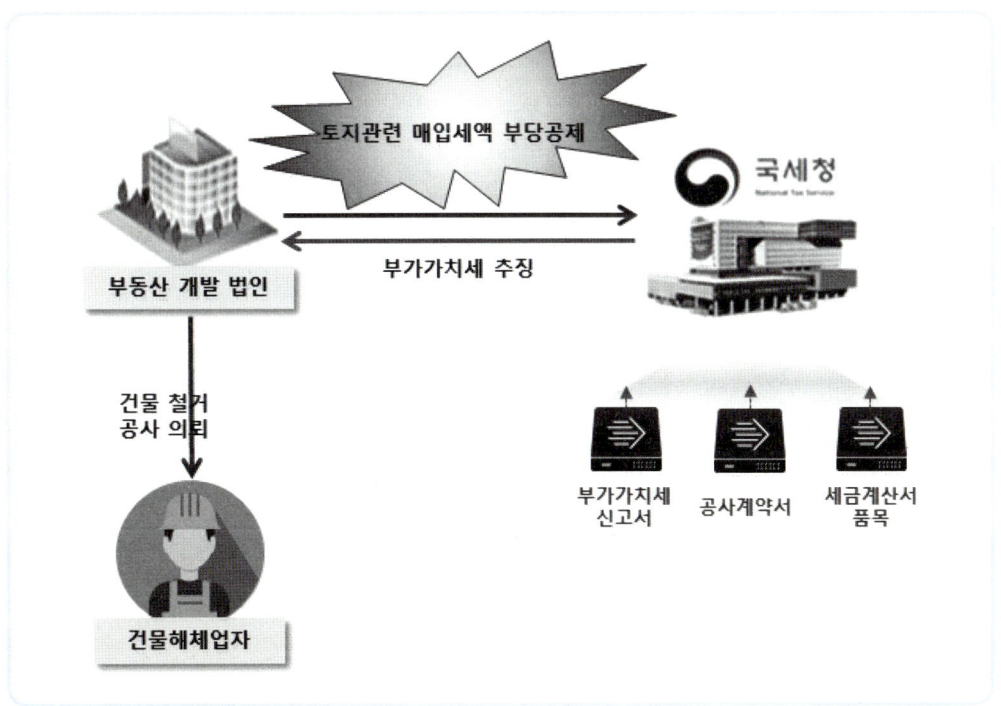

사례 39

(신고확인) 사업과 관련 없는 고가 오토바이를 구입하고 관련 매입세액을 부당하게 공제받은 사례

❑ 사실관계 및 확인과정
- 도·소매업을 영위하는 법인 A는 외제 **고가 오토바이를 매입**하고, 관련 부가가치세를 사업 관련 **매입세액**으로 보아 **공제 신고**함.
  - **고가 오토바이는 개별소비세 과세대상**[*](배기량 125cc 초과) 이륜차량이므로 법인이 **운수업 등 이와 유사한 업종**에서 **직접 영업용**으로 **사용**하는 경우에만 **공제 가능**하나,
    * 개별소비세법 제1조 및 부가가치세법 제39조 1항 5호
  - 법인 A는 운수업 등과 관련 없는 사업을 영위하고 있음에도 **공제 대상**으로 **잘못 신고**한 혐의가 있어 분석대상자로 선정함.

❑ 확인 결과
- 부가가치세 신고서, 전자세금계산서 수취내역, 이륜차등록증, 거래 계약서 등을 종합적으로 분석한 결과,
  - 개별소비세 과세대상인 고가 오토바이를 취득하였고, 운수업 등과 관련 없는 사업을 영위하고 있음이 확인되어 법인 A에게 **과다 공제** 매입세액 00백만원 **추징**

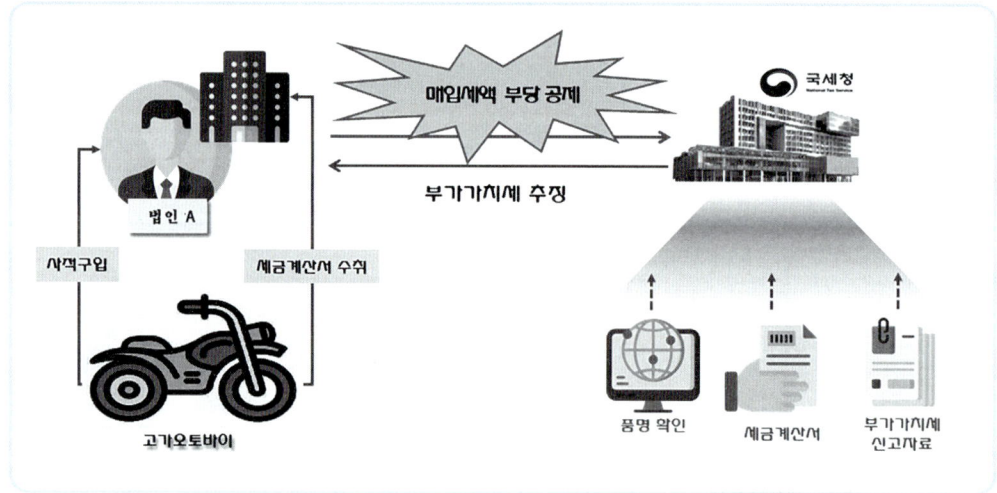

> **사례 40**
>
> (부당환급) 면세사업에 사용한 건물 분 부가가치세 매입세액을 부당하게 공제받은 사례

❏ 사실관계 및 확인과정
 - **부동산임대업으로 사업자등록을 신청한** B법인은 농촌에 건물을 신축하고, **시설투자**로 부가세 **환급을 신고**함.
  • 환급 신고 시 첨부된 매입세금계산서상 품목이 '**한옥건축대금**'으로 되어 있어 공사 관련 계약서 등 요청하였으나 제출하지 않아 **실제 건물 공사 여부**를 **확인**함.
❏ 확인 결과
 - B법인은 해당 한옥을 **농어촌 민박을 목적**으로 **건축**하였다고 **주장**하나, 관련 법령(농어촌정비법 제86조)에서 정하고 있는 **농어촌 민박 사업자 요건을 충족하지 못하여** 민박업을 할 수 없는 사업자임.
  • 현지확인 결과 주택임대(면세)에 사용하는 것으로 확인되어 건물의 **매입세액 불공제하고 부가세 000백만원 추징**

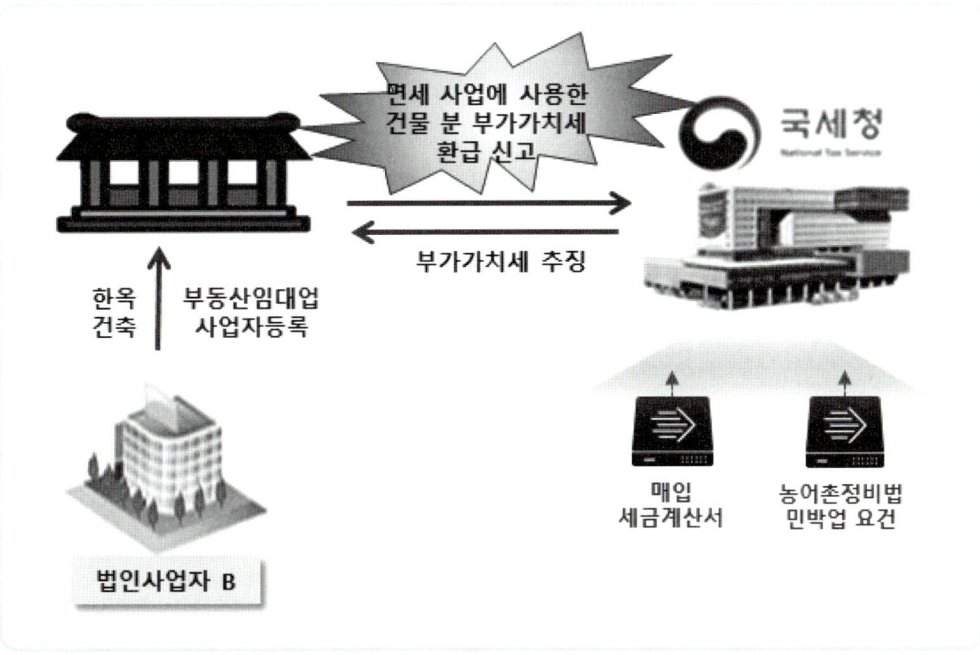

사례 41

(신고확인) 농·수산물 제조업자가 수입되는 면세 농·수산물 가격을 과다하게 산정하여 의제매입세액을 부당하게 공제받은 사례

❑ 사실관계 및 확인과정
  - **농·수산물 제조업자 A**는 해외에서 **면세 농·수산물**을 수입하여 **국내**에서 **2차 제조·가공**하여 **판매**하는 업체임.
    • 부가가치세를 면제받아 수입한 농·수산물을 원재료로 제조·가공한 재화가 부가가치세 과세되는 경우 그 **구입가액**에 **일정률**을 **의제매입세액**으로 **공제**함.
❑ 확인 결과
  - **수입신고필증, 전자계산서, 농·수산물 거래계약서** 및 **대금 이체 내역** 등을 검토한 결과,
    • **사업자A**는 수입되는 면세 농·수산물 등에 대하여 **의제매입세액**을 계산할 때 그 **수입가액은 관세의 과세가격***으로 하여야 하나,
    • **관세가 포함된 가액**으로 신고하여 의제매입세액을 **과다하게 공제**받은 사실이 확인됨.
      *「부가가치세법 시행규칙」 제56조【의제매입세액 계산】
  - 공제대상 금액을 과다하게 계상하여 의제매입세액을 부당 공제받은 **사업자 A**에게 **부가가치세 000백만 원 추징**

사례 42

(신고확인) 소득분산을 목적으로 특수관계자 간 사업양도를 통해 음식점 사업자 명의를 위장하여 부가가치세와 소득세를 탈루한 사례

❏ 사실관계 및 확인과정
- 지역에 인기 있는 **음식점**(한식)을 여러 개 **운영**하는 **사업자 B**는 **사업자 C**에게 그중 한 개의 **사업장**을 **양도**하고 **폐업 신고**함.
  - 국세청은 **현장정보**를 통해 **사업자 C**가 **사업자 B** 배우자의 여동생이며 **실제 사업**은 **사업자 B**가 **운영**한다는 **정보 수집**
❏ 확인 결과
- 사업양·수도 계약서, 가족관계 확인, 세금계산서, 사업자등록 신청서, 거래대금 이체 내역, 인건비 지급 내역 등 검토한 결과,
  - **음식점**(한식)은 **형식상 사업자 C 명의**로 **운영**하면서 부가가치세 신고하였으나, 사업장 **운영관리** 현황 및 **금융거래** 내역을 통해 **실제** 운영 주체는 **사업자 B**가 사업장을 **총괄**하여 **관리**하는 것으로 확인
- 「부가가치세법」에 따라 **실사업자(B)**로 사업자등록을 **직권 정정**하고, **부가가치세·소득세** 000백만 원 추징 후 **명의대여자(C)**와 **실사업자(B)**에게 각각의 00백만 원 **통고처분**

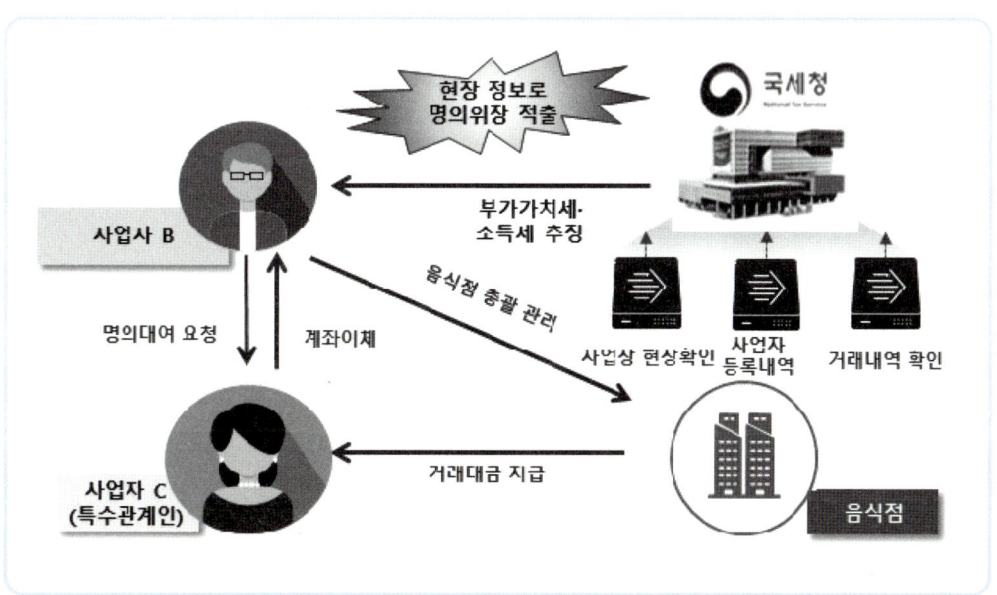

> **사례 43**
> (부당환급) 부가가치세 과세대상 품목을 영세율 매출로 허위 신고하여 부당하게 환급받은 사례

❑ 사실관계 및 확인과정
- **사업자 D**는 **농·축산업용 기자재**를 주로 취급하는 기계 및 장비 도매업자로 **영세율 적용**에 따른 부가가치세 **환급**을 **신고**함.
- 환급 신고서상 **과세 매출**이 타 업체에 비해 **현저히 낮고**, 매출세금계산서상 **영세율 대상여부**가 **불분명한 품목**이 확인되어 **실제 영세율 매출 여부**를 확인함.

❑ 확인 결과
- **기계장치 견적서** 등 관련 서류 및 **설치 현황** 등을 **현장확인**한 바, **과세 대상 품목**(환기시설 등)을 **영세율 매출**로 **허위신고**한 사실이 확인되어 **과세분 매출누락**에 따른 **부가가치세 000백만 원 추징**

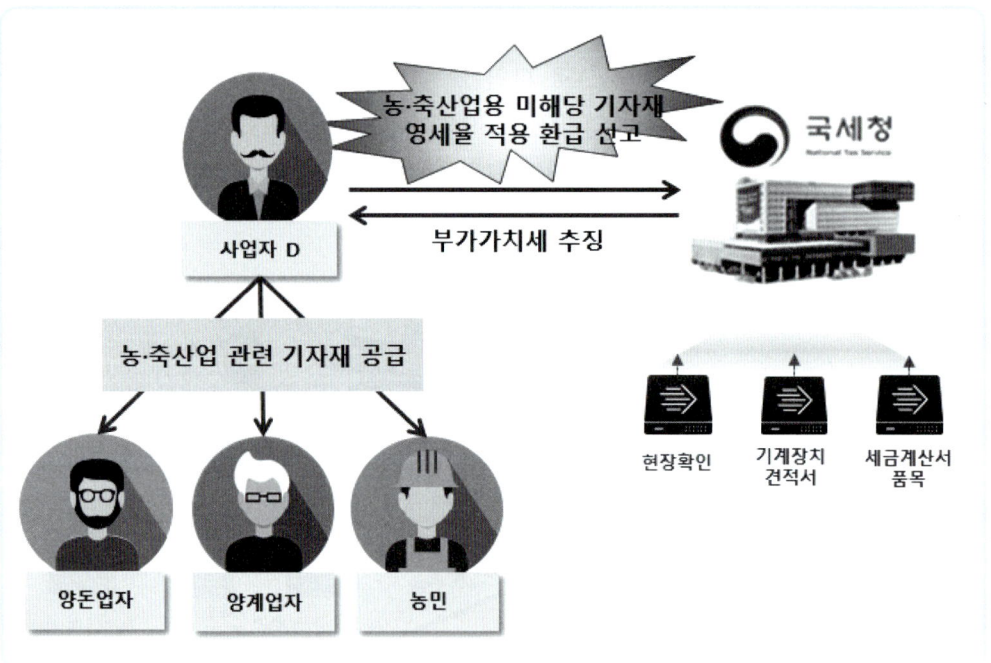

사례 44

(부당환급) 배우자가 운영하는 특수관계법인으로부터 사실과 다른 세금계산서를 수취하고 매출 누락을 통해 부당하게 환급받은 사례

❑ 사실관계 및 확인과정
 - **사업자 E**는 장기간 광고대행업을 영위하여 온 자로, **일반매입 과다 사유**로 부가가치세 **환급을 신고**함.
 - **사업자 E**는 사업이 궤도에 올라 **거래처·거래규모가 일정**하게 유지되던 자로,
  • 환급신고서상 사업실적이 없는 **특수관계 법인**(배우자)으로부터 **고액의 매입세금계산서를 수취**한 것으로 나타나 **실제 거래 여부**를 확인함.

❑ 확인 결과
 - 특수관계 법인으로부터 수취한 매입세금계산서는 **대금지급내역** 및 **매입실물**을 확인할 수 없고, 이에 **상응하는 매출**도 확인되지 않는 등 **사실과 다른 세금계산서**로 확인되어 **매입세액 불공제**하고,
 - 검토과정에서 또 다른 **매출처와 분쟁**을 이유로 세금계산서를 **미발급**한 사실을 추가로 확인하여, **매출누락분을 포함한 부가가치세 000백만 원 추징**

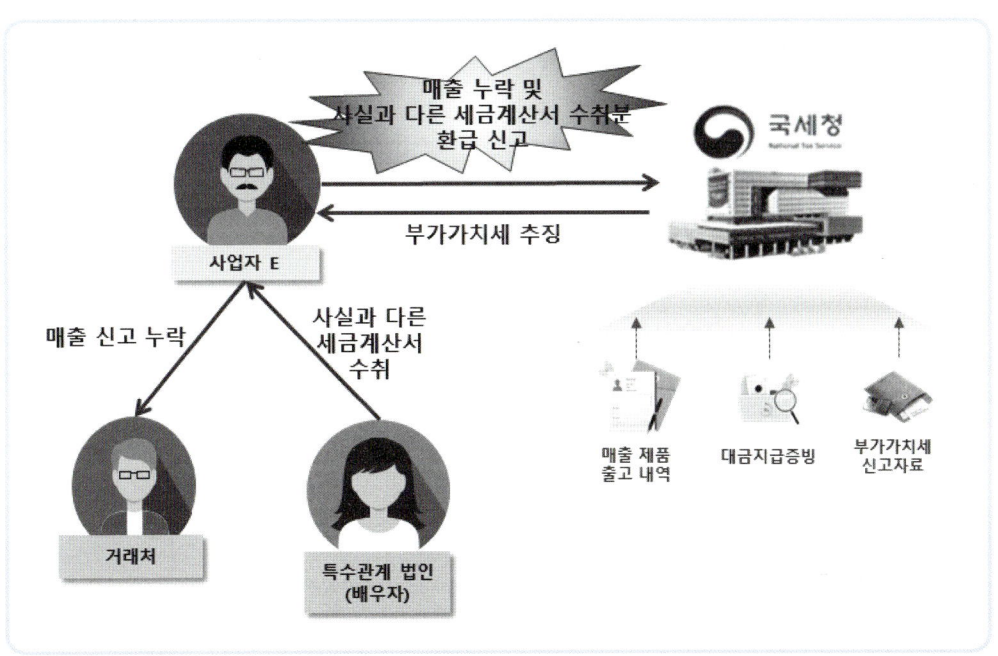

사례 45

[신고확인] 유흥주점을 영위하는 사업자가 의제매입세액을 과다하게 공제받은 사례

❏ 사실관계 및 확인 결과
- **유흥주점 사업자**(법인)가 부가가치세가 **면세되는 농수산물**을 **매입**하여 과세대상인 음식을 제공하고 **의제매입세액**으로 **공제**받음.
    - 의제매입세액 공제신고서, 계산서 등을 검토한 바, **과세유흥장소**는 2/102의 **공제율을 적용**해야 하나, 6/106으로 **잘못 적용**한 것이 확인되어 과다 공제한 **매입세액**을 **부인**하고 부가가치세 00백만원 추징

❏ 올바른 신고 방법
- **음식점업자**가 면세농산물등을 원재료로 하여 과세대상인 음식을 제공하는 경우 **면세농산물등 가액**에 **공제율**을 곱한 금액을 **매입세액**으로 **공제**할 수 있음.
    * 부가가치세법 제42조(면세농산물등 의제매입세액 공제특례)
    - 이 경우, **사업자별 의제매입세액 공제율***을 **확인**하여 면세농산물등의 가액에 **적정 공제율**을 적용하여 **매입세액으로 공제**해야함.
    * 과세유흥장소(2/102), 과세유흥장소 외 음식업 사업자 중 법인사업자(6/106)

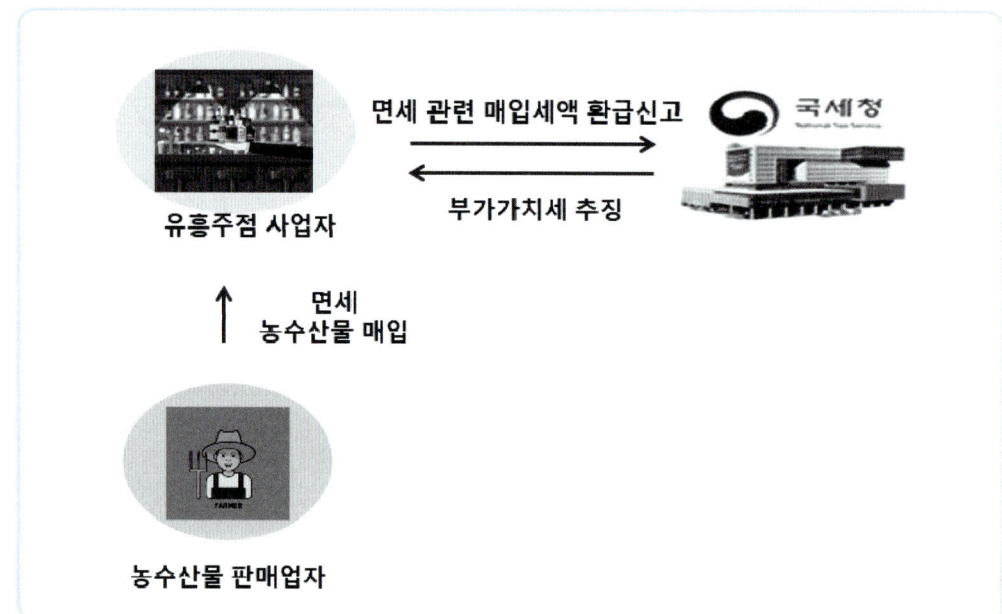

사례 46

(부당환급) 토지 취득과 관련한 매입세액을 공제하여 환급받은 사례

❑ 사실관계 및 확인 결과
 - 부동산 개발 및 공급업을 영위하는 법인사업자(시행사)는 **상가건물 분양을 위한 공사 비용** 등으로 수취한 매입 세금계산서 000백만원 전액을 **환급 신고**
  • '금융자문수수료' 명목으로 수취한 세금계산서의 약정서, 토지등기부등본 등을 검토한 바, **상가부지**(토지) **취득**을 위한 **대출 자문수수료**임이 확인되어 해당 **매입세액**을 **부인**하고 부가가치세 **00백만원 추징**

❑ 올바른 신고 방법
 - **토지 취득을 위한 비용**[*]의 경우 부가가치세법 제39조에서 정하는 **공제하지 아니하는 매입세액**에 해당함.
  * 토지의 취득 및 형질변경, 공장부지 및 택지 조성 등에 관한 매입세액 등
  • 이 경우, 세금계산서·현금영수증 등을 수취하였어도 **공제받지 못할 매입세액 명세서**[*]에 **반영**하여 **매입세액**을 **불공제**하여 신고하여야 함.
   * 부가가치세법 시행규칙 별지 제22호

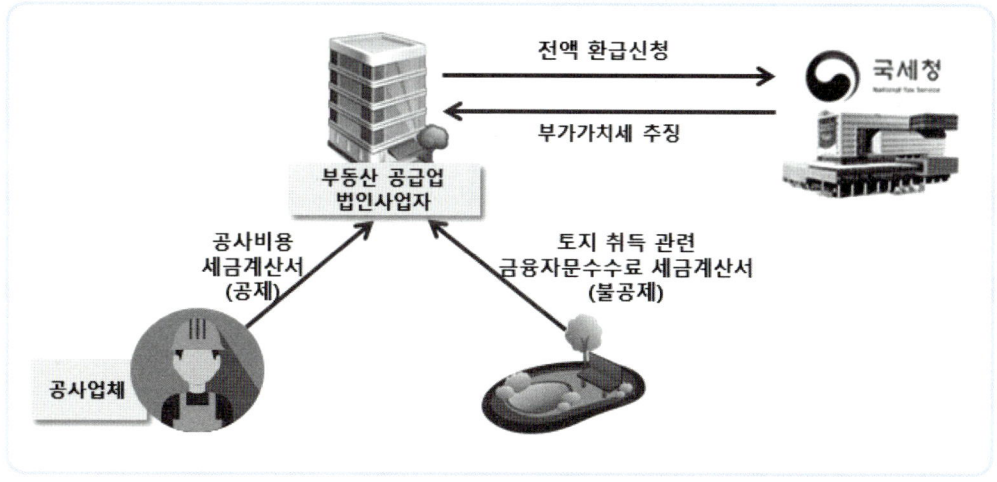

사례 47
국외 공유숙박 플랫폼 이용 매출액을 신고하지 않은 사례

□ 잘 못 신고한 사례
- **공유숙박업**을 운영하는 사업자 A는 **국내 및 국외 공유숙박 플랫폼**을 이용하여 **숙박용역**을 **제공**하고 있으나,
  • 부가가치세 신고 시 국세청 **홈택스** 「신용카드 등 매출자료 조회」에서 **확인**되는 **국내 플랫폼사**로부터 지급받은 **금액**만 **매출**로 신고하였음.
- 국세청은 **국가 간 정보교환 자료**에 의해 사업자 A가 **국외 공유숙박 플랫폼** 이용 **매출액**을 신고누락 한 것을 확인하여 수정신고를 안내하였고, 사업자 A는 과소신고한 **매출액**에 대한 **세액**을 **추가 납부**하였음.

□ 올바른 신고 방법
- 국세청 **홈택스**에서 **제공**하는 「신용카드 등 매출자료 조회」 금액은 신고서 작성 시 참고하는 자료이며,
  • 홈택스 조회 여부와 관계없이 **국외 공유숙박 플랫폼**을 이용한 **매출액**을 **포함**하여 부가가치세를 신고·납부해야 함.

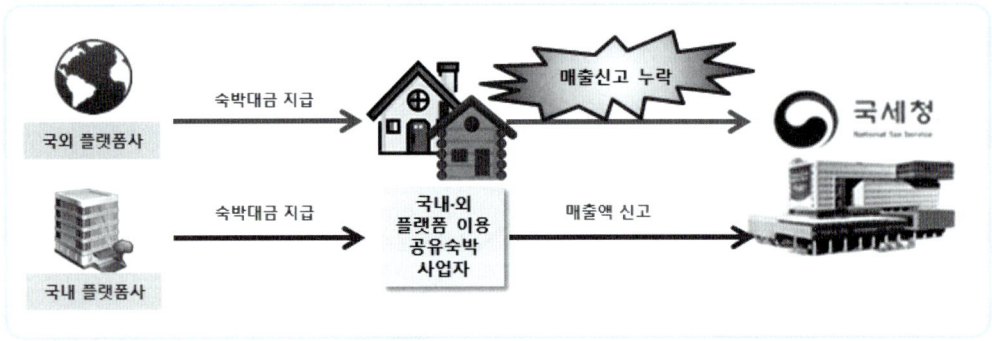

사례 48

동일거래에 대한 신용카드와 세금계산서를 중복 공제한 사례

❑ 잘 못 신고한 사례
- **소매업자** A는 상품을 도매업자 B로부터 **매월 공급**받으면서 **매입 세금계산서**를 받고 구매대금은 **사업용 신용카드**로 **결제**하였으나
- 부가가치세 신고 시 **매입 세금계산서 금액**과 **사업용 신용카드 결제금액**을 모두 매입세액에 **반영**하여 **과다**하게 **공제**받음.
- 국세청은 **전자세금계산서 자료**와 **신용카드 자료**를 **대사**하여 중복공제를 확인하고 수정신고를 안내하여, 소매업자 A는 **중복공제 받은 금액**을 **제외**하고 세액을 다시 계산하여 **추가 납부**하였음.

❑ 올바른 신고 방법
- 사업자가 **자기 사업**을 위해 **사용**하였거나 **사용할 목적**으로 공급받은 재화에 대한 매입세액은 **공제**되나,
  • **매입 세금계산서를 받고** 거래대금은 신용카드로 결제하여 **신용카드전표도 받은 경우**, 둘 중 **하나의 금액**만 매입세액으로 **공제** 받아야 함.

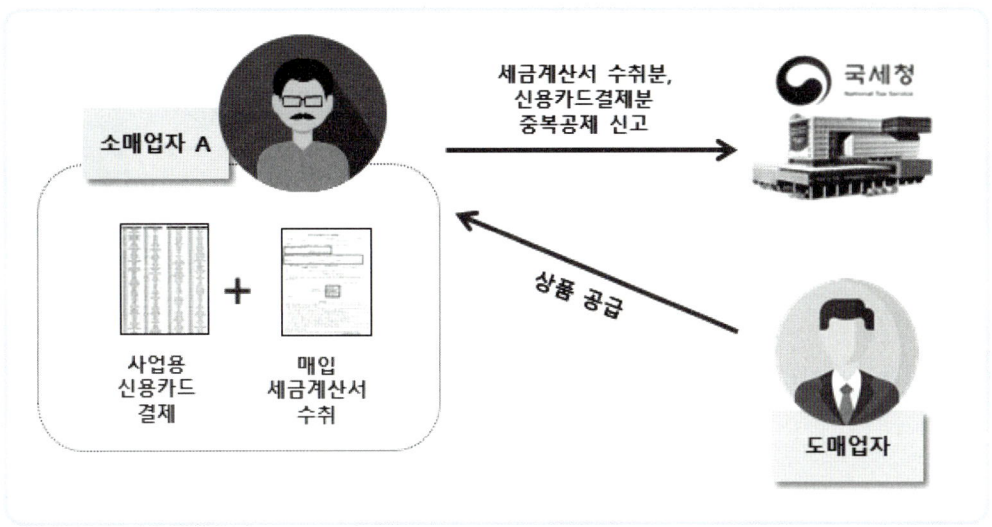

> **사례 49**
> 사업용 신용카드와 그 밖의 신용카드 사용액을 중복 공제한 사례

❑ 잘 못 신고한 사례
  - 사업자 A는 자기의 사업에 사용되는 **상품**을 **매입**한 후 **사업용 신용카드**로 대금을 **결제**하고,
    • 부가가치세 신고 시 해당 결제 금액을 **그 밖의 신용카드 금액**과 **중복**으로 신고하여 **매입세액** 공제받음.
  - 국세청은 **신용카드 매출전표 등 수령명세서** 상 **공제**받은 항목 등을 검토하고 중복 공제 금액에 대해 수정신고를 안내하여, 사업자 A는 **중복공제 받은 금액을 제외**하고 세액을 다시 계산하여 **추가 납부**하였음.
❑ 올바른 신고 방법
  - **자기의 사업**을 위하여 **사용**되거나 **사용될 재화를 취득**하고 **사업용 신용카드로 결제**한 경우 **매입세액 공제** 가능하나,
    • 그 밖의 신용카드와 **중복**하여 **공제 받을 수는 없으며**, **사업용 신용카드** 사용 **매입세액으로 공제** 받아야 함.

사례 50

사적으로 사용한 신용카드 결제금액을 매입세액 공제한 사례

❑ 잘 못 신고한 사례
 - 사업자 A는 본인 취미활동 또는 친인척에게 선물할 목적으로 물품을 구매하면서 **사업용 신용카드**로 결제하였으나,
   • **사업용 신용카드로 결제**한 경우에는 사용 목적과 상관없이 **전액 공제 가능**한 것으로 **잘못 알고** 부가가치세 신고 시, **매입세액**으로 공제받음.
 - 국세청은 신용카드 사용내역과 해명자료 등을 검토하고 사적사용 금액에 대해 수정신고를 안내하여, 사업자 A는 **사적 사용금액을 제외**하고 세액을 다시 계산하여 **추가 납부**하였음.

❑ 올바른 신고 방법
 - 부가가치세 **매입세액**은 **자기의 사업**을 위하여 **사용**되거나 **사용될 재화**를 **취득**하는 경우에만 매출세액에서 **공제 가능**하고,
   • 사업용 신용카드로 재화를 취득하였어도 **사업과** 직접적으로 **관련이 없는 경우**, **매입세액** 공제 대상이 아님

> **사례 51**
> 사업과 무관한 고가의 슈퍼카를 렌트하여 임차료 등 유지비용을 매입세액 공제 신청한 사례

❏ 사실관계 및 확인과정
- **제조업**을 영위하는 A 법인은 **렌트회사**에 **지급**한 **렌트료**와 사업용 신용카드로 결제한 **유류비를 공제대상 매입세액**으로 부가가치세 신고하였으나,
  • **매입 세금계산서, 자동차등록증 등**을 통해 **개별소비세가 부과**되는 배기량이 2천cc를 초과하는 고가의 **슈퍼카를 렌트**한 것으로 확인
- 법인은 **사업과 무관한** 슈퍼카를 렌트하고 **임차료를 지급**한 것으로 해당 **렌트료 및 유류비** 전액을 **불공제**하고 **부가가치세 및 가산세 추징**

❏ 올바른 신고 방법
- **개별소비세가 부과되는 차량**은 **운수업** 등에서 **직접 영업에 사용되는 경우에만 매입세액 공제 가능**하고, 사업과 무관한 **비영업용 승용자동차의 구입과 임차 및 유지**에 관한 **매입세액은 공제하지 아니하므로**
  • 이 경우, 차량을 렌트 후 세금계산서를 수취하였어도 **공제받지 못할 매입세액 명세서에 반영**하여 **불공제 매입세액**으로 신고하여야 함.

사례 52

법인 대표의 개인 소송 비용을 매입세액 공제 신청한 사례

❏ 사실관계 및 확인과정
- **건설업**을 영위하는 B 법인은 **법무법인**에 **소송 관련 대가**를 지급하고 **세금계산서**를 수취하여 **매입세액 공제 대상**으로 부가가치세 신고함.
- 매입 전자세금계산서, 소송사건 기록 등을 검토한 결과, **법인 대표**의 **민사소송**(개인적 채무)에 대한 **변호사 수임료**를 법인이 **지급**한 것으로
  • 해당 변호사 수임료는 **사업과 직접 관련이 없는 지출**로서 **공제하지 아니하는 매입세액**에 해당되어 관련 **부가가치세** 및 **가산세 추징**

❏ 올바른 신고 방법
- 일반적으로 사업자가 **자기의 사업**을 위하여 **사용**되거나 사용될 **재화**를 **취득**하고 세금계산서를 교부받은 경우 매입세액 공제 가능하므로
  • **사업과 관련 없는 소송관련** 비용은 **공제받지 못할 매입세액 명세서**에 **반영**하여 **매입세액**을 **불공제** 신고하여야 함.

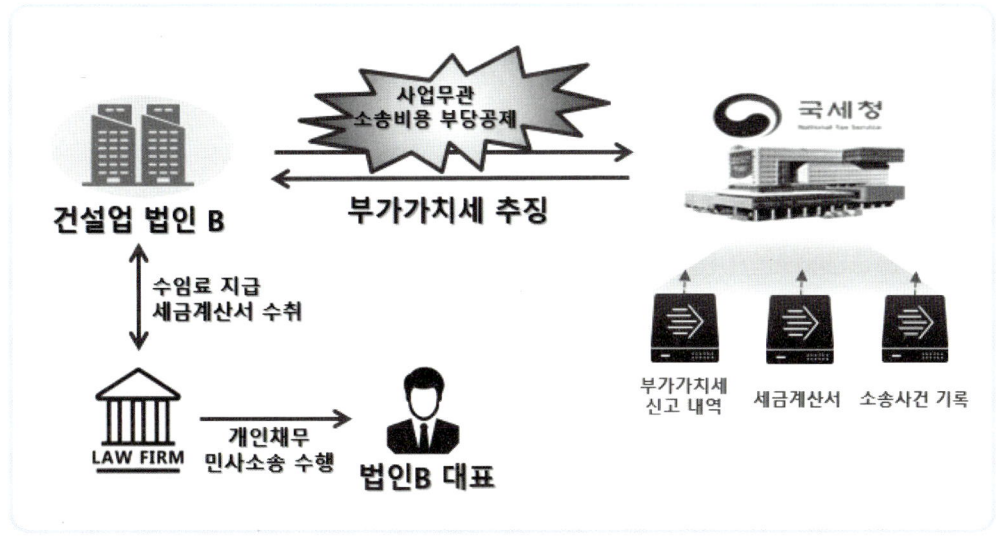

| 저 | 자 | 소 | 개 |

■ 윤 희 원 세무사

[약력]
- 인하대학교 경상대학 경영학부 졸업
- 강남대학교 일반대학원 졸업(세무학 석사)
- 강남대학교 일반대학원 세무학과 졸업(세무학 박사)
- 경복대학교 세무회계과 겸임교수
- 서울시, 고양시 마을세무사
- 한국세무사회 국제협력위원
- 한국세무사고시회 국제상임이사
- 장안대학교 세무회계과 겸임교수
- 강서구청 지방세심사위원
- 국세청 조사국 직무교육 연수강사
- 한국표준협회 경영전문위원(現)
- 더존비즈스쿨, 삼일아카데미 전임교수(現)
- 이나우스아카데미 연말정산 전임교수(現)
- 숭실사이버대학교 세무회계학과 외래교수(現)
- 전산세무회계자격시험 출제위원(現)
- 한국세무사회 계간세무사 편집위원(現)
- 한국세무사회 세무연수원 교수(現)
- 이택스코리아 세무칼럼위원(現)
- 서울지방세무사회 연수위원(現)
- 한결세무법인 서부지점 대표세무사(現)

[저서·논문]
- 세법상 사실혼 배우자의 과세체계 연구(박사학위 논문)
- 사례로 접근하는 smart 활용 가이드(상미정, 윤희원, 김명주 공저, 더존테크윌, 2024)
- 너만 몰랐던 지출증빙실무(윤희원, 최세영, 최영경, 김정윤 공저, 삼일인포마인, 2024)
- 경리실무자를 위한 회계와세무실무(김겸순, 김봉현, 윤희원 공저, 더존테크윌, 2025)
- 실제신고를 반영한 양도소득세실무(김신영, 박창현, 윤희원, 이지만 공저, 더존테크윌, 2025)

2025 부가가치세법

저　　자	윤　희　원
발 행 인	구　재　이
발 행 처	한국세무사회
발 행 일	2025년 6월

저자협의
인지생략

서울특별시 서초구 명달로 105(서초동)
전　　화 : (02) 597－2941
F　A　X : 0508-118-1857
I S B N : 979-11-5520-203-6
부가기호 : 93320

♣ 파본은 교환하여 드립니다.　　　　　　　정가 40,000원

- 이 책의 내용을 한국세무사회의 허락없이 무단복제 출판하는 것을 금합니다.
- 본 책자는 완전성이 보장되어 있지 않으니 실제 적용에 있어서는 전문가와 충분히 검토하여 적용하시기 바랍니다.